社科理论界
"建设中华民族现代文明"
专题文集

———— 上 册 ————

中国社会科学院科研局 ◎ 编

中国社会科学出版社

图书在版编目（CIP）数据

社科理论界"建设中华民族现代文明"专题文集：全二册／中国社会科学院科研局编．—北京：中国社会科学出版社，2024.5
ISBN 978-7-5227-3389-0

Ⅰ.①社… Ⅱ.①中… Ⅲ.①中华文化—文化发展—研究 Ⅳ.①G12

中国国家版本馆 CIP 数据核字（2024）第 065955 号

出 版 人	赵剑英
项目统筹	朱华彬 喻 苗
责任编辑	郝玉明 范晨星
责任校对	冯英爽
责任印制	王 超

出　　版	中国社会科学出版社
社　　址	北京鼓楼西大街甲 158 号
邮　　编	100720
网　　址	http://www.csspw.cn
发 行 部	010-84083685
门 市 部	010-84029450
经　　销	新华书店及其他书店

印刷装订	北京君升印刷有限公司
版　　次	2024 年 5 月第 1 版
印　　次	2024 年 5 月第 1 次印刷
开　　本	787 毫米×1092 毫米 1/16
印　　张	73.5
字　　数	883 千字
定　　价	258.00 元（全二册）

凡购买中国社会科学出版社图书，如有质量问题请与本社营销中心联系调换
电话：010-84083683
版权所有　侵权必究

出版说明

2023年6月2日，习近平总书记在中国社会科学院中国历史研究院出席文化传承发展座谈会并发表重要讲话，从党和国家事业发展全局和战略高度，深刻揭示了中华文明的突出特性，系统阐述了"两个结合"的重大意义，明确提出了"继续推动文化繁荣、建设文化强国、建设中华民族现代文明"这一新时代新的文化使命。习近平总书记的重要讲话，具有很强的政治性、思想性、战略性、指导性，是一篇闪耀着马克思主义真理光芒、充盈着中华文化独特气韵的光辉文献，是建设中华民族现代文明和社会主义文化强国的行动指南。

习近平总书记重要讲话发表以来，社科理论界热烈响应，坚持以习近平文化思想为引领，聚力建设中华民族现代文明，围绕习近平总书记关于文化传承发展的一系列新思想新观点新论断，深入开展多学科、多角度、多层次的研究阐释，推出了一大批有价值、有分量的研究成果，充分体现了社科理论界的政治担当和学术担当。

为深入推进习近平总书记重要讲话精神的学习贯彻，在迎来讲话发表一周年之际，根据院长、党组书记高翔的要求，中国社会科学院组织从社科理论界公开发表的关于讲话精神的研究阐释成果中，遴选

出版说明

一批有代表性的理论文章、学术论文和笔谈文章，汇编成《社科理论界"建设中华民族现代文明"专题文集》。文集分为上下册，分为"习近平文化思想研究""中华文明的突出特性""'两个结合'的思想内涵""文化传承发展""中国式现代化的文化形态""建设中华民族现代文明"六个专题，共收集2023年6月至2024年4月期间正式发表的63篇文章，集中展示了讲话发表以来的阶段性研究阐释成果。中国社会科学院专家学者发表的相关学术理论文章收录在《中国社会科学院"建设中华民族现代文明"专题文集》之中。

文集汇编工作，在中国社会科学院院长、党组书记高翔指导下进行，副院长、党组成员甄占民参与组织，科研局会同中国社会科学出版社具体实施。

文集汇编工作得到了收录文章作者的支持，在此表示衷心感谢！

中国社会科学院科研局
2024年5月

总目录

上 册

一 习近平文化思想研究

习近平文化思想的创新蕴涵与文明意义 …………… 冯鹏志（3）

把握习近平文化思想的四重视角 ………………… 唐爱军（22）

习近平文化思想的哲学意蕴 …………………… 臧峰宇（50）

深入系统地把握习近平文化思想的主要内容……… 沈壮海（61）

习近平文化思想的理论品格 …………………… 肖伟光（67）

文化自信：习近平文化思想的理论特质与精神气质 …… 陈一收（89）

习近平文化思想的世界观意义 ………………… 田鹏颖（110）

习近平文化思想的重大理论贡献 ………………… 汪信砚（127）

二 中华文明的突出特性

文明的历史含义及其当代启示 …………………… 何中华（147）

中华文明的精神特质与发展形态关系论析 …………… 张　波（181）
从文物实证深刻把握中华文明的突出特性 …………… 李　群（203）
中华文明突出特性的考古学认知及其历史逻辑 ……… 霍　巍（214）
先秦考古实证中华文明突出特性 ……………………… 韩建业（248）
从清史看中华文明五个突出特性 ……………………… 朱　浒（265）
中华文明起源与发展的连续性及其文化基因 ………… 方　辉（284）
节气神话叙事的时间谱系与中华文明的创新性 ……… 毕旭玲（294）
《史记·五帝本纪》反映的政治一统与文化一统 …… 孙庆伟（317）
从有宋一代政权格局透视文明统一性 ………………… 黄纯艳（337）
中华文明包容性的历史取向 …………………………… 杨共乐（354）

三　"两个结合"的思想内涵

论毛泽东的"结合"思想及其时代价值 ……………… 阎树群（367）
习近平关于"两个结合"的重要论述及其意义 ……… 肖贵清（392）
从马克思主义中国化看"两个结合"的意涵 ………… 何中华（410）
论"两个结合"及其在习近平文化思想中的意义 …… 乔清举（436）
"两个结合"是中国特色社会主义取得成功的
　　最大法宝 …………………………………………… 颜晓峰（456）
"第二个结合"：马克思主义中国化时代化的理论
　　精粹和学理挈要 …………………………………… 顾海良（464）
"第二个结合"与中华民族的旧邦新命 ……………… 臧峰宇（483）
文化主体性的哲学审视 ………………………………… 邹广文（493）
巩固文化主体性应处理好的几个关系 ………………… 侯衍社（501）

新的文化生命体及其重大意义 …………………… 韩庆祥（508）

新的文化生命体：基于马克思世界历史

  理论的考察 ………………………………………… 张　梧（517）

下　册

四　文化传承发展

坚持党的文化领导权是事关党和国家前途命运的

  大事 ………………………………………………… 刘光明（539）

习近平总书记对中国传统哲学智慧的创造性转化和

  创新性发展 ………………………………………… 汪信砚（547）

中华优秀传统文化与中国特色社会主义 ……………… 孙来斌（581）

汉字与中华文明传承 …………………………………… 李守奎（608）

"古国""酋邦"之争与中国文明起源的研究路径 …… 陈胜前（618）

中国早期两大主流治世理念的生成文化背景及

  政治影响 …………………………………………… 郑杰文（651）

五　中国式现代化的文化形态

中国式现代化：一种新型现代文明形态 ……………… 丁立群（665）

中国式现代化与人类文明新形态 ……………………… 陈　晋（685）

中华文明核心智慧的现代更新
　　——基于中国式现代化的视角 ………… 钟　君（696）
中国式现代化的道路选择及其理论超越
　　——基于中华文明突出特性的视角 …… 董志勇　沈　博（719）
唯物史观视域中的人类文明新形态 ………… 黄建军（747）
中国式现代化的社会形态分析 ……………… 徐伟新（780）
人类文明新形态的当代建构 ………………… 孙熙国（796）
中国式现代化对"西方中心主义"的破解 …… 刘同舫（804）
人类文明新形态的特质、根脉与精神动力
　　——以德性与理性的关系为视角 ……… 杨柳新（818）
中国式现代化的文明逻辑 …………………… 王义桅（844）
论中国式现代化的创造性发展 ……………… 戴木才（867）
创造与中国式现代化相匹配的新文化 ……… 王学典（898）
基于多元一体格局的中国式现代化的文明走向 ……… 赵旭东（903）

六　建设中华民族现代文明

中华民族现代文明论要 ……………………… 商志晓（937）
从建设新民主主义文化到建设中华民族现代文明 …… 李　捷（956）
建设中华民族现代文明 ……………………… 宇文利（968）
努力建设中华民族现代文明 ………………… 钟　君（984）
建设中华民族现代文明的核心要义、价值意蕴及
　　实践遵循 ………………………………… 邹绍清（990）
建设中华民族现代文明的三重意蕴 ………… 孙来斌（1015）

实现有原则高度的文明实践 ………………………… 沈湘平（1023）
论中华文明现代转型的历史原创性 ………………… 姜义华（1030）
中华民族现代文明的生成、特质与价值 ……………… 陈金龙（1059）
中华民族现代文明的时代语境与核心内涵 …………… 郝立新（1070）
中华民族现代文明的历史逻辑、实践路径与
　　价值导向 ………………………………………… 康　震（1078）
中华民族现代文明的生成逻辑、知识版图与
　　理论经络 ………………………………………… 朱碧波（1088）
建设中华民族现代文明的"活的灵魂"
　　——中国自主哲学知识体系的使命和担当 ……… 孙正聿（1111）
新使命与新叙事：中华民族现代文明的
　　话语创造 ………………………………… 齐卫平　樊士博（1129）

上册目录

一 习近平文化思想研究

习近平文化思想的创新蕴涵与文明意义 …………… 冯鹏志（3）
把握习近平文化思想的四重视角 …………………… 唐爱军（22）
习近平文化思想的哲学意蕴 …………………………… 臧峰宇（50）
深入系统地把握习近平文化思想的主要内容 ……… 沈壮海（61）
习近平文化思想的理论品格 …………………………… 肖伟光（67）
文化自信：习近平文化思想的理论特质与精神气质 …… 陈一收（89）
习近平文化思想的世界观意义 ………………………… 田鹏颖（110）
习近平文化思想的重大理论贡献 ……………………… 汪信砚（127）

二 中华文明的突出特性

文明的历史含义及其当代启示 ………………………… 何中华（147）
中华文明的精神特质与发展形态关系论析 …………… 张　波（181）
从文物实证深刻把握中华文明的突出特性 …………… 李　群（203）
中华文明突出特性的考古学认知及其历史逻辑 ……… 霍　巍（214）

先秦考古实证中华文明突出特性 …………………… 韩建业（248）
从清史看中华文明五个突出特性 …………………… 朱　浒（265）
中华文明起源与发展的连续性及其文化基因 ………… 方　辉（284）
节气神话叙事的时间谱系与中华文明的创新性 ……… 毕旭玲（294）
《史记·五帝本纪》反映的政治一统与文化一统 …… 孙庆伟（317）
从有宋一代政权格局透视文明统一性 ………………… 黄纯艳（337）
中华文明包容性的历史取向 …………………………… 杨共乐（354）

三　"两个结合"的思想内涵

论毛泽东的"结合"思想及其时代价值 ……………… 阎树群（367）
习近平关于"两个结合"的重要论述及其意义 ……… 肖贵清（392）
从马克思主义中国化看"两个结合"的意涵 ………… 何中华（410）
论"两个结合"及其在习近平文化思想中的意义 …… 乔清举（436）
"两个结合"是中国特色社会主义取得成功的
　　最大法宝 …………………………………………… 颜晓峰（456）
"第二个结合"：马克思主义中国化时代化的理论
　　精粹和学理挈要 …………………………………… 顾海良（464）
"第二个结合"与中华民族的旧邦新命 ……………… 臧峰宇（483）
文化主体性的哲学审视 ………………………………… 邹广文（493）
巩固文化主体性应处理好的几个关系 ………………… 侯衍社（501）
新的文化生命体及其重大意义 ………………………… 韩庆祥（508）
新的文化生命体：基于马克思世界历史
　　理论的考察 ………………………………………… 张　梧（517）

一

习近平文化思想研究

习近平文化思想的
创新蕴涵与文明意义

冯鹏志[*]

随着实现中华民族伟大复兴进入不可逆转的历史进程,"中国特色"的文化建构既获得了最坚实的实践根基和深化动力,也指向了最深刻的理论实现与思想引领。习近平文化思想敏锐把握当代中国强国建设和民族复兴的文化要求,深刻洞察人类文明更新发展的时代趋势,深入总结百年来中国共产党领导文化建设的历史经验,科学凝练新时代中国共产党坚持文化领导权的实践智慧,深度破除西方中心主义文明观的迷思陋见,深切建构中国共产党驾驭历史之变、世界之变、时代之变的文化理念,明体达用、体用贯通,在文化自信、开放包容与守正创新的统一中开拓了"中国特色"文化思维的新高度,厘定了"中国特色"文化命运的新把握,塑造了"中国特色"文化权利的新尺度,明确了"中国特色"文化道路的新使命,建构了"中国特色"文化格局的新图景,从而历史性地开辟了"中国特色"

---

[*] 作者简介:冯鹏志,中共中央党校(国家行政学院)教授。

文化建构的新境界，为全面推进中国式现代化和实现民族复兴提供了根本思想遵循。

一 以"两个结合"开拓"中国特色"文化思维的新高度

"一个民族要走在时代前列，就一刻不能没有理论思维，一刻不能没有正确思想指引。"① 进入 21 世纪以来，面对中华民族伟大复兴不可逆转的历史趋势及其所面临的全新时空特征，能否在新的历史起点上深入揭示"中国特色"的文化存在及其历史本质，深刻建构"中国特色"的文化道路及其历史使命，深切展现"中国特色"的文化格局及其历史担当，进而在此基础上推动并实现中华民族的文化崛起，既激荡着中国共产党人的文化自觉与历史主动，也呼唤着中国共产党充分展现具有时代高度和人类意义的文化思维及其建构力量。

习近平总书记指出，"在五千多年中华文明深厚基础上开辟和发展中国特色社会主义，把马克思主义基本原理同中国具体实际、同中华优秀传统文化相结合是必由之路"②，"历史正反两方面的经验表明，'两个结合'是我们取得成功的最大法宝"③。在坚持马克思主义基本原理同中国具体实际相结合的基础上，坚持马克思主义基本原理同中华优秀传统文化相结合，创造性提出"两个结合"的根本要求，既是习近平新时代中国特色社会主义思想对马克思主义世界观和方法

---

① 《习近平谈治国理政》第四卷，外文出版社 2022 年版，第 29 页。
② 习近平：《在文化传承发展座谈会上的讲话》，《求是》2023 年第 17 期。
③ 习近平：《在文化传承发展座谈会上的讲话》，《求是》2023 年第 17 期。

论的原创性贡献，又以具有高度历史主动、文明自信和时代引领意义的文化建构，筑牢了中国共产党文化自觉的历史根基，打开了中国共产党文化自立的创新空间，夯实了中国共产党文化自信的根本依托，从而创造性地开拓了中国共产党的文化思维的新高度，尤其是"第二个结合"的提出，深刻地揭示了贯穿中国共产党领导革命、建设、改革开放和新时代伟大实践的理论创新自觉与实践创造智慧，是习近平总书记推进马克思主义中国化时代化的原创性文化贡献和标志性文化成果。习近平总书记指出，"'第二个结合'是又一次的思想解放，让我们能够在更广阔的文化空间中，充分运用中华优秀传统文化的宝贵资源，探索面向未来的理论和制度创新"[①]。这既深刻地揭示了"第二个结合"作为"又一次的思想解放"所具有的"必由之路"和"最大法宝"性质，又极大地充实了马克思主义的文化生命，历史性地建构了中国共产党文化思维新的更高的理论界面。

第一，"第二个结合"以立足于大历史观的文化世界观的界说，深刻破解了近代以来中国文化发展史上长期存在的"古今中西之争"，展现了中国共产党文化思维的坚固历史逻辑。面对近代以来西方资本主义文明主宰世界历史进程的历史处境以及由此所导致的在对中华传统文化的认识上长期存在的时空错置和价值扭曲，习近平总书记明确指出，"博大精深的中华优秀传统文化是我们在世界文化激荡中站稳脚跟的根基"[②]，"只有立足波澜壮阔的中华五千多年文明史，才能真正理解中国道路的历史必然、文化内涵与独特优势"[③]。作为

---

① 习近平：《在文化传承发展座谈会上的讲话》，《求是》2023年第17期。
② 《习近平关于社会主义文化建设论述摘编》，中央文献出版社2017年版，第108页。
③ 习近平：《在文化传承发展座谈会上的讲话》，《求是》2023年第17期。

习近平文化思想的首创性成果，"第二个结合"推动了马克思主义思想精髓和中华优秀传统文化思想精华的贯通，从马克思主义基本原理与中华优秀传统文化的相契合之处揭示了中华优秀传统文化能够实现创造性转化和创新性发展的内在机理和生命活力，深刻地解构了自近代以来困扰中华民族维护和拓展自身文化主体性的思想文化纽结，推动中华民族在文化世界观上彻底由被动转为主动。

第二，"第二个结合"提出以实践观点为支撑的文化生命体范畴及其解释原则，深刻破解了在文化形态的塑造上长期存在的"模式"思维，展现了中国共产党文化思维的坚实实践逻辑。习近平总书记指出，马克思主义同中华优秀传统文化相结合，"不是'拼盘'，不是简单的'物理反应'，而是深刻的'化学反应'，造就了一个有机统一的新的文化生命体"[①]，"'第二个结合'让马克思主义成为中国的，中华优秀传统文化成为现代的，让经由'结合'而形成的新文化成为中国式现代化的文化形态"[②]。这一系列重要论述，把对文化和文明的理解建立在马克思主义实践观点及其历史性特征的基础之上，以"生命成长"而非"两极对立"的思维方式和解释原则来看待和把握一个国家、一个民族本土文化的存在与发展历程，从根本上超越了包括传统与现代、本土与世界、自我与他者等二分法在内的一系列二元对立，推动了中华民族在文化方法论上彻底由被动转为主动。

第三，"第二个结合"凝练文化自信、开放包容和守正创新有机统一的辩证智慧，深刻破解了在文化发展路径形塑上长期存在的

---

① 习近平：《在文化传承发展座谈会上的讲话》，《求是》2023年第17期。
② 习近平：《在文化传承发展座谈会上的讲话》，《求是》2023年第17期。

"依附性"意识,展现了中国共产党文化思维的坚定理论逻辑。习近平总书记指出,"有文化自信的民族,才能立得住、站得稳、行得远。中华文明历经数千年而绵延不绝、迭遭忧患而经久不衰,这是人类文明的奇迹,也是我们自信的底气"[①];"开放包容始终是文明发展的活力来源,也是文化自信的显著标志。中华文明的博大气象,就得益于中华文化自古以来开放的姿态、包容的胸怀"[②];"对文化建设来说,守正才能不迷失自我、不迷失方向,创新才能把握时代、引领时代"[③]。显然,在文化自信中贯通中华文化漫长历史脉络及其博大文明创造,在开放包容中会通中国文化与世界文化的多彩精华及其深刻文明对话,在守正创新中融通马克思主义思想精髓、中华优秀传统文化思想精华和当代科技革命及其社会变革的时代精神,必将以"又一次思想解放"的强大力量推动中华民族在文化发展路径的选择上彻底由被动转为主动。

二 以坚持党的文化领导权厘定"中国特色"文化命运的新把握

中国共产党领导是中国特色社会主义最本质的特征和中国特色社会主义制度的最大优势,也是贯穿在"中国特色"文化建构中最根本、最坚实的历史命脉。党的十八大以来,习近平总书记在深刻总结党的历史经验和深邃洞察时代发展大势的基础上,敏锐地提出"坚

[①] 习近平:《在文化传承发展座谈会上的讲话》,《求是》2023年第17期。
[②] 习近平:《在文化传承发展座谈会上的讲话》,《求是》2023年第17期。
[③] 习近平:《在文化传承发展座谈会上的讲话》,《求是》2023年第17期。

持党的文化领导权"这一重大论断，深入揭示中国共产党之所以能够实现由小到大、由弱到强的文化—历史规律，深刻阐发中华民族自近代以来之所以能够在精神上从被动转为主动的内在机理，充分展现了习近平文化思想在"中国特色"文化命运的把握上深邃的历史认知与治理智慧。

第一，坚持用马克思主义中国化时代化的最新成果武装全党、教育人民，把牢了坚持党的文化领导权的理论制高点。坚持思想建党、理论强党，是中国共产党的优良传统，也是中国共产党能够牢牢掌握文化领导权从而引领中国思想文化建设始终沿着正确方向前进的根本保证。党的十八大以来，坚持用习近平新时代中国特色社会主义思想武装全党、教育人民、凝聚民族，不仅为中国共产党牢牢掌握文化领导权奠定了科学的理论根基和思想引领，也深刻凸显了当代中国和中国共产党人的历史责任与文化权利。展开来看，中国共产党既在习近平新时代中国特色社会主义思想的理论学习上强调学深悟透用实，又在这一思想的研究阐释上突出体系化学理化，加强对其原理性成果的研究阐释并推动其向知识话语、研究范式、学术理论转化，还在这一思想的宣传和普及上注重"把鲜活的思想讲鲜活""把彻底的理论讲彻底"，从而有效地推动了党的创新理论"飞入寻常百姓家"。

第二，创造性确立坚持马克思主义在意识形态领域指导地位的根本制度，强化了坚持党的文化领导权的制度性支撑。党的十九届四中全会提出，发展社会主义先进文化，必须"坚持马克思主义在意识形态领域指导地位的根本制度"①，这既是对中国特色社会主义制度及其治理优势的深刻揭示，又实现了中国共产党在"坚持党的文化领导权"这一重大问题上的制度创新。党的十八大以来，坚持把马克思主义作为看待和把握意识形态工作的"总钥匙"，坚持以党的基本理论、基本路线、基本方略及其与时俱进来引导我国意识形态和整个社会思想文化建设，坚持以党的坚强政治领导来保证马克思主义在意识形态领域的指导地位，坚持把党的全面领导落实到意识形态工作和思想文化建设的全过程、各领域、各环节，塑造了中国共产党的意识形态工作的理论、制度、政策与话语的完整体系及其显著优势。概言之，坚持马克思主义在意识形态领域指导地位的根本制度，展现了中华民族和中国人民能够与时俱进地丰富精神文化生活、激发精神文化活力、提升精神文化境界并有效排除精神文化领域中各种干扰和挑战的坚定意志、战略定力与民族自信，为中国共产党更深刻、更现实地坚持党的文化领导权提供了根本性支撑。

第三，前瞻性把握互联网时代意识形态演变的新趋势、新特点、新要求，掌握了坚持党的文化领导权的历史性主动。随着当代科学技术的飞速发展尤其是互联网、大数据、云计算、人工智能等融合发展的高速推进和普遍溢出，当代社会的意识形态及其功能特征正呈现出深刻的变化，不仅传统认识中那种意识形态与科学技术的外在的、抽象的对立正日趋隐退，而且意识形态本身由于信息技术的深度嵌入也正在发生全新的时代变化和实践深化。习近平总书记指出，"网络已

---

① 《习近平谈治国理政》第三卷，外文出版社2020年版，第126页。

是当前意识形态斗争的最前沿。掌控网络意识形态主导权，就是守护国家的主权和政权"[1]；"过不了互联网这一关，就过不了长期执政这一关"[2]。党的十八大以来，面对以信息网络技术为代表的当代科学技术的加速发展带来的意识形态领域的新变化，中国共产党在坚持党的文化领导权这一重大问题上展开创造性思考与前瞻性把握，努力深入当代意识形态发展与演变的实践前沿、理论前沿、科技前沿尤其是网络空间前沿，深刻把握由于信息科技的快速迭代所导致的时代思潮变化和象征实践深化，充分发挥马克思主义意识形态能够科学反映、表征和塑造时代精神、文明灵魂和人类共识的引领性功能，推动马克思主义意识形态理论及其叙事体系和话语体系的创新发展，从而在繁荣发展社会主义先进文化、凝聚全体人民团结奋进新时代新征程的强大精神力量上实现了具有时代前瞻性的战略主动。

三 以坚定文化自信塑造"中国特色"文化权利的新尺度

文化自信是一个国家、一个民族展现其生命存在的理想追求、不竭动力和积极尺度的高度自我意识、深层意义导向和根本权利责任。中华民族从远古走来，之所以能够在与时间的相迎相送中演绎出不同历史阶段的天下形态及其历史意义，能够在与空间的相依相望中塑造出多样化人文地理中的文明家园及其永恒乡愁，并最终成就了人类发

---

[1]《习近平关于社会主义文化建设论述摘编》，中央文献出版社2017年版，第36页。
[2]《习近平关于社会主义文化建设论述摘编》，中央文献出版社2017年版，第42页。

展史上从未中断的独特的文明形态及其独到的人文传统、精神气质和惠泽天下的历史进程，最根本、最深层的原因就在于，文化自信始终构成了中华民族生存发展的本质特征、深刻底蕴和根本权利。

习近平总书记指出，"坚定中国特色社会主义道路自信、理论自信、制度自信，说到底是要坚定文化自信"[①]，"文化自信，是更基础、更广泛、更深厚的自信，是更基本、更深沉、更持久的力量"[②]。这既是对改革开放以来中国经济社会发展战略、路径、状态和成效的实践理性判断，又是在整合历史、现实与未来的长时段视野中对"中国特色"内在的文化规定性的重大战略把握，也是对中华民族伟大复兴所具有的主体性、普遍性和人类意义的深刻洞察与总体呈现。其本质，是从文化权利的高度为"中国特色"的进一步完善与发展赋予了"坚定文化自信"的根本尺度。

第一，坚定文化自信，从文明创造的厚度上揭示了"中国特色"的文化依据。坚持和发展中国特色社会主义不动摇，是历史的选择、人民的选择、实践的选择，也是当代中国和中国共产党人始终不懈进行文化建设、文化创造、文化选择和文化超越的总体性成果。作为一种奠基于道路、理论和制度之上的文化创造与意义建构，"中国特色"是中国共产党和中国人民在传承弘扬中华优秀传统文化、培育充实革命文化和建设拓展社会主义先进文化的历史奋斗中，坚韧不拔又与时俱进地进行文化建设、文化创造、文化积累、文化提升的历史性成果，是中华文化的历史连续性、空间广延性和价值普遍性在当代

[①] 《习近平关于社会主义文化建设论述摘编》，中央文献出版社2017年版，第12页。
[②] 《习近平著作选读》第一卷，人民出版社2023年版，第536页。

中国充满生机活力与昂扬姿态的现实展现与时代拓展。坚定文化自信，反映了习近平文化思想坚持以中国为观照并注重从中华文明的突出特性即突出的连续性、创新性、统一性、包容性与和平性来把握"中国特色"的文化主体性的理论创造，本质上是在贯通过去、当下与未来的长时段历史尺度和文明厚度上对"中国特色"应有文化权利的深刻呈现。

第二，坚定文化自信，从意义诠释的深度上阐明了"中国特色"的文化本质。自觉从"文化自信"的角度来诠释中国特色社会主义的根基性、主体性和总体性，是习近平文化思想的重要理论创造，而其重大意义就在于，只有把握了"中国特色"所具有的文化自信本质，我们对"中国特色"的道路自信、理论自信和制度自信才能获得更基础、更广泛、更深厚的力量之源。展开来说：所谓"更基础"，就在于文化自信把握与阐明了"中国特色"的发展方向和价值前景，从而推动"中国特色"在人们的精神实践领域获得信念扎根与牢固认同；所谓"更广泛"，就在于文化自信把握与阐明了"中国特色"的社会基础和群众基础，从而推动"中国特色"坚实地走向人民群众的日常生活世界并成为兑现"人民对美好生活的向往就是我们的奋斗目标"庄严承诺的历史进程；所谓"更深厚"，就在于文化自信把握与阐明了"中国特色"的文化建构能量和意义拓展功能，从而推动"中国特色"真正展现为历史连续性、实践主体性和价值普遍性高度统一的文明整体。

第三，坚定文化自信，从理想建构的高度上彰显了"中国特色"的文化愿景。"中国特色"是有远大理想和文化使命的伟大事业。坚定文化自信，既是对共产主义远大理想和中国特色社会主义共同理想的坚定承诺，又是对中华民族天人合一、大同社会、天下为公、协和万邦等古老理想的合理继承，还是对实现中华民族伟大复兴和推动构建人类命运共同体的时代奋发与现实推进。进入21世纪以来，虽然时代变化和中国发展的广度与深度已远远超出了马克思主义经典作家当时的想象，但"中国特色"的实践创造与文化成就深刻表明，只有坚持走自己的路，坚持以自己正在做的事情为中心，坚守文明本根、聆听时代声音、把握世界潮流，进而在此基础上坚定不移地实现"中国特色"文化理想的高瞻远瞩和时代充实，并把近代以来西方文化霸权的现实表现和不合理性都视为"当下的东西"而收摄在中华民族和中国共产党的文化理想的视野和把握之中，才能推动"中国特色"牢牢占据推动人类社会进步、实现人类美好理想的道义制高点。

四 以建设中华民族现代文明确立"中国特色"文化道路的新使命

不忘初心、牢记使命，是中国共产党百年奋斗历程和宝贵历史经验最鲜明的写照，也是蕴含在"中国特色"文化道路中最深刻的实践感召和意义引领。新时代新征程上，习近平文化思想旗帜鲜明地把"建设中华民族现代文明"确立为当代中国新的文化使命，不仅在文化实践的层面上明确了当代中国建设文化强国的重大战略任务，而且从文明自信的高度上建构了"中国特色"文化道路的根本使命，为我们把握"中国特色"的文化建构对于强国建设、民族复兴的重大意义提供了重要范畴性引领。

第一，建设中华民族现代文明，确立了强国建设、民族复兴的重要前提。文明是一个民族生存与发展最根本的支撑与动力。中华文明绵延几千年没有中断，涵养出连续性、创新性、统一性、包容性、和平性的突出特性，成为人类文明发展史上一道独特的风景。然而，近代以后，随着我们在抵御西方列强的抗争中一次次败北，我们的文明自信也遭遇了前所未有的巨大冲击。今天，要实现中华民族伟大复兴，就必须在文明的高度上增强我们的民族自信。习近平总书记指出，"一个民族的复兴需要强大的物质力量，也需要强大的精神力量"[1]。没有中华文明的繁荣昌盛，就没有中华民族伟大复兴；没有坚定的文明自信，也不能算实现了民族复兴。建设中华民族现代文明，为民族复兴奠定坚实的文明自信和价值观自信基础，既是中国综合国力不断增强的过程，也必将展现为中华文明的吸引力、影响力、感召力不断扩大的过程，展现为中华文明的根本理念和价值观念更加深入人心、广为世界接受认可的过程。

第二，建设中华民族现代文明，确立了强国建设、民族复兴的内在基础。当代中国的文明自信，是在改革开放的伟大实践中建构起来的，也是在中华人民共和国成立以来的不懈探索中、在近代以来的顽强抗争中、在五千多年中华文明的悠久传承中建构起来的，是靠中国人自己在漫长历史中的奋斗、创造乃至牺牲积淀形成的，这就从根本上确认了中国人民在选择和实现自身发展道路、坚定追寻民族复兴历史前景上的主体地位和责任担当。放眼世界，中华文明作为唯一没有中断而延续至今的文明这一基本事实，不仅在历史延续的长时段上呈

---

[1] 习近平：《在文艺工作座谈会上的讲话》，人民出版社2015年版，第5页。

现了中华民族伟大复兴的历史因由，也深刻地确证了建设中华民族现代文明在民族复兴中的根基地位。"中国特色"是有价值理想和文化魅力的伟大事业，中国共产党是有崇高理想和坚定信念的伟大政党，其所建构和追求的理想是对中华民族天下为公、和而不同、协和万邦等优秀传统文化的合理继承，是对共产主义远大理想和中国特色社会主义共同理想的坚定承诺，也是对构建人类命运共同体的正心诚意和务实推进，必将推动中国共产党、中国人民和中华民族的文化道路选择超越西方中心主义的价值偏执与文化局限，让中国的发展获得能够推动人类社会进步、实现文明美好前景的价值和道义的制高点。

第三，建设中华民族现代文明，是强国建设、民族复兴的现实需要。"中国特色"既是一个迈向中华民族伟大复兴的历史奋斗和实践创造过程，又是一个实现中华文明伟大复兴的观念创造和共识凝聚过程，还是一个在全球化背景下为人类文明更新发展展现光明前景的文明塑造过程。由此来看，全面推进中国式现代化和中华民族伟大复兴，从根本上讲，迫切需要文明自信的磅礴力量与坚实支撑。与此同时，面对近代以来西方中心主义及其文化霸权长期占据人类历史和世界秩序中心位置的现实境遇，当代中国也迫切需要更加注重以文明自信为前提和引导的文化软实力建设，更加积极展现具有主体性的文明形态及其价值理念，从而为强国建设和民族复兴构筑起以中国道路、中国理论、中国制度、中国精神、中国方案等为内涵和标识的文化支撑。这就表明，所谓建设中华民族现代文明，就是要在贯通古今、会通中外中，以和平共处、合作共赢和推动构建人类命运共同体等文明理念及其实践，为当代中国和当今世界书写出更具人类共同价值的文明华章。

概言之，建设中华民族现代文明，不仅是中国共产党和中华民族的紧迫时代任务，也是中国共产党和中华民族的自信存在方式，还是中国共产党和中华民族的全新实践理念和话语范畴。作为一种全新的范畴和理念，建设中华民族现代文明实现了对"中国特色"文明本质的深刻揭示、对中国式现代化文明特征的深度概括、对中国共产党文明理想的深刻阐发，从而从总体上推进了中国共产党对当代中国所面临的一系列重大时代课题的贯通性回应，使中国共产党获得了从文化的高度正确把握和回答这一系列重大时代课题的总范畴与大智慧。

五　以促进文明交流互鉴建构"中国特色"文化格局的新图景

在人类文明演进的历史进程中尤其是重大关节点上，能否敏锐地把握住其作为整体的正向吁求和发展趋势，进而为人类对文明本身的范畴理解和形态变革确立起具有前导性的思想建构和范式引领，既是人类文明发展能够实现继长增高的重要动力和精神支撑，也检验着一个民族的文化格局及其范畴能力。党的十八大以来，习近平总书记在深刻洞察人类文明演进趋势和时代要求的基础上，深刻阐发"文明交流互鉴"的重大理念及其塑造意义，在文明的高度上创造性展开"中国特色"文化格局的新图景，展现了习近平文化思想高度的文明自觉与深远的人类意义。

第一，阐发并促进文明交流互鉴，实现了对西方中心主义文明观的深刻突破。文明是历史性的实践，历史是实践性的文明。然而，在近代以来的数百年时间里，西方文明不仅在人类文明体系中处于支配地位，而且西方中心主义文明观也在人类对文明本质的阐释和把握上长期占据着霸权位置。其结果，不仅对人类文明发展构成了巨大问题，也对人类形成克服和超越上述历史困境的正确理念与合理方案构成了明显障碍。中国共产党是马克思主义文明观的忠实继承者、坚定实践者、创新开拓者，面对人类文明发展实践及其观念建构长期遭遇的思想困境，习近平总书记坚持以唯物史观的实践观点去揭示文明形态的本质属性，以世界历史的开阔眼光去阐发文明关系的本质要求，以人类解放的价值关怀去把握文明发展的本质承诺，从而为人类突破西方中心主义文明观及其等级论思维方式实现了一次深刻的范畴性奠基。

其一，揭示文明的多样、平等、包容属性，阐发了文明本质的中国思维。习近平总书记指出："人类文明多样性是世界的基本特征，也是人类进步的源泉"[①]，"文明没有高下、优劣之分，只有特色、地域之别"[②]；文明"因多样才有交流互鉴的价值"，"因平等才有交流互鉴的前提"，"因包容才有交流互鉴的动力"。这一系列重要论断，揭示了文明的本质属性和根本特征，既是对西方中心主义和文化霸权的深刻批判，又阐发了中国在文明本质问题上的根本观点和思想立场。其二，揭示文明的交流、互鉴、共存特征，阐发了文明关系的中国智慧。习近平总书记指出，"历史告诉我们，只有交流互鉴，一种文明才能充满生命力。只要秉持包容精神，就不存在什么'文明冲突'，就可以实现文明和谐"[③]，"不同民族、不同文化要'交而通'，

[①] 《习近平谈治国理政》第二卷，外文出版社2017年版，第543页。
[②] 《习近平谈治国理政》第二卷，外文出版社2017年版，第544页。
[③] 《习近平谈治国理政》，外文出版社2014年版，第258—260页。

而不是'交而恶'……把对话当作'黄金法则'用起来"①。这一系列重要论断，阐明了正确对待和处理文明关系的本质要求，既是对文明优越论、文明冲突论等错误思潮的深刻批判，又彰显了中国在文明关系问题上的思想格局和实践智慧。其三，深刻揭示文明的共商共建共享原则，阐发了文明发展的中国方案。习近平总书记指出，"中国秉持共商共建共享的全球治理观，倡导国际关系民主化，坚持国家不分大小、强弱、贫富一律平等"②，"让和平的薪火代代相传，让发展的动力源源不断，让文明的光芒熠熠生辉，是各国人民的期待，也是我们这一代政治家应有的担当"③。这一系列重要论断，阐发了推动人类文明共同发展的根本路径，既是对历史终结论和反全球化思潮的深刻批判，又展现了中国在文明发展问题上的根本承诺和积极建构。

第二，阐发并拓展中国式现代化的文明创造，实现了对西方现代化模式的根本性超越。现代化尤其是资本主义的现代化，作为一场彻底改变人类历史命运的世界历史进程，既推进了人类文明的极大发展，也在人与世界关系的把握与建构上构成了多样而巨大的"赤字"或困境。而中国式现代化及其所展开的文明实践，由于坚持以马克思主义的世界观和文明观去把握和塑造人与世界的关系，以人类文明新形态的开创和拓展为基础、支撑和表征，从而为从整体上消解西方现代化模式所造成的和平赤字、发展赤字、安全赤字、治理赤字等提供了创造性解决路径，展现了人类现代化发展模式的新图景。

其一，在人与自然关系的把握上，中国式现代化坚持把生态文明

---

① 《习近平谈治国理政》第二卷，外文出版社2017年版，第461页。
② 《习近平著作选读》第二卷，人民出版社2023年版，第49页。
③ 《习近平谈治国理政》第二卷，外文出版社2017年版，第539页。

建设作为关乎中华民族永续发展的根本大计，坚持绿水青山就是金山银山的理念，自觉推进绿色发展、循环发展、低碳发展，坚持走生产发展、生活富裕、生态良好的文明发展道路，为全球生态文明建设发挥了重要的引领作用；其二，在人与社会关系的把握上，中国式现代化坚持完善和发展社会主义制度，坚持推进国家治理体系和治理能力现代化，既积极创造和积累社会财富，又防止两极分化，努力推动全体人民共同富裕取得更为明显的实质性进展，发展了人民安居乐业、社会安定有序的良好局面，续写了社会长期稳定与创新活力持续迸发的奇迹；其三，在人与自我关系的把握上，中国式现代化坚持物质文明和精神文明两手抓、两手硬，坚持以人民为中心，举旗帜、聚民心、育新人、兴文化、展形象，努力建设具有强大凝聚力和引领力的社会主义意识形态，激发全民族文化创新创造活力，为更好构筑中国精神、中国价值、中国力量提供了强大精神支撑；其四，在国家与国家关系的把握上，中国式现代化坚持既为中国人民谋幸福、为中华民族谋复兴，也为人类谋进步、为世界谋大同，始终坚持从人类发展大潮流、世界变化大格局、中国发展大历史正确认识和处理同外部世界的关系，坚持开放、不搞封闭，坚持互利共赢、不搞零和博弈，坚持主持公道、伸张正义，为建设更加美好的世界贡献了中国智慧、中国方案、中国力量。

2023年，习近平主席明确提出全球文明倡议，从而在人类现代化道路的选择层面上进一步深刻展现了习近平文化思想的世界格局与人类意义。这就是：在尊重人类文明多样性中塑造人类现代化的根本理念，在弘扬全人类共同价值中把握人类现代化的时代精神，在重视人类文明传承和创新中激发人类现代化的贯通智慧，在加强国际人文交流合作中塑造人类现代化的现实路径，不仅是中国式现代化具有时代高度的理论思维、历史主动和文明自信，也是促进人类各具特色的现代化事业汇聚成推动 21 世纪繁荣进步的时代洪流的坚实文明引领。

结　语

近代以来的中国和中华民族，是从"历史向世界历史转变"的深刻历史处境和"东方从属于西方"的巨大历史困境中走出来的。正是由于中国共产党的诞生并始终坚持在正确地掌握和运用唯物史观及其历史辩证法精神的前提下去重新激活中华文化的生命活力与创新能力，其结果，当代中国不仅成功地开拓了"中国特色"这一实现中华民族伟大复兴的正确道路，而且创造性地揭示了"两个结合"这一开辟和发展中国特色社会主义的必由之路，从而以"中国特色"的文化建构深刻地弘扬并光大了中华民族在"人文化成"和"文明以止"中成就天下又协和天下的主体本质、自强不息又厚德载物的知行力量和生生不息又与时俱进的超越气象。

习近平文化思想的创立，最深厚的根基，正是中华民族和中国共产党的历史主动及其文明奋起；最深刻的智慧，正是中华民族和中国共产党的历史创造及其文明塑造；最深邃的意义，正是中华民族和中国共产党的历史担当及其文明使命。习近平文化思想的原创性贡献，就在于它以"两个结合"这一根本要求的深刻凝练与实践深化，开拓了马克思主义中国化时代化具有新的时代高度的理论思维，从而为"中国特色"的文化建构确立了基础性的思维方式和解释原则；习近平文化思想的历史性贡献，就在于它以坚持党的文化领导权、坚定文化自信、建设中华民族现代文明的深刻阐发和时代推进，升华了赓续中华文脉和推进中华优秀传统文化创造性转化、创新性发展具有新的历史纵深的实践智慧，从而为"中国特色"的文化建构明确了根本性的主体自觉、内在尺度和总体范畴；习近平文化思想的世界性贡献，就在于它以促进文明交流互鉴和推动构建人类命运共同体的天下情怀和对话逻辑，深刻揭示了中国式现代化及其人类文明新形态的世界历史本质和人类解放理想，从而为"中国特色"的文化建构标示了人类的文明自信和正义导向。

习近平总书记指出，"对历史最好的继承就是创造新的历史，对人类文明最大的礼敬就是创造人类文明新形态"[1]。这既鲜明地展现了"中国特色"的文化建构所拥有的文化自信的底气、开放包容的大气和守正创新的正气锐气，也深刻地表征了习近平文化思想对于塑造和引领中华民族伟大复兴和人类文明发展进步的人类价值与世界意义。坚持以习近平文化思想为指导，进一步推进"中国特色"文化建构的深化与拓展，充分激发全民族文化创新创造活力，不断巩固全党全国各族人民团结奋斗的共同思想基础，不断提升国家文化软实力和中华文化影响力，21世纪的中国必将更坚实地展开推动文化繁荣、建设文化强国、建设中华民族现代文明的历史步伐，必将更坚定地展拓平等、互鉴、对话、包容的人类文明发展新境界。

（原载《中国社会科学》2024年第3期）

---

[1] 习近平：《在文化传承发展座谈会上的讲话》，《求是》2023年第17期。

把握习近平文化思想的四重视角

唐爱军[*]

深入阐释习近平文化思想是当前学术界一项极其重要的理论任务,其深刻内涵和理论意蕴需要借助一系列有效"理论接口",才能被清晰地呈现出来。本文试图从四重视角即四对关系出发,对习近平文化思想进行学术上的考察,涉及其本体论、核心问题域、理论品格等议题。

一 文化与经济、政治的辩证关系

在《〈政治经济学批判〉序言》中,马克思对唯物史观基本原理作了"经典表达",指出:"物质生活的生产方式制约着整个社会生活、政治生活和精神生活的过程。不是人们的意识决定人们的存在,相反,是人们的社会存在决定人们的意识。"[①] 唯物史观为我们阐释

---

[*] 作者简介:唐爱军,中共中央党校(国家行政学院)马克思主义学院教授。
[①] 《马克思恩格斯文集》第2卷,人民出版社2009年版,第591页。

文化与经济、政治之间的关系提供了最根本的理论指导。中国共产党人始终立足唯物史观基本原理，把握文化的本质、作用、功能等方面。毛泽东说："一定的文化（当作观念形态的文化）是一定社会的政治和经济的反映，又给予伟大影响和作用于一定社会的政治和经济；而经济是基础，政治则是经济的集中的表现。这是我们对于文化和政治、经济的关系及政治和经济的关系的基本观点。"① 这一重要论述构成了中国共产党人文化观的基本观点。

党的十八大以来，习近平总书记遵循"决定作用—反作用"理论范式，进一步揭示了文化、意识形态与经济、政治之间的辩证关系。"我们要深刻认识经济基础对上层建筑的决定作用，深刻认识上层建筑对经济基础的反作用，既要有硬实力，也要有软实力，既要切实做好中心工作、为意识形态工作提供坚实物质基础，又要切实做好意识形态工作、为中心工作提供有力保障；既不能因为中心工作而忽视意识形态工作，也不能使意识形态工作游离于中心工作。"② 习近平文化思想以唯物史观为理论基石，遵循文化理论的唯物主义路线。但这并不意味着文化、意识形态完全是被动的、被决定的东西，相反，文化、意识形态有着积极的、主动的功能，在特定条件下甚至发挥决定性的作用。正如毛泽东指出的："生产关系、理论、上层建筑这些方面，在一定条件之下，又转过来表现其为主要的决定的作用，这也是必须承认的……当着如同列宁所说'没有革命的理论，就不会有革命的运动'的时候，革命理论的创立和提倡就起了主要的

---

① 《毛泽东选集》第 2 卷，人民出版社 1991 年版，第 663—664 页。
② 《习近平关于社会主义文化建设论述摘编》，中央文献出版社 2017 年版，第 21 页。

决定的作用。"① 在地方工作期间，习近平同志就曾强调文化所具有的积极作用："文化的力量，或者我们称之为构成综合竞争力的文化软实力，总是'润物细无声'地融入经济力量、政治力量、社会力量之中，成为经济发展的'助推器'、政治文明的'导航灯'、社会和谐的'黏合剂'。"②

从一定意义上说，文化（以及意识形态）与经济、政治之间的辩证关系揭示了习近平文化思想的"本体论"。这一"本体论"既不是唯心论或文化决定论，也不是机械论或文化虚无论，而是辩证唯物论。立足辩证唯物论，借助对文化与经济、政治辩证关系的阐释，习近平总书记着重揭示了文化的作用，主要表现为三大功能。

一是"文化生产力"功能。文化与经济的关系不是外在的，其作用方式也不是单维的。文化是一种生产力，是综合国力的重要组成部分。当今世界，文化与经济、政治相互交融，在综合国力竞争中的地位和作用越来越重要。文化作为一种独特的要素，可以渗入经济领域，对经济活动、经济工作、经济生活等发挥着不可替代的作用。习近平同志在《之江新语》中指出："所谓文化经济是对文化经济化和经济文化化的统称，其实质是文化与经济的交融互动、融合发展。"③ 这一论断揭示的就是文化与经济的相互交融、相互作用的观点，也凸显了"文化生产力"的基本内涵。没有社会主义文化繁荣发展，就没有社会主义现代化。全面建设社会主义现代化强国，文化是重要支点，文化在激活发展动能、优化经济结构、提升发展品质等

---

① 《毛泽东选集》第 1 卷，人民出版社 1991 年版，第 325—326 页。
② 习近平：《之江新语》，浙江人民出版社 2007 年版，第 149 页。
③ 习近平：《之江新语》，浙江人民出版社 2007 年版，第 232 页。

方面具有不可替代的作用。当然，文化是具有双重属性的，在推进文化产业、促进文化生产力的过程中，"把握好意识形态属性和产业属性、社会效益和经济效益的关系，始终坚持社会主义先进文化前进方向，始终把社会效益放在首位"①。

二是"政治合法性"功能。马克斯·韦伯说过："一切经验表明，没有任何一种统治自愿地满足于仅仅以物质的动机或者仅仅以情绪的动机，或者仅仅以价值合乎理性的动机，作为其继续存在的机会。毋宁说，任何统治都企图唤起并维持对它的'合法性'的信仰。"② 文化、意识形态的核心功能表现为引导民众对政治制度、政治秩序的合法性认同，起到一个"思想防线"的作用。对此，马克思的论述一语中的："如果从观念上来考察，那么一定的意识形式的解体足以使整个时代覆灭。"③ 亨廷顿也曾说过："对一个传统社会的稳定来说，构成主要威胁的，并非来自外国军队的侵略，而是来自外国观念的侵入。"④ 习近平总书记强调意识形态关乎旗帜、关乎道路、关乎国家政治安全，原因就在于其政治合法性功能："一个政权的瓦解往往是从思想领域开始的，政治动荡、政权更迭可能在一夜之间发生，但思想演化是个长期过程。思想防线被攻破了，其他防线就很难守住。"⑤ 这一论述也反映了在文化与政治的辩证关系中文化所具有

---

① 《习近平关于全面深化改革论述摘编》，中央文献出版社2014年版，第85页。
② [德]马克斯·韦伯：《经济与社会》上，林荣远译，商务印书馆1997年版，第239页。
③ 《马克思恩格斯文集》第8卷，人民出版社2009年版，第170页。
④ [美]亨廷顿：《变化社会中的政治秩序》，王冠华等译，上海人民出版社2008年版，第129页。
⑤ 《习近平关于总体国家安全观论述摘编》，中央文献出版社2018年版，第100页。

的反作用。从党群关系来看，文化、意识形态的政治合法性功能就体现为巩固党的群众基础与执政基础。巩固党的群众基础和执政基础，不能说只要群众物质生活好就可以了，这种认识是不全面的。党的群众基础和执政基础包括物质和精神两个方面，如果在精神方面丧失群众基础，最后也要出问题。

三是"精神动力"功能。"经济上落后的国家在哲学上仍然能够演奏第一小提琴。"① 文化是一个国家、一个民族的血脉，是人民的精神家园，在特定条件下起着决定性作用。文化是民族生存和发展的重要力量，一个民族的强盛，总是以文化兴盛为支撑的。当今世界，综合国力的竞争日趋激烈，文化的地位和作用更加突出，文化日益成为民族凝聚力和创造力的重要源泉。在中华民族伟大复兴的历史进程中，文化对强国建设、民族复兴起着至关重要的精神支撑、精神动力的作用。习近平总书记指出，宣传思想文化工作"事关党的前途命运，事关国家长治久安，事关民族凝聚力和向心力"，"是党的一项极端重要的工作"②。文化或文化工作所具有的精神动力功能，集中表现为强大的凝聚力和向心力。西方马克思主义者葛兰西曾指出，文化或意识形态具有"社会水泥""社会黏合剂"作用。凝聚（Solidarity）是一个社会有序发展的前提。为了维护社会秩序，执政集团常常借助于文化或意识形态"努力将社会描绘为有凝聚力而非冲突的"③。除了社会稳定，文化的凝聚力对一个国家的安全也起到关键作用。

---

① 《马克思恩格斯文集》第10卷，人民出版社2009年版，第599页。
② 《十八大以来重要文献选编》上，中央文献出版社2014年版，第464页。
③ ［英］大卫·麦克里兰：《意识形态》，孔兆政、蒋龙翔译，吉林人民出版社2005年版，第17页。

"国家安全的国内因素不仅基于武力与控制,还需要合法性和社会凝聚力。"① 随着中华民族日益走近世界舞台中央,来自外部的打压遏制随时可能升级,"西方敌对势力一直把我国发展壮大视为对西方价值观和制度模式的威胁,一刻也没有停止对我国进行意识形态渗透"②,因此,我们必须不断增强中华民族凝聚力和向心力,才能有效应对西化分化挑战,才能真正实现民族复兴。在五千多年的文明史流变中,中华文化为中华民族团结一致、攻坚克难、生生不息提供了强大精神支撑。当前,中国特色社会主义文化积淀着中华民族最深沉的精神追求,代表着中华民族独特的精神标识,是激励全党全国各族人民奋勇前行、实现民族复兴的强大精神力量。

习近平总书记关于文化与经济、政治的辩证关系的论述,落脚点是"文化自信"。文化自信是更基础、更广泛、更深厚的自信,是一个国家、一个民族发展中最基本、最深沉、最持久的力量。坚定文化自信,是事关国运兴衰、事关文化安全、事关民族精神独立性的大问题。文化自信为中国特色社会主义道路、理论、制度提供更深厚的基础、更牢固的支撑。恩格斯曾指出:"经济状况是基础,但是对历史斗争的进程发生影响并且在许多情况下主要是决定着这一斗争的形式的,还有上层建筑的各种因素。"③ 当今世界,西方一些国家始终在想方设法误导我国的发展道路和制度模式。在这样的背景下,坚定中国特色社会主义道路、理论、制度、文化自信特别重要,而文化自信

---

① [英]巴里·布赞、[丹麦]琳娜·汉森:《国际安全研究的演化》,余潇枫译,浙江大学出版社2011年版,第29页。
② 《习近平关于社会主义文化建设论述摘编》,中央文献出版社2017年版,第53页。
③ 《马克思恩格斯文集》第10卷,人民出版社2009年版,第591页。

则是确保道路方向、发展战略不动摇的最持久、最牢固的精神—信仰力量。

二 传统与现代的辩证关系

传统与现代之间的关系是习近平文化思想的核心问题域，也是把握其内在理论逻辑的基本视角。大体说来，习近平总书记对传统与现代之间关系的辩证分析主要表现为对三个议题的科学回答，其蕴含的新文化观、新文明观正是在这样的阐释中得以呈现出来的。

（一）如何对待传统、中华优秀传统文化

"怎样对待本国历史？怎样对待本国传统文化？这是任何国家在实现现代化过程中都必须解决好的问题。"[①] 过去，有些人在看待传统、传统与现代之间的关系时，常常囿于二元论的思维方式。何为传统？传统是"现代"的对立面，是现代化之外的"剩余"，凡是不属于现代的东西都被贴上了传统的标签。在性质认定上，将传统理解为落后的、愚昧的、僵化的，将现代理解为进步的、文明的、发展的。传统与现代之间的关系是什么？两者是根本对立的、相互排斥的两极。何为现代化？现代化就是"去传统"的过程，就是否定、削弱、抛弃传统的过程，就是用"先进的东西""好的东西"彻底取代"落后的东西""坏的东西"的过程。传统必然阻碍现代化，实现现代化必须否定传统。这些都是二元论的基本观点。二元论还常常用"传

[①] 习近平：《论党的宣传思想工作》，中央文献出版社2020年版，第89页。

统—现代"两分法阐释东方与西方之间的关系。东方与西方的差别被规制为传统与现代、落后与先进、愚昧与文明之间的关系。

习近平文化思想超越了抽象的二元论，采用一个更加复杂的、辩证的视角看待传统。"我们要对传统文化进行科学分析，对有益的东西、好的东西予以继承和发扬，对负面的、不好的东西加以抵御和克服，取其精华、去其糟粕，而不能采取全盘接受或者全盘抛弃的绝对主义态度。"① 对待传统，绝对主义是不可取的，我们应当采取具体问题具体分析的态度。在纪念孔子诞辰2565周年国际学术研讨会上，习近平总书记全面系统阐释了对待传统、传统文化的基本思路："人们在学习、研究、应用传统文化时坚持古为今用、推陈出新，结合新的实践和时代要求进行正确取舍，而不能一股脑儿都拿到今天来照套照用。要坚持古为今用、以古鉴今，坚持有鉴别的对待、有扬弃的继承，而不能搞厚古薄今、以古非今，努力实现传统文化的创造性转化、创新性发展，使之与现实文化相融相通，共同服务以文化人的时代任务。"② 一是要正确取舍。全盘接受、全盘抛弃皆不可，取舍的原则是古为今用、推陈出新，取舍的参照系是新的实践和时代要求。二是有扬弃的继承。继承的原则是古为今用、以古鉴今，继承的结果是取其精华、去其糟粕。三是创造性转化和创新性发展。要实现传统文化的"现代化"，彰显其当代价值。

如何对待传统的问题，更多地表现为如何对待中华优秀传统文化的问题。习近平文化思想重点揭示的乃是中华优秀传统文化在现代世

---

① 习近平：《论党的宣传思想工作》，中央文献出版社2020年版，第89—90页。
② 习近平：《在纪念孔子诞辰2565周年国际学术研讨会暨国际儒学联合会第五届会员大会开幕会上的讲话》，人民出版社2014年版，第11页。

界中所具有的"积极功能"。就宽泛意义而言，中华优秀传统文化的积极功能表现在五个方面。一是对中华民族历经数千年而绵延不绝、迭遭忧患而经久不衰起着决定性作用。二是对成功开辟中国道路起到重要作用。"如果没有中华五千年文明，哪里有什么中国特色？如果不是中国特色，哪有我们今天这么成功的中国特色社会主义道路？"① 三是对于当代中国人生活方式的根本塑造起到重要作用。中华优秀传统文化并没有消逝，而是活在当代。中华文明特别是中华优秀传统文化形成了中国人看待世界、看待社会、看待人生的独特价值体系、文化内涵和精神品格，建构了中国人的文化自信。四是对于中国共产党理论创新的重要作用。"马克思主义中国化时代化这个重大命题本身就决定，我们决不能抛弃马克思主义这个魂脉，决不能抛弃中华优秀传统文化这个根脉。坚守好这个魂和根，是理论创新的基础和前提。"② 五是对于解决人类社会难题和现代性危机的重要作用。中华优秀传统文化蕴藏着解决当代人类面临的难题的重要启示，可以为人们认识世界和改造世界提供有益启迪，可以为治国理政提供有益启示，也可以为道德建设提供有益启发。就连汤因比也曾推测道："恐怕可以说正是中国肩负着不止给半个世界而且给整个世界带来政治统一与和平的命运。"③ 关于中华优秀传统文化与中国式现代化、马克思主义之间的关系，后文将进行具体论述。

---

① 《习近平谈治国理政》第四卷，外文出版社 2022 年版，第 315 页。
② 《不断深化对党的理论创新的规律性认识 在新时代新征程上取得更为丰硕的理论创新成果》，《人民日报》2023 年 7 月 2 日。
③ ［英］阿·汤因比、［日］池田大作：《展望 21 世纪——汤因比与池田大作对话录》，荀春生等译，国际文化出版公司 1997 年版，第 279 页。

（二）如何看待中华文明与中国式现代化之间的关系

习近平文化思想不仅基于一般层面论述传统与现代之间的关系，而且更基于中国语境、当代视域阐释中华文明与中国式现代化之间的关系。关于两者的关系，习近平总书记提出了一个核心论断："中国式现代化赋予中华文明以现代力量，中华文明赋予中国式现代化以深厚底蕴。"①

其一，现代对于传统意味着什么？中国式现代化赋予中华文明以现代力量，促进中华优秀传统文化创造性转化、创新性发展。"近代以后，创造了灿烂文明的中华民族遭遇到文明难以赓续的深重危机，呈现在世界面前的是一派衰败凋零的景象。"② 面对强势的西方现代文明，古老的中华文明节节败退。中华文明面临着能否存续的根本问题。如何救亡民族、赓续文明？必须实现中华文明的现代化。马克思主义这一"现代文明"的激活，中国共产党的领导，"使具有五千多年文明历史的中华民族全面迈向现代化，让中华文明在现代化进程中焕发出新的蓬勃生机"③。在中国式现代化的"赋能"中，中华文明实现了生命更新和现代转型。"从民本到民主，从九州共贯到中华民族共同体，从万物并育到人与自然和谐共生，从富民厚生到共同富裕，中华文明别开生面，实现了从传统到现代的跨越，发展出中华文

---

① 习近平：《在文化传承发展座谈会上的讲话》，人民出版社2023年版，第7页。
② 《中共中央关于党的百年奋斗重大成就和历史经验的决议》，人民出版社2021年版，第62—63页。
③ 习近平：《论中国共产党历史》，中央文献出版社2021年版，第118页。

明的现代形态。"① 传统不是一成不变的，需要根据现代化发展需求不断自我调适、与时俱进。"传统并非是某种等待着自行消亡的东西，而是具有极大的伸缩性物。在既定历史条件下，它能被相当程度地改变、创造和形塑以适应当前的需求和愿望。"② 在中国式现代化历史进程中，中华文明尤其是中华优秀传统文化始终面临着不可或缺的"现代化任务"。从形式维度看，要推进其创造性转化，就是要按照时代特点和要求，对那些至今仍有借鉴价值的内涵和陈旧的表现形式加以改造，赋予其新的时代内涵和现代表达形式，激活其生命力。从内容维度看，要推进其创新性发展，就是要按照时代的新进展，对中华优秀传统文化的内涵加以补充、拓展、完善，增强其影响力和感召力。

其二，传统对于现代意味着什么？中华文明赋予中国式现代化以深厚底蕴，为中国特色社会主义奠定历史渊源和文化自信。"中国特色社会主义道路是在马克思主义指导下走出来的，也是从五千多年中华文明史中走出来的；'第二个结合'让中国特色社会主义道路有了更加宏阔深远的历史纵深，拓展了中国特色社会主义道路的文化根基。"③ 中国道路是在中华文明深厚基础上、中华优秀传统文化丰富滋养下成功走出来的，立足于中华文明史、中华优秀传统文化，更能够理解中国道路的历史必然性、文化内涵与独特优势，更能够坚定我们的道路自信。中华文明不仅筑牢了中国道路根基，而且为中国制度

---

① 习近平：《在文化传承发展座谈会上的讲话》，人民出版社2023年版，第6页。
② 谢立中、孙立平主编：《20世纪西方现代化理论文选》，上海三联书店2002年版，第324页。
③ 习近平：《在文化传承发展座谈会上的讲话》，人民出版社2023年版，第7页。

提供了政治智慧。"我们党开创的人民代表大会制度、政治协商制度，与中华文明的民本思想，天下共治理念，'共和'、'商量'的施政传统，'兼容并包、求同存异'的政治智慧都有深刻关联。"① 向内凝聚、多元一体的中华民族历史逻辑，九州共贯、六合同风、四海一家的中国文化大一统传统等，对我们实行民族区域自治制度起着至关重要的作用，我们的文化传统决定了我们不可能搞联邦制、邦联制，而是确立了单一制国家形式。中国特色社会主义制度和国家治理体系也可以从中华文明传统中得到充分阐释，并进一步坚定制度自信。中华文明"坚持经世致用原则，注重发挥文以化人的教化功能，把对个人、社会的教化同对国家的治理结合起来，达到相辅相成、相互促进的目的"②。

总之，中华文明与中国式现代化之间是不能相互割裂、相互否定的，二者是"相互赋能"的。这种"相互赋能"也说明了：二者之间是接续发展的关系——"中国式现代化是赓续古老文明的现代化，而不是消灭古老文明的现代化"，是守正创新的关系——"中国式现代化是中华民族的旧邦新命，必将推动中华文明重焕荣光"③。

（三）如何对待中华优秀传统文化与马克思主义之间的关系

传统与现代之间的关系，在当代中国主要表现为中华优秀传统文化与马克思主义之间的关系。"第二个结合"是习近平总书记阐述两

---

① 习近平：《在文化传承发展座谈会上的讲话》，人民出版社2023年版，第8页。
② 习近平：《在纪念孔子诞辰2565周年国际学术研讨会暨国际儒学联合会第五届会员大会开幕会上的讲话》，人民出版社2014年版，第5页。
③ 习近平：《在文化传承发展座谈会上的讲话》，人民出版社2023年版，第7页。

者关系的核心命题。限于传统与现代关系论域而言，习近平总书记关于中华优秀传统文化与马克思主义之间关系的核心观点有两个。

其一，两者不是互相外在、互相对立的，而是高度契合的。以往有一种观点从空间角度出发认为，马克思主义是产生于西方国家的外来文化，它与中华优秀传统文化属于两种截然不同的思想谱系，两者是互相外在甚至是格格不入的关系。还有人基于"传统—现代"二分法指出，两者是完全割裂的、互相对立的。事实上，马克思主义和中华优秀传统文化尽管来源不同，但是两者高度契合。这种高度契合性主要体现在价值观层面。习近平总书记深刻指出："中华优秀传统文化源远流长、博大精深，是中华文明的智慧结晶，其中蕴含的天下为公、民为邦本、为政以德、革故鼎新、任人唯贤、天人合一、自强不息、厚德载物、讲信修睦、亲仁善邻等，是中国人民在长期生产生活中积累的宇宙观、天下观、社会观、道德观的重要体现，同科学社会主义价值观主张具有高度契合性。"[①] 比如，在宇宙观上，马克思主义强调"人与自然和谐统一"，中华文化主张"天人合一"；在天下观上，马克思主义强调"自由人联合体"，中华文化主张"协和万邦"；在社会观上，马克思主义强调矛盾的同一性与差异性的辩证关系，中华文化主张"和而不同"；在道德观上，马克思主义强调在改造客观世界中改造主观世界、实现人的发展，中华文化主张"人心和善"。又如，从社会理想、政治观念、担当精神等维度看，两者也是高度契合的。正如习近平总书记指出的："天下为公、讲信修睦的社

[①] 习近平：《高举中国特色社会主义伟大旗帜　为全面建设社会主义现代化国家而团结奋斗——在中国共产党第二十次全国代表大会上的报告》，人民出版社2022年版，第18页。

会追求与共产主义、社会主义的理想信念相通，民为邦本、为政以德的治理思想与人民至上的政治观念相融，革故鼎新、自强不息的担当与共产党人的革命精神相合。"① 再比如，两者都反对抽象个人论，都主张立足于一个整体性、社会性视域把握人的本质。习近平总书记强调："马克思主义从社会关系的角度把握人的本质，中华文化也把人安放在家国天下之中，都反对把人看作孤立的个体。"②

其二，两者不是互相脱节、互相否定的，而是互相成就的。"'结合'的结果是互相成就。'结合'……造就了一个有机统一的新的文化生命体……'第二个结合'让马克思主义成为中国的，中华优秀传统文化成为现代的，让经由'结合'而形成的新文化成为中国式现代化的文化形态。"③ 这一论断集中揭示了马克思主义与中华优秀传统文化互相成就的丰富内涵。第一，马克思主义以真理之光激活了中华文明的基因，推动了中华文明的生命更新和现代转型。近代以后，中华文明遭遇到外来文明的严重冲击。从社会形态角度看，当时中华文明是传统农业文明，西方文明是现代工业文明，在西方工业文明的冲击下，中华文明节节败退，出现了极其严峻的文明危机。十月革命之后，中国人接受了马克思主义作为观察国家命运的工具，其后通过不懈努力，不仅进行了伟大社会革命，而且进行了伟大文化革命，用马克思主义改造了中华文明，激活了中华文明的基因，实现了中华文明从传统到现代的转型，使得中华文明在现代文明中得以接续发展，再度青春化。第二，中华优秀传统文化充实了马克思主义的文

---

① 习近平：《在文化传承发展座谈会上的讲话》，人民出版社2023年版，第5页。
② 习近平：《在文化传承发展座谈会上的讲话》，人民出版社2023年版，第6页。
③ 习近平：《在文化传承发展座谈会上的讲话》，人民出版社2023年版，第6页。

化生命，使得马克思主义在中国生根发芽、枝繁叶茂，生成了中华文化和中国精神的时代精华。如果说第一点谈的是中华文明的"现代化"，那么这里谈的则是马克思主义的"中国化"。让马克思主义成为中国的，离不开中华优秀传统文化的支撑作用。只有植根中华民族历史文化沃土，马克思主义真理之树才能根深叶茂。让马克思主义在中国牢牢扎根，中华优秀传统文化既提供了历史基础，也提供了群众基础。并且，正是因为同中华优秀传统文化相结合，马克思主义在中国不仅"存活"下来，而且"茁壮成长"，形成了中国化时代化马克思主义，它们成了中华文化新的传统，接续了中华民族的文脉。第三，两者互相成就的目标指向是造就一个有机统一的新的文化生命体，建设中华民族现代文明。习近平总书记鲜明指出："'结合'不是'拼盘'，不是简单的'物理反应'，而是深刻的'化学反应'，造就了一个有机统一的新的文化生命体。"[1] 何谓新的文化生命体？究其实质而言，它指的就是中国式现代化的文化形态，其核心表征就是中华民族现代文明。这三个概念具有本质上的一致性。有学者提出，"新的文化生命体"本身就是对传统与现代、中华文明与马克思主义二元对立关系的超越。"用文化生命体来定义文明，从根本上解决了现代史上的反传统与'第二个结合'对中华优秀传统文化的肯定之间存在的表面上的冲突和矛盾，可以从根本上疏通不同时期对待传统文化的矛盾态度，可以从根本上理顺并超越中华优秀传统文化与现代化之间的对立关系。"[2] 从实践角度看，判断中华优秀传统文化与马

---

[1] 习近平：《在文化传承发展座谈会上的讲话》，人民出版社2023年版，第6页。
[2] 张志强：《深刻理解"第二个结合"的首创性意义》，《哲学研究》2023年第8期。

克思主义之间能否真正互相成就，关键就是看是否能构建中国式现代化的文化形态，是否能建成中华民族现代文明。

三 主体性与世界性的辩证关系

破解"古今中西之争"是习近平文化思想的基本旨趣。"古今"问题，就是如何对待传统与现代之间关系的问题；"中西"问题，就是如何对待中国文化与西方文化、主体性与世界性之间关系的问题。习近平文化思想既坚守中华文明立场，又坚持开放包容，实现了主体性与世界性的辩证统一。

1. 坚持文化主体性

"任何文化要立得住、行得远，要有引领力、凝聚力、塑造力、辐射力，就必须有自己的主体性。"[①] 文化主体性构成了习近平文化思想的基本立场，也是我们研究阐释习近平文化思想的核心视角之一。文化主体性既是立场，也是观点和方法。对文化主体性的阐释，既彰显习近平文化思想的基本立场，又呈现出其诸多的文化观点。大体说来，文化主体性具有三重逻辑。

一是历史逻辑。从历史维度看，中华文明主体性首先确证于其突出的连续性。"中华文明是世界上唯一绵延不断且以国家形态发展至今的伟大文明。这充分证明了中华文明具有自我发展、回应挑战、开

---

① 习近平：《在文化传承发展座谈会上的讲话》，人民出版社2023年版，第8页。

创新局的文化主体性与旺盛生命力。"① 中华文明历经数千年而绵延不绝、迭遭忧患而经久不衰，这是人类文明的奇迹，也是文化主体性最直接的确证。埃利亚斯指出，文明（或文明化）是一种"民族的自我意识"②。丧失文化主体性，必然会丧失民族的自我意识，其后果是极其严重的。"一个抛弃了或者背叛了自己历史文化的民族，不仅不可能发展起来，而且很可能上演一幕幕历史悲剧。"③ 近代以后，中华文明受到外来文明的巨大冲击，遭遇到文明难以赓续的深重危机，但是在马克思主义的激活进程中，依然坚守了中华民族的根和魂，在世界文化激荡中站稳了脚跟，延续了文脉。中华五千多年文明史是我们坚守文化主体性的结果，或者说，坚守文化主体性是中华文明从未中断的原因。

二是实践逻辑。从实践维度看，坚守文化主体性就是坚持走自己的路。文化主体性不等同于主观性，更不等同于主观随意性，它根源于道路的自主性。所谓"古今中西之争"，本质上就是近代以来的"道路之争"，是破解"中国向何处去"的问题，是探索中国道路特别是现代化道路的问题。能否坚守文化主体性，关键就是中国人能否成功探索出一条独立自主的发展道路。毛泽东指出："自从中国人学会了马克思列宁主义以后，中国人在精神上就由被动转入主动。"④ 精神由被动转入主动的根本原因，就是中国共产党和中国人民在马克思主义指导下，成功开创了实现民族独立的革命道路。邓小平指出：

---

① 习近平：《在文化传承发展座谈会上的讲话》，人民出版社2023年版，第2页。
② ［德］诺贝特·埃利亚斯：《文明的进程：文明的社会起源和心理起源的研究》第1卷，王佩莉译，生活·读书·新知三联书店1998年版，第61页。
③ 《习近平关于社会主义文化建设论述摘编》，中央文献出版社2017年版，第16页。
④ 《毛泽东选集》第4卷，人民出版社1991年版，第1516页。

"走自己的道路，建设有中国特色的社会主义，这就是我们总结长期历史经验得出的基本结论。"[①] 党的十八大以来，以习近平同志为核心的党中央成功推进和拓展了中国式现代化，"我国的实践向世界说明了一个道理：治理一个国家，推动一个国家实现现代化，并不只有西方制度模式这一条道，各国完全可以走出自己的道路来。可以说，我们用事实宣告了'历史终结论'的破产，宣告了各国最终都要以西方制度模式为归宿的单线式历史观的破产"[②]。中国式现代化道路的成功，破除了"现代化＝西方化"的话语霸权，在五千多年中华文明深厚基础上成功开创中国式现代化道路是对中华文明主体性最有力的说明。正如西方学者指出的，"中国崛起为世界主要大国标志着西方普世主义的终结"[③]。

三是理论逻辑。文化主体性最终要表现在理论原创性、话语主体性上。近代以来，西方国家通过资本在全球扩张，逐步形成了"东方从属于西方"的世界格局。这样一个"支配—从属"结构，不仅体现在世界经济、国际政治等方面，而且体现在学术理论体系、叙事话语体系甚至社会价值观体系等方面。很长一段时期，中国学术、理论、话语表现为对西方学术、理论、话语的"学徒状态"，习惯用西方概念、话语、范式阐释中国经验、中国道路，导致"中国"成为"西方理论"的试验田。"理论上的搬运工"是提不出具有主体性、原创性的理论的。丧失了文化主体性，就必然会受到外来文化的冲

[①]《邓小平文选》第3卷，人民出版社1993年版，第3页。
[②]《习近平关于社会主义政治建设论述摘编》，中央文献出版社2017年版，第7页。
[③] [英]马丁·雅克：《当中国统治世界：中国的崛起和西方世界的衰落》，张莉、刘曲译，中信出版社2010年版，第343页。

击，危及民族独立和国家安全。"在西方价值观念鼓捣下，一些国家被折腾得不成样子了，有的四分五裂，有的战火纷飞，有的整天乱哄哄的。"① 正如有学者指出的，"一种学术的真正成熟，总意味着它在特定的阶段上能够摆脱其学徒状态，并开始获得它的'自我主张'"②。一种文化成熟的显著标志就是从理论范式、话语体系等方面摆脱"学徒状态"，实现真正的"自我主张"。习近平文化思想强调中国本位，主张构建有中国特色、中国风格、中国气派的学科体系、学术体系、话语体系。"立足中华民族伟大历史实践和当代实践，用中国道理总结好中国经验，把中国经验提升为中国理论，既不盲从各种教条，也不照搬外国理论，实现精神上的独立自主。"③ 面对西方文化霸权，能够有效坚守文化主体性，关键就在于建构中国自主的知识体系，构建中国特色哲学社会科学。习近平总书记指出："哲学社会科学的特色、风格、气派，是发展到一定阶段的产物，是成熟的标志，是实力的象征，也是自信的体现。"④ 现代化强国、文化自信、文化主体性等最终确证或显现就是提出主体性、原创性中国理论、中国话语。

2. 坚持文化世界性

所谓文化世界性，指的是习近平文化思想超越了狭隘的民族主义叙事，在强调文化主体性的同时，秉持开放包容，胸怀天下，突出文

---

① 《习近平谈治国理政》第二卷，外文出版社2017年版，第327页。
② 吴晓明：《构建中国特色哲学社会科学的时代任务》，《社会科学》2022年第5期。
③ 习近平：《在文化传承发展座谈会上的讲话》，人民出版社2023年版，第10页。
④ 《习近平谈治国理政》第二卷，外文出版社2017年版，第338页。

化的开放性、包容性、多样性。其核心要义有三。

一是坚持胸怀天下、协和万邦的世界立场。天下大同、协和万邦是中华文明的一贯立场。中国共产党继承了中华文明的天下情怀。"克明俊德，以亲九族。九族既睦，平章百姓。百姓昭明，协和万邦。"① 自古以来，中华优秀传统文化讲求"天下一家"，强调民胞物与、讲信修睦、立己达人、和合共生。这些都为习近平文化思想坚持胸怀天下提供了丰富精神滋养。马克思主义揭示了"历史向世界历史的转变"②的客观规律，指出人类社会从狭隘的、孤立的"民族历史"向"世界历史"转变是历史的必然。"各民族的原始封闭状态由于日益完善的生产方式、交往以及因交往而自然形成的不同民族之间的分工消灭得越是彻底，历史也就越是成为世界历史。"③ 中国共产党始终强调树立世界眼光，立足世界历史的高度审视人类社会发展趋势和面临的重大问题，在中国与世界的互动中、在融入世界发展中不断发展壮大自身，同时又以自身发展不断推动世界发展。习近平文化思想不仅"端起历史规律的望远镜"④，立足世界历史的大趋势，而且坚持为人类求解放的马克思主义立场，既为中国人民谋幸福、为中华民族谋复兴，也为人类谋进步、为世界谋大同。"旧唯物主义的立脚点是市民社会，新唯物主义的立脚点则是人类社会或社会的人类。"⑤ 习近平文化思想继承了马克思主义的"人类社会"立场，以"人类解放"或"真正的共同体"为价值旨归。胸怀天下、协和万邦

---

① 《尚书》，周秉钧注译，岳麓书社2001年版，第1页。
② 《马克思恩格斯选集》第1卷，人民出版社2012年版，第169页。
③ 《马克思恩格斯选集》第1卷，人民出版社2012年版，第168页。
④ 《习近平著作选读》第一卷，人民出版社2023年版，第318页。
⑤ 《马克思恩格斯文集》第1卷，人民出版社2009年版，第502页。

的世界立场，人类解放的价值旨归集中凝结为"人类命运共同体"理念。"人类命运共同体，顾名思义，就是每个民族、每个国家的前途命运都紧紧联系在一起，应该风雨同舟，荣辱与共，努力把我们生于斯、长于斯的这个星球建成一个和睦的大家庭，把世界各国人民对美好生活的向往变成现实。"① 人类命运共同体理念超越了民族主义叙事，以全人类共同利益为现实基石，以和平、发展、公平、正义、民主、自由的全人类共同价值为规范性基础，以高于并且大于民族国家的视野去理解当今世界，以世界为尺度去阐释文化文明的基本取向。

二是坚持开放包容、推进文明交流互鉴。习近平总书记强调："开放包容始终是文明发展的活力来源，也是文化自信的显著标志。"② 中华文明的博大气象，得益于中华文化自古以来具备的开放的姿态、包容的胸怀。无论是历史上的佛教东传、"伊儒会通"，还是近代以来的"西学东渐"、新文化运动、马克思主义和社会主义思想传入中国，抑或是改革开放以来全方位对外开放，无不说明了这一点。"秉持开放包容，就是要更加积极主动地学习借鉴人类创造的一切优秀文明成果。"③ 黑格尔曾举过这样一个例子：希腊文明之所以能开创出其独立和繁荣时期，就在于它既有自己的原有文化，又有来自东方世界的外来文化，进行了两重文化结合的锻炼。"文化结合的锻炼"的重要表现就是对外来文化的学习吸纳。中华文化的一大特色就是善于学习他人的好东西，把他人的好东西化成自己的东西。当

---

① 《习近平外交演讲集》第二卷，中央文献出版社2022年版，第87页。
② 习近平：《在文化传承发展座谈会上的讲话》，人民出版社2023年版，第10页。
③ 习近平：《在文化传承发展座谈会上的讲话》，人民出版社2023年版，第11页。

然，对外学习，汲取文明养分，不能全盘接受、照抄照搬，一定要实现外来文化本土化。毛泽东曾指出："我们中国人必须用我们自己的头脑进行思考，并决定什么东西能在我们自己的土壤里生长起来。"[①] 习近平文化思想秉持开放包容，在文明交往上表现为文明交流互鉴观。人类文明演进与发展是有规律的："文明因多样而交流，因交流而互鉴，因互鉴而发展。"[②] 习近平文化思想提出了文明交流互鉴的中国方案："树立平等、互鉴、对话、包容的文明观，以文明交流超越文明隔阂，以文明互鉴超越文明冲突，以文明共存超越文明优越。"[③] 以"文明交流超越文明隔阂"，解答了人类文明交往的必要性问题。任何一种文明都有陷入孤芳自赏的危险，从而导致惰性、形成封闭、造成静止僵化。不同文明只有相互交流，才能获得丰富的滋养，世界也只有在不同文明的交流互动中才能不断进步。以"文明互鉴超越文明冲突"，解答了人类文明交往的方式方法问题。"交流互鉴是文明发展的本质要求。只有同其他文明交流互鉴、取长补短，才能保持旺盛生命活力。"[④] 文明差异是客观存在的，但并不意味着文明间的敌视或冲突。"只要秉持包容精神，就不存在什么'文明冲突'，就可以实现文明和谐。"[⑤] 以"文明共存超越文明优越"，解答了人类文明交往的目标问题。文明没有高下、优劣之分，只有特色、地域之别。人类文明交往不是用一种文明取代其他文明，而是要实现文明共存。文明共存论蕴含了深厚的中华文明理念——"各美其美，

---

① 《毛泽东文集》第3卷，人民出版社1996年版，第192页。
② 《习近平谈治国理政》第三卷，外文出版社2020年版，第468页。
③ 《习近平外交演讲集》第二卷，中央文献出版社2022年版，第108页。
④ 《习近平外交演讲集》第二卷，中央文献出版社2022年版，第197页。
⑤ 《习近平著作选读》第一卷，人民出版社2023年版，第230页。

美人之美，美美与共，天下大同"。

三是坚持文化多元主义、反对文化霸权主义。习近平文化思想的世界性维度的重要表现就是主张文化多元主义。以文明多样性为基础，主张多元包容和平等尊重。文化多元主义承认和尊重世界文明多样性，以多样性思维、平等包容心态看待和处理本国文明与其他文明的差异，倡导相互理解与沟通，求同存异。就连亨廷顿也不得不承认，"在多文明的世界里，建设性的道路是弃绝普世主义，接受多样性和寻求共同性"①。反对文化霸权主义，摒弃"文明优越论""文明冲突论""文明等级论""文明改造论"等。文化霸权主义通过"普世文明""人类文明大道"等话语伪装，进行文化渗透。"普世文明的概念有助于为西方对其他社会的文化统治和那些社会模仿西方的实践和体制的需要作辩护。普世主义是西方对付非西方社会的意识形态。"②文化霸权主义把某种单一文明说成高阶文明，试图改造甚至取缔其他文明。看到别人的文明与自己的文明不同，就感到不顺眼，就要千方百计去改造、同化。这是一种强权逻辑、殖民心态，对此，要坚决反对。尊重各国选择适合自己的社会制度和发展模式的权利，反对"民主输出论""制度移植论"等。"世界上没有放之四海而皆准的发展模式，各方应该尊重世界文明多样性和发展模式多样化。"③一些国家推行的"民主输出""制度移植"等，都是文化霸权主义在政治领域的集中体现，要坚决抵制。反对单数文明观，坚持复数文明

---

① [美]亨廷顿：《文明的冲突与世界秩序的重建》，周琪等译，新华出版社2009年版，第294页。
② [美]亨廷顿：《文明的冲突与世界秩序的重建》，周琪等译，新华出版社2009年版，第45页。
③ 《习近平外交演讲集》第一卷，中央文献出版社2022年版，第14页。

观。文化霸权主义深层逻辑是西方主导的单数文明观。"西方文明是建立在以理性和解放、自由和民主、工业和市场、市民社会和个人利益为核心理念的线性历史进步观和西方中心论世界史观基础上的，后者是西方文明的立足点。"① 西方文明把自身定义为文明的唯一标准，即文明是一元的、单一的，在此基础上以"文明—野蛮"二分法看待西方文明与世界其他文明。习近平文化思想主张文化多元主义，其背后的逻辑是一种复数文明观，坚持世界文明多样性、文明标准的多元论。人类文明的发展绝不是单一文明的对外扩散，而是多中心演进的历史进程。

四　体与用的辩证关系

如果说前面三个视角主要是从"内部视角"考察习近平文化思想本身，那么，第四个视角则是从"外部视角"考察其所呈现出的理论品格。概要说来，习近平文化思想具有明体达用、体用贯通的鲜明特点，体现了体与用、理论与实践的辩证统一。

"体"与"用"是中国哲学特有的一对范畴，也是最能彰显中华文明智慧的范畴之一。在先秦典籍中，就出现了体用观念或思想。比如，《周易》讲"神无方而《易》无体"②，《老子》讲"弱者道之用"③，《论语》讲"礼之本""礼之用"④，《荀子》讲"万物同宇而

---

① 韩庆祥：《中国式现代化的哲学逻辑》，《中国社会科学》2023 年第 7 期。
② 《周易》，郭彧译注，中华书局 2006 年版，第 360 页。
③ 《道德经》，陈徽译注，上海古籍出版社 2023 年版，第 149 页。
④ 《论语》，张燕婴译注，中华书局 2006 年版，第 26、8 页。

异体，无宜而有用为人，数也"①。当然，直到魏晋时期，体用才成为一对重要的哲学范畴。到宋元明清时期，体用已然成为不同流派哲学家普遍使用的范畴，宋明理学更是把体用的哲学探讨发展到一个新的高度。近代以来，面对西方强势文化的冲击，中国思想界围绕本末、体用、道器等方面的争论日趋热烈，在体用方面形成了不同的理论主张。纵观整个中国哲学的发展历程，大体说来，体用范畴主要有三方面的含义。第一，"体"指实体、主体、形体等，"用"指作用、功能、属性等。"体"一般指有形质的、可感知的具体事物，是独立存在的对象，"用"就是该事物的实际作用、功用。比如，朱熹讲："如这身是体；目视，耳听，手足运动处，便是用。如这手是体；指之运动提掇处便是用。"② 第二，"体"指本质、本原等，"用"指现象、表象等。这里的"体"不再指某一个具体的有形的物质实体，而是指万事万物的共同本质，是最高本体或本原。这里的"用"则是指本体所派生出来的宇宙万物、外在现象。比如，程颐在《易传序》中提出："至微者理也，至著者象也。体用一源，显微无间。"③ 第三，"体"指根本原则、内在目的等，"用"指具体方法、外在手段等。比如，张之洞在《劝学篇·会通》中提出"中学为内学，西学为外学，中学治身心，西学应世事"④ 的观点，表达的就是"中学为体、西学为用"的主张。

体与用的关系是什么？中国哲学主导的思想就是"明体达用"

---

① 《荀子》，叶绍钧选注，崇文书局2014年版，第41页。
② （宋）朱熹：《朱子语类》第1册，崇文书局2018年版，第76页。
③ （宋）程颢、程颐：《二程集》，凤凰出版社2020年版，第159页。
④ （清）张之洞：《劝学篇》，上海书店出版社2002年版，第71页。

"体用贯通"（这两者表达的内涵是一样的）。"明体达用"就其精神实质，反映的是体用的一致性、统一性、贯通性，类似的说法还有"体用一源""体用一如""体用一贯""体用不二""体用相即"等。2023年10月召开的全国宣传思想文化工作会议用"明体达用、体用贯通"概括了习近平文化思想的理论品格。用"明体达用"概括一种学说的理论品格，历史上是有先例的。比如，元代张光祖《言行龟鉴》对胡瑗教育思想的评价："（胡瑗）教学者必以明体达用为本。"[①] 再如，元代欧阳玄概括许衡的学问："其为学也以明体达用为主。"[②]

用"明体达用"（或体用辩证统一）概括习近平文化思想的理论品格，意指的是什么？习近平文化思想既有宏观层面的规律性认识，也有具体层面的实践路径，是理论与实践、认识论与方法论、"治道"与"治事"的统一。

第一，习近平文化思想实现了"文化理论观点上的创新和突破"，深化了"对文化建设的规律性认识"。这便是"明体"。这里的"体"就是关于文化、文明以及文化建设的本质根据、根本原则等内容。习近平文化思想实现了对马克思主义文化理论的原创性发展，其核心内容有：关于坚持党的文化领导权的重要论述，关于推动物质文明和精神文明协调发展的重要论述，关于"两个结合"的根本要求的重要论述，关于新的文化使命的重要论述，关于坚定文化自信的重要论述，关于培育和践行社会主义核心价值观的重要论述，关于掌握

---

① （元）张光祖：《言行龟鉴》，徐敏霞、文青校点，辽宁教育出版社2001年版，第3页。
② 《欧阳玄集》，陈书良、刘娟校点，岳麓书社2010年版，第98页。

一　习近平文化思想研究

信息化条件下舆论主导权、广泛凝聚社会共识的重要论述，关于以人民为中心的工作导向的重要论述，关于保护历史文化遗产的重要论述，关于构建中国话语和中国叙事体系的重要论述，关于促进文明交流互鉴的重要论述。这11个方面鲜明体现了"文化理论观点上的创新和突破"，构成了新时代中国共产党人文化观的核心内容。

第二，习近平文化思想规定了"文化工作布局上的部署要求"，明确了"新时代文化建设的路线图和任务书"。这便是"达用"。这里的"用"就是关于新时代文化建设、文化工作的实践路径、方式方法等。从实践操作层面的方法论来看，立足于新的历史起点推进社会主义文化建设，实现新的文化使命，习近平文化思想提出了系统完备、切实可行的战略路径：着力加强党对宣传思想文化工作的领导，着力建设具有强大凝聚力和引领力的社会主义意识形态，着力培育和践行社会主义核心价值观，着力提升新闻舆论传播力、引导力、影响力、公信力，着力赓续中华文脉、推动中华优秀传统文化创造性转化和创新性发展，着力推动文化事业和文化产业繁荣发展，着力加强国际传播能力建设、促进文明交流互鉴。这"七个着力"集中体现了习近平文化思想经世致用的特点。

第三，习近平文化思想实现了体与用、理论与实践之间的辩证统一。这便是"体用贯通"。"明体达用、体用贯通"的理论品格不仅指习近平文化思想既包括了"体"的内容，又包括了"用"的内容，还指两者之间相互贯通的内在关系。王阳明说："即体而言，用在体；即用而言，体在用。是谓'体用一源'。"这里所提的即体即用的观点，呈现的就是体与用的统一、体用贯通的思想。我们提出，从体用关系去考察习近平文化思想，也是为了强调，习近平文化思想中的独具创新性和突破性的文化理论观点,与新时代文化建设的实践举措,不是割裂的、外在的关系,而是相互贯通的、内在的关系。"体"(文化理论观点)决定了"用"(文化建设的实践举措),"用"体现了"体"。比如,坚持党的文化领导权是习近平文化思想中至关重要的"体",这一认识论必然决定了方法论——着力加强党对宣传思想文化工作的领导,确立和坚持马克思主义在意识形态领域指导地位的根本制度,制定意识形态工作责任制实施办法,制定《中国共产党宣传工作条例》等一系列"用",并且后者也集中体现了、确证着前者的根本要求。再比如,关于中国特色社会主义文化发展道路,坚定文化自信、"第二个结合"的理论观点直接决定了"着力赓续中华文脉、推动中华优秀传统文化创造性转化和创新性发展"的文化建设的实践路径,当然,这一实践路径也体现了前者的基本逻辑。这类例子还有很多,我们就不一一列举了。总之,习近平文化思想体现了"由体以达用,由用以明体"的基本特征。

(原载《马克思主义研究》2023 年第 12 期)

习近平文化思想的哲学意蕴[*]

臧峰宇[**]

作为习近平新时代中国特色社会主义思想的文化篇，习近平文化思想是新时代党领导文化建设实践经验的理论总结，丰富和发展了马克思主义文化理论，有力巩固了中华民族的文化主体性。哲学是时代精神的精华和文化的活的灵魂，加强习近平文化思想的体系化研究、学理化阐释，应运用"明体达用、体用贯通"的思想方法，从历史逻辑、理论逻辑和实践逻辑层面深刻理解其中体现的本体论、认识论和方法论辩证统一的哲学意蕴。

文化传承发展的历史逻辑与中国式现代化的文化形态

中华民族有百万年的人类史、一万年的文化史、五千多年的文明

---

[*] 本文系国家社科基金重大项目"中国式现代化道路的文明底蕴与人类文明新形态的实践创造研究"的阶段性成果。

[**] 作者简介：臧峰宇，中国人民大学哲学院院长、教授。

史。党的十八大以来，以习近平同志为核心的党中央立足文化传承发展的历史逻辑，推动中华优秀传统文化创造性转化、创新性发展，巩固中华文化主体性，在党史、新中国史、改革开放史、社会主义发展史、中华民族发展史中汲取文化建设的实践经验并实现综合创新，彰显了中华民族的主体意识和文化生命，汇聚起铸就社会主义文化新辉煌的强大动力。从中华大地生长出来的现代化赓续古老文明，彰显了中华民族现代文明建设在社会主义发展史上的里程碑意义。

首先，习近平文化思想赓续中华文明的历史根脉，体现了中华文化和中国精神的时代精华，深化了对中华文明发展规律的认识。纵观人类文明史可见，很多原生或次生的文明在发展过程中都已中断或湮灭在历史的烟尘中，唯有中华文明绵延不绝。中华文明之所以文脉悠长，是因其具有鲜明的连续性、创新性、统一性、包容性、和平性，在历史长河中将中国人的宇宙观、天下观、社会观、道德观不断对象化并丰富发展。以世界文明发展历程为参照，深刻理解中华文明绵延永续的根由，把握中华文明讲仁爱、重民本、守诚信、崇正义、尚和合、求大同的精神特质，就会认识到巩固中华文化主体性的重要意义。

习近平总书记强调中华优秀传统文化是我们党创新理论的"根"，蕴藏着解决当代人类面临的难题的重要启示："只有立足波澜壮阔的中华五千多年文明史，才能真正理解中国道路的历史必然、文化内涵与独特优势。"文化主体性是一个国家和民族自我意识的核心，是文化自觉和文化自信之源，是一个不断建构的过程。中华优秀传统文化视通万里、融汇古今，积淀着丰厚的文化资源，具有充盈的文化创造力，其在日常生活中具体化，成为体现文化主体性的历史实在。近代以来，国家蒙辱、人民蒙难、文明蒙尘，可歌可泣的中华儿女在奋力实现民族独立和解放的同时，书写了一部精神上自立自信自强的中华文化重焕荣光的历史，使中华文明实现了从传统到现代的跨越。继承珍贵的文化遗产并使之实现创造性转化、创新性发展，丰富中国人独特的精神世界，阐明人民群众日用而不觉的价值观具有的文明内涵，是以中国式现代化全面推进中华民族伟大复兴的文化前提。

作为改革开放以来我们取得一切成绩和进步的根本原因之一，中国特色社会主义文化繁荣发展是党团结带领人民接续奋斗的结果，体现了党对实现创造性转化和创新性发展的中华优秀传统文化的精神实质、道德规范、价值关怀及其生命力和创造力的自信，为中国特色社会主义道路确立了深远宏阔的文化根基。在中国特色社会主义道路上弘扬跨越时空、超越国度、富有永恒魅力、具有当代价值的优秀文化精神，体现了新的文化生命体的主体性自觉，使中华文明"贞下起元"，创造了中华民族的旧邦新命，汇聚起建设中华民族现代文明的强大精神力量。

其次，习近平文化思想在新时代新征程上彰显高度的文化自信，坚持党的文化领导权，深化了对党的创新理论的规律性认识。作为中国先进文化的积极引领者和践行者与中华优秀传统文化的忠实传承者和弘扬者，我们党自成立起，就提出建立中华民族新文化的纲领和主张，致力于建设民族的、科学的、大众的新文化。

中华人民共和国成立后，毛泽东同志提出"百花齐放，百家争鸣"的方针，提出"古为今用，洋为中用"的文化建设原则，秉持独立自主、实事求是的文化精神，顺应繁荣文化艺术、发展科学技术的时代要求，指明文艺为人民大众服务的发展方向，强调培养有社会主义觉悟的有文化的劳动者,倡导科学文化现代化。改革开放新时期,邓小平同志从战略高度强调要在建设高度物质文明的同时,提高全民族的科学文化水平,发展高尚的丰富多彩的文化生活,建设高度的社会主义精神文明;教育要面向现代化,面向世界,面向未来;提高中华民族的思想道德素质和科学文化素质。

进入新时代,习近平总书记将坚定文化自信视为事关国运兴衰、事关文化安全、事关民族精神独立性的大问题,明确提出坚持党的文化领导权,强调坚持以人民为中心,深刻回答了中国特色社会主义文化建设举什么旗、走什么路、坚持什么原则、实现什么目标等根本问题。深刻揭示了中华文化的精神标识,保护承载中华民族基因和血脉的文化遗产,赓续历史文脉,更好实现文明薪火相传。明确为什么人进行文化生产和文化创造,坚持文化发展服务于改善人民群众的生活,尊重人民主体地位,保障人民文化权益,使人们平等享受文化资源,共同参与文化创造,满足人民日益增长的文化需要,社会主义文化建设取得历史性成就,书写了新时代光耀中华的文化篇章。

最后,习近平文化思想展现了开阔的世界历史视野,深化了对社会主义文化发展规律的认识。习近平总书记强调,"物质富足、精神富有是社会主义现代化的根本要求"①,"'第二个结合'让中国特色社会主义道路有了更加宏阔深远的历史纵深,拓展了中国特色社会主义道路的文化根基"②。以马克思主义文化理论激发中华优秀传统文化的创新创造活力,弘扬革命文化的时代精神,发展社会主义先进文

---

① 习近平:《高举中国特色社会主义伟大旗帜 为全面建设社会主义现代化国家而团结奋斗——在中国共产党第二十次全国代表大会上的报告》,人民出版社2022年版,第22页。
② 习近平:《在文化传承发展座谈会上的讲话》,人民出版社2023年版,第7页。

化，借鉴吸收人类一切优秀文明成果，创造了在五千多年中华文明基础上形成的体现社会主义本质要求的中华民族现代文明。

作为把马克思主义基本原理同中国具体实际相结合、同中华优秀传统文化相结合的实践场域，中国式现代化为实现古今文化相通和文明交流互鉴提供了现实可能性，在此过程中建设社会主义文化强国，是党团结带领人民长期奋斗追求的重要目标，是全面建设社会主义现代化国家的战略任务，是推动构建人类命运共同体的必然要求。中国式现代化的文化形态彰显了主体性自觉，使文化自信有了根本依托，呈现了中华文明从过去之我、现在之我走向未来之我的历史逻辑，是在社会主义现代化进程中努力实现民族复兴的文化结晶。

文化守正创新的理论逻辑与"两个结合"的科学方法

习近平总书记创造性运用马克思主义文化理论科学回答中国式现代化进程中的文化问题，在中国特色社会主义文化建设的实践探索中丰富和发展了马克思主义文化理论。习近平文化思想是不断展开的、开放式的思想体系，运用"两个结合"的科学方法，阐明中华优秀传统文化创造性转化、创新性发展的历史必然，呈现了文化守正创新的理论逻辑，对马克思主义文化理论作出了原创性贡献。

第一，丰富和发展了马克思主义文化理论。在中国特色社会主义文化发展的实践探索中产生的习近平文化思想系统归纳了新时代中国特色社会主义文化的发展规律，表明作为上层建筑的文化由经济基础决定并发挥现实的反作用，随着社会生产方式的变化而变化，亦有着超越时空的永恒魅力。习近平总书记指出："守正，守的是马克思主义在意识形态领域指导地位的根本制度，守的是'两个结合'的根本要求，守的是中国共产党的文化领导权和中华民族的文化主体性。"① 确立和坚持马克思主义在意识形态领域指导地位的根本制度，促进马克思主义文化理论与中华优秀传统文化有机融合，呈现了马克思主义中国化的文化向度，实现了以守正为前提的文化创新发展。

马克思主义文化理论揭示了文化传承发展的内在逻辑及其与经济和政治的关系，表明文化的产生和发展归根结底是物质生产不断发展的结果，文化实践是人的本质力量的对象化活动。每个时代的文化都是历史的产物，作为观念形态的文化在实践中转化为文明，对经济社会发展产生现实的物质力量。文化发展是合规律性与合目的性的统一，文化实践的目的在于实现人的全面发展，达此目的要遵循文化发展规律。马克思主义在中国生根发芽开花结果，从根本上体现为其同中国具体实际和中华优秀传统文化相结合，形成新的文化生命体。马克思主义由此获得中国文化性格，展现中国风格和中国气派，为中华优秀传统文化注入科学理性精神，在中国式现代化进程中推动中国特色社会主义文化繁荣发展。

党的十八大以来，习近平总书记提出坚定文化自信，揭示了文化建设在"五位一体"总体布局中的独特价值，表明了精神文明建设在社会发展过程中具有重要作用，实现了守正基础上的马克思主义文化理论创新。"创新，创的是新思路、新话语、新机制、新形式，要在马克思主义指导下真正做到古为今用、洋为中用、辩证取舍、推陈

---

① 习近平：《在文化传承发展座谈会上的讲话》，人民出版社2023年版，第11页。

出新，实现传统与现代的有机衔接。"① 这一重要理论创新彰显了中华民族文化意义上坚定的自我，表明中国将以更开放的姿态和更有活力的文明成就拥抱和贡献世界，展现了内化于中华文明并在社会主义现代化进程中凝结而成的现代文化形态，表明马克思主义文化理论发展达到了新高度。

第二，深刻揭示了"两个结合"的科学方法。"两个结合"是党实现理论创新和文化繁荣的必由之路，是进一步实现中国特色社会主义文化发展的科学方法。马克思主义基本原理同中国具体实际相结合是其同中华优秀传统文化相结合的现实基础，马克思主义基本原理同中华优秀传统文化相结合是其同中国具体实际相结合的深层体现。中国特色的关键在于"两个结合"，"第二个结合"使"魂脉"和"根脉"相贯通，将马克思主义与中华优秀传统文化作为新的文化生命体的结构性主体，不仅充盈了马克思主义的中国文化生命，而且让我们能够在更广阔的文化空间中充分运用中华优秀传统文化的宝贵资源，探索面向未来的理论和制度创新，让马克思主义成为中国的，中华优秀传统文化成为现代的，使马克思主义激活中华优秀传统文化中富有生命力的元素并彰显时代内涵，使中华优秀传统文化的智慧结晶深层次融入马克思主义，成为"又一次的思想解放"。

马克思主义激活中华优秀传统文化的生命力并为其赋予科学理性精神，使马克思主义获得中国文化性格，使经由"结合"形成的新文化成为中国式现代化的文化形态。这种文化形态蕴含着马克思主义文化理论的要义和中华优秀传统文化的精华。作为"又一次的思想

---

① 习近平：《在文化传承发展座谈会上的讲话》，人民出版社2023年版，第11页。

解放","第二个结合"不仅破除了传统和现代相对立的观念桎梏，而且在中西文明交融的基础上进一步实现了文化综合创新，推动了中华文明的生命更新和现代转型。在马克思主义"魂脉"和中华优秀传统文化"根脉"上培育有机统一的新的文化生命体，承担促进中华文化繁荣兴盛的历史使命，方能以熔铸古今、会通中西的思路创造人类文明新形态。

"第二个结合"破解了"古今中西之争"，夯实了中国式现代化的文化根基。一个国家和民族的文化传统是更深沉、更内在的具体实际，且作为具体实际的深层要素彰显其本质特征。中华优秀传统文化是融入中国人精神生命的历史实在，中国具体实际根本上是中华优秀传统文化对象化的结果。马克思主义在中国具体化，必然要同中华优秀传统文化相结合，并在中国式现代化进程中发挥现实的物质力量。只有坚持"两个结合"的科学方法，遵循文化守正创新的理论逻辑，发扬历史主动精神，才能推动中国式现代化行稳致远。

第三，深刻阐明了中华优秀传统文化在现代化进程中实现创造性转化、创新性发展的历史必然。中华优秀传统文化是中华民族的精神命脉，是在一万年的文化史中持续培育发展的，绵延不绝、传承至今。其中蕴含的思想观念、人文精神、道德规范是中国人思想和精神的内核，包含着崇高的理想追求，对解决当今人类精神生活领域的复杂问题具有深远的启示意义。中华优秀传统文化有其独特的价值体系，潜移默化地影响着中国人的思维方式和行为方式。彰显中华优秀传统文化的时代魅力，必须使之实现创造性转化、创新性发展，而转化和发展的前提是马克思主义基本原理同其相结合并在中国式现代化进程中获得实践确证。

中华优秀传统文化创造性转化、创新性发展不仅体现为文化观念与时俱进及其转化为文明实体的内在逻辑，而且体现为历史必然。任何反映时代精神的文化都是流动的活水，都随时代发展而确定流向，其间虽或九曲十八弯，但终将大河向东流，从中呈现一种历史辩证法。百余年来，马克思主义思想精髓同中华优秀传统文化精华相贯通，聚变为新的理论优势，这是我们党团结带领人民在实践探索中形成的思想结晶，基于马克思主义基本原理同中国具体实际相结合的历史经验，成为在中国式现代化进程中加强文化建设的重要思想方法。

文化体用贯通的实践逻辑与建设中华民族现代文明

习近平总书记立足党和国家事业发展全局，深刻回答了新时代坚持和发展什么样的中国特色社会主义文化、怎样坚持和发展中国特色社会主义文化这一重大课题，强调宣传思想文化工作事关党的前途命运，事关国家长治久安，事关民族凝聚力和向心力，是一项极端重要的工作，不仅指明了新时代文化建设的方向，而且明确了新时代文化建设的路线图和任务书，呈现了文化体用贯通的实践逻辑，为建设中华民族现代文明提供了根本遵循。

以习近平文化思想为指导，建设中华民族现代文明，要进一步推进实践基础上的理论创新。深刻理解这一内涵丰富、思想深邃、逻辑严密、博大精深的思想体系，领悟其中的本体论、认识论和方法论原则，并作出原理性阐释。习近平文化思想明体达用、体用贯通，系统阐明马克思主义文化理论中国化时代化的核心要义，明确指出新时代中国特色社会主义文化建设的实践方略，表明我们党在领导新时代文化建设中积累了丰富经验，并经体系化、学理化而升华为科学理论。用以体立，体在用中。要坚持问题导向，把握新时代中国特色社会主义文化发展过程中存在的本质的必然的联系，切实承担起新的文化使命。

以习近平文化思想为指导，建设中华民族现代文明，就要激活中华优秀传统文化的时代活力，使马克思主义基本原理同其相结合并发挥作用于中国式现代化实践。这不仅在理论创新过程中明体，而且在实践创造过程中达用，从而体用贯通，体现了中国特色社会主义文化实践的原则高度，成为做好宣传思想文化工作必须运用好的思想方法和工作方法。要按照"九个坚持""十四个强调""七个着力"的要求，举旗帜、聚民心、育新人、兴文化、展形象，建设具有强大凝聚力和引领力的社会主义意识形态，实现物质文明和精神文明协调发展，推动文化领域供给侧结构性改革，推动文化事业和文化产业繁荣发展，建构中国自主的知识体系，铸牢中华民族共同体意识，使全体人民精神生活共同富裕。

以习近平文化思想为指导，建设中华民族现代文明，就要将提升全民族文化素养作为价值指向。现代化的实质是人的现代化，不断实现中国人的思维方式、价值观念、生活方式的现代转型，中华民族现代文明才能彰显实体性内容。为此，要更加注重以文化人、以文育人，以更高远的历史站位、更宽广的国际视野、更深邃的战略眼光推进教育现代化，把文化自信融入全民族的精神气质与文化品格中。

以习近平文化思想为指导，建设中华民族现代文明，就要坚持胸怀天下，秉持开放包容，实现文化传承发展的民族性和世界性的统一，夯实构建人类命运共同体的文明基础。中华民族自古开通的丝绸之路闻名遐迩，流传着万里驼铃万里波的丝路长歌。习近平总书记阐明人类文明的相处之道，尊重世界文明多样性，弘扬全人类共同价值，重视文明传承和创新，加强国际人文交流合作，以文明交流互鉴的主张超越中西文化体用之辨的近代观念束缚，使文明交融会通并不断吸纳时代精华。今天，我们要拓展世界眼光，深刻洞察人类发展进步潮流，加快构建中国话语和中国叙事体系，展示中华文明的精神标识和文化精髓，以求同存异、开放包容的精神促进文明交流互鉴，创造人类文明新形态，构建人类命运共同体，面向未来书写世界文明史的多彩图景。

（原载《光明日报》2024年3月4日）

深入系统地把握习近平文化思想的主要内容

沈壮海[*]

习近平文化思想这一重大理论概括的提出，是建立在习近平总书记关于新时代中国特色社会主义文化建设丰富而深刻的思想成果基础之上的。学习、研究、阐释习近平文化思想，核心任务之一，就是深入系统地学习、研究、阐释习近平文化思想的主要内容。在2018年8月21日召开的全国宣传思想工作会议上，习近平总书记曾经用"九个坚持"概括了在党的十八大以来的实践中不断深化对宣传思想工作的规律性认识所提出的新思想新观点新论断；在2023年6月2日召开的文化传承发展座谈会上，习近平总书记将"在实践中，我们不断深化对文化建设的规律性认识"，提出的"新思想新观点新论断"概括为"十四个强调"，并指出："这些重要观点，是新时代党领导文化建设实践经验的理论总结，是做好宣传思想文化工作的根本遵循，必须长期坚持贯彻、不断丰富发展。"[①] 这些重要论述，展现了

---

[*] 作者简介：沈壮海，武汉大学党委常务副书记、教授、博士生导师，长江学者特聘教授。
[①] 习近平：《在文化传承发展座谈会上的讲话》，《求是》2023年第17期。

习近平文化思想的丰富内容。学习、研究、阐释习近平文化思想的主要内容，应以此为重要依循，系统钻研习近平总书记关于文化建设的丰厚原论原著，密切联系新时代以来文化建设的生动实践，融会贯通。在此过程中，我们要坚持综观"问题与回应""坚持与发展""明体与达用"，以增进对习近平文化思想主要内容的整体把握、透彻理解。

一是综观"问题与回应"。对问题的敏锐关注与自觉回应，是理论生成与创新发展的起点。"与时代同步伐，与人民共命运，关注和回答时代和实践提出的重大课题，是马克思主义永葆生机活力的奥妙所在。"[①] 习近平新时代中国特色社会主义思想之所以实现了马克思主义中国化时代化的新飞跃，就在于这一思想在"从理论和实践的结合上深入回答关系党和国家事业发展、党治国理政的一系列重大时代课题"的过程中"取得重大理论创新成果"。[②] 习近平文化思想作为习近平新时代中国特色社会主义思想的文化篇，也是在回答时代发问的过程中形成的。中华民族以什么样的文化状态面对世界百年未有之大变局、推进民族复兴的伟大进程？面对社会思想观念和价值取向日趋活跃、主流和非主流并存、社会思潮纷纭激荡的新形势，如何巩固马克思主义在意识形态领域的指导地位，培育和践行社会主义核心价值观，巩固全党全国各族人民团结奋斗的共同思想基础？在社会主要矛盾已经转化为人民日益增长的美好生活需要和不平衡不充分的发展之间的矛盾这一情况下，如何满足人民更高品质精神需求、增进人民的精神力量？在信息化进程迅猛推进的时代背景下，如何使互联网

---

① 习近平：《学习马克思主义基本理论是共产党人的必修课》，《求是》2019 年第 22 期。
② 《习近平著作选读》第一卷，人民出版社 2023 年版，第 14 页。

这个最大变量变成事业发展的最大增量？在中国式现代化更加深广推进的过程中，我们这个有着丰厚文化积淀的文明古国如何传承好文明基因，构建中国式现代化的文化形态、文明形态？面对当今世界的变乱交织，不同思想文化交流交融交锋风云激荡，如何坚持文明的多样性、增进文明互鉴？如此等等，都是我们必须作答的时代之问、文化之问。这些问题，概括而言，就是在习近平新时代中国特色社会主义建设的进程中，我们应当担负起怎样的文化新使命、如何担负起新的文化使命。习近平文化思想正是在回答这些重大时代之问、文化之问的过程中，以丰富而深刻的创造性之答而构成富有生命力、引领力的思想体系的。深入研究、系统把握习近平文化思想的主要内容，就要深入这些重要的时代之问、文化之问中，深入对这些时代之问、文化之问的创造性回答之中。唯此，才能深刻理解习近平文化思想主要内容之生成根据、基本构成、时代价值与深远意义。

二是综观"坚持与发展"。 马克思主义不仅确立了观察和分析文化问题的基本原理和科学方法论，而且包括对思想道德、价值观念、文学艺术、社会科学等文化诸具体领域和形态的透彻见解，具有丰富的文化思想。在推动马克思主义中国化时代化、建设中华民族新文化的进程中，中国共产党人先后形成了关于新民主主义和社会主义文化建设、社会主义精神文明建设、中国特色社会主义文化建设等丰富的理论成果，不断丰富和发展了马克思主义文化理论，引领了党和人民文化奋斗的接续实践。习近平文化思想是在此基础上写出的马克思主义文化理论中国化时代化的新篇章，其中包括对马克思主义文化理论及其中国化时代化成果许多根本性内容、基本原则毫不动摇的坚持与强调。如反复强调发展面向现代化、面向世界、面向未来的，民族的科学的大众的社会主义文化；强调坚持马克思主义在意识形态领域指导地位；强调坚持为人民服务、为社会主义服务，坚持"百花齐放，百家争鸣"；强调坚持依法治国和以德治国相结合；强调坚持把社会效益放在首位、社会效益和经济效益相统一；强调激发全民族文化创新创造活力，等等。在新的时空环境中对这些内容的坚持与强调，绝不是简单的重申和复述，而是已注入了新的内涵、生成了新的意义。习近平文化思想中还具有许多在回答时代提出的文化新课题的过程中形成的原创性内容。如，关于坚定文化自信的思想；关于"两个结合"的思想；关于中华文明突出特性的思想；关于中华优秀传统文化创造性转化和创新性发展的思想；关于培育和践行社会主义核心价值观的思想；关于以人民为中心的创作导向的思想；关于营造风清气正的网络空间的思想；关于提高新闻舆论传播力、引导力、影响力、公信力的思想；关于文明互鉴的思想；关于担负新的文化使命的思想；关于坚持党的文化领导权的思想，等等。这些都是富有时代气息的原创性内容，是马克思主义文化理论中原创性的"新增量"。作为一个整体的习近平文化思想，既包括新时代以来以习近平同志为主要代表的中国共产党人结合新的时代条件、历史任务、实践要求对马克思主义文化理论及其中国化时代化成果坚持和运用、赋予新的内涵与意义这一方面的内容，也包括新时代以来以习近平同志为主要代表的中国共产党人在推动铸就社会主义文化新辉煌的实践进程中所取得的原创性的理论成果。这两个方面的内容，有机一体、不可割裂，都是我们学习研究习近平文化思想时所应认真把握的。

三是综观"明体与达用"。 "明体达用、体用贯通"是全国宣传思想文化工作会议对习近平文化思想理论品格的重要概括。"明体"

可以理解为对新时代中国共产党人和中华民族新的文化使命"是什么"的明确提出，理解为对新时代中国特色社会主义文化建设中基本理论问题的透彻阐述、对中国特色社会主义文化建设规律的深刻把握；"达用"可以理解为对我们如何担负起新的文化使命的清晰回答，理解为对新时代中国特色社会主义文化建设实践方略的系统论述。"明体达用、体用贯通"八字，不仅概括了习近平文化思想的重要理论品格，也提示了习近平文化思想主要内容的基本维度、内在结构。沿着这样的分析路径，我们可以看到，习近平文化思想的主要内容至少包括文化价值论、文化使命论、文化道路论、文化领域论、文化精神论、文化领导论等几个方面。其"文化价值论"揭示了文化对于民族生存和发展的重要意义、在民族复兴和强国建设进程中的重要地位和作用。"文化使命论"旗帜鲜明提出了在新的起点上继续推动文化繁荣、建设文化强国、建设中华民族现代文明，是我们在新时代新的文化使命；强调对历史最好的继承就是创造新的历史，对人类文明最大的礼敬就是创造人类文明新形态，要共同努力创造属于我们这个时代的新文化，建设中华民族现代文明。"文化道路论"强调在五千多年中华文明深厚基础上开辟和发展中国特色社会主义，把马克思主义基本原理同中国具体实际、同中华优秀传统文化相结合是必由之路；中国式现代化是中华民族的旧邦新命，必将推动中华文明重焕荣光。"文化领域论"中包含对思想理论、文学艺术、哲学社会科学、党的新闻舆论工作、文化产业、公共文化服务体系等各文化领域建设和发展的深邃思考、重要论述。"文化精神论"强调要坚定文化自信，把文化自信融入全民族的精神气质与文化品格中，养成昂扬向上的风貌和理性平和的心态；要秉持开放包容，更加积极主动地学习借鉴人类创造的一切优秀文明成果；要坚持守正创新，在马克思主义指导下真正做到古为今用、洋为中用、辩证取舍、推陈出新，赓续历史文脉、谱写当代华章。"文化领导论"强调牢牢掌握党的文化领导权，把文化建设摆在全局工作的重要位置，不断深化对文化建设的规律性认识，为担负起新的文化使命提供根本保证。这些方面构成一个有机整体，"既有文化理论观点上的创新和突破，又有文化工作布局上的部署要求"，"明确了新时代文化建设的路线图和任务书，标志着我们党对中国特色社会主义文化建设规律的认识达到了新高度，表明我们党的历史自信、文化自信达到了新高度，并在我国社会主义文化建设中展现出了强大伟力，为做好新时代新征程宣传思想文化工作、担负起新的文化使命提供了强大思想武器和科学行动指南"。[1]

"习近平文化思想是一个不断展开的、开放式的思想体系，必将随着实践深入不断丰富发展。"[2] 我们要伴随着新时代中国特色社会主义文化建设理论与实践的双重探索进程，不断深化对习近平文化思想内容体系的学习和理解，不断增进创造无愧于我们这个时代的新文化的思想与行动自觉，努力为文化的繁荣发展、为社会主义文化强国建设和中华民族现代文明建设贡献自己的力量。

（原载《思想理论教育导刊》2023年第11期）

---

[1] 《坚定文化自信秉持开放包容坚持守正创新 为全面建设社会主义现代化国家 全面推进中华民族伟大复兴提供坚强思想保证强大精神力量有利文化条件》，《人民日报》2023年10月9日。

[2] 《坚定文化自信秉持开放包容坚持守正创新 为全面建设社会主义现代化国家 全面推进中华民族伟大复兴提供坚强思想保证强大精神力量有利文化条件》，《人民日报》2023年10月9日。

习近平文化思想的理论品格

肖伟光[*]

全国宣传思想文化工作会议最重要的成果,是正式提出和系统阐述习近平文化思想。这次会议用"明体达用、体用贯通"八个字对习近平文化思想的理论品格进行描述,用典恰切、蕴涵丰富。本文试就习近平文化思想"所明何体""所达何用""体用何以贯通",做一个初步回答。

一 习近平文化思想所明何体?

习近平文化思想所明之"体"是什么?这里的"体"是马克思主义文化理论。党的十八大以来,习近平总书记就新时代文化建设提出一系列新思想新观点新论断,为丰富和发展马克思主义文化理论作出重大原创性贡献。习近平文化思想深刻回答了新时代我国文化建设

---

[*] 作者简介:肖伟光,上海交通大学媒体与传播学院教授。

举什么旗、走什么路、坚持什么原则、实现什么目标等根本问题。归纳起来，习近平文化思想在如下六个方面丰富和发展了马克思主义文化理论。

（一）明定位

定位明，则思路清。习近平总书记对宣传思想文化工作有着战略考量和深远思考，反复强调宣传思想文化工作在党和国家工作全局中的重要地位和突出作用。

第一，分领域来看文化建设的定位问题。习近平文化思想博大精深，涉及文艺工作、党的新闻舆论工作、网络安全和信息化工作、哲学社会科学工作、高校思想政治工作、文化传承发展等各个领域。举例来说，关于社会主义意识形态，习近平总书记强调："意识形态工作是党的一项极端重要的工作，是为国家立心、为民族立魂的工作。"[①]"意识形态关乎旗帜、关乎道路、关乎国家政治安全。"[②] 关于社会主义核心价值观，习近平总书记强调："核心价值观是一个国家的重要稳定器，能否构建具有强大感召力的核心价值观，关系社会和谐稳定，关系国家长治久安。"[③] "培育和弘扬核心价值观，有效整合社会意识，是社会系统得以正常运转、社会秩序得以有效维护的重要途径，也是国家治理体系和治理能力的重要方面。"[④] 关于文艺工

[①]《习近平关于社会主义精神文明建设论述摘编》，中央文献出版社2022年版，第85页。
[②]《习近平关于社会主义文化建设论述摘编》，中央文献出版社2017年版，第35—36页。
[③] 习近平：《论党的宣传思想工作》，中央文献出版社2020年版，第54页。
[④] 习近平：《论党的宣传思想工作》，中央文献出版社2020年版，第52—53页。

作，习近平总书记强调："文艺是时代前进的号角，最能代表一个时代的风貌，最能引领一个时代的风气。"①"举精神之旗、立精神支柱、建精神家园，都离不开文艺。"②

第二，从整体上来看文化建设的定位问题。2020年习近平总书记在教育文化卫生体育领域专家代表座谈会上的讲话中指出，统筹推进"五位一体"总体布局、协调推进"四个全面"战略布局，文化是重要内容；推动高质量发展，文化是重要支点；满足人民日益增长的美好生活需要，文化是重要因素；战胜前进道路上各种风险挑战，文化是重要力量源泉。③ 文化是"文"也是"道"，是内容也是形式，是支点也是杠杆，是历史的见证也是历史的动力，是国家的软实力也是发展的硬道理。早在浙江工作时，习近平总书记就在《文化是灵魂》一文里指出，文化的力量"总是'润物细无声'地融入经济力量、政治力量、社会力量之中，成为经济发展的'助推器'、政治文明的'导航灯'、社会和谐的'黏合剂'"④。无论是坚持中国道路、弘扬中国精神、凝聚中国力量，还是引领风尚、教育人民、服务社会、推动发展、应对挑战，都需要有效发挥思想引领、舆论推动、精神激励和文化支撑的作用，都需要做好宣传思想文化工作。

习近平总书记对全国宣传思想文化工作会议的重要指示，强调宣传思想文化工作事关党的前途命运，事关国家长治久安，事关民族凝

---

① 习近平：《论党的宣传思想工作》，中央文献出版社2020年版，第96页。
② 习近平：《论党的宣传思想工作》，中央文献出版社2020年版，第97页。
③ 《习近平新时代中国特色社会主义思想专题摘编》，党建读物出版社2023年版，第307页。
④ 习近平：《之江新语》，浙江人民出版社2007年版，第149页。

聚力和向心力，是一项极端重要的工作。①"三个事关"是对宣传思想文化工作定位的最新概括，凸显了这项工作的"极端重要"。马克思主义认为，在生产力结构中，人是最具有革命性的力量、最具有创造性的要素。现代化的本质是人的现代化。习近平同志在《之江新语》中曾指出："人，本质上就是文化的人，而不是'物化'的人；是能动的、全面的人，而不是僵化的、'单向度'的人。"②宣传思想文化工作是"在人的头脑里搞建设"，本质上是做人的工作，做人心的工作，也是极为重要、极其艰难的工作。在物质基础已经达到相当程度的情形下，筑牢精神防线、强化思想引领、注重文化浸润、提升人的主观能动性特别是创造性就成了影响党和国家事业发展的一个关键变量，有时甚至是其中的决定性变量，这就是"三个事关"的底层逻辑。

（二）明立场

人民立场是中国共产党的根本政治立场。党的十九大报告提出新时代坚持和发展中国特色社会主义的基本方略，并将其概括为"十四个坚持"，其中第二条是"坚持以人民为中心"。人民性是马克思主义的本质属性，习近平新时代中国特色社会主义思想是来自人民、为了人民、造福人民的理论。作为习近平新时代中国特色社会主义思想的文化篇，习近平文化思想也有鲜明的人民印记、浓厚的人民情怀。习近平总书记用"九个坚持"高度概括了我们党对宣传思想工

---

① 参见《坚定文化自信秉持开放包容坚持守正创新 为全面建设社会主义现代化国家 全面推进中华民族伟大复兴提供坚强思想保证强大精神力量有利文化条件》，《人民日报》2023年10月9日。

② 习近平：《之江新语》，浙江人民出版社2007年版，第150页。

作的规律性认识，"九个坚持"中的一个"坚持"就是"坚持以人民为中心的创作导向"。"坚持以人民为中心"在宣传思想工作上的体现就是更好发挥文化在振奋民族精神、维系国家认同、促进经济社会发展和人的全面发展等方面的作用，这是宣传思想工作的价值所在、力量所在。

第一，文化是暖人心、得民心的重要载体。在2018年的全国宣传思想工作会议上，习近平总书记指出，我们必须把人民对美好生活的向往作为我们的奋斗目标，既解决实际问题又解决思想问题，更好强信心、聚民心、暖人心、筑同心。[①] 得民心者得天下，宣传思想文化工作说到底是争取人心的工作，我们要站在这个高度来看待文化建设。强信心、聚民心、暖人心、筑同心，将解决思想问题同解决实际问题结合起来，将服务群众同教育引导群众结合起来，将满足需求同提高素养结合起来，体现了我们党以百姓心为心的初心与恒心。特别值得关注的是"暖人心"，"暖人心"暖的是民生、是人情，是人民对美好生活的向往，是我们聚民心、筑同心乃至强信心的基础所在。对老百姓衣食住行的关注是暖人心，经常报道一些凡人英雄的感人事迹也是暖人心，接地气、心贴心的宣传报道让人民群众感受到了主流媒体的暖意。

第二，文化既是凝聚人心的精神纽带，又是增进民生福祉的关键因素。进入新发展阶段，文化供给已经从缺不缺、够不够转变为好不好、精不精的问题。以习近平同志为核心的党中央，顺应时代发展潮流、顺应人民对美好生活的向往，"促进人民精神生活共同富裕"提

---

① 参见《习近平谈治国理政》第三卷，外文出版社2020年版，第311页。

上议事日程，"人民精神文化生活更加丰富"写入党的二十大报告。具体而言。在文艺方面，习近平文化思想强调，"坚持文艺为人民服务、为社会主义服务这个根本方向"①，"把满足人民精神文化需求作为文艺和文艺工作的出发点和落脚点"②。又如，在繁荣发展文化事业和文化产业方面，习近平文化思想强调，"勇担新的文化使命，繁荣发展文化事业和文化产业，深入开展城乡精神文明建设，推进城乡公共文化服务体系一体建设，努力培育新风尚、展示新形象"③，还要"培育新型文化业态和文化消费模式，以高质量文化供给增强人们的文化获得感、幸福感"④，进而不断满足人民群众多样化、多层次、多方面的精神文化需求。"不断丰富人民精神世界，提高全社会文明程度，促进人的全面发展"⑤，是对习近平文化思想人民立场的高度概括。

（三）明领导权

中国共产党是领导我们事业的核心力量，党的领导是实现中华民族伟大复兴的根本保证。党的领导权，不仅体现在经济、政治和军事等方面，而且还必须包括文化领导权，必须牢牢坚持党的文化领导权。

---

① 《习近平谈治国理政》第二卷，外文出版社2017年版，第314页。
② 《习近平谈治国理政》第二卷，外文出版社2017年版，第314页。
③ 《牢牢把握在国家发展大局中的战略定位 奋力开创黑龙江高质量发展新局面》，《人民日报》2023年9月9日。
④ 《习近平新时代中国特色社会主义思想专题摘编》，党建读物出版社2023年版，第323页。
⑤ 习近平：《中国式现代化是强国建设、民族复兴的康庄大道》，《求是》2023年第16期。

习近平文化思想是一个开放的科学体系。到目前为止，要科学把握习近平文化思想的主要内容，有三个数字非常关键——"九个坚持""十四个强调""七个着力"。"九个坚持"中第一个"坚持"就是"坚持党对意识形态工作的领导权"；在"十四个强调"中，第一次明确提出坚持党的文化领导权；"七个着力"中的第一个"着力"就是"着力加强党对宣传思想文化工作的领导"。从"九个坚持"到"十四个强调"再到"七个着力"，习近平总书记提出一系列新思想、新论断、新战略，使宣传思想文化工作发展思路越来越清晰，充分彰显了我们党在理论上的自立、实践上的自强、精神上的自主、文化上的自信，而其中一以贯之的就是坚持党的文化领导权。

坚持党的文化领导权，是习近平总书记深刻总结党的历史经验、洞察时代发展大势提出来的，充分体现了对新时代文化地位作用的深刻认识，体现了对党的意识形态工作的科学把握。[①] 意识形态工作是文化建设的重要方面，能否做好意识形态工作，关系党的前途命运、国家长治久安、民族凝聚力和向心力。党的十八大以来，习近平总书记反复强调意识形态工作是党的一项极端重要的工作，必须把意识形态工作领导权牢牢掌握在手中。在党的十八届三中全会上，习近平总书记关于意识形态工作的一席话振聋发聩，起到了正本清源的重要作用。习近平总书记指出："面对改革发展稳定复杂局面和社会思想意识多元多样、媒体格局深刻变化，在集中精力进行经济建设的同时，一刻也不能放松和削弱意识形态工作，必须把意识形态工作的领导权、管理权、话语权牢牢掌握在手中，任何时候都不能旁落，否则就

[①] 曲青山：《深入学习领会习近平文化思想》，《学习时报》2023年10月23日。

要犯无可挽回的历史性错误。"① 意识形态工作领导权、管理权、话语权旁落铸成历史性错误，苏联解体就是前车之鉴。意识形态关乎旗帜、关乎道路、关乎国家政治安全，这是世界社会主义运动中血的教训，我们不能不引以为戒、反躬自省，不能不举一反三、警钟长鸣。坚持党管宣传、党管意识形态，这是以习近平同志为核心的党中央为着力解决意识形态领域党的领导弱化问题而提出来的，理直气壮、一针见血、旗帜鲜明。新时代十年，我国意识形态领域形势发生"全局性、根本性转变"，之所以是全局性转变而不是局部性转变、是根本性转变而不是浅层次转变，主要原因就在于我们党牢牢掌握对意识形态工作的领导权。

（四）明使命

中国共产党，方向感很强，使命感也很强。党的十九届六中全会公报指出，全党要牢记中国共产党是什么、要干什么这个根本问题。夙夜在公、朝乾夕惕，中国共产党人一日未曾忘记自己的使命、一刻未曾忘记自己的担当。致广大而尽精微，将远大理想划分为一个一个阶段逐步去实现是中国共产党人的实践智慧。在不同历史时期，我们党总是根据人民意愿和事业发展需要，提出富有感召力的奋斗目标，团结带领人民为之奋斗。以习近平同志为核心的党中央把远大理想和现实工作相结合，在不同阶段根据人民意愿和事业发展需要提出富有感召力的奋斗目标和极具针对性的实现路径，毫不动摇坚持、与时俱进发展中国特色社会主义，推动党和国家各项事业取得历史性成就、

---

① 习近平：《论党的宣传思想工作》，中央文献出版社2020年版，第21页。

发生历史性变革。

具体到宣传思想文化工作上来。在强国建设、民族复兴伟业深入推进的关键时刻，习近平在文化传承发展座谈会上提出"新时代新的文化使命"。从党的十九大首次提出"新的文化使命"，到举旗帜、聚民心、育新人、兴文化、展形象"五项使命任务"，再到"新时代新的文化使命"，我们对新时代中国共产党人应当承担的文化使命的认识逐步深入、不断丰富、不断提高，充分彰显了我们党促进中华文化繁荣、创造人类文明新形态的历史担当。在新的起点上继续推动文化繁荣、建设文化强国、建设中华民族现代文明，是新时代中国共产党人新的文化使命，也是新时代中国共产党人文化建设的总纲。

提出建设中华民族现代文明的重大任务，是文化传承发展座谈会的重要贡献之一。更好担负起新时代新的文化使命，最关键的就是要深入学习贯彻习近平文化思想，用好这一强大思想武器和科学行动指南，自觉贯彻落实到宣传思想文化工作各方面和全过程，更好转化为扎实推进社会主义文化强国和中华民族现代文明建设的生动实践。

（五）明方向

对文化建设来说，守正才能不迷失自我、不迷失方向，创新才能把握时代、引领时代。守正创新，"创新"相对"守正"而言，"创新"是为了更好地"守正"，理解了"守正"就更容易理解"创新"。对文化建设来说，"守正"包含三个方面的内容：一是马克思主义在意识形态领域指导地位的根本制度；二是"两个结合"的根本要求；三是中国共产党的文化领导权和中华民族的文化主体性。这里着重分析"两个结合"的根本要求。

作为文化建设"守正"重要内容的"两个结合",是新时代党的创新理论的重要创新内容,这一创新内容成为进一步推进理论创新的根本遵循;"两个结合"既是习近平文化思想的重要内容,也是习近平文化思想进一步丰富和发展的根本途径。建党百年时"两个结合"重大论断正式提出,此后,"两个结合"先后写入党的第三个历史决议和党的二十大报告。"两个结合"特别是"第二个结合"的提出,标志着习近平总书记关于文化建设的理论成果已经成熟,习近平文化思想的提出水到渠成。对此,习近平总书记有很多重要论述。比如:理论创新必须讲新话,但不能丢了老祖宗,数典忘祖就等于割断了魂脉和根脉,最终会犯失去魂脉和根脉的颠覆性错误。"老祖宗"的问题是一个大问题。"不能数典忘祖"这一命题的反复强调、不断深化,是"两个结合"的重要内容、关键支撑,是新时代以习近平同志为主要代表的中国共产党人大力推进党的理论创新、推进马克思主义中国化时代化的一个范例,是文化生命体生生不息、新陈代谢的缩影,是体现文化主体性、彰显精神独立性的典范。[①]"决不能抛弃马克思主义这个魂脉,决不能抛弃中华优秀传统文化这个根脉"[②],这对于澄清一些人的错误认识有着很强的针对性,为我们更好推进实践基础上的理论创新、更好建设中华民族现代文明指引了航向。

从"全盘西化""打倒孔家店"到毛泽东同志提出"第一个结

[①] 肖伟光:《论文化生命体——以习近平总书记反复强调的"不能数典忘祖""历久弥新"为中心》,《宁夏社会科学》2023年第4期。

[②] 习近平:《开辟马克思主义中国化时代化新境界》,《求是》2023年第20期。

合",再到习近平总书记提出"两个结合"特别是"第二个结合",中国人对于现代化的认识与对于自身文化的认识在实践中不断深化,中华文化在马克思主义引领下重新凝聚、生成与升华,实现了中华民族文化主体性的再造。"两个结合"特别是"第二个结合",这一历史进程任重道远,"又一次的思想解放"任重道远。习近平总书记指出,中国走上这条道路,跟中国文化密不可分。我们走的中国特色社会主义道路,它内在的基因密码就在这里,有中华优秀传统文化这个基因。所以我们现在就是要理直气壮、很自豪地去做这件事,去挖掘、去结合中华优秀传统文化,真正实现马克思主义中国化时代化。①"真正实现马克思主义中国化时代化",这是明确提出目标,这也意味着马克思主义中国化时代化的推进仍然在路上,中国化时代化马克思主义的更高形态必然更富中国味,"两个结合"特别是"第二个结合"是理论创新新的生长点,也是理论创新的关键发力点。

"两个结合"在习近平文化思想中占有重要地位。习近平总书记指出,强调"两个结合",这是新时代中国特色社会主义原创性的。②"两个结合"是习近平文化思想对马克思主义文化理论的丰富与发展,是新时代中国共产党人对马克思主义的原创性贡献。从指出"我们推进马克思主义中国化时代化的根本途径是'两个结合'",到强调"在五千多年中华文明深厚基础上开辟和发展中国特色社会主义,把马克思主义基本原理同中国具体实际、同中华优秀传统文化相结合

---

① 杜尚泽:《"就是要理直气壮、很自豪地去做这件事"》,《人民日报》2022年10月19日。
② 杜尚泽:《"就是要理直气壮、很自豪地去做这件事"》,《人民日报》2022年10月19日。

是必由之路",再到提出"'两个结合'是我们取得成功的最大法宝","中国特色的关键就在于'两个结合'",新时代中国共产党人对"两个结合"特别是"第二个结合"的规律性认识越来越深刻、越来越丰厚,表明我们党对中国道路、理论、制度的认识达到了新高度,表明我们党的历史自信、文化自信达到了新高度,表明我们党在传承中华优秀传统文化中推进文化创新的自觉性达到了新高度。

(六)明规律

规律是客观事物发展过程中的本质联系,代表了事物发展的必然趋势。当今世界发展变化很快,当代中国发展变化也很快,新情况新问题新事物层出不穷。要应对好各种复杂局面,关键是要提高对规律的认识,善于运用规律来处理问题。我们说的规律,最重要的就是共产党执政规律、社会主义建设规律、人类社会发展规律。具体到文化建设上来,就是要搞清楚文化建设规律。正确认识规律、自觉遵循规律、在实践中不断升华对规律的认识,才能搞好文化建设、推动文化繁荣、建成文化强国。

习近平文化思想之"明体",主要就在于科学揭示了中国特色社会主义文化建设规律。习近平总书记将党的宣传思想工作的一系列新思想新观点新论断凝练为"九个坚持",把我们对宣传思想工作的规律性认识提升到一个新高度,正式吹响了宣传思想工作从正本清源进入守正创新阶段的冲锋号。从首次全国宣传思想工作会议上强调"意识形态工作是党的一项极端重要的工作"[①],到党的十九大报告提

---

① 习近平:《论党的宣传思想工作》,中央文献出版社2020年版,第14页。

出"新的文化使命"[①]重大命题,从2018年全国宣传思想工作会议概括出"九个坚持"的规律性认识,到党的二十大报告提出"物质富足、精神富有是社会主义现代化的根本要求"[②],从建党百年时提出"两个结合"重大论断,到文化传承发展座谈会上深刻总结中华文明的五个突出特性,尤其是对于"两个结合"特别是"第二个结合"进行的深刻阐述,再到全国宣传思想文化工作会议提出"七个着力"的重要要求、文化建设必须坚持的三项原则,习近平总书记就文化建设提出了一系列具有原创性、独创性、开创性的新理念新思想新战略。这一系列理论创新创造,是新时代党领导文化建设实践经验的体系性跃升、创造性升华、历史性跃迁,实现了马克思主义文化理论中国化时代化新的飞跃。

习近平总书记在对宣传思想文化工作的重要指示中,除了明确提出"七个着力"的重要要求,还提出了坚定文化自信、秉持开放包容、坚持守正创新三项原则。文化建设的三项原则,是习近平新时代中国特色社会主义思想世界观、方法论和贯穿其中的立场观点方法在文化建设中的集中体现,是中国特色社会主义文化建设规律的集中体现,对于我们理解把握习近平文化思想具有提纲挈领的作用。

坚定文化自信,意味着必须坚守文化主体性、确保精神独立性,坚定不移走好中国特色社会主义文化发展道路。文化自信不是文化自卑,也不是文化自负,是"平视世界",而不是"仰视世界",也不是"俯视世界",这就要求我们把文化自信融入全民族的精神气质与

[①] 《习近平谈治国理政》第三卷,外文出版社2020年版,第35页。
[②] 《习近平著作选读》第一卷,人民出版社2023年版,第19页。

文化品格中，养成昂扬向上的风貌和理性平和的心态。

文化自信是开放包容的基础，开放包容是文化自信的彰显。对于新时代的中国而言，无论是对内提升先进文化的凝聚力感召力，还是对外增强中华文明的传播力影响力，都离不开融通中外、贯通古今。破解"古今中西之争"、打通古今中西隔阂，这是新时代中国人应有的文化志向与文化追求。

坚持守正创新，"守正"包含的三个方面内容已经进行了分析。"创新"主要是创出新思路、新话语、新机制、新形式，在马克思主义指导下真正做到古为今用、洋为中用、辩证取舍、推陈出新。严复晚年说过："四子五经，故〔固〕是最富矿藏，惟须改用新式机器发掘淘炼而已。"[①] 传统文化是一个大宝库，但是需要发掘、陶冶、提炼、铸造才能为今所用，这就需要我们结合时代特点进行创造性转化、创新性发展，在中国化时代化马克思主义指导下，为中华优秀传统文化注入全新的时代内涵，让中国式现代化插上文化的翅膀。

明定位、明立场、明领导权、明使命、明方向、明规律，六者有机统一。明定位、明立场，解决的是"为何要做"问题，因为极端重要、为了人民，我们必须做好宣传思想文化工作；明领导权，解决的是"谁来去做"问题；明使命、明方向、明规律，解决的是"怎么去做"问题，解决的是我们扛着什么使命、朝着哪个方向、遵循哪些规律的问题。

---

① 王栻主编：《严复集》第三册，中华书局1986年版，第668页。

二 习近平文化思想所达何用？

道者，通也。习近平文化思想所达之用很多，其中很重要的一条就是消除"全盘西化""打倒孔家店"等口号提出以来造成的文化上的割裂感、碎片化，打通中华民族生命体的"任督二脉"，将根脉与魂脉有效且有机地绾合起来、融贯起来，使其成为一个完整的、统一的、生机勃勃的、气韵流动的文化生命体，并在挺立中华民族文化生命体的基础上，不断巩固中华民族的文化主体性、实现中华民族的精神独立性。

如何处理传统与现代的关系，是世界现代化进程中必须面对的一个重大课题。在这个问题上，我们有过很多艰难的探索，也走过不少弯路。很长一段时间内，为了尽快摆脱落后局面、赶上时代，我们"尽弃其学而学焉"，将自家文化打上愚昧、专制、落后、黑暗等负面标签，向往西方式现代化的光明与自由，将一切赞美致辞毫不吝惜地赋予西方文化，"所谓坏就是绝对的坏，一切皆坏；所谓好就是绝对的好，一切皆好"[①]。当然，在五四新文化运动的具体语境中，很多主张其实是一种论辩策略，是为推行新文化运动而进行的扫除廓清。就像鲁迅在《无声的中国》中所说："中国人的性情是总喜欢调和，折中的。譬如你说，这屋子太暗，须在这里开一个窗，大家一定不允许的。但如果你主张拆掉屋顶，他们就会来调和，愿意开窗了。

[①] 《毛泽东选集》第3卷，人民出版社1991年版，第832页。

没有更激烈的主张，他们总连平和的改革也不肯行。"① 为了要让大家同意在屋子上开窗户，就故意说要掀掉屋顶，否则就连窗户也开不成了。但是掀掉屋顶的主张毕竟是一种矫枉过正，其自身的偏颇是不言而喻的。

2014年2月24日，习近平总书记在主持十八届中央政治局第十三次集体学习时指出，"长期以来，由于多方面原因，人们对我国传统文化有许多不同看法。五四时期，学术界、思想界对我国传统文化进行了不同程度的批判，提出了'打倒孔家店'的口号。'文化大革命'时期，我国传统文化遭到了全面批判，其消极影响至今没有完全消除。即使今天，人们对我国传统文化仍然存在很大分歧"②。这是一个极其深刻的反思。一切伟大的思想都是有所继承的，都是站在巨人肩膀上有所创新、有所突破的。企图打倒一切、企图从真空中建立社会主义文化和共产主义文化，那肯定是违背文化发展规律、肯定是要受到历史惩罚的。正是从这个意义上说，"第二个结合"才成为"又一次的思想解放"，而这种思想解放只是刚刚拉开了序幕，任重道远。习近平文化思想强调赓续历史文脉，目的是"实现传统与现代的有机衔接"③，打通文化生命体，打破中西文化二元对立的形而上学思维、打破传统文化必然落后的错误思维、打破西方文化一切皆好的绝对思维。

通古今之变、融中西之长，这是习近平文化思想的博大气象。在当今时代，通古今之变必须与融中西之长结合起来，方能巩固中华民

---

① 《鲁迅全集》第4卷，人民文学出版社2005年版，第14页。
② 《论党的宣传思想工作》，中央文献出版社2020年版，第55页。
③ 习近平：《在文化传承发展座谈会上的讲话》，《求是》2023年第17期。

族的文化主体性、实现中华民族的精神独立性。

一方面，既然着眼于"中华民族创造的一切精神财富"[1]，那么，在处理古今文化关系方面，就既不能片面地厚古薄今，也不能片面地厚今薄古，更不能采取全盘接受或者全盘抛弃的绝对主义态度，而是在中国化时代化马克思主义的指导下，以人民的需要、时代的需要为中心，发掘中华文明宝库中一切有价值的内容，赋予其新的时代内涵，在新时代发扬光大之。举例来说。2023年7月，习近平总书记在江苏省苏州市考察时指出："苏州在传统与现代的结合上做得很好，这里不仅有历史文化的传承，而且有高科技创新和高质量发展，代表未来的发展方向。"[2] 这番话是在为中国式现代化指明发展方向，也是在为中华民族现代文明的建设指明发展方向。重视"在传统与现代的结合上"下功夫，是中国式现代化蕴含的独特历史观，也是习近平总书记一以贯之的思想、是习近平文化思想的重要特色。

另一方面，既然要更加积极主动地学习借鉴人类创造的一切优秀文明成果，那么在处理中西文化关系方面，就既不能闭门造车、将自己封闭于世界之外，也不能陷入西方中心主义的陷阱、人云亦云地丧失文化主体性，而是坚持以我为主、为我所用。这方面，关于饮食的两个比喻尤其富有启发性。一个比喻是王阳明的："饮食只是要养我身，食了要消化。若徒蓄积在肚里，便成痞了，如何长得肌肤？后世学者博闻多识，留滞胸中，皆伤食之病也。"[3] 另一个比喻是鲁迅的：

---

[1] 习近平：《论党的宣传思想工作》，中央文献出版社2020年版，第56页。
[2] 《在推进中国式现代化中走在前做示范 谱写"强富美高"新江苏现代化建设新篇章》，《人民日报》2023年7月7日。
[3] 《王阳明全集》上册，上海古籍出版社1992年版，第95页。

"无论从那里来的，只要是食物，壮健者大抵就无需思索，承认是吃的东西。惟有衰病的，却总常想到害胃，伤身，特有许多禁条，许多避忌；还有一大套比较利害而终于不得要领的理由，例如吃固无妨，而不吃尤稳，食之或当有益，然究以不吃为宜云云之类。但这一类人物总要日见其衰弱的，因为他终日战战兢兢，自己先已失了活气了。"① 前者强调要"养我身"，后者强调要秉持开放性，两个比喻合起来理解，就是要坚持文化主体性基础上的开放包容，没有文化主体性、没有原则的开放包容是不可持续的，甚至是危险的，不能开放拥抱世界的文化主体性是虚弱的，甚至是危险的。只要既坚持文化主体性又秉持开放包容精神，就不存在什么文明冲突，就完全可以在实现文明和谐的基础上让人类文明同放异彩，共同为人类发展提供精神力量。

"融通中外、贯通古今"②，为破解"古今中西之争"提供理论指引、凝聚精神力量、发挥示范作用，这些都是习近平文化思想所达之用的重要内容。

三 习近平文化思想体用何以贯通？

习近平文化思想何以能够体用贯通？我们至少可以从如下三个方面来思考。

第一，从主要创立者来看。"人能弘道，非道弘人"③，因为"苟

---

① 《鲁迅全集》第 1 卷，人民文学出版社 2005 年版，第 209 页。
② 习近平：《在文化传承发展座谈会上的讲话》，《求是》2023 年第 17 期。
③ （宋）朱熹：《四书章句集注》，中华书局 1983 年版，第 167 页。

非其人，道不虚行"①。习近平总书记是习近平文化思想的主要创立者，为习近平文化思想的创立与发展发挥了决定性作用、作出了决定性贡献。习近平文化思想之所以能够体用贯通，与作为这一重要思想的主要创立者的习近平总书记息息相关。习近平总书记一直关注文化建设、注重文化发展，对于文化有着长期的、深邃的思考。习近平总书记一直很重视地方志的作用，这是践行"两个结合"的一个范例。习近平同志主导修复正定隆兴寺、保护隋碑、组织编写《正定古今》。在《摆脱贫困》中，他写道："中华民族的传统文化在民族的延续和发展中起到了积极的作用。在几千年的文明发展史中，我们已经树立了强烈的民族自信心，无论是在民族危亡，还是在民族昌盛时期，这种自信心都是我们民族精神中最稳定的成分。"② 在福建工作时他指出："我们这样看情况、听汇报是不够的，还要看历史。一个县的历史最好的体现就是县志，府志则更为全面，里面既写正面人物，也写反面人物，我们一看就知道这个地方发生过什么事，可以从中有所借鉴。"③ 到浙江工作后，每到一地调研，他都会让当地准备县志，第二天与大家的交流座谈也经常以县志里的内容为话头。履新上海不久，他就让市委办公厅找相关部门给他提供一套上海地方志。④ 通过阅读地方志打通古今、融合传统与现代，这是"两个结合"的重要体现，也是体用贯通的重要方法。习近平总书记强烈的文化自信、深沉的文化情怀、宏大的文化格局、高远的文化追求，在

---

① （宋）朱熹：《周易本义》，中华书局 2009 年版，第 256 页。
② 习近平：《摆脱贫困》，福建人民出版社 1992 年版，第 23 页。
③ 《习近平的文化情怀》，《人民日报》2022 年 5 月 12 日。
④ 《在调查研究中用好地方志》，《人民日报》2023 年 8 月 8 日。

习近平文化思想的创立与发展过程中得到充分彰显，也必将在习近平文化思想进一步的丰富与完善过程中得到进一步彰显。

第二，从创立目标来看。问题是时代的声音，理论是时代的回声。一切划时代的理论都是应时之需、应运而生，不是哪个天才头脑的主观臆造、闭门造车。马克思主义理论创新史告诉我们，时代课题是理论创新的驱动力，重要理论创新总是在破解重大时代课题中产生。每个时代都有属于自己的问题，每个时代的主要问题、中心问题就构成时代课题。只有抓住并回答、解决时代课题的理论，才能立时代潮头、领风气之先，才能更好指导实践、推动理论创新。习近平文化思想主题鲜明、体系完备、逻辑严密、博大精深，深刻回答了新时代坚持和发展什么样的中国特色社会主义文化、怎样坚持和发展中国特色社会主义文化这一重大课题，深刻回答了新时代我国文化建设举什么旗、走什么路、坚持什么原则、实现什么目标等根本问题，丰富和发展了马克思主义文化理论，在党的宣传思想文化事业发展史上具有里程碑意义。无论是文化理论观点上的创新和突破，还是文化工作布局上的部署要求；无论是思想理论层面的认识论，还是实践操作层面的方法论；无论是宏观层面的整体指导，还是具体层面的实践路径；无论是不断深化对中国特色社会主义文化建设规律的认识，还是明确新时代文化建设的路线图和任务书，都是紧紧围绕这一重大课题、这一根本问题展开的，既做到了"明体"，又做到了"达用"，实现了"明体"与"达用"的高度统一、内在贯通。

第三，从创立方式来看。理论联系实际是中国共产党的三大优良作风之一，是中国共产党一贯坚持的正确思想路线。习近平总书记指出我们党的历史反复证明，什么时候理论联系实际坚持得好，党和人民事业就能够不断取得胜利；反之，党和人民事业就会受到损失，甚至出现严重曲折。不论过去、现在和将来，我们都要坚持一切从实际出发，理论联系实际，在实践中检验真理和发展真理。习近平文化思想实现了"体"与"用"的内在贯通，正是因为理论联系实际坚持得好。"体"引领着"用"，"用"反映了"体"，实现了"体"与"用"、认识论与方法论的内在贯通。"凡贵通者，贵其能用之也。"理论的价值在于指导实践。做好新时代新征程宣传思想文化工作、担负起新的文化使命，习近平文化思想既是强大思想武器，又是科学行动指南。伴随一系列新思想新观点新论断的提出，一项项针对性举措应运而生：确立和坚持马克思主义在意识形态领域指导地位的根本制度；制定意识形态工作责任制实施办法；制定第一部关于宣传工作的基础性、主干性党内法规《中国共产党宣传工作条例》……有什么样的认识就有什么样的举措，这些措施之"用"与规律性认识之"体"是相互呼应、相得益彰、相互促进的。比如，坚持党的文化领导权，就必然要求确立和坚持马克思主义在意识形态领域指导地位的根本制度，通过制定意识形态工作责任制实施办法明确各级党委（党组）的责任，制定第一部关于宣传工作的基础性、主干性党内法规《中国共产党宣传工作条例》，以刚性的法规制度为全党开展宣传工作提供有力指导和支撑，等等。坚持"第二个结合"，必然要求加强对中华优秀传统文化的挖掘和阐发，让中华文化展现出永久魅力和时代风采。促进文明交流互鉴，必然要求一方面加强国际传播能力建设，构建具有鲜明中国特色的战略传播体系，全面提升国际传播效能，一方面推动不同文明相互尊重、和谐共处，营造多元互动、百花齐放的人文交流局面，推动中华文化更好走向世界。习近平文化思想的创立与发展过程，是实践—认识—再实践—再认识的过程，体现了认识的反复性、无限性和上升性，符合实践和认识的辩证运动的思想，这是体用贯通的本质所在。我们要进一步推动理论与实践高水平良性互动、开放发展；另一方面坚持理论指导，认真贯彻落实习近平文化思想，一方面坚持实践第一，在实践中检验和发展习近平文化思想，让习近平文化思想的体用贯通在更高层面得以实现。

［原载《北京大学学报》（哲学社会科学版）2024 年第 2 期］

文化自信：习近平文化思想的理论特质与精神气质[*]

陈一收[**]

文化自信是实现思想自主、精神自立、文化自强的基础，也是推动国家和民族发展的最基本、最深层、最持久的力量。基于坚定的文化自信，党的十八大以来习近平总书记传承了中国共产党通过宣传思想文化工作增强人民精神力量的优良传统，从坚持和发展新时代中国特色社会主义的全局视野、推进中华民族伟大复兴的战略高度，把宣传思想文化工作作为一项极端重要的工作进行系统部署，在推动新时代文化建设守正创新中深化规律性认识、进行理论性总结，提出了一系列具有深刻理论蕴涵、深邃理论洞察、深远理论创见的新论断新思想新观点，形成了体系化、学理化的习近平文化思想，开辟了马克思主义文化理论中国化时代化的新境界。作为习近平新时代中国特色社会主义思想的文化篇，习近平文化思想是

---

[*] 本文系福建省社会科学基金阐释党的二十大精神重大项目"新时代新征程深入推进党的自我革命研究"（项目编号：FJ20232011）的阶段性成果。

[**] 作者简介：陈一收，福建师范大学马克思主义学院教授、博士生导师。

新时代中国共产党人推进"两个结合"形成的马克思主义中国化时代化重要理论成果，也是新时代中国共产党人文化自信提升到前所未有历史新高度而形成的重要理论成果。"习近平文化思想的核心关切，是对文化自信的高度重视。"① 文化自信贯穿习近平文化思想形成发展的全过程，既是充分体现习近平文化思想理论特质和精神气质的标识性核心概念，也是理解习近平文化思想理论创新意义和实践指导作用的重要维度。

一 对文化价值的自信，彰显习近平文化思想的深厚文化情怀

文化自信是一个国家、一个民族、一个政党对自身文化价值的自信。所谓文化价值，指的是文化对于社会进步、国家发展所具有的功能和效用。一种文化之所以能够获得人们的认同和推崇，其根本原因在于它对个人、社会、国家的发展具有积极的促进作用。建立在对文化价值客观认识、科学把握基础上的文化自信，才是最坚定、最从容的文化自信。只有对文化的时代价值具有坚定的信心，才能形成创造文化新辉煌的理想和愿景，激发传承、弘扬、创新、发展文化的内在动力。党的十八大以来，习近平总书记在不同场合以宏阔的视野、辩证的思维、战略的眼光贯通古今、联通中外，对中华文化的战略价值作出精辟论述和科学定位，有力驳斥了贬低中华文化的错误论调，驱散了文化虚无主义的思想迷雾，极大地提升了人民认识理解中华文化

---

① 高翔：《创造属于我们这个时代的新文化》，《求是》2023年第24期。

的境界和传承中华文化的信念信心，充分彰显了习近平文化思想的深厚文化情怀。

首先，从关乎国本国运的战略高度，深刻阐明文化具有培根铸魂、凝心聚力的战略价值。习近平总书记在不同场合反复用"灵魂""基因""精神命脉"等词汇喻示文化的价值。他告诫全党全社会："文运同国运相牵，文脉同国脉相连"[1]，"无论哪一个国家、哪一个民族，如果不珍惜自己的思想文化，丢掉了思想文化这个灵魂，这个国家、这个民族是立不起来的"[2]，"我们决不能抛弃马克思主义这个魂脉，决不能抛弃中华优秀传统文化这个根脉……丢了老祖宗，数典忘祖就等于割断了魂脉和根脉，最终会犯失去魂脉和根脉的颠覆性错误"[3]。这些新论断阐明了文脉传承对于一个国家和民族的极端重要性，阐明了文化对于滋养精神家园、润泽民族魂魄、强化国家认同的极端重要性，阐明了宣传思想文化工作巩固马克思主义在意识形态领域指导地位和全党全国人民团结奋斗的共同思想基础对于党和人民事业的极端重要性，表明了中国共产党人对待中国特色社会主义文化的立场态度，有力廓清了"去中国化""去历史化""去价值化""去主流化"的不良影响。

其次，从开创、坚持和发展中国特色社会主义的战略高度，深刻阐明文化具有强大涵养、支撑的战略价值。习近平总书记强调："中国特色社会主义道路，是在马克思主义指导下走出来的，也是从

---

[1] 《习近平关于社会主义文化建设论述摘编》，中央文献出版社2017年版，第172页。
[2] 《习近平关于社会主义文化建设论述摘编》，中央文献出版社2017年版，第5页。
[3] 习近平：《开辟马克思主义中国化时代化新境界》，《求是》2023年第20期。

5000多年中华文明史中走出来的。"① 中国特色社会主义是一项前无古人的开创性、独创性事业，之所以能够使科学社会主义在中国落地生根、形成特色、体现优势、彰显活力，关键在于中国共产党团结带领中国人民推进"两个结合"。从"第二个结合"看，一方面，中华文化中蕴含着与科学社会主义价值观主张高度契合的价值理念、思想观念，这使得中国人民具有认同、接受科学社会主义的文化基础和思想根基；另一方面，中华文化为科学社会主义提供了具有丰厚滋养的文化土壤，进而以独特的文化积淀和文明渊源使其生发出中国特色。可以说，正是因为具有突出特性的中华文明的涵育、具有独特文化内涵的中华文化的滋养和"第二个结合"产生的深刻反应，科学社会主义才在中国大地扎根并焕发出蓬勃生机。中国人能够始终保有坚定不移、独立自主推进马克思主义中国化时代化的定力、勇气、决心，而不是亦步亦趋地跟着西方文明探索现代化道路，是因为中华文明赋予中国人自强不息、独立自主的强大精神动力，提供了推动中国特色社会主义开拓前进的强大精神支撑。习近平总书记之所以将"文化自信"作为第四个自信与道路自信、理论自信、制度自信并提，并赋予其"更基础、更广泛、更深厚的自信"的战略意蕴，是基于对中华文化具有的独特涵养作用的深刻认识，基于对文化繁荣可以为国家和民族强盛提供精神支撑的科学研判。

最后，从增强国家和人民精神力量的战略高度，深刻阐明文化具有提神振气、润心励志的战略价值。精神的力量是无穷的，优秀、先进的文化可以激发蕴藏于广大人民之中的强大精神动能。基于对

---

① 习近平：《在文化传承发展座谈会上的讲话》，《求是》2023年第17期。

"精神变物质、物质变精神的辩证法"的深刻把握，习近平总书记极力推动用中华民族创造的一切精神财富来以文化人、以文育人，发展社会主义先进文化，弘扬革命文化，传承中华优秀传统文化，促进全体人民在思想上精神上紧紧团结在一起。习近平总书记指出，"思想文化建设虽然决定于经济基础，但又对经济基础发生反作用。先进的思想文化一旦被群众掌握，就会转化为强大的物质力量"①，还强调"中华文化独一无二的理念、智慧、气度、神韵，增添了中国人民和中华民族内心深处的自信和自豪"②，要"教育引导群众特别是青少年更好认识和认同中华文明，增强做中国人的志气、骨气、底气"③。精神之所以能够反作用于物质，是因为先进的思想文化对作为社会实践主体的人具有提高认识能力和实践能力的作用，能够激发人改造物质世界的主观能动性，促使人以更高的思想觉悟、精神境界来从事改造客观世界的实践活动；也是因为优秀的民族文化基因能够激发人民的民族认同感、尊严感和自尊心、自信心，促使人民以更加昂扬的斗志、更加奋进的姿态投入强国建设、民族复兴的伟业中去。习近平文化思想既坚持社会存在决定社会意识的历史唯物主义观点，又揭示社会意识具有相对独立性并反作用于社会存在的辩证的、能动的观点，深刻揭示了传承中华文化对于促进人民从精神上成长为具有志气、底气、骨气的中国人以及耸立民族精神大厦、增强国家精神力量的战略意义，也有力驳斥了文化上妄自菲薄的自卑心理、数典忘祖的自弃心态。

---

① 习近平：《在纪念马克思诞辰200周年大会上的讲话》，人民出版社2018年版，第19页。
② 《习近平关于社会主义文化建设论述摘编》，中央文献出版社2017年版，第15页。
③ 习近平：《把中国文明历史研究引向深入　增强历史自觉坚定文化自信》，《求是》2022年第14期。

二 对文化精神的自信，彰显习近平文化思想的深层文化认同

文化是精神积蕴传承的载体，精神是文化内涵与精华的彰显。文化因其内蕴、承载的精神而彰显价值，因其对于精神传承、熏陶、化育、砥砺的作用而体现价值。文化认同是最深层次的认同，对文化精神的认同则是最深层次的文化认同。文化精神是一种文化体系区别于其他文化体系的根本所在，也是一种文化体系在世界多元文化激荡中彰显价值的关键所在。文化精神体现特定文化的精神内核和精神特质，体现国家和民族的精神气韵，是特定国家和民族在创造、传承和发展文化过程中概括凝练为社会成员共同认同、坚守的基本思想观念、价值理念、人生信念，是国家和民族生存发展的内在精神动力。在几千年的发展、传承、创新过程中，中华民族形成源远流长、博大精深的中华文化，也积淀了融入民族血脉的精神基因。习近平文化思想高度礼赞中华文化精神，也高度重视传承、弘扬中华文化精神。习近平总书记不仅鲜明指出，"拥有博大精深的中华文化、中华精神，这是我们文化自信的源泉"[1]，"中华文明源远流长，蕴育了中华民族的宝贵精神品格，培育了中国人民的崇高价值追求"[2]，"积淀着中华民族最深层的精神追求，代表着中华民族独特的精神标识，为中

---

[1] 习近平：《论党的青年工作》，中央文献出版社2022年版，第222页。
[2] 《习近平关于社会主义精神文明建设论述摘编》，中央文献出版社2022年版，第178页。

华民族生生不息、发展壮大提供了丰厚滋养"①,而且明确强调,"我们要特别重视挖掘中华五千年文明中的精华"②,"把跨越时空、超越国度、富有永恒魅力、具有当代价值的文化精神弘扬起来"③。这些重要论述不仅充分肯定了传承中华文化精神对于中华民族生存发展的重大意义,而且从人类共有精神财富的坐标体系中对弘扬中华文化精神提出了明确要求,充分彰显了对中华文化精神的自信。中华文化涵养了让中国人具有强烈民族自信心的独特精神世界和独特价值体系,其内在蕴含的优秀思想观念、人文精神、道德规范已经内化为中国人共同的精神基因,是中国人之所以成为中国人的精神密码、精神标识,彰显了中国人的精神追求、精神气度。中华文化精神蕴含着中国人的知识智慧、理性思辨、传统美德、伦理规范,其智慧光芒穿透历史,思想价值跨越时空历久弥新,具有世界性的文化意义,对解决人类问题具有重要启示,能够为人类社会提供正确精神指引。

正是因为对中华文化精神具有高度认同和坚定自信,习近平总书记深入中国人的精神特质和精神禀赋,从伟大创造精神、伟大奋斗精神、伟大团结精神、伟大梦想精神深刻阐释了中华民族伟大精神,提炼并弘扬了以伟大建党精神为源头的中国共产党人精神谱系,用体现中国精神的社会主义核心价值观凝魂聚气,推动中华民族一脉相承的精神追求、精神特质、精神脉络薪火相传,促进全体人民深入中华民族历久弥新的精神世界中汲取精神力量,在全社会激扬了爱国主义的

---

① 《习近平著作选读》第一卷,人民出版社2023年版,第230页。
② 《习近平谈治国理政》第四卷,外文出版社2022年版,第315页。
③ 《习近平关于社会主义精神文明建设论述摘编》,中央文献出版社2022年版,第211页。

主旋律，提振了改革创新的精气神，形成了昂扬向上的精神风貌，维系了全国各族人民团结一心的精神纽带。

三 对维护文化主体性的自信，彰显习近平文化思想的深远文化谋虑

人是文化的存在，文化是作为社会实践主体的人创造的精神产物。因而，文化总是属于一定主体的文化，也总是从人文精神、社会风尚、价值理念、道德规范等不同维度体现特定国家和民族的主体意识，具有鲜明的民族性、国度性。"任何文化要立得住、行得远，要有引领力、凝聚力、塑造力、辐射力，就必须有自己的主体性"，"坚定文化自信的首要任务，就是……实现精神上的独立自主"[①]，"如果没有自己的精神独立性，那政治、思想、文化、制度等方面的独立性就会被釜底抽薪"[②]。研读梳理习近平文化思想中的这一系列相关论述的内在逻辑，不难发现，习近平总书记高度关切维护和巩固文化主体性的问题，源自其对"文明不可断、民族不可散、国家不可乱"的战略定力，源自其为坚持和发展新时代中国特色社会主义筑牢思想防线、夯实精神根基的深谋远虑。

文化主体性具有两个层面的内涵。从文化传承发展上而言，指的是特定国家和民族及其成员对于自身文化发展所具有的主动性、能动性，即把文化的命脉、命运掌握在自己手里，坚守本国文化立场，牢

---

① 习近平：《在文化传承发展座谈会上的讲话》，《求是》2023年第17期。
② 《习近平关于社会主义精神文明建设论述摘编》，中央文献出版社2022年版，第97页。

牢掌握文化发展的自主权。从文化交流互鉴上而言，指的是一个国家和民族的文化在交流交锋交融中坚持以我为主、为我所用，做到不忘本来、坚守本根，始终确保自身文化的独立性、独特性和历史传承性。对于一个国家和民族而言，有文化主体性，才能确保在文明交流交锋交融中不被"同化""融化"，筑牢全体成员一体认同的文化基础和精神家园，夯实自身屹立于世界民族之林的文化底蕴和精神根基。文化自信既来源于文化主体性，又是文化主体性的根本体现。人类文明发展演进的历史表明，文化的主体性、独特性是一个国家和民族保持思想自主、精神自立的基础和前提，任何国家和民族一旦失去文化主体性、独特性，在思想文化上全盘"他化"，就必然成为跟在他国背后亦步亦趋的思想附庸、精神俘虏，沦为任人宰割、奴役的殖民地，甚至走向亡国灭种。

"有没有中国特色，归根到底要看有没有主体性、原创性。"[①] 中华民族坚守和维护自己的文化主体性，孕育了独具特色的文化体系和精神标识，涵养了中国人独特的精神世界和独特的价值体系，夯实了面对文化激荡、屹立于世界民族之林的文化根基，使得中华文明源远流长、生生不息。在革命、建设和改革进程中，中国共产党义无反顾地肩负起推动中华文化复兴的历史使命，忠实传承弘扬中华优秀传统文化，在坚守、捍卫中华民族文化主体性和传承中华文明的基础上，以独立自主为立足点推进"两个结合"，使开创的道路、确立的制度、形成的理论、发展的文化具有鲜明的民族特色、中国气韵。历史实践和伟大成就雄辩地证明，只有坚守中华文化主体性，才能使中国

---

① 《习近平关于社会主义文化建设论述摘编》，中央文献出版社2017年版，第85页。

人民掌握文化主动并开启理论和实践创新的广阔空间，以鲜明的文化特性、突出的文明特性赋予社会主义显著的中国特色，激发科学社会主义的生机活力。"如果没有中华五千年文明，哪里有什么中国特色？如果不是中国特色，哪有我们今天这么成功的中国特色社会主义道路？"① 维护文化主体性，其深层的战略指向就在于以"文化意义上坚定的自我"夯实道路自信、理论自信、制度自信的认同基础和文明底蕴，使中华文化在守正创新中更加有力地作用于道路、理论和制度，确保中国特色社会主义行稳致远。

四 对文化发展道路的自信，彰显习近平文化思想的强大文化定力

道路决定事业的兴衰成败，决定国家前途和命运。一个国家和民族只有坚持独立自主地选择适应国情、顺应本国人民意愿的发展道路，坚持把国家和民族发展放在自己力量的基点上，才能把命运掌握在自己的手里。文化发展道路是一个国家发展道路的重要组成部分，决定一个国家文化的性质、方向和兴衰成败。文化发展道路选择正确，才能促进文化繁荣兴盛，发挥其对政治制度的有力支撑作用和对经济社会发展的积极推动作用。党的十八大以来，习近平总书记把选择什么样的文化发展道路、坚持什么样的文化发展方向，作为增强文化自信的战略性、根本性问题加以强调。在 2013 年 12 月 30 日十八届中央政治局第十二次集体学习时，习近平总书记明确提出"要坚

---

① 习近平：《在文化传承发展座谈会上的讲话》，《求是》2023 年第 17 期。

持走中国特色社会主义文化发展道路"①。在党的二十大上,他立足于中国式现代化全面推进中华民族伟大复兴的战略全局,强调全面建设社会主义现代化国家必须坚持中国特色社会主义文化发展道路。在2023年6月召开的文化传承发展座谈会上,他又一次指出:"坚定文化自信,就是坚持走自己的路。"② 这一系列重要论述充分体现习近平文化思想坚守正道的强大战略定力,为新时代文化发展指引了基本路向和根本原则。

坚持走自主选择的中国特色社会主义道路,是中国共产党和中国人民自强不息、独立自主的根本体现,是中国共产党和中国人民从挫折中觉醒、奋起而得来的宝贵经验,也是基于对"数千年来中华民族走着一条不同于其他国家和民族的文明发展道路"的清醒认识和战略坚守。改革开放以来,中国特色社会主义事业的每一次大的突破,中华民族经历的每一次大的考验,党和人民取得的每一个重大成果,都孕育了新的马克思主义中国化时代化理论成果和思想文化。实践证明,中国特色社会主义道路,是一条创造世所罕见的经济快速发展奇迹和社会长期稳定奇迹的道路,也是一条推动马克思主义基本原理同中华优秀传统文化相结合、促进中国特色社会主义文化大发展大繁荣、建设中华民族现代文明的道路。

坚持走中国特色社会主义文化发展道路,既是中国特色社会主义这一实现中华民族伟大复兴的必由之路在文化领域的具体要求,又是"两个结合"这一推动中国特色社会主义事业不断从胜利走向胜利的

---

① 《习近平关于社会主义文化建设论述摘编》,中央文献出版社2017年版,第186页。
② 习近平:《在文化传承发展座谈会上的讲话》,《求是》2023年第17期。

最大法宝在文化建设上的根本体现。中华文明具有不同于其他文明的突出特性和鲜明禀赋，中华文化具有不同于其他民族文化的独特内涵和优势，这就决定了只有坚守民族文化立场、延续民族文化血脉，才能夯实面对世界文化激荡的根基。马克思主义的科学性、真理性及其与中华优秀传统文化的高度契合性，决定了"两个结合"特别是"第二个结合"可以在牢牢坚守马克思主义这个魂脉和中华优秀传统文化这个根脉的基础上造就一个有机统一的新的文化生命体，发展出中国式现代化的文化形态。

中国特色社会主义文化发展道路的提出，立足于对我国独特文明渊源、独特文化传统、独特基本国情的清醒认识，彰显了对中华文化深厚历史底蕴的由衷赞许、对文化传承发展规律的深刻认识、对走自己的文化发展道路的强大定力、对创造属于我们这个时代的新文化的高度自信，摆脱了传统和现代二元对立的局限，"既内化着道路自信的精神成果，又是文化自信的价值要求使然，有着将道路自信和文化自信圆融结合的价值特质"[①]。

五 对文化制度的自信，彰显习近平文化思想的坚定文化立场

制度具有全局性、战略性，管长远、管根本。"制度优势是一个政党、一个国家的最大优势。"[②] 中国特色社会主义制度是当代中国

[①] 王泽应：《中国特色社会主义文化发展道路的价值特质》，《新湘评论》2022 年第 23 期。

[②] 《习近平著作选读》第二卷，人民出版社 2023 年版，第 303 页。

发展进步的根本保证。对于文化建设而言，制度优，文化兴。党的十八大以来，习近平总书记把文化制度建设作为促进文化繁荣发展的长远之策、根本之策进行谋划部署，科学回答了宣传思想文化领域"坚持什么样的制度、怎样坚持制度"的根本问题，明确了文化领域制度建设的根本原则、重点任务、总体要求与努力方向，为深化新时代文化体制改革、解放和发展文化生产力，奠定了坚实的制度基础，也为推动中国特色社会主义文化制度更加成熟、更加定型提供了基本遵循。

2018年，习近平总书记在庆祝改革开放40周年大会上就明确提出"要加强文化领域制度建设"①。党的十九届四中全会通过的《中共中央关于坚持和完善中国特色社会主义制度 推进国家治理体系和治理能力现代化若干重大问题的决定》将文化优势作为国家制度和国家治理的13个显著优势之一加以总结概括，将文化制度作为国家制度和国家治理的重要内容和重要根基进行了专门阐述，并对坚持和完善繁荣发展社会主义先进文化的制度进行了系统部署。新时代以来，党中央全面推进文化制度建设，促进文化发展呈现出优势日益凸显、活力日益增强的生动景象。

一是从中国特色社会主义最本质特征上进一步强调了党领导文化、管理文化的制度。习近平总书记强调："党管宣传、党管意识形态、党管媒体是坚持党的领导的重要方面。"② 在文化传承发展座谈会上对文化建设提出守正创新的要求时，他鲜明地指出，守正，"守的是中国共产党的文化领导权"③。新时代以来，习近平总书记深入

---

① 《习近平谈治国理政》第三卷，外文出版社2020年版，第185页。
② 《习近平关于全面从严治党论述摘编》，中央文献出版社2021年版，第62页。
③ 习近平：《在文化传承发展座谈会上的讲话》，《求是》2023年第17期。

宣传思想文化战线的各个领域各个方面，就文艺、新闻舆论、哲学社会科学、思想政治教育、网络安全和信息化等工作阐述了全面落实意识形态工作责任制、加强和改进党的领导的具体要求，有力推动意识形态工作由"虚"转"实"、由"软"转"硬"。

二是从高举旗帜、引领方向的战略原则上首次明确提出把坚持马克思主义在意识形态领域的指导地位作为一项根本制度。一段时期以来，之所以"在有的领域中马克思主义被边缘化、空泛化、标签化，在一些学科中'失语'、教材中'失踪'、论坛上'失声'"[①]，从根本上说是受马克思主义"过时论""无用论"的影响，有些人的文化自信心出现了问题。习近平总书记旗帜鲜明地强调："在坚持马克思主义指导地位这一根本问题上，我们必须坚定不移，任何时候任何情况下都不能有丝毫动摇。"[②] 明确马克思主义在意识形态领域的指导地位是坚持和完善繁荣发展社会主义先进文化制度的根本制度和首要要求，对于把坚持以马克思主义为指导全面落实、贯穿到文化建设各领域各方面各环节，牢牢把握社会主义先进文化前进方向，更好地用党的创新理论武装全党、教育人民，坚定全体人民的信仰信念信心，产生了极大的促进作用。

三是从凝魂聚气、强基固本的战略需求上明确提出坚持以社会主义核心价值观引领文化建设制度。这一制度为新时代文化建设明确价值取向上的根本遵循，有力地推进以社会主义核心价值观引领文化建设重大原则的制度化、规范化、体系化，为社会主义核心价值观常态

---

① 《习近平关于社会主义文化建设论述摘编》，中央文献出版社2017年版，第76页。
② 《习近平关于社会主义精神文明建设论述摘编》，中央文献出版社2022年版，第44页。

化、长效化融入国民教育全过程、做到落实落细落小提供有力的制度保障。此外，习近平总书记还在不同场合对健全人民文化权益保障制度、完善坚持正确导向的舆论引导工作机制、建立健全把社会效益放在首位、社会效益和经济效益相统一的文化创作生产体制机制等进行了阐述和强调。

习近平总书记对坚持和完善繁荣发展社会主义先进文化的制度的论述，明确了文化制度在国家制度中的功能定位，"把党的领导优势和思想文化优势，同其他制度优势联系在一起，既从思想方面确立了制度优势的理念，又从制度方面保障思想文化的优势"[①]；既充分彰显文化自信、价值观自信对制度建设的内在要求，又在顶层设计和制度安排中鲜明体现中国共产党人筑牢全体人民共同思想基础、维护国家文化安全、确保中国特色社会主义事业行稳致远的坚定立场，为促进文化治理体系和治理能力现代化，提升国家文化软实力，更好担负起新时代文化使命，提供坚实的制度支撑。

六　对文化使命的自信，彰显习近平文化思想的主动文化担当

文化使命即文化责任与担当，是社会实践主体主动作为并力求实现的文化理想和文化目标。新时代新征程的文化使命是中国共产党人和中国人民承担的历史使命在文化建设领域的根本体现。作为以

---

① 肖贵清、刘仓：《中国特色社会主义文化制度——战略意义、逻辑结构、构建路径》，《南开学报》（哲学社会科学版）2020 年第 6 期。

"实现人的自由而全面发展"为奋斗目标的马克思主义政党,中国共产党自成立起就"不但为中国的政治革命和经济革命而奋斗,而且为中国的文化革命而奋斗"①。正是因为具有高度的文化自觉和坚定的文化自信,百余年来中国共产党自觉承担文化使命,始终为了发展中华民族的新文化而不懈奋斗。中华民族从站起来、富起来到强起来不断飞跃的过程,是中华文明生命更新、中华文化现代转型的过程,也是思想文化的精神能量不断勃发并转化为推动社会发展力量的过程。党的十八大以来,习近平总书记着眼"两个大局",不断对中国共产党人的文化使命进行强调。2012年,习近平总书记在广东考察工作时明确指出:"随着实践发展和社会进步,我们要创造更为先进的文化。"② 2016年,他在中国文联十大、中国作协九大开幕式上指出:"中国人民不仅将为人类贡献新的发展模式、发展道路,而且将把自己在文化创新创造中取得的成果奉献给世界。"③ 2017年,他在党的十九大上强调:"当代中国共产党人和中国人民应该而且一定能够担负起新的文化使命,在实践创造中进行文化创造,在历史进步中实现文化进步!"④ 2022年,在党的二十大,习近平总书记对建设社会主义文化强国作出战略部署,并明确提出"举旗帜、聚民心、育新人、兴文化、展形象"的文化使命。在文化传承发展座谈会上,习近平总书记专门就"更好担负起新的文化使命"进行论述,并明

---

① 《毛泽东选集》第2卷,人民出版社1991年版,第663页。
② 《习近平关于社会主义精神文明建设论述摘编》,中央文献出版社2022年版,第209页。
③ 习近平:《在中国文联十大、中国作协九大开幕式上的讲话》,人民出版社2016年版,第15页。
④ 《习近平关于社会主义精神文明建设论述摘编》,中央文献出版社2022年版,第9页。

确提出要在新的起点上继续推动文化繁荣、建设文化强国、建设中华民族现代文明。

建设中华民族现代文明这一重大论断的提出，体现了习近平文化思想高远的历史站位、深邃的战略谋虑、宽广的国际视野，赋予中国共产党人和中国人民文化使命以更为深远的战略意蕴。"对历史最好的继承就是创造新的历史，对人类文明最大的礼敬就是创造人类文明新形态。"[1] 推动我国由文化大国向文化强国跃升，"面向现代化、面向世界、面向未来"，繁荣发展社会主义先进文化，建设中华民族现代文明，是中华民族五千多年文明传承和文化积淀赋予新时代中国人的历史使命。中国式现代化是一场人类历史上最为宏大而独特的实践创新，为建设中华民族现代文明开启了更为广阔的文化空间。中华民族现代文明不仅是以社会主义道路为基石的现代文明，也是与中国式现代化相协调的现代文明。建设中华民族现代文明，彰显了赓续中华民族精神血脉、推动中华文明与时俱进守正创新的进取意识和自强精神，体现了大党大国为人类文明作贡献的担当意识和自信心态。

具有文明不可断的信念信仰信心，才会从传承中华民族五千多年文明的宏阔历史视野和中华文明更新的长远未来视野来审视自身的文化使命。具有不负时代、不负人民的责任担当，才能勇立文化潮头、担当文化先锋。习近平总书记关于文化使命的重要论述，充溢着新时代中国共产党人自觉践行文化使命，矢志做铸就中华文明新辉煌引领者、先锋队，以文化建设新成就"让中华文明在现代化进程中焕发出新的蓬勃生机"的战略担当和历史主动精神；充盈着中国共产党人

---

[1] 习近平：《在文化传承发展座谈会上的讲话》，《求是》2023 年第 17 期。

强化旧邦新命的机遇意识和胸怀天下的使命意识，进一步以推进马克思主义基本原理同中华优秀传统文化相结合促进思想解放、掌握文化主动，推动中华文化向新而行、向世界展现新创造新气象的高度自信。

七　对文明交流互鉴的自信，彰显习近平文化思想的包容文化气度

以什么样的态度对待文化交流碰撞，深刻考验着一个国家、一个民族、一个政党的文化自信。人类文明多样发展、多元共存，是经济全球化时代的基本特征。经济全球化为人类文明的交流互鉴提供了广阔空间，为各国提供了展示自身文化魅力的世界舞台，为人类社会发展提供更加丰富多彩的文明资源，也对一个国家、一个民族的文化生命力、包容力提出了考验。习近平文化思想秉持中华民族素有的文化自信气度，不仅体现在对本国文化生命力、创造力的坚定信心上，也体现在深刻把握人类文明发展规律和进步潮流基础上打破文化交往壁垒、以自身文化发展成果不断丰富人类文明的博大胸怀上。习近平总书记强调，"开放包容始终是文明发展的活力来源，也是文化自信的显著标志"[1]，"虚心学习、积极借鉴别国别民族思想文化的长处和精华，这是增强本国本民族思想文化自尊、自信、自立的重要条件"[2]，"只有充满自信的文明，才会在保持自己民族特色的同时包容、借

---

[1] 习近平：《在文化传承发展座谈会上的讲话》，《求是》2023年第17期。
[2]《习近平外交演讲集》第一卷，中央文献出版社2022年版，第191页。

鉴、吸收各种不同文明"①。这些重要论述深刻地阐述了"推动文明交流互鉴与坚定文化自信并行不悖"的根本道理。具有坚定的文化自信，才能在文化交流碰撞中确保不迷失自我、不忘记本根。在文明交流互鉴中以海纳百川的胸怀和兼收并蓄的态度汲取其他文明的养分，以人类创造的一切优秀文化成果完善自我、更新自我，才能进一步激发本国本民族文化创新创造的活力。

中华文明是植根中华大地、体现中华民族独特禀赋和气韵的文明，也是在与其他文明不断交流互鉴中日益丰富内涵、不断形成特色的文明。"美美与共""和合共生"的文化传统与"海纳百川""求同存异"的文化胸襟成就了中华文化源远流长、博大精深的恢宏气象，形成了开放包容、博采众长的大格局和融通中外、融合创新的大智慧。建设中华民族现代文明，面对世界百年未有之大变局必将带来全球文明格局深刻重塑的历史机遇，"我们比以往任何一个时代都更有条件破解'古今中西之争'，也比以往任何一个时代都更迫切需要一批熔铸古今、汇通中西的文化成果"②，这要求必须深刻把握人类文明发展规律和世界文化格局，顺势而为、应势而动，以更加博大的胸怀，更加深入广泛地开展同世界各国的文化交流，虚心学习、积极借鉴别国、他民族思想文化的长处和精华，择善而从地推动外来文化本土化，以实现中华文化的繁荣兴盛、谱写中华文明当代华章来推动世界文化共同繁荣和人类文明共同进步，让中华文明为人类提供正确精神指引，让世界知道为人类文明作贡献的中国。

---

① 《习近平关于社会主义精神文明建设论述摘编》，中央文献出版社 2022 年版，第 228 页。
② 习近平：《在文化传承发展座谈会上的讲话》，《求是》2023 年第 17 期。

一 习近平文化思想研究

"只要秉持包容精神，就不存在什么'文明冲突'，就可以实现文明和谐"①，世界各国就可以在交流互鉴中共同推动人类文明实现创造性发展、一道为人类发展进步汇聚文明力量。习近平文化思想将中华民族一贯坚持的和平、和睦、和谐思想理念和价值主张贯穿体现到世界文明交流交往中，尊重不同文化的差异，关注人类文明未来发展，以对文明交流互鉴的自信超越"文明优越论""文明中心论"，不仅极大彰显了中华文化的包容开放气度，也极大提振了中国人博采众长的文化自信和构建人类文明新形态的志气、骨气、底气，赋予大党大国文化自信以更加深厚的世界意蕴、更加博大的天下胸怀、更加崇高的国际主义精神。

坚定文化自信是新时代以来推动文化建设守正创新的宝贵经验。习近平文化思想的形成，既是中国共产党人和中国人民文化自信显著增强的鲜明标识，也是中国共产党人和中国人民文化主体性的有力体现。习近平文化思想在宣传思想文化工作的不同层面、不同维度对文化自信进行阐释和强调，要求保持对自身文化理想、文化价值和文化生命力、创造力的高度信心，增强讲好中国故事、提升中华文化传播力和影响力的信心，强化推动中华优秀传统文化创造性转化、创新性发展的信心等，为"把文化自信融入全民族的精神气质与文化品格中，养成昂扬向上的风貌和理性平和的心态"②，提供了思想指引和实践遵循。深入理解把握和研究阐释习近平文化思想在文化自信上体现的理论特质和精神气质，是更好发挥习近平文化思想对巩固中华民

---

① 《习近平外交演讲集》第一卷，中央文献出版社2022年版，第99页。
② 习近平：《在文化传承发展座谈会上的讲话》，《求是》2023年第17期。

族文化主体性、建设中华民族现代文明的指导作用，充分激发全民族文化创新创造活力，引领中国人民自信自立赓续中华文脉、谱写中华文明时代华章的必然要求。

（原载《马克思主义研究》2024年第1期）

习近平文化思想的世界观意义

田鹏颖[*]

2023 年 10 月召开的全国宣传思想文化工作会议明确指出："习近平总书记在新时代文化建设方面的新思想新观点新论断，内涵十分丰富、论述极为深刻，是新时代党领导文化建设实践经验的理论总结，丰富和发展了马克思主义文化理论，构成了习近平新时代中国特色社会主义思想的文化篇，形成了习近平文化思想。"[①] 习近平文化思想这一新概念、新范畴，根本凸显了习近平文化思想是一个"思想总体"。我们从世界观和方法论维度把握习近平文化思想，特别是揭示习近平文化思想这一"理论大厦"的逻辑结构，不能局限于对构成习近平文化思想之诸内容的逻辑梳理，而是要深入考察这一整体性思想本身的逻辑体系，特别是要把握这一思想的逻辑起点、思维方式、体系建构等问题。

---

[*] 作者简介：田鹏颖，东北大学马克思主义学院教授。
[①] 《坚定文化自信秉持开放包容坚持守正创新 为全面建设社会主义现代化国家 全面推进中华民族伟大复兴提供坚强思想保证强大精神力量有利文化条件》，《人民日报》2023 年 10 月 9 日。

一 习近平文化思想的逻辑起点是新时代文化建设

思想的逻辑起点问题，是思想成为思想的根基性问题。逻辑起点是思想体系得以展开、得以拓展的起始范畴。新时代文化建设是习近平文化思想得以体系化建构所直面的最直接的抽象规定、最过硬的基本事实、最基础的理论命题，是习近平文化思想的逻辑起点。

第一，新时代文化建设成为习近平文化思想的历史起点。在马克思主义唯物史观的理论视野中，思想的逻辑起点应当一致于思想的历史起点。就如恩格斯所指出的，"历史从哪里开始，思想进程也应当从哪里开始"①。思维没有庞大的历史感做基础，由以长成的思想结果就是悬置的、浅薄的，从而是生命力凋零的。譬如，黑格尔正是以其宏伟的历史观，"轻而易举地就结束了过去的全部逻辑学和形而上学"②。但这里的"一致性"，并不决定性地意味着思想的逻辑起点与历史起点根本同一。构成历史及其起点的元素是具体的、生动的，而思维把握历史却需要"抽象力"，因而思想的逻辑起点是"从具体历史起点中把握到的特定抽象"。马克思正是从资本主义社会历史发展进程中最初的、最简单的商品生产关系中，即从作为历史起点的商品生产关系中抽象出最具直接性的"商品"范畴，从而确定了《资本论》的逻辑起点。也就是说，思想的逻辑起点是其历史起点的最直接、最简单的抽象规定，是对历史起点经过思维抽象的逻辑提纯。正

---

① 《马克思恩格斯文集》第2卷，人民出版社2009年版，第603页。
② 《马克思恩格斯文集》第2卷，人民出版社2009年版，第602页。

是在这样的抽象化意义上，思想的逻辑起点能动反映着思想的历史起点。

马克思指出，在考察任何历史科学、社会科学的"理论方法上，主体，即社会，也必须始终作为前提浮现在表象面前"①。作为思维前提的特定社会之发展形态、发展阶段，构成思想成为思想的历史起点。中国特色社会主义进入新时代是习近平新时代中国特色社会主义思想形成的历史起点，必然同时是作为其重要组成部分的习近平文化思想的历史起点。这一历史起点构成了习近平文化思想生发的时间开端，也标注了习近平文化思想逻辑起点的具体内容，后者是对前者的抽象规定。作为概念范畴的新时代文化建设，是关于中国特色社会主义进入新时代之于文化方面要求的最直接、最基本的抽象规定，因而成为习近平文化思想的逻辑起点。正是基于对"新时代文化建设"的理论观照，习近平文化思想能动地反映了其历史起点在文化发展上的具体要求。比如，强调坚持党的文化领导权，反映了新时代做好意识形态工作、做好宣传思想文化工作的极端重要性；提出坚持"两个结合"，凸显了新时代坚定历史自信、文化自信，进一步激发中华优秀传统文化生机与活力的时代要求；明确要推动物质文明和精神文明协调发展，彰显了新时代推进和拓展中国式现代化在物质富足、精神富有方面上的要求；提出坚定新的文化使命，体现了新时代党的使命任务对文化发展的必然要求；明确坚持以人民为中心的创作导向，表明了新时代在文艺创作方面的基本要求。

第二，新时代文化建设规定习近平文化思想的问题导向。在思维

---

① 《马克思恩格斯文集》第8卷，人民出版社2009年版，第26页。

方式上，马克思主义相较于黑格尔学说的优越之处主要在于，黑格尔学说是"从纯粹思维出发的"，而马克思主义则是"从最过硬的事实出发"①，即把最过硬的事实把握为思想的逻辑起点。事实通常是指作为事物发展规律的结果，从事实出发（以事实为逻辑起点）根本就在于要发现事物之发展规律。正如马克思从繁芜丛杂的社会生产事实中发现了人类社会之发展规律，创立了唯物史观与剩余价值学说，建构了科学的理论体系。问题在于如何从最过硬的事实出发以把握规律、建构理论。在马克思那里是通过对蕴含在社会事实中的矛盾关系分析来确定的，矛盾分析法是马克思把握社会发展的根本性方法。从具体文本来看，马克思《资本论》的理论体系之建构线索正是从商品及其内在矛盾开始的，从而逐步形成对资本主义社会生产的总体理论认识。从整体理论来看，马克思在考察人类社会时，不仅分别揭示了现实物质生活中的人与自然的生产力关系、人与人（社会）的生产关系，而且从社会生产方式的矛盾运作中，从社会基本矛盾的历史展开中把握了二者的现实冲突，从而从理论上诠说了人类社会形态的演进规律，使马克思主义置于厚重事实的基础之上。也就是说，以最过硬的事实为逻辑起点，其理论体系建构的基本进路在于发现并为解决内生其中的社会矛盾提供理论智识。

新时代文化建设是一个过硬的基本事实，习近平文化思想正是基于这样的建设事实而生成的。新时代文化建设的基本动能来源于我国社会主要矛盾的时代转化。社会主要矛盾是社会基本矛盾的转换形态，解决社会主要矛盾的过程，同时是解决社会基本矛盾的过程。新

---

① 《马克思恩格斯文集》第 2 卷，人民出版社 2009 年版，第 601 页。

时代我国社会主要矛盾转化为人民日益增长的美好生活需要和不平衡不充分的发展之间的矛盾。这一社会主要矛盾贯穿在我国社会发展的方方面面，在新时代文化建设方面体现为人民对高质量文化生活的需要同文化发展、文化供给不平衡不充分的矛盾，具体表现为文化自信与文化他信的矛盾、文化民族性与世界性的矛盾、文化的传承与创新的矛盾等等。习近平文化思想正是在应答这些文化矛盾中生发。比如，在文化自信与他信的矛盾上，旗帜鲜明强调坚定文化自信，特别明确要建构中国话语和中国叙事体系；在文化民族性与世界性的矛盾上，深刻阐明了要在坚守中华文化立场的同时促进文明交流互鉴，特别强调要尊重世界文明多样性，要重视各国文化传承与创新；在文化传承与创新的矛盾上，提出要推动中华优秀传统文化的创造性转化与创新性发展，要激活中华优秀传统文化的时代价值；等等。

第三，新时代文化建设蕴含习近平文化思想的创新动力。从一定意义上来说，确定思想的逻辑起点是构建思想之体系的首要步骤。而把握特定思想的逻辑体系，首先就要把握这一思想的逻辑起点。唯当如此，才能深刻体悟到这一思想何以成为完整的、有系统性的科学理论体系，进而才能有逻辑地全景展现其思想的丰富内容。原因在于，习近平文化思想的世界观意义之所以为起点，首先意味着思想体系的全部内容根本形成于逻辑起点之后。在更深层上意味着逻辑起点作为理论原点，蕴含着整个理论体系的成长萌芽，发展出整个理论体系的概念范畴框架。质言之，思想的逻辑起点包含着特定思想理论的全部发展元素，这是逻辑起点的基本作用形式。同时，逻辑起点贯穿在思想体系建构过程的始终，其作用发挥也是始终的。一般来说，科学的逻辑起点具有两种类别，一种是把认识对象的最简单元素作为起点；

另一种是以理论体系中最基本的命题作为逻辑起点，这一起点决定和影响着其他命题和结论的产生与发展。① 两种类别，都能充分发挥逻辑起点的理论萌芽作用。

党的十八大以来，习近平总书记高度重视新时代文化建设，推动"文化建设提升到一个新的历史高度"，特别强调要"把文化建设摆在更加突出位置"②，新时代文化建设成为关于新时代文化发展的一个基本命题。这一命题决定了习近平文化思想的基本论域，构成了习近平文化思想其内容生成的基本根据。新时代文化建设的特定状况与要求，蕴含习近平文化思想一切理论要素的全部萌芽。习近平文化思想的全部观点、全部结论本质上都是围绕这个命题拓展开来的，习近平文化思想的整体性理论形态、思想结构也是由此而开显出来的。譬如，党的十八大以来，党中央围绕新时代文化建设命题召开了一系列专题会议，主要包括全国宣传思想工作会议、文艺工作座谈会、党的新闻舆论工作座谈会、网络安全和信息化工作座谈会、哲学社会科学工作座谈会、全国高校思想政治工作会议、文化传承发展座谈会、全国宣传思想文化工作会议……正是在这些聚焦新时代文化建设的专题会议上，关于习近平文化思想的一系列创新范畴、创新内容、创新观点被提出，习近平文化思想的主体内容全面体现出来。质言之，正是基于新时代文化建设方面形成的诸多新思想新观点新论断，构成了习近平文化思想的基本内容。

---

① 梁树发等：《中国特色社会主义理论体系之逻辑体系研究》，中国人民大学出版社2020年版。

② 《习近平谈治国理政》第四卷，外文出版社2022年版，第309页。

二 习近平文化思想的思维方式是"明体达用、体用贯通"

借用马克思"人的根本就是人本身"①的说法,"思想的根本就是思想本身"。"明体达用、体用贯通"是对习近平文化思想本身的本质概括,而不是对其某一内容侧面的具体把握。这意味着"明体达用、体用贯通"之特点,在习近平文化思想生成、发展的各个阶段都始终如一地贯彻着,本身成为习近平文化思想的基本思维方式。习近平文化思想以其"明体达用、体用贯通"的思维方式,构筑起关于体用关系的时代新论。这一新论不是"别求新声于异邦",而是体现了对中国哲学文化传统中"体用有分、体用不二"古论的继承发展,对中国近代文化思潮中"中西之间、体用之辩"近论的破解。

(一) 习近平文化思想彰显"体用有分、体用不二"的文化传统

体用有分是中华文化,特别是中国哲学的独特宏规。"体用"是中国哲学文化传统中一对基本范畴,其含义大致可以分为:"体"指实体、根据、本质、原则,"用"指实体之功用、根据之表现、本质之现象、原则之方法。"体用"何时成为中国哲学的重要概念,历来争论不一②,但从中国文化思想史考察,体用之义被公认为创发于《易经》。在古《易》中,以天为万物大原,又言天分体用,所谓

---

① 《马克思恩格斯文集》第1卷,人民出版社2009年版,第11页。
② 田丰:《王船山体用思想研究》,中国人民大学出版社2020年版,第3页。

"天也者，形之名也；健也者，用形者也"（《周易校注释·乾卦》）。"古《易》体用之分，遂为中国哲学立定宏规，确与西洋异轨。"原因在于："若体用无分，则其持论必将以用为体，实堕于无体之论而不自觉，西学正有此患。如一元唯心论者以精神为宇宙本体，一元唯物论者以物质为宇宙本体，殊不知神质以相对立名，皆现象也。"①

也就是说，中国哲学文化一贯明辨体用有分。但这种明辨，绝不意味着要将体与用分置对立起来，而是意味着有分的体用是"不二"的，即用显体、原体显用。体用是一体的，二者上下一贯、内在通同。概言之，体用有分，毕竟不二。离体而觅用，用无根柢，反之亦然。熊十力言《易经》以"大海众沤"之喻，即大海水变动成为众沤，而大海水即是众沤的自身，不可求大海水于众沤之外，明确阐发"体用不二"大义。实际上，关于体用不二（或者体用一源、道器不割）的中国哲学文化思想观点可以引证无数。这里仅提出熊十力一个结论性说法，即"伏羲首辨体用，孔子承之，而改正上古以天帝当作宇宙本体之失，体用不二之义始明"。又言："明辨体用，自伏羲创说，儒道两大学派相继绍述，后之学者无可易已。"② 今有论者，在中西哲学之根本差别的理论视界中，又深刻阐明"道器不割、体用不二"是中国哲学的独特建制③。总体来看，中国哲学文化对于有分的体用理解，绝非使二者偏执一端，而是在区分中把握二者的不二，言说体用之间没有壁垒，二者互相贯彻、互相贯通，或如《易·系辞传》曰"观其会通"。由此说，"体用有分、体用不二"是寓于中华

---

① 熊十力：《原儒》，上海古籍出版社2019年版，第233页。
② 熊十力：《原儒》，上海古籍出版社2019年版，第234页。
③ 吴晓明：《论中西哲学之根本差别》，《哲学研究》2022年第7期。

优秀传统文化中的重要思维方式、文化立场。

（二）习近平文化思想超越"中西之间""体用之辩"的近代论争

晚清以降，中国被动进入了西方世界主导的世界历史基本格局，中西文化之间发生了一场历史性遭遇战。中国哲学文化内部的"体用问题"，转化成了中西文化之间的"体用问题"，即中西文化谁为体、谁为用的问题。"中西体用"之辩说被作为不可回避却又注定意见纷杂的时代课题而尖锐提出来。中国哲学文化的体用不二辩证立场，一定意义上被基于中西文化激烈交锋定向的体用之辩二元立场所置换。在中西体用之间，具体存在着中体中用、中体西用、西体西用、西体中用四种可能的组合，大体上表现为文化保守主义、文化激进主义、文化折中主义三种立场，反映着固守传统、弃置传统、中和传统的文化主张。中体中用指中华文化自然会生发出与之相匹配的世俗生活的特定样态，无须援引外来的西方文化；中体西用指以中华传统文化为本体，以此为基础吸收借鉴西方文化；西体西用指中国文化全面落后于西方文化，中国文化的唯一出路就在于"全盘西化"；西体中用指以社会物质生产和精神生产，特别是现代化发展为体，以及由此来把握体之用。

中体中用与西体西用，看似根本对立，实则是在保守与激进的对峙立场上互相补充着、互相依赖着，从而殊途同归、荣损相成。近代中国的历史发展对中体中用、西体西用给予否定性结论。如果中体中用是可能与应当的话，那么近代中国为何会陷入衰退挨打的境地？而如果西体西用是可能与应当的话，那么这近代中国学习西方的探索为何总是在失败中反复？中体西用、西体中用两种折中主义立场似乎更为合理，但细究起来，不难发现，无论是中体西用还是西体中用，都是在二元对立中把握中西文化关系，中华文化同西方文化仍然壁垒鲜明。洋务运动的破产，早已证伪了中体西用，而西体中用也只是流行于学术争论当中。特别是西体中用说虽然重新界定了体用概念，但造成了惊人的混乱，而将"西与体"与"中与用"的分别对照，实际上根本显示"西体中用说"乃是变相的"全盘西化论"。总体上看，"中西之间""体用之辩"的近论，根本敞开为中西文化分野、体用分野的形而上学视域，这种对立思维严重阻滞着近代以来中国文化的时代进化。

（三）习近平文化思想实现"明体达用、体用贯通"的当代创新

习近平总书记指出："经过长期努力，我们比以往任何一个时代都更有条件破解'古今中西之争'，也比以往任何一个时代都更迫切需要一批熔铸古今、汇通中西的文化成果。"[①] 习近平文化思想是新时代中国共产党人承继党百余年光辉奋斗所创造的恢宏文化业绩，融通古今中外各种思想文化资源，集时代之大成而形成的新的文化成果，在其文化观基本建制上形成了"明体达用、体用贯通"的理论品格。

第一，新论对古论的继承发展。习近平文化思想所凸显的"明体达用、体用贯通"，其本身包含着中国传统哲学文化理解中的"体用有分、体用不二"的基本含义。譬如，既强调对中国特色社会主义文

---

① 习近平：《在文化传承发展座谈会上的讲话》，《求是》2023年第17期。

化发展规律的把握，又申言对这一规律的实际应用。这就内含着"体用不二"的基本旨趣：要依健动的势用而显示体；体本身具有无穷无尽的大用。但习近平文化思想的"明体达用、体用贯通"，更是对中国传统哲学文化体用理解的深化发展，主要体现在习近平文化思想自觉把体用关系把握为了具有马克思主义立意的理论与实践的关系。正如习近平文化思想既有"文化理论观点上的创新和突破"，又有"文化工作布局上的部署要求"。① 习近平文化思想既是创新理论，又自有其实践要义，凸显了作为当代中国马克思主义文化理论的鲜明实践性理论品格。如果说中国传统哲学文化对于体用关系把握偏向于宇宙论理解，那么习近平文化思想对体用关系的思维观照，则凸显了马克思主义的实践论立场。这本身是对前者理论视域的一种创新性拓宽。

第二，新论对近论的成功破解。从思维方法论的视角来看，当中国共产党自觉把来自西方的马克思主义写在政党旗帜上并始终高擎时，当中国共产党深刻体悟到"我们是马克思主义的历史主义者"②并始终坚持时，就根本意味着中国共产党对体用关系的理解与把握不在近代"中西体用之辩"之内，而是在其之外，其文化理论成果的思维立意就要破除而不是巩固"中西体用之辩"的二元立场。在以"明体达用、体用贯通"为基本思维方式的习近平文化思想的内容体系当中，古与今、中与西、体与用不是互相矛盾、互相对立、互相排斥的，而是互相砥砺、互相成就、互相转化的。这突出体现在习近平

---

① 《坚定文化自信秉持开放包容坚持守正创新 为全面建设社会主义现代化国家全面推进中华民族伟大复兴提供坚强思想保证强大精神力量有利文化条件》，《人民日报》2023年10月9日。

② 《毛泽东选集》第2卷，人民出版社1991年版，第534页。

文化思想对马克思主义同中华优秀传统文化的关系（即"第二个结合"命题）把握上。作为习近平文化思想的有机构成，"第二个结合"首先澄明，来自西方的马克思主义同东方的中华传统文化不是两种迥然不同、根本分殊、难以融通的异质文化，二者具有结合的可能与现实，共同成为铸就新的文化生命体的有机要素，成为建设中华民族现代文明的有效资源。这体现了新时代中国共产党人对马克思主义同中华优秀传统文化关系的深刻省思，特别是摆脱从而超越了"中西体用之辩"的二元对立旧思维方式。

三 习近平文化思想是渐次展开的开放式思想体系

习近平文化思想是一个不断展开的、开放式的思想体系。习近平文化思想作为一个不断展开的思想体系，其展开的过程并不是主观随意的，而是沿着马克思主义文化理论中国化时代化的发展进路，凸显着守正创新的理论自觉；习近平文化思想作为一个开放式的思想体系，其发展必然具有开放性，必然是开放之发展。正是在不断守正创新展开中、在开放发展中，习近平文化思想自成体系。同时，这一自成体系的思想，又同蕴含在习近平新时代中国特色社会主义思想中的其他思想互成体系。

（一）习近平文化思想在守正创新中实现体系化

早在就黑格尔法哲学体系进行批判时，马克思就深刻意识到，思想体系不能被"任意制造"[①]。一般来讲，特定思想体系的建构，都自有

---

① 《马克思恩格斯文集》第1卷，人民出版社2009年版，第111页。

其"思想的基地"。也只有立足于特定的思想体系，特定的思想才能实现从自在逻辑向自觉逻辑的转换，也才能获得体系化的"思想外观"。习近平文化思想得以体系化的根本理论支点就在于，习近平文化思想是在马克思主义文化理论的体系基础上产生的，是对马克思主义文化理论的守正创新。文化是马克思主义理论视野中的重要范畴，马克思主义文化理论是马克思主义理论的基本构成。所谓马克思主义文化理论即"马克思主义的文化观"，亦即是"从马克思主义的基本立场、观点和方法去观照文化现象的理论表征"。总体上看，马克思主义文化理论有其内在连贯、前后相继的理论史发展脉络，大体经历了"三期发展"，即经历了由理论到实践的过渡，经历了由文化的总体哲学审视到文化的不同维度的实践探索和反思把握的过渡，也经历了由纯西方语境中的文化意识到东西方文化交流语境中的文化意识的过渡。[①] 百余年来，中国共产党人在由马克思、恩格斯确立的马克思主义文化理论地基上，不断发展马克思主义文化理论，不断推动马克思主义文化理论在中国的具体化发展，与时俱进形成了中国化时代化的马克思主义文化理论。

中国特色社会主义进入新时代以来，以习近平同志为核心的党中央以丰富和发展马克思主义文化理论的时代自觉，以新时代文化建设的高度理论自觉，将对文化创新规律的认识、理解、运用提高到了崭新高度，在新的历史条件下扩容了马克思主义文化理论"思想库"，形成了具有体系化建制的习近平文化思想。从明确文化建设是"五

[①] 何中华、周向军等：《马克思主义文化理论发展史研究》，山东人民出版社2022年版，第12页。

位一体"总体布局的重要组成到强调要为中华民族伟大复兴提供有利文化条件；从强调坚持党的文化领导权到明确着力加强党对宣传思想文化工作的领导；从提出培育和践行社会主义核心价值观到强调文化自信；从提出推动中华优秀传统文化创造性转化、创新性发展的文化方针到强调坚守中华文化立场；从宣言开辟马克思主义中国化时代化新境界到提出马克思主义中国化时代化的魂脉根脉说；从深刻提出"两个结合"命题到深切阐明"第二个结合"的重大意义、明确巩固文化主体性；从诠释中华文明的五大突出特性到提出建设中华民族现代文明……这一系列的新理念新思想新战略，有机联系、内在贯通、不断深化，凸显着对新时代文化建设命题的整体性理论洞察，使马克思主义文化理论在当代中国得到了守正创新之丰富发展，构成了习近平文化思想的丰盈且科学的内容体系。

（二）习近平文化思想在胸怀天下中推进学理化

按照马克思主义的理解，对现实世界体系形成"精确的思想映象"，即形成最终完成的思想体系，"这无论对我们还是对所有时代来说都是不可能的。如果在人类发展的某一时期，这种包括世界各种联系……的最终完成的体系建立起来了……这是荒唐的想法，是纯粹的胡说"[①]。正如自诩为"绝对真理化身"的黑格尔哲学"作为体系来说，是一次巨大的流产"，原因在于所谓"最终完成的认识体系，是同辩证思维的基本规律相矛盾的"[②]。正是基于这样的认识论立场，

[①] 《马克思恩格斯文集》第9卷，人民出版社2009年版，第40页。
[②] 《马克思恩格斯文集》第3卷，人民出版社2009年版，第543页。

当杜林宣称"他解决了科学的最终课题"时，恩格斯指出，"无所不知"的杜林先生，"封闭了一切科学走向未来的道路"。① 因而，在马克思主义思想发展史序列上的一切新的思想体系，都注定不是最终完成的体系，开放性应当是它们共有的理论特征。习近平文化思想亦是如此，"开放式的思想体系"是习近平文化思想的鲜明标识。正是基于开放性立意，学理化的习近平文化思想可以在未来的历史长河中，在面向中国式现代化和吸收人类优秀文化成果中得到进一步发展。

"不断推进实践基础上的理论创新"是马克思主义在理论发展方面的根本之道。新时代文化建设实践的往前推进，为习近平文化思想的理论创新供给着最为根本的前提支撑。其一，为习近平文化思想的理论创新提供新鲜的经验。文化实践之于文化理论具有现实上的优先性，文化实践所创造的鲜活经验是文化理论创新的不竭泉源。习近平文化思想本身就是对新时代文化建设实践经验的理论总结、理论升华。面向未来的习近平文化思想理论创新不能不充分利用实践给予的新鲜经验。其二，为习近平文化思想的理论创新创设基本的历史空间。习近平文化思想是特定历史阶段的思想产物，必然要随着历史的不断发展而得到发展。新时代文化建设实践是具体的历史性实践活动。这一历史性实践活动，将习近平文化思想的理论创新问题"提到一定的历史范围"，这是马克思主义理论的"绝对要求"②，这将使习近平文化思想的开放发展始终成为有鲜明现实立意的发展，使习近平文化思想体系化发展始终包含有巨大的"历史感"。其三，为习近平文

---

① 《马克思恩格斯文集》第9卷，人民出版社2009年版，第40页。
② 《列宁全集》第25卷，人民出版社2017年版，第232页。

化思想的理论创新提供强劲的发展动能。寓于习近平文化思想中包括文化强国建设、中华民族现代文明建设、推动中华优秀传统文化创造性转化与创新性发展、"两个结合"、坚定文化自信等命题本身,都是关于新时代文化建设的实践命题,需要在实践中得到进一步深化理解。

(三) 习近平文化思想在实践应用中自成体系又互成体系

作为一个思想体系的习近平文化思想是"不断展开的、开放式的"。这一体系规定或如我们通常所熟知的如下说法,即马克思主义是不断发展的、开放的理论,习近平新时代中国特色社会主义思想是不断发展的、开放的理论。特别指出的是,对习近平文化思想与马克思主义、习近平新时代中国特色社会主义思想的如上理论规定,不是简单的主语替换,而是根本意味着习近平文化思想,同马克思主义,特别是同当代中国马克思主义、21世纪马克思主义具有本质性关联,即习近平文化思想是习近平新时代中国特色社会主义思想的文化篇。这一本质关联回答了习近平文化思想在习近平新时代中国特色社会主义思想中的"理论位置"问题。进一步说,这一本质关联,决定了习近平文化思想既要在自身理论内部保持着体系化建制,又要同习近平新时代中国特色社会主义思想之理论序列内的其他思想互成体系。也就是说,体系化的习近平文化思想具有自成性和互成性特征。

习近平文化思想在不断守正创新展开中实现体系化与在开放发展中推进体系化,已经确证了习近平文化思想自成体系。问题在于习近平文化思想何以能以及如何能同构成习近平新时代中国特色社会主义思想的各种思想互成体系。习近平总书记指出:"统筹推进'五位一体'总体布局、协调推进'四个全面'战略布局,文化是重要内容;推动高质量发展,文化是重要支点;满足人民日益增长的美好生活需要,文化是重要因素;战胜前进道路上各种风险挑战,文化是重要力量源泉。"[1] 习近平文化思想是对新时代文化服务治国理政、推动高质量发展、满足人民日益增长的美好生活需要、战胜前进道路上各种风险挑战等方面价值的进一步理论阐明,而这些方面实际上涉及习近平新时代中国特色社会主义思想理论观照的全部内容。也正是在对这些不同方面进行理论观照的过程中,形成了习近平新时代中国特色社会主义思想的各种具体理论形态。正是从这样的意义上说,习近平文化思想同习近平新时代中国特色社会主义思想中的各种具体理论都具有内在深刻联系,与后者互成体系。

总之,我们从逻辑起点、思维方式、体系构建、实践应用等多重维度,考察习近平文化思想的世界观意义,旨在表明习近平文化思想围绕科学回答新时代建设什么样的中国特色社会主义文化,怎样建设中国特色社会主义这一重大时代课题,深刻把握了文化发展的基本规律、文化建设的重要使命、文化创新的内在机制、文化工作的主要方法问题,是马克思唯物史观的创新应用,是中华优秀传统文化的历史主动,是中国特色社会主义道路、理论、制度的文化自信,是世界百年未有之大变局的文化自觉。

(原载《中国特色社会主义研究》2023 年第 6 期)

---

[1]《习近平谈治国理政》第四卷,外文出版社 2022 年版,第 309—310 页。

习近平文化思想的重大理论贡献

汪信砚[*]

党的十八大以来，习近平总书记深刻洞察中华民族伟大复兴的时代需要和全面建成社会主义现代化强国的内在要求，深刻总结百年党史特别是新时代以来党领导文化建设的实践经验，不断深化对文化建设的规律性认识，就新时代我国文化建设方略作出一系列重要论述，提出了一系列新思想新观点新论断，形成了习近平文化思想。习近平文化思想是中国共产党人继续不断推进马克思主义中国化时代化的重大成果，构成了习近平新时代中国特色社会主义思想的文化篇，它极大地丰富和发展了马克思主义文化理论。

一 对新时代新的文化使命的深刻把握

中国共产党历来重视文化建设。特别是党的十七届六中全会提出

---

[*] 作者简介：汪信砚，武汉大学哲学学院教授。

一　习近平文化思想研究

"建设社会主义文化强国"的宏伟目标以来，党的十八大、十九大和二十大，都对推动文化繁荣、建设文化强国作了战略部署。习近平总书记在文化传承发展座谈会上的讲话中指出，"在新的起点上继续推动文化繁荣、建设文化强国、建设中华民族现代文明，是我们在新时代新的文化使命"[①]。这一论断，正式提出了"新时代新的文化使命"概念，并对新时代新的文化使命的内涵作了深刻阐释，指明了新时代文化建设的目标和方向。

习近平总书记对新时代新的文化使命的深刻把握，建立在其对文化的重要地位和作用的深刻理解基础上。文化在社会生活中的重要地位和作用，集中地表现为文化积淀着一个民族最深层的精神追求，是一个民族独特的精神标识，因而是一个国家、民族的灵魂。习近平总书记指出，"文明特别是思想文化是一个国家、一个民族的灵魂。无论哪一个国家、哪一个民族，如果不珍惜自己的思想文化，丢掉了思想文化这个灵魂，这个国家、这个民族是立不起来的"[②]。人与动物的一个根本区别就在于人是有精神需求的，而思想文化则是满足这种精神需求的精神食粮，各个国家和民族的人们就是不断地从其思想文化中获得精神养分和精神力量的。正因如此，文化既是人类社会进步的精神动力，也是各个民族生存和发展的重要力量。在五千多年文明发展过程中，中华民族饱受挫折又不断浴火重生，总是能够在艰难困苦中奋起和不断成长，一个重要原因就是无数世代的中华儿女创造和积淀了博大精深的中华文化，为中华民族的生生不息提供了强大精神支撑。

[①] 习近平：《在文化传承发展座谈会上的讲话》，《求是》2023年第17期。
[②] 《习近平关于社会主义文化建设论述摘编》，中央文献出版社2017年版，第5页。

正是基于对文化在社会生活中的重要地位和作用的深刻理解，习近平总书记把新时代文化建设摆在突出位置加以强调，精辟阐述了担负新时代新的文化使命、推进文化建设的重要意义。

第一，担负新时代新的文化使命、推进文化建设，是新时代中国特色社会主义发展的必然选择。习近平总书记指出，"中国特色社会主义是物质文明和精神文明全面发展的社会主义。一个没有精神力量的民族难以自立自强，一项没有文化支撑的事业难以持续长久"[①]。这一论述，是对中国特色社会主义建设规律的深刻揭示。中国特色社会主义之所以不断发展并取得伟大成就，根本原因之一就是中国共产党在领导推进中国特色社会主义过程中始终注重物质文明和精神文明协调平衡发展。早在改革开放之初，邓小平就极为重视物质文明和精神文明的协调发展，强调坚持两个文明建设"两手抓，两手都要硬"。因此，文化和精神文明建设一开始就是中国特色社会主义建设的重要内容。文化和精神文明建设始终是中国特色社会主义事业总体布局的重要组成部分，中国特色社会主义文化也呈现出不断繁荣发展的良好局面。

中国特色社会主义进入新时代，人民日益增长的美好生活需要和不平衡不充分的发展之间的矛盾成为我国社会的主要矛盾。新时代我国社会主要矛盾也有其文化维度。一方面，新时代人民的美好生活需要内在地包含着文化方面的内容，即人民对精神文化生活提出了更高期待和要求；另一方面，新时代我国文化发展也存在不平衡不充分的问题，尚不能完全满足人民日益增长的精神文化需要。要破解新时代

---

① 《习近平关于社会主义文化建设论述摘编》，中央文献出版社2017年版，第3页。

人民日益增长的精神文化需要和文化不平衡不充分的发展之间的矛盾、满足人民对精神文化生活的更高要求，我们就必须自觉担负新时代新的文化使命、继续大力推进中国特色社会主义文化建设。在新时代条件下，习近平总书记重申坚持物质文明和精神文明建设"两手抓，两手都要硬"的重要原则，并强调中国式现代化是物质文明和精神文明相协调的现代化。他指出，要坚持以人民为中心，着力解决思想文化领域存在的突出问题，以创新精神推动中国特色社会主义文化的繁荣发展，努力满足人民日益增长的精神文化需要，为新时代中国特色社会主义发展注入精神动力。

第二，担负新时代新的文化使命、推进文化建设，是建设社会主义现代化强国的重要途径。到21世纪中叶把我国建成社会主义现代化强国，是新时代中国特色社会主义发展的战略安排，也是新时代党和国家工作的中心任务。而要把我国建成社会主义现代化强国，就必须推进文化大繁荣大发展，把我国建设成为社会主义文化强国。

当今世界，一个国家是否强大，不仅取决于其在经济、科技、军事等方面的硬实力，而且也取决于其软实力。"软实力是通过吸引而非强迫或收买的手段来达己所愿的能力，它源于一个国家的文化、政治观念和政策的吸引力。"[①] 文化软实力是最为重要的软实力之一。当今世界上的一些强国，都莫不同时具有很强的硬实力和文化软实力，在他们的内政外交中，在一些硬实力难以投射的地方，文化软实力往往能够发挥非常重要的作用。因此，许多国家特别是一些发达国

---

① ［美］约瑟夫·奈：《软力量——世界政坛成功之道》，吴晓辉、钱程译，东方出版社2005年版，前言第2页。

家都极为重视文化软实力建设，甚至把它提高到国家战略的高度。

国家文化软实力建设不仅影响着我国在当今世界文化格局中的定位，而且关系到我国在国际上的地位和影响力，还关系到我们在新时代的奋斗目标能否实现。习近平总书记指出，"文化软实力集中体现了一个国家基于文化而具有的凝聚力和生命力，以及由此产生的吸引力和影响力"①。基于对文化软实力的深刻理解，习近平总书记强调要从两个方面大力加强国家文化软实力建设。一是要强化文化的对内凝聚力和引领力，特别是要通过文化建设，筑牢全党全国各族人民团结奋斗的共同思想基础，增强人们对国家和民族的认同感、归属感和向心力，增强人们做中国人的自信心和自豪感，推动全社会形成广泛的共识，激发和引导全体人民形成崇德向善、奋力作为的精神状态，凝聚起奋进新征程、建功新时代的磅礴力量。二是要提升文化的对外吸引力和影响力，特别是要通过文化传播能力建设，讲好中国故事、传播好中国声音，让中华文化和中国价值观念、中国理论和中国主张"走出去"，向世界展现一个真实、立体、全面的中国，让当代中国形象在世界上树立和闪亮起来。

第三，担负新时代新的文化使命、推进文化建设，是实现中华民族伟大复兴的中国梦的本质要求。习近平总书记指出，"一个国家、一个民族的强盛，总是以文化兴盛为支撑的，中华民族伟大复兴需要以中华文化发展繁荣为条件"②。对此，他从多方面作了深刻阐释。

首先，实现中华民族伟大复兴的中国梦，需要思想文化和精神文

---

① 《习近平关于社会主义文化建设论述摘编》，中央文献出版社2017年版，第198页。
② 《习近平关于社会主义文化建设论述摘编》，中央文献出版社2017年版，第3—4页。

明的极大发展。"精神是一个民族赖以长久生存的灵魂，唯有精神上达到一定的高度，这个民族才能在历史的洪流中屹立不倒、奋勇向前。"① 早在新民主主义革命时期，毛泽东同志就曾强调，不仅要把中国变为政治民主和经济繁荣的中国，而且要把中国"变为一个被新文化统治因而文明先进的中国"②。今天，实现中国梦，必须使物质文明和精神文明比翼双飞地发展、物质财富和精神财富同时极大地丰富，特别是要使全体人民有坚定的理想信念、正确的世界观人生观价值观、崇高的道德境界、昂扬向上的精神追求和强大的精神力量。

其次，实现中华民族伟大复兴的中国梦，需要有高度的文化自信。"没有高度的文化自信，没有文化的繁荣兴盛，就没有中华民族伟大复兴。"③ 文化自信是一个国家和民族发展中最基本、最深沉、最持久的力量，它事关国运兴衰和文化安全，事关民族精神的独立性。如果缺乏文化自信，总是跟在别人后面亦步亦趋，注定是没有前途的。而要坚定文化自信，就必须大力推进文化建设，促进人们对中华文化的充分认同，增强人们对中华文化的自信心和自豪感。

最后，实现中华民族伟大复兴的中国梦，还需要大力提升国家文化软实力。"古往今来，任何一个大国的发展进程，既是经济总量、军事力量等硬实力提高的进程，也是价值观念、思想文化等软实力提高的进程。"④ 从历史上看，中华民族在世界上的重要地位和广泛影响，不是靠穷兵黩武和对外扩张，而是靠中华文化的强大感召力和吸

---

① 《习近平关于社会主义文化建设论述摘编》，中央文献出版社2017年版，第13页。
② 《毛泽东选集》第2卷，人民出版社1991年版，第663页。
③ 习近平：《决胜全面建成小康社会 夺取新时代中国特色社会主义伟大胜利——在中国共产党第十九次全国代表大会上的报告》，人民出版社2017年版，第41页。
④ 《习近平关于社会主义文化建设论述摘编》，中央文献出版社2017年版，第198页。

引力。中华文化就是我们提升国家文化软实力最深厚的源泉。只有大力弘扬中华优秀传统文化、大力发展在党和人民伟大实践中孕育的革命文化和社会主义先进文化,建设中华民族现代文明,努力夯实国家文化软实力的根基,才能为中华民族伟大复兴提供强大的精神支撑。

二 对新时代文化建设原则的科学制定

习近平文化思想不仅深刻把握和阐述了新时代新的文化使命,而且科学制定了新时代文化建设的一系列基本原则,为担负新时代新的文化使命、推进文化建设提供了根本遵循。

第一,新时代文化建设必须坚定文化自信。习近平总书记强调,"有文化自信的民族,才能立得住、站得稳、行得远"[①]。也正因如此,进入新时代后,以习近平同志为核心的党中央在以往提出"三个自信"的基础上强调必须坚定文化自信,并对坚定文化自信在"四个自信"中的突出重要地位作了深刻论述。一方面,文化自信是道路自信、理论自信、制度自信的题中应有之义,坚定道路自信、理论自信、制度自信必须坚定文化自信。另一方面,更为重要的是,文化自信是较之道路自信、理论自信、制度自信更为深层的自信,坚定文化自信是坚定道路自信、理论自信、制度自信的基础。思想文化是道路、理论、制度的精髓和灵魂,文化自信是道路自信、理论自信、制度自信背后起支撑作用的东西。"我们说要坚定中国特色社会主义道

---

① 习近平:《在文化传承发展座谈会上的讲话》,《求是》2023 年第 17 期。

路自信、理论自信、制度自信，说到底是要坚定文化自信。"①

　　坚定文化自信，离不开对中华民族历史的认知和运用。在五千多年文明发展中形成和积淀的中华优秀传统文化，不仅为中华民族在历史长河中生生不息、顽强发展提供了一脉相承的精神追求、精神特质、精神脉络，而且涵育了中国式现代化的精神气质，形塑了中国式现代化的展开和推进方式，滋养了中国式现代化这一人类文明新形态的创造。中华优秀传统文化具有永不褪色的时代价值，它的许多思想理念都具有超越时空、超越民族和国家界限的普遍意义，不仅能够为我们认识和改造世界提供有益启迪，还可以为解决当代人类面临的共同难题提供重要启示。博大精深、历久弥新的中华文化就是我们文化自信的根据和源泉。

　　坚定文化自信，必须坚持走自己的路，努力建构文化主体性。习近平总书记指出，"坚定文化自信，就是坚持走自己的路。坚定文化自信的首要任务，就是立足中华民族伟大历史实践和当代实践，用中国道理总结好中国经验，把中国经验提升为中国理论，既不盲从各种教条，也不照搬外国理论，实现精神上的独立自主"②。坚持走自己的路，就是坚持走中国特色社会主义文化发展的道路；实现精神上的独立自主，就是要建构文化主体性。文化自主性、主体性的建构以文化自觉为基本前提。"文化自觉，意思是生活在既定文化中的人对其文化有'自知之明'，明白它的来历、形成的过程、所具有的特色和它发展的趋向。"③ 对我们来说，要建构文化主体性，首先必须实

---

① 习近平：《论党的宣传思想工作》，中央文献出版社2020年版，第228页。
② 习近平：《在文化传承发展座谈会上的讲话》，《求是》2023年第17期。
③ 费孝通：《中华文化在新世纪面临的挑战》，《文艺研究》1999年第1期。

现对中华文化的自觉。中华文化积淀着中华民族最深层次的精神追求，是中华民族独特的精神标识，也是我们建构文化主体性的丰厚资源。只有自觉坚守中华文化立场，坚决反对历史虚无主义，大力推动中华优秀传统文化的创造性转化和创新性发展，传承革命文化，发展社会主义先进文化，才能建构我们的文化主体性。"有了文化主体性，就有了文化意义上坚定的自我，文化自信就有了根本依托。"①

第二，新时代文化建设必须秉持开放包容。开放包容是文化自信的显著标志，也是文明发展的活水来源。中华文化之所以博大精深和精彩纷呈，中华文明之所以能始终保持顽强旺盛的生命力，一个重要原因就是其具有突出的开放包容特点。从历史上看，中华文明本身就发源于新石器时代中华大地上各种早期文明的交流融合，一开始就被注入了开放包容的基因。此后数千年间，中华文化形成了"和而不同""协和万邦""海纳百川，有容乃大"等思想和理念，它们铸就了中华文明对世界文明兼收并蓄的开放胸襟。从西汉张骞出使西域、佛教东传和唐代玄奘西行求法、明代郑和七下西洋、明清时期伊斯兰文化与儒家文化的会通，到近代以来的"西学东渐"和马克思主义在中国的传播，再到改革开放以来的中外文化交往交流交融，不断为中华文明注入新的活力，"中华文明始终在兼收并蓄中历久弥新"②。

秉持开放包容，必须大力推进文明交流互鉴。世界上的各种文

---

① 习近平：《在文化传承发展座谈会上的讲话》，《求是》2023年第17期。
② 习近平：《深化文明交流互鉴 共建亚洲命运共同体——在亚洲文明对话大会开幕式上的主旨演讲》，人民出版社2019年版，第9页。

明，都是人类的劳动成果和智慧结晶，体现着各个国家和民族的精神追求。每一种文明都是独特的，都有自己存在的价值，都值得尊重和珍视。"一切叫做文明的各种人类社会的历史在某种意义上说都是平行的和同时代的。"① 因此，人们必须摒弃傲慢和偏见，以博大的胸怀和气度开展不同文明之间的交流互鉴。文明交流互鉴是文明发展的本质要求。首先，文明交流互鉴有利于不同文明的和谐共生。文明交流互鉴能够促进人们对不同文明差异性的认知，推动各国人民情感交流和心灵沟通，从而能够消除不同文明之间的隔阂、对立和冲突。当然，要发挥这种作用，文明交流互鉴必须是平等、多向的，而不能是强制、单向的，尤其是不应该认为自己的文明高人一等，企图改造或取代其他文明或将自己的文化和价值观强加于人。其次，文明交流互鉴也有利于促进文明的发展。正如一切有机体都需要新陈代谢一样，任何文明的发展也需要通过交流互鉴不断地从其他文明汲取营养。"文化因交流而多彩，文明因互鉴而丰富。"② 最后，文明交流互鉴还有利于弘扬全人类共同价值。和平、发展、公平、正义、民主、自由是全人类共同价值，它们凝聚着人类不同文明的价值共识。开展文明交流互鉴，能够促进各国人民相知相亲，更好弘扬全人类共同价值，推动构建人类命运共同体，携手解决人类共同面临的各种挑战。

秉持开放包容、推进文明交流互鉴，必须融通中外、贯通古今。

---

① ［英］汤因比等著，张文杰编：《历史的话语：现代西方历史哲学译文集》，广西师范大学出版社2002年版，第204页。
② 习近平：《在第二届世界互联网大会开幕式上的讲话》，《人民日报》2015年12月17日。

一方面，必须努力学习借鉴人类创造的一切优秀文明成果。对于人类既已创造和发展的各种文明，无论是古老的中华文明还是其他古今外域文明，都应该积极吸纳其中的养分，推动中国特色社会主义文化大繁荣大发展、建设中华民族现代文明。另一方面，必须以自信开放的姿态更好地推动中华文化走出去。要把中华优秀传统文化的思想理念介绍给世界，把当代中国文化创新成果传播出去，让世界上的人们能够更好地认识和理解中华文明，让中华文明同世界上其他多种文明一起为当代人类提供正确精神指引，使中华文明在与世界各国文明交流互鉴中共同发展。

第三，新时代文化建设必须坚持守正创新。习近平总书记指出，"对文化建设来说，守正才能不迷失自我、不迷失方向，创新才能把握时代、引领时代"[①]。守正与创新是辩证统一的，守正是创新的前提和基础，而创新则是守正的根本保障。只有坚持守正基础上的创新，新时代文化建设才能取得熔铸古今、会通中西的文化成果，更好满足人们的精神需要、丰富人们的精神世界和增强人们的精神力量，从而发挥文化引领时代的重要作用。

坚持守正创新，首先必须守正。一是要坚守马克思主义"魂脉"。坚持马克思主义的指导地位，是我们在文化建设中坚持正确方向的根本保障。马克思主义是伟大的认识工具，是我们观察世界、分析问题的强大思想武器，"它首创了一种对社会的理解方式，如果没有它，我们完全无法理解社会"[②]。只有坚守马克思主义"魂脉"，我

---

① 习近平：《在文化传承发展座谈会上的讲话》，《求是》2023 年第 17 期。
② ［美］罗伯特·L. 海尔布隆纳：《马克思主义：赞成与反对》，马林梅译，人民东方出版传媒、东方出版社 2016 年版，第 101 页。

们才能深刻认识和把握文化建设的内在规律，不断推进中国特色社会主义文化的繁荣发展。二是要坚守中华优秀传统文化"根脉"。中华优秀传统文化是中华民族的精神命脉，也是涵养社会主义核心价值观的重要思想资源。只有坚守中华优秀传统文化"根脉"，我们才能建设具有强大凝聚力的文化，铸牢中华民族共同体意识，在世界文化激荡中始终站稳脚跟。三是要坚守中国共产党的文化领导权和中华文化的主体性。中国共产党历来都把马克思主义写在自己的思想旗帜上，也始终是中华优秀传统文化的忠实继承者和坚定弘扬者。因此，只有坚守党的文化领导权，才能真正坚守马克思主义"魂脉"和中华优秀传统文化"根脉"。也只有坚守党的文化领导权，才能坚守中华文化的主体性。中华文化的主体性本身就是在党的领导下通过创造性地传承中华优秀传统文化、大力弘扬革命文化和发展社会主义先进文化而建立起来的。离开党的领导，根本就无从谈论中华文化的主体性。

坚持守正创新，关键在于创新。在文化建设中，"创新，创的是新思路、新话语、新机制、新形式"①。思路创新，就是要摆脱旧的思想观念的束缚、打破固有的思维定式，在把握创新特点和创新规律的基础上，"既奇思妙想、'无中生有'，又兼收并蓄、博采众长"②。话语创新，即融通古今中外各种思想资源，打造具有鲜明时代特点和中国特色、易于为受众理解和接受的新的概念、范畴和表述，使借此讲述的中国故事深入人心。机制创新，就是要根据文化发展的规律，综合运用政策、法律、市场等多种手段改革和完善文化生产、交流、

---

① 习近平：《在文化传承发展座谈会上的讲话》，《求是》2023年第17期。
② 《紧跟时代肩负使命锐意进取 为共同理想和目标团结奋斗》，《人民日报》2016年4月30日。

传播、管理的方式方法,充分激发全民族文化创新创造活力。形式创新,则是指要适应时代变化推动文化生产、交流、传播等文化活动及其组织、管理形式的多样化发展。推进上述各方面的创新,都必须"要在马克思主义指导下真正做到古为今用、洋为中用、辩证取舍、推陈出新,实现传统与现代的有机衔接"[①]。

三 对新时代文化建设路径的战略谋划

习近平文化思想明体达用、体用贯通,既深刻把握了文化的本质、特点、地位、作用和中国特色社会主义文化发展规律,又对我国新时代文化建设作了精心部署,明确了新时代文化建设的路线图和任务书。

第一,坚持和推进把马克思主义基本原理同中国具体实际相结合、同中华优秀传统文化相结合。坚持"两个结合",是坚守马克思主义"魂脉"和中华优秀传统文化"根脉"的根本要求,也是新时代文化建设的必由之路。坚守马克思主义"魂脉",绝不是要把马克思主义理论当作教条和僵死不变的东西,而是要运用马克思主义立场观点方法创造性地探索和解决中国的问题,并由此实现对马克思主义理论的创新性发展。为此,必须不断推进马克思主义中国化即把马克思主义基本原理同中国具体实际相结合。中国具体实际包括中国的现实实际和历史实际,其中,中国的历史实际是指中华民族五千多年的文明发展,特别是其中积淀的中华优秀传统文化。因此,把马克思主义基

---

① 习近平:《在文化传承发展座谈会上的讲话》,《求是》2023年第17期。

本原理同中国具体实际相结合，必然要求和内在包含着把马克思主义基本原理同中华优秀传统文化相结合。这也表明，坚守马克思主义"魂脉"与坚守中华优秀传统文化"根脉"的要求是完全一致的。

不仅如此，马克思主义"魂脉"与中华优秀传统文化"根脉"也是内在相通的。"马克思主义和中华优秀传统文化来源不同，但彼此存在高度的契合性。"[①] 正是这种内在相通性和高度契合性，使"第二个结合"得以可能。"第二个结合"即运用马克思主义立场观点方法改造中华优秀传统文化，亦即推动中华优秀传统文化的创造性转化和创新性发展，使其成为中华文化现代发展的丰富养分。因此，这一结合必然使马克思主义与中华优秀传统文化相互成就。一方面，马克思主义使中华优秀传统文化焕发出全新的生机和活力。马克思主义以真理之光激活了中华优秀传统文化的生命力，使中华优秀传统文化中那些历久弥新、具有跨越时空而永不褪色的时代价值的思想和理念实现了创造性转化，并由此使中华文脉得以赓续，使中华文化实现了从传统到现代的转型和跨越，发展出了中华文化的现代形态，包括中国革命文化和中国特色社会主义文化。另一方面，中华优秀传统文化为中国化马克思主义的发展提供了丰厚的文化沃土。中华优秀传统文化中那些与马克思主义高度契合并经过创造性转化和创新性发展的思想理念源源不断地注入马克思主义，推动马克思主义中国化时代化不断发展并实现一次又一次新的飞跃，由此使马克思主义凸显出越来越鲜明的中国特色、中国风格和中国气派，使中国化马克思主义成为中华文化和中国精神的时代精华。总之，"'第二个结合'让马克思

[①] 习近平：《在文化传承发展座谈会上的讲话》，《求是》2023年第17期。

主义成为中国的，中华优秀传统文化成为现代的，让经由'结合'而形成的新文化成为中国式现代化的文化形态"①。这里所说的"新文化"也就是中国特色社会主义文化，它是由"第二个结合"造就的马克思主义与中华优秀传统文化有机统一的新的文化生命体。今天，在担负新时代新的文化使命过程中，坚持和推进把马克思主义基本原理同中国具体实际相结合、同中华优秀传统文化相结合，就是要继续壮大这一文化生命体，为推进中国式现代化、全面建成社会主义现代化强国和实现中华民族伟大复兴提供有力的文化支撑。

第二，建设具有强大凝聚力和引领力的社会主义意识形态。意识形态是文化的核心内容，是具有鲜明阶级属性和价值取向的思想文化，它决定着一个国家和民族的根本文化立场，具有凝心铸魂的重要作用。要完成新时代新的文化使命，必须"建设具有强大凝聚力和引领力的社会主义意识形态"②。

一是坚持和加强党对意识形态工作的全面领导。党对意识形态工作的全面领导是坚守党的文化领导权的具体表现，也是建设具有强大凝聚力和引领力的社会主义意识形态的有力组织保障。党在集中精力推进经济建设的同时，须臾不能放松和弱化意识形态工作。特别是在今天，我国意识形态工作面临的内外环境极其复杂，党必须把意识形态工作的领导权牢牢地掌握在手中，努力增强社会成员的政治认同、思想认同、情感认同，确保全体人民始终在理想信念和价值观念上紧紧团结在一起，确保国家意识形态安全。

---

① 习近平：《在文化传承发展座谈会上的讲话》，《求是》2023年第17期。
② 习近平：《高举中国特色社会主义伟大旗帜 为全面建设社会主义现代化国家而团结奋斗——在中国共产党第二十次全国代表大会上的报告》，人民出版社2022年版，第43页。

二是坚持马克思主义在意识形态领域指导地位的根本制度。坚持马克思主义在意识形态领域指导地位的根本制度，是中国特色社会主义文化制度的根本内容，是建设具有强大凝聚力和引领力的社会主义意识形态的有力制度保障。党的十八大以来，以习近平同志为核心的党中央把意识形态工作摆在极其重要的位置，不仅确立了坚持马克思主义在意识形态领域指导地位的根本制度，而且建立了一系列与之相配套的体制机制。坚持马克思主义在意识形态领域指导地位的根本制度，就要把这些体制机制落到实处。

三是着力培育和弘扬社会主义核心价值观。社会主义核心价值观是我国社会主义意识形态的最基本内核，不仅体现了社会主义的本质要求，是中国特色社会主义道路、理论体系和制度的价值表达，而且传承和升华了中华优秀传统文化价值观中的合理因素，同时也内在地融合着人类共同价值诉求，是联结社会成员、有效整合全社会意志和力量的共同精神纽带。因此，着力培育和弘扬社会主义核心价值观，是建设具有强大凝聚力和引领力的社会主义意识形态的根本途径。培育和弘扬社会主义核心价值观，不仅要靠教育引导、舆论宣传、文化熏陶和实践养成，而且还要用体制机制来保障，使社会主义核心价值观的要求内化为人们的精神追求、外化为人们的自觉行动。

四是加快构建中国特色哲学社会科学。哲学社会科学也是社会意识形态的重要形式，是意识形态斗争的重要阵地。在新时代文化建设中，无论是坚持和巩固马克思主义在意识形态领域的指导地位、培育和弘扬社会主义核心价值观，还是增强国家文化软实力，都迫切需要哲学社会科学更好地发挥作用。建设具有强大凝聚力和引领力的社会主义意识形态，尤其需要加快构建中国特色哲学社会科学。"加快构建中国特色哲学社会科学，归根结底是建构中国自主的知识体系。"① 只有建构中国自主的知识体系，中国哲学社会科学才能具有主体性，才能适应建设具有强大凝聚力和引领力的社会主义意识形态的需要。

五是巩固壮大主流思想舆论。建设具有强大凝聚力和引领力的社会主义意识形态，必须高度重视社会主义意识形态的传播。新闻舆论是社会主义意识形态传播的主渠道，必须自觉服务于巩固壮大主流思想舆论，不仅要坚持正确舆论导向，而且要着力提升传播力、引导力、影响力、公信力。在今天，互联网已成为各种意识形态角逐的主战场和最前沿阵地，网络意识形态的新情况新问题不断涌现。必须高度重视网络意识形态安全风险问题，加强互联网建设管理，牢牢掌握网络意识形态主导权，坚决打赢网络意识形态斗争。

第三，着力加强国际传播能力建设、促进中外文明交流互鉴。如前所述，担负新时代新的文化使命、建设社会主义文化强国，必须大力提升国家文化软实力，而文化软实力包括文化的对内凝聚力和引领力与文化的对外吸引力和影响力两个方面。因此，提升国家文化软实力，既要坚持和推进"两个结合"、建设具有强大凝聚力和引领力的社会主义意识形态，切实把我们自身的文化建设搞好，也要加强国际传播能力建设、促进中外文明交流互鉴。

加强国际传播能力建设、促进中外文明交流互鉴，关键是要提高我国的国际话语权。"国际话语权是国家文化软实力的重要组成部分。"② 同西方国家相比，我国的国际话语权还相当不足，也与我国

---

① 《坚持党的领导传承红色基因扎根中国大地 走出一条建设中国特色世界一流大学新路》，《人民日报》2022年4月26日。

② 《习近平关于社会主义文化建设论述摘编》，中央文献出版社2017年版，第203页。

的国际地位和国际贡献很不相称。要争夺国际话语权，必须加强我国对外传播话语体系建设。一是要创新对外话语表达方式。要针对国外不同受众的特点，打造和运用融通中外、便于传播的新概念、新范畴、新表述。讲故事是国际传播的最佳方式，要讲好中国故事，把中国理论、中国道路、中国制度、中国精神、中国力量寓于其中，使人爱听、听有所得。二是要明确和清晰表达对外话语主张。话语的背后是"道"，是思想和主张。我们的对外话语不能只是为话语而话语，而必须鲜明地展现中国立场、中国思想和中国主张。三是要熟练掌握和运用对外话语阐释技巧和方法。在阐释话语背后的"道"时，要从哲理、历史、文化、社会、生活等各个方面展开；要以德服人，以礼服人，以文服人；要大音希声、大象无形，使外国民众在不知不觉的情感认同中更好地了解和体验中华文化。四是要拓展对外话语平台、渠道和载体。必须发挥各地区各部门各方面作用，用好重大国际活动及重要国际节展和赛事平台、高端智库交流渠道、中国传统节日载体、海外文化阵地和其他多种文化形式，并综合运用大众传播、群体传播、人际传播等多种方式，特别是要发挥好新兴媒体的作用，强化对外话语的感召力、感染力和公信力。文艺是最好的交流方式，特别是戏剧、国画、书法、民乐等中华艺术瑰宝，都是极好的对外话语载体，它们能让国外民众在审美体验中深化对中华文化的理解。要整合各类对外话语资源，推动内宣外宣一体发展，奏响对外话语的大合唱和交响乐，把中国故事讲得越来越精彩，让中国声音越来越洪亮。

（原载《中国社会科学》2024年第3期）

二

中华文明的突出特性

文明的历史含义及其当代启示

何中华[*]

纵观当代人类文明的演进，可谓挑战与机遇并存、危机与契机共生。在这一充满不确定性的历史节点上，尤为需要我们回溯自己置身其中的文明，作出一种反思性的把握。全球化语境下的人类文明新形态的建构，呼唤一个文明自觉时代的到来。基于这一背景，本文尝试对人类文明现象予以初步的历史性考察，追溯文明的原初意涵及其内在的关系和规定，以及它的历史展现形式，并从中得出某种判断，为理解人类文明当代演进面临的紧迫问题和它背后的实质提供一条可能的思路，为理解中华民族伟大复兴的重大历史意义提供一种可能的视角。

一 文明的自觉与人的自我中心化的扬弃

在东西古今的语境中，对"文明"（civilization）一词的理解存在

---

[*] 作者简介：何中华，山东大学哲学与社会发展学院教授。

二 中华文明的突出特性

种种歧异，也有其贯通之处。我们在探讨文明问题时，只能从中选择并确定一种有助于讨论主题的含义来使用。无论"文明"抑或"文化"（culture），都可以写一部厚重的概念史，但本文的旨趣不在辨析概念，对它们的词源学关系不作烦琐考证，只限于文明或文化在历史中具有哲学意味的内涵及其对当代人类文明演进的某种启示意义。

《易传》曰："观乎人文，以化成天下。"所谓"人文""化成"，既有"文化"之义，也有"人化"之义，这意味着"文化"即"人化"。这一内涵恰好契合马克思关于人的本质力量对象化的含义，即所谓"人本学的自然界"或"人化的自然界"。[①] 这个意义上的"人化"，亦可理解为"人为性"，它同"文明"的内涵相通约。如果文化是人化，那么"人"又是什么呢？人通常又被定义为文化的动物。"人"只有通过"文化"才能获得自身的规定，从而是其所是。因此，人与文化之间形成了一种互释互诠的解释学循环。恩格斯说："我们不能比对这种相互作用的认识追溯得更远了，因为在这之后没有什么要认识的东西了。"[②] 这意味着文明或文化对于人及其存在来说具有人类学本体论意义。

一个民族所达到的"自我意识"，是该民族在文明的意义上走向自觉的重要标志。一个民族也只有在不同文明之间的相互参照中才能实现这种自我意识。黑格尔认为，一个民族在精神方面的最高成就是自知。但一个民族的真正成熟，关键不在于能力多么强大，而在于能否意识到能力的限度。因此，从人类文明的角度看，人的自我中心化

[①] ［德］马克思：《1844年经济学哲学手稿》，人民出版社2014年版，第86、84页。
[②] 《马克思恩格斯文集》第9卷，人民出版社2009年版，第482页。

的扬弃构成文明走向成熟的重要前提。

在文明的演化中，人的个体与类之间具有某种同构性。黑格尔说："特殊的个体与普遍的个体的关系"，表现为一个重演或再现的过程，所谓"普遍的个体"只有在类的层面上才能被表达。① 恩格斯也说："孩童的精神发展则是我们的动物祖先、至少是比较晚些时候的动物祖先的智力发展的一个缩影。"② 泰勒同样认为："蒙昧人的智慧再现了儿童智慧的状态。"③ 这意味着人的个体的发展不过是人的类的发展的重演，反之亦然。先看人的个体层面。皮亚杰的发生认识论揭示了人的个体在儿童期的自我中心化倾向，认为儿童在游戏中"所共有的象征性的思维本身总是把现实同化于自我"④。它所体现的自我的绝对性，表征为主客体的原初同一性。而这种自我中心化的"解除"，则意味着主体和客体的同时确立。严格地说，这种"解除"是一种扬弃而非绝对的祛除。皮亚杰把这个过程称作一场"哥白尼式革命"，也就是参照系的彻底重建。主客体之间对象性关系的这种建构，亦即客观态度的形成，构成人的个体心理走向成熟的标志。在类的层面上，"人"一开始并不具有普遍的意义，而仅仅与族类观念有关，这说明在文明的初始阶段存在着人的自我中心化倾向。卡西尔说："人总是倾向于把他生活的小圈子看成是世界的中心，并且把他

---

① [德] 黑格尔：《精神现象学》上卷，贺麟、王玖兴译，商务印书馆1979年版，第18页。
② 《马克思恩格斯选集》第4卷，人民出版社1995年版，第383页。
③ [英] 泰勒：《原始文化：神话、哲学、宗教、语言、艺术和习俗发展之研究》，连树声译，广西师范大学出版社2005年版，第234页。
④ [瑞士] 让·皮亚杰：《儿童的语言与思维》，傅统先译，文化教育出版社1980年版，第298页。

二 中华文明的突出特性

的特殊的个人生活作为宇宙的标准。"[1]文化人类学认为，人的概念和对人的承认并不是与人类的出现同步的。在人类的早期阶段，所谓"人"只是指本氏族的成员，氏族之外的人并不被看作"人"。[2]正如有学者所说："某些原始部落或种族把自己看成世界的中心。其成员均采用'人'这个属名，而把包括别的部落或种族在内的外部世界统统看成多少含有敌意的环境（按照现代说法）。"[3]

文化人类学的研究表明，"图腾崇拜"是早期人类普遍存在的一种文化现象。图腾（totem）本来的意思是"我的亲族"。人类在早期是通过"移情"把某个外在对象"偶像"化，以便从中分享它的力量。另外，"万物有灵论"观念在早期人类社会也是一种普遍现象，它表明人类最早是把自身的性质投射到对象世界，对其作一种"拟人化"的处理，推己及人和推己及物。泰勒说："万物有灵观包含着一些如此一贯地导致拟人化的观点，也就是：蒙昧人和原始人显然不必费任何力气，就能把连续不断的个人生命赋予那种非凡的人，这种非凡的人在我们的想象力充分发挥的情况下，只要借助有意识的隐喻就能拟构。"[4]万物有灵论是通过类比方法确立的，但这种类比的根据和尺度并非源自物而是源自人本身，这无疑是早期人类自我中心化倾向的一种典型的体现。

---

[1] ［德］恩斯特·卡西尔：《人论》，甘阳译，上海译文出版社1985年版，第20页。
[2] 安希孟：《关于原始基督教的性质》，《基督教文化评论》第2辑，贵州人民出版社1990年版，第126页。
[3] ［法］皮埃尔·奥热：《现代人类中心论》，《第欧根尼》（中文版）第1期，社会科学文献出版社1987年版，第40页。
[4] ［英］泰勒：《原始文化：神话、哲学、宗教、语言、艺术和习俗发展之研究》，连树声译，广西师范大学出版社2005年版，第236页。

人的个体的自我中心化及其扬弃，在类的层面上主要是以民族为单位被表征的，即民族的自我优越感和自尊情结及其克服。世界上诸民族在其文明肇始期，总是或多或少地带有自我中心化倾向。汤因比说："以中国为例，中国人认为天底下除他们居住的那块土地之外，均非'天之乐土'，而皇帝直接统治下的那片疆域便是'中央王国'。"①《礼记》即有所谓"东夷、北狄、西戎、南蛮"（《礼记·曲礼下》）之称谓。其实，欧洲人也不例外。正如汤因比所承认的："欧洲人已经把自己看作为上帝的选民——他们在承认这一点的时候并不感到害羞。"②

值得指出的是，中华民族的柔性智慧与自我中心化的扬弃内在相关，这意味着在文明基因层面就已内蕴着以"克己"为基本特征的自我约束取向，所谓"文明以止"。孔子曰："克己复礼为仁。"这典型地体现了中华文明所采取的反身性姿态。应该说，中华文明很早就通过内在限制使自我中心化得到了某种扬弃。在以儒家为主干的中国文化传统中，德性是优先于知识的。这一排序显示了道德优位的文化性格。罗素说："中国有一种思想极为根深蒂固，即正确的道德品质比细致的科学知识更重要。"③道德的诉求是一种内在性的反观，因为对人性的觉解和自觉把握构成道德意识的基础，所谓"为仁由己"。这正是孔子何以说"克己复礼为仁"的一个学理上的根据。这种克己的功夫，显示的是对自我的内在约束，也正因此方能达到"慎

---

① [英] A. J. 汤因比：《文明经受着考验》，沈辉等译，浙江人民出版社1988年版，第62页。
② [英] A. J. 汤因比：《文明经受着考验》，沈辉等译，浙江人民出版社1988年版，第94页。
③ [英] 罗素：《中国问题》，秦悦译，学林出版社1996年版，第61页。

二 中华文明的突出特性

独"的境界。就此而言，中华文明的确带有早熟的特点。

"文明以止"和"人文化成"是《周易·象传》在诠释贲卦时提出来的。贲卦由离下艮上构成，而离为文明，艮为止。孔颖达《周易正义》曰："文明，离也；以止，艮也。用此文明之道，裁止于人，是人之文，德之教。"这不仅体现"文明"的人文内涵，而且体现其内在约束所形成的张力。"文明"固然有其人为性特征，但它又固有其内在的约束。此番意思在明季学者何楷所作诠释中更加明显，他说："止者限而不过之谓。一文之一止之而文成，礼以节文为训，即此意。"[①] 其中显然有一种张力在。这意味着中华文明在早期阶段就实现了人的自我中心化的扬弃。程颐把"文明以止"释为"止于文明"，而"止于文明者，人之文也"；"止谓处于文明也"。显然，"文明"与"人文"有其必然的对应关系。正如他所言："天文，天之理也；人文，人之道也。"[②] 处于"文明"者，乃"人之道也"。可见，文明的本义就内蕴一种张力，其抑扬结构体现着中国先民智慧中的自我中心化的扬弃关系。

从实践层面看，晚清以降，中华民族遭遇"三千年未有之大变局"（李鸿章语），面临前所未有的严重挫折，使原本富有强烈文化自尊的民族，出现了文化心理上的空前剧烈的失落。从另一个层面看，这又不啻是自我中心化得以扬弃的历史契机。

西方自古希腊时代起就有其殖民主义的传统。以至于到了20世纪，整个世界被西方殖民统治者瓜分完毕。着眼于历史的长时段，这

[①] 李光地：《周易折中》，刘大钧整理，巴蜀书社1998年版，第557页。
[②] （宋）程颢、程颐：《二程集》下，王孝鱼点校，中华书局2004年版，第808页。

种扩张在实践层面上也遇到了两次挫折。汤因比指出:"现在我们常常倾向于忘却西方在取得它的完全的成功以前,曾有过两次失败了的扩张企图。"① 一次是"十字军东征",西欧试图将其政治统治和经济支配强加于地中海东岸的西亚国家,结果反而受到文化上的"反噬";另一次是在公元16世纪西班牙和葡萄牙人的扩张,虽然在美洲达到目的,但后来在日本和阿比西尼亚人那里遭到了驱逐。可是,第三次扩张则取得了成功,它"是由荷兰、法国和英国于十七世纪开始的。这三个西欧国家是我们西方文明在1914年所享有的世界优势的主要创造者"②。这一巨大成功在一定意义上弥补了历史上遭遇的挫折带来的损失,使其在很大程度上遗忘了限制和约束自我中心化倾向。

对作为文明现象的人的自我中心化在西方的现代根源,马克思从资本主义生产方式中找到了"为我关系"这一历史基础,指出:"凡是有某种关系存在的地方,这种关系都是为我而存在的;动物不对什么东西发生'关系',而且根本没有'关系';对于动物来说,它对他物的关系不是作为关系存在的。"③ 但"为我关系"并非凭空产生的,它是基于"占有"关系而历史地形成的。在"占有"所决定的"为我关系"中,一切他者皆沦为占有者的"有用物"。而按黑格尔的说法,"有用是启蒙的基本概念"④。恩格斯则从学理依据的角度强

---

① [英]A.J.汤因比:《文明经受着考验》,沈辉等译,浙江人民出版社1988年版,第89—90页。
② [英]A.J.汤因比:《文明经受着考验》,沈辉等译,浙江人民出版社1988年版,第90页。
③ 《马克思恩格斯选集》第1卷,人民出版社2012年版,第161页。
④ [德]黑格尔:《精神现象学》下卷,贺麟、王玖兴译,商务印书馆1979年版,第97页。

调:"人只须认识自身,使自己成为衡量一切生活关系的尺度,按照自己的本质去评价这些关系,根据人的本性的要求,真正依照人的方式来安排世界,这样,他就会解开现代的谜语了。"① 这意味着人的主体性的确立同这个"现代的谜语"之间具有内在关联。

二 人的超越性与文明的加速度演进方式

从某种意义上说,人是宇宙中唯一能够打破其所属的那个物种赋予他的生物学限制的物种。这是人的存在的超越性的最典型的体现。由此决定了人类的进化本质上不再是肉体的进化,而是文明的演进。因为人在其存在中通过改变世界而满足自身的需要,与此相反,一切动物和植物都不过是通过改变自身来适应环境,从而获得生存条件。

因此,人在本质上是一种能动的存在物。诚然,人有其宿命和受动的一面。马克思说:人无法选择自己的历史条件,因为"人们自己创造自己的历史,但是他们并不是随心所欲地创造,并不是在他们自己选定的条件下创造,而是在直接碰到的、既定的、从过去承继下来的条件下创造"②。但这种无法选择的前提本身,恰恰构成人们实践地变革和重建的对象,作为人的能动性得以表征和证成的前提。因此,人又是一种能动的存在,因为按照马克思的说法,他是在"积极实现其存在""积极实现自己本质"。③ 人的存在本身正是人的创造的产物,人只有在自我建构中才能使自己是其所是。这是人与动物的本

---

① 《马克思恩格斯全集》第3卷,人民出版社2002年版,第521页。
② 《马克思恩格斯选集》第1卷,人民出版社2012年版,第669页。
③ [德]马克思:《1844年经济学哲学手稿》,人民出版社2000年版,第171、170页。

质区别所在。马克思说:"人,作为人类历史的经常前提,也是人类历史的经常的产物和结果,而人只有作为自己本身的产物和结果才成为前提。"① 恩格斯也说:"人是唯一能够挣脱纯粹动物状态的动物——他的正常状态是一种同他的意识相适应的状态,是需要他自己来创造的状态。"② 如果说一切非人的存在都是"本质先于实存"的,那么人的存在则是"实存先于本质"的。

在一定意义上,人乃是符号的动物。符号蕴含着人类交往的可能性,因为只有在人类的交往实践中符号才"是其所是"。人的社会本质植根于人的这种特有的存在方式之中。马克思揭示了交往对于生产力的保存所具有的前提意义,"某一个地域创造出来的生产力,特别是发明,在往后的发展中是否会失传,完全取决于交往扩展的情况","当交往只限于毗邻地区的时候,每一种发明在每一个地域都必须单独进行"③;"在历史发展的最初阶段,每天都在重新发明,而且每个地域都是独立进行的"④。而"只有当交往成为世界交往并且以大工业为基础的时候,只有当一切民族都卷入竞争斗争的时候,保持已创造出来的生产力才有了保障"⑤。

按照卡西尔的观点,人的思维和行为的符号化,构成人类文化全部发展得以实现的条件。⑥ 这从某个侧面揭示了人的本质特点,因为

---

① 《马克思恩格斯全集》第35卷,人民出版社2013年版,第350—351页。
② 《马克思恩格斯文集》第9卷,人民出版社2009年版,第408页。
③ 《马克思恩格斯选集》第1卷,人民出版社2012年版,第187—188页。
④ 《马克思恩格斯选集》第1卷,人民出版社2012年版,第188页。
⑤ 《马克思恩格斯选集》第1卷,人民出版社2012年版,第188页。
⑥ [德] 恩斯特·卡西尔:《人论》,甘阳译,上海译文出版社1985年版,第35页。

二 中华文明的突出特性

符号使得人的个体与类之间积极的和肯定的互动成为可能。由于这种互动（主要以语言符号为中介），单个人积累的经验及发明创造，就能够被放大为整个类的能力，为其他个体所分享；反过来，整个类的文明成果也能够通过广义的教育途径，积淀并浓缩为单个人的能力。如此一来，"每一个体都必须亲自取得经验，这不再是必要的了，个体的个别经验在某种程度上可以由个体的历代祖先的经验的结果来代替"①。当然，这种互动也表现在民族与整个人类之间的文明交往之中。人类正因此才有了文化的积淀和文明的进步，它使得文明能够以加速度的方式远离人类的初始状态而不断向前演进。以科学为例，恩格斯说："可见科学发展的速度至少也是与人口增长的速度一样的；人口与前一代人的人数成比例地增长，而科学则与前一代人遗留的知识量成比例地发展，因此，在最普通的情况下，科学也是按几何级数发展的。"② 恩格斯又指出：自哥白尼的《天体运行论》问世以来，"科学的发展从此便大踏步地前进，这种发展可以说同从其出发点起的时间距离的平方成正比"③。这从一个侧面折射出人类文明演进的特点。

因此，自文明诞生以来，人类的进化就不再像动物那样是肉体本身的进化，而是文化和文明的进化了。正因此，"几千年来蜜蜂一直建筑着同样的巢穴，而人却获得了'进步'"④。在动物那里，由于缺少个体与类之间交流的媒介，每一个个体所积累的经验都无法传递给其他个体，也不能被放大为整个类的能力，所以动物的每一代个体都

---

① 《马克思恩格斯文集》第9卷，人民出版社2009年版，第539页。
② 《马克思恩格斯选集》第1卷，人民出版社2012年版，第44页。
③ 《马克思恩格斯文集》第9卷，人民出版社2009年版，第406页。
④ [德] 米夏埃尔·兰德曼：《哲学人类学》，张乐天译，上海译文出版社1988年版，第221页。

只能从零开始。与人类不同,动物的存在无法实现文化上的进化,只能是肉体本身的进化。因此,动物的存在归根到底是宿命式的。人的存在除了宿命的一面,还有能动的一面,这正是人的超越性所在。正是在人的个体与类之间的张力结构中,人类文明实现着自身的积淀、演进和不断嬗变。

三 人类学本体论悖论在文明演进中的历史展现

人的存在的二重化即肉体与精神之间的分野和紧张,构成人类学本体论意义上的悖论。此即青年马克思所谓的"精神原则"和"肉体原则"之间的"不幸的斗争"。对它的正视和自觉,乃是作为"文明的活的灵魂"的哲学赖以存在的理由和根据。作为肉体存在物,人必须同外部自然界进行物质、能量、信息的交换才能维系自身的存在,而这种交换的最有效率的方式就是科学。但科学作为人的肉体存在的自我肯定方式,无法满足人的精神存在的需要,后者只有通过以价值为内核的意义世界的建构才能得到满足。海德格尔提出的"在"与"在者"的"本体论区分",揭示了科学与价值之分野的原初根据。科学基于实然判断把握作为"在者"的经验世界,价值则基于应然判断把握作为超验世界的"在"本身。

人的肉体存在属于经验世界,科学理性构成其自我肯定方式;人的精神存在作为超越经验世界的领域,其自我肯定方式只能是价值的。因此,人的存在的二重化这一人类学本体论悖论,在根基处规定了"是"与"应该"、事实与价值、"知"与"信"、科学与人文之间的分野。从某种意义上说,马克思在哲学上所追求的目标正是扬弃

二 中华文明的突出特性

"现有的东西"与"应有的东西"的对立，以实现人的本体论悖论的彻底消解。当然，在马克思的哲学语境中，这种消解只有作为历史的结果才是可能的。

从人类文明演进的历史看，这一人类学本体论悖论在东西方文明中有其不同的具体表现形式。

应该说，中华文明对人类学本体论悖论自古就有深刻而自觉的体认和把握。例如，《老子》曰："吾所以有大患者，在吾有身；及吾无身，吾有何患？"（《老子·第十三章》）《庄子》也说："生人之累"，"死则无此"。（《庄子·至乐》）孔子曰："志士仁人，无求生以害仁，有杀身以成仁。"（《论语·卫灵公》）孟子亦曰："生亦我所欲也，义亦我所欲也。二者不可得兼，舍生而取义者也。"（《孟子·告子上》）这些说法，凸显了人的身与心、利益与德性及其紧张和冲突。

但从总体上说，特别是同西方文明相比，中华文明的侧重点是在人文价值的方面。罗素说："我们的文明的显著长处在于科学的方法；中国文明的长处则在于对人生归宿的合理理解。"[①] 这的确从总体取向上体现了东西方文明的不同偏好。钱穆说，孔子不是科学家、不是哲学家、不是宗教家，其思想不是科学、不是哲学、不是宗教，其思想的实质在"道德"二字。[②] 作为中华文明的一个重要象征，孔子思想的特点也浓缩并折射着中华文明的特点。在中华文明及其传统中，"文化"一词内蕴的人文化成之本义，显然是侧重于人文的方

[①] ［英］罗素：《中国问题》，秦悦译，学林出版社1996年版，第153页。
[②] 钱穆：《新亚遗铎》，生活·读书·新知三联书店2004年版，第120页。

面。也正因如此，不少学者把中国文化传统称作"人文主义"，认为它体现着"中国文化传统的核心精神"。[①] 晚清以降，"西学东渐"的趋势和呼声日炽，1923 年在中国学术界遂发生了一场影响深远的"科玄论战"。这场论战不仅体现着时代性维度上的新学与旧学的冲突，体现着民族性维度上的西学与中学的冲突；更深刻地在于，它还体现着理性与价值的冲突即科学与人文之间的紧张。这无疑从学术层面印证了上述学者的判断。

与中华文明侧重于人文相比，西方文明的重心在于科学，它表征为漫长而悠久的科学主义传统。当然，这并不妨碍就其内部而言，也在一定意义上蕴含着科学与价值的分野。斯诺就提出过"两种文化"的概念，认为科学文化同人文文化之间存在着一条互不理解的鸿沟。不同阵营的学者之间充满成见和敌意，他们因彼此缺乏了解而无法相互欣赏。其实，更深刻的原因在于人类学本体论悖论，正是它造成了科学与人文的分野和互斥。按照弗里德曼的描述，"20 世纪思想界有一个重要现象，那就是统治英语世界的'分析'哲学传统与统治欧洲的'大陆'哲学传统产生了根本性的分歧或分裂"；而这不过是"两种文化"的冲突在哲学上的反映。[②] 其实，康德早已提出了这个问题，即所谓的"头顶的星空和内心的道德法则"。这可以进一步追溯到休谟，因为休谟自觉地区分了理性上的真伪与道德上的善恶，认为理性的作用在于发现真伪，而道德上的善恶区别并非理性的产物。从哲学史的脉络看，休谟不仅在确认因果观念的主体依据方面启示了

---

① 庞朴：《文化的民族性与时代性》，中国和平出版社 1988 年版，第 20 页。
② ［美］迈克尔·弗里德曼：《分道而行——卡尔纳普、卡西尔和海德格尔》，张卜天等译，商务印书馆 2021 年版，第 19 页。

二　中华文明的突出特性

康德，从而使其打破了"独断论迷梦"，而且在划分"是"（is）与"应该"（ought）的问题上同样启示了康德，从而为其"给信仰保留地盘"提供了依据。康德对现象与本体、自然律与道德律、必然与自由的划界，恰好同休谟的观点相契合。在一定意义上，20世纪西方文明中的科学主义与人文主义思潮的分流和张力，不过是康德当年提出的那个问题历史地展开了的形式罢了。作为"文明的活的灵魂"，哲学总是以浓缩的方式积淀着文明的全部信息，从而构成其内核和基因；反过来说，文明则成为哲学的载体和表征方式。在一定意义上，康德问题不啻是20世纪科学主义与人文主义的分化和紧张的一种"预演"。

西方文明史内部始终有"知"（know）与"信"（believe）的紧张，这应该被看作人的存在的悖论在反思层面上的体现。西方传统有寻求"证明"的偏好，这是一种知识论诉求。在欧洲中世纪，尽管基督教信仰占统治地位，但上帝的存在依旧是一个有待"证明"的问题，它成为经院哲学的主题。神学的知识论规训至为明显，但所有的证明方案后来都一一被"证伪"了，而并不成功。这并非由于神学家们不够努力，而是对问题本身的性质存在"误读"，因为他们把"信"的问题当成"知"的问题来处理。其实，基督教与近代科学的内在联系表明，西方中世纪这个"信仰的时代"未曾真正妨碍和动摇其科学主义传统。恩格斯指出：对于科学来说，"基督教的中世纪什么也没有留下"①。在西方的自然研究方面，古代同现代之间隔了一个沉湎于神学的中世纪，看似存在着一种断裂。但基督教神学同现代科学表面上的冲突，难以掩盖其本质性的深层关联。这种联系主要

---

① 《马克思恩格斯文集》第9卷，人民出版社2009年版，第411页。

表现在：一是逻各斯的人格化即上帝。这从文化原型的层面上为基督教传统与自然科学之间的历史联系奠定了基础。二是基督教认为上帝创造万物，其中蕴含的因果观念同科学作为因果解释模式之间存在着某种亲和性。一切科学本质上都不过是一种因果解释模式，而在基督教的观念中，上帝是原因而世界是结果。三是上帝赋予世界以秩序，因为上帝是完美的，其造物也是有序的，这为世界的可知性提供了必要的预设。四是中世纪经院哲学的神学证明活动和逻辑训练，也为现代科学准备了研究能力这一主体条件。这些联系被越来越多的西方自然科学史的叙事揭示了出来，使我们不得不重新看待并考量基督教传统同近代西方自然科学之间的关系。它也告诉我们，从总体上说，西方文明在其本质上是主知的。

四　西方文明在历史上表现出来的两个弱点

从历史上看，西方文明在其漫长的演进中表现出两个弱点或曰局限性：一是文明与野蛮的吊诡，二是"伪普遍性"的扩张。

文明同被它所超越和克服的赤裸裸的野蛮相比，更容易造成一种隐蔽的野蛮，从而有可能沦为伪善。作为文明在历史展开中遭遇的异化形式，这种吊诡在西方文明中表现得尤为明显和突出。马克思在政治经济学批判中揭示了资本的"文明作用"。例如，他说"只有资本才创造出资产阶级社会，并创造出社会成员对自然界和社会联系本身的普遍占有。由此产生了资本的伟大的文明作用"[①]，这种作用所造

[①] 《马克思恩格斯全集》第30卷，人民出版社1995年版，第390页。

二 中华文明的突出特性

成的历史后果就是不断地打破界限，因为"资本按其本性来说，力求超越一切空间界限"①，带来人类的普遍交往，从而实现"历史向世界历史的转变"。另一方面，资本也通过殖民统治，给殖民地国家造成巨大的历史灾难，表现为"海盗式的侵略和战争"。对此，马克思以英国对华鸦片贸易为例，揭露说："半野蛮人坚持道德原则，而文明人却以自私自利的原则与之对抗。……在这场决斗中，陈腐世界的代表是激于道义，而最现代的社会的代表却是为了获得贱买贵卖的特权——这真是任何诗人想也不敢想的一种奇异的对联式悲歌。"② 马克思把这一吊诡看作"标榜文明的英国政府本身的一个明显的矛盾"③。对于英国在东方社会的殖民统治，马克思以讽刺的笔调写道："当我们把目光从资产阶级文明的故乡转向殖民地的时候，资产阶级文明的极端伪善和它的野蛮本性就赤裸裸地呈现在我们面前，它在故乡还装出一副体面的样子，而在殖民地它就丝毫不加掩饰了。"④ 这看似悖谬，却是历史本身的辩证法，也是历史的真实。

马克思指出："资本的文明面之一是，它榨取这种剩余劳动的方式和条件，同以前的奴隶制、农奴制等形式相比，都更有利于生产力的发展，有利于社会关系的发展，有利于更高级的新形态的各种要素的创造。"⑤ 正因如此，"资产阶级在它的不到一百年的阶级统治中所创造的生产力，比过去一切世代创造的全部生产力还要多，还要大"⑥。

---

① 《马克思恩格斯全集》第30卷，人民出版社1995年版，第521页。
② 《马克思恩格斯选集》第1卷，人民出版社2012年版，第716页。
③ 《马克思恩格斯选集》第1卷，人民出版社2012年版，第807页。
④ 《马克思恩格斯选集》第1卷，人民出版社2012年版，第861—862页。
⑤ 《马克思恩格斯全集》第46卷，人民出版社2003年版，第927—928页。
⑥ 《马克思恩格斯选集》第1卷，人民出版社2012年版，第405页。

马克思以其历史主义的态度,对资本的进步意义作了充分肯定。但作为19世纪特征的一个"伟大事实"是,"我们的一切发明和进步,似乎结果是使物质力量成为有智慧的生命,而人的生命则化为愚钝的物质力量"。① 这无疑是对现代技术主宰的时代的真实写照。人的物化和物的灵化所造成的倒置,正是人在现代文明中的历史命运。更深刻的在于,马克思揭示了资本主义文明中"死的物质对人的完全统治"②。在物质财富面前,人们似乎很自由,可以"自由地"支配、享用、弃置物,但在更深刻的层面上却受制于物,"他们更加屈从于物的力量"③。资本主义文明以其人道化的表象掩盖着人的物化命运,这是富有讽刺意味的。

所谓"伪普遍性",就是把原本是特殊性的规定有意或无意地误认为或伪装成一种普遍性的外观加以推行,甚至将其强加于他者。这在性质和功能上,都类似于马克思所揭露和批判的资产阶级意识形态策略,毋宁说这种"伪普遍性"正是这种意识形态的一种修辞形式,是这种意识形态在"世界历史"意义上被放大和复制的产物。正如李约瑟所揭露的那样:"许多西欧和美洲人认为自己是文明的代表,负有统一全世界的使命。在他们思想上只有西方的文明是具有普遍性的,因为它本身是统一的,完整的,所以能统摄其他一切文明。这种自我吹嘘是毫无根据的。"④ 作为"欧洲中心论"的激进的批评者,

---

① 《马克思恩格斯选集》第1卷,人民出版社2012年版,第776页。
② [德]马克思:《1844年经济学哲学手稿》,人民出版社2014年版,第42页。
③ 《马克思恩格斯选集》第1卷,人民出版社2012年版,第200页。
④ [英]李约瑟:《四海之内——东方和西方的对话》,劳陇译,生活·读书·新知三联书店1987年版,第18页。

二　中华文明的突出特性

弗兰克使用了"虚假的普遍主义"一词。① 李约瑟认为："西方人对自己的文化作出了普遍性和优越性的结论。"② 但这个"结论"乃是基于"欧洲中心论"这一虚妄的假设得出的。在李约瑟看来，"欧洲中心论的基本错误就在于它隐含着一种武断的臆说：因为现代的科学技术确实产生于文艺复兴后的欧洲并且具有普遍性，因此，任何欧洲的东西无不具有普遍性"③。按照这种解释，"欧洲中心论"的致命缺陷，就在于把科学（技术不过是其外化或物化了的形态）的普遍性同整个西方文化的普遍性相混淆，把前者的普遍性（真实的）误认作后者的普遍性（虚妄的）。其实，"欧洲中心论"的更深刻的症结在于，它还混淆了科学本身的"能指"（signifier）与"所指"（signified）。作为"所指"，科学无疑具有普遍性，譬如我们不能说物理学定律的作用会因为文明类型的不同而有所改变，因为它所揭示的自然律是价值中立的，因而在其适用的范围内是普遍有效的，从而不受各种文明及其传统等变量的干扰和影响；但是，作为"能指"，科学又具有特殊性，它只能依赖于特定的文明及其传统的孕育，基于某种特定的文化取向。这正是在回应"李约瑟难题"时需要特别注意的地方。从这个意义上说，科学不过是一种文化承诺。只有自觉地澄清这个差别，才能解构"欧洲中心论"的独断论立场及其偏见所带来的束缚，同时拯救出科学的普适性，使其也能够为非西方民族服务。

---

① ［德］贡德·弗兰克：《白银资本——重视经济全球化中的东方》，刘北成译，中央编译出版社2000年版，第39页。
② ［英］李约瑟：《四海之内——东方和西方的对话》，劳陇译，生活·读书·新知三联书店1987年版，第2页。
③ ［英］李约瑟：《四海之内——东方和西方的对话》，劳陇译，生活·读书·新知三联书店1987年版，第3—4页。

五　从人类文明的重心转移看中国的崛起

看待历史现象，无疑需要高度重视历史的个案性探究；但这并不意味着可以忽略甚至摈弃历史的宏观视野和宏大叙事。不然的话，就有可能陷入"只见树木，不见森林"的误区，从而迷失于细节，遮蔽掉历史的本质。倘若着眼于历史的长时段，就不难发现，人类文明重心的转移是一个带有某种规律性的历史现象。

在西方发生工业革命之前的很长一段历史时期，有一个以中国为中心的国际秩序。因为当时"在世界经济中最'核心'的两个重要地区是印度和中国。这种核心地位主要依赖于它们在制造业方面所拥有的绝对与相对的无与伦比的生产力"；但"更为'核心'的经济体是中国。它的这种更为核心的地位是基于它在工业、农业、（水路）运输和贸易方面所拥有的绝对与相对的更大的生产力。中国的这种更大的、实际上是世界经济中最大的生产力、竞争力及中心地位表现为，它的贸易保持着最大的顺差"[①]。针对这一事实，人们提出了一个类似于"李约瑟难题"的问题："为什么尽管中国在14世纪甚至到18世纪在经济和科技上可能领先，却没能成为第一个工业化国家？"[②] 不论对此给出怎样的答案，这个问题本身已经暗示了中华文明在历史上曾经长期处于世界领先地位这一基本事实。

---

① ［德］贡德·弗兰克：《白银资本——重视经济全球化中的东方》，刘北成译，中央编译出版社2000年版，第182页。
② 马德斌：《中国经济史的大分流与现代化：一种跨国比较视野》，徐毅等译，浙江大学出版社2020年版，第15页。

二 中华文明的突出特性

有学者指出,"与中国历史相比,欧洲军事技术和组织的发展可能稍迟一些……中国至 11 世纪时已拥有大规模的军队以及西方所缺乏的各式各样的武器,13 世纪时又发明了新的武器,即用火药来发射飞弹。看来,12、13 世纪时,中国在战争和军事实践方面就已经存在大量的技术创新。尽管很长一段时期内中国对海上力量几乎不感兴趣,但在 15 世纪早期中国仍建立了由很多船只组成的舰队,这个舰队能轻而易举地展开类似于欧洲人所进行的探险活动以及由其所首创的贸易"[1]。他据此给出了一个假设:"如果中国的技术进步和军事与商业资本主义的扩张之间的关系得以进一步的发展,那么我们就不难想象世界史可能会遵循的另一条发展道路……对军队和商人具有不同程度蔑视态度的儒家思想无所不在,从而明显阻碍了上述关系的进一步发展。不过,唯一最为重要的影响因素还是直接来自政治决策。"[2] 尽管历史不能假设,但这个假设对于凸显历史真相确实有某种辅助作用。由于中国社会和历史的特殊环境,出现了中国与欧洲之间的历史"大分流"。这也从一个侧面印证了马克思的论断:"极为相似的事变发生在不同的历史环境中就引起了完全不同的结果。"[3] 这一逻辑在人类文明的历史嬗变中同样适用。

资本主义萌芽最初发端于意大利沿海城市。马克思说:"在 14 和 15 世纪,在地中海沿岸的某些城市(指热那亚、威尼斯等——引者注)已经稀疏地出现了资本主义生产的最初萌芽";但"只有在英

---

[1] [英]安东尼·吉登斯:《民族—国家与暴力》,胡宗泽等译,生活·读书·新知三联书店 1998 年版,第 128—129 页。

[2] [英]安东尼·吉登斯:《民族—国家与暴力》,胡宗泽等译,生活·读书·新知三联书店 1998 年版,第 129 页。

[3] 《马克思恩格斯选集》第 3 卷,人民出版社 2012 年版,第 730 页。

国，它才具有典型的形式"①。斯密在《国富论》中说:"在欧洲,最早由商业致大富的,似为意大利各城市。意大利当时居于世界的文明部分和进步部分的中心。"② 然而,正如有学者所说,随着"大西洋航线的发现与开拓和整个大西洋贸易的兴起、南北美洲的相继开发,对大西洋海岸国家的发展起到非常大的促进作用。欧洲的贸易中心慢慢地走出了地中海,转移到大西洋海岸"。在大航海时代,"意大利这些以前最富有的城邦国家随着地中海贸易的衰退而衰弱"③。这实际上正是马克思所谓的"世界市场的革命"④ 带来的历史后果。

虽然西班牙和葡萄牙在"地理大发现"中获益且一度繁荣,但也只是昙花一现,最终成为世界霸主的是靠工业革命崛起的英国。意大利、西班牙、葡萄牙曾经的兴盛,不过是充当了英国在世界历史意义上的出场的一个"前奏"。关于这段历史,我们不妨重温一下恩格斯的概述:"荷兰、英国和法国在世界贸易中取得了首要地位,开拓了一个又一个殖民地,使工场手工业的发展达到最高度的繁荣,直到最后,英国由于蒸汽使它的煤铁矿有了价值,站到现代资产阶级发展的最前列。"⑤ 对于当年英国的霸主地位,马克思说:"英国在贸易和工业方面占欧洲第一位","并且在世界市场上实际上代表欧洲"⑥。

英国成为世界文明的中心,除了殖民统治这一外部条件,其重要

---

① 《马克思恩格斯全集》第44卷,人民出版社2001年版,第823页。
② [英]亚当·斯密:《国民财富的性质和原因的研究》上卷,郭大力等译,商务印书馆1972年版,第367页。
③ 马德斌:《中国经济史的大分流与现代化:一种跨国比较视野》,徐毅等译,浙江大学出版社2020年版,第7页。
④ 《马克思恩格斯全集》第44卷,人民出版社2001年版,第823页脚注。
⑤ 《马克思恩格斯选集》第2卷,人民出版社2012年版,第7页。
⑥ 《马克思恩格斯选集》第3卷,人民出版社2012年版,第6页。

二 中华文明的突出特性

契机在于工业革命这一经济原因。不管工业革命的发生需要怎样的历史变量和条件,有一个不争的事实,那就是工业革命最早发生在英国。这一事实的历史意义十分重大,因为"工业革命不仅改变了一个国家(指英国——引者注)的命运,也改变了世界的格局";它所带来的最直接历史后果就是:"工业革命也把英国从欧洲的边缘带入世界的中心,把一个不起眼的,所谓阴暗、潮湿的小岛变成了一个日不落的帝国。"① 从18世纪60—70年代开始不到一个世纪,正是工业革命的狂飙突进期,它所带来的生产力的惊人发展,也就是马克思和恩格斯在《共产党宣言》中所描述的那种历史上从来都未曾有过的情形,主要是出现在英国,从而以英国为代表。这也构成马克思对市民社会所做的解剖之所以选择英国作为主要对象的重要原因。因此,马克思在《资本论》中明确指出:"到现在为止,这种生产方式的典型地点是英国。"②

汤因比说,"西方文明对于全世界的优越性,在决定命运的1914年前夕,的确是空前的。"③ 但作为一个转折点,第一次世界大战的爆发意味着英国衰落的开始,最后不得不让位于美国。"欧美关系自1914年以来的倒转给出了一个尺度,按照这个尺度,世界相对于欧洲的运动已成为一种向心运动而不是离心运动。"④ 一个明显的事实

---

① 马德斌:《中国经济史的大分流与现代化:一种跨国比较视野》,徐毅等译,浙江大学出版社2020年版,第1页。
② 《马克思恩格斯全集》第44卷,人民出版社2001年版,第8页。
③ [英]A.J.汤因比:《文明经受着考验》,沈辉等译,浙江人民出版社1988年版,第88页。
④ [英]A.J.汤因比:《文明经受着考验》,沈辉等译,浙江人民出版社1988年版,第97页。

是,"1914年以前,欧洲向美国所提供的是生产费用的贷款,而两次大战期间,欧洲则向美国借入导致自身毁灭的手段";"面对着他们与美国关系上的痛苦的倒转,欧洲人自然会扪心自问:这是一场偶然的,因而也是可以挽回的暂时性灾难——一个难免的突如其来的灾变的结果——吗?"① 不论怎样,结果已经铸就,而历史无法假设。

美国利用两次"世界大战"而后来居上,取英国而代之。在20世纪末,布热津斯基做过一个刻画,他说:"目前,没有任何其他国家在全球威望和力量方面堪与美国匹敌。"因为仅从经济层面着眼,在20世纪大部分时间里,美国的经济实力"约占全世界国民生产总值25%—30%(在第二次世界大战后短暂和独特的10年里所占高得多的比例除外)"②。当然,布氏也意识到美国所面临的深刻矛盾:美国在军事实力、经济影响力、文化—意识形态吸引力和政治实力方面处于优势地位,但"美国社会变革的动力和美国对全世界启示的价值观念内容行将损害美国作为全球带头人的特殊作用"③。基于这种忧虑,他认为:"如果人类想要真正掌握自己的命运,就必须克服全球精神危机。"为此,他预言说:"在21世纪更加拥挤和亲密的世界上建立共同的道德共识乃是一种政治需要,认识到人类状况的复杂性和无确定性则进一步突出和强化了这种需要。"④ 值得注意的是,布

---

① [英]A.J.汤因比:《文明经受着考验》,沈辉等译,浙江人民出版社1988年版,第99页。

② [美]兹比格涅夫·布热津斯基:《大失控与大混乱》,潘嘉玢等译,中国社会科学出版社1995年版,第99—100页。

③ [美]兹比格涅夫·布热津斯基:《大失控与大混乱》,潘嘉玢等译,中国社会科学出版社1995年版,第99页。

④ [美]兹比格涅夫·布热津斯基:《大失控与大混乱》,潘嘉玢等译,中国社会科学出版社1995年版,第245页。

二　中华文明的突出特性

氏忠告的重点置于文明观念本身的重建方面。

实现中华民族伟大复兴，是近代以来中国志士仁人的共同理想，是中国人民的伟大愿景。它的实现意味着中华民族的历史性崛起，意味着中国重返世界舞台的中心。正如习近平总书记所强调的那样："实现中华民族伟大复兴，就是中华民族近代以来最伟大的梦想。这个梦想，凝聚了几代中国人的夙愿，体现了中华民族和中国人民的整体利益，是每一个中华儿女的共同期盼。"[①]"民族"这个概念不是人种学的，也不是地域学的，而是文化学的。在此意义上，所谓中华民族伟大复兴就意味着中华民族文化的复兴。《中共中央关于社会主义精神文明建设指导方针的决议》曾指出："新中国的成立，在社会主义基础上开始了伟大的中国文明的复兴。"[②]"伟大的中国文明的复兴"，既是中国实现历史性崛起的重要契机，也是这一崛起的基本标志。

与西方道路不同，中国的崛起只有通过内源性的发展才是可能的。这既是人类历史演变的大趋势所内在地要求的，也是由中华文明所固有的价值取向和文化性格决定的。罗素承认："我们的繁盛以及我们努力为自己攫取的大部分东西都是依靠侵略弱国而得来的，而中国的力量不至于加害他国，他们完全是依靠自己的能力来生存的。"[③]中国自古就是一个和平的民族。中华文明不是扩张主义的，而是内敛的。纵观上下五千年，中国从来没有殖民传统，这同以古希腊为源头的西方文明形成鲜明对比。《尚书·尧典》曰："克明俊德，以亲九

[①]《习近平谈治国理政》，外文出版社2014年版，第36页。
[②]《中共中央关于社会主义精神文明建设指导方针的决议》，人民出版社1986年版，第7页。
[③][英]罗素：《中国问题》，秦悦译，学林出版社1996年版，第3—4页。

族。九族既睦，平章百姓。百姓昭明，协和万邦，黎民于变时雍。"从文化原型的层面说，这种理念植根于中华民族在其文明定型期即已实现的自我中心化的扬弃。无论在人与自然的关系上，还是在人与人的关系上，中华文明采取的都不是征服和奴役的姿态，而是寻求和谐和统一。中华文明的政道和治道之正统乃是行"王道"而非行"霸道"。在此意义上，中华文明本质上是和平主义的。在这一深厚而悠久的文明传统基础上，要实现中国的历史崛起和中华民族伟大复兴，就只能凭借中国式的现代化道路，而绝不能像西方文明那样通过资本与雇佣劳动的"零和博弈"以及殖民统治和掠夺他者来实现。就此而言，中国式的现代化必然是一种内源性的现代化。这不仅取决于中华民族伟大复兴面临的特定历史语境，更深刻地取决于中华文明的基本性格及其蕴含的文化取向。

值得注意的是，中华民族伟大复兴是在人类文明转型这一决定性的历史拐点开启的，它需要全新的文明理念和深厚的文化资源的有力支援。我们所面临的"百年未有之大变局"的深刻性，在于人类文明的转型所带来的震荡和变革，以及新型文明所要求的文化资源和理念支持。第一次世界大战刚刚结束时，印度诗人泰戈尔来中国访问，曾说过："未来之时代，决非体力智力征服之时代，体力智力以外，尚有更悠久、更真切、更深奥之生命。吾东方人士今日虽具体已微，然已确有此生命矣。"[①] 泰戈尔作为一位人道主义者和东方诗人，其说法无疑带有温情主义的一面；但从历史的大势看，他的话也道出了历史的某种真实。21世纪人类文明的发展，的确表明了文化的特殊

---

① 孙宜学编著：《泰戈尔与中国》，河北人民出版社2001年版，第183页。

二　中华文明的突出特性

地位和特别的重要性。在当今时代，我们之所以说文化自信是比道路自信、理论自信、制度自信更持久、更深邃、更具有韧性的自信，其原因也在于此。约瑟夫·奈所谓的"软实力"概念，正是基于这一时代背景提出的。在国家实力不断增强的基础上，依靠文化软实力实现中华民族的和平崛起，构成中国式现代化道路的一个重要历史特征。

汤因比认为，在全球化时代，人类的一体化决定了"我们是生活在需要有整体观念的时代"[①]；因此，"必须有一种新的精神基础"[②]。在一定意义上，中华文明能够为这种"新的精神基础"提供某种深刻的启示。《国语·郑语》曰："夫和实生物，同则不继。"孔子曰："君子和而不同，小人同而不和。"（《论语·子路》）孔子弟子子夏曰："四海之内，皆兄弟也。"（《论语·颜渊》）《礼记·中庸》曰："万物并育而不相害，道并行而不相悖。"《礼记·礼运》曰："大道之行也，天下为公。"在当代，这些文明理念不仅能够为中华民族实现和平崛起提供丰富资源，还能够为积极地重建国际秩序，能动地构建人类文明新形态和人类命运共同体贡献智慧。它虽然不一定给出某种可操作方案，却能够为未来昭示一种正确的方向。在一个充满不确定性的时代，在文明演进的十字路口，这种睿智具有不可替代的意义和价值。

六　人类的普遍交往与文明互鉴

人类的交往是人在主体际性维度上具有的实践形式。马克思指

[①] 《展望二十一世纪——汤因比与池田大作对话录》，荀春生等译，国际文化出版公司1985年版，第80页。

[②] 《展望二十一世纪——汤因比与池田大作对话录》，荀春生等译，国际文化出版公司1985年版，第149页。

出:"民族本身的整个内部结构也取决于自己的生产以及自己内部和外部的交往的发展程度。"[①] 从历史上看,人类文明的演进总是有赖于交往实践的发展。从一定意义上说,人类交往的发达程度决定着人类文明的发达程度。

古代文明是以多元格局现身的。雅斯贝尔斯在《论历史的起源和目标》中提出了人类历史"轴心时代"的概念。汤因比在《历史研究》中区分了 21 种社会,其实是类型学意义上的诸种文明。它们虽然都能在人类早期找到各自的独立源头,但有一个共同特点,即都具有"文明"的属性。它们之所以能够被识别出来,因为都属于"文明"的某种类型。

纵观人类历史,不同类型的文明之间经常会发生矛盾和冲突。这是一个不争的事实。其原因是多方面的,诸如:一种文明为了复制和捍卫其自我同一性,对作为"他者"的异己文明往往持不信任甚至敌视的态度;出于自身经济的、政治的抑或观念层面上的利益考量,而与其他文明形成某种紧张以至于冲突,如此等等。但无论这种矛盾和冲突如何激烈,都不能从根本上摆脱或拒绝不同文明之间的相互补充和借鉴。这正是人类文明史本身的辩证法。文明的冲突是一把"双刃剑",其积极意义仅仅在于,不同文明之间借此保持必要的张力,从而维系文明的多样性;其潜在的危险和危害则在于,当文明的冲突变成文明的壁垒和隔膜,甚至是相互伤害时,则意味着文明的自我反噬和解构。在当今全球化时代,需要正视的一个基本事实是:人类交往和文明互鉴的重要意义格外强烈地凸显出来,以至于变成人类命运

---

① 《马克思恩格斯选集》第 1 卷,人民出版社 2012 年版,第 147 页。

二 中华文明的突出特性

攸关的紧迫课题。对此，我们只能直面而无法回避。

其实，任何文明都不是一个孤立的封闭的系统，它不仅需要内在的交往，而且需要外部的交往。随着"历史向世界历史的转变"，这种交往更是成为人类文明的一种普遍的存在方式。不同的文明总是表征为不同的类型，它们彼此形成互补共济的关系。每个民族对于人类文明整体都有其独特贡献。马克思说："凡是民族作为民族所做的事情，都是他们为人类社会而做的事情，他们的全部价值仅仅在于：每个民族都为其他民族完成了人类从中经历了自己发展的一个主要的使命（主要的方面）。因此，在英国的工业，法国的政治和德国的哲学制定出来之后，它们就是为全世界制定的了，而它们的世界历史意义，也象这些民族的世界历史意义一样，便以此而告结束。"[1] 不同文明传统及其特质，构成人类交往和文明互鉴之所以可能的前提。

马克思指出："为了不致丧失已经取得的成果，为了不致失掉文明的果实，人们在他们的交往［commerce］方式不再适合于既得的生产力时，就不得不改变他们继承下来的一切社会形式。"[2] 这一点充分体现在历史上的"征服"这一特定交往方式中。例如，"相继侵入印度的阿拉伯人、土耳其人、鞑靼人和莫卧儿人，不久就被印度化了——野蛮的征服者，按照一条永恒的历史规律，本身被他们所征服的臣民的较高文明所征服"。但英国对印度和中国的征服却是一个例外，因为"不列颠人是第一批文明程度高于印度因而不受印度文明影响的征服者。他们破坏了本地的公社，摧毁了本地的工业，夷平了

---

[1]《马克思恩格斯全集》第42卷，人民出版社1979年版，第257页。
[2]《马克思恩格斯选集》第4卷，人民出版社2012年版，第409页。

本地社会中伟大和崇高的一切，从而毁灭了印度的文明"①。恩格斯也说："在长时期的征服中，比较野蛮的征服者，在绝大多数情况下，都不得不适应由于征服而面临的比较高的'经济状况'；他们为被征服者所同化……"②

作为文明互鉴的历史前提，人类普遍交往使不同文明之间的比较、对话和会通，以及相互成就和相互发明成为可能。不同文明在比较中达成自我意识和自我认知，在交往和对话中实现相互学习和相互借鉴，取长补短。正如有学者所说："与其他传统的对话有助于我们从它们那里获取我们所需的东西，同时又让我们认识到自己传统里的宝藏。"③ 人类文明的不同类型只有通过相互交往而实现彼此的互补整合，才能走向健全和完备。

正如马兹利什所说："一个文明虽然一方面自诩独特，自视处于先进地位，但另一方面又在借鉴'他者'文明的基本要素。"④ 中国古老的"四大发明"对于西方现代文明的积极意义，就典型地表明了这一点。诚然，这些发明在不同的文明语境下有其不同的功能，这正是"系统质"的性质所在。对此，布莱克特指出："自古以来，最重要的艺术（似应为'技术'——引者注）发明有火药、指南针、活字印刷、马颈圈、改进的风磨和水磨，以及海船等。前三项乃是中国人极其古老的发明。欧洲人在中世纪做了改进。在此以前，这三项

---

① 《马克思恩格斯选集》第 1 卷，人民出版社 2012 年版，第 857 页。
② 《马克思恩格斯选集》第 3 卷，人民出版社 2012 年版，第 563 页。
③ ［美］史蒂芬·罗：《再看西方》，林泽铨等译，上海译文出版社 1998 年版，第 2 页。
④ ［美］马兹利什：《文明及其内涵》，汪辉译，商务印书馆 2020 年版，第 12 页。

二　中华文明的突出特性

发明从未得到充分利用。"① 在欧洲现代化的进程中，这些技术却发挥过革命性的巨大作用，产生了极其深远的影响，从而具有划时代意义。正像马克思所强调的："火药、指南针、印刷术——这是预告资产阶级社会到来的三大发明。火药把骑士阶层炸得粉碎，指南针打开了世界市场并建立了殖民地，而印刷术则变成新教的工具，总的来说变成科学复兴的手段，变成对精神发展创造必要前提的最强大的杠杆。"②

因此，倘若对世界历史作一种回溯性的看待，就不得不承认，中华民族在实现伟大复兴的进程中批判地借鉴西方文明成果，在一定意义上不过是一种"反哺"。随着改革开放新时期的到来，我们能够在一个更加有利也更加主动的条件下批判地学习和借鉴西方文明中的诸多优秀成果，其中一个引人注目的方面就是市场经济。把社会主义同市场经济相结合，在实践上成功地建立起社会主义市场经济体制，可以说是马克思晚年提出的跨越"资本主义制度的卡夫丁峡谷"设想的实践表达，属于"移植来自资本主义的一切肯定成果"的范畴。这一成功探索极大地解放了物质生产力，创造出举世瞩目的经济成就，彻底摆脱了短缺时代，空前地提升了中国在世界上的国际地位和影响力，使中华民族在历史上从未像今天这样接近实现伟大复兴的目标。不止如此，它还意味着我们走出了一条中国特色社会主义道路，走出了一条中国式现代化道路，从而为人类文明新形态的建构提供了中国经验和中国智慧。显然，离开了人类普遍交往和文明互鉴，这一切都是难以想象的。

---

① ［英］M. 戈德史密斯等主编：《科学的科学——技术时代的社会》，赵红州等译，科学出版社1985年版，第45页。

② 《马克思恩格斯全集》第37卷，人民出版社2019年版，第50页。

但市场经济本身是一把"双刃剑"。在欧洲历史上,市场经济、市民社会、资本主义之间具有一种发生学联系,它们构成现代性的历史基础。诚然,在西方文明的演进中,现代性遇到了内在限制。康德提出的"为信仰保留地盘"本质上乃是现代性的自我反思和批判。康德在《实践理性批判》中明确主张"德性优先于知识"。从思想史脉络看,康德得益于卢梭的启示。康德承认自己原本有一种知识者的自负和傲慢,是卢梭的著作打破了他的这种优越感。作为批判现代性的先驱,卢梭为捍卫道德而不惜拒绝科学和艺术。这构成康德提出限制理性而为信仰保留地盘的重要思想史来源。

但在实践层面上,欧洲文明却通过征服自然界和异族文明而显示出自我肯定和自我强化。正如有人指出的:"几百年来,正当欧洲的科学家、工程师和能工巧匠们在征服自然的时候,欧洲的兵士、传教士、商人和政府官员们则在征服世界。……可以理解,西方征服自然和世界的双重而又相关的胜利,冲昏了自己的头脑。"[①] 这在客观上鼓励了欧洲文明的现代性独断和傲慢。

针对现代性的内在危机,后现代主义试图加以矫正,但并未开出有效的"药方"。因为它所主张的绝对解构和纯粹颠覆,无法昭示一种朝向未来的积极前景,而是不可避免地陷入虚无主义误区。它虽然对现代性具有否定和批判作用,却不能成为人类文明的新常态,因为经过一番彻底解构,剩下的只能是一堆"文明的瓦砾"。尼采所谓"上帝之死",海德格尔所谓"在的遗忘",福柯所谓"人之死",等

[①] [英] M. 戈德史密斯等主编:《科学的科学——技术时代的社会》,赵红州等译,科学出版社1985年版,第49页。

二 中华文明的突出特性

等,都不啻是现代性的自否性症候,体现着现代西方人在其文明的深层意义上对现代性的某种绝望。后现代主义在解构现代性方面具有启示价值,因为它毕竟从否定的方面折射出现代性的局限性。但是,满足现代人安身立命的需要,是无法在后现代方案中实现的。

早在19世纪,恩格斯就提出了"人类与自然的和解以及人类本身的和解"的问题,认为这种双重"和解"是"我们这个世纪面临的大转变"。[①] 但迄今未能从根本上实现这种"和解"。因为恩格斯提出的这个目标,只有基于"消灭私有制"这一历史前提才是可能的。正如他所言:"只要私有制存在一天,一切终究会归结为竞争。"[②] 在人与人的关系上,"人们普遍孤立,具有各自'粗陋的个体性',一切生活关系混乱不堪、杂乱无序,一切人反对一切人的战争,普遍的精神沦丧,缺乏'灵魂'即缺乏真正的人的意识"[③]。在人与自然的关系上,马克思说:"在私有财产和金钱的统治下形成的自然观,是对自然界的真正的蔑视和实际的贬低。"[④] 因此,在现代私有制的框架内,这种"和解"是无法真正达成的。

那么,人类文明的出路究竟何在呢?从人类交往和文明互鉴的角度看,中国式现代化道路所内在地蕴含的中华优秀传统文化和社会主义制度优越性,可以提供深刻而有益的启迪。

关于中国传统文化在当代人类文明危机中的启示价值,李约瑟说:"从中国人的智慧和经验中,我们可以获得许多医治现代病症的

[①] 《马克思恩格斯全集》第3卷,人民出版社2002年版,第449页。
[②] 《马克思恩格斯全集》第3卷,人民出版社2002年版,第458页。
[③] 《马克思恩格斯全集》第3卷,人民出版社2002年版,第510—511页。
[④] 《马克思恩格斯全集》第3卷,人民出版社2002年版,第195页。

良药，以及推进今后全人类哲学发展的必不可少的要素。"[1] 把西方文明的视角独断化，有可能使当代人陷入"洞穴假象"。李约瑟认为："世界上的问题，如果只从欧洲人的角度去考虑，是永远得不到解决的。"[2] 罗素甚至说："若不借鉴一向被我们轻视的东方智慧，我们的文明就没有指望了。"[3] 作为中国传统文化原型的"天人合一"理念，对于优化现代性语境中的人与自然的关系，改变戡天役物的征服取向，无疑是富有借鉴价值的。现代技术所体现的文化取向是戡天役物、以人克天的，生态失衡、环境恶化、能源短缺、淡水资源匮乏等一系列"全球性问题"的出现，在一定意义上正是现代技术通过全球化而变成整个人类掌握世界的基本方式所带来的必然后果。摆脱这一生存困境，离开了"天人合一"的文化理念及其对现代技术的重建，是别无出路的。同样地，人际关系的紧张也是当今社会信任缺失的表现，它反映着道德感的衰弱。在道德重建方面，以德性优先为取向的中华文明传统也有着十分丰富的资源可以借鉴。

社会主义市场经济体制的优势之一，就在于能够充分利用社会主义公有制这一经济基础层面上的特质，规范和引导各类资本健康发展，发挥其作为重要生产要素的积极作用，同时依法加强对资本的有效监管，不断提升资本治理效能，防止有些资本野蛮生长，遏制资本权力的无限扩张。这体现为对资本采取扬弃的姿态，既利用资本同时又约束资本，使之在必要而有限的范围内运作。避免把某种尺度独断

---

[1] [英]李约瑟：《四海之内——东方和西方的对话》，劳陇译，生活·读书·新知三联书店1987年版，第85页。

[2] [英]李约瑟：《四海之内——东方和西方的对话》，劳陇译，生活·读书·新知三联书店1987年版，第1页。

[3] [英]罗素：《中国问题》，秦悦译，学林出版社1996年版，第8页。

二 中华文明的突出特性

化，乃是一个健全社会的基本条件。马克思说"只有资本主义生产才把物质生产过程变成科学在生产中的应用"①，而这种"应用"唯有通过技术形态才成为可能，它构成现代大工业生产的物质基础。在资本统治的条件下，科学及其外化形态即技术必然沦为资本增殖的手段。这也正是海德格尔所批评的技术的工具论定义的社会基础和历史根源。培根提出"知识就是力量"，意味着掌握了科学知识就拥有驾驭自然的能力；福柯则赋予其"知识就是权力"之义，意味着掌握了科学知识就拥有支配他人的权力。当科学"并入"资本之后，知识就必然由"能力"向"权力"转换。诚如罗素所言："从科学那里，如同应用在工业主义中一样，我们得到了权力和权力感。"② 要遏制这种权力的无度蔓延，就必须把资本主导的市场机制及其逻辑有限化。奥肯说："市场需要有它的地位；但市场也必须被界定在它的必要范围之内。"③ 否则，金钱尺度就将独断化为支配社会生活一切领域的唯一判准。正是在这方面，社会主义市场经济体制显示出自身的制度优势。应该说，它的成功建立，为当代人类文明的健全发展提供了一个富有启示意义的范例。

（原载《中国社会科学》2023 年第 6 期）

---

① 《马克思恩格斯全集》第 37 卷，人民出版社 2019 年版，第 209 页。
② ［英］罗素：《中国问题》，秦悦译，学林出版社 1996 年版，第 147 页。
③ ［美］阿瑟·奥肯：《平等与效率——重大的权衡》，王忠民等译，四川人民出版社 1988 年版，第 155 页。

中华文明的精神特质与发展形态关系论析[*]

张 波^{**}

习近平文化思想揭示了新时代新的文化使命,他指出:"在新的起点上继续推动文化繁荣、建设文化强国、建设中华民族现代文明,是我们在新时代新的文化使命。"[①] 每一种文明都有其相对稳定的元素,构成了这一文明之所以成为其自身的鲜明特质,在长期的历史积淀中,中华文明形成了"讲仁爱、重民本、守诚信、崇正义、尚和合、求大同"[②] 的精神特质和发展形态,同科学社会主义价值观主张具有高度契合性。深入阐释中华文明精神特质与发展形态之间的内在关系,对把握中华文明发展规律,推进马克思主义基本原理同中国具体实际相结合、同中华优秀传统文化相结合,建设中华民族现代文明

---

* 本文系教育部中华优秀传统文化专项课题(A类)重大项目(尼山世界儒学中心/中国孔子基金会课题基金项目)"中国共产党推进文化自信自强的历史贡献与基本经验研究"(项目编号:23JDTCZ007)的阶段性成果。

** 作者简介:张波,吉林大学马克思主义学院教授、博士生导师。

① 《担负起新的文化使命 努力建设中华民族现代文明》,《人民日报》2023年6月3日。

② 习近平:《把中国文明历史研究引向深入 增强历史自觉坚定文化自信》,《求是》2022年第14期。

具有重要意义。

一 中华文明精神特质与发展形态的核心内涵

文明是人类社会特有的现象，是一定社会经济基础和上层建筑的综合体。中华民族在长期的生产实践中形成了具有中国特色的文化观念、精神品格和道德规范，并由此"抟"成灿若星辰的中华文明。明确中华文明精神特质与发展形态的核心内涵，是把握二者内在关系的前提。

（一）中华文明的精神特质

所谓精神特质，是指意识、思维与一般心理状态中区别于他者的特殊属性与内容。中华文明具有"讲仁爱、重民本、守诚信、崇正义、尚和合、求大同"的精神特质，"这些最基本的文化基因，是中华民族和中国人民在修齐治平、尊时守位、知常达变、开物成务、建功立业过程中逐渐形成的有别于其他民族的独特标识"[①]。六大要素构成一个互为联结的有机整体，从根本上揭示了中华文明"质"的规定性。

"讲仁爱、重民本"是中华文明发展孕育的精神标识。"亲亲而仁民，仁民而爱物"，民与物皆为讲仁爱的对象，传统仁爱观深刻影响着中华民族对自身与他人、社会、自然和世界关系的认知。"仁民"既是指对与自己存在血缘关系的亲人之爱，也主张超越血缘限

---

① 《习近平著作选读》第一卷，人民出版社2023年版，第282页。

制，将仁者爱人扩散到朋友、社会、国人，仁爱人民、博爱天下是统治者治国理政的一条重要原则。"爱物"是讲仁爱精神特质的更深层次，对自然界万物习性、时序的尊重与顺应，对天道的敬畏与感恩，体现了中华文明由人及物、博爱宇宙的哲学观和宇宙观。重民本是讲仁爱在政治领域的体现，二者具有内在统一性。虽然古代民本思想与近现代民主理念相比具有时代局限性，但在历史上也发挥了一定的积极作用，是中华传统政治文化的鲜明特色之一。"守诚信、崇正义"体现中华文明内在的道德规范，也为维护社会稳定提供了价值理念支撑。孔子有言，"人而无信，不知其可也"；《论语》中"信"字出现数十次，从多个方面阐述了"诚信"的丰富内涵和重要意义；如今"诚信"作为社会主义核心价值观在个人层面的价值理念，依然受到广泛认可和推崇。诚信也是社会和谐、国家富强的根基，为政者应该以信立国，修身正己、取信于民才有助于营造讲信修睦的社会环境，为实现国家富强提供精神动力。"崇正义"是中华民族一以贯之的价值追求，既表现为一种伦理道德规范，也体现了人之为人的社会性要求。西方尊崇的工具理性长期主导着全球治理规则，国际社会面临前所未有的不平等挑战和生态环境危机。弱肉强食还是合作共赢？竭泽而渔还是生态和谐？西方价值观难以给出令人满意的回答。中国一直秉持平等互利的价值观，积极维护全球正义，为变革全球治理体系提供了新思路。"尚和合、求大同"彰显中华文明的国际视野，也确证了中国共产党的天下情怀。中华传统文化蕴含"国虽大，好战必亡"的箴言，中国自古遵循协和万邦的外交基本原则和"一好共好"的国际主义精神。在中国共产党与世界政党高层对话会上，习近平总书记正式提出全球文明倡议，这是继全球发展倡议、全球安全倡议后，中国为世界贡献的又一重要公共产品。"三大倡议"的提出者何以是中国？中华文明的大格局、广视野、深底蕴是其中的重要原因，"三大倡议"的核心内涵无不蕴含着中华优秀传统文化的和而不同之"同"、合作共赢之"合"、美美与共之"共"。

（二）中华文明的发展形态

文明形态是马克思、恩格斯表示人类社会发展程度的一种方式。人类社会由诸多民族国家组成，每个民族国家都有各自的文化传统、价值观念和宗教信仰，必然会形成丰富多样的文明形态。中华文明的发展形态奠基于精神特质，是中华文明精神特质与诸要素相结合，遵循人类文明发展的客观规律所呈现的演变趋势与外在形式。如果将中华文明精神特质看作"体"，发展形态即可称为"用"，是能够表现中华文明精神特质的具体样态。

中华文明的发展形态处于不断演变的过程中。"中华文明具有突出的连续性"[①]，是数千年一脉相承的文明。从古至今，中华民族古代文明、中华民族近代文明、中华民族现代文明随着时代变化承续发展，构成了中华文明发展形态纵向上的源远流长，这是中国式现代化建设的必然结果，也是中华文明发展规律的作用使然。日常使用的"中华文明"多是指中华民族古代文明，中华民族在长期历史实践中形成了系统的价值观念、文化内涵和精神追求，创造了中华优秀传统文化，中华文明是唯一传承至今的世界古文明。中华民族现代文明在中国共产党的现代化探索中生成，是继承中国历史文明、借鉴西方文

---

① 《担负起新的文化使命 努力建设中华民族现代文明》，《人民日报》2023年6月3日。

明形成的崭新文明,从大历史观大时代观视野来看,作为中华文明发展至当今时代的最新形态,中华民族现代文明与中国式现代化建设统一于中国特色社会主义伟大实践,揭示了中华文明的转型和未来发展趋势。中国式现代化是全面、协调的现代化,中华民族现代文明也相应形成包含物质文明、精神文明、政治文明、社会文明、生态文明的"五位一体"结构体系。习近平总书记指出:"人类经历了原始文明、农业文明、工业文明,生态文明是工业文明发展到一定阶段的产物,是实现人与自然和谐发展的新要求。"[①] 这表明,随着生产力变革和人类协作方式的变化,建设生态文明是顺应人类文明发展进程的必然要求。资本主义对利润至上的追逐和对自然规律的漠视使当今世界陷入生态危机,解决环境问题、谋求共同发展必须超越资本主义现代化的剥削规则,探索现代化发展的新路。中国式现代化道路对资本的驾驭为实现人与自然关系的和谐提供了新思路,创造了以人民作为历史主体的人类文明新形态,深刻彰显出中华文明发展形态与资本主义文明形态的显著区别。未来中华文明不仅要赓续历史文脉,在持续推进"两个结合"的过程中建设中华民族现代文明,还要致力于促进世界各国文明交流互鉴,指引人类文明走向新的未来。

二 中华文明精神特质与发展形态的关系呈现

精神特质与发展形态共同构成了中华文明的根本内容与表现形

[①] 《习近平生态文明思想学习纲要》,学习出版社、人民出版社2022年版,第13页。

二 中华文明的突出特性

式，是辩证统一、相辅相成、相互促进的有机整体。中华文明的精神特质随着时代变化呈现不同的发展样态，以历史唯物主义和辩证唯物主义的方法把对文明形态和文明形态内在精髓的研究结合起来看，二者呈现出内在的统一性、逻辑的互构性和实践的同向性。

（一）内在统一性

马克思认为，"每一历史时代主要的经济生产方式和交换方式以及必然由此产生的社会结构，是该时代政治的和精神的历史赖以确立的基础"[①]。中国的特殊国情、历史传承和文化根脉孕育了中华文明，中华文明的精神特质有助于展示中华文明的本质内涵，中华文明的发展形态是中华文明核心内容的外化体现，二者在理论内核、价值目标和历史演进上具有内在统一性。

内涵要义的同质性。中华文明的精神特质和发展形态构成了中国在世界文明图谱中的"识别码"，中华文明的内涵和特性为理解精神特质与发展形态内涵要义的同质性提供了重要依据。关于文明内涵的理解普遍包括物质、制度、精神三个方面："第一，文明的物质形态，即与生命体的'肉身'类似的结构，是文明存在的基础形态；第二，文明的制度形态是文明的'骨骼'，文明的有序运转与良性发展需要有坚硬的骨骼作为支撑；第三，文明的精神形态是文明的'灵魂'，标志着文明所能达到的精神高度。"[②] 以此为参照，中华文明在物质、制度、精神各个方面的核心内涵是中华文明精神特质与发展形

[①] 《马克思恩格斯选集》第1卷，人民出版社2012年版，第385页。
[②] 项久雨：《世界变局中的文明形态变革及其未来图景》，《中国社会科学》2023年第4期。

态的内在遵循。中华文明具有突出的连续性、创新性、统一性、包容性、和平性，这些突出特性共同塑造了中华文明精神特质和发展形态的鲜明特征。与世界其他古文明相比，中华文明延续至今，而且在传承中华文明精神特质的基础上吸收、融合其他文明的优秀文化成果，创造出先进的文化，推动着中华文明发展形态的更新。突出的统一性和包容性决定了中华文明精神特质与发展形态在演进过程中既坚守自主，又能够"在同其他文明的交流互鉴中不断焕发新的生命力"[①]，始终在兼收并蓄中持续衍生发展。中国曾长期处于世界领先地位，但从未对外扩张，中华文明精神特质中的尚和合、求大同理念深深熔铸在中华民族的血液中。

价值目标的一致性。数千年来，中华民族"大一统"理念和家国同构传统随着中华文明演进而赓续传承，使中华文明精神特质与发展形态形成了鲜明的集体主义价值导向。首先，在中华民族家国天下的集体主义意识影响下，人始终是一种集体性的存在，既表现为个体基于血缘、亲缘、地缘对群体的归属感，也表现为修齐治平和天下兴亡、匹夫有责的爱国主义情怀。其次，中华文明的精神特质与发展形态追求协和万邦、天下大同的崇高理想。礼乐是中国文化的标志性存在，礼乐文明中所蕴含的秩序伦理与行为规范，决定了中华文明不是扩张主义的，而是具有和平性、包容性的文化性格，有着深刻的共同体意识和"向善"的价值追求。在人与人、人与自然、人与社会的关系上，中华文明与西方文明的个人主义价值取向形成了鲜明对比。

[①] 习近平：《把中国文明历史研究引向深入 增强历史自觉坚定文化自信》，《求是》2022年第14期。

二　中华文明的突出特性

最后，充分发挥人民主观能动性，强化对中华文明的认同。人民对中华文明精神特质和发展形态的心理认同与情感归属，是中华文明发展史五千多年不断裂的重要原因，应坚守中华文化立场，继承和发扬多源一统、家国同构的文化基因，为建设中华民族现代文明和实现中华民族伟大复兴筑牢价值根基。

历史演进的同步性。中国是世界上唯一维系了五千多年文明而没有中断的国家，作为一个动态发展的文明实践体，中华文明依然处于发展中的"现在进行时"。马克思主义认为，"历史不外是各个世代的依次交替"[1]。文明进步与历史演进往往是并行的，随着历史的推进，中华文明发展形态至少经过了四次大的转型，但在此过程中，中华文明的精神特质却始终一脉相承，与时代精神相互贯通，丰富和发展着自身内涵。在中国这个传统的国家，农耕文明于"家国同构""家天下"的思想传统和生产实践中生发壮大，也孕育了中华文明独有的精神特质。马克思主义传入中国后，中国共产党将马克思主义基本原理同中国具体实际相结合、同中华优秀传统文化相结合，激活了中华民族的爱国主义精神，中华文明精神特质在"第二个结合"中不断深化的过程，也是中华文明形态在物质文明、政治文明、精神文明、社会文明、生态文明各方面不断发展的过程，二者在历史演进中呈现重叠性和同步性。

（二）逻辑互构性

中华文明的精神特质与发展形态是相互依存、相互促进的有机整

---

[1] 《马克思恩格斯文集》第1卷，人民出版社2009年版，第540页。

体，二者的互动关系构成了中华文明数千年来从未中断的内在驱动力。中华文明之所以赓续不已，具有古而有新的精神魅力，固然受到中国人文地理环境的影响，但根本的原因在于中华文明内在的发展逻辑，即中华文明精神特质与发展形态之间的双向互构。

中华文明的精神特质奠定了其发展形态的内在规定性。特质应当是相对于确定的参照物而言的，每一种文明都有其之所以成为自身的标识，提供了辨别不同事物的依据。纵观人类文明发展史，每一种文明都有自己的生成环境，各自迥异的政治经济状况、历史文化传统和人文地理环境孕育了不同的精神特质和呈现形态。西方近现代文明是以宗教为核心的文明体系，因而具有鲜明的神本主义色彩。基督教超越主义世界观形成了以个人主义为基点的价值思维和西方民族国家至上的国际政治体系，在文明交往中也表现出一定的等级性倾向，认为现代资本主义文明是人类文明的最优选择。与西方文明相比，中华文明的底色是人文，强调以人为本、以民为本、以家为本、以合为本，是一种崇尚理性、彰显人本主义的文明形态。在中华文明的浸润下，人们形成了独特的精神品格和文化观念，并渗透在中国社会生活的方方面面，从国家理念到政治制度、从价值认知到道德伦理、从社会心理到国民性格，无不体现着中华文明的精神特质。

中华文明的发展形态彰显了精神特质的外在表现。中华文明发展形态即不同历史时期呈现中国精神、中国风貌的文明样态，是体现中华文明内在精神特质和理论内核的重要载体。中华文明在"故"与"新"、"变"与"不变"的辩证结合中推动着发展形态的更新，如今到达建设中华民族现代文明的新阶段。以中国式现代化为实践基础，中华民族现代文明是具有整体性的文明。从物质文明来看，经世济民

二 中华文明的突出特性

是中华优秀传统文化中蕴含的治国理念,"经济"是对经世济民思想的高度浓缩,邓小平同志正确分析了社会主义与市场经济的关系,提出"社会主义也可以搞市场经济"①的重要论断,确定了社会主义市场经济体制的基本框架。从政治文明来看,在古代社会民本思想并没有形成制度性的架构,我们党将唯物史观与民为邦本思想相结合,不断完善中国特色社会主义民主理论,创造了由人民当家作主到人民民主,再到全过程人民民主的政治文明形态与实践机制。从精神文明来看,中华文明具有"文明以止"的人文精神,中华人民共和国成立至今,党和国家一直高度重视社会主义精神文明建设,不断提高全民族文化素养。从社会文明来看,天下为公体现了中国古代先贤对理想社会的构想,其核心即增进人民福祉,中国共产党成立至今致力于将这一理想付诸实践。从生态文明来看,中华优秀传统文化中的"天人合一""万物皆有灵"思想主张人与自然是一体的,追求人身与人心、人类与自然的和谐统一,为走生态文明发展道路,共谋全球共同建设、共同享有的人与自然生命共同体奠定重要基础。

二者的双向互构为建设中华民族现代文明作出积极探索。中华文明的精神特质与发展形态相互依存,可以视为中华文明的一体两面,二者在中华文明的发展史中协同共进,中华文明精神特质随着时代发展与实践需求的变化而不断丰富,并随着具体发展形态的实践深入而更具有可实现性,成为符合中国人民需求的精神特质。同时,不断深化、完善的中华文明精神特质能够为发展形态的演进提供精神动力,引导中华文明的发展形态在遵循文明演进客观规律的基础上进一步更

---

① 《邓小平文选》第 2 卷,人民出版社 1994 年版,第 236 页。

新。习近平总书记明确了建设中华民族现代文明是新时代新的文化使命，对文化建设提出了新要求。在中国史与世界史的双重视野中，中华文明是唯一同根同种同文且以国家形态持续至今的文明，中华文明精神特质与发展形态的双向互构是中华民族生生不息的内在动力，也是建设中华民族现代文明的突出优势，能够不断赋予中华文明以实践动能，推动实现新时代新的文化使命。

（三）实践同向性

中华文明探源工程实证了我国五千多年文明史起源、形成和发展的真实性，中华文明的精神特质正孕育其中，讲仁爱、重民本、守诚信、崇正义、尚和合、求大同的精神特质彰显了中华民族的意志品质，也成为扎实推进中华文明现代化转型的内在动力。一百多年来，中国共产党将这些精神特质融入自身的执政理念，通过中华优秀传统文化与现代观念和现实实践的结合，形成了中国特色社会主义文化发展道路。习近平总书记强调，"要把中华文明起源研究同中华文明特质和形态等重大问题研究紧密结合起来"[①]，这在一定程度上表明了中华文明精神特质与发展形态之间在实践延展上的同向性。

从实践基点上看，中华文明的精神特质与发展形态源自中国特殊的人文地理环境。不同的地理环境、气候条件、文化传统往往产生不同的文明形态，中华大地地域辽阔、环境多样，中华文明发展史上发生过战争、有过诸侯割据，但"中华文明根植于农耕文明"[②]，具有

[①] 习近平：《把中国文明历史研究引向深入 增强历史自觉坚定文化自信》，《求是》2022年第14期。

[②] 《习近平著作选读》第二卷，人民出版社2023年版，第92页。

二　中华文明的突出特性

相对稳定的农耕文明和"大一统"文化观念，确保了生产力的进步和社会发展，多元统一的多民族国家得以建立，是中华文明数千年从未中断的根本保障。如今"尚和合、求大同"观念已经融入中华民族的文化基因，成为中华文明精神特质的构成部分。考古学传入中国已达百年，百年考古已经对中华文明的起源进行了深入研究，总结出中华文明发展道路的时间和空间特色，中华文明探源工程深入全国各地进一步探古溯源，立足文物资源探索中华文明的精神特质与发展形态，其主要成果为传承和发展中华文明提供了重要依据。文化没有断流、始终传承下来的只有中国，随着历史流变和文明更迭，中华文明每一次转型都对文明发展产生深刻影响，但无论如何发展变化，中华文明精神特质的核心要义从未改变，是激励中华民族团结统一、生生不息的力量源泉。

从实践目标上看，中华文明精神特质与发展形态包含着知与行的辩证统一。中华文明的深厚底蕴是中华民族精神世界的滋养，也决定着中华民族必然走自己的路，以高度的文化自信延续国家和民族的精神血脉，走好中国特色社会主义文化发展道路。习近平总书记强调，"中华优秀传统文化是中华民族的突出优势，是我们最深厚的文化软实力"[①]，中华文明的精神特质集中展示了中华优秀传统文化的精髓，是中华民族精神追求的形象外化。六大要素的精神特质随着中华文明史演进经历了数千年的文脉传承，在中华文明发展道路中形塑着不同历史时期的文明形态，具有守正与创新相统一、开放与包容相统一的文化性格。当代人类文明的演进危与机并存，西方文明的"伪普遍

[①] 《习近平著作选读》第一卷，人民出版社2023年版，第150页。

性"进一步显露，人类呼唤一个文明自觉时代的到来。中国式现代化道路根植于全新的文明理念和深厚的文化基础，创造了人类文明新形态，不仅可以为实现中华民族伟大复兴提供价值支撑，而且能够以中华民族对自我中心化的扬弃为人类文明普遍交往和未来发展贡献中国智慧。尤其在当前世界百年未有之大变局的时代境遇下，中国式现代化创造的人类文明新形态旨在实现人的自由全面发展，使全体人民共享文明进步成果，有助于推动构建人类命运共同体，应将中华文明发展形态的未来走向置于世界文明史和人类社会发展史中去考量，在世界舞台上建构文化中国、文明中国的形象，展现中华民族的柔性智慧和处世之道。

从实践路径上看，中华文明精神特质的传承与发展形态的演进相向而行。中国共产党不断深化对文化建设规律的认知，提炼和传承中华文明精神特质的过程，就是促进中华文明现代化转型，创造出满足不同阶段发展需要的文明形态的过程，二者的实践路径是相通的。一是坚持中国共产党的文化领导权。中国共产党是具有强烈文化自觉的政党，一经成立就成为领导中华民族现代文明建设的核心力量，将中华优秀传统文化、西方优秀文明成果、马克思主义等不同文化相融合，不断丰富中华文明的内容、更新其形式，创造出新的文明形态。党的领导是确保中华文明精神特质与发展形态本质规定的重要保障，也是坚持马克思主义思想基础和指导地位的必然要求。二是坚守中华文化的主体性。中国有着五千多年连续发展的文明史，观察历史的中国是观察当代的中国的一个重要角度。中华文明的精神特质从博大精深的中华优秀传统文化中发掘而来，集中展现了中华文化和中国精神的时代精华，弘扬中华文明精神特质，在开放包容的文化交往中不断创造文明新形态，必须巩固中华文化主体性，坚持以我为主、和合共生的发展逻辑。三是融入中国式现代化实践。中国式现代化是扎根中华大地，以中华优秀传统文化为底蕴的现代化，是物质文明与精神文明协调发展的现代化，应在党的领导下将中华文明精神特质与发展形态相互依存、相互促进的互构逻辑融入中国式现代化实践，建设中华民族现代文明。

三 中华文明精神特质与发展形态的关系证成

中华文明精神特质与发展形态的关系体现在中华文明五千多年的历史传承中，彰显于马克思主义中国化时代化的实践探索中，是多重因素交织作用的结果，有其严密的逻辑体系和判断依据。

（一）理论依据：从马克思主义文明观中探寻二者的关系

马克思、恩格斯在总结既有研究结论的基础上，结合唯物史观、社会实践和人的主体性，对"文明"概念进行了深入思考，认为文明经由人的实践孕育而成，文明发展与生产力进步具有本质联系。这一理论不仅深刻阐释了文明发展的原动力，确证了文明形态的多样性、文明进化的阶梯性，也为探寻中华文明精神特质与发展形态的关系提供了理论依据和方法论指导。

从实践的视角阐明文明的产生与发展。"根据唯物主义观点，历史中的决定性因素，归根结底是直接生活的生产和再生产"[①]，并由

[①] 《马克思恩格斯文集》第4卷，人民出版社2009年版，第15页。

此生成了不同的思想观念、社会结构等具体形态。正是以唯物史观为基础，马克思、恩格斯才形成了科学的文明实践观。恩格斯曾说，"文明是实践的事情，是社会的素质"①。实践活动不仅是人类文明的起源，也是推动文明形态演进的动力，"文明的一切进步"就是"社会生产力（也可以说劳动本身的生产力）的任何增长"②，物质生产实践活动和在实践过程中形成的生产力构成了文明发展的根本动力。因此，文明也可以看作标志物质生产和精神生产进步的范畴，其他文明之所以在生灭消长中逐渐销声匿迹，是受到自然灾害、人为战争等因素的影响，但更深层次的原因在于滞后于社会生产力及与民众生活的脱节，使它们失去了发展的内在动力。中华文明生成于和而不同的多民族文化沃土，集各民族优秀文化于一体并将其凝结为精神特质，随着社会生产力的进步，这些精神特质在传统农耕文明与游牧文明、近代工业文明的相互渗透中成长，在中华文明与世界其他文明的交流互鉴中完善，虽然表现形式和具体样态在实践过程中不断更新，但本质属性始终没有改变，这深刻验证了中华文明精神特质与发展形态之间文化基因的同质性和历史演进的同步性。

用辩证的思维分析文明形态的演进。马克思主义对待文明时代的态度是辩证的，认为文明是一个综合性的概念，因应时代的发展不断革新。同时，文明并不是由先验人性决定的，而是一个历史性的范畴，这些具有进步意义的观念、范畴等"不是永恒的。它们是历史的暂时的产物"③，是由低级到高级不断迭代进步的过程。人类社会已

---

① 《马克思恩格斯全集》第3卷，人民出版社2002年版，第536页。
② 《马克思恩格斯全集》第46卷（上册），人民出版社1979年版，第268页。
③ 《马克思恩格斯全集》第4卷，人民出版社1958年版，第144页。

二 中华文明的突出特性

经实现了由蒙昧时代、野蛮时代向文明时代的跨越，文明本身也是发展着的，资本主义文明必然会被共产主义文明取代，这是马克思、恩格斯深刻揭示了的科学真理，是人类文明形态变革客观规律作用的结果。考察中华文明的精神特质与发展形态之间的内在关系，同样应该有辩证的思维，用历史的、发展的眼光来分析中华文明五千余年发展史。在当今世界，中华文明体现出持久的稳定性和发展的连续性。同时，中华文明具有突出的包容性与和平性，是一个海纳百川的开放体系，"文明冲突论"不适用于中华民族和中华文明的历史，也无法描述中华文明的未来，允执厥中的中道精神和天下为公的大同理念才是中华文明演进历程中的价值依循。

（二）历史依据：从大历史观视角把握二者的关系

中华文明的精神特质与发展形态均以文明发展的连续性为基础，大历史观为把握中华文明精神特质与发展形态的关系提供了有效方式，具体来看包含"长时段""宽视野""全视角"三个维度。首先，从历时态角度深入探索历史。长时段能充分彰显历史深度，以此为依据更有助于把握中华文明的发展规律。其次，从共时态角度全面分析历史。即从中国与世界的交织中剖析历史发展的内在机理。最后，从整体维度上立体化把握历史的重大意义。重大意义内蕴于历史之中，需要以整体性思维进行深入挖掘，这也是以大历史观分析和把握事物的最终落脚点。可见，大历史观从纵向、横向、整体的视角把握历史的来龙去脉，对研究人类历史领域的问题具有普遍适用性。

从历史的长时段验证中华文明精神特质与发展形态的关系。运用大历史观分析中华文明精神特质与发展形态的关系，就必须将中华文明的发展历程置于长期性的纵向时段，探寻历史必然性背后中华文明精神特质与发展形态的关系的逻辑必然性。中国是一个历史悠久的国家，有着百万年的人类史、一万年的文化史、五千多年的文明史，中华文明就在这样的文化背景下递嬗日新。习近平总书记系统阐释了中华文明突出的连续性，明确了中华文明与其他任何文明形态相比的"传承"品格，历史之悠久、体系之恢宏为理解中华文明精神特质与发展形态的内在关系提供了重要依据。"如果不从源远流长的历史连续性来认识中国，就不可能理解古代中国，也不可能理解现代中国，更不可能理解未来中国"[①]，同样，研究中华文明精神特质与发展形态的关系，也应着眼于中华文明绵延不绝、源远流长的独有特性。在过去的历史中，中华民族虽久经磨难，但始终致力于统一，构建了多元一体的统一的多民族国家，中华文明也在这一过程中得以传承。传承是中华文明保持连续性的必要条件，中国共产党是中华优秀传统文化的忠实传承者。党自成立以来，就将"过去的中国"同"现在的中国"相联系，探寻先人先贤对中华民族精神气质和文化根脉的守正与创新，塑造出体现中华文明之实质、中国精神之气质、中国风范之特质的人类文明新形态。

从历史的宽视野审视中华文明精神特质和发展形态的关系。从空间维度考察中华文明精神特质与发展形态的关系，必然离不开对中华民族内部及中国与世界关系的探讨。中华文明具有突出的统一性，这一特性建立在中华民族共同体的发展路向与文化认同之上，也呈现于

[①] 《担负起新的文化使命 努力建设中华民族现代文明》，《人民日报》2023年6月3日。

二 中华文明的突出特性

中华文明与世界其他文明的交流互鉴之中。我国是一个多民族的国家，各民族文化异彩纷呈，构成了历史文脉亘古流传的动力源泉，也不断为中华文明输入新鲜血液。虽然在不同民族文化中，中华文明精神特质的表现形态不同，但"天下中华是一家"的观念已经确立，各民族文化都是中华文明的重要组成部分，丰富的内容和表现形式对传承中华文明有着不可磨灭的贡献。中国与世界的关系也是探究中华文明精神特质与发展形态内在逻辑的重要依据。在对外开放以来的国际交往中，"和而不同"是中国始终坚持的一条基本原则。汉朝时期佛教传入中国，并与儒学、道教等本土文化互相交流，为中华文明注入了新鲜养分。鸦片战争后，中国与世界的文化交流更加频繁，中华文明秉持"和羹之美，在于合异"的基本理念，尊重邻邦的文明模式，在与其他文明的交流互鉴中既保持自身独有的精神特质，不吝传播中华文明，也吸收借鉴外来文明的有益成分，不断焕发新的生命力。

从整体的全视角把握中华文明精神特质和发展形态的关系。"以史为鉴，可以知兴替。我们要用历史映照现实、远观未来"①，大历史观坚持马克思主义的整体性思维，用联系的观点分析历史和现实问题，体现了贯通古今、融通中外的开放视野。通过对历史横向与纵向的综合把握可知，中华文明精神特质与发展形态的关系深刻蕴藏在文明建构和文明演进过程中。一是坚持守正性与创新性的统一。中华文明在数千年的历史洗礼中，既传承精神特质又以革故鼎新为鲜明品格，在农耕文明、游牧文明、工业文明等形态的相互渗透下成长，在

---

① 《习近平著作选读》第二卷，人民出版社2023年版，第481页。

中外文明的碰撞融合中丰富，持续推进着自身的传承式发展，续写了中华民族强大的文化基因谱系。二是坚持民族性与世界性的统一。文明是内生传统与外在交流共同作用的结果，人类文明新形态以马克思主义为理论底色，以社会主义为意识形态标尺，从中华民族发展史中叩问经验和智慧，以中华文明的天下情怀与道义政治之"善"治愈资本主义文明之"恶"，对解决全球发展的公共性问题具有借鉴意义。三是坚持历史性与未来性的统一。文明是动态发展的，它经历过去、现在和未来，见证了所在国家社会形态的变化和个人素质的提高。随着现代化进程的推进，生产力发展促进了中华文明发展形态的进步，人类文明新形态坚持胸怀天下，是为人类谋进步、为世界谋大同的文明，最终目标是实现人的自由全面发展，展示了未来人类社会发展的光明前景。

（三）内在依据：从马克思主义与中华优秀传统文化的契合解析二者的关系

在近代中国国家蒙辱、人民蒙难、文明蒙尘之际，马克思主义如"黑暗中的一道霞光"使困顿的中华民族看到了希望，从逻辑与历史相统一的视角分析，马克思主义与中华优秀传统文化的结合是符合历史规律的。马克思主义在中国的运用并不是教条主义的，而是通过持续的中国化时代化同中国具体实际相结合、同中华优秀传统文化相结合，激活中华文明内在的生命力。深化"第二个结合"是中华文明精神特质与发展形态演进逻辑的主线，也蕴含着解析二者关系的内在依据。

二 中华文明的突出特性

习近平总书记指出:"马克思主义和中华优秀传统文化来源不同,但彼此存在高度的契合性。相互契合才能有机结合。"① 马克思主义之所以能够融入中华民族本土的文化体系,既由于理论本身的科学性,也在于马克思主义理论学说与中华文明核心思想理念的水乳交融,二者的彼此契合和互相成就,为实现马克思主义中国化时代化提供了思想前提。"天下为公、民为邦本、为政以德、革故鼎新、任人唯贤、天人合一、自强不息、厚德载物、讲信修睦、亲仁善邻"②,这十个在党的二十大报告中提及的中国古语,集中体现了中华文明蕴含的宇宙观、天下观、社会观、道德观,也表明了马克思主义与中华文明的内在一致性,为实现二者由"契合"到"结合"提供了理论依据。

在宇宙观上,马克思依据科学的唯物史观指出,"人是自然界的一部分"③,二者之间具有内在的生命联系。中华文明历来崇尚天人合一,人和世界万物相通相融,蕴含着顺应自然、万物并育的生态理念,主张构建人与自然生命共同体。在天下观上,马克思、恩格斯明确了人类社会发展的一般规律,也由此得出了"两个必然"的结论,共产主义运动的最终目标即实现全人类解放。中华文明追求九州共贯、天下大同的社会理想,"东海西海,心理攸同",传统大同思想对天下为公、各得其所、讲信修睦美好愿景的描绘,与马克思主义"真正的共同体"思想相契合,因而人们对马克思主义所提及的共同

---

① 《担负起新的文化使命 努力建设中华民族现代文明》,《人民日报》2023年6月3日。
② 习近平:《高举中国特色社会主义伟大旗帜 为全面建设社会主义现代化国家而团结奋斗——在中国共产党第二十次全国代表大会上的报告》,人民出版社2022年版,第18页。
③ 《马克思恩格斯文集》第1卷,人民出版社2009年版,第161页。

体理论有一种天然的亲切感。在社会观上，马克思主义具有辩证批判性，主张以辩证思维、历史思维、战略思维、底线思维、创新思维认识和分析问题。中华文明彰显"和而不同"的大智慧，在社会交往中坚持执两用中、守中致和的思维方式，于"不同"中寻求"共同"，构建"我中有你、你中有我"的多元一体格局。在道德观上，马克思主义主张道德是自律与他律的辩证统一，彰显对人类解放与自由全面发展的终极道德关怀。中国文化是一种德性主义文化，主张以德启智、德智统一，崇德尚义是传统道德观的重要内容，中华民族道德修养的起点是个人道德，培育个体诚信明礼的道德品格和修齐治平的家国情怀，也在与外部世界的交往中秉持仁和理念，塑造了崇德向善的精神品格。

综上所述，作为一个文明大国，中国的文脉传承和文明赓续从未中断，中华文明精神特质以其亘古弥新之特色在历史进程中因因相承、因因相革，在"有力地创造、守护、延续和发展中华文明文脉与中华民族血脉"的同时，也为人类文明的发展与进步作出重要贡献。"中国式现代化是赓续古老文明的现代化"①，它根植于中华优秀传统文化探索出一条非资本主义的现代化道路，创造了人类文明新形态；全球文明倡议打破"文明冲突论"的意识形态对立，为不同文明间交流互鉴提供了行动指南；人类命运共同体理念和全人类共同价值回应"中国威胁论"的形象曲解，为应对世界百年未有之大变局、维护世界和平发展贡献了中国智慧。概而言之，中国为世界贡献的公共

---

① 《赓续历史文脉 谱写当代华章——习近平总书记考察中国国家版本馆和中国历史研究院并出席文化传承发展座谈会纪实》，《人民日报》2023年6月4日。

二 中华文明的突出特性

产品均以中华优秀传统文化为滋养，深刻彰显了中华文明的超民族性和超地域性。在新的起点上，建设中华民族现代文明是我们必须担负起的新的文化使命，揭示了中华文明发展形态的未来趋势。中华民族现代文明是关切全人类共同利益和福祉的文明，在文明交流互鉴日渐成为主流趋势的时代背景下，应在推进文化自信自强中增强中华民族现代文明建设的自信与自觉，以一以贯之的开放包容推进世界各国文明对话，为破解大变局下人类文明进步面临的诸多难题贡献中国智慧，让中华文明的熠熠光辉继续闪耀在世界东方。

（原载《马克思主义研究》2023 年第 11 期）

从文物实证深刻把握中华文明的突出特性

李 群[*]

2023年6月2日,习近平总书记在文化传承发展座谈会上高屋建瓴地凝练概括了中华文明的突出特性,深刻阐明了"两个结合"的重大意义,是对中华文明发展规律的深刻把握,表明我们党对中国道路、理论、制度的认识达到了新高度,表明我们党的历史自信、文化自信达到了新高度,表明我们党在传承中华优秀传统文化中推进文化创新的自觉性达到了新高度。习近平总书记概括提出的中华文明突出特性建立在坚实的考古发现和丰富的典籍记载基础之上,对更有力地推进中国特色社会主义文化建设、建设中华民族现代文明具有重大指导意义,是加强文物保护利用、推进文化传承发展的根本遵循。

一 立足连续性,坚持中国特色社会主义文化发展道路

习近平总书记指出,中华文明具有突出的连续性。中华文明是世

---

[*] 作者简介:李群,文化和旅游部副部长、国家文物局局长。

二　中华文明的突出特性

界上唯一绵延不断且以国家形态发展至今的伟大文明。我国考古发现的重大成就实证了中华民族百万年的人类史、一万年的文化史、五千多年的文明史。

中华文明探源工程、"考古中国"重大项目等研究成果表明，中华文明历经时间、空间、王朝、社会性质等变化，但文明形态没有断裂、文明底蕴历久弥新。农业、玉器、都城营建等文明要素均在考古学文化属性上呈现出清晰的继承关系。

距今10000多年前，水稻就出现于江西万年仙人洞遗址、浙江浦江上山遗址、湖南道县玉蟾岩遗址等地，粟则发现于北京东胡林遗址，由此开启中国南稻北粟的农业格局。距今5000年前后，粟黍农业和稻作农业成为北方地区和南方地区的经济主导，长江下游环太湖地区的良渚文化在发达的稻作农业基础上建立早期国家，从而进入文明社会。新石器时代奠定的农耕传统成为日后农业社会乃至农耕文明的重要基石。农耕文明尊重自然、注重传承、强调团结、讲求诚信的传统，成为中华民族的文化基因。《史记·孝文本纪》记载："农，天下之本，务莫大焉。"历代王朝均重视农业生产，成书于北魏的《齐民要术》、始垦于唐代的红河哈尼梯田、兴起于南宋的《耕织图》创作、存续于明清两代的先农坛等文物和文化遗产成为我国农耕文明的见证，衍生而来的饮食习惯、节气历法等时至今日仍浸润国人日常生活。

距今约9000年前的黑龙江饶河小南山遗址，出土了我国现存最早的玉器，包括玉玦、玉环等，以玉为贵、以玉为美的习俗由此发端。距今5500年前后，社会复杂化进程加剧，以红山文化、石家河文化、良渚文化等为代表的玉器被赋予"以玉事神"的深厚内涵。

夏商周时代，"以玉作六器，以礼天地四方"的观念逐步发展，玉器成为礼制传统的重要组成部分。其后，经儒家文化演绎，"君子比德于玉"，"君子无故，玉不去身"的佩玉习俗被历代文人士大夫继承，成为君子之风的象征。隋唐以降，"以玉为美"的风尚延续发展，具有世俗审美特征的玉器流行开来，拥有广泛社会基础的玉文化得以经久流传。

新石器时代晚期出现的都邑性城址如良渚古城、陶寺古城、石峁古城等，均由具有宫城性质的宫殿区、内城、外城组成。二里头遗址延续和发展了这一传统，直至西周。汉魏以来，都城内外多重布局结构日益强化，整体规划更为严谨，中轴线明确出现。隋大兴城唐长安城是古代都城营造的典范，宫城、皇城居于中轴线之上，城内以朱雀大街为中轴，左右对称分布坊市，形成整齐有序的"棋盘式"布局。及至宋元明清，中轴对称布局一直是都城营建的重要规则之一。明清北京城中轴线南起永定门，北至钟鼓楼，串联起外城、内城、皇城和紫禁城，形成一条重要文化长廊。中轴线体现出的天人合一、礼仪秩序、中庸和谐等传统观念，持续影响着中国现代城市的发展。

这些重大的考古成就与众多文物，充分证明了中华文明具有自我发展、回应挑战、开创新局的文化主体性与旺盛生命力。深厚的家国情怀与深沉的历史意识，为中华民族打下了维护大一统的人心根基，成为中华民族历经千难万险而不断复兴的精神支撑。

中华文明的连续性，从根本上决定了中华民族必然走自己的路。中华文明历经数千年而绵延不绝、迭遭忧患而经久不衰，铸就了文化自信自强的底蕴和底气。我们创造了伟大的中华文明，也必然能够坚持并走好中国特色社会主义文化发展道路，建设好中华民族现代文明。要坚定不移地把马克思主义基本原理同中国具体实际、同中华优秀传统文化相结合，发挥文物资源的独特优势，讲好中华文明故事，引导干部群众增强历史自信和文化自信，不断增强实现中华民族伟大复兴的精神力量。

二 弘扬创新性，推动中华优秀传统文化创造性转化、创新性发展

习近平总书记指出，中华文明具有突出的创新性。中华文明是革故鼎新、辉光日新的文明，静水深流与波澜壮阔交织。中华民族始终以"苟日新，日日新，又日新"的精神不断创造自己的物质文明、精神文明和政治文明，在很长的历史时期内作为最繁荣最强大的文明体屹立于世。我国考古发现的重大成就充分证明，一部中华文明发展史就是一部创新史，是以创新为支撑的历史进步过程。中国古代农业技术、"四大发明"以及漆器、丝绸、瓷器、生铁和制钢技术、郡县制、科举制等在世界文明史上具有鲜明的独创性。

陶器是人类第一次改变物质材料特性的伟大创举，从此开启了人类发明创造之门。目前我国考古发现最早的陶器见于江西万年仙人洞遗址，测年数据约为距今20000年。距今6000年以来，随着快轮制陶技术的出现和烧制条件的改进，器壁薄、胎质坚、造型美的陶器逐渐普及。仰韶文化先民以丰富的想象力和精湛的艺术手法将史前彩陶制作技术推上高峰，并以彩陶的传播，扩大了中华文明各区域间的交流。龙山文化采用高温渗碳工艺生产出"黑如漆、亮如镜、薄如纸、硬如瓷"的蛋壳黑陶，被誉为"四千年前地球文明最精致之制作"。

商代开始用高岭土作胎体原料，并发明器表施釉技术，原始瓷器就此诞生，中国进入陶瓷并用的时代。此后，窑体结构不断改进，施釉技术推陈出新，人文色彩日益浓厚，青瓷、白瓷、青花瓷、各种颜色釉瓷和彩绘瓷器等相继问世，推动制瓷技艺不断攀登高峰。

宋元明是中华民族精神文明的重要创新变革时期。岳麓书院是中国古代四大书院之一。著名思想家张栻曾主持教务，南宋理学家朱熹、明代心学家王阳明来此讲学，声名远播。宋明理学以"格物致知""知行合一"等哲学思考将儒家文化推向新维度。这一时期也是文学艺术创新的时代，宋词、元曲迈上了文学新高峰；以《清明上河图》《富春山居图》为代表的画作打开了绘画新局面；白话小说、戏曲杂剧开辟了文学艺术新空间。

藏于上海博物馆的商鞅铜方升，是历史上著名的商鞅变法统一度量衡的实物见证，也是古代中国制度文明发展的重要代表。这场发生于战国时期的社会变革，一直延续至秦朝建立，广泛调动了社会积极因素，推动秦国日益发展壮大，为一统天下奠定坚实基础。出土于湖南龙山的里耶秦简，记录着秦代地方行政运作。作为行政制度的创新实践，郡县制极大地加强了中央对地方的垂直管理，有效地统配了重要战略资源，促进了大一统国家的社会稳定。位于山西太原的唱经楼，是明清时期科举考试后宣唱考生名次的重要场所。自隋唐创新设立科举选官制度以来，拓展了国家培养、选拔、使用人才的社会基础，在较长时间内保障了国家和社会治理体系的稳定运行。

中华文明的创新性，从根本上决定了中华民族守正不守旧、尊古不复古的进取精神，决定了中华民族不惧新挑战、勇于接受新事物的无畏品格。我们要坚持把创新摆在事业发展的核心位置，持续深化文物保护利用改革，推进文物理论创新、制度创新、机制创新、科技创新，破除体制机制束缚，不断用新思路、新话语、新机制、新形式解放和发展文化生产力，让文物和文化遗产真正活起来，激发全民族文化创新创造活力，推动中华优秀传统文化创造性转化、创新性发展，铸就社会主义文化新辉煌。

三　坚守统一性，铸牢中华民族共同体意识

习近平总书记指出，中华文明具有突出的统一性。中华文明长期的大一统传统，形成了多元一体、团结集中的统一性。"向内凝聚"的统一性追求，是文明连续的前提，也是文明连续的结果。众多考古成果实证了中华民族和中华文明多元一体、家国一体的形成发展过程。

史前时期是中华文明多元一体发展格局的奠基时期，中华大地各个区域之间至晚在距今8000年前就相互交流和影响。距今6000年以来，随着庙底沟文化彩陶的扩散、良渚文化北进、大汶口文化西渐等文化事件，黄河流域、长江流域和西辽河流域间的文化互动交融日趋紧密。距今3800年以后，以二里头文化为代表，中原地区开启引领文化发展的新格局，并最终在秦汉时期融汇为统一的多民族国家。

作为"考古中国"重大项目的最新成果，四川广汉三星堆祭祀区近年获得重大考古发现，出土的铜尊、铜罍、铜瓿等，明显带有商王朝青铜文化特色，青铜冶炼涉及的范铸、焊接等技术与中原地区如出一辙，反映出中华文明多元一体、古蜀文明与中原文明相互影响的图景。新疆考古以汉唐西域都护府、北庭都护府军政建置核心城市为

重点，开展十余处城址及其他军镇设施遗址调查发掘，逐步明晰石城子古城、北庭故城的沿革发展与布局规律，以考古实物阐释中原王朝经略西域的史实，实证新疆自古就是我国不可分割的领土。世界文化遗产河北承德普陀宗乘之庙内，立有《御制土尔扈特全部归顺记》和《优恤土尔扈特部众记》两块石碑，碑文记载着蒙古族土尔扈特部远离家乡140多年后历尽艰辛重返故土的历程，昭示着"民族不可散"的家国情怀。

中华文明的统一性，从根本上决定了中华民族各民族文化融为一体，即使遭遇重大挫折也牢固凝聚，决定了国土不可分、国家不可乱、民族不可散、文明不可断的共同信念，决定了国家统一永远是中国核心利益的核心，决定了一个坚强统一的国家是各族人民的命运所系。中华民族多元一体是先人们留给我们的丰厚遗产，也是我国发展的巨大优势。我们要加强中华民族共同体历史、中华民族多元一体格局研究，充分挖掘和有效运用各民族交往的历史史实、考古实物、文化遗存，引导各族群众铸牢中华民族共同体意识，自觉增强休戚与共、荣辱与共、生死与共、命运与共的中华民族共同体理念。

四　秉持包容性，创造人类文明新形态

习近平总书记指出，中华文明具有突出的包容性。中华文明从来不用单一文化代替多元文化，而是由多元文化汇聚成共同文化，化解冲突，凝聚共识。中华文明的博大气象，就得益于中华文化自古以来开放的姿态、包容的胸怀。

中华大地各民族交流交往交融的历程，也是统一的多民族国家发

二 中华文明的突出特性

展壮大的历史。周代实行分封制，客观上促进海岱、燕辽、江汉等族群融入中原文明发展进程。秦汉王朝缔造了统一多民族融合发展的国家结构，西汉南越王国引入中原的礼制、技术和文化，使岭南地区进一步融入中华民族大家庭。洛阳北郊邙山一带建有四座北魏帝陵，孝文帝迁都洛阳及其汉化改革，是魏晋南北朝时期民族大迁徙大融合的缩影。内蒙古元上都遗址由宫城、皇城、外城构成的都城基本格局与中原无异。清朝则沿用明代的京城和皇宫建筑体系，政治制度和文化形态也多有承袭损益，显示出游牧民族文化对中原农耕文明的认同、吸纳和创新。它实证了中华文化认同超越地域乡土、血缘世系、宗教信仰等，把内部差异极大的广土巨族整合成多元一体的中华民族。

2023年6月，"交融汇聚——新疆精品历史文物展"亮相中国国家博物馆，"五星出东方利中国"织锦护臂、"君宜高官"铭文铜镜、《论语·尧曰》古注本等文物，不仅体现了中原文化的辐射影响远至新疆，也展现出新疆与内地的密切联系和文化认同。虎纹圆形金牌饰、镶嵌红宝石金面具、人首微笑牛头陶饮器等，则反映出中华文明对各族文化的接纳和吸收。从中原途经新疆西行至中亚、西亚，早在丝绸之路开辟前就已存在一条文化交流长廊。新石器时代末期，青铜冶炼技术以及小麦、大麦、山羊、绵羊等作物家畜传入中国，并对后世产生深刻影响。汉唐将中外文化交流推向一个高峰，中国的丝绸、瓷器以及印刷术远播海外，诸如西瓜、葡萄、胡萝卜等水果作物，金银器制作技术，宗教文化等传入中国。陕西西安何家村窖藏是中外文化交流的重要例证，带有萨珊波斯及北方草原文化因素的金银装饰和器物造型经过融合改造，形成中外合璧的唐代金银器艺术。丝绸之路上一颗璀璨的明珠——敦煌莫高窟，作为延续千年的佛教艺术宝库，同五台山、云冈石窟以及道教遗存青城山、武当山古建筑群等世界遗产共同构成多元宗教文化。

2021年7月,"泉州:宋元中国的世界海洋商贸中心"成功列入《世界遗产名录》。泉州曾是世界海洋贸易重镇,是海上丝绸之路的起点之一,也是文化交流融合的典范。伊斯兰教圣墓是我国现存最古老、保存最完好的伊斯兰教遗迹,清净寺是我国现存最早的伊斯兰教寺院之一,草庵摩尼光佛造像是世界上唯一保存下来的摩尼教教主石刻造像,而共存一城的文庙、真武庙、天后宫、老君岩造像、开元寺等,则属于中国本土儒教、道教和外来佛教中国化的史迹。这一座座代表着不同宗教文化、散发着永恒艺术魅力的文化遗产,是古泉州多元文化和谐相处、互相交融的历史见证。

中华文明的包容性,从根本上决定了中华民族交往交流交融的历史取向,决定了中国各宗教信仰多元并存的和谐格局,决定了中华文化对世界文明兼收并蓄的开放胸怀。我们要更加积极主动地学习借鉴人类创造的一切优秀文明成果,依托文物资源推出一批熔铸古今、会通中西的文化成果,传承发展中华优秀传统文化,促进外来文化本土化,以中国式现代化创造人类文明新形态。

五 倡导和平性,推动构建人类命运共同体

习近平总书记指出,中华文明具有突出的和平性。和平、和睦、和谐是中华文明五千多年来一直传承的理念,主张以道德秩序构造一个群己合一的世界,在人己关系中以他人为重。文物工作要积极推动构建人类命运共同体,坚持弘扬平等、互鉴、对话、包容的文明观,

二 中华文明的突出特性

弘扬中华文明蕴含的全人类共同价值。

从《尚书·尧典》"协和万邦"的政治思想到《论语·子路》"和而不同"的君子修为,"以和为贵"的理念深深植根于中华文化基因。中华民族历来崇尚和平,这与农耕文明的历史底蕴息息相关。从仰韶文化和良渚文化的农业遗存可以看出,早期中华文明是建立在以农业为主要物质基础的经济社会之上的,这就意味着古代先民不依赖掠夺获取生存,耕织稼穑成为中国古代社会的重要生产生活内容之一,由此孕育出中华民族勤劳质朴、和合共生的秉性。历史上,虽有某个时期的短暂战乱,之后却能迎来大一统王朝的稳定发展,如南北朝分裂割据之后的隋唐盛世,五代十国混乱之后的北宋繁华,对国泰民安的追求实际就是向往和平稳定的体现。始建于春秋战国的长城,历经秦、汉、隋、明等朝代修建加固,始终是中原王朝的军事防御设施,中华民族从来没有向外侵略扩张的传统。"四大发明"之一的火药源于炼丹术,诞生以后首先是用于制造烟火。我们开拓陆上丝绸之路和海上丝绸之路是为了促进商贸、文化交流,与近代西方殖民掠夺和海上霸权争夺有着根本之别。水下考古发现的"南海一号"、"长江口二号"和"南海西北陆坡一、二号"等沉船,均是以运送瓷器为主的商贸船只,充分证明丝绸之路是名副其实的经济交往之路、文化交流之路、思想交融之路。

中华文明的和平性,从根本上决定了中国始终是世界和平的建设者、全球发展的贡献者、国际秩序的维护者,决定了中国不断追求文明交流互鉴而不搞文化霸权,决定了中国不会把自己的价值观念与政治体制强加于人,决定了中国坚持合作、不搞对抗,绝不搞"党同伐异"的小圈子。我们要积极践行全球文明倡议,扩大文化遗产领域国际合作，提炼展示中华文明的精神标识和文化精髓，增强中华文明传播力影响力，为深化文明交流互鉴、推动构建人类命运共同体作出独特贡献。

深入学习贯彻习近平总书记在文化传承发展座谈会上的重要讲话精神，必须在文物工作中深刻把握中华文明的突出特性，贯彻落实习近平总书记关于文物工作重要论述和重要指示批示精神，践行保护第一、加强管理、挖掘价值、有效利用、让文物活起来的工作要求，推进文物保护法修订，推介国家文化地标，开展第四次全国文物普查，健全文物安全长效机制，深化中华文明探源工程和"考古中国"重大项目，加强革命文物保护管理运用，建设中国特色世界一流博物馆，提升文物科技创新能力，扩大文物国际交流合作，壮大文物人才队伍，推动文物事业高质量发展迈出新步伐，让文物和文化遗产在建设中华民族现代文明新征程上焕发出更加绚烂夺目的光彩。

（原载《求是》2023年第17期）

中华文明突出特性的
考古学认知及其历史逻辑

霍 巍[*]

中华文明是世界上唯一以国家形态存在且没有中断的文明,这在人类文明史上具有独特的历史价值和当代意义。早年法国著名历史学家费尔南·布罗代尔就曾经深刻地指出,中华文明是"在一个巨型社会中维持了稳定,在一个广袤的国度实现了政治统一"的实体,而这个实体所形成的"国家君主制"可以"追溯到4000年前,计有22个朝代,在官方史书中一个朝代接着一个朝代,相互承袭,其间没有任何哪怕轻微的间隔或中断";而"统一是帝国君主制存在的理由";这是"中国社会和文明中最引人注目的原创性特征之一"。[①] 由此可见,对于中华文明特征的认知和探索,早已成为东西方学者共同关注的热点。

习近平总书记在2023年6月2日的重要讲话中站在时代的高度,

---

[*] 作者简介:霍巍,四川大学考古文博学院教授。
[①] [法]费尔南·布罗代尔:《文明史:人类五千年文明的传承与交流》,常绍民、冯棠、张文英、王明毅译,中信出版集团2017年版,第203—204页。

回顾和展望了中华文明的发展历程，指出中华文化源远流长，中华文明博大精深，中华优秀传统文化有很多重要元素，共同塑造出中华文明突出的五大特性，成为迄今为止对中华文化最为精辟的概括和总结。认识中华文明的悠久历史，感知中华文明的博大精深，离不开考古学。因为相对于文献史学而言，中国考古学叙事的时空范围大大超越了文字记载，如同苏秉琦先生所言，"世界上没有哪一个像中国如此之大的国家有始自百万年前至今不衰不断的文化发展大系"，中国历史的基本国情是"超百万年的文化根系，上万年的文明起步，五千年的古国，两千年的中华一统实体"①。因此，如何从考古学上认知中华文明的突出特性，并从中探索这些特征形成的历史逻辑，将是本文所要讨论的主题，将从以下几个方面展开论述。

一　中华文明形成的考古学标志

何谓"文明"？在世界各古老文明中是否有过统一的标志？中华文明的考古学标志应该如何加以认定？这一系列重大的理论问题国内外学术界曾经展开过长期的讨论，至今依然十分热烈。关于"文明"一词的语义源流，中西方其实各有其表述。廓清这一点，对于我们认识中华文明的特征及其与世界文明之间的相互比较至关重要。

西方的"文明"（civilization）一词含义广阔，历来对这个词的拉丁语词根或借用拉丁语词根的其他语言表述、源流演变及其所涉内涵的讨论如若烟海，本文不拟赘述。但大致而言，西方的文明和蒙昧

---

① 苏秉琦：《中国文明起源新探》，辽宁人民出版社2011年版，第152页。

(savagery)、野蛮（barbarism）这些表述是在同一语境之下产生的。在西方的所谓"古典时代"，除希腊、罗马文明以外的文化，都被视为野蛮。而在中世纪，除了欧洲基督教文明以外的文化，也被视为野蛮，虽然当代绝大多数西方学者也已经不再采用这样的表述，但其历史印记却难以磨灭。而中国的"文明"一词，最早见于《周易·乾·文言》："见龙在田，天下文明。"孔颖达《正义》："阳气在田，始生万物，故天下有文章而光明也。"冯时先生对此的解释是，所谓"天下有文章而光明"，这里的"文"，也就是"文明"之"文"，从表象上看是指初民根据龙星东升天象的观测以行农事，始生万物而享有丰年，终至天下有文章而光明。但其本质所强调的，实为人文之彰著，反映了古代先民一种根深蒂固的对于天人关系的独特理解，以及深刻的文化思考与文明传统。①

将文明这一概念引入考古学，西方学者中可以英国著名马克思主义考古学家柴尔德为例。他基于摩尔根关于蒙昧时代、野蛮时代和文明时代的"三段式"划分法，用"食物生产"（food-production）来区分"兽性"与"野蛮"时代（对应旧石器时代、中石器时代和新石器时代），又以"城市革命"来象征文明的出现。他认为，一定的聚落规模和人口密度，是文明的一个必要特征，由于农业革命导致史前社会专门化，旧大陆出现了最早的城市，有了纪念性公共建筑、文字系统和实用科学、长途贸易、艺术家、专业工匠

---

① 冯时：《文明以止——上古的天文、思想与制度》，中国社会科学出版社2018年版，第2—3页。

集团和祭师等十个"城市革命"的特征。① 进入青铜时代之后,在这份"清单"之上,又陆续增加了青铜冶炼、水利灌溉农业、较大规模的牲畜饲养、利用车轮的运输工具等因素。②

但是,这种将文明视为各种单项因素凑合的观点,已经被越来越多的学者批评为"博物馆清单式的文明史观"。因为由于不同的自然地理条件、生态环境和社会历史背景,形成的文明标志并不是完全统一的。如同我国学者童恩正先生指出的那样:"由于各古文明所处的生态环境不同,社会、历史背景不同,在此处成为文明标志条件的,在他处并不存在。如金属器的使用在中东古文明的形成中起了很关键的作用,但全部玛雅的古典文明都是建立在石器生产的基础上的。畜牧业是近东古文明的主要成分,但在中美古文明中却不占什么地位。又如城市是苏末尔古文明最明显的标志,但埃及城市却出现在其他文明因素形成之后。"所以,这种史观"难以反映人类历史这一极端复杂而又变化多端的阶段"。他进而提出了一个尖锐的问题:"从考古学上看,文明的因素最关键的表现是什么?文明的标志在欧洲、南美、非洲、亚洲是否有所不同?每一个社会在进入文明时是否又有自己的特征?这些都需要进行长期细致的研究,绝不能说现在已有统一的结论了。"③ 直到今天,重温这段"童恩正之问",也同样是发人深省的。

---

① [英]戈登·柴尔德:《考古学导论》,安志敏、安家瑗译,陈淳审校,上海三联书店2008年版,第91—101页。
② [英]戈登·柴尔德:《考古学导论》,安志敏、安家瑗译,陈淳审校,上海三联书店2008年版,第105—117页。
③ 童恩正:《有关文明起源的几个问题——与安志敏先生商榷》,《考古》1989年第1期。

二 中华文明的突出特性

考古学传入中国已有百年历史，大量考古发现为研究中华文明起源提供了宝贵的资料。我们应当如何从浩如烟海的考古材料中去发现中华文明的关键性因素，去梳理其发展脉络和演进路径，如何才能走出被学术界诟病的"博物馆清单式的文明史观"，从考古学的视野提出既符合国际学术规范，又符合中国历史实际的中华文明形成的考古学标志，向世界彰显一套科学的关于文明起源与文明标志的"中国方案"，已经成为中国考古学者必须直面的问题。

法国历史学家布罗代尔认为："事实上，'civilization'至少是一个双义词。它既表示道德价值又表示物质价值。因此，卡尔·马克思区分了经济基础（物质上）与上层建筑（精神上）——在他看来，后者严重的依赖于前者。"① 他的这一表述，对于我们重新认识中华文明的标志颇具启发意义。如果仅仅从物质表征上看，西方学术界提出的极具影响力的"文明三要素"——冶金术、文字和城市，在目前中国考古发现中只可追溯到约3300年前的历史，只能从发现甲骨文的商代开始才算进入文明。但是，通过"夏商周断代工程""中华文明探源工程"等重大国家项目的实施，中国学者基于良渚、陶寺、石峁、石家河、二里头等大型遗址的考古成果，并参考世界其他古代文明发现的情况，归纳出在没有当时的文字发现的情况下，从考古发现中辨识进入文明社会的"关键特征"。如王巍、赵辉先生等提出这些特征包括：第一，史前农业取得显著发展；第二，手工业技术取得显著进步；第三，出现显著的人口集中，形成早期城市；第四，社会

---

① ［法］费尔南·布罗代尔：《文明史：人类五千年文明的传承与交流》，常绍民、冯棠、张文英、王明毅译，中信出版集团2017年版，第5页。

贫富、贵贱分化日益严重，形成了掌握社会财富和权力的贵族阶层；第五，形成了金字塔式的社会结构，出现了踞于金字塔顶尖，集军事指挥权、社会管理权和宗教祭祀权力于一身的王；第六，血缘关系仍然保留并与地缘关系相结合；第七，暴力与战争成为常见的社会现象；第八，形成了王权管理的区域性政体和服从于王的官僚管理机构。

在上述特征之外，他们还提出，国家的出现是文明产生最根本的标志，国家的出现除了通过当时的文字资料证明之外，很多是需要通过考古遗存去加以辨识的，如都城、宫殿、王和贵族的大墓、表现权贵阶级尊贵身份的礼器和礼制、战争与暴力等考古遗存。他们认为"这些标志没有强调国外主要从西亚、埃及文明资料基础上提炼出来的冶金术和文字这两项内容……表明中国史前文明既有人类历史发展中普遍性的一面，也有特殊性的一面"，这些特征"既适用于中国，也符合其他古代文明的情况"。[①]"中华文明探源工程"的考古发现及其研究成果的公布，正在引起学术界广泛的反响和深入的讨论。

文明起源和文明标志的认定，是一项复杂的系统工程，它既有时间的维度，也有空间的维度。从文明起源到文明形成，在不同的时间轴上有着不同的特征。在空间上，不同的区域和不同的人群，具有自己的文化传统，也可能创造出具有区域性特点的文明因素。笔者认为，就中华文明而言，还应当格外重视作为文明古国、礼仪之邦的精神文明要素。如冯时先生所指出的："中国传统文明观的首要义涵乃在于对古代制度及宇宙观的建立，准确地说，古人定义文明并不特别

[①] 王巍、赵辉：《"中华文明探源工程"及其主要收获》，《中国史研究》2022年第4期。

注重他们创造的物质文明成果，至少不以其为阐释文明的第一要素。物质文明所展现的技术进步事实上是为政治与宗教服务的，而与物质文明相比，先民早期知识体系、礼仪制度与思想观念的形成则在根本上体现着人类摆脱野蛮状态最重要的标志，成为界定文明诞生的真正标准。很明显，由于人类文明的历史是由精神文明与物质文明共同构成的，因此，以重建古代历史为己任的考古学研究不可能也不应该忽略对古代制度与形上思想的探索。"[1] 这也为我们认定中华文明的标志提出了极富创见性的意见。早在冶金术和文字产生之前，从中国各地史前时代的考古遗存当中，我们都可以观察到对后世中华文明核心内涵产生过持续性重大影响的诸多文明要素。兹仅列举以下各例述之。

（一）玉器时代及其"礼玉制度"

与世界其他古文明不同，中国曾经经历过一个"玉器时代"。而这又是"从美石到礼玉"，是从石器时代发展而来的。早在距今约9000年前的黑龙江饶河小南山遗址当中，已经出现了玉质装饰品；在距今约8000年前的内蒙古赤峰市兴隆洼遗址墓葬中，也发现较为精美的玉和玉坠等装饰品。到了距今约5500年前，辽河流域的红山文化和长江流域的安徽凌家滩遗址高等级墓葬中，出土了双手捧于胸前的玉人，已经具有某种特殊的原始宗教含义。至距今5000年前后，良渚文化、陶寺文化、石家河文化、石峁文化、二里头文化的玉器，

---

[1] 冯时：《文明以止——上古的天文、思想与制度》，中国社会科学出版社2018年版，第1页。

已出现用于高等级王和贵族墓葬的"玉敛葬"和祭祀先祖与天地、山河的礼仪性用器，与后世"三礼"中所记载的"礼玉"系统十分吻合。尤其是各地出现的玉璋（有的称为牙璋）、玉璧和玉琮，更被认为是玉礼器中的重器，不仅在时间上一直延续到夏商周三代，在空间上也覆盖了几乎大半个中国。[1] 在青铜器产生之前的史前中国，玉器所具有的这种独特的文化属性很显然不同于世界上其他古文明，是中华文明标志性的象征之一。

（二）龙形象的构建及其象征意义

龙的形象在远古中国各地的构建，也体现出中华文明独特的文化标识。从河南濮阳西水坡仰韶时代蚌塑龙、虎形象的发现[2]，到河南偃师二里头遗址墓葬中出土的由绿松石镶嵌的龙[3]，再到四川广汉三星堆遗址八个祭祀坑当中出土的多种青铜翼龙形象[4]，以及各地从新石器时代到青铜时代出现的龙的图案和形象[5]，无不体现出龙在中国传统文化中所具有的广泛的象征意义。它初始期很可能与其被赋予能够升降飞升、沟通天人的寓意有关，后世则发展成为王权和皇权的象征。

---

[1] 苏芳淑：《琢玉成器考古艺术史中的玉文化》，褚馨、代丽鹃、许晓东译，上海书画出版社2021年版，第1—28页。

[2] 濮阳市博物馆、濮阳市文物工作队：《河南濮阳西水坡遗址发掘简报》，《文物》1988年第3期；濮阳西水坡遗址考古队：《1988年河南濮阳西水坡遗址发掘简报》，《考古》1989年第12期。

[3] 中国社会科学院考古研究所二里头工作队：《河南偃师市二里头遗址中心区的考古新发现》，《考古》2005年第7期。

[4] 三星堆遗址祭祀区考古工作队：《四川广汉市三星堆遗址祭祀区》，《考古》2022年第7期。

[5] 冯时：《文明以止——上古的天文、思想与制度》，中国社会科学出版社2018年版，第359—369页。

(三) 独特的宇宙观与天人关系思考

从考古学上还反映出，早在史前时代开始，古代先民已经在农业活动中观测天象，辨正方位，并由此形成关于空间与时间的规划与思考。据冯时先生对中国传统文明中有关古天文学考古的研究，在平面关系上，史前先民已有对于子午线的重视，以及由立表测影而产生的"中"和"四方"的观念。由此影响到后世诸如四方、五方、中央乃至中域、中土、中国、中原等政治地理概念的产生以及在都邑、宫殿、王庭、茔域的布局。由此还相应地产生出中和、中正、"居中而治"的传统政治观念。在垂直关系上，则对天、地、人、神之间的关系有了深刻的思考，形成了先秦以来诸如帝、天帝、天极（北极）等观念，"受命之帝居于天之中央——北极，人王若要依天立政，就必须居于地之中央"。秦汉以来的仙界、升仙、昆仑神话等一整套有关空间、时间的基本概念及其表现形式，均可由此溯其源头，从而将时空体系与阴阳哲学彼此结合，建构了中华文明独特的文化传统。[1] 他所依据的考古材料包罗甚众，从出土的陶器文字、龙虎形象、早期圭表，到都邑遗址、古代墓葬、祭祀遗址等均有涉及，对于中国上古文明中先民早期思想、观念和知识体系的观察与分析，都大大拓宽了既有的认识。

综上所述，我们之所以要对中华文明形成的考古学标志进行讨论，正是因为无论是从"文明"一词的定义出发，还是从中国考古学百年来的丰富实践及其取得的成果出发，都不得不承认，对于中华

---

[1] 冯时：《中国天文考古学》，中国社会科学出版社2017年版；《文明以止——上古的天文、思想与制度》，中国社会科学出版社2018年版。

文明的基本定义和内涵的探讨，不能简单地照搬或者移植其他文明的固有"标准"，完全脱离中华文明的深厚基础和中国的具体实际。如同冯时先生所言："不同文明的文化背景与文化理解根本不同，生搬硬套其他文明的理论作为己身文明的研究标准不仅圆凿而方枘，甚至将直接导致错误结论的得出，无法揭示己身文明的真正价值。事实上，中国古代文明更多地强调形上思想与礼仪制度的建构，这是我们在研究中国上古文明时必须充分加以关注的问题。"[①] 上文中所述及的诸多早在史前和先秦时代已经形成的许多基本观念，都持续发展到后世，具有突出的连续性特征。例如，由玉器的礼仪性特征发展到夏商周三代的青铜礼器制度；由史前龙崇拜发展而来的王权与皇权的象征；源自史前时代以圭表测时而来的"中"与"中和"的政治理念，反映在历代国家都城或都邑设计思想之中，从都城的选址、宫城位置、宫庙关系、中轴线布局、陵墓与礼制建筑等方面都得到具体的实践。[②] 由"见龙在田，天下文明"等观象授时源起的自然崇拜，"绝地天通"的原始宗教，天地交合、阴阳刑德等观念发展到后世中华文明的祖先崇拜与神灵崇拜，都无不体现出中华文明自身的特征，成为我们理解中华文明具有突出的连续性最好的证明。

二 秦汉"大一统"的考古学考察

中华文明"大一统"的突出特征，既是儒家思想的传统理想，

[①] 冯时：《文明以止——上古的天文、思想与制度》，中国社会科学出版社2018年版，第2页。
[②] 刘庆柱：《不断裂的文明史：对中国国家认同的五千年考古学解读》，四川人民出版社2020年版；《中华文明认定标准与发展道路的考古学阐释》，《中国社会科学》2023年第6期。

二 中华文明的突出特性

更是中华多民族统一国家在族群、疆域、文化、经济等各个方面综合发展的客观历史现实，历来引起海内外学术界的高度关注。著名的《剑桥中国秦汉史》的作者写道："在公元前221年，具有更重要的实际意义的一件事是把中央集权的行政新体制扩大到了'天下'……汉代把一个长达两千年基本上保持原状的帝国理想和概念传给了中国。"①

虽然我们将秦汉时代作为中国大一统的开端，但事实上这是一个经历了长期发展的历史演进之后形成的结果。对于这个过程，学术界讨论甚众。苏秉琦先生曾经描述称，传说中的"五帝"时代大致距今5000年为界可分为前后两大段，黄帝代表其前半段，尧舜禹代表后半段，"中国"一词的出现也在此时。尧舜时代是"万邦林立"，但各邦通过朝贡、诉讼，由四面八方共称之"中国"，逐渐开始承认万邦之中有一个不十分确定的中心，这时的"中国"概念是"共识的中国"。夏商周三代，由于方国的成熟与发展，出现了松散的联邦式的"中国"，形成周天子"普天之下，莫非王土，率土之滨，莫非王臣"的理想的"天下"。将理想演变为现实的是秦汉时代，从共识的"中国"——传说中的五帝时代、各大文化区系间的交流和彼此认同，到理想的中国——夏商周三代政治文化上的重组，到现实的中国——秦汉帝国，这就是他所归纳出的中国国家起源"三部曲"的发展历程。②

中华文明探源工程实施以来，根据对黄河中下游、长江上中下

---

① ［英］崔瑞德、鲁惟一编：《剑桥中国秦汉史》，中国社会科学出版社1992年版，第70、121页。

② 苏秉琦：《中国文明起源新探》，辽宁人民出版社2011年版，第136—137页。

游、辽河流域等地区距今5800—4000年前后的中心遗址及其所在地区的考古工作,以及对各个区域"文明化进程"的考察,也提出了一些结论性的意见:大约在距今5800年前开始,进入"古国时代"的第一阶段,大约与传说中的五帝时代"邦""国"相对应,史前中国开始进入"天下万国"的古国时代。大约在距今5000年,进入古国时代的第二阶段,一些地方社会率先发展出了国家形态,步入文明,如良渚、屈家岭—石家河、红山文化等。在距今4300—3800年,即龙山时代,是古国时代的第三阶段,以中原陶寺、陕西石峁、芦山堡、四川宝墩等规模巨大的古城为代表。到了这个时代的晚期,约距今3800年,中原二里头文化诞生,中原社会的政治礼仪、制度、思想开始形成并向四方传播,这"不仅再一次改变了中国文明进程的格局,还开启了以中原为主导的、整合其他地方文明的政治和历史进程,中华文明遂进入新的阶段——王朝时代"[①]。

夏商周三代文明正是在"王朝时代"的基础上建立的。[②] 其后的春秋、战国时代又经历了从小国林立到大国争雄,最终由秦灭亡东方六国,实现"天下一统""天下一家"的政治大格局。很显然,秦汉的"大一统",正是经历了从"万邦林立"到"天下一家"的历史发展之后,方才最后形成的一个"华夏共同体"。从考古学上考察秦汉王朝的"大一统",可着重观察这一时期对于中华文明具有深远影响的关键性制度的建立,也可以由此充分地体现出中华文明突出的特

---

① 王巍、赵辉:《"中华文明探源工程"及其主要收获》,《中国史研究》2022年第4期。
② 韩建业:《早期中国:中国文化圈的形成和发展》,上海古籍出版社2015年版;韩建业:《走近五帝时代》,文物出版社2019年版;孙庆伟:《追迹三代》,上海古籍出版社2015年版;[美]罗泰:《宗子维城:从考古材料的角度看公元前1000至前250年的中国社会》,吴长青、张莉、彭鹏等译,王艺等审校,上海古籍出版社2017年版。

二 中华文明的突出特性

征。笔者拟重点从以下四个方面加以讨论。

（一）郡县制的推行与变革

秦统一之后，创立中央集权体制，并在全国设立郡县制，实施由中央对地方的直接管辖，有学者形象地将这一制度称为"一竿子插到底"①，它不仅将黄河中下游和长江中下游为基本疆域的国土实现了郡县制的全覆盖，而且随着秦汉王朝的扩张，也逐渐将岭南、华南、西南、西域等纳入这一体制之中。这个制度在政治设计上最大的特征，是由郡县官僚体制将中央王朝的施政、法律、文化、经济等直接渗透到社会基层，并影响到乡、里。

郡县制原本源于春秋时楚国的县制。这一制度是针对西周以来"封君采邑制"的修正，县级长官由中央设立，君主派任，不能世袭，从而大大削弱了贵族、卿大夫的权力，加强了中央和国君的集权。秦汉郡县制的设立，既是对前世的继承，更有创新和发展。例如，湖南里耶出土的秦简中，就详细地记载了秦对"新地"——即新拓展地区洞庭郡迁陵县实施郡县制管理的具体情节，体现出基层行政的精细化和与时俱进的创造性。②汉武帝时期，与郡县制相协同，对于一些民族关系较为复杂的地区，也采取了灵活的"因其故俗"的方针，一方面实施郡县制，另一方面也保留了边地原有的"王""国"等体制，实行双轨制管理，最终完成郡县化。最典型的例证是近年来云南滇池汉代河泊所遗址的考古发现，这个遗址与滇王国的都

---

① 潘岳：《秦汉与罗马》，《中央社会主义学院学报》2020年第6期。
② 孙闻博：《秦汉帝国"新地"与徙、戍的推行——兼论秦汉时期的内外观念与内外政策特征》，《古代文明》2015年第2期。

邑、陵墓紧相毗邻，出土了大量的汉代官私印泥、竹简等文书档案遗存，推测有可能系汉代所设益州郡的郡治所在。① 这个遗址的发现生动地诠释了汉代在"西南夷"边地推行郡县制的历史进程，也是对其创造性特征的很好说明。

（二）"书同文"与"大一统"文化建构

如果仅仅从字义上看，所谓"书同文"，是指秦灭六国之后用秦通行的小篆统一全国文字，建立"车同轨、书同文、行同伦"的统一文化体系。但已有学者指出，"书同文"的深层含义并不仅限于此，而是更偏重"独尊儒术"及其以后延绵两千年的儒家正统文脉。② 笔者认为，"书同文"从更为宽广和深远的历史意义上看，是建立起中华文明具有奠基性意义的关键性制度之一。

从世界各国古文明的起源和发展而论，文字的诞生均具有重要的意义。古代两河流域、古埃及、地中海文明都曾经在距今数千年之前便出现了文字，所以西方学者提出文字与冶金术、城市的出现同为"文明三要素"。但是，唯有中国使用的汉字系统，是迄今为止"活的文字"，而不是某些西方古代文明中的"死文书"。中国汉字系统的发展历史同样十分悠久，据冯时先生的梳理考证，认为其经历过新石器时代、殷商、两周、战国、秦五个重要的发展阶段。③ 虽然目前对于新石器时代的"原始文字"阶段的研究尚在进行，对大汶口文

---

① 参见中国社会科学院考古研究所公布的 2022 年度"中国考古六大发现"。
② 李治安：《秦汉以降"大一统"秩序的华夷交融演进》，《中国社会科学》2023 年第 5 期。
③ 冯时：《中国古文字学概论》，中国社会科学出版社 2016 年版，第 2 页。

二 中华文明的突出特性

化、陶寺文化等发现的"陶文"的释读与认定，也还有不同意见，但中国古老的汉字系统历经久远的发展历史这一事实，却是难以否认的。

"书同文"的基础是汉字系统在国家层面的确立，是意义深远的宏大文化建构工程。秦始皇自统一之次年即开始巡行天下，并先后在峄山、泰山、碣石、会稽等地立石刻铭，至今还有残石或拓本传世[①]，除颂赞秦之功德之外，更是用统一的文字宣行天下。秦的"书同文"的深远影响在于，其使用范围首先是在汉文化流行的区域，然后逐渐向四方扩展，从而形成以使用汉字、认同汉文化、用汉字记载和传承文明的主体族群，这个主体族群即当时所谓的"秦人""汉人"，亦即后世所称的"汉民族"。西方两河流域文明中虽然也有过使用同一楔形文字的不同族群，如苏美尔、阿卡德、赫提、古波斯等，但却从来没有像中国的"书同文"一样，形成言语、文字、族群、文化浑然一体的主体族群，而是"同文不同语，同文不同种"，与中国的"书同文"貌合而神离。范文澜先生认为"汉族在秦汉时期开始形成为民族"，并认为使用统一的文字是一个重要的标志。[②]考古发现的湖北睡虎地秦简[③]、四川青川郝家坪《更修为田律》秦代木牍[④]，虽非秦小篆而已近汉隶，但所反映的却正是秦文化向周边地区的扩散与传播，以及周边族群逐渐融入汉文化和汉民族的真实历史

[①] 容庚：《古石刻零拾》，1934年影印本；《秦始皇刻石考》，《燕京学报》第十七期，1935年。

[②] 范文澜：《试论中国自秦汉成为统一国家的原因》，《历史研究》1954年第3期。

[③] 睡虎地秦墓竹简整理小组：《睡虎地秦墓竹简》，文物出版社1990年版。

[④] 四川省博物馆、青川县文化馆：《青川县出土秦更修田律木牍——四川青川县战国墓发掘简报》，《文物》1989年第2期。

片段。

此外，在秦汉时期除汉字系统之外，还可能有过其他文字系统的存在。例如中国西南青铜时代的所谓"巴蜀图语"或"巴蜀符号"，常常出现在春秋、战国时期巴蜀地区的青铜兵器、乐器、铜石印章上，也有人认为这是曾经流行于古代巴蜀地区的一种古老文字，或可称之为"巴蜀文字"。① 但是，随着秦灭巴蜀之后，巴蜀地区逐渐开始被纳入中原文化体系，便开始以汉字取代这种图语、符号或"文字"，这在四川发现的青铜兵器上遗有明显的证据。② 事实上，在"书同文"的背后，还包含着以汉字承载的汉文化、儒家正统思想等一系列的文化建构。汉代文翁在巴蜀地区设立学官，鼓励巴蜀子弟学习汉文化，使巴蜀地区很快融入"中国一统"的格局之中，成效非常显著。

（三）"车同轨"与秦汉经济共同体的形成

自秦汉时代开始，通过中央集权体制下的制度设计，变更前世"田畴异亩，车涂异轨，律令异法，衣冠异制，言语异声，文字异形"③的旧制。所谓"车同轨"，是在辽阔的疆域上修筑道路，形成全国统一的交通标准。史书记载的秦代修筑的规格最高的道路是"驰道"，以咸阳为中心通往全国各地。战国时期各国车马大小不一，

---

① 冯时：《中国古文字学概论》，中国社会科学出版社2016年版，第19页；段渝：《巴蜀古文字的两系及其起源》，《考古与文物》1993年第1期。
② 童恩正、龚廷万：《从四川两件铜戈上的铭文看秦灭巴蜀后统一文字的进步措施》，《文物》1976年第7期。
③ （汉）许慎：《说文解字》上，卷十五，中华书局1963年版，第315页。

二 中华文明的突出特性

道路宽窄有别，秦代的"车同轨"统一了车的两轮之距，保证了各地交通之间的快速通畅。汉代的道路治理继续发展，形成了全国性的交通道路网络，海上交通也随之发展，从陆地、海洋通向域外的"丝绸之路"更是密切和加强了中国与世界的联系。

与"书同文"一样，笔者认为在"车同轨"的背后，实际上是与统一的经济、法律、度量衡、货币制度一道，构建了秦汉大一统疆域内的交流、交往网络，在形成秦汉政治、文化共同体的同时，力图形成统一的经济共同体。秦汉考古发现的大量铁器、漆器、铜镜、丝绸等遗物不仅覆盖了当时的中国本土，甚至在海外许多地区也有出土。① 在这一总体制度之下，中央王朝的政令也达于四方。仅以四川地区为例，秦代开通的官道便有褒斜道、石牛道、阴平道、五尺道等区域性道路。汉代在此基础上又开通了"南夷道""西夷道"等。② 四川雅安荥经发现的一通汉建武中元二年（57）《何君阁道碑》，最早见于宋人洪适《隶释》所录，2004年被重新考古发现，此碑便详细地记载了蜀郡太守平陵何君"治道"的情形，道路"袤五十五丈，用功千一百九十八日，建武中元二年六月就"③。史书中还记载有汉永平六年（63）《开通褒斜道摩崖刻石》，"永平六年，汉中郡以诏书受广汉、蜀郡、巴郡徒徒二千六百九十人，开通褒斜道"的史事。④ 由此可见这些巴蜀地区的行政长官都是在中央王朝统一的政策之下，有效地实施了相关的道路治理工程。

---

① 宿白：《考古发现与中西文化交流》，文物出版社2012年版，第27—53页。
② 罗二虎：《秦汉时代的中国西南》，天地出版社2000年版，第53—57页。
③ 雅安市文物管理所、四川省文物考古研究院编：《雅安汉代石刻精品》，四川人民出版社2005年版，第26—27页。
④ （清）严可均校辑：《全上古三代秦汉三国六朝文》，中华书局1958年版，第998页。

（四）"行同伦"与新型族群关系的建立

秦汉时代的"行同伦"，笔者同样认为，这并非仅仅限于统一王朝内部汉民族的行为伦理，而实际上其核心要义是要以汉文化融汇各个族群，突破传统的以血缘关系为纽带的族际关系，建立起跨越血缘、基于地缘的新型的族群关系。与先秦、春秋、战国时期的"华夏"和"蛮狄戎夷"关系不同之处在于，在秦汉王朝统一的进程中，越来越多的原属于"蛮夷"之地的族群开始逐渐融入汉民族之中，也开始改变前朝"夷夏二元对立"的思想观念和实际格局。如同有学者指出的那样："秦汉郡县制'中国一统'，以两千年前黄河中下游和长江中下游范围内的帝制中央集权为制度框架，普遍施行以汉字为载体的儒学传统文脉，大多数先民初步融合为汉族，还有西南夷、南方边地少数民族及北方民族部分南迁者。制度、文化、族群三层面呈现同一或单一，是秦汉郡县制'中国一统'政治文化共同体的建构特色。"[①] 笔者认为，秦汉王朝构建的这种新型族群关系，为后世树立起典范，使得越来越多的边地族群如同"滚雪球"一般地融入中华民族大家庭之中，成为统一的多民族国家在"中华民族共同体"形成过程中起到最重要的凝聚作用的一个大熔炉。

三　南北朝、隋唐以降的考古"中国"

在秦汉统一王朝之后，一个最为重大的变局，是近两千年北方民

[①] 李治安：《秦汉以降"大一统"秩序的华夷交融演进》，《中国社会科学》2023年第5期。

二　中华文明的突出特性

族三次大规模的南下入主中原，中国历史进入大动荡、大分化、大迁徙、大融合的"大变局"之中。第一次是拓跋鲜卑、匈奴、羯、氐、羌等"五胡十六国"等北族的南下，尤其是拓跋鲜卑人建立的北朝与南方的东晋南朝分庭抗礼，形成胡汉杂居、南北对峙的局面。第二次是在隋唐重建"大一统"之后，契丹、女真和蒙古南下，形成中国历史上最后一个多政权并立的新格局，并最后由蒙古人建立起一个在"世界帝国"面貌之中的统一的元朝。第三次是在元、明重新统一中国之后，清朝入关，将蒙古、明残余政权以及西藏、新疆等地纳入统一的中央政权之下，在多民族的碰撞博弈之后，重塑了中华民族空前统一、多元一体的全新面貌。

　　在这个漫长的历史阶段中，一个最令世人感到震惊的事实在于：为何在如此动荡分离的形势之下，中华文明并未像欧洲历史上的"蛮族入侵"一样导致帝国的分崩离析、民族的流离失散、文明的阻隔中断？中华文明为何如同凤凰涅槃一般，在纷乱中浴火重生，以更为广阔的疆域、更为统一的政权、更为众多的民族、更为多元的文化，在一个新的"大一统"格局之下实现了"华夷一体""中国一统"的宏大进程？这些问题，都需要我们从文献和考古两个方面来梳理其内在机理，寻找其原生动力，认知其历史逻辑。

（一）政治认同：多民族"共塑中国"

　　笔者认为，首要的原因之一，是由于秦汉以来的"大一统"观念，已经深入人心，北方塞外民族南下所建立的政权，无不以"中国"自称，凝聚了对华夏的认同；以统一大江上下、大河南北为其政治目标，形成强大的政治内聚力。魏晋南北朝时期北方民族所建立的政权，都努力宣扬"华夏正统"观以证明自身的合法性。"中华""中国"的概念已经超越了秦汉以来以中原地区为中心的汉民族居住区，成为周边族群共同认可的文明身份。魏晋南北朝时期各族政权在处理对外关系时，多以华夏正统自居。如远在漠北草原的柔然在写给南朝萧梁的一份文书中自称其政权为"皇芮"，并声称要"恭行天罚""光复中原"，以中华正统自居。最为突出的体现，是南北朝时期北方的北魏和南朝政权之间的"正统"之争和拓跋鲜卑不断"文化转型"，朝着"光宅中原"的目标挺进。大量的考古证据出现在这个时期的墓葬、石窟和城市建筑遗存当中，倪润安先生的《光宅中原：拓跋至北魏的墓葬文化与社会演进》[1]、韦正先生的《南北朝墓葬礼制研究》[2]、李梅田先生的《葬之以礼：魏晋南北朝丧葬礼俗与文化变迁》[3] 等著作对此都有过系统、全面的阐述，兹不赘述。在文献上则可以看到，连南朝的陈庆之洛阳之行后也感叹："吾始以为大江以北皆戎狄之乡，比至洛阳，乃知衣冠人物尽在中原，非江东所及也，奈何轻之？"[4] 辽宋夏金时期，契丹在据有燕云地区之后，也自认为"中国"，在辽代《鲜演大师碑记》中，便自称为"大辽中国"[5]。西夏人虽未自称中国，但却认为其系"华夏正统"，其开国君

---

[1] 倪润安：《光宅中原：拓跋至北魏的墓葬文化与社会演进》，上海古籍出版社2017年版。
[2] 韦正：《南北朝墓葬礼制研究》，上海古籍出版社2022年版。
[3] 李梅田：《葬之以礼：魏晋南北朝丧葬礼俗与文化变迁》，上海古籍出版社2021年版。
[4] 《资治通鉴》卷一五三《梁纪九》，中华书局2012年版，第6356页。
[5] （辽）佚名：《鲜演大师墓碑》，载向南编著《辽代石刻文编》，辽宁教育出版社1995年版，第668页。

主李元昊立国之初便遣使向宋朝皇帝称:"臣祖宗本出帝胄,当东晋之末运,创后魏之初基。"① 宋人虽不承认辽为"中国",但在辽宋交往之间则互称"南北朝","皆以南、北朝冠国号之上"②。王明珂先生则注意到,出于南朝士人之手的《南齐书》与《宋书》均不认同拓跋鲜卑为"黄帝子孙"而仍视其为"虏",但到了较为晚出的《晋书》(成书于初唐),则较为容易地接受许多北方异族贵胄家族为"黄帝子孙",他认为其中重要的背景是"此时所谓的'五胡'早已融入华北汉人社会,他们许多出自名门者,甚至在唐代中国朝廷任官"③。唐代李延寿所撰《北史》,便已将北魏的祖源记为出自"黄帝轩辕氏之后",加深了这一认同。

总之,魏晋南北朝以至于唐宋、辽金西夏、元明清各代,北方入主中原的各族无不在政治上高度认同中原的政治制度,主动选择以中原华夏正统地位自居,行"大一统"之道,承续中华道统,以统一中国为己任。所以虽然南北之间曾经战乱频繁,但却都是在中华文明"大一统"的总体框架和更为宏大的时空格局之下展开的相互竞争,呈现出中国历史上多民族、多政权"共塑中国"的历史景观。尤其还须指出的是,在这个过程中,北魏的府兵制、均田制等许多制度也被大唐王朝吸收,成为中华文明制度创新的典范,在中华文明统一性和创新性特征上写下了新的篇章。

---

① 《宋史》卷四八五《夏国传》上,中华书局1977年版,第13995页。
② (宋)李焘:《续资治通鉴长编》卷五八,真宗景德元年十二月辛丑,中华书局2004年版,第1299页。
③ 王明珂:《英雄祖先与弟兄民族》,中华书局2009年版,第152—153页。

（二）文化认同：从"华夷之分"走向"华夷一体"

这个历史阶段另一个最大的变化，是传统的"贵中华，贱夷狄"狭隘民族意识被极大地改观，文化认同成为区分"中华"标准和"文明"标志的唯一前提条件。陈寅恪先生早已指出，此时之民族，不是以血缘，而是以文化来加以区分的。他还尤其强调："李唐一族之所以崛兴，盖取塞外野蛮精悍之血，注入中原文化颓废之躯，旧染既除，新机重启，扩大恢张，遂能别创空前之世局。"[1] 对此苏秉琦先生从文物考古学的角度也有过相同的论述："'五胡乱华'是一个贬义词，但它与欧洲人所谓的'蛮族入侵'不完全是一回事。'五胡'不是野蛮人，是牧人，他们带来的有战乱，还有北方民族的充满活力的气质与气魄。北方民族活动地区出土的大量反映北方草原文化与中原结合的、辉煌的北朝文化遗物，从东汉末年的和林格尔壁画墓，到云冈石窟、司马金龙墓、北齐娄睿墓等乃至平城等北朝的都城建筑，以及在瓷业、农业、科技方面都是北朝留下的堪称中华民族的无价之宝。北方草原民族文化是极富生气和极其活跃的，它为中华民族注入新的活力与生命，它还带来欧亚大陆北方草原民族文化的各种信息，为中西文化交流作出重要的贡献。大唐盛世的诸多业绩都源于北朝。"[2]

文化认同的精神内核是对以儒家学说为基础的中原文化的高度认同，并由此在思想文化、政治制度、语言文字、艺术创造等各方面产

---

[1] 陈寅恪：《李唐氏族之推测后记》，载《金明馆丛稿二编》，生活·读书·新知三联书店 2001 年版，第 344 页。

[2] 苏秉琦：《中国文明起源新探》，辽宁人民出版社 2011 年版，第 139 页。

二 中华文明的突出特性

生重大的影响。表现在考古学的物化表征上，也是多方面的，刘庆柱先生曾从魏晋以降历代王朝都城、陵墓和祭祀建筑的选址、设计与营建等方面做过详细的论述，认为中古时代后期的西夏、辽、金、元、清王朝的统治者均出身于中原地区以外的少数族群，"但是这些王朝的都城、帝陵选址及其建筑布局形制与相关遗存的考古发现与研究充分揭示了他们对中华文明核心政治理念的认同"①。

与秦汉时代相比较，魏晋南北朝以降，辽、金、西夏、元、清各朝，汉文化的影响从地域上也扩大到塞外漠北、青藏高原和西南边地，拓跋鲜卑、吐蕃、南诏、契丹、西夏、蒙古等各民族在更为广阔的地域空间、以更为深层的方式实现了文化上的交往、交流与交融。以吐蕃为例，这个远踞于青藏高原的地方政权，唐以来与中原唐王朝之间的交流不断加强，唐代使节王玄策通过吐蕃腹地前往印度（天竺）出使，在今吉隆古道上刻下《大唐天竺使出铭》，是唐代初年新开辟的中印之间"高原丝绸之路"国际通道的历史见证，也是这个时期前往"西天"求法的唐代僧人和使节受到吐蕃赞普松赞干布和唐文成公主直接资助的真实证据。② 吐蕃王朝曾多次派遣王室子弟前往唐代京都长安学习汉文诗词及典章制度。据汉文献史料记载，公元640年唐太宗倡导国学，唐朝国子监盛况空前，"于是国学之内，八千余人，国学之盛，近古未有"，而其中"高丽、百济、新罗、高

---

① 刘庆柱：《不断裂的文明史：对中国国家认同的五千年考古学解读》，四川人民出版社2020年版；《中华文明认定标准与发展道路的考古学阐释》，《中国社会科学》2023年第6期。
② 霍巍：《史前至唐代高原丝绸之路考古研究》，科学出版社2022年版，第157—167页。

昌、吐蕃诸国酋长，亦遣子弟请入国学"[1]。唐中宗神龙元年（705），唐王朝还曾敕令吐蕃王及可汗子孙欲学习经业者，"宜附国子学读书"[2]。吐蕃通过与唐朝和亲，向唐朝索求《论语》《诗经》等儒家文献。在敦煌藏经洞发现的古藏文文献中，便有数种译自汉文的儒学文献典籍残卷。[3]

辽、金和西夏虽然政权鼎立，但从典制到律法都共承"中国之制"。例如，辽代效法唐与五代官学之制，设立国子学与上京、中京，并置五京学于五京，在地方设府州县学，形成自上而下的官学教育体系，还以"唐宋之制取士"，均为对中原文化的吸收和借鉴。西夏建国之后颁发的《天盛律令》，无论从名称还是体例上，都是效仿了春秋战国以降中原王朝的主要法律形式，在立法思想上也以儒家思想为指导。金朝建国之后也设立官学体制，实行科举取士，以《孝经》等儒家经典教化民众。[4] 考古发现的契丹、西夏各自铸造的契丹文、西夏文和汉文两种文字合体的钱币，都是模仿中原流行的方孔圆钱形制。有元一代，"华夷儒风竞起"，更是进入"半去胡俗，半用华仪"的新的历史环境之中，儒学主干文脉影响到包括忽必烈在内的蒙古人、色目人，进而首创了"车不同轨、书不同文、行不同伦"但却"华夷一统""兼容复合"的新型文化形态[5]，这不能不说是中

---

[1] （宋）王溥：《唐会要》上，卷三十五"学校"条载，上海古籍出版社2006年版，第739页。
[2] （宋）王溥：《唐会要》上，卷六"和蕃公主"条载，上海古籍出版社2006年版，第86页。
[3] 陈炳应：《从敦煌资料看儒学对吐蕃的深刻影响》，《敦煌研究》2004年第4期。
[4] （元）脱脱等：《金史》，中华书局1975年版，第192页。
[5] 李治安：《秦汉以降"大一统"秩序的华夷交融演进》，《中国社会科学》2023年第5期。

华文明在继承秦汉以来"大一统"传统的基础上又一体制机制的创新,体现出中华文明所具有的突出的创新性特征。

(三)宗教包容:政主教从、融通并存

中华文明包容性的突出特征之一,还体现在宗教包容和多教融通之中。与西方文明史上政教关系的一个最大的区别在于,中国历史上的宗教从来就未形成过政教合一(局部地区的地方政权如西藏除外)的所谓"国教"[①],而历来是"政主教从",宗教只能依附于王权才能生存发展。佛教作为最为重要的外来宗教在汉代传入中国之后,在魏晋南北朝时期得到了很大的发展,在这个过程中它成功地解决了所谓"沙门不拜王者"和中国传统儒家思想倡导的"孝悌"关系这两大难题,与中国本土几乎同时产生的道教之间也逐渐相互融通,最终在唐代于佛教义理和礼佛实践两个方面都实现了佛教的"中国化",形成天台宗、法相宗、华严宗、禅宗、净土宗、律宗各宗派,其中最具影响力的是禅宗。

在考古材料上,最为集中地反映在佛教造像及石窟艺术之上。众所周知,云冈石窟、龙门石窟的开凿,都有当时皇家支持的背景,云冈早期五窟中的"造像如帝身"更是形象地反映出宗教艺术的本土化、世俗化特征。仅从佛教石窟造像中佛像衣饰的变化,就可以明显地看出从印度、希腊风格到"褒衣博带"的汉地风格的演进历程。造像的题材和内容也从早期南亚、中亚的传统题材发展到具有中国传统美术特点的全新模式。观音菩萨的形象,在印度本为男子,但南北

---

① 苏秉琦:《中国文明起源新探》,辽宁人民出版社 2011 年版,第 155 页。

朝以来随着中土信众中有不少妇女参与其中，观音在隋唐时期也多变化为女性形象。道教本来并无造像，自佛教传入之后，也是在魏晋南北朝时期仿照佛教造像开始有了道教造像。唐宋时期的重庆大足、四川安岳等处石窟造像中，开始出现了大量佛、释、道三教合一的题材和图像，与这一时期社会上佛教哲学思想与理学、经学（新儒学）的相互融通互为表里。

唐代以降，先后传入中土的外来宗教还有波斯的拜火教（又称为琐罗亚斯德教）、摩尼教、景教（基督教）、伊斯兰教等，都遗存下来大量考古遗迹和遗物[1]，我们也从中可以窥见不同宗教在中土的融通并存、和平共处。例如，考古发现的北周时期粟特人的陕西安伽墓、史君墓、山西太原虞弘墓，墓中的石室、石床和石屏风上既可观察到其中来自中亚拜火教的神灵与神兽的图像，但又采取了中原地区北朝以来的墓葬形制和埋葬方式，反映出入华粟特人"入乡随俗"的风习流变。[2] 考古学上另一个典型的例子，是福建泉州府出土的唐代以来碑刻材料中，由于泉州长期以来的海外贸易活动，保存下来佛教、道教、摩尼教、伊斯兰教、基督教、天主教以及本土宗教的大量材料[3]，充分地展现出中华文明对于各种宗教所持的兼容并包态度，成为不可多得的中国本土一座城市中的"国际宗教博物馆"。

元、明、清三代皇家都扶持藏传佛教，并以藏传佛教为纽带，在更大的地理空间上建立起蒙、藏、回、汉、满等各民族之间的密切联

---

[1] 宿白：《考古发现与中西文化交流》，文物出版社2012年版。
[2] 荣新江、张志清主编：《从撒马尔干到长安——粟特人在中国的文化遗迹》，北京图书馆出版社2004年版。
[3] 郑振满、丁荷生编纂：《福建宗教碑铭汇编·泉州府分册》，福建人民出版社2003年版。

系。藏传佛教艺术与汉地传统文化之间彼此交流融汇，在三代首都北京（元称大都）和汉地均保留下来大批同时具有汉藏文化色彩的艺术遗存。① 如同熊文彬先生所言："西藏艺术，尤其是藏传佛教艺术从题材到风格都受到印度、尼泊尔佛教艺术的深深影响，但只是历史的一部分，而非全部。实际上，佛教从 7 世纪传入西藏伊始，西藏在接受印度、尼泊尔佛教及其艺术的同时，汉传佛教和以汉族为首的国内多民族文化及其艺术同时对西藏产生了重大影响，大量相关藏、汉文献和遗迹不少保存至今，并且从元代以来，随着中央政府对西藏的有效治理，这种影响日益显著。"② 进而论之，笔者认为在这些考古文物现象的背后，实际上是元、明、清三代统治者力图通过宗教力量再造"华夷大一统"格局的重大政治举措之一，如同清雍正《大义觉迷录》中所言"天下一家，万物一源，如何又有中华、夷狄之分？"③

总之，中华文明历来包容各种外来宗教，从未产生过如同西方基督教会那样势力强大、堪与世俗政权相互对立的教权组织，也从未发生过如同西方"十字军东征"那样的宗教战争，更未有过因为宗教纷争而发生的国土分裂、种族残杀，充分体现出中华文明核心要义中的"中和""包容"等价值观念。各种不同宗教历史上基本能够和平共处，相互并存，在统一的中央集权政体之下，为中华"大一统"局面的稳定发展起到积极的作用。

---

① 谢继胜主编：《藏传佛教艺术发展史》，上海书画出版社 2010 年版；宿白：《藏传佛教寺院考古》，文物出版社 1996 年版。
② 熊文彬：《龙椅与法座：明代汉藏艺术交流史》，中国藏学出版社 2020 年版，第 2 页。
③ 转引自李治安《秦汉以降"大一统"秩序的华夷交融演进》，《中国社会科学》2023 年第 5 期。

（四）多元互补："大一统"中华经济圈的形成

如果说秦汉的"大一统"在地理、生态以及生业形态等方面所产生的影响还主要在黄河中下游、长江中下游以汉族为主的栖息地的话，那么，魏晋、隋唐以降这种影响随着多民族的不断南下，民族迁徙和交融以空前的规模彻底打破了原以长城为界的游牧与农耕南北经济带，重塑了中华文明的经济格局。魏晋南北朝时期，北方胡人族群大规模内迁、定居，使游牧经济与农耕经济的互补性更强地得以发挥。东晋南朝对江南、西南地区的开发，也使得南方"蛮夷"经济区快速融入农耕经济区之中。隋唐时期对西域、青藏高原、西南、东北等地的有效管控，尤其是对漠北北方草原族群的统一和使之不断内属的举措，更呈现出"胡汉交融、农牧一体"的盛大气象。隋唐大一统国家的形成及其政治、文化联系的加强，也为中华大地不同区域间的经济联系提供了更为宽松的环境。考古发现证明，唐代在丝绸之路的基础上全面开拓了全国和国际性的贸易网络，与突厥、回纥、吐蕃、南诏等进行的"茶马贸易""绢马贸易""盐马贸易"等多种形式的经贸往来"富兼华夷"，吸引了更多的族群参与到共建"中华经济圈"之中。宋、辽、金、西夏时期，虽然诸政权分立，但隋唐以来形成的经济联系与交往并未因此而中断，钱币铸造与流通在这些政权中均模仿中原体制，在考古遗存中发现的这个时期的钱币为数众多。[1] 此时农牧、游牧、半农半牧经济进一步多元互补，对于河西、

---

[1] 中国社会科学院考古研究所编著：《新中国的考古发现和研究》，文物出版社1984年版，第597—631页。

二 中华文明的突出特性

内蒙古、东北地区借鉴中原汉地先进的生产技术与经验，使用先进的铁制农具进行精耕细作，均有很大的提升。在河西地区发现的石窟、墓葬壁画和出土的画像砖当中，可以观察到许多农业生产的画面，其中的"牛耕图""放牧图"生动展现出这个时期农牧经济相互交织为一体的情景。① 元代重建"大一统"，基于更为宏大的横跨欧亚的国际背景，此时不仅出现了走向国际化的驿站、交通网络与统一的市场，并于元中统元年（1260）开始发行"中统元宝交钞"纸币作为法定流通货币。元代开辟出国际化的陆、海远程贸易体系，著名元青花瓷器销往中亚和西亚各国，在世界各地均有大量出土。② 元定都北京兴建元大都以及京杭大运河的全面开通，使有元一代农牧两大区域的整合度达到空前的程度，也为明清两代奠定了在疆域版图、不同族群、不同生态与自然环境条件下"浑然一体"的"巨大中国"的经济共同体。

总之，"经济基础决定上层建筑"，这是马克思主义学说的重要论断。笔者认为，多元互补、"浑然一体"的"大一统"中华经济圈的最终形成，是在人类最为根本的生存基础上，为中华大地版图上各个族群提供了有力的资源保障体系。如同习近平总书记所指出的那样："各民族之所以团结融合，多元之所以聚为一体，源自各民族文化上的兼收并蓄、经济上的相互依存、情感上的相互亲近，源自中华民族追求统一的内生动力。"这也为我们认知中华文明为何具有共同的价值追求、共同的身份认同、共同的精神家园，从"共同的物质基

---

① 甘肃省博物院编：《大道攸归：五凉文化展》，甘肃人民出版社2022年版，第71—81页。

② 宿白：《考古发现与中西文化交流》，文物出版社2012年版，第111—115页。

础"这一层面提供了重要的理路。

（五）吸收外来：在交流互鉴中丰富发展

中华文明具有对世界文明兼收并蓄的开放胸怀。与世界上两河流域、古埃及、古希腊、古罗马等古老文明之间的交流互动相比较，由于地理环境的限制，中华文明与这些文明之间阻隔着高山大漠，陆路交通和海上交通都远不如前者之间便利。虽然与古印度河文明之间在地理上相对接近，但也由于高耸的喜马拉雅山脉形成的天然屏障，在汉代以前必须通过中亚地区才能绕过昆仑山、喀喇昆仑山、兴都库什山这一系列高大的山脊，到达更为遥远的中亚、西亚和南亚地区。不过，这些艰难险阻丝毫没有阻止中华先民走向世界的坚定脚步。

从考古发现来看，有可能早在史前时代，中华文明已经开始了与外界的交流，虽然目前的证据还十分有限，但李水城先生通过对"权杖头"这一特殊的考古材料的梳理，已经让我们看到这类在西亚、中亚和南亚地区史前曾经极为流行的、代表权力象征的遗存，也曾广泛分布于我国西北、中原、北方长城地带和东北以及淮河以南地区。[1]更多的证据来自商周时期。据宿白先生的看法，西方的青铜短剑在前一千纪之初影响到中国，同时传来的还有优质高级的绿松石和玻璃制品。中国的丝织品、软玉大约也是从这个时期开始向西方传播。[2]沈福伟先生认为，被西方称为欧亚草原诸民族"三要素"的兵器、马具和野兽动物纹饰，也在这个时期传入和影响到中国。[3]汉代陆路、

---

[1] 李水城：《耀武扬威：权杖源流考》，上海古籍出版社2021年版。
[2] 宿白：《考古发现与中西文化交流》，文物出版社2012年版，第8—19页。
[3] 沈福伟：《中西文化交流史》，上海人民出版社2006年版，第20—23页。

二 中华文明的突出特性

海路两道"丝绸之路"的开通,开启了中外交通的新纪元。魏晋隋唐以后,中外文化之间的交流在陆路更为频繁,唐代中原与青藏高原建立起前所未有的联系,"高原丝绸之路"将此前的陆、海两道连接汇聚为一体。宋代海上丝路的发展,拓展了中华文明面向海洋的宽广视野,元代更建立起横跨欧亚的庞大交通路网。明代"郑和下西洋",展示了中华民族以和平友好的方式走向世界的壮举。这一阶段的考古发现极其丰富多彩,不胜枚举。

如同宿白先生所言:"任何国家和民族的文化,都不是孤立发展的,都是吸收了邻近国家和民族,甚至较远的国家和民族的文化,作为自己文化发展的借鉴的。……任何民族的国家之间之所以能存在和发展,都是因为其具有优秀、进步的东西。因此,民族和国家间的文化借鉴都是相互的,不可能是单方面的,即使在社会发展的阶段上存在着先进、后进的不同。"[①] 中华文明从来对于外来文明的态度既非全盘接受、盲目崇拜;也非闭目塞听,一味排斥,而是采取了理性、包容、交流互鉴的态度。一方面,中华文明向世界文明贡献了造纸术、火药、指南针、印刷术"四大发明";另一方面,中华文明也不断地从精神和物质两个方面吸收外来文化中的先进和优秀成分,丰富和发展自身的文明内涵。考古学在这方面可以提供的例证很多,除了前面已经提到的在精神文明层面对佛教文化及其艺术的接受与改造这个典型例证之外,笔者再列举两个物质文明层面吸收外来文明而涵化的考古学例证。

其一,是中国丝绸纹饰的变化。众所周知,丝绸是中华文明的伟

[①] 宿白:《考古发现与中西文化交流》,文物出版社2012年版,第2页。

大创造之一，但装饰丝绸的图案和纹饰却在不断丰富和发展。魏晋南北朝至隋唐时期，由于丝路贸易的需求，丝绸装饰图案中出现了大量来自中亚地区萨珊波斯、粟特一带的以联珠大团窠纹内饰以马、鸟、羊等动物形象的造型艺术，经过益州蜀地对此的吸纳和改造，成为著名的被史书载为"陵阳公样"的大团窠联珠对兽、对兽纹图案，不仅流行于丝绸之路沿线各国，成为销往海外的重要产品，这类丝绸织物甚至也成为唐代皇室赏赐给内朝官员和边地君王的重要珍奇之物，深得中国上层社会和一般民众的喜爱。近年来在青海吐蕃墓葬中也有大量此类织物的残片出土，表明其流布已经远至青藏高原。①

其二，唐以前中国人习惯席地坐床，没有桌椅之设。而桌椅则原是地中海东部的习惯，在前一千纪传入西亚和东亚。公元后不久传入新疆。4—5世纪新疆、敦煌的壁画中出现了椅子。7—8世纪的敦煌壁画中出现了桌子。公元765年，西安高元珪墓壁画中第一次在世俗生活场景中出现了椅子。晚唐五代传世的《韩熙载夜宴图》中，描述了宴席中使用桌椅的情形。这个变化，不仅从此改变了我国传统的室内布局，也随之带来了桌椅之上日用器物的变化，甚至影响到我国传统的书籍样式、书写方式、书写工具的一系列变化，宿白先生对此有过详细的论证。②

综上所述，笔者尤其赞同当年宿白先生的一段话："中国是一个多民族的国家，中华民族是以汉族为主体，和许多民族经过长期融合而逐步形成的。中华民族创造的灿烂的古代文化，使中国成为文明发

---

① 霍巍：《青藏高原考古研究》，北京师范大学出版社2016年版，第234—241页；《吐蕃时代：考古新发现及其研究》，科学出版社2012年版，第236—264页。
② 宿白：《考古发现与中西文化交流》，文物出版社2012年版，第95、104—106页。

达最早的国家之一，这是各民族共同努力的结果，从某一个角度讲，这也是各民族相互影响交流的结果。但是，只有各民族间的相互影响和交流是不够的，和中华民族以外各民族，特别和西方几个文明发达最早的民族和国家直接、间接的长期往还，彼此间的文化交流相互促进，影响面之广泛，往往出乎我们的意料。"① 古老的中华文明正是在和世界文明的交流互鉴中，不断丰富和发展，不断创新和改革，从而以五千年不断裂的优秀文化传统而自立于世界民族之林。

四 结语

考古学从西方传入中国走过了百年历程。中国文化、中国文明的起源问题，从考古学传入中国伊始，就成为中华民族面临国家、民族生死存亡时刻重塑全民族的历史认知，重振全民族的文化自信、民族自信最有力的科学武器之一。② 今天，当我们在新的时代起点上更加坚定文化自信，努力创造属于我们这个时代的新文化，建设中华民族现代文明，离不开对于中华优秀传统文化全面深入的了解，离不开对于中华文明突出特性的深刻认知。考古学具有自身的学科特点和优势，是可以直接参与国际对话的人文社会科学学科之一，如何利用客观、科学、翔实的第一手考古资料向世界展示远古中国和源远流长的中华文明，并梳理出其自身的历史逻辑？如何让中华文明赋予中国式现代化以深厚底蕴和强劲的内生动力，在更为广阔的文化空间中充分

---

① 宿白：《考古发现与中西文化交流》，文物出版社2012年版，第2页。
② 霍巍：《中国考古学何以塑造全民族历史认知？》，《人民论坛》2023年4月上期。

运用中华优秀传统文化的宝贵资源以增强中华民族的历史自信、文化自信和民族自信？笔者深信中国新时代的考古工作者一定能为之交出合格的答卷。

（原载《考古学报》2024 年第 1 期）

先秦考古实证中华文明突出特性[*]

韩建业[**]

中华文明指中华民族进入国家社会以后所拥有的物质、精神和制度创造的综合实体。她起源于距今 8000 多年，形成于距今 5000 多年，并发展延续至今。新石器时代和夏商周时期的大量考古学资料，足以实证中华文明早在起源、形成和早期发展阶段，就已经具有突出的连续性、创新性、统一性、包容性、和平性。认识中华文明的突出特性必须追溯其源、究其根本，只有这样才能看清中华文明的历史发展脉络，建立更加深厚坚实的文化自信，从而为建设中华民族现代文明提供更有价值的借鉴。

---

[*] 本文系国家社科基金重大项目"欧亚视野下的早期中国文明化进程研究"（项目编号：18ZDA172）、郑州中华之源与嵩山文明研究会重大课题"早期中国文明起源的区域模式研究"的阶段性成果。

[**] 作者简介：韩建业，中国人民大学历史学院教授。

一 中华文明是唯一一个延续五千多年并发展至今的原生文明

人类历史上有过很多文明，但原生文明仅有亚欧大陆的中华文明、古西亚文明、古埃及文明以及中美洲文明。① 中美洲文明从距今3000多年前开始形成，公元15世纪后被摧毁。亚欧大陆的三大原生文明都形成于大约距今5100年前，但古西亚文明和古埃及文明在延续3000多年以后消失了，只有中华文明是连续发展至今的"活文明"。

中华文明起源、形成和发展过程完整连续。中华文明的根基在旧石器时代，至距今8000多年的新石器时代中期，黄河、长江、西辽河流域产生了较为复杂的宇宙观、伦理观、历史观和知识系统，进入中华文明起源的第一阶段。② 距今6000年以后，社会复杂化程度加剧，中华文明起源进入第二阶段。③ 距今5100年前后，出现浙江余杭良渚、甘肃庆阳南佐等超大型都邑性聚落④，形成区域王权和地缘关系社会组织，出现区域性原生国家，中华文明正式形成，进入"古国文明"

---

① 严文明认为古印度河文明是古西亚文明的伴生文明，参见《中国文明起源的探索》，载《文物研究》第12辑，黄山书社2000年版，第7—13页。

② 苏秉琦：《文明发端玉龙故乡——谈查海遗址》，载《华人·龙的传人·中国人——考古寻根记》，辽宁大学出版社1994年版，第127页；韩建业：《裴李岗时代与中国文明起源》，《江汉考古》2021年第1期。

③ 韩建业：《中华文明的起源和形成》，《中华民族共同体研究》2022年第4期。

④ 浙江省文物考古研究所编著：《良渚古城综合研究报告》，文物出版社2019年版；甘肃省文物考古研究所等：《甘肃庆阳市南佐新石器时代遗址》，《考古》2023年第7期。

二 中华文明的突出特性

阶段。① 约距今4000年，从夏代开始进入"王国文明"阶段，秦汉以后发展到中央集权郡县制阶段，历经各个朝代直到现代中国。

中华民族的宇宙观、伦理观和历史观从8000年前传承至今。距今8000年前后，在浙江义乌桥头、河南舞阳贾湖、湖南洪江高庙、浙江萧山跨湖桥、甘肃秦安大地湾、辽宁阜新查海等遗址发现八角形纹、龙凤图案、八卦符号，以及含石子龟甲、骨"规矩"、骨律管（骨笛）等②，表明当时已经形成"天圆地方"宇宙观和敬天观，出现观象授时、象数龟占和祀天仪式③。河南新郑裴李岗、郏县水泉以及甘肃秦安大地湾等遗址的土葬"族葬"习俗④，则是重视亲情、崇拜祖先、牢记历史的伦理观、历史观的体现⑤。之后以"敬天法祖"为核心的思想观念及其物化形式长期延续，比如最早出现在湖南洪江

---

① 苏秉琦：《迎接中国考古学的新世纪》，载《华人·龙的传人·中国人——考古寻根记》，辽宁大学出版社1994年版，第236—251页；严文明：《黄河流域文明的发祥与发展》，《华夏考古》1997年第1期；王巍、赵辉：《"中华文明探源工程"及其主要收获》，《中国史研究》2022年第4期；韩建业：《中华文明的突出特性贯穿古今且相互联系》，《中国社会科学报》2023年6月13日。

② 《浙江义乌桥头新石器时代遗址》，载国家文物局主编《2019中国重要考古发现》，文物出版社2020年版，第23—27页；河南省文物考古研究所编著：《舞阳贾湖》，科学出版社1999年版；湖南省文物考古研究所编著：《洪江高庙》，科学出版社2022年版；浙江省文物考古研究所、萧山博物馆：《跨湖桥》，文物出版社2004年版；甘肃省文物考古研究所编著：《秦安大地湾——新石器时代遗址发掘报告》，文物出版社2006年版；辽宁省文物考古研究所编著：《查海——新石器时代聚落遗址发掘报告》，文物出版社2012年版。

③ 冯时：《中国天文考古学》，社会科学文献出版社2001年版；宋会群、张居中：《龟象与数卜——从贾湖遗址的"龟腹石子"论象数思维的源流》，载刘大钧主编《大易集述：第三届海峡两岸周易学术研讨会论文集》，巴蜀书社1998年版，第11—18页；王长丰等：《浙江跨湖桥遗址所出刻划符号试析》，《东南文化》2008年第1期；韩建业：《中国新石器时代的祀天遗存和敬天观念——以高庙、牛河梁、凌家滩遗址为中心》，《江汉考古》2021年第6期。

④ 中国社会科学院考古研究所河南一队：《1979年裴李岗遗址发掘报告》，《考古学报》1984年第1期；《河南郏县水泉裴李岗文化遗址》，《考古学报》1995年第1期。

⑤ 韩建业：《裴李岗时代的"族葬"与祖先崇拜》，《华夏考古》2021年第2期。

高庙、辽宁阜新塔尺营子等遗址的大口獠牙的龙面纹饰①，又流行于四五千年前的浙江余杭良渚、陕西神木石峁、湖北天门石家河等大型聚落②，到了商周时期发展为青铜器上的兽面纹或饕餮纹。祀天、敬天传统长期传承下来，发展为当下对自然的敬畏之心，而祖先崇拜、亲情伦理观念则积淀出仁善、和睦等文化基因。

中华文明物质和制度创造长期延续。物质创造方面，不晚于七八千年前就已出现榫卯木结构建筑技术，五六千年前已出现夯土建筑技术、丝织品、漆器等，都成为延续至今的中国特色文化的重要组成部分。万年前源自中国的稻、粟、黍等农作物，至今仍是中国人的主食，且"南稻北粟"的农业格局长期延续。制度创造方面，至迟到夏代就已出现有中心圈层结构的"天下"观政治模式③，并在历代得到不同程度的继承发展。以择中立宫、中轴对称、主次分明为准则的都邑制度，从5000年前的南佐都邑一直延续至明清。体现礼乐制度的鼓、磬等打击乐器组合，肇始于4000多年前的山西襄汾陶寺遗址④，至夏商周三代逐渐成熟并长期延续；作为核心礼器的青铜鼎，贯穿夏商周三代，之后逐渐演化为鼎形祭器香炉⑤。

---

① 滕铭予等：《2015年辽宁省阜新蒙古族自治县塔尺营子遗址试掘报告》，载《边疆考古研究》第25辑，科学出版社2019年版，第1—52页。

② 陕西省考古研究院等：《陕西神木县石峁遗址》，《考古》2013年第7期；陕西省考古研究院等：《石峁遗址皇城台地点2016—2019年度考古新发现》，《考古与文物》2020年第4期；湖北省文物考古研究所：《石家河遗址2015年发掘的主要收获》，《江汉考古》2016年第1期。

③ 赵汀阳：《天下的当代性：世界秩序的实践与想象》，中信出版社2016年版，第75—80页。

④ 何驽：《制度文明：陶寺文化对中国文明的贡献》，《南方文物》2020年第3期。

⑤ 刘庆柱：《中华文明五千年不断裂特点的考古学阐释》，《中国社会科学》2019年第12期。

二　中华文明的突出特性

中华民族族群主体、语言主体和文字主体前后延续。古史传说中华民族主体有着共同的祖先，从伏羲、女娲到黄帝、炎帝、蚩尤等①，再到后来中华大地上各个族群，一代代绵延至今。现代中国人多数是 5000 年前中国人的后代，使用与 5000 年前相似的语言。黑龙江流域至蒙古高原许多遗址距今七八千年前古代人群的遗传学特征，至今常见于当地通古斯语、蒙古语等人群中。② 黄河中上游地区新石器时代以来的早期农业人群在遗传上具有连续性，是现代汉藏语系人群共同的祖先。③ 包括台湾在内的华南地区古今人群也具有遗传连续性，现代南岛语系人群直接起源于华南沿海地区，与长江下游的稻作农业文化属于同一遗传谱系。④ 四五千年前，良渚文化、大汶口文化、龙山文化、陶寺文化等已有原始文字⑤，尤其陶寺陶器上的朱书文字已与殷墟甲骨文属于同一系统⑥，从甲骨文、金文发展演变到现在的汉字，之间没有任何缺环。

---

① 蒙文通编：《古史甄微》，商务印书馆 1933 年版；徐旭生：《中国古史的传说时代》，文物出版社 1985 年版；韩建业：《走近五帝时代》，文物出版社 2019 年版。
② Chuanchao Wang et al., "Genomic Insights into the Formation of Human Populations in East Asia", *Nature*, Vol. 591, No. 7850, 2021, pp. 413–419.
③ Menghan Zhang et al., "Phylogenetic Evidence for Sino.Tibetan Origin in Northern China in the Late Neolithic", *Nature*, Vol. 569, No. 7754, 2019, pp. 112–115; Chao Ning et al., "Ancient Genomes from Northern China Suggest Links between Subsistence Changes and Human Migration", *Nature Communications*, Vol. 11, No. 2700, 2020, https://www.nature.com/articles/s41467-020-16557-2，访问日期：2023 年 6 月 5 日。
④ Melinda A. Yang et al., "Ancient DNA Indicates Human Population Shifts and Admixture in Northern and Southern China", *Science*, Vol. 369, No. 6501, 2020, pp. 282–288.
⑤ 王晖：《从甲骨金文与考古资料的比较看汉字起源时代——并论良渚文化组词类陶文与汉字的起源》，《考古学报》2013 年第 3 期。
⑥ 冯时：《"文邑"考》，《考古学报》2008 年第 3 期。

二　中华文明的创新发明持续不断

伟大的文明之所以长久，必然既有延续或不变的一面，也有发展或变革的一面，创新是中华文明连续发展的动力源泉。精神创造或者宇宙观、伦理观、历史观虽然也在不断发展，但传承和延续是主流，创新发明更多体现在物质和制度方面。

中国新石器时代有很多物质方面的原创性发明。中国长江流域南部地区水稻的驯化尝试，可以上溯到距今1.5万年以前[1]；至距今9000年前后上山文化、裴李岗文化等已出现较多栽培稻[2]，同时在华北地区已驯化黍、粟。家猪饲养在距今9000年前也已开始。[3] 稻、黍、粟后来传播至亚欧大陆各地，水稻至今还养活着地球一半以上的人口。丝织品也是和养殖有关的物质发明。山西夏县西阴村遗址出土的被切割蚕茧[4]，山西夏县师村、河北正定南杨庄等遗址出土的石或陶质蚕蛹[5]，

---

[1] 湖南道县玉蟾岩遗址的陶器年代集中在距今1.8万—1.7万年，最晚在距今1.5万年前后，与其共出的水稻遗存年代当不晚于距今1.5万年。吴小红等：《湖南道县玉蟾岩遗址早期陶器及其地层堆积的碳十四年代研究》，《南方文物》2012年第3期；张文绪、袁家荣：《湖南道县玉蟾岩古栽培稻的初步研究》，《作物学报》1998年第4期。

[2] 郑云飞、蒋乐平：《上山遗址出土的古稻遗存及其意义》，《考古》2007年第9期；赵志军、张居中：《贾湖遗址2001年度浮选结果分析报告》，《考古》2009年第8期。

[3] 赵志军等：《北京东胡林遗址植物遗存浮选结果及分析》，《考古》2020年第7期；罗运兵、张居中：《河南舞阳县贾湖遗址出土猪骨的再研究》，《考古》2008年第1期。

[4] 李济：《西阴村史前的遗存》，载张光直主编《李济文集》第2卷，上海人民出版社2006年版，第169—185页。

[5] 吉林大学考古学院等：《山西夏县师村新石器时代遗址2019—2020发掘收获》，《文物世界》2021年第2期；唐云明：《河北正定南杨庄发掘一处重要仰韶文化遗址——为研究我国原始瓷器、育蚕织绸的起源问题提供了重要实物资料》，《史前研究》1985年第3期。

二 中华文明的突出特性

河南巩义市双槐树遗址出土的牙雕蚕[1]，河南荥阳汪沟遗址出土的丝织物残件等，都是黄河中游地区仰韶文化中晚期出现养蚕丝织技术的明证。丝织品及其制作技术后来通过丝绸之路传到亚欧大陆各地。

江西万年仙人洞遗址发现的目前世界上最早用于炖煮食物的陶容器（釜），已有约2万年历史[2]，1万多年前陶器逐渐分布到中国中东部广大地区，而西亚最早的陶容器距今约9000年。8000多年前中原地区的裴李岗文化先民发明陶甑，可以对稻谷或粟米等进行蒸食，距今6000年以后在长江下游、黄河下游等地出现既可煮也可蒸的高效炊器陶甗。煮、蒸的熟食技术，与亚欧大陆西部古老的烧烤熟食方式有很大差别。距今9000年前后上山文化的彩陶、距今7500年前后高庙文化的白陶、距今5500年前后油子岭文化的黑陶，在世界范围都是年代最早的。距今4000多年龙山文化的蛋壳黑陶胎壁最薄者仅约0.3毫米[3]，堪称世界制陶史上的奇迹。距今3800年进入夏代晚期，在浙江和中原等地出现原始瓷[4]，后来发展出蔚为大观的瓷器文化。

石凿是中国特有的制作榫卯结构的工具，最早出现在距今9000年前后的上山、贾湖等遗址，而在距今七八千年前的浙江萧山跨湖桥、余姚河姆渡等遗址明确发现有榫卯木结构建筑（建材）。[5] 此后

---

[1] 郑州市文物考古研究院：《河南巩义市双槐树新石器时代遗址》，《考古》2021年第7期。

[2] Xiaohong Wu et al., "Early Pottery at 20000 Years Ago in Xianrendong Cave, China", *Science*, Vol. 336, No. 6089, 2012, pp. 1696-1700.

[3] 中国社会科学院考古研究所编著：《胶县三里河》，文物出版社1988年版，第92、110—111页。

[4] 郑建明：《夏商原始瓷略论稿》，文物出版社2015年版，第52—115页。

[5] 浙江省文物考古研究所、萧山博物馆：《跨湖桥》，载浙江省文物考古研究所《河姆渡——新石器时代遗址考古发掘报告》，文物出版社2003年版。

石凿和榫卯木结构建筑在中华大地广泛分布，榫卯木结构建筑成为中国最典型的建筑形式之一。距今 6000 年前后中国出现夯土技术，距今 5000 年前后在南佐、良渚、双槐树等遗址都有大规模使用夯土技术建造房墙、砌护壕沟、铺筑广场等的实例，之后中国的城墙也基本都是夯筑。夯土技术是利用丰富的土壤资源就地取材、因地制宜而发明出来的、最有中国特色的墙体和基础建筑技术。

中华文明还有一些伟大的次生发明。中国青铜冶铸技术虽然可能源自西方，但陶寺和河南登封王城岗等遗址青铜容器残件的发现[1]，表明距今 4000 年前后中原地区已发明复合陶范铸造青铜器的技术，有别于西方和亚欧草原的石范法、失蜡法技术，晚商时期已能铸造出司母戊方鼎等重器。块炼铁技术也当源自西方，但到春秋早期中原地区已经发明生铁冶炼技术[2]，战国和汉代发展出生铁韧化技术、生铁固态脱碳钢、炒钢技术和百炼钢等以生铁为本的先进钢铁冶炼技术。大量钢铁工具和武器的出现，极大地促进了生产力发展和社会变革。此外，新石器时代已有利用中药的证据[3]，中医药为中华民族的绵延发展作出了重大贡献。

制度创造方面，中国于距今 5100 年前后出现的若干"古国"，是一种以中心都邑为核心的区域性原生国家。距今 4000 年前后进入夏

---

[1] 高江涛、何努：《陶寺遗址出土铜器初探》，《南方文物》2014 年第 1 期；河南省文物研究所、中国历史博物馆考古部编：《登封王城岗与阳城》，文物出版社 1992 年版，第 99—100、327—328 页。

[2] 韩汝玢：《天马—曲村遗址出土铁器的鉴定》，载北京大学考古学系商周组、山西省考古研究所编著《天马—曲村 1980—1989》，科学出版社 2000 年版，第 1178—1180 页。

[3] 唐丽雅等：《古代植物的医药功能初探：以陕西高陵杨官寨遗址 H85 出土植物遗存为例》，《第四纪研究》2020 年第 2 期。

二　中华文明的突出特性

代，各区域性古国被整合进"九州"，初现以中原为核心的"天下王权"，形成"五服"制或圈层结构政治空间①，进入"王国"时代。西周是"王国"时代的极盛期，封建宗法制度的创立和礼乐制度的完善，是周代国祚绵长的关键原因。秦汉时期全面推行的郡县制，有助于中央加强对地方的控制，经过历代的继承与改革，沿用至今。在5000多年的文明发展历程中，社会形态和政治制度不断适应生产力和生产关系的发展而变革。

三　文化上和政治上的统一性由来已久

中华文明在文化上和政治上都具有突出的统一性，与古西亚、古希腊等以城邦为基础的文化和社会状况有较大差别。

距今8000多年，中国各地文化交流加速，不同文化系统之间开始接触融合。中原地区的裴李岗文化，其泥质陶的出现可能受到长江下游上山文化的启发，而裴李岗文化人群的西进催生了渭水和汉水上游地区白家文化的诞生，并向北对华北地区的磁山文化、向南对长江中游的彭头山文化产生影响。以裴李岗文化为纽带，多个文化系统初步联系成为一个文化共同体，有了早期中国文化圈或文化上早期中国的萌芽。② 距今6000年前后，仰韶文化东庄—庙底沟类型从晋南、

---

① 《尚书·禹贡》载夏禹划分九州并实行五服制，《尚书·酒诰》记载商代有内、外服制，《国语·周语上》记载周代也是五服制。《尚书正义》，载李学勤主编《十三经注疏》，北京大学出版社1999年版，第378页；徐元诰：《国语集解》，王树民、沈长云点校，中华书局2002年版，第6—7页。

② 韩建业：《裴李岗文化的迁徙影响与早期中国文化圈的雏形》，《中原文物》2009年第2期。

豫西、关中东部向外强力影响，黄河上中游地区仰韶文化面貌空前一致。而庙底沟式的花瓣纹彩陶流播至中国大部分地区，西至甘青和四川西北部，北至内蒙古中南部，东北至西辽河流域，东达海岱、江淮，南达江湘，此前的三大文化区或文化系统格局大为改观，中国大部分地区文化交融联系成一个超级文化圈，以中原为中心，分为核心区、主体区和边缘区三个层次，其空间范围涵盖后世中国主体区域。三层次结构和夏商周时期的畿服类圈层政治空间结构有相近之处，意味着早期中国文化圈或者文化上早期中国的形成。① 到夏朝建立前后，文化上早期中国的范围已与当代中国疆域基本相当甚至更大。

约5100年前形成的早期国家，主要分布在黄土高原、太湖周围等局部地区，当时的国家形式只是拥有区域王权的"古国"或"邦国"②，而萌芽状态的"天下王权"应出现在"涿鹿之战"之后。《史记·五帝本纪》等记载，轩辕黄帝到过中国大部分地区，西达陇东、东到海岱、北至华北、南达江湘，当时还设官监国、诸侯来朝，很有政治一统气象。从考古发现看，距今4700多年黄土高原对周边文化影响显著，至少黄河流域可能一度实现以黄土高原为中心的原初

---

① 严文明：《中国史前文化的统一性与多样性》，《文物》1987年第3期；张光直：《中国相互作用圈与文明的形成》，载《庆祝苏秉琦考古五十五年论文集》，文物出版社1989年版，第6页；韩建业：《文化上和政治上早期中国的起源与形成》，《人民论坛·学术前沿》2023年第12期；韩建业：《庙底沟时代与"早期中国"》，《考古》2012年第3期。

② 苏秉琦：《迎接中国考古学的新世纪》，载《华人·龙的传人·中国人——考古寻根记》，辽宁大学出版社1994年版，第236—251页；严文明：《黄河流域文明的发祥与发展》，《华夏考古》1997年第1期；王震中：《邦国、王国与帝国：先秦国家形态的演进》，《河南大学学报》（社会科学版）2003年第4期。

二　中华文明的突出特性

一统，长江流域可能也受其节制，说明文献记载有一定真实性。[①] 因此，政治上中国的起源当在距今4700多年的庙底沟二期之初或者传说中的黄帝之时。约距今4100年，王湾三期文化等南下豫南和江汉两湖地区，造成范围广大的石家河文化灭亡，可能对应《墨子》等文献记载的"禹征三苗"事件[②]，夏王朝由此诞生。"禹征三苗"后长江中游地区已被纳入夏朝版图，因此，夏禹划分"九州"的传说有一定的历史真实性。[③] 由此而言，夏初夏王已经初步具有一统政治王权。[④] 文献记载夏朝统治集团除夏后氏外还有许多其他族氏，亲缘与地缘（政治）关系紧密结合[⑤]，夏朝"九州"疆域更是统一天下的结果，政治上的早期中国正式形成。至秦汉时形成"大一统"国家，发展为近现代意义上的统一中国。

文化上和政治上突出的统一性既是中华民族不断交往交流交融的结果，也构成中华文明连续发展的基础。这一特性植根于中国相对独立的地理环境，也是"一元"宇宙观、伦理观和历史观长期传承的必然结果。[⑥]

[①] 韩建业：《中国北方早期石城兴起的历史背景——涿鹿之战再探索》，《考古与文物》2022年第2期。

[②] 杨新改、韩建业：《禹征三苗探索》，《中原文物》1995年第2期。

[③] 韩建业：《龙山时代的文化巨变和传说时代的部族战争》，《社会科学》2020年第1期；《从考古发现看夏朝初年的疆域》，《中华读书报》2021年6月30日。

[④] 王震中所说夏商周时期的"复合制王朝国家"，实质就是"大一统"政治中国的早期阶段，见其《夏代"复合型"国家形态简论》，《文史哲》2010年第1期；《中国王权的诞生——兼论王权与夏商西周复合制国家结构之关系》，《中国社会科学》2016年第6期。

[⑤] 张光直：《从商周青铜器谈文明与国家的起源》，载《中国青铜时代》，生活·读书·新知三联书店1999年版，第471页；沈长云：《夏朝的建立与其早期国家形态》，《齐鲁学刊》2022年第1期。

[⑥] 韩建业：《论早期中国的"一元多支一体"格局》，《社会科学》2022年第8期。

四 包容性是中华文明与生俱来的品格

中华文明突出的包容性，体现在中华文明内部多个支系文化和人群的密切交往交流交融、文明起源和形成多种路径的汇聚融合，以及对外来优秀文化的兼收并蓄。

中国地域环境广大多样，物质文化面貌多彩多姿。目前发现的史前时期考古学文化可归纳为若干文化大区或大系统，比如苏秉琦等有"六大区"说、严文明有"三系统"说。[①] 中国新石器时代早、中、晚期也可分别划分出不同的支文化系统。[②] 这些"多支"的文化及其人群之间的交往交流交融不断加强，在距今6000年前后形成水乳交融的"一体"局面。在庙底沟式的花瓣纹彩陶见于中国大部分地区的同时，长江下游地区的陶圈足盘和玉石钺等器类也流播到黄河中下游、珠江三角洲地区，甚至已经越过海峡到达台湾岛。距今5000年前后黄土高原上的南佐都邑遗址，出现绿松石、朱砂、白陶原料瓷石和高岭土等可能来自长江中下游、黄河下游等地的资源。距今4000多年中原地区的陶寺都邑遗址，吸收源自东方大汶口文化、良渚文化的玉石器、美陶等文化要素，并将玉器文化推广到包括陕北、甘青在内的黄土高原等地。[③] 距今3800年中原地区的二里头都邑遗址，汇集

[①] 苏秉琦、殷玮璋：《关于考古学文化的区系类型问题》，《文物》1981年第5期；严文明：《中国古代文化三系统说》，载《丹霞集——考古学拾零》，文物出版社2019年版，第55—71页。

[②] 韩建业：《早期中国——中国文化圈的形成和发展》，上海古籍出版社2015年版，第71—72页。

[③] 韩建业：《中国西北地区先秦时期的自然环境与文化发展》，文物出版社2008年版，第147、152、193页。

二　中华文明的突出特性

本地和周边地区的玉器、陶器等要素，并将玉牙璋、陶鬹、青铜牌饰等礼仪性器物推广到中国大部分地区，体现夏王朝海纳百川、辐射四方的王者气象。[1]

中华文明起源和形成的道路或子模式各地也小有不同，可归纳为三种，即富贵并重的"东方模式"、重贵轻富的"北方模式"，以及居于二者之间的"中原模式"。[2] 从大约距今 4500 年开始，陶寺大墓随葬大量高等级玉石器、彩绘陶等，已具有"东方模式"富贵并重的特点；约距今 4000 年以后夏商周时期大墓棺椁成套、器物成组，更是无法简单用"北方模式""中原模式"概括。这些小有不同的社会发展子模式汇聚融合，使得中华文明稳步向前发展。

真正意义上的中西文化交流，至少在 5000 多年前就已经开始，在中国的彩陶、黍、粟等逐步向西传播的同时，源自西亚和亚欧草原的黄牛、绵羊、山羊、小麦、青铜和块炼铁技术、马拉战车等也先后传入中国。[3] 绵羊、山羊、黄牛等的传入和畜牧业的形成，一定程度上改变了黄河中游地区以粟作农业为基础的生业经济格局，极大地增强了社会适应能力，促进了陶寺、石峁、二里头、二里岗、殷墟等夏商前后大型聚落的繁荣发展。铜器尤其是青铜器技术的传入，不但提高了生产力发展水平，而且在此基础上次生发明的复合陶范铸造青铜器技术，为夏商周三代的繁荣发展起到推动作用。块

---

[1] 许宏：《最早的中国》，科学出版社 2009 年版。
[2] 韩建业：《略论中国铜石并用时代社会发展的一般趋势和不同模式》，载北京大学中国考古学研究中心、北京大学震旦古代文明研究中心编《古代文明》第 2 卷，文物出版社 2003 年版，第 84—96 页。
[3] 李水城：《西北与中原早期冶铜业的区域特征及交互作用》，《考古学报》2005 年第 3 期；韩建业：《早期东西文化交流的三个阶段》，《考古学报》2021 年第 3 期。

炼铁技术传入中原后次生发明出以生铁为本的钢铁冶炼技术，对中国乃至世界历史产生深远影响。马和马车的传入则在很大程度上改变了中国原有的交通运输和战争方式，对夏商周乃至后世中国政治一统局面的形成和发展起到积极作用。

突出的包容性就像生物多样性一样，蕴藏着多种发展可能性，使中华文明活力无穷。求同存异，和而不同，兼收并蓄，是"多支一体"的中华文明稳定发展、绵长延续的秘诀之一。

五　和平性融入了中华民族的血脉中

距今8000年前后，西辽河流域兴隆洼文化的聚落内部房屋排列整齐[①]，黄河流域裴李岗文化等的墓地内部墓葬秩序井然，可见中华文明在起源阶段就有对稳定社会秩序的强烈追求。当然，中国各地区多支系人群和文化频繁交往交流，免不了碰撞冲突的一面，但和平发展始终是主流。西亚距今四五千年前的许多城堡，城墙、马面、塔楼等一应俱全，显示了较强的军事防御功能，与西亚城邦之间长期频繁的战争背景有直接关系。后来巴比伦、亚述、希腊、波斯、罗马的情况也莫不如此。比较而言，中国从距今8000多年开始的多数时间里，大部分地区目前尚未发现坚固的城堡，常见的环壕聚落军事防御功能有限，一些地区环壕聚落沿用到历史时期，并不存在必然演化为城堡

[①] 中国社会科学院考古研究所内蒙古工作队：《内蒙古敖汉旗兴隆洼遗址发掘简报》，《考古》1985年第10期；《内蒙古敖汉旗兴隆洼聚落遗址1992年发掘简报》，《考古》1997年第1期；中国社会科学院考古研究所内蒙古第一工作队：《内蒙古赤峰市兴隆沟聚落遗址2002—2003年的发掘》，《考古》2004年第7期；内蒙古自治区文物考古研究所编著：《白音长汗——新石器时代遗址发掘报告》，科学出版社2004年版。

二 中华文明的突出特性

的趋势。距今五六千年前长江中下游地区的古城如石家河、良渚等，堆筑城垣宽而低矮，主要功能应是防水而非军事防御。① 距今5000年前后出现的石城、夯土城等倒是有较强的防御功能，但主要出现于黄河中下游地区。② 一些大型都邑并不都有外城垣，比如南佐、二里头、殷墟等。③ 中国新石器时代专门武器种类很少，最常见的武器只有弓箭和钺两种，并且都是由生产工具改进而来，夏代晚期以后出现的剑、战斧等武器都源自西方。青铜在亚欧草原主要用于制造武器和工具，传到中国以后则变为主要铸造象征社会秩序的鼎等青铜礼器。中国夏代以后的政治疆域基本上都小于文化上中国的范围，中华文明在长期发展过程中基本保持稳定，极少见跨越文化上中国的范围而大规模对外扩张的现象。在古代中外文化交流过程中，中国向外传播的主要是粟、黍、丝绸、瓷器、造纸术、印刷术等农作物、生活用品和民用技术。和谐稳定是中华民族几千年来的生活方式，和平共生是中华民族几千年来的处世之道，积淀形成中华文明特有的天人合一的宇宙观、协和万邦的国际观、和而不同的社会观、人心和善的道德观，以及敬畏、和合、仁善等文化基因。

中华文明突出的和平性与其广大深厚的农业基础相关。中国大部分地区位于中纬度大河地区，气候适中，土壤肥沃，有着发展农业的良好条件。农业生产周期较长，育种、施肥、轮作、工具制备、农田和水利设施维护，以及生产经验的传承等，都需要很稳定的社会秩

---

① 刘建国：《中国史前治水文明初探》，《南方文物》2020年第6期。
② 赵辉、魏峻：《中国新石器时代城址的发现与研究》，载北京大学中国考古学研究中心、北京大学震旦古代文明研究中心编《古代文明》第1卷，文物出版社2002年版，第1—34页。
③ 许宏：《大都无城——论中国古代都城的早期形态》，《文物》2013年第10期。

序，这就是中国人"故土"情结的由来，长此以往就会积淀出追求秩序、稳定内敛、爱好和平的文化特质。[①] 和平融入了中华民族的血脉中，刻进了中国人民的基因里。

中国古代有世界上最大范围的农耕区，加上"南稻北粟"二元农业体系的互相补充，以及小麦等农作物的传入，基本能够保障中国大部分地区人民的食物来源，为定居提供条件。中华先民当然也有移动迁徙，但绝大多数情况下都表现为农人对附近新耕地的不断开垦，开发在不知不觉当中缓慢进行，中国文化圈的形成过程主要就是农业传播发展的过程。中华文明与生俱来的和平性，很大程度上促进了中华文明"多支一体"格局的形成和连续发展。

从先秦考古学角度观察，中华文明的突出特性是中华民族交往交流交融过程中逐步起源、形成和发展起来的，并且贯穿古今，相互联系。其中连续性是中华文明最突出的特性，创新性、统一性、包容性、和平性则是中华文明连续发展的原因。考古学证实，中华文明是唯一一个延续五千多年并发展至今的原生文明，其起源、形成和发展过程完整连续，物质文化、精神文化、制度文化以及族群主体、语言文字前后相承。中华文明富有创新精神，数千年以来涌现出很多原创发明和次生发明，社会形态和政治制度在适应生产力和生产关系的发展中不断变革，持续创新为中华文明连续发展提供不竭动力。中华文明在起源阶段就具有文化上的突出统一性，形成和早期发展阶段具有政治上的突出统一性，统一性是中华文明连续发展的基础。中华民族

---

① 韩建业：《从考古发现看八千年以来早期中国的文化基因》，《光明日报》2020年11月4日。

二　中华文明的突出特性

内部多支系文化和人群密切交融、多种文明起源路径汇聚融合，对外来优秀文化兼收并蓄，突出的包容性使中华文明充满活力。中华文明起源阶段开始就有对社会秩序和稳定的强烈追求，军事设施和武器不发达，崇尚礼器和礼制，主体范围保持稳定，体现出突出的和平性，稳定内敛、爱好和平是中华文明连续发展的必要条件。

（原载《历史研究》2023 年第 5 期）

从清史看中华文明五个突出特性

朱 浒[*]

习近平总书记在全景式把握五千多年中华文明史的基础上，提炼出中华文明五个突出特性，即连续性、创新性、统一性、包容性、和平性。这是一条全面理解中国历史的中心线索，对于正在积极探索自主知识体系建设的中国历史学来说，具有重大指导意义。只有通过深入开展历史研究，确切阐明五个突出特性的历史逻辑，才能回答什么是中华文明、如何传承和发展中华文明等重大问题。作为中国历史上最后一个传统王朝的清朝，是数千年历史演变的产物，因此，基于对清史的研究，我们能更清楚地认知中华文明五个突出特性的历史逻辑。此外，以探讨这种历史逻辑为中心任务，也有助于从根本上纠正当前清史研究中存在的碎片化问题。其理由在于，通过探讨五个突出特性的历史逻辑，形成正确的认知脉络，从中华文明发展史的总体视野出发，才能融通清史研究各个不同方向以及前后期历史，把握清代

---

[*] 作者简介：朱浒，中国人民大学历史学院教授。

二 中华文明的突出特性

中国社会变迁整体面相，避免盲人摸象式的摸索。

一 清代在中国传统王朝序列中的位置

延绵五千多年从未中断的中华文明，其强韧的连续性世所罕见。习近平总书记在论述中华文明的突出特性时，首先指出："中华文明具有突出的连续性，从根本上决定了中华民族必然走自己的路。如果不从源远流长的历史连续性来认识中国，就不可能理解古代中国，也不可能理解现代中国，更不可能理解未来中国。"① 突出连续性特征的历史逻辑的显著体现之一，就是中国的传统王朝序列。以《史记》和《明史》为首尾、被清政府认证为正史谱系的"二十四史"表明，自夏商周以迄明代，中国历代王朝衔接有序、从无间断。

在清帝逊位、民国肇建之后，由于政体转换和社会动荡，有关清代在中国历史上的定位问题，学界与社会均无暇顾及。而在日本大肆侵略中国之际，许多日本学人企图混淆清朝作为中国传统王朝的性质，为日本侵略中国张目。矢野仁一关于清代统治属于"同君联合"关系的说法，以及田村实造将清与辽、金、元朝并列为"北亚民族所建立的征服王朝"的论述，都清楚地暴露出他们想方设法将清朝从中国割裂出来的图谋。② 随着日本战败投降，日本学界这些论调亦告沉寂。孰料至20世纪90年代，兴起于美国的"新清史"流派再度就

---

① 《担负起新的文化使命 努力建设中华民族现代文明》，《人民日报》2023年6月3日。
② 中国科学院近代史研究所资料编译组编译：《外国资产阶级是怎样看待中国历史的：资本主义国家反动学者研究中国近代历史的论著选译》第1卷，商务印书馆1961年版，第155、363页。

清朝的性质问题发难。有学者明确指出,"新清史"流派提出这一问题的用意是论证"'中国'只是清帝国治理下的一个空间区域","进而否认清朝与'中国'的合一性"。[①] 无疑,"新清史"之所以反对将清代视为中国最后一个传统王朝,其目的就是拆解中华文明的连续性。

无论是当年的日本学人还是现在的美国"新清史"学者,所持的都是根本站不住脚的"清朝非中国"论。最具讽刺意味的是,恰恰是清朝皇帝具有最深厚的中国认同。这首先表现在清朝皇帝毫不避讳地用"中国"这一名号与"大清"互换。康熙帝曾在谕旨中指出,作为满族发祥地的东北一带皆"系中国地方"。[②] 雍正帝则针对"华夷之辨"表示:"我朝统一万方……是我朝之有造于中国者大矣,至矣!"[③] 乾隆帝在为汉、满、蒙古、藏文四体合璧本《首楞严经》所作序文的蒙古文译文中,特意用"中国"一词代替明代以来蒙古人对中国的习称,从而表明其在边疆地区大力推广"中国意识"的主动性。[④] 到了面对西方剧烈冲击的晚清,统治者更是以"中国"的代表自居,正因如此,宣统帝退位诏书中才会出现"合满、蒙、汉、回、藏五族完全领土,为一大中华民国"的表述。[⑤]

清朝皇帝中国认同的第二个重要表现,是其主动接续中国的治

---

① 钟焓:《对"新清史"学派的几点基本勾勒》,载《清朝史的基本特征再探究——以对北美"新清史"观点的反思为中心》,中央民族大学出版社2018年版,"序言"第5页。

② 《清圣祖实录》卷246,康熙五十年四月癸巳,《清实录》第6册,中华书局1985年版,第441页。

③ 《大义觉迷录》,载沈云龙主编《近代中国史料丛刊》第36辑,第351册,台北:文海出版社1969年版,第13—14页。

④ 参见钟焓《清朝史的基本特征再探究——以对北美"新清史"观点的反思为中心》,中央民族大学出版社2018年版,第167—168页。

⑤ 《宣统政纪》卷70,宣统三年十二月戊午,《清实录》第60册,中华书局1987年版,第1293页。

二 中华文明的突出特性

统,即确认清朝是对中国以往朝代尤其是明朝的承接。康熙帝率先做出示范之举,他在首次南巡期间前往明孝陵祭祀,表达对明朝统治合法性的承认;此举包含清朝承接明朝正统的观念。在康熙五十六年(1717)的谕旨中,康熙帝宣称"自古得天下之正,莫如我朝",清朝的建立与汉高祖、明太祖建立统治的情形相仿,"我朝承席先烈,应天顺人,抚有区宇"。① 乾隆帝完全认同康熙帝的做法,一方面于南巡期间专门拜谒明孝陵,明确声称此举"用彰隆礼胜朝之意"②;另一方面则用与其祖父相同的口吻,阐述清朝接续明朝正统的合法性:"我朝为明复仇讨贼,定鼎中原,合一海宇,为自古得天下最正。"③

清朝皇帝中国认同的第三个重要表现,是大力接受中国传统文化的主体即儒家思想,从而延续了汉代以降儒家的治国理念传统。康熙帝称:"朕惟天生圣贤,作君作师,万世道统之传,即万世治统之所系也……用期夫一道同风之治,庶几进于唐虞三代文明之盛也夫!"④ 雍正帝也十分重视儒学裨益统治的作用,其在谕旨中明言:"使非孔子立教垂训,则上下何以辨?理制何以达?此孔子所以治万世之天下而为生民以来所未有也。使为君者不知尊崇孔子,亦何以建极于上而表正万邦乎!"⑤ 乾隆帝更是于登基之初便将崇儒重道定为国策:"朕

---

① 《清圣祖实录》卷275,康熙五十六年十一月辛未,《清实录》第6册,中华书局1985年版,第695页。

② 《清高宗实录》卷1225,乾隆五十年二月壬寅,《清实录》第24册,中华书局1986年版,第425页。

③ 《清高宗实录》卷1142,乾隆四十六年十月甲申,《清实录》第23册,中华书局1985年版,第309页。

④ 《圣祖仁皇帝御制文集》卷19《日讲四书解义序》,景印文渊阁《四库全书》第1298册,台北:台湾商务印书馆1986年版,第185—186页。

⑤ 《清世宗实录》卷59,雍正五年七月癸酉,《清实录》第7册,中华书局1985年版,第906页。

惟四子六经，乃群圣传心之要典，帝王驭世之鸿模。君天下者，将欲以优入圣域，茂登上理，舍是无由。"① 可以说，儒家思想在官方意识形态中的独尊地位，直至清末亦未动摇。

二　比较历史视野下清代中国的政治文明

中华文明从不缺乏求新求变的精神。《大学》有云"苟日新，日日新，又日新"，《易经》曰"穷则变，变则通，通则久"②。习近平总书记深刻指出："中华文明具有突出的创新性，从根本上决定了中华民族守正不守旧、尊古不复古的进取精神，决定了中华民族不惧新挑战、勇于接受新事物的无畏品格。"③ 在很长一段时间里，清代都被视为中国社会发展缓慢甚至陷入停滞的一个时期，特别是政治体制，更被认为远远落后于同时期西欧主要国家。事实上，与同时期以战争为主旋律的欧洲相比，清代至少有200余年保持了较为稳定的政治局面。再考虑到清代中国的超大体量，如果说清代政治体制毫无进步，那才是一件不可思议的事情。

清代政治体制具有创新性的第一个显著表现，是以军机处为代表的行政权力重组及行政效率的提高。虽然军机处在客观上有强化皇权的作用，但这种作用并非其唯一重要的政治含义。近来研究表明，军机处是一个能够维持权力机制长期稳定的"新军政中枢机构"，是清

---

① 《清高宗实录》卷60，乾隆三年正月癸亥，《清实录》第10册，中华书局1985年版，第3页。
② 《礼记正义》卷60《大学》，《周易正义》卷8《系辞下》，载（清）阮元校刻《十三经注疏》，中华书局1980年版，第1673、86页。
③ 《担负起新的文化使命　努力建设中华民族现代文明》，《人民日报》2023年6月3日。

二 中华文明的突出特性

代"为推进大一统格局而做出的制度调试"。① 并且，在这套机制下，皇帝并不是完全不受限制地行使权力。② 因此，从中国官僚政治制度的整体演变进程看，清代政治体制建设为这一制度"注入了新的活力"③。相较于清代的官僚君主制，同时期欧洲主要国家的政治体制并未显示出多少优越性或进步性。尽管在文艺复兴和宗教改革之后，欧洲大部分地区进入了世俗化国家的发展阶段，但是，其中引人注目的一个特征，就是从 16 世纪初到 18 世纪后期，君主权力得到极大扩展。直到 18 世纪初，欧洲各国的政治体制也未表现出足以令清代中国仰视的行政效率，欧洲主要国家的财政、司法、行政体制普遍呈现出一片混乱的景象。④ 因此，清代政治体制自清初便远远落后于西欧各国的看法，显然不符合事实。

甚至到了国势衰颓的晚清，政治体制仍不乏创新之处。第一个突出表现便是总理衙门的创设。第二次鸦片战争失败后，鉴于旧有体制无法应对新形势，清廷遂设立总理衙门，一开始主管外交及通商、关税等事务，进而又成为 19 世纪六七十年代洋务运动的中枢机构。⑤ 在其主持下，以新生产力为核心的一批军事工业、民用工业得以引进，

---

① 刘文鹏：《军机大臣议复机制与清朝国家政治体制重构》，《中国社会科学》2023 年第 5 期。
② 白彬菊：《君主与大臣：清中期的军机处（1723—1820）》，董建中译，中国人民大学出版社 2017 年版，第 331、336 页。
③ 吴宗国主编：《中国古代官僚政治制度研究》，北京大学出版社 2004 年版，第 6 页。
④ ［英］G. R. 埃尔顿编：《新编剑桥世界近代史·第 2 卷·宗教改革 1520—1559 年》，中国社会科学院世界历史研究所组译，中国社会科学出版社 2018 年版，第 476 页；［英］J. O. 林赛编：《新编剑桥世界近代史·第 7 卷·旧制度 1713—1763 年》，中国社会科学出版社 2018 年版，第 151、159、162 页。
⑤ 吴福环：《清季总理衙门研究》，新疆大学出版社 1995 年版，第 108—109、114—115 页。

中国经济由此出现了传统农业经济与现代化产业并存的格局。第二个突出表现是海军衙门的设立。该机构虽以海军为名，实际上是清廷为强化和统筹洋务建设事业而专设的。在其存在的10年时间里，除了使现代化的北洋海军迅速成军外，它还有力推动了铁路、矿业和钢铁工业的发展，使洋务运动达到了一个新水平。① 清朝能够在太平天国运动后得到将近30年较为平稳的发展期，政治体制上的创新无疑是一个重要因素。

清代政治体制具有创新性的另一个显著表现，是建设以荒政为中心的社会保障机制。清代荒政建设集历代救荒经验之大成，并且大大提高了系统性，从而取得了良好的救荒成效。首先，国家主导下的备荒防灾机制更加成熟。一是备荒仓储体系得到空前发展。从17世纪末到19世纪初，清朝建立并维持了一个以常平仓、社仓和义仓为代表的、常年储粮达数千万石的仓储体系。② 二是灾害预警系统的规范化发展。自康熙朝以迄晚清，持续运行的雨雪及粮价定期奏报机制，成为朝廷预判灾情的重要参照。③ 其次，清代以官赈为主体的救灾体制更为完善，到乾隆初期，已经形成了一套"涉及灾前、灾时和灾后各阶段环环相扣、严密完整的救灾体系"④。在法国学者魏丕信看来，18世纪清朝的荒政"已经达到了一个发明创造的高级阶段，构成一

---

① 杨益茂：《海军衙门与洋务运动》，《中国人民大学学报》1993年第5期。
② 朱浒：《食为民天：清代备荒仓储的政策演变与结构转换》，《史学月刊》2014年第4期。
③ 穆崟臣：《清代雨雪折奏制度考略》，《社会科学战线》2011年第11期；陈金陵：《清朝的粮价奏报与其盛衰》，《中国社会经济史研究》1985年第3期。
④ 夏明方：《在民主与专制之间——明清以来中国救灾事业嬗变过程中的国家与社会》，载夏明方主编《新史学》第6卷《历史的生态学解释》，中华书局2012年版，第230页。

二　中华文明的突出特性

个高度综合的体系"①。

与盛清时期的荒政体制相比，欧洲各国的社会救济机制并无优势可言。直到17世纪中期，欧洲各国仍缺乏有效的灾荒应对措施，每逢粮食歉收，"许多地方都出现了因食物昂贵而发生暴乱的情形"②。而在1700年以前，对欧洲大部分地区来说，"每一次歉收都意味着饥荒，意味着马尔萨斯所说的人口增长的自然抑制"③。到18世纪初，欧洲各国的救荒能力仍十分有限。1708—1709年冬季爆发了严重的自然灾害，包括当时最强盛的法国在内，欧洲"没有一种经济"能够抵挡灾难；即使是处于"相对较为健全"治理下的英国，"死亡和骚乱却有增无减"。④ 政府面对灾害和饥荒的失措，甚至成为1789年法国大革命爆发的诱因之一。⑤

三　全球危机背景下清代的国家统一

最晚至春秋时期，中国便萌生了内涵明确的"大一统"观念。自秦汉以降的两千多年中，尽管其间交织着分裂，但是统一多民族国家的形成与发展是无法逆转的历史趋势。习近平总书记特别强调：

---

① ［法］魏丕信：《十八世纪中国的官僚制度与荒政》，徐建青译，江苏人民出版社2003年版，第224页。
② ［英］F. L. 卡斯滕编：《新编剑桥世界近代史·第5卷·法国的优势地位　1648—1688年》，中国社会科学出版社2018年版，第45页。
③ ［英］C. W. 克劳利编：《新编剑桥世界近代史·第9卷·动乱年代的战争与和平1793—1830年》，中国社会科学出版社2018年版，第35页。
④ ［英］J. S. 布朗伯利编：《新编剑桥世界近代史·第6卷·大不列颠和俄国的崛起1688—1715/1725年》，中国社会科学出版社2018年版，第34页。
⑤ ［法］乔治·勒费弗尔：《1789年大恐慌：法国大革命前夜的谣言、恐慌和反叛》，周思成译，山西人民出版社2019年版，第12—13、27—28页。

"中华文明具有突出的统一性，从根本上决定了中华民族各民族文化融为一体、即使遭遇重大挫折也牢固凝聚，决定了国土不可分、国家不可乱、民族不可散、文明不可断的共同信念，决定了国家统一永远是中国核心利益的核心，决定了一个坚强统一的国家是各族人民的命运所系。"[1] 对于清代的国家统一，学界以往大多从中国历史脉络出发，视之为数千年政治、经济和文化发展的必然结果。但不应忽略的是，从全球史视野出发，清代国家统一还具有重要的世界意义。只有同时把握中国历史和世界历史两个维度，才能全面认识清代国家统一对于现代中国的基础性作用。

关于明清易代，以往学者多在中国历史变动的框架下来理解，而严重忽视其所依托的一个关键背景，那就是席卷亚欧大陆的17世纪全球危机。全球危机的一个诱因是经济危机。据国际学界研究，"欧洲经济在17世纪经历了一场'总危机'，即封建经济向资本主义经济全面转化的最后阶段"[2]。17世纪的中国"与同时代的欧洲一样"，也"遭遇了严重的经济危机"。[3] 全球危机的另一个重要诱因是生态危机。17世纪，北半球发生了在整个全新世"持续最长且最严酷的全球变冷事件"，即气候学界公认的"小冰期"。至晚从1618年起，"全球气温开始下降，极端气候事件、灾难性的歉收和高频次的流行

---

[1] 《担负起新的文化使命 努力建设中华民族现代文明》，《人民日报》2023年6月3日。
[2] [美]伊曼纽尔·沃勒斯坦：《十七世纪的危机？》，载《现代世界体系》第2卷《重商主义与欧洲世界经济体的巩固（1600—1750）》，吕丹等译，高等教育出版社1998年版，"序言"第1页。
[3] [美]万志英：《中国17世纪货币危机的神话与现实》，王敬雅译，载国家清史编纂委员会编译组编《清史译丛（第十一辑）·中国与十七世纪危机》，商务印书馆2013年版，第126页。

二 中华文明的突出特性

性疾病也因之而生"①。

正是由于经济危机和生态危机叠加,17世纪的世界处于一场"总危机"之中,从而出现了"全球范围内的一系列革命狂潮和国家崩溃"。②欧洲和东亚都属于"总危机"的核心地带,两地大规模国家崩溃后的走势却形成了鲜明对比。在欧洲,"神圣罗马帝国"经历1618—1648年的"三十年战争"后,"往昔意义上的帝国已经不复存在","'德意志'此后不再是一个国家"③。1871年成立的德意志帝国只是完成了"小德意志"的统一;相比之下,明朝土崩瓦解后,满洲政权在入关后很短时间内便击败了农民军、南明等多个政治势力,使得中国摆脱了分裂危险。继而历经几代帝王的努力,于乾隆中期完成了对蒙古、西藏和新疆等地的全面统一,其疆域几乎等同于整个欧洲。从欧洲角度看,清代国家统一是一个不可能完成的任务;而从中国角度看,不过是又一次完成大一统的历史使命而已。

清朝统治者在完成统一大业的同时,较前代而言更着力推动了"大一统"国家观的构建与实践。清代帝王的"大一统"思想在皇太极时期就已萌发,历经顺治等朝的不断发展,"最迟在乾隆时期已经完善"。④特别是雍正帝和乾隆帝,都对"大一统"国家观进行了系统论述。雍正帝在《大义觉迷录》中,反复申明清代"天下一统"

---

① [美]杰弗里·帕克:《全球危机:十七世纪的战争、气候变化与大灾难》,王兢译,社会科学文献出版社2021年版,"前言"第2页。

② 参见[美]杰弗里·帕克《全球危机:十七世纪的战争、气候变化与大灾难》,王兢译,社会科学文献出版社2021年版,"前言"。

③ [英]彼得·威尔逊:《三十年战争史》,宁凡、史文轩译,九州出版社2020年版,第717页。

④ 邢广程、李大龙主编:《清代国家统一史》上册,中国社会科学出版社2023年版,第88页。

的含义，又在谕旨中称："夫我朝既仰承天命，为中外臣民之主……普天率土之众，莫不知大一统之在我朝。"① 乾隆帝于登基之初便强调："夫人主君临天下，普天率土，均属一体，无论满洲、汉人，未尝分别，即远而蒙古蕃夷亦并无歧视。"② 其后多年间，乾隆帝更是对"大一统"观念进行多方诠释，使之具备了强烈的意识形态意味。③

清朝在推动"大一统"国家观的实践方面，最突出的举措有两项。一是从康熙朝至道光朝接续修撰《大清一统志》。平定三藩、收复台湾后，康熙帝便启动编纂《大清一统志》，明确宣示："爰敕所司，肇开馆局，网罗文献，质订图经，将荟萃成书，以著一代之巨典……以永我国家无疆之历服，有攸赖焉。"④ 乾隆帝进一步发挥道："瀛壖炎岛，大漠蛮陬，咸隶版图……幅员袤广，古未有过焉。圣祖仁皇帝特命纂辑全书，以昭大一统之盛。"⑤ 二是全国性地图的测绘。康熙帝在开设一统志馆的同时，便将绘制舆图事宜提上日程，历经30多年完成《皇舆全览图》。此图被称颂为"以六合为疆索，以八方为门户，幅员该广，靡远弗届，从来舆图所未有也"⑥。乾隆帝在平

---

① 《清世宗实录》卷86，雍正七年九月癸未，《清实录》第8册，中华书局1985年版，第147页。
② 《清高宗实录》卷8，雍正十三年十二月辛未，《清实录》第9册，中华书局1986年版，第303页。
③ 杨念群：《天命如何转移：清朝"大一统"观的形成与实践》，上海人民出版社2022年版，第140—141页。
④ 《清圣祖实录》卷126，康熙二十五年五月庚寅，《清实录》第5册，中华书局1985年版，第343页。
⑤ 《御制文集》卷10《钦定大清一统志序》，景印文渊阁《四库全书》第1301册，台北：台湾商务印书馆1986年版，第95页。
⑥ 《清圣祖实录》卷283，康熙五十八年二月乙卯，《清实录》第6册，中华书局1986年版，第765页。

准战争胜利后迅速开展新疆舆图的测绘,强调此举的重要意义是:"准噶尔诸部尽入版图……其山川道里,应详细相度,载入皇舆全图,以昭中外一统之盛。"①

四　清代中国多元文化并存的格局

从远古时代起,中华文明便显示出多元发展的格局,也开启了与其他文明互通互鉴的历史。开放包容、海纳百川,是中华文明具有强大和长久生命力的重要保证。习近平总书记明确指出:"中华文明具有突出的包容性,从根本上决定了中华民族交往交流交融的历史取向,决定了中国各宗教信仰多元并存的和谐格局,决定了中华文化对世界文明兼收并蓄的开放胸怀。"② 在"明清社会停滞论"影响下,清代中国常常被描绘成一个封闭排外、虚骄自大的社会。事实上,这种认识并不客观和全面,清代中国在文明的包容性方面并非一无是处。就国内而言,清代多民族文化并存发展的格局远迈前代;而对于外来文化,清朝的态度亦不乏可圈可点之处。

清朝的多民族治理是中国古代历史上最为成功的,其政策核心是"修其教不易其俗,齐其政不易其宜"。为实施有效治理,清朝第一个重要举措是在中央设立地位与六部等同的理藩院,专门负责管理少数民族事务,这是一项制度创新。理藩院以满蒙联合体制为主导,与在边疆

---

① 《清高宗实录》卷490,乾隆二十年六月癸丑,《清实录》第15册,中华书局1985年版,第164页。
② 《担负起新的文化使命　努力建设中华民族现代文明》,《人民日报》2023年6月3日。

地区设置的军政机构紧密配合，确保了清朝的稳固统治。① 第二个重要举措是尊重地方特点，因地制宜地设立不同的行政机构。清朝在东北和西北地区设立以将军为首的军府制；在天山南路，利用原有的伯克制，各城设阿奇木伯克等官员；在蒙古地区，实行由札萨克管理的盟旗制；在西藏，则逐步完善以达赖和驻藏大臣协同管理的噶厦体制。② 以上举措大多顺应了各少数民族的文化习俗，有利于整个国家的统一和安定。

在文教政策上，清朝统治者尊重各民族的文化。首先，清代诸多纪念重大军事胜利的纪功碑四面往往分别用不同文字刊刻，一般为满文、汉文、蒙古文和藏文（或察合台文等）。其次，不少官方编纂的大型辞书也是多语种合璧本。如康熙时期开始编纂的《满洲蒙古合璧清文鉴》，经一再增订，至乾隆时期成为包括满、汉、蒙古、藏、回（即察合台文）五种文字的《御制五体清文鉴》。另如乾隆时期纂修的《西域同文志》，则是包含六种文字，即满、汉、蒙古、藏、回及托忒蒙古文的大型辞书。③ 再次，清政府在大力推重喇嘛教的同时，注重推广多语种佛经。如乾隆时期官方主持刊刻了满、汉、蒙古、藏文四体合璧的《首楞严经》。最后，在清政府主持下，影响巨大的《大藏经》得以在乾隆年间完成满、藏、汉三种文字的全部翻译并正式刊刻。

明清易代的剧烈变动并未打断此前已开启的西学东渐进程。总体看来，与晚明相比，清人对西学中的科学文化表现出更多兴趣。这首先体现在康熙帝等统治者层面。康熙帝在位期间，科学革命已在西方世界逐步展开。通过来华耶稣会传教士、法国皇家科学院院士张诚

---

① 赵云田：《清代理藩制度研究》，社会科学文献出版社 2021 年版，第 108—109 页。
② 戴逸主编：《简明清史》，中国人民大学出版社 2018 年版，第 501—580 页。
③ 常建华：《国家认同：清史研究的新视角》，《清史研究》2010 年第 4 期。

（J. F. Gerbillon）、白晋（J. Bouvet）等人，"康熙帝可谓赶上了西欧科学化的大浪潮"①。众所周知，康熙帝对西方科学的热情几乎持续了一生，涉猎十分广泛，从而推动清代中国在天文历法和舆图测绘方面取得较为先进的成果。另外，虽然乾隆帝对西方科学并不具备其祖父那样的热情和水平，但从《四库全书》所收多种西学著作，以及《四库全书总目》对西方天文历算、机械制造、农业水利颇为嘉许的态度看，他对西方科学仍有较大包容度。②

在清代士大夫群体中，固然有不少反对西方科学者，但亦不乏积极接受者，出现了中国本土化科学的萌芽，最具代表性且影响深远的就是对西方数学知识的学习与吸收。康熙年间，梅文鼎把中国古算学与刚刚传入的西方数学知识相结合，开创了中国本土的数学学派，并且"中西数学对照研究的道路及用统一的观点研究数学的思想，一直影响到19世纪"③。梅文鼎之后，对西方数学的传入和研究贡献最大者，为著名学者戴震，其算学代表作《勾股割圆记》是一部三角学著作，力图"以勾股弧矢、割圆术为根据……以中法证西法，求中西算学之会通"④。晚清学习西方科学的代表者、中国近代数学奠基人李善兰，又从戴震那里汲取不少知识。⑤在中国数学发展史上，这

---

① 刘大椿等：《中国近现代科技转型的历史轨迹与哲学反思》第1卷《西学东渐》，中国人民大学出版社2018年版，第311、344页。

② 吴伯娅：《康雍乾三帝与西学东渐》，宗教文化出版社2002年版，第461、474页。

③ 吴文俊、李迪分主编：《中国数学史大系》第7卷《明末到清中期》，北京师范大学出版社2000年版，第143页。

④ 刘大椿等：《中国近现代科技转型的历史轨迹与哲学反思》第1卷《西学东渐》，中国人民大学出版社2000年版，第423页。

⑤ ［日］川原秀城编：《西学东渐与东亚》，毛乙馨译，上海社会科学院出版社2022年版，第198页。

是一条值得注意的脉络。

五 清代中国处理对外关系的基调

在农耕文化基础上成长起来的中华文明，始终具有以稳定与和平方式处理周边关系的内在需求。如《尚书》云"协和万邦"，《左传》称"亲仁善邻，国之宝也"，"救灾恤邻，道也"。[①] 习近平总书记着重指明："中华文明具有突出的和平性，从根本上决定了中国始终是世界和平的建设者、全球发展的贡献者、国际秩序的维护者，决定了中国不断追求文明交流互鉴而不搞文化霸权，决定了中国不会把自己的价值观念与政治体制强加于人，决定了中国坚持合作、不搞对抗，决不搞'党同伐异'的小圈子。"[②] 清朝并未采用霸权主义对待周边弱小国家，而是力求在和平状态下与其他国家共同发展。清朝处理对外关系的和平基调，不仅在清代长期维持的宗藩体制和对外贸易活动中有清晰显现，甚至从19世纪以前清朝的对外战争中也可证明。

清代宗藩体制是对汉代以来中国传统宗藩体制的延续，也是这一体制的成熟样态，出现了与汉唐宋明时代迥然不同的复杂性。清朝的藩属国主要位于东亚和东南亚地区，关系比较密切的有朝鲜、越南和琉球等。《大清会典》表明，作为宗主国的清朝，主要通过朝贡、册封、禁例和市易等方面举措，有效规范了其与藩属国的关系。这种体

[①] 《尚书正义》卷2《虞书·尧典》，载（清）阮元校刻《十三经注疏》，中华书局1980年版，第117页；《春秋左传正义》卷4《隐公六年》、卷13《僖公十三年》，载（清）阮元校刻《十三经注疏》，中华书局1980年版，第1731、1803页。

[②] 《担负起新的文化使命 努力建设中华民族现代文明》，《人民日报》2023年6月3日。

二 中华文明的突出特性

制的基本内涵是要"维持一种'中华和平'模式的国际和平局面",其核心包含三方面内容,即"中国不干预各国内部事务;中国对各国交往实施'厚往薄来'原则;中国负责维护各国的国家安全"①。客观而言,宗藩体制虽在现代国际关系视野下具有某种"不平等性",却体现了"儒家的王道政治与善邻、睦邻的和平主义价值取向",从而与近代西方殖民主义体系所造成的不平等性有根本区别。②另外,在宗藩体制作用下,亚洲东部在18世纪至19世纪前半叶大体维持和平状态,只有几次规模较小的局部战争。相比之下,在《威斯特伐利亚和约》签署之后的欧洲,战争爆发的频率和规模仍远远高于东亚地区。

此外,清朝从不拒绝在和平状态下开展对外贸易。历来为人诟病的"海禁",实乃清初战争期间的特定政策,为时并不长久。康熙帝收复台湾后,便在江南、浙江、福建、广东设立海关,鼓励开海贸易。③ 而在完成国家统一大业后,清代的对外贸易有了更为积极的发展。首先,清朝与俄国的通商关系在18世纪大为拓展,尤其是恰克图的开市,为中国与欧洲之间的贸易增添了一条新的重要路线。其次,18世纪、19世纪与清朝在海路开展贸易的西方国家,不仅有葡萄牙、西班牙和荷兰等老面孔,还增加了英国、美国、法国、丹麦和瑞典等诸多新面孔,并且这一时期的中外贸易总额也大大超过以往。④ 而乾隆年间之所以推行广州行商制度,很大程度是因为当时清

---

① 何芳川:《"华夷秩序"论》,《北京大学学报》1998年第6期。
② 魏志江:《宗藩体制:东亚传统国际安全体制析论》,《现代国际关系》2014年第4期。
③ 蔡美彪等:《中国通史》第9册,人民出版社2015年版,第299—300页。
④ 蔡美彪等:《中国通史》第10册,人民出版社2015年版,第418—420页。

廷对欧洲人"在印度和东南亚的侵略行为已略有耳闻,因此对他们存有戒心"①。

清朝处理对外关系的和平基调,甚至在国力强盛时的对外战争中也得到体现,因为清代绝大多数战争的性质皆是防御自卫,并不图谋他国领土,且基本都以议和告终。康熙年间,清朝针对入侵东北地区的俄国发动的雅克萨之战,就是一场明确的自卫反击战,阻止了俄国在黑龙江流域的侵略势头。18世纪60年代清朝与缅甸的战争,起因是缅甸雍籍牙王朝入侵云南,清军虽一度攻入缅甸,最终仍以撤军议和告止。② 乾隆晚年与廓尔喀之间的战争,起因是廓尔喀大举入侵西藏,导致乾隆帝有"必期扫穴犁庭"之心。而当廓尔喀于战败之际"归降归顺"时,乾隆帝立即表示此战目的绝非"尽得其地",从而"降旨允降班师,以葳斯事"。③ 由此可见,康熙和乾隆年间的对外战争都旨在维护国家领土安全和统一,并无扩张之意。

清朝并无对外扩张之意,还体现在疆界问题的许多举措上。乾隆中期,清军为追击阿睦尔撒纳而深入哈萨克境内,哈萨克汗阿布赉表示"情愿将哈萨克全部归顺,永为大皇帝臣仆"。但乾隆帝认为,哈萨克与蒙古各部不同,不应纳入中国版图,而应"如安南、琉球、暹罗诸国,俾通天朝声教而已,并非欲郡县其地"④。对于其后

---

① 梁柏力:《被误解的中国:看明清时代和今天》,中信出版社2010年版,第29页。
② 邢广程、李大龙主编:《清代国家统一史》上册,中国社会科学出版社2023年版,第228页。
③ 《清高宗实录》卷1414,乾隆五十七年十月戊辰,《清实录》第26册,中华书局1985年版,第1018页。
④ 《平定准噶尔方略》正编卷41《乾隆元年二月戊辰至四月壬辰》,载故宫博物院编《故宫珍本丛刊》第50册,海南出版社2000年版,第349页。

二 中华文明的突出特性

相继臣服的布鲁特、巴达克山和爱乌罕等部,清朝亦"俱照外藩属国"视之。[1] 不仅如此,强盛时期的清朝与朝鲜、越南、缅甸等属国发生边界争端时,也多"从'守在四夷'出发,把本国疆土让予属国"。从现代国际关系角度看,这些举措当然有不合理的一面,但鉴于当时的情境和理念,清朝的做法无疑有利于与邻国和平相处。[2]

综上所述,中华文明在清代得到良好的传承和发展,促进五个突出特性持续生长的历史逻辑也得到更为充分的显现。随着中国从清代开始从传统走向现代的转型历程,中华文明五个突出特性也构成了中国式现代化建设的历史底蕴。而要准确认识这种历史底蕴的重要意义,要深刻认识建设中华民族现代文明绝不能离开五个突出特性,则需要更加全面客观地开展清史研究,努力从整体上把握清朝在中国历史和世界历史中的地位和意义。要做到这一点,我们必须在充分理解"两个结合"的前提下,养成一种"活"的唯物史观眼光。只有如此,才能正确运用"第一个结合",即马克思主义基本原理同中国具体实际相结合的思路,深入阐述清朝何以终究不能摆脱中国传统王朝兴衰的周期率问题。

不可否认,在清代中国,也存在经过数千年积累的负面因素及其造成的对社会发展的极大束缚。正是由于这些束缚,才导致清代中国未能跟上科技革命和工业革命的步伐,反而从18世纪末19世纪初开始与西欧各国拉开了差距,并沦为西方殖民者大肆侵略的对象。当

---

[1] 《清高宗实录》卷722,乾隆二十九年十一月戊申,《清实录》第17册,中华书局1985年版,第1046页。
[2] 邢广程、李大龙主编:《清代国家统一史》上册,中国社会科学出版社2023年版,第235、240页。

然，清朝不能完成使中国传统社会向现代转型的历史使命，并不意味着清代中国全然是现代中国的负面资产，因为同样只有在"活"的唯物史观眼光下，我们才能正确运用"第二个结合"，即马克思主义基本原理同中华优秀传统文化相结合的思路，深刻阐明清朝何以未造成中华文明发展脉络的中断，且为现代中国的复兴留下了可贵的历史遗产。

(原载《历史研究》2023年第4期)

中华文明起源与发展的连续性及其文化基因

方 辉[*]

2023年6月2日,习近平总书记出席文化传承发展座谈会并发表重要讲话,指出:"中华文明具有突出的连续性,从根本上决定了中华民族必然走自己的路。如果不从源远流长的历史连续性来认识中国,就不可能理解古代中国,也不可能理解现代中国,更不可能理解未来中国。"[①] 在参观中国历史研究院中国考古博物馆的文明起源和"宅兹中国"专题展之后,他强调,认识中华文明的悠久历史、感知中华文化的博大精深,离不开考古学。要实施好"中华文明起源与早期发展综合研究""考古中国"等重大项目,做好中华文明起源的研究和阐释。[②] 习近平总书记的重要讲话首次系统阐述了连续性、创新性、统一性、包容性、和平性是中华文明的突出特性,再次强调,"在五千多年中华文明深厚基础上开辟和发展中国特色社会主义,把

---

[*] 作者简介:方辉,山东大学历史文化学院教授。
[①] 《担负起新的文化使命 努力建设中华民族现代文明》,《人民日报》2023年6月3日。
[②] 参见《担负起新的文化使命 努力建设中华民族现代文明》,《人民日报》2023年6月3日。

马克思主义基本原理同中国具体实际、同中华优秀传统文化相结合是必由之路"①。

一　实证中华五千多年文明起源

考古学对于研究中华文明起源与早期发展具有不可替代的作用。2020年9月28日，习近平总书记在十九届中共中央政治局第二十三次集体学习时强调，建设中国特色、中国风格、中国气派的考古学，更好地认识源远流长、博大精深的中华文明，指出认识历史离不开考古学，必须高度重视考古工作，为弘扬中华优秀传统文化、增强文化自信提供坚强支撑。2022年5月27日，十九届中共中央政治局就深化中华文明探源工程进行第三十九次集体学习，习近平总书记强调，中华文明探源工程对中华文明的起源、形成、发展的历史脉络，对中华文明多元一体格局的形成和发展过程，对中华文明的特点及其形成原因等，都有了较为清晰的认识。同时，工程取得的成果还是初步的和阶段性的，还有许多历史之谜等待破解，还有许多重大问题需要通过实证和研究达成共识。习近平总书记在文化传承发展座谈会上的重要讲话，与上述重要讲话精神一脉相承，是习近平新时代中国特色社会主义思想的重要组成部分，尤其是对于我们深刻理解和认识"把马克思主义基本原理同中华优秀传统文化相结合"，具有重要的指导意义。

中华文明所具有的最为突出的特征是其发展的连续性。100多年

---

① 《担负起新的文化使命　努力建设中华民族现代文明》，《人民日报》2023年6月3日。

二 中华文明的突出特性

以来我国考古发现和研究成果已经揭示出我国5000多年文明史的发展历程，尤其是中华文明探源工程和"考古中国"重大项目实施以来，考古工作者在全国各地开展的考古发掘和多学科交叉领域的研究，厘清了从5000多年前古国产生，到距今4000年前后王国崛起，再到距今2000多年秦汉国家产生的历史脉络，揭示了中华文明由多元到一体的发展格局，大大增强了历史信度，丰富了历史内涵，活化了历史场景。

在长江中下游地区，考古工作者发现了以良渚古城为核心的聚落群。古城的起始年代为距今5300年，一直延续到距今4300年前后。古城略呈圆角长方形，正南北方向，面积近300万平方米，是5000多年前出现的我国最大规模的城址。城墙底部铺垫石块作为基础，宽度40—60米，墙体用纯净的黄土堆筑，部分地段尚残留有4米多高的城墙，现已发现6座水门。城中央约30万平方米的莫角山土台为贵族居住区，平民则居住在城内的外围区域。令人惊叹的是，良渚先民为了防止山洪对城市的威胁，在古城以北十几公里之外的山上，修建了一条东西向的水坝，由水坝围成的14平方公里的水库，通过渠道通到古城，以便水利交通和稻田灌溉。这是迄今所知世界上最早的水坝，也是我国最早的大型水利工程。加上近40年来以反山、瑶山、汇观山等为代表的王陵级别的墓地、祭坛的确认，一项项令人震惊的重大发现使得国际上对良渚文化已经进入文明时代的判断得到公认，良渚古城遗址也于2019年当之无愧地入选世界文化遗产名录。

在良渚文化圈的北方，以泰山为中心的海岱地区，分布着属于大汶口文化中晚期的若干座史前城址，其中以焦家城址最具代表性。考古发掘表明，与良渚古国一样，焦家城址也是我国最早一批原生型

"古国"的代表。近年来，通过四个季度的发掘，在100多万平方米的范围内发现了城墙、壕沟、大型墓葬、祭祀坑等丰富的大汶口文化遗迹2000余处，出土玉器、彩陶、白陶、黑陶等各类文物万余件，从制造工具、发明科技、建设聚落、营造城池等各方面展现出文明要素齐全、文明社会开启、以棺椁制度为代表的礼制初步形成等多重特征，年代为距今5300—4600年，有力实证了中华5000多年文明史。

如果把眼光放到更为广阔的范围，从东北地区辽河流域的红山文化牛河梁坛、庙、冢，到江淮地区的凌家滩墓地和环壕聚落，再到中原地区以双槐树为代表的河洛古国遗址，大约在距今5500—5000年前后各地均出现了以城址、祭坛、王陵、"璧琮璜"玉礼器和"鼎豆壶"陶礼器为标志的古国，它们恰像满天星斗，构成了中华文明初曙阶段的多个源头。而且，由良渚、焦家、凌家滩、牛河梁等遗址史前先民所创造的玉器、陶器和棺椁等一整套礼仪制度，开启了我国礼乐文明的先河。

历经沧海桑田，5000多年前曾经巍峨高耸的城墙大多已深埋于地下，或只残存下有限的墙基和城门通道昭示着昔日城市的喧闹，但精美绝伦、体现着极复杂工艺的玉器，远远超过个人实用需求的大量白陶、黑陶、彩陶，反映等级制度的大墓和棺椁等考古实物遗存，仍然在向世人展示出5000多年前古国的辉煌，也昭示着长城内外、大江南北史前先民之间的文化交流和共同信仰。尤为重要的是，由仰韶时代以良渚文化、大汶口文化、凌家滩文化和红山文化等为主的史前先民创造的整套礼制系统，经由龙山时代先民的取舍、增益，被夏商周三代王国礼制所完整继承，并为我国秦汉统一的多民族国家的形成奠定了思想基础。

二 揭示中华文明多元一体格局

　　处于夏代之前、距今4500—4000年的龙山时代是我国由古国向王国过渡的时期，大约相当于司马迁《史记》所记载的五帝时代或其中晚期阶段。这一时期在社会发展方面的第一个突出特点是城址林立，几乎遍及黄河流域和长江流域的大部分区域。每一座城址就是一处区域政治中心，这与文献所记载的"万国"时代的情景颇为吻合。第二个突出特点是书写在陶器、玉石器之上的多字陶文在多个考古学文化中出现，如海岱龙山文化的邹平丁公陶文、高邮龙虬庄陶文、陶寺文化的陶寺朱书陶文，以及良渚文化晚期的澄湖陶文、南湖陶文等，使人自然与仓颉造字的传说产生联想。这些早期文字已不是像前一阶段的单一符号，而是由多个独立的字符连缀成文，可以被称为"陶书"。这预示着龙山时代社会上层已经具备了文字书写的能力，我国已经进入成文历史时期。龙山时代文明社会的第三个突出特点则是以玉器、陶器、漆木器等为代表的礼乐制度更加完备。玉礼器方面，在前一阶段出现的璧、琮、璜组合不但广泛分布于长江下游的良渚文化区，而且向其他地区远距离扩散传播，广达长江中游、海岱地区、中原地区乃至甘青地区；玉礼器组合上，璧、琮、璜之外更新出现了璋、圭、琥等新器型，与《周礼·大宗伯》所载用于祭祀天地四方的"六瑞"若合符节。陶、漆木材质的礼器，在鼎豆壶配置基础上，鬹、盉、斝、觚等成为固定组合，尤为引人注目的是新增添了石磬、鼍鼓和陶铃等乐器组合，礼乐器具日臻完备。出土的青铜容器残片和铜铃表明，中原地区王湾三期和陶寺文化先民已经开始探索使用模范技术铸造青铜礼乐器并取得成功。种种考古发现显示，处于夏代前夕的龙山时代或五帝时代是古国时期的高级阶段，也是进一步奠定夏商周三代王国礼乐制度基础的阶段。

自20世纪80年代以来，礼乐制度早已被作为中华文明的要素之一，受到学术界广泛重视。如果说城址、金属冶炼和文字是世界范围内广被接受的文明"三要素"，礼乐制度则构成了中华文明的独特要素，体现了中华文明的本质特征。当人类由原始社会发展到奴隶社会，需要有一定的强制力对人们的行为加以约束、惩戒，由此产生了最早的社会准则、法规、制度，其核心就是王权。这是世界各地文明起源与国家形成所走的共同之路。在我国，用于维系、支撑王权合法性的信仰体系就是礼乐文明。它发端于神灵崇拜，并以祖先崇拜、祖先信仰和祖先祭祀体系的形成而臻于完备。这一体系的物化形式就是陶、玉石、漆木和青铜等各种材质的饮食及演奏器具。精英阶层通过不断的、季节性举行的礼仪乐舞活动，表达对天地山川神灵的敬畏，通过反复再现、歌颂祖先的丰功伟绩，达到凝聚族群向心力、强化文化认同感的目的。这些礼乐仪式随着文字体系的成熟而发展成为典章制度，即礼制，成为儒家学说中礼乐思想的直接来源。

"考古中国"重大项目将工作的范围进一步扩展到中华文明多元一体格局形成、发展和巩固等研究领域，关注的重点是从王国到帝国的发展进程。以黄河下游地区的海岱地区夏商周考古研究为例，这一地区在夏商周时期经历了从"夷夏东西"到"夷夏融合"的过程，但以往的研究大多重在论证"夷夏东西"，对于"夷夏融合"则缺乏应有的关注，考古发掘与研究工作注重的多是一个个的"点"，强调的是对形而下的各类出土遗物的描述和器物编年的建构，而缺少了对

二 中华文明的突出特性

礼制和信仰层面有关文化现象的揭示和阐释，而后者恰恰是以夏变夷、"夷夏融合"历史过程在实物史料上的直接反映。近年来，在"考古中国·海岱地区夏商西周考古研究（2021—2025）"重大项目（以下简称"考古中国"重大项目）的支持下，我们选择在青丘埠堆、大辛庄、陈庄、前冢子头和邿国故城等遗址开展持续考古发掘，研究目标和任务就是从区域考古、区域历史的角度揭示三代国家由"夷夏东西"到"夷夏融合"的过程，阐释中华文明多元一体格局形成的过程及动因。近期在高密前冢子头遗址的考古发掘表明，作为半岛与内陆地区分界线的胶河流域曾经在王朝一体化过程中发挥过重要作用。但因地处周王朝东部边缘的"大东"地区，王朝的历史叙述极少提及该地区，凭借有限的文献史料，我们只能推测这一带是代表周王朝的齐国政权与代表东夷族的莱国势力长期对峙的区域，而两个季度的考古发掘已初步揭示出作为王朝系统的周文化与东夷本地的珍珠门文化融合共生的实物遗存，为实证中华文明多元一体格局的形成提供了重要支撑。

"考古中国"重大项目中反映族群融合、文化融合这一类的成果还有很多，其中成就最为凸显的自然是古蜀国三星堆遗址的发掘。近一个世纪以来，位于成都平原的三星堆遗址就屡次出土玉器、陶器等，1986年发掘了著名的1、2号祭祀坑，出土文物中高大的铜人立像、黄金面具、神树和众多的象牙等罕见文物，极大地冲击着人们的视觉观感。更多的学者则是在惊叹于其"奇异"特征的同时，循着四川盆地与外界的通道寻求其文化因素的来源。此后，三星堆遗址的发掘与研究工作一直没有停歇，终于迎来了另外6个祭祀坑的发现与发掘。随着资料的丰富，学者们不但明确了8个祭祀坑的年代均为殷商文化晚期,而且通过出土文物的跨坑拼合,确定了它们是同时形成的,这对于祭祀坑性质的判断十分重要。新一轮的发掘出土物更加丰富,进一步刷新了人们对三星堆文化在金属制造、象牙雕刻和丝织工艺等方面的认知。更为重要的是,继1、2号祭祀坑之后屡次出土的青铜尊、罍,以及以尊为主题的若干件青铜祭坛,再次显示出尊在三星堆文化中至高无上的尊崇地位。联系到此前彭州市竹瓦街出土的铜尊,以及两湖地区以四羊方尊为代表的长江中游青铜时代文化,我们不难发现,殷商时期作为巴蜀文化和荆楚文化前身的三星堆文化与炭河里文化盛行尚尊的礼制传统,从而与中原三代的尚鼎制度形成鲜明对照。从这一点而言,这又是中华礼乐文明传统大同中的小异,显示了中华文明的包容性特征。

三 通过礼制认同达到文化认同

礼乐文明的本质是以祖先崇拜为基础的文化认同,它产生于距今5000多年前的新石器时代晚期,与文明起源同步,其物化形式就是产生于古国时代、成熟于夏商周三代的不同材质的礼乐器具。《礼记·礼运》曰:"夫礼之初,始诸饮食。其燔黍捭豚,污尊而抔饮,蒉桴而土鼓,犹若可以致其敬于鬼神。"先民将美食饮料盛放在陶器中奉献给祖先和天地神灵,配置以陶鼓的节奏,这就是最早的礼乐活动。随着生产力的进步和发展,昔日的陶器、石器演变成了铜器、玉器、漆器等威望产品,其使用者也由最初的氏族首领、酋长演变为国君、帝王,但礼器的性质未变。古人云"器以藏礼"(《左传·成公二年》),夏商周三代甚至以"九鼎"指代江山社稷,以鼎为代表的

二 中华文明的突出特性

礼乐器具具有"用能协于上下,以承天休"(《左传·宣公三年》)的功能,按照美术史家的观点,它是一种具有"纪念碑性"的器物①,说的正是这个道理。这些礼乐器具本身又是祭器。古人认为"国之大事,在祀与戎"(《左传·成公十三年》),祭祀与战争对于国家来说是两件头等大事,而祭祀竟然排在战争之前,就因为祭祀(主要是祖先祭祀)是祖先认同、文化认同的象征,对于增强族群自信心和向心力具有无可替代的价值。三代尤其是周代是族群认同、祖先认同、文化认同的关键时期,一直到战国时期,见于文献记载的"五帝"系统竟有五个之多,直到《史记》才统一为黄帝、颛顼、帝喾、尧和舜五帝,他们代表的是不同区域、不同族群共同的先祖。三代文明的一体化过程,就是礼乐文化被接受的过程,反映的则是族群认同、祖先认同和文化认同的过程。我们说中华文明是连续发展、从未中断的文明,并不是说文明发展过程中没有出现过"断裂",否则就不好理解王朝之间的更迭。文明发展的连续性特征,强调的是作为文明体创造者的中华民族始终是这片土地上的主人,历史上屡次发生的北方少数民族南下并在中原地区建立政权,无一不是以主动融入中华多民族统一国家而告终。中国政治文化统一的历史与昙花一现的罗马帝国相比,形成了鲜明对照。

作为中华文明重要表现形式的礼乐制度在考古学文化上具有极高的显示度。对此,在鲁东南沿海地区从事 20 多年考古合作的美国同行文德安、加里·费曼等深有感受。考古合作包括调查、发掘与多学

---

① 参见[美]巫鸿《中国古代艺术与建筑中的"纪念碑性"》,李清泉、郑岩等译,上海人民出版社 2009 年版。

科研究，不但揭示出以日照为中心的鲁东南沿海地区上迄距今7000多年的北辛文化、下至距今2000多年的秦汉帝国长达5000多年的文明起源与发展进程[①]。费曼还与笔者合作发文，阐释从史前至周王朝各区域不同族群通过礼制认同达到文化认同，并通过秦汉帝国统一文字、统一度量衡、实行郡县制等一系列巩固统一的措施，达成文化共识的过程。[②] 与秦汉帝国东西并存的罗马帝国则缺少这种祖先认同、族群认同和文化认同，因此出现"罗马之后再无罗马"，其文明缺少连续性也就不奇怪了。

汤因比曾说："中国人比世界上任何一个民族都更具有一贯性，数亿人数千年来在政治上、文化上团结至今。他们展示出了这种政治、文化的统一技术，并拥有一次获得成功的极为珍贵的经验，而且那种统一化倾向正是当今世界绝对必要的需求。"[③]

总之，中华文明连续发展这一突出特性有其深厚的历史与文化基因。中华民族的文化基因有很多，从考古发现和历史文献分析来看，笔者认为支撑中华文明发展连续性最为重要的基因就是礼乐制度与礼乐文明及其所承载着的族群认同、祖先认同和文化认同。

（原载《中国社会科学》2023年第8期）

[①] 参见方辉等《鲁东南沿海地区系统考古调查报告》，文物出版社2012年版。
[②] Hui Fang, Gary M. Feinman and Linda M. Nicholas, "Imperial Expansion, Public Investment, and the Long Path of History: China's Initial Political Unification and Its Aftermath", *PNAS*, Vol. 112, No. 30, 2015.
[③] [日]山本新等编：《未来属于中国：汤因比的中国观》，吴栓友译，世界知识出版社2018年版，第42页。

节气神话叙事的时间谱系与中华文明的创新性

毕旭玲[*]

在文化传承发展座谈会上，习近平总书记从连续性、创新性、统一性、包容性、和平性五个方面深刻阐述了中华文明的突出特性。在这五个突出特性中，创新性是长期被忽视的一种。此前有不少学者都论述过中华文明的特性与特征问题，但主要集中在包容性、统一性、连续性等特征的论述方面，而缺乏对创新性的分析，如"中华文明的主要特征，概括来说就是多元一体、兼收并蓄、绵延不断"[①]；"人们需要的是包容、多元共存、和谐、自由、天人合一的文化，这正是中华文化的特点"[②]；"中华文明是世界上独立起源的文明之一，演进轨迹清晰，呈现出多元发展而又以中原为核心，互相渗透、融聚一体的特点"[③]。一些学者从古代先进科技入手探讨中华文明的特点，几乎

---

[*] 作者简介：毕旭玲，上海社会科学院文学研究所研究员。
[①] 江彦桥、胡银平主编：《中国系列丛书·奉献中国》，上海教育出版社2021年版，第83页。
[②] 徐兆寿：《问道知源》，上海人民出版社2018年版，第289页。
[③] 曹大为、孙燕京：《中国历史》，肖颖等译，五洲传播出版社2018年版，第14页。

是最切近创新性的论述,但据此得出的是注重实用的特点,如"科学技术的先进,是中华文明生生不息、保持巨大影响力的关键因素。……中国古代的科学技术多是在生产实践的基础上发明创造出来的,体现了中华文明注重实用的特点"[1]。这种认知的形成大概是过于重视科学技术的发明改进而忽视了其中蕴含的创造性思维和创新传统所导致的。实际上,"实用"虽在各时各地的标准不同,但各时各地民众为了实用目的,一定会进行创造发明、进行创新,因此注重实用的背后其实就是创新。中华创世神话中存在大量物质创造和制度发明的叙事,体现了创造创新的中华文明传统。可惜的是,对创造创新传统的关注在中华创世神话研究中一直是缺位的,田兆元曾指出:仅仅将中华创世神话理解为世界的创造和人的创造的叙事是非常片面的,还必须关注物质世界、精神世界和制度世界的创造叙事,"创造、发明是创世神话的主题语"[2]。节气神话是中华创世神话的重要组成部分,是先民基于二十四节气对中华文明的巨大影响而创造的神话叙事。中华节气神话不仅集中展示了中华先民在天文、历法、农业生产方面的早期探索过程,也鲜明地体现了中华文明从一开始就具有的创新性。

中华节气神话内容丰富,且具有明显的阶段性特征,由此构成了节气神话叙事的时间谱系。[3] 概言之,中华节气神话叙事大致经历了

---

[1] 纪亚光等:《重铸辉煌:让中华文明焕发出新的蓬勃生机》,中央文献出版社、中共党史出版社2021年版,第11—12页。

[2] 田兆元:《创世神话的概念、类型与谱系》,《楚雄师范学院学报》2019年第1期。

[3] 时间谱系是考察民俗的发生、发展和演变的历史过程的结构形式,具体阐释参见田兆元《民俗研究的谱系观念与研究实践——以东海海岛信仰为例》,《华东师范大学学报》(哲学社会科学版)2017年第3期。

从主要讲述节气的发现到主要讲述节气体系的确立,再到主要讲述探索节气测定方法的演变过程。节气的发现、节气历法的制定和应用过程是中华文明不断发展进步的过程,因此通过对节气神话叙事时间谱系的考察可以帮助我们深入理解中华文明创新性的形成和发展过程。

一 节气发现神话与中华文明的创新动力

节气发现神话主要讲述了先民在早期天文观测中发现可以指导农业生产的重要时间节点,也就是二十四节气中的一些重要节气的发现过程。节气发现神话是最早产生的中华节气神话,彼时"节气"概念尚未形成。燧人氏观大火星神话是最著名的节气发现神话。燧人氏是早期氏族首领,《尚书大传》《白虎通》等将燧人氏视为与有巢氏、伏羲氏并列的上古三皇之一,其神话叙事主要围绕着人工取火技术的发明展开,如《韩非子·五蠹》载:"上古之世……民食果蓏蚌蛤,腥臊恶臭而伤害腹胃,民多疾病。有圣人作,钻燧取火以化腥臊而民说(悦)之,使王天下,号之曰燧人氏。"除发明人工取火之外,燧人氏还是早期天文学家。战国时期的《尸子》较早记录了燧人氏观大火星神话:"燧人氏上观辰星,下察五木,以为火。"[①] 宋代《路史·发挥一》也载:"昔者,燧人氏作,观乾象,察辰心而出火。""辰星""辰心"指的都是二十八宿之心宿三星中的心宿二,它散发

[①] (战国)尸佼著,(清)汪继培辑,朱海雷撰:《〈尸子〉译注》,上海古籍出版社2006年版,第53页。《尸子》在隋唐时期已散佚了不少,部分内容为唐代的《群书治要》所辑,明清时期有诸多《尸子》佚文辑本,清代汪继培辑本较为有名。此段引文为汪辑本《尸子》卷下第二十一条辑录《艺文类聚》卷80、《太平御览》卷870所引《尸子》之内容。

出火红色光芒，与火星类似而大得多，因此在中国古代得名大火星，也称辰星，同时也是拜尔命名法中的天蝎座α星。相传，燧人氏仰观天象，见到黄昏时大火星出现于东方的地平线上，发现春天已经到来，告诉民众出火（即放火烧荒）的时间到了。燧人氏提示民众的出火时间就是后来二十四节气的春分，燧人氏观大火星神话由此可以被视为最早的节气神话。

燧人氏观大火星神话诞生于原始迁移农业生产的背景下，反映了中华先民的早期科学探索行为具有直接为生存服务的实际目的。不少研究指出最早的农业生产方式是迁移生产，族群迁移到哪里就在哪里垦荒下种，然后任作物自然生长，成熟后去收获。[1] 迁移农业时期的农耕劳作更像是对植物自然生长过程的模仿，先民用石斧等工具砍倒野生植物，并放火将它们烧成草木灰以肥田，最后将采集的植物种子撒下，待成熟后再去采摘，中间不进行任何田间管理，因此对迁移农业时期的先民来说最重要的时间节点是烧荒下种的春耕时间。

春耕时间的确立对中华先民生存发展的意义远比我们今日能想到的还重要，这主要是由两方面原因导致的。一方面，距今1.2万年前后第四纪冰期结束后全球气候显著转暖，温暖的气候促进了原始社会人口爆发式增长，同时在欧亚大陆、大洋洲、美洲等地都出现了大型哺乳动物的灭绝，如猛犸象、披毛犀等，[2] 严重影响了原始先民的食物来源，采集、狩猎等不稳定的食物获取方式已经满足不了人口增长的需要，发展种植农业以获得稳定食物来源成为生存的客观需求；另

---

[1] 于光远主编：《经济大辞典》，上海辞书出版社1992年版，第723页。
[2] 理喻：《生命与进化》，河北教育出版社2007年版，第355页；母凤朝编著：《地球人的一生》，敦煌文艺出版社2020年版，第110页。

二　中华文明的突出特性

一方面，在中华文明诞生地之一的黄河流域，有着不那么适合农业生产的大陆性季风气候，由此决定了黄河流域适合作物生长的无霜期偏短，摆在黄河流域旧石器时代晚期先民面前的最重要任务就是准确把握烧荒下种时间。

烧荒下种时间的确定经历了漫长的探索，最终是天文观测解决了问题。恩格斯曾在《自然辩证法》中说：自然科学各个部门中最先发展的是天文学，因为"游牧民族和农业民族为了定季节，就已经绝对需要它"[①]。中华先民也在仰观天象中寻找到了能提示春耕时间到来的大火星。实际上，先民对大火星的观测取得了很丰硕的成果，他们不仅在大火星的运行中感知到了春分，也感知到了其他一些重要的节气。《礼记·月令》有"季夏之月昏火中"一句，"昏火中"指大火星黄昏时出现在南方天空的正中，约为二十四节气的夏至；《诗经·豳风·七月》有"七月流火，九月授衣"一句，"流火"指大火星黄昏时出现在南偏西的天空中，约为二十四节气的大暑；《大戴礼·夏小正》中的"八月辰则伏"指大火星黄昏时出现于西方地平线上，约为二十四节气的处暑；《大戴礼·夏小正》中的"九月内火"指大火星隐没于西方的地平线下，约为二十四节气的秋分。

众所周知，节气的变化是由地球围绕太阳公转引起的，先民之所以能在大火星的观测中发现节气，是因为大火星是一颗偕日恒星，具有偕日升和偕日落规律，能反映太阳视运动的变化，因此燧人氏时期的先民将大火星黄昏时出现于东方地平线上的天象作为春播时间到来的标志。基于大火星的视运动规律对早期农业生产的指导作用，先民

[①] ［德］恩格斯：《自然辩证法》，于光远等译编，人民出版社1984年版，第162页。

曾制定了以大火星为标准星的大火星历。① 大火星历直到夏代还有深刻影响，《夏小正》说："初昏大火中。大火者，心也。心中，种黍、菽、糜时也。"《左传·昭公三年》载："譬如火焉，火中，寒暑乃退。此其极也，能无退乎？"杜预注曰："心（大火）以季夏昏中而暑退，季冬旦中而寒退。"

从先民注意到大火星，到发现它的视运动规律能反映季节流转，再到通过观测大火星的视运动来指导农业生产，经历了漫长的探索，众多祖先为此贡献了聪明才智，而神话将观测大火星指导农业生产的功劳归于燧人氏，其原因值得深思。本文认为，大火星有效观测的发生时间与人工取火技术发明时间相差不远是一个原因，更重要的是先民给予人工取火与能指导农耕的大火星观测同等的重视，认为它们都在华夏早期先民的生存中发挥了重要作用。燧人氏观大火星神话的发生时间已不可考，但该神话的叙事时间则较为清晰。有学者认为人工取火"可能在旧石器时代中期已经办到了"②，也有研究认为人类是在旧石器时代后期掌握了人工取火的方法。③ 前文已述，迁移农业发生在距今1.2万年前后第四纪冰期结束后的食物短缺中，而人类在距今1万年前后进入了新石器时代，大火星观测技术因指导迁移农业生产而产生，因此其产生时间不应晚于旧石器时代晚期。这也是燧人氏观大火星神话的叙事时间。

总的来看，燧人氏观大火星叙事是一则相当有价值的节气发生神话，它表明中华先民的科学探索行为诞生于为解决人类生存问题的早

---

① 参见庞朴《"火历"初探》，《社会科学战线》1978年第4期。
② 余继林：《原始社会简史》，四川人民出版社1981年版，第222页。
③ 关士续编：《科学技术史简编》，黑龙江科学技术出版社1984年版，第5页。

期农业劳动实践中，具有很强的实用性，是充满务实精神的创新活动。与此相反，西方早期天文探索行为的发生更多出于宗教、哲学等方面的思考，而非为劳动实践服务。[①] 可以说，求真务实地解决民众的生存问题是中华早期科学探索行为的重要特征，也是中华文明创新性发展的重要动力。

二 节气体系确立神话与中华先民的创新思维

随着节气知识的不断积累，较为完整的节气知识体系被建构起来，并产生了以节气为主要内容的农业历法，表现这一过程的神话叙事本文称为节气体系确立神话。在中华节气神话中，众多文化始祖都为节气体系的确立贡献了智慧。比如农业始祖炎帝神农氏就很重视把握自然变化的规律，《白虎通义·号篇》载："神农因天之时，分地之利，制耒耜，教民农耕，神而化之，使民宜之，故谓之神农。""天之时"即季节、温度、降水等气候条件，"因天之时"就是遵循气候变化的规律，而把握"天之时"为农业生产服务的根本办法就是不断丰富节气知识并在此基础上制定节气历法。唐代《艺文类聚》卷5引三国《物理论》载录了神农正节气叙事："畴昔神农始治农功，正节气，审寒温，以为早晚之期，故立历日。""历日"即日历，神农氏在带领先民开创早期种植农业高潮的过程中，注重测定节气、辨别冷暖，是为了确定播种和收割的最早、最晚时间，并在此基础上

---

① 西方古代天文学大致可以分为宗教派（巴比伦、古埃及的僧侣将日月星辰当作神来崇拜）、哲学派（以苏格拉底、柏拉图、亚里士多德等哲学家为代表）、托勒密派（卡里巴斯、托勒密等人创造了诸轮方法来测日月五星的行度），明显偏重空洞幻想而在技术应用上欠缺。

创立了以节气为主要内容的历法。从"正节气，审寒温"六字来看，炎帝时期的历法仅仅建立在对天象和气候变化的直接观测基础上，还较为粗略。

相传，黄帝对早期节气历法的发展也有贡献。《史记·五帝本纪》记录了黄帝迎日推策神话："（黄帝）获宝鼎，迎日推策……顺天地之纪，幽冥之占，死生之说，存亡之难。时播百谷草木，淳化鸟兽虫蛾，旁罗日月星辰水波土石金玉，劳勤心力耳目，节用水火材物。"宋代《云笈七签》卷一〇〇《轩辕本纪》中也载录了黄帝迎日推策叙事："黄帝得蚩尤①，始明乎天文，帝又获宝鼎，乃迎日推策，于是顺天地之纪，旁罗日月星辰，作盖天仪。"②"迎日"即观测太阳运行，总结其规律；"推策"是以蓍草③推算节气日辰；"迎日推策"意味着黄帝时期不仅观测天象，还在此基础上进行计算，由此制定的节气历法显然更精准。在这种较为精准的节气历法指导下，黄帝时期的先民能够顺应天地四时的变化，按照季节种植百谷草木，驯化鸟兽虫鱼。基于天文计算能力的发展，黄帝时期甚至制作出了天文仪器盖天仪。④

很明显，与燧人氏时期仅通过简单观测大火星而发现春分节气不

---

① 蚩尤在一些神话中被认为长于天文，如《管子·五行》载："蚩尤明乎天道，故使为当时。"

② （宋）张君房纂辑，蒋力生等校注：《云笈七签》，华夏出版社1996年版，第607页。

③ 《史记·龟策列传》言："王者决定诸疑，参以卜筮，断以蓍龟，不易之道也。"以龟甲预测吉凶曰"卜"，用蓍草推算则曰"筮"。又《周易》曰"乾之策，二百一十有六"，意为乾卦占筮时使用二百一十六根蓍草。

④ 盖天仪以盖天说为理论基础。盖天说产生自先民对太阳和其他重要天体运动轨迹的初步观测，是出现最早、影响最大的中国古代宇宙观。盖天说认为天如中部隆起、四周下垂的圆形华盖，覆盖在大地上方，大地像扁平的方形棋盘，承载着山川万物。盖天说本身也经历过变化，早期的盖天说认为天盖为圆形平面，后来才修正为穹隆式。

二 中华文明的突出特性

同，神农正节气神话与黄帝迎日推策神话显示出先民在天象观测技术和天文计算能力方面的巨大进步，甚至在此基础上制定了早期节气历法，这些叙事显示了中华先民创新思维能力不断发展的过程。

相传少皞时期不仅实施了节气历法，还设立了主管分（春分、秋分）、至（夏至、冬至）、启（立春、立夏）、闭（立秋、立冬）八大重要节气的官职，"玄鸟氏，司分者也。伯赵氏，司至者也。青鸟氏，司启者也。丹鸟氏，司闭者也"（《左传·昭公十七年》）。少皞，也作少昊，名挚，相传为东夷少皞部族首领，后成为黄河流域部族联盟首领，也是《孔子家语》《帝王世纪》等文献所载"五帝"说中的上古五帝之一。少皞设节气官神话讲述的是新石器时代中晚期的事情，为我们提供了先民划分节气的一种方法——物候法，即根据物候（这里主要指候鸟的活动）定节气。"玄鸟"一般指燕子，燕子春分来，秋分去；"伯赵"指伯劳鸟，杜预注曰："以夏至鸣，冬至止"；"青鸟"指鸧鹍，杜预注云："以立春鸣，立夏止"；"丹鸟"指鷩雉，杜预注说："以立秋来，立冬去。"根据天象判断节气需要专业知识，普通民众不适用。根据自然物候定节气虽不能对节气进行十分精细的划分，但符合农业生产春耕、夏耘、秋收、冬藏的季节规律，且判断起来相当简便，人人适用。因此，以物候定节气是一项十分了不起的发明，它使节气从较为高深的天文领域进入了民众的日常生活，促进了节气知识的普及。

值得注意的是，神农正节气神话、黄帝迎日推策神话、少皞设节气官神话共同显示了中华先民创新思维的重要特征——多元性与开放性。创新思维的多元性指善于从事物的多侧面、多层次、多角度进行思考；创新思维的开放性指能够广泛吸收新信息、新知识，从而整合为自己的思维成果。多元性与开放性一般来说是同时存在的。比如先民在长期的生产生活中了解到,通过观测天象可以划分节气,通过天文计算可以推知节气,通过观察自然物候的变化也可以了解节气的变化,于是就综合了三种方法,使节气划分方法更科学,天象观测法、计算法和物候观察法在后来的中国二十四节气体系中都得到了应用,七十二候就是早期物候观察法的延续。

在诸多节气体系确立神话中,以新石器时代晚期为叙事时间的帝尧敬授人时神话较为详细地叙述了先民在累积节气知识和完善节气历法方面的创新,《尚书·尧典》载:

> 乃命羲和,钦若昊天,历象日月星辰,敬授人时。分命羲仲,宅嵎夷,曰旸谷。寅宾出日,平秩东作。日中星鸟,以殷仲春。厥民析,鸟兽孳尾。申命羲叔:宅南交,曰明都。平秩南讹,敬致。日永星火,以正仲夏。厥民因,鸟兽希革。分命和仲,宅西,曰昧谷。寅饯纳日,平秩西成。宵中星虚,以殷仲秋。厥民夷,鸟兽毛毨。申命和叔,宅朔方,曰幽都。平在朔易。日短星昴,以正仲冬。厥民隩,鸟兽氄毛。帝曰:"咨!汝羲暨和。期三百有六旬有六日,以闰月定四时成岁。"

此段神话讲述了帝尧派遣世代掌管天文历法的羲氏与和氏家族的四位成员分别去往东南西北四方观测天象以制定新历法的过程。元代许谦在《读书丛说》中这样概括羲仲、羲叔、和仲、和叔的工作内容:"仲叔专候天以验历:以日景验,一也;以中星验,二也;既仰观而又俯察于人事,三也;析、因、夷、隩,皆人性不谋而同者,又

二 中华文明的突出特性

虑人为或相习而成,则又远诸物,四也。盖鸟兽无智而囿于气,其动出于自然故也。"① 因为前代已制定了节气历法,所以羲氏、和氏四人的工作其实是验证和改进历法。他们的工作主要包括以下四个方面。

第一,观察、测定太阳起落时刻与运行规律。这代表着先民已意识到太阳对季节和气候的决定性作用,相关内容即"寅宾出日""敬致""寅饯纳日"。

第二,观察和测定四仲中星。先民制定历法的标准星已经从燧人氏时期的单一大火星创造性地扩展到鸟星、大火星、虚星、昴星②四种偕日恒星。羲氏、和氏通过观测总结出四星为四季中点的标志性特征,即"日中星鸟"为仲春到来的标志,"日永星火"为仲夏到来的标志,"宵中星虚"为仲秋到来的标志,"日短星昴"为仲冬到来的标志。③ 并确定了定时(仲春、仲夏、仲秋、仲冬各月的初昏)定向(南方天空正中)的观测方法,由此,鸟星、大火星、虚星、昴星被称为"四仲中星"。天文学家早已指出,"日中""日永""宵中""日短"符合二十四节气中的春分、夏至、秋分、冬至的特征④,这四个节气正是二十四节气中最重要的支柱性节气,可以由它们推算出其余二十个节气。也就是说,在四仲中星的观测过程中,二十四节气

---

① (北魏)许谦:《读书丛说》卷二,载(清)曹溶辑《学海类编》1,江苏广陵古籍刻印社1994年版,第89页。
② 鸟星应指南方朱鸟七宿中的张宿,虚星应指北方白虎七宿中的虚宿,昴星应指西方朱雀七宿中的昴宿。
③ "日中星鸟"意为昼夜等长,鸟星黄昏时出现在正南方的天空中;"日永星火"意为白昼最长,大火星黄昏时出现在正南方的天空中;"宵中星虚"意为昼夜等长,虚星黄昏时出现在正南方的天空中;"日短星昴"意为夜晚最长,昴星黄昏时出现在正南方的天空中。
④ 参见陈遵妫《中国天文学史》上,上海人民出版社2006年版,第484页。

体系已经得到了确立。由此，先民也可能制定出了一年有366日，且通过置闰的方式调节日历年与太阳回归年之间差距的较为成熟的历法，即"期三百有六旬有六日，以闰月定四时成岁"，已经比较准确①了。

第三，观察人的生产和生活活动。"析""因""夷""隩"皆为动词，指春夏秋冬四时民众的活动。"民析"是指春日万物始动时，民众分散求食；"民因"指夏日花果繁茂时，民众聚合就食；"民夷"指秋日果实累累时，民众因食物多而喜悦；"民隩"指冬日寒气降，民众掘室避寒。

第四，观察动物物候。"鸟兽孳尾""鸟兽希革""鸟兽毛毨""鸟兽氄毛"指鸟兽在不同季节中的外在表现。春季万物复苏时，鸟兽交配繁殖；夏季气温升高时，鸟兽脱毛而露出皮；秋季硕果累累时，鸟兽因摄入足够的食物而毛羽鲜洁；冬季气温下降时，鸟兽体表长出绒毛以保暖。

这种多角度、多任务的工作，较充分地体现了先民创新思维的多元性和开放性，比如在作为节气历法标准星的四仲中星的确立过程中，先民明显持有开放的态度。虽然先民使用过大火星历，但先民也发现大火星作为历法标准星有缺陷。《夏小正》载：八月"辰则伏"，"辰也，谓星也。伏也者，入而不见也"，意思是大火星在夏历八月的黄昏时出现于西方地平线上，但很快隐没，此后再也看不到了。这个时间正是二十四节气的秋分，也就是说每年秋分以后就不能再观察

---

① 太阳回归年的长度为365.24219日，一年366日的设定显然是365日后的小数点进位而成，因而是相当准确的。

到大火星的偕日落现象了。为了弥补这种缺陷，先民又寻找到了鸟星、虚星、昴星这三颗标准星。又如，先民不仅通过天象观测验证和改进历法，还对人类和鸟兽的季节性活动进行观测，由此体现了先民创新性思维的多元性。

帝尧敬授人时神话不仅有记录在文献中的语言文字叙事，也有以考古遗址形式存在的景观物象叙事。考古发现证明中华先民至少在距今约4100年前已经有了创新性很强的观象授时实践，此实践的发生地之一正是神话中的"尧都"临汾。2003—2005年，考古工作者对山西省临汾市陶寺遗址进行了发掘，发现了具有观日授时功能的夯土观测系统，包括观测缝、观测点和所对应的日出点。学者对这一系统进行了两年的实地模拟观测，"按一个太阳回归年的顺序，从东2号缝冬至开始，经东12号缝夏至，再回到东2号缝冬至"[①]，初步摸清了此观象系统的使用方法及据此制定的历法规律。根据观测，"陶寺观象台可以观测确定一个太阳回归年中的20个时节，以一个太阳回归年中四季气候变化的节令为主，兼顾陶寺当地的宗教节日和农时"[②]。研究者对陶寺节令和二十四节气进行了比较，发现两种时间知识体系的冬至、夏至一天不差，大多数节令有少许差别，由此得出陶寺历法"是后来秦汉廿四节气的主要源头"[③]的结论。二十四节气历法的探索经历了以偕日恒星为标准星到以太阳为标准星的发展过

[①] 何驽：《陶寺中期观象台实地模拟观测资料初步分析》，《古代文明》（辑刊）2007年第6期。

[②] 何驽：《陶寺中期观象台实地模拟观测资料初步分析》，《古代文明》（辑刊）2007年第6期。

[③] 何驽：《陶寺中期观象台实地模拟观测资料初步分析》，《古代文明》（辑刊）2007年第6期。

程，研究者在陶寺遗址的模拟观测也表明某些观测缝无法用于太阳观测，"据实地模拟观测，位于观测缝最南端的东1号缝，日出最南点不能进入该缝，因此1号缝不可能用于日出观测授时，或许与其他天象观测有关"①。本文认为，陶寺观象台应是同时用于观察太阳和其他偕日恒星以测定节气的观象授时设施，是陶寺先民的重要发明创造。

三 节气测定神话与中华文明的创新传统

随着节气知识的不断丰富，精准测定节气的需要越来越迫切。先民曾长期通过观测偕日恒星来判断节气，但此种方法存在很多问题，比如使用难度较大，非天文历法专家以外的人无法轻易掌握；又如精确度不高，在没有精确计时工具的早期，观测偕日恒星的黄昏、清晨的具体时刻只能靠估量，粗略的观测时间导致粗略的观测结果，由此判断的节气点显然并不准确。节气的精准测定一直到先民意识到气候的温寒是由太阳高度角的变化引发，然后发现影子的长短与太阳高度角大小呈负相关关系，并由此发明利用圭表测影方法来掌握太阳高度角的变化规律才实现，表现这一过程的神话就是节气测定神话。节气测定神话是中华节气神话中叙事时间最晚的一类，众多节气测定神话的持续讲述和传播，表明中华文明已经形成了重视创新的传统。

---

① 何驽：《陶寺中期观象台实地模拟观测资料初步分析》，《古代文明》（辑刊）2007年第6期。此文某些判断有值得进一步探讨之处，比如"陶寺历法与二十四节气本属两个不同的历法系统，二十四节气不到4000年前陶寺文化时期"（第113页），本文认为陶寺历法是二十四节气发展成熟过程中的阶段性产物。

二 中华文明的突出特性

夸父追日神话表现了先民在节气精细测定方面的早期探索。学者对夸父追日神话的研究成果非常丰富，不少有影响的研究成果都将夸父追日神话视为征服自然的神话，将夸父视为追求光明的英雄。[①] 这当然是非常高明的解读方式，能够鼓舞人心和促进民族文化认同。但这种解读方式也有不足之处，主要问题在于遮蔽了夸父追日神话所反映的先民观测太阳视运动轨迹的早期科学探索。如果单纯将夸父追日神话视为先民与自然斗争的神话，神话叙事中就有不少细节难以解释，如"夸父不量力，欲追日景"（《大荒北经》）中的"日景"，以及"夸父不量力，欲追日影"（《列子·汤问》）中的"日影"，日景即日影，也就是因太阳照射而形成的阴影，那么夸父追逐的究竟是太阳还是影子？又如夸父执手杖追日的细节，"弃其杖，化为邓林"（《海外北经》），"弃其杖，尸膏肉所浸，生邓林"（《列子·汤问》），夸父追日时必然要全速奔跑，持手杖显然会影响奔跑速度，而且手杖一般是在体力不支或攀登时才会用到，所以夸父执杖与日竞走的情节很难解释。当我们把夸父追日神话与先民测量日影的早期探索联系起来，上述这些矛盾就迎刃而解了。追日影其实就是先民到各地测量日影，因此表现在神话中夸父所追的对象是日影而非日。如何测量日影呢？立竿见影，也就是竖立一根木杆，测量每日同一时间（一般是正午）木杆投影的长度，通过统计正午日影长短的周期变化，可以较为准确地测定节气，因此神话中夸父所持手杖其实就是先民用来测量日影的木杆。从这个角度看，夸父追日神话更适合被称作"夸父测日影

[①] 袁珂：《中国神话传说》，人民文学出版社1998年版，第195—196页；冯天瑜：《上古神话纵横谈》，上海文艺出版社1983年版，第125—126页。

神话"，它的叙事时间是新石器时代中晚期。

夸父部族与古老的炎帝部族有一定的亲缘关系，"炎帝生炎居，炎居生节并，节并生戏器，戏器生祝融，祝融生共工，共工生后土"（《山海经·海内经》），"后土生信，信生夸父"（《山海经·大荒北经》），因此夸父部族也是一个农业部族。炎帝部族早已有"正节气"（《物理论》）的实践，曾通过观测偕日恒星来判断节气，后来在长期的耕种实践中更逐渐认识到影子长短与太阳直射点移动之间具有一定的关联，其后代夸父便以节气神话叙事的时间谱系与中华文明的创新性相结合，着力探求影子与太阳视运动之间的关系。从炎帝正节气到夸父追日的神话叙事反映了古老的农业部族对于能精确指导农业生产的时间知识的不懈追求。立杆测日影的方法在今人看来很简单，但先民找到这种方法并进行准确测量却经历了漫长而艰难的探寻，夸父"道渴而死"的情节正体现了其中的艰辛。神话中的夸父追日虽然没有成功，但先民立杆测影的科学探索行为却取得了长足的进步，在以原始社会末期大洪水为背景的大禹治水神话中，立杆观测已成为大禹治水成功的法宝之一。

大禹治水相关文献中常出现"随山刊木""行山表木"的记录，如《尚书·禹贡》载："禹敷土，随山刊木，奠高山大川。"《史记·夏本纪》也载："行山表木，定高山大川。"古代学者大都将"刊木""表木"视为砍伐树木，如孔安国传《禹贡》曰："随行山林，斩木通道。"当代不少学者将其解释为勘察、测量，如"与图籍的研究相比，更重要的还是实地勘察，这就是'随山刊木，奠（定）高山大川'。……'随山刊木'，刊为'立'义。……循行大山间，立起木

二　中华文明的突出特性

柱以为标识'"①。"'刊'有刻画的意思,'随山刊木'大约是原始的水准测量。"② 当代学者的观点相当有启发性,但尚不够深入,本文认为"刊木"与"表木"皆是竖立木杆的意思,然而其目的并非以此为边界标识或进行原始的水准测量,而是以此作为测日影的标杆,原因主要有如下三点:第一,木杆易腐且质地松软,长期作为边界标识不合适;第二,根据唐代李筌的《太白阴经》,比较完备的水准测量仪在唐代才出现,且结构复杂,由"水平""照板""度竿"三部分组成,完全不是"刊木"或"表木"二字可以概括的;第三,后世发明的测影工具——圭表是由被称为"表"的立杆与作为量尺的"圭"所组成。

在长期探索中,先民总结出立杆测影的三方面重要功能,即辨别方向、测定时间与确定节气,成语"立竿见影"就源自并记录了先民的科学观测活动。大禹立杆的作用可能涉及以上三种,实施大型治水工程时既需要辨别方向又需要了解时间。节气也是一种时间,帝尧敬授人时神话说明先民很早就以二分、二至作为四季仲月的标准日,而掌握季节变化对于预测和治理季节性洪灾显然有重要意义。相传,夏禹一统九州后曾"颁夏时于邦国"(《竹书纪年》卷二),孔子得到过这部夏代历书。《礼记·礼运》说孔子自述想了解夏朝的政教,就去夏王后裔的封国杞国考察,但留存文献太少,幸运的是他得到了一部夏朝历书,即"吾得夏时焉"。在详细研究了夏历之后,孔子成为夏代节气历法的推崇者,《论语·卫灵公》载颜渊向孔子请教治国

---

① 赵昌平:《开天辟地:中华创世神话考述》,复旦大学出版社2019年版,第354页。
② 张帆编著:《安徽大农业史述要》,中国科学技术大学出版社2011年版,第421页。

方法时，孔子所答的第一条便是"行夏之时"，即采用夏代的历法，他认为夏代的节气历法更能指导农业生产。这一段叙事可以被视为大禹测日影神话的延续。

大禹测日影神话也有景观物象叙事形式。2002 年，山西襄汾县陶寺城址中期王墓曾出土一件公元前 2100—前 2000 年（即夏朝初期）的漆木杆，漆杆被漆为黑绿相间的色段并以粉红色带分隔，考古学者认为此根漆杆是测量日影的圭尺，圭尺上的不同色带是不同节气的测定标准，"陶寺圭尺 No.12 刻度彩带用于夏至影长判断，No.34 用于春分、秋分影长判断，No.33 用于前 2000 年秋分影长判断，移杆后 No.37 用于冬至影长判断"[1]。这件圭尺的出土，以实物的形式证明了在国家文明诞生之初，中华先民已经能够较为精准地测定节气，并制定出相当实用的农业节气历法。

周公测影定都神话也是一则重要的节气测定神话，虽然它后来常被视为政治神话。《周礼·地官·大司徒》中"以土圭之法测土深，正日景（影），以求地中"的记录，便是以周公测影定都神话为叙事背景。贾公彦疏《地官·大司徒》解释道："周公摄政四年，欲求土中而营王城，故以土圭度日景（影）之法测度也。度土之深，深谓日景（影）长短之深也。正日景（影）者，夏日至，昼漏半，表北得尺五寸之景，正与土圭等，即地中。"周公曾组织大规模的测日影行动，发现夏至中午，洛邑某地竖立八尺长的表，其投影为一尺五寸，与圭等长，这一测量结果后来成为洛邑适合为周之新都的神圣性证明。周公测影定都神话也有景观物象叙事形式。相传，周公测影的

---

[1] 何驽：《陶寺圭尺补正》，《自然科学史研究》2011 年第 3 期。

二　中华文明的突出特性

地点在今河南省登封市告成镇观星台，此地至今还保留着一座被命名为"周公测影台"的国家级文物。

从夸父测日影神话到大禹测日影神话，再到周公测影定都神话，这些节气测定叙事的持续讲述和传播的过程，也是中华文明传统的形成过程。正是基于这种传统，中华先民制定出了人类历史上成熟最早的太阳历——二十四节气历。不少西方学者，甚至一部分中国学者都认为世界上最早的太阳历是古埃及人制定的科普特历。但从本质上看，科普特历是以天狼星为标准星而制定的偕日恒星历，而不是太阳历，且在公元前22年前一直没有置闰，误差极大，每4年比实际太阳回归年少1天。而中国古代的二十四节气历法，从测定日影的方法成熟以后，就成为一种真正的太阳历，且早在鲁昭公五年（公元前537年）之前就采用了19年7闰的科学置闰方法。[①]

节气测定神话表现了中华先民对科学真理的不懈追求，这种追求甚至影响了国名的产生。周公用圭表测影的方法确定了洛邑为"地中"，既然新都洛邑是天下的中央，那么居于天下中央的天子所统治的国家当然就是中央之国，即中国，正如《集解》载汉末学者刘熙所言："帝王所都为中，故曰中国。"从这个角度来看，"中国"之名其实来自一种科学探索活动，展现的是中华先民善于发明创造、勇于创新的传统。

[①] 毕旭玲、汤猛：《重估中国二十四节气在人类历法体系中的地位》，《中原文化研究》2023年第1期。

结语：重视发掘中华创世神话的创新传统，充分认知中华文明的创新性

在中华先民创新思维和创新传统的指引下，节气神话不断发展壮大，形成了一个从讲述节气发现到讲述节气测定的较为完整的叙事时间谱系。早期神话的产生时间不可考，本文所讲的"时间"是神话叙事时间，也就是神话所述之事的发生时间，神话的叙事时间是被建构出来的，"神话的叙事时间是在历史事实与历史叙事的基础上对历史秩序的构建，其结果就是形成了早期历史的谱系"[①]。根据前文的论述，本文将中华节气神话叙事时间谱系列表如下：

表1　　　　　　　　　中华节气神话时间谱系

节气神话类型	代表性神话语言文字叙事	代表性神话景观物象叙事	神话叙事时间
节气发现神话	燧人氏观大火星神话		旧石器时代晚期
节气体系确立神话	神农正节气神话		
	黄帝迎日推策神话		
	少皞设节气官神话		
	帝尧敬授人时神话	山西临汾陶寺遗址夯土观测系统	新石器时代晚期
节气测定神话	夸父测日影神话		新石器时代中晚期
	大禹测日影神话	山西襄汾陶寺城址出土圭尺	新石器时代末期
	周公测影定都神话	河南告成镇周公测影台	西周早期

[①] 毕旭玲：《文明起源的建构——中华创世神话时间谱系》，上海人民出版社2022年版，第6页。

二 中华文明的突出特性

学界对中华早期文明的探索已经取得了诸多令人瞩目的学术成果，但大多数成果的形成主要依靠两种途径取得，一是考古，二是历史文献研究，而忽视了创世神话研究在中华早期文明探索和建构中的重要价值，这实在是一种遗憾。中华创世神话是探索和建构中华早期文明的重要切入点，因为一方面中华创世神话是关于文明创造的神圣叙事，"创世神话是人类思维发展到较高程度，社会发展到较高阶段，形成的对于文明发展具有承先启后的意义的关于文明创造的神圣叙事"①，必然记录了中华文明诸多方面的起源细节；另一方面，中华创世神话也是关于文明发展的神圣叙事，是"关于时间的叙事，关于世界进程的叙事……中国创世神话，不仅注重叙述从哪里的来的问题，也非常关注其过程，重视讲述发展过程问题，思考未来的问题"②，必然记录了中华文明发展的过程。包括司马迁在内的大量古代学者都曾采用神话材料建构历史，这绝不是随意的。现代考古成果也早已表明，神话中的黄帝、尧、舜、禹等上古帝王及其叙事的真实性并不能完全否定。③ 也就是说，神话是建立在一定的历史事实和历史逻辑基础上的叙事，就涉及内容的广泛性来说，神话叙事也超过了考古文物和历史文献，因此在中华早期文明的探索中不能缺少对神话的深入研究。

中国现代神话研究始于民族危亡之际，因此研究者更关注中国神话的文化启蒙功能与政治启蒙功能。同时西方科技文明成果大量涌

---

① 田兆元：《创世神话的概念、类型与谱系》，《楚雄师范学院学报》2019 年第 1 期。
② 田兆元：《中华创世神话的渐进思维与文明持续动力研究》，《河北师范大学学报》（哲学社会科学版）2020 年第 3 期。
③ 李济：《中国民族之始》，载张光直、李光谟编《李济考古学论文选集》，文物出版社 1990 年版，第 19 页（原载《大陆杂志》1950 年第 1 卷第 1 期）。

入，遮蔽了古中国曾取得的科技创新的文明成就，造成了"西方＝先进""中国＝落后"的错误认知，和忽视本土神话在科技创新方面的启蒙与引领功能的研究倾向。时至今日，这种研究倾向尚没有得到彻底改变，对中华创世神话的创造创新方面的研究少之又少，更不用说发掘其中的创新思维和创新传统了。这种情况非常不利于对中华文明创新性的充分认知。

实际上，中华创世神话具有非常鲜明地强调科学发明、弘扬创造精神的特色，比如女娲炼五色石补天神话反映了早期冶金技术的萌芽。"五色石"叙事的关键并不在于"五"（这是五行观念渗入神话的结果），而在于"色"。金属矿石因金属成分的不同而呈现出不同的自色，比如赤铁矿石颜色暗红，褐铁矿石呈黄褐色，黄铜矿石表现出黄铜色。石器时代先民在长期生产生活中偶然发现颜色各异的石块经燃烧后变成了比石头更坚硬的物质，也就是早期金属，这些发现直接导致了早期金属冶炼生产的发生。又如帝喾神话展示的算术与天文方面的进步。帝喾即帝俊，《山海经·大荒南经》记录了帝俊之妻羲和生十日、浴十日的神话，《大荒西经》记录了帝俊之妻常羲生十二月，浴十二月的神话，两则神话都展现了先民在记时方面的科学探索。十日叙事主要是对先民发明十进制，总结出十日为一旬的记时方式的记录。十二月叙事主要是对先民观察到月亮圆缺变化，总结出朔（初一）、望（十五）等时间点，并结合四季流转将十二个朔望月的长度称为"一年"的探索过程的记录。此方面的神话叙事不胜枚举，无不体现出中华先民对发明创造的热爱和对科学真理的追求。在这些神话不断流传的过程中，注重创造创新的传统早已镌刻在中华民族的文化基因中，并成为中华文明不断发展壮大的重要推动力。在科技创

二 中华文明的突出特性

新日益成为提升国家实力的核心支撑和新形势下国际竞争焦点的今天，我们应该大力发掘中华创世神话中的创造创新传统，不仅要引导民众充分认知中华文明的创新性，帮助当代人更好地了解被西方文明中心论遮蔽的中华文明的光辉真相；也要促进中华文明的创新传统和创新性特征融入当代教育、经济、文化等领域的发展中，使其成为中国社会发展的重要内驱力。

（原载《学术月刊》2024 年第 1 期）

《史记·五帝本纪》反映的政治一统与文化一统

孙庆伟[*]

中华文明源远流长，是人类历史上唯一没有中断的古老文明。两千多年前，历史学家司马迁以"通古今之变"为鹄的，整齐百家之语，截断众流，将中国古史的肇始追溯至黄帝、帝颛顼、帝喾、尧、舜所代表的"五帝时代"。近年来实施的中华文明探源工程显示，五帝时代是中华文明的形成期，也是"多元一体"格局的奠定期。《五帝本纪》是司马迁对中国上古史的宏阔建构，体现了司马迁卓绝的历史观和文明观，但在实证史学和极端疑古风气影响下，《五帝本纪》独特的历史和学术价值没有得到应有重视。[①] 中国不仅是文明古国，也是史学大国，《史记》所建构的上古史框架是深入开展文明探源研究的宝贵财富，需要对司马迁的"苦心孤诣"具"了解之同情"，更要对《五帝本纪》的"微言大义"进行充分阐释。新时代的文明探源不仅要"溯源"，更要"塑源"，要在重塑

---

[*] 作者简介：孙庆伟，北京大学考古文博学院教授。

[①] 王树民：《〈古史辨〉评议》，载《曙庵文史续录》，中华书局2004年版，第3—26页。

中华文明演进模式上"成一家之言"。因此，本文不对《五帝本纪》作单纯的文本考订，而是聚焦于五帝时代统一性特征这一关键问题，以期抽绎出司马迁对于历史发展和文明演进的理解与总结。概言之，五帝时代的政治一统推动了文化一统，文化一统又巩固了政治一统，两者相互作用，相辅相成，司马迁的卓越史识对于我们深入把握中华文明的形成和发展具有重要借鉴意义。

一　黄帝"修德振兵"与中华一统的肇始

司马迁恪守"原始察终，见盛观衰"的撰述宗旨，《太史公自序》总结了王朝兴衰的重要历史经验："非兵不强，非德不昌，黄帝、汤、武以兴，桀、纣、二世以崩，可不慎欤？"[①]"非兵不强"，武功之谓也；"非德不昌"，文治之称也。司马迁强调的是，文治武功不可偏废，政治一统可以立朝，文化一统则可以立教，立朝与立教相需为用，方是长久之计。

黄帝为"五帝"之首，是中华民族和中华文明的重要精神标识。司马迁综合百家之言，结合实地考察，第一次对黄帝史迹进行了系统梳理，并最早对黄帝的历史地位做出评价。《五帝本纪》首列黄帝的族氏："黄帝者，少典之子，姓公孙，名曰轩辕。生而神灵，弱而能言，幼而徇齐，长而敦敏，成而聪明。"[②]黄帝所出的少典氏，是当时诸多部族中的一个。《国语·晋语四》也有黄帝出于

[①]《史记》卷130《太史公自序》，中华书局1959年版，第3305、3319页。
[②]《史记》卷1《五帝本纪》，中华书局1959年版，第1页。

少典的记载:"昔少典娶于有蟜氏,生黄帝、炎帝。"① 少典、有蟜是上古时期相互通婚的两个氏族。黄帝族从少典氏分化出来,逐步发展壮大,最终代神农氏而成为天下共主,这一过程是社会发展的结果。《周易·系辞下》记:

> 古者包牺氏之王天下也,仰则观象于天,俯则观法于地,观鸟兽之文,与地之宜,近取诸身,远取诸物,于是始作八卦,以通神明之德,以类万物之情。作结绳而为网罟,以佃以渔,盖取诸离。包牺氏没,神农氏作,斫木为耜,揉木为耒,耒耨之利,以教天下,盖取诸益。日中为市,致天下之民,聚天下之货,交易而退,各得其所,盖取诸噬嗑。神农氏没,黄帝、尧、舜氏作,通其变,使民不倦,神而化之,使民宜之。②

黄帝时代,氏族林立,何以黄帝族脱颖而出?《五帝本纪》有如下解释:

> 轩辕之时,神农氏世衰。诸侯相侵伐,暴虐百姓,而神农氏弗能征。于是轩辕乃习用干戈,以征不享,诸侯咸来宾从。而蚩尤最为暴,莫能伐。炎帝欲侵陵诸侯,诸侯咸归轩辕。轩辕乃修德振兵,治五气,艺五种,抚万民,度四方,教熊罴貔貅䝙虎,以与炎帝战于阪泉之野。三战,然后得其志。蚩尤作乱,不用帝

---

① 徐元诰:《国语集解》,王树民、沈长云点校,中华书局2002年版,第336页。
② 《周易正义》卷8《系辞下》,载(清)阮元校刻《十三经注疏》,中华书局1980年版,第86页。

二 中华文明的突出特性

命。于是黄帝乃征师诸侯，与蚩尤战于涿鹿之野，遂禽杀蚩尤。而诸侯咸尊轩辕为天子，代神农氏，是为黄帝。天下有不顺者，黄帝从而征之，平者去之，披山通道，未尝宁居。①

神农本是指当时农业先进的某个氏族，但可能并不像炎帝、黄帝那样有固定所指。②《商君书·画策》称："神农之世，男耕而食，妇织而衣；刑政不用而治，甲兵不起而王。神农既没，以强胜弱，以众暴寡，故黄帝作为君臣上下之义、父子兄弟之礼、夫妇妃匹之合，内行刀锯，外用甲兵。"③神农时期的"刑政不用""甲兵不起"，反映的是生产力不发达、氏族力量普遍弱小、天下群雄无主的原始社会面貌。神农氏的衰落，标志着一个时代的结束，也预示着一个新时代的开始。按照司马迁的理解，黄帝代神农而兴，关键在于"修德振兵"，一方面致力于"治五气，艺五种"，通过发展农业壮大部族力量；另一方面是"习用干戈，以征不享，诸侯咸来宾从"，从而形成强大的部落联盟力量。

黄帝的"振兵"，采取先"安内"而后"攘外"策略，即从族内一统到族外一统的渐进。族内一统的关键是赢得阪泉之战，炎、黄同出于少典氏，随着各自势力扩张而发生冲突，是为阪泉之战。《五帝本纪》载"炎帝欲侵陵诸侯"，但"诸侯咸归轩辕"，因此阪泉之战是两大集团的较量。《列子·黄帝》称"黄帝与炎帝战于阪泉之野，

---

① 《史记》卷1《五帝本纪》，中华书局1959年版，第3页。
② 徐旭生：《中国古史的传说时代》，文物出版社1985年版，第221—226页。
③ 蒋礼鸿：《商君书锥指》卷4《画策》，中华书局1986年版，第107页。

帅熊、罴、狼、豹、虎为前驱，雕、鹖、鹰、鸢为旗帜"①，其实质是熊罴貔貅虎等六种猛兽图腾构成一个胞族，而雕鹖鹰鸢四种猛禽属于另一胞族，黄帝统率两个胞族与炎帝族相抗衡。②

赢得阪泉之战后，黄帝与蚩尤大战于涿鹿，是事关中国上古史走向的决定性一战。汉代学者多以蚩尤为九黎之君，黎的地望主要有两组：一是今山西黎城、潞城、长治、壶关等地，二是东方的黎阳（今河南浚县）和黎县（今山东郓城）。③既称九黎，且能与黄帝集团势均力敌，蚩尤集团自然不会只是蚩尤一个部族。《史记正义》引《龙鱼河图》称"黄帝摄政，有蚩尤兄弟八十一人"④，所谓的"兄弟八十一人"应该是蚩尤集团的氏族或部族首领，他们共同组成势力强大的九黎集团，广泛分布在今山东西部、河南北部、河北南部和山西东南部。而黄帝一方联合了四方诸侯，如《山海经·大荒北经》所载黄帝令"应龙畜水""女魃止雨"⑤，以及《战国策·魏策》"黄帝战于涿鹿之野，而西戎之兵不至"⑥的说法，足证黄帝绝非孤军奋战。

九黎与炎黄集团纷争由来已久，是炎黄集团向外扩张的必然结果。黄帝族在关中西部和陇东一带兴起后，逐步向东向北发展，黄帝

---

① 杨伯峻：《列子集释》卷2《黄帝》，中华书局1979年版，第84页。
② 张政烺：《先秦史讲义（1952年讲授）》，载《古史讲义》，中华书局2012年版，第16页。
③ 徐旭生：《中国古史的传说时代》，文物出版社1985年版，第48—54页。
④ 《史记》卷1《五帝本纪》，中华书局1959年版，第4页。
⑤ 《山海经》载："蚩尤作兵伐黄帝，黄帝乃令应龙攻之冀州之野。应龙畜水，蚩尤请风伯雨师，纵大风雨。黄帝乃下天女曰魃，雨止，遂杀蚩尤。"见袁珂校注《山海经校注》，上海古籍出版社1980年版，第430页。
⑥ （汉）刘向集录，范祥雍笺证：《战国策笺证》，范邦瑾协校，上海古籍出版社2006年版，第1325页。

二 中华文明的突出特性

定都于郑州附近的轩辕之丘,即是向东发展的结果;黄帝葬于陕北桥山,则是北播的证据。在此过程中,与广泛分布在华北平原和山西东南部的九黎集团正面相遇,不可避免地爆发剧烈冲突,最终在涿鹿之战擒杀蚩尤,击溃九黎集团,所以《盐铁论·结和》有黄帝"战涿鹿,杀两曎、蚩尤而为帝"之说。[①] 涿鹿之战本质上是以黄帝为代表的华夏集团对以蚩尤为代表的东夷集团的征服;蚩尤虽亡,其族众并未消失,而是成为被统治的"黎民",蚩尤的传说也一直延续,秦汉之后成为"兵主"而得到广泛祭祀。[②]

综上,经阪泉之战,黄帝实现族内一统,又经涿鹿之战征服黄河下游地区的东方族群,有力地促进了黄河流域的族群融合,开启"夷夏交融"的先声。

"修德"贯穿黄帝族发展壮大过程,黄帝擒杀蚩尤后采取一系列"德政"。《五帝本纪》记载:

> 东至于海,登丸山,及岱宗。西至于空桐,登鸡头。南至于江,登熊、湘。北逐獯鬻,合符釜山,而邑于涿鹿之阿。迁徙往来无常处,以师兵为营卫。官名皆以云命,为云师。置左右大监,监于万国。万国和,而鬼神山川封禅与为多焉。获宝鼎,迎日推策。举风后、力牧、常先、大鸿以治民。顺天地之纪,幽明之占,死生之说,存亡之难。时播百谷草木,淳化鸟兽虫蛾,旁罗日月星辰水波土石金玉,劳勤心力耳目,节用水火材物。有土

[①] 王利器校注:《盐铁论校注》卷8《结和》,中华书局1992年版,第480页。
[②] 王子今:《汉代"蚩尤"崇拜》,《南都学坛》2006年第4期。

德之瑞，故号黄帝。①

　　黄帝的迁徙既是其氏族及联盟势力不断扩张的写照，也是后世帝王巡狩制度的肇始，是权力宣示的一种重要方式，其中又以"合符釜山"和"邑于涿鹿之阿"最为关键。《史记索隐》称："合诸侯符契圭瑞，而朝之于釜山，犹禹会诸侯于涂山然也。"《史记正义》引《括地志》："釜山在妫州怀戎县北三里，山上有舜庙。"唐代妫州怀戎县即今河北涿鹿县，该县保岱村西北约三里有窑子头村，村北有山圆整如覆釜状，或即釜山。② 由此可见，所谓"合符釜山"，应是涿鹿之战后黄帝与所属四方诸侯的会盟，接受天下诸侯的拥戴。而"邑于涿鹿之阿"，即在此地区构筑军事据点，是黄帝巩固其地位的重要举措。涿鹿之战的意义不仅仅在于擒杀蚩尤，更有会盟、筑城等礼仪性举措，黄帝"监于万国"的合法性地位得以确立。"合符釜山"后，黄帝开始进行制度建设。在政治治理方面，最关键的有设官、置监以及举风后等贤能以治民；在礼仪制度方面，则有山川封禅、推算日辰历数、观察天地运行规律以及奉行生老病死制度等；在经济发展方面，有注重自然规律、种植百谷草木、驯化鸟兽昆虫、珍惜民勤民力、节用水火材物等。由此可见，黄帝时代的政治与文化已然密不可分，没有脱离政治的文化，也没有离开文化的政治。黄帝时代的"修德"既是文化建设，也是政治建设。

　　黄帝时代的重大文化建设当推封禅。《五帝本纪》称黄帝"鬼神

---

① 《史记》卷1《五帝本纪》，中华书局1959年版，第6页。
② 王北辰：《黄帝史迹涿鹿、阪泉、釜山考》，《北京大学学报》（哲学社会科学版）1994年第1期。

二 中华文明的突出特性

山川封禅与为多",《封禅书》所述更为详细:"黄帝时万诸侯,而神灵之封居七千。天下名山八,而三在蛮夷,五在中国。中国华山、首山、太室、泰山、东莱,此五山黄帝之所常游,与神会。黄帝且战且学仙。患百姓非其道者,乃断斩非鬼神者。百余岁然后得与神通。"[1] 黄帝四处封禅是其不断征服天下部族的结果,也是其四方巡狩的重要内容。上古时期帝王巡狩的核心内容有二:一是主祭,二是主事。祭以对神,事以治民,从宗教和世俗两方面彰显统治地位。[2] 黄帝不断"与神会","且战且学仙","断斩"非议鬼神者,而最终"与神通",本质上是黄帝对所征服部族的宗教大一统,而宗教大一统正是文化大一统的核心内涵。在《史记》八书中,《封禅书》的内容十分完备细致,固然是因为司马迁有扈从汉武帝"巡祭天地诸神名山川而封禅"的机缘,但更是当时"汉兴复当黄帝之时"叙事语境下,汉武帝被心怀叵测的方士捧为"活黄帝"的结果。[3] 汉武帝追慕黄帝时代封禅礼仪的内核,是文化一统的现实需求。

《五帝本纪》记载黄帝擅长"迎日推策","顺天地之纪,幽明之占",《史记索隐》称:"黄帝得蓍以推算历数,于是逆知节气日辰之将来,故曰推策迎日也。"[4] 而"迎日推策"又和黄帝升仙密切相关,《封禅书》曰:

> 齐人公孙卿曰:"今年得宝鼎,其冬辛巳朔旦冬至,与黄帝

---

[1] 《史记》卷28《封禅书》,中华书局1959年版,第1393页。
[2] 赵世超:《巡守制度试探》,《历史研究》1995年第3期。
[3] 郭津嵩:《公孙卿述黄帝故事与汉武帝封禅改制》,《历史研究》2021年第2期。
[4] 《史记》卷1《五帝本纪》,中华书局1959年版,第8页。

时等。"卿有札书曰："黄帝得宝鼎宛朐，问于鬼臾区。鬼臾区对曰：'（黄）帝得宝鼎神策，是岁己酉朔旦冬至，得天之纪，终而复始。'于是黄帝迎日推策，后率二十岁复朔旦冬至，凡二十推，三百八十年。黄帝仙登于天。"①

宝鼎之年"得天之纪"，也就是获得"神策"，宝鼎和神策代表了迎接"大终复初"之新纪元的使命，完成此项使命即可"仙登于天"而不朽，因此"迎日推策"依然是服务于政治一统的文化符号。②

黄帝崩逝，黄帝陵遂演变成为中华一统最为显著的文化地标。有关黄帝之崩，《五帝本纪》仅记"黄帝崩，葬桥山"六字，十分简洁平实。桥山当在今陕西子长和子洲县毗邻地带，但由于后来的误植，将黄帝陵定在今陕西黄陵县。黄陵县本无黄陵，但并不妨碍千百年来四时享祭，因为黄帝作为中华一统的精神标识早已深入人心，浸入民族文化血脉而得以永续。

二 帝颛顼的族群融合与宗教一统

帝颛顼具有生于华夏而成于东夷的鲜明特征，帝颛顼的政治一统首先表现在华夏与东夷的进一步融合。

《五帝本纪》对帝颛顼族属记载甚为简略，但明确指出颛顼出于

---

① 《史记》卷28《封禅书》，中华书局1959年版，第1393页。
② 郭津嵩：《公孙卿述黄帝故事与汉武帝封禅改制》，《历史研究》2021年第2期。

二 中华文明的突出特性

黄帝族。此外,《国语·鲁语》载展禽论圣王制祀原则时也提到"黄帝能成命百物,以明民共财,颛顼能修之",并强调"有虞氏禘黄帝而祖颛顼,郊尧而宗舜;夏后氏禘黄帝而祖颛顼,郊鲧而宗禹"。① 展禽所论核心是"非是族也,不在祀典",由此反证颛顼、有虞氏和夏后氏均为黄帝族裔。

颛顼都帝丘,在豫东的濮阳。帝丘之外,另一处与帝颛顼密切相关的是穷桑(也称"空桑")。《吕氏春秋·古乐》篇记"帝颛顼生自若水,实处空桑,乃登为帝"②。皇甫谧《帝王世纪》记颛顼"二十而登帝位","始都穷桑,徙商丘",并称"穷桑在鲁北。或云穷桑即曲阜也"。③ 有学者认为,山东阳谷景阳岗龙山古城为穷桑所在。④《山海经·大荒东经》记载:"东海之外大壑,少昊之国。少昊孺帝颛顼于此,弃其琴瑟。"清郝懿行认为"孺"为"育养之义",并称"此言少皞孺养帝颛顼于此,以琴瑟为戏弄之具而留遗于此也……少皞即颛顼之世父,颛顼是其犹子"⑤。

此外,秦人与帝颛顼的关系折射出颛顼与东夷集团的紧密联系。据《秦本纪》:"秦之先,帝颛顼之苗裔孙曰女修。女修织,玄鸟陨卵,女修吞之,生子大业。"《史记索隐》称:"女修,颛顼之裔女,吞鳦子而生大业。其父不著。而秦、赵以母族而祖颛顼,非生人之义也。"⑥ 20世纪80年代,陕西凤翔秦公一号大墓(秦景公墓)出土

---

① 徐元诰:《国语集解》,王树民、沈长云点校,中华书局2002年版,第156、159页。
② 许维遹:《吕氏春秋集释》卷5《古乐》,梁运华整理,中华书局2009年版,第123页。
③ 徐宗元辑:《帝王世纪辑存》,中华书局1964年版,第27、13页。
④ 张学海:《东土古国探索》,《华夏考古》1997年第1期。
⑤ 袁珂校注:《山海经校注》,上海古籍出版社1980年版,第338—339页。
⑥ 《史记》卷5《秦本纪》,中华书局1959年版,第173页。

石磬有铭"高阳又（有）灵，四方以鼏（宓）平"，证明秦人确祖颛顼。① 女修子大业即皋陶，娶少典氏之女女华，女华生大费，即伯益。伯益与禹平水土有功，帝舜赐姓嬴氏，则秦人祖先的父系出自少昊族，因此秦襄公被封为诸侯之后，"自以为主少皞之神"②。由秦人既主颛顼又主少皞来看，颛顼族与东夷集团有广泛的婚姻关系。

综合这些记载，帝颛顼应是华夏集团偏于东方的一支，活动范围与东夷毗邻，因而与东夷集团交往密切，互通婚姻。颛顼时代，华夏与东夷通过互为婚姻，结为甥舅之国，帝颛顼就是建立在血缘纽带基础之上的部落联盟首领，婚姻是上古族群融合的重要推手。

"绝地天通"是帝颛顼重要文化一统举措，历代学者先后提出多种解读。③ 相关记载主要见于《尚书·吕刑》和《国语·楚语下》，对比两条记载，可以明显看出两者有共同的史料来源，论述重点却不同。《尚书·吕刑》中周穆王的出发点是刑罚之源，强调执法者必须勤政慎刑，不能滥杀无辜；而《国语·楚语下》观射父则从巫觋祝宗的职责出发，关注的是宗教秩序对巩固统治的特殊作用。④ 但两者都强调神人沟通的重要性，认为如果这个环节解决不好，就会导致"民神同位"；反之，则能够达到"民神异业"的状态。换言之，神

---

① 梁云：《西垂有声：〈史记·秦本纪〉的考古学解读》，生活·读书·新知三联书店2020年版，第16页。
② 《史记·封禅书》曰："秦襄公攻戎救周，始列为诸侯。秦襄公既侯，居西垂，自以为主少皞之神，作西畤，祠白帝，其牲用骝驹黄牛羝羊各一云。"（第1358页）
③ 相关论述参见王小盾《"绝地天通"天学解》，《中华文史论丛》2016年第3期。
④ 贾学鸿：《分属于两个系统的绝地天通传说——〈尚书〉、〈国语〉相关记载的对读与辨析》，《古籍整理研究学刊》2012年第6期。

二 中华文明的突出特性

有神道，民有民规，两者并行不悖，世俗的统治必须借助于上天的福佑，良好的宗教秩序是世俗统治稳固的重要基础。

由此可以理解，帝颛顼"绝地天通"的本意是要天地有序，神人异业，重新构建神灵和人间秩序以及贯通两者的祭祀规则。在此过程中，重、黎二氏发挥关键作用，南正重"司天"，既主观象制历，也掌天上神灵；火正黎"司地"，既定农时，也掌人间群巫。经过改革，重、黎不仅由单纯的"技术官僚"转变为"政务官员"，而且实现"巫史"的分离——重为"治神之官"，为后代史官之肇始，故《太史公自序》称"太史公既掌天官，不治民"；黎为"治民之官"，与后世祝、宗和卜等人物类似，事鬼神而祈福祥。重出于少昊族，为东方金正，称句芒；黎（犁）出于颛顼族，为南方火正，称祝融。重、黎分别出于少昊与颛顼，并同时在颛顼主导的"绝地天通"宗教大一统上扮演关键角色，再一次证明五帝时代的政治一统与文化一统始终紧密交织在一起。

帝喾代颛顼而起，《五帝本纪》归纳帝喾的主要功绩为"取地之财而节用之，抚教万民而利诲之，历日月而迎送之，明鬼神而敬事之"。文献记帝喾为颛顼"族子"，至少说明两者关系密切。帝喾明历法，当是继承帝颛顼之志。《楚世家》记载"重黎为帝喾高辛居火正，甚有功，能光融天下，帝喾命曰祝融"，此后又"以庚寅日诛重黎，而以其弟吴回为重黎后，复居火正，为祝融"。① 帝喾两命火正祝融，可以视为对帝颛顼"绝地天通"政策的继承与巩固。

---

① 《史记》卷40《楚世家》，中华书局1959年版，第1689页。

三 尧之"文章"与最初的"中国"

五帝之中,孔子对帝尧可谓推崇备至。《论语·泰伯》载孔子之语曰:"大哉,尧之为君也!巍巍乎,唯天为大,唯尧则之。荡荡乎,民无能名焉。巍巍乎其有成功也,焕乎其有文章!"

尧称陶唐氏,是因为先后居于陶地和唐地。陶即今山东菏泽市定陶区一带,唐当在今山西临汾市一带,学界普遍认为襄汾陶寺遗址即尧都平阳。该遗址发掘者指出,陶寺文化早期与山东大汶口文化关系密切。"陶寺文化早期陶器中蕴含的大汶口文化因素,包括相似器形10种以上;上述器形在陶寺早期演变出的新式样约七八种;上述器形基础上衍生出来的新器形10余种,三项合计不少于30种。"由此,"公元前三千纪中叶,在临汾盆地,由庙底沟二期文化晚期阶段派生出的一支,经与大汶口文化因素融合、重组,催生出新颖、独特的陶寺文化"[①]。这一现象与尧先居陶、后迁唐的历史脉络十分契合,值得高度重视。尧之所以能从定陶迁平阳,华夏与东方族群的融合是其基本政治前提。

与黄帝、颛顼和帝喾相比,文献对尧的历史功绩记载丰富,尧最为称道的是"敬授民时",《尚书·尧典》叙述极为详尽。相比颛顼命重为南正以司天、帝喾命重黎和吴回为火正祝融,尧立羲和之官观测四中星以定二分二至,无论在天文观测还是制历上都是巨大进步。

[①] 中国社会科学院考古研究所、山西省临汾市文物局编著:《襄汾陶寺——1978~1985年考古发掘报告》,文物出版社2015年版,第1093、1099页。

二 中华文明的突出特性

设立羲和之官的最终目标，就是《尚书·尧典》所说的"期三百有六旬有六日，以闰月定四时，成岁"①，即确定回归年的长度和置闰，由此"正式宣告以观测日月运行规律为主的新历法的产生"②。"敬授民时"的核心是把观测日月星辰获得的天象节令知识传授给民众，以便于民间进行农事安排，这一举措开启中国古代朔政制度先河，堪称政治建设和文化建设有机结合之典范。

尧在政治建设方面的最大贡献，莫过于禅位于舜。有关禅让的历史真相，张政烺曾有通俗易懂的说明，他认为尧、舜是由酋长会议一致选举出来的"军务总指挥官"，一正一副，彼此同时存在，可以互相监督。正的出缺，便由副的继任，再由酋长会议重新推选一个副的，传说中关于尧舜禅让的故事便是这样一个历史内容。③

《五帝本纪》"天子"之称始于帝尧，自非太史公的随意之笔。尧舜禅让表明五帝时代进入了一个新阶段，超越血缘氏族的部族联盟是禅让的政治基础。尧舜禅让，本质上是最高统治权力更替的制度化保障，也意味着以"天子"为代表的最初"中国"的萌芽。孔子删书，断自尧舜，而太史公著书，以黄帝开篇。孔子尊尧，是重政治；史迁尚黄帝，是重"种族"。但实际上，族群互动是上古时期最大的政治，在这层意义上讲，孔子和司马迁的撰述宗旨并无区别。

---

① 《尚书正义》卷2《尧典》，载（清）阮元校刻《十三经注疏》，中华书局1980年版，第119页。
② 金景芳、吕绍纲：《甲子钩沉》，载金景芳《知止老人论学》，东北师范大学出版社1998年版，第190—200页。
③ 参见张政烺《先秦史讲义（1952年讲授）》，载《古史讲义》，中华书局2012年版，第18—19页。

四　舜之"明德"与早期国家制度完善

五帝之中,帝舜的事迹最为丰富,"令人目眩心乱,捉摸不定"①。《五帝本纪》记载:"舜,冀州之人也。舜耕历山,渔雷泽,陶河滨,作什器于寿丘,就时于负夏。"② 但《孟子·离娄下》记:"舜生于诸冯,迁于负夏,卒于鸣条,东夷之人也。"③ 舜究竟是冀州之人,还是东夷之人,历来争讼不断,其实也是族群迁徙的结果。舜是上古时期以迁徙著称的帝王之一,有"三徙三成"之美誉。如《吕氏春秋·贵因》称:"舜一徙成邑,再徙成都,三徙成国。"④《太平御览》卷81引《尸子》:"舜一徙成邑,再徙成都,三徙成国,其致四方之士。"⑤《五帝本纪》也说舜"一年而所居成聚,二年成邑,三年成都"⑥。

舜的迁徙是当时政治体制的必然产物。尧舜联合执政,而舜为尧佐,《五帝本纪》称"舜受终于文祖。文祖者,尧大祖也",可知舜必在尧都。尧崩之后,舜先是"让辟丹朱于南河之南",此后在诸侯拥戴下,"夫而后之中国践天子位焉",即返尧之文祖而即位。这里

---

① 顾颉刚:《虞初小说回目考释》,载《顾颉刚古史论文集》卷1,中华书局2011年版,第346页。
② 《史记》卷1《五帝本纪》,中华书局1959年版,第32页。
③ (清)焦循:《孟子正义》卷16《离娄下》,沈文倬点校,中华书局1987年版,第537页。
④ 许维遹:《吕氏春秋集释》卷15《贵因》,梁运华整理,中华书局2009年版,第386页。
⑤ 《太平御览》卷81《皇王部六·帝舜有虞氏》,中华书局1960年版,第378页。
⑥ 《史记》卷1《五帝本纪》,中华书局1959年版,第34页。

二 中华文明的突出特性

的"南河之南"和所谓的"中国"均在冀州之地,舜作为尧的副手和继承人,确实是从其原居地迁居到晋南的冀州之域。

舜既有德行,更行德政。所谓德政,依然表现为政治和文化上的不断整合与完善。帝舜时期的政治一统,首先是所谓的"举相流凶"。《五帝本纪》称:

> 昔高阳氏有才子八人,世得其利,谓之"八恺"。高辛氏有才子八人,世谓之"八元"。此十六族者,世济其美,不陨其名。至于尧,尧未能举。舜举八恺,使主后土,以揆百事,莫不时序。举八元,使布五教于四方,父义,母慈,兄友,弟恭,子孝,内平外成。[①]

从职能来看,"八恺"主于生产,属司空一类;"八元"专司教化,近司徒之职。八恺八元都是当时各部落的首领,而颛顼、帝喾和帝尧未能任用,说明当时的族群整合还力有不逮;帝舜能举八恺八元,固然是贤能政治的具体表现,但更多的是政治一统得以强化的结果。与此相应,《五帝本纪》又有帝舜"流四凶族"的记载:

> 昔帝鸿氏有不才子,掩义隐贼,好行凶慝,天下谓之浑沌。少暤氏有不才子,毁信恶忠,崇饰恶言,天下谓之穷奇。颛顼氏有不才子,不可教训,不知话言,天下谓之梼杌。此三族世忧之。至于尧,尧未能去。缙云氏有不才子,贪于饮食,冒于货

[①] 《史记》卷1《五帝本纪》,中华书局1959年版,第35页。

贿，天下谓之饕餮。天下恶之，比之三凶。舜宾于四门，乃流四凶族，迁于四裔，以御螭魅，于是四门辟，言毋凶人也。①

举和流是一体之两面，是帝舜时期政治一统的具体表征。故《左传·文公十八年》称，"是以尧崩而天下如一，同心戴舜，以为天子，以其举十六相、去四凶也"②，只有"天下如一"的"天子"才能具备举相流凶的政治权威。

职官制度是政治建设的关键，从黄帝时代的"官名皆以云命"，到帝颛顼的"为民师而命以民事"，是一个不断进步完善的过程。帝舜时期，部落联盟进入大发展阶段，如何因其所长而各有任事，本质上是国家治理体系的构建问题。按《五帝本纪》的说法，"禹、皋陶、契、后稷、伯夷、夔、龙、倕、益、彭祖自尧时而皆举用"，但"未有分职"。三年丧毕，天下归舜，舜即以"居官相事"而咨于四岳，任禹为司空，皋陶为大理，契为司徒，弃为后稷，伯夷主礼，夔主乐，龙主宾客，倕主工师，益主虞。通过任用大禹、皋陶等人，舜实现了对部落联盟内部的有效管理，最终"此二十二人咸成厥功"，"四海之内咸戴帝舜之功"③，早期国家样态已经初具规模。

帝舜的文化建设主要表现为观天道，齐七政。《五帝本纪》对此有完整描述：

---

① 《史记》卷1《五帝本纪》，中华书局1959年版，第36—37页。
② 《春秋左传正义》卷20，载（清）阮元校刻《十三经注疏》，中华书局1980年版，第1863页。
③ 《史记》卷1《五帝本纪》，中华书局1959年版，第38—43页。

二　中华文明的突出特性

> 舜乃在璇玑玉衡，以齐七政。遂类于上帝，禋于六宗，望于山川，辩于群神。揖五瑞，择吉月日，见四岳诸牧，班瑞。岁二月，东巡狩，至于岱宗，柴，望秩于山川。遂见东方君长，合时月正日，同律度量衡，修五礼五玉三帛二生一死为挚，如五器，卒乃复。五月，南巡狩；八月，西巡狩；十一月，北巡狩：皆如初。归，至于祖祢庙，用特牛礼。五岁一巡狩，群后四朝。遍告以言，明试以功，车服以庸。肇十有二州，决川。象以典刑，流宥五刑，鞭作官刑，扑作教刑，金作赎刑。眚灾过，赦；怙终贼，刑。钦哉，钦哉，惟刑之静哉！①

七政，按《尚书大传》当指"春秋冬夏天文地理人道"。有学者指出，舜"在璇玑玉衡，以齐七政"与尧"钦若昊天，历象日月星辰，敬授人时"意义一致，天文以此正，地理以此分，人事以此齐，四时以此定，文明由此进入新阶段。②"类于上帝，禋于六宗，望于山川，辩于群神"，是指帝舜遍祭天神地示，整齐神灵秩序，致力于宗教大一统；"揖五瑞，择吉月日，见四岳诸牧，班瑞"，则是指制定瑞玉制度，用以昭示四方诸侯的等级秩序，是礼仪大一统；在此基础上制定四方巡狩制度，划九州为十二州，疏通河道，整饬五刑，慎罚恤刑，行政上也实现大一统。《五帝本纪》在叙述帝舜功绩之后，以一句"天下明德皆自虞帝始"作为总结，以此说明经过从黄帝到帝舜的不断发展进步，国家形态趋于定型，典章制度得以

---

① 《史记》卷1《五帝本纪》，中华书局1959年版，第24页。
② 金景芳、吕绍纲：《〈尚书·虞夏书〉新解》，辽宁古籍出版社1996年版，第102页。

完备，"家天下"的王朝国家呼之欲出。

诚如学者所指出，中华民族的先民在长期交往和交流中，逐步走向交融和统一。一统和大一统思想，几千年来浸润着我国人民的思想感情，是一种向心力，亦是一种回归的力量。它要求人们统一于"华夏"，统一于"中国"，这里的"华夏"与"中国"不能理解为大民族主义或者是一种强大的征服力量，它是一种理想，一种自民族、国家实体升华了的境界。这种境界有发达的经济、理想的政治、崇高的文化水平而没有种族歧视及阶级差别，是谓"大同"。① 《史记》以《五帝本纪》开篇，以黄帝为五帝之首，是司马迁大一统历史观的鲜明体现。《五帝本纪》仅 3000 余字，但具体生动地描绘了五帝前后相继的历史变化，充分体现了司马迁进化论的历史观。② 一统和进步是中华民族历史的基本脉络。司马迁所描述的五帝时代，政治一统和文化一统是相互作用的历史主线，是中华文明演进的根本之道。

长期以来，有关中国上古史的研究通常被简单划分为"疑古/信古"的二元论争，以科学方法"证古"，去疑存信成为中国现代考古学最为重大的学术使命之一。客观来说，在"新史学"激进的反传统浪潮影响下，放弃传统史学的价值立场并不需要太多的思想勇气，但如何在"大破"之后实现古史系统的"大立"，却始终困难重重。司马迁有"良史之材"，《史记》载"其文直，其事核，不虚美，不隐恶"，更重要的是，司马迁承父志，继《春秋》，原始察终，见盛

---

① 杨向奎：《大一统与儒家思想》，北京出版社 2011 年版，第 1 页。
② 张大可：《司马迁的历史观》，载《史记研究》，商务印书馆 2011 年版，第 339—357 页。

二 中华文明的突出特性

观衰,与近代史学"重现过去"的单纯知识追求,以及"为作史而作史"的旨趣截然有别。① 中国百年考古的最大贡献,乃是通过一系列重大发现有效推进了早期中国文明在区域分布和年代序列上"拼图"的完整性,中华文明探源工程的主要成效,也是利用实物资料揭示了中华文明起源、形成的阶段性特征。② 但无论是考古出土材料,还是传世历史文献,都是某种文化和社会政治记忆的体现,因此我们需要找到贯通考古、历史、文献学不同材料之间的阐释工具,建立起新的、具有鲜明特色风格的早期中国文明解释理论体系。中华文明探源研究在本质上还是历史研究,要在"溯源"和"塑源"上同时发力,不仅要发掘出早期文明的标志性遗存,更要在文明形成的内在基因、文明演进的动力机制、文明融合的历史进程、文明交流的传播形式等理论体系建构上,彰显现代学人的"贯通之识"和"独断之功"。

(原载《历史研究》2023 年第 4 期)

---

① 陈文洁:《司马迁之志:〈史记〉之"继〈春秋〉"辨析》,华东师范大学出版社 2015 年版,第 1—2 页。
② 王巍、赵辉:《"中华文明探源工程"及其主要收获》,《中国史研究》2022 年第 4 期。

从有宋一代政权格局透视文明统一性[*]

黄纯艳[**]

隋唐在政治上重新实现大一统，结束了魏晋南北朝以来的长期分裂局面；在文化上胡汉融合、兼容并收，使中华文明达到一个新的高度。宋朝上承隋唐，进一步推动中华文明向前发展。[①] 由于宋朝文化的高度发达，以至于周边政权对"宋朝所代表的先进的政治制度、社

---

[*] 20世纪80年代，邓广铭首先提出"大宋史"概念，强调两宋政权只是10—13世纪中国同时并存的几个政权之一，必须对10—13世纪的全局作宏观观察（参见《谈谈有关宋史研究的几个问题》，《社会科学战线》1986年第2期）。李华瑞、包伟民指出，"大宋史"并非以宋王朝为正统，而是强调对10—13世纪的中国史作整体性的通贯研究。以"大宋史"指代该时期既是因为宋王朝存续时间最长，大体涵盖整个时期，且中原地区是中华文明的核心区，也是为了表达简便（参见李华瑞《说说"大宋史"》，《中国社会科学报》2020年7月6日；包伟民《关于推进辽宋夏金史研究的三点思考》，"中国史学界第十次代表大会"大会学术报告，嘉兴，2021年7月）。本文借鉴上述学者观点，以"宋代"指称辽、宋、夏、金并存的历史时期，而以宋朝、辽朝等指称具体王朝。

[**] 作者简介：黄纯艳，华东师范大学历史学系教授。

[①] 宋朝文化及其地位的评价自20世纪初以来讨论颇多，总体评价大体如邓小南所言，宋朝物质文明和精神文明成就突出，是中国历史上文明昌盛的辉煌阶段（《宋代历史再认识》，《河北学刊》2006年第5期）。李华瑞近年提出"宋型国家"概念，从多方面讨论了宋朝国家形态和文明特征（《探寻宋型国家的历史——李华瑞学术论文集》，人民出版社2019年版；《宋型国家历史的演进》，商务印书馆2022年版）。

二 中华文明的突出特性

会经济和思想文化,自觉不自觉地表示出认同、追随、仿效与移植",从而使这一时期政治上相对独立的辽、夏、金、大理等在各方面"被一种共同的中国文明所笼罩"①。探讨这一时期中国境内不同政权发展过程中呈现出的统一性,对更好地理解宋代多民族政权并立格局下中华文明的时代特征和历史地位有重要意义。

一 北方政权与宋朝政权的文明统一性

在多政权并列的宋代,辽、夏、金等北方民族政权在发展中不断趋向宋朝所代表的中原传统,使得辽、夏、金与宋朝在政治制度、文化思想、社会经济等方面,都表现出强烈的统一性。

政治制度的统一性,主要表现在接受并采用以皇帝制度为核心的中央集权政治体制。辽、夏、金建国后都沿用唐制、借鉴宋制,逐步从游牧部族体制转向中原王朝体制。辽、夏、金在中央借鉴唐宋以三省六部、枢密院、台谏为核心,行政、军事和监察并立的政治架构,并设置寺、监、院等各类机构;在地方仿行宋制,设置路、府、州、县。中原王朝体制成为辽、夏、金统治者摆脱旧有部族体制,构建君主集权王朝体制的理想模式。耶律阿保机称帝后,辽朝不断向南发展,体现的正是由部族体制走向君主集权国家体制的历史路径:需要从没有皇权根基的北方草原腹地转向中原汉地,以实现集权政治的建

---

① 《剑桥中国辽西夏金元史(907—1368)》,中国社会科学出版社1998年版,第24页;虞云国:《试论十至十三世纪中国境内诸政权的互动》,载李国章、赵昌平主编《中华文史论丛》第79辑,上海古籍出版社2005年版,第245—266页。

构。① 金熙宗和海陵王强化三省制及改三省为一省制等改革，也是为了强化皇权，以便在女真部族时代贵族集体议政体制废止后，建立新的君主集权政治体制。辽金由游牧部族体制向中原传统的君主集权政治体制转变，是一个渐进过程，所建立的君主集权国家体制虽也根据本族传统和实际情况有所变通，但在总体上趋同于宋朝所代表的中原政治体制。

文化思想的统一性，主要表现在各民族政权均推行科举制度，推动儒家思想成为社会主流思想。辽、夏、金都推行科举制度，其科目设置和考试程序不仅兼用唐宋之制，还特别吸收了宋朝才开始制度化的殿试环节。辽朝分设诗赋进士和经义进士，三岁一试，并设恩科；西夏"策举人，立唱名法"②；金朝"兼采唐、宋之法而增损之"③，借用宋朝奏名、弥封、誊录和三甲制度。科举制的主要作用是加强中央集权，皇帝亲自主考的殿试制更是将最终取士权集中于皇帝之手。科举制直接促进了儒学教育的发展。宋朝复兴儒学和完善科举制，中央及地方的儒学教育空前发展。辽、夏、金都在境内推行系统的儒学教育，建立中央和地方学校，尊孔崇儒。科举制度和儒学教育推动官僚制度和文官政治进一步发展。科举出身者在各政权都受到社会推崇，晋升之道较其他途径入仕者更为通达，使得文官政治逐步成为当时各政权政治文明发展的主流方向；同时也使儒家价值观更加深入人心，成为宋代社会的基本价值观。如辽朝文化发展方向是"学唐比

---

① 耿涛：《"中国之志"与"草原本位"：辽前期统治者的政治抉择》，《黑龙江社会科学》2022年第4期。

② （清）周春：《西夏书校补》卷3《王仁宗传》，胡玉冰校补，中华书局2014年版，第109页。

③ 《金史》卷51《选举志一》，中华书局1975年版，第1130页。

宋""华夷同风",儒家观念成为维系国与家的精神支柱。① 儒学对西夏社会也产生了全方位影响,从统治者思想到社会风俗都深受儒家文化影响。② 金朝受儒学影响尤深,作为一种文化和观念,儒学在金朝各阶层都得到积极吸收和有效运用。③

社会经济的统一性主要表现为辽、夏、金模仿中原制度建立国家财政体制。辽、夏、金建国后从游牧部族体制转向中原传统的中央集权国家体制,需要建立维持国家机器运行的经济制度。这一经济制度的核心是建立为国家机器提供财政支持的赋税制度。辽、夏、金经济制度与宋朝表现出很大的同质性,反映了从唐代到宋代社会经济形态和国家治理方式所发生的新变化。

其一,农商并重的经济制度和财政结构。宋代是中国古代商品经济发展的一个新高峰,赋税制度沿袭和扩大了唐后期开辟工商业财源的做法,工商业在社会经济和国家财政中的地位空前提高,工商业者与国家的关系由汉武帝改制后的对立争利转变为共利分利。如欧阳修指出的,在经济发展、利源增广的形势下,国家若想垄断商业利益已难实现,只有顺应新变,因势利导,建立与商人共利的制度和机制,才能获得最大利益,即"大国之善为术者,不惜其利而诱大商。此与商贾共利,取少而致多之术也"④。宋朝的工商业政策也从汉唐以来的重农抑商转向农商并重。宋朝财政结构中禁榷、商税等工商业收

---

① 武玉环:《辽制研究》,吉林大学出版社2001年版,第219页;宋德金:《辽金论稿》,湖北教育出版社2005年版,第30页。
② 刘建丽:《论儒学对西夏社会的影响》,《西北师大学报》(社会科学版)2000年第3期。
③ 刘辉:《金代儒学研究》,中国社会科学出版社2018年版,第172页。
④ (宋)欧阳修:《居士集》卷45《通进司上书》,载《欧阳修全集》卷45,李逸安点校,中华书局2001年版,第642、643页。

入，不仅能与以两税为主的传统农业税收并驾齐驱，甚至能超过农业税收，以至于宋人夸张地称当时工商收入"总其所得，又十倍于两税而不翅也"[1]，即工商收入是两税等农业收入的10倍以上。辽、夏、金财政的基本结构也是由田赋收入与工商收入组成，再加上向游牧民征收的牲畜税。与宋朝一样，辽、夏、金政权的田赋主要来自私田两税和官田租，工商收入主要来自禁榷收入和商税，盐酒禁榷成为国家财政大宗来源。据有中原的金朝赋税制度和财政结构最接近宋朝，田赋岁入总约1000万石，禁榷、商税、物力钱等岁入总2000万贯。[2]

其二，财产税成为基本制税原则。辽、宋、夏、金均承袭唐代两税法中的财产税征收原则，二税皆按亩征收。辽朝自太祖、太宗朝即逐步建立赋税制度，田赋"计亩出粟以赋公上"，辽人自言"民产若括之无遗，他日必长厚敛之弊"。[3] 说明辽朝其他财产也是征税依据。宋朝视"亩税一斗者，天下之通法"[4]，职役摊派依据则是按资产划分的户等。西夏田赋征收标准也是按田亩，如"一顷五十亩税一石八斗"。金朝对一般私田征"夏税亩取三合，秋税亩取五升，又纳秸一束"，女真私田"每牛一具赋粟五斗"。[5] 辽、夏、金的牲畜税按牲畜数量，金朝物力钱是按各类资产征收。

---

[1] （明）杨士奇等奉敕编：《历代名臣奏议》卷91《经国·户部侍郎汪应辰应诏言事》，景印文渊阁《四库全书》第435册，台北：台湾商务印书馆1986年版，第567页。

[2] 黄纯艳、刘云：《宋辽西夏金元财政史》，载叶振鹏主编《中国财政通史》第5卷下册，湖南人民出版社2013年版，第297、302、307、322页。

[3] 《辽史》卷59《食货志上》、卷105《马人望传》，中华书局1974年版，第926、1462页。

[4] （宋）沈括：《梦溪笔谈》卷9《人事一》，胡静宜整理，载《全宋笔记》第2编第3册，大象出版社2006年版，第78页。标点有改动。

[5] 史金波：《西夏农业租税考——西夏文农业租税文书译释》，《历史研究》2005年第1期；《金史》卷47《食货志二》，中华书局1975年版，第1055、1063页。

二　中华文明的突出特性

其三，货币经济蓬勃发展。辽、夏、金深受宋朝货币经济发展的影响，皆铸造铜钱。辽共铸造 23 种年号钱；西夏共铸造过十多种货币；① 金所铸钱"轻重如宋小平钱"②。辽、夏、金本国铸币皆不敷需求，而以宋钱为主要通货。苏辙在辽朝看到"公私交易，并使本朝铜钱"③。西夏故地发现的十余处大型钱窖中，宋钱平均占 90%。大榆堡乡金朝窖藏出土的 24911 枚钱币中，金朝钱币仅 187 枚。④ 金朝还学习宋朝，发行纸币。宋代货币经济蓬勃发展，有力地体现了辽、宋、夏、金经济形态的同质性。

有宋一代，契丹建立的辽朝和党项建立的西夏政权，充分吸收中原文明，采用中原传统的皇帝制度和职官制度，实行中原传统的礼制和法律，任用汉族贤才，读汉文书籍，"典章文物、饮食服玩之盛，尽习汉风"，"所为皆与中国等"，各方面都与"中国"（即中原王朝）接近，以至于同时期的宋人也认识到辽朝和西夏接受中原文明的程度超过以往很多民族政权，不能再将他们视同"夷狄"。⑤ 金朝接受中原文明较辽朝和西夏更加深入系统，特别是金世宗推行一系列仿效中原制度的政治改革，以至于"中原之人呼他为'小尧舜'"。宋人对金朝采用中原制度基本持肯定态度，朱熹甚至说如果金世宗

---

① 李丽新：《浅谈辽代年号钱》，《北方文物》2011 年第 2 期；李鸣骥：《西夏钱币铸造特点及其变化原因初探》，《西夏研究》2017 年第 1 期。

② 《金史》卷 48《食货志三》，中华书局 1975 年版，第 1069 页。

③ （宋）苏辙：《栾城集》卷 42《北使还论北边事札子五道·一论北朝所见于朝廷不便事》，曾枣庄、马德富点校，上海古籍出版社 1987 年版，第 938 页。

④ 杨富学、李志鹏：《北宋钱荒之西夏因素考析》，《西夏研究》2014 年第 1 期；刘少玉、吴鹏：《义县大榆堡金代窖藏铜钱清理简报》，载孙进己等主编《中国考古集成·东北卷·金（一）》，北京出版社 1997 年版，第 402—404 页。

⑤ 富弼：《上仁宗河北守御十三策》、韩琦：《上仁宗论备御七事》，载（宋）赵汝愚编《宋朝诸臣奏议》卷 135、卷 134，上海古籍出版社 1999 年版，第 1502、1493—1494 页。标点有改动。

"能尊行尧舜之道，要做大尧舜也由他"①。

辽、夏、金在模仿借鉴中原文明的同时，也努力维护本民族的一些游牧文化传统。这些政权内部始终存在保持游牧传统和向中原文化学习两种不同路径的竞争，对中原文明的吸收并非简单的"以夏变夷"，而是不同传统的彼此融合。但辽、夏、金的政治体制、思想文化、经济制度乃至国家治理方式等方面，总体上表现出与中原王朝不断增强的同质性。这既是农耕文明与游牧文明长期交流融合的结果，也反映了中原文明的领先效应和向心作用。

二 西南地区与中原地区的文明统一性

西南地区各族的文明形态及其与中原王朝的关系，表现出与北方游牧文明等其他区域文明不同的特点，构成了中华文明中的子文明，形成了中华民族多元一体格局中的"西南类型"。② 宋朝放弃汉唐时期中原政权在西南腹地设置直辖郡县的传统，在西南地区实行相对收缩的政策。宋朝与西南各族的关系由汉唐时期的交错互嵌变为彼此分界。宋代西南腹地的地方势力不再如汉唐时期那样受到中原王朝的直接控制，从而使西南地区发展出一些地方性政治体，出现了不同地方

---

① 《朱子语类》卷133《本朝七·夷狄》，载朱杰人等编《朱子全书》第18册，上海古籍出版社、安徽教育出版社2002年版，第4161页。

② 李治安、王先明提出，中华文明内部包含了黄河中下游文明、长江中下游文明、大漠草原文明、东北文明、西北文明、西南文明等地域子文明，参见《关于中华文明发展进程的若干思考》，《史学集刊》2023年第1期；黄纯艳、潘先林提出，古代西南地区的文明特征、西南民族与中原政权的关系形态都具有自己的特点，形成了中华民族多元一体格局中的"西南类型"，参见《古代民族关系史的"西南类型"——基于〈西南古代民族关系史稿〉的思考》，《中国史研究动态》2021年第6期。

二 中华文明的突出特性

势力并存的格局，但并不意味着西南文明与中原文明在发展中出现相互疏离；恰恰相反，这一时期西南文明在具体发展过程中，在政治体制、社会文化、经济发展乃至社会治理等方面，均表现出与中原文明强烈的统一性。

首先，西南地区普遍采用中原传统的政治体制。大理学习中原体制，建立了中央和地方官制，并"开科取士，定制以僧道读儒书者应举"[①]。西南地区地方势力大都借用中原制度。如宋代位于西南地区的自杞国"胜兵十余万，大国也"，其国书曾以"乾贞为年号"，可见已模仿中原王朝建立了年号。[②] 属于宋朝羁縻州的地方势力也采用州县制度构建地方秩序。如溪州地方豪族彭氏将所辖之地分设二十州，彭氏自任下溪州刺史，"以下溪州刺史兼都誓主，十九州皆隶焉，谓之誓下（州）"[③]。在州之下设县，如下溪州直辖大乡、三亭两县，而百姓按团、保组织，并仿照中原王朝的赋税制度征收"赋租"。[④]

其次，西南地区大力推行中原文化。在宋代，以汉字、儒学为代表的中原文化成为西南地区的主流文化。汉字不仅是辽、夏、金朝乃至东亚诸国的通用文字，也成为西南地区不同民族间的交往工具。[⑤] 大理普遍使用汉文，大理商人到广西邕州横山寨博易场贸易，热衷于购买《史记》《汉书》《本草》《千金方》等汉籍；西南地方政权罗

[①] （清）倪蜕辑：《滇云历年传》，李埏校点，云南大学出版社1992年版，第165页。
[②] （宋）吴儆：《竹洲集》卷10《邕州化外诸国土俗记》，景印文渊阁《四库全书》第1142册，台北：台湾商务印书馆1986年版，第256页。
[③] 《宋史》卷493《蛮夷传一·西南溪峒诸蛮上》，中华书局1977年版，第14178页。
[④] "溪州铜柱记"铭文，参见黄德基修，关天甲纂（乾隆）《永顺县志》卷4《艺文志·纪》，岳麓书社2012年版，第143页。
[⑤] 木芹、木霁弘：《儒学与云南政治经济的发展及文化转型》，云南大学出版社1999年版，第19页。

殿国"有文书,公文称'守罗殿国王'"[1];"西南番酋长自称检校太师、守牂柯国","其首领多能华言,纵行书";自杞国"自罗殿致书生,教之华言,教之字书",其国王"知书,能华言"。[2] 与直辖郡县接壤的播州等地少数民族更能熟练使用汉字。播州杨氏本"濮僚之族"[3],十分重视儒学,"性嗜读书,择名师授子经","建学养士,作《家训》十条",宣扬儒家忠孝等观念,使得"蛮荒子弟多读书攻文,土俗为之大变"。[4]

中原文化在西南地区得到广泛传播还表现在:其一,西南各族更加普遍地采用汉姓。汉唐时期,随着中原文化不断深入,西南族群使用汉姓已十分常见,宋代更加普遍,"獠蛮不辨姓氏,所生男女,长幼次第呼之","今稍从汉俗,易为罗、杨等姓"。[5] 广西诸峒少数民族"乐慕圣化,自改姓赵","许从国姓,今多姓赵氏,有举洞纯一姓者"。[6] 其二,西南地方大族纷纷构建与华夏同源的家族历史。如播州杨氏自称"其先太原人",甚至称"守播者"均为宋朝名将杨业的后代。[7] 攀附华夏是西南地方大族的普遍做法,思州酋领田氏、巴

---

[1] (宋)范成大:《桂海虞衡志·志蛮》,载《范成大笔记六种》,孔凡礼点校,中华书局2002年版,第146页。

[2] (宋)吴儆:《竹洲集》卷10《邕州化外诸国土俗记》,景印文渊阁《四库全书》第1142册,台湾商务印书馆1986年版,第255、256页。

[3] (宋)刘复生:《西南古代民族关系史稿》,上海古籍出版社2020年版,第159—160页。

[4] (宋)宋濂:《宋学士文集·翰苑别集》卷1《杨氏家传》,载《宋濂全集》第4册,浙江古籍出版社2014年版,第1126—1127页。

[5] (明)曹学佺:《蜀中广记》卷36《边防记六》,景印文渊阁《四库全书》第591册,台北:台湾商务印书馆1986年版,第470—471页。

[6] 《宋会要辑稿·蕃夷五》,上海古籍出版社2014年版,第9860页;范成大:《桂海虞衡志·志蛮》,载《范成大笔记六种》,孔凡礼点校,中华书局2002年版,第136页。

[7] (宋)宋濂:《宋学士文集·翰苑别集》卷1《杨氏家传》,载《宋濂全集》第4册,浙江古籍出版社2014年版,第1124页。

二 中华文明的突出特性

东冉氏、溪州彭氏等皆如此。

最后,西南地区的经济发展不断趋向中原传统。农耕经济成为宋代西南地区基本经济形态。《史记》记载汉初西南地区既有"耕田,有邑聚"的农耕经济,也有"随畜迁徙,毋常处"的游牧经济。① 汉唐时期,西南地区农耕经济迅速发展②,如南诏"专于农,无贵贱皆耕"③;大理经济以农业为主,田赋按亩征收。宋代广西各少数民族也是"其田计口给民",从事农耕。今贵州境内的西南蕃"其地平衍,多稻田"④,农耕已成为宋代西南地区各族最普遍的生计方式。

毋庸讳言,宋代西南社会始终存在发展程度的地域差异性,各地区接受儒家文化程度不尽一致。但总体看,这一时期西南文明与中原文明表现出日益增强的内在同质性,既是西南地区与中原之间经济文化长期交流的结果,更是受汉唐时期在西南地区推行直辖郡县制度的直接影响。

汉唐时期中原政权对西南地区的统治,羁縻制和郡县制两套体系并行。⑤ 从汉代册封西南民族首领王侯爵位,到唐代任命民族首领为知州等土官,羁縻制可谓一脉相承。自西汉在西南初设郡县到唐代直辖西南州县,郡县制也始终延续不断。其中,汉唐时期的直辖郡县制度对中原文明在西南社会传播发挥了重要作用。一是推行政令。直辖

---

① 《史记》卷116《西南夷列传》,中华书局1959年版,第2991页。
② 尹建东等:《汉唐时期西南地区的豪族大姓与地方社会》,云南大学出版社2013年版,第45页。
③ 《新唐书》卷222上《南蛮传上·南诏传上》,中华书局1975年版,第6270页。
④ (宋)范成大:《桂海虞衡志·志蛮》,载《范成大笔记六种》,孔凡礼点校,中华书局2002年版,第134页;(宋)吴儆:《竹洲集》卷10《邕州化外诸国土俗记》,景印文渊阁《四库全书》第1142册,台北:台湾商务印书馆1986年版,第255页。
⑤ 木芹认为汉晋南中郡县有边郡特点,但其性质"与中原郡县是一致的",形成了边郡制和羁縻制并行的格局,参见《木芹民族历史文集》第2集,云南民族出版社2010年版,第43、44、50页。

郡县本身是一整套派官、驻军、管民、组织生产、管理周边民族等的政令体系。郡县体系也吸纳地方豪族，"即其渠率而用之"①，任用当地民族首领担任郡县官职。中原王朝常以各部"夷帅"服从政令为前提，承认其治民权力，将其纳入统治体系。② 二是推行儒学教育。汉晋时期西南就设有郡县之学，教授儒家经典。③ 唐代虽不见设立学校，但儒学教育已成风气。三是组织移民。移民实边是汉唐西南郡县体制得以推行的基础，中原王朝组织和引导了大量戍守、屯田、商贸等各类移民进入西南腹地，将中原的农耕经济、技术、习俗、儒学等传入西南地区，很多内地移民崛起为西南豪族，奉行儒家文化，维护中原王朝利益，从内部推动了中原文化的传播和民族融合。④ 成熟、严密的郡县体系和具有文化优势的内地移民，发挥了从各方面宣扬中原文明的作用，为西南各族建构地方秩序提供了可以仿行的制度模式。

汉唐时期在西南地区实施的推行郡县制度、传播儒家文化、建立农耕经济等一系列措施，对西南各族经济社会发展产生了直接影响，为宋代西南文明不断趋向宋朝所代表的中原传统奠定了重要基础。

三 各政权秉持相同的"天下秩序"理念

中国古代的"天下秩序"是以"中国—四夷"为想象的地理空

---

① 《三国志》卷35《蜀书五·诸葛亮传》，中华书局1959年版，第921页。
② 尹建东等：《汉唐时期西南地区的豪族大姓与地方社会》，云南大学出版社2013年版，第179页。
③ 木芹、木霁弘：《儒学与云南政治经济的发展及文化转型》，云南大学出版社1999年版，第44页。
④ 尹建东等：《汉唐时期西南地区的豪族大姓与地方社会》，云南大学出版社2013年版，第35—37、159页。

二 中华文明的突出特性

间,以华夷观念为基本内核,以华夏"天子"为核心,强调华夷尊卑有等,因而"天下秩序"的实质是华夷一统、一元化和等级制的差序格局。但"天下秩序"的基本理念并不因统治者华夏或非华夏身份而有所不同。宋代不同政权的文明统一性突出表现在各政权共享着相同的"天下秩序"理念,并将这种理念落实在国家管理的具体实践中。

首先,各政权皆依据"天下秩序"自称"中国",竞争中华正统。宋朝皇帝自称上承天命,为华夷共主,居"中国"正统。辽朝和金朝也随其"天下"意识增强而自称正统。辽初契丹人曾自认为"番",但辽圣宗时已不甘于"夷狄"地位,辽兴宗以后逐步产生辽为中华正统的思想,反而视其他民族为"诸番",宣称契丹为轩辕之后、承后晋统绪和德运,自称"中国",标榜中华正统。金朝虽不攀附华夏出身,但自熙宗以后也以多种方式标榜正统:自认"中华",斥南宋等政权为"夷狄";多次讨论德运问题,特别是自称承唐统而为金德,置宋于闰位;自称"中国"。[1]

宋辽以条约形式结成对等关系,根本原因是双方实力相等,都难以实现理想中的"天下秩序",从而只能以构建对等关系这样的弹性举措开展现实交往,但这种弹性应对之举并未改变辽宋对建立"天下秩序"的追求。北宋从试图打败辽朝,臣服契丹,重建华夷一统,到始终不忘燕云情结和"汉唐旧疆",并于宋太宗、神宗和徽宗时一

---

[1] 宋德金:《正统观与金代文化》,《历史研究》1990年第1期;郭康松:《辽朝夷夏观的演变》,《中国史研究》2001年第2期;齐春风:《论金朝华夷观的演化》,《社会科学辑刊》2002年第6期;刘浦江:《德运之争与辽金王朝的正统性问题》,《中国社会科学》2004年第2期。

再尝试"恢复"汉唐故土。辽朝建立后的发展路径是从部族制走向集权制,目标是实现统合蕃汉的"中国之志"。① 金朝也有大一统的理想,金熙宗和海陵王宣称"四海之内,皆朕臣子","混一天下,然后可为正统"。② 以上体现了宋代各族政权共有的"天下秩序"理念和大一统理想。"天下秩序"理念不可能导向"国族"意识下的独立国家或"民族国家",因为其理想的目标始终是建立大一统的"天下国家",即一元化、多民族、多制度、多层次的朝贡秩序。

其次,各政权均依据"天下秩序"建立朝贡体系。辽、宋、金各自建立了以本国为中心,涵盖西夏、大理、于阗、高昌、吐蕃等"朝贡者"在内的朝贡体系。朝贡体系可以有多种关系形态,但朝贡体系的原则和机制是相同的。

一是一元化的君臣名分。辽、宋、金在各自构建的朝贡体系中都自居于独尊地位,以封贡制度、文书格式和见辞礼仪象征双方的君臣关系;以官衔册封、年号使用、君臣话语等彰显彼此的君臣之别。朝见、朝辞礼仪更是君臣关系的标准演绎,如辽、宋、金规定西夏使节朝见以拜跪礼,宋仪通计十八拜,辽、金仪通计十七拜等,表达君臣之礼。③

二是多层结构的朝贡体系。辽、宋、金的朝贡体系都被划分为多层次结构。北宋朝贡体系分为羁縻地区、朝廷与藩镇关系、宗藩体制

---

① 耿涛:《"中国之志"与"草原本位":辽前期统治者的政治抉择》,《黑龙江社会科学》2022年第4期。
② 《金史》卷4《熙宗本纪》、卷84《耨盌温敦思忠传》,中华书局1975年版,第85、1883页。
③ 《宋史》卷119《礼志二十二》,中华书局1977年版,第2808—2809页;《辽史》卷51《礼志三》,中华书局1974年版,第855页;《金史》卷38《礼志十一》,中华书局1975年版,第866页。

二 中华文明的突出特性

下国家关系三个层次。南宋朝贡体系在空间上大为收缩，西北各族、西夏、大理逐步脱离南宋朝贡体系，朝贡体系被分为羁縻地区和宗藩体制下国家关系两个层次。辽朝和金朝朝贡体系都包括羁縻各族和藩属国。

三是维系朝贡关系的交聘制度。辽、宋、金都规定了与朝贡者的常聘制度，虽然稳定奉行的"朝贡者"甚少，但仍被作为维持朝贡关系的标准机制。常聘包括贺正旦和生辰的例年遣使，即位、报哀、会葬等重大国事的遣使。常贡使节可获得厚往薄来的回赐和丰厚的贸易利益。交聘制度的正常运行意味着双方关系的正常化。

最后，各政权均构建了多民族共存、多制度并行的治理模式。中国古代的"天下秩序"不是单一的"国族"体制，而是统合华夷的复合体制。"天下"的治理方式也并非整齐划一，而是多制度、多层次的管理体系，从先秦"五服"制度，到西汉内地置郡县、沿边设"初郡"和羁縻册封并行，[①] 再到唐代直辖郡县与羁縻制度并用，都是如此。宋代不同政权在处理多民族共存问题上虽各有特点，但始终在相同的"天下秩序"理念下，实施多制度并存的治理模式。一是行政管理的多制度并存。辽朝"因俗而治"最基本方式是番汉分治，即"官分南、北，以国制治契丹，以汉制待汉人"，地方治理则是州县制和部族制并行，汉人、渤海人行州县制，百官之制"一用汉法"。[②] 契丹和奚人保持部族制，系籍女真、室韦、党项等族则一方

[①] "初郡"又名"边郡""新郡"，是汉武帝时期在西南和岭南新开拓地区设置的郡县。这些郡县一方面由中央直接派遣守令、派驻戍卒、征收赋税；另一方面又负有管理所辖各族的职能。"初郡"与中原郡县不同，是根据所辖部族范围进行设置。

[②] 《辽史》卷45《百官志一》、卷72《宗室·义宗倍传》，中华书局1974年版，第685、1210页。

面以酋领统部民，不征赋役；另一方面派遣详稳或节度使管理军事和朝贡事务。①宋朝总体上是华夷分治，以直接统治管理直辖郡县，土地、人口载诸版籍，征收赋役；以间接统治管理羁縻地区，任命少数民族首领，北宋羁縻地区分为南方羁縻州体制和北方部族体制，首领分别授予土知州县和军事性的蕃官。②金朝在女真地区保留猛安谋克制，在汉人和渤海人地区实行州县制度。

二是差异化的法律和科举政策。各政权法律制度有着中华法系的基本共性，但也因对待番、汉而有差异。宋朝实行"羌自相犯，从其俗；犯边民者，论如律"，用"本土之法"和"国法"区别处理。③辽朝有番、汉二律，番律吸收中原法律而杂用契丹旧俗，到辽道宗时番、汉二律逐步走向统一。西夏和金朝法律制度则全国统一。宋朝科举制主要面对直辖郡县。辽、夏、金科举制度都兼顾番汉关系。辽朝科举制最初是为稳定汉族士人而设，契丹人则以世选制等途径入仕。随着中原文化影响不断加强，科举及第者受到社会推崇，渤海、契丹等族也有参加科举者。西夏规定番汉皆可参加科举，并以科举选拔官员。金初针对原宋境和辽境士人差异而分设南、北选，随着文化差异日渐缩小，最终实行南北通选，同时金世宗还为女真人设置了女真进士科。

三是保持本民族优势地位的措施。宋朝强调华夷观念，并以此处理民族关系。辽、夏、金虽不实行明显的民族等级制，但也努力保持本民族优势地位。北方少数民族政权如何避免"汉化"危及王朝安

---

① 纪楠楠：《辽代民族政策研究》，博士学位论文，东北师范大学，2013年。
② 安国楼：《宋朝周边民族政策研究》，台北：文津出版社1997年版，第38、54页。
③ 《宋史》卷258《曹彬附子玮传》，中华书局1977年版，第8988页；《续资治通鉴长编》卷72，大中祥符二年（1009）十一月戊午，中华书局1980年版，第1641页。

二 中华文明的突出特性

全,如何使"汉化"与草原本位间保持足够张力,是政权建立后普遍面临的难题。[1] 辽朝以世选制传统和北面官体制巩固契丹族优势地位,"军国大计,汉人不与";[2] 以创制契丹文,禁止契丹人参加科举等措施保持契丹风俗。金朝创制女真文,用世官特权、设女真科举确保女真族地位。[3] 西夏通过秃发令,"制小蕃文字,改大汉衣冠",规定宰执及副都统、监军使以上军职由西夏人担任等方式保持本族特色。[4]

辽、宋、金等政权均构建了具有包容性的多制度、多层次国家治理体系,从而能够有效统合政权内部的各民族,并在此基础上追求"大一统"。各政权均将共同秉持的"天下秩序"理念落实到国家治理的具体实践之中,深刻展现出了中华文明发展的统一性。

结　论

宋代是不同政权并立的分裂时期,同时更是中华文明深度融合的新阶段。宋代不同民族政权的文明发展,深刻体现了中华文明始终存在统一性。中华文明统一性在宋代的主要表现是,不同民族政权在文明发展过程中展现出同质性及整体性的特征。

中国历史上各民族发展的整体性包括两个层次:一是以中原文化

---

[1] 林鹄:《耶律阿保机建国方略考——兼论非汉族政权之汉化命题》,《历史研究》2012年第4期。
[2] 《辽史》卷102《张琳传》,中华书局1974年版,第1441页。
[3] 范树梁、贾祥恩:《金代民族政策评析》,《内蒙古师大学报》(哲学社会科学版) 1996年第2期。
[4] 《宋史》卷485《外国一·夏国上》,中华书局1977年版,第1395页;戴锡章编撰:《西夏纪》卷6,罗矛昆点校,宁夏人民出版社1988年版,第156—157页。

为中心、吸收周边各民族文化，发展出中华民族共有的社会结构和制度文化；二是即使在分裂时期，各政权也始终坚持相同的"天下秩序"、追求"大一统"。[①] 所以宋代多政权并立的分裂局面，没有破坏中华文明的整体性，反而彰显了中华文明的整体性特征。宋代不同政权发展过程中的整体性，首先表现在各政权内部构建的多民族共存、多制度并行、多层次管理的治理模式。这一模式有效处理了多民族国家的治理问题，是对秦汉以来统一多民族国家治理经验的继承与发展，对后世产生了深远影响。其次体现在宋代中国境内不同民族的政权，共享相同的"天下秩序"理念，以共同的理念认识及处理与外部世界的关系，并付诸具体实践。这一"天下秩序"寓含的正统观念和朝贡秩序始终指向大一统格局。

一部中国史，就是一部各民族交融汇聚成多元一体中华民族的历史。宋代各民族政权在政治、经济、文化等方面相互学习借鉴，共同推动了中华文明的发展。这一过程进一步加速了中国境内各民族向内凝聚的趋势，使中华文明呈现突出的统一性，为元明清大一统格局的形成奠定了基础。古代中国始终存在民族间、区域间发展的多样性、异质性及不平衡性，各民族创造的文明成果各具特色，共同构成中华文明的丰富内涵。与此同时，不同民族、不同区域的文明发展也表现出鲜明的统一性。正是统一性始终引导着中华文明的发展方向，推动着中华文明不断向前。

（原载《历史研究》2023 年第 4 期）

[①] 方国瑜：《论中国历史发展的整体性》，《学术研究》1963 年第 9 期。

中华文明包容性的历史取向[*]

杨共乐[**]

中华文明是一个开放的文明。世界上没有哪一个文明像中国那样连续走过了5000余年的发展历程，形成了别具特色的文明开放体系。这是人间奇迹，是人类文明史上的奇迹。在中华文明开放体系的形成和发展过程中，包容性起着有容乃大、有容乃强、有容乃久的作用。中华文化之所以源远流长，中华文明之所以博大精深，皆与中华文明突出的包容性密切相关。习近平总书记在文化传承发展座谈会上指出："中华文明的包容性，从根本上决定了中华民族交往交流交融的历史取向，决定了中国各宗教信仰多元并存的和谐格局，决定了中华文化对世界文明兼收并蓄的开放胸怀。"[①] 历史表明：包容性是中华民族做强做大的基本条件，也是中华文明兴盛发达的重要前提。

众所周知，中华文明是土生土长的原生文明，它来源并扎根于中

---

[*] 本文系国家民委民族研究基地重大项目"正确的中华民族历史观研究"（2021 - GMG - 003）的阶段性成果。

[**] 作者简介：杨共乐，北京师范大学历史学院教授。

[①] 习近平：《在文化传承发展座谈会上的讲话》，《求是》2023年第17期。

华大地,"是世界上唯一绵延不断且以国家形态发展至今的伟大文明"①。一脉相承的精神追求、一脉相承的精神特质以及一脉相承的精神脉络构成了中华文明的鲜明标识。与此同时,中华文明也不断地同其他文明交流互鉴,不封闭,不排外,兼容并蓄,成为世界文明的重要组成部分。我国著名的考古学家苏秉琦先生有句名言:"中国历来是世界的中国。"② 这是建立在对客观事实认真研究的基础上得出的重要结论,③ 它反映的是中华文明的本地属性与世界属性的紧密结合,体现的是中华文明主体性和对异域文明包容性的共生共存。

中华文明独特的包容性既反映于理念层面,也体现在物质、精神等层面。

一 "和合"是包容性的核心内涵

习近平总书记指出:"中华文明从来不用单一文化代替多元文化,而是由多元文化汇聚成共同文化,化解冲突,凝聚共识。中华文化认同超越地域乡土、血缘世系、宗教信仰等,把内部差异极大的广土巨族整合成多元一体的中华民族。越包容,就越是得到认同和维护,就越会绵延不断。"④ 中华文明是建立在"多元文化"发展基础上的文

---

① 习近平:《在文化传承发展座谈会上的讲话》,《求是》2023年第17期。
② 苏秉琦:《中国文明起源新探》,生活·读书·新知三联书店2019年版,第158页。
③ 苏秉琦先生认为,就中国与世界古文化的关系而言,中国考古学文化所划分的六大区系中有三大区系是与世界紧密相连的。广义的北方中的大西北联系着中亚和西亚;大东北联系着东北亚;东南沿海和中、西南地区则与环太平洋和东南亚、印度次大陆有着广泛联系。参见苏秉琦《中国文明起源新探》,生活·读书·新知三联书店2019年版,第155页。
④ 习近平:《在文化传承发展座谈会上的讲话》,《求是》2023年第17期。

二 中华文明的突出特性

明。"多元"与"共识"是辩证关系,"共识"存在于"多元"之中;"共识"源于"多元"间的交流与对话。组成"多元"的所有单一因素不是简单的相加关系,而是有内在合理的共生关系。"多元"内部的关系越密切,达成"共识"的空间越大,概率越高,"共识"发挥的作用也就越大。中华文化由中华各民族所创造,而中华文化认同一旦形成,它又会超越时空、超越地域、超越血缘,对多元一体的中华民族的发展产生重大影响。

长时间的多元共生使中华民族养成了更好地从"不同"中提取"共识"的本领,养成了包容万物、厚德载物的重要品格。中国人坚信客观世界是多样的存在,"物之不齐物之情也","日月不同光,昼夜各有宜",就是世界多样性的不同表述。"世界万物万事总是千差万别、异彩纷呈的,如果万物万事都清一色了,事物的发展、世界的进步也就停止了。"[①] 这是规律性的认识。

在中国人看来,多样的世界是客观的存在,皆应得到尊重,所谓"同则相亲,异则相敬";整体的世界需要"和合",需要"和实生物",需要"万物并育而不相害,道并行而不相悖",需要"和而不同",需要有"不同"之"和"。"若以水济水,谁能食之?若琴瑟之专一,谁能听之?"因为绝对的"同",会出现"声一无听""物一无文""味一无果"等局面,从而导致"同则不继"等后果。

和谐有序的世界必须求同存异、互学互补、取长补短,不应一花独放、强人从己,不应攻击、贬损别的文明或用强制手段来解决文明

[①] 习近平:《在纪念孔子诞辰2565周年国际学术研讨会暨国际儒学联合会第五届会员大会开幕会上的讲话》,人民出版社2014年版,第8页。

的差异。"己所不欲，勿施于人"，这是最好的处事方式。和羹之美，在于合异，而不在于同质。和羹如此，文明更是如此。

"和""和合"以及"合异"都是中华文明包容性特征的核心内涵，也是中华文明包容性的重要体现，更是中华文明惠泽世界的宝贵财富。就包容性而言，中华文明立足"和""和合""合异"，从来视多元文化为发展之根基，从多元文化中凝练共识，化解矛盾，化危为机。"和而不同"则为中华文明的历史取向。中华文明这种"和而不同"的理念及其实践，不但对中国统一的多民族国家的形成和发展意义重大，而且对世界的和平发展影响深远。

当然，"和合"并不是和稀泥，也不是不讲原则，不讲斗争。"和合"强调不同事物的差异，是矛盾多样性的统一。"和合"的过程本身就是解决矛盾的过程。正如邢贲思先生所说："'和合'不是等同，更不是社会领域的'无冲突境界'，而是通过矛盾的克服，形成总体上的平衡、和谐、合作即和合状态。从这点上说，和合文化有助于我们认识事物的矛盾并正确掌握斗争的尺度。我们推动事物的矛盾转化，正是为了促使新的事物即新的和合状态的产生。"[①] 以"和合"为核心内涵的包容性，与以征服别国领土为目标，以"占有""自恃"和"支配"为特征的西方文明有着明显的区别。

二 包容性在物质层面的呈现

就物质层面而言，中华文明自形成之时起直到今天，"从来不是

[①] 邢贲思：《中华和合文化体现的整体系统观念及其现实意义》，《光明日报》1997年2月6日。

二　中华文明的突出特性

封闭的和孤立的"①。中华文明对世界文明具有兼收并蓄的开放胸怀。

众多考古结果表明，早在中华文明的形成时期，中国就与域外其他古老文明发生了接触与交流。距今约4500年前，首先驯化于西亚地区的农作物小麦以及家畜黄牛和绵羊等经中亚地区传入中国的西北地区，并继续向中原地区传播，为中华文明的形成和发展提供了丰厚物质滋养。②在距今4000年前后，家马由欧亚草原传入我国西部地区。③在距今3300年前后，安阳殷墟就已经出现了家马和马车。④上古外来文明因素的融入大大丰富了中华先民的食物资源，提升了中华先民的生产力水平，改善了中华先民的生产与生活条件，从而使中国的人口迎来了第一次较大幅度的增长。

两汉时期，张骞出使西域，开辟了通往西方的丝绸之路。"千百年来，古丝绸之路见证了沿线国家在互通有无中实现发展繁荣，在取长补短中绽放灿烂文明。"⑤葡萄、苜蓿、石榴、胡麻、芝麻等西域物质产品通过丝绸之路被大量引入中原。大秦（古代罗马帝国）的珊瑚、玻璃、水晶、琥珀，中亚的玛瑙、砗磲、琅玕，天竺（古代印度）的玳瑁、大珠、金刚、苏合、郁金香、熏陆，条支（古代叙利亚）的狮子、符拔、犀牛、孔雀、大雀等"殊方异物"皆来到中国。

---

① 苏秉琦：《中国文明起源新探》，生活·读书·新知三联书店2019年版，第156—158页。
② 孙语泽：《小麦在中国北方的传播和推广》，《大众考古》2017年第12期；王巍：《把中国文明历史研究引向深入》，《人民日报》2023年5月27日。
③ 参见王巍、赵辉《"中华文明探源工程"及其主要收获》，《中国史研究》2022年第4期。
④ 龚缨晏：《车子的演进与传播——兼论中国古代马车的起源问题》，《浙江大学学报》（人文社会科学版）2003年第3期。
⑤ 习近平：《在第二届"一带一路"国际合作高峰论坛欢迎宴会上的祝酒辞》，《人民日报》2019年4月27日。

丝绸之路成了东西方物品交往、互通有无的重要渠道。西汉末年，中国的人口达到 6000 万人左右，① 成为当时世界上人口最多的国家。

明朝时期，美洲的玉米分别由西亚、中亚以及印度、缅甸和菲律宾等地传入中国的西北地区、西南地区和东南沿海地区。随着玉米栽种技术的传入，中国的丘陵山地得到大面积的开发和利用。与此同时，马铃薯和甘薯也被引进中国，它们被种植在以前不适合耕种的荒山、丘陵和沙地。至 19 世纪中叶，中国的耕地面积迅速扩大，粮食供应总量也随之增加。人口总数达到有史以来的最高。②

中华文明的包容性除了吸纳以外，还体现在技术等方面的大量输出上。中亚的凿井技术来自中国；西方的养蚕技术也来自中国。③ 四大发明更是中国对人类的重大贡献。以纸为例，在中世纪的欧洲，羊皮是文字书写的主要载体，成本极高，价格昂贵。据测算，生产一本《圣经》，至少需要 300 多张羊皮。④ 文化的传播权牢牢掌握在少数教士和贵族手中，文化传播的范围也极其有限。由中国发明的造纸技术的输出从根本上改变了公元 8 世纪末叶以后阿拉伯世界文字书写的材质以及书籍的传播。传入欧洲后，纸又为当时欧洲的政治、商贸、文化教育、宗教改革的成功以及民众的思想解放提供了极为便利的条

---

① 参见袁延胜《中国人口通史·东汉卷》，人民出版社 2007 年版，第 346—391 页；梁方仲：《中国历代户口、田地、田赋统计》，中华书局 2008 年版，第 6 页。
② 道光十三年（1833），清朝的人口数就已达到 398942036 人。参见梁方仲《中国历代户口、田地、田赋统计》，中华书局 2008 年版，第 16 页。
③ 至查士丁尼时代，西方人已经从东方学到了养蚕技术。
④ 20 世纪曾有学者做过测算，若把谷登堡《圣经》印在羔犊皮上，需要 170 块皮（单页 42 厘米乘 62 厘米，共 340 张）。这样一来，30 余本《圣经》印完，就得耗去 5000 块皮。同样 100 本印刷在纸上的《圣经》，改用羔犊皮印制，需要 15000 块兽皮。参见［法］费夫贺、马尔坦《印刷书的诞生》，李鸿志译，广西师范大学出版社 2006 年版，第 11 页。

二 中华文明的突出特性

件。研究表明：到1500年欧洲已印了约2000万册书，而到1600年更是多达2亿册。1533年至1540年的日内瓦只出版了42本书，但是1550年至1564年，日内瓦的书籍出版数量已达527部。① 此后，出版的书籍越来越多，纸在知识传播中的作用越来越大。因此，从实际价值上说，"世界受蔡侯的恩惠（确实）要比许多更知名的人的恩惠更大"②。长期以来，世界学术界对中华文明的科技发明和科技贡献研究得非常不够，直到20世纪中叶以后，这种情况才有所改变。这首先应归功于英国著名科技史家李约瑟及其团队。李约瑟经过长期、全面的研究后，明确地告诉我们："从公元1世纪到15世纪，没有经历过'黑暗时代'的中国人总体上遥遥领先于欧洲。直到文艺复兴晚期发生科学革命，欧洲才迅速领先。但是在那之前，不仅在技术进程方面，而且在社会的结构与变迁方面，西方都受到了源自中国和东亚的发现和发明的影响。除了培根爵士所列举的三项发明（印刷术、火药和磁罗盘），还有其他上百种发明，比如机械钟、铸铁法、马镫、有效挽具、卡丹环［Cardan suspension］、帕斯卡三角形、弓形拱桥、运河水闸、船尾舵、纵帆航行和定量制图法等，都对社会更不安定的欧洲产生了影响，有时甚至是极为重要的影响。"③ 这些影响并非蜻蜓点水，而是实质性的，它们皆来自中国技术的强大输出。

技术输出尤其是先进技术的输出是中华文明包容性的重要组成部

---

① ［美］本尼迪克特·安德森：《想象的共同体》，吴叡人译，上海人民出版社2016年版，第38—40页。

② 冯天瑜、何晓明、周积明：《中华文化史》上，上海人民出版社2021年版，第124页。

③ ［英］李约瑟：《文明的滴定——东西方的科学与社会》，张卜天译，商务印书馆2016年版，第1页。

分，是中华文明自信的重要体现。世界上任何一个民族要将自己成熟的技术传授给其他民族是需要有很大勇气的，没有强大的包容、奉献意识是根本无法做到的。

历史表明，从旧石器时代起直到今天，中华文明从来不是封闭的。诚然，中国历史上有过闭关锁国的政策和时代，但民间的内外交流事实上一天也没有停止过。"闭关锁国不过是封建统治者的主观愿望而已，民间的物质文化、精神文化的开放交流从来未被锁国政策真正扼杀过。"[①]

三　包容性在精神层面的呈现

就精神层面而言，中华文明非常重视吸纳外来文化，并不时将优秀的外来文化内化为中华文化，促使中华文化尤其是各宗教信仰形成多元并存的和谐格局。

史书记载，早在汉武帝时期，出使西域的张骞就在中亚的大夏习得"摩诃兜勒一曲"。李延年因胡曲更造新声二十八解，乘舆以为武乐。后汉以给边将，和帝时，万人将军得用之。魏晋以来，二十八解不复具存，用者，有黄鹄、陇头、出关、入关、出塞、入塞、折杨柳、黄覃子、赤之杨、望行人十曲。这里的"摩诃兜勒"就是"马其顿"的音译。"摩诃兜勒一曲"就是指马其顿人的一首歌曲。[②] 张骞将马其顿人的音乐传入中国，李延年又将其更造新声，对原来就有

[①] 苏秉琦：《中国文明起源新探》，生活·读书·新知三联书店2019年版，第157—158页。

[②] 杨共乐：《早期丝绸之路探微》，北京师范大学出版社2011年版，第75—80页。

二 中华文明的突出特性

的黄鹄、出关、入关、出塞、入塞等诗歌谱上了"摩诃兜勒"之曲。这本身就说明马其顿人的音乐早在汉代就已经融入了中华音乐文化之中，成了中华文明的一部分。

产生于古代印度的佛教是最早传入中国的宗教。据《魏略·西戎传》载：公元前2年，"博士弟子景卢受大月氏王使伊存口受浮屠经"[1]。这是佛教经典传入中国的最早记载。东汉明帝以后，来华传教的高僧渐多，或建寺传教，或翻译佛经。不过，按"释迦之教义，无父无君，与吾国传统之学说，存在之制度，无一不相冲突。输入之后，若久不变异，则决难保持"[2]。但佛教传入中国后，相反相成，迅速"同中国儒家文化和道家文化融合发展，最终形成了具有中国特色的佛教文化，给中国人的宗教信仰、哲学观念、文学艺术、礼仪习俗等留下了深刻影响"[3]。

当然，正如陈寅恪先生所言："佛教学说，能于吾国思想史上，发生重大久远之影响者，皆经国人吸收改造之过程。其忠实输入不改本来面目者，若玄奘唯识之学，虽震动一时之人心，而卒归于消沉歇绝。"[4]

唐朝是中国历史上对外开放的活跃期。唐都长安更是中西物资、文化交流汇集的中心。所谓"九天阊阖开宫殿，万国衣冠拜冕旒"，就是盛唐长安作为国际中心的真实写照。唐太宗贞观九年（635），基督教"聂斯脱利派"（中国人当时称其为"景教"）从波斯传入中

---

[1] （晋）陈寿：《三国志》，中华书局1975年版，第859页。
[2] 冯友兰：《中国哲学史下册审查报告》，参见陈寅恪《陈寅恪集·金明馆丛稿二编》，生活·读书·新知三联书店2001年版，第283页。
[3] 《习近平谈治国理政》第一卷，外文出版社2018年版，第260页。
[4] 冯友兰：《中国哲学史下册审查报告》，参见陈寅恪《陈寅恪集·金明馆丛稿二编》，生活·读书·新知三联书店2001年版，第283页。

国。唐太宗"使宰臣房公玄龄总仗西郊宾迎入内。翻经书殿,问道禁闱。深知正真,特令传授"。贞观十二年(638)七月,唐太宗特为"景教"下诏,曰:"道无常名,圣无常体;随方设教,密济群生。"大意是:宗教不一定有相同的名字,信仰的对象也不一定相同,但只要对百姓有利,就准其传教。中国人并没有把"聂斯脱利派"定为异教,也没有将其驱逐消灭,而是让其"随方设教"。没有博大的胸襟、包容的心态,这是不可想象的。1920年10月,英国著名哲学家罗素来华讲学近一年,他发现一个非常重要的现象,那就是在西方,"如果一个人信仰了一种宗教就不能再皈依另一宗教。但是在中国这种排斥性是不存在的,一个人可以既是佛教徒又是儒家弟子,两者并行不悖"[①]。其实,在中国,既是儒家弟子,又是基督徒的人也不在少数。这充分说明了中国文明的包容性是极为鲜明的。

一般而言,宗教是最难被异质文明融合的,但在中华文明面前,不但佛教被中国化,景教和一赐乐业教都走上了中国化之路。中华文明包容能力之强着实让人吃惊。中华文明的开放与对异质文明的宽容和尊重态度,客观上消解了与外来群体的距离感,增强了他们对中华文明的了解与认同。

应该说,对于外来文明,中华文明是开放包容的,但包容并不意味着主体的消失。中国从未被征服过,中华文明也从未像罗马文明那样被外来的文明击垮过。佛教传入了中国,但佛教并没有把中国人变成印度人。近代西方文明对中国的冲击不可谓不大,但也没有把中国

[①] [英]罗素:《罗素论中西文化》,杨发庭等译,北京出版集团公司、北京出版社2010年版,第85页。当然,罗素把儒家当成宗教是不对的。因为儒家既没有教主,也没有教规;既没有教士,也没有教会组织;既没有教义,也没有宗教意义上的经典。

二　中华文明的突出特性

人变成西方人。① 因为中国人早已建立起了有别于世界其他文明的文明主体性。坚守而不保守、自信而不自大是中华文明主体性的主要原则；就文明的自主性与文化自信的关系而言，文明自主性是文化自信的基础，是文化自信的根本依托。有了主体性，就有了文化意义上的坚定的自我。就文明的开放包容性与文化自信的关系而言，开放包容则是文明发展的活力来源，是文化自信的显著标志。"中华文明的博大气象，就得益于中华文化自古以来开放的姿态、包容的胸怀。秉持开放包容，就是要更加积极主动地学习借鉴人类创造的一切优秀文明成果。无论是对内提升先进文化的凝聚力感召力，还是对外增强中华文明的传播力影响力，都离不开融通中外、贯通古今。"② 在深入推进中华民族现代文明建设的过程中，我们应该辩证看待文明的主体性与包容性，坚持中华文明包容性的历史取向，坚持和平、发展、公平、正义、民主、自由的全人类共同价值，以中国人的智慧推动人类文明的发展，为构建人类命运共同体贡献力量。

[原载《北京师范大学学报》（社会科学版）2023 年第 6 期]

---

① 参见［英］罗素《罗素论中西文化》，杨发庭等译，北京出版集团公司、北京出版社 2010 年版，第 104 页。
② 习近平：《在文化传承发展座谈会上的讲话》，《求是》2023 年第 17 期。

三

"两个结合" 的思想内涵

论毛泽东的"结合"思想及其时代价值[*]

阎树群[**]

中国特色社会主义新时代，在以习近平同志为核心的党中央对马克思主义中国化时代化作出的一系列原创性贡献中，"两个结合"即"坚持把马克思主义基本原理同中国具体实际相结合、同中华优秀传统文化相结合"，无疑是最重要的创新思想之一。从思想渊源看，"两个结合"是在毛泽东同志提出的"一个结合"的基础上所做出的创新创造。研究毛泽东"结合"思想及其时代价值，对于深刻理解"两个结合"的思想脉络和原创贡献，在强国建设、民族复兴的新征程上更好推进马克思主义中国化时代化理论创新和实践创新，具有十分重要的意义。

---

[*] 本文系国家社科基金重大项目"习近平新时代中国特色社会主义思想对科学社会主义的理论贡献研究"（项目编号：21&ZD002）的阶段性成果。

[**] 作者简介：阎树群，陕西师范大学马克思主义学院二级教授、博士生导师，山东师范大学马克思主义学院特聘教授。

一 毛泽东"结合"思想的由来

中国共产党是高度重视理论武装的马克思主义政党，党从成立之日起就把马克思主义作为指导思想写在自己的旗帜上。在运用马克思主义指导中国革命的实践中，毛泽东同志明确提出要把马克思主义普遍真理同中国革命具体实践结合起来的科学论断，这一论断既是他首倡的马克思主义中国化的学理性表达，是对中国革命正反两方面经验教训的哲学总结，也是消除共产国际误解的现实需要。

（一）"结合"思想的最初表述

20世纪20年代末，我们党内出现了不顾中国革命实际、把马克思主义教条化、把共产国际决议和苏联经验神圣化的倾向，开口闭口就是"拿本本来"，即所谓"本本主义"。针对这种严重危害党的建设并进而危及中国革命前途的错误倾向，1930年5月，毛泽东同志在《反对本本主义》一文中提出"没有调查，没有发言权"[①]，"中国革命斗争的胜利要靠中国同志了解中国情况"[②] 的著名论断，初步阐述了马克思主义理论必须同中国实际相结合的思想，表明了对待马克思主义应采取的科学态度。1937年，在标志着毛泽东哲学思想走向成熟的《实践论》《矛盾论》中，毛泽东同志紧密联系中国革命实际，从世界观和方法论的高度对中国革命曲折发展的经验教训进行总

[①] 《毛泽东选集》第1卷，人民出版社1991年版，第109页。
[②] 《毛泽东选集》第1卷，人民出版社1991年版，第115页。

结，从而奠定了马克思主义理论与中国革命具体实际相结合的哲学基础。在1938年10月党的六届六中全会上所作的政治报告《论新阶段》中，毛泽东同志专门讲到"学习"问题，强调既要高度重视理论学习，又要正确引导学习。他指出："马克思、恩格斯、列宁、斯大林的理论，是'放之四海而皆准'的理论。不应当把他们的理论当作教条看待，而应当看作行动的指南。不应当只是学习马克思列宁主义的词句，而应当把它当成革命的科学来学习。"① 正是在这次讲话中，毛泽东同志向全党发出了推进"马克思主义的中国化"② 的伟大号召。毛泽东同志用"马克思主义的中国化"这一极其凝练和通俗的论断，集中表达了成熟的中国共产党人对待马克思主义的科学态度，彰显了中国共产党独立自主领导中国革命实践的思想自觉和理论自信。从1942年整风运动在全党展开到1945年党的七大召开，毛泽东同志提出的"马克思主义中国化"概念"频繁地出现在当时中央领导人的文章和报告中，可以说是达到了一个高潮"③。

党的六届六中全会后，毛泽东同志对"马克思主义的中国化"的提法采取了极为谨慎的态度，在很少场合使用"马克思主义中国化"这个概念，更多地使用了"马克思列宁主义的理论（或普遍真理）和中国革命的实践（或具体实践）相结合（或之统一）"④ 这样的提法。党的七大后不久，"马克思主义的中国化"在党的文献和领导人的讲话中已很难见到。这并不是因为这一提法有不严谨、不科学

---

① 《毛泽东选集》第2卷，人民出版社1991年版，第533页。
② 《建党以来重要文献选编（1921—1949）》第15册，中央文献出版社2011年版，第651页。
③ 冯蕙：《毛泽东著作编研文存》，生活·读书·新知三联书店2020年版，第193页。
④ 鲁振祥：《史事追寻：中共思想史上若干问题》，中央文献出版社2009年版，第151页。

三 "两个结合"的思想内涵

的地方,而是为了消除共产国际和苏联方面存在的误解,即中国共产党主张马克思主义中国化就是不要马列主义、就是搞民族主义。因此,中华人民共和国成立之初,毛泽东同志在主持编辑出版《毛泽东选集》时将党的六届六中全会报告中的"马克思主义的中国化"改为"使马克思主义在中国具体化"。"具体"是相对于"抽象"而言的,毛泽东同志在这里加上"具体"二字,旨在表明中国共产党人在运用马克思主义普遍真理的过程中必须结合中国的具体情况。"离开中国特点来谈马克思主义,只是抽象的空洞的马克思主义",抽象的空洞的马克思主义难以解决中国的实际问题。因此,吸取中国革命的教训,反对照抄照搬马克思主义的教条主义,"按照中国的特点去应用它,成为全党亟待了解并亟须解决的问题"[1]。1958 年,毛泽东同志同当年参加《毛泽东选集》编辑工作的苏联科学院院士、哲学家尤金谈话时说道:"为什么当时我请斯大林派一个学者来看我的文章?是不是我那样没有信心,连文章都要请你们来看?没有事情干吗?不是的,是请你们来中国看看,中国是真的马克思主义,还是半真半假的马克思主义。"[2] 可见,在当时特定条件下,中国共产党人推进马克思主义中国化处于一种艰难的处境,在遭到党内教条主义强烈反对的同时,还遭受来自共产国际和苏联共产党方面的严重干扰和深深误解。

(二)"结合"思想的正式提出

党的六届六中全会之后,毛泽东同志极少提到"马克思主义的中

---

[1] 《毛泽东选集》第 2 卷,人民出版社 1991 年版,第 534 页。
[2] 《毛泽东文集》第 7 卷,人民出版社 1999 年版,第 388 页。

国化",取而代之的是"马克思主义普遍真理同中国具体实践相结合"的学理性表述。这一提法最早见于1939年10月毛泽东同志所作的《〈共产党人〉发刊词》,在不长的篇幅中他多次提到并阐发了"将马克思列宁主义的理论和中国革命的实践相结合"的命题。1940年1月,毛泽东同志在《新民主主义论》中对这一命题进一步作了规范表述,指出:"将马克思主义的普遍真理和中国革命的具体实践完全地恰当地统一起来。"① 1941年5月,毛泽东同志在《改造我们的学习》中将"统一"改为"结合",指出:"中国共产党的二十年,就是马克思列宁主义的普遍真理和中国革命的具体实践日益结合的二十年。"② 此后,作为中国共产党人推进马克思主义中国化的规范化、学理化表述,"马克思主义普遍真理同中国具体实践相结合"被广泛采用。

我们今天所讲的"两个结合"中的"第一个结合"即把马克思主义基本原理同中国具体实际相结合,不仅在内涵上是由毛泽东同志开创的,而且在用语上也源于毛泽东同志。在毛泽东同志的著作中,马克思主义"普遍真理"和"基本原理"、中国"实际"和"实践"是互用的概念。他在强调"马克思主义普遍真理同中国具体实践相结合"的同时,也讲"马克思这些老祖宗的书,必须读,他们的基本原理必须遵守"。③ 他还说:"马克思主义的'本本'是要学习的,但是必须同我国的实际情况相结合。"④《毛泽东选集》第1卷《中国

---

① 《毛泽东选集》第2卷,人民出版社1991年版,第611、707页。
② 《毛泽东选集》第3卷,人民出版社1991年版,第795页。
③ 《毛泽东文集》第8卷,人民出版社1999年版,第109页。
④ 《毛泽东选集》第1卷,人民出版社1991年版,第111—112页。

三 "两个结合"的思想内涵

革命战争的战略问题》中有一条关于"实际"的注释:"'实际'这一个概念,按照中国文字,有两种含义:一种是指真实的情况,一种是指人们的行动(也即一般人所说的实践)。"①毛泽东同志在他的著作中,应用这一个概念,时常是双关的。据考证,在党的文献中把第一个结合严格表述为"马克思主义基本原理同中国具体实际相结合"的提法出现在党的十四大报告中。该报告将改革开放14年来实践成功的根本原因归结为"坚持把马克思主义基本原理同中国具体实际相结合,逐步形成和发展了建设有中国特色社会主义的理论"②。在庆祝中国共产党成立80周年中央领导人的讲话中,总结党的历史经验首条便是"坚持马克思主义基本原理同中国具体实际相结合"③,但这篇讲话同时使用了"马克思列宁主义同中国实践相结合"的提法。以中央领导人在纪念党的十一届三中全会召开30周年大会上的讲话为标志,党的文献在表述"结合"时就不再使用"中国实践"或"中国具体实践"的用语,而将其固定为"马克思主义基本原理同中国具体实际相结合"④。党的十八大以来,习近平总书记在庆祝中国共产党成立100周年大会上的讲话、党的二十大报告等一系列重要讲话中都沿用了这一表述。

在党的文献中把我们要坚持的马克思主义规范表述为"马克思主义基本原理",既来源于毛泽东同志,又发展了毛泽东思想,特别是吸收了2004年中共中央《关于进一步繁荣发展哲学社会科学的意

---

① 《毛泽东选集》第1卷,人民出版社1991年版,第238页。
② 《十四大以来重要文献选编》上,人民出版社1996年版,第9—10页。
③ 《江泽民文选》第3卷,人民出版社2006年版,第270页。
④ 《胡锦涛文选》第3卷,人民出版社2016年版,第170页。

见》对中央马克思主义理论研究和建设工程提出的总体要求，即"分清哪些是必须长期坚持的马克思主义基本原理，哪些是需要结合新的实际加以丰富发展的理论判断，哪些是必须破除的对马克思主义的教条式的理解，哪些是必须澄清的附加在马克思主义名下的错误观点"①。从学理的角度看，"基本原理"的含义更为丰富。作为主观认识，它具有"普遍真理"的含义，同客观存在的"具体实际"相对应。作为反映事物一般规律的正确理论，基本原理与个别论断相对应，表明我们所要坚持的是科学揭示客观世界特别是人类社会发展一般规律的马克思主义基本原理，而不能拘泥于经典作家的个别论断。在这一更为规范化的表述中，之所以用"实际"替代"实践"，是因为"实际"概念的包容性大，它不仅包括实践，而且包括主观之外的一切客观的真实的存在。毛泽东同志在延安时期阐述理论联系实际的优良学风时就指出，学习马克思主义理论，既要联系中国革命实践，也要联系中国的历史和文化，还要联系自己的思想实际，从而大大丰富了"实际"这一概念的内涵。他在《整顿党的作风》中阐释什么是理论联系实际时说：只有善于应用马克思列宁主义的立场、观点和方法，"进一步地从中国的历史实际和革命实际的认真研究中，在各方面作出合乎中国需要的理论性的创造，才叫做理论和实际相联系。如果只是口头上讲联系，行动上又不实行联系，那末，讲一百年也还是无益的"②。这是针对教条主义在理论和实际关系问题上的主观性和片面性而言的，对于客观地、全面地理解和把握理论和实际的

---

① 《十六大以来重要文献选编》中，中央文献出版社2006年版，第54页。
② 《毛泽东选集》第3卷，人民出版社1991年版，第820页。

关系、坚持党的优良学风具有很强的指导意义。

二 毛泽东"结合"思想的重大贡献

毛泽东"结合"思想是科学总结中国革命和党的建设的历史经验的理论结晶,对于端正党的思想路线、加强党的作风建设、更好推进马克思主义中国化作出了重大贡献。

(一) 端正党的思想路线

毛泽东"结合"思想的基础是立足中国实际、坚持实事求是的思想路线。作为认识路线在政党政治实践中的体现,思想路线对于制定各项路线、方针、政策具有决定性的作用。列宁指出,在哲学上存在唯物主义和唯心主义两条对立的认识路线,由此决定了在政党政治实践中也有实事求是和主观主义两种对立的思想路线。党的历史表明,坚持实事求是的思想路线还是奉行主观主义的思想路线,关系革命事业的得失成败。遵义会议前我们党之所以屡犯错误,中国革命之所以多次失败,根本原因在于党的主要领导人奉行主观主义的思想路线,对马克思主义理论和共产国际决议作了教条式的理解,制定的方针政策脱离了中国革命的实际。因此,在遵义会议实际确立了毛泽东同志在党内的领导地位、解决了当时比较突出的组织路线和军事路线问题之后,延安时期毛泽东同志就用很大精力集中解决党内存在的思想路线问题,为我们党确立了实事求是的思想路线。早在1929年毛泽东同志就提出了"思想路线"问题,1930年明确主张应坚持与错误思想路线相对立的"从斗争中创造新局面的思想路线"①。1938年,毛泽东同志在提出马克思主义中国化命题的同时,要求"共产党员应是实事求是的模范"②。1941年,毛泽东同志对"实事求是"这一中国传统文化命题进行改造,赋予其马克思主义的全新含义,为我们党确立了正确的思想路线。他指出:"'实事'就是客观存在着的一切事物,'是'就是客观事物的内部联系,即规律性,'求'就是我们去研究。我们要从国内外、省内外、县内外、区内外的实际情况出发,从其中引出其固有的而不是臆造的规律性,即找出周围事变的内部联系,作为我们行动的向导。"③ 1943年毛泽东同志为中央党校题写了"实事求是"的校训,1945年又为党的七大纪念册作了"实事求是,力戒空谈"的题词。由于毛泽东同志的科学阐述和大力倡导,经过延安整风,实事求是的思想路线终于在全党范围内得以确立。在这条思想路线指引下,我们党制定了适合中国国情的新民主主义革命总路线,推翻了压在中国人民头上的"三座大山",建立了人民当家作主的中华人民共和国。

中华人民共和国成立后,我们党坚持实事求是的思想路线,成功进行了社会主义改造,确立了社会主义基本制度。1953年8月,毛泽东同志在全国财经工作会议上的讲话中提出,要反对两种形式的主观主义:一种是盲目冒进,另一种是右倾保守。我们要"既反对不顾人力物力情况、盲目冒进的主观主义,又反对保守的主观主义。我们反对了教条主义和经验主义即主观主义,才使革命取得胜利,现在也

---

① 《毛泽东选集》第1卷,人民出版社1991年版,第116页。
② 《毛泽东选集》第2卷,人民出版社1991年版,第522页。
③ 《毛泽东选集》第3卷,人民出版社1991年版,第801页。

三 "两个结合"的思想内涵

要这样,建设方能成功"。① 党的八大对我国社会主义社会的主要矛盾作了实事求是的判断。党的八大党章也充分体现了实事求是精神,指出马克思列宁主义"要求人们在实现社会主义和共产主义的斗争中从实际出发,灵活地、创造性地运用它的原理解决实际斗争中的各种问题,并且使它的理论不断地得到发展"。② 1957年1月,毛泽东同志在省市自治区党委书记会议上的讲话中指出,我们这几年的工作是有成绩的,但是主观主义的毛病到处都有。这一认识无疑是清醒的和客观的。"遗憾的是,党的八大形成的正确路线未能完全坚持下去,先后出现'大跃进'运动、人民公社化运动等错误,反右派斗争也被严重扩大化。"③ 尽管如此,1961年毛泽东同志仍提出要大兴调查研究之风,要搞个"实事求是年"。我们党对社会主义的艰辛探索以及社会主义建设取得的一系列重要成就,都是坚持实事求是的思想路线的必然结果。

(二)确立党的优良学风

毛泽东"结合"思想的实质是要以科学态度对待马克思主义。马克思主义认识论早已阐明,没有理论指导的实践是盲目的实践,而盲目的实践是注定不能成功的。马克思说过,尽管批判的武器不能代替武器的批判,但是理论一经掌握群众,就会转化为强大的物质力量。列宁也说过,没有革命的理论,便没有革命的运动。这就是科学

---

① 《毛泽东年谱(一九四九——一九七六)》第二卷,中央文献出版社2013年版,第148页。
② 《建国以来重要文献选编》第9册,中央文献出版社1994年版,第314页。
③ 《中共中央关于党的百年奋斗重大成就和历史经验的决议》,人民出版社2021年版,第13页。

理论对实践的能动反作用和巨大威力。中国革命、建设和改革的实践充分表明，拥有科学理论的指导是实践取得成功的根本前提。然而，对于始终坚持以马克思主义为指导思想的中国共产党人来讲，为什么在新民主主义革命和社会主义建设实践中会发生失误甚至犯严重错误呢？究其根源，问题不是出在理论本身上，而是出在理论的具体运用上，是我们对待理论的态度有问题，即学风不正。所谓学风，一般是指学习的风气和治学的态度；作为党的作风，学风特指理论学习的风气和对待马克思主义的态度。在中国共产党人的话语体系中，把对待马克思主义的科学态度称为马克思主义的学风。毛泽东同志在延安时期为我们党确立了理论联系实际的优良学风，是中国化马克思主义学风思想的首创者。在延安整风运动中，被置于首位的就是整顿学风；在党的七大上，概括党的优良作风第一条就是理论和实践相结合的作风。毛泽东同志对学风问题的贡献主要体现在以下几点。

一是强调学风的本质是思想路线问题。毛泽东同志在最初提出学风问题的《反对本本主义》一文中，就把学风问题与思想路线紧密地联系在一起。在《改造我们的学习》中，毛泽东同志第一次提出"实事求是"是我们党的马克思主义的思想路线，指出这种有的放矢的态度"就是理论和实际统一的马克思列宁主义的作风"[①]。这就更加明确地把学风问题提到党的思想路线的高度来加以认识和论述，从而成为延安整风的序幕和毛泽东思想被付诸实践的转折点。

二是认为学风体现党性。毛泽东同志指出，能否做到理论联系实际，既是学风问题，又是态度问题；既是对待马列主义的态度问题，

[①]《毛泽东选集》第 3 卷，人民出版社 1991 年版，第 801 页。

三 "两个结合"的思想内涵

又是全党的工作态度问题。学风端正,"就是党性的表现";学风不正,"就叫做没有党性,或叫做党性不完全"①。他认为主观主义的方法"是共产党的大敌,是工人阶级的大敌,是人民的大敌,是民族的大敌,是党性不纯的一种表现"②,而"实事求是,理论与实际密切联系,则是一个党性坚强的党员的起码态度"③。因此,只有从根本上纯洁党性,才会形成优良的学风;反过来说,要进一步增强党性,就必须端正学风。

三是主张弘扬优良学风的关键是要掌握马克思主义立场观点方法。毛泽东同志指出,弘扬优良学风并不是看轻理论,而是要坚持理论和实际相结合。我们之所以把教条主义、经验主义称为学风不正,作为全党的大敌加以反对,就是因为它们使主观和客观相分离、理论和实践相脱节,从根本上违背了马克思主义的世界观和方法论。因此,只有把马克思主义作为解决实际问题的科学方法来学习,才是端正学风的关键。毛泽东同志在延安整风运动中提出的学习马克思主义理论要"以研究思想方法论为主"④,就是我们党从端正学风入手而创造的一条成功的学习经验。毛泽东同志认为,学习和坚持马克思主义,不是要拘泥于马列的个别词句,而是要掌握其立场、观点和方法,领会其精神实质。他反复告诫全党,学习马列主义不能单纯地为学理论而学理论,而应当到马克思主义经典作家那里找立场、找观点、找方法,从而形成学习立场、观点和方法这样一种中国共产党人

---

① 《毛泽东选集》第 3 卷,人民出版社 1991 年版,第 800 页。
② 《毛泽东选集》第 3 卷,人民出版社 1991 年版,第 800 页。
③ 《毛泽东文集》第 2 卷,人民出版社 1993 年版,第 361 页。
④ 《建党以来重要文献选编(1921—1949)》第 18 册,中央文献出版社 2011 年版,第 626 页。

特有的对待马克思主义态度的完整表述。中华人民共和国成立以后，针对照搬照抄苏联模式对我国经济建设带来的危害，毛泽东同志开始探索适合中国情况的社会主义建设道路。他指出："马克思列宁主义，斯大林讲得对的那些方面，我们一定要继续努力学习。我们要学的是属于普遍真理的东西，并且学习一定要与中国实际相结合。如果每句话，包括马克思的话，都要照搬，那就不得了。"① 毛泽东同志强调，学习马克思主义理论本身并不是目的，掌握理论的目的全在于运用，在于指导实践和解决实际问题。这就要求我们学习运用马克思主义，必须在把握立场观点方法的基础上把基本原理同中国具体实际结合起来。只有这样，马克思主义才能为中国实践提供切实有效的指导，其自身也才能在新的实践中获得发展从而保持旺盛生命力。

四是指明学风对党风和社会风气的重要影响。学风既是党风的重要内容，又是党风和社会风气好坏的基础。毛泽东同志深刻地指出："学风和文风也都是党的作风，都是党风。只要我们党的作风完全正派了，全国人民就会跟我们学。"② 实践证明，毛泽东同志的这个论断是完全正确的。学风正则党风正，学风不正则党风不正。因此，毛泽东同志把学风提到党风的高度，认为它是第一个重要的问题，指出坚持理论联系实际是中国共产党人区别于其他政党的显著标志之一。延安时期，我们党正是从端正学风入手，切实整顿党的作风，由此带动了社会风气的好转，为中国革命的胜利奠定了坚实而广泛的社会基础和群众基础。

---

① 《毛泽东文集》第 7 卷，人民出版社 1999 年版，第 42 页。
② 《毛泽东选集》第 3 卷，人民出版社 1991 年版，第 812 页。

三 "两个结合"的思想内涵

（三）推进理论创新和实践创新

毛泽东"结合"思想的目标是要不断推进马克思主义中国化理论创新和实践创新。"马克思主义中国化"与"马克思主义普遍真理同中国具体实践相结合"这两个命题的含义在本质上是一致的，但也不能简单等同起来。毛泽东同志把"马克思主义中国化"改为"马克思主义普遍真理同中国具体实践相结合"，固然有消除误解的考虑，但更赋予马克思主义中国化以深刻的哲学含义。从语言表述看，"马克思主义中国化"简明凝练通俗，"马克思主义普遍真理同中国具体实践相结合"则更加具有学理性；从反映的层次看，前者呈现的是其然，后者揭示的是其所以然；从实践和认识过程看，前者确立的是目标，后者提供的是途径和方法。所谓马克思主义中国化，就是把马克思主义这种外来的、揭示人类社会普遍规律的学说转化为具有中国特点、中国风格、中国气派，因而能够解决中国革命具体问题的思想理论。这一目标包含既相互衔接又相互区别的"两化"，一是马克思主义在中国的具体化；二是中国经验的马克思主义化。从认识论的角度看，前者是运用马克思主义理论指导中国实践的过程；后者是把中国实践经验上升为马克思主义理论的过程，二者都体现了马克思主义基本原理和中国具体实际的结合。一方面，马克思主义中国化要求中国共产党人必须坚持马克思主义普遍真理同中国具体实际相结合；另一方面，只有把马克思主义普遍真理同中国具体实际有机结合起来，才能实现马克思主义中国化在理论和实践上的双重目标。实践表明，毛泽东同志提出的马克思主义中国化主张和"相结合"的思想方法是相互配套、协同发力的，是完全正确的。

毛泽东同志是从理论和实践的结合上推进马克思主义中国化的典范。他在1938年党的六届六中全会讲的"使马克思主义在中国具体化"，侧重强调在运用马克思主义指导中国革命实践时必须坚持共性和个性相结合；之后，他进一步提出总结中国经验以发展马克思主义的问题，从而把运用和发展马克思主义两个方面讲全了。1941年毛泽东同志在中央政治局扩大会议上的讲话《反对主观主义和宗派主义》中提出，"要分清创造性的马克思主义和教条式的马克思主义"，反对教条式的马克思主义，宣传创造性的马克思主义，强调"我们反对主观主义，是为着提高理论，不是降低马克思主义。我们要使中国革命丰富的实际马克思主义化"。① 这就向全党提出我们不仅要坚持和运用马克思主义以指导中国实践，而且要总结中国的实践经验以发展马克思主义理论的重大任务。1942年2月毛泽东同志在中央党校的演说《整顿党的作风》中提出进一步提升全党理论水平的问题，并做出"按照中国革命运动的丰富内容来说，理论战线就非常不相称"的基本估计，他指出："我们还没有把丰富的实际提到应有的理论程度。我们还没有对革命实践的一切问题，或重大问题，加以考察，使之上升到理论的阶段。"② 1942年，毛泽东同志在《如何研究中共党史》的讲话中指出："我们要把马、恩、列、斯的方法用到中国来，在中国创造出一些新的东西。只有一般的理论，不用于中国的实际，打不得敌人。但如果把理论用到实际上去，用马克思主义的立

---

① 《毛泽东文集》第2卷，人民出版社1993年版，第374页。
② 《毛泽东选集》第3卷，人民出版社1991年版，第813页。

场、方法来解决中国问题,创造些新的东西,这样就用得了。"① 在这里,"创造出一些新的东西"就是提出中国共产党人要为发展马克思主义做出自己的理论贡献。党的十一届六中全会"决议"把毛泽东思想定义为"马克思列宁主义在中国的运用和发展"②,党的十九届六中全会"决议"指出"毛泽东思想是马克思列宁主义在中国的创造性运用和发展"③,这些都是符合客观实际、完全正确的论断。

三 毛泽东"结合"思想的时代价值

毛泽东"结合"思想作为毛泽东思想的重要组成部分,不仅对于党和人民探索中国革命和建设道路、创立和发展毛泽东思想提供了重要的方法论指引,而且对于改革开放和社会主义现代化建设新时期、中国特色社会主义新时代党和人民继续推进马克思主义中国化时代化,不断推动党的理论创新、实践创新、制度创新、文化创新等,具有重要的时代价值。

(一) 坚持"两个结合"的思想源头

毛泽东"结合"思想不仅强调马克思主义基本原理同中国革命和建设实践相结合,而且蕴含丰富的同中华优秀传统文化相结合的因

---

① 《建党以来重要文献选编(1921—1949)》第19册,中央文献出版社2011年版,第180页。
② 《改革开放三十年重要文献选编》上,中央文献出版社2008年版,第204页。
③ 《中共中央关于党的百年奋斗重大成就和历史经验的决议》,人民出版社2021年版,第13页。

素，从而成为新时代提出并推进马克思主义中国化时代化"两个结合"的思想源头。毛泽东同志具有深厚的中国历史文化底蕴，也是用马克思主义改造中华优秀传统文化的典范。1938 年，毛泽东同志在提出"马克思主义中国化"命题的同时指出："学习我们的历史遗产，用马克思主义的方法给以批判的总结，是我们学习的另一任务。我们这个民族有数千年的历史，有它的特点，有它的许多珍贵品。对于这些，我们还是小学生。今天的中国是历史的中国的一个发展；我们是马克思主义的历史主义者，我们不应当割断历史。从孔夫子到孙中山，我们应当给以总结，承继这一份珍贵的遗产。"① 1940 年，他在《新民主主义论》中进一步指出，我们总结、承继中国历史文化的科学方法是要区分精华和糟粕，目的是创造中华民族新文化即新民主主义文化。毛泽东同志明确指出："中国的长期封建社会中，创造了灿烂的古代文化。清理古代文化的发展过程，剔除其封建性的糟粕，吸收其民主性的精华，是发展民族新文化提高民族自信心的必要条件。"他还提出："民族的科学的大众的文化，就是人民大众反帝反封建的文化，就是新民主主义的文化，就是中华民族的新文化。"② 正是基于这样的认识，毛泽东同志对中华优秀传统文化的诸多内容进行了改造，用以表达马克思主义基本原理。他用"有的放矢"表达马克思主义理论同中国实际的关系，用"知己知彼""兼听则明"表达要用全面的观点来看待事物，用"相反相成"表达矛盾的对立统一关系，用"知"和"行"的关系表达辩证唯物主义认识论等，这

---

① 《毛泽东选集》第 2 卷，人民出版社 1991 年版，第 533—534 页。
② 《毛泽东选集》第 2 卷，人民出版社 1991 年版，第 707—708、709 页。

三 "两个结合"的思想内涵

在《实践论》《矛盾论》等著作中得到集中体现。邓小平同志用"小康"来标识社会主义现代化发展战略的阶段性目标,江泽民同志使用了大量成语典故,胡锦涛同志强调"和谐社会"理念,这些都体现了中华优秀传统文化在改革开放和社会主义现代化建设新时期同马克思主义理论的进一步结合。

中国特色社会主义进入新时代,习近平总书记明确提出马克思主义中国化时代化的"两个结合",继毛泽东同志之后把对中华优秀传统文化的重视和弘扬提升到全新的高度。从理论逻辑看,习近平总书记对中华优秀传统文化的高度重视和大力弘扬,同强调文化的精神力量、建设文化强国、坚持和发展马克思主义与中国特色社会主义直接相关。党的十八大之后,在坚持道路自信、理论自信、制度自信的基础上,习近平总书记提出文化自信是贯穿在"三个自信"之中的更基础、更广泛、更深沉、更持久的自信,从而把"三个自信"发展为"四个自信"。把中华文化从古到今划分为三种形态,即中华优秀传统文化、革命文化和社会主义先进文化,强调它们都是坚持和发展中国特色社会主义的精神力量;在擘画的中国式现代化发展蓝图中,提出 2035 年要率先建成社会主义文化强国;把中华优秀传统文化看作"中国特色"的重要源头,指出:"中国特色社会主义道路是在马克思主义指导下走出来的,也是从五千多年中华文明史中走出来的","如果没有中华五千年文明,哪里有什么中国特色?如果不是中国特色,哪有我们今天这么成功的中国特色社会主义道路?"[①] 在推进马克思主义中国化时代化问题上强调"两个结合",即在毛泽东

---

① 习近平:《在文化传承发展座谈会上的讲话》,《求是》2023 年第 17 期。

同志明确提出并努力践行的"把马克思主义基本原理同中国具体实际相结合"的基础上,强调必须"把马克思主义基本原理同中华优秀传统文化相结合"。党的二十大报告指出:"中国共产党为什么能,中国特色社会主义为什么好,归根到底是马克思主义行,是中国化时代化的马克思主义行。"① 进而言之,马克思主义为什么行、中国化时代化马克思主义为什么行,就是因为中国共产党人做到了"两个结合"。习近平总书记指出:"强调'两个结合',这是新时代中国特色社会主义原创性的。"② 还深刻阐明了马克思主义基本原理同中华优秀传统文化相结合的辩证关系和内在机理,即"'结合'的前提是彼此契合","'结合'的结果是互相成就"③,既进一步推动了马克思主义中国化时代化,又促进了中华优秀传统文化现代化,最终形成中华民族的现代文化和中国式现代化的文明形态。"两个结合"是我们取得成功的最大法宝,是以中国式现代化实现中华民族伟大复兴的根本保证。

(二) 科学对待马克思主义的光辉典范

毛泽东"结合"思想为我们树立了以科学态度对待马克思主义理论的光辉典范。这一思想告诉我们,干革命、搞建设都须臾不能离开马克思主义科学理论的指导,不能脱离中国的具体实际,这就要求必须把马克思主义基本原理同中国具体实际、同中华优秀传统文化结

---

① 习近平:《高举中国特色社会主义伟大旗帜 为全面建设社会主义现代化国家而团结奋斗——在中国共产党第二十次全国代表大会上的报告》,人民出版社2022年版,第16页。
② 《"就是要理直气壮、很自豪地去做这件事"》,《人民日报》2022年10月19日。
③ 习近平:《在文化传承发展座谈会上的讲话》,《求是》2023年第17期。

三 "两个结合"的思想内涵

合起来。不懂得"结合"的道理,在实践中奉行照抄照搬马列本本的教条主义,这不是对待马克思主义的科学态度,也必然招致实践的挫折和失败。早在 19 世纪 40 年代初,马克思就旗帜鲜明地宣示,"我不主张我们竖起任何教条主义的旗帜",认为他们所阐发的只是一些基本原理,而这些原理的实际运用"随时随地都要以当时的历史条件为转移"。① 因此,毛泽东"结合"思想不是"离经叛道"的"狭隘经验论",而是以科学态度对待科学理论的典范。

这种科学态度在改革开放和社会主义现代化建设新时期得到发扬光大。邓小平同志不仅在 20 世纪 50 年代就提出"马克思列宁主义的普遍真理与本国的具体实际相结合,这句话本身就是普遍真理"② 的著名论断,而且在改革开放不断深化的过程中提出了"离开自己国家的实际谈马克思主义,没有意义","只有结合中国实际的马克思主义,才是我们所需要的真正的马克思主义"③ 等针对性更强、意义更为深远的思想,反映了我们党关于对待马克思主义的科学态度的认识不断深化的过程。党的十五大报告充分肯定了毛泽东同志在延安整风时提出的"应确立以研究中国革命实际问题为中心,以马克思列宁主义基本原则为指导的方针",指出:"马克思列宁主义、毛泽东思想一定不能丢,丢了就丧失根本。同时一定要以我国改革开放和现代化建设的实际问题、以我们正在做的事情为中心,着眼于马克思主义理论的运用,着眼于对实际问题的理论思考,着眼于新的实践和新

---

① 《马克思恩格斯选集》第 1 卷,人民出版社 2012 年版,第 386 页。
② 《邓小平文选》第 1 卷,人民出版社 1994 年版,第 258—259 页。
③ 《邓小平文选》第 3 卷,人民出版社 1993 年版,第 191、213 页。

的发展。"① 党的十六大后，党中央又提出坚持学习理论和指导实践相结合，坚持改造客观世界和改造主观世界相结合，坚持运用理论和发展理论相结合，强调"要深刻认识学习好、运用好科学理论对推进事业发展的重大意义，大力弘扬理论联系实际的马克思主义学风，努力做到学以致用、用以促学、学用相长"②。这些重要论述都体现了毛泽东"结合"思想是在新的条件下对马克思主义科学态度的高度概括。

中国特色社会主义进入新时代，习近平总书记一方面强调马克思主义是科学的理论，把科学性置于马克思主义的四个本质特征之首；另一方面又强调"弘扬马克思主义学风"③，"要以科学的态度对待科学、以真理的精神追求真理"④，在马克思主义基本原理指导下，"着眼解决新时代改革开放和社会主义现代化的实际问题，不断回答中国之问、世界之问、人民之问、时代之问，作出符合中国实际和时代要求的正确回答"⑤。针对在学习和运用科学理论中存在的实际问题，习近平总书记还指出，要以科学态度对待科学理论，就必须反对教条主义、实用主义、形式主义。习近平总书记指出："对待马克思主义，不能采取教条主义的态度。""如果不顾历史条件和现实情况变化，拘泥于马克思主义经典作家在特定历史条件下、针对具体情况作

---

① 《十五大以来重要文献选编》上，中央文献出版社 2000 年版，第 13 页。
② 《十六大以来重要文献选编》上，中央文献出版社 2005 年版，第 374 页。
③ 习近平：《决胜全面建成小康社会 夺取新时代中国特色社会主义伟大胜利——在中国共产党第十九次全国代表大会上的报告》，人民出版社 2017 年版，第 63 页。
④ 习近平：《高举中国特色社会主义伟大旗帜 为全面建设社会主义现代化国家而团结奋斗——在中国共产党第二十次全国代表大会上的报告》，人民出版社 2022 年版，第 20 页。
⑤ 习近平：《高举中国特色社会主义伟大旗帜 为全面建设社会主义现代化国家而团结奋斗——在中国共产党第二十次全国代表大会上的报告》，人民出版社 2022 年版，第 17 页。

三 "两个结合"的思想内涵

出的某些个别论断和具体行动纲领,我们就会因为思想脱离实际而不能顺利前进,甚至发生失误。什么都用马克思主义经典作家的语录来说话,马克思主义经典作家没有说过的就不能说,这不是马克思主义的态度。"习近平总书记还指出:对待马克思主义,也不能采取实用主义的态度。如果"根据需要找一大堆语录,什么事都说成是马克思、恩格斯当年说过了,生硬'裁剪'活生生的实践发展和创新,这也不是马克思主义的态度"①。这种割裂科学理论的完整体系,只言片语、断章取义、为我所用的庸俗化倾向必须加以反对。针对理论学习中只重视形式而忽视内容,热衷于摆花架子,追求表面的轰轰烈烈而不解决实质性问题的形式主义,习近平总书记提出要在真学、真懂、真信、真用上下功夫。所谓"真学",就是要像习近平总书记所要求的那样,"共产党人要把读马克思主义经典、悟马克思主义原理当作一种生活习惯、当作一种精神追求,用经典涵养正气、淬炼思想、升华境界、指导实践"。同时,"真学"必须带着问题学、联系实际学、全面系统学、及时跟进学,这样才能做到"真懂"。"真学""真懂"是"真信"的前提和基础,其最终目的在于"真用",切实做到内化于心、外化于行,"把科学思想理论转化为认识世界、改造世界的强大物质力量"②。这些重要论述透彻地阐述了新时代对待马克思主义理论应采取的科学态度,具有深刻的思想性和强烈的现实性。

---

① 习近平:《在哲学社会科学工作座谈会上的讲话》,人民出版社 2016 年版,第 13—14 页。
② 习近平:《在纪念马克思诞辰 200 周年大会上的讲话》,人民出版社 2018 年版,第 26 页。

(三) 推进马克思主义中国化时代化的根本遵循

毛泽东"结合"思想包含深刻的哲学意蕴，为我们党不断推进马克思主义中国化时代化提供了根本遵循。马克思主义基本原理同中国具体实际相结合本身就是推进马克思主义中国化时代化的根本途径和科学方法，而支撑"结合"的马克思主义哲学基础包括主观和客观辩证关系的唯物论原理、矛盾普遍性和特殊性辩证关系的辩证法原理以及实践和认识辩证关系的认识论原理等。这些都集中体现在毛泽东同志所确立的实事求是的思想路线中。实事求是既是党的思想路线，又是科学的思想方法和工作方法。中国共产党自成立以来，正是由于以毛泽东同志为主要代表的中国共产党人坚持实事求是的思想路线，把马克思主义基本原理同中国革命和建设具体实际结合起来，从而开辟了中国特色革命道路，确立了社会主义制度并对社会主义建设道路作出重要探索，创立和发展了毛泽东思想，实现了马克思主义中国化的第一次历史性飞跃。改革开放以来，以邓小平同志、江泽民同志、胡锦涛同志为主要代表的中国共产党人坚持党的思想路线，把马克思主义基本原理同中国改革开放的具体实际结合起来，从而开辟了中国特色社会主义道路，完善了中国特色社会主义制度，形成了中国特色社会主义理论体系，实现了马克思主义中国化新的飞跃。

中国特色社会主义进入新时代，以习近平同志为主要代表的中国共产党人坚持党的思想路线，解放思想、实事求是、与时俱进、求真务实，把马克思主义基本原理同新时代中国具体实际结合起来，创立了习近平新时代中国特色社会主义思想，实现了马克思主义中国化时

三 "两个结合"的思想内涵

代化新的飞跃,推动中华民族迎来了从站起来、富起来到强起来的伟大飞跃。党的二十大报告强调"坚持和发展马克思主义,必须同中国具体实际相结合""必须同中华优秀传统文化相结合";强调马克思主义的世界观和方法论意义,并把习近平新时代中国特色社会主义思想的世界观和方法论概括为"六个必须坚持",即必须坚持人民至上、必须坚持自信自立、必须坚持守正创新、必须坚持问题导向、必须坚持系统观念、必须坚持胸怀天下。这些新的凝练概括集中体现了马克思主义辩证唯物主义和历史唯物主义的基本原理以及新时代对党的实事求是思想路线的坚持和发展,都是我们在新时代必须坚持和贯彻的科学世界观和方法论。其中,坚持守正创新对于新时代坚持"两个结合"、推进马克思主义中国化时代化具有更加直接和重要的意义。所谓守正创新,顾名思义,就是既要坚守正道,又要开拓创新。习近平总书记指出:"我们从事的是前无古人的伟大事业,守正才能不迷失方向、不犯颠覆性错误,创新才能把握时代、引领时代。"[①]从坚持和发展马克思主义、推动马克思主义中国化时代化"两个结合"、创造中国特色社会主义文化新形态的角度看,守正就是要坚持马克思主义基本原理、坚守中华文化立场,创新就是将其同新时代党领导人民进行强国建设和民族复兴的伟大实践紧密结合起来、做出新的创造。习近平总书记指出:"守正,守的是马克思主义在意识形态领域指导地位的根本制度,守的是'两个结合'的根本要求,守的是中国共产党的文化领导权和中华民族的文化主体性。创新,创的是

[①] 习近平:《高举中国特色社会主义伟大旗帜 为全面建设社会主义现代化国家而团结奋斗——在中国共产党第二十次全国代表大会上的报告》,人民出版社2022年版,第17、18、20页。

新思路、新话语、新机制、新形式，要在马克思主义指导下真正做到古为今用、洋为中用、辩证取舍、推陈出新，实现传统与现代的有机衔接。"① 习近平总书记在中共中央政治局第六次集体学习时的重要讲话中进一步指出："我们决不能抛弃马克思主义这个魂脉，决不能抛弃中华优秀传统文化这个根脉。坚守好这个魂和根，是理论创新的基础和前提。理论创新必须讲新话，但不能丢了老祖宗，数典忘祖就等于割断了魂脉和根脉，最终会犯失去魂脉和根脉的颠覆性错误。"② 这就告诉我们，坚守好魂脉根脉，推进好"两个结合"，坚持和发展好马克思主义与中国特色社会主义，在不断推动理论创新和实践发展中进一步坚定"四个自信"，成为新时代全党面临的重大而紧迫的任务。

（原载《马克思主义研究》2023 年第 9 期）

---

① 习近平：《在文化传承发展座谈会上的讲话》，《求是》2023 年第 17 期。
② 《不断深化对党的理论创新的规律性认识 在新时代新征程上取得更为丰硕的理论创新成果》，《人民日报》2023 年 7 月 2 日。

习近平关于"两个结合"的重要论述及其意义[*]

肖贵清[**]

习近平总书记在党的二十大报告中指出:"中国共产党人深刻认识到,只有把马克思主义基本原理同中国具体实际相结合、同中华优秀传统文化相结合,坚持运用辩证唯物主义和历史唯物主义,才能正确回答时代和实践提出的重大问题,才能始终保持马克思主义的蓬勃生机和旺盛活力。"[①]"两个结合"为新时代马克思主义中国化时代化提供了理论指南及实践路径。分析和研究习近平总书记关于"两个结合"的重要论述,对于我们党书写新时代马克思主义中国化时代化的新篇章,建设中华民族现代文明具有十分重要的意义。

---

[*] 本文为研究阐释党的二十大精神国家社科基金重大项目"新时代中国共产党推进理论创新的历史逻辑、理论逻辑、实践逻辑研究"(项目编号:23ZDA005)的阶段性成果。

[**] 作者简介:肖贵清,清华大学习近平新时代中国特色社会主义思想研究院常务副院长、教授。

[①] 习近平:《高举中国特色社会主义伟大旗帜 为全面建设社会主义现代化国家而团结奋斗——在中国共产党第二十次全国代表大会上的报告》,人民出版社2022年版,第17页。

一 "两个结合"提出的缘由

"中华优秀传统文化是我们党创新理论的'根',我们推进马克思主义中国化时代化的根本途径是'两个结合'。"① "两个结合"的重要论述揭示了中国共产党实现马克思主义中国化时代化的规律,以及实现中华优秀传统文化创造性转化、创新性发展的内在动因。

(一)"两个结合"是对马克思主义中国化时代化历史经验的系统总结

"历史正反两方面的经验表明,'两个结合'是我们取得成功的最大法宝。"② 这一表述是党对马克思主义中国化时代化历史经验的高度凝练和系统总结。

首先,坚持马克思主义基本原理同中国具体实际相结合是党取得百年奋斗伟大成就的重要法宝。在党的历史上,如何实现马克思主义基本原理与中国实际相结合是中国共产党人一直艰辛探索的重大课题。新民主主义革命时期,毛泽东同志提出"马克思主义中国化"的科学命题,为破解这一难题找到了正确答案。"马克思主义的中国化,使之在其每一表现中带着中国的特性,即是说,按照中国的特点去应用它,成为全党亟待了解并亟须解决的问题。"③ 这一命题确立

---

① 《全面推进乡村振兴 为实现农业农村现代化而不懈奋斗》,《人民日报》2022年10月29日。

② 《"中国特色的关键就在于'两个结合'"》,《人民日报》2023年6月5日。

③ 《建党以来重要文献选编(一九二一——一九四九)》第十五册,中央文献出版社2011年版,第651页。

三 "两个结合"的思想内涵

了马克思主义基本原理与中国具体问题之间关系的基本态度,在这一结合的过程中,创立了毛泽东思想,实现了马克思主义中国化第一次历史性飞跃,推动中国革命走向胜利。中华人民共和国成立后,伴随着对社会主义革命和建设规律的艰辛探索,以毛泽东同志为主要代表的中国共产党人开始思考如何在汲取苏联经验的基础上进一步实现马克思主义中国化。"现在是社会主义革命和建设时期,我们要进行第二次结合,找出在中国怎样建设社会主义的道路。"[1] 提出马克思主义与中国实际"第二次结合"的任务,用中国化时代化的马克思主义解决社会主义建设问题,创造了社会主义革命和建设的伟大成就。改革开放和社会主义现代化建设新时期,如何在新的历史条件下实现马克思主义与中国实际相结合,成为党领导改革开放亟待解决的问题。邓小平同志指出:"把马克思主义的普遍真理同我国的具体实际结合起来,走自己的道路,建设有中国特色的社会主义,这就是我们总结长期历史经验得出的基本结论。"[2] 以邓小平同志、江泽民同志、胡锦涛同志为主要代表的中国共产党人,在中国特色社会主义伟大实践中进一步推动马克思主义中国化时代化发展,形成了中国特色社会主义理论体系,实现了马克思主义中国化时代化新的飞跃,创造了改革开放和社会主义现代化建设的伟大成就。党的十八大以来,以习近平同志为核心的党中央坚持用马克思主义观察时代、把握时代、引领时代,创立了习近平新时代中国特色社会主义思想,实现了马克思主义中国化时代化新的飞跃,取得了新时代坚持和发展中国特色社会主义

---

[1] 中共中央文献研究室编:《毛泽东传》第4册,中央文献出版社2011年版,第1469页。
[2] 《邓小平文选》第3卷,人民出版社1993年版,第3页。

的历史性成就和伟大变革。党的百年奋斗历史证明，只有坚持马克思主义基本原理同中国具体实际相结合，才能实现马克思主义中国化时代化，我们的事业才能不断前进，我们党才能从胜利不断走向新的胜利。

其次，坚持马克思主义基本原理同中华优秀传统文化相结合是实现马克思主义中国化时代化的根本路径。中国共产党成立以来，高度重视从中华优秀传统文化中汲取智慧和营养。党在推进中华民族伟大复兴的历程中，自觉将中华优秀传统文化的精华融入中国化时代化马克思主义的理论体系。"中国共产党人是我们民族一切文化、思想、道德的最优秀传统的继承者，把这一切优秀传统看成和自己血肉相连的东西，而且将继续加以发扬光大。"[1] 毛泽东同志强调，马克思主义中国化不应当忽视对中国自身文化的扬弃，"我们信奉马克思主义是正确的思想方法，这并不意味着我们忽视中国文化遗产和非马克思主义的外国思想的价值"[2]。他还指出："从孔夫子到孙中山，我们应当给以总结，承继这一份珍贵的遗产。"[3] 中华人民共和国的成立，标志着中华民族"从此站立起来"，中华民族的精神也为之振奋，彻底扭转了近代以来文化衰颓的趋势。改革开放后，邓小平同志从中华优秀传统文化中发掘治国理政的智慧，在会见日本首相大平正芳时，借用中华传统文化中的"小康"概念来描述中国式的现代化。"我们的四个现代化的概念，不是像你们那样的现代化的概念，而是'小康之家'"[4]，为中国式现代化提供了丰富的中华优秀传统文化的滋养。

---

[1] 《建党以来重要文献选编（一九二一——一九四九）》第二十册，中央文献出版社 2011 年版，第 318 页。

[2] 《毛泽东文集》第 3 卷，人民出版社 1996 年版，第 191 页。

[3] 《毛泽东选集》第 2 卷，人民出版社 1991 年版，第 534 页。

[4] 《邓小平文选》第 2 卷，人民出版社 1994 年版，第 237 页。

三 "两个结合"的思想内涵

中国特色社会主义进入新时代,中华民族迎来了从站起来、富起来到强起来的伟大飞跃,实现中华民族伟大复兴,需要进一步从中华民族的历史文化中寻找精神力量。"没有中华文化繁荣兴盛,就没有中华民族伟大复兴"①,"两个结合"重要论述的提出,进一步凸显中华优秀传统文化在马克思主义中国化时代化过程中的作用,也体现了新时代中国共产党人推动马克思主义基本原理同中华优秀传统文化相结合的理论自觉。

(二)"两个结合"是对中华文明发展规律的深刻把握

中华文明的发展有其不可移易的客观规律。习近平总书记通过把握中华文明的突出特性和中华文明同马克思主义之间的契合性,深刻洞察中华文明的内在发展规律,创造性地提出"两个结合"的重要论断。

首先,"两个结合"是对中华文明突出特性的把握。"中华优秀传统文化有很多重要元素,共同塑造出中华文明的突出特性"②,集中体现为中华文明的连续性、创新性、统一性、包容性、和平性。具体而言,中华文明的连续性与统一性构成了实现"两个结合"的文化根基,二者分别从纵向与横向两个维度"从根本上决定了中华民族必然走自己的路","决定了国家统一永远是中国核心利益的核心"③,中华优秀传统文化因其连续性而源远流长、从未断绝,又因其统一性而多元一体、坚如磐石,为马克思主义同中华优秀传统文化

---

① 习近平:《在文艺工作座谈会上的讲话》,人民出版社2015年版,第5页。
② 《担负起新的文化使命 努力建设中华民族现代文明》,《人民日报》2023年6月3日。
③ 《担负起新的文化使命 努力建设中华民族现代文明》,《人民日报》2023年6月3日。

的结合提供了充足养分与稳定基础。中华文明所具有的包容性、创新性与和平性是"两个结合"得以实现的关键。中华文明之所以能够延绵至今而生生不息、历经风霜而依旧常青,关键在于中华文明所具有的热爱和平、开放包容、矢志创新的突出性特征,这些特征促使中华优秀传统文化能因热爱和平而与其他文化和谐共存,能因开放包容而与其他文化交流互鉴,能因矢志创新而与其他文化交融碰撞,共同奠定中华优秀传统文化同马克思主义相结合的文化基础,从而使"马克思主义成为中国的,中华优秀传统文化成为现代的"[1]。正如历史上的古希腊文明、古罗马文明、地中海文明以及佛教、伊斯兰教、基督教都曾相继传入中国,"与中华文明融合共生,实现本土化",但从来没有产生过文明冲突和宗教战争。[2]

其次,"两个结合"是对中华优秀传统文化与马克思主义契合性的把握。"马克思主义和中华优秀传统文化来源不同,但彼此存在高度的契合性。"[3]"契合性"是"两个结合"得以实现的前提。这种契合性集中体现在二者思想内涵与文化精神的相似及贯通,譬如,天下为公、天下大同的社会理想与共产主义的远大理想相一致,民为邦本、为政以德的治理思想与以人民为中心的坚定立场相暗合,实事求是、知行合一的哲学思想与唯物主义的世界观、方法论相统一。不仅如此,马克思主义基本原理也同广大人民日用而不觉的价值观念,与中华民族的宇宙观、天下观、社会观、道德观并行不悖,这也使马克思主义学说一经传入即受到中国人民的欢迎,"并

---

[1] 《担负起新的文化使命 努力建设中华民族现代文明》,《人民日报》2023年6月3日。
[2] 《习近平同希腊总统帕夫洛普洛斯会谈》,《人民日报》2019年5月15日。
[3] 《担负起新的文化使命 努力建设中华民族现代文明》,《人民日报》2023年6月3日。

最终扎根中国大地、开花结果"[1]。此外,马克思主义与中华优秀传统文化的"契合"也让二者的结合不是"拼盘"式的随机组合,不是简单的物理反应,"而是深刻的化学反应,造就了一个有机统一的新的文化生命体"[2]。

二 "两个结合"的实现路径

"坚持把马克思主义基本原理同中国具体实际相结合、同中华优秀传统文化相结合,用马克思主义观察时代、把握时代、引领时代,继续发展当代中国马克思主义、21世纪马克思主义!"[3] 坚持"两个结合"既是理论自觉,也是历史必然,新时代新征程上,党在坚定文化自信的正确立场、秉持开放包容的基本态度、坚持守正创新的科学方法中不断推进"两个结合"的实现。

(一)坚定文化自信:实现"两个结合"的正确立场

坚定道路自信、理论自信、制度自信,其本质是建立在五千多年文明传承基础上的文化自信。中华民族有着五千多年光辉灿烂的文化,面向未来,应有高度的文化自信与历史自信。"历史和现实都表明,一个抛弃了或者背叛了自己历史文化的民族,不仅不可能发展起

---

[1] 《习近平谈治国理政》第三卷,外文出版社2020年版,第120页。
[2] 《赓续历史文脉 谱写当代华章》,《人民日报》2023年6月4日。
[3] 习近平:《在庆祝中国共产党成立100周年大会上的讲话》,人民出版社2021年版,第13页。

来，而且很可能上演一场历史悲剧。"① 实现"两个结合"的关键在于坚定文化自信，增强中国人民对中华文化的认同感、激发中华民族文化创造的主动性。"文化自信，是更基础、更广泛、更深厚的自信。"② 实现全民族的文化自信，要求我们深入研究中华文明历史、矢志传承中华优秀传统文化，从中华文明的历史中了解中华文化兴衰发展的得失启鉴，对延绵五千多年的中华文明应该多一份尊重、多一份思考，既不可妄自菲薄，也不能妄自尊大，而是要在客观审视中华文明的悠久历史和人文底蕴的基础上，从中华优秀传统文化中汲取对当代中国文化建设有益的精神营养，增强做中国人的志气、骨气、底气。此外，"对历史最好的继承，就是创造新的历史；对人类文明最大的礼敬，就是创造人类文明新形态"③。坚定文化自信不是躺在"老祖宗"的功劳簿上止步不前，不是守着故有的"文化宝库"坐吃山空，而是坚定不移地推动文化发展，从历史的中国认识现实的中国、创造未来的中国，坚持在马克思主义指导下，通过传承弘扬革命文化，发展社会主义先进文化，推动中华优秀传统文化创造性转化、创新性发展，激发全民族文化创新创造的活力，"立足中华民族伟大历史实践和当代实践，用中国道理总结好中国经验，把中国经验提升为中国理论，实现精神上的独立自主"④，构筑中国精神、中国价值、中国力量，创造中华民族文化的新辉煌。

---

① 习近平：《在哲学社会科学工作座谈会上的讲话》，人民出版社2016年版，第17页。
② 习近平：《在中国文联十大、中国作协九大开幕式上的讲话》，人民出版社2016年版，第6页。
③ 《"中国特色的关键就在于'两个结合'"》，《人民日报》2023年6月5日。
④ 《担负起新的文化使命 努力建设中华民族现代文明》，《人民日报》2023年6月3日。

三 "两个结合"的思想内涵

（二）秉持开放包容：坚持"两个结合"的基本态度

把握好古代文明与现代文明、中华文明与西方文明之间的内在张力是"两个结合"的着力点。通过破解"古今中西之争"、融汇古今中西一切有益的文明成果，以此铸造中华民族的新文化，是实现"两个结合"的关键，习近平总书记指出："经过长期努力，我们比以往任何一个时代都更有条件破解'古今中西之争'，也比以往任何一个时代都更迫切需要一批熔铸古今、汇通中西的文化成果。"[①] 而要破解"古今中西之争"，就必然要秉持开放包容、海纳百川的基本态度，在融通古今、贯通中西的过程中推进"两个结合"。

首先，秉持开放包容的基本态度，就是要做到融通古今、破解"古今之争"。古代文明与现代文明都是中华文明的有机组成，是中华民族的宝贵精神财富，二者相伴相生、不可分割。坚持"两个结合"，一方面要做到尊古而不复古。既要充分认识到中华优秀传统文化的重要价值，尊重中华民族在长期实践中培育和形成的独特思想理念和道德规范，又要认识到由于"传统文化在其形成和发展过程中，不可避免会受到当时人们的认识水平、时代条件、社会制度的局限性的制约和影响，因而也不可避免会存在陈旧过时或已成为糟粕性的东西"[②]，所以，复古既不符合历史潮流，也违背人类社会发展的客观规律，自古以来一切因循守旧、抱残守缺，妄图回到过去历史时代的行为都被历史嘲弄，只有挖掘中华优秀文化中与时代精神相适宜的内

[①]《"中国特色的关键就在于'两个结合'"》，《人民日报》2023年6月5日。
[②] 习近平：《在纪念孔子诞辰2565周年国际学术研讨会暨国际儒学联合会第五届会员大会开幕会上的讲话》，人民出版社2014年版，第11页。

容,"让经由'结合'而形成的新文化成为中国式现代化的文化形态"①,才能推动中华文化的发展。

另一方面,坚持"两个结合"也要做到厚古而不薄今。中华文明曾经取得了辉煌成就,而当代中国也同样创造了中华民族现代文明,尤其是新时代以来,中国共产党在习近平新时代中国特色社会主义思想的旗帜下,坚持以人民为中心的发展思想,文化强国战略持续推进,人民群众日益增长的精神文化需求得以不断满足,中华文化的国际影响力和感召力显著增强,使其进一步走出中国、走向世界,因此,要在尊重传统文化的基础上充分认识新时代文化成就的价值,在融通古今中继往开来,共同创造属于我们这个时代的社会主义新文化。

其次,秉持开放包容的基本态度,就是要做到贯通中西,破解"中西之争"。中华文明和西方文明都是全人类的共同财富。纵观人类文明史,"文明因多样而交流,因交流而互鉴,因互鉴而发展"②。坚持"两个结合"就必须摒弃文明冲突、促进文明和睦,敞开胸怀学习人类文明的先进成果、吸收国外各种有益的思想文化资源,习近平总书记指出:"我们要铸就中华文化新辉煌,就要以更加博大的胸怀,更加广泛地开展同各国的文化交流,更加积极主动地学习借鉴世界一切优秀文明成果。"③ 与此同时,学习外来文化并不意味着不加甄别、不加批判地完全采纳。外来文化尤其是西方文化中存在着极端个人主义、种族优越主义、大国沙文主义、文化霸权主义等问

---

① 《担负起新的文化使命 努力建设中华民族现代文明》,《人民日报》2023 年 6 月 3 日。
② 习近平:《在敦煌研究院座谈时的讲话》,《求是》2020 年第 3 期。
③ 习近平:《在敦煌研究院座谈时的讲话》,《求是》2020 年第 3 期。

三 "两个结合"的思想内涵

题,这些弊端与中华文化的基本精神不相符合,也与中国人民的价值观念相违背。在推动文化交流互鉴过程中,不可对西方文化奴颜婢膝、马首是瞻,而是要坚持去粗取精、去伪存真,促进外来文化的本土化、中国化,"以文明交流超越文明隔阂、文明互鉴超越文明冲突、文明包容超越文明优越,携手促进人类文明进步"①。

(三)坚持守正创新:推进"两个结合"的科学方法

首先,"守正"是推进"两个结合"的基础。"守正才能不迷失方向、不犯颠覆性错误。"② 所谓"守正",亦即恪守正道,其关键在于恪守马克思主义之正。马克思主义是党的旗帜和信仰,坚持马克思主义同中国具体实际相结合不是任意剪裁甚至曲解或否定马克思主义,同中华优秀传统文化相结合也不是使马克思主义"儒学化"。"两个结合"归根到底是马克思主义同中国具体实际及中华优秀传统文化相结合,"背离或放弃马克思主义,我们党就会失去灵魂、迷失方向"③,因此在推进"两个结合"的过程中,应当始终坚持以马克思主义作为指导思想和行动指南,以马克思主义的世界观和方法论认识世界、改造世界。此外,守正也是要恪守中华优秀传统文化之正。中华优秀传统文化是中华文明的智慧结晶和精华所在,是中华民族的根脉,是我们在世界文化激荡中站稳脚跟的根基。中华文明源远流

---

① 《习近平向第三届文明交流互鉴对话会暨首届世界汉学家大会致贺信》,《人民日报》2023年7月4日。
② 习近平:《高举中国特色社会主义伟大旗帜 为全面建设社会主义现代化国家而团结奋斗——在中国共产党第二十次全国代表大会上的报告》,人民出版社2022年版,第20页。
③ 习近平:《在庆祝中国共产党成立95周年大会上的讲话》,人民出版社2016年版,第9页。

长、博大精深，在五千多年的文明演进中，"形成了中国人看待世界、看待社会、看待人生的独特价值体系、文化内涵和精神品质"①，成为中华民族区别于其他国家和民族的根本特征。因此，推进"两个结合"应当坚持以中华文化为本位，使马克思主义的立场观点方法与中国人独特价值体系、文化内涵和精神品质相交融，也只有植根于本国、本民族历史文化沃土，"马克思主义真理之树才能根深叶茂"②。

其次，"创新"是推进"两个结合"的动力。"理论的生命力在于不断创新，推动马克思主义不断发展是中国共产党人的神圣职责。"③ 只有坚持创新，才能在风云变幻的现实世界中把握时代、引领时代。在推进"两个结合"的过程中，创新的主体分别指向马克思主义与中华优秀传统文化，即是说，一方面要创马克思主义之新，另一方面则要创中华优秀传统文化之新。马克思主义本就不是一成不变、停滞不前的，而是随着时代发展而不断开拓创新、与时俱进，其开放性与时代性是马克思主义永葆活力的关键所在。马克思和恩格斯在1872年《共产党宣言》德文版序言中就指出，"这个《宣言》中所阐述的一般原理整个说来直到现在还是完全正确的"，"这些原理的实际运用，正如《宣言》中所说的，随时随地都要以当时的历史条件为转移"④，因此，每个时代的马克思主义者都需要结合具体的时代特征与特定环境，在不断吸收本民族历史上一切优秀思想文化成

---

① 习近平：《在敦煌研究院座谈时的讲话》，《求是》2020年第3期。
② 习近平：《高举中国特色社会主义伟大旗帜 为全面建设社会主义现代化国家而团结奋斗——在中国共产党第二十次全国代表大会上的报告》，人民出版社2022年版，第18页。
③ 习近平：《在纪念马克思诞辰200周年大会上的讲话》，人民出版社2018年版，第27页。
④ 《马克思恩格斯选集》第1卷，人民出版社2012年版，第386页。

三 "两个结合"的思想内涵

果的基础上实现理论创新，使这一理论既源于创立的时代又超越那个时代，既是那个时代精神的精华又是整个人类精神的精华。"坚持以马克思主义为指导，是要运用其科学的世界观和方法论解决中国的问题，而不是要背诵和重复其具体结论和词句，更不能把马克思主义当成一成不变的教条。"[①] 与此同时，创中华优秀传统文化之新需要聚焦中华优秀传统文化中与新时代相契合的要素、特质，加强对中华优秀传统文化的挖掘和阐发，通过创新形式、丰富内涵、推动实践，促进中华优秀传统文化创造性转化、创新性发展，"使中华民族最基本的文化基因同当代文化相适应、同现代社会相协调，把跨越时空、超越国界、富有永恒魅力、具有当代价值的文化精神弘扬起来"[②]。

三 以"两个结合"推动中华民族现代文明建设

习近平总书记指出："在新的起点上继续推动文化繁荣、建设文化强国、建设中华民族现代文明，是我们在新时代新的文化使命。"[③] 坚持"两个结合"对于筑牢道路根基、打开创新空间、巩固文化主体性具有重要意义，有利于在新时代新征程上推进中国特色社会主义发展、引领中华优秀传统文化传承、开辟马克思主义中国化时代化新境界，创造中华民族现代文明。

[①] 习近平：《高举中国特色社会主义伟大旗帜 为全面建设社会主义现代化国家而团结奋斗——在中国共产党第二十次全国代表大会上的报告》，人民出版社2022年版，第17页。

[②] 习近平：《在中国文联十大、中国作协九大开幕式上的讲话》，人民出版社2016年版，第15—16页。

[③] 《担负起新的文化使命 努力建设中华民族现代文明》，《人民日报》2023年6月3日。

(一) 筑牢道路根基，推进中国特色社会主义发展

"我们的社会主义为什么不一样？为什么能够生机勃勃充满活力？关键就在于中国特色，中国特色的关键就在于两个结合。"① "两个结合"使中国特色社会主义道路有了更加宏阔深远的历史纵深，拓展了中国特色社会主义道路的文化根基，科学回答了新时代坚持和发展什么样的中国特色社会主义、怎样坚持和发展中国特色社会主义的时代课题。

在世界社会主义发展史上，关于"什么是社会主义、如何建设社会主义"这一命题，长期以来困扰着世界各国的马克思主义者。习近平总书记指出："中国特色社会主义道路，是在马克思主义指导下走出来的，也是从5000多年中华文明史中走出来的。"② 新时代以来，党一方面在马克思主义的指导下，科学把握我国正处于并将长期处于社会主义初级阶段的基本国情没有变，我国是世界上最大发展中国家的国际地位没有变的具体实际；另一方面客观认识中华文明的突出特性，科学指出坚持和发展中国特色社会主义的总任务是实现社会主义现代化和中华民族伟大复兴，在全面建成小康社会的基础上，分两步走，在本世纪中叶建成富强民主文明和谐美丽的社会主义现代化强国，描绘了中国特色社会主义的未来图景，使其既不超脱现有发展阶段，也不偏离社会主义正道，并且具有鲜明的中国风格、中国特色和中国气派。"两个结合"回应了新时代如何坚持和发展中国特色社

---

① 《赓续历史文脉 谱写当代华章》，《人民日报》2023年6月4日。
② 《赓续历史文脉 谱写当代华章》，《人民日报》2023年6月4日。

三 "两个结合"的思想内涵

会主义的问题，阐明坚持和发展中国特色社会主义的总目标、总体布局、战略布局和发展方向、发展方式、发展动力、战略步骤、外部条件、政治保证，回答了新时代坚持和发展中国特色社会主义的重大时代课题。

（二）打开创新空间，引领中华优秀传统文化传承

"'第二个结合'让我们掌握了思想和文化主动，并有力地作用于道路、理论和制度。"[①] "第二个结合"实现了又一次的思想解放，让我们能够充分运用中华优秀传统文化的宝贵资源，打开未来理论和制度创新的空间。

首先，中华优秀传统文化打开了未来理论创新的空间。"只有坚持从历史走向未来，从延续民族文化血脉中开拓前进，我们才能做好今天的事业。"[②] 中华优秀传统文化为党的理论创新提供了深厚土壤。在中华文明形成发展过程中，中华民族孕育了以儒家、道家、法家、墨家等为代表的诸多思想流派，出现了诸子论辩、百家争鸣的文化繁盛局面，共同塑造了中华民族敏于深思、乐于求索的理论品格，也让中华优秀传统文化中所蕴含的天下为公、民为邦本、为政以德、革故鼎新、任人唯贤、天人合一、自强不息、厚德载物、讲信修睦、亲仁善邻等理念得以和党的创新理论相交融，中华优秀传统文化也如广阔无垠、浩瀚无际的"文化蓄水池"一般，为党的创新理论提供取之不尽、用之不竭的源头活水。不仅如此，中华优秀传统文化中也早已

---

① 《"中国特色的关键就在于'两个结合'"》，《人民日报》2023 年 6 月 5 日。
② 习近平：《在纪念孔子诞辰 2565 周年国际学术研讨会暨国际儒学联合会第五届会员大会开幕会上的讲话》，人民出版社 2014 年版，第 14 页。

种下了矢志创新的文化因子,古代中国的思想理论并非一成不变,从孔孟之学到程朱理学、陆王心学,从儒释道合流到禅宗诞生,古代中国思想文化因时而进、顺势而新,在继承创新中不断发展,在应时处变中不断升华,展现出旺盛的创新活力。党的理论作为中华民族现代文明的重要内容,也在实践中继承了敢于创新、勇于求变的特质,推动理论创新不断向前发展。

其次,中华优秀传统文化打开了未来制度创新的空间。"一个民族的历史是一个民族安身立命的基础。"[①] 古代中国有着光辉璀璨、自成一体的制度文明,创造了郡县制、三省六部制、科举制等对于东亚乃至世界产生巨大影响的宝贵制度文明。诚然,随着时间的流逝,古代中国制度已经失去了客观存在的土壤,但其蕴藏着的制度智慧与治理理念依然富有超越时空的价值,对中国特色社会主义制度的建构具有重要意义。"我们党开创的人民代表大会制度、政治协商制度,与中华文明的民本思想,天下共治理念,'共和'、'商量'的施政传统,'兼容并包、求同存异'的政治智慧都有深刻关联。我们没有搞联邦制、邦联制,确立了单一制国家形式,实行民族区域自治制度,就是顺应向内凝聚、多元一体的中华民族发展大趋势,承继九州共贯、六合同风、四海一家的中国文化大一统传统。"[②] 在中华优秀传统文化的影响下,以根本制度、基本制度、重要制度为四梁八柱的中国特色社会主义制度体系逐步成熟化、定型化,为进一步创新中华民族现代制度文明创造了有利条件。

[①] 习近平:《在纪念毛泽东同志诞辰 120 周年座谈会上的讲话》,人民出版社 2013 年版,第 12 页。

[②] 《"中国特色的关键就在于'两个结合'"》,《人民日报》2023 年 6 月 5 日。

三 "两个结合"的思想内涵

（三）巩固文化主体性，开辟马克思主义中国化时代化新境界

"两个结合"巩固了文化主体性，而习近平新时代中国特色社会主义思想的创立就是这一文化主体性的最有力体现。新时代以来，党在实践创造和理论创新中引领时代之变，在认识世界和改造世界的辩证统一中开辟了21世纪马克思主义中国化时代化的新境界，深刻诠释了马克思主义中国化时代化的新形态，呈现了党推进马克思主义中国化时代化、创新21世纪马克思主义的新图景，在世界百年未有之大变局的背景下，为实现中华民族伟大复兴提供了科学指引。

首先，文化主体性的巩固为实现中华民族伟大复兴奠定了思想基础。习近平总书记指出："实现中华民族伟大复兴进入了不可逆转的历史进程！"[①] 习近平新时代中国特色社会主义思想以"十个明确""十四个坚持""十三个方面成就"为主要内容，以"六个必须坚持"为贯穿其中的世界观与方法论，构建起系统完整的理论体系。习近平新时代中国特色社会主义思想深刻揭示了中国式现代化是实现中华民族伟大复兴的必由之路。习近平总书记指出："中国式现代化是赓续古老文明的现代化，而不是消灭古老文明的现代化；是从中华大地长出来的现代化，不是照搬照抄其他国家的现代化；是文明更新的结果，而不是文明断裂的产物。"[②] 这指明了中国式现代化的基本特征和本质要求，提出牢牢把握坚持中国共产党领导、坚持中国特色社会主义、坚持以人民为中心的发展思想、坚持深化改革开放、坚持

[①] 习近平：《在庆祝中国共产党成立100周年大会上的讲话》，人民出版社2021年版，第7页。

[②] 《赓续历史文脉 谱写当代华章》，《人民日报》2023年6月4日。

发扬斗争精神等重要原则，指明了实现中华民族伟大复兴的路径。

其次，文化主体性的巩固也为构建人类命运共同体提供了科学指引。"世界怎么了、我们怎么办？这是整个世界都在思考的问题，也是我一直在思考的问题。"[1] 习近平新时代中国特色社会主义思想融合马克思主义"为人类求解放"和中华优秀传统文化中"胸怀天下"的思想传统，不仅指明了中华民族伟大复兴的康庄大道，更是站在世界历史的高度审视当今世界的发展趋势和面临的重大问题，有着深远的世界意义。当今世界正处于百年未有之大变局的加速演进期，国际格局和国际体系正在发生深刻调整、全球治理体系正在发生深刻变革、国际力量对比正在发生近代以来最具革命性的变化，中国人民和中华民族始终站在历史正确的一边，站在人类进步的一边，深刻洞察人类发展进步潮流，积极回应各国人民普遍关切，为人类妥善应对全球性挑战贡献了中国方案，为建设持久和平、普遍安全、共同繁荣、开放包容、清洁美丽的世界提供中国智慧。中国式现代化道路"摒弃了西方以资本为中心的现代化、两极分化的现代化、物质主义膨胀的现代化、对外扩张掠夺的现代化老路"[2]，为发展中国家探索更好的社会制度、实现自身发展提供了经验借鉴，展现出世界和平的建设者、全球发展的贡献者、国际秩序的维护者、人类文明进步的促进者应有的责任担当。

（原载《理论视野》2023 年第 9 期）

---

[1]《习近平谈治国理政》第二卷，外文出版社 2017 年版，第 537 页。
[2] 习近平：《以史为鉴、开创未来，埋头苦干、勇毅前行》，《求是》2022 年第 1 期。

从马克思主义中国化看"两个结合"的意涵

何中华[*]

马克思主义中国化的历史进程,证明了马克思的著名论断:"理论一经掌握群众,也会变成物质力量。"[①] 对于中国来说,这种"理论的彻底性及其实践能力的明证",是在马克思所说的"世界历史"的意义上实现和表达的。这就不能不触及一个问题,在西方语境中产生的马克思主义,如何同作为东方社会的中国之具体实际相结合,进而同中国本土文化及其传统相结合;更进一步的问题是,这"两个结合"在"世界历史"基础上所呈现的逻辑的和历史的关系应该怎样被恰当地揭示。就此作出某种可能的诠释,对于全面具体地理解和把握马克思主义中国化的实质,具有积极意义。

---

[*] 作者简介:何中华,山东大学哲学与社会发展学院教授。
[①] 《马克思恩格斯选集》第1卷,人民出版社2012年版,第9页。

一

马克思主义在中国的传播，同中国本土文化相遇，绝不是偶然的，而是有其深刻的逻辑理由和历史原因的，因而具有内在的必然性。

从唯物史观的角度看，东方社会包括中国在内并不处在其研究视野的"盲区"，而是其审视的一个重要内容和对象。一种学说被应用于它的研究对象本身，这是它的天然的权利；至于这种应用的效果如何，则在很大程度上取决于这种学说正确与否，换句话说，应用本身即是对这种学说正确与否的一种检验。因此，马克思主义传入中国，不仅不突兀，而且是其题中应有之义。这就从研究视野的意义上给出了马克思主义在中国传播并应用的必然性和正当性。

晚清以降，两次鸦片战争和中日甲午战争给中国带来了深重灾难，这使先进的中国人发现老祖宗的路已经走不通，必须"改弦而更张之"①，作出新的选择，以谋求新的出路。当时的中国人一度试图走西方近代资本主义的路，即所谓"建设西洋式之新国家，组织西洋式之新社会，以求适今世之生存"②。但是，第一次世界大战爆发带来的负面历史后果，使中国人对资本主义文明极其失望。这从严复和梁启超当时的反应可见一斑。严复在给弟子的信中说："不佞垂老，亲见脂那（中国——引者注）七年之民国与欧罗巴四年亘古未有之

---

① 任建树等编：《陈独秀著作选》第1卷，上海人民出版社1984年版，第134页。
② 任建树等编：《陈独秀著作选》第1卷，上海人民出版社1984年版，第229页。

三 "两个结合"的思想内涵

血战，觉彼族三百年之进化，只做到'利己杀人，寡廉鲜耻'八个字"①；"西国文明，自今番欧战，扫地遂尽"②。严复因第一次世界大战而对西方近代文明产生一种巨大的幻灭感和虚无感，这也正是其晚年趋于保守立场的一个重要原因。当然，这一刺激未能使严复寻求新路，而是使其退回到对旧文化的膜拜，他说："回观孔孟之道，真量同天地，泽被寰区。"③严复甚至对辜鸿铭的极端保守主义立场表示认同："辜鸿铭议论稍有惊俗，然亦不无理想，不可抹杀，渠生平极恨西学，以为专言功利，致人类涂炭。鄙意深以为然。"④对彼时刚刚发生的俄国革命，严复则持观望态度，称"俄之社会主义，能否自成风气，正未可知"⑤。而梁启超，第一次世界大战甫一结束，便率团到欧美游历，他在《欧游心影录》中说："无奈当科学全盛时代……当时讴歌科学万能的人，满望着科学成功黄金世界便指日出现。如今功总算成了，一百年物质的进步，比从前三千年所得还加几倍。我们人类不惟没有得着幸福，倒反带来许多灾难。……欧洲人做了一场科学万能的大梦，到如今却叫起科学破产来。这便是最近思潮变迁一个大关键了。"⑥梁启超尽管并未完全否定科学，"绝不承认科学破产，不过也不承认科学万能"⑦，但对作为启蒙现代性之象征的科学所

---

① 王栻主编：《严复集》第三册书信，中华书局1986年版，第692页。
② 王栻主编：《严复集》第三册书信，中华书局1986年版，第690页。
③ 王栻主编：《严复集》第三册书信，中华书局1986年版，第692页。
④ 王栻主编：《严复集》第三册书信，中华书局1986年版，第623页。
⑤ 王栻主编：《严复集》第三册书信，中华书局1986年版，第683页。
⑥ 蔡尚思主编，朱维铮编：《中国现代思想史资料简编》第一卷，浙江人民出版社1982年版，第231—232页。
⑦ 蔡尚思主编，朱维铮编：《中国现代思想史资料简编》第一卷，浙江人民出版社1982年版，第232页。

代表的理性尺度开始持怀疑态度，这意味着他对启蒙现代性的不信任。

从实际的历史层面看，历史向"世界历史"的转变，"使东方从属于西方"。若不能突破资本主义殖民体系的支配和控制，东方国家就无法摆脱依附关系，实现民族的独立和解放。历史事实也证明了这一点。有学者指出，到了20世纪上半叶，"中国被完全纳入世界资本主义经济体系，并处在这个体系的边缘地位。外国资本……迫使中国的经济发展按照'工业化西方（日本）—农业中国'的格局运行"①。中国经济即使有一定增长，也只是"依附性"增长，"外国资本在中国现代化经济部门中和在中国比较现代化的地区（通商口岸）占据了支配地位。这一基本特征决定了中国现代经济发展的依附性质"②。有资料显示，"到1936年，外国资本大体上已控制中国生铁产量95%，钢产量83%，机器采煤66%，发电量55%，即掌握了中国的主要资源和能源"③。尽管有学者不同意上述解释，认为"19世纪中国并未全然'象一个卫星国似地被紧密结合'。事实是，和大多数'不发达'的国家不同，尽管有相当大程度的经济帝国主义，中国从来未被殖民地化"④。但这显然是夸大了中国近代经济自主性的一面。即使该学者也不得不承认，"中国没有真正的'民族经济'"⑤，

---

① 罗荣渠：《现代化新论：世界与中国的现代化进程》，北京大学出版社1993年版，第318页。

② 罗荣渠：《现代化新论：世界与中国的现代化进程》，北京大学出版社1993年版，第319—320页。

③ 罗荣渠：《现代化新论：世界与中国的现代化进程》，北京大学出版社1993年版，第320页。

④ [美]郝延平：《中国近代商业革命》，陈潮、陈任译，上海人民出版社1991年版，第396页。

⑤ [美]郝延平：《中国近代商业革命》，陈潮、陈任译，上海人民出版社1991年版，第383页。

三 "两个结合"的思想内涵

因为"从更广阔的视野来看，中西商业资本主义仅仅是由英国支配的全球资本主义体系的一个边缘方面"①。这一格局在客观上阻塞了中国走资本主义道路的可能性。对此，毛泽东当年说得很清楚："要在中国建立资产阶级专政的资本主义社会，首先是国际资本主义即帝国主义不容许。帝国主义侵略中国，反对中国独立，反对中国发展资本主义的历史，就是中国的近代史。"②

1917年，俄国"十月革命"的爆发，为中国道路的选择昭示了新的可能性，因为作为其指导思想的马克思主义，克服了东方文化和西方资本主义文化在"灵"与"肉"上的偏执，达成了"合题"，获得了学理上的完备性。陈独秀、李大钊、瞿秋白、毛泽东等中国早期马克思主义者，对此都有一致的判断和共识。更为关键的是，"十月革命"的成功，使马克思主义在俄国得到了"实践能力的明证"。这是中国人信任并选择马克思主义的一个重要原因。在中国共产党成立前夕，毛泽东在与蔡和森等人讨论建党问题的信中就强调，"唯物史观是吾党哲学的根据，这是事实，不象唯理观之不能证实而容易被人摇动"③，因为"事实是当前的，是不能消灭的，是知了就要行的"④。

中国选择马克思主义并走上社会主义道路，有两个关键因素值得正视。一是只有社会主义才能使中国真正摆脱西方殖民体系的支配和它带来的依附性，从而获得民族独立和民族尊严。缅希科夫指出："对相当一些国家来说，社会主义是它们取得国家主权独立的途径"；

---

① [美]郝延平：《中国近代商业革命》，陈潮、陈任译，上海人民出版社1991年版，第384页。
② 《毛泽东选集》第2卷，人民出版社1991年版，第679页。
③ 《毛泽东书信选集》，人民出版社2003年版，第11页。
④ 《毛泽东书信选集》，人民出版社2003年版，第5页。

"有些社会主义国家，比如中国，实际上由于向社会主义转变才获得独立的"。① 二是只有社会主义才能使东方国家快速奠定现代化的物质基础，以超常规的速度和方式完成工业化过程。缅希科夫说："社会主义是一种迅速发挥巨大工业潜力的好制度。我想这就是为什么相当多的国家，尤其是那些经济欠发达的国家，继续走社会主义道路和选择那条道路的原因。"②

在"世界历史"语境中，"阶级"概念本身被历史地重构了，它不再单纯指一个国家内部处于生产关系中不同地位的社会集团，而是被置于"世界历史"格局中以"民族"为单位得以表达。这也正是东方国家的革命总是伴随着民族主义情结的一个重要原因。"无产阶级"的这种广义化，使得东方革命的主体必然以"民族"的形式表征出来。诚如萨米尔·阿明所言："马克思确实隐约看到了另一个可能的结果——有利于中心国家的东方社会的无产阶级化，而中心国家包括无产阶级在内却'资产阶级化'了，外围国家则成为主要的革命力量。"③ 发展研究中的"依附理论"和"世界体系论"借鉴了马克思的"世界历史"思想，本身也自认为是马克思主义谱系内的一种学说。这种基于"世界历史"而建构起来的"中心—边缘"结构，正是西欧资本主义国家内部"劳资矛盾"外化的产物。在这一

---

① [美] 约翰·K. 加尔布雷思、[苏] 斯坦尼斯拉夫·缅希科夫：《资本主义、社会主义与和平共处——从痛苦的过去到较好的未来》，刘绪贻、刘末译，武汉大学出版社1988年版，第7页。

② [美] 约翰·K. 加尔布雷思、[苏] 斯坦尼斯拉夫·缅希科夫：《资本主义、社会主义与和平共处——从痛苦的过去到较好的未来》，刘绪贻、刘末译，武汉大学出版社1988年版，第29页。

③ [埃及] 萨米尔·阿明：《不平等的发展》，高铦译，商务印书馆1990年版，第167页。

三 "两个结合"的思想内涵

全球化格局中,处于被压迫、被剥削、被奴役地位的殖民地和半殖民地国家最具有革命的诉求,从而格外需要革命的学说来指导。相反,在西欧各国,革命的客观条件却逐渐弱化。以英国为例,恩格斯曾说:"工人十分安然地(指资产阶级政党——引者注)分享英国在世界市场上的垄断权和英国的殖民地垄断权。"[①] 对于东方国家来说,正如列宁所强调的:"没有革命的理论,就不可能有被压迫阶级的即历史上最革命的阶级的世界上最伟大的解放运动。"[②] 马克思主义正是这种"革命的理论"的集中体现。当历史条件具备之后,革命的理论就成为一个决定性的关键因素。因此,马克思主义被中国选择和接纳,可谓是理有固然、势所必至。

二

把马克思主义基本原理同中国具体实际相结合、同中华优秀传统文化相结合,这"两个结合"的关系是怎样的呢?如何理解和把握这种关系才恰当呢?笔者认为,"第一个结合"已经逻辑地内蕴着"第二个结合"了,但在当代特定的历史语境中,又必须把"第二个结合"特别地凸显出来,加以主题化。

只有把中国革命作为一种"世界历史"现象来看待,才能真正理解其背后的实质。就此而言,对于作为"世界历史"的一个有机部分的中国社会来说,马克思主义并不具有外在性。

[①] 《马克思恩格斯选集》第4卷,人民出版社2012年版,第548页。
[②] 《列宁全集》第27卷,人民出版社2017年版,第15页。

诚然，作为人类文明成果的集大成者，作为西方历史和文化的产物，马克思主义无疑深受英国古典政治经济学及其经验论传统的影响，甚至马克思把伦敦作为其政治经济学批判工作的"实验室"，但这并未改变一个基本的事实：马克思所做的这一切都不过是为了从理论和实践上超越英国所代表的社会现实及其意识形态修辞。必须指出，马克思用来批判政治经济学的武器，归根到底是由德国古典哲学锻造的。因此，马克思主义在思想谱系的意义上终究属于欧洲大陆传统。正如恩格斯所说，马克思主义哲学是黑格尔学派的解体过程中所获得的"唯一的真正结出果实的派别"①。正因此，"德国的工人运动是德国古典哲学的继承者"②。而马克思主义哲学乃是狭义的马克思主义，马克思主义不过是广义的马克思主义哲学。恩格斯说过，"德国人要不抛弃使本民族感到骄傲的那些伟大的哲学家（指从康德到黑格尔——引者注），就得接受共产主义"③。而欧陆传统与中国文化存在某种亲和性。此外，我们也无法回避一个看似悖论的现象，即马克思主义一方面植根于西方文化及其古老传统，但另一方面又呈现出激进的反传统姿态。若无视这一点，就既不能理解它在西方思想史上所引发的一场伟大而深刻的革命性变革，也无法解释它何以能够同异质于西方文化传统的中国本土文化具有亲和性这一事实。

马克思说过："理论在一个国家实现的程度，总是决定于理论满足这个国家的需要的程度。"④ 理论的实现即"实践能力的明证"，其

---

① 《马克思恩格斯选集》第 4 卷，人民出版社 1995 年版，第 242 页。
② 《马克思恩格斯选集》第 4 卷，人民出版社 1995 年版，第 258 页。
③ 《马克思恩格斯全集》第 1 卷，人民出版社 1956 年版，第 591 页。
④ 《马克思恩格斯选集》第 1 卷，人民出版社 1995 年版，第 11 页。

三 "两个结合"的思想内涵

关键取决于应用理论于实际的国家本身。正如恩格斯所言:"马克思的历史理论是任何坚定不移和始终一贯的革命策略的基本条件;为了找到这种策略,需要的只是把这一理论应用于本国的经济条件和政治条件。"① 一个国家的"具体实际",归根到底是由该国的经济条件、政治条件和文化条件塑造并建构的,而文化条件则是其中最为久远而深沉的重要变量。毛泽东说:"中国共产主义者……必须将马克思主义的普遍真理和中国革命的具体实践完全地恰当地统一起来,就是说,和民族的特点相结合,经过一定的民族形式,才有用处,决不能主观地公式地应用它。"② 倘若离开了中国传统文化的长期孕育、滋养、积淀和形塑,民族形式则只能是空洞的、抽象的,从而缺乏真实内涵。

承认中国具体实际在更深刻的意义上取决于中国所特有的文化条件,这是否有陷入"文化决定论"误区之嫌呢?回答是否定的。一个国家、一个社会的经济基础最终决定并制约着它的政治和文化,而经济和政治所特有的"民族形式"取决于它的文化条件,这决定了"民族"概念的文化学性质。按照斯宾格勒的观点,"'民族'是一种心灵的单位"③,而"这就是'民族'一词的唯一含义"④。从文化认同的角度来理解"民族"概念的内涵,所谓民族也就是分享了同一种文化传统的共同体。斯宾格勒强调:"它们(指不同的民族形

---

① 《马克思恩格斯选集》第4卷,人民出版社1995年版,第669页。
② 《毛泽东选集》第2卷,人民出版社1991年版,第707页。
③ [德]奥斯瓦尔德·斯宾格勒:《西方的没落》上册,齐世荣等译,商务印书馆1963年版,第298页。
④ [德]奥斯瓦尔德·斯宾格勒:《西方的没落》上册,齐世荣等译,商务印书馆1963年版,第299页。

式——引者注）能变换言语、名称、种族和土地，但是，只要它们的心灵存在，它们就能够把一切来源的人类物质汇聚到自己身边，并把这种物质加以改变。"① 近现代中国所面临的特殊历史语境在于，无产阶级在"世界历史"中的角色已经采取了"民族"的形式。对于东方国家而言，文化的重要性因此变得格外显豁。

按照唯物史观，人们"为了生活，首先就需要吃喝住穿以及其他一些东西。因此第一个历史活动就是生产满足这些需要的资料，即生产物质生活本身"②。但正如马克思所言，"饥饿总是饥饿，但是用刀叉吃熟肉来解除的饥饿不同于用手、指甲和牙齿啃生肉来解除的饥饿"③。人的需要本身并没有生物学意义上的差别，但满足需要的方式却存在异质性。在时间维度上，它表征为马克思所说的文明与野蛮的分野；在空间维度上，它表征为不同民族之间的分野。后者主要取决于文化上的差异，对于唯物史观来说，这种差异并非可以忽略不计，因为"极为相似的事变发生在不同的历史环境中就引起了完全不同的结果"④。正视"历史环境"的独特性，恰恰是唯物史观的方法论要求。马克思坚决拒绝那种"超历史的"历史哲学，因为"抽象本身离开了现实的历史就没有任何价值"⑤。如果回到"现实的历史"，就必须正视具体的文化条件及其特质，因为它造成了特定的"历史环境"。在此意义上，马克思主义基本原理同中国具体实际相

---

① ［德］奥斯瓦尔德·斯宾格勒：《西方的没落》上册，齐世荣等译，商务印书馆1963年版，第299页。
② 《马克思恩格斯选集》第1卷，人民出版社1995年版，第79页。
③ 《马克思恩格斯选集》第2卷，人民出版社1995年版，第10页。
④ 《马克思恩格斯选集》第3卷，人民出版社1995年版，第342页。
⑤ 《马克思恩格斯选集》第1卷，人民出版社1995年版，第74页。

三 "两个结合"的思想内涵

结合的进一步深化和拓展，就必然触及它同中华优秀传统文化之间的关系问题。因此，从学理上说，"第一个结合"内在地蕴含着"第二个结合"，而"第二个结合"不过是"第一个结合"展开了的形式或结果罢了。

那么，在今天，"第二个结合"又何以被主题化呢？笔者认为，"第二个结合"的自觉提出，绝不是偶然的，而是有其深刻的历史理由和充分的客观根据的。这当然可以从很多方面来理解，但最重要的在于如下几个方面。

首先，这是确立中华民族文化主体性的客观要求。在对待传统文化的态度上，我们有一个不断深化、发展、成熟和完备的过程。最早提出的是"剔除其糟粕，吸取其精华"，这意味着对传统文化采取分析的态度，从而体现出一种对文化遗产客观地甄别和挑选的姿态，传统文化被对象化为客体。后来又提出"古为今用，洋为中用"的方针，这意味着"此在"性的主体立场的确立，在"为我关系"中看待古代的和外国的文化资源，从而使主体视角得以凸显，但这还是一种静态的看待方式。今天我们提出的"创造性转化和创新性发展"（简称"两创"），则实现了由静态向动态的过渡，它意味着必须将本土文化及其传统看作一种生命观。作为生命原则的反思形式，辩证法是同敌视生命的形而上学相对立的。中华优秀传统文化实现"两创"的过程，就表征为不断地自我扬弃、自我超越而又始终保持自我同一性的过程。这种辩证否定性恰恰是生命有机体性质的典型体现。因此，文化作为存在论规定是不能被对象化为客体规定的。在这一背景下，中国的马克思主义之"中国性"的彰显，就成为一个无法回避的问题了。而这种"中国性"就植根于上下五千多年的中华文明的积淀。无论是实现中华民族伟大复兴的愿景，还是探索中国式现代化道路、进行中国特色社会主义历史实践，乃至建设中华民族现代文明，都离不开中华民族文化主体性的自觉确立。因此，在今天的特定语境中，需要强调的不是马克思主义"在中国"，而是"中国的"马克思主义。它要求我们必须直面马克思主义基本原理同中华优秀传统文化相结合的问题。

其次，这是马克思主义中国化不断深化和拓展的客观要求。马克思主义中国化不是一蹴而就的，而是一个朝向未来的开放过程。历史地看，它大致包括四个阶段。一是语言阶段，即让马克思"说汉语"。这当然不是一种狭义的翻译，而是一种跨文化意义的生成和重构。费正清说："中国人民只能接受中国的马克思主义。"[①] 只有经过语言这一阶段，"中国的马克思主义"才能被真正建构起来。在此意义上，语言不是工具性的规定，而就是人的存在方式本身。这正是语言的存在论含义。马克思说："语言本身是一定共同体的产物，正象从另一方面说，语言本身就是这个共同体的存在，而且是它的不言而喻的存在一样。"[②] 海德格尔也说："语言是存在的家。"[③] 就指称性和交际性而言，语言固然有其工具和手段的含义，但在存在论意义上，语言则建构着人的存在方式，不是我们"说"语言，而是语言"说"我们。一种语言代表了一个民族所特有的"生活的样法"[④]。因此，让马克思"说汉语"不是狭义的"翻译"，而是让马克思主义通

[①] [美]费正清：《伟大的中国革命（1800—1985）》，刘尊棋译，世界知识出版社2000年版，第301页。
[②] 《马克思恩格斯全集》第46卷上，人民出版社1979年版，第489页。
[③] 孙周兴选编：《海德格尔选集》，生活·读书·新知上海三联书店1996年版，第358页。
[④] 梁漱溟：《东西文化及其哲学》，陈政、罗常培编录，商务印书馆1987年版，第24页。

三 "两个结合"的思想内涵

过中国式语言叙述出来,从而获得"中国风格和中国气派"。作为一种基于中国文化及其传统而实现的创造性的意义生成,这本身就是带有前提性的"中国化"。二是实践阶段,即汉语化了的马克思主义被中国人自觉掌握,并诉诸自己的感性活动。中国的革命、建设、改革的历史进程,就表征为实践的能动建构过程。三是理论阶段,即对实践过程中取得的丰富经验进行反刍和升华,达到理论的形态。当年毛泽东就提出一个任务,即"在理论上来思考中国的革命实践"①。毛泽东思想、邓小平理论、"三个代表"重要思想、科学发展观和习近平新时代中国特色社会主义思想,就是对中国革命、建设、改革进行理论思考所取得的代表性成果。四是反思阶段,即对马克思主义中国化的历史过程本身加以反思性地把握,以便揭示它的内在机制、规律及实现的历史条件,使马克思主义中国化的过程完成由自发到自觉、由自在到自为的过渡,使当代中国马克思主义、21世纪马克思主义的发展趋于成熟和完备。马克思主义同中国本土文化的关系问题,必然构成这种反思的对象和内容。

最后,这是中华民族文化心理发生历史性变迁的客观要求。近代以来,中国所遭遇的"数千年来未有之变局"②,一度使国人陷入文化自卑的心理状态,五四新文化运动时期出现的"全盘西化"论就是其典型表现。但随着中华人民共和国的成立,以及改革开放的实行,特别是近十几年的迅猛发展,中华民族在历史上从未像今天这样接近实现伟大复兴的目标,这种复兴已经成为不可逆转的大趋势。我

---

① 《毛泽东选集》第3卷,人民出版社1991年版,第814页。
② 顾廷龙、戴逸主编:《李鸿章全集》第6册,安徽教育出版社2008年版,第159页。

们的文化心理由此也发生了根本转变,亦即由文化自卑转向文化自信。这种文化自信是有其充分理由的,因为当下的中国在硬实力和软实力方面都日益显示出自身的优势。在硬实力方面,中国已经成为世界上第二大经济体,对外贸易总额名列前茅。这构成文化自信得以确立的客观物质基础,中国因此成为国际舞台上不能被无视的存在。在软实力方面,今天看待中国传统文化的参照系比五四时期远为深邃而复杂,因为人类文明演进的节奏已经开始由现代性向后现代性转变。在新的历史坐标中重估中国文化的价值,能够更多地发现其积极意义。例如,"天人合一"的理念对于重建现代技术,从而优化人与自然的关系,具有启示价值。"以义制利"的理念对于限制和克服"一切人反对一切人的战争",重建社会信任体系,也具有借鉴意义。我们只有对本土文化抱有足够的信心和信任,才能提出作为最先进思想体系的马克思主义同中华优秀传统文化相结合的问题。就此而言,文化自信为"第二个结合"提供了文化心理基础。

三

事实上,当马克思意义上的"世界历史"崛起之后,马克思所说的"世界文学"(指广义的精神文化)的时代便随之开启。民族精神只有被置于"世界历史"语境,其潜在的意义才能被充分地揭橥出来。马克思主义同中国具体实际相结合既是"世界历史"的产物,又是它本身的能动建构。在此意义上,它必然触及马克思主义同中国传统文化相结合的"世界历史"含义,即以实践的方式历史地证成并表征着两者的融会贯通。这需要我们经过一番"从后思索"的功

三 "两个结合"的思想内涵

夫,把作为"此在"性的历史结果所蕴含的内在理路开显出来。

应该说,对于马克思主义基本原理同中华优秀传统文化相结合在学理层面上的会通,学界已经取得相当可观的成果,但这并未穷尽所有的可能性。毋宁说,它只是为更全面深入地阐释并把握这个问题作了必要的铺垫和准备。关于"第二个结合"在学理上的可能性,这里仅就三个有限而重要的方面加以探讨。

第一,高度推崇"实践",构成马克思主义和以儒家为主干的中国传统文化的相同或相似的基本取向。

作为"包含着新世界观天才萌芽的第一个文件",《关于费尔巴哈的提纲》(以下简称《提纲》)中的最后一条指出:"哲学家们只是用不同的方式解释世界,问题在于改变世界。"[①] 据考证,马克思在《提纲》的这一条与前十条之间画了一道分界线,这意味着它具有总结全文、得出结论的性质。[②] "解释世界"是理论的态度,"改变世界"则是实践的态度。这一划界表明马克思的新哲学同一切旧哲学"割席断交"。在马克思看来,以往的哲学本质上都是"解释世界"的,新哲学才是"改变世界"的。因此,马克思把自己的哲学叫作"实践的唯物主义",即"把感性理解为实践活动的唯物主义"[③]。若套用笛卡尔所谓的"我思故我在",对于马克思主义哲学来说则可谓"我实践故我在"或"我活动故我在"。作为原初范畴,实践构成马克思主义哲学的逻辑特征和功能性特征。因此,在马克思那

[①] 《马克思恩格斯选集》第1卷,人民出版社1995年版,第57页。
[②] [苏]巴加图里亚:《〈关于费尔巴哈的提纲〉和〈德意志意识形态〉》,载《马列主义研究资料》第1辑,人民出版社1984年版,第28页。
[③] 《马克思恩格斯选集》第1卷,人民出版社1995年版,第60页。

里，实践的唯物主义者和共产主义者是同义词，哲学家和革命家的角色是集于一身的。

通过实践的唯物主义，马克思清算了一切旧哲学的虚假的批判方式，包括思辨的批判和道德的批判，前者以黑格尔和青年黑格尔派为代表，后者以费尔巴哈和"真正的社会主义者"为代表。思辨的批判所实现的"思想上的扬弃，在现实中没有触动自己的对象，却以为实际上克服了自己的对象"①。它天真地相信，"改变了的意识、对现存诸关系的稍新的解释，能够把整个现存世界翻转过来"②。事实上，它不过是用一种关于现实的新的解释，重新肯定现存的一切罢了。道德的批判则满足于对现实的伦理谴责，呼唤"爱"的理想，却从未揭示其成为可能的历史条件，因而是软弱的和苍白无力的。它被马克思讽刺地称作"爱的呓语"。马克思基于实践的唯物主义立场，给出了一种真正有效的批判方式，即诉诸人的感性活动的实践的批判。马克思主义能够成为改变和建构世界历史进程的物质力量，从学理上说源自其哲学的这种本质特点亦即优点。

儒家学说作为一种道德哲学，其宗旨在于成就人的道德人格，进而贯彻"内圣外王"之道，即人的德性由个体向类扩展。中国社会自古以来的主流是行王道而非霸道。孙中山说："东方的文化是王道，西方的文化是霸道；讲王道是主张仁义道德，讲霸道是主张功利强权。讲仁义道德，是由正义公理来感化人；讲功利强权，是用洋枪大炮来压迫人。"③ 德治仁政构成中国传统社会的治理理念，政治上

---

① ［德］马克思：《1844年经济学哲学手稿》，人民出版社2000年版，第111页。
② 《马克思恩格斯全集》第3卷，人民出版社1960年版，第95页。
③ 《孙中山全集》第11卷，中华书局1986年版，第407页。

三 "两个结合"的思想内涵

的合法性源于道德上的正当性。它建基于性善论的人性论假设，这一假设给出了道德之所以可能的内在理由。中国传统的人性论预设以性善论为主导。孟子曰："人之所以异于禽兽者几希"（《孟子·离娄下》），唯人才有良知良能。因此，人是德性的动物这一自我意识类型使中国文化相信"德性就是力量"。《孟子》引孔子的话："夫国君好仁，天下无敌。"（《孟子·离娄上》）孟子也说："仁者无敌"（《孟子·梁惠王上》）；"仁人无敌于天下"（《孟子·尽心下》）。中国人往往依据对德性觉解的程度来规定民族之内涵。《礼记》有"东夷、北狄、西戎、南蛮"（《礼记·曲礼下》）之谓。《尔雅》谓："九夷、八狄、七戎、六蛮，谓之四海。"[1] 有学者诠曰："海之言晦，晦暗于礼义也。"[2] 因"四海"具有道德的含义，故曰"四海之内，皆兄弟也"（《论语·颜渊》）。《左传》曰"非我族类，其心必异"（《左传·成公四年》），此"异"者当指道德觉解程度上的差别。

儒家主张以德配位，认为"德薄而位尊，知小而谋大，力小而任重，鲜不及矣"（《易传·系辞下》）；"大德必得其位"（《中庸》）。一个就否定方面言，一个就肯定方面言，但意思却是一致的。儒家既然是一种道德哲学，就属于实践知识的范畴。因为道德本质上是实践的而非理论的，道德是养成的而不是学成的。它只能源自社会生活，而社会生活本质上是实践的。正因如此，被称作20世纪"最后一位儒家"的梁漱溟秉持"儒学即生活"的信念并身体力行。在西方传统中，按照亚里士多德的知识分类，道德也属于实践知识的范畴。康

---

[1] （清）阮元校刻：《十三经注疏》，中华书局1980年版，第2616页。
[2] （清）阮元校刻：《十三经注疏》，中华书局1980年版，第2616页。

德为道德作形而上学奠基的"第二批判"乃是"实践理性批判",也实非偶然。

孔子曰:"学而时习之,不亦说乎?"(《论语·学而》)理论性的学属于知,实践性的习属于行。始于学而成于习,学离开了习便无以完成。《说文》诠曰:"习,数飞也,从羽从白。"① 作为鸟的生存技能,飞翔只有通过反复地实际尝试,方能实现代际传授。这一解释既强调反复,也暗示了实际的行动,此乃其象征和隐喻义。这亦可借曾子的说法得到某种佐证。"曾子曰:'吾日三省吾身:为人谋而不忠乎?与朋友交而不信乎?传不习乎?'"(《论语·学而》)他所反省的这几个方面概与践履有关,指向实践的功夫。唐陆德明《经典释文》引郑玄注曰:"思察己之所行也。"② 元郭翼《雪履斋笔记》亦云:"曾子三省,皆指施于人者言。传亦我传乎人。传而不习,则是以未尝躬试之事而误后学,其害尤甚于不忠不信也。"③

"履"为《周易》六十四卦之一,而"履,德之基也"(《易传·系辞下》)。践履的功夫构成道德的发生学基础。《史记·孔子世家》记载:"孔子为儿嬉戏,常陈俎豆,设礼容。"④ 儿时的孔子就注重习礼、践礼,先实际地做起来,以便为道德觉解作铺垫和准备。中国传统社会是一个礼治的社会,礼的重要性自不待言。《说文》曰:"礼,履也。"⑤《易传》:"履者,礼也。"(《易传·序卦》)礼与履

---

① (汉)许慎撰:《说文解字》,(宋)徐铉等校定,中华书局1963年版,第74页。
② 程树德撰:《论语集释》,程俊英、蒋见元点校,中华书局2014年版,第26页。
③ 程树德撰:《论语集释》,程俊英、蒋见元点校,中华书局2014年版,第26页。
④ (汉)司马迁:《史记》第2版,中华书局1982年版,第1906页。
⑤ (汉)许慎撰:《说文解字》,(宋)徐铉等校定,中华书局1963年版,第7页。

三 "两个结合"的思想内涵

互训，构成解释学循环的关系。《说文》谓"履，足所依也"①，可以引申为穿鞋子走路，即实际行动。《毛诗正义》曰："履，践也。"② 践即踏，亦即穿鞋子踏地之意。《庄子》载："足之于地也践，虽践，恃其所不蹍而后善博也。"（《庄子·徐无鬼》）

可见，无论是马克思主义，还是作为中国传统文化代表的儒家学说，都固有一种实践精神，它体现着带有本质意义的内在诉求。

第二，"天人合一"的理念在马克思主义和中国传统文化中都有各自的典型表征。

从根本旨趣上说，马克思主义追求自然界的人化（人）和人的自然化（天）及其具体的历史的统一。一方面，马克思认为，人的本质力量通过人的感性活动而对象化为客体产物，形成他所说的"人化的自然界"或曰"人本学的自然界"，亦即"在人类历史中即在人类社会的形成过程中生成的自然界，是人的现实的自然界"③。这种自然界的人化走向彻底，就是所谓的"自然界的实现了的人道主义"④。另一方面，马克思又认为，私有财产在历史上的出现，使人陷入作为外在于自我的异己之规定的他者之支配的状态，亦即自由的丧失。黑格尔说："自由本质上是具体的，它永远自己决定自己，因此同时又是必然的。"⑤ 自由亦即自然，即自己使自己成其为自己。在马克思那里，所谓人的自然化就是通过人的异化的历史扬弃所实现

---

① （汉）许慎撰：《说文解字》，（宋）徐铉等校定，中华书局1963年版，第175页。
② （清）阮元校刻：《十三经注疏》，中华书局1980年版，第528页。
③ ［德］马克思：《1844年经济学哲学手稿》，人民出版社2000年版，第89页。
④ ［德］马克思：《1844年经济学哲学手稿》，人民出版社2000年版，第83页。
⑤ ［德］黑格尔：《小逻辑》第2版，贺麟译，商务印书馆1980年版，第105页。

的历史解放，即真正自由的来临，也即"人的实现了的自然主义"①。在马克思看来，共产主义就意味着"作为完成了的自然主义＝人道主义，而作为完成了的人道主义＝自然主义"②。这种等价表明自然界的人化和人的自然化的彻底完成，是马克思意义上的天人合一的真正实现。"彻底的自然主义或人道主义，既不同于唯心主义，也不同于唯物主义，同时又是把这二者结合起来的真理。"③ 显然，这种统一意味着对心物二元、主客二分的真正克服，即绝对性的达成。马克思主义在哲学上找到了实践这一先行有效的前提，从而不仅在原初基础的意义上，而且在历史结果的意义上解构了相对性。

青年马克思对"应有的东西"与"现实的东西"的分裂和统一，有清醒的自觉和把握。④ 这可谓马克思意义上的"本体论的区分"。当然，在马克思那里，它只是尚待在实践中并通过实践被实际地扬弃的规定，通过实践这一原初基础而真正进入人的历史的存在本身。马克思指出："共产主义……它是人和自然界之间、人和人之间的矛盾的真正解决。"⑤ 恩格斯也说过："我们这个世纪面临的大变革，即人类同自然的和解以及人类本身的和解。"⑥ 其实，在中国思想中也有类似"在"与"在者"的自觉区分，诸如《易传》所说的道器之别，《老子》所谓的可道之道与不可道之道的分野，佛教所讲的色空之异。但是，中国思想的根本旨趣在于追求绝对性，如《老子》的

---

① ［德］马克思：《1844年经济学哲学手稿》，人民出版社2000年版，第83页。
② ［德］马克思：《1844年经济学哲学手稿》，人民出版社2000年版，第81页。
③ ［德］马克思：《1844年经济学哲学手稿》，人民出版社2000年版，第105页。
④ 《马克思恩格斯全集》第40卷，人民出版社1982年版，第10页。
⑤ ［德］马克思：《1844年经济学哲学手稿》，人民出版社2000年版，第81页。
⑥ 《马克思恩格斯全集》第1卷，人民出版社1956年版，第603页。

三 "两个结合"的思想内涵

"无执"、《庄子》的"无待"。《老子》说的"独立而不改",即"言其无与之并而常久也"[①],其实质是强调对相对性的超越。《庄子》的以道观之、万物一齐的"齐物论",拒绝人们执持以人观之的态度。在一定意义上,这可谓是中国文化意义上的"回到事情本身",它能够克服"主客二分"这一"不详的前提"[②]。孔子曰:"天何言哉?四时行焉,百物生焉,天何言哉?"(《论语·阳货》)这种显现而非谈论的方式意味着拒绝相对性的审视。

《庄子》谓"天地有大美而不言"。需要"言"者就小了,因为它属于"形而下者",唯有小美才有待于"言"。孔子所谓"天何言哉",其实正是一种大美气象。倘若"诗意地栖居"[③],其中的美又何须言何待言?!作为一种审美的解放,它不再囿于对象性狭隘功利关系的羁绊,而是成为人的存在方式本身。马克思主义追求的理想正是这种"大美"之境界。马克思揭示了美在功利关系束缚下的丧失和匮乏,认为这正是美本身作为一个有限的分工部门而存在,从而沦为"制造"的历史原因。它导致了"大美"的遮蔽。如此一来,艺术变成职业,创造成为制造,欣赏沦为消费。唯有当美真正成为人的存在方式之本真状态时,作为职业分工而存在的艺术才变得多余,审美创造才能真正摆脱狭隘性。在人"诗意地栖居"到来之际,写诗才成为累赘。马克思揭示了功利关系对人的审美能力的剥夺和遮蔽,指

---

① (宋)范应元集注:《宋刊老子道德经古本集注直解》,中国书店2021年版,第104页。
② [德]马丁·海德格尔:《存在与时间》,陈嘉映、王庆节合译,熊伟校,生活·读书·新知三联书店1987年版,第73页。
③ 孙周兴选编:《海德格尔选集》上,生活·读书·新知上海三联书店1996年版,第463页。

出："私有制使我们变得如此愚蠢而片面，以致一个对象，只有当它为我们拥有的时候，就是说，当它对我们来说作为资本而存在，或者它被我们直接占有，被我们吃、喝、穿、住等等的时候，简言之，在它被我们使用的时候，才是我们的。"① 由此决定了"忧心忡忡的、贫穷的人对最美丽的景色都没有什么感觉；经营矿物的商人只看到矿物的商业价值，而看不到矿物的美和独特性"②。只有实际地扬弃了私有财产，才意味着"需要和享受失去了自己的利己主义性质，而自然界失去了自己的纯粹的有用性"③。因此，马克思认为："对私有财产的扬弃，是人的一切感觉和特性的彻底解放。"④ 无论是从马克思主义还是从中国传统文化的角度看，这种"大美"的展现都意味着"天人合一"境界的澄明。

第三，在对未来"社会愿景"的追求上，马克思主义同以儒家为代表的中国传统文化也有一致之处。

马克思认为，只有扬弃了人的个体与类之间的对立，才能建构起两者互为中介的关系。其历史结果就是：一方面，"只有在共同体中，个人才能获得全面发展其才能的手段，也就是说，只有在共同体中才可能有个人自由"⑤，这意味着个体的自由必须以"真实的共同体"为条件才是可能的；另一方面，"代替那存在着阶级和阶级对立的资产阶级旧社会的，将是这样一个联合体，在那里，每个人的自由

---

① ［德］马克思：《1844 年经济学哲学手稿》，人民出版社 2000 年版，第 85 页。
② ［德］马克思：《1844 年经济学哲学手稿》，人民出版社 2000 年版，第 87 页。
③ ［德］马克思：《1844 年经济学哲学手稿》，人民出版社 2000 年版，第 86 页。
④ ［德］马克思：《1844 年经济学哲学手稿》，人民出版社 2000 年版，第 85—86 页。
⑤ 《马克思恩格斯选集》第 1 卷，人民出版社 1995 年版，第 119 页。

三 "两个结合"的思想内涵

发展是一切人的自由发展的条件"①,这意味着以"一切人的自由发展"为内涵的"真实的共同体",只能以个体的自由为前提,其实质在于人的"个体和类之间的斗争的真正解决"②。它构成马克思意义上的理想社会即"自由人的联合体""自由王国",或曰"真实的共同体",亦即"共产主义"的内在规定。

《礼记·礼运》提出的"大道之行也,天下为公"的大同理想,其内涵可以由费孝通所说的"各美其美,美人之美;美美与共,天下大同"作为注脚。按照《礼记·礼运》的描述,在大同社会,"货恶其弃于地也,不必藏于己;力恶其不出于身也,不必为己"。这一景象,只有在"消灭私有制",从而使劳动不再仅仅是谋生的手段之时,才成为可能。这也正是马克思所揭示的共产主义的愿景。马克思区分了"谋生的劳动"和作为"自由的生命表现"的劳动,认为只有在共产主义条件下,劳动才能变成"自由的生命表现,因此是生活的乐趣"③。而且到了共产主义,无论是大公无私还是自私自利都将丧失意义,因为它已经扬弃并超越了公与私的对立,达到了至善。因此,在共产主义社会,个人关于个人间相互关系的意识,"既不会是'爱的原则'或dévouement〔自我牺牲精神〕,也不会是利己主义"④。唯物史观认为,"无论利己主义还是自我牺牲,都是一定条件下个人自我实现的一种必要形式";因此,"共产主义者既不拿利己主义来反对自我牺牲,也不拿自我牺牲来反对利己主义,理论上既不是从那

---

① 《马克思恩格斯选集》第1卷,人民出版社1995年版,第294页。
② [德]马克思:《1844年经济学哲学手稿》,人民出版社2000年版,第81页。
③ [德]马克思:《1844年经济学哲学手稿》,人民出版社2000年版,第184页。
④ 《马克思恩格斯全集》第3卷,人民出版社1960年版,第516页。

情感的形式,也不是从那夸张的思想形式去领会这个对立,而是在于揭示这个对立的物质根源,随着物质根源的消失,这种对立自然而然也就消灭"①。这意味着作为理想社会的共产主义,由于消灭了私有制,自私自利和大公无私及其对立被真正超越。

孟子曰:"老吾老,以及人之老;幼吾幼,以及人之幼。天下可运于掌。"(《孟子·梁惠王上》)这种"推己及人"即为去"私",亦即达到孟子所谓的"心之所同然者"(《孟子·告子上》)。"私"即人为,也就是违背自然之意。《庄子》有言:"顺物自然而无容私焉。"(《庄子·应帝王》)在此意义上,"私"与"自然而然"相对立。落实到人世间,只有推己及人,在协调人际关系中顺其本然之性,方能"天下可运于掌"。这类似于《老子》说的"治大国若烹小鲜"(《老子·第六十章》)。无论就过程或手法言,还是就结果或效果言,《老子》所言皆指"无为"之意。以道治天下即可易如反掌,这正是"无为而治"的境界。"私"的祛除同时意味着作为其对立面的"公"的失效,因为二者是相对而言的。就"公"与"私"之对立的超越和克服而言,马克思所说的作为私有财产之积极扬弃的共产主义,正是这种在克服了人的异己化之后所达到的自洽性,即社会有机体性质的真正复活。马克思提出的"自由人联合体"设想,就意味着人们"用公共的生产资料进行劳动,并且自觉地把他们许多个人劳动力当作一个社会劳动力来使用"②。整个社会就像一个人在运用生产力一样自如和融洽,这

---

① 《马克思恩格斯全集》第 3 卷,人民出版社 1960 年版,第 275 页。
② 《马克思恩格斯全集》第 23 卷,人民出版社 1972 年版,第 95 页。

三 "两个结合"的思想内涵

不正是"天下可运于掌"吗？

西方文化有其古老而悠久的个人主义传统。关于它的古希腊来源，赫德逊说："希腊的城邦产生出一种个人主义的法理学作为其自己的思想意识，这适合于资本主义的企业和产生了希腊的数学和自然科学的思想状态。"① 当然，思想史远比这种简约的断言复杂得多。但不管怎样，古希腊已经孕育出个人主义观念则是一个难以否认的事实。关于近代英格兰商业传统对个人主义意识形态的孕育，麦克法兰说："英格兰的社会结构有一个很关键的基本表征，那就是长期以来一直强调，与团体和国家相比较，个人享有更大的权利和特权。这便是'个人主义'。"② 杜威则称美国早期的个人主义为"早期开拓者的个人主义"③。其症结在于，个人主义有一个致命的"盲点"，即无法解决 1+1>2 的系统的非加和性效应问题。正如鲍曼所诘问的那样："除了让每一个个体得到满足之外，'公共利益'（common interests）是什么东西？"④ 每个个体的人得到了肯定，并不就意味着由其构成的整体所拥有的"公共利益"同时得到了肯定。在西方思想史上，社会主义思潮恰恰是作为个人主义的"反题"而确立的。霍布斯鲍姆指出，个人主义是作为"社会主义"的反义词，反过来也一样。一个值得注意的思想史事实是，圣西门主义者皮埃尔·勒

---

① [英] T. F. 赫德逊：《欧洲与中国》，李申等译，何兆武校，中华书局1995年版，第8页。
② [英] 艾伦·麦克法兰：《英国个人主义的起源》，管可秾译，商务印书馆2008年版，第11页。
③ 赵祥麟、王承绪编译：《杜威教育论著选》，华东师范大学出版社1981年版，第288页。
④ [英] 鲍曼：《流动的现代性》，欧阳景根译，上海三联书店2002年版，第55页。

鲁1835年论述这个主题的第一篇文章包括了两个术语：个人主义和社会主义。①

当然，马克思的学说是科学社会主义，它并未囿于"社会主义"作为"个人主义"反题的原初含义，亦即并非执着于人的个体与类之间知性对立意义上的"类"的一极，而是基于个体与类的对立本身的历史扬弃。这正是唯物史观的逻辑彻底性所在。这种对人的个体与类之间张力所秉持的合取立场，反而契合了中国传统文化的特质。1903年，梁启超曾提及马克思，并认为社会主义"于中国历史上性质，颇有奇异之契合也"②。后来他又说："孔子讲的'均无贫和无寡'，孟子讲的'恒产恒心'，就是这主义最精要的论据，我并没有丝毫附会。"③ 这也正是晚清以降"西学东渐"过程中，西方社会主义思潮最容易被中国人接纳的一个重要的文化原因。

值得指出的是，"两个结合"并不是静止和停滞的，而是一个动态和开放的过程。马克思主义基本原理同中华优秀传统文化的契合，不是一次完成的，而是向未来敞开的。它一方面历史地表征为马克思主义经过中华优秀传统文化的中介而实现的中国化的不断深化和拓展，另一方面历史地表征为中华优秀传统文化经过马克思主义的中介而实现的创造性转化和创新性发展。

（原载《哲学研究》2023年第9期）

---

① [英] 埃里克·霍布斯鲍姆：《如何改变世界：马克思和马克思主义的传奇》，吕增奎译，中央编译出版社2014年版，第23页。
② 梁启超：《新大陆游记及其他》，钟叔河、杨坚校点，岳麓书社1985年版，第465页。
③ 朱维铮编：《中国现代思想史资料简编》第1卷，浙江人民出版社1982年版，第232页。

论"两个结合"及其在习近平文化思想中的意义[*]

乔清举[**]

习近平总书记在庆祝中国共产党成立一百周年大会上发表重要讲话，提出"坚持把马克思主义基本原理同中国具体实际相结合、同中华优秀传统文化相结合"[①]的重要论断。此后，习近平总书记在不同场合的重要讲话多次强调"两个结合"。在2023年6月2日召开的文化传承发展座谈会以及6月30日主持中央政治局集体学习时，习近平总书记对"两个结合"，尤其是"第二个结合"进行了全面系统深入的阐述。他指出，"在五千多年中华文明深厚基础上开辟和发展中国特色社会主义，把马克思主义基本原理同中国具体实际、同中华优秀传统文化相结合是必由之路。这是我们在探索中国特色社会主义道路中得出的规律性认识"，是"我们取得成功的最大法宝"。[②]

---

[*] 本文系中共中央党校（国家行政学院）重点项目"马克思主义基本原理同中华优秀传统文化相结合研究"（项目编号：2023ZD021）的阶段性成果。

[**] 作者简介：乔清举，中共中央党校（国家行政学院）哲学教研部教授。

[①] 《习近平著作选读》第二卷，人民出版社2023年版，第483页。

[②] 习近平：《在文化传承发展座谈会上的讲话》，《求是》2023年第17期。

"马克思主义中国化时代化这个重大命题本身就决定,我们决不能抛弃马克思主义这个魂脉,决不能抛弃中华优秀传统文化这个根脉。坚守好这个魂和根,是理论创新的基础和前提。"①

提出"两个结合",尤其是"第二个结合",是习近平总书记对党的理论建设的原创性贡献,构成习近平文化思想的重要内容,体现了习近平新时代中国特色社会主义思想的鲜明特色。深入学习阐释"两个结合"重要思想在习近平文化思想中的核心内涵,对于建设中华民族现代文明,创造人类文明新形态具有重要理论意义。

一 马克思主义解决了近代以来中国面临的既要维持自身文明的道义高度又要实现现代化的两难问题

中华文明以仁义为最高原则,具有连续、创新、统一、包容、和平等特性,道义水准高。在近现代中国史上,保持中华文明的道义性和学习西方以救亡图存之间存在张力。近代中国先进的知识分子认识到,西方国家、民族国家、资本主义国家、帝国主义国家都是同一类国家。如何在富国强兵的同时保持中华文明的道义原则,在学习西方的同时克服其侵略殖民的野蛮性,在建立现代国家的同时避免落入"民族国家"陷阱,即如何在维持自身文明的道义高度的同时实现现代化,是近现代中国救亡图存要面对的深层问题。"理论在一个国家实现的程度,总是

---

① 习近平:《开辟马克思主义中国化时代化新境界》,《求是》2023年第20期。

三 "两个结合"的思想内涵

决定于理论满足这个国家的需要的程度。"[1] 马克思主义之所以能够在中国得到广泛接受,根本原因在于它解决了这一逻辑两难问题。

(一) 用"革命的社会主义"解决"富国强兵"问题

要实现富国强兵,就要反对封建主义。反对封建主义可以走资本主义道路,然而戊戌变法、辛亥革命等运动的失败使中国人民逐渐认识到,资本主义这条路走不通。马克思列宁主义为我们提供了一条不仅能反对封建主义、帝国主义、资本主义,又能发展生产力以实现强国、保障公正以达到富民的崭新社会主义道路。李大钊在《布尔什维主义的胜利》中指出,十月革命"是民主主义的胜利,是社会主义的胜利,是 Bolshevism 的胜利"[2]。布尔什维主义是"革命的社会主义",打破了"资本家独占利益的生产制度"[3],是代表大多数人民意愿、体现大多数人民权利的主义。"社会主义"的传入,解决了中国的"主义"和"道路"困惑。

(二) 用马克思主义的价值维度保持中华文明的道义性

马克思主义是一种普遍的世界性理论,与中华文明的世界性视野契合。资本主义产生以后,人类进入"世界历史"阶段。马克思主义的理论目标不限于解决西欧的问题,而是立足世界,解决作为人类历史的一个阶段的资本主义的问题,这是它的"世界性"视野和作

---

[1] 《马克思恩格斯选集》第1卷,人民出版社2012年版,第11页。
[2] 《李大钊全集》第2卷,人民出版社2013年版,第363页。
[3] 《李大钊全集》第2卷,人民出版社2013年版,第364页。

为"普遍真理""普遍原理""基本原理"的本质所在。中国文化在经历夏商、殷周两次变革之后,十分重视超越血缘、地域和部族的普遍的"德",境内各族群以"四海之内皆兄弟"的仁爱之"德"为原则组成和谐共处的文明共同体,形成世界性的天下意识、"天下观"。《大学》三纲八目的修养原则即落脚于"平天下"。"天下"即世界,其地域是开放的,不限于"中国"。唯其如此,历史上中国文化才能超出中国,成为整个东亚和东南亚部分地区的共同话语,维持了这些地区上千年的文明秩序。

近代文明蒙尘以后,中国先进知识分子十分真诚地学习西方。"只要是西方的新道理,什么书也看。"[①] 但是,"帝国主义的侵略打破了中国人学西方的迷梦。很奇怪,为什么先生老是侵略学生呢?"[②] 事实上,近代西方列强无一例外是崇尚丛林法则的帝国主义、殖民主义国家。丛林法则不符合中华文明传统。让以仁义为原则的文明体接受丛林法则,岂不是从文明降格为野蛮?中华民族对自己的文明有充分的自信,不屑于走殖民掠夺的帝国主义路径,不甘于文明坠落。如何在学习西方的科技以富国强兵的同时,又避免文明坠落,保持道义性?马克思列宁主义解决了这个矛盾。

马克思主义具有历史必然性和价值合理性两重维度,既肯定资产阶级发展生产力给人类带来了物质文明进步,也抨击帝国主义、殖民主义对其他国家和民族进行掠夺,给世界带来了深重灾难,要求用道德原则对待不同民族。马克思主义重视解放生产力,解决了近现代中

---

① 《毛泽东选集》第4卷,人民出版社1991年版,第1469页。
② 《毛泽东选集》第4卷,人民出版社1991年版,第1470页。

三 "两个结合"的思想内涵

国面临的救亡图存问题，抨击帝国主义、殖民主义则解决了维持文明的道义性的难题。李大钊等人把不同国家平等看作民主主义的和人道主义的，把十月革命的胜利看作民主主义和人道主义的胜利。人道主义与仁义更具有文明的本质意义，马克思主义和中华优秀传统文化在强调文明的价值性这一点上是契合的。

（三）用"中华民族"概念构建现代国家民族意识

近代西方国家都是"民族国家"，中国历史上则是一个文明共同体，并不强调"民族"或"民族国家"观念。近代中国若学习西方，则有从文明共同体降格为单一民族国家，从普遍降格为特殊，从世界主义、大同主义、大一统的天下观降格为民族国家之虞；若不学习西方，则有亡国灭种之灾。总之，既要凝聚"民族"意识以与列强抗争，又不能落入民族国家陷阱，这是近现代中国面临的又一个理论和现实困境。梁启超、孙中山等人较早具有"民族"自觉，输入"民族"概念。他们同时也意识到中外国情不同，若毫无戒备地接受民族国家概念，甚至会导致国家分裂。因而，创立一个普遍性的民族概念成为当时思想界的任务。1902年，梁启超在《论中国学术思想变迁之大势》中首次提出"中华民族"概念。[①] 此后这一概念得到广泛运用，用以指中国各民族的总称。李大钊等马克思主义者把中华民族放到世界无产阶级革命的格局中，在世界历史意义上赋予"中华民族"以无产阶级民族、被压迫民族的内涵，以与资产阶级民族、帝国主义民族相对立。中华民族概念超越了近代西方狭隘的民族观、国家观，铸牢了

---

① 梁启超：《饮冰室合集》第3册，中华书局2015年版，第597页。

中华民族共同体意识。中国由此形成了自己的民族意识和国家意识。

二 "第一个结合"的艰苦探索与自觉提出

"自从中国人学会了马克思列宁主义以后，中国人在精神上就由被动转入主动。"① 不过，如何正确地运用这一理论指导革命实践，则要经历一场真正的血与火的考验。在1930年5月撰写的《反对本本主义》中，毛泽东根据革命经验提出把马克思主义同中国具体实际相结合。他说："马克思主义的'本本'是要学习的，但是必须同我国的实际情况相结合。我们需要'本本'，但是一定要纠正脱离实际情况的本本主义。"② 遗憾的是，当时全党尚未达到能够认真对待这一认识的理论自觉。延安时期，我们党具备了进行反思的实践基础和社会条件，得出"马克思列宁主义的普遍真理和中国革命的具体实践相结合"③ 这一用鲜血和生命凝成的理论智慧，形成了中国共产党人的精神主体性。

（一）《实践论》《矛盾论》《新民主主义论》是"第一个结合"的自觉的理论探索

马克思主义基本原理之所以必须与中国革命的具体实际相结合，根本原因在于马克思主义是产生于西欧资本主义条件下的理论，马克

---

① 《毛泽东选集》第4卷，人民出版社1991年版，第1516页。
② 《毛泽东选集》第1卷，人民出版社1991年版，第111—112页。
③ 《〈关于若干历史问题的决议〉〈关于建国以来党的若干历史问题的决议〉》，中共党史出版社2010年版，第2页。

三 "两个结合"的思想内涵

思主义要解决的是资产阶级和无产阶级的矛盾；而近现代中国则是一个半殖民地半封建社会，尚未整体进入资本主义社会，无产阶级和资产阶级的矛盾还不是社会的主要矛盾。中国要进行的革命不是社会主义性质的，而是资产阶级性质的民主革命，并且这一革命本身又须分为旧和新两个阶段。所谓"结合"，其本质就是在保持马克思主义的革命目标的同时调整其中的具体结论，使之适应中国社会的具体条件。结合的结果是马克思主义在中国条件下得到发展，形成中国化马克思主义。毛泽东的《实践论》《矛盾论》《新民主主义论》等著作可谓"第一个结合"的自觉的理论探索。

如果我们在阅读时把例证放在首位，把原理放在第二位，会非常清晰地看出"结合"是"两论"的理论特色。"两论"的主题是讲唯物论、辩证法和认识论等马克思主义哲学基本理论，具有纯理论研究的特点，但其撰写方式不是抽象地讲理论，而是把马克思主义理论与中国革命实践结合在一起，以中国革命的经验教训为例证说明原理，又通过原理来分析这些经验教训，说明如何正确地运用马克思主义指导中国革命实践，克服"左"和右的错误，尤其是当时党内仍广泛存在的"左"倾教条主义错误。《实践论》强调"真理的标准只能是社会的实践"[1]，右的错误源于认识停止在旧阶段，"左"的错误则是思想超过客观发展阶段，"在行动上表现为冒险主义"[2]。《实践论》提出："我们的结论是主观和客观、理论和实践、知和行的具体的历史的统一，反对一切离开具体历史的'左'的或右的错误思想。"[3]

---

[1]《毛泽东选集》第 1 卷，人民出版社 1991 年版，第 284 页。
[2]《毛泽东选集》第 1 卷，人民出版社 1991 年版，第 295 页。
[3]《毛泽东选集》第 1 卷，人民出版社 1991 年版，第 296 页。

《矛盾论》进一步从辩证法的高度揭示了"左"、右倾错误产生的认识论根源，指出马克思主义活的灵魂是"具体问题具体分析"。教条主义者"一方面，不懂得必须研究矛盾的特殊性，认识各别事物的特殊的本质，才有可能充分地认识矛盾的普遍性，充分地认识诸种事物的共同的本质；另一方面，不懂得在我们认识了事物的共同的本质以后，还必须继续研究那些尚未深入地研究过的或者新冒出来的具体的事物"。把真理当作"纯粹抽象的公式"，不懂得"不同质的矛盾，只有用不同质的方法才能解决"，"千篇一律地使用一种自以为不可改变的公式到处硬套，这就只能使革命遭受挫折"。①

"两论"以及《新民主主义论》等著作是对中国革命的经验教训的总结与升华，开创了马克思主义基本原理与中国革命实践结合的理论道路，是"第一个结合"的典范，实现了以中国社会条件为基础的马克思主义中国化。

（二）"马克思主义中国化"理论的提出是"第一个结合"的生动体现

1938年10月，毛泽东提出"把马克思主义中国化"，强调马克思列宁主义在中国的创造性运用和实践。毛泽东指出："没有抽象的马克思主义，只有具体的马克思主义。所谓具体的马克思主义，就是通过民族形式的马克思主义，就是把马克思主义应用到中国具体环境的具体斗争中去，而不是抽象地应用它。成为伟大中华民族之一部分而与这个民族血肉相连的共产党员，离开中国特点来谈马克思主义，只是抽象的空洞的马克思主义。因此，马克思主义的中国化，使之在

---

① 《毛泽东选集》第1卷，人民出版社1991年版，第310—311页。

其每一表现中带着中国的特性,即是说,按照中国的特点去应用它,成为全党亟待了解并亟须解决的问题。"① 党的七大,坚持把马克思主义基本原理与中国革命的具体实际相结合的毛泽东思想被确立为党的指导思想,是马克思主义中国化的重要理论结晶。

三 从"第一个结合"到"第二个结合"的逻辑展开

"第一个结合"包含向"第二个结合"发展的逻辑前提,从"第一个结合"进展到"第二个结合",是马克思主义基本原理同中国革命、建设、改革实践的不断深入结合的逻辑结果。从以毛泽东同志为主要代表的中国共产党人在理论上自觉探索"第一个结合"开始,马克思列宁主义如何同中华优秀传统文化相结合便是我们党理论创新的一个维度。沿着"第一个结合"的思路逻辑地向前推进,必然会产生"第二个结合"。

(一)"第一个结合"包含向"第二个结合"发展的逻辑前提

毛泽东指出:"马克思主义必须和我国的具体特点相结合并通过一定的民族形式才能实现。"②"洋八股必须废止,空洞抽象的调头必须少唱,教条主义必须休息,而代之以新鲜活泼的、为中国老百姓所喜闻乐见的中国作风和中国气派。"③ 1943年5月26日,《中共中央

---

① 《中共中央文件选集》第11卷,中共中央党校出版社1991年版,第658—659页。
② 《毛泽东选集》第2卷,人民出版社1991年版,第534页。
③ 《毛泽东选集》第2卷,人民出版社1991年版,第534页。

关于共产国际执委主席团提议解散共产国际的决定》指出："中国共产党人是我们民族一切文化、思想、道德的最优秀传统的继承者，把这一切优秀传统看成和自己血肉相连的东西，而且将继续发扬光大。中国共产党近年来所进行的反主观主义、反宗派主义、反党八股的整风运动就是要使得马克思列宁主义这一革命科学更进一步地和中国革命实践、中国历史、中国文化深相结合起来。"[①] 以上论述都明确地包含着"第二个结合"的理论因素。

马克思列宁主义同中国文化"深相结合"的内涵十分丰富。第一，"深相结合"意味着"第一个结合"的展开。第二，"深相结合"的内涵指把马克思列宁主义和我国的具体实际相结合必须通过一定"民族形式"才能实现，这意味着"第一个结合"必须通过"第二个结合"才能完成，但当时还没有明确提出此点。第三，"民族形式"的内涵之一是把马克思主义与中国革命实践相结合，实现马克思主义中国化；内涵之二是把这一理论用群众喜闻乐见的语言形式表达出来，实现马克思主义理论的大众化。后一层意义在毛泽东著作中表现为把马克思主义用传统文化的语言形式表达出来。如"实事求是"来自《汉书》，"不入虎穴，焉得虎子"来自《后汉书》。《实践论》把理论和实践的关系与传统哲学中知和行的关系相联系，《矛盾论》用阴与阳、相反相成、福祸相依、物极必反等来说明辩证法。这些做法使马克思列宁主义生动活泼起来，易于引起大家的共鸣，也使马克思主义理论有了中华文化的历史纵深，极大地推进了马克思主义中国

[①]《建党以来重要文献选编（一九二一——一九四九）》第二十册，中央文献出版社2011年版，第318—319页。

三 "两个结合"的思想内涵

化大众化，构成革命时期对于传统文化的创造性转化和创新性发展。第四，毛泽东还深入地思考了中国革命和中国文化的关系问题，提出总结历史文化遗产的任务。他指出："学习我们的历史遗产，用马克思主义的方法给以批判的总结，是我们学习的另一任务。我们这个民族有数千年的历史，有它的特点，有它的许多珍贵品。对于这些，我们还是小学生。今天的中国是历史的中国的一个发展；我们是马克思主义的历史主义者，我们不应当割断历史。从孔夫子到孙中山，我们应当给以总结，承继这一份珍贵的遗产。这对于指导当前的伟大的运动，是有重要的帮助的。"[①] 针对20世纪三四十年代个别党派以儒家文化正统、中华文化的代理人自居，"把孔夫子的一套当作宗教教条一样强迫人民信奉"[②]，毛泽东是不赞同的。他主张吸取精华，剔除糟粕。不过，总体言之，马克思主义如何同中国文化相结合在当时尚未上升为党的理论建设的主题。

（二）"第一个结合"的深入为"第二个结合"的提出创造了思想前提

中华人民共和国成立以后，"毛泽东同志提出把马克思列宁主义基本原理同中国具体实际进行'第二次结合'"，"提出关于社会主义建设的一系列重要思想"，"这些独创性理论成果至今仍有重要指导意义"。[③] 马克思主义基本原理与中国具体实际相结合同样是邓小平理论的特点。时代不同，"实际"亦发生变化。和平与发展成为时代

[①]《毛泽东选集》第2卷，人民出版社1991年版，第534页。
[②]《毛泽东选集》第3卷，人民出版社1991年版，第831页。
[③]《中共中央关于党的百年奋斗重大成就和历史经验的决议》，人民出版社2021年版，第12—13页。

主题、生产关系与生产力发展不相适应、上层建筑与经济基础不相适应、落后的社会生产不能满足人民群众日益增长的物质文化需要，这都是改革开放前中国的实际。"邓小平理论是马克思列宁主义的基本原理同当代中国实践和时代特征相结合的产物。"[1] 从党的理论创新史来看，邓小平理论是对"第一个结合"与时俱进的展开。"大跃进"期间，我们曾把传统的大同社会理想与人民公社、共产主义联系起来，超越了社会发展阶段，也造成对传统文化的"误用"。在《礼记》中，"小康"是低于"大同"的一个社会发展阶段。改革开放后，邓小平把"小康"作为"三步走"战略的第二步，不仅与"大跃进"时期超越历史阶段的做法形成对比，也是对传统文化理念的创造性转化和创新性发展。邓小平还指出："要懂得些中国历史，这是中国发展的一个精神动力。"[2] 这些论述预示着"第一个结合"必然会进展到"第二个结合"。

（三）"第二个结合"的提出以及"两个结合"的辩证统一关系

社会发展是由经济、政治、文化等结构要素构成的立体动态过程。如上所述，在革命时期和改革开放初期，"第一个结合"的深入进展已经触及社会更为深层的结构——文化。文化传统可谓"文化国情"，是更为深沉、更为内在的国情，对社会结构与进程具有塑造作用。中国特色社会主义建设的深入展开，在哲学上意味着"第一个结合"所包含的内在逻辑的不断展开，以及基于此种逻辑的社会发展

---

[1] 《中国共产党章程》，人民出版社2022年版，第2页。
[2] 《邓小平文选》第3卷，人民出版社1993年版，第358页。

三 "两个结合"的思想内涵

的持续推进。中国特色社会主义与中华文明的关系如何？"特色"为何？源头来自何处？未来走向何方？中国式现代化、中国特色社会主义在人类文明格局中的位置如何？生命力如何？进入新时代以来，中国的发展已经到了对这些全局性、根本性、战略性问题进行深入思考的阶段，到了迫切需要文化的自信自立、进一步推动人类文明进步的阶段。

"第二个结合"的提出是马克思主义中国化持续深入的表现，是中华优秀传统文化创造性转化和创新性发展的表现。同时也是推进中国式现代化，实现中华文明现代赓续的内在要求；是建设中华民族现代文明，创造人类文明新形态的内在要求；是回答中国之问、世界之问、人民之问、时代之问的内在要求。坚持"两个结合"，尤其是推进马克思主义基本原理同中华优秀传统文化相结合，形成习近平文化思想，开辟马克思主义中国化时代化新境界，是习近平总书记的原创性贡献。

"两个结合"相对独立而又相互联系，领域不同而又交织融合，特点各异而又本质一致，形成辩证统一关系。"第一个结合"为"第二个结合"奠定了逻辑前提，"第一个结合"必然发展到"第二个结合"。"第二个结合"推进和完成了"第一个结合"，把"结合"提升到了一个新高度，标志着我们党理论创新达到了新境界。"两个结合"适应党所处的不同历史阶段和担负的不同任务，共同构成党的理论创新方法论的重要内容。"第二个结合"作为党的原创性理论，揭示了中国道理与中国经验的内在联系、中国理论的中华优秀传统文化基因，确立了习近平新时代中国特色社会主义思想与中华优秀传统文化一以贯之的历史性联系，表明了中国特色社会主义道路宏阔深远的历史渊源和旺盛充沛的生命活力。

四 "两个结合"在习近平文化思想中的意义

"两个结合",尤其是"第二个结合"丰富了习近平文化思想的内涵,巩固了中华民族、中华文明与中国共产党的文化主体性,奠定了运用中华优秀传统文化建设中华民族现代文明的理论基础。

(一)"第二个结合"作为又一次思想解放,展现了习近平文化思想的历史、文化、文明自信

"第二个结合"展现了习近平文化思想的历史、文化、文明自信,也确立了我们对于本民族的历史、文化和文明自信。习近平总书记指出:"'第二个结合'是又一次的思想解放,让我们能够在更广阔的文化空间中,充分运用中华优秀传统文化的宝贵资源,探索面向未来的理论和制度创新。"[①] 以党史为坐标来看,以往能够称作思想解放的运动有两次,一次是延安整风,一次是真理标准问题大讨论。延安整风破除了教条主义、主观主义、宗派主义,确立了实事求是的思想路线,确立以"马克思列宁主义普遍真理与中国革命的具体实践相结合"的毛泽东思想为全党指导思想,取得了新民主主义革命胜利。真理标准问题大讨论破除了"两个凡是"的禁锢,重新确立了"实践是检验真理的唯一标准"的马克思主义真理观,确立了"解放思想、实事求是"的思想路线,指导中国进入了改革开放、建设中国特色社会主义的新时期。

---

① 习近平:《在文化传承发展座谈会上的讲话》,《求是》2023年第17期。

三 "两个结合"的思想内涵

"第二个结合"作为思想解放,其本质内涵包括确立文化主体性,实现精神上的独立自主,破除错误的历史观、文化观和文明观,树立历史自信、文化自信和文明自信。我们对自己的历史、文化和文明的认识在相当程度上是他塑的而不是自塑的,叙事方式尚未摆脱西方话语霸权的影响,这种现状必须予以改变。对于自己的历史、文化与文明,我们应当以科学、客观、礼敬、敬畏的态度,进行创造性转化和创新性发展。"第二个结合"的提出,深刻改变了我们对传统文化的认识态度,要求我们珍视前人创造的文化文明成果,强调历史、文化与文明的连续性,积极发挥中华优秀传统文化在推动和促进现代化进程中的作用。中华优秀传统文化是近代以来中国社会转型的建构性力量,是中国特色社会主义道路的生命力的重要源泉,是中国式现代化的文化支撑,"第二个结合"指引我们转变对传统文化的认识,"把跨越时空、超越国度、富有永恒魅力、具有当代价值的优秀文化精神弘扬起来"[1]。"把马克思主义思想精髓同中华优秀传统文化精华贯通起来、同人民群众日用而不觉的共同价值观念融通起来,不断赋予科学理论鲜明的中国特色,不断夯实马克思主义中国化时代化的历史基础和群众基础,让马克思主义在中国牢牢扎根。"[2] "第二个结合"促使我们树立了历史自信、文化自信和文明自信。自信是基于意识自觉和自主的自我认知和自我肯定。"文化是一个国家、一个民族的灵魂。""第二个结合"的提出让全党全国各族人民深刻认识到"坚定文化自信,是事关国运兴衰、事关文化安全、事关民族精神独

---

[1] 《习近平著作选读》第一卷,人民出版社2023年版,第280—281页。
[2] 《习近平著作选读》第一卷,人民出版社2023年版,第15页。

立性的大问题"①。

（二）"第二个结合"使中华优秀传统文化成为推进中华民族伟大复兴的精神力量

习近平总书记指出："'结合'打开了创新空间。""'第二个结合'让我们掌握了思想和文化主动，并有力地作用于道路、理论和制度。"② 中华优秀传统文化蕴含着解决人类问题的重要智慧，也为马克思主义中国化时代化提供了丰富的理论资源，为新时代党的理论创新提供了不竭的智慧源泉。中国式现代化是从中华文化传统的根上生发出来的，是马克思主义、中国文化与现代性三者的辩证统一。未来中国式现代化道路应该怎么走，需要深入文化国情，我们要更加主动、更加自觉地从文化传统中寻求答案。

"第二个结合"表明，在习近平文化思想中，我们不把传统视作"死"的、过去的东西，不将其作为他者去对视，而是更加自觉地把中华优秀传统文化作为中华文明智慧的结晶，作为具有生命力的精神传统；从文明赓续角度出发，把中国特色社会主义道路作为中华文明的当代发展。对于中华优秀传统文化，不再作零件性的、材料性的、词汇性的吸收，而是将其视为结构性的、价值性的、语法性的、建设性的主体。在人类存在的基本结构如人与自然、人与社会和国家、国家与国家之间的关系等方面，中华优秀传统文化经由马克思主义的激活，将焕发蓬勃的生命力。

---

① 《习近平著作选读》第一卷，人民出版社2023年版，第536页。
② 习近平：《在文化传承发展座谈会上的讲话》，《求是》2023年第17期。

三 "两个结合"的思想内涵

以人与自然的关系而论，中国式现代化是人与自然和谐共生的现代化，社会主义生态文明是马克思主义生态观与中国传统生态理念在社会现代化进程中的辩证统一。天人合一、道法自然、民胞物与、爱人及物、参赞化育、万物一体等传统生态思想，通过创造性转化和创新性发展，可以成为社会进程的结构性观念，发挥塑造中国现代化模式的作用。人与自然和谐的观念经历了五千多年中华文明的考验，具有无可置疑的生命力。经由这些理念塑造的现代化不仅具有生命力，而且也更加具有人类性，符合全人类共同价值。在政治方面，"民为邦本"的民本思想正在转化为以人民为中心的全过程人民民主，超越了形式主义民主的局限性。在国家形态方面，大一统理念转化为多民族团结统一的国家，消除了近代民族国家理念先天带有的纷争隐患。在财富分配方面，"不患寡而患不均""损有余而补不足"的观念发展为共同富裕思想，避免了两极分化的社会矛盾。在社会理想方面，"天下大同"的理念转化和发展为"中华民族伟大复兴的中国梦"。在国际关系上，"协和万邦""为万世开太平"的思想转化为和平发展、合作共赢、构建人类命运共同体的倡议。总之，中华优秀传统文化通过创造性转化和创新性发展，日益成为习近平新时代中国特色社会主义思想的重要来源，参与着人类文明新形态的构建过程。

（三）"两个结合"彰显了习近平文化思想的文化主体性

习近平总书记指出，"'结合'的结果是互相成就"，"造就了一个有机统一的新的文化生命体"，"让马克思主义成为中国的，中华优秀传统文化成为现代的，让经由'结合'而形成的新文化成为中国式现代化的文化形态"。① 这个新的文化生命体的核心，是习近平新时代中国特色社会主义思想。"'结合'巩固了文化主体性"②，主体性是自我意识的自觉的建构力量。要从多个维度理解这一主体性。相对于传统，它是现代的；相对于西方话语，它是中国道理与中国理论；相对于苏联社会主义，它是中国特色社会主义；相对于教条主义，它是与时俱进的。主体性"表明我们党对中国道路、理论、制度的认识达到了新高度，表明我们党的历史自信、文化自信达到了新高度，表明我们党在传承中华优秀传统文化中推进文化创新的自觉性达到了新高度"③。文化主体性是通过中国革命建设改革实践建立的，是通过文化创造建立的，是通过"两个结合"建立的。文化主体性是文化自信的载体，文化自信来自文化主体性。文化主体性让中华民族、中华文明在新时代获得了更加坚定的精神自主，习近平文化思想是这一主体性的集中体现。

（四）"两个结合"将习近平文化思想的使命确立为建设中华民族现代文明

在新时代，马克思主义基本原理同中华优秀传统文化相结合的实质是，以中国式现代化进程作为马克思主义基本原理同中华优秀传统文化相结合的环节，以创造人类文明新形态作为马克思主义基本原理同中华优秀传统文化相结合的目的。"如果没有中华五千年文明，哪里有什么中国特色？如果不是中国特色，哪有我们今天这么成功的中

---

① 习近平：《在文化传承发展座谈会上的讲话》，《求是》2023年第17期。
② 习近平：《在文化传承发展座谈会上的讲话》，《求是》2023年第17期。
③ 习近平：《在文化传承发展座谈会上的讲话》，《求是》2023年第17期。

三 "两个结合"的思想内涵

国特色社会主义道路？"①"我们的社会主义为什么不一样？为什么能够生机勃勃、充满活力？关键就在于中国特色。中国特色的关键就在于'两个结合'。"② 马克思主义基本原理同中华优秀传统文化的结合表现在现代化进程的各个方面，并以这一进程创造出人类文明新形态——中国特色社会主义，同时这一进程也创造出了伟大的思想形态——习近平新时代中国特色社会主义思想。习近平文化思想用中华文化、中华文明充实和引导中国式现代化，明确了中国特色社会主义道路与中华文明的连续性。

"'结合'筑牢了道路根基。""让中国特色社会主义道路有了更加宏阔深远的历史纵深，拓展了中国特色社会主义道路的文化根基。……中国式现代化赋予中华文明以现代力量，中华文明赋予中国式现代化以深厚底蕴。"③ "第二个结合"从马克思主义角度讲，是继续深入中国化，更加具有中国的时代特点和文化特点；从中华优秀传统文化讲，是中华文明生命力的"激活"，中华文明机体的生机再显。中国式现代化赋予中华优秀传统文化以现代性内涵，使之成为当代中华文化。人类文明新形态的理念已经形成并将持续起到影响人类思想、确定社会发展方向的作用。

"第二个结合"标注了中国共产党的道路自信。"每个国家和民族的历史传统、文化积淀、基本国情不同，其发展道路必然有着自己的特色"④，"独特的文化传统，独特的历史命运，独特的基本国情，注定了

---

① 习近平：《在文化传承发展座谈会上的讲话》，《求是》2023年第17期。
② 习近平：《在文化传承发展座谈会上的讲话》，《求是》2023年第17期。
③ 习近平：《在文化传承发展座谈会上的讲话》，《求是》2023年第17期。
④ 《习近平谈治国理政》第一卷，外文出版社2018年版，第155页。

我们必然要走适合自己特点的发展道路"①。中国特色社会主义道路作为成功的中国式现代化道路，作为人类文明新形态，不是历史文化母版的简单延续，不是经典作家理论模板的教条套用，不是他国社会主义实践的重复再版，不是国外现代化进程的原样翻版，而是人类现代化模式的中国方案，是中华民族的"旧邦新命"。这种新形态，其本质不是外在地拿一个别的文明形态来置换社会主义，而是原有社会主义的自我改革与革命；也不是外在地拿一个其他文明形态来置换中华文明，而是中华文明固有生命力焕发所形成的当代形态，是中华文明自身的"贞下起元"。中华文明只有一个，今天和过去、古代和现代是一脉相承的。

"不断谱写马克思主义中国化时代化新篇章，是当代中国共产党人的庄严历史责任。"② "中华优秀传统文化是我们党创新理论的'根'，我们推进马克思主义中国化时代化的根本途径是'两个结合'。"③ 习近平文化思想把历史和现实联系起来，把中国和世界联系起来，把中华文明和人类文明联系起来，是中华文化和中国精神的时代精华的充分彰显。在这一思想指导下，中华文明不仅是中国的，也是世界的；不仅是当下的，也是未来的。中华民族必将再次为人类文明发展作出杰出贡献，为人类提供文明典范，这也是中国共产党人为人类发展担负的文明责任。

（原载《哲学研究》2023 年第 12 期）

---

① 《习近平谈治国理政》第一卷，外文出版社 2018 年版，第 156 页。
② 《习近平著作选读》第一卷，人民出版社 2023 年版，第 15—16 页。
③ 习近平：《全面推进乡村振兴 为实现农业农村现代化而不懈奋斗》，《人民日报》2022 年 10 月 29 日。

"两个结合"是中国特色社会主义取得成功的最大法宝

颜晓峰[*]

中国特色社会主义,是党和人民历尽千辛万苦、付出巨大代价取得的根本成就,这条道路是在坚持把马克思主义基本原理同中国具体实际相结合、同中华优秀传统文化相结合的过程中走出来的。习近平总书记在文化传承发展座谈会上强调,"两个结合"是我们在探索中国特色社会主义道路中得出的规律性的认识,是我们取得成功的最大法宝。坚持"两个结合",党带领人民开创和发展了中国特色社会主义,走出了中国式现代化道路,创造了人类文明新形态,使科学社会主义在中国焕发出新的蓬勃生机。

一 "两个结合"是推进马克思主义中国化时代化的根本途径

中国特色社会主义是科学社会主义理论逻辑和中国社会发展历史

---

[*] 作者简介:颜晓峰,教育部习近平新时代中国特色社会主义思想研究中心研究员、天津大学马克思主义学院院长。

逻辑的辩证统一，是在中国化时代化的马克思主义引领下创立和发展起来的。中国特色社会主义是前所未有的历史创举，没有现成的答案和结论，是实践创新和理论创新相互促进，以实践创新推动理论创新，以理论创新引导实践创新的结果。因此，马克思主义只有中国化时代化才能为党的事业提供科学理论指导，才能回答建设什么样的社会主义、怎样建设社会主义的中国之问、时代之问。党的一百多年奋斗历程，不断开辟出马克思主义中国化时代化新境界。推进马克思主义中国化时代化，为坚持和发展中国特色社会主义提供了理论根据和科学指导；坚持和发展中国特色社会主义，为推进马克思主义中国化时代化提供了实践基础和发展动力。

我们党在推进马克思主义中国化时代化的奋斗历程中，形成了许多宝贵经验，其中"两个结合"是根本经验；探索了许多有效途径，其中"两个结合"是根本途径。中国具体实际包含时代特征，中国化内含着时代化的要求。党推进马克思主义中国化时代化，就是同中国具体实际相结合的过程。马克思主义的真理性只有同具体时空中的实践相结合才能充分发挥出来，只有经过这样一个结合，才能发展出中国化时代化的马克思主义。党推进马克思主义中国化时代化，也是同中华优秀传统文化相结合的过程。马克思主义和中华优秀传统文化来源不同，但彼此存在高度的契合性。中华优秀传统文化源远流长、博大精深，形成了中国人的独特价值体系、文化内涵和精神品质，蕴含着许多优秀理念，是中华文明的智慧结晶。"第二个结合"是在文化的根基层面深化马克思主义中国化时代化，使得马克思主义真理之树在中华民族历史文化沃土中根深叶茂，马克思主义中国化时代化的历史基础和群众基础不断夯实。

三 "两个结合"的思想内涵

中国共产党为什么能,中国特色社会主义为什么好,归根到底是马克思主义行,是中国化时代化的马克思主义行。经过"两个结合",马克思主义在中国具体化本土化,转化为中国化时代化的马克思主义,在中国革命、建设、改革的实践中发挥着科学指导作用,产生出强大的实践威力,保证着中国特色社会主义沿着正确道路前进,创造了经济快速发展和社会长期稳定的奇迹。毛泽东思想是被实践证明了的关于中国革命和建设的正确的理论原则和经验总结,邓小平理论科学回答了建设中国特色社会主义的一系列基本问题,"三个代表"重要思想加深了对什么是社会主义、怎样建设社会主义和建设什么样的党、怎样建设党的认识,科学发展观深刻认识和回答了新形势下实现什么样的发展、怎样发展等重大问题,习近平新时代中国特色社会主义思想科学回答了新时代坚持和发展什么样的中国特色社会主义、怎样坚持和发展中国特色社会主义,建设什么样的社会主义现代化强国、怎样建设社会主义现代化强国,建设什么样的长期执政的马克思主义政党、怎样建设长期执政的马克思主义政党等重大时代课题,是党对中国特色社会主义建设规律认识深化和理论创新的重大成果。坚持"两个结合",推进马克思主义中国化时代化,党就能够成功开创符合国情、扎根本土、深得人心的中国特色社会主义道路。

二 "两个结合"是开辟和发展中国特色社会主义的必由之路

中国特色社会主义道路是在马克思主义指导下走出来的,中国共产党人坚持科学社会主义基本原则,坚信只有社会主义才能救中国、发展中国。中国特色社会主义是社会主义，而不是别的什么主义，中国式现代化是中国共产党领导的社会主义现代化。中国特色社会主义道路是从五千多年中华文明史中走出来的，植根于源远流长的中国文化、博大精深的中华文明，具有深厚中华文化根基。马克思主义在中国落地生根，科学社会主义在中国开花结果，靠的就是"两个结合"的理论自觉和实践自觉。"两个结合"坚信马克思主义的科学真理性和普遍指导性，同时坚持科学真理必须同具体实际相结合、普遍规律必须同本国国情相结合。这样，既保证了中国特色社会主义的根本性质，又保证了中国特色社会主义的实践成功。

"两个结合"是推进马克思主义中国化时代化的根本途径，同样也是开创和发展中国特色社会主义的根本途径。我们党努力探索中国特色社会主义道路，在"两个结合"过程中，中国特色社会主义的"中国特色"得以彰显，"中国特色"关键在于"两个结合"。中国特色不是主观想象的产物，而是来自中国共产党的创造性实践，来自"两个结合"。坚持"两个结合"，使中国特色社会主义道路、理论、制度、文化，都具有中国具体实际的根据，具有中华优秀传统文化的基因。比如，中国特色社会主义制度和国家治理体系，内含着中华优秀传统文化中的大同理想、大一统传统、德治主张、民本思想、平等观念、正义追求、道德操守、用人标准、改革精神、外交之道、和平理念等。

坚持"两个结合"，是中国共产党坚持和发展马克思主义、推进和创新科学社会主义的成功实践。"两个结合"赋予中国特色社会主义的中国特色，同样也是中国特色社会主义始终保持旺盛活力的根源所在。坚持把马克思主义基本原理同中国具体实际相结合，不断回答

三 "两个结合"的思想内涵

中国之问、世界之问、人民之问、时代之问，中国特色社会主义就能够立足中国国情，顺应世界大势，回应人民意愿，走在时代前列，走出一条康庄大道，制定正确方针政策，得到人民支持拥护，始终立于不败之地。坚持把马克思主义基本原理同中华优秀传统文化相结合，把马克思主义思想精髓同中华优秀传统文化精华贯通起来、同人民群众日用而不觉的共同价值观念融通起来，中国特色社会主义就能够从五千多年的中华文明中获取无穷无尽的文化滋养，更大程度上获得中国人民的接受认同，既在中华优秀传统文化的沃土上茁壮生长，又赋予中华优秀传统文化新的生机活力。

三 "两个结合"厚植中国特色社会主义的实践根基和文化根基

理论联系实际是马克思主义的基本原则，是党的思想路线的重要要求。"两个结合"的实质就是理论与实际的结合，是马克思主义理论与中国实际的结合，使得马克思主义、科学社会主义在中国的伟大实践有了深厚的基础，让马克思主义、科学社会主义在中国牢牢扎根、本固基强。正如习近平总书记在文化传承发展座谈会上指出的，"结合"筑牢了道路根基，让中国特色社会主义道路有了更加宏阔深远的历史纵深，拓展了中国特色社会主义道路的文化根基。

"第一个结合"筑牢了中国特色社会主义道路的实践根基。马克思主义基本原理必须同中国具体实际相结合，这是党在一百多年奋斗历程中得出的宝贵经验。凡是坚持实事求是，实行了这样一个结合，党和国家事业就能顺利发展、取得成功；凡是搞教条主义，没有经过这样一个结合，党和国家事业就会停滞不前、遭遇挫折。科学社会主义基本原则具有普遍规律性，它的科学真理性只有和中国实际结合起来，实现从普遍到特殊的转化深化，才能夯实科学理论的实践基础，在实践的支持下展现和证明真理的力量。经过这样一个结合，中国特色社会主义成为党领导的创新实践，不断经受变化着的实践检验，并在实践中发展完善。改革开放以来，中国特色社会主义的重大创新，都是既坚持了科学社会主义基本原则，又坚持了社会主义的实践标准，在社会生产力的快速发展中，在人民生活水平的逐步提高中，在社会的全面进步中，回答好解决好什么是社会主义、怎样建设社会主义这个重大问题，回答好解决好新时代坚持和发展什么样的中国特色社会主义、怎样坚持和发展中国特色社会主义这个重大时代课题。

"第二个结合"拓展了中国特色社会主义道路的文化根基。中国特色社会主义是在五千多年中华文明深厚基础上开辟和发展起来的，对中华优秀传统文化的传承和践行，使中国特色社会主义道路有了坚实的历史根基。科学社会主义之于一百多年来的中国，不是"移植"或"嫁接"，而是其价值观主张同中华优秀传统文化中蕴含的宇宙观、天下观、社会观、道德观等，具有高度契合性，是马克思主义真理的力量激活了中华民族历经几千年创造的伟大文明，使中华文明再次迸发出强大精神力量。中华优秀传统文化有很多重要元素，"第二个结合"将这些重要元素经过创造性转化、创新性发展，融入中国式现代化建设的过程和体系之中，构成中国式现代化的鲜明特色和显著优势。比如，中国式现代化追求更好实现效率与公平相兼顾、相统一、相促进，内含着富民厚生、义利兼顾的经济伦理；中国式现代化追求活而不乱、活跃有序的动态平衡，正确处理活力与秩序的关系，内含着执两用中、守中致和的思维方法，等等。

四 "两个结合"将中华文明的突出特性融入中国特色社会主义

中国特色社会主义创造着中华民族现代文明，"两个结合"建立在科学认识中华文明突出特性的基础上，是对中华文明发展规律的深刻把握，从而彰显和强化了中国特色社会主义的文明底蕴和民族禀赋。

中华文明具有突出的连续性，从根本上决定了中华民族必然走自己的路。连续性保证了文明的独特性，吸收外来文化但不被外来文化所同化，走自己的路又强化着文明的连续性。中国特色社会主义延续着中华文明的基因和血脉，走符合本国国情的社会主义道路，是走自己的路、自信自立的社会主义。

中华文明具有突出的创新性，从根本上决定了中华民族守正不守旧、尊古不复古的进取精神，决定了中华民族不惧新挑战、勇于接受新事物的无畏品格。中国作为文明古国、文明大国，能够绵延不断、生生不息，离不开内生于中华文明之中的创新性。中国特色社会主义是党带领人民开拓创新干出来的，创新作为不竭动力保证了中国特色社会主义永不僵化、永不停滞。

中华文明具有突出的统一性，从根本上决定了一个坚强统一的国家是各族人民的命运所系。中华文明是各族人民共同创造的文明，具有强大的凝聚力，能够把各民族紧密地联系在一起。祖国统一是历史大势、民心所向。新时代中国共产党人把实现祖国完全统一作为实现中华民族伟大复兴的必然要求和题中应有之义，坚持贯彻新时代党解决台湾问题的总体方略，牢牢把握两岸关系主导权和主动权，坚定不移推进祖国统一大业。

中华文明具有突出的包容性，从根本上决定了中华文化对世界文明兼收并蓄的开放胸怀。中国共产党坚持胸怀天下，中国特色社会主义坚持开放发展。2023年3月15日，习近平总书记在中国共产党与世界政党高层对话会上提出了全球文明倡议，即我们要共同倡导"尊重世界文明多样性""弘扬全人类共同价值""重视文明传承和创新""加强国际人文交流合作"。

中华文明具有突出的和平性，从根本上决定了中国始终是世界和平的建设者、全球发展的贡献者、国际秩序的维护者。中国式现代化是走和平发展道路的现代化，不走一些国家通过战争、殖民、掠夺等方式实现现代化的老路，在坚定维护世界和平与发展中谋求自身发展，又以自身发展更好地维护世界和平与发展，也使得构建人类命运共同体成为引领时代潮流和人类前进方向的鲜明旗帜。

（原载《光明日报》2023年7月6日）

"第二个结合"：马克思主义中国化时代化的理论精粹和学理挈要

顾海良[*]

习近平总书记在党的二十大报告中指出："中国共产党人深刻认识到，只有把马克思主义基本原理同中国具体实际相结合、同中华优秀传统文化相结合，坚持运用辩证唯物主义和历史唯物主义，才能正确回答时代和实践提出的重大问题，才能始终保持马克思主义的蓬勃生机和旺盛活力。"[①] 这里提出的"两个结合"，是对马克思主义中国化时代化的规律性探索和特质性概括，是对"第二个结合"的理论精粹和学理挈要的深刻阐释。对"两个结合"的规律性探索和对"第二个结合"的学理性探索，是习近平新时代中国特色社会主义思想在理论创新上的新的辉煌。

---

[*] 作者简介：顾海良，北京大学博雅讲席教授，马克思主义学院教授、博士生导师。
[①] 《习近平著作选读》第一卷，人民出版社2023年版，第14页。

一　从规律性探索到文化主体性理论创新的跃升

"两个结合"是对马克思主义中国化时代化百年历程的规律性的深刻揭示。2023年6月，习近平总书记在文化传承发展座谈会上提出："在五千多年中华文明深厚基础上开辟和发展中国特色社会主义，把马克思主义基本原理同中国具体实际、同中华优秀传统文化相结合是必由之路。这是我们在探索中国特色社会主义道路中得出的规律性认识。"① 规律性认识，集中于对事物发展过程的持续的、内在的起着根本趋势作用的本质特征的概括。对事物发展的规律性的提炼和揭示，是理论创新的集中体现，也是理论创新的崇高境界。一百四十年前，恩格斯在对马克思一生理论创新成就进行概括时，就是以"发现了人类历史的发展规律"和"发现了现代资本主义生产方式和它所产生的资产阶级社会的特殊的运动规律"② 这两个"伟大发现"为崇高境界的。在恩格斯看来，在两个"伟大发现"中，无论是"发展规律"还是"运动规律"，都是对人类历史也都是对资本主义生产方式和资产阶级社会固有要素及本质特征的思维上的再现，也就是主体对客体固有要素及本质特征的理性探索的结晶。习近平总书记强调，对开辟马克思主义中国化时代化新境界这个问题的探索，"目的是深化对党的理论创新的规律性认识，进一步明确理论创新的方位、方向、方法，在新时代新征程上取得更为丰硕的理论创新成果"③。

---

① 习近平：《在文化传承发展座谈会上的讲话》，《求是》2023年第17期。
② 《马克思恩格斯文集》第3卷，人民出版社2009年版，第601页。
③ 习近平：《开辟马克思主义中国化时代化新境界》，《求是》2023年第20期。

三 "两个结合"的思想内涵

"两个结合"是马克思主义中国化时代化百年发展中存在的固有要素及其基本特征。作为"同时存在而又互相依存的社会机体"[①]，在马克思主义中国化时代化百年历程中，"两个结合"的演进既有空间维度上的并行性，又有时间维度上的继起性。特别是"第二个结合"，在规律性认识意义上，不是说在新时代提出"两个结合"时才生成和存在的；也不是说在对"第一个结合"作出规律性探索时不存在"第二个结合"。1938年10月，毛泽东在党的第六届中央委员会扩大的第六次全体会议上所作的《论新阶段》的政治报告中，最先提出马克思主义中国化问题。毛泽东认为："马克思主义的中国化，使之在其每一表现中带着中国的特性，即是说，按照中国的特点去应用它，成为全党亟待了解并亟须解决的问题。"在这里，毛泽东指明的"中国化"要义之一就是："没有抽象的马克思主义，只有具体的马克思主义。所谓具体的马克思主义，就是通过民族形式的马克思主义，就是把马克思主义应用到中国具体环境的具体斗争中去，而不是抽象地应用它。"明确指出的"中国化"要义之二就是："我们是马克思主义的历史主义者，我们不应该割断历史。从孔夫子到孙中山，我们应该给以总结，我们要承继这一份珍贵的遗产。承继遗产，转过来就变为方法，对于指导当前的伟大运动，是有着重要的帮助的。"毛泽东的结论就是："马克思主义必须和我国的具体特点相结合并通过一定的民族形式才能实现……成为伟大中华民族之一部分而和这个民族血肉相联的共产党员，离开中国特点来谈马克思主义，只

[①] 《马克思恩格斯文集》第1卷，人民出版社2009年版，第604页。

是抽象的空洞的马克思主义。"① 可见，这里讲的"中国化"，既是马克思主义基本原理同中国具体实际相结合的结果，也是马克思主义基本原理同中华传统文化的"珍贵的遗产"相结合的结果，中国化马克思主义是"通过民族形式才能实现"的。1943年5月，中共中央在关于共产国际执委主席团提议解散共产国际决定的回信中再次提到，中国共产党"要使得马克思列宁主义这一革命科学更进一步地和中国革命实践、中国历史、中国文化深相结合起来"② 的观点。在对中共中央这封回信的评价中，毛泽东对中国共产党的"民族化"特征作出概述，提出"使中国共产党更加民族化"③ 的观点。

回溯1938年和1943年马克思主义中国化时代化发展的两个节点，我们可以看到，这一时期，马克思主义"中国化""具体化""民族化"，统一于马克思主义基本原理同中国具体实际相结合这一规律性特征之中，即"第一个结合"成为中国共产党对马克思主义中国化规律性的最初认识；这一时期，"第二个结合"虽然没能作为马克思主义中国化规律性特征之一被揭示出来，但已经作为发展中的潜在性特征存在于"第一个结合"之中，对自这之后直至新时代"两个结合"的规律性认识的提出，发生着持续的过程性影响。习近平总书记提出的"两个结合"，是新时代对马克思主义中国化时代化百年历程规律性认识中最显著的理论创新。这是习近平总书记对"两个结合"理论创新的重要特征，也是"两个结合"具有的"伟大

---

① 《毛泽东选集》第2卷，人民出版社1991年版，第534页。
② 《建党以来重要文献选编（一九二一——一九四九）》第二十册，中央文献出版社2011年版，第318—319页。
③ 《建党以来重要文献选编（一九二一——一九四九）》第二十册，中央文献出版社2011年版，第326页。

三 "两个结合"的思想内涵

发现"意蕴之所在。

习近平总书记对"两个结合"的最显著的理论创新,不仅在于揭示了"两个结合"规律性特征,而且还在于提出了中华文化主体性特征。在世界观和方法论意义上,"两个结合"的规律性探索是主体对客体内在特征在思维上的科学反映,而中华文化主体性特征则是主体性在现实中的拓展。这两个最显著的理论创新的关系,就如2014年10月习近平总书记在文艺工作座谈会上的讲话中提到的"既是历史的'剧中人'、也是历史的'剧作者'"[①]那样的关系。"剧中人"和"剧作者"这两个用语,是马克思在《哲学的贫困》中提出的。在马克思看来,对"每个世纪中人们的现实的、世俗的历史"的研究,就是"把这些人既当成他们本身的历史剧的剧作者又当成剧中人物",即"把人们当成他们本身历史的剧中人物和剧作者"。[②]在社会和思想发展的"历史剧"中,"剧中人"的角色既是由"历史剧"本身规定的,同时又作为"历史剧"中的主体,能对"历史剧"演进的规律性的内在特征作出探索;"剧中人"在对"历史剧"演进的规律性探索中,能跃升为"剧作者",续写"历史剧"的新的篇章,发挥"剧作者"的主体性作用。按照马克思的这一寓意,我们可以感悟到,习近平总书记的"两个结合"探索最显著的理论创新,一方面是"剧中人"意义上的创新,揭示了马克思主义中国化时代化这一"历史剧"演进的规律性,凸显主体对客体内在规律性认识上的理论创新;另一方面是"剧作者"意义上的创新,开创了新时

[①] 《习近平著作选读》第一卷,人民出版社2023年版,第288页。
[②] 《马克思恩格斯文集》第1卷,人民出版社2009年版,第608页。

代马克思主义中国化时代化这一"历史剧"的新篇章，昭示了文化主体性所成就的新时代建设中华民族现代文明上的理论创新。

全面地辩证地理解马克思关于"剧中人"和"剧作者"的寓意，对理解习近平总书记在"两个结合"特别是在"第二个结合"规律性探索上的思想精粹和学理挈要有着重要的意义。中华民族五千年的"历史剧"是民族优秀文化凝练的过程，民族优秀文化则是这一"历史剧"长期淬炼的结晶。中华优秀传统文化是在漫长的历史演进中积累而成的，"剧作者"的文化主体性则是在中华民族历史和文化世代聚合中生成的。习近平总书记在创造性地提出"文化主体性"范畴时指出："这一主体性是中国共产党带领中国人民在中国大地上建立起来的；是在创造性转化、创新性发展中华优秀传统文化，继承革命文化，发展社会主义先进文化的基础上，借鉴吸收人类一切优秀文明成果的基础上建立起来的；是通过把马克思主义基本原理同中国具体实际、同中华优秀传统文化相结合建立起来的。创立新时代中国特色社会主义思想就是这一文化主体性的最有力体现。"[①]

这种文化主体性使中华民族历史中成就的优秀传统文化的思想智慧和理论要素，升华为马克思主义中国化时代化的思想特质和理论形态，实现了马克思主义中国化时代化的"两个结合"规律性认识上的理论飞跃。习近平总书记指出："有了文化主体性，就有了文化意义上坚定的自我，文化自信就有了根本依托，中国共产党就有了引领时代的强大文化力量，中华民族和中国人民就有了国家认同的坚实文

[①] 习近平：《在文化传承发展座谈会上的讲话》，《求是》2023年第17期。

三 "两个结合"的思想内涵

化基础,中华文明就有了和世界其他文明交流互鉴的鲜明文化特性。"①

二 文化主体性从文化思想道德传承到理论创新的升华

1943年5月,《中共中央关于共产国际执委主席团提议解散共产国际的决定》已经提出了"中国共产党人是我们民族一切文化、思想、道德的最优秀传统的继承者,把这一切优秀传统看成和自己血肉相连的东西,而且将继续加以发扬光大"②的鲜明观点。从"文化、思想、道德"上对中华优秀传统文化的锤炼和彰显,对之后的"第二个结合"规律性认识和文化主体性探索产生着重要的影响。

2014年5月,在北京大学师生座谈会上的讲话中,习近平总书记从核心价值观意义上,对中华优秀传统文化整体中文化、思想、道德诸方面元素的时代意义作出新的探索。习近平总书记提出:"人类社会发展的历史表明,对一个民族、一个国家来说,最持久、最深层的力量是全社会共同认可的核心价值观。核心价值观,承载着一个民族、一个国家的精神追求,体现着一个社会评判是非曲直的价值标准。"③ 国无德不兴,人无德不立。"如果一个民族、一个国家没有共同的核心价值观,莫衷一是,行无依归,那这个民族、这个国家就无法前进。这样的情形,在我国历史上,在当今世界上,都屡见不

---

① 习近平:《在文化传承发展座谈会上的讲话》,《求是》2023年第17期。
② 《建党以来重要文献选编(一九二一——一九四九)》第二十册,中央文献出版社2011年版,第318页。
③ 《习近平著作选读》第一卷,人民出版社2023年版,第238页。

鲜。"中华传统文化中"大学之道，在明明德，在亲民，在止于至善"的观念，其实"就是一种德，既是个人的德，也是一种大德，就是国家的德、社会的德"。① 中华传统文化历来讲究格物致知、诚意正心，主张修身齐家、治国平天下。习近平总书记指出："从某种角度看，格物致知、诚意正心、修身是个人层面的要求，齐家是社会层面的要求，治国平天下是国家层面的要求。""社会主义核心价值观，把涉及国家、社会、公民的价值要求融为一体，既体现了社会主义本质要求，继承了中华优秀传统文化，也吸收了世界文明有益成果，体现了时代精神。"②

在这次讲话中，习近平总书记不仅从"文化、思想、道德"元素上对中华优秀传统文化作出阐释，而且还从文化主体性上，对中华优秀传统文化作为"中华民族的基因，植根在中国人内心，潜移默化影响着中国人的思想方式和行为方式"③问题作出深刻分析。这时，习近平总书记尽管还没有直接提出"文化主体性"范畴，但文化主体性的核心要义已经得以呈现。这一核心要义就在于：中华优秀传统文化中存在的一系列思想和理念，"不论过去还是现在，都有其鲜明的民族特色，都有其永不褪色的时代价值。这些思想和理念，既随着时间推移和时代变迁而不断与时俱进，又有其自身的连续性和稳定性"④。其中，主要如中华文化强调的民为邦本，天人合一，和而不同的思想和理念；主张的天行健、君子以自强不息，大道之行、天下

---

① 《习近平著作选读》第一卷，人民出版社2023年版，第238页。
② 《习近平著作选读》第一卷，人民出版社2023年版，第239—240页。
③ 《习近平著作选读》第一卷，人民出版社2023年版，第241页。
④ 《习近平著作选读》第一卷，人民出版社2023年版，第241页。

三 "两个结合"的思想内涵

为公,天下兴亡、匹夫有责的思想和理念;追求的德不孤、必有邻,仁者爱人、己所不欲、勿施于人、老吾老以及人之老、幼吾幼以及人之幼,扶贫济困的思想和理念等。文化主体性充分洋溢的是中国人独特的精神世界和日用而不觉的价值观,集中体现的是对中华优秀传统文化的传承、发展和升华。

在党的二十大报告中,习近平总书记从"两个结合"的整体关系上,对中华文化主体性的内涵作出新的探索。在习近平总书记看来,文化主体性首先是以对中华民族文化的深刻理解和把握为基础、为根据的,是以中华民族文化历史性、社会性和时代性为特征的;其次是以丰富的文化、思想、道德资源的传承为源泉、为涵养的,中华优秀传统文化中蕴含的天下为公、民为邦本、为政以德、革故鼎新、任人唯贤、天人合一、自强不息、厚德载物、讲信修睦、亲仁善邻等要素,植根于民族历史文化沃土之中,成为文化主体性的深厚根基和力量源泉;再次是以"中国人民在长期生产生活中积累的宇宙观、天下观、社会观、道德观的重要体现,同科学社会主义价值观主张具有高度契合性"[①]为哲理依据、为学理遵循的;最后是文化主体性在于把马克思主义思想精髓同中华优秀传统文化精华贯通起来、同人民群众日用而不觉的共同价值观念融通起来。坚定历史自信、文化自信,坚持古为今用、推陈出新,使中华文化闪射出新时代的光辉,不断赋予科学理论以鲜明的中国特色,让马克思主义在中国牢牢扎根,使马克思主义真理之树根深叶茂。

2023年6月,在文化传承发展座谈会上的讲话中,习近平总书

[①] 《习近平著作选读》第一卷,人民出版社2023年版,第15页。

记从推动文化繁荣、建设文化强国、建设中华民族现代文明这一新时代新的文化使命的高度，对中华文化主体性问题的哲理依据和学理遵循作出新的阐释。

一是坚定文化自信。自信才能自强。习近平总书记认为："有文化自信的民族，才能立得住、站得稳、行得远。"[①] 坚定文化自信，就是坚持走自己的路，就是立足于中华民族伟大历史实践和当代实践。文化主体性在于能用中国道理总结好中国经验，能把中国经验提升为中国理论，能在自主的中国道路和独特的中国制度基础上实现精神上的独立自主。在根本上，文化主体性就在于能"把文化自信融入全民族的精神气质与文化品格中，养成昂扬向上的风貌和理性平和的心态"[②]。

二是秉持开放包容。文化自信的显著标志就是能以开放包容为文明发展的活力来源。习近平总书记认为："秉持开放包容，就是要更加积极主动地学习借鉴人类创造的一切优秀文明成果。"[③] 融通中外、贯通古今，是中华文化主体性的气度和气质；无论是对内提升先进文化的凝聚力感召力，还是对外增强中华文明的传播力影响力，都离不开这种气度和气质。文化主体性能坚守马克思主义中国化时代化，能传承发展中华优秀传统文化，还能促进外来文化本土化，不断培育和创造新时代中国特色社会主义文化。习近平总书记指出："经过长期努力，我们比以往任何一个时代都更有条件破解'古今中西之争'，也比以往任何一个时代都更迫切需要一批熔铸古今、汇通中西的文化

---

① 习近平：《在文化传承发展座谈会上的讲话》，《求是》2023年第17期。
② 习近平：《在文化传承发展座谈会上的讲话》，《求是》2023年第17期。
③ 习近平：《在文化传承发展座谈会上的讲话》，《求是》2023年第17期。

三 "两个结合"的思想内涵

成果。"①

三是坚持守正创新。在新时代中华文明建设中,守正才能不迷失自我、不迷失方向,创新才能把握时代、引领时代。守正,守的是坚守马克思主义在意识形态领域指导地位的根本制度,守的是"两个结合"的根本要求,守的是中国共产党的文化领导权和中华民族的文化主体性。创新,创的是新思路、新话语、新机制、新形式,真正做到古为今用、洋为中用、辩证取舍、推陈出新,实现传统与现代的有机衔接。习近平总书记指出:"新时代的文化工作者必须以守正创新的正气和锐气,赓续历史文脉、谱写当代华章。"②

在马克思主义基本原理同中华优秀传统文化的结合中,既要从历史思维上讲清楚中华优秀传统文化的思想内涵和理论脉络,也要从历史赓续中讲清楚中华优秀传统文化的当代价值和时代意蕴。中华文化主体性的作用过程,就在于从历史担当和文化主动的结合上,深透理解中华民族历史传承中的民族气质、独特创造、价值理念和鲜明特色,深度激扬中华优秀传统文化在新时代创造性转化和创新性发展中的文化自觉、文化自信和文化自强。

三 思想发掘和文化禀赋内在联通的深化

"创造性转化"和"创新性发展",是确立中华文化主体性,夯实"第二个结合"思想基础的内在要求和必然过程。习近平总书记

---

① 习近平:《在文化传承发展座谈会上的讲话》,《求是》2023年第17期。
② 习近平:《在文化传承发展座谈会上的讲话》,《求是》2023年第17期。

指出："中国共产党历来重视文化，新时代我们在道路自信、理论自信、制度自信的基础上增加了文化自信。文化自信就来自我们的文化主体性。"[①] 这一主体性既是中国共产党带领中国人民在中国大地上建立起来的，也是通过"第二个结合"过程建立起来的。文化主体性作为文化自信的依托和底蕴，能增强中国共产党引领时代的强大文化力量，能夯实国家认同的坚实文化基础，能使中华现代文明自立于世界各民族文明之林。

"创造性转化"和"创新性发展"，不仅是夯实"第二个结合"思想基础的内在要求和必然过程，而且还是"第二个结合"中历史自觉向理论创新跃升的根本途径和逻辑过程。"第二个结合"的根本就在于对优秀传统文化的思想发掘中，深化现代中华文化主体性的引领力、塑造力和辐射力，实现思想发掘和文化禀赋的内在联通。习近平总书记指出："要围绕我国和世界发展面临的重大问题，着力提出能够体现中国立场、中国智慧、中国价值的理念、主张、方案。""中华文明延续着我们国家和民族的精神血脉，既需要薪火相传、代代守护，也需要与时俱进、推陈出新。"[②] 只有在对中国传统文化的"创造性转化"和"创新性发展"中，才能激活中华优秀传统文化的时代活力，才能升华中华优秀传统文化的思想魅力。

彰显文化主体性，重要的是要遵循中华优秀传统文化在创造中转化和在创新中发展的原则和学理。2013年12月，习近平总书记在十八届中央政治局集体学习关于"提高国家文化软实力"问题讲话时

---

① 习近平：《在文化传承发展座谈会上的讲话》，《求是》2023年第17期。
② 《习近平著作选读》第一卷，人民出版社2023年版，第480页。

三 "两个结合"的思想内涵

指出:"坚持马克思主义道德观、坚持社会主义道德观,在去粗取精、去伪存真的基础上,坚持古为今用、推陈出新,努力实现中华传统美德的创造性转化、创新性发展,引导人们向往和追求讲道德、尊道德、守道德的生活,让13亿人的每一分子都成为传播中华美德、中华文化的主体。"[①] 在"第二个结合"中,要把中华民族追求的文化、道德、思想的优秀元素和基因,传承下去、繁荣起来、弘扬开来;要在创造中转化、创新中发展,使根植于中华优秀传统文化的元素马克思主义中国化时代化,使中国化时代化的马克思主义彰显中华优秀传统文化的时代精神和思想光芒。

中华优秀传统文化有许多重要的思想元素,习近平总书记在文化传承发展座谈会上的讲话中枚举的主要有:天下为公、天下大同的社会理想;民为邦本、为政以德的治理思想;九州共贯、多元一体的大一统传统;修齐治平、兴亡有责的家国情怀;厚德载物、明德弘道的精神追求;富民厚生、义利兼顾的经济伦理;天人合一、万物并育的生态理念;实事求是、知行合一的哲学思想;执两用中、守中致和的思维方法;讲信修睦、亲仁善邻的交往之道等思想要素。这十个方面要素,集中于"文化、道德、思想"方面"思想"要素的展开。既是对传统文化的深刻的"创造性转化",弃之糟粕、取其精华,使传统文化中"优秀"要素脱颖而出,增强中华优秀传统文化的当代辉煌;也是对传统文化的深邃的"创新性发展",立足现实、追随时代,彰显中华文明的新世纪光彩,赋予中华优秀传统文化以新时代的理论力量和思想智慧。

[①] 《习近平谈治国理政》,外文出版社2014年版,第160—161页。

在"第二个结合"中,马克思主义基本原理之所以能与中华优秀传统文化相结合,一方面是因为马克思主义作为"科学的理论"本身,具有"创造性地揭示了人类社会发展规律"[①]的本质特征;另一方面也是因为中华优秀传统文化自身,具有中华文明独特的本质特性,具有独特的思想禀赋。习近平总书记对中华文明的历史演进、文化禀赋、思想脉络的学术学理探究,集中体现于对中华文明诸方面的特性的创新性阐释之中,也集中体现于"第二个结合"中所实现的思想发掘和内在禀赋相联通的特征之中。

从文明的历史演进上看,中华文明是世界上唯一的绵延不断且以国家形态发展至今的伟大文明,具有突出的连续性这一根本特性和文化禀赋。这一特性和禀赋,在"第二个结合"中,结晶为深厚的家国情怀与深沉的历史意识,升华为中华民族维护大一统的人心根基,成为中华民族历经千难万险而不断复兴的精神支撑。

从文明内蕴的文化禀赋上看,中华文明具有革故鼎新、辉光日新的根本特征和文化基因,"第二个结合"从根本上决定了中华民族守正不守旧、尊古不复古的进取精神,决定了中华民族不惧新挑战、勇于接受新事物的无畏品格。中华文明长期形成的多元一体、团结集中的根本特性和文化禀赋,在"第二个结合"中,夯实了国家统一永远是中国核心利益的根本信念、统一的国家是各族人民的命运所系的坚强决心。

从文明思想的脉络上看,中华文明从来就不是用单一文化代替多元文化,而是由多元文化汇聚成共同文化突出的包容性。这一特性和

---

① 《十九大以来重要文献选编》上,中央文献出版社2019年版,第423—424页。

禀赋,在"第二个结合"中,从根本上决定了中华民族交往交流交融的历史取向,决定了中国各宗教信仰多元并存的和谐格局,决定了中华文化对世界文明兼收并蓄的开放胸怀。

在中华文明哲理学理上,"和平、和睦、和谐"是中华文明五千多年来一直传承的理念,主张以道德秩序构造一个群己合一的世界,在人己关系中以他人为重的突出的和平性的根本特性和文化禀赋,在"第二个结合"中,铸成坚持合作、不搞对抗的思想和理念,决不会把自己的价值观念和政治体制强加于人,也决不会搞"党同伐异"的小圈子。对中华文明特性和中华文化禀赋的创新性理解,是把握"第二个结合"之所以可能、之所以具有内在必然性的思想基础和思维依据。

四 理论"根脉"和思想"魂脉"的深度契合和结合

在"第二个结合"中,马克思主义基本原理同中华优秀传统文化之所以能够成功"结合"的真谛,不仅在于中华文明的本质特性和文化禀赋,而且还在于马克思主义基本原理同中华优秀传统文化之间的"结合",呈现的是一种理论"根脉"和思想"魂脉"之间高度契合的关系。马克思主义中国化时代化的本质规定就在于:决不能抛弃马克思主义这个"魂脉",决不能抛弃中华优秀传统文化这个"根脉";坚守好这个"魂脉"和"根脉"是理论创新的基础和前提,理论创新也是为了更好地坚守这个"魂脉"和"根脉"。

首先,思想的内在"契合"是以思想之间能够彼此结合为重要前提。"第二个结合"中"结合""契合"的思想基础,是以马克思主义理论和中华优秀传统文化之间能够彼此契合为前提的。马克思主义理论和中华优秀传统文化思想来源虽有不同，但彼此之间在思想观念上存在多方面的"高度的契合性"，如天下为公、讲信修睦的社会追求与共产主义、社会主义的理想信念有着多方面的相通性；民为邦本、为政以德的治理思想与马克思主义的人民至上的政治观念存在多方面的相融性；革故鼎新、自强不息的担当与共产党人的革命精神具有多方面的相合性。"相互契合才能有机结合"，习近平总书记指出："第二个结合"的规律性发展过程证明，"中国共产党既是马克思主义的坚定信仰者和践行者，又是中华优秀传统文化的忠实继承者和弘扬者"[1]。

其次，科学社会主义思想和中华优秀传统文化互相成就，是融合新的文化生命体的根本基础。习近平总书记指出："用马克思主义激活中华优秀传统文化中富有生命力的优秀因子并赋予新的时代内涵，将中华民族的伟大精神和丰富智慧更深层次地注入马克思主义，有效把马克思主义思想精髓同中华优秀传统文化精华贯通起来，聚变为新的理论优势，不断攀登新的思想高峰。"[2]"第二个结合"无论在其"结合"的过程还是在其"结合"的结果形态上，都是朝着造就"互相成就"的"有机统一的新的文化生命体"方向发展的。

这一"互相成就"的新的文化生命体，突出地体现在两个方面：一方面，马克思主义以真理之光激活了中华文明的基因，引领中国走进现代世界，推动中华文明的生命更新和现代转型；另一方面，中华

---

[1] 习近平：《在文化传承发展座谈会上的讲话》，《求是》2023年第17期。
[2] 习近平：《开辟马克思主义中国化时代化新境界》，《求是》2023年第20期。

三 "两个结合"的思想内涵

优秀传统文化也充实了中国马克思主义的文化生命，推动马克思主义不断实现中国化时代化的新飞跃，显示出日益鲜明的中国风格与中国气派，中国化时代化马克思主义成为中华文化和中国精神的时代精华。"第二个结合"让马克思主义成为中国的，中华优秀传统文化成为现代的，让经由"结合"而形成的文化生命体成为中国式现代化的文化形态。

再次，探索中国社会发展道路、特别是筑牢中国特色社会主义的"道路根基"，是"互相成就"的现实基础和根本路向。"两个结合"是成就中国特色社会主义道路中"中国特色"的真谛所在。中国特色社会主义道路是在马克思主义指导下走出来的，也是从五千多年中华文明史中走出来的；"第二个结合"展现了中国特色社会主义道路更加宏阔深远的历史纵深，拓展了中国特色社会主义道路的文化根基。在以中国式现代化全面推进中华民族伟大复兴的历史进程中，中国式现代化赋予中华文明以现代力量，中华文明赋予中国式现代化以深厚底蕴。

最后，中国共产党对马克思主义中国化时代化历史经验的深刻总结，对中华文明发展规律的深刻把握，是"互相成就"的历史根据和现实基础。党对中国道路、理论、制度的认识的深化表明，我们党的历史自信、文化自信达到了新高度，也表明我们党在传承中华优秀传统文化中推进文化创新的自觉性达到了新高度。中国特色社会主义道路首先是社会主义，这是从马克思主义那里来的；同时，中国文化中朴素的社会主义元素也提供了中国接受马克思主义的文化基础。建设中国特色社会主义，我们的道路越走越宽广、越走越坚定。在中国特色社会主义新时代，党和国家的事业之所以取得了历史性成就、发生了历史性变革，一个重要原因就是我们坚持了"两个结合"。

中国特色社会主义道路是在马克思主义指导下走出来的，也是从五千多年中华文明史中走出来的；"第二个结合"让中国特色社会主义道路有了更加宏阔深远的历史纵深，拓展了中国特色社会主义道路的文化根基。中国式现代化是强国建设、民族复兴的康庄大道。中国式现代化赋予中华文明以现代力量，中华文明赋予中国式现代化以深厚底蕴。中国式现代化是赓续古老文明的现代化，不是消灭古老文明的现代化；是从中华大地长出来的现代化，不是照搬照抄其他国家的现代化；是文明更新的结果，不是文明断裂的产物。中国式现代化是中华民族的旧邦新命，必将推动中华文明重焕荣光。

"第二个结合"，开启了广阔的理论和实践创新空间，是我们党对马克思主义中国化时代化历史经验的深刻总结；"第二个结合"又是一次思想解放，使我们能够掌握思想和文化主动，在更广阔的思想和文化空间中，充分运用中华优秀传统文化的宝贵资源，探索面向未来的理论和制度创新。"第二个结合"也表明我们党对中国道路、理论、制度的认识达到了新高度，表明我们党的历史主动、文化自信达到了新高度，表明我们党在传承中华优秀传统文化中推进文化创新的自觉性达到了新高度。

马克思主义中国化时代化是"两个结合"持之以恒地发生作用的理论结晶。特别是"第二个结合"所彰显的马克思主义理论同中华优秀传统文化"结合""契合"的显著特色和特征，更是从"文化、思想、道德"的文化形态上，揭示了中国化时代化马克思主义的本质特征和核心要义。"两个结合"是马克思主义中国化时代化的规律性的特征；"第二个结合"中的"结合""契合"的过程和结果，

三 "两个结合"的思想内涵

是构成马克思主义中国化时代化"两个结合"规律性特征的根本基础和内在规定。

习近平总书记在对始终坚守理论创新的魂和根问题阐释时指出:"坚守好这个魂和根,是理论创新的基础和前提,理论创新也是为了更好坚守这个魂和根。坚持是为了更好地发展,发展也是为了更好地坚持。理论创新必须讲新话,但不能丢了老祖宗,数典忘祖就等于割断了魂脉和根脉,最终会犯失去魂脉和根脉的颠覆性错误。"[①] 坚持"两个结合",是对马克思主义中国化时代化基本原则和实现途径的科学概括,也是对马克思主义中国化时代化学理依循和学科要义的深刻凝练。"两个结合"是用马克思主义观察时代、把握时代、引领时代,不断推进当代中国马克思主义、21 世纪马克思主义发展的学理和哲理的遵循。

(原载《学术界》2023 年第 12 期)

[①] 习近平:《开辟马克思主义中国化时代化新境界》,《求是》2023 年第 20 期。

"第二个结合"与中华民族的旧邦新命

臧峰宇[*]

《诗经》有云："周虽旧邦，其命维新"，冯友兰先生将其重述为"旧邦新命"，认为"就现在来说，中国就是旧邦而有新命，新命就是现代化"[①]。中国式现代化是中华民族旧邦新命的实践形态，"新命"体现了具有历史连续性的中华文明的现代重塑，是通过马克思主义基本原理同中国具体实际相结合、同中华优秀传统文化相结合实现的。习近平总书记在文化传承发展座谈会上的重要讲话中指出："'第二个结合'是又一次的思想解放，让我们能够在更广阔的文化空间中，充分运用中华优秀传统文化的宝贵资源，探索面向未来的理论和制度创新。"[②] 以思想和文化主动阐扬同马克思主义基本原理相结合的中华优秀传统文化的永恒魅力和时代风采，探究其何以为中国式现代化提供了丰富的文化滋养，首先要回溯现代化进程中的"古

---

[*] 作者简介：臧峰宇，中国人民大学哲学院教授。
[①] 冯友兰：《三松堂自序》，生活·读书·新知三联书店2021年版，第334页。
[②] 《担负起新的文化使命 努力建设中华民族现代文明》，《人民日报》2023年6月3日。

三 "两个结合"的思想内涵

今中西之争",深思在中国式现代化进程中实现文化综合创新的必要性和可能性。

一 破解现代化进程中的"古今中西之争"

近代中西文化比较在很大程度上体现为一种古今比较,彼时体现农耕文明特征的中国传统文化在面对启蒙以来的西方现代文化时陷入东方从属于西方的境遇。面对"三千年未有之大变局",近代中国思想解放伴随着"古今中西之争",伴随着对文化保守主义和文化激进主义的反思,中西之争实乃主张文化"全盘西化"与坚持文化本位主义之争,在很大程度上体现为古今之争,其间必然表现为传统与现代的冲突。在深切批判专制迷信、反对旧道德与旧文学的浪潮中,倡导科学与民主的新文化运动对"古今中西之争"作出了回答,"德先生"和"赛先生"的意义超出了科学知识或治理原则的范畴,具有使民众摆脱蒙昧的文化价值。其间亦有折中的"中体西用"之谓。学术界逐渐在走出中西差异或古今对立的思维模式中论证中国文化应当展现的现代图景,对中华优秀传统文化如何实现现代转化加以内在反思。

对任何有生命力的文明而言,古今之争都是一个世界性的普遍问题。文化传统的生成总是反映经济社会发展进程,体现为在现代化途中受现实历史影响的文化传承发展过程,体现为一个民族和国家在不同历史阶段延展的文化精神,深层体现为塑造具有世界意义的哲学形态。文化传统具有很强的稳定性,彰显了民族文化的标识,既表现在观念层面,也对日常生活具有现实影响力。

哲学是时代精神的精华与文明的活的灵魂,"古今中西之争"反映在中国近代哲学论争中并促进了近代以来中国哲学的发展。在冯契先生看来,"中国近代的'古今、中西'之争是'中国向何处去'这一时代中心问题在政治思想领域的反映,它制约着哲学的演变。随着社会实践的发展,通过'古今、中西'的相互作用,中国近代哲学论争主要在四个方面展开,即历史观(以及一般发展观)问题,认识论上的知行问题,逻辑和方法论问题,关于人的自由和如何培养理想人格问题"。[①] 近代以来中国哲学在上述方面的发展是中华优秀传统文化创造性转化、创新性发展的深层次反映。

毛泽东的《新民主主义论》"对一百年来困扰着中国人的'中国向何处去'的问题做了一个历史的总结"。他深刻阐明:"我们不但要把一个政治上受压迫、经济上受剥削的中国,变为一个政治上自由和经济上繁荣的中国,而且要把一个被旧文化统治因而愚昧落后的中国,变为一个被新文化统治因而文明先进的中国。"[②] 这种以新文化取代旧文化并使之促进中国经济和政治发展的实践探索,使马克思主义在中国具体化,也使中国革命马克思主义化,使现代中国人以历史自信和文化自信走上中华民族伟大复兴之路,使中国马克思主义哲学在中国革命、建设、改革和新时代伟大变革中获得既一脉相承又与时俱进的发展。百余年来,同马克思主义基本原理相结合的中华优秀传统文化不断实现创造性转化、创新性发展,成为建构中国自主知识体系的基础。习近平总书记指出:"经过长期努力,我们比以往任何一

---

① 冯契:《古今、中西之争与中国近代哲学革命》,《上海社会科学院学术季刊》1985年第1期。

② 《毛泽东选集》第2卷,人民出版社1991年版,第663页。

三 "两个结合"的思想内涵

个时代都更有条件破解'古今中西之争',也比以往任何一个时代都更迫切需要一批熔铸古今、汇通中西的文化成果。"① 今天,中西文化比较在学术层面上更多体现为合作式对话、互镜式学习、共生式融通,在文明交流互鉴中我们更好地理解自我民族文化,在对话与会通中拓展了文化传承发展的空间。这一空间的实践场域是传承发展中华优秀传统文化的中国式现代化,确证了"第二个结合"的现实必要性。

在中国式现代化的实践创造中理解中华优秀传统文化实现现代转化的内在逻辑,就会激活文化传统的生命力,并为之赋予时代内涵,将"古今中西之争"转换为文化古今相通与文明交流互鉴,以交融会通的方式促进文化"涵化"。在费孝通先生看来,"中华文明的结构和机制,在漫长的岁月中,经过一代代先人在实践中不断地探索、积累、完善,已经形成了一套相当成熟的协调模式","充分体现了古人高度的政治智慧和中华民族深厚的文化底蕴"。② 中华优秀传统文化是我们创造新文化的来源之一,是建设中华民族现代文明的起点。我们要以文化自信彰显百余年来在苦难辉煌中汇聚的民族自立自强的精神力量,建设社会主义文化强国。

二 "第二个结合"与中国式现代化的文化根基

马克思主义基本原理同中华优秀传统文化相结合,使马克思主义获得中国文化性格,亦使中华优秀传统文化实现现代转化。"结合"

---

① 杜尚泽:《"中国特色的关键就在于'两个结合'"》,《人民日报》2023年6月5日。
② 费孝通:《孔林片思:论文化自觉》,生活·读书·新知三联书店2021年版,第211页。

的前提是，这两种来源不同的观念体系存在高度的契合性。正是彼此相互契合的两种来源不同的观念体系在中国式现代化的实践探索中产生了"化学反应"，在有机结合中产生了一种新文化，拓展了中国特色社会主义道路的文化根基。

首先，中华优秀传统文化崇尚践履和躬行，与马克思主义实践的思维方式颇为契合。在章太炎看来，"国民常性，所察在政事日用，所务在工商耕稼。志尽于有生，语绝于无验"[①]。马克思指出："真理的彼岸世界消逝以后，历史的任务就是确立此岸世界的真理。"[②] 哲学研究的目的不仅在于解析现实生活，更在于解决时代问题，思想的直接现实性在马克思主义哲学中国化进程中得到高度强调。可以说，重视知行合一与实践的思维方式是马克思主义与中华优秀传统文化的重要交汇点。

其次，马克思主义哲学强调人的社会性规定，与中华优秀传统文化强调人的现实超越性内在契合。中国古代思想家在探究人性善恶之初始规定的同时，重视后天习得中的"日生则日成"，正是实践中的求索使"性相近"的个体"习相远"，弘毅者以良知良能成己成物。马克思强调作为总体的人占有自己全面的本质，强调人的本质的现实性根本上是在实践中塑造的。在现实的关系域中理解人与其所处的社会环境，思考人的发展与环境的改变的一致性，是马克思主义与中华优秀传统文化关于人性及其实践生成的共有观念。

再次，中华优秀传统文化中的辩证法强调万事万物的变化与矛盾双

---

① 《章太炎全集》第4卷，上海人民出版社1985年版，第195页。
② 《马克思恩格斯选集》第1卷，人民出版社2012年版，第11页。

三 "两个结合"的思想内涵

方的相反相成,与马克思主义辩证法有内在契合之处。儒家主张"生生之谓易","一阴一阳之谓道",揭示了变与不变的辩证法。马克思强调辩证法揭示的乃是内在的自我否定性,是一种生命原则和存在方式,其作为思维方法的特质是批判的、革命的。以唯物辩证法重释道立于两、和合共生、物极必反的时代内涵,反映了中国马克思主义哲学的辩证特质与实践内涵,呈现了马克思主义辩证法的中国语境。

最后,儒家孜孜以求的"大同"社会与马克思展望的未来理想社会内在契合,可谓大道相通。在马克思看来,未来理想社会是一种"真正的共同体",其中每个人的自由发展是一切人自由发展的条件。大道之行、天下为公的社会素来为中国古代先贤所向往,被描述为讲信修睦的"太平世"。可以说,"儒家的'大同'理想,构成社会主义思潮在中国传播的深厚而适宜的文化土壤。作为马克思学说的共产主义,其社会理想同中国古代儒家的理想社会之间具有某种兼容的性质"[①]。中国先进知识分子在接受马克思主义时有一种文化的"前见",实则追求理想社会层面的文化认同,深刻展现了马克思主义中国化的价值目的。

马克思主义基本原理同中华优秀传统文化相契合是其结合的前提,在结合中形成的新文化是有机统一的生命体,这个有机统一的生命体是在实践中生成的。作为一个为实践所确证的历史事实,"第二个结合"在改变中华民族历史命运的过程中巩固了文化主体性。正是因为重视中国历史和文化遗产,重视中华优秀传统文化对中国社会

[①] 何中华:《马克思与孔夫子:一个历史的相遇》,中国人民大学出版社2021年版,第271页。

结构、社会心理和人们价值观念的深刻影响，同中国具体实际相结合的马克思主义在思想和情感上为人们所接受，具有中国风格和中国气派，也使中华优秀传统文化实现现代转化。百余年来，我们党在以历史唯物主义态度承继这份珍贵遗产的过程中，实现了马克思主义基本原理同中华优秀传统文化在解决问题的实践探索中深度结合，使中国特色社会主义道路有了更宏阔深远的历史纵深，并有力作用于中国特色社会主义理论和中国特色社会主义制度，使中华文明获得现代力量，亦使中国式现代化具有中华文明的深厚底蕴。

在中国式现代化进程中，我们的道路选择、理论创新和制度建构体现了文化引领。中国特色社会主义文化来自源远流长的中华优秀传统文化，是从我们党领导人民在革命、建设、改革中创造的革命文化和社会主义先进文化中熔铸而来的，体现了"第二个结合"的理论特质。正如习近平总书记指出的："'第二个结合'，是我们党对马克思主义中国化时代化历史经验的深刻总结，是对中华文明发展规律的深刻把握，表明我们党对中国道路、理论、制度的认识达到了新高度，表明我们党的历史自信、文化自信达到了新高度，表明我们党在传承中华优秀传统文化中推进文化创新的自觉性达到了新高度。"[①] 我们党以马克思主义为指导，在传承发展中华优秀传统文化的过程中选择发展道路，推动实践基础上的理论创新，用经过创造性转化和创新性发展的中华传统美德涵养现代人的情操，实现国家治理体系和治理能力现代化，建构中国特色社会主义制度文明，筑牢了中国式现代化的文化根基。

---

① 《担负起新的文化使命 努力建设中华民族现代文明》，《人民日报》2023年6月3日。

三　旧邦新命：努力建设中华民族现代文明

今日之中国是具有五千多年文明史的古老中国的当代存在，中国特色社会主义文明是在马克思主义中国化进程中形成的五千多年未有之制度文明。在新时代新征程上，传承中华文化"阐旧邦以辅新命"的传统，回应世界对中国文化发展的期待，努力建设中华民族现代文明，不仅要秉持时代精神，补充、拓展和完善中华优秀传统文化的内涵，增强其影响力和感召力，而且要不断推进马克思主义中国化时代化，在实践中更新中华优秀传统文化既有的表现形式并激活其生命力。为经济和政治所决定的文化之所以具有悠远绵长的力量，乃是因其对经济和政治的反作用既具有直接现实性，又在一定程度上超越时空限制，从而发挥持久的作用。中华优秀传统文化创造性转化、创新性发展取决于时代条件和实践需要。传承发展中华优秀传统文化，不是固守传统，而是深刻理解现代中国文化发展过程、特质和发展趋势，实际发挥作用于中国式现代化的实践创造，努力建设中华民族现代文明。为此，要以历史连续性理解古代中国、现代中国和未来中国，认识到中华文明的突出特性是中华优秀传统文化很多重要元素共同塑造的。中华民族现代文明是五千多年中华文明史的当代延续，从中华大地上生长出来的中国式现代化赓续古老文明，基于中国国情和传统文化进行实践探索，体现了中华文明的返本开新。只有走向历史的深处，才能看到更远的未来。历史上任何经济社会发展水平落后的民族都不可能仅凭借其优秀传统文化维系民族独立和文明进步，古希腊罗马时期北非、西亚遭到入侵而分裂是如此，拥有五千多年文明史的中国在鸦片战争后一度沦为半殖民地半封建社会也是如此。同马克思主义基本原理相结合的中华优秀传统文化只有在实践中转化为中国特色社会主义文明，才能产生现实的物质力量。正是一经诞生就把为中国人民谋幸福、为中华民族谋复兴确立为初心使命的中国共产党，团结带领人民在百余年实践探索中深刻改变了中华民族的前途和命运，实现了物质文明、政治文明、精神文明、生态文明和社会文明的持续发展，使中华优秀传统文化浴火重生，使中华文明绽放时代光彩。努力建设中华民族现代文明，要以新的思想解放进一步巩固中华文化主体性，不断夯实马克思主义中国化的历史根基和文化根基。中华文明源远流长、欣欣向荣，塑造了中国人独特的精神世界和日用而不觉的价值观，形成了与世界各民族文明交流互鉴的中华民族共同体。以历史思维方式探究百余年来中华民族在经济社会发展进程中形成的社会心理、文化取向和价值追求，要深刻理解中华文明兼容并包、再生再造的精神特质，充分汲取中华优秀传统文化中正心诚意、修齐治平等立德化民和治国理政之道，把握其深远历史意义及对促进中国式现代化的启示。

作为中华文化和中国精神的时代精华，习近平新时代中国特色社会主义思想是马克思主义基本原理同中国具体实际和中华优秀传统文化相结合所巩固的文化主体性的最有力体现。党的十八大以来，习近平总书记强调文化自信"是更基础、更广泛、更深厚的自信，是更基本、更深沉、更持久的力量"[①]。作为改革开放以来我们取得一切成绩和进步的根本原因之一，中国特色社会主义文化与中国特色社会主义道路、中国特色社会主义理论体系和中国特色社会主义制度共

[①] 《习近平谈治国理政》第二卷，外文出版社2017年版，第349页。

三 "两个结合"的思想内涵

同构成了中国特色社会主义的基本结构,具有重要的理论内涵和现实价值。今天,同马克思主义基本原理相结合并经过创造性转化与创新性发展的中华优秀传统文化成为现代中国人思维方式、价值观念和生活方式的构成要素,打开了更为广阔的创新发展空间。"马克思主义中国化时代化这个重大命题本身就决定,我们决不能抛弃马克思主义这个魂脉,决不能抛弃中华优秀传统文化这个根脉。坚守好这个魂和根,是理论创新的基础和前提。"[①] 实现理论创新和文化认同,要坚守魂脉和根脉,以符合时代精神的思维方式和价值观念追求美好生活,谱写中华文化发展的崭新华章。

概言之,"第二个结合"是实现中华民族旧邦新命的文化根据,是中国特色社会主义生机勃勃、充满活力的关键所在。作为又一次的思想解放,"第二个结合"开启了广阔的理论和实践创新空间,有力破解了现代化进程中的"古今中西之争",筑牢了中国式现代化的文化根基。推动物质文明和精神文明协调发展的中国式现代化行稳致远,使之促进中华文明的现代重塑,在中华民族实现伟大复兴途中创造人类文明新形态,推动构建人类命运共同体,具有深远的文明史意义。在新的历史起点上,我们要以新的文化使命与守正创新的正气和锐气,巩固和壮大中华民族共同体,实现中华民族的旧邦新命,努力建设中华民族现代文明。

(原载《中国社会科学》2023 年第 8 期)

[①]《不断深化对党的理论创新的规律性认识 在新时代新征程上取得更为丰硕的理论创新成果》,《人民日报》2023 年 7 月 2 日。

文化主体性的哲学审视

邹广文[*]

文化是社会进步之魂。作为一个民族内在生命的根本维系，文化主体性呈现出文化意义上的坚定自我，是民族精神得以挺立的思想标识，是人类文明延续发展的不竭动力。在文化传承发展座谈会上，习近平总书记强调"任何文化要立得住、行得远，要有引领力、凝聚力、塑造力、辐射力，就必须有自己的主体性"，为我们在新时代坚定文化自信、建设中华民族现代文明提供了根本遵循，指明了前进方向。回望来时路，中华民族的文化主体性在与世界文明的交流交往中得到建构和形塑，在守正创新的过程中不断巩固和完善。站在新的起点上，需要担负起新的文化使命，以贯穿过去、当下与未来的能动意识，实现传统与现代、民族与世界的交融汇通，在提升文化自觉、增强文化自信的基础上走向文化自强，真正挺立起中华民族的"文化自我"。

---

[*] 作者简介：邹广文，北京市习近平新时代中国特色社会主义思想研究中心特约研究员，清华大学马克思主义学院教授。

三 "两个结合"的思想内涵

主体性的文化哲学叙事

主体性原则作为现代哲学的基本精神，是解读人类发展史的一把钥匙。"主体"作为一种关系范畴，在与"客体"的对象性关系中彰显出自身的能动性和自主性，是认识和改造对象世界的出发点和落脚点。从文化哲学的视角来看，主体性哲学的发展经历了从理性高扬到理性迷失再到理性重塑的曲折演进历程，理性可谓近代以来人类文化的最强音。人作为文化的存在，其主体性表征人的文化生命，即文化主体性。对理性的深刻反思与对文化主体性的重构内在勾连、一体两面，标定了现当代哲学发展的理论主题和基本走向。

西方自17世纪以来，随着社会生产力的发展，人们逐渐从宗教神学的蒙昧中觉醒过来，理性作为一种"光明的力量"，成为确证自身主体性的重要基石。无论是笛卡尔提出的"我思故我在"原则，将对真理的判断置于主体的"内在性"思维之中，还是康德发动的"哥白尼式革命"，让对象符合主体固有的认知形式，强调人为自然立法、理性为自身立法，都力图揭示和证明主体之为主体的理性—自由本质。无论在认识层面，还是在实践层面，由于理性的日臻成熟，人作为主体的至高无上地位得以确立。人们开始自由、独立地运用自身的思想、创造力和行动，去破解和把握自然界与社会生活的发展规律，按照自身的意志创造属于自己的世界，"理性至上、人性至善"由此成为不可撼动的价值理念。

理性在获得最高权威的同时，逐渐开始走向它的反面。资产阶级登上历史舞台后，科技发展突飞猛进，完成了对世界的"祛魅"，技术世界与人文生活呈现出日益分裂的态势。理性的片面发展导致现代性的内在背反,价值理性逐步萎缩和边缘化,有用性和功利性成为生活世界的唯一标准。整个社会洋溢着无往不胜的征服欲望,人们渐渐远离了诗意栖居的精神家园,最终陷入生存与文化的双重危机中。从尼采的"上帝之死"到福柯的"人之死",从胡塞尔的"交互主体性"到哈贝马斯的"商谈伦理",主体的命运由凯旋走向黄昏,以检讨反思"唯我论"倾向为核心的哲学思潮纷纷出场,主张将人从工具理性的牢笼中解放出来,实现对征服性、功利主义的主体性的纠偏,探索建构自我与世界、自我与他者之间的理想关系样态。

当今时代呼吁主体性哲学与文化的会通,呼唤文化主体性的回归。如果说文化实践划定了"人性的圆周",那么文化主体性则是人之文化生命的主体呈现。作为一种二重性的存在,人是灵与肉的复合体,在遵循自然生命必然性法则的同时,也有着广阔的精神世界和无限的心理时空,能够超越自身的有限性和功利目的,以"至善"为终极价值诉求展开文化实践。可见,文化作为人的内在生命和精神追求,是沟通自然与自由的桥梁。我们常说"文以载道""以文化人",表明只有经过文化主体性的洗礼,在人与世界共生共在的原初性关联中,不断开掘理性的价值维度和交互向度,才能使理性的发展关切人的尊严和命运,赋予人的发展以恒常的意义与价值。因此,从人作为文化主体的本质属性出发,需要将人性的完善、社会的进步与文化的繁荣纳入主体性哲学的视域中,弘扬科学主义和人本主义内在统一的文化精神,真正化解近代以来的理性危机,走出现代性的生存困境,重建社会生活的人文关怀。

三 "两个结合"的思想内涵

中华文化的主体性呈现

文化主体性凸显出一个民族对其自身文化的自觉意识和自信程度。自鸦片战争以来，中华民族走过了从"天朝大国"的傲慢自负，到丧权辱国、任人宰割的文化自卑，再到逐渐回归自信、重新挺起文化脊梁的曲折过程，经历了从"俯视""仰视"再到"平视"世界的复杂心路历程。从中可以看到，没有文化主体性，不仅国家和民族的发展会迷失方向，沦为强势文明的附庸，个体亦会陷入身份认同的迷茫，成为无根的浮萍。因此，文化主体性是当代中国文化建设的一个重大命题，对于我们自觉地肩负起推动中华文化繁荣兴盛的历史重任，具有基础性和前提性的意义。

中华民族的文化主体性植根于对自身文化传统和价值的自觉自信。作为世界上唯一绵延不断且以国家形态发展至今的伟大文明，中华文明彰显出巨大的凝聚力和向心力，以连续性、创新性、统一性、包容性、和平性作为主旋律，构成多元一体的文化主体性的历史存在场域，形成了区别于其他文明的独特禀赋和突出优势。中华优秀传统文化是中华民族安身立命的精神根脉，经过长期历史积淀孕育而成的中华文化精神，潜移默化地影响着人们的社会生活实践，成为支撑我们国家和民族蓬勃向上、持续发展的内在动力。仁者爱人、贵和持中、刚柔相济、和而不同的多重文化精神，作为中华民族的内在思想源泉，塑造了国民的精神气质和文化风貌，构筑起中华民族共有的精神家园，对于中华文化生命体而言起到了重要的凝聚和引领作用。

中华民族的文化主体性形塑于经济全球化的时代背景和现实语

境。19 世纪 40 年代，中国的国门在列强的坚船利炮下被迫打开，在多元文化的交锋中，许多仁人志士第一次"睁眼看世界"，重新审视千百年来的文化传统，探寻化解"古今中西之争"的文化方案。文化主体是一种对象性的存在，没有不同文化之间的互动和对话，就难以达成真正的文化自觉与文化自信。当今人类已经进入普遍交往的经济全球化时代，共时性的社会结构已然形成，各种文化形态由封闭隔绝的离散时空转向"你中有我、我中有你"的同步时空。随着中国大踏步走向世界舞台中央，中华民族以独立的文化主体姿态在世界文化激荡中站稳脚跟，这就需要我们摒弃二元对立、非此即彼的"中心主义"范式，在与"他者"文化的交流交往中取长补短、携手共进。

中华民族的文化主体性生成于面向未来的创新动力和超越意识。《诗经》有言："周虽旧邦，其命维新。"《大学》开篇就阐述了"新民"的思想，又有"苟日新，日日新，又日新"之说。正是这种流淌于民族血液中的创新性文化基因，使得中华文明随时代大潮而动，将外部挑战转化为发展机遇，通过不断的自我更新焕发生机与活力，从容自信地走向未来。纵观中华民族迎来了从站起来、富起来到强起来的伟大飞跃的探索历史，马克思主义以真理之光激活了中华优秀传统文化中富有生命力的因子，点燃了人类前行的思想火炬，推动着中华文明的生命更新和文化主体性的现代生成。中国 40 多年来的改革开放历程不仅为唤醒文化的主体自觉奠定了坚实的物质基础，更激发起整个民族"面向现代化、面向世界、面向未来"的创新精神和变革意识。

中国式现代化道路的开辟，从某种意义上讲，就是从自身的优秀文化传统出发，以世界其他文明的发展历程为价值参考，以海纳百川

三 "两个结合"的思想内涵

的宽广胸襟主动拥抱现代文明，进而实现人类文明形态整体性跃升的过程。如果说"中国式"彰显出民族性的鲜明特征，"现代化"则宏阔了时代性的格局视野。构建和培育民族文化主体性，既要尊重历史传统，保持文化定力，又要葆有时代关切，拓展世界眼光，在融汇古今中西的基础上实现综合创新，发展出中华文明的现代形态。

建设中华民族现代文明的文化使命

习近平总书记明确提出了我们在新时代所应担负的新的文化使命，那就是"在新的起点上继续推动文化繁荣、建设文化强国、建设中华民族现代文明"。"建设中华民族现代文明"蕴含着实现中华民族伟大复兴的价值诉求和美好愿景，这可以说是对新时代新的文化使命最核心、最凝练的表达。在五千余年的历史长河中，中华文明生生不息、薪火相传，呈现出自我发展、回应挑战、开创新局的旺盛生命力。面向未来，我们应不断巩固文化主体性，培塑文化的民族性自觉与世界性观照，振奋起全面推进中国式现代化建设的"精气神"，筑牢中华民族屹立于世界民族之林的文化根基。

首先，要以守正创新的正气和锐气赓续文化血脉，实现传统与现代的有机衔接。历史是一种绵延性的文化生命，在接续传承中追求日新万变，在日新万变中保持赓续延绵。"第二个结合"让中国特色社会主义道路有了更加宏阔的历史纵深、更加厚重的文化底蕴，使两种彼此高度契合的文化存在样态相互成就、融通创新。经由"结合"而形成的文化新形态作为一种有机生命体，自觉坚守马克思主义这个魂脉和中华优秀传统文化这个根脉，从而熔铸成全面建设社会主义现代化国家的磅礴精神力量，使中华民族的文化主体性得以巩固并获得新的生机。在当代中国的文化实践中，要有效把马克思主义思想精髓同中华优秀传统文化精华贯通起来，深入挖掘和提炼中华文化的智慧结晶和思想精华，积极推动中华优秀传统文化与时代精神相适应、与现代文化相融合，在马克思主义的指导下继往开来、推陈出新，不断增强中华文明的凝聚力和感召力。

其次，要以开放包容的心态培育文化主体性的全球视野，达至"美美与共"的共生境界。中华文明具有包容性、和平性的突出特性，从根本上决定了中华文化与其他文化共生并进的历史走向，决定了中华文明对其他文明"兼容并包，求同存异"的开放胸怀。在经济全球化的浪潮中，文化"请进来"与"走出去"如同一枚硬币的两面，相辅相成，相得益彰。封闭保守的狭隘立场只会扼杀文化的多样性，抑制文明的创新性，从而削弱一个国家在世界格局中的话语权。只有积极参与到世界文明的交流互鉴中，学习借鉴人类创造的一切优秀文明成果，人类文明才能获得发展活力，中华民族的文化自信方能彰显出世界意义。因此，我们需要不断提升中华文明对现代性文明的自主适应能力，将我们自身优秀的文化传统转化为民族性和世界性的文化共识，使中国在国际上的文化影响力与中国式现代化的发展成就相匹配。

最后，要将文化自信融入中华民族的精神品格中，以高度的人文关怀提升全民族文化素养。中国式现代化追求物质文明和精神文明相协调，以人的现代化为根基与灵魂，将呵护和培育人的文化生命作为目的性指向。文化主体性既蕴含社会进步与文明转型的客观维度，更体现在个体生命意识自我更新和完善的主观层面。恩格斯曾指出：

三 "两个结合"的思想内涵

"文明是实践的事情,是社会的素质。"在建设中华民族现代文明的新征程上,我们既要着眼于人类社会的前途和命运,同时也要关注个体的生存境遇和多样化需求,使每个人以健全的人类自我意识参与到伟大的文化实践中,形成昂扬向上的文化风貌,涵养理性平和的文化心态,彰显开放从容的文化气度,在敞开与对话中,充实自身的文化生命,宏阔自身的文化境界,从而不断增强实现中华民族伟大复兴的精神力量。

总之,一切国家和民族的崛起和昌盛,离不开文化的繁荣与文明的进步。拥有文化自信的民族,才能立得住、站得稳、行得远;守住自身文化血脉的文明,才能实现旧邦新命,在赓续创新中重焕荣光。立足华夏五千多年的文明史和人类广阔的文化空间,要真正实现精神上的独立自主,就必须掌握思想和文化主动,秉承守正不守旧、尊古不复古的进取精神,锻造不惧挑战、勇于创新的无畏品格,不断增强中华民族的主体性自觉,从而以坚定的文化自信承担起新的文化使命,面向未来开辟建设中华民族现代文明的崭新境界。

(原载《光明日报》2024年1月8日)

巩固文化主体性应处理好的几个关系

侯衍社[*]

任何文化要立得住、行得远,要有引领力、凝聚力、塑造力、辐射力,就必须有自己的主体性。新时代中国的文化主体性,就是党领导人民在文化活动中体现出来的主动性、能动性、创造性,集中体现为对中华优秀传统文化、革命文化和社会主义先进文化的认同、自觉和自信。习近平总书记指出:"经过长期努力,我们比以往任何一个时代都更有条件破解'古今中西之争',也比以往任何一个时代都更迫切需要一批熔铸古今、汇通中西的文化成果。我们必须坚持马克思主义中国化时代化,传承发展中华优秀传统文化,促进外来文化本土化,不断培育和创造新时代中国特色社会主义文化。"这一精辟论述,为我们进一步巩固文化主体性提供了根本遵循。新时代巩固文化主体性,应重点处理好以下几个重要关系。

---

[*] 作者简介:侯衍社,中国人民大学马克思主义学院教授、当代政党研究平台研究员。

三 "两个结合"的思想内涵

从根本路径看，处理好魂脉与根脉的关系

习近平总书记从大历史观出发，创造性地提出了"两个结合"的重要论断，科学阐明了马克思主义同中华优秀传统文化相结合的可能性、现实性和极端重要性，精辟阐述了马克思主义这个魂脉和中华优秀传统文化这个根脉的内在关系，强调"马克思主义中国化时代化这个重大命题本身就决定，我们决不能抛弃马克思主义这个魂脉，决不能抛弃中华优秀传统文化这个根脉。坚守好这个魂和根，是理论创新的基础和前提，理论创新也是为了更好坚守这个魂和根"。这一重要论述，阐明了正确处理魂脉和根脉关系的基本原则，指明了新时代巩固文化主体性的根本路径。

马克思主义是我们立党立国的根本指导思想，也是我们进一步巩固文化主体性的指导思想。"自从中国人学会了马克思列宁主义以后，中国人在精神上就由被动转入主动"，独立自主地创造自己文化、自己文明的现代历史。中华优秀传统文化博大精深，蕴含十分宝贵的文化元素，同科学社会主义价值观主张具有高度契合性，因而能够在同马克思主义有机结合的过程中互相渗透、互相成就，不断促进文化主体性的持续建构和提升，为中华民族迎来从站起来、富起来到强起来的伟大飞跃提供强大智力支持和精神力量。

马克思主义这个魂脉在同中华优秀传统文化这个根脉不断结合的长期过程中，造就了一个有机统一的新的文化生命体。一方面，马克思主义以真理之光激活了中华文明的基因，推动了中华文化的生命更新和现代转型。另一方面，中华优秀传统文化充实了马克思主义的文

化生命，推动马克思主义日益显示出鲜明的中国化、民族化的风格气派。魂脉与根脉的有机结合，巩固了文化主体性，创立习近平新时代中国特色社会主义思想就是这一文化主体性的最有力体现。有了这一文化主体性，中华民族就有了坚实的文化基础、鲜明的文化特性和引领时代的强大文化力量。

从主体维度看，处理好党的领导与人民主体的关系

习近平总书记指出："马克思主义中国化时代化成果，都是党和人民实践经验和集体智慧的结晶。"中国共产党是推动马克思主义中国化时代化、建设中华民族新文化的领导力量，广大人民群众在文化建设中发挥着主体作用。巩固文化主体性，必须坚持党的领导与人民主体相统一，处理好文化建设的领导力量和主体力量的关系。

坚持党的领导是巩固文化主体性的根本保障。中国共产党既是马克思主义的坚定信仰者和践行者，又是中华优秀传统文化的忠实继承者和弘扬者。作为最高政治领导力量，党在文化主体性建构中要牢牢掌握领导权，立足时代发展前沿，准确认识和把握文化发展的规律和趋势，将自身的文化自觉转化为人民群众广泛的文化自信，充分调动广大人民群众在文化创新创造中的主体作用，在中国式现代化实践中形成文化自觉和实践主动的双向促进机制。

发挥人民群众主体作用是巩固文化主体性的重要路径。习近平总书记强调："要把满足人民精神文化需求作为文艺和文艺工作的出发点和落脚点，把人民作为文艺表现的主体，把人民作为文艺审美的鉴

三 "两个结合"的思想内涵

赏家和评判者,把为人民服务作为文艺工作者的天职。"人民群众是文化建设的实践主体,也是文化成果的享有者和评判者。文化的创新发展,是随着人民群众的物质生产实践活动而展开的;群众的历史主动性,是推动文化建设、巩固文化主体性的内生动力。

新时代进一步巩固文化主体性,必须旗帜鲜明地坚持党对文化工作的领导权,充分发挥人民群众的首创精神,让一切创造先进文化的动力因素充分激发,让一切创造优势文化产品的源泉充分涌流,在大力推进中国特色社会主义文化建设中持续提升文化领导力量和实践主体力量的自主性、能动性和创造性。

从时间维度看,处理好传统文化与现代文化的关系

长期以来,在对待中国传统文化问题上存在着两种错误倾向:一种是文化保守主义倾向,对中国传统文化全盘肯定,从而走向形形色色的"文化复古主义";一种是文化虚无主义倾向,对中国传统文化全盘否定,从而走向各种形式的"全盘西化论"。我们党主张历史地、辩证地对待中国传统文化,提出了"古为今用""辩证取舍""推陈出新"等科学解答"古今之争"的思路和原则。习近平总书记指出:"'第二个结合'是又一次的思想解放,让我们能够在更广阔的文化空间中,充分运用中华优秀传统文化的宝贵资源,探索面向未来的理论和制度创新。""第二个结合"的伟大意义之一,就在于把我们对中华文化、中华文明的思想认识,从传统文化与现代文化对立的错误和教条式的理解中解放出来,带来我们党和民族关于中华文明

新的伟大觉醒。

只有立足波澜壮阔的中华五千多年文明史，才能真正理解中国道路的历史必然、文化内涵与独特优势。习近平总书记提出："如果没有中华五千年文明，哪里有什么中国特色？如果不是中国特色，哪有我们今天这么成功的中国特色社会主义道路？我们要特别重视挖掘中华五千年文明中的精华，把弘扬优秀传统文化同马克思主义立场观点方法结合起来，坚定不移走中国特色社会主义道路。"中华优秀传统文化源远流长、博大精深，塑造出中华文明的连续性、创新性、统一性、包容性、和平性等突出特性，具有不可替代的重要价值。故步自封、陈陈相因谈不上传承，割断血脉、凭空虚造不能算创新。在新时代巩固中国文化主体性，就要以中国式现代化为指向，以"两个结合"为遵循，不断推动中华优秀传统文化创造性转化和创新性发展，引导其积极主动适应中国式现代化的实践需要，以其中国特色、中国风格和中国气派彰显文化主体性。

从空间维度看，处理好中国文化与世界文化的关系

习近平总书记指出："中华文明的博大气象，就得益于中华文化自古以来开放的姿态、包容的胸怀。秉持开放包容，就是要更加积极主动地学习借鉴人类创造的一切优秀文明成果。"这一重要论述启示我们，处理好本来与外来的关系，实现中国文化与世界文化的良性互动，是在中华民族伟大复兴战略全局和世界百年未有之大变局相互激荡的时代背景下，巩固文化主体性的重要路径。

三 "两个结合"的思想内涵

中华文明本来就是在同其他文明不断交流互鉴中形成的开放体系。从历史上的佛教东传、"伊儒会通",到近代以来马克思主义和社会主义思想传入中国,中国文化主体性在兼收并蓄中建构和挺立。习近平总书记指出:"强调民族性并不是要排斥其他国家的学术研究成果,而是要在比较、对照、批判、吸收、升华的基础上,使民族性更加符合当代中国和当今世界的发展要求,越是民族的越是世界的。"我们要充分吸收世界各国文化的有益成分,转化为我们文化的有机组成部分,不断发展壮大文化自主性、能动性、适应性和创造性。

"解决好民族性问题,就有更强能力去解决世界性问题;把中国实践总结好,就有更强能力为解决世界性问题提供思路和办法。"在积极汲取人类文明一切有益成果的同时,还要注重发挥中华文化的国际影响力引领力。为此,应注重从中国道路、中国经验、中国智慧和中国方案中提炼升华出具有普遍意义的处理人类社会共同文化难题的思维方式、价值理念、精神品格和知识体系,为弘扬全人类共同价值、积极推动构建人类命运共同体作出应有贡献。

从方法论维度看,处理好守正与创新的关系

我们党在长期文化实践中逐步形成了守正创新的方法论。习近平总书记强调,"对文化建设来说,守正才能不迷失自我、不迷失方向,创新才能把握时代、引领时代"。这一重要论述,为我们在错综复杂的国内外形势下不断强化文化主体性、不断增强文化自信指明了方向。

巩固文化主体性必须坚守中国文化的主体地位和正确方向。一是坚持马克思主义在意识形态领域指导地位的根本制度，坚持以习近平新时代中国特色社会主义思想为指引，坚守真理道义制高点，保持文化的科学性和人民性。二是坚持"两个结合"的根本要求，把马克思主义基本原理同中国具体实际相结合、同中华优秀传统文化相结合，不断筑牢道路根基，建设中华民族现代文明。三是坚持党的文化领导权，坚持党在文化主体性建构中的领导地位，确保文化建设正确方向。

巩固文化主体性就要通过综合创新不断丰富文化的新内容、新形式、新话语。创新，创的是新思路、新话语、新机制、新形式，要在马克思主义指导下真正做到古为今用、洋为中用、辩证取舍、推陈出新，实现传统与现代的有机衔接。新征程上，我们要不断推进马克思主义中国化时代化，不断推动中华优秀传统文化创造性转化和创新性发展取得新成效；在培育和践行社会主义核心价值观的系统工程中进一步夯实国家、社会和公民的价值观基础；在持续推动公民思想道德建设的社会工程中不断增强人民的精神力量；在发展壮大文化事业和文化产业中进一步满足人民日益增长的精神文化需要；在与世界各国文化交流互鉴中不断提升中华文化的国际影响力传播力。总之，要以守正创新的正气和锐气，巩固文化主体性，在赓续历史文脉、谱写当代华章的伟大进程中，创造属于我们这个时代的新文化，建设中华民族现代文明。

（原载《光明日报》2024年2月9日）

新的文化生命体及其重大意义

韩庆祥[*]

  从中国共产党的百年奋斗历程可以看出，马克思主义基本原理同中国具体实际相结合，有一个不断演进的历史过程，在不同历史时期具有不同内涵。中国特色社会主义进入新时代，追求强国建设、民族复兴，追求和平发展、合作共赢，丰富人民精神世界、增强人民精神力量，内在地要求充分彰显中华优秀传统文化的时代价值和世界意义，也内在地要求拓展出"第二个结合"，即把马克思主义基本原理同中华优秀传统文化相结合。"第二个结合"旨在将中华优秀传统文化从片面的、肤浅的、僵化的理解中解放出来，从西方中心论的思想禁锢中解放出来，促进根和魂的结合，确立新的文化观和文明观，造就一个有机统一的新的文化生命体。新的文化生命体的基石，是中国式现代化的文化形态和中华民族现代文明。这对于巩固我们的文化主体性和破解西方中心论，具有重要学理价值和现实意义。

---

  [*] 作者简介：韩庆祥，中共中央党校（国家行政学院）哲学教研部教授。

逻辑起点：新时代的"中国具体实际"把中华优秀传统文化的时代价值彰显出来

在新民主主义革命时期，"中国具体实际"的内涵，从破的角度来讲是推翻"三座大山"，从立的角度来讲是为实现民族独立和人民解放确定一条正确的道路。此时期的中国具体实际使"革命话语"占主导，革命话语需要彰显的就是关于阶级斗争和无产阶级革命的学说，这就把马克思主义的历史意义和时代价值彰显出来了。毛泽东曾经说过，他那时读得较多的，是关于阶级斗争及《共产党宣言》方面的书。

在社会主义革命和建设时期，"中国具体实际"的内涵发生了变化。一是 1953 年提出并进行的社会主义改造，主要在经济领域去除资本主义因素，增强社会主义因素；二是 1956 年正式确立社会主义基本制度后，集中探寻农民人口占多数的落后中国建设社会主义的道路。从这个角度看，这个历史时期无论是革命还是建设，主导话语都是"社会主义"，于是，马克思主义关于社会主义和共产主义的学说被着重强调，并未充分且鲜明地凸显中华优秀传统文化的历史意义和时代价值。

在改革开放和社会主义现代化建设新时期，"中国具体实际"之内涵，一是要大力推进社会主义现代化建设；二是要解放和发展社会生产力，使中华民族、中国人民富起来。其中，"社会主义现代化话语""解放和发展生产力的话语"占主导。这就内在要求彰显马克思恩格斯著述中关于现代化方面的思想资源和唯物史观关于生产力方面

三 "两个结合"的思想内涵

的思想资源，甚至对西方现代化的理论也予以强调。就是说，这一历史时期主要突出的仍是马克思主义。

可以说，这三个历史时期主要将马克思主义的时代价值充分且鲜明地彰显出来，与这三个历史时期中国具体实际的内涵有直接关系。当然，我们不能由此得出结论说，这三个历史时期不注重中华优秀传统文化。

中国特色社会主义进入新时代，"中国具体实际"的内涵发生了很大变化：一是就国内而言，注重推进强国建设，民族复兴；二是就世界而言，积极推动和平发展，合作共赢；三是介于二者之间的丰富人民精神世界、增强人民精神力量。改革开放以来，中国物质文明建设的成果相对丰富，尽管精神文明建设也取得一些重要成果，但是也存在物欲横流、精神懈怠等问题。新时代的中国具体实际，必然要求把中华优秀传统文化及其时代价值和世界意义从"中国具体实际"中相对独立并彰显出来。

文化关乎国本、关乎国运。文化强则国家强，文化兴则民族兴。文化力量是最持久的、最基础的、最广泛的、最深层的力量。强国建设、民族复兴，内在要求充分且鲜明彰显中华优秀传统文化的时代价值。积极推进和平发展、合作共赢，中华优秀传统文化强调和而不同、协和万邦、兼济天下、世界大同，因而具有丰富的相关思想资源，用费孝通的话来讲，它强调各美其美，美美与共，这有助于支撑和平发展、合作共赢。丰富人民精神世界、增强人民精神力量，其实质就是要构建新时代中国人内在精神世界的秩序，而中华优秀传统文化中所强调的"仁义礼智信、温良恭俭让""修身齐家治国平天下"等，可以为重构中国人精神世界的秩序提供大量思想资源。

这就回答了为什么我们以前没有明确提出"第二个结合",而"现在"明确提出了"第二个结合",也回答了为什么以前比较凸显且现在依然彰显马克思主义的历史意义和时代价值,而对中华优秀传统文化相对关切不够的深层问题。所以,充分且鲜明彰显中华优秀传统文化的时代价值和世界意义,从"第一个结合"中拓展出"第二个结合",既具有历史必然性,也符合时代发展要求。

"第二个结合":从百年奋斗历程理解"又一次"的思想解放

关于这个问题,我在相关文章中做过阐述,这里再进一步展开。前面所讲的"现在"是历史性概念,需要从历史逻辑来理解,这里的"又一次"也是历史性概念,也需要从历史维度来把握,需要运用历史思维,沿着历史逻辑,从中国共产党百年奋斗历程中来理解和把握。

解放思想的实质,是打破思想僵化和思想禁锢。在中国共产党奋斗历程中,"小"的思想解放有无数次,相对所谓较"大"的思想解放有多次。

一次思想解放,主要发生在新民主主义革命、社会主义革命和建设两个历史时期。主要是从"把马克思主义教条化的思想禁锢"中解放出来,它的对象是"把马克思主义教条化",这是一次较为大的思想解放。在探索中国革命道路、中国社会主义建设道路问题上,就有类似情况。

另一次思想解放,主要发生在改革开放和社会主义现代化建设新

三 "两个结合"的思想内涵

时期。通过"真理标准问题"大讨论，我们党破除了当时所存在的僵化思想观念，重新恢复和确立了解放思想、实事求是的思想路线，强调要从客观实际出发来认识当时中国的国情。于是，我们党得出一个重大政治判断，即中国的社会主义仍然处在初级阶段。"初级阶段"，意味着生产力不发达，还是一个"不够格"的社会主义。因此，社会主义初级阶段的根本任务，就是解放生产力、发展生产力。为此，当时就强调市场经济可以用，资本运作也可以用，西方的科学技术、管理方式也可以借鉴。这就涉及两个问题：一是如何看待传统的社会主义观，二是如何看待资本主义社会中存在的东西。

这一次思想解放，就是将社会主义包括资本主义从传统的、片面的、肤浅的认识中解放出来，是"把传统社会主义观从教条化的思想禁锢"中解放出来。它的对象是"把传统社会主义观教条化"，凸显的是生产力在社会主义本质中的重要地位。所以，当年邓小平强调要重新认识社会主义，把"什么是社会主义、怎样建设社会主义"当作重大时代课题，把社会主义本质定义为"解放生产力，发展生产力，消灭剥削，消除两极分化，最终达到共同富裕"。

新的"又一次"思想解放发生在中国特色社会主义新时代。这一次思想解放的对象相对发生了变化，变成了如何看待"古今中西之争"，即注重将中华传统文化从片面的、肤浅的、僵化的认识中解放出来，从对西方现代化、西方中心论迷思的思想禁锢中解放出来，促进根和魂的结合，形成一个有机统一的新的文化生命体。其实质是对文化观和文明的重估，是一种文化观和文明观转变这种更为宏大意义上的思想解放。

过去我们讲"魂"相对比较多，马克思主义是"魂"，现在我们把中华优秀传统文化当作"根","魂"和"根"这两个并提,有其深意。第一个深意,就是依然坚持马克思主义的指导地位不动摇,同时在坚持马克思主义指导思想的前提下,重估并提升了中华优秀传统文化的时代价值和世界意义。第二个深意,马克思主义同中华优秀传统文化,在回答"重大时代课题"上具有高度契合性,在"连续性、统一性、创新性等理论特质"上具有高度契合性,在"思维方式即整体思维"上具有高度契合性,在"开放包容的气度"上具有契合性,在"价值主张"上具有高度契合性。第三个深意,魂和根相互成就,中华优秀传统文化使马克思主义成为中国的,即为马克思主义中国化奠定了文化基础,马克思主义使中华优秀传统文化成为当代的,即为中华优秀传统文化的时代化提供了根基。第四个深意,二者的结合产生一种复杂的化学反应,造就了一个新的有机统一的文化生命体,即中国式现代化的文化形态和中华民族现代文明,并在此基础上形成了习近平文化思想。

明体达用。其中,马克思主义是魂,中华优秀传统文化是根,中国式现代化的文化形态和中华民族现代文明及其在此基础上形成的习近平文化思想是体;而"用",既有实践之用,也有理论之用。实践之用,就是为强国建设、民族复兴,为推进和平发展、合作共赢,为丰富人民精神世界、增强人民精神力量,提供了文化根基;理论之用,就是有助于构建中国式现代化的理论形态和建设中华民族现代文明,解构西方中心论,破解"古今中西之争",巩固我们的文化主体性,加强党对文化的领导权。

三 "两个结合"的思想内涵

新的文化使命：建设中华民族现代文明势在必行

新的文化生命体，是马克思主义同中华优秀传统文化相结合的产物，它就是中国式现代化的文化形态和中华民族现代文明。过去我们讲的是马克思主义同中国具体实际相结合。如有的学者所说，马克思主义是A，中国具体实际是B，"第二个结合"提出以后，我们又从B里进一步相对独立并提升出一个C，这个C，就是中华优秀传统文化。现在，A和C相结合产生了复杂的化学反应，形成了一个新的文化生命体，它反过来又有利于破解B，即中国具体实际中的问题。

中国式现代化有道路形态、理论形态、制度形态、文化形态。中国式现代化传承发展了中华优秀传统文化中的合理元素，也吸收了西方现代化进程中的一些积极因素，吸收了人类文明一切优秀成果，形成了中国式现代化的文化形态，从中可以进一步提升为中华民族现代文明。从哲学来讲，主体性、平等性、普惠性，是中国式现代化的文化形态、中华民族现代文明最本质的特征。

民族是相对人类而言的，中国是相对世界而言的。人类文明是多样的，人类文明有多种形态，中华民族现代文明是多种形态中的一种新形态。然而，这种新形态相对其他形态而言，更反映了人类文明和时代发展的大趋势，更能为人类文明发展并解决人类问题，提供具有光明前景的新方向、新路径、新选择。

新的文化生命体之"新"，是相对于"原有"而言的，马克思主义和中华优秀传统文化是"原有"；之"文化"，表明它是有领域和边界的，是"文化领域"；之"生命"，说的是这种新的文化生命体是正在成长的、具有青春活力的、能展现光明前景的文化鲜活体；之"体"，既不同于中华传统文化，也不同于西方传统文化，而是把各种合理的文化因素整合在一起的有机统一的系统整体。显然，这种新的文化生命体即中国式现代化的文化形态、中华民族现代文明及其在此基础上形成的习近平文化思想，有利于破解"古今中西之争"且掌握文化领导权。"古今"是历史时间问题，"中西"是历史空间问题。过去，要么讲"西体中用"，要么讲"中体西用"，现在所讲的新的文化生命"体"，整合、扬弃、超越了时间上的"古今"和空间上的"中西"，形成了一个新的文化综合"体"。

西方中心论在整个世界影响比较大。近代以来，西方诸多理论都可以纳入西方中心论里加以定义和解释，都能在这里找到它的位置。西方中心论是一个总体性概念，是一个大框架，西方关于现代化线性道路、单数文明、文明冲突、民族优越、为我人性、社会进化、理性尺度、"普世价值"、开化使命、美丽神话、唯"一"哲学、历史终结等，都可以在西方中心论中加以定义，都是西方中心论的基本要素或根本环节。以前一段时间，虽然我们坚持马克思主义的指导思想和指导地位，但西方中心论对中国和整个世界影响比较大。在这种情况下，一些人对西方现代化、西方中心论便产生了迷思。

破解西方中心论，巩固我国文化主体性，最好的利器是中国式现代化，是中国式现代化的文化形态和中华民族现代文明。中国式现代化、中华民族现代文明，就是为解构西方中心论而出场的，是解构西方中心论的一把利剑。要解构必定得先建构，即建构中国式现代化、建设中华民族现代文明。所以，习近平总书记在党的二十大之后，在许多重要场合都讲中国式现代化。从中国思想理论和意识形态建设而

三 "两个结合"的思想内涵

言，就是要用中国式现代化理论、中华民族现代文明解构西方中心论的理论体系、话语体系。

思想理论和意识形态之争，实质上是"主体性"之争。我们一定要把中国式现代化的道路形态、理论形态、制度形态、文化形态建构起来，积极建设中华民族现代文明，然后有效解构西方中心论。只有这样，才能巩固我国的文化主体性，加强党对文化的领导权。因此，构建新的文化生命体，尤其是建设中华民族现代文明，既是破解"古今中西之争"的一柄利剑，也是中华民族现代文明的内在逻辑与本质特征巩固我国文化主体性的基石，又是新时代新的文化使命，还是为人类文明未来发展构建一种具有光明前景的新形态，因而势在必行。

（原载《当代中国马克思主义研究》2023年第3期）

新的文化生命体：基于马克思世界历史理论的考察[*]

张 梧[**]

全国宣传思想文化工作会议正式提出和系统阐述习近平文化思想。习近平文化思想是新时代党领导文化建设实践经验的理论总结，丰富和发展了马克思主义文化理论，构成了习近平新时代中国特色社会主义思想的文化篇。习近平文化思想明确了新时代文化建设的路线图和任务书，为做好新时代新征程宣传思想文化工作、担负起新的文化使命提供了强大思想武器和科学行动指南。习近平总书记在对宣传思想文化工作所作的重要指示中强调"在新的历史起点上继续推动文化繁荣、建设文化强国、建设中华民族现代文明这一

---

[*] 本文系北京市社会科学基金青年学术带头人项目"马克思发展道路理论的哲学意蕴研究"（项目编号21DTR003）、2022年度教育部人文社会科学重点研究基地重大项目"面向新时代的发展理论研究"（项目编号22JJD710001）和济宁政德教育干部学院尼山学者项目的阶段性成果。

[**] 作者简介：张梧，北京大学中国特色社会主义理论体系研究中心研究员，暨南大学马克思主义学院研究员。

三 "两个结合"的思想内涵

新的文化使命"①。中华民族现代文明便是经由"第二个结合"而造就的有机统一的新的文化生命体。"第二个结合"是建设中华民族现代文明、承担新时代新的文化使命的必由之路,是习近平文化思想的重大原创性贡献与标识性概念,是马克思主义文化理论中国化时代化的重要成果与生动典范。

对于"第二个结合",习近平总书记指出:"'结合'不是'拼盘',不是简单的'物理反应',而是深刻的'化学反应',造就了一个有机统一的新的文化生命体。"② 马克思主义与中华优秀传统文化的结合,不是二者的简单比附,也不是话语概念的拼凑对接。从"文化生命体"的表述来看,它之所以是活的,是因为其乃实践的产物。正是在世界历史的深刻背景下,在中国特色社会主义的建构过程中,马克思主义赋予中华优秀传统文化以现代活力,中华优秀传统文化赋予马克思主义以文化土壤,二者的结合赋予当代中国以文化生命。在马克思世界历史理论视域中审视中华民族从"文明蒙尘"到"文明重光"的历史进程,有助于人们深刻把握"第二个结合"的历史必然性与世界历史意义。

一 世界历史之前:中华优秀传统文化的双重性质

社会主义是马克思主义与中华优秀传统文化有机结合的关键节

---

① 《坚定文化自信秉持开放包容坚持守正创新 为全面建设社会主义现代化国家 全面推进中华民族伟大复兴提供坚强思想保证强大精神力量有利文化条件》,《人民日报》2023年10月9日。

② 习近平:《在文化传承发展座谈会上的讲话》,《求是》2023年第17期。

点。对此，习近平总书记指出："中国特色社会主义道路首先是社会主义，这是从马克思主义那里来的；同时，中国文化中朴素的社会主义元素也提供了中国接受马克思主义的文化基础。"[①] 社会主义之所以成为"第二个结合"的关键点，是因为马克思主义是旨在超越资本主义的理论形态，而中华优秀传统文化则是迥异于资本主义的独立文化形态。

为何中华优秀传统文化迥异于资本主义而更偏向社会主义？要想回答这一问题，不妨立足世界历史，从资本主义的西欧起源谈起。根据马克思的世界历史理论，在其严格意义上说，世界历史是现代的产物。在古代，各大文明区域之间虽然不乏商品联系和文明交流，然而这种联系和交往相对有限。只有到了现代，机器化大工业的生产方式和资本增殖本性的动力机制赋予世界历史以深刻的内在必然性，使世界历史从"历史的偶然"转变为"历史的必然"。在现代意义上的世界历史之前，人类各大文明区域具有各自相对独立的发展路径和演进过程。也就是说，在世界历史之前，并非所有文明都能内生演化出资本主义起源。换言之，资本主义只能起源于西欧社会。对此，马克思曾明确指出："在分析资本主义生产的起源时，我说过，它实质上是'生产者和生产资料彻底分离'（《资本论》法文版第 315 页第 1栏）……可见，我明确地把这一运动的'历史必然性'限制在西欧各国的范围内。"[②] 马克思还竭力反对"把我关于西欧资本主义起源的历史概述彻底变成一般发展道路的历史哲学理论，一切民族，不管

---

① 习近平：《在文化传承发展座谈会上的讲话》，《求是》2023 年第 17 期。
② 《马克思恩格斯文集》第 3 卷，人民出版社 2009 年版，第 570 页。

三 "两个结合"的思想内涵

它们所处的历史环境如何，都注定要走这条道路"①。

为何资本主义源于西欧各国？对此，马克思在《1857—1858年经济学手稿》的"资本主义生产以前的各种形式"片段中曾做过深入探究。马克思将"自由劳动同实现自由劳动的客观条件相分离，即同劳动资料和劳动材料相分离"②视为资本主义起源的关键点，于是他便从劳动者与劳动客观条件的关系切入，依次考察"日耳曼的所有制形式""古代的所有制形式"和"亚细亚的所有制形式"三种不同的所有制形式。通过比较，马克思发现，"日耳曼的所有制形式"最容易产生资本主义所必需的"孤立的个体"。就个体与共同体的关系而言，在"日耳曼的所有制形式"中，个人所有制是公社所有制的基础和前提，"不是单个人的财产表现为以公社为中介，恰好相反，是公社的存在和公社财产的存在表现为以他物为中介，也就是说，表现为独立主体互相之间的关系"③。反观"亚细亚的所有制形式"，因个体无法获得独立地位而无法孕育出资本主义起源。"亚细亚形式必然保持得最顽强也最长久。这取决于亚细亚形式的前提：单个人对公社来说不是独立的，生产的范围限于自给自足，农业和手工业结合在一起，等等。"④换言之，亚细亚形式更偏向于长期停留在前资本主义社会。在此意义上，中华文化显然更接近马克思所说的"亚细亚形式"，因为"马克思主义从社会关系的角度把握人的本质，中华文化也把人安放在家国天下之中，都反对把人看作孤立的个体"⑤。

---

① 《马克思恩格斯文集》第3卷，人民出版社2009年版，第466页。
② 《马克思恩格斯文集》第8卷，人民出版社2009年版，第122页。
③ 《马克思恩格斯文集》第8卷，人民出版社2009年版，第132页。
④ 《马克思恩格斯文集》第8卷，人民出版社2009年版，第136页。
⑤ 习近平：《在文化传承发展座谈会上的讲话》，《求是》2023年第17期。

资本主义的西欧起源,恰恰揭示了中华文化为何无法通往资本主义,进而揭示了中华文化为何更偏向社会主义。就中华文化与资本主义的关系而言,中华文化便具有双重属性:一方面呈现出"非资本主义"属性,另一方面呈现出"前资本主义"属性。

一方面,"中国文化中朴素的社会主义元素"体现了中华优秀传统文化具有鲜明的"非资本主义"属性,无法内生演进到资本主义社会。对此,梁漱溟也曾作出颇具深度的思考。如果说马克思侧重于从"孤立的个体"角度揭示资本主义的西欧起源,那么梁漱溟则侧重于通过他独有的"理性"概念来解答为何"中国社会在向资本主义发展上,过去(几千年)既见其长期趑趄不前,而当晚近(几十年)向着共产主义走去,却见其健步前进"[1]。梁漱溟将此问题归结为中西方具有不同的思维方式,即"理性"与"理智"的分野。在他看来,"理"可以分为两种:一种是存在于客观事物之中、不以人的意志为转移的"物理",与之相对应的则是"理智",要"屏除爱憎之情冷静以从事";另一种是见诸人的主观情感意志的"情理",与之相对应的则是"理性"。[2] 根据他对理性与理智的分界,古代中国和社会主义偏重"人与人"之间的"情理",而西方资本主义则偏重"人与物"之间的"理智",即"工具理性"。在社会主义之前,以人对物(自然界)的关系为主轴,人们对自然界的征服和利用在资本主义达到了历史的高度,这就充分表征为西方资本主义的"理智"。进入社会主义后,"在过去人类生活史上人对物(自然界)的

---

[1] 《梁漱溟全集》第4卷,山东人民出版社1991年版,第230页。
[2] 《梁漱溟全集》第4卷,山东人民出版社1991年版,第365页。

三 "两个结合"的思想内涵

问题一向居于首要地位的话，至此乃一转退居次要，而人如何对人的问题却突出到眼面前，升居首要地位"[1]。"理性早启"的传统文化由此便与"理性凸显"的社会主义相关联，"理性"成为社会主义与中华文化的贯通关节。至此，梁漱溟得出结论，"理性早启的中国古人思想其于民主主义社会主义有些接近相通之处却亦是很自然的事情"[2]。对于中华文化与社会主义的内在共通性，梁漱溟的研究仅是揭示出其中一个方面。事实上，两者的内在共通性，有着深厚的历史基础与内在的理论逻辑。正如习近平总书记所说："马克思主义传入中国后，科学社会主义的主张受到中国人民热烈欢迎，并最终扎根中国大地、开花结果，决不是偶然的，而是同我国传承了几千年的优秀历史文化和广大人民日用而不觉的价值观念融通的。"[3] 这表明，中华优秀传统文化的"近社会主义"因素体现了"非资本主义"属性，"第二个结合"的可能性恰恰在于中国走资本主义道路的不可能性。

另一方面，不可否认的是，与诞生于工业文明的资本主义相比，在农业文明基础上发展起来的中国传统社会与传统文化在现代性因素的培育和发展程度上相对滞后，因而具有"前资本主义"属性。就社会文明发展程度而言，中国传统社会落后于西方现代资本主义社会。马克思预见到中国传统社会遭遇西方现代文明而落后挨打的屈辱命运，"一个人口几乎占人类三分之一的大帝国，不顾时势，安于现状，人为地隔绝于世并因此竭力以天朝尽善尽美的幻想自欺。这样一

---

[1] 《梁漱溟全集》第4卷，山东人民出版社1991年版，第218页。
[2] 《梁漱溟全集》第4卷，山东人民出版社1991年版，第386页。
[3] 《习近平谈治国理政》第三卷，外文出版社2020年版，第120页。

个帝国注定最后要在一场殊死的决斗中被打垮"①。这意味着,传统的中国社会不得不进行一场深刻的社会变革,传统的中国文化也不得不相应地亟待一场现代转型。古老的中华文明由此开启了从"文明蒙尘"到"文明重光"的涅槃时刻。在此意义上,"世界上最古老的帝国的垂死挣扎"同时也是"整个亚洲新纪元的曙光"。②

中华优秀传统文化的双重属性决定了中华优秀传统文化与马克思主义的两种不同关系:"非资本主义"属性表明二者的契合性,即"马克思主义和中华优秀传统文化来源不同,但彼此存在高度的契合性"③"前资本主义"属性表明二者的互补性,即中华优秀传统文化在赋予马克思主义以深厚文化土壤的同时,也亟待马克思主义的现代激活。"马克思主义把先进的思想理论带到中国,以真理之光激活了中华文明的基因,引领中国走进现代世界,推动了中华文明的生命更新和现代转型。"④ 随着马克思主义的引入与传播,乃至整个中国化马克思主义的建构与展开,中华文明开启了波澜壮阔的现代转型过程:现代经济建设,使中华文明的经济基础从自然经济翻新到市场经济;人民民主政治,使中华文明的政治载体从封建王朝跨入社会主义国家;伟大社会变革,使中华文明的社会形态从传统社会转变为现代社会;对外开放交流,使中华文明的交往尺度从闭关自守转变为融入世界历史。中华文明的精神内核传承有序,但是中华文明的发展条件却发生了深刻改变,从被动转向主动;中华文明的前途命运也随之改

---

① 《马克思恩格斯文集》第 2 卷,人民出版社 2009 年版,第 632 页。
② 《马克思恩格斯文集》第 2 卷,人民出版社 2009 年版,第 628 页。
③ 习近平:《在文化传承发展座谈会上的讲话》,《求是》2023 年第 17 期。
④ 习近平:《在文化传承发展座谈会上的讲话》,《求是》2023 年第 17 期。

三 "两个结合"的思想内涵

变,从"落后于时代"转向"大踏步赶上了时代"。"周虽旧邦,其命维新",中国特色社会主义便是古老中华民族的旧邦新命,中华文明也牢牢站在现代文明的原则高度上。

二 卷入世界历史:马克思主义中国化的文化向度

尽管资本主义的西欧起源具有一定的偶然性,然而资本主义一经形成,便具有全球扩张的倾向,由此奠定了"历史向世界历史的转变"①。在资本主义全球扩张的强制作用下,中华民族自1840年以来便以被动的方式被迫进入世界历史。正如马克思所说:"资产阶级,由于一切生产工具的迅速改进,由于交通的极其便利,把一切民族甚至最野蛮的民族都卷到文明中来了。它的商品的低廉价格,是它用来摧毁一切万里长城、征服野蛮人最顽强的仇外心理的重炮。它迫使一切民族——如果它们不想灭亡的话——采用资产阶级的生产方式;它迫使它们在自己那里推行所谓的文明,即变成资产者。"② 在中华民族卷入世界历史的过程中,出现了一个耐人寻味而又启人深思的"历史之谜":资本主义基础极其薄弱的古老中国为何能够接受马克思主义而走上社会主义道路?

只有立足世界历史的理论视域,才能解答中华民族的"历史之谜"。按照马克思的唯物史观,"新的更高的生产关系,在它的物质

---

① 《马克思恩格斯文集》第1卷,人民出版社2009年版,第541页。
② 《马克思恩格斯文集》第2卷,人民出版社2009年版,第35—36页。

存在条件在旧社会的胎胞里成熟以前,是决不会出现的"①。如果单从中国自身因素来看,人们很难解释经济社会相对落后、资本主义基础薄弱的中国为何能够直接进入社会主义。但是,只要把"历史之谜"放在世界历史中加以考察,便能够获得清晰的答案:正是由于世界历史在资本主义条件下形成并展开,整个资本主义世界体系呈现出结构性失衡,即"它使未开化和半开化的国家从属于文明的国家,使农民的民族从属于资产阶级的民族,使东方从属于西方"②。这意味着,资本主义生产力和生产关系矛盾运动的规律不仅会在资本主义国家内部起作用,而且必然会超越国家界限,在整个世界范围内起作用。资本主义的全球扩张不仅会在资本主义国家内部造成资产阶级与无产阶级之间的分化对抗,也会在世界范围内造成压迫民族与被压迫民族之间的分化对抗。在此条件下,中国之所以走社会主义道路,恰恰是因为在中国外部环伺林立的资本主义列强不允许中国走资本主义道路。对此,毛泽东在《中国革命与中国共产党》中指出:"帝国主义列强侵入中国的目的,决不是要把封建的中国变成资本主义的中国。帝国主义列强的目的和这相反,它们是要把中国变成它们的半殖民地和殖民地。"③ 随后在《新民主主义论》中,毛泽东再次重申这一点:"要在中国建立资产阶级专政的资本主义社会,首先是国际资本主义即帝国主义不容许。帝国主义侵略中国,反对中国独立,反对中国发展资本主义的历史,就是中国的近代史。"④ 帝国主义的侵略

---

① 《马克思恩格斯文集》第 2 卷,人民出版社 2009 年版,第 592 页。
② 《马克思恩格斯文集》第 2 卷,人民出版社 2009 年版,第 36 页。
③ 《毛泽东选集》第 2 卷,人民出版社 1991 年版,第 628 页。
④ 《毛泽东选集》第 2 卷,人民出版社 1991 年版,第 679 页。

三 "两个结合"的思想内涵

本性逼着中国人只能走自己的路，因为资本主义需要的是俯首帖耳的殖民地而不是独立自主的国家。

对中华民族而言，走不通资本主义道路，只能走社会主义道路；而走社会主义道路，就是走自己的路，就是选择既要现代化、又不要西方化的新型道路，就是选择不经资本主义而能穿过"卡夫丁峡谷"的跨越道路。于是，没有资本主义基因的中华优秀传统文化与批判资本主义的马克思主义在这历史境遇中必然相遇并有机结合，共同塑造中国特色社会主义道路。这在根本上决定了马克思主义中国化的文化向度，即马克思主义基本原理不仅要同中国具体实际相结合，而且要同中华优秀传统文化相结合。总的来看，经济社会相对落后、资本主义基础薄弱的中国之所以能够接受马克思主义并走上社会主义道路的"历史之谜"及其破解，在以下四个依次展开的环节上构成了马克思主义中国化的文化向度。

首先，中华优秀传统文化为马克思主义在中国的落地扎根提供了深厚的文化土壤。同样都是经济社会落后的东方国家，中国也有着完全不同于俄国的独特国情。其中具有决定性意义的差别在于，俄国社会迈入社会主义的历史前提是俄国处于整个资本主义的薄弱环节，而中国社会则处于外在于资本主义的半殖民地半封建状态。十月革命成功后，面对所谓的"社会主义早产论"，列宁曾撰写《俄国资本主义的发展》，论证俄国仅是资本主义的薄弱环节，而非跳过资本主义阶段而径直进入社会主义，这正是列宁与俄国民粹派的区别。与俄国相比，中国的资本主义发展程度更低，其社会性质只能被判定为半殖民地半封建社会。这意味着，资本主义是外在于中国的帝国主义侵略势力，而非内生于中国的社会因素。在此情形下，中国社会如此顺利地接受马克思主义，不仅有帝国主义不允许中国走资本主义道路的外部因素，也有中华民族选择社会主义的内生因素，即中华优秀传统文化的"非资本主义"属性，天下大同的理想追求、民为邦本的民本理念、家国天下的济世情怀等为马克思主义在中华大地落地扎根提供了肥沃的文化土壤。在这一点上，沟口雄三的观察颇富洞见："正是在中国强有力伸展着的相互扶助的社会网络、生活伦理以及政治理念，才是中国的所谓社会主义革命的基础。就是说，社会主义机制对于中国来讲，它不是什么外来的东西，而是土生土长之物；马克思主义不过是在使这些土生土长之物得以理论化的过程中，或在所谓阶级斗争理论指导下进行革命实践的过程中，起了极大刺激作用的媒介而已。"[①]

其次，马克思主义在中国落地扎根后，便成为破解"古今中西之争"的主导因素和基本座架。自从1840年中国被卷入世界历史以来，中华民族便遭遇"古今中西"如何调和的文化难题。在中华文明、西方文明与马克思主义鼎足三分的文化格局中，马克思主义之所以成为破解"古今中西之争"的主导因素和基本座架，这是因为就马克思主义与西方文明的关系而言，马克思主义源于现代性而又高于现代性的内在原则使马克思主义能够扬弃西方文明。从源于现代性的维度来看，马克思主义与当代西方文明都是现代性的产物，共同分享了现代性的价值前提；然而更重要的是，从高于现代性的维度来看，马克思主义始终致力于超越西方现代性。中国人之所以接受马克思主义，

---

① [日]沟口雄三：《中国的冲击》，王瑞根译，生活·读书·新知三联书店2011年版，第124页。

三 "两个结合"的思想内涵

恰恰是因为中国人在第一次世界大战中亲眼看见了现代资本主义的文明痼疾，亲身感受到了资本主义文明世界的丛林法则，因此选择作为"资产阶级社会的自我批判"① 的马克思主义。耐人寻味的是，正是由于资本主义生产方式的全球扩张，马克思主义从西方来到了东方。从十月革命到中国革命，原本处于资本主义边缘地带的东方社会，在资本主义的全球布展中，反而成为超越资本主义现代性的历史起点。中国革命在反对封建主义的同时也面临着反抗帝国主义的历史性任务，因此中国在选择马克思主义作为理论武器的同时，也激活了中华文明的主体性。马克思主义从西方来到东方，意味着西方现代性的超越不再局限于西方文明的内部反思，而是在西方文明的他者中寻求西方现代性的超越之路。更重要的是，中国特色社会主义的历史性展开，使马克思主义对西方现代性的超越方案获得了实体性内容，不再是一种抽象理论构想。于是，就马克思主义与中华文明的关系而言，马克思主义既能葆有中华文明的文化主体性和生命力，又能为中华文明的现代转型奠定原则高度和社会前提。所以，马克思主义在破解"古今中西之争"中发挥会通作用、在"第二个结合"中占据主导地位，绝非单纯由于外部情势使然，而是出于内在理路必然。

再次，选择社会主义道路便是走自己的路，要想实现精神上的独立自主，摆脱思想上的外部依赖，必然要求"两个结合"。习近平总书记强调："在五千多年中华文明深厚基础上开辟和发展中国特色社会主义，把马克思主义基本原理同中国具体实际、同中华优秀传统文

---

① 《马克思恩格斯文集》第 8 卷，人民出版社 2009 年版，第 30 页。

化相结合是必由之路。"① 在道路选择上，中国坚持马克思主义基本原理同中国具体实际相结合的自主道路，即"第一个结合"。随着"第一个结合"的历史道路不断开辟，中国特色社会主义不断成功，我们面临着"立足中华民族伟大历史实践和当代实践，用中国道理总结好中国经验，把中国经验提升为中国理论"② 的重大时代课题。于是，"第二个结合"应运而生。一方面，"中国具体实际"必然包含着历史实际与文化实际，在此意义上，"第一个结合"必然蕴含着"第二个结合"；另一方面，"第二个结合"实现了从历史实践到文明自觉、从道路自主到文化自信的关键一跃，在此意义上，"第二个结合"也就获得了相对独立的理论形式，"表明我们党对中国道路、理论、制度的认识达到了新高度"③。正因为"'第二个结合'让中国特色社会主义道路有了更加宏阔深远的历史纵深，拓展了中国特色社会主义道路的文化根基"④，所以用"第二个结合"来阐释中国特色社会主义的内在必然性，表征中国特色社会主义的文化主体性，才能"既不盲从各种教条，也不照搬外国理论，实现精神上的独立自主"⑤。

最后，"两个结合"为中国特色社会主义积极占有现代文明的先进成果奠定了文化主体性。中国特色社会主义的历史起点毕竟是经济社会相对落后的东方国家，由于"工业较发达的国家向工业较不发

---

① 习近平：《在文化传承发展座谈会上的讲话》，《求是》2023年第17期。
② 习近平：《在文化传承发展座谈会上的讲话》，《求是》2023年第17期。
③ 习近平：《在文化传承发展座谈会上的讲话》，《求是》2023年第17期。
④ 习近平：《在文化传承发展座谈会上的讲话》，《求是》2023年第17期。
⑤ 习近平：《在文化传承发展座谈会上的讲话》，《求是》2023年第17期。

三 "两个结合"的思想内涵

达的国家所显示的，只是后者未来的景象"①，这就必然要求中国"能够不经历资本主义制度（这个制度单纯从它可能延续的时间来看，在社会生活中是微不足道的）而占有资本主义生产使人类丰富起来的那些成果"②。然而，积极占有资本主义的文明成果并不意味着无原则地全盘接受。没有文化主体性，对资本主义现代文明成果的占有注定会沦为无头脑的盲目照搬、非批判的横向迁移，结果丧失精神上的独立自主。当然，强调文化主体性，不是为了自我封闭，而是为了以更加积极主动的姿态参与中外文明交流互鉴，借鉴人类文明有益成果。而这一文化主体性的锻造，离不开"两个结合"的文化过程。正如习近平总书记所说："这一主体性是中国共产党带领中国人民在中国大地上建立起来的；是在创造性转化、创新性发展中华优秀传统文化，继承革命文化，发展社会主义先进文化的基础上，借鉴吸收人类一切优秀文明成果的基础上建立起来的；是通过把马克思主义基本原理同中国具体实际、同中华优秀传统文化相结合建立起来的。"③

经由上述四个环节，马克思主义中国化的文化向度由此凸显，破解了如何在经济社会相对落后、资本主义基础薄弱的古老中国建构中国特色社会主义的"历史之谜"。这个"历史之谜"的最终解答便是"两个结合"。马克思主义与中华优秀传统文化从"互相契合"走向"互相成就"，"'第二个结合'让马克思主义成为中国的，中华优秀

---

① 《马克思恩格斯文集》第5卷，人民出版社2009年版，第8页。
② 《马克思恩格斯文集》第3卷，人民出版社2009年版，第576页。
③ 习近平：《在文化传承发展座谈会上的讲话》，《求是》2023年第17期。

传统文化成为现代的"①。

三　面向世界历史：中华民族现代文明的世界意义

中国特色社会主义进入新时代，中国日益走近舞台中央，世界历史迎来百年未有之大变局的重大转变。"在新的起点上继续推动文化繁荣、建设文化强国、建设中华民族现代文明，是我们在新时代新的文化使命。"② 就中华文明而言，古老的中华民族自1840年以来便开启了从传统向现代的历史大转型。"建设中华民族现代文明"的文化使命则意味着现代中华文明的成熟。就人类文明而言，这也开启了从"西风东渐"到"东西互鉴"的历史大转型。有论者曾在人类大历史"万古江河"的纬度上揭示世界百年未有之大变局的文化内涵指出："在各种文化相激相荡时，人类社会终于走向天下一家，其中各文化体系的精粹，将成为全体人类的共同文化资源。经过这一转折点，非西方国族重获活力，能与数百年来的'主流'进行有意义的对话，并且由此对话弥补彼此的不足。"③ 这在一定程度上揭示出中华民族现代文明的世界历史意义。

就其现实性而言，"中国式现代化的文化形态"彰显出中华民族现代文明的世界历史意义，即"它在完成其现代化任务的同时，在积

---

① 习近平：《在文化传承发展座谈会上的讲话》，《求是》2023年第17期。
② 习近平：《在文化传承发展座谈会上的讲话》，《求是》2023年第17期。
③ 许倬云：《万古江河——中国历史文化的转折与开展》，上海文艺出版社2006年版，第358—359页。

三 "两个结合"的思想内涵

极地占有现代文明成果的同时,正在开启出一种新文明类型的可能性"①。作为中华民族现代文明,中国式现代化的文化形态之所以能够"开启出一种新文明类型",是因为中国式现代化在充分吸纳现代成果的同时也承担起扬弃以往现代化弊端的文化使命。中国式现代化与西方资本主义现代化的差别,不仅是现代化路径的差别,而且是文明的差别。中国式现代化的本质特征超越西方资本主义的文明界限。正是在此意义上,中国式现代化的文化形态具有世界历史意义。这也意味着,西方现代文明无法解释中国式现代化,中国式现代化的理论根据只能是"第二个结合"。作为社会主义现代化,马克思主义通过现代性批判而揭示出,中国式现代化不能走资本主义道路;而中华优秀传统文化则在文明根基处决定了,中国式现代化也走不了资本主义道路。

从马克思主义的角度看,中国式现代化将现代化的社会发展上升到文明的原则高度。在此方面,中国式现代化所开启的新文明类型便是从"资本逻辑"转向"人民中心"。以往现代化模式的一个重大弊端在于,物的繁荣与人的异化同时并存。作为现代性的批判者,马克思曾揭示出现代性的内在悖论:"在我们这个时代,每一种事物好像都包含有自己的反面。我们看到,机器具有减少人类劳动和使劳动更有成效的神奇力量,然而却引起了饥饿和过度的疲劳。财富的新源泉,由于某种奇怪的、不可思议的魔力而变成贫困的源泉。技术的胜利,似乎是以道德的败坏为代价换成的。随着人类愈益控制自然,个人却似乎愈益成为别人的奴隶或自身的卑劣行为的奴隶。甚至科学的

---

① 吴晓明:《马克思主义中国化与新文明类型的可能性》,《哲学研究》2019年第7期。

纯洁光辉仿佛也只能在愚昧无知的黑暗背景上闪耀。我们的一切发明和进步，似乎结果是使物质力量成为有智慧的生命，而人的生命则化为愚钝的物质力量。现代工业和科学为一方与现代贫困和衰颓为另一方的这种对抗，我们时代的生产力与社会关系之间的这种对抗，是显而易见的、不可避免的和毋庸争辩的事实。"① 有鉴于此，中国式现代化坚持维护人民群众根本利益，满足人民美好生活需要，推动人的全面发展，从"物的逻辑"转向"人的逻辑"，最终在人类文明的原则高度上超越资本主义现代化。在此意义上，中国式现代化不仅是发展中国家的赶超道路，也是古老文明现代转型的跟跑道路，还是终结"历史终结论"、告别"西方中心论"的并跑道路，更是社会主义推动社会进步、追求人的解放的领跑道路。

从中华优秀传统文化的角度看，中国式现代化充分植根于中华文明的深厚土壤。中华优秀传统文化能否扬弃西方现代性，被西方有识之士视为"汉化世界的前途"："汉化世界的前途不仅将由它摆脱现代殖民主义和帝国主义的能力决定（它已然做到了这一点），还取决于其是否能限制——如果不能避免的话——现代科学、技术、工业和民主的副作用。"② 中国式现代化充分证明，中华优秀传统文化不仅有能力同马克思主义一道建构中华文明现代形态，而且也能限制资本主义现代化的消极后果。中国式现代化是人口规模巨大的现代化，不会走也走不了"小国寡民"的老路，因为中华民族的源头中有人民至上、同甘共苦的记忆。中国式现代化是全体人民共同富裕的现代

---

① 《马克思恩格斯文集》第 2 卷，人民出版社 2009 年版，第 580 页。
② ［加］秦家懿、［瑞士］孔汉思：《中国宗教与基督教》，吴华译，生活·读书·新知三联书店 1990 年版，第 116 页。

三 "两个结合"的思想内涵

化,不会走也走不了"1%富人占据99%财富"的邪路,因为中华民族的历史中有天下大同、均平共富的追求。中国式现代化是物质文明与精神文明协调发展的现代化,不会走也走不了"物质丰富而精神空虚"的弯路,因为中华民族的传承中有文明以止、人文化成的精神。中国式现代化是人与自然和谐共生的现代化,不会走也走不了"靠高能耗过好日子"的绝路,因为中华民族的生存中有敬畏自然、造福后人的智慧。中国式现代化是走和平发展道路的现代化,不会走也走不了"用外部战争殖民转移内部矛盾"的歧路,因为中华民族的血液中没有侵略他人、称王称霸的基因。由此可见,中国式现代化在资本主义的文明限度上而展开自身,因而重新定义人类文明的合理形态。正如习近平总书记指出:"中国式现代化赋予中华文明以现代力量,中华文明赋予中国式现代化以深厚底蕴。中国式现代化是赓续古老文明的现代化,而不是消灭古老文明的现代化;是从中华大地长出来的现代化,不是照搬照抄其他国家的现代化;是文明更新的结果,不是文明断裂的产物。中国式现代化是中华民族的旧邦新命,必将推动中华文明重焕荣光。"[①]

更为重要的是,中国式现代化的文化形态将马克思主义与中华优秀传统文化"两种资源"熔铸为"一整块钢"。中国式现代化本身就是具有世界历史意义的重大实践。如果说"第二个结合"启动马克思主义的"再中国化",即马克思主义与中华优秀传统文化的文化结合,那么"再中国化"的重要指向便是人类社会的"再现代化",即在反思现代性弊端的基础上建构人类现代化的合理形态。在此意义

[①] 习近平:《在文化传承发展座谈会上的讲话》,《求是》2023年第17期。

上，中国式现代化的文化形态打破了"现代化＝西方化"的理论迷思，开启了人类文明新形态，体现了"收拾精神，自作主宰"的主体自觉和文化气象。当年，毛泽东曾提出"中国应当对于人类有较大的贡献"①。进入新时代，习近平总书记以高度的文化自信提供了新的答案，即"对历史最好的继承就是创造新的历史，对人类文明最大的礼敬就是创造人类文明新形态"②。

习近平文化思想明体达用、体用贯通。坚持"第二个结合"，用魂脉与根脉造就有机统一的新的文化生命体，这便是习近平文化思想在文化理论观点上的重大创新之一。建设中华民族现代文明，增强中华文明传播力影响力，则是习近平文化思想在文化建设布局上的重要支点之一。用以体立，体以用显。深入学习领会习近平文化思想，既要在理论上从世界历史的高度把握"第二个结合"的内在必然性，也要在实践上积极彰显中华民族现代文明的世界历史意义，既为强国建设、民族复兴提供强大精神力量和有利文化条件，也为人类社会的发展进步注入深厚文明力量，提供全新历史选项。

（原载《哲学研究》2023 年第 11 期）

---

① 《毛泽东文集》第 7 卷，人民出版社 1999 年版，第 157 页。
② 习近平：《在文化传承发展座谈会上的讲话》，《求是》2023 年第 17 期。

社科理论界
"建设中华民族现代文明"
专题文集

——— 下 册 ———

中国社会科学院科研局 ◎ 编

中国社会科学出版社

下册目录

四 文化传承发展

坚持党的文化领导权是事关党和国家前途命运的
　　大事 …………………………………………… 刘光明（539）
习近平总书记对中国传统哲学智慧的创造性转化和
　　创新性发展 …………………………………… 汪信砚（547）
中华优秀传统文化与中国特色社会主义 …………… 孙来斌（581）
汉字与中华文明传承 ………………………………… 李守奎（608）
"古国""酋邦"之争与中国文明起源的研究路径 …… 陈胜前（618）
中国早期两大主流治世理念的生成文化背景及
　　政治影响 ……………………………………… 郑杰文（651）

五 中国式现代化的文化形态

中国式现代化：一种新型现代文明形态 …………… 丁立群（665）
中国式现代化与人类文明新形态 …………………… 陈　晋（685）

下册目录

中华文明核心智慧的现代更新
　　——基于中国式现代化的视角 ………………… 钟　君（696）
中国式现代化的道路选择及其理论超越
　　——基于中华文明突出特性的视角 ……… 董志勇　沈　博（719）
唯物史观视域中的人类文明新形态 ………………… 黄建军（747）
中国式现代化的社会形态分析 ……………………… 徐伟新（780）
人类文明新形态的当代建构 ………………………… 孙熙国（796）
中国式现代化对"西方中心主义"的破解 …………… 刘同舫（804）
人类文明新形态的特质、根脉与精神动力
　　——以德性与理性的关系为视角 …………… 杨柳新（818）
中国式现代化的文明逻辑 …………………………… 王义桅（844）
论中国式现代化的创造性发展 ……………………… 戴木才（867）
创造与中国式现代化相匹配的新文化 ……………… 王学典（898）
基于多元一体格局的中国式现代化的文明走向 …… 赵旭东（903）

六　建设中华民族现代文明

中华民族现代文明论要 ……………………………… 商志晓（937）
从建设新民主主义文化到建设中华民族现代文明 ……… 李　捷（956）
建设中华民族现代文明 ……………………………… 宇文利（968）
努力建设中华民族现代文明 ………………………… 钟　君（984）
建设中华民族现代文明的核心要义、价值意蕴及
　　实践遵循 ……………………………………… 邹绍清（990）
建设中华民族现代文明的三重意蕴 ………………… 孙来斌（1015）

实现有原则高度的文明实践	沈湘平	（1023）
论中华文明现代转型的历史原创性	姜义华	（1030）
中华民族现代文明的生成、特质与价值	陈金龙	（1059）
中华民族现代文明的时代语境与核心内涵	郝立新	（1070）
中华民族现代文明的历史逻辑、实践路径与价值导向	康　震	（1078）
中华民族现代文明的生成逻辑、知识版图与理论经络	朱碧波	（1088）
建设中华民族现代文明的"活的灵魂"		
——中国自主哲学知识体系的使命和担当	孙正聿	（1111）
新使命与新叙事：中华民族现代文明的话语创造	齐卫平　樊士博	（1129）

四

文化传承发展

坚持党的文化领导权是事关党和国家前途命运的大事

刘光明[*]

坚持和加强党的全面领导,始终坚持党的文化领导权,是推动文化繁荣、建设文化强国、建设中华民族现代文明的根本政治保证。在党的十八大后召开的首次全国宣传思想工作会议上,习近平总书记指出:"我们中国共产党人能不能在日益复杂的国际国内环境下坚持住党的领导、坚持和发展中国特色社会主义,这个还需要我们一代一代共产党人继续作出回答。做好意识形态工作,做好宣传思想工作,要放到这个大背景下来认识。"[①] 新时代以来,习近平总书记深刻总结党的百年奋斗历史经验,创造性提出坚持党的文化领导权,把党对宣传思想文化工作的全面领导提升到一个新的历史高度。我们要深刻认识坚持党的文化领导权的极端重要性,从政治和战略全局的高度坚持党管宣传、党管意识形态、党管媒体,把宣传思想文化工作的领导

---

[*] 作者简介:刘光明,国防大学习近平新时代中国特色社会主义思想研究中心研究员。

[①]《习近平关于社会主义文化建设论述摘编》,中央文献出版社2017年版,第31—32页。

四　文化传承发展

权、管理权、话语权牢牢掌握在党的手中。

一　关乎主权的独立性：坚持党的文化领导权，才能把党和人民的意志主张和实践经验贯注升华于光辉的思想旗帜之中，为历史伟业指明前进方向

一个国家的主权是否独立，很重要的一个方面就是看其政权是否有独立的文化主权和文化领导权。我们党历来注重掌握文化领导权，说到根子上，就是要掌握作为马克思主义执政党所应该掌握的文化主权，从思想文化特别是意识形态层面维护社会主义中国的主权独立性。这一点最主要的体现，就是我们党把维护中国人民和中华民族根本利益的意志主张贯注于党的指导思想之中，把党领导人民在推进伟大社会革命中的实践经验升华于党的指导思想之中，并用党的指导思想指引伟大事业的前进方向。

中华人民共和国成立前夕，毛泽东同志提出"另起炉灶"和"打扫干净屋子再请客"的方针。"另起炉灶"的方针明确了新中国将不承袭国民党政府与各国建立的旧的外交关系，而是在新的基础上同各国另行建立新的外交关系。"打扫干净屋子再请客"的方针，明确了新中国将首先致力于清除国内帝国主义残余势力，而不急于和帝国主义国家建交，"我们是愿意按照平等原则同一切国家建立外交关系的，但是从来敌视中国人民的帝国主义，决不能很快地就以平等的态度对待我们，只要一天它们不改变敌视的态度，我

们就一天不给帝国主义国家在中国以合法的地位"①,以免使刚刚获得的独立受到影响。这两条方针的实行,表明了中国坚持独立自主的外交政策,保证了我们党对新中国包括思想文化领域在内的各领域具有全面的领导权。中华人民共和国成立后特别是改革开放以来,我们党总是着眼于实现中国人民和中华民族的利益与愿望,基于中国自己的国情和实践提出思想观点和政策主张,推进马克思主义中国化时代化,用党的创新理论引领伟大实践。党的创新理论不是马克思主义经典作家撰写的原版,不是其他国家社会主义学说的再版,也不是国外现代化理论的翻版,而是中国共产党和中国人民自主创造的新版。高举党的创新理论的旗帜,并用以指导中国实践,就意味着中国人民真正当家做了主人,在自己选择的道路上自主掌握前途命运,既不走封闭僵化的老路,也不走改旗易帜的邪路。与此形成鲜明对比的是,苏联的亡党亡国是从思想领域开始的,特别是从苏共放弃文化领导权开始的。苏共领导人戈尔巴乔夫上台后,首先把改革重点放在意识形态和政治体制方面,以"全人类的利益和价值高于一切"的"新思维",接受并实行带有明显西化色彩的"人道的、民主的社会主义"纲领,导致苏共对改革过程中出现的反社会主义和分裂国家的思潮、组织、派别采取容忍甚至支持的错误立场,在关系党、社会主义制度和国家命运的根本问题上丧失了原则性,丢失了思想文化主权,最终亡党亡国。

习近平总书记强调,"必须把意识形态工作的领导权、管理权、话语权牢牢掌握在手中,任何时候都不能旁落,否则就要犯无可挽回

---

① 《毛泽东选集》第4卷,人民出版社1991年版,第1435页。

四　文化传承发展

的历史性错误"①。新时代新征程，我们要以习近平新时代中国特色社会主义思想为指导，坚决防止敌对势力的歪理邪说渗透和侵蚀，推动当代中国马克思主义、二十一世纪马克思主义进一步丰富发展，引领强国建设、民族复兴伟业不断开创新局面。

二　关乎文化的主体性：坚持党的文化领导权，才能坚守马克思主义这个魂脉和中华优秀传统文化这个根脉，厚植中国式现代化的文化根基

越是民族的，越是世界的。习近平总书记指出，中国式现代化"展现了不同于西方现代化模式的新图景，是一种全新的人类文明形态"②。中国式现代化能成为人类文明新形态，在于这一文明形态的"中国式"在世界文明百花园中独树一帜。中国式现代化的文化根基，是由马克思主义这个魂脉和中华优秀传统文化这个根脉有机结合而成。马克思主义和中华优秀传统文化因相互契合而有机结合，因相互成就而愈益壮大，使中国式现代化的文化根基更加特色鲜明而厚重坚实。中国共产党既是马克思主义的坚定信仰者和践行者，又是中华优秀传统文化的忠实继承者和弘扬者。只有坚持党的文化领导权，才能保证在推进中国式现代化的进程中始终坚守马克思主义这个魂脉和中华优秀传统文化这个根脉，守护好中华民族的

---

① 《习近平关于社会主义文化建设论述摘编》，中央文献出版社2017年版，第21页。
② 《正确理解和大力推进中国式现代化》，《光明日报》2023年2月8日。

精神命脉。

在开创、坚持和拓展中国式现代化的历史进程中，我们党始终牢牢掌握文化领导权，守住中国式现代化的本和源、根和魂。面对不时出现的"全盘西化论"沉渣泛起、中华民族文化主体性遭受挑战的情况，我们党始终毫不动摇地坚持马克思主义在意识形态领域的指导地位，同时坚定不移地传承弘扬中华优秀传统文化，推动"两个结合"，通过"结合"筑牢道路根基、打开创新空间、巩固文化主体性。一方面，用马克思主义的真理之光激活中华文明的基因，推动其更新和现代转型，引领中华民族现代文明建设；另一方面，用中华优秀传统文化充实马克思主义的文化生命，推动马克思主义实现中国化时代化的新飞跃，显示出日益鲜明的中国风格与中国气派，中国化时代化马克思主义成为中华文化和中国精神的时代精华。可以说，正是坚持了党的文化领导权，中华优秀传统文化这个根脉才能重焕光彩，中国式现代化也才能不断从中华优秀传统文化中汲取营养和智慧，展现"中国式"的魅力。也正是坚持了党的文化领导权，马克思主义这个魂脉才能生机勃发，中国式现代化也才能以马克思主义为望远镜和显微镜，廓清现代化迷雾、厘清现代化规律，使党和人民掌握在中华大地上推进社会主义现代化的历史主动。

党的十八大以来，文化自信成为实现中华民族伟大复兴中国梦的强大精神动力，中华民族的文化主体性空前彰显。同时，也要清醒看到，敌对势力始终没有放弃对我"拔根去魂"的企图。当通过"接触"来诱变的策略无法奏效时，他们就会选择通过极限施压妄图以压促变。我们要始终坚持党的文化领导权，维护马克思主义这个魂脉

四　文化传承发展

和中华优秀传统文化这个根脉应有的灵魂性、根基性地位，旗帜鲜明反对和抵制各种错误观点，进一步推进"两个结合"，使魂脉和根脉的辩证统一臻于"和实生物"的更高境界，使"结合"所造就的"有机统一的新的文化生命体"具有更强大的凝聚力和引领力，使中华民族的文化主体性更加凸显，使中国式现代化的文化根基更加深厚稳固，使中华民族现代文明绽放更加夺目的光彩。

三　关乎历史的主动性：坚持党的文化领导权，才能最大限度地凝聚党心军心民心，汇聚起强国建设、民族复兴的磅礴力量

我们党掌握文化领导权，既有维护文化主权和中华民族精神命脉的根本考量，也有聚力完成中心任务和历史伟业的使命追求。恩格斯认为，历史的"最终结果总是从许多个单个的意志的相互冲突中产生出来的"，就像"有无数个力的平行四边形，由此就产生出一个合力，即历史结果"[①]。毋庸置疑，人民是创造历史的主体，但在缺乏先进文化引领的时代条件下，人民群众创造历史的热情往往是自发的、无序的。由于每个人都有一个"主观的自我"，无数个"主观的自我"相互碰撞和激荡，便会导致力量的消解。只有先进政党掌握好运用好文化领导权，才能使人民群众自发而无序的力量转变成自觉而有序的力量，进而集聚为同心同向的合力。这就要求我们党用好文化领导权，把各方面、各领域的力量充分汇聚起来，画出最大同心圆，

---

① 《马克思恩格斯选集》第4卷，人民出版社1995年版，第697页。

形成最大聚合力。

在领导推进民族复兴伟业的历史进程中，我们党始终注重发挥文化领导权的导向聚力作用，在多元中立主导，在多样中谋共识，引领中国人民汇聚起众志成城推进历史伟业的磅礴力量。比如，世纪之交，当各种思想文化相互激荡，人民群众的文化需求日益增长时，我们党大力倡导一切有利于发扬爱国主义、集体主义、社会主义的思想和精神，一切有利于改革开放和现代化建设的思想和精神，一切有利于民族团结、社会进步、人民幸福的思想和精神，一切有利于用诚实劳动争取美好生活的思想和精神，从而发挥好先进文化团结人民、教育人民的作用，为社会进步提供精神动力。又如，新世纪新阶段，当多样化的社会思潮可能影响和冲击社会主义主流意识形态、影响和冲击党和人民团结奋斗的思想政治基础时，我们党鲜明提出"坚持以社会主义核心价值体系引领社会思潮"，最大限度地形成社会思想共识。再如，在信息网络和新媒体飞速发展的新时代，我们党深刻认识到，人在哪儿，宣传思想工作的重点就在哪儿，网络空间已经成为人们生产生活的新空间，也应该成为我们党凝聚共识的新空间。坚持加快推动媒体融合发展，做强网上正面宣传，依法加强网络空间治理，加强网络内容建设，构建网上网下同心圆，更好凝聚社会共识，巩固全党全国人民团结奋斗的共同思想基础。

新时代新征程，不利于团结奋斗的消极因素仍然存在，特别是敌对势力妄图通过所谓的"精准打击"，使中国从一块整钢变成一盘散沙。这对我们坚持党的文化领导权提出了新的更高要求。习近平总书记强调，要坚持以正确舆论引导人，做到所有工作都有利于坚持中国共产党领导和我国社会主义制度，有利于推动改革发展，有利于增进全国各族人民团结,有利于维护社会和谐稳定。[①] 要坚持以习近平新时代中国特色社会主义思想为指导,深入学习贯彻习近平文化思想,提高新闻舆论传播力、引导力、影响力、公信力,把思想舆论阵地牢牢掌握在自己手中,把互联网这个"变量"变成事业发展的"增量",团结一切可以团结的力量、调动一切可以调动的积极因素,不断巩固壮大奋进新时代的主流思想舆论,汇聚起万众一心、奋勇前进的磅礴力量。

(原载《光明日报》2024年3月19日第6版)

[①]《习近平著作选读》第一卷,人民出版社2023年版,第455页。

习近平总书记对中国传统哲学智慧的创造性转化和创新性发展

汪信砚[*]

进入新时代以来，中国共产党人面临新时代坚持和发展什么样的中国特色社会主义、怎样坚持和发展中国特色社会主义，建设什么样的社会主义现代化强国、怎样建设社会主义现代化强国，建设什么样的长期执政的马克思主义政党、怎样建设长期执政的马克思主义政党等重大时代课题。为了探索这些重大时代课题，习近平总书记突出强调要继续大力推进马克思主义中国化、不断推进实践基础上的理论创新。习近平总书记指出，推进马克思主义中国化，要坚持把马克思主义基本原理同中国具体实际相结合、同中华优秀传统文化相结合。马克思主义中国化内在地包含着马克思主义哲学中国化，把马克思主义同中华优秀传统文化相结合，也必然要求把马克思主义哲学同中国传统哲学智慧相结合，即运用马克思主义哲学对中国传统哲学智慧进行创造性转化和创新性发展。习近平总书记

---

[*] 作者简介：汪信砚，武汉大学哲学学院教授，博士生导师。

四　文化传承发展

不仅高度重视和反复倡导把马克思主义同中华优秀传统文化相结合，而且实际地践行和推进了这种结合，其突出表现就是多方面地实现了对中国传统哲学智慧的创造性转化和创新性发展。正是通过对马克思主义哲学的创造性运用和创新性发展、对中国传统哲学智慧的创造性转化和创新性发展，习近平总书记构建了"是完全马克思主义的，又完全是中国的"（刘少奇语）习近平新时代中国特色社会主义思想的世界观和方法论，为习近平新时代中国特色社会主义思想奠定了坚实的哲学基础。

习近平总书记对中国传统哲学智慧的创造性转化和创新性发展，主要是通过对中国传统哲学天人合一思想、辩证法思想、知行合一思想、民本思想的马克思主义哲学改铸及其在新时代治国理政实践中的运用来实现的。这几个方面的思想，涵摄了中国传统哲学各主要领域（自然观、辩证法、认识论、历史观）的精粹，积淀了中华民族对宇宙、世界、社会和人生的独特体认和感知，体现了中国传统哲学家们的认知水平、精神境界、思维方式和价值追求，是中国传统哲学智慧的结晶，其中的许多思想和理念都历久弥新，具有跨越时空而永不褪色的时代价值。通过对这些思想和理念的马克思主义哲学阐释，古为今用、推陈出新，习近平总书记充分激活了中国传统哲学智慧，赋予其鲜活的生命力，并由此使习近平新时代中国特色社会主义思想的哲学基础即习近平新时代中国特色社会主义思想的世界观和方法论具有浓郁的民族特色。

一 对推动中国传统哲学智慧创造性
转化和创新性发展的理论自觉

习近平新时代中国特色社会主义思想的世界观和方法论不仅具有对运用和发展马克思主义哲学的高度自觉意识，而且也表现出对推动中国传统哲学智慧创造性转化和创新性发展的高度理论自觉，其对中国传统哲学智慧的创造性转化和创新性发展就是在这种高度理论自觉导引下的创造性活动，这种高度理论自觉又是建立在对把马克思主义同中国具体实际相结合的深刻理解和把握基础上的。中国传统哲学智慧是中华优秀传统文化的重要组成部分，习近平总书记对推动中国传统哲学智慧创造性转化和创新性发展的高度理论自觉也内在地含蕴于他关于推动中华优秀传统文化创造性转化和创新性发展的大量论述中。他指出，我们"应该科学对待民族传统文化"，"从孔夫子到孙中山，我们都注意汲取其中积极的养分"[①]。所谓"科学对待民族传统文化"，就是"取其精华、去其糟粕，而不能采取全盘接受或者全盘抛弃的绝对主义态度"[②]，也就是习近平总书记反复强调的"创造性转化和创新性发展"。他说："弘扬中华优秀传统文化，要处理好继承和创造性发展的关系，重点做好创造性转化和创新性发展。创造性转化，就是要按照时代特点和要求，对那些至今仍有借鉴价值的内涵和陈旧的表现形式加以改造，赋予其新的时代内涵和现代表达形

[①] 习近平：《论党的宣传思想工作》，中央文献出版社2020年版，第83页。
[②] 习近平：《论党的宣传思想工作》，中央文献出版社2020年版，第89页。

四　文化传承发展

式,激活其生命力。创新性发展,就是要按照时代的新进步新进展,对中华优秀传统文化的内涵加以补充、拓展、完善,增强其影响力和感召力。"[①] 在这里,习近平总书记明确强调,把马克思主义基本原理同中国具体实际相结合,"应该科学对待民族传统文化",推动中华优秀传统文化的创造性转化和创新性发展。显然,习近平总书记所说的"创造性转化和创新性发展",是指运用马克思主义的立场、观点和方法对中华优秀传统文化的创造性转化和创新性发展。

那么,我们为什么要推动中华优秀传统文化的创造性转化和创新性发展呢?根据习近平总书记的有关论述,这主要有以下几个方面的原因。

首先,中华优秀传统文化是中国具体实际的重要构成方面。习近平总书记指出,中国的今天是从中国的昨天和前天发展而来的,"要认识今天的中国、今天的中国人,就要深入了解中国的文化血脉,准确把握滋养中国人的文化土壤"[②]。"中华传统文化源远流长、博大精深,中华民族形成和发展过程中产生的各种思想文化,记载了中华民族在长期奋斗中开展的精神活动、进行的理性思维、创造的文化成果,反映了中华民族的精神追求,其中最核心的内容已经成为中华民族最基本的文化基因。"[③] 在他看来,中华优秀传统文化虽历经五千多年的历史变迁,但始终一脉相承,不仅为中华民族的生生不息、发展壮大提供了丰厚滋养,而且铸就了中华民族的精神命脉和中国人的独特精神世界,成为中华民族区别于其他民族的独特的精神标

[①] 习近平:《论党的宣传思想工作》,中央文献出版社2020年版,第57页。
[②] 习近平:《论党的宣传思想工作》,中央文献出版社2020年版,第82页。
[③] 习近平:《论党的宣传思想工作》,中央文献出版社2020年版,第90页。

识，它已深植于中国人的内心，内化为百姓日用而不觉的价值观，潜移默化地影响着中国人的思想方式和行为方式。这就是说，中华优秀传统文化绝不只是一种已经过去了的、历史上的东西，它至今仍然在发生着深刻的影响，因而其本身就构成了中国具体实际的重要内容。因此，把马克思主义同中国具体实际相结合，必然要求把马克思主义同中华优秀传统文化相结合，必然要求运用马克思主义的立场、观点和方法实现中华优秀传统文化的创造性转化和创新性发展。习近平总书记在庆祝中国共产党成立100周年大会上的讲话和党的二十大报告中都特别强调，今天继续推进马克思主义中国化，必须坚持"把马克思主义基本原理同中国具体实际相结合、同中华优秀传统文化相结合"[1][2]。

其次，中华优秀传统文化具有永不褪色的时代价值。习近平总书记指出，中华优秀传统文化的许多思想理念都具有超越时空、超越民族和国家界限的普遍意义。一方面，中华优秀传统文化中的许多思想可以为解决当代人类面临的难题提供重要启示。比如，关于"道法自然、天人合一"的思想，关于"天下为公、大同世界"的思想，关于"自强不息、厚德载物"的思想，关于"以民为本、安民富民乐民"的思想，关于"为政以德、政者正也"的思想，关于"苟日新日日新又日新、革故鼎新、与时俱进"的思想，关于"脚踏实地、实事求是"的思想，关于"经世致用、知行合一、躬行实践"的思

---

[1] 习近平：《在庆祝中国共产党成立100周年大会上的讲话》，《求是》2021年第14期。

[2] 习近平：《高举中国特色社会主义伟大旗帜 为全面建设社会主义现代化国家而团结奋斗——在中国共产党第二十次全国代表大会上的报告》，《人民日报》2022年10月26日。

四　文化传承发展

想，关于"集思广益、博施众利、群策群力"的思想，关于"仁者爱人、以德立人"的思想，关于"以诚待人、讲信修睦"的思想，关于"清廉从政、勤勉奉公"的思想，关于"俭约自守、力戒奢华"的思想，关于"中和、泰和、求同存异、和而不同、和谐相处"的思想，关于"安不忘危、存不忘亡、治不忘乱、居安思危"的思想，等等。"中国优秀传统文化的丰富哲学思想、人文精神、教化思想、道德理念等，可以为人们认识和改造世界提供有益启迪，可以为治国理政提供有益启示，也可以为道德建设提供有益启发。"[①] 另一方面，中华优秀传统文化也是中国特色社会主义植根的文化沃土，是涵养社会主义核心价值观的重要源泉。今天，我们倡导和弘扬社会主义核心价值观，必须从中华优秀传统文化中汲取丰富营养，否则就不会有生命力和影响力。比如，中华优秀传统文化强调"民为邦本""天人合一""和而不同"；强调"天行健，君子以自强不息""大道之行也，天下为公"；强调"天下兴亡，匹夫有责"，主张以德治国、以文化人；强调"君子喻于义""君子坦荡荡""君子义以为质"；强调"言必信，行必果""人而无信，不知其可也"；强调"德不孤，必有邻""仁者爱人""与人为善""己所不欲，勿施于人""出入相友，守望相助""老吾老以及人之老，幼吾幼以及人之幼""扶贫济困""不患寡而患不均"，等等。"像这样的思想和理念，不论过去还是现在，都有其鲜明的民族特色，都有其永不褪色的时代价值。"[②] 因此，习近平总书记强调，要"推动中华文明创造性转化和创新性发展，激

[①] 习近平：《在纪念孔子诞辰 2565 周年国际学术研讨会暨国际儒学联合会第五届会员大会开幕会上的讲话》，《人民日报》2014 年 9 月 25 日。

[②] 习近平：《论党的宣传思想工作》，中央文献出版社 2020 年版，第 75 页。

活其生命力，把跨越时空、超越国度、富有永恒魅力、具有当代价值的文化精神弘扬起来，让收藏在博物馆里的文物、陈列在广阔大地上的遗产、书写在古籍里的文字都活起来，让中华文明同世界各国人民创造的丰富多彩的文明一道，为人类提供正确的精神指引和强大的精神动力"①。

再次，中华优秀传统文化是我们构建中国特色哲学社会科学的重要思想资源。习近平总书记说："中华文明历史悠久，从先秦子学、两汉经学、魏晋玄学，到隋唐佛学、儒释道合流、宋明理学，经历了数个学术思想繁荣时期。在漫漫历史长河中，中华民族产生了儒、释、道、墨、名、法、阴阳、农、杂、兵等各家学说，涌现了老子、孔子、庄子、孟子、荀子、韩非子、董仲舒、王充、何晏、王弼、韩愈、周敦颐、程颢、程颐、朱熹、陆九渊、王守仁、李贽、黄宗羲、顾炎武、王夫之、康有为、梁启超、孙中山、鲁迅等一大批思想大家，留下了浩如烟海的文化遗产。"② 他指出，这些文化遗产中包含着丰富的哲学社会科学内容，形成了富有特色的思想体系，体现了中国人几千年来积累的知识智慧和理性思辨，是我们构建中国特色哲学社会科学极其宝贵的思想资源，既需要薪火相传、代代守护，也需要与时俱进、推陈出新；在哲学社会科学研究中，我们要加强对这些思想资源的挖掘和阐发，努力使其与当代文化相适应、与现代社会相协调，即推动其创造性转化和创新性发展，并围绕中国和世界发展所面临的重大问题，着力提出能够体现中国立场、中国智慧、中国价值的

---

① 习近平：《论党的宣传思想工作》，中央文献出版社 2020 年版，第 68 页。
② 习近平：《论党的宣传思想工作》，中央文献出版社 2020 年版，第 215 页。

理念、主张、方案，着力构建具有中国特色、中国风格、中国气派的哲学社会科学学科体系、学术体系和话语体系。

二 对中国传统哲学"天人合一"思想的创造性转化和创新性发展

天人关系问题是中国传统哲学的中心问题之一，天人合一思想是中国传统哲学的重要内容。中国传统哲学的各家各派特别是儒家和道家学说都含有丰富的天人合一思想。从总体上看，中国传统哲学天人合一思想的主要内涵有以下几个方面。

第一，天人是统一的。按照张岱年先生的看法，"古代所谓'合一'，与现代语言中所谓'统一'可以说是同义语"，"合一是指对立的两方彼此又有密切相联不可分离的关系"[①]，因此，天人合一最基本的含义就是天人统一。当然，中国传统哲学各家各派学说对天人统一的理解是各不相同的。其中，道家从本原的意义上来理解这种统一。老子认为，天人具有共同的本原即"道"："道生一，一生二，二生三，三生万物。万物负阴而抱阳，冲气以为和。"（《老子·第四十二章》）在庄子看来，天人是一体的。他说："天地与我并生，而万物与我为一。"（《庄子·齐物论》）儒家则往往从义理上理解天人统一，认为人道与天道、人性与天理是相通的。孔子说："能尽人之性，则能尽物之性；能尽物之性，则可以赞天地之化育；可以赞天地

[①] 张岱年：《中国哲学中"天人合一"思想的剖析》，《北京大学学报》（哲学社会科学版）1985 年第 1 期。

之化育，则可以与天地参矣。"(《中庸第二十二章》)孟子则说："尽其心者，知其性也，知其性则知天矣。"(《孟子·尽心上》)张载明确提出"天人合一"的命题，强调天道与人性、知天与知人的统一性。程颢也主张天人统一。他甚至认为，"天人本无二，不必言合"(《二程遗书·卷六》)，因此，"知性便知天"(《二程遗书·卷二上》)。

第二，天人服从共同的普遍规律。道家天人统一的本原论本身就内含着天人都遵循共同规律的思想。老子认为，既然道生成天地万物和人，天地万物和人也就都效法道，即"人法地，地法天，天法道，道法自然"(《老子·第二十五章》)。庄子也明确主张人应遵循天地固有之"常"即规律。他说："天地固有常矣，日月固有明矣，星辰固有列矣，禽兽固有群矣，树木固有立矣。夫子亦放德而行，循道而趋，已至矣。"(《庄子·天道》)儒家天人统一的义理论也能得出天人有共同规律的结论。孔子常说的"天命"，实际上就是天人都遵循的普遍规律。他说："道之将行也与，命也；道之将废也与，命也。"(《论语·宪问》)在他看来，天命虽不可违逆，但却是可知的，并且"不知命，无以为君子也"(《论语·尧曰》)。孟子也在同样的意义上讲天命，并且在他那里天本身就是不可违抗的命运，正所谓"顺天者存，逆天者亡"(《孟子·离娄上》)。荀子主张"天行有常，不为尧存，不为桀亡"(《荀子·天论》)，认为人可以"制天命而用之"(《荀子·天论》)。朱熹所谓的天理实际上也是天人都遵循的普遍规律。他说："天之所以为天，理而已。天非有此道理，不能为天，故苍苍者即此道理之天。"(《朱子语类·卷二十五》)在他看来，理是天地万物之根本，天得此理为天理，人得此理为性，天地人相通即在于此理。

四　文化传承发展

第三，人只有敬天爱物才能达至天人合一的理想境界。在中国传统哲学天人合一思想中，天人合一也是天人关系的理想境界即天人和谐，它须通过人们敬天爱物来达至。在如何敬天爱物的问题上，道家主张自然无为，其中，自然即自然而然、依其本性发展，无为即不妄为，二者实际上是一回事。老子讲"道法自然"，就是强调道对天地万物都不妄加干涉，只是让它们按其本性自然发展，"道常无为而无不为"（《老子·第三十七章》）。在老子看来，人效法道，就要效法其自然无为的精神，"辅万物之自然而不敢为"（《老子·第六十四章》），这样才能与天地万物"玄同"。庄子也认为，"无始而非卒也，人与天一也"，万物生灭变化无穷，人应"正而待之"（《庄子·山木》），顺应其自然变化。如果说敬天爱物在道家思想中主要表现为顺应万物的自然变化，那么，儒家则赋予其更多的人文内涵。孔子强调要敬畏天命，即"君子有三畏，畏天命，畏大人，畏圣人之言"（《论语·季氏》）。在他看来，人顺应天命则有德，以德合天才能"与天地参"。孟子主张"亲亲而仁民，仁民而爱物"（《孟子·尽心上》），要求人们以仁爱之心对待万物。《易传》提出"范围天地之化而不过、曲成万物而不遗"，张岱年先生认为它集中表达了天人调谐的理想境界[1]。张载提出"民吾同胞，物吾与也"[2]，也主张要像对待同胞那样珍爱万物。上述这些敬天爱物的思想不仅强调人们要"知常""知和"，而且也告诫人们要"知足""知止"。例如，老子认为"祸莫大于不知足"（《老子·第四十六章》），孔子主张"钓而不纲，

---

[1] 张岱年：《中国哲学中"天人合一"思想的剖析》，《北京大学学报》（哲学社会科学版）1985年第1期。
[2] （宋）张载：《张载集》，章锡琛点校，中华书局1978年版。

弋不射宿"(《论语·述而》),《吕氏春秋》反对"竭泽而渔""焚薮而田",等等。

习近平总书记高度重视中国传统哲学天人合一思想,多次提到"天人合一"这一命题。例如,2014年4月1日,习近平主席在布鲁日欧洲学院的演讲中说,中国古代思想家们"提出的很多理念,如孝悌忠信、礼义廉耻、仁者爱人、与人为善、天人合一、道法自然、自强不息等,至今仍然深深影响着中国人的生活"①。2014年5月4日,习近平总书记在北京大学师生座谈会上的讲话中列举了中华优秀传统文化中许多具有鲜明民族特色和永不褪色的时代价值的思想和理念,其中就包括"天人合一"②。2014年9月24日,习近平总书记在纪念孔子诞辰2565周年国际学术研讨会暨国际儒学联合会第五届会员大会开幕会上的讲话中,在阐述中华优秀传统文化中蕴藏着解决当代人类面临的难题的重要启示时,也讲到了"天人合一"思想③。2015年11月30日,习近平主席在气候变化巴黎大会开幕式上的讲话中说:"中华文明历来强调天人合一、尊重自然。"④ 2017年1月18日,习近平主席在联合国日内瓦总部"共同构建人类命运共同体"的演讲中指出,"我们应该遵循天人合一、道法自然的理念,寻求永续发展之路"⑤。2019年4月28日,习近平主席在2019年中国北京世界园艺博览会开幕式上的讲话中指出,"锦绣中华大地,是中华民族赖

---

① 习近平:《论坚持推动构建人类命运共同体》,中央文献出版社2018年版,第98页。
② 习近平:《青年要自觉践行社会主义核心价值观》,《人民日报》2014年5月5日。
③ 习近平:《在纪念孔子诞辰2565周年国际学术研讨会暨国际儒学联合会第五届会员大会开幕会上的讲话》,《人民日报》2014年9月25日。
④ 《习近平谈治国理政》第二卷,外文出版社2017年版,第530页。
⑤ 《习近平谈治国理政》第二卷,外文出版社2017年版,第544页。

四　文化传承发展

以生存和发展的家园，孕育了中华民族 5000 多年的灿烂文明，造就了中华民族天人合一的崇高追求"①。2019 年 5 月 15 日，习近平主席在亚洲文明对话大会开幕式上的主旨演讲中说："道法自然、天人合一是中华文明内在的生存理念。"② 2022 年 10 月 16 日，习近平总书记在党的二十大报告中，在列举中华文明的智慧结晶时，又一次谈到了其中蕴含的"天人合一"思想③。

习近平总书记对天人合一思想的重视绝不是偶然的。进入新时代以后，我国以往 30 多年快速发展积累下来的生态环境问题表现出高强度频发的态势，成为制约经济社会发展的一个重要瓶颈。为了保护生态环境、满足人民对美好生态环境的需要，以习近平同志为核心的党中央提出和贯彻新发展理念，大力推动绿色发展，坚定走生产发展、生活富裕、生态良好的文明发展道路，加快建设资源节约型、环境友好型社会，推进美丽中国建设，努力为全球生态安全作出新贡献。正是在这样一种背景下，习近平总书记极为珍视中国传统哲学中以天人合一思想为代表的生态智慧，并通过运用马克思主义哲学对其进行创造性转化和创新性发展，形成了具有鲜明中国特色的习近平生态文明思想。

习近平总书记对中国传统哲学天人合一思想的创造性转化和创新性发展主要表现在以下几个方面。

---

① 习近平：《共谋绿色生活，共建美丽家园——在 2019 年中国北京世界园艺博览会开幕式上的讲话》，《人民日报》2019 年 4 月 29 日。

② 习近平：《深化文明交流互鉴　共建亚洲命运共同体——在亚洲文明对话大会开幕式上的主旨演讲》，《人民日报》2019 年 5 月 16 日。

③ 习近平：《高举中国特色社会主义伟大旗帜　为全面建设社会主义现代化国家而团结奋斗——在中国共产党第二十次全国代表大会上的报告》，《人民日报》2022 年 10 月 26 日。

第一，用人与自然的关系来诠释中国传统哲学天人合一思想所思考的天人关系。在中国传统哲学天人合一思想演变过程中，各家各派学说及其在不同的发展时期对"天"的理解是各不相同的。例如，道家所谓的"天"主要是指自然之天。而在庄子那里，自然之天又可分为两类，即与地相对的物质之天和表示万物本然之性的天。道家也经常谈论"自然"，如"道法自然"等，但道家所说的"自然"并非自然界，而是指万物的本然之性即自然而然。儒家所谓的"天"则主要是一种义理之天。其中，孔子有时也会谈论自然之天，但他所说的天更多的是指有意志的主宰之天；孟子之"天"至少有主宰之天和命运之天两种情况；荀子之"天"有时指自然之天，有时又指有意志的天；而在董仲舒那里，天又呈现为一种"有意志的人格神"，天人合一的根本在于天人感应。[1] 正因如此，中国传统哲学天人合一思想杂糅着一些神秘主义和唯心主义的因素。习近平总书记剔除了这些神秘主义和唯心主义因素，将中国传统哲学天人合一思想中的"天"直接理解为自然，将其所谓的天人关系直接理解为人与自然的关系。同时，习近平总书记还将老子所说的"道法自然"中的自然理解为自然界，将"道法自然"理解为遵循自然规律、尊重自然。通过这一创造性转换，中国传统哲学天人合一思想就能成为今天我们处理人与自然关系的基本理念和现代化建设的重要遵循。

第二，把中国传统哲学天人合一的宇宙观或世界观转化为处理人与自然关系的价值观。中国传统哲学的天人合一思想实际上是一种宇

---

[1] 于盼盼、廖春阳：《儒家、道家及〈易传〉的"天人合一"思想》，《焦作大学学报》2019年第3期。

四　文化传承发展

宙观或世界观。说它是一种宇宙观，是因为它内含对于包括人在内的宇宙万物的本原和普遍规律的思辨；而说它是一种世界观，则是因为它所思考的天人关系实际上也就是人与世界的关系，而后者正是哲学世界观的内容。习近平总书记在把中国传统哲学天人合一思想所谓的天人关系理解为人与自然关系的同时，也把其天人合一的宇宙观或世界观转化为人们在处理人与自然关系时应该秉持的价值观。按照这种价值观，人们应当顺应自然规律、保护自然生态环境，努力建设生态文明。而作为处理人与自然关系的价值目标，生态文明的核心要义是人与自然的和谐共生，而这正是中国传统哲学天人合一思想追求的理想境界。习近平总书记指出："'万物各得其和以生，各得其养以成。'大自然是包括人在内一切生物的摇篮，是人类赖以生存发展的基本条件。大自然孕育抚养了人类，人类应该以自然为根，尊重自然、顺应自然、保护自然。不尊重自然，违背自然规律，只会遭到自然的报复。自然遭到系统性破坏，人类生存发展就成了无源之水、无本之木。"[①]"建设生态文明，首先要从改变自然、征服自然转向调整人的行为、纠正人的错误行为。要做到人与自然和谐，天人合一，不要试图征服老天爷。"[②]

第三，把中国传统哲学天人合一思想的生态智慧转化为生态文明建设的价值原则。虽然中国传统哲学天人合一思想主要是一种宇宙观或世界观，但其中积淀和包含着丰富的生态智慧。习近平总书记对这

[①] 习近平：《共同构建人与自然生命共同体——在"领导人气候峰会"上的讲话》，《人民日报》2021年4月23日。

[②] 《习近平关于社会主义生态文明建设论述摘编》，中央文献出版社2017年版，第24页。

些生态智慧进行了充分发掘,并由此提出了一系列生态文明建设的价值原则:一是要像保护眼睛和生命一样保护生态环境。习近平总书记根据中国传统哲学的天人统一观,提出了"人与自然是生命共同体"的命题。他指出,"自然是生命之母,人与自然是生命共同体"①。他还说,"山水林田湖是一个生命共同体,形象地讲,人的命脉在田,田的命脉在水,水的命脉在山,山的命脉在土,土的命脉在树。金木水火土,太极生两仪,两仪生四象,四象生八卦,循环不已"②。正因如此,人类对自然的伤害最终必然伤及人类自身。因此,我们"要像保护眼睛一样保护生态环境,像对待生命一样对待生态环境"③。二是"绿水青山就是金山银山"。习近平总书记还把中国传统哲学的天人统一观运用于考察保护生态与发展生产力的关系,指出"我们既要绿水青山,也要金山银山。宁要绿水青山,不要金山银山,而且绿水青山就是金山银山"④。也就是说,"要克服把保护生态与发展生产力对立起来的传统思维……更加自觉地推动绿色发展,决不以牺牲环境、浪费资源为代价换取一时的经济增长……为子孙后代留下可持续发展的'绿色银行'"⑤。三是对自然资源要取之以时、取之有度。习近平总书记引用孔子的"子钓而不纲,弋不射宿"、荀子的"草木

---

① 中共中央宣传部:《习近平新时代中国特色社会主义思想学习纲要》,学习出版社、人民出版社2019年版,第167页。
② 《习近平关于社会主义生态文明建设论述摘编》,中央文献出版社2017年版,第55页。
③ 《习近平关于社会主义生态文明建设论述摘编》,中央文献出版社2017年版,第8页。
④ 《习近平关于社会主义生态文明建设论述摘编》,中央文献出版社2017年版,第21页。
⑤ 中共中央宣传部:《习近平总书记系列重要讲话读本》,学习出版社、人民出版社2014年版,第125页。

荣华滋硕之时则斧斤不入山林，不夭其生，不绝其长也；鼋鼍、鱼鳖、鳅鳝孕别之时，罔罟、毒药不入泽，不夭其生，不绝其长也"、《吕氏春秋》的"竭泽而渔，岂不获得？而明年无鱼；焚薮而田，岂不获得？而明年无兽"等，强调"这些关于对自然要取之以时、取之有度的思想，有十分重要的现实意义"①。四是要践行绿色生产方式和消费方式。习近平总书记引用唐代诗人白居易的话"天育物有时，地生财有限，而人之欲无极。以有时有限奉无极之欲，而法制不生其间，则必物暴殄而财乏用矣"②，以此说明人的需求的无限性与资源有限性的矛盾，强调要"形成节约适度、绿色低碳、文明健康的生活方式和消费模式"③。

三　对中国传统哲学辩证法思想的创造性转化和创新性发展

　　习近平总书记指出，我们的事业越是向纵深发展，就越要不断增强辩证思维能力。进入新时代以后，我国国际国内形势更趋复杂，全面深化改革的任务异常繁重，经济社会发展中涌现出来的新问题、社会生活各个领域中凸显出来的新矛盾、全面深化改革过程中需要协调的利益关系成倍增长，特别需要运用辩证思维驾驭复杂局面，在权衡利弊中趋利避害、作出最有利的战略抉择。例如，"我们全面深化改

---

① 《十八大以来重要文献选编》下，中央文献出版社 2018 年版，第 164 页。
② 《习近平关于社会主义生态文明建设论述摘编》，中央文献出版社 2017 年版，第 118 页。
③ 《习近平谈治国理政》第二卷，外文出版社 2017 年版，第 396 页。

革，不能东一榔头西一棒子，而是要突出改革的系统性、整体性、协同性。同时，在推进改革中，我们要充分考虑不同地区、不同行业、不同群体的利益诉求，准确把握各方利益的交汇点和结合点，使改革成果更多更公平惠及全体人民"[①]。为此，习近平总书记在治国理政中一方面注重对唯物辩证法的创造性运用，并要求人们用唯物辩证法武装头脑，另一方面也注重从中国传统哲学中汲取辩证法智慧。习近平总书记用典中有大量来自中国古代典籍的富含辩证法思想的命题和论断，习近平总书记运用它们来阐释党的方针政策、阐述中国特色社会主义建设中的各种问题，并通过对中国传统哲学辩证法思想的创造性转化和创新性发展形成和体现了以下几种具有鲜明中国特色和时代特点的辩证思维。

一是注重整体的战略思维。注重整体、讲求统筹谋划是中国传统哲学辩证法思想的重要特点。上述中国传统哲学天人合一思想就突出体现了这种注重整体的辩证思维。例如，《老子》描绘的就是一幅"道生万物、天人一体"的整体宇宙图景。在中国传统哲学看来，既然宇宙万物本身是整体性的，那么，人们在认识和实践中就应该从整体着眼去把握事物、从全局出发去谋划事情。习近平总书记极为重视中国传统哲学这种注重整体的辩证思维，并将其创造性地转化为一种战略思维。他多次引用中国传统典籍中的经典名句，告诫人们特别是领导干部要有这种注重整体的战略思维。例如，习近平总书记在2013年11月9日中国共产党第十八届中央委员会第三次全体会议上所作的关于《中共中央关于全面深化改革若干重大问题的决定》的

---

① 习近平：《论党的宣传思想工作》，中央文献出版社2020年版，第130页。

四　文化传承发展

说明中指出，"全面深化改革是关系党和国家事业发展全局的重大战略部署，不是某个领域某个方面的单项改革。'不谋全局者，不足谋一域。'大家来自不同部门和单位，都要从全局看问题，首先要看提出的重大改革举措是否符合全局需要，是否有利于党和国家事业长远发展。要真正向前展望、超前思维、提前谋局"①。2016年2月19日，习近平总书记在党的新闻舆论工作座谈会上的讲话中又再次引用"不谋全局者，不足谋一域"这一清末举人陈澹然《迁都建藩议》里的名句，要求党的新闻工作领导者"自觉在大局下思考、在大局下行动，在围绕中心、服务大局中找到坐标、找准定位，做到服从服务于党和国家大局不错位"②。习近平总书记还引用战国尸佼《尸子》中的"见骥一毛，不知其状；见画一色，不知其美"来说明在"经济大合唱"中，每个部门、每个人都应该有"整体战略的意识"，都应该认识到自己是整体的一部分并自觉地服务于整体。③ 事实上，注重整体的战略思维统驭着习近平新时代中国特色社会主义思想的各个方面。习近平总书记提出的实现中华民族伟大复兴的中国梦、"四个全面"战略布局、新发展理念、总体国家安全观、构建人类命运共同体，等等，都无不鲜明地体现了这种注重整体的战略思维。

二是革故鼎新的创新思维。崇尚变通、追求创新也是中国传统哲学辩证法思想的鲜明特点。中国传统哲学中充满了"万物皆化"的常变思想，按照这种常变思想，"变化者，乃天地之自然"④。中国古

---

① 习近平：《论坚持全面深化改革》，中央文献出版社2018年版，第43页。
② 《习近平关于全面从严治党论述摘编》，中央文献出版社2016年版，第88页。
③ 习近平：《摆脱贫困》，福建人民出版社1992年版。
④ 习近平：《论党的宣传思想工作》，中央文献出版社2020年版。

代哲学家们认为，既然变化是天地万物的本性，人们在认识和实践中也应该善于变通、革故鼎新和不断进取。习近平总书记承继了这种崇尚变通、追求创新的辩证思维，并将其创造性地转化为治国理政的创新思维。他引用明末清初王夫之的"新故相推，日生不滞"①，说明新旧事物交替变更不会随着时间的变化而停滞不前。他多次引用汉代桓宽的"明者因时而变，知者随事而制"②③，由此反对故步自封、因循守旧，要求人们与时俱进、守正创新。他也多次引用《易经》中的"穷则变，变则通，通则久"以及"凡益之道，与时偕行"，希望人们不断解放思想、大胆突破原有体制的束缚，因势利导、与时俱进地进行创新，永葆发展的动能和活力④⑤⑥。他还引用《礼记·大学》中的话勉励青年勇于创新："广大青年一定要勇于创新创造。创新是民族进步的灵魂，是一个国家兴旺发达的不竭源泉，也是中华民族最深沉的民族禀赋，正所谓'苟日新，日日新，又日新'。生活从不眷顾因循守旧、满足现状者，从不等待不思进取、坐享其成者，而是将更多机遇留给善于和勇于创新的人们。"⑦

---

① 《国家主席习近平发表二〇一七年新年贺词》，《人民日报》2017年1月1日。
② 习近平：《共同创造亚洲和世界的美好未来——在博鳌亚洲论坛2013年年会上的主旨演讲》，《人民日报》2013年4月8日。
③ 习近平：《携手金砖合作 应对共同挑战——在金砖国家领导人第十三次晤上的讲话》，《人民日报》2021年9月10日。
④ 习近平：《在纪念中国人民抗日战争暨世界反法西斯战争胜利69周年座谈会上的讲话》，《人民日报》2014年9月4日。
⑤ 习近平：《共倡开放包容 共促和平发展——在伦敦金融城市长晚宴上的演讲》，《人民日报》2015年10月23日。
⑥ 习近平：《在中国科学院第十九次院士大会、中国工程院第十四次院士大会上的讲话》，《人民日报》2018年5月29日。
⑦ 习近平：《在同各界优秀青年代表座谈时的讲话》，《人民日报》2013年5月5日。

四　文化传承发展

三是和而不同的和合思维。面对客观世界普遍存在的矛盾，中国传统哲学表现出强调和而不同的鲜明特点。和，是指矛盾双方的统一性，即它们之间的相互依存、相互贯通和相互转化；同，则是指无差别的绝对同一。孔子说："君子和而不同，小人同而不和。"（《论语·子路》）西周史伯则说："和实生物，同则不继。"（《国语·郑语》）因此，和而不同就是"尚和去同"。习近平总书记充分吸收了这种和而不同、"尚和去同"的辩证思维，并将其创造性地转化为分析和处理国际国内各种矛盾的和合思维。他指出："中华文化崇尚和谐，中国'和'文化源远流长，蕴涵着天人合一的宇宙观、协和万邦的国际观、和而不同的社会观、人心和善的道德观。"[1] 他引用庄子的"物之不齐，物之情也"，强调"和而不同是一切事物发生发展的规律"[2]，并用冯友兰《国立西南联合大学纪念碑碑文》中的"五色交辉，相得益彰；八音合奏，终和且平"以及《三国志·夏侯玄传》中"和羹之美，在于合异"、《左传·昭公二十年》中"若琴瑟之专壹，谁能听之"的名言，对和而不同的重要性作了说明。他还引用《礼记·中庸》中的"万物并育而不相害，道并行而不相悖"，强调"要尊重文明多样性，推动不同文明交流对话、和平共处、和谐共生，不能唯我独尊、贬低其他文明和民族"[3]。习近平总书记指出，"要积极树立双赢、多赢、共赢的新理念，摒弃你输我赢、赢者通吃

---

[1] 习近平：《在中国国际友好大会暨中国人民对外友好协会成立60周年纪念活动上的讲话》，《人民日报》2014年5月16日。
[2] 习近平：《在纪念孔子诞辰2565周年国际学术研讨会暨国际儒学联合会第五届会员大会开幕会上的讲话》，《人民日报》2014年9月25日。
[3] 习近平：《弘扬和平共处五项原则 建设合作共赢美好世界——在和平共处五项原则发表60周年纪念大会上的讲话》，《人民日报》2014年6月29日。

的旧思维，'各美其美，美人之美，美美与共，天下大同'"①。而按照费孝通先生的阐释，"各美其美，美人之美，美美与共"就是在全球范围内坚持和而不同、和合思维的具体表现。②

习近平总书记用典中还有许多其他体现中国传统哲学辩证法智慧的名句，如"多言数穷，不如守中""甘瓜抱苦蒂，美枣生荆棘""聪者听于无声，明者见于未形""得其大者可以兼其小""秉纲而目自张，执本而末自从""操其要于上，而分其详于下""独阴不成，独阳不生""事必有法，然后可成""大厦之成，非一木之材也；大海之阔，非一流之归也""蠹众而木折，隙大而墙坏""千丈之堤，以蝼蚁之穴溃；百尺之室，以突隙之烟焚""积羽沉舟，群轻折轴""合抱之木，生于毫末；九层之台，起于累土""骐骥一跃，不能十步；驽马十驾，功在不舍。锲而舍之，朽木不折；锲而不舍，金石可镂"。习近平总书记对这些名句的引用和阐释，以及他对盲人摸象、郑人买履、坐井观天、掩耳盗铃、揠苗助长、削足适履、画蛇添足等典故的分析和批判，都体现出他对中国传统哲学辩证法思想的创造性转化和创新性发展。

四 对中国传统哲学"知行合一"思想的创造性转化和创新性发展

知行关系问题是中国传统哲学家们极为关注的一个问题，知行观

---

① 习近平：《弘扬和平共处五项原则 建设合作共赢美好世界——在和平共处五项原则发表60周年纪念大会上的讲话》，《人民日报》2014年6月29日。

② 《费孝通文集》第16卷，群言出版社2004年版。

四　文化传承发展

是中国传统哲学的重要内容。中国传统哲学所谓的知，往往既包括"德性之知"即道德意识或道德自觉，也包括"见闻之知"即关于事实的知识。中国传统哲学所谓的行，则"是指人的所有行为实践的总和"。而至明末清初，王夫之进一步把行明确地界定为"实践"①。中国传统哲学知行观素有重行的传统。《尚书》提出，"非知之艰，行之惟艰"（《尚书·说命中》）。孔子认为，真正有学问的人必然懂得如何把知付诸于行、能够学以致用。荀子更是儒家重行的代表，他主张"行高于知"，把行视为知的目的和检验知的标准。墨家主张"取名予实"，而其所谓的实，既包括实情，也包括实效。道家反对坐而论道，要求人们在实践中"悟道"和"行道"。宋代以后，人们对知行关系作了进一步思考和探索，其中，程颐主张"知先行后"，朱熹主张"知轻行重"，王阳明提出"知行合一"，王夫之主张"行先知后"，等等。

在推进新时代党的建设新的伟大工程的过程中，习近平总书记特别重视党的作风建设，不断重申"空谈误国，实干兴邦"，坚决反对知行不一、言行不一、表里不一、坐而论道和其他各种"假""大""虚""空"的形式主义漂浮作风，反复强调要"学以致用""行胜于言""承诺一千，不如落实一件""抓铁有痕、踏石留印"和发扬"钉钉子的精神"，同时告诫人们要避免陷入"少知而迷、不知而盲、无知而乱"的困境，要求人们努力以思想自觉引导行动自觉、以行动自觉深化思想自觉。中国传统哲学中素来重行的知行观，特别是王阳

---

① 宋志明：《中国传统知行观综论》，《江南大学学报》（人文社会科学版）2015年第4期。

明的"知行合一"说，恰好契合新时代党的作风建设的需要。因此，习近平总书记以王阳明的"知行合一"说为切入点，通过对它的创造性转化和创新性发展，批判地继承了中国传统哲学知行观的合理因素并使其发扬光大，形成了具有鲜明特色的新时代中国马克思主义哲学知行观。习近平总书记对王阳明"知行合一"说的创造性转化和创新性发展，主要体现在以下两个方面。

第一，对王阳明"知""行"范畴的改造。王阳明所谓的知，主要是指"德性之知"即"良知"，如"知爱知敬，知是知非，当恻隐自然恻隐，当羞恶自然羞恶，当辞让自然辞让"[①]。要理解这一点，首先须了解王阳明提出知行合一说的目的。对此，他本人就曾有明确的说明。"问知行合一。先生曰：'此须识我立言宗旨。今人学问，只因知行分作两件，故有一念发动，虽是不善，然却未曾行，便不去禁止。我今说过知行合一，正要人晓得一念发动处，便即是行了。发动处有不善，就将这不善的念克倒了，须要彻根彻底，不使那一念不善潜伏在胸中。此是我立言宗旨。'"（《传习录·黄直录》）可见，王阳明提出"知行合一"说的目的是克服各种"不善的念"。这样一来，他所谓的"知行合一"中的"知"主要是指德性之知即良知也就很好理解了。在他看来，作为一种道德意识或道德自觉，良知是道德原则与道德情感的统一，是一种发乎性体的先验知识，它不仅使我们明辨是非，而且使我们"好"是"恶"非。他说："心自然会知，见父自然知孝，见兄自然知弟，见孺子入井自然知恻隐，此便是良知，不假外求。"（《传习录·徐爱录》）这里所说的"自然"，就是

[①] 陈银峰：《王阳明"知行合一"思想初探》，《丝绸之路》2011年第8期。

四　文化传承发展

强调良知的先验性，即认为它是人的内心先天本有、与生俱来的东西，而不是外在环境因素如教育等影响的结果或实践经验的内化。王阳明所谓的行，是指人的一切行为，也包括人的精神活动和心理行为。王阳明说："凡谓之行者，只是着实去做这件事。若着实做学问思辩的工夫，则学问思辩亦便是行矣。学是学做这件事，问是问做这件事，思辩是思辩做这件事，则行亦便是学问思辩矣。若谓学问思辩之，然后去行，却如何悬空先去学问思辩得？行时又如何去得做学问思辩的事？行之明觉精察处，便是知；知之真切笃实处，便是行。"（《传习录·答友人问》）按照这种说法，只要"着实去做"，学、问、思辩也皆是行，甚至"一念发动处，便即是行了"（《传习录·黄直录》）。可见，王阳明在把知行混为一谈的同时，也把行主观化了。

习近平总书记对王阳明的"知""行"范畴进行了马克思主义哲学的改造。一是对王阳明"知"的范畴的改造。如前所述，王阳明所谓的知，主要是指"德性之知"即良知，"德性之知"也构成习近平总书记的知的重要内容。在习近平总书记那里，"德性之知"既包括理想信念，也包括道德修养。共产主义的远大理想和中国特色社会主义的共同理想，中国共产党人的初心使命和全心全意为人民服务的宗旨，社会主义核心价值观，政治意识、大局意识、核心意识、看齐意识"四个意识"，道路自信、理论自信、制度自信、文化自信"四个自信"以及共产党员的党性修养和道德修为，都是习近平总书记特别强调的德性之知。可以说，这种德性之知是世界观、人生观和价值观的统一。重视德性之知，鲜明地体现了习近平总书记对中国传统哲学的知行观特别是王阳明知行合一说的继承和弘扬。但是，习近平总书记从根本上反对王阳明关于德性之知或良知的先验论，认为人们只有通过教育和学习才能获得上述各方面的德性之知。因此，习近平总书记强调，要"坚持用马克思主义中国化最新成果武装头脑、凝心聚魂，用理想信念和党性教育固本培元、补钙壮骨，着力教育引导全党坚定理想、坚定信念，增强中国特色社会主义道路自信、理论自信、制度自信、文化自信"①。同时，习近平总书记的知，绝不仅限于这种德性之知，而是也包括各种见闻之知，即通过学习而把握到的各种科学知识和通过实践而掌握的经验知识。在这一点上，习近平总书记对知的理解也克服了王阳明往往把知归结为良知的缺陷，表现出回归中国传统哲学知行观大多将知视为德性之知与见闻之知的统一的特点。二是对王阳明"行"的范畴的改造。前述表明，王阳明往往知行不分、以知为行并由此把行主观化了。习近平总书记克服了这种对行的唯心主义理解，他所说的行就是人们能动地改造世界的客观实践活动，它不过是对马克思主义哲学的实践范畴所做的一种具有鲜明中国特色的表述。当然，习近平总书记知行观中的行也有行动、践行、躬行等意味，旨在区别于和反对那种仅停留在口头上的形式主义作风。这一点，也体现了习近平总书记知行观对中国传统哲学知行观素来重视行的传统的继承和弘扬。

第二，对王阳明知行关系思想的扬弃。从总体上看，王阳明反对"知先行后"说，主张知行合一。关于知行合一，王阳明曾用三个命题来加以说明：一是"知是行的主意，行是知的工夫"。《传习录》

---

① 习近平：《在党的十八届六中全会第二次全体会议上的讲话（节选）》，《求是》2017年第1期。

四　文化传承发展

载："爱曰：古人说知行做两个，亦是要人见得分晓，一行做知的功夫，一行做行的功夫，即功夫始有下落。先生曰：此却失了古人宗旨也。某尝说知是行的主意，行是知的功夫。"（《传习录·徐爱录》）按照这一命题，知是行的依据并主导着行，而行则是知的实现和结果，因而知行是合一的。二是"知是行之始，行是知之成"。王阳明认为："知是行之始，行是知之成。若会得时，只说一个知，已自有行在。只说一个行，已自有知在。"（《传习录·徐爱录》）根据这一命题，知是行的开始，行是知的完成，因而知行是合一的。三是"知之真切笃实处即是行，行之明觉精察处即是知"。王阳明说："知之真切笃实处即是行，行之明觉精察处即是知。知行工夫，本不可离，只为后世学者分作两截用功，失却知行本体，故有合一并进之说。"（《传习录·答顾东桥书》）这一命题是说，知达到真切笃实的地步就是行，而行表现出明觉精察时就是知，因而知行是合一的。上述王阳明用以说明知行合一的三个命题，都是旨在强调知中有行、行中有知或知离不开行、行也离不开知，这也正是他说的"知行合一"的要义。王阳明举例说："故《大学》指个真知行与人看，说'如好好色，如恶恶臭'。见好色属知，好好色属行，只见那好色时已自好了，不是见了后又立个心去好；闻恶臭属知，恶恶臭属行，只闻那恶臭时已自恶了，不是闻了后别立个心去恶。如鼻塞人虽见恶臭在前，鼻中不曾闻得，便亦不甚恶，亦只是不曾知臭。就是称某人知孝、某人知弟，必是其人已曾行孝、行弟，方可称他知孝、知弟；不成只是晓得说些孝弟的话，便可称为知孝弟。又如知痛，必已自痛了方知痛；知寒，必已自寒了；知饥，必已自饥了。知行如何分得开？"（《传习录·徐爱录》）

习近平总书记高度重视王阳明的知行合一思想，自 2013 年以来在许多不同的场合多次使用"知行合一"的命题。但是，习近平总书记对王阳明知行合一思想进行了辩证的扬弃。与王阳明把"知行合一"视为一个事实命题、认为知行本是合一的看法不同，在习近平总书记那里，"知行合一"是一个规范命题，或者说是对广大党员和干部提出的一项要求。正是这一点，决定了习近平总书记与王阳明的知行合一思想有以下两个方面的根本区别：首先，王阳明认为知行合一是一种必然，而习近平总书记则认为知行合一并非必然。王阳明认为知行本是合一的，因而实际上把知行合一视为一种必然。与此不同，习近平总书记指出并批评了知行关系上的种种错位现象：一是不知不行，即既不认真学习也不努力作为；二是知而不行，即一切停留在口头言语上；三是不知却行，如盲目行动、瞎指挥；四是虽知硬行，如明知故犯、顶风违纪。知行关系上的种种错位现象表明，知行合一并非是必然的。其次，王阳明强调知行合一是一种实然，习近平总书记则强调知行合一是一种应然。在王阳明那里，既然知行本是合一的，那么，知行合一就是一种事实、一种实然。与此不同，在习近平总书记看来，知行合一是只有通过克服上述各种错位现象才能达致的知行关系的应然状态。他指出，"知是基础、是前提，行是重点、是关键，必须以知促行、以行促知，做到知行合一"[①]。之所以出现上述区别，其根本原因在于习近平总书记对王阳明的"知行合一"命题进行了创造性转化和创新性发展，即把知行合一理解为知

[①] 习近平：《在党的群众路线教育实践活动第一批总结暨第二批部署会议上的讲话》，《党建研究》2014 年第 2 期。

行统一，并强调在知行关系中行是重点和关键，强调必须以行促知、把思想转化为行动。他说："我国古人关于知行合一的论述，强调的也是认识和实践的关系。如荀子的'不闻不若闻之，闻之不若见之，见之不若知之，知之不若行之'；西汉刘向的'耳闻之不如目见之，目见之不如足践之，足践之不如手辨之'；宋代陆游的'纸上得来终觉浅，绝知此事要躬行'；明代王夫之的'知行相资以为用'，等等。我们推进各项工作，根本的还是要靠实践出真知。"① 由此可见，习近平总书记实际上是以王阳明的知行合一说为切入点而对中国传统哲学知行合一思想进行了创造性转化和创新性发展。

五 对中国传统哲学民本思想的创造性转化和创新性发展

中国传统哲学中有着源远流长、极为宏富的民本思想。它发端于殷周之际，绵延不绝地演进至明清时期，贯穿整个中国传统哲学的发展过程。"民本思想在商周先秦时代已有萌芽出现；民本主义形成思想体系，则在汉晋时代；到明清日趋完善。"② 作为中国传统政治哲学的核心内容，民本思想曾对中国古代社会的发展产生重大影响，它在防范君权滥用、保障民生、缓和社会矛盾、维护社会和谐与稳定方面发挥了重要作用。因此，中国传统哲学中的民本思想受到习近平总书记的高度重视。2014年2月，习近平总书记在主持第十八届中央

---

① 习近平：《论党的宣传思想工作》，中央文献出版社2020年版，第131页。
② 陈胜粦：《民主主义纲领》，中山大学出版社1990年版。

政治局第十三次集体学习时指出，要"深入挖掘和阐发中华优秀传统文化讲仁爱、重民本……的时代价值，使中华优秀传统文化成为涵养社会主义核心价值观的重要源泉"①。2014年10月，习近平总书记在文艺工作座谈会上的讲话中指出，中华民族在长期实践中培育和形成的"重民本"等思想理念，有其永不褪色的价值。② 2019年5月，习近平主席在亚洲文明对话大会开幕式上的主旨演讲中说，"自古以来，中华文明在继承创新中不断发展"，其"民本理念等在世界上影响深远，有力推动了人类文明发展进程"③。2019年10月，习近平总书记在党的十九届四中全会第二次全体会议上的讲话中说，"中华民族创造了灿烂的古代文明，形成了关于国家制度和国家治理的丰富思想"，其中就包括"民贵君轻、政在养民的民本思想"，"这些思想中的精华是中华优秀传统文化的重要组成部分，也是中华民族精神的重要内容"④。不仅如此，习近平总书记在把马克思主义群众史观同新时代中国实际相结合的过程中，还对中国传统哲学民本思想进行了创造性转化和创新性发展，形成了具有鲜明中国特色的马克思主义民本思想，包括人民主体论和以人民为中心的发展思想。习近平总书记对中国传统哲学民本思想的创造性转化和创新性发展主要表现在以下几个方面。

一是变革了民本思想的历史观基础。中国传统哲学民本思想的核

---

① 《习近平谈治国理政》第一卷，外文出版社2018年版，第164页。
② 习近平：《坚定文化自信，建设社会主义文化强国》，《求是》2019年第12期。
③ 习近平：《深化文明交流互鉴 共建亚洲命运共同体——在亚洲文明对话大会开幕式上的主旨演讲》，《人民日报》2019年5月16日。
④ 习近平：《坚持和完善中国特色社会主义制度 推进国家治理体系和治理能力现代化》，《求是》2020年第1期。

四 文化传承发展

心理念是贵民、敬民、安民、爱民、惠民。习近平总书记用典中的"民惟邦本,本固邦宁"(《尚书·五子之歌》)、"天视自我民视,天听自我民听"(《尚书·泰誓》)、"人视水见形,视民知治不"(《史记·殷本纪第三》)、"政之所兴在顺民心,政之所废在逆民心"(《管子·牧民》)、"凡治之道,必先富民"(《管子·治国》)、"治政之要在于安民,安民之道在于察其疾苦"(张居正《请蠲积逋以安民生疏》)、"乐民之乐者,民亦乐其乐;忧民之忧者,民亦忧其忧"(《孟子·梁惠王下》)、"善为国者,爱民如父母之爱子、兄之爱弟,闻其饥寒为之哀,见其劳苦为之悲"(刘向《说苑·政理》)、"德莫高于爱民;行莫贱于害民"(《晏子春秋·内篇·问下》)、"圣人无常心,以百姓之心为心"(《老子·第四十九章》)、"去民之患,如除腹心之疾"(苏辙《上皇帝书》)、"利民之事,丝发必兴;厉民之事,毫末必去"(万斯大《周官辨非·天官》)、"足寒伤心,民寒伤国"(荀悦《申鉴·政体》)、"治国有常,而利民为本"(《文子·上义》),等等,莫不体现了上述民本思想的核心理念。但从总体上看,中国传统哲学民本思想的理论基础是一种英雄史观。在这种民本思想看来,君主爱民,"如父母之爱子、兄之爱弟",是皇恩浩荡、君主有德和施仁政的表现,君主才是国家兴亡和社会发展的决定力量。与此不同,习近平总书记的民本思想是建立在马克思主义的群众史观基础上的。习近平总书记强调,"人民是历史的创造者,是真正的英雄"[1];"人民群众有着无尽的智慧和力量,只有始终相信人民,紧紧

---

[1] 习近平:《在庆祝中国共产党成立95周年大会上的讲话》,《人民日报》2016年7月2日。

依靠人民,充分调动广大人民的积极性、主动性、创造性,才能凝聚起众志成城的磅礴之力"①。

二是重置了民本思想的价值本位。以一定的历史观为基础的民本思想,本身属于社会价值观的范畴,是对为国者或当政者应该如何对待民众或人民的一种规范性回答。尽管中国传统哲学民本思想以贵民、敬民、安民、爱民、惠民为其核心理念,但它本质上并不是真正以民为本或以民为价值本位的,即并没有真的确认民的主体地位、把民视为国家或社会的主人。人们通常认为,《尚书》是中国传统哲学民本思想的源头,但在《尚书》中,君民关系是天命使然,君王只有"用康保民"(《尚书·康诰》),才能体现自己的德性,也才配受天命。因此,《尚书》里所谓的"民惟邦本",实际上是强调君王要以民作为"邦本"。显然,在这里,君王才是真正的价值本位或国家主人,它所体现的实质上是"君本"而非"民本"。孔子是先秦儒家民本思想的开创者,其"仁政""养民""富民""信民""宽民"思想对后世民本思想有重要影响。但孔子明确主张,"民可使由之,不可使知之"(《论语·泰伯第八》);"天下有道,则礼乐征伐自天子出……天下有道,则庶民不议"(《论语·季氏第十六》)。这同样也是不折不扣的"君本"思想。孟子的"民贵君轻"思想常为人们所乐道,但孟子的原话是这样说的:"民为贵,社稷次之,君为轻。是故得乎丘民而为天子,得乎天子为诸侯,得乎诸侯为大夫。"(《孟子·尽心下》)根据这一论述,"贵民"的主体亦即居于价值本位上

---

① 习近平:《在纪念红军长征胜利 80 周年大会上的讲话》,《人民日报》2016 年 10 月 22 日。

的乃是最高君王即天子，它表达的同样还是一种"君本"思想。习近平总书记在马克思主义群众史观基础上，从根本上重置了民本思想的价值本位，真正确立了人民作为国家和社会主人的主体地位。党的十八大以来，习近平总书记反复强调"坚持人民主体地位"，强调"江山就是人民、人民就是江山，打江山、守江山，守的是人民的心"，强调"中国共产党根基在人民、血脉在人民、力量在人民"①，强调"必须把人民放在心中最高位置"②，从而使人民真正成为价值本位。

三是转换了民本思想的价值诉求。由其英雄史观和"君本"思想所决定，中国传统哲学民本思想的价值诉求也不是真正为民谋利。孟子曾说："得天下有道，得其民，斯得天下矣；得其民有道，得其心，斯得民矣。"（《孟子·离娄上》）由此可见，孟子之所以强调"贵民"，就是因为在他看来，只有"贵民"，君王才能得民心，进而才能得天下。荀子曾有著名的君民舟水之喻："选贤良，举笃敬，兴孝弟，收孤寡，补贫穷，如是则庶人安政矣。庶人安政，然后君子安位。传曰：'君者舟也，庶人者水也，水则载舟，水则覆舟。'此之谓也。"（《荀子·王制》）显然，虽然这一君民舟水之喻内含的敬民、安民、惠民思想在客观上能促成一些利民的"仁政"，但它本身的目的却是"君子安位"，即巩固君王的统治地位。荀子还强调："民不亲不爱，而求其为己用、为己死，不可得也。"（《荀子·君道》）这就说得更明白了：他之所以主张亲民爱民乃是为了用民，他的民本思

---

① 习近平：《在庆祝中国共产党成立100周年大会上的讲话》，《求是》2021年第14期。
② 习近平：《在纪念红军长征胜利80周年大会上的讲话》，《人民日报》2016年10月22日。

想追求的是民为君用、民为君死。管子也是中国传统哲学民本思想的重要代表。他说："夫霸王之所始也，以人为本。"（《管子·霸言》）就是说，如果想要称霸诸侯、夺得天下，就必须以人为本。可见，中国传统哲学民本思想的价值诉求都是为统治阶级的利益服务的，都是"以王道为目的，以民道为手段"[1]的。习近平总书记依据马克思主义的群众史观以及中国共产党人的初心和使命对中国传统民本思想的价值诉求作了根本转换，牢固坚持了全心全意为人民服务的根本宗旨。习近平总书记特别强调"人民对美好生活的向往，就是我们的奋斗目标"[2]，强调发展为了人民和发展的成果由人民共享。他在引用《尚书》的"天视自我民视，天听自我民听"一语时强调，"人民立场是党的根本政治立场，全心全意为人民服务是党的根本宗旨"，"全党同志无论职位高低，都要把人民拥护不拥护、赞成不赞成、高兴不高兴、答应不答应作为衡量一切工作得失的根本标准。我们的工作和决策必须识民情、接地气，以人民利益为重、以人民期盼为念，真诚倾听群众呼声，真实反映群众愿望，真情关心群众疾苦"[3]。

上述对中国传统哲学天人合一思想、辩证法思想、知行合一思想、民本思想的创造性转化和创新性发展，只是习近平总书记对中国传统哲学智慧创造性转化和创新性发展的主要方面。除此以外，习近平总书记的传统文化用典中还包括"为政篇""治理篇""立德篇""修身篇""笃行篇""劝学篇""任贤篇""天下篇""廉政篇"

---

[1] 唐代兴、左益：《先秦思想札记》，巴蜀书社2009年版。
[2] 《习近平谈治国理政》第一卷，外文出版社2018年版，第4页。
[3] 习近平：《在纪念朱德同志诞辰130周年座谈会上的讲话》，《人民日报》2016年11月30日。

四　文化传承发展

"信念篇""法治篇""文学篇"等多方面的丰富内容[①][②]，其中也含蕴着独特而深刻的中国传统哲学智慧，如"大道之行，天下为公"的大同思想、协和万邦的国际观、和而不同的社会观、人心和善的道德观、义利合一的利益观等，习近平总书记同样也对这些方面的中国传统哲学智慧进行了创造性转化和创新性发展。所有这些，使得习近平新时代中国特色社会主义思想的世界观和方法论具有鲜明的中国风格和中国气派，也充分体现了习近平新时代中国特色社会主义思想是"中华文化和中国精神的时代精华"[③]。

[原载《武汉大学学报》（哲学社会科学版）2023 年第 3 期]

---

① 人民日报评论部：《习近平用典》第一辑，人民日报出版社 2018 年版。
② 人民日报评论部：《习近平用典》第二辑，人民日报出版社 2018 年版。
③ 《中共中央关于党的百年奋斗重大成就和历史经验的决议》，《人民日报》2021 年 11 月 17 日。

中华优秀传统文化与中国特色社会主义

孙来斌[*]

五四运动以降,在如何看待中国传统文化现实作用问题上,社会各界长期存在歧见,其中不乏激进、偏执的主张。中国共产党人坚持马克思主义的历史主义,历来主张以辩证的态度对待传统文化,主张继承、光大中华优秀传统文化。新时代以来,党中央高度重视中华优秀传统文化的作用,强调中华优秀传统文化是中华民族的突出优势,是我们在世界文化激荡中站稳脚跟的根基。当下,思想理论界对中华优秀传统文化开展了深入而广泛的研究,但关于它对坚持和发展中国特色社会主义的作用方面的研究相对较少。习近平总书记在文化传承发展座谈会上的重要讲话中指出:"在五千多年中华文明深厚基础上开辟和发展中国特色社会主义,把马克思主义基本原理同中国具体实际、同中华优秀传统文化相结合是必由之路。"[①] 这一重要论述,对于我们深刻认识中华优秀传统文化对新时代中国特色社会主义的作用

---

[*] 作者简介:孙来斌,北京大学马克思主义学院教授、博士生导师。

[①] 《担负起新的文化使命 努力建设中华民族现代文明》,《人民日报》2023年6月3日。

四　文化传承发展

提供了重要遵循。从对社会生活领域的影响而言，中华优秀传统文化在建设中华民族现代文明、促进经济高质量发展、推进国家治理现代化等方面具有重要作用，是坚持和发展中国特色社会主义、推进和拓展中国式现代化的深层而持久的精神文化力量。

一　建设中华民族现代文明的文化根基

探讨中华优秀传统文化之于中国特色社会主义文化的作用，涉及一些躲不开、绕不过的重要问题。其中，中华优秀传统文化与社会主义现代化、与马克思主义、与社会主义核心价值观等方面的关系，就是这样的问题。只有处理好这几个方面的关系，中国这个东方文明古国才会焕发青春活力，自信而从容地迈向社会主义文化强国的目标。

（一）中华优秀传统文化与社会主义现代化的对接

经济文化相对落后国家在走上社会主义道路以后，如何对待本国的传统文化，是一个值得认真探讨的问题。马克思恩格斯在《共产党宣言》中指出，社会主义革命"就是同传统的所有制关系实行最彻底的决裂；毫不奇怪，它在自己的发展进程中要同传统的观念实行最彻底的决裂"①。根据"两个决裂"的语境，正像"传统的所有制关系"所指的是私有制关系，特别是资本主义私有制关系一样，"传统的观念"无疑是指那些反映和维护私有制利益，特别是资本主义私

---

① 《马克思恩格斯选集》第 1 卷，人民出版社 2012 年版，第 421 页。

有制利益的观念，主要是那些落后的乃至反动的传统观念。如果将"同传统的观念实行最彻底的决裂"理解为共产党人要抛弃一切传统，那就既不符合这一论述的上下文语境，也不符合马克思恩格斯历来主张的历史辩证法，甚至违背他们的有关直接论述精神。例如，1851年，马克思在《路易·波拿巴的雾月十八日》中指出："人们自己创造自己的历史，但是他们并不是随心所欲地创造，并不是在他们自己选定的条件下创造，而是在直接碰到的、既定的、从过去承继下来的条件下创造。一切已死的先辈们的传统，像梦魇一样纠缠着活人的头脑。"[1] 这里的"传统"，无疑包括好与坏两个方面，因而它对人们的影响就有积极与消极两个方面。社会主义革命要尽力与之实现决裂的，无疑是消极的、腐败的坏传统。而对于那些人类历史上的优秀传统，马克思恩格斯则明言要予以继承。马克思在《1857—1858年经济学手稿》中评价古希腊艺术和史诗时谈到，虽然产生这种文艺的社会条件已经一去不复返，但这种古代人的创作"仍然能够给我们以艺术享受，而且就某方面说还是一种规范和高不可及的范本"[2]。他还强调，就像大人不应失落童真一样，成熟的社会应当"在一个更高的阶梯上"把人类文化创造中富有永久魅力的童真"再现出来"[3]。

从世界历史上看，俄国在探索现代化道路过程中遭遇文化发展路向问题。在19世纪上半叶，面对西方现代化的冲击，俄国的斯拉夫派和西欧派提出了不同的文化道路主张。斯拉夫派主张回归俄国文化传统，强调其独特性、优越性；西欧派从根本上否定俄国的文化传

---

[1] 《马克思恩格斯选集》第1卷，人民出版社2012年版，第669页。
[2] 《马克思恩格斯选集》第2卷，人民出版社2012年版，第711页。
[3] 《马克思恩格斯选集》第2卷，人民出版社2012年版，第712页。

四　文化传承发展

统，主张全面学习西方资产阶级文化。这两种主张无疑都是偏颇的。十月革命胜利后，列宁一方面同以波格丹诺夫为代表的"无产阶级文化派"作斗争，批判其完全摒弃俄罗斯传统文化的错误主张，强调"无产阶级文化并不是从天上掉下来的"，无产阶级文化应当是人类在历史上"创造出来的全部知识合乎规律的发展"①。另一方面，列宁要求坚持同过去的愚昧观念、粗野遗产作斗争，大力提倡文化革命，认为"只要实现了这个文化革命，我们的国家就能成为完全社会主义的国家了"②。

就中国的情况而言，关于传统文化能不能以及怎么样与现代化对接的问题，长期以来也存在不同看法，甚至出现了文化虚无主义与文化守成主义的极端倾向。这两种极端倾向的错误实质，正如毛泽东早在1942年的《反对党八股》中所指出的，"没有历史唯物主义的批判精神，所谓坏就是绝对的坏，一切皆坏；所谓好就是绝对的好，一切皆好"③。消弭传统文化与现代化的冲突，应该从发扬积极健康因素、批判消极腐败因素两个方面发力。从批判消极腐败的方面来看，传统文化是在小农经济和宗法制度环境下形成和发展起来的，不可避免地带有当时人们的认识水平、所处历史时代和社会制度条件的烙印，存在一些历史局限性，在一些方面不能适应当前社会主义现代化建设的现实要求。其中，"尊官贵长的陈旧传统与民主精神的冲突""庸俗心习与革命理想的冲突""因循守旧的陈旧传统与革新精神的

---

① 《列宁选集》第4卷，人民出版社2012年版，第285页。
② 《列宁全集》第43卷，人民出版社2017年版，第372页。
③ 《毛泽东选集》第3卷，人民出版社1991年版，第832页。

冲突"① 等方面，尤其值得反思。从发扬积极健康因素来看，"在带领中国人民进行革命、建设、改革的长期历史实践中，中国共产党人始终是中国优秀传统文化的忠实继承者和弘扬者，从孔夫子到孙中山，我们都注意汲取其中积极的养分"②。中华优秀传统文化是我们受用不尽的思想富矿、文化宝藏，为中国特色社会主义发展提供了丰厚的精神文化滋养。今日之现代中国，乃是历史之传统中国的延续和发展。因此，必须促进中华优秀传统文化的创造性转化、创新性发展，使之更好地对接现代化发展进程、契合现代社会生活需要，不断强化中华民族现代文明的文化根基，不断丰富中国式现代化的文化内涵。

（二）中华优秀传统文化与马克思主义"相互成就"

关于坚持把马克思主义基本原理同中华优秀传统文化相结合，存在何以必要、何以可能、如何推进等基本问题。③ 对于马克思主义基本原理同中华优秀传统文化如何相结合，学术界存在不同认知。其中，有人抱持"儒家社会主义"，主张将当代中国马克思主义整体装入儒家思想框架之内，完全以儒家思想重构当代中国马克思主义、中国特色社会主义；有人主张将中华优秀传统文化整体植入马克思主义理论框架之内，完全以马克思主义重释中华优秀传统文化。在我们看

---

① 张岱年、程宜山：《中国文化论争》，中国人民大学出版社 2006 年版，第 252—254 页。

② 习近平：《在纪念孔子诞辰 2565 周年国际学术研讨会暨国际儒学联合会第五届会员大会开幕会上的讲话》，人民出版社 2014 年版，第 13 页。

③ 参见孙来斌《科学把握"两个结合"的三个维度》，《光明日报》2022 年 11 月 11 日。

四　文化传承发展

来，这两种主张都不符合"把马克思主义基本原理同中华优秀传统文化相结合"的本意，前者实际上消解了马克思主义的指导地位，后者实际上抹杀了中华优秀传统文化的整体存在。在这方面，重要的认识前提在于处理好思想主导与文明主体的关系。马克思主义在指导思想和意识形态上具有主导地位，中华文明具有文明主体地位，二者统一于中国特色社会主义实践，经过了"差异—契合—融合"的实现过程，形成"两源一体"格局。[①]

恩格斯指出，现代社会主义，"同任何新的学说一样，它必须首先从已有的思想材料出发，虽然它的根子深深扎在物质的经济的事实中"[②]。坚持马克思主义基本原理同中华优秀传统文化相结合，体现了中国特色社会主义文化发展的内在逻辑，是建设中华民族现代文明的关键问题。"'结合'的结果是互相成就，造就了一个有机统一的新的文化生命体，让马克思主义成为中国的，中华优秀传统文化成为现代的，让经由'结合'而形成的新文化成为中国式现代化的文化形态。"[③] 中国特色社会主义文化是以马克思主义为指导的文化，是坚守中华文化立场的文化，是植根中国大地、结合中国实际、反映中国人民生活的文化，是一种崭新的中国式现代化的文化样态。

把马克思主义基本原理同中华优秀传统文化相结合，既有以前者引领、激活后者的一方面，也有用后者丰富、发展前者的一方面，还有两者经由"结合"而形成新的文化样态的一方面。后两个方面着

[①] 参见姜辉《"两个结合"是马克思主义中国化的必然途径》，《当代中国史研究》2021年第5期。

[②] 《马克思恩格斯选集》第3卷，人民出版社2012年版，第775页。

[③] 《担负起新的文化使命 努力建设中华民族现代文明》，《人民日报》2023年6月3日。

重体现了中华优秀传统文化的作用,是我们所要探讨的重点。

用中华优秀传统文化丰富、发展马克思主义基本原理,首先体现在智慧、精神层面。作为中华民族的民族特质和精神标识,中华优秀传统文化反映了中华民族独特的风俗、风骨、风貌。在这方面,要注重把握中华优秀传统文化的精髓和真谛,包括人文至上、立德修身、家国一体、维新变革、追求中和、崇尚整体等[1],"将中华民族的伟大精神和丰富智慧更深层次地注入马克思主义"[2]。用中华优秀传统文化丰富、发展马克思主义基本原理,其次体现在概念、用语层面。赋予中华优秀传统文化的有关概念、用语、思想以马克思主义中国化内涵,进而丰富马克思主义基本原理宝库。例如,"马克思主义中国化历程中提出的'实事求是''小康社会''我将无我,不负人民'等用语"[3],值得认真研究。又如,中华优秀传统文化的"大同世界",与马克思主义的"共产主义社会",存在相通相似之处。我们既可以"互文见义",用传统文化中的"大同世界"激发大众对共产主义理想的认同,也应该科学引领,以马克思主义引导大众深化对"大同世界"的认识。当然,中国传统文化的许多提法,意蕴"致广大而尽精微",给人以巨大的解释空间。这种中国式智慧面对现代性问题和国际化交流时,有许多精妙的优势,但无疑也会存在系统性和逻辑性相对不足的短板,其中的一些经典命题亟待作出创造性转化、

---

[1] 参见包心鉴《在坚持"两个结合"中不断推进马克思主义中国化》,《山东社会科学》2021年第8期。

[2] 《不断深化对党的理论创新的规律性认识 在新时代新征程上取得更为丰硕的理论创新成果》,《人民日报》2023年7月2日。

[3] 顾海良:《以史为鉴、开创未来,继续推进马克思主义中国化》,《马克思主义与现实》2021年第4期。

创新性发展。例如，关于"天人合一"这个中国哲学史上的重要命题，历来是见仁见智，存在着"天人感应""天人相通""人天同构""人天同象"等多种解释倾向。赋予其人与自然和谐共生的新阐释，"天人合一"更容易让当代人普遍接受，也就具有了当代中国马克思主义的理论内涵。

从马克思主义基本原理同中华优秀传统文化经由"结合"而形成新的文化样态来看，必须正确回答时代和实践提出的重大问题，必须"把马克思主义思想精髓同中华优秀传统文化精华贯通起来、同人民群众日用而不觉的共同价值观念融通起来"①，在回答重大时代课题中实现融合创新、理论聚变。当前，世界百年未有之大变局加速演进，实现中华民族伟大复兴处于关键时期。"世界怎么了、我们怎么办"这一问题，在新的历史条件下再一次摆在人们面前。构建人类命运共同体理念，坚持创造性地运用马克思主义世界历史思想，同时继承了中华优秀传统文化的宝贵精神财富，特别是儒家关于天下为公、大同世界的思想等。可以说，构建人类命运共同体理念，是坚持把马克思主义基本原理同中华优秀传统文化相结合的重大创新性成果。

（三）以中华优秀传统文化涵养社会主义核心价值观

对于一个民族而言，传统文化是它生生不息的血脉传承，是它区别于其他民族的独特标识。任何一个优秀的民族在形成自己的民族精神、价值观念时，无不注重从本民族优秀传统文化中汲取智慧。黑格

---

① 《习近平著作选读》第一卷，人民出版社2023年版，第15页。

尔认为,"世界历史自身本质上是民族精神或国家精神的辩证法"①,一个民族之所以能够引领世界历史,就在于其优秀的民族精神、文化传统。应该说,黑格尔的有关思想虽带有西方中心论痕迹,但上述论断不无道理。从世界上看,美国虽然立国时间不长,但其200多年的建国强国史,在一定意义上说,也是其文化价值传统的形成发展史。第二次世界大战以后,美国所谓世界领先地位的形成,与其注重个性、创新、竞争等文化特质有一定关联。当前美国出现各种社会问题,也有其文化病灶,与其枪支文化泛滥、极端个人主义盛行、种族主义抬头不无关系。

社会主义核心价值观既是马克思主义基本原理同中华优秀传统文化的结合点,也是中国特色社会主义文化建设的基础面。作为中华民族的民族特质和精神标识,中国传统文化是由中华民族祖先创造、并为中华民族世世代代所继承发展的民族文化,具有鲜明的历史、地域、民族等方面的特色,反映了中华民族独特的风俗、风骨、风貌。如何发挥中华优秀传统文化对于社会主义核心价值观的涵养作用,将之更好地融入日常生活,是一篇大文章。习近平总书记指出:"深入挖掘和阐发中华优秀传统文化讲仁爱、重民本、守诚信、崇正义、尚和合、求大同的时代价值,使中华优秀传统文化成为涵养社会主义核心价值观的重要源泉。"② 这一论断,对于我们深刻认识中华优秀传统文化对社会主义核心价值观的文化滋养、精神涵养、观念培养作用,具有重要的方法论意义。例如,关于"和谐"。"和"是中国传

---

① Frederick Copleston, *A History of Philosophy* (Volume VII), New York: Doubleday, 1994, p. 225.

② 《习近平谈治国理政》第一卷,外文出版社2018年版,第164页。

四　文化传承发展

统文化的基本理念。资料表明，最迟在殷周之际，"和"就已进入政治领域被人们接受，被当作协调人际关系、治理国家的准则。孔子提出的"和而不同"，是长期深刻影响中国人的重要观念。重视传统和合文化，对接当前社会建设领域的和谐价值诉求，有助于形成各乐其业、各尽其责、各得其所的生动局面。又如，关于"爱国"。中华民族素有鲜明的爱国主义传统，不仅体现在大量的文献典籍中，更体现在历代前贤的实践中。其中，从南宋陆游的"位卑未敢忘忧国"，到清代林则徐的"苟利国家生死以"，再到鲁迅的"我以我血荐轩辕"，无不满怀爱国深情。

历史上的爱国故事、历代先贤的爱国情怀，无疑为促进《新时代爱国主义教育实施纲要》的实践落地提供了宝贵资源。再如，关于"诚信"。诸子百家在诚信问题上基本态度一致。其中，孔子将诚信视为立足社会的基本条件，强调"人而无信，不知其可也"（《论语·为政》）。孟子将诚信上升到天道、人道的境界，强调"诚者，天之道也；思诚者，人之道也"（《孟子·离娄上》）。管子将诚信看作天下行为准则之关键，强调"诚信者，天下之结也"（《管子·枢言》）。韩非子说："巧诈不如拙诚"（《韩非子·说林》），则从"巧诈"与"拙诚"的对比中，彰显出诚信的可贵。在当前网络交往发达、市场经济发展的条件下，中华传统诚信文化对于涵养诚实守信、诚恳待人之风，彰显"诚信"所具有的时代内涵，具有积极作用。

1922 年，罗素在《中国问题》中以西方视角写道："我相信，中国人如能对我们的文明扬善弃恶，再结合自身的传统文化，必将取得辉煌的成就。"[①] 他还善意地提醒要注意避免"抛弃有别于他国的传统"的"全盘西化"与"强烈排外的保守主义"的两种极端倾向。100余年过去了，当今世界已大不同于当时罗素所处的世界，当代中国已大不同于罗素当时所见闻的中国，当今的世界问题、中国问题都发生了很大变化。可以说，以不忘本来、吸收外来、面向未来为重要特征的中国特色社会主义文化发展道路，已经成功回答了罗素的问题。当然，这种回答并不是针对罗素的问题，而是反映了中华优秀传统文化发展的历史必然、中华民族文化自信的现实逻辑。

二 促进经济高质量发展的独特优势

文化因素对于现代经济社会发展的作用，日益受到人们的重视，乃至被一些人视为经济发展的内生变量。对中国特色社会主义经济发展特别是经济高质量发展而言，中华优秀传统文化具有积极作用、独特优势。

（一）中国传统文化对现代经济发展的作用问题

文化因素对经济社会发展的促进作用，早已引起思想界关注。马克思、恩格斯在晚年反复强调，人类社会的进步并非只是生产力发展的结果，而是还要受到思想文化因素的制约。马克斯·韦伯在《新教伦理与资本主义精神》一书中对精神文化因素之于经济社会发展的作用进行了深入的考察。

---

① ［英］伯特兰·罗素：《中国问题》，秦悦译，经济科学出版社2013年版，第5页。

四　文化传承发展

从发展经济学的角度来看，优秀的国家精神是一个国家发展的比较优势与后发优势——它区别于他国的国家精神并表现出自己的优点，因而成为该国发展的比较优势；它反映该国"后来居上"的追赶意识，因而成为其发展的后发优势。从国际上看，德国、日本、韩国、新加坡等国在第二次世界大战后的发展经验对此给予了证实。

就中国的情况而言，思想界在五四运动前后有所谓中国文化"主静"、西方文化"主动"之说，故而有中国传统文化不利于现代经济发展之观点。事实上，这种"主静"论带有地理环境决定论的痕迹，且忽视了文化内部的复杂性。其实，"在中国文化中，既有主动的，又有主静的；既有主张积极有为的，也有主张自然无为的。西方文化也是如此"①。那么，中国传统文化到底是否有利于经济社会发展呢？多方面的资料表明，中国经济社会发展在历史上曾经长期领跑于世界，到了近代才日趋落后。毫无疑问，长期领跑也好，近代落后也好，都可以从文化方面探究原因。但是，如果简单地将中国经济发展状况归结于传统文化因素，这就陷入了文化决定论的窠臼。马克思主义不赞成文化决定论。即便长期被人视为文化决定论者的韦伯，事实上也强调"社会变迁中的复杂的多元因果性"，认为"导致现代资本主义在欧洲产生的，除了以'新教伦理'所蕴含的'资本主义精神'这些观念、文化因素之外，还须有其他一些物质和制度性因素的配合"②。就近代中国经济发展落后问题而言，必须避免片面、单一的文化视角，综合考虑经济发展的多因性、传统文化的复杂性、文化作

---

① 张岱年、程宜山：《中国文化论争》，中国人民大学出版社2006年版，第24页。
② ［德］马克斯·韦伯：《新教伦理与资本主义精神（罗克斯伯里第三版）》，［美］斯蒂芬·卡尔伯格英译，苏国勋等中译，社会科学文献出版社2010年版，中文新译本序言，第4页。

用的条件性等方面的情况。有学者认为,"中国近代落后的原因,主要在于秦汉以来不断巩固和加强的封建专制主义,包括政治上的君主专制中央集权和文化专制主义"[①]。应该说,这种见解还是颇有说服力的。封建专制主义使传统文化的消极落后因素大行其道,而使传统文化的积极先进因素受到压制而得不到发扬光大。当下的重要任务,就是要着力克服传统文化中的消极落后因素,大力弘扬传统文化中的刚健有为精神,释放优秀传统文化对经济发展的推动力。可以说,新时代中国特色社会主义为此提供了深厚的实践支撑、宽阔的历史平台、优越的制度条件。

(二) 积极发挥中华优秀传统文化对经济高质量发展的独特优势

高质量发展是全面建设社会主义现代化国家的首要任务,意味着经济发展方式由简单追求数量和增速到侧重质量和效益的转变,涉及发展理念、发展动力、经济结构等多方面的内容。从义利观念、奋斗精神、创新传统、文化创意层面来看,中华优秀传统文化对经济高质量发展具有重要作用和独特优势。

其一,张扬义利相兼传统,发挥规约市场自发逻辑的优势。韦伯将超越了纯粹世俗的贪念与情欲、具有殉道的宗教虔诚与禁欲的理性主义倾向、客观上有利于财富积累的伦理道德,称为"资本主义精神"。他追溯了这一精神的宗教起源,论证了这一精神对资本主义早期发展的促进作用,同时也表达了他对资本主义前途命运的隐忧:资本主义发展起来后,清教徒式的"献身于一项事业的精神"将消失,

---

① 张岱年、程宜山:《中国文化论争》,中国人民大学出版社2006年版,第229页。

四　文化传承发展

取而代之的将是"感官享乐者"的纵欲无度和"组织人"殚精竭虑的功利计算。①

他寄希望于资本主义理性的自我约束，但他所提出的对策无济于事，现代资本主义仍然按照最大化逐利的资本逻辑运行。在这方面，马克思有关思想更显出批判性、现实性的优势。马克思并不否认人们对利益的追求，反而明确指出："人们为之奋斗的一切，都同他们的利益有关。"② 同时，他反复强调人类要超越个人主义，倡导个人利益和集体利益的统一。根据马克思的历史辩证法，社会主义将为实现这种统一提供制度前提，而社会主义道德观念将比源自清教禁欲主义的"资本主义精神"更有益于社会大生产的发展。

在当代中国，正在不断完善的社会主义市场经济体制有利于培育社会的效率意识、民主法治意识和开拓精神，但市场固有的、自发的弱点和消极方面也会在一定程度上反映在社会生活各个领域。为减弱甚至冲抵市场经济的这种负面影响，我们一方面要瞻之在前，积极建设社会主义先进文化，另一方面也要借之于古，弘扬中华优秀传统文化。在促进经济健康发展方面，以儒家为代表的中国传统义利观可以发挥积极作用。其中，孔子非常看重"义"，强调以"义"为先，强调"见利思义""君子喻于义，小人喻于利"（《论语·里仁》）。他强调人必须以"义"为尺度来衡量取"利"可否，"不义而富且贵，于我如浮云"（《论语·述而》）。这些思想对后世影响深远。弘扬义利相兼、以义为先的思想，无疑有助于超越最大化逐利的资本逻辑、

---

① 参见［德］马克斯·韦伯《新教伦理与资本主义精神（罗克斯伯里第三版）》，［美］斯蒂芬·卡尔伯格英译，苏国勋等中译，社会科学文献出版社2010年版，第310—311页。
② 《马克思恩格斯全集》第1卷，人民出版社1995年版，第187页。

冲抵市场经济固有的消极影响。当前,我们应该积极利用义利相兼的可贵思想,使之与中国特色社会主义制度一起,引导市场主体遵循健康的经济伦理,既发挥市场经济促进、提升效率的积极作用,又能有效规范市场经济、避免资本恣意放纵。

其二,弘扬民族奋斗精神,体现集中力量办大事的优势。民族精神在现代经济发展中的作用日益受到关注。美国学者里亚·格林菲尔德通过分析英、法、德、日、美等国经济意识发展发现,民族主义对资本主义经济发展的作用不可忽视。她进而借用了韦伯"资本主义精神"这一术语,并从民族主义的角度对其进行了重新研究,指出:"一般而言,'资本主义精神'是民族主义固有的集体竞争意识的经济表象——而民族主义本身是民族国家成员对国家尊严或威望的情感投入的产物。"[①] 同时,她也清醒地认识到,民族主义只是经济增长的必要条件而非充要条件,"只有在纳入国际竞争领域的经济形态中,只有在愿意介入国际竞争的国家中,才能发现'资本主义精神'"[②]。在国际上,"民族主义"通常是指以维护本民族利益和尊严为出发点的思想与行为,存在性质之别、类型之分。

中华民族历来提倡积极、理性的民族主义,既注重发扬民族奋斗精神来追求自身发展,也坚持绝不损害其他民族利益。"天时不如地利,地利不如人和。"(《孟子·公孙丑下》)"能用众力,则无敌于天下矣;能用众智,则无畏于圣人矣。"(《三国志·吴书》)"万夫

[①] [美]里亚·格林菲尔德:《资本主义精神:民族主义与经济增长》,张京生、刘新义译,上海人民出版社2004年版,第628页。

[②] [美]里亚·格林菲尔德:《资本主义精神:民族主义与经济增长》,张京生、刘新义译,上海人民出版社2004年版,第629页。

四　文化传承发展

一力,天下无敌。"(《郁离子·多疑不如独决》)这些古典文献中的有关论述,以及"人心齐,泰山移"等俗语表明,中华优秀传统文化关于团结奋斗的思想资源极其丰富。"中华文化独一无二的理念、智慧、气度、神韵,增添了中国人民和中华民族内心深处的自信和自豪。"① 近代以来,中华民族的民族主义主要体现为激发各族人民团结一致、奋起直追的民族奋斗精神。这种民族奋斗精神,弥合了国内各民族、各阶层之间的隔阂,形成了一种强烈的民族归属感、凝聚力、向心力,汇聚为强国建设、民族复兴的强大精神力量。在中国特色社会主义实践中,这种宝贵的精神力量,与坚持党的集中统一领导的政治原则一起,形成了"坚持全国一盘棋,调动各方面积极性,集中力量办大事的显著优势"②。这一显著优势,在实施重大工程、抗震救灾、抗击疫情的实践中得到有效发挥。

其三,张扬革故鼎新传统,发挥促进科技创新的优势。在经济思想史上,从马克思到熊彼特的一些思想家对创新之于经济社会发展的作用作过重要论述,韦伯也将理性技术的运用视为现代社会发展的重要因素。著名的"李约瑟之问"③ 引发了人们关于中国传统文化对科技创新作用的思考与讨论。必须充分肯定,中华民族富有创新的传

---

① 《中共中央办公厅、国务院办公厅印发〈关于实施中华优秀传统文化传承发展工程的意见〉》,《人民日报》2017年1月26日。
② 《十九大以来重要文献选编》中,中央文献出版社2021年版,第270页。
③ 李约瑟的多卷本《中国科学技术史》通过丰富的史料系统地论述了中国古代科技的成就,形成了思考中国近代科学落后原因的类似表述。在1964年《东西方的科学与社会》一文中,他较为明确地表述出"李约瑟难题",即"为什么现代科学(这众所周知地始于17世纪的伽利略时代)没有在中国(或印度),而只是在欧洲发展起来"。(Joseph Needham, "Science and Society in East and West", Science & Society, Vol. 28, No. 4, 1964.) 此问常被称为"李约瑟之问""李约瑟之谜""李约瑟难题"。

统。"中华文明具有突出的创新性，从根本上决定了中华民族守正不守旧、尊古不复古的进取精神，决定了中华民族不惧新挑战、勇于接受新事物的无畏品格。"[①] 几千年前，我国先民就提出"周虽旧邦，其命维新"（《诗经·大雅·文王》），还有"富有之谓大业，日新之谓盛德"（《周易·系辞上》），"苟日新，日日新，又日新"（《礼记·大学》）等论述。当然，应该看到，传统文化中也有因循守旧的因素，我国社会因循守旧的文化惯性较强。正因为如此，历史上既有变法派"祖宗不足法"的呼号，也有守旧派"祖宗之法不可变"的执念；既有敢为人先、独开生面之类倡导创新的成语俗语，也有"鞭打快牛""枪打出头鸟""出头的椽子先烂"之类的诫语。这些执念和诫语，既反映了一些人的人生体验，也表明了因循守旧的社会心理。

科技创新是创新的重要方面。源于中国的四大发明，在近代欧洲产生了伟大的革命性作用。改革开放以来，一些西方的发明创造却能为中国人所积极利用并产生巨大的经济推动作用。这说明，影响科技创新的社会功能发挥的因素，不仅在于科技创新水平本身，而且还有与之相关的制度因素、应用环境等。就发挥中华优秀传统文化之于科技创新的促进作用而言，当务之急在于：一是强化创新意识，以创新引领高质量发展。国际发展经验表明，一个国家的发展阶段可大致分为要素导向、投资导向、创新导向等阶段。当前，中国社会正转向创新导向阶段，尤其要坚持创新在我国现代化建设全局中的核心地位。因此，要克服因循守旧的陈旧传统因素，张扬革故鼎新的积极传统，

[①] 《担负起新的文化使命 努力建设中华民族现代文明》，《人民日报》2023年6月3日。

四　文化传承发展

着力培养创新文化，坚持以创新为第一动力，推进高质量发展。二是强化应用意识，推进科学技术同社会发展相结合。习近平总书记在反思自明末清初起我国科技逐渐落伍的原因时深刻指出："科学技术必须同社会发展相结合，学得再多，束之高阁，只是一种猎奇，只是一种雅兴，甚至当作奇技淫巧，那就不可能对现实社会产生作用。"[①]科学技术同社会发展相结合，是一项需要不断推进的历史任务。就当前而言，要深入实施科教兴国战略、创新驱动发展战略，着力祛除长期以来存在的科技成果应用转化不力、不顺、不畅的痼疾，着力破除一切制约科技创新的思想障碍和制度藩篱。三是因应科技发展潮流，发挥中国传统文化的整体观优势。在以分析、实证等为主要特点的近代自然科学产生和发展过程中，以整体、直觉等为特点的中国传统整体观可能处于不利地位。当前，科学技术发展出现新的特点。人们开始认识到，解决世界科技研究遇到的复杂混沌问题，分析的、实证的方法不一定管用，而整体的、直觉的方法则有可能解决问题。"科学思想中的整体观与中国文化中整体观的这种趋同，使得我们可以立足东方哲学的整体观以考察和理解科学革命，同时也可以从东方哲学中吸取思想营养，推动科学技术的发展。"[②] 果若如此，这将为发挥中华优秀传统文化促进科技进步进而促进经济发展提供了新的可能。

其四，做大创意文化经济，发挥文化产业功能优势。传统文化与经济发展的关系，是文化经济学的关注对象和重要议题。文化经济学研究表明，文化经济是现代经济活动的重要内容，对于现代社会发展

[①] 《习近平谈治国理政》第一卷，外文出版社2018年版，第125页。
[②] 蔡肖兵、金吾伦：《整体观与科学——中国传统思维整体观的现实意义》，《自然辩证法研究》2010年第1期。

和进步具有重要意义。在一些国家，人们往往以内容、元素、属性等赋予一些项目和产品以文化特色。在强调通过发掘文化因素、个人天分以创造财富的创意文化经济活动中，这一点表现尤为突出。例如，在2009年，德国联邦政府发布的《联邦政府文化/创意产业倡议》将开发文化创意产业的增长潜力作为优先发展战略，把"文化产业作为发展的动力和当务之急"①。根据联合国贸易与发展会议的数据，密切依赖创意文化投入的产业的全球市场价值估计达到了13000亿美元，而经济合作与发展组织则指出创意文化产业的年增长率在5%—20%。② 值得注意的是，近年来，在发展文化产业的同时，注重民族文化保护的问题日益受到国际社会的重视。在20世纪90年代初，在关于关贸总协定的谈判中，法国人出于对国家文化安全、民族文化保护的考虑，反对将文化列入一般性服务贸易，提出了著名的"文化例外"政策。从实践上看，这一政策对于保护和促进法国传统文化产业发展起到了积极作用。2005年，联合国教科文组织第33届大会通过《保护和促进文化表现形式的多样性公约》，确认文化多样性是人类的一项基本特性，确信文化活动、产品与服务具有经济和文化双重性质，而不只具有商业价值。

近年来，文化产业在我国发展迅速，抵制低俗文化影响、实现文化产业高质量发展的问题日益凸显。党的二十大报告强调："健全现代文化产业体系和市场体系，实施重大文化产业项目带动战略。"③

---

① 帅颖编译：《21世纪以来德国文化发展文献选编》，武汉大学出版社2021年版，第40页。

② 参见沈壮海《文化图强的世界图景》，《武汉大学学报》（哲学社会科学版）2022年第3期。

③ 《习近平著作选读》第一卷，人民出版社2023年版，第37页。

在这方面,中华优秀传统文化大有可为、优势突出。例如,历史文化名城、历史文化景区等文旅资源,民间剪纸、泥人面塑、千层底鞋等民间工艺,太极拳、少林棍、武当剑等中华武术,景泰蓝、紫砂壶、长命锁等古玩器物,汉服、唐装、旗袍等传统服饰,八大菜系、传统美食等饮食文化,在作为旅游项目、成为文化产品、嵌入服务领域等方面,在第三产业中活跃度高、贡献度大。此外,这些方面还可以与第一产业、第二产业有机融合,以优秀传统文化丰富滋养提升产业文化品质、扩大区域社会影响。例如,"中国郑州国际少林武术节""中国洛阳牡丹文化节"等,既是著名的传统文化品牌,也是促进地方经济发展的重要平台。传统文化项目和产品承担着一定的经济功能,是一个特殊而重要的经济增长点。难能可贵的是,因其较强的公共产品属性,它更具有滋养民风、传承文明的文化教育功能。

三 全面提高国家治理能力和治理水平的宝贵资源

一个国家的治理体系和治理手段,与其历史传承、文化传统、发展状况等因素紧密相关,具有很强的内生性演化的特点。"当代中国人的思维,中国政府的治国方略,浸透着中国传统文化的基因。"[1]历史是最好的老师。"要治理好今天的中国,需要对我国历史和传统文化有深入了解,也需要对我国古代治国理政的探索和智慧进行积极

---

[1] 《习近平关于总体国家安全观论述摘编》,中央文献出版社2018年版,第264页。

总结。"① 全面提高国家治理能力和治理水平，必须从中华优秀传统文化中汲取宝贵的思想滋养。

其一，关于政者正也、任人唯贤的治理主体。治理总是离不开人这一主体的。在历史上，中国古代思想家从当政之道、为政之要角度展开了诸多论述，对治理者提出了德能勤绩廉等多方面的要求。其中，至今具有积极意义的主要有：一是关于为政之要莫先于得人、治国先治吏的思想。"尚贤者，政之本也。"（《墨子·尚贤》）"为治之要，莫先于用人，而知人之道，圣贤所难也。"（《资治通鉴》）"为政之要，惟在得人，用非其人，必难致治。"（《贞观政要》）这些论述涉及"治吏"的意义、要求和方法，蕴含着行政治理与用人之道的智慧，对于新时代国家治理不无启示。二是关于正己修身、政者正也的思想。儒家对从政者提出注重修养、端正言行的要求。"为政以德，譬如北辰，居其所而众星共之。"（《论语·为政》）"其身正，不令而行，其身不正，虽令不从。"（《论语·子路》）"政者，正也，子帅以正，孰敢不正？"（《论语·颜渊》）这些论述，强调了为政者的德行，且将"政"与"正"巧妙相连，深刻阐明了从政者正己修身的示范意义。三是关于任人唯贤、选贤与能的思想。"任官惟贤材，左右惟其人。"（《尚书·商书·咸有一德》）"大道之行也，天下为公，选贤与能，讲信修睦。"（《礼记·礼运》）相对于任人唯亲的官场旧习而言，这些论述尤显可贵。体现这些思想的察举制、科举制等，虽有这样或那样的弊端，但作为历史上人才选拔的重要形式，无疑拓展了人才选拔的渠道。简言之，中国古代从严治吏方面的思想

---

① 习近平：《论党的宣传思想工作》，中央文献出版社2020年版，第89页。

极其丰富，其中关于正己修身等方面的论述在历史上于社会进步有益，对于新时代全面从严治党无疑具有重要的现实启示。习近平总书记指出："党要管党，首先是管好干部；从严治党，关键是从严治吏。要把从严管理干部贯彻落实到干部队伍建设全过程。"[①]

其二，关于民惟邦本、政得其民的治理目标。政府与人民的关系历来是国家治理的关键问题，中华优秀传统文化在这方面论述颇丰，其中突出的有：一是民惟邦本、心存百姓。古语云："民惟邦本，本固邦宁。"（《尚书·五子之歌》）孔子曰："民以君为心，君以民为体。"（《礼记·缁衣》）荀子用舟水之论来比喻君与民的关系，而孟子则有著名的"民贵君轻"之说。唐太宗李世民总结出"为君之道，必须先存百姓"（《贞观政要·君道》）的道理。二是政得其民、国泰民安。"得天下有道：得其民，斯得天下矣。得其民有道：得其心，斯得民矣。"（《孟子·离娄上》）"当今之时，能去私曲就公法者，民安而国治。"（《韩非子·有度》）这些论述，虽然出发点在于"舟"行长远、立场在于维护统治，但对爱民、亲民、政得其民等方面的强调，具有超越时空的现实意义。中国共产党根基在人民、血脉在人民、力量在人民。建设长期执政的马克思主义政党，最根本的就是赢得民心、守护民心。习近平总书记关于"江山就是人民、人民就是江山"[②]的重要论述，深刻阐明只有紧握人心这个"最大政治"，才能掌握长期执政的"基因密码"。

其三，关于礼法合治、德主刑辅的治理手段。一是关于礼法合治

---

① 《十八大以来重要文献选编》上，中央文献出版社2014年版，第350页。
② 《习近平谈治国理政》第四卷，外文出版社2022年版，第9页。

的思想。《尚书·康诰》首次提出了"明德慎罚"的思想。孔子提出："道之以政，齐之以刑，民免而无耻；道之以德，齐之以礼，有耻且格。"（《论语·为政》）荀子发展了儒家关于德政的思想，提出礼法并施的观点。二是关于德主刑辅的思想。孟子认为，"徒善不足以为政，徒法不能以自行"。（《孟子·离娄上》）西汉董仲舒明确提出德主刑辅论，强调"阳为德，阴为刑；刑主杀而德主生……以此见天之任德不任刑也"（《汉书·董仲舒传》）。这些论述表明，所谓中国只有德治传统而缺少法治传统之说，失之偏颇。从历史上看，法治和德治，一直是我国古代国家治理的两种手段，如同车之两轮、鸟之双翼，对调整社会关系、维护社会秩序发挥了重要的作用。进入新时代以来，我们党坚持依法治国和以德治国相结合，注重运用中华优秀传统文化中的有关思想智慧。习近平总书记曾引用韩非子名言"奉法者强则国强，奉法者弱则国弱"[1]，以强调法治。同时，他也多次称引儒家德治思想，强调"国无德不兴，人无德不立"[2]。总之，法律是准绳，任何时候都必须遵循；道德是基石，任何时候都不可忽视。"法治和德治不可分离、不可偏废，国家治理需要法律和道德协同发力。"[3]

其四，关于亲仁善邻、协和万邦的外交之道。如何处理自身与邻邦之间的关系，历来是国家治理的重要内容。中华民族有坚持与邻为善、以邻为伴的优良传统。春秋时期左丘明记载："五父谏曰：'亲仁善邻，国之宝也，君其许郑。'"（《左传·隐公六年》）和平、和

---

[1] 《习近平谈治国理政》第三卷，外文出版社2020年版，第364页。
[2] 《习近平谈治国理政》第一卷，外文出版社2018年版，第168页。
[3] 《习近平谈治国理政》第二卷，外文出版社2017年版，第133页。

睦、和谐，是中华民族 5000 多年来追求和传承的精神。"和"作为协调社会关系的重要准则，是中国历史上非常重要的政治范畴。其中，"百姓昭明，协和万邦"（《尚书·尧典》），直接将"和"的理念与邦族、邻邦关联。春秋时期，史伯、晏婴把"和"与"同"相对立，深刻揭示了求同存异、和而不同的哲理。这些重要的理念，对于解决当下人类遭遇的世界之问无疑具有重要的现实启示，为我们高扬全人类共同价值、推动构建人类命运共同体提供了宝贵的思想资源。

其五，关于安不忘危、存不忘亡、治不忘乱、居安思危的风险治理思想。防范化解风险，是国家治理的重要内容，安与危、存与亡、治与乱是风险治理的核心关切。中国历朝历代，大多注重防范天灾人祸。"居安思危，思则有备，有备无患，敢以此规。"（《左传·襄公十一年》）"危者，安其位者也。亡者，保其存者也。乱者，有其治者也。是故君子安而不忘危，存而不忘亡，治而不忘乱，是以身安而国家可保也。"（《周易·系辞下》）"明者防祸于未萌，智者图患于将来。"（《三国志·吴书·吕蒙传》）这些重要论述表明，传统文化关于风险治理的思想论述丰富、影响深远。从制度层面看，汉代察举制专设"明阴阳灾异"科目，带有灾祸预测的目的，在一定程度上可谓传统风险治理思想的实践体现。当前，我们身处风险社会，遭遇的自然风险和社会风险都日趋复杂。一方面，随着现代科学技术的发展，人类协调和处理与自然关系的能力大大增强，但也将人与自然的矛盾深层化、生态关系复杂化。另一方面，"社会政治运动的主体、客体、手段、环境、过程、结果等都充满着高度的不确定性、多样性、耦合性"①，使我们面临的社会风险复杂化。为此，从传统风险治理思想中汲取智慧，努力做到未雨绸缪、防微杜渐，积极增强风险意识和提高风险防范化解能力，"从最坏处着眼，做最充分的准备，朝好的方向努力，争取最好的结果"②，从而力求"做到'为之于未有，治之于未乱'，使我们党永远立于不败之地"③。

其六，关于家国一体、四海一家的共同体意识。历史资料表明，古埃及、古巴比伦、波斯等古代文明，都先后消亡或发展中断，只有中国是世界上唯一保持文明连续性的国家。究其原因，中华优秀传统文化内蕴的向心力、凝聚力、免疫力，可能是一个关键因素。"中华文化既坚守本根又不断与时俱进，使中华民族保持了坚定的民族自信和强大的修复能力，培育了共同的情感和价值、共同的理想和精神。"④ 其中，突出的表现有：一是关于修身齐家、家国一体的知识分子情怀。"穷则独善其身，达则兼善天下。"（《孟子·尽心上》）"天下之本在国，国之本在家，家之本在身。"（《孟子·离娄上》）格物、致知、诚意、正心、修身、齐家、治国、平天下，儒家"八目"整合了个人认识与国家治理之间的关系，反映了中国传统知识分子理想中的人生道德进阶。"家国情怀"集中反映了人们对国家的思想认同、情感认同。二是关于患难与共、守望相助的民族团结精神。在1890年致布洛赫的信中，恩格斯从"意志合力"的角度深刻

---

① 孙来斌：《马克思主义发展的历史阶段及其主题演进》，《马克思主义研究》2021年第3期。
② 《习近平谈治国理政》第二卷，外文出版社2017年版，第60页。
③ 习近平：《在党的群众路线教育实践活动总结大会上的讲话》，人民出版社2014年版，第13页。
④ 习近平：《在文艺工作座谈会上的讲话》，人民出版社2015年版，第5页。

四　文化传承发展

阐明"历史结果"的形成。① 对于一个民族而言，民族精神无疑是一种"意志合力"。"积力之所举，则无不胜也；众智之所为，则无不成也。"（《淮南子·主术训》）"出入相友，守望相助，疾病相扶持，则百姓亲睦。"（《孟子·滕文公上》）这些论述从一般性层面说明了团结的意义。在几千年历史长河中，在长期的民族交往交流交融中，中国建立了统一的多民族国家，形成了多元一体、交织交融的民族关系和整体利益优先的价值取向，以及各个民族之间和睦相处、患难与共、守望相助的优良传统。近代以来，中国人民从亲身经历中深刻认识到，团结就是力量，一个四分五裂的国家不可能发展进步。就当下而言，民族团结精神的传统尤其具有重要的现实意义。加强和改进民族工作，铸牢中华民族共同体意识，"必须促进各民族广泛交往交流交融，促进各民族在理想、信念、情感、文化上的团结统一，守望相助、手足情深"②。三是关于六合同风、四海一家的大一统传统。"春秋所以大一统者，六合同风，九州共贯也。"（《汉书·王吉传》）"四海之内若一家，通达之属莫不从服。"（《荀子·议兵》）这种大一统的传统，有其时代烙印和历史局限，但也有其合理性和闪光点，尤其是对于祛除民族分裂主义、极端个人主义等"现代病"具有重要的现实意义。概言之，包括前述思想在内的中华优秀传统文化，犹如守护中华文明安全的内功，具有重要的安全屏障作用。"没有文化的分裂就不会发生国家的分裂，反过来更可以说，只要国家不分裂，就不会发生文化中断。"③ 中国共产党人创造性地运用团结统一的民

---

① 参见《马克思恩格斯选集》第4卷，人民出版社2012年版，第605页。
② 《习近平谈治国理政》第四卷，外文出版社2022年版，第244页。
③ 陈先达：《马克思主义和中国传统文化》，人民出版社2015年版，序，第5页。

族精神、大一统的政治理念，"去除传统文化和治理理念中的特定时代烙印，尤其是封建专制主义的糟粕因素，保留其集中统一、维护大局、维护团结、反对分裂等合理因素，赋之以马克思主义的、社会主义的当代性意义"[1]，始终坚持党的集中统一领导，实现了全国各族人民的大团结，彰显了强大的民族凝聚力、社会动员力和制度优越性。

（原载《马克思主义研究》2023年第8期）

---

[1] 金民卿：《弘扬团结奋斗精神凝聚强大发展合力》，《北京日报》2020年3月9日。

汉字与中华文明传承

李守奎[*]

泱泱中华，历史悠久，文明博大。中华文明最突出的特性之一就是连续性，是世界上唯一绵延不断且以国家形态发展至今的伟大文明。我们的文明为什么会如此生生不息、历久弥新？其中原因多种多样，但汉字是不容忽视的核心因素之一。汉字源远流长，在世界文字体系中，作为古老自源的表意文字系统，只有汉字沿用至今。习近平总书记高度重视汉字在中华文明传承中的重要作用。2014年5月，在北京市海淀区民族小学的墨韵堂里，习近平总书记对正练毛笔字的孩子们说道："中国字是中国文化传承的标志。殷墟甲骨文距离现在3000多年，3000多年来，汉字结构没有变，这种传承是真正的中华基因。"2022年10月，习近平总书记在河南殷墟遗址考察时指出："中国的汉文字非常了不起，中华民族的形成和发展离不开汉文字的

---

[*] 作者简介：李守奎，清华大学人文学院教授，中国文字学会副会长。

维系。"①

一 汉字与中华文明起源

文字的创制是文明出现的重要标志之一。恩格斯曾经指出,人类"从铁矿石的冶炼开始,并由于拼音文字的发明及其应用于文献记录而过渡到文明时代。"② 人类在经历过的几次"信息革命"中,第一次是发明了语言,人与其他动物有了分界;第二次是距今五六千年前发明了文字,从野蛮人变成了文明人。人类一旦创造出记录语言的文字,知识来源就不再受限于时间和空间,不再是口耳相传,因而知识快速积累,人智大开,社会快速进步。而没有文字的社会即使在某些方面取得巨大进步,受到时空限制也难以向前发展,不是陷于停滞就是慢慢消亡,最终湮没在历史的尘埃中。

一个考古遗址,一旦发现了文字,其中的一切就是有史以来的文化,就是文明的存在。然而,每个时代的文字不一定都能保存在遗址中,距离我们年代越远,保存下来的可能性就越小。在距今 8000 多年的河南舞阳贾湖遗址,出土了刻画在龟甲、骨器、陶器和石器上的大量刻画符号,不能排除它们具有文字属性的可能性。距今 4000 多年的山西襄汾陶寺遗址,出土的陶扁壶上的"文"清晰可见。约公元前 20 世纪至公元前 16 世纪的河南二里头文化,被认为属夏王朝时期,二里头遗址出土的陶器上也发现过许多刻画符号,有许多可以在

---

① 《全面推进乡村振兴 为实现农业农村现代化而不懈奋斗》,《光明日报》2022 年 10 月 29 日。

② 《马克思恩格斯选集》第 4 卷,人民出版社 2012 年版,第 34 页。

甲骨文中找到相同或相似的字。在二里头文化之后发展起来的二里岗文化，分布地域范围大为扩展，文化类型也大大增加。属于二里岗文化最晚阶段的河北藁城台西遗址出土的陶片上刻有"目""天""止"等象形符号，河南郑州小双桥遗址出土的陶缸上有朱书的"尹""帚""天""東"等符号，其形体特征一如殷商时期的文字。

  19世纪末20世纪初在殷墟发现的甲骨文，是我们现在看到的最早的成体系的汉字，它能够完整地记录当时的语言，已经是非常成熟的文字系统。自发现以来，出土的有字甲骨约有10万片，单字数量已达4000个左右，当时社会生活的很多方面在甲骨文中都有所表现。甲骨文是中华民族珍贵的文化遗产，它是研究汉字发展和中国早期历史的宝贵材料，也是中华文明源远流长的实证。20世纪初，著名学者王国维根据甲骨文验证了商代世系真实性之后，就"推想夏后氏世系之确实，此又当然之事也"，有"中国考古第一人"之誉的李济更是"把甲骨文的原始推远到公元前3000年以前了"。2017年，甲骨文正式入选联合国教科文组织"世界记忆名录"。

  西周时期，文字使用功能更加扩大，文字系统获得长足发展。这一时期主要文字载体发生了很大转变，现存主要式样是铸刻在青铜器上的铭文。这些铸刻在青铜器上的铭文，其书写程序是先刻写于范坯，再经烧铸而成。东周时期，发现的文字载体日渐丰富，金文资料仍然占有相当比重，简牍、丝帛、玉石、陶器等材质也都是当时实用文字载体。特别是春秋晚期的侯马盟书、战国时期的楚帛书、楚简和秦简，保存了大量用软笔书写的文字。在漫长的历史发展过程中，汉字逐渐发展成为一个成熟的、富有逻辑性的文字系统。它具有强大的生成新字的能力，拥有巨大的表达潜能，可以游刃有余地承担记录汉语的功能。

文字是历史的见证者，是传统的守护者，还是文明的传播者。汉字由最初的刻画符号和象形图形发展出表意、表音和形声等编码方法，突破以形表意，体现出中华民族由形象思维到复杂抽象思维的发展演变。古老的汉字见证着中华民族曲折辉煌的成长历程，成为中华文明的"活化石"。商周甲骨文和金文的形体构造往往能够直接或间接地反映当时社会生活的若干细节；春秋战国时代，字分五系——秦、楚、晋、齐、燕的局面逐步形成，秦国的篆文、古隶与东方六国的古文字并行，折射出列国争雄的历史场景；秦汉时期，繁难的小篆多应用于特殊场合，古隶和八分先后活跃于日常书写领域，与此同时，草书得到了迅速发展，凡此种种，无不是大一统国家机器有效运转、文化越发昌明兴盛的写照；魏晋南北朝时期，行书和楷书逐步走向成熟，从一个侧面反映着那个时代的风貌，《平复帖》《快雪时晴帖》《中秋帖》《伯远帖》等流传千古的书法名帖映衬着优雅从容的晋代名士风度。汉字与生生不息的中华文明同呼吸、共命运，历经时代变迁而不改本色，既是中华文明连续性的重要体现，更为中华文明连续性奠定了重要基础。追溯汉字的演变历程，可以触摸到历史的脉搏，感受到中华文明深厚绵长的底蕴。

二　汉字与中华文明的连续性

中华文明源远流长，悠久而持续。这个特点是如何形成的？我们的文明为什么能够从未间断？从中华文明的核心要素汉字可以窥见一斑。汉字是自源于中华大地、以记录汉语为主并具有多种功能的书写

四　文化传承发展

符号系统，是表意文字体系的典型代表。中华文明的连续性，突出表现在汉字的延续性上，汉字超越了传统与现代的界限，一直使用至今。这个文字系统虽然在形体上有所变化，但其内部深层结构从未发生根本的改变，所记录的语言古今一脉相承，所形成的文献丰富而连续。一个能读古书的现代人，如果打开2000多年前西汉人抄写的古书，阅读障碍很小，这在全世界范围内是独一无二的。日本知名学者白川静在20世纪70年代初曾说过："从某种意义上说，中华文化就是汉字文化，汉字所具备的各种特质，给中华文化添上了浓烈的色彩。""汉字还辐射到了周边民族，形成了一个独特的文化圈，即汉字文化圈。"

汉字极大地增强了中华民族的凝聚力向心力。中国地大物博，方言有很多种，民族语言也有很多种，统一的文字构筑了国家统一和民族融合的重要基础。公元前221年，秦始皇在统一全国的当年，就下令实行"书同文字"的政策，保证了政令的传达和思想文化的统一。秦朝之后，汉字又经历了漫长的字体演变。虽然天下分合、朝代更替，但汉字作为通用文字的传统再未动摇。历史上，进入中原地区的少数民族大都会主动拥抱汉文化，学习汉字。南北朝时期，为了让拓跋鲜卑融入中原文化，北魏孝文帝推行汉化改革，将汉语确立为官方语言，要求学汉语、用汉字、穿汉服，对促进民族融合产生了巨大影响。宋朝时期，北方少数民族建立的辽、西夏、金等政权也受到汉文化影响，其自创的民族文字借鉴了汉字偏旁部首。

中华民族不是单纯的人种血缘的融合，而是文化认同的实体，汉字在中华民族形成发展过程中发挥着重要作用。世界上使用表音文字的国家，不论是罗马帝国还是查理曼帝国，一旦分裂为使用更小的表音文字系统的民族国家，就很难再统一为一个文化连续的国家。中国则不同，在这片大地上，朝代有更迭、政权有更替，但是我们的文字一致、文化相通，分久必合，永远是统一战胜分裂，这种特性与汉字的超语言功能密切相关。汉字不是通过直接表达语音的编码方式记录语言，而是通过以表意为基础的多种编码形式记录汉语，这样就使其具有两个特点：一方面可以准确记录语言，汉字是成熟的文字体系，与汉语相适应，可以记录各个时代的口语，可以形成书面语，使语言更加严谨；另一方面，汉字可以超越方言，不同时代可以读不同的音，不同地域可以读不同的音，不论读什么音，其意义不仅历史连续，而且社会共知，历史上书面语长期发挥共同语的功能。因此，尽管各地的方言千差万别，不同年代语言也有很大差异，但是一直有统一的文字。西方一些学者尽管从记录语言这一功能的角度，否定以汉字为代表的表意字，但从表意字的社会功能的角度，也指出其具有很大的优点，即并不受词的语言形象所束缚，使得各方言区的人们能够看懂彼此所写的东西。

汉字是中华历史文化的重要传承载体。中国是一个统一的多民族国家，孕育出多元一体的中华文明，而中华文明的传承和延续主要依靠文字记录、典籍保存。比如，甲骨文记录了商朝时期的祭祀、打猎、战役、农业、问病和天气等；金文记录了周代的经济、政治、文化、军事和社会生活。纵观世界文明史，在许多使用表音文字的国家，政权一旦由外族统治者所取代，文字记录的语音语义大都发生彻底变化，即使字母相同、所记录的语言也不同。前朝文字记录的语言今朝看不懂，今朝书写的历史下一朝看不懂，当然不会有不间断连续的历史记载。然而在中国，前朝灭亡，后朝仍然使用同一个文字系

四　文化传承发展

统，递传几朝依旧是同一个文字系统，前后识读没有障碍，因而数千年来文明历史记载从无间断，各种文献丰富多样、传承有序。

汉字中蕴藏着中华文化的基因密码，很多汉字本身记录了当时人们的生产生活状态。透过这些汉字，我们能够感受到先人的生活乃至其时的心理状态。因此，中国人历来对文字怀有敬畏之情，一方面体现为汉字演变中的继承关系，譬如曹魏时期的《三体石经》，碑文皆用古文、小篆和汉隶三种字体写刻；另一方面体现为后代对前代文献、书法的保存和传承，譬如宋代《淳化阁帖》收录大量前朝书法家作品。正是对文字的敬畏，让中华民族的历史与文化得以传承几千年来到当代，并被发扬光大。

汉字彰显着中华文化的独特神韵。文学是语言的艺术，这是文学的共性。中国的文学不仅仅是语言的艺术，也是文字的艺术。我们读唐诗"窗含西岭千秋雪，门泊东吴万里船"时，只能是线性读出两句诗来，如果书写成：

窗含西岭千秋雪，
门泊东吴万里船。

这样一来，我们就看到了另外一种非线性结构：门对窗、泊对含、东对西……名词对名词，动词对动词，这种对仗是非线性的视觉结构。诗不仅是读的，也是看的。正如著名学者饶宗颐所说："汉字只是部分记音，文字不作言语化，反而结合书画艺术与文学上的形文、声文的高度美化，造成汉字这一大树，枝叶葰茂，风华独绝，文字、文学、艺术（书法）三者的连锁关系，构成汉文化最大特色引人入胜的魅力。"

世界上的各种文字都努力追求书写美观,但只有汉字发展出一门独特的艺术——书法。汉字字形多种多样,为形成丰富美观的视觉效果提供了优越条件,并与格言警句、名篇佳作、篆刻印章相结合,使得优秀传统文化在书法艺术欣赏过程中得以传承。同时,书法还蕴藏着中国人深沉的家国情怀,练字更多练的是品德与性情。唐代颜真卿的《祭侄文稿》气势磅礴、壮怀激烈,通篇充溢着浩然正大之气;明代祝允明以草书抄录《岳阳楼记》,则是将"先天下之忧而忧,后天下之乐而乐"作为精神动力。

三　汉字与文化自信

文化是一个国家、一个民族的灵魂。文化自信是更基础、更广泛、更深厚的自信,是一个国家、一个民族发展中最基本、最深沉、最持久的力量。习近平总书记强调:"没有高度的文化自信,没有文化的繁荣兴盛,就没有中华民族伟大复兴。"[1]

在五千多年的历史进程中,中华民族创造了辉煌灿烂、博大精深的优秀传统文化,是我们坚定文化自信的深厚基础。习近平总书记高度重视中华优秀传统文化,多次强调中华优秀传统文化是中华民族的根和魂,是我们在世界文化激荡中站稳脚跟的根基。实现中华民族伟大复兴,必须结合新的时代条件传承和弘扬中华优秀传统文化。在文化传承发展座谈会上的重要讲话中,习近平总书记高度概括了中华文

---

[1]《习近平著作选读》第二卷,人民出版社2023年版,第33页。

四　文化传承发展

明具有突出的连续性、创新性、统一性、包容性、和平性。作为中华优秀传统文化的重要载体，汉字记录了我们的"来处"，集中展现了中华文明的突出特性，守护好汉字就是守护我们的文脉，文化自信才有坚固的支撑点。

文字一经形成，便通过记录人们的语言，使文明成果得以永久保存和广泛传播。在两河流域，古巴比伦的《汉谟拉比法典》通过楔形文字向世人传递法治精神的火种；在尼罗河谷，象形文字记载了古埃及人在辛勤劳动中获得的知识和经验；在黄河流域，甲骨文等所承载的文化基因成为塑造中华文明的重要力量源泉。然而，古巴比伦楔形文字、古埃及象形文字早已衰亡，而汉字不仅从未失传，并且在一次次字体演变中不断焕发生机，成为所有古老的自源文字中从来没有中断过的文字系统。汉字的悠久性、持续性和稳定性，使得博大精深的中华文化得以完整记录、保存和传承。汉字记录了中国波澜壮阔的辉煌历史、诸子百家的哲学思想、中华优秀传统道德观念、璀璨的文学艺术、灿烂的发明创造、生产生活的智慧等，使中华文明代代相传，历久弥新。无论历史长河经历多少曲折，汉字体系一直保持基本稳定，犹如定海神针，维系了中华文化的根脉，推进了中华文明的传承发展。

近代以后，中国逐步沦为半殖民地半封建社会，国家蒙辱、人民蒙难、文明蒙尘。那时的人们一度丧失了文化自信，许多人期望通过自我否定、自我放弃去融入新世界，追赶新文明，甚至期望与西方文明套合，努力与西方标准吻合，结果却适得其反，导致自我的丧失。实现中华民族伟大复兴，不仅是经济、科技等立足世界前列，而且是文化的自立自信。一种文明传承了几千年，辉煌了几千年，世界上没有谁比这样一个民族、这样一个国家更有资格讨论"文明"。丰富的历史文献和蓬勃发展的考古学越来越清晰地展现出中华大地上各个历史时期物质文化、制度文化、精神文化的真实状况，凝聚、融合、辉煌、衰微、复兴，何其波澜壮阔！习近平总书记明确提出"第二个结合"，强调"第二个结合"是又一次的思想解放，让我们能够在更广阔的文化空间中，充分运用中华优秀传统文化的宝贵资源，探索面向未来的理论和制度创新。当前，我们要大力传承和弘扬中华优秀传统文化，为增强文化自信提供坚强支撑。

文化关乎国本、国运。任何文化要立得住、行得远，要有引领力、凝聚力、塑造力、辐射力，就必须有自己的主体性。习近平总书记指出："文化自信就来自我们的文化主体性。"[1] 汉字是中华民族的瑰宝，它的产生和演变体现了先人的智慧和思维方式，既是民族的骄傲，也是文化自信的重要源泉。要全面深入挖掘汉字蕴含的历史和文化价值，进一步推动中华优秀传统文化创造性转化、创新性发展，更好建设中华民族现代文明。

（原载《求是》2024 年第 3 期）

---

[1] 习近平：《在文化传承发展座谈会上的讲话》，人民出版社 2023 年版，第 8 页。

"古国""酋邦"之争与中国文明起源的研究路径

陈胜前[*]

长期以来，国家或文明起源作为中外学术研究的热点，引起不同学科学者的广泛关注。过去二十多年间，不断有重大项目围绕这个问题展开研究并取得重要进展。近年来，尤其是随着相关考古新发现的不断涌现，中国文明起源已成为当前中国考古学研究的核心问题。在笔者看来，"酋邦"与"古国"是当前中国文明起源研究中两个最具代表性的理论，两者分别代表不同的视角与方法，两者的矛盾也折射出中国考古学的深层次问题。甚至可以说，当前中国文明起源理论研究中不同学科之间难以沟通的局面，也要部分归咎于此。鉴于学界迄今尚无相关问题的专门讨论，本文试图从两种理论所回答的中心问题、研究视角及路径等方面展开辨析，并在此基础上探讨中国文明起源理论研究的路径问题。

---

[*] 作者简介：陈胜前，中国人民大学历史学院考古文博系教授。

一 理论的提出辨析

"古国"与"酋邦"两种理论的关系,首先需要确定它们是否讨论的是同一个问题,弄清不同理论的偏重所在。与此同时,还需要把理论放在纵横的背景关联中加以考察。所谓纵的关联指其来龙去脉,即理论的来源及其在研究实践中的发展过程。所谓横的关联则包括内部与外部两个方面,内部关联指学科理论、方法、材料之间的联系;外部关联指时代背景、社会思潮及与相关学科发展的联系。

(一)酋邦理论

酋邦理论源于20世纪前半叶的功能主义人类学,正式创立于20世纪50年代,流行于60—70年代,其主要倡导者为美国人类学家塞维斯。按照塞维斯的说法,该理论是受人类学家奥伯格相关研究启发的结果,后者把南美低地部落社会中一种介于部落与国家之间的社会组织形态称为"酋邦"。[①] 在1962年出版的《原始社会组织:一个进化的视角》一书中,塞维斯把酋邦看作一个具有普遍意义的社会进化阶段,[②] 并在其后另一部主要著作《国家与文明的起源:文化演进的过程》中继续采用。[③] 从70年代开始,酋邦理论被用于解释考古

[①] K. Oberg, "Types of Social Structure among the Lowland Tribes of South and Central America", *American Anthropologist*, Vol. 57, No. 3, 1955, p. 484.

[②] E. R. Service, *Primitive Social Organization: An Evolutionary Perspective*, 2nd ed., New York: Random House, 1971.

[③] 参见[美]埃尔曼·塞维斯《国家与文明的起源:文化演进的过程》,龚辛等译,上海古籍出版社2019年版。

四　文化传承发展

材料，代表性工作如伦福儒之于英国韦塞克斯巨石的研究。① 80 年代，该理论被美籍华人考古学者张光直引入我国，② 用于探讨中国文明起源问题。

塞维斯认为，人类社会的权力演化经历了"游群—部落—酋邦—国家"的一般发展过程。③ 当前西方学术界将酋邦定义为一种具有分层的（stratified）或阶等的（ranked）社会结构（由极少精英成员与大众组成）的政治单位，认为在酋邦社会中由酋长行使公共权力，同时具有次一级的村落首领，有效控制由若干个村落组成的一片区域。④ 按照这个定义，酋邦可以提供诸如安全、基本福利等公共产品，有萨满或宗教领袖（祭司），有专门的工匠，但这些工匠并不专职为酋长生产奢侈品，也没有固定的公职人员与相关制度。

塞维斯认识到人类社会在游群阶段并非没有社会管理，只是更多依赖习俗，人们可以通过日常实践，在反复协商的过程中，自动形成一套规范，由此管束人们的社会行为，如霍德对土耳其加泰土丘遗址的研究。⑤ 这样的社会偶尔也可能形成大的组合，按塞维斯的说法，其社会基础仍然是"分节社会"，即缺乏"神经中枢"；一旦瓦解，仍然是相对独立的社会群体。相比而言，国家是打破了分节社会基本

---

① C. Renfrew, "Monuments, Mobilization and Social Organization in Neolithic Wessex", in C. Renfrew, ed., *The Explanation of Culture Change*: *Models in Prehistory*, London: Gerald Duckworth and Company, 1973, pp. 539 – 558.
② 参见张光直《中国青铜时代》，生活·读书·新知三联书店 1983 年版，第 24 页。
③ E. R. Service, *Primitive Social Organization*: *An Evolutionary Perspective*, pp. 170 – 177.
④ C. Cioffi-Revilla, *Introduction to Computational Social Science*: *Principles and Applications*, 2nd ed., Cham: Springer, 2017, p. 320.
⑤ I. Hodder, "Daily Practice and Social Memory at Çatalhöyük", *American Antiquity*, Vol. 69, No. 4, 2004, p. 36.

结构的社会，如祖鲁人夏卡与夏威夷的"文化革命",①统治者有意破坏分节社会的组织方式与意识形态，以实现全体成员对首领而非对各自部落的忠诚。需要说明的是，塞维斯只是注意到这些现象。他没有提炼出酋邦与国家的区别，而是强调国家在武力、社会规模、官僚机构等方面具有特殊性；他也没有注意到酋邦的基础仍是分节社会，而国家的形成则需要打破分节社会。

塞维斯的模式主要是从大量民族志材料中得到的，民族志是酋邦理论立论的材料基础。此前，也有许多研究者提出过类似的一般模式。所不同的是，塞维斯拥有更完整的民族志。塞维斯所处的时代可以说是民族志研究发展的巅峰期，因为此后新产生的民族志显著减少。尽管塞维斯也研究了古代文明，但是考古材料与民族志材料正相反，有关古代文明的考古材料及其研究是不断丰富的，当时塞维斯所掌握的考古材料非常有限，尤其对中国文明而言更是如此。基础材料来源的强烈反差让我们不得不追问，基于近现代民族志得出的一般模式是否同样也适用于古代文明？有研究认为酋邦理论的重要贡献是打破了前国家社会与国家社会的二段论,②实际上，塞维斯是以酋邦替代了前国家社会，重新创造了一个从游群、部落、酋邦到国家的四段论。酋邦理论作为一般模式，是否存在适用条件，塞维斯基本没有考虑。酋邦理论能否与考古材料结合，塞维斯也没有考虑。

---

① [美]埃尔曼·塞维斯：《国家与文明的起源：文化演进的过程》，龚辛等译，上海古籍出版社2019年版，第108、154页。

② 参见许宏《中国考古学界国家起源探索的心路历程与相关思考》，《中原文化研究》2016年第2期。

（二）古国理论

古国理论是苏秉琦于1986年正式提出的。古国的说法最早可以追溯到1975年在河北承德召开的北方七省文物工作会议，当时在讨论文物保护工作时，苏秉琦提到两个重点，就是古城和古国，它们主要指历史时期的遗存。后来这两个概念与考古学文化的区系类型理论结合起来，形成古文化、古城、古国的概念。按照苏先生自己的说法，那就是中华人民共和国成立之初的十几年里，生搬马克思主义经典，硬套苏联经验，实践证明此路不通，因而必须要走自己的路，回到考古材料，回到中国自身的问题——研究中华文化、中华民族、中华国家的历史进程。他说："当时，考古学文化区系问题是作为一种学术思想、方法提出来的，并未涉及田野考古工作的重点问题。课题明确了，还有如何落实的问题。现在提出'古文化、古城、古国'这个概念或课题，正是为了解决上述问题。"按照苏先生的说法，"古文化主要指原始文化；古城主要指城乡最初分化意义上的城与镇，并非指通常所理解的城市或都市；古国指高于氏族部落、稳定的、独立的政治实体"[①]。苏先生提出古国理论的具体材料背景是当时辽西地区发现了东山嘴、牛河梁、胡头沟等一系列重要的遗址，出现坛庙冢组合所代表的祭祀遗存。

苏秉琦早年毕业于国立北平师范大学历史系，研究周秦考古，后来他的研究领域拓展到史前时代。20世纪30年代，苏秉琦曾经在徐

[①] 苏秉琦：《辽西古文化古城古国——兼谈当前田野考古工作的重点或大课题》，《文物》1986年第8期。

旭生指导下工作。徐先生深谙古史，同时也熟悉近代科学方法，他的学术思想在苏先生身上得到很好的传承。① 促使古国理论诞生的另一重要的因素，是苏先生个人的田野考古实践。在中国考古学研究中，把考古实践与古史文献结合起来是一个非常自然的研究取向。之后苏先生在古国理论的基础上提出古国—方国—帝国三部曲、北方原生型—中原次生型—草原续生型三模式等学说，② 为考古学研究中国文明起源这一重大课题提供了基本理论框架。特别需要指出的是，古国理论的基础是区系类型理论，区系类型理论的核心是考古学文化。而考古学文化所说的"文化"其实是指一系列的标准或规范，这与功能主义人类学所说的文化明显不同，后者认为文化是人应对外部挑战的手段，是功能意义上的。③ 从这个角度说，古国理论是立足于田野考古实践的考古学理论；相比而言，酋邦理论是立足于民族志的人类学理论。

古国理论旨在指导当时的考古学研究，即在考古学文化区系类型基础上概括中国文明起源的形态。它的贡献在于，让中国考古学能够汇集不同学科的成果，共同探讨中国文明起源这一重大问题。与此同时，古国理论试图理解（不是解释）中国文明起源的方式及其来龙去脉。它的目的不是要解释中国文明为什么以及如何起源，因而不涉及文明起源的机制问题。

---

① 参见李旻《信而有征：中国考古学思想史上的徐旭生》，《考古》2019 年第 6 期。
② 参见苏秉琦《中国文明起源新探》，生活·读书·新知三联书店 1999 年版，第 130 页。
③ 参见陈胜前《考古学的文化观》，《考古》2009 年第 10 期。

四　文化传承发展

（三）学术界有关两种理论的看法

目前学界有关两种理论的基本观点大致分为三种：第一种观点可以称为人类学或科学式的，它认为酋邦理论汇聚了全球范围人类学、史前文明以及西方思想成果的研究，而中国文明作为世界文明的一个组成部分，应该采用酋邦理论来解释中国文明起源；[1] 相比而言，古国的概念内涵不明确、外延不清晰，理论构建的方法不科学。[2] 第二种观点与之相对，它批评酋邦理论，强调中国文明发展自身的特殊性，主张立足古国理论解释中国文明起源，认为酋邦理论并不能解释世界上多样的文明，这种观点是历史学或人文式的。这种观点同时认为，理论争论对考古学研究的影响甚微，一线考古学者很少采用酋邦概念。[3] 第三种观点是折中的，它承认酋邦理论的贡献，也承认中国文明发展道路的特殊性，但认为应该进一步丰富古国理论的内涵；[4] 或是认为两种理论都有问题。[5]

以上三种观点都没有论及酋邦与古国理论的理论基础，因此无法给予两种理论合理的位置。学界围绕两种理论发表了大量论文，各种

---

[1] 参见许宏《中国考古学界国家起源探索的心路历程与相关思考》，《中原文化研究》2016年第2期。

[2] 参见易建平《中国古代社会演进三历程理论析论》，《中国社会科学》2020年第11期。

[3] 如李学勤《中国古代文明与国家形成研究》，云南人民出版社1997年版，第11—13页；赵辉《考古学关于中国文明起源问题的研究》，北京大学中国考古学研究中心、北京大学震旦古代文明研究中心编《古代文明》第2卷，文物出版社2003年版，第1—12页。

[4] 参见李新伟在2019年第二届中国考古·郑州论坛上的发言。

[5] 参见王震中《中国文明研究的现状与思考》，陕西省文物局等编《中国史前考古学研究》，三秦出版社2003年版，第44—469页。

观点可以在相关综述中得到比较全面的了解。① 除了研究之外，学界还组织了历史学界与考古学界的多次对话，取得了一定进展，但还是存在许多困难。有鉴于此，有必要进一步辨析两种理论，了解理论与考古材料之间的关系，把握中国文明起源理论研究的途径，为构建中国学术的话语体系奠定基础。这一研究的更深层意义，还涉及如何面对我们的历史与学术传统，在保持开放、借鉴的同时批判西方殖民文化的影响，协调考古学研究中科学与人文两条途径的关系，等等。

二 理论含义的差异

（一）讨论文明起源的不同概念及其内涵

通常我们所说的文明起源就是指国家起源，这也是学术界的共识。但是究竟什么是国家，则争议较多。按照恩格斯的认识，国家有别于氏族的地方，在于按地区而非血缘划分国民，以及设立了用于统治的公共权力。② 国家的本质特征，是公共权力和人民大众分离。③ 按照较晚近的认识，国家是具有双重性质的存在，既是公共产品的剥削工具，同时又是公共产品的提供者。④ 不过，不少研究者已经注意到有关国家的定义各不一样，国家的概念适用于现代社会，而难以用

---

① 如赵春青《中国文明起源研究的回顾与思考》，《东南文化》2012年第3期；常怀颖《近二十年来中国学术界国家起源研究述评》，《四川文物》2016年第1期。
② 参见《马克思恩格斯选集》第4卷，人民出版社2012年版，第189—190页。
③ 参见《马克思恩格斯选集》第4卷，人民出版社2012年版，第132页。
④ B. Durbreuil, *Human Evolution and the Origin of Hierarchies: The State of Nature*, Cambridge: Cambridge University Press, 2010, p. 202.

四 文化传承发展

于前现代社会。① 国家本身是个现代概念，与之类似的概念还有国家的基础——民族。

与国家概念类似，文明这个概念是直到18世纪晚期才出现的，与"野蛮"相对应，它由启蒙运动中改革主义精神孕育而生，是启蒙运动改革精神最直接的产物。② 文明概念本质上也与现代性概念及其承载的意义联系在一起。当人们就文化与文明展开争论时，很大程度上是在争论现代性的功过是非。③ 在论及文明的内涵时，马兹利什最认同一位伊朗学者的观点，即文明中应该包含两个不可分割的内容：一是一套清晰的世界观，它可以表现为一种文化体系、一种意识形态或者一种宗教，其中以宗教形式出现的频率最高；二是一套连贯的政治、军事和经济体系，这套体系又常常具体以一个帝国或者一种历史体制的面貌展现出来。④ 文明的内涵较之国家更宽泛，包括国家在内，国家是文明必不可少的特征。

以国家或文明概念为中心来讨论文明起源问题主要见于19世纪中后期到20世纪中叶之前，这两个概念所附带的现代性很大程度上限制了其适用范围。⑤ 也就是说，它们不适合描述史前时代文明或国

---

① 参见易建平《关于国家定义的重新认识》，《历史研究》2014年第2期。
② 参见[美]布鲁斯·马兹利什《文明及其内涵》，汪辉译，商务印书馆2017年版，第21页。
③ 参见[美]布鲁斯·马兹利什《文明及其内涵》，汪辉译，商务印书馆2017年版，第20页。
④ 参见[美]布鲁斯·马兹利什《文明及其内涵》，汪辉译，商务印书馆2017年版，第24页。
⑤ 这里所说的现代性是指以西方文化为中心，以西方资本主义为基础形成的知识体系。它的起源可以追溯到启蒙主义思潮，然后伴随着西方世界的科学革命、工业革命而成为主导性的思想体系，其中包括心物二元论的本体论、相应的认识论与价值观。现代性支持以个人为本位、以西方为中心的反传统的所谓"普世价值"体系，这种价值具有排他性、唯一性。

家刚刚形成期的社会组织形态。在当代学术研究中，它们只用于一般性的描述，而很少用于定义严格的情境。为了避免国家这一概念，后来荷兰学者克莱森又提出"早期国家"的概念，① 还有"前现代国家"的说法，② 不过后者比较宽泛，不像"早期国家"概念那样有明确的定义。就酋邦的概念而言，在塞维斯之后，厄尔提出酋邦有发展过程，存在简单与复杂之分。③ 如果把它们放在一起考虑，将酋邦与国家视为两极，那么最终的区分似乎落在了复杂酋邦与早期国家之间。

（二）元概念：社会复杂性与系统状态

近二三十年来，西方考古学界研究文明起源问题时更多采用"社会复杂性"（social complexity）的概念。④ 社会复杂性从空间上看是多态性的、灰色的、梯度的；从时间进程上看，具有阶段性，也是多态性的。时间与空间上的混杂让我们对社会复杂性的判断更加困难，这里需要引入"系统状态"这个概念，它是我们对社会复杂性程度的衡量，让我们能够沟通早期国家、酋邦等概念，得到一个具有不同

---

① H. J. M. Claessen and P. Skalník, "The Early State: Theories and Hypotheses", in H. J. M. Claessen and P. Skalník, eds., *The Early State*, Hague: Mouton, 1978, pp. 3 – 29.

② J. A. Sabloff and P. L. W. Sabloff, eds., *The Emergence of Premodern States: New Perspectives on the Development of Complex Societies*, Santa Fe: SFI, 2018.

③ T. Earle, "Chiefdoms in Archaeological and Ethnohistorical Perspective", *Annual Review of Anthropology*, Vol. 16, 1987, pp. 279 – 308; "The Evolution of Chiefdoms", *Current Anthropology*, Vol. 30, No. 1, 1989, pp. 84 – 88.

④ J. A. Sabloff, "Extending our Knowledge of Premodern States", in J. A. Sabloff and P. L. W. Sabloff, eds., *The Emergence of Premodern States: New Perspectives on the Development of Complex Societies*, Santa Fe: SFI, 2018, pp. 1 – 14.

四　文化传承发展

社会复杂程度的完整序列。我们可以把社会复杂性与系统状态称为"元概念",它们是更具备统括能力的本原性概念。由此,当代学术意义上讨论的国家或文明起源就是在探讨社会复杂性系统状态的发展程度。

社会复杂性具有古老的渊源。人类近亲黑猩猩的社会可以作为早期人类社会发展的参照,黑猩猩社会存在交配权与食物控制权的争夺,存在生存领地的争夺。黑猩猩社会内部不同群体之间也存在着暴力,包括一个群体成员对另一个群体成员的谋杀。[①] 人类早期社会的复杂程度无疑要高于黑猩猩,因为人类有更好的语言交流能力以及技术能力。到了旧石器时代晚期,人口密度提高,狩猎采集群体大规模地聚集更常见。[②] 石器技术风格变化逐渐清晰化,代表社会群体可能有了更明确的边界。这一时期外来物品也明显增加,显示社会群体交往的范围扩大。个人装饰品普遍出现,它可以代表个体身份,发挥"不在如在"的效果,摆脱了社会交往长期依赖面对面的模式,极大地提高了社会交往的效率;同时,个人装饰品还有助于加强个体身份认同,[③] 这为后来群体领袖角色的出现奠定了基础。考古发现还显示旧石器时代晚期暴力活动增加,尤其是在流动性较低的社会

---

① 参见[美]弗朗斯·德瓦尔《黑猩猩的政治——猿类社会中的权力与性》,赵芊里译,上海译文出版社2009年版。

② 狩猎采集社会在食物丰裕的年份常组织规模较大的聚会,聚会的人数可能达到500人,人数远远超过一个狩猎采集群体的规模(通常不超过50人),聚会是发展婚配关系的机会,当然,也会促进狩猎采集社会的整合,形成一定区域范围内的群体认同。相关研究可以参见 L. R. Binford, *Constructing Frames of References: An Analytical Method for Archaeological Theory Building Using Ethnographic and Environmental Data Sets*, Berkley: University of California Press, 2001, p. 117.

③ C. Gamble, *Paleolithic Societies of Europe*, Cambridge: Cambridge University Press, 1999, pp. 328–332.

群体中。研究显示，狩猎采集社会的暴力活动较之农业与工商业社会更频繁，导致人口损失比例更高，仇杀与劫掠通常会导致损失十分之一的人口，有的甚至达到五分之一，其暴力程度比战乱频繁的中世纪欧洲要严重10—20倍，比血腥的20世纪中叶的欧洲要严重300—600倍。[1] 这也就是说，人类社会复杂性发展的部分要素早在旧石器时代晚期已经具备。

不过，真正的文明是在农业基础上出现的。尽管人类早在4万多年以前就进入了澳洲，比人类进入美洲早得多，但是这里没有发展出来文明，原因就在于没有农业。撒哈拉以南非洲的社会复杂性发展较晚、程度不高也主要因为农业发展条件不佳，缺乏适合驯化的物种。农业虽然又称为"食物生产"，其实并不直接生产食物，而是让动植物生产，所以，在这个意义上说，农业的本质是控制动植物，即所谓驯化物种。农业还需要劳力与土地资源，必然导致对劳力（人）与土地资源的控制。农业需要人们过着定居的生活，劳力也随之丧失了流动性。农业可以带来更多生产剩余，促进人口的增加。随着人口密度的提高，控制土地与人口的相对收益远多于狩猎采集时代。资源（土地、劳力、驯化的动植物）控制成为社会生活组织的关键要素，由此产生的社会矛盾推动该区域范围内社会复杂性进一步发展。

从农业起源到复杂社会的出现经过了长期的发展过程，其中包括三个复杂社会共有的因素：不平等、神权或制度化的公共权力、合法化的武力，三个要素相互促进。农业起源需要克服狩猎采集社会的价

---

[1] L. H. Keeley, *War before Civilization*, New York: Oxford University Press, 1996, pp. 88-95.

四　文化传承发展

值阻碍，打破人人有份的平均主义，增加生产剩余。① 早期农业社会人群规模小，是由习俗主导的，人与人之间相当熟悉。同一社群内要实现武力控制是困难的，而通过神权，则较容易克服习俗的阻碍，领袖因为与神祇的特殊联系而得到合法统治权，不平等在此过程中也神圣化。合法化的武力则是群体之间兼并以及防止群体分裂的手段。

社会复杂性起源研究中一个困难的部分就是对系统状态的界定。社会复杂性是社会系统整体性的涌现，其变化是全方位的，包括政治、经济、社会组织结构、意识形态等各个方面。社会复杂性的起源很可能是由若干个阶段组成的，其发展更可能是一个非线性的过程。从这个角度来理解，酋邦是走向国家的一个阶段或一种形态；但酋邦容易崩溃，是一种非常不稳定的形态。有研究认为国家就是为了稳定酋邦而形成的结构。② 在社会系统状态转型阶段，往往会存在各种各样带实验性质的社会形态，酋邦可能只是其中某个阶段的一种形态，不能把酋邦视为从平等社会到国家社会唯一的中间环节。同属新进化论的弗里德则在相当于酋邦的阶段区分出阶等社会与分层社会。③ 有关酋邦的类型还存在其他各种各样的分类。④

社会复杂性概念较之早期国家、酋邦更加包容，避免了既有概念本身原有的含义，更容易融入跨学科的研究方法，具体研究中可以采

---

① 参见［美］马歇尔·萨林斯《石器时代经济学》，张经纬等译，生活·读书·新知三联书店 2009 年版，第 48—115 页。
② Y. Chacon et al., "From Chiefdom to State: The Contribution of Social Structural Dynamics", *Social Evolution & History*, Vol. 14, No. 2, 2015, p. 27.
③ 参见易建平《论塞维斯与弗里德文化演进理论的区别》，《世界历史》2018 年第 5 期。
④ A. W. Barker, "Chiefdoms", in R. A. Bentley et al., eds., *Handbook of Archaeological Theories*, Lanham: AltaMira Press, 2008, pp. 515 – 532, 其中有相关的综述，介绍不同学者对于酋邦的分类。

用诸如景观研究、生态研究以及化学与生物研究的手段。① 如有研究结合进化生物学、人类学与政治科学，提出多层选择（multilevel-selection）进化论能够解释复杂等级制的形成，研究者可以运用数学模型进行模拟，然后用经验材料进行检验。② 社会复杂性起源涉及复杂系统变化的问题，可以运用复杂性理论进行解释，超越我们长期采用的还原论。简言之，社会复杂性概念因为更少有历史包袱，反而成为研究文明起源时比较合适的概念。

（三）酋邦与古国的社会复杂性的关键差别

古国的含义更接近早期国家，而非酋邦。"邦"与"国"之间有系统状态的根本区分，宜区分开来，"邦国"之类的说法不可取。这里所谓的"邦"可以是酋邦，也可以是文献中所谓"万邦"中的"邦"，它代表社会复杂性的起始阶段；所谓的"国"指社会复杂性较为成熟的系统状态，当然与历史时期的国家相比，还不够完善，但是它已经有较为完备的社会系统的组织结构。"邦"与"国"都属于间断平衡（punctuated equilibrium）的一种状态，两者的社会复杂性存在整体上的差别。许多邦可能融合成一国，也可能在这样的系统状态下长期停留或瓦解。

酋邦理论的关键意义是它探讨了社会复杂性的形成机制，即社会

---

① J. A. Sabloff, "Extending our Knowledge of Premodern States", in J. A. Sabloff and P. L. W. Sabloff, eds., *The Emergence of Premodern States: New Perspectives on the Development of Complex Societies*, Santa Fe: SFI, 2018, pp. 1–14.

② P. Turchin and S. Gavrilets, "Evolution of Complex Hierarchical Societies", *Social Evolution & History*, Vol. 8, No. 2, 2009, pp. 167–198.

如何从相对平等的状态发展出社会等级,然后形成一些人长期垄断公共权力的局面。而古国理论讨论的是一个具有更高复杂程度的社会,它具有大型城市、精致工艺、复杂仪式等特征,同时有相当的疆域范围,即"国"的系统状态。如果我们能够理解"邦"与"国"的系统状态不同的话,那么酋邦与古国的矛盾就迎刃而解。遗憾的是,当前学界尚不能准确区分"邦"与"国",塞维斯本人也没有给出准确的定义。后来研究者又无限扩大酋邦的概念,包括塞维斯本人也是如此,如把夏威夷的政权也称为酋邦,现在学界更多认为它已经是国家。如果按前文乔菲-里维拉(Cioff-Revilla)的定义,酋邦的规模是非常有限的,可以只由若干村落组成。从目前的研究来看,邦与国的区别主要体现在规模与中心化程度上,如果没有出现中心化(主要表现在城市、礼仪建筑、工程设施等方面),就意味着还没有完成社会整合,社会复杂化的系统状态还没有实现质变。

三　视角的差别：主位与客位

具体在中国文明起源的理论探讨之中,酋邦与古国理论分别代表两种不同的视角。酋邦理论的引入丰富了中国文明起源的理论探讨。它之所以受到欢迎(主要在历史学者中),一方面与中国文明起源理论相对单一相关,另一方面也与学科发展所存在的外部关联相关。同样值得思考的是,相比于酋邦理论,国内考古研究者更愿意采用古国理论。两者的差别不能简单以开放与保守而论,两者除了上述含义上的区别之外,至少还有两个方面的区别:一个是考察视角,另一个是逻辑推理。

(一) 客位的视角

酋邦理论的代表人物塞维斯与过程考古学代表人物宾福德都出自密歇根大学人类学系的文化进化论学派。过程考古学的主张浓缩成一句话就是，考古学要"更科学，更人类学"，这两项主张具有内在的一致性，那就是要站在客位的立场进行研究。过程考古强调科学，包括在一般意义上把考古学看作科学，注重科学推理，也包括特殊意义上的关注自然科学分析方法。过程考古把考古材料当作科学材料，检验理论与假说。为了保证考古材料的客观性，过程考古专门发展了考古材料的形成过程研究。为了跨越考古材料与人类行为之间的鸿沟，过程考古倡导发展"中程理论"，建立科学的推理。酋邦理论试图采用同样的发展路径，希望形成跨文化的适用性，而不必考虑社会历史背景、文化传统、人的主观能动性等因素的影响。客位的视角有利于开展文明起源的比较研究，进而发现文明起源背后的"机制"或"规律"。

然而，在考古学研究中应用酋邦理论存在一个难以解决的问题。那就是，酋邦作为一种社会组织形态，是人类学家在民族志中提炼出来的；把它上升为一个具有普遍性的人类社会发展阶段，覆盖古今不同地区多样的文明化进程，并不符合事实。这一问题的根源来自现代性的观念，现代性追求普适性、确定性、绝对性，研究的目标是要找到一个普适的、绝对的解释。现代性是人征服自然的产物，也是西方征服其他社会的产物。如果不经任何审查或反思就利用这样的理论，必定会把现代性的问题带入研究之中。美国是现代性的典型代表，没

四 文化传承发展

有历史的约束,排除了美洲原住民;挟两次世界大战的胜利果实,20世纪60年代的美国又处在第三次技术浪潮的前沿。在一片乐观主义的氛围中,研究者把功能主义、新进化论结合起来,追求一般性的解释。

酋邦理论虽然号称新进化论,自认为不同于19世纪的社会进化论,但是塞维斯把酋邦看作走向国家社会的一个普遍阶段,把民族志中的非洲、美洲土著社会发展阶段等同于数千年前的欧亚社会,实际上与19世纪的单线进化论并没有本质区别。按照这一理论,全世界历史与现实中的社会都可以在其社会演化路线中找到自己的位置。在现代性的主导下,文明起源存在统一的路径,这个路径的标准就是西亚模式,柴尔德将之归纳为十个标准。[①] 中国文明起源研究也时常采用这个标准。

酋邦理论来自美国人类学,自然带着客位的视角。美国人类学的传统是研究印第安人以及其他国家的文化,带有殖民主义的色彩。表现在考古学领域,因为所研究的考古材料与研究者自身没有文化历史关联,于是他们倾向于客位的视角。客位的视角本身就是对抗性的、批判性的、对立的、非认同的、非理解性的(而是解释性的)。客位视角寻求的是以西方为中心的统一性,其中带有设定的价值与偏见,对此我们应该有清醒的认识,承认其合理性的同时应该反思其局限性。

[①] V. G. Childe, "The Urban Revolution", *Town Planning Review*, Vol. 21, No. 1, 1950, pp. 3–17;[英]戈登·柴尔德:《人类创造了自身》,安家瑗等译,上海三联书店2008年版,第107—134页。

（二）主位的视角

主客体不分曾经是中国文化的一个主要特点，也是中国近代科学未能充分发展的原因之一。站在客位的视角，排除主观想法的干扰，更有利于探索事物发展本身固有的规律。其优点在自然科学发展中表现得充分无遗，主位的视角似乎是多余的。然而，在人文社会科学研究中，主位的视角是不可替代的。古国理论就是从主位视角出发的研究。曾有学者提出一个问题，在国家起源理论上，中国学者能贡献什么？[①] 这个问题至少有一个答案，我们可以贡献主位的视角！

与客位视角适合去解释（explain）过去不同，主位的视角更适合理解（interpret）过去。在2019年7月河南大学举办的第二届"夏文化"国际研讨班上，有关"夏"是否存在的问题，欧美学者（华裔学者除外）普遍反对，几乎无一例外，而中日学者赞同者多（中国学者中有少数怀疑者）。[②] 虽然这只是一个个案现象，但现象本身还是值得关注的。为什么会出现这样的情况？为什么日本学者不站在西方学者一边呢？这是因为西方学者的视角是客位的，强调科学、实证，不能证实就是没有（这其实并不符合波普尔对科学的定义）；主位的视角是从整体上理解中国历史、中国文献，这种理解需要切实的中国文明体验。有这样体验的研究者会意识到商文明已经非常成熟，它不可能是突然产生的，文献不可能都是空穴来风，中国文化的不少

[①] 参见谢维扬《国家起源理论：中国学者能贡献什么》，《社会科学报》2015年12月10日。

[②] 参见张立东、李静、丁福林《第二届"夏文化"国际研讨班纪要》，《华夏考古》2019年第4期。

因素可以追溯到新石器时代。也正是基于这样的理解，中日学者有共识。理解是整体性的、体验性的、直觉式的，无法还原为逻辑分析。古国理论正是在理解中国古史的基础上提出的，它与考古材料、传世文献以及中国学术传统有更好的亲和力，这不是客位视角所能做到的。

中国考古学乃至中国学术有自身的任务，这与特定时代和社会发展的要求密切相关。当代中国处在民族复兴的关键时期，在学习世界文化先进成果的同时，还需要继承自身优秀文化传统，并在此基础上进行创新。在这一任务引领下，我们需要重建古史，弘扬文化传统。20世纪初，陈寅恪曾有"群趋东邻受国史，神州士夫羞欲死"的喟叹。国家衰败之时，失去国史是个标志。重建国史是当代中国历史学者的任务，考古学负责重建其中的史前史部分。20世纪80年代，苏秉琦就曾提出这一倡议，并指导了这一工作。① 古国理论是重建中国史前史，尤其是文明起源史的指导思想，它代表我们在主位视角上的努力。

中国考古学重建过去的任务并不仅仅指构建起史前史的时空框架，甚至也不止于了解过去究竟发生了什么，还应该包括文化意义的重建。中国文化的载体不仅仅只有文献，更在于实物材料，而这些物质材料都是有文化意义的，其意义的形成都有其过程。意义重建的目的不仅是传承与弘扬文化传统，还在于发挥文化遗产的现实价值。而这样的任务不可能在客位的视角下完成，必须采用主位的视角。

主位的视角还涉及话语体系的构建。话语体系与价值判断是密切

---

① 参见苏秉琦《关于重建中国史前史的思考》，《考古》1991年第12期。

相关的,当我们采用某一话语的时候,就会存在价值移植的问题。历史学的阐释必定涉及价值观。我们现在回头来看20世纪80年代中期有关中国文明起源的理论讨论时,就会发现存在这样的情况,研究者把某些客位视角的话语体系普适化。除了话语体系的有无,还有话语的效果,建筑学家王澍曾说,我们现在总谈东西方文化冲突,其实这种冲突是一个假设,并不是真的,其实质就在于我们总把自己的传统认定为不好的,是坏的。[1] 苏秉琦的古国理论属于中国考古学自身的话语。遗憾的是,苏秉琦之后的中国考古学研究反而少了这种标志性的概念。

需要强调的是,主位与客位的视角不是简单的对立关系,而是辩证的关系,两者之间存在对立的同时也存在互补。在人类学研究中,本来也有主位(emic)与客位(etic)视角的区分与争论。[2] 20世纪80年代以来,考古学理论领域出现了"人文转向",作为代表的后过程考古学强调多元叙事、平权表达,与之相应出现了"本土(或称土著)考古学"(indigenous archaeology),[3] 代表一个地方或族群的主位认识。主、客位视角分别代表两种不同的研究路径。前者强调人文,后者强调科学。就中国文明起源研究而言,古国理论能够与中国历史、传世文献等更好地联系起来,更有利于理解考古材料的历史与文化意义,弥补客位视角的不足。当然,从客位视角可能会发现主位视角没有意识到的东西,如有研究采用墓葬材料分析古代中美洲的社

---

[1] 参见王澍《造房子》,湖南美术出版社2016年版,第224页。
[2] T. N. Headland, K. Pike and M. Harris, eds., *Emics and Etics: The Insiders/Outsider Debate*, Newbury Park: SAGE, 1990.
[3] 参见[美]克里斯·戈斯登《本土考古学》,[英]科林·伦福儒、保罗·巴恩主编《考古学:关键概念》,陈胜前译,中国人民大学出版社2012年版,第149—153页。

会分层情况，结果发现了比运用主位视角的直接历史法（direct historical approach）所得更细致的差别，[1] 这里客位的视角就弥补了主位视角的不足。

四 推理逻辑之分

当代考古学研究的推理逻辑可以分为宏观与微观两个层面：微观上需要提出假说，进行多学科分析，进而检验假说；[2] 宏观上则包括三条推理途径：归纳、演绎与类比。演绎推理需要从理论推导出可以通过材料检验的假说。归纳是从事实材料上升到概念高度上去，而不是局限于材料特征形态的归纳。类比提供参考的框架，为考古学家复原过去提供参考。

当然，三种推理各有其弊端，需要相互协作，都不可或缺，这不是由研究者的偏好决定的，而是由考古学研究本身的性质决定的。就归纳推理而言，从考古材料中是不可能直接推导出如酋邦这样的社会组织形态的。必须有理论先导，否则无从定义社会组织形态。就演绎推理而言，如果不能得到考古材料的支持，也会失去生命力。就类比推理而言，构建理论与材料之间的桥梁是当前研究的关键所在，也就是所谓的"中程理论"。三种推理都是我们需要运用的，但三者并不是一回事，需要加以区分，而目前的学术研究似乎还没有注意到其中的差别。以至于支持古国理论的研究者认为酋

---

[1] B. A. Steere and S. A. Kowalewski, "Wealth Stratification in Ancient Mesoamerica", *Social Evolution & History*, Vol. 11, No. 1, 2012, pp. 20–48.

[2] 参见陈胜前《考古推理的结构》，《考古》2007年第10期。

邦理论脱离考古实践，而支持酋邦理论的研究者又认为古国理论缺乏理论清晰度。

古国理论与酋邦理论分别采用了两种不同的推理逻辑。古国理论采用的是从考古材料出发的归纳逻辑。苏秉琦是考古学者，他非常强调熟悉考古材料，"古国"是从考古材料中抽象出来的概念。换句话说，这个概念是考古学家的概念工具，它跟"考古学文化"概念一样，都借鉴了相关学科的成果。考古学文化从人类学中借鉴了文化的概念，古国则从政治学中借鉴了"国"的概念。考古学文化并不等于人类学中的文化，它只是一定时空范围内遗存特征的组合，通过它考古学家能够研究古代社会群体（考古学文化并不等于族群）。同样，古国并不等于政治学定义上的国家，而是考古学家借此研究社会复杂化进程的概念工具。把握这一点，对于理解古国理论的意义至关重要。将古国实体化，就像把考古学文化等同于族群一样，超越了该理论原有的范畴。

基于民族志研究的酋邦理论，从逻辑上说，它也是归纳的，不过是从民族志材料中归纳出来的。但是，用于考古学研究时，实际应该是类比推理，即认为古代文明起源类似于民族志上的社会复杂化进程。矛盾的是，在文明起源的考古学研究中，酋邦理论是以演绎推理的角色出现的，即它作为具有普遍性的理论，由此演绎，进而解释考古材料。从该理论出发，研究者推导出酋邦可能存在的物质遗存表现形式：有层级的聚落结构体系、有等级分化的墓葬、存在专业分工的手工业生产等。演绎推理成功的首要前提是理论要有足够的普遍性；次之，从普遍理论能够推导出可以在考古材料中检验的假说；最后，是能够得到考古材料的支持。从上文的分析中我们可以看到，当前有

四 文化传承发展

关酋邦理论最大的争议就是它的古今一致性，比如国外研究者在考古材料中并没有发现塞维斯所强调的再分配，尤其是生活物资的再分配，交换与分配的更多是奢侈品，或称威望物品；① 国内研究者在中国的考古学材料中也发现了类似的现象。②

为了进一步确定酋邦理论的性质，不妨与相关的理论进行比较。在既有理论中，马克思主义有关文明起源的经典理论揭示了国家的基本性质，属于高层理论。马克思主义认为选择有政府的制度是因为它能比无政府状态更好地管控日益增加的社会矛盾，通过建立一定的规则，尤其是建立高于矛盾双方的规则维护机构（政府），保护群体与个人的利益，避免无政府状态下的相互杀戮；这里国家更多的是保护统治阶级的利益。③ 文明起源的水利④、农业⑤、战争⑥等理论则是次一级的理论，它们讨论的是国家起源的一般动力，这些因素是国家形成过程中不可或缺的动因。如农业导致人口的增加（密度与总人口规模）、定居（固定的聚落与领地），群体内部与群体之间的竞争加剧。⑦ 科勒等运用四大洲 64 个考古遗址的（其中包括白音长汗、南

---

① R. S. Kipp and E. M. Schortman, "The Political Impact of Trade in Chiefdoms", *American Anthropologist*, Vol. 91, No. 2, 1989, p. 379.
② 参见李新伟《中国史前社会上层远距离交流网的形成》，《文物》2015 年第 4 期。
③ 参见《马克思恩格斯选集》第 4 卷，人民出版社 2012 年版，第 187 页。
④ 参见［美］卡尔·A. 魏特夫《东方专制主义：对于极权力量的比较研究》，徐式谷译，中国社会科学出版社 1989 年版。
⑤ 参见［英］戈登·柴尔德《人类创造了自身》，安家瑗等译，上海三联书店 2008 年版，第 81—106 页。
⑥ R. Carneiro, "A Theory of the Origin of the State", *Science*, Vol. 169, 1970, pp. 733 - 738.
⑦ 参见［意］路易吉·卢卡·卡瓦里·斯福尔扎《文化的演进》，石豆译，中国社会科学出版社 2018 年版，第 152—160 页。

台子、赵宝沟等中国遗址）大数据分析，注意到农业与政治体系的发展进一步加剧了经济不平等，更早进入农业时代的亚欧大陆比美洲更不平等。① 至于卡内罗提出的战争理论，是把农业与战争结合在生态框架中，即早期国家出现在农业扩展受限的区域。特斯塔特的"王臣"理论提出较晚，他从社会关系的角度考虑，提出国家起源于依附关系，尤其是首领与亲属之外成员的依附关系，解释为什么奴隶制能够产生。② 这些理论涉及社会复杂化进程中的不同层面，其实是相互补充的，并不构成排他性的解释。

酋邦理论试图建立跨文化、跨时代的统一性，在宏观层面上把握人类社会复杂化的机制。在《国家与文明的起源》一书中，塞维斯希望用酋邦理论替代马克思主义有关文明起源的理论认识。从这个层面上看，它似乎是高层理论。不过进一步细究，就会发现它的贡献更近似于"王臣"理论，讨论的是公共权力的形成机制，特别强调公共资源的分配。然而，酋邦理论没有解释清楚从分节社会到等级社会，人们是如何突破既有的社会规范与价值体系的，按照福山的说法，后者也就是分节社会的社会资本。③

进入21世纪以来，研究者已经注意到"（应该）尽量避免包罗万象的关于文化变化的社会和生态模式，代之以个案或特定制度研

---

① T. A. Kohler, M. E. Smith and A. Bogaard, "Greater Post-Neolithic Wealth Disparities in Eurasia Than in North America and Mesoamerica", *Nature*, Vol. 551, 2017, pp. 619–622.

② A. Testart, *La Servitude Volontaire*, Paris: Errance, 2004.

③ 参见［美］弗朗西斯·福山《社会资本》，［美］塞缪尔·亨廷顿、劳伦斯·哈里森主编《文化的重要作用：价值观如何影响人类进步》，程克雄译，新华出版社2013年版，第143页。

究"①。研究者开始认识到社会科学研究很难达到自然科学那样的精确性，社会运作过程中有可以称之为"机制"的东西，但条件不确定，结果未知。② 这是因为社会运作存在社会、历史、文化背景关联，同时还需考虑人的主观能动性。社会发展或演化固然有其规律，但是仍然需要人的主观努力（能动性）才能实现，人的世界是主动的世界，而不是被动的。按照钱穆的说法，人文界以主动为特征。③ 从这个意义上说，类似国家的复杂社会不仅仅是社会发展的必然，也是人类能动性的体现。

五　回到考古材料

所有的理论或假说最终都要接受考古材料的检验。数十年来，有关中国文明起源的考古发现日渐增加，研究者注意到考古材料已成为相关研究的核心与导引。④ 尤其是21世纪以来，良渚、陶寺、石峁等古城的发现，极大地冲击了有关中国文明起源模式的传统认识。比较一下当前的考古材料研究与理论研究，有助于了解两者之间的差距，深化有关文明起源的理论思考。从目前考古材料的发现与研究中我们至少可以得出以下四点认识。

---

① 谢维扬：《国家起源理论：中国学者能贡献什么》，《社会科学报》2015年12月10日。
② J. Elster, *Explaining Social Behavior: More Nuts and Bolts for the Social Sciences*, New York: Cambridge University Press, 2007, p. 36.
③ 参见钱穆《湖上闲思录》，生活·读书·新知三联书店2000年版，第22页。
④ 参见常怀颖《近二十年来中国学术界国家起源研究述评》，《四川文物》2016年第1期。

（一）中国文明起源过程是多阶段的

经过中华文明探源工程多年的探索，对中国文明起源过程的了解更加细致，目前学界已基本形成共识，这个过程具有阶段性，但究竟分为几个阶段则有不同意见。比较概略的划分是分为两个阶段，即以二里头文化为标志，之前为一个阶段，即前王朝时代，之后是王朝时代，二里头突破了自然地理单元的约束，是所谓的"广域王权国家"。[①] 这种划分采用的是特里格的分期方案：城邦国家与广域国家。[②] 有观点把二里头之前的时代再进一步划分为两个阶段：古国阶段前期与古国阶段后期。[③]

还有一种意见把二里头之前的时代分为三个阶段：第一个阶段（6000—5300calBP）为最初的中国，以红山、庙底沟、大汶口、大溪、凌家滩、崧泽等考古学文化为代表，出现社会上层远距离交流，形成基本的互动圈；第二个阶段（5300—4300calBP）以良渚、屈家岭、大汶口、马家窑等文化为代表，这是个动荡调整时期，出现一系列的古城，社会出现分层，社会下层的物质文化趋于简单、同一；第三个阶段（4300—3800calBP）为龙山时代与早期王朝时期，可以称之为王国时代。[④] 不过，这个划分方案中的良渚具有发达的社会分工、等级分化的墓葬、规模巨大的古城与水坝系统以及武力与暴力证

[①] 参见董琦《虞夏时期的中原》，科学出版社2000年版，第12页。
[②] 参见许宏《"连续"中的"断裂"——关于中国文明与早期国家形成过程的思考》，《文物》2001年第2期。
[③] 参见王巍《勾勒五千年前的文明图景——"中华文明探源工程"成果巡览》，《中国社会科学报》2018年9月28日。
[④] 参见李新伟《"最初的中国"之考古学认定》，《考古》2016年第3期。

四　文化传承发展

据，充分表明当时存在强制性的公共权力，已具有"国"的特征。[①] 所以就社会复杂性发展程度区分而言，不如划分为古国前期与后期更合理。社会复杂性的源头还可以追溯至更早的阶段，如裴李岗文化已经发展出后来社会复杂化过程中所涉及的许多物质文化。[②] 需要指出的是，如果没有前期的孕育，不可能在距今5300年前后涌现出大型古城、祭祀建筑、水利工程等。

（二）不同地区文明起源进程存在差异

中华文明探源工程带来的重要成果，进一步否定了中国文明起源过程的中原中心论。从现有的材料来看，第一波较为成熟的文明浪潮开始于长江流域，以良渚、屈家岭—石家河文化为代表；第二波以陶寺文化、山东龙山文化、石峁古城为代表；第三波才是黄河中游地区的崛起。当然，这不是说第一、二波时中原地区没有文明的发展，而是说在进程上不如周边成熟。除了这些核心地区，黄河上游一带还有马家窑文化、东北地区的渔猎新石器文化、草原地带的新石器文化以及西南与华南一带的新石器文化都参与到了中国文明起源过程之中，它们共同构成中国史前文明体系。

特别值得注意的是欧亚草原地带，这个地带相对便利的交通条件以及流动性更高的人群有利于东西方文化的交流。来自中亚、西亚或是更远地区的文化也在一定程度上影响了中国文明的起源，至于程度究竟有多大目前还不是很清楚。已知如马、牛、羊、大小麦等动植物

[①] 参见赵辉《良渚的国家形态》，《中国文化遗产》2017年第3期。
[②] 参见河南省文物考古研究所《舞阳贾湖》，科学出版社1999年版；韩建业《裴李岗文化的迁徙影响与早期中国文化圈的雏形》，《中原文物》2009年第2期。

来自欧亚草原带的交流，金属冶炼技术也受到了影响。如果我们从中国文明体系的角度来理解，就会发现地区差异性与东西方呼应的格局都是推动中国文明发展的因素，也正说明中国文明是多元文化融合的产物。

（三）不同区域的文明形成过程中存在不同模式

越来越多的证据表明，比阶段差异性更明显的是不同地区存在文明发展模式（或称系统）的差异。关于文明的模式，李伯谦曾根据用玉的区别，认为存在两个模式，[①] 还有研究认为存在三个模式，[②] 实际上存在的模式可能更加多样。以良渚文化为例，它分布在不同文化生态单元中，包括滨海、山区、平原沼泽、河湖滨等。基于民族志的研究我们知道，利用水生资源（渔猎）有利于社会复杂性的发展（因为其资源分布固定且稳定），因此在长江下游与钱塘江流域较早出现社会复杂化进程。长江流域具有较好的航运条件，中下游之间地区可能存在较多的贸易交换，表现在刻符陶器与部分可用作陶筹的陶器上，商业可能在该地区的文明起源中发挥了重要作用。[③]

与长江中下游地区不同的是，北方的红山文化以宗教礼仪建筑以及葬玉制度而著称，但一直没有发现大型的居址或城址，显示辽西地区史前社会的整合形式更多依赖神权，而较少依赖经济与武力手段。

[①] 参见李伯谦《中国古代文明演进的两种模式——红山、良渚、仰韶大墓随葬玉器观察随想》，《文物》2009年第3期。

[②] 参见韩建业《早期中国：中国文化圈的形成和发展》，上海古籍出版社2015年版，第54—78页。

[③] 参见何驽《长江流域文明起源商品经济模式新探》，《东南文化》2014年第1期。

四　文化传承发展

但是，北方地区石峁古城的发现让我们看到完全不同的面貌，由此我们需要将中国文明置于亚欧大陆文明的大格局中考虑，它的商业以及暴力色彩呈现非常外向的特征。而陶寺又有所不同，其宗教色彩不浓厚，"务实"且"世俗"。[①] 这种特征更类似于中原地区。中原地区生态单元之间的差异小，单元之间的相互需求相对有限，而单元内部分化可能更大，社会更多需要通过再分配来完成组织，形成中庸稳重的特性，同时这里也是多元文化的交汇地带，因此，最终在这里完成了中国文明的整合。[②]

（四）中国文明多元一体与连续发展

在中国文明发展的早期，不同地区各领风骚，没有持续的中心，不同地区各有贡献。陶寺的政治制度、意识形态、礼乐文明、宴饮习俗，良渚的用玉制度、工程水利，红山的用玉制度、天地礼仪，石峁的军事防御、贸易交换，石家河的图像符号，山东龙山的酒文化，如此等等，最终向中原汇通，融为一体。从这个角度说，这个长达1500多年的古国阶段，代表中国文明起源的独特道路，奠定了中国文明的基本格局。最终从无中心的多元走向有中心的多元一体。[③] 从古国阶段，到夏商周及此后的历史时期，中国文明连续发展，物质遗存的文化意义一脉相承。这是中国文明不同于世界其他地区文明的重要特点之一，也是中国考古学研究中能够采用直接历史

[①] 参见高江涛《中国文明与早期国家起源的陶寺模式》，中国社会科学院考古研究所夏商周考古研究室编：《三代考古》（五），科学出版社2013年版，第38—46页。
[②] 参见韩建业《中原和海岱：文明化进程的比较》，《社会科学》2019年第4期。
[③] 参见高江涛《试论中国早期国家形成的模式与动力》，《史学月刊》2019年第6期。

法的基础。

六 讨论：中国文明起源理论研究的途径

当代学术研究最大的分野莫过于科学与人文，这个分野深刻影响到当代考古学的理论方法，过程考古学与后过程考古学分别对应着这两种导向。科学导向的研究以逻辑推理为中心，侧重于解释，研究暗含着对普遍原则的认同。人文导向侧重于理解，强调人的能动性与共情式（empathy）体验，其研究注意来龙去脉的历史梳理与条分缕析的背景关联分析，暗含着主体对自身理解能力的确认。在当代历史与考古学研究中，这两种研究导向通常又是交织混合的，很难截然分开。酋邦理论偏向科学导向，是"进化主义的"，强调普遍意义，主张探索文明起源的机制。相比而言，古国理论更大程度上是一种偏向人文导向的研究，它是直接历史法的应用，是"历史主义的"，它基于中国学者对自身文化传统的理解。采用这种途径，更着重于对中国传统文化意义的追溯，冯时在天文考古上的探索较有代表性，也比较成功。①

长期以来，文明探源与古史重建的目的都是认识或重建真实的历史，所采用的途径就是科学。坚信历史存在确定的真实性，研究者通过不断的努力，可以认识到这种终极的真实，尽管道路可能曲折、困难。不过，文明探源与古史重建还有另一个重要目的，那就是理解文化意义。考古学的对象是物质遗存，它是人们生产生活的直接遗留，

---

① 参见冯时《文明以止：上古的天文、思想与制度》，中国社会科学出版社2018年版。

四 文化传承发展

并且在此过程中，为文化意义所渗透，这些文化意义反过来影响社会的构建。如果按照后过程考古的说法，物质遗存就是文本，考古学研究的重要工作应该是阐释。[①] 不理解中国文明，而进行所谓的文明探源，也不可能充分接近历史真实。人文角度的研究并不离开历史真实，相反，它会进一步促进我们对历史真实的认识。

澄清了研究目的之后，我们再来看方法论。科学与人文作为两条相互补充的路径，应该受到同等的重视。物质遗存不会自己说话，要让它说话，必须通过考古推理，也就是通常所说的"透物见人"。整个推理过程至少有五个层次，同时包括演绎、归纳与类比三种推理。[②] 在中国文明探源的研究中，目前演绎逻辑的研究相对较少。理论研究针对的是古代社会现实，而不是物质遗存，需要进一步地演绎，理论研究才可能与物质遗存结合起来。酋邦理论立足于丰富的民族志材料，它所讨论的是具体的社会，而不是这些社会的物质遗留。塞维斯在民族志材料上对酋邦理论进行了建构，使之成为一种具有普遍性的理论，将其视为一个人类社会演化必不可少的阶段。不过，相对于人类漫长的文明史而言，民族志材料是非常有限的，尤其是有关国家起源的，所以，也就不能不让人怀疑，酋邦可能属于非典型的社会复杂化现象。也因此，有研究认为酋邦理论根本不能包括走向社会复杂性的多样化路径，该理论已经破产。[③] 不过，我们可以把从民族

[①] I. Hodder, "Postprocessural Archaeology", *Advances in Archaeological Theory and Method*, Vol. 8, Orlando: Academic Press, 1985, pp. 1 – 26.
[②] 参见陈胜前《考古学研究的"透物见人"问题》，《考古》2014 年第 10 期。
[③] A. W. Barker, "Chiefdoms", in R. A. Bentley et al., eds., *Handbook of Archaeological Theories*, Lanham: Alta Mira Press, 2008, p. 526.

志角度展开的研究视为人类社会演化的某种历史实验,① 对我们认识社会复杂化机制有重要的启发作用。

从考古材料出发,囊括尽可能多的案例,从中提取共性,然后升华到理论层次上来,就是归纳推理。采用归纳推理有两个关键之处:一是案例足够丰富,必须考虑到中国之外的材料;除了古代的材料,还必须考虑相对晚近的民族志材料,它们也是人类社会的组成部分。二是要进行提升,共性特征的识别还不是理论建构,需要经过抽象化过程,才能上升到理论。从这两个方面来看,于中国文明起源研究而言,归纳推理并不容易实现,因为我们的研究之中还非常缺乏世界其他地区的案例,同样也缺乏民族志材料,这应该是今后研究需要弥补的。研究者发现,对国外文明起源研究成果缺乏深度了解阻碍了中国文明起源研究的深入进行。②

总的来说,有关中国文明起源机制的探讨还有很大的提升空间。三条推理途径是相辅相成的,缺一不可。从理论到材料的演绎推理,优点在于能够更多发挥研究者的创造性,更充分利用相关学科的理论成果,更少依赖考古材料。但是,从理论到材料,中间存在很大的差距,有效的演绎不容易实现。而缺乏这个环节,很容易出现"以论代史"的状况,即拿材料直接去套理论,直接把理论当成了历史。③ 类比推理的优点在于鲜活、具体,这正是考古材料所缺乏的,它的不足是存在历史、文化背景的差异,导致古今不一致的问题。归纳推理从

---

① 参见[美]贾雷德·戴蒙德、詹姆斯·A. 罗宾逊主编《历史的自然实验》,李增刚等译,中国人民大学出版社2020年版。
② 参见赵春青《中国文明起源研究的回顾与思考》,《东南文化》2012年第3期。
③ 参见苏秉琦《中国文明起源新探》,辽宁人民出版社2011年版,第3—7页。

材料出发，让材料说话，基础扎实，但是其成本高，而且要获取充分的材料并不容易；再者，归纳推理最终提出的理论是超越既有材料范围的，即可能出现想当然的情况。总之，每条路径各有其优缺点，没有哪一条路径能够完全解决问题，综合运用三条推理路径是必然的选择。

百年中国考古学，是发现中国远古湮没历史的过程，同时也是重建中国文化自信的过程。中国文明是世界唯一的五千多年未曾中断的文明，但在近现代几乎断裂，表现在考古学上，就是对物质遗存文化意义的忽视。带着数千年文化意义积淀的物质遗存只有科学价值，只是验证理论的材料，而忽视了它作为中国文化直接载体的重要意义。当代中国处在百年未有之大变局中，文化认同的确立是民族复兴的重要基础。文明探源的考古学研究除了重建真实的历史，还需要认识与理解中国史前文明的文化意义。酋邦与古国理论作为两个方向研究的代表，应该并力合作，在此基础上，发展有中国特色的考古学理论体系，建立中国考古学在文明起源理论研究上的话语体系。

（原载《中国社会科学》2023年第7期）

中国早期两大主流治世理念的生成文化背景及政治影响

郑杰文[*]

习近平总书记在出席文化传承发展座谈会时指出，中华文明具有突出的连续性、创新性、统一性、包容性、和平性，他强调："在五千多年中华文明深厚基础上开辟和发展中国特色社会主义，把马克思主义基本原理同中国具体实际、同中华优秀传统文化相结合是必由之路。"[①] 在新的历史起点上，为继续推动文化繁荣、建设文化强国、建设中华民族现代文明，提供了根本遵循。

中国早期有两大主流治世理念，即"从古而治"和"从天而治"，它们都是顺应社会发展需求而产生的社会政治理念。社会发展，治乱相依。周人灭殷，周公旦等用"姜嫄履大人迹生后稷"的故事说明后稷也像殷人先祖契那样是"神的儿子"，因而有做天子的资质；用"天命靡常，惟德是辅"论周文王、武王有德而殷纣失德，故而姬周应该享有天下，来回答周初"仇民"的质疑，平息他们的

---

[*] 作者简介：郑杰文，山东大学儒学高等研究院教授。
[①] 《担负起新的文化使命 努力建设中华民族现代文明》，《人民日报》2023年6月3日。

四　文化传承发展

"心仇";并为传扬"德政"而设立教导、监督、诤谏后世周王的训诫系统,换来西周前中期数百年的社会承平。

历史前进使社会形势变化,正如马尔萨斯"人口论"所言,随着社会的发展,以算术级数增长的社会物质生产速度,越来越比不上以指数规律增长的社会人口增加速度。诸侯封域内初封时由于"地广人稀"所产生的"衣食无忧"局面,越来越受到挑战。于是为果腹而开垦的"私田"大量出现,导致"季氏富于周公"局面的形成和"初税亩"政策的出现,以致"溥天之下莫非王土""天子代天封赏下民以土地"的传统理念崩塌,引发僭越公行、战争频仍、社会动荡的不堪局面,故而诸子蜂起以探寻治世理民、救人心的社会建构新理念。

综合来看,先秦诸子建构的社会治理理念主要有儒家、墨家等的"从古而治"(或言"从先王而治""从史而治")模式,和道家(含黄老)、纵横家等的"从天而治"(或言"从四时而治""从自然而治")模式,它们各有不同的生成文化背景。

一　"从古而治"及其生成文化背景

"从古而治"的口号是"法先王"与"法后王",即以前王治世、掌民的社会治理规范为准来制定国家治理政策、方式、方法。孟子曰:"规矩,方员(圆)之至也;圣人,人伦之至也。欲为君尽君道,欲为臣尽臣道,二者皆法尧舜而已矣。不以舜之所以事尧事君,不敬其君者也;不以尧之所以治民,贼其民者也。"① 主张在社会管

---

① (宋)朱熹:《孟子集注》卷七《离娄章句上》,《四书章句集注》,中华书局2010年版,第277页。

理"规矩"的制订上学习尧舜,推崇尧舜之道,被称为"法先王"。"法后王"就是以后世君王的做法为规范制订社会管理"规矩",这种治世理论的代表是荀子。荀子说:"故千人万人之情,一人之情是也;天地始者,今日是也;百王之道,后王是也。君子审后王之道而论于百王之前,若端拜而议。推礼义之统,分是非之分,总天下之要,治海内之众,若使一人,故操弥约而事弥大。"① 又说:"欲观圣王之迹,则于其粲然者矣,后王是也。彼后王者,天下之君也,舍后王而道上古,譬之是犹舍己之君而事人之君也。"② 与"法先王"相比,荀子的"法后王"更能适应新一统王朝社会形势的需求。

孟、荀这种比照"过去"的"从古而治"的"向后看"治世思维方式,从理念发展溯源,可以追寻到周公和孔子。周公为了化解周初殷商遗民的"心仇",论证周人执掌天下的合理性,顺应殷人"崇天"的传统信仰,宣扬周先王之灵在天且后王能广大其业,说"下武维周,世有哲王。三后在天,王配于京"③,强调周先王之灵在天而周"济济多士,秉文之德。对越在天,骏奔走在庙"④,对过世的先王加以推崇。孔子接受这种治世思维方式,主"从周"论,盛赞西周礼乐制度曰"周监于二代,郁郁乎文哉",坚定地表示"吾从周"⑤,正式确立"向后看"的"从古而治"的治世理论模式,孟子

---

① (清)王先谦:《荀子集解》卷二《不苟》,沈啸寰、王星贤点校,中华书局1997年版,第48—49页。
② 《荀子集解》卷三《非相》,中华书局1997年版,第80—81页。
③ 程俊英、蒋见元:《诗经注析·大雅·下武》下册,中华书局1991年版,第791页。
④ 程俊英、蒋见元:《诗经注析·周颂·清庙》下册,中华书局1991年版,第934页。
⑤ (宋)朱熹:《论语集注》卷二《八佾》,《四书章句集注》,中华书局2010年版,第65页。

四　文化传承发展

进一步提出"法先王",荀子主张"法后王",丰富了儒家"从古而治"的理论架构。

这种"从古而治"的"向后看"的治世方式,从文化历史溯源角度看,导源于原始农业社会的"经验优先"发展模式。原始农业从采集经济发展到种植经济后,在同一片土地上,在相同的自然条件下,欲求原始农业的发展,欲获得更多收获物,生产经验便成为主要决定性因素。播种时节的确定,每一生产环节的人工措施等,都离不开生产经验的积累与传递,因而曾出现"农业始祖神"崇拜。传说上古之时,神农氏"因天之时,分地之利,制耒耜,教民农作"①,故被奉为农业的始祖,这正是崇拜"农业经验先导"的"传说性折射"。在姬周传世文献中,这种"经验先导崇拜"有更多的呈现。在《诗经》中,教民稼穑的后稷甚至被尊为神灵。《周颂》"思文后稷,克配彼天",郑笺:"后稷之功能配天。"②清人金鹗谓:"配字,古与妃通。《尔雅》:'妃,合也,匹也,对也。'《释名》:'配,辈也。'然则配享之人,必相对相匹而后可。"③后稷身份可与天帝相匹,被尊为神祇,故《国语》谓:"辰马,农祥也……后稷之所经纬也。"④视其为农神。较之于儒家经典,未经过改造的《山海经》中的记载,可能更近于原始宗教文化的旧貌。其《大荒西经》曰:"有西周之国,姬姓,食谷。有人方耕,名曰叔均。帝俊生后稷,稷降以

---

① (清)陈立:《白虎通疏证》卷二,上册,吴则虞点校,中华书局1994年版,第51页。
② (汉)郑玄笺,(唐)孔颖达疏:《毛诗正义》卷一九《周颂·思文》,载(清)阮元校刻:《十三经注疏》,中华书局2009年版,第1册,第1271页。
③ (清)金鹗:《求古录礼说》卷七《禘祭考》,山东友谊出版社1992年版,第408页。
④ 徐元诰:《国语集解·周语下》,王树民、沈长云点校,中华书局2002年版,第125页。

百谷。稷之弟曰台玺,生叔均。叔均是代其父及稷播百谷,始作耕。"① 由此推之,周是以谷物为主食的部族,稷始教民播种百谷,故被周人崇拜。这也是崇拜"农业经验先导"的文献遗留。

综上所述,在以尊后稷为标识的原始农业社会"经验优先"的文化背景下,产生了以尊祖为特点的"向后看"治世理念,周公歌颂"有德之文王武王",孔子"从周"设计"礼、仁、孝"三位一体的教化民众治世策略[②],孟子号召"法先王"以设政,荀子力主"法后王"而设立"政治一体化、经济一体化"建国方针[③],形成了一套"从古而治"施政理民的建国治国策略,成为传统治世理念的主流之一。

二 "从天而治"及其生成文化背景

中国早期还有一种治世理念,《鬼谷子》曾说:"持枢,谓春生、夏长、秋收、冬藏,天之正也。不可干而逆之,逆之者,虽成必败。"又说:"故人君亦有天枢,生、养、成、藏,亦复不可干而逆之,逆之者,虽盛必衰。此天道,人君之大纲也。"[④] 主张人君治世要仿照自然界"春生、夏长、秋收、冬藏"的自然运行法则,制定"生养成藏"政策,顺应自然规律,休养生息,使民有时,便民休息。《鬼谷子》成书时间学界尚有争议,笔者曾从文献对比角度加以考证,指出《鬼

---

① 郭世谦:《山海经考释·大荒西经》,天津古籍出版社2011年版,第677页。
② 郑杰文:《试论孔子的社会治理构想》,《东岳论丛》1993年第1期。
③ 郑杰文:《荀子的国家管理一体化与社会经济一体化构想》,《儒林》第4辑,山东大学出版社2008年版。
④ 许富宏:《鬼谷子集校集注·持枢》,中华书局2010年版,第239—240页。

四　文化传承发展

谷子》是战国后期既已流传的文献,它涵括了纵横家学说,应是先秦诸子文献之一[①]。因此,《鬼谷子》所论顺应自然"生养成藏"的运行规律制定管理国家的政策,可以说是中国早期治世理念的一种代表性论说。

这种治世理念论说,在纵横家以外的先秦诸子文献中亦可找到踪迹。

道家始祖老子主张人世应该效法天道自然,说"夫物芸芸,各复归其根。……知常容,容乃公,公乃王,王乃天,天乃道,道乃久,没身不殆"[②],故应该"人法地,地法天,天法道,道法自然"[③]。又说人事应该遵守天道,否则便会失败:"将欲取天下而为之,吾见其不得已。天下神器,不可为也。为者败之,执者失之。"[④] 因此,老子主张社会治理应顺天之道,不作人为干预:"是以圣人处无为之事,行不言之教,万物作焉而不辞,生而不有,为而不恃,功成弗居。夫唯弗居,是以不去。"[⑤] 又说"其政闷闷,其民淳淳;其政察察,其民缺缺。……是以圣人方而不割,廉而不刿,直而不肆,光而不耀"[⑥],主张政治治理应该顺应自然态势。基于此,老子特别反对儒家那种以社会道德干预自然治理的治世理念,主张无为以御民,说:"以正治国,以奇用兵,以无事取天下。吾何以知其然哉?以

[①] 郑杰文:《墨家与纵横家论丛》,山东大学出版社2023年版,第541—543页。
[②] (汉)王弼注,楼宇烈校释:《老子道德经注校释》,中华书局2011年版,第36—37页。
[③] (汉)王弼注,楼宇烈校释:《老子道德经注校释》,中华书局2011年版,第64页。
[④] (汉)王弼注,楼宇烈校释:《老子道德经注校释》,中华书局2011年版,第76页。
[⑤] (汉)王弼注,楼宇烈校释:《老子道德经注校释》,中华书局2011年版,第6—7页。
[⑥] (汉)王弼注,楼宇烈校释:《老子道德经注校释》,中华书局2011年版,第151—152页。

此。天下多忌讳，而民弥贫；民多利器，国家滋昏；人多伎巧，奇物滋起；法令滋彰，盗贼多有。故圣人云，我无为而民自化，我好静而民自正，我无事而民自富，我无欲而民自朴。"[①] 从老子的这些论说中，不但可以找到纵横家论说人君治世应顺应"生养成藏"之天道自然而不可"干而逆之"的理论源出，还可看到这种治世理念与儒家等以社会道德干预自然治理的治世理念的斗争残影。

老子开创、纵横家明确论说的这种顺应天道自然规律无为治世的社会理念的产生，有其自家的理论推导基础。作为老子学说继承者、丰富者的庄子提出"人之生，气之聚也；聚则为生，散则为死"，所以他说"生也死之徒，死也生之始，孰知其纪"[②]，认为人生而复死、死而复生的生命过程，同自然界其他生物的生生死死过程是一样的，故而主张"万物一也"，即人的生命特质与自然界其他生物的生命特质是一样的，都是"通天下一气"的"气之聚"的形体，所以它们的治理方式应该是相通的，都应以顺应天道自然规律为基本原则。这种理论，是超越儒家习用的"社会性类比式思维"，运用"跨社会的类推式思维"去观察整个人类生存空间后深度思考才得出的结论。

老子开创"人法自然"理念，庄子继而向"深层"发掘，论说"人法自然"理念的合理性在于人与自然界其他生物一样"通天下一气"是自然界的一分子。纵横家从老子理念向"前方"开拓，发展

---

① （汉）王弼注，楼宇烈校释：《老子道德经注校释》，中华书局2011年版，第149—150页。
② （宋）吕惠卿撰，汤君集校：《庄子义集校》卷七《知北游第二十二》，中华书局2009年版，第394页。

四　文化传承发展

为以"人法自然"的"生养成藏"运行规律来治世的理论，形成中国早期另一种可与"以古为治"相匹敌的主流治世理念。

由道家开创而纵横家明确论述的这种用"跨社会的类推式思维"去观察人类生存空间并深度思考得出顺应"生养成藏"之天道自然运行规律以治世的理念，是在中国早期另一种社会生产方式——原始手工业生产方式基础上产生的。

与姬周是原始农业部族，故而能在商周之交那个仰韶温暖期后的第一个寒冷期靠粮食收买诸侯、聚集起伐纣联盟而代殷不同，殷商所用控制诸侯的手段是利用祭神器特别是青铜祭器的铸造特权，在那个"神学笼罩人世间一切"的时代，谁掌握了沟通天地民神的特权谁就是天下共主；谁的祭神青铜器愈精美、愈华贵就愈能获得神佑而给臣民藩属带来福祉。对此，张光直曾论证"商周的青铜礼器是为通民神，亦即通天地之用的"[1]，并进一步联系甲骨卜辞所见及萨满作法为例，论证商周的青铜祭器上的动物植物纹饰是帮助作法者、祭祀者沟通神灵用的。[2] 我们说，这与古人用龟甲兽骨及筮草占卜的原始理念相通，都是想借助动植物的"不可见"力量来沟通神界，获得预知，避祸求福。而这种借龟甲兽骨及筮草探求神意、铸动物植物纹饰于青铜祭器以求天、神佑护的原始理念的背后，所隐含的道理是"物人相通"，人与自然界其他生物乃至非生物在神灵面前资格是平等的，甚至认为某些自然界其他生物乃至非生物，较人更能通神灵而感知冥冥之中的神意，更能体现自然界早已固化的那些"规律"。这种

---

[1] 张光直：《中国青铜时代》，生活·读书·新知三联书店1983年版，第322页。
[2] 张光直：《中国青铜时代》，生活·读书·新知三联书店1983年版，第326—327页。

原始理念延续到春秋战国时期,便蕴生出道家论说、纵横家完善的中国早期的另一种主流治世理念——"从天而治"。

三 "从古而治"和"从天而治"的政治影响

"从古而治"理念和"从天而治"理念,都曾在中国历史上被实践(或部分实践)过,因而产生过重大社会政治影响。

秦人重耕战、尚法治以集合国内力量,活用纵横术以利用国外力量,终破六国而统华夏。然其在已经变化了的、天下一统的和平状态中,却依然施行战争状态中适用的"重战尚法"国策,导致"天下苦秦久矣"而使民间起义蜂起,终致十四载而忽亡。西汉王朝接受这一教训,更兼其基于族源文化基因所接受的长江冶制手工业文化的影响,在执政之初便认可"从天而治"的治世理念,施行黄老学说,实施"与民休息"的国策,是先秦诸子"从天而治"理念的首个实践者。

黄老学说托黄帝名义而实际上是发展老子"清静无为"、使民"自富""自朴"之说而形成的"从天道自然规律而设政理民"的一种为政术。这种顺应自然规律而无为无作、无为而治却以静御动的统治政术,符合汉初安定民众、恢复经济的客观需要,故为从楚文化背景中成长起来的汉初刘氏执政集团所采用。刘邦入咸阳后与关中父老"约法三章"以减轻秦王朝原有的苛法重役,开实施"从天而治"之端;后经曹参、陈平等推行,"从天而治"的治术遂获得实践机会。曹参为齐王相而"闻胶西有盖公,善治黄老言,使人厚币请之。既见盖公,盖公为言治道贵清静而民自定",曹参从其说,首先在齐地实

四　文化传承发展

施"从天而治"的清静无为政术,"故相齐九年,齐国安集,大称贤相"[1]。萧何卒后,曹参由"齐相"而晋升汉王朝相,继用"从天而治"的无为政术治理天下,大得民心,故百姓歌曰"载其清净,民以宁一",也获司马迁赞许"参为汉相国,清静极言合道。然百姓离秦之酷后,参与休息无为,故天下俱称其美矣"[2]。曹参之后,有"少时,本好黄帝、老子之术"的陈平继为丞相,继续用"理阴阳,顺四时""育万物之宜"的"从天而治"政术来治理天下,亦终称"贤相"[3]。直至田蚡为相,"绌黄老、刑名百家之言,延文学儒者数百人"而倡导儒学[4],才使黄老学退出宫廷,"从天而治"的治术理念也随之淡出执政者视野。

汉初接受"从天而治"理念而实施的"与民休息"政策,虽然使得社会经济迅速恢复元气,出现"文景之治"的盛大局面,但也由于遵循"顺天""无为"的"从天而治"执政理念,以致滋长政治分裂,导致诸侯坐大、尾大不掉的局面出现。汉景帝时期的"七国之乱"惊醒了执政王朝,故汉武帝支持国相田蚡绌黄老而倡儒学,用儒生,举贤良对策,欲以儒术治国。董仲舒把握住执政集团的这一现实需要,用长江流域冶制手工业社会生产基础上生成的"天人哲学"框架,装入先秦儒学中的社会政治治理理念,对《春秋》等儒家经

---

[1] （汉）司马迁:《史记》卷五四《曹相国世家》,中华书局1982年版,第6册,第2029页。

[2] （汉）司马迁:《史记》卷五四《曹相国世家》,中华书局1982年版,第6册,第2031页。

[3] （汉）司马迁:《史记》卷五六《陈丞相世家》,中华书局1982年版,第6册,第2061、2063页。

[4] （汉）司马迁:《史记》卷一二一《儒林列传》,中华书局1982年版,第10册,第3118页。

典重新阐释、发挥，对儒学进行理论改造，建构起新儒学体系，并为具有楚文化基因的西汉王朝所接受。汉武帝实施"独尊（新）儒术"政策，进而罢黜百家，使得"从古而治"的政治理念获得实践机会，逐渐成为主导中国乃至周边汉文化圈长达两千多年社会治理的主流政治理念。

习近平总书记指出："只有全面深入了解中华文明的历史，才能更有效地推动中华优秀传统文化创造性转化、创新性发展，更有力地推进中国特色社会主义文化建设，建设中华民族现代文明。"[①] 每种历史存在都有其社会合理性。从今天来看，由原始农业"经验优先"基础上生成的"从古而治"和由原始手工业"物人相通"基础上生成的"从天而治"，都有各自生成的文化背景，都曾被用于社会治理实践，都曾对中华文明发展作出过贡献。一张一弛之谓道，这两种治世之术，也为后世国家治理政策的制定提供了有益的借鉴。

（原载《文学遗产》2023 年第 6 期）

[①] 《担负起新的文化使命 努力建设中华民族现代文明》，《人民日报》2023 年 6 月 3 日。

五

中国式现代化的文化形态

中国式现代化：
一种新型现代文明形态

丁立群[*]

党的二十大报告明确提出并系统论述了中国式现代化的基本内涵、本质要求、战略安排和重大原则。中国式现代化是中国特色社会主义的具体体现，是中国道路的具体化，是对世界现代化理论和实践的创新。本文认为，中国式现代化的实质不是在世界现代化运动中构建一种特殊化的中国模式，而是意在超越现代化的诸多形态（包括西方现代化和发展中国家现代化诸形态），重构现代化的普遍本质和理想形态，创造现代文明新形态。质言之，中国式现代化突出的不是特殊性，而是普遍性。这种普遍的现代文明新形态将克服传统现代文明的弊端，将人类带入一个新的境界，代表了人类文明进步的发展方向。中国式现代化对现代化的普遍本质及其理想形态的重构、对现代文明新形态的构建，既破解了世界现代化运动中的"历史"与"地理"之争的还原论，破解了这一矛盾所导致的现代化危机，对整个世

---

[*] 作者简介：丁立群，黑龙江大学原副校长，黑龙江大学国学院院长，浙江大学兼职教授。

五　中国式现代化的文化形态

界现代化运动具有非常重要的意义；同时也破解了自近代以来中国现代化运动中的"古今中西之争"，为发展中国家正确处理由于现代化这种外缘性文化的输入而产生的传统与现代的对立关系树立了典范。

一　世界现代化运动：由一元到多元

整个世界的现代化运动发源于欧洲，最早可以追溯到 16 世纪。而在部分西方学者看来，发端于 18 世纪 60 年代英国、法国、荷兰等西欧地区的工业革命，对西方国家的现代化起到了非常重要的作用，甚至界定了现代化的基本样态。随后，这场工业革命由西方国家扩展到世界其他地区，成为一场遍及全球的现代化运动。西方以工业文明为基本内涵的现代化（也叫近代化①）导致传统的农业社会向工业社会转变，并引发整个经济领域以及政治和思想文化等领域的深刻变革。它在思维方式和文化形态上则体现为以工具理性为核心的资本主义现代性。所谓世界范围的现代化运动，最初实质上就是西方现代化在发展中国家的传播和蔓延过程，是西方现代化的经济、政治和文化的"殖民"过程。因而，发展中国家关于现代化运动的观念最初即是被这种西方现代化所"种植"并以此为典范的，这就在历史上形成了世界现代化运动初期普遍存在的所谓"追赶式"现代化的理论模式和现实实践。当时，无论是发达国家还是发展中国家的现代化理论家无不认为，所谓发展中国家的现代化，即是亦步亦趋跟随西方国家的脚步逐步实现经济、政治和文化的西方式现代化的过程。

---

① "现代化"一词的英文"modernization"又可译为"近代化"。

正是基于这种世界历史发展的现实，西方发达国家甚至发展中国家一度把西方现代化理解为一种现代化的"典范"和"元规范"（meta-specification）——西方现代化是一切发展中国家现代化的"理想型"和评判基准，是整个世界现代化运动的"元叙事"。于是，一种文化殖民主义的普遍结论便成为必然——伴随着现代化的全球化过程便被定义为世界各民族不同文化逐步同质化（即西方化）的过程。

但是，随着世界现代化运动的发展，所谓西方现代化在自身的实践中以及在发展中国家的推广过程中出现了很多问题。一方面，西方的知识分子对西方现代化本身进行了尖锐的批判，推动了西方一元的现代化观念的解体。比如，在经济层面，"罗马俱乐部"的研究报告和西方"新发展观"理论对西方的增长方式和发展模式及其理论基础——发展经济学进行了尖锐的批判[1]；在全球体系层面，沃勒斯坦（I. Wallerstein）的世界体系理论对现代化导致的以资本主义发达国家为主导的全球体系进行了尖锐的批判[2]；在文化层面，法兰克福学派以及各种后现代思潮对西方现代化的文化意识形态即资本主义现代性进行了尖锐的批判。另一方面，广大的发展中国家从自身的现代化实践中切身感受到西方现代化对发展中国家的猛烈冲击，感受到源于这种冲击所激发的传统与现代的尖锐冲突，因而普遍兴起了坚守传统的保守主义思潮，进而以文化相对主义批判和消解西方一元的现代化观

---

[1] ［法］佩鲁：《新发展观》，张宁、丰子义译，华夏出版社1987年版；［意］佩西：《未来的一百页——罗马俱乐部总裁的报告》，汪帼君译，中国展望出版社1984年版。

[2] ［美］沃勒斯坦：《现代世界体系》第四卷，郭方等译，社会科学文献出版社2013年版。

五 中国式现代化的文化形态

念和理论。同时，在拉美国家兴起的以弗兰克（A. G. Frank）和多斯桑托斯（T. Dos Santos）为代表的"依附理论"学派激烈批判了西方资本主义现代化，认为这种现代化导致发展中国家普遍处于贫困的依附地位。①

在这些批判思潮中，人们的关注点逐渐发生了一个富有意义的转折，"从仅仅关心传统社会的现代化过程，开始转向注意分析发达社会的病理现象"②。换言之，人们的目光从发展中国家如何实现由传统社会到现代社会的转型，转向对西方现代化本身的病理分析。它意味着在这些批判理论之下，那种把发达资本主义社会看作现代化的"理想型"的看法陷入了困境。由此，发展中国家的现代化从过程到理想都"已经没有一个理想的目标（因为发达国家也有新的问题产生）"③。在这种情况下，出现了"分裂的现代化"（split-modernization）概念。④ 从消极意义上说，这一概念的出现标志着人们已经开始质疑西方现代化理论，即如果它是"从西方社会抽象出来的一般理论，在多大程度上可以扩展运用于非西方社会"⑤。从积极意义上说，则标志着世界现代化运动已经由资本主义一元现代化逐渐呈现出多元现代化趋势。这不仅仅是一种理论状

---

① ［德］弗兰克：《依附性积累与不发达》，高銛、高戈译，译林出版社1999年版；［巴西］多斯桑托斯：《帝国主义与依附》修订版，杨衍永等译，社会科学文献出版社2016年版。
② ［日］薮野佑三：《现代化理论的今天》，载［美］亨廷顿等《现代化：理论与历史经验的再探讨》，上海译文出版社1993年版，第132页。
③ ［日］薮野佑三：《现代化理论的今天》，载［美］亨廷顿等《现代化：理论与历史经验的再探讨》，上海译文出版社1993年版，第133页。
④ 这是当代以色列社会学家、政治学家、现代化问题专家艾森斯塔特（S. N. Eisenstadt）提出的概念，他还是当代新功能主义和现代化理论的重要代表人物之一。（参见艾森斯塔特）
⑤ ［日］富永健一：《"现代化理论"今日之课题——关于非西方后发展社会发展理论的探讨》，严立贤译，《国外社会科学》1986年第4期。

态的变化，而且在现实中已经出现了从道路到目标都不同于西方社会的多种多样的现代化模式。但不能否认的是，在否定一元的西方现代化模式的过程中，在发展中国家多元的现代化趋势中逐渐产生了一种文化相对主义的暗流——人们习惯于把这种暗流追溯到"德意志历史主义"。但是，细思之下可以发现，这种追溯路向本身也是西方中心主义的。实际上，文化相对主义以及建基其上的文化民族主义乃是发展中国家（及民族）面对资本主义现代化洪流时普遍产生的防御性反应和表现。① 这种文化相对主义和文化民族主义趋势虽然具有保护发展中国家文化传统的作用，但同时又具有消解现代化普遍标准甚至消解现代化本身的倾向。

因此，在中国现代化过程中面临的问题是，我们怎样才能既避免西方现代化的弊端，又避免陷入现代化的相对主义泥淖？这归根到底是重建现代化的普遍本质和理想形态问题。

二　中国式现代化：重构现代化的普遍本质和理想形态

考察世界现代化理论和实践的发展历史，呈现给我们的是世界现代化运动中的一个重大问题：西方现代化是不是世界现代化运动的"典范""普遍标准"和"元规范"？广大发展中国家多元的现代化从过程到理想都已经多样化、特殊化了，我们将依据什么把它们判定

---

① 文化相对主义虽然是西方哲学家斯宾格勒（O. Spengler）、文化人类学家赫斯科维茨（M. Herskovits）等提出的，但在世界现代化和全球化运动中，文化相对主义有利于保护发展中国家的文化传统，所以普遍成为发展中国家对抗西方现代化的有力武器。在中国近代史上，也存在由文化优势论（参见王新命、何炳松、陶希圣等）走向文化特殊论（参见梁漱溟，1949年）、由文化绝对主义走向文化相对主义的演变过程。

五　中国式现代化的文化形态

为现代化？中国式现代化正是在这一现实背景下提出的，因而"重构现代化的普遍本质"成为不可回避的历史性任务。

何谓现代化的"典范""普遍标准"和"元规范"？这实际上就是如何确定现代化的普遍本质的问题，是同一问题的不同表述。要解答这一问题，首先需要破除一个思维习惯，即从事物的起源来界定和概括事物本质的思维惯式。从现代化的发生史来看，由于西方资本主义现代化在历史上是最先发生的，这种现代化当然对整个世界现代化运动具有一定的"示范"意义，但是这种所谓"示范"意义只能用"参考"价值来解释。西方现代化并不是唯一的现代化，以起源于西方的资本主义现代化来代替现代化的普遍本质，在逻辑上只能是以偏概全，在实际中也是不符合历史事实的。换句话说，从某种事物的源起来概括事物的本质，这种定义方法本身是有局限性的。但是，这种理解方式似乎形成了一种思维习惯，就连著名社会学家韦伯（M. Weber）也未能跳出这一窠臼。韦伯很重视对非西方社会的研究，他写了著名的《儒教与道教》《印度的宗教：印度教与佛教》等著作，对非西方社会作了深入研究。但是，在涉及现代化问题时，他却依然认为现代化是西方所特有的，习惯于运用"只有西方……"这样的表述式。[①] 在广大发展中国家多元的现代化运动中，所谓西方现代化的典范性已经被不同程度地加以消解，由此变成了一种特殊的现代化形式。在这种情况下，我们当然不能把现代化的普遍本质固定在西方现代化形态上，不仅如此，西方现代化同样应当符合现代化的普

---

① ［德］韦伯：《文明的历史脚步——韦伯文集》，黄宪起、张晓玲译，上海三联书店1988年版，第1—12页。

遍本质。世界现代化运动的历史发展要求我们应当致力于重构现代化的普遍本质和理想形态——据此，我们可以明确区分前现代化与现代化，克服西方一元性现代化的绝对主义和发展中国家多元现代化的相对主义，同时构成世界现代化运动所追求的理想类型。

近几十年来，许多世界现代化理论家纷纷重新回溯现代化的根本问题即究竟什么是现代化。解决问题的主要途径是如何超越西方资本主义现代化，构建现代化的普遍本质。日本现代化理论家富永健一认为，第二次世界大战以后，人们即使在分析工业化和现代化过程时必须以先进国家的历史为对象，但人们无论如何"已经不能像滕尼斯和维贝尔（按：即韦伯）那样，把现代化概念作为固定于欧洲的历史概念来考虑，而应该建立一个可以适用于一切社会的普遍概念"[①]，即探寻现代化的普遍本质。为了确立一个可以衡量一切社会现代化普遍本质的概念，国外现代化理论家一般采取两种途径。一是把现代化的基本原则与西方现代化的特殊经验加以析离。西方现代化毕竟是现代化的最初形态，它提出的一些现代化原则具有重要的参考意义。但是如前所述，西方现代化毕竟不是普遍的，不能代表现代化的普遍本质；要概括这种普遍本质，我们就需要把现代化所内蕴的基本原则与西方现代化的特殊经验相分离。[②] 二是超出西方现代化，以世界现代化的多种形态为基础，概括出现代化的普遍原则。西方现代化引起了一场世界性的现代化运动，尤其是在打破一元的西方现代化模式之

[①] [日]富永健一：《"现代化理论"今日之课题——关于非西方后发展社会发展理论的探讨》，严立贤译，《国外社会科学》1986年第4期。

[②] [美]艾恺：《世界范围内的反现代化思潮——论文化守成主义》，贵州人民出版社1991年版。

五　中国式现代化的文化形态

后，发展中国家的现代化出现了多种样态。正如印度现代化理论家德赛（A. R. Desai）所说，要概括现代化的普遍本质，如果忽略了发展中国家现代化的多种样态，"将使学者们失去极其重要的丰富的研究领域"①。可以看出，富永健一、艾恺、德赛等现代化理论家走的是一条经验主义路线。

据此，现代化理论家们对现代化的普遍本质进行了有益的探索，提出了很多建设性理论。例如，德赛对资本主义现代化与社会主义现代化的共性进行了概括，富永健一对发达国家与发展中国家的工业化过程进行了比较。尽管这些理论家的工作具有重要的启发意义，但他们提出的理论大多难以摆脱原初的西方资本主义现代化氛围所形成的偏见，特别是现代化的西方中心主义偏见。不仅如此，他们的思维还受到实证社会学的实证主义、经验主义方法的囿限，在构建现代化的普遍本质时缺乏规范性的理想维度。

现代化总体上是一场社会革命，是从传统的农业文明形态走向现代的工业文明形态。在笔者看来，以工业文明为标志的现代化主要有四个方面的普遍规定。

其一，技术和经济上的新型工业化道路。这里首先要区分"工业文明"与"工业化"。"工业文明"是标志整个现代化社会形态的概念，它既包括基础性的工业化，又包括由工业化所引起的社会结构、产业结构、市场流通、政治、道德、思想观念、文化以及思维方式和感知方式的根本性变化。而"工业化"则发生在单纯的技术、经济

---

① [印度]德赛：《重新评价"现代化"概念》，载[美]亨廷顿等《现代化：理论与历史经验的再探讨》，张景明译，上海译文出版社1993年版，第40页。

领域或社会层面，意指由传统农业社会使用的自然动力、生物动力和粗陋的机械动力，转换为由产业革命开始的使用非生物动力资源和高效率机械化、自动化、信息化工具的技术和经济变革。"工业文明"与"工业化"是整体与部分的关系：工业文明是整体的社会形态，工业化则是工业文明社会形态中的技术、经济部分。但是，工业化在工业文明中具有基础性地位，以至工业文明的社会形态即是以工业化来命名的。西方资本主义国家工业化的核心是工具理性。在西方工业化过程中，资本主义过度倚重生产效率的提高来追逐资本增殖和剩余价值，强调以提高效率为根本目的的工业改造，这构成了西方资本主义现代化的"原罪"，正是这一"原罪"引起了人与自然、人与人、人与社会之间的普遍异化以及人自身的生存危机。因此，必须从根本上克服工业化的理性核心——工具理性，建构一种理想的工业化模式，即一种以辩证理性、价值理性与工具理性相统一的完整理性为核心的，绿色可持续的新型工业化。其基本内涵是：以信息化带动工业化，以工业化促进信息化，走一条科技含量高、经济效益好、资源消耗低、环境污染少、人力资源优势得以充分发挥的新型工业化道路。在党的十六大报告中提出了超越旧的工业化的"新型工业化道路"概念，党的十七大报告和十八大报告贯穿并丰富了这一理念。党的十九大报告明确指出，坚持新发展理念，继续推动新型工业化、信息化、城镇化、农业现代化同步发展。由此，中国共产党已经在思想上把"新型工业化道路"提升到了新发展理念的高度。

其二，新型的社会、劳动以及社会管理的精细分工和权力职能系统。在传统的农业社会，整个社会是由亲属群体和近邻共同体构成的。虽然社会、劳动以及社会管理也存在粗陋的分工，但亲属群体和

五 中国式现代化的文化形态

近邻共同体有很强的自足性，缺少功能的分化；劳动分工也比较简单，社会管理处于粗放状态。在现代化社会，由于专业化程度比较高，出现了精细的社会和劳动分工，社会诸单位和劳动诸环节是相互依存的，其功能是非自足的。与此相配合，在社会管理上形成了一个实施组织管理的严密权力职能系统，它把整个社会有机化为一架庞大的机器，使社会行动建立在"功能—目的"之关系基础上，以此保障社会组织最大限度地实现其目标。在西方资本主义现代化的社会和劳动分工以及社会管理中，以工具理性为核心形成了社会和劳动分工的机械性和科层制的管理模式。这种分工和管理模式在实践中产生了很多弊端，例如忽略个性和个人的创造，容易滋生本位主义、形式主义和官僚主义。在中国特色社会主义和现代化建设中，社会、劳动以及社会管理的分工虽然尚处于探索和建构过程中，但是作为后发展国家，我们已经认识到西方现代化在劳动、社会以及管理中产生的弊端，认识到社会和劳动分工对人的桎梏，力图在管理中减少强制性分工对人性的束缚，克服官僚主义、形式主义和本位主义作风。所以，在重构现代化的普遍本质中，应当构建以辩证理性、价值理性与工具理性相统一的新的社会、劳动分工体系和管理模式。

其三，以完整理性为核心的现代性文化。前现代文化是以宗教信仰和血缘宗法关系为纽带、以习惯为内容的经验型文化；现代性文化则是现代化在文化意识形态上的表现，它超越了传统的经验型农业文化，形成了以理性为核心并辐射到文化各面向的独特的文化形态，代表着现代化引起的思想、观念形态和感觉形式以及思维方式、感知方式的变化。然而，西方现代化的文化意识形态即现代性的核心与西方工业文明的核心相一致，同样表现为工具理性。西方现代性文化起源于启蒙运动，启蒙运动主张任何事物都要经过"理性法庭"的审判，而理性是经过科学和逻辑训练形成的认识能力。特别是当理性与功利主义联系起来之时，这种理性就变成了彻底的工具理性。我们看到，以工具理性为核心所建立的西方现代性文化已经遭受了诸多的批判。因此，对现代性文化的"重撰"必须致力于重建现代哲学家所呼吁的完整的理性，胡塞尔在讨论欧洲科学的危机时即提出了这一任务。[1] 中国特色社会主义思想文化就是对资本主义现代性的"重撰"和"改写"。这种"重撰"和"改写"力图克服资本主义现代性文化的功利主义，强调现代化的总体性，强调中国特色社会主义是物质文明、精神文明、政治文明、社会文明、生态文明的全面提升。显然，这种新的现代性文化是以完整的理性为核心的。

其四，作为现代化核心的人的现代化。在前现代社会，人的价值被神的价值所替代，人为血缘宗法制度所奴役，所以，西方资本主义现代化首先经历了文艺复兴和启蒙运动，它标志着一次人性的解放。但是，随着资本主义现代化的推进，产生了人的异化、物化现象，人的问题被物的问题所替代，出现了马尔库塞（H. Marcuse）在《单向度的人：发达工业社会意识形态研究》中所说的物质主义的"单面人"。在这种背景下，人的现代化变成了可"计算"的外在指标和特征（如教育、职业和识字率等），而忽略了其本质是人的完整性和全面发展。这正是理想的现代化形态（或者中国式现代化）所要避免和超越的核心问题。人的现代化是现代化普遍本质的核心内涵和元价

---

[1] ［德］胡塞尔：《欧洲科学危机和超验现象学》，张庆熊译，上海译文出版社1988年版。

五　中国式现代化的文化形态

值（meta-value），是最根本的现代化；没有人的现代化，现代化无论有多少方面，都是无意义的。重建现代化的普遍本质在某种意义上就是重建人的完整本质；表现在理性问题上，就是克服片面的工具理性，恢复完整的理性精神。中国特色社会主义坚持人的现代化是社会主义现代化建设的根本价值，坚持物质富足、精神富有是社会主义现代化的根本要求，坚持社会发展的根本目的是促进物的全面丰富和人的全面发展。[①]当然，人的全面发展不是空谈，而是要从社会主义初级阶段的现实出发，积极建设物质文明和精神文明，实现共同富裕。应该说，这些论述充满了辩证理性、价值理性与工具理性相统一的理性精神。

以上四个方面构成了完整的现代工业文明的主要方面。与单纯的工业化不同，现代工业文明是标志完整社会形态的概念，它起自西方却可以与西方的现代化经验相析离[②]；同时亦可以规范现代化的诸多形态，不至于堕入现代化问题上的相对主义。我们显然已经注意到，这里对现代化普遍本质的构建不仅仅是对世界现代化已经表现出来的各种形态进行经验总结，概括出诸多现代化形态的普遍性质，描述出世界各种现代化形态的一般属性；而且还是一种理想建构，具有规范性意义。也就是说，由于诸多现代化形态的不完备性，现代化的普遍本质又必须是理想和规范的，所以，要求我们必须克服西方现代化的诸种弊端，进一步完善现代化的内涵，给出一个理想的现代化概念。概言之，在构建现代化的普遍本质的过程中，需要始终贯穿一种批判

[①] 习近平：《高举中国特色社会主义伟大旗帜　为全面建设社会主义现代化国家而团结奋斗——在中国共产党第二十次全国代表大会上的报告》，人民出版社2022年版。
[②] ［美］艾恺：《世界范围内的反现代化思潮——论文化守成主义》，贵州人民出版社1991年版。

和规范的维度。就此而言，这一建构将会完全突破国外现代化理论家的实证社会学立场的局限性。

由此可见，中国式现代化内蕴了世界各国现代化的共同特征，符合现代化的普遍本质。但这并不意味着以西方现代化为标准，更不意味着符合西方现代化。所谓现代化的普遍本质是由中国式现代化"重构"的，它是一种超越发达国家和发展中国家现代化诸形态的新的普遍性。笔者认为，中国式现代化即是构建一种新型现代化的普遍本质、一种理想的现代化形态、一种新型现代文明形态。这种新型现代文明形态已经蕴含于中国特色社会主义理论体系之中。具言之，它克服了西方现代化模式所引发的各种危机，构建了新型现代文明形态的基本范式；它转换了西方现代化的理性核心，以一种完整理性替代西方现代化片面的工具理性；它转换了西方现代化的元价值，以人的现代化即人的全面发展作为新型现代文明的根本价值，以之替代西方现代化以生产效率和资本增殖为根本价值的观念；它构建了以人的现代化为元价值，以物质文明、精神文明、政治文明、社会文明、生态文明的全面提升的总体现代化。所以，中国式现代化并不是在世界现代化的诸多形态中构建一种中国的特殊模式，而是构建一种现代化的普遍的理想形态。中国式现代化对现代化普遍本质的"重构"，在实质上超越了西方现代文明，丰富和发展了人类文明新形态。

三 "重构"现代化普遍本质的世界意义

中国式现代化重构了世界现代化的普遍本质，破解了阐释现代化问题上的"历史"与"地理"的还原论，对整个世界现代化运动具

五　中国式现代化的文化形态

有非常重要的意义。

如上所述，整个世界的现代化运动经历了以一元的西方现代化为核心，进而扩散为整个世界的现代化运动过程，这是模仿西方现代化的"追赶式"现代化运动。这种"追赶式"的现代化经过发达国家和发展中国家现代化理论家的反思批判以及在现代化实践中的危机，从现代化的道路到理想目标都多元化了。在这种多元化的趋势中，发展中国家普遍兴起了一种文化相对主义思潮，甚至出现了反现代化思潮。当代美国现代化理论家艾恺（G. S. Alitto）的中文著作《世界范围内的反现代化思潮——论文化守成主义》即描述了这样一种状况。

于是，当时代把一元的现代化观念和多元的现代化观念压缩在一个历史时空之时，在实践中便产生了针锋相对的主张，这就是现代化中的"历史"和"地理"两种理解范畴之争。如上所述，从时间和历史来看，现代化运动的最初形态是西方资本主义现代化，这样一种现代化形态在空间和地理上却变成了一场世界范围内的现代化运动。这必然构成"历史"和"地理"两种理解范畴之间的矛盾。发达国家的某些带有意识形态色彩的现代化理论家提出，在全球化运动中，发展中国家在理解西方现代化普及过程中的资本主义经济、政治和文化殖民等问题时，要转换理解问题的思维方式，即由地理范畴（本土与西方）转换为历史范畴（传统与现代）。这种转换意味着，他们尽管承认发展中国家各民族的经济、政治和文化同西方文化存在着异质性和差别性，但却强调必须从历史的维度来理解这种异质性和差别性。也就是说，这种异质性和差别性并不是一种地理区分或者由于地理差别导致的文化差别，它们本质上属于传统与现代的关系——发展中国家属于传统，发达国家属于现代。因此，现代化就可以被"合理"地理解为以西方之"现代"消灭发展中国家之"传统",即用西方文化(现代)取代发展中国家的各民族文化(传统)。正如富永健一所指出的,"无论现代科学、现代产业还是现代资本主义和现代民主,只要是与现代相连的,一切都产生于西方,一提到东方社会的现代化,其意即指在一定的时间差之后,通过文化传播而接受这些现代化革命的产物"①。德赛在分析多种西方资产阶级现代化理论时也指出,它们之间虽然存在着细微的区别,但是它们"都将美国和西欧高度发达的新资本主义社会看作是典型的现代化社会,并将它作为表明现代化的特定组成因素的模式(或参照系),最终为欠发达社会所效法"②。于是,"这些国家的社会、经济以及文化组成因素被假定为现代化的理想型式的必备因素"③。

与此相反,随着世界现代化运动的发展,逐步觉醒的广大发展中国家的知识界则提出了针锋相对的主张。他们要求人们在理解本土文化与西方文化的关系时,应当把历史范畴(传统与现代)转换为地理范畴(本土与西方)。与发达国家的内生型现代化相比,发展中国家的现代化属于外源型现代化。也就是说,现代化文明对于发展中国家来说属于外输的"异质"文明,由此也必然形成比发达国家更为尖锐的传统与现代的冲突。富永健一认为,"现代阵营与传统阵营这种二重结构的对立也存在于德国和美国这样的欧美先进国家,但是在

---

① [日]富永健一:《"现代化理论"今日之课题——关于非西方后发展社会发展理论的探讨》,严立贤译,《国外社会科学》1986年第4期。
② [印度]德赛:《重新评价"现代化"概念》,载[美]亨廷顿等《现代化:理论与历史经验的再探讨》,张景明译,上海译文出版社1993年版,第39页。
③ [印度]德赛:《重新评价"现代化"概念》,载[美]亨廷顿等《现代化:理论与历史经验的再探讨》,张景明译,上海译文出版社1993年版,第39页。

五　中国式现代化的文化形态

非西方后发展社会尤其不可避免"①。在广大的发展中国家的知识分子看来，本土的传统文化与西方现代化的关系根本不存在历史发展阶段的区别，即不存在所谓传统与现代的关系。它们之间的关系本质上不过是分处于不同空间地理区域所形成的文化差异而已，除了不同区域和不同传统形成的差异之外，别无额外意义。这样，发展中国家的知识界就以分处于不同空间地域形成的文化多样性，否定了历史向度的传统与现代的关系，以此消解西方殖民主义侵略的合法性基础。这几乎成为发展中国家抵制所谓西方现代化的基本文化逻辑，而这在发展中国家无疑是一种普遍现象。发展中国家之所以普遍兴起民族主义、民粹主义，即是担忧由于现代化这种异质文明的快速推进，会消灭传统的社会结构和民族价值观念。②但是，否定了传统与现代的关系，必然走向文化相对主义。所以，哲学和文化人类学中的文化相对主义就成为发展中国家抵御西方文化侵袭的思想武器。

通过上面的分析我们发现，在发展中国家现代化与西方殖民主义侵略问题上，发达国家和发展中国家的知识界是尖锐对立的，他们共同采取的方法路径即是在"历史"与"地理"两种理解之间相互还原：或者把"地理"还原为"历史"（发达国家），或者把"历史"还原为"地理"（发展中国家）。这两种还原论几乎成了难以破解的死结。

如何破解这一难题，是发展中国家当前面临的共同任务。也就是

---

① ［日］富永健一：《"现代化理论"今日之课题——关于非西方后发展社会发展理论的探讨》，严立贤译，《国外社会科学》1986年第4期。
② ［德］普尔：《欧洲现代化与第三世界》，载［美］亨廷顿等《现代化：理论与历史经验的再探讨》，上海译文出版社1993年版，第329页。

说，在一元的西方现代化和多元的发展中国家现代化中，我们如何既不把西方现代化看作唯一的、理想的现代化模式，避免西方现代化的弊端；又要在发展中国家现代化的多元化局面中，避免走入由强调特殊性而形成的相对主义和保守主义泥淖，更要避免一种反现代化倾向。这归根到底是重建现代化的普遍本质和理想形态问题。现代化的普遍本质和理想形态的重建，将消解西方现代化的典范性，把它还原为一种特殊的现代化形态，从而克服西方现代化导致的种种现代化危机；同时，作为现代化的理想形态，它也将成为衡量发展中国家现代化诸形态的根本标准，从而克服多元现代化的相对主义倾向。

可见，现代化的普遍本质和理想形态的重建，实际上构建了一种现代文明新形态，对整个世界现代化运动具有非常重要的意义。

中国式现代化重构了现代化的普遍本质和理想形态，破解了自近代以来中国现代化过程中的"古今中西之争"，为发展中国家处理传统与现代的关系树立了典范。

中国的现代化运动最早起自近代的洋务运动。从洋务运动至今的现代化过程一直贯穿着所谓"古今中西之争"。"古今中西之争"是世界现代化运动普遍矛盾的具体体现，是"历史"与"地理"两种理解范畴之争的国别化形式，当然这一国别化形式又有其特殊性。其中"古今"对应于"历史"，属于历史范畴；"中西"对应于"地理"，属于地理范畴。既然如此，"古今中西之争"当然也摆脱不了"历史"与"地理"之争的还原论逻辑，其本质是中国现代化过程中的传统与现代、保守主义与激进主义之争。在这一过程中，中国近代产生的文化保守主义经历了一个由文化优势论演进为文化特殊论的过程，这一过程的思想基础是中国传统文化由普适到特殊的转换。在文

五　中国式现代化的文化形态

化保守主义者的头脑中，传统文化由原来作为"天下"通则的普遍形态，经过中西文化的激烈碰撞逐渐特殊化，成为特殊形态的传统文化。它标志着文化保守主义已经由文化绝对主义走向文化相对主义。在文化相对主义的语境下，文化保守主义往往把"古今"（传统与现代）化为"中西"（本土与西方），认为中国传统文化是自满自足的，不需要现代化，更不存在传统与现代之争；摆在我们面前的不过就是本土文化与西方文化的关系，这只是不同空间地域、不同文化传统之间的差别而已。这就彻底否定了中国传统文化的现代化问题。文化激进主义尽管带有一定的权宜性和策略性，但是其基本主张是化"中西"为"古今"。在他们看来，中国文化与西方文化的关系并不是简单的地理差别、文化差别和文化个性问题，而是传统与现代的关系。中国文化是传统文化，西方文化是现代文化，中国文化必须现代化，而西方文化是中国文化发展的目标。一句话，中国传统文化的现代化就意味着彻底西方化。可见，"古今""中西"之间的互相还原是文化保守主义和文化激进主义的共同前提。

"古今中西之争"导致的思想分裂使得中国的现代化进程在道路和理想目标的选择上，自近代以来一直处于摇摆之中，为现代化平添了很多障碍，甚至成为中国现代化的一个难以摆脱的两歧困境。对此，富永健一曾指出，"只要这种对立的二重结构不消除，就不可能实现持续而稳定的现代化"[①]。在笔者看来，这一问题既关系到能否实现持续而稳定的现代化问题，也关系到实现什么样的现代化问题。

[①] ［日］富永健一：《"现代化理论"今日之课题——关于非西方后发展社会发展理论的探讨》，严立贤译，《国外社会科学》1986年第4期。

如果不解决这一问题，将会导致发展中国家经常发生的"现代化的中断"。所以，从理论上克服思想分裂、正确处理"古今""中西"之间的关系，对于从实践上走正确的中国式现代化道路具有关键意义。

站在中国式现代化的立场上，文化激进主义把"中西"化约为"古今"，把"现代化"等同于"西化"，本质上是一种现代化的"原教旨主义"。在中国近代历史背景下，中西文化的冲突无疑具有古今意义（即传统与现代），这在"追赶式"现代化观念的理解中是自然而然的。然而，从本质上来看，现代化的基本特征并不是与西方文化不可分割地结合在一起的。文化激进主义把"古今"与"中西"等同看待，依据的是一种陈旧的一元的现代化观念，在多元现代化的情况下，现代化已经不等于西方化了。同样，文化保守主义把"古今"化约为"中西"，其要害在于消解了传统与现代的关系，同样落入了现代化"原教旨主义"的"陷阱"。文化保守主义的代表人物虽然看到了西方现代化导致的各种弊端，但走向另一个极端，从整体上否定了西方现代化：为了反对西方现代化，他们完全取消了传统与现代问题，甚至否定了现代化本身，从而走向文化相对主义（例如梁漱溟在《东西文化及其哲学》中所说的文化三类型论），最终以中华传统文化对抗西方文化。无疑，中国近代乃至现代的首要任务是中国传统的现代化问题。文化保守主义的症结在于，没有认识到现代化的形态是多种多样的，西方现代化只是现代化的一种特殊形式。质言之，每个发展中国家都可以走出自己的现代化道路——一种既具现代化的本质特征，又与本土文化相结合的现代化方案和路线。就此而言，文化保守主义把"古今"化约为"中西"，以中西文化的差异消解传统

五　中国式现代化的文化形态

与现代的关系，实际上否定了中国传统文化现代化的必要性，在思想上必然走向相对主义。

中国式现代化对现代化普遍本质的重建、对现代化理想形态的构想，是对世界现代化运动的创新，它从理论和实践上打破了"古今""中西"之间的对立和还原主义逻辑，既坚持了中国特色，又把中国文化提升到新型现代文明的境界；既坚持了现代化的普遍本质，又打破了西方现代化的一元论，真正走出了一条中国道路。这无疑为发展中国家处理传统与现代的关系，走出传统与现代的两歧对峙，进而走上正确的现代化道路树立了典范。

（原载《哲学动态》2023 年第 8 期）

中国式现代化与人类文明新形态

陈 晋[*]

在中华人民共和国成立特别是改革开放以来长期探索和实践基础上,经过党的十八大以来在理论和实践上的创新突破,我们党成功推进和拓展了中国式现代化,创造了人类文明新形态。作为新的重大命题,"中国式现代化"与"人类文明新形态"在多个重要场合被提及。本文主要谈谈中国式现代化与人类文明新形态的关联,以及对人类文明新形态的一些理解。

一 "中国式现代化"与"人类文明新形态":一体表达、互为印证的理论和实践范畴

在庆祝中国共产党成立 100 周年大会上,习近平总书记指出:"我们坚持和发展中国特色社会主义,推动物质文明、政治文明、精

---

[*] 作者简介:陈晋,中央马克思主义理论研究和建设工程咨询委员会委员、中共中央原文献研究室副主任。

五　中国式现代化的文化形态

神文明、社会文明、生态文明协调发展，创造了中国式现代化新道路，创造了人类文明新形态。"① 这是首次把"中国式现代化"与"人类文明新形态"放在一起加以强调。此后，党的十九届六中全会通过的《中共中央关于党的百年奋斗重大成就和历史经验的决议》指出，"党领导人民成功走出中国式现代化道路，创造了人类文明新形态，拓展了发展中国家走向现代化的途径"。党的二十大报告在两处谈到人类文明新形态，一处是把"不断丰富和发展人类文明新形态"作为新时代党和国家事业战略部署的重要内容，另一处是把"创造人类文明新形态"列为中国式现代化本质要求之一。2023年2月，习近平总书记在学习贯彻党的二十大精神研讨班开班式上发表重要讲话强调："中国式现代化，深深植根于中华优秀传统文化，体现科学社会主义的先进本质，借鉴吸收一切人类优秀文明成果，代表人类文明进步的发展方向，展现了不同于西方现代化模式的新图景，是一种全新的人类文明形态。"② 这一重要论述，阐述了现代化和文明形态、中国式现代化与人类文明新形态之间的关系。二者的逻辑等式关联在哪里呢？习近平总书记指出，中国式现代化"为人类对更好社会制度的探索提供了中国方案。中国式现代化蕴含的独特世界观、价值观、历史观、文明观、民主观、生态观等及其伟大实践，是对世界现代化理论和实践的重大创新"③。这里谈到了制度关联、思想文化关联，由此使中国式现代化与人类文明新形态相通关系更具体化了。今年6月，习近平总书记在文化传承发展座谈会上的重要讲话，虽然

---

① 《习近平著作选读》第二卷，人民出版社2023年版，第483页。
② 冯俊：《中国化时代化的马克思主义行》，人民出版社2023年版，第93页。
③ 学习时报编辑部编：《中国式现代化六观》，人民出版社2023年版，第131页。

没有专门论述中国式现代化和人类文明新形态，但其中多次谈到中华文明、世界文明、中华文明的突出特性、中华文明的发展规律、中国式现代化的文化形态、新的文化生命体、新时代新的文化使命等概念和范畴，特别是强调要"建设中华民族现代文明"，这对我们理解中国式现代化与人类文明新形态的关系，无疑具有重要启发意义。

中国式现代化和人类文明新形态，既是理论范畴，也是实践范畴。二者互为印证，在内涵上是难以分割的。这两个范畴大体上也是被一体概括和提炼出来的，都是在协调推进"五位一体"总体布局，推进物质、政治、精神、社会、生态"五大文明"建设实践中，逐步形成和明确的。当然，对这两个范畴的内涵揭示，也经历了一个从"并列表达"到"相互结合"的过程。目前对"中国式现代化"的系统阐述中，往往是在谈到中国式现代化的中国特色、本质要求，特别是中国式现代化与生俱来的中华优秀传统文化基因和蕴含的独特世界观、价值观、历史观、文明观、民主观、生态观时，引出"人类文明新形态"这个范畴的。

现代化是创造某种文明形态的过程，也是某种文明形态形成的标识，因而，一定意义上它本身就是一种文明形态。关于文明，从历史和地域上讲，有古希腊文明、古埃及文明、两河文明、中华文明等的区别。从生产生活方式上讲，有游牧文明、农耕文明、工业文明之分，现在学术界还有后工业文明、后现代文明的说法。中国式现代化理论和实践，自然地延伸出相应的文明特色。从文化、文明的高度，体会和理解中国式现代化，进而提炼它的内容规定性及本质要求，不仅是彰显文化自信的问题，还有其历史必然性和实践依据，是符合中国式现代化创造的现代化图景的本来面貌的。

五 中国式现代化的文化形态

从根本上说，以中国式现代化全面推进中华民族伟大复兴的历史进程，一定会创造人类文明新形态；中国式现代化代表人类文明进步的发展方向，或者说，中国式现代化本身就是人类现代化图景中一种新的文明形态；中国式现代化既有各国现代化的共同特征，更有基于自己国情的鲜明特色，它既是创造人类文明新形态的途径，也是人类文明新形态的标识性内容。

二 中国共产党在领导探索和推进中国式现代化历史进程中，为什么能够创造人类文明新形态

历史进程。习近平总书记在庆祝中国共产党成立100周年大会上的重要讲话中指出，中国近代历史曾遭遇"国家蒙辱、人民蒙难、文明蒙尘"，这里说的文明蒙尘，就是指中华文明在融入世界现代化潮流后的初始境遇。为救亡图存，中国人开始只能向西方学习。中国的现代化，经历过洋务运动、戊戌变法、清末新政、辛亥革命、五四新文化运动等探索，总体上说，都是在西方资本主义文明框架内追求和探索现代化道路的。但这也说明，中国的现代化理论和实践，是从近代以来逐步开始自觉推动的。

这种自觉在20世纪30年代中国知识界的思考中十分明显。1933年7月，知识界发起了一场讨论，并提出了几个问题：第一，中国的现代化要具备哪些先决条件；第二，中国的现代化是在个人主义的基础上搞现代化，还是以社会主义的方式搞现代化；第三，外国资本和国民资本在中国的现代化中到底起什么作用。这些问题得出三种回答：第一，主张搞社会主义式的中国现代化；第二，主张搞资本主义

式的中国现代化；第三，主张搞社会主义和资本主义结合起来的中国现代化。

事实上，在此之前也包括此后的长期奋斗，中国共产党实际上就是在解决一个问题，即怎么为中国的现代化创造条件，也就是在回答那场讨论中提出的解决哪些先决条件的问题。把理论和实践结合起来探索和推进现代化的历史重任，不可避免地落到中国共产党人的身上。新民主主义革命的成功，为中国现代化创造了根本社会条件，再经历社会主义革命和建设的展开，改革开放和社会主义现代化建设的推进，中国特色社会主义新时代的创新突破，中国式现代化更加清晰、更加科学、更加可感可行，与此相应，一种新的人类文明形态也越来越清晰、越来越科学、越来越可感可行。中国式现代化的五个"中国特色"和九条"本质要求"，实际上就是对这种人类文明新形态理论和实践特征的概括。

思想基础。在推进和拓展中国式现代化进程中，中国共产党着眼于马克思主义与中国具体实际、与中华优秀传统文化的"两个结合"，这是形成人类文明新形态的思想基础。

中国共产党人是中华民族的优秀儿女，不仅在中华优秀传统文化的继承、弘扬、发展上拥有高度的自觉，在中华民族现代文明的创造、积累和发展上拥有巨大的勇气、责任心和使命感，而且把马克思主义写在自己的思想旗帜上，精神上由被动变为了主动，更加自觉和有效地把马克思主义与中国具体实际、与中华优秀传统文化进行结合。

"两个结合"，在实践和政策上，从党的二大提出明确的民主革命纲领就开始了。在理论上自觉和成熟的标志是1938年正式提出

五 中国式现代化的文化形态

"马克思主义中国化"。毛泽东同志在党的六届六中全会上发表的讲话中是这样论述的:"今天的中国是历史的中国的一个发展;我们是马克思主义的历史主义者,我们不应当割断历史。从孔夫子到孙中山,我们应当给以总结,承继这一份珍贵的遗产。"① "马克思主义必须和我国的具体特点相结合并通过一定的民族形式才能实现……使马克思主义在中国具体化,使之在其每一表现中带着必须有的中国的特性,即是说,按照中国的特点去应用它。"② 这里论述的中国的特点特性,就包括中国文化的特点特性。因此,中国的具体实际,自然也包括文化国情方面的实际。正因为有这样的自觉,共产国际1943年5月宣布解散,中国共产党5月26日发出的《中共中央关于共产国际执委主席团提议解散共产国际的决定》明确指出,"中国共产党人是我们民族一切文化、思想、道德的最优秀传统的继承者,把这一切优秀传统看成和自己血肉相连的东西,而且将继续加以发扬光大。中国共产党近年来所进行的反主观主义、反宗派主义、反党八股的整风运动就是要使得马克思列宁主义这一革命科学更进一步地和中国革命实践、中国历史、中国文化深相结合起来"③。这明确了中国共产党是中华优秀传统文化的继承者和弘扬者,明确提到要把马克思主义同中国历史、中国文化结合起来。

新时代,习近平总书记以巨大的理论勇气,明确提出了"两个结

---

① 中共中央宣传部理论局编:《论学习——重要论述摘编》,学习出版社2009年版,第25页。
② 中央党史和文献研究院编:《中国共产党的一百年》,中共党史出版社2021年版,第45页。
③ 中共中央文献研究室、中央档案馆:《建党以来重要文献选编(一九二一——一九四九)》第二十册,中央文献出版社2011年版,第318页。

合"，并且强调："中华优秀传统文化是我们党创新理论的'根'，我们推进马克思主义中国化时代化的根本途径是'两个结合'。"① 探索、开创、发展中国特色社会主义道路，是中国共产党成立以来取得的根本成就。习近平总书记强调："如果没有中华五千年文明，哪里有什么中国特色？如果不是中国特色，哪有我们今天这么成功的中国特色社会主义道路？"② 这就说明，无论是中国式现代化，还是人类文明新形态，都离不开中华优秀传统文化的支撑与滋养。此外，习近平总书记还就为什么强调"两个结合"、同什么样的传统文化相结合、能不能结合、怎样结合等一系列问题作了论述。在文化传承发展座谈会上的重要讲话中，他进一步强调，"结合"的结果是互相成就，造就了一个有机统一的新的文化生命体，让马克思主义成为中国的，中华优秀传统文化成为现代的，让经由"结合"而形成的新文化成为中国式现代化的文化形态。这里说的新的文化生命体和中国式现代化的文化形态，正是培育、涵养和塑造"人类文明新形态"的思想文化土壤。

精神品格。党的二十大报告以"六个必须坚持"阐述了习近平新时代中国特色社会主义思想的世界观和方法论，其中之一就是"必须坚持胸怀天下"，只有胸怀天下，才能够为人类创造文明新形态，才能够为人类作出更大贡献。胸怀天下有两层含义：一是吸收别人的东西；二是把自己的东西在世界舞台上去运用、去贡献，为解决

---

① 《深入学习贯彻习近平总书记在文化传承发展座谈会上的重要讲话精神》，人民出版社2023年版，第52页。
② 《深入学习贯彻习近平总书记在文化传承发展座谈会上的重要讲话精神》，人民出版社2023年版，第68页。

五　中国式现代化的文化形态

全人类共同面临的问题拿出中国方案。"人类文明新形态"就是这样的。

它背后的逻辑支撑是什么？党的二十大报告表述得很清楚："中国共产党是为中国人民谋幸福、为中华民族谋复兴的党，也是为人类谋进步、为世界谋大同的党。"[①]"为人类谋进步、为世界谋大同"，就是一种胸怀天下的品格。正是因为有胸怀天下的立场、出发点和世界观、方法论，我们才有可能在现代化过程中创造属于人类的一种文明新形态，而且这个过程不光是逻辑推导，它也是一种实实在在的理念和行动。从毛泽东同志提出"环球同此凉热"的文明期许，到习近平总书记把"构建人类命运共同体"作为中国式现代化的一个本质要求，体现了中国共产党人一以贯之的胸怀天下的精神品格，这也是中国式现代化能够创造人类文明新形态的思想前提。中国式现代化创造的文明新形态，之所以属于"人类"，是因为它超越了种族、文化、国家的界限，是你中有我、我中有你的世界文明建设的"中国方案"。

实践依据。在推进和拓展中国式现代化进程中，着眼于社会全面进步和人的全面发展，是创造人类文明新形态的实践依据。习近平总书记指出，"现代化的本质是人的现代化"。中国式现代化从来都是以人民为中心在各个领域全面推进的现代化。社会全面进步和人的全面发展，是马克思主义为人类社会发展指出的文明目标。中国式现代化是创造人类文明新形态的中国途径、中国方式。

中国式现代化超越了工业文明单向度追求，是各领域文明协调发

[①]《习近平重要讲话单行本（2022年合订本）》，人民出版社2023年版，第93页。

展和全方位覆盖的现代化。诸如，在物质文明建设和经济发展途径方面，在社会主义基本经济制度的支撑下，努力建成现代化经济体系，形成新发展格局，基本实现新型工业化、信息化、城镇化、农业现代化；在政治文明和制度文明建设方面，在中国共产党领导下，发展全过程人民民主、全面依法治国、推进国家治理体系和治理能力现代化，形成了中国特色社会主义政治发展道路；在精神文明和思想文化领域，形成了由中华优秀传统文化、革命文化和社会主义先进文化构筑起来的中国特色社会主义文化道路；在社会文明建设和社会治理领域，则是以全面建成社会主义现代化强国，实现中华民族伟大复兴为战略目标，坚持以人民为中心的发展思想，巩固民族团结、保持社会和谐稳定、创造美好生活、促进共同富裕；在生态文明建设方面，"生态兴则文明兴，生态衰则文明衰"的理念已经深入人心，生态环境的变迁决定着人类文明的兴衰，既是历史经验，也是文明发展的规律，所以，中国式现代化的一大中国特色，就是人与自然和谐共生。

以上这些中国式现代化的文明性特征，有实践途径，有理论阐述，有制度保证，还有社会主义核心价值观的支撑。因此，一种有别于西方既有文明形态的、属于人类文明新形态的中华民族现代文明，是一种真实而立体的存在。可以说，中国式现代化，归根结底是中国特色社会主义现代化，也可视为中国特色社会主义新文明。它是中国为解决世界现代化进程中面临的共同问题，为昭示人类文明发展方向、引领世界文明进步潮流贡献的中国方案和中国智慧。中国式现代化和人类文明新形态拥有的综合优势，实际上就是中国道路的综合优势。当然，在推进和拓展中国式现代化进程中呈现出来的人类文明新形态，和中国式现代化一样，还在继续探索和发展之中。

三 人类文明新形态体现了中华文明的突出特性

中国有长期延续发展而从未中断过的文化,形成了独具特色、博大精深的价值和文明体系,这在世界上是独一无二的。中华优秀传统文化有很多重要元素,共同塑造出中华文明的突出特性,进而决定和影响着中国式现代化和人类文明新形态的创造过程及特点。

第一,中华文明具有突出的连续性,从根本上决定了中华民族必然走自己的路,在探索和推进中国式现代化进程中自觉地创造人类文明新形态。人类文明新形态是在中华五千多年文明深厚基础上形成和发展起来的。中华文明突出的连续性不仅指历史悠久,没有中断,更指中华文明体系拥有牢固的主体意识、坚韧的抗压能力、深厚的内生动力和宽广的创新发展空间。中华文明的连续性,可以转化为一种文化自信,成为中国近代以来摆脱"文明蒙尘"的重要条件;中华文明的连续性,可以转化为一种国情意识,成为探索和推进中国式现代化的文化土壤;中华文明的连续性,可以转化为一种主体自觉,成为独立自主推进和拓展中国式现代化的思想方法和文化动力;中华文明的连续性,可以转化为革故鼎新、继往开来的历史发展观和守正不守旧、尊古不复古的进取精神,从而赋能中华民族现代文明的创造和建设,对人类文明新形态的形成及特点产生重要影响。

第二,中华文明具有突出的包容性,从根本上决定了中国式现代化进程中形成的人类文明新形态,拥有文明互鉴、共同发展的平等价值观和开放胸怀。中华文明现代化有双重含义,一是中华文明的复兴,二是人类文明的进步。提出人类文明新形态,体现的就是这种双重的文明自觉和文明自信。中国为追求现代化，对西方文化的了解和研究，对人类先进文明成果的学习和借鉴，已经持续了将近两个世纪。在探索和推进中国式现代化进程中形成的人类文明新形态，拥有与不同文明交往交流交融的历史取向和对世界文明兼收并蓄的开放胸怀。从不同文明体系的关系上讲，平等互鉴是人类文明新形态在世界多元化文明格局中的相处之道；推动构建人类命运共同体，是人类文明新形态占据道义高点的理想目标，也是不同文明体系都应该追求的理想目标；弘扬和平、发展、公平、正义、民主、自由的全人类共同价值，是向这一理想目标前进的思想文化基础；全人类共同价值，是我们能够理直气壮地把我们创造的新的文明形态称之为"人类文明新形态"的价值观支撑。

（原载《光明日报》2023年9月8日第6版）

中华文明核心智慧的现代更新

——基于中国式现代化的视角

钟 君[*]

肇始于西方的现代化推动了社会生产力的发展，创造出比以往任何时代都要丰富的文明成就。然而，西方发达国家凭借先发优势和话语霸权，将西方现代化的价值、制度、理念和路径普遍化，宣称西方现代化是人类现代化的唯一路径，将"现代化"演绎成"西方化"的代名词。事实上，西方现代化在创造文明的同时，已深坠于物质主义与消费主义极度膨胀、社会两极分化与阶层固化、环境污染与生态破坏、冲突掠夺不断等文明陷阱之中。西方现代化的文明陷阱有其深刻的文化根源，即建基于资本主义生产方式，秉持西方中心主义和人类中心主义，迷失了"现代性"的本质，"物"的逻辑主宰了"人"的逻辑，人的本真存在不断被"异化"，现代化的本真意义被遮蔽。中国式现代化摒弃了西方以资本为中心、两极分化、物质主义膨胀、对外扩张掠夺的现代化老路，致力于实现人与自身、人与人（包括社

---

[*] 作者简介：钟君，湖南省社会科学院（湖南省人民政府发展研究中心）党组书记、院长（主任），研究员。

会、世界)、人与自然的和谐统一,创造了人类文明新形态,是对西方现代化文明陷阱的跨越、西方现代化文明"颠倒"的"校正"、西方现代化文明"遮蔽"的"解蔽",为人类社会现代化开辟了新图景。

"中国式现代化是中华民族的旧邦新命,必将推动中华文明重焕荣光。"[①] 中国式现代化之所以能够跨越西方现代化的文明陷阱,原因在于其既是赓续古老文明的现代化,是从中华大地长出来的现代化,更是马克思主义指导下文明更新的结果。中国式现代化以中华优秀传统文化为"根脉",以马克思主义为"魂脉"。通过"两个结合",马克思主义的真理之光激活了中华文明中的"中""合""仁""公""和""革""礼"等核心智慧,赋予其新的时代内涵,实现其现代更新;中华民族的伟大精神和丰富智慧更深层次地注入马克思主义,充实马克思主义的文化生命,从而使马克思主义思想精髓同中华优秀传统文化精华更加充分地贯通起来,使马克思主义成为中国的,中华优秀传统文化成为现代的,让经由"结合"而形成的新文化成为中国式现代化的文化形态,为涵育中国式现代化、克服西方现代化文明陷阱提供深邃的思想智慧和强大的文明支撑。

一 允执厥中、中庸之道的现代更新

中华文明拥有突出的辩证思维,集中表现为允执厥中、守中致和的中庸智慧。中庸智慧具有动态把握矛盾"两端"对立统一关系、

---

① 习近平:《在文化传承发展座谈会上的讲话》,《求是》2023年第17期。

五　中国式现代化的文化形态

实现矛盾双方动态平衡的朴素辩证法理论优势，但因为强调偏向通过道德心性修养来把握"中"，所以有时也存在流于主观玄想或简单机械的实践缺陷。马克思主义唯物辩证法激活了传统中庸智慧的辩证思维方法，克服了其实践上的主观性、庸俗化等弊病，实现了其生命更新，使之转化为追求人与自身、人与人、人与自然关系和谐统一的中华民族现代智慧。

中庸是"极高明"的智慧，"在中""时中""中和"是其基本内容。其中，精髓在于"时中"。所谓"时中"，就是在"两端"的矛盾运动过程中，时刻把握一个无过无不及、恰当合理的"度"，始终保持矛盾双方的动态平衡，从而建立起和谐统一的关系。中国传统哲学认为，"道原于一而成于两"[①]，"两不立则一不可见"[②]，"天地万物之理，无独必有对"[③]，"虽说'无独必有对'，然独中又自有对"[④]，"万物莫不有对，一阴一阳，一善一恶，阳长则阴消，善增则恶减"[⑤]。也就是说，世间万事万物都有与其相对应的事物，即使一个事物自身内部也存在着相互对立的"两端"，"两端"各自发展不平衡，容易使人只注意到事物的一端而忽略另一端。万事万物既相互对立又相互依存，因此不能只看一面而不看另一面，也不能简单肯定一方而否定另一方，而要根据矛盾双方当时的具体情况，采取适"中"适"度"的态度，使矛盾双方保持和谐而非陷入你死我活、无

[①]（宋）叶适：《叶适集》，中华书局2010年版，第732页。
[②]（宋）张载：《张载集》，中华书局1978年版，第9页。
[③]（宋）程颢、程颐：《二程集》，中华书局1981年版，第1268页。
[④]（宋）黎靖德编：《朱子语类》，中华书局1986年版，第2435页。
[⑤]（宋）程颢、程颐：《二程集》，中华书局1981年版，第123页。

休止的敌对斗争中。"中无定体,随时而在"①。"中"普遍地存在于事物的矛盾运动过程中,它没有一个固定的标准、限度或状态,而是跟随事物的运动变化而不断地运动变化。这就需要在事物的矛盾运动过程中具体地、动态地把握"中",不能主观臆测、固滞不通。

然而,传统的中庸思想如果运用不当,也会产生一定的弊端。例如,没有将把握"中"的方法落实于具体问题具体分析和动态实践,而是诉诸"戒谨不睹、恐惧不闻,而无时不中"②的道德心性修养,导致其理论的不彻底性。这种不彻底性造成了一种实践歧向:"君子中庸,小人反中庸。君子之中庸也,君子而时中。小人之中庸也,小人而无忌惮也。"(《中庸》)在封建士大夫看来,只有道德修养深厚的高明君子才能真正做到"时中",普通人则很容易按照自己预想的固定标准,用一种片面、孤立、静止的眼光去看待和处理千变万化的事物,从而流于"无忌惮"的主观主义、形式主义,导致机械化、简单化的折中主义、好人主义、圆滑主义、功利主义,进而走向中庸的对立面。这也正是近代以来中庸智慧被庸俗化,甚至被污名化的原因所在。

联系和发展是马克思主义唯物辩证法的总特征。马克思主义坚持用普遍联系和不断发展的眼光看问题,反对任何形式的教条主义和形而上学。马克思主义认为,"矛盾是普遍存在的,矛盾是事物联系的实质内容和事物发展的根本动力,人的认识活动和实践活动,从根本上说就是不断认识矛盾、不断解决矛盾的过程"③。认识矛盾,就是

---

① (宋)朱熹:《四书章句集注》,中华书局2010年版,第19页。
② (宋)朱熹:《四书章句集注》,中华书局2010年版,第19页。
③ 习近平:《辩证唯物主义是中国共产党人的世界观和方法论》,《求是》2019年第1期。

五　中国式现代化的文化形态

要把握矛盾的普遍性与特殊性的统一，立足于矛盾的普遍、客观存在，看到事物矛盾运动的发展形式与发展过程的特殊性；解决矛盾，就是要运用矛盾分析法，具体问题具体分析，把握好主要矛盾和次要矛盾、矛盾的主要方面和次要方面的关系。中国共产党人以马克思主义唯物辩证法，激活了传统中庸智慧中辩证思维的矛盾意识和实践理性。具体而言，就是运用马克思主义联系和发展的观点、矛盾对立统一规律，疏通"时中"的普遍性与特殊性，在具体的、动态的实践过程中做到真正的中庸，而不是依靠抽象的、主观的道德心性修养来把捉"虚幻"的中庸，由此实现中庸之道的生命更新和现代转化。

"居天下之广居，立天下之正位，行天下之大道。"（《孟子·滕文公下》）中国式现代化执两用中、守中致和，创造了人类文明新形态，践行了人类社会现代化的大道。中国式现代化既看到14亿多人的吃饭、就业、养老等难题和挑战，又看到14亿多人背后的充足人力资源和超大规模市场，在人口规模巨大的现代化中实现人口压力与人力资源优势的辩证统一；既坚持做大"蛋糕"，又进一步分好"蛋糕"，在全体人民共同富裕的现代化中实现人与人、人与社会关系的内在统一；既要物质富足，也要精神富有，在物质文明和精神文明相协调的现代化中实现人与自身关系的和谐统一；既尊重自然、顺应自然、保护自然，又以高品质生态环境支撑高质量发展，在人与自然和谐共生的现代化中实现人与自然关系的和谐统一；既在坚定维护世界和平与发展中谋求自身发展，又以自身发展更好维护世界和平与发展，在走和平发展道路的现代化中实现自身发展与世界发展的和谐统一，由此走出了一条跳出西方现代化模式中物性剥夺人性、少数人剥夺多数人、人类剥夺自然、少数国家剥夺多数国家等文明陷阱的中国式现代化新路。可见，马克思主义指导和激活了中华传统文化中最具代表性的中庸智慧，注重矛盾运动过程中的对立统一与动态平衡，被激活的中庸智慧赋予了中国式现代化更深厚的文明底蕴。

二 以天为则、天人合一的现代更新

中华文明拥有突出的尊重自然的文化理念，"道法自然、天人合一是中华文明内在的生存理念"[1]，集中表现为以天为则、天人合一的生态智慧。以天为则、天人合一的生态智慧具有注重人与自然关系和谐统一的理论优势，但也存在片面遵从自然、消极顺应天意的实践缺陷。马克思主义科学自然观激活了传统生态智慧，克服了其在实践中可能存在的"蔽于天而不知人"（《荀子·解蔽》）的偏颇一面，实现了其生命更新，使之转化为追求人与自然和谐共生的中华民族现代智慧。

以天为则，就是以天地万物的规律为法则，效法天地万物。"大哉尧之为君也！巍巍乎！唯天为大，唯尧则之。"（《论语·泰伯》）唐尧之所以被历代尊为"圣王"、中华文明始祖，是因为能够真正做到以天为则。"天何言哉？四时行焉，百物生焉"（《论语·阳货》），上天无言，默默运转。人为天地代言，从上天的四时不堕揭示出诚实守信之德，从上天的生育万物揭示出仁慈博爱之心。人之所以能够揭示上天之德，是因为"人者，天地之心也"[2]，人心即天心，天心即

---

[1] 《习近平关于中国式现代化论述摘编》，中央文献出版社2023年版，第284页。
[2] （清）孙希旦：《礼记集解》，沈啸寰、王星贤点校，中华书局2010年版，第612页。

五　中国式现代化的文化形态

人心，天人本是合一的。人的一切动作思虑，都关乎天地万物的生长发展，因而不能不小心敬畏。为此，人既要以与天德相契的自尊自爱、自信自强，确立起自身的主体性、独立性、能动性，不做外物的奴隶，也要敬畏上天、效法自然，"对自然万物持有仁爱之心，将天地万物视作同自己紧密相连的存在，从而把天地人统一起来，把自然生态同人类文明联系起来"[①]，不能将自身凌驾于天地万物之上、主宰天地万物，不能肆无忌惮地消耗自然、改造自然、破坏自然，陷入人类中心主义的迷思。

但是，传统的"天"不仅指自然之天、义理之天，还包含人格神（上帝）之天、天命之天，这在理论上可能会导致人格神之天、天命之天对自然之天、义理之天的消解，使人们在实践中缺乏主观能动性，消极地顺应天意，认为人力无法改变命运，进而陷入逆来顺受、随遇而安的宿命论。"天"的这种理论内涵的浑沦、不确定性，致使传统以天为则、天人合一的观念还存在着把自然生态与人类文明单方面联系在一起的理论缺陷，在实践上可能产生片面奴从自然、听天由命的弊病。

人与自然辩证统一是马克思主义科学自然观的基本立场。马克思主义从世界的物质性原理和人的具体的、历史的实践活动来把握人与自然关系的本质，认为人与自然是不可分离的有机统一的整体。一方面，人要从自然界中获取物质生活资料，人必须依靠自然界生存、生活；另一方面，人的社会实践使人所依靠的自然界发生改变，自然界变成了"人化的自然界"。"人化的自然界"是基于实践的人与自然

[①] 郭齐勇：《天人合一的内涵与时代价值》，《人民日报》2022年6月20日。

耦合的有机整体，不仅人不能脱离自然界生活，自然界也离不开人，人与自然紧密联系在一起。进而言之，对自然界无止境的攫取和破坏就是在不断掏空人类自身，而对自然界的片面遵从和顺应又只会把人降低为自然界的奴隶，使其丧失主体性、能动性，因此人与自然应和谐发展。从人与自然关系的历史发展过程来看，既存在人遵从自然、顺应自然的关系，又存在人改造自然以使之适应自身需要的关系。只有在不断推动人类改造自然的实践基础上，处理好利用自然和保护自然的统一关系，才能实现人与自然的和谐发展。中国共产党人以马克思主义科学自然观，激活了传统以天为则、天人合一的生态智慧，克服了传统天人关系思想中存在的"蔽于天而不知人"、消极顺应自然的片面性，赋予以天为则、天人合一新的文化生命，实现了其生命更新和现代转化。

"天地与我并生，而万物与我为一。"（《庄子·齐物论》）习近平总书记反复强调，人与自然是生命共同体，绿水青山就是金山银山，保护生态环境就是保护生产力，改善生态环境就是发展生产力。中国式现代化站在中华民族和人类文明永续发展的高度，追求改造自然以适应人的需要与保护自然以维护人类共同家园的和谐统一，坚持走尊重自然、顺应自然、保护自然的生态文明之路，开辟了一条克服西方现代化破坏自然、牺牲环境等文明陷阱的现代化新路。

三 仁者爱人、以人为本的现代更新

中华文明拥有突出的道德人文精神，"惠民利民、安民富民是中

五 中国式现代化的文化形态

华文明鲜明的价值导向"[①],集中表现为仁者爱人、以人为本的人本智慧。仁者爱人、以人为本的人本智慧具有张扬人的主体性、能动性,倡导君子风骨,促进人格健全和完善的理论优势,但也存在一定的过分强调内在精神世界和注重以阶级差等来施予爱的缺点。马克思主义鲜明的人民立场,激活了传统人本智慧中的健全人格、以民为本等优秀文化基因,纠正了其偏重精神世界、"爱有差等"等理论缺点,实现了其生命更新,使之转化为物质文明与精神文明相协调、以人民为中心的中华民族现代智慧。

中国传统文化中的"仁",指人内心的德性、一种关于"爱"的品质,强调成己和成人(成物)、自爱和爱人(利物)相统一。在传统儒家看来,"仁者,人也"(《中庸》),这个"人"既包含自己也涵括他人。从人自身来讲,仁者自爱。仁普遍地存在于人心之中,每个人都拥有完满自足的仁德,因而应努力成仁,健全人格,实现本真的自我。这就要求人克制外在的物质欲望,役物而不被物役,将自身价值的实现作为目的,从而建立起自身的主体性、能动性,自尊自爱,提升自己、成就自己。从人自身之外来说,仁者爱人(利物)。"夫仁者,己欲立而立人,己欲达而达人。能近取譬,可谓仁之方也已。"(《论语·雍也》)仁的完成,不仅要追求"立己""达己",挺立自己本来的完善人格、实现自己本真的健全自我,还要在此基础上"能近取譬"、推己及人而"立人""达人",亦即从觉悟自己本有仁爱恻隐之心而建立起富有仁德的自我人格开始,不断地将内心的仁德推扩到对待他人(物)方面,关爱他人、帮助他人、仁民爱物。由

[①] 《习近平关于中国式现代化论述摘编》,中央文献出版社2023年版,第284页。

此，就形成了一种"仁者以天地万物为一体"①的命运共同体意识。因此，人要以仁为本，学以成人，成就一个内心富有仁德的人格健全的"本我"。

但是，"仁"的本质与阶级差等，又决定了传统仁爱观带有一定的历史局限性。传统儒家认为"人之所以异于禽兽者几希，庶民去之，君子存之"（《孟子·离娄下》），将人与动物的根本差别归结于道德精神而非物质生产活动，偏向于把人视为纯粹精神性的存在而侧重于人在道德精神上的自爱和爱人。这固然有助于精神世界的建构，使人的人格得以完善而不易被物役，不为物所累，张扬了人的主体性、能动性，但也存在片面强调精神世界的单向性，容易使人陷入道德严格主义的自我压抑与社会焦虑中。此外，传统儒家注重人在血缘上的亲疏之别，基于"亲亲"而"尊尊"，强调立足于阶级差等来实施爱，这容易陷入一种狭隘的境地，在实践上或导向对个人与家庭的"小爱"，或导向对统治阶级的"大爱"，人民成了抽象的存在。

马克思主义唯物史观强调，人是社会历史的主体，人民群众是历史的真正创造者。物质生产实践是人类最基本的社会实践，决定着其他一切活动，人类历史首先是直接从事物质生产实践的人民群众的历史。人民群众与其他参与历史创造的人们相比，是历史的原初动力，也是决定历史发展趋势的根本力量。人民由现实的人组成，现实的人既需要衣食住行等物质生活，也追求文化艺术等精神生活。人民对物质生活与精神生活的幸福感受程度，决定着民心的向背，从而决定着国家的兴亡。马克思主义将人放在中心位置，把人的物质生活追求与

---

① （宋）朱熹：《四书章句集注》，中华书局2010年版，第92页。

精神世界建构有机统一起来，把人内心的爱推扩到对全人类的爱并付诸具体的社会实践，真正凸显了人的主体性、目的性。中国共产党人以马克思主义的人民观，激活了传统仁者爱人、以人为本的人本智慧。具体而言，就是运用唯物史观，科学解答了"为了谁"这一根本问题，以人在物质生产实践面前的平等性克服了传统仁者爱人观念中爱有差等的狭隘性，同时从物质文明与精神文明协调发展的统一性高度，纠正了传统人本智慧偏重内在精神世界建构的单向性，将"人"还原为追求物质富足与精神富有的自由而全面发展的人，强调人民是历史的主人，实现了传统人本智慧的生命更新和现代转化。

"己欲立而立人，己欲达而达人"。（《论语·雍也》）传统仁者爱人、以人为本的人本智慧更新为以人民为中心的中国式现代化的价值立场，促进了人的自由全面发展，使全体人民共同富裕、物质文明与精神文明相协调的中国式现代化更显文明价值。中国式现代化立足于马克思主义人民立场，赓续传统仁民爱物的精神根脉，以民心为最大的政治，坚持人民至上，坚持以人民为中心的发展思想，实现发展为了人民、发展依靠人民、发展成果由人民共享，促进物的全面丰富和人的全面发展，开辟了一条克服西方现代化以资本为中心而导致的两极分化、阶层固化、价值观迷失、"单向度的人"等文明陷阱的现代化新路。

四　无私大公、天下大同的现代更新

中华文明拥有突出的天下为公的社会理想，集中表现为无私大公、天下大同的公道智慧。无私大公、天下大同的公道智慧具有追求社会公平正义的价值优势,但也存在缺乏实现路径、流于空想的历史缺陷。中国共产党人以共产主义理想信念,激活了传统无私大公、天下大同理念中的公道智慧基因,找到了促进全体人民共同富裕的实践路径,实现了其生命更新,使之转化为追求和实现实质公平的中华民族现代智慧。

中国传统文化中的"公",主要指与"私"相对的无私、公共、公平等,既是一项政治原则,也是一条普遍的价值准则。"昔先圣王之治天下也必先公,公则天下平矣,平得于公。"[1] 推行公道是三代以来的政治文化传统,"圣王"因为秉持公正,所以能够平均分配,使每个人的所劳和所得均等。当政者推行公道,能够使百姓悦服,即"公则说"。同时,古人又从"天无私覆也,地无私载也,日月无私烛也,四时无私行也"[2] 的朴素经验中提炼出天道无私的规律和法则,赋予"公"以形而上的依据,将"公"普遍化、绝对化,使之成为整个社会应普遍遵循的价值准则。由此,"公"与"私"的关系被严格对立起来,"人只有一个公私,天下只有一个邪正"[3],"凡一事便有两端:是底即天理之公,非底乃人欲之私"[4]。公具备了正的、善的、对的等价值属性而得以被倡导弘扬,私便完全成了邪的、恶的、错的而失去价值空间,进而生成一种"大道之行也,天下为公"(《礼记·礼运》)的大同社会理想。在天下大同的世界里,"人不独亲其亲,不独子其子"[5],"公有"完全取代了"私有"。

---

[1] 许维遹:《吕氏春秋集释》,中华书局2009年版,第24页。
[2] 许维遹:《吕氏春秋集释》,中华书局2009年版,第29页。
[3] (宋)黎靖德编:《朱子语类》,中华书局1986年版,第228页。
[4] (宋)黎靖德编:《朱子语类》,中华书局1986年版,第225页。
[5] (宋)黎靖德编:《朱子语类》,中华书局1986年版,第225页。

五　中国式现代化的文化形态

虽然传统大同社会理想建立在"大道之行"的基础之上，但这个"大道"在封建社会中只能是统治阶级的"大道"，其本身就具有强烈的私利性，因而不可能实现真正的公平、公正、公有。同时，在社会生产力发展不充分的前提下，片面追求分配上的平均、均等，是一种理想化的平均主义，难免流于空想。

马克思主义追求的"大道"是全人类的解放，推翻"使人成为被侮辱、被奴役、被遗弃和被蔑视的东西的一切关系"[①]。通过唯物史观和剩余价值学说两大发现，马克思主义经典作家找到了实现全人类解放的实践路径，使社会主义从空想变成科学。资产阶级的生产方式以生产剩余价值为"绝对规律"，资本家对工人劳动的剩余价值的剥削和压榨，造成工人阶级极度贫困而变成无产者，从而生产出了资产阶级的"掘墓人"——无产阶级。无产阶级通过革命，砸碎身上的锁链，改变旧的生产关系，建立起生产资料公有制，一个实质公平、公正、公有的社会得以真正建立。中国共产党人以共产主义理想信念，激活了传统无私大公、天下大同的公道智慧。具体而言，就是运用共产主义的"大道"更新传统天下大同社会理想背后的"大道"，将公平正义建立在无产阶级革命和建立新的生产关系的实践基础之上，强调在先进的、彻底的无产阶级政党的领导下，扭转资本主义生产关系下剥削与被剥削的生产关系，进而在具体的社会实践中将"公"诉诸实际，为传统公道智慧找到了一条科学的实现路径，实现其生命更新和现代转化。

"天无私覆，地无私载，日月无私烛。"中国共产党人将实现了

[①] 《马克思恩格斯选集》第1卷，人民出版社2012年版，第10页。

现代转型的公道智慧运用到现代化实践中，致力于实现全体人民共同富裕的现代化。中国共产党"始终代表最广大人民根本利益，与人民休戚与共、生死相依，没有任何自己特殊的利益，从来不代表任何利益集团、任何权势团体、任何特权阶层的利益"①，全心全意为人民服务，努力实现实质的公平正义，扎实推进共同富裕。不私，而天下自公。中国式现代化是中国共产党领导的社会主义现代化，是致力于实现全体人民共同富裕的现代化，既要创造出比资本主义更高的效率，又要更有效地维护社会公平，让现代化成果更多更公平惠及全体人民，开辟了一条克服西方现代化财富向少数人集中、发展为少数人服务、成果由少数人享有、追求文明却带来"文明至暗"等文明陷阱的现代化新路。

五 以和为贵、和而不同的现代更新

中华文明拥有突出的和平性，"亲仁善邻、协和万邦是中华文明一贯的处世之道"②，集中表现为以和为贵、和而不同的和平智慧。以和为贵、和而不同的和平智慧具有注重以和平共处构建群体和谐的理论优势，但也存在忽视斗争、流于软弱妥协的偏失。中国共产党人以马克思主义矛盾对立统一原理，激活了传统文化中以和为贵、和而不同的和平智慧基因，并以斗争精神充实了其文化生命，实现了其生命更新，使之转化为追求和平发展的中华民族现代智慧。

---

① 《习近平著作选读》第二卷，人民出版社 2023 年版，第 482 页。
② 《习近平关于中国式现代化论述摘编》，中央文献出版社 2023 年版，第 284 页。

五　中国式现代化的文化形态

中华民族历来是爱好和平的民族,和平、和睦、和谐是中华文明一直传承下来的重要理念,深深植根于中华民族的精神世界之中。"和实生物,同则不继。以他平他谓之和,故能丰长而物归之,若以同裨同,尽乃弃矣。"① 这意味着应当正视差异,尊重差异,主动接纳差异,在差异中寻求和平相处与共同发展。由之,中国传统秉持以和为贵的文化理念,主张以"和"来处理种种关系,倡导止戈为武、和平相处,反对倚强凌弱、穷兵黩武;倡导交通成和、朋友讲习,反对隔绝闭塞、独学无友;倡导和而不同、共生并进,反对同而不和、强人从己;倡导协和万邦、保合太和,反对弱肉强食、丛林法则;倡导万物并育而不相害、道并行而不相悖,反对唯我独尊、欺凌其他民族和文明。

不过,传统文化中"和"观念的不当运用,也会产生一定的内在的软弱性与妥协性。从历史来看,中原王朝与周边民族、国家之间的和平相处,的确存在以羁縻、和亲乃至屈辱割地、称臣为代价的情况,然而这种情况并不能长久维持下去,因为真正的和平需要"双向奔赴",而非单向地一相情愿,传统之"和"虽然注重双边关系的和平,并从理论上对和平的必然性进行了阐明,却忽略了和平的一个条件——斗争。和平与否,主要基于双方利益能否达到某种平衡。"和实生物,同则不继",双方的利益不可能完全一致,所以矛盾、斗争是不可避免的,只不过斗争的性质、程度和范围等存在差异。因此,完全脱离斗争的和平,最终只能落于空想。

矛盾对立统一规律,是马克思主义唯物辩证法的基本规律。矛盾

---

① 徐元诰:《国语集解》,王树民、沈长云点校,中华书局2002年版,第470页。

是推动事物发展的根本动力，同一性和斗争性是矛盾的两个基本属性。任何事物的内在矛盾在相互作用的过程中，都既有相互联系的一面而具有同一性，又有相互排斥的一面而具有斗争性。同一性即统一性，是"合二为一"，强调统一、和谐；斗争性即对立性，是"一分为二"，强调对立、矛盾。矛盾的同一性和斗争性相互联系，互为前提，没有同一性就没有斗争性，没有斗争性也就没有同一性。同一性不是"以同裨同"式的消除矛盾差异，而是统一中有对立，和谐中有斗争；斗争性也不是势不两立的乱斗一气，而是为了寻求和谐。总之，有矛盾就会有斗争，斗争的目的是寻求矛盾双方的和谐统一。中国共产党人以辩证唯物主义矛盾观，激活了传统以和为贵、和而不同的和平智慧基因。具体而言，就是运用矛盾的同一性和斗争性辩证统一的基本原理，将斗争精神注入传统的和平智慧，克服了其只讲求和谐而忽视斗争的片面性，消除其在实践上的软弱性、妥协性，赋予其新的文化生命，实现了其生命更新和现代转化。

"天涯静处无征战，兵气销为日月光。""中华文明的和平性，从根本上决定了中国始终是世界和平的建设者、全球发展的贡献者、国际秩序的维护者"[①]，中国共产党人把经历现代转型的和平智慧运用到推动世界和平发展的现代化实践中，敢于斗争、善于斗争，把握新的伟大斗争的历史特点，依靠顽强斗争打开事业发展新天地，既在坚定维护世界的和平与发展中谋求自身发展，又以自身发展更好维护世界的和平与发展，坚定不移走中国式现代化的和平发展道路，使追求世界和平的中国式现代化更显文明光芒。走和平发展道路的中国式现

---

① 习近平：《在文化传承发展座谈会上的讲话》，《求是》2023年第17期。

代化站在历史正确的一边,站在人类进步的一边,坚定捍卫世界和平,坚持维护世界发展,推动构建人类命运共同体,走出了一条克服西方现代化充满战争、殖民、掠夺等血腥罪恶,你死我活、零和博弈、丛林法则等文明陷阱的现代化新路。

六 革故鼎新、日生不滞的现代更新

中华文明拥有突出的创新性,"革故鼎新、与时俱进是中华文明永恒的精神气质"①,集中表现为革故鼎新、日新不滞的创新智慧。革故鼎新、日新不滞的创新智慧具有强调不断革新变通以适应新的发展需要的可贵之处,但也存在偏向精神层面的自我革新、轻视技术革新等局限。马克思主义科学实践观激活了传统革故鼎新、日生不滞的创新智慧基因,克服了其形而上的局限,为创新找到了社会实践这一根基,拓展了创新的范围与空间,实现其生命更新,使之转化为以守正创新为方法指引的中华民族现代智慧。

革故鼎新,就是去除旧的、创造新的。在《周易》中,《革》卦和《鼎》卦紧密相随。"革,去故也;鼎,取新也。"(《周易·杂卦》)革故即意味着新事物的到来,而鼎将食物烹制成熟,则代表着事物进入全新状态,可视为成就了更高层次的革故。质言之,事物在革与鼎变化的过程中虽由"故"转化为了"新",但"新"与"故"只是同一事物的不同阶段和形态而非完全割裂、毫无联系,革故与鼎新是辩证统一的。同时,革故与鼎新的辩证统一建立在"穷则变,变

---

① 《习近平关于中国式现代化论述摘编》,中央文献出版社2023年版,第284页。

则通，通则久"（《周易·系辞下》）的易道通变的基础上，并集中体现在自我革新、社会革新与政治革新层面。商汤《盘铭》之"苟日新，日日新，又日新"即为自我革新，周成王《康诰》之"作新民"则为社会革新，《诗经》所言"周虽旧邦，其命维新"乃是政治革新。自我革新、社会革新与政治革新，因具备了易道通变这一形上基础，而获得普遍性、必然性和神圣性，由之持续地将中华文明形塑为富有通变革新精神的创新型文明。

传统的创新智慧建立在易道基础上，然而，乾坤尊卑的易道规定使一切创新都不能突破封建社会政治等级秩序，这就导致传统的创新精神不可避免地存在某些局限。政治革新在损害到统治阶层的利益时难免走向失败。中国传统文化中光辉的"革命"说，因与王权至上理念冲突而在两汉时期归于沉寂，直到近代才重新焕发生机。社会革新也主要是通过推广礼乐教化来改善社会风气，摆脱不了"三纲五常"的名教秩序，对于通过技术革新来提高人民的物质生活水平的社会生产力变革则更显不足。自我革新亦偏向于提高个人的道德精神修养，相对而言，不太重视发明创造，甚至将一些工艺技术革新斥为"奇技淫巧"。

马克思主义本身就是创新发展的理论："我们的理论是发展着的理论，而不是必须背得烂熟并机械地加以重复的教条。"[1] 马克思主义的创新观立足于人的实践活动，实践是创新的不竭源泉。中国共产党人以马克思主义实践论为基础的创新思维，激活了传统革故鼎新、日新不滞的创新智慧基因。具体而言，就是将创新建立在具体实践而

---

[1] 《马克思恩格斯文集》第 10 卷，人民出版社 2009 年版，第 562 页。

五 中国式现代化的文化形态

非先验天道的基础之上,突出实践与创新的辩证统一,基于中国特色社会主义的生动实践,不断推进理论创新和实践创新,将传统的创新智慧从有历史局限的易道变通和封建的阶级利益中解放出来,为传统创新智慧提供了坚实的理论依据和正确的运用方向,拓展了传统创新智慧的方式方法和对象范围,实现了其生命更新和现代转化。

"君子之学必日新,日新者日进也。"[①] 中国共产党人把经历现代转型的创新智慧运用于现代化实践中,涵育了守正创新的中国式现代化。在理论创新上,习近平总书记提出"两个结合",坚持守正创新,以宽广的视野、长远的眼光思考和把握国家未来发展面临的一系列重大战略问题,不断回答中国之问、世界之问、人民之问、时代之问,以全新的视野深化对共产党执政规律、社会主义建设规律、人类社会发展规律的认识,形成了与时俱进的党的创新理论最新成果。习近平新时代中国特色社会主义思想,是当代中国马克思主义、二十一世纪马克思主义,是中华文化和中国精神的时代精华,为中国式现代化提供了根本遵循。在实践创新中,党的十八大以来,我们党勇于改革创新,不断破除各方面体制机制弊端,以巨大的政治勇气全面深化改革,改革呈现全面发力、多点突破、蹄疾步稳、纵深推进的局面,为中国式现代化注入不竭动力。中国共产党带领全国人民在理论创新与实践创新中涵育的中国式现代化,是把发展进步的命运牢牢掌握在自己手中的现代化,是守正创新的"大道",走出了一条跳出西方现代化因循守旧、唯我独尊、把自己模式等同于唯一模式、强迫"他者"接受自身模式与价值等文明陷阱的现代化新路。

[①] (宋)程颢、程颐:《二程集》,中华书局1981年版,第325页。

七　礼序乾坤、乐和天地的现代更新

中华文明拥有突出的和谐秩序追求，集中表现为礼序乾坤、乐和天地的礼乐文明智慧。礼序乾坤、乐和天地的文明智慧具有强调德治与法治并行、注重规则与教化、维护秩序与和谐的理论优势，但也存在压抑人性、忽视人的物质诉求和大众的精神意识等历史弊病。中国共产党人以马克思主义的真理之光，激活了传统礼乐文明智慧中追求德法并举、秩序和谐的优秀文化基因，根除其中的封建教化糟粕，实现其生命更新，使之转化为追求德治与法治相结合、社会和谐的中华民族现代智慧。

传统之"礼"即人的行为举止规范，"乐"即音乐，是人内在情感的外在艺术表达形式。孔子曰，"礼云礼云，玉帛云乎哉？乐云乐云，钟鼓云乎哉？"（《论语·阳货》）礼和乐并不仅仅是仪式、音乐等外在形式，还承载着更深层次的"道"。礼以载道，乐以载道，这个"道"就是秩序与和谐、礼治（德治）与法治的完美统一。具体而言，礼主别异，乐主和同。礼之分，既是以礼法"明分"，把社会群体划分为不同的身份、地位和等级，明确各自的责任、权利和义务，建立起各司其职、各安其位的规范化社会秩序；也是以礼义"明分"，在等级分明的秩序内"养人之欲，给人之求"（《荀子·礼论》），既以社会资源、财富满足个人的欲望需求，也不使人的欲望和需求超出社会资源、财富的限度，而在个人欲望需求与社会资源财富之间取得一种平衡，使每个人的欲望需求都能够得到适宜的、合乎身份的满足。乐之和，既是合身心内外，通过雅乐来引导、疏通、节

五　中国式现代化的文化形态

制情感，使人心平气和、安宁和乐；也是合人己内外，通过乐教沟通人的志向、情感，把不同身份、地位和等级的人凝聚在一起，使社会成为一个有序而和谐的整体。"礼、乐、刑、政，其极一也，所以同民心而出治道也"①，礼乐与刑政、德治与法治目的一致，都是为了移风易俗而使社会和谐有序、天下太平和乐。因此传统强调，人的教育成长应该"立于礼，成于乐"（《论语·泰伯》），由礼教"明分"，使人在法度威严下恭敬谦逊、规规矩矩而卓然自立；由乐教"和合"，使人在艺术世界里德性成熟、自然和顺而学以成人。正是在这一层面上，传统文化高度赞叹"乐者，天地之和也。礼者，天地之序也。和，故百物皆化；序，故群物皆别"②，将礼乐上升为天地自然的秩序和谐，让礼和乐具备了形而上的终极基础。在传统天人合一的思维模式下，礼乐成了沟通天道与人道的枢纽，构成人们追求秩序和谐的人类文明大道的普遍遵循。在礼乐的文明世界里，天地万物各得其所，每一个人各安其位，人间其乐融融、祥和有序。

但是，传统礼乐文明智慧又因过于强调社会身份等级，而在社会政治实践中演变为严格遵循"三纲五常"的封建教化。一方面，封建礼教导致了对人性的压制、对人的物质诉求的忽视，使人们合理的欲望需求得不到应有的满足，无法真正和乐；另一方面，封建乐教的内容主要是以宫廷音乐为主的雅乐，旨在粉饰太平、为统治阶级服务，平民百姓真实的心声很难进入乐的领域，使民间的欢乐与疾苦无法被真正了解。

---

① （清）孙希旦：《礼记集解》，沈啸寰、王星贤点校，中华书局2010年版，第977页。
② （清）孙希旦：《礼记集解》，沈啸寰、王星贤点校，中华书局2010年版，第990页。

物质第一性原理是辩证唯物主义的哲学基石。意识是人脑的机能，是物质世界发展到一定社会历史阶段的产物，其内容是对物质世界的反映，对物质具有能动作用。物质决定意识，意识能动地反映物质。人的意识是社会的产物，是社会意识，人的社会存在决定人的社会意识。因此，一方面，人应首先满足物质需求，然后才是意识和其他方面的需求；另一方面，人必须跟随时代的变迁、社会形态的更替而转变观念，形成新的社会意识。中国共产党人以马克思主义社会存在决定社会意识的真理之光，激活了传统礼序乐和的礼乐文明智慧基因。具体而言，就是在满足人的物质需求的基础上，将"仓廪实而知礼节，衣食足而知荣辱"落到实处；在现代化的社会存在基础上，彻底根除封建礼教的阶级压迫性，纠正封建乐教对民众精神意识和情感的忽视，实现传统礼乐文明智慧的生命更新和现代转化。

"大乐与天地同和，大礼与天地同节。"（《礼记·乐记》）中国共产党人把经历现代转型的礼乐文明智慧运用到现代化实践中，推进德治与法治相结合，促进中国特色社会主义制度成熟定型，推动实现国家治理体系和治理能力现代化，使追求和谐秩序的中国式现代化更显文明光辉。中国式现代化主张文以载道，坚持以人民为中心的创作导向，发展面向现代化、面向世界、面向未来的，民族的科学的大众的社会主义文化，丰富人民的道德精神世界，满足人民日益增长的精神文化需求；强调法治行道，把体现人民利益、反映人民愿望、维护人民权益、增进人民福祉落实到全面依法治国各领域全过程，追求合乎现代伦理的礼序与规则，走出了一条克服西方现代化不讲规则、礼崩乐坏、道德沦丧等文明陷阱的现代化新路。

文明立世，文化兴邦。建设中华民族现代文明是习近平总书记关

五　中国式现代化的文化形态

于文化建设的最新重大论断，这既是源自历史的深刻洞察，也是昭示未来的远见卓识。建设中华民族现代文明与赓续中华民族传统文明根脉相连、不可分割。习近平总书记强调："对历史最好的继承就是创造新的历史，对人类文明最大的礼敬就是创造人类文明新形态。"[①]中华民族现代文明用中国道理总结中国经验，把中国经验提升为中国理论，实现了中华民族精神上的独立自主，筑牢了中国特色社会主义的道路根基，巩固了中国式现代化的文化主体性。中华民族现代文明必将为中国式现代化这条实现强国建设、民族复兴的康庄大道提供宏阔悠久的历史视野、深邃通达的哲学智慧、高明博厚的价值引导和无比强大的精神力量。

（原载《哲学研究》2024 年第 1 期）

[①] 习近平：《在文化传承发展座谈会上的讲话》，《求是》2023 年第 17 期。

中国式现代化的道路选择及其理论超越

——基于中华文明突出特性的视角

董志勇　沈　博[*]

2023年6月2日，习近平总书记在文化传承发展座谈会上提出了建设中华民族现代文明的重大命题。习近平总书记指出，中华文明具有突出的连续性、创新性、统一性、包容性、和平性，把马克思主义基本原理同中国具体实际、同中华优秀传统文化相结合，是在五千多年中华文明深厚基础上开辟和发展中国特色社会主义的必由之路。"两个结合"打开了创新空间，中国式现代化赋予中华文明以现代力量，中华文明赋予中国式现代化以深厚底蕴。这一重要论述启发我们，应注意从中华文明的坐标观察中国式现代化议题。中华民族现代文明作为中国式现代化的文化形态，传承和更新自古老的中华文明，蕴含着中国式现代化发展道路的思想理论密钥。中华文明的五个突出特性，实则对应中国式现代化道路选择及其特征的深层次逻辑，沉淀着中国式现代化对于西方现代化模式多重超越的创新根基。

---

[*] 作者简介：董志勇，北京大学副校长，北京大学经济学院院长、教授；沈博，中国社会科学院经济研究所助理研究员。

五 中国式现代化的文化形态

一 道路选择：中华文明特性蕴含的方向指引

"文明"一词，通常用于描述一种"有组织性的社会生活状态"，涉及"任何'确立的'社会秩序或生活方式"①。"文明"作为"异乎寻常的创造物"②，并非天然自生，更非永不朽灭，而需经由每一个世代的不断更新，尤其是将利于世代因袭的全部文化遗产（包括语言和知识、伦理和风俗、技艺和艺术等）传给后代，形成"世世代代种族的灵魂"③。身处神州大地、绵延数千年的中华民族，就是一代代中华儿女在前赴后继的传承中，创造出了多姿多彩的中华文明。而沉淀着最深层精神追求、代表着独特民族标识的中华文明，则为中华民族的生生不息"提供了丰厚滋养"④。即使国家和社会处于现代化进程，古老的中华文明也始终不断地"通过'分割'出其固有过去的一部分"⑤，逐渐走向现代形态。正因为"每一个复杂的有机体、每个人和每一个社会都带有过去的痕迹"⑥，布莱克强调，"一

---

① [英]雷蒙·威廉斯：《关键词：文化与社会的词汇》，刘建基译，生活·读书·新知三联书店2016年版，第92、96页。
② [法]费尔南·布罗代尔：《文明史：人类五千年文明的传承与交流》，常绍民等译，中信出版社2014年版，第28页。
③ [美]威尔·杜兰特：《文明的故事：东方的遗产》，台湾幼狮文化译，天地出版社2018年版，第1—6页。
④ 《习近平谈治国理政》第一卷，外文出版社2018年版，第260页。
⑤ [法]费尔南·布罗代尔：《文明史：人类五千年文明的传承与交流》，常绍民等译，中信出版社2014年版，第64页。
⑥ [英]杰弗里·M.霍奇逊：《经济学是如何忘记历史的：社会科学中的历史特性问题》，高伟等译，中国人民大学出版社2008年版，第3页。

切现代化都是历史遗产的急剧转化"①，未来和过去密切相连。这意味着，虽说中国式现代化的道路选择对应着中华民族从传统向现代的转型，但其在深层次逻辑上仍离不开中华文明特性的滋养，中华文明的突出特性隐含着中国式现代化道路的方向密钥。

（一）连续性蕴含着自主发展的中国式现代化道路

中华文明源远流长，是当今世界上"唯一绵延不断且以国家形态发展至今的伟大文明"②。中华文明突出的连续性特征，不仅体现于中国古代帝制背景下一系列史学典籍对中华文明历史进程的完整记录，还彰显于中华民族社会生活中的语言文字、思想观念、伦理习俗、组织制度等方方面面。在近代早期中西交流方兴未艾之时，狄德罗、伏尔泰等思想家就相当推崇中华文明。历史持续性正是他们对于古代中国的深刻印象之一："这个国家已有4000多年光辉灿烂的历史，其法律、风尚、语言乃至服饰都一直没有明显变化。"③ 纵观漫长历史，中华文明像世界其他文明一样，在曲折的发展中积攒经验，在各种可用资源和可能性中持续不变地选择，最终形成具有自我典型特征的单一实体。相较于世界其他文明，中华文明出色地展现了文明历史延续性中相对稳定的一面，不曾出现种族遗传基因和民族文化基因传承的断裂。时至今日，尽管现代中国面貌焕然一新，但迈向现代

---

① ［美］西里尔·E. 布莱克等：《日本和俄国的现代化——一份进行比较的研究报告》，周师铭等译，商务印书馆1992年版，第153页。
② 习近平：《在文化传承发展座谈会上的讲话》，《求是》2023年第17期。
③ ［法］伏尔泰：《风俗论：论各民族的精神与风俗以及自查理曼至路易十三的历史》上册，梁守锵译，商务印书馆2017年版，第239页。

五　中国式现代化的文化形态

化所获得的成就和所承受的代价，相当程度上仍仰赖于"中国生活和中国文明的某些基本特征"[1]。因此，习近平总书记强调："如果不从源远流长的历史连续性来认识中国，就不可能理解古代中国，也不可能理解现代中国，更不可能理解未来中国。"[2] 中华文明的历史连续性，赋予中华民族积淀历史实践智慧、形塑核心文化基因、涵养文明传承逻辑、构筑自主发展路径的时间基础，进而"从根本上决定了中华民族必然走自己的路"[3]。连续性一面连接中华民族自主发展灿烂文明的过往历史，另一面指向中国式现代化自主开创新人类文明形态的未来方向。诺思在考察人类社会制度变迁时，就强调"路径依赖"的存在，即"从过去衍生而来的制度和信念影响目前选择的路径"[4]。斯威德勒提出的文化工具箱理论，则阐释了文化发挥作用的可能潜在机制，即文化能为人们在选择解决问题的行动策略时提供情境化的"工具箱"。[5] 这些关于过往信念、文化、制度的历史影响的讨论都表明，社会过往路径与未来方向选择存在着千丝万缕的关联，社会发展面临历史特性问题的约束。

诚然，从传统农业社会走向现代工业社会，是现代化的整体趋向，但由于文明的连续性基因会烙印在民族国家的转型选择中，如何在传统基础上实现现代化，则因时因地而异。无论是内源性现代化的

---

[1] ［法］费尔南·布罗代尔：《文明史：人类五千年文明的传承与交流》，常绍民等译，中信出版社2014年版，第247页。
[2] 习近平：《在文化传承发展座谈会上的讲话》，《求是》2023年第17期。
[3] 习近平：《在文化传承发展座谈会上的讲话》，《求是》2023年第17期。
[4] ［美］道格拉斯·诺思：《理解经济变迁过程》，钟正生等译，中国人民大学出版社2013年版，第20页。
[5] Ann Swidler, "Culture in Action: Symbols and Strategies", *American Sociological Review*, Vol. 51, No. 2, 1986.

英国，还是后发现代化的日本，它们的一些传统因素（比如王室），都贯穿于现代化进程而留存至今。它们的很多现代化实践，其实也是转型启动前已具备的诸多先决条件相互作用的产物。反观中国，传统社会同样存在一些助推现代化转型的条件基础，[①] 潜藏着文明内在合理的选择逻辑，串联起过去、现在与未来。譬如，除了救亡图存的客观需求，千百年来不断内化于心、外化于行的"均平"传统和对"小康"与"大同"的殷切向往，一直形塑着近现代中国接受马克思主义与践行共同富裕的观念情感基础和政治文化基础。这显然不同于西方现代化模式所强调的理性至上和推崇效率的理念，充分彰显着"义利兼顾"的传统经济伦理所具有的跨越时空的影响。类似例证不胜枚举。有鉴于现代化启动前的传统包含"现代化过程的重要变数"，实现现代化面临的能力约束，就将更多源自"现代化以前的形式"和"现代化形式的生命力"[②]。不同的文明基因和文化基础由此区分出不同的现代化类型。[③] 这意味着，中华文明历史连续性所锻造的传统根基，蕴含了自主发展中国式现代化道路的方向选择，引导新一代中华儿女沿着贯穿过去、现在和未来的"引线"前进。

（二）创新性塑造着全面发展的中国式现代化道路

中华文明突出的历史延续性，并非意味着在岁月长河中一成不

---

① ［美］吉尔伯特·罗兹曼：《中国的现代化》，"比较现代化"课题组译，江苏人民出版社2014年版，第433页。
② ［美］西里尔·E. 布莱克等：《日本和俄国的现代化——一份进行比较的研究报告》，周师铭等译，商务印书馆1992年版，第23页。
③ 颜晓峰：《论中国式现代化的理论体系》，《中共中央党校（国家行政学院）学报》2023年第3期。

五　中国式现代化的文化形态

变，陷于停滞和僵化。相反，文明的传承和延续得益于"以创新为支撑的历史进步过程"。① 中华文明的创新性，滋养着"世世代代种族的灵魂"的顽强生命力。世人对于中华文明历史延续性的刻板印象之一，就是中国传统社会的"超稳定结构"，即古代中国曾在漫长的两千多年里，一直呈现为由小农经济、中央集权的帝国和官僚制度、儒家文化组成的社会结构形态。② 然而，结构的超稳定实则还暗含着传统社会通过社会结构的周期性调适维持稳定的内在机制。这种动态的适应和调整，自是离不开中华文明创新性特性的涵养，展示了文明传承深层逻辑中一以贯之的变通与革新力量。

早在先秦时期，中华民族的先民们就依据观察到的自然世界，领悟到变通与革新的思想精粹。

《易经》的乾卦有言："君子终日乾乾，夕惕若厉，无咎"，而乾文言则进一步明说"终日乾乾，与时偕行"，由此表达世间人事"与天时俱不息"，并引申出变通的观念启发："是故阖户谓之坤，辟户谓之乾；一阖一辟谓之变，往来不穷谓之通。"③ 革、鼎二卦则揭示革新之义："革去故而鼎取新……革既变矣，则制器立法以成之焉。变而无制，乱可待也；法制应时，然后乃吉。"④ 这种关于变通和革新的认识论，深深注入古代中国的政治意识中："文王在上，于昭于天。周虽旧邦，其命维新。"⑤《管子》的"不慕古，不留今，与时

---

① 习近平：《在文化传承发展座谈会上的讲话》，《求是》2023 年第 17 期。
② 金观涛、刘青峰：《兴盛与危机：论中国社会超稳定结构》，法律出版社 2010 年版，第 11—14 页。
③ （魏）王弼撰：《周易注》，楼宇烈校释，中华书局 2011 年版，第 1、6、357 页。
④ （魏）王弼撰：《周易注》，楼宇烈校释，中华书局 2011 年版，第 270 页。
⑤ 程俊英、蒋见元：《诗经注析》，中华书局 1991 年版，第 746 页。

变,与俗化"①,商鞅的"治世不一道,便国不必法古"② 等,都成了指导和推动古代中国变法革新的至理名言。时至近代,康有为的"变者天道也"③ 以及梁启超的"惟进取也故日新"④ 等都表明,中华文明内在的变通和革新精神,依旧在激发着中华儿女为救亡图存而努力开启现代化转型进程。

从历史经验来看,中华文明创新性的关键内核在于因事而化、因时而进、因势而新的变通与革新力量,决定着中华民族"不惧新挑战、勇于接受新事物的无畏品格"⑤。强调变通与革新的创新性,让古老的中华文明在应对外部环境挑战中,保持着高度灵活的意识,奠定走向现代形态的心理基础,以尽可能强化传统与现代的"弥合",消减"现代化以前的形式"所带来的约束,增强"现代化形式的生命力"。当然,中华文明现代形态的孕育,一方面遭遇从工业时代走向信息时代的环境剧变冲击,另一方面也不可避免地面临贫富分化、生态环境破坏等一系列"现代病"的挑战。如若这些冲击和挑战未能及时解决,那么"现代化形式的生命力"就可能面临衰退的潜在风险。为此,中华文明的创新性将自我激发变通与革新精神,回应现代化过程中出现的经济、政治、文化、社会、生态文明建设问题,推动中国式现代化跳出已有现代化模式固化、相对偏重生产效率与技术理性、过于强调物我二元

---

① 黎翔凤:《管子校注》,梁运华整理,中华书局2011年版,第922页。
② (清)孙诒让著,许嘉璐编:《孙诒让全集:商子校本 温州古甓记(外二种)》,中华书局2014年版,第19页。
③ 康有为:《康有为全集》(第四集),姜义华、张荣华编校,中国人民大学出版社2007年版,第35页。
④ 梁启超:《饮冰室合集:文集第二册》,中华书局2015年版,第391页。
⑤ 习近平:《在文化传承发展座谈会上的讲话》,《求是》2023年第17期。

五　中国式现代化的文化形态

对立的框架和路径，走向全面发展的全新状态。

（三）统一性助推着多元一体的中国式现代化道路

中华文明的历史连续性，不仅得益于创新性所触发的因时而进、因势而新，还在于中华文明突出的统一性："'向内凝聚'的统一性追求，是文明连续的前提，也是文明连续的结果。"[1] 统一性深深印刻于中华文明的基因中。毕竟，族群和文明延续的首要目标就是获得生存。在小农经济时代的风险面前，个体力量相当有限，唯有进行集体组织的动员，以发挥规模优势，应对和分担风险。文化与政治的统一，则有利于减少集体行动的协调成本。于是，布罗代尔在介绍古代中国政治文明时便提到，"统一是帝国君主制存在的理由"，而"帝国在中国是一个长时段现象，是一个轴心，围绕着它，中国的历史一个世纪接着一个世纪地缓慢运转"[2]。伏尔泰也就这一问题分析道："如果一个民族最早的编年史证明确实存在过一个强大而文明的帝国，那么这个民族一定在多少个世纪以前早就集合成为一个实体。"[3] 虽说中华民族作为一个自觉的民族实体，是在近代中西激烈对抗中出现的，但作为自在的民族实体，实则"是几千年的历史过程所形成的"[4]。

中华文明的统一性，直接表现为政治上的国家大一统，但"统一性"的内涵远不止于此。"大一统"理念很早就流淌于中华文明的血

---

[1] 习近平：《在文化传承发展座谈会上的讲话》，《求是》2023 年第 17 期。
[2] ［法］费尔南·布罗代尔：《文明史：人类五千年文明的传承与交流》，常绍民等译，中信出版社 2014 年版，第 221—222 页。
[3] ［法］伏尔泰：《风俗论：论各民族的精神与风俗以及自查理曼至路易十三的历史》上册，梁守锵译，商务印书馆 2017 年版，第 86 页。
[4] 费孝通主编：《中华民族多元一体格局》，中央民族大学出版社 2018 年版，第 17 页。

脉中，是根植于大同理想的一种社会意识形态："车同轨，书同文，行同伦。"[1]《公羊传》在解释《春秋》开篇的微言大义时就提到，"何言乎王正月？大一统也"[2]。对时人来说，诸侯纷争带来社会动荡，而国家一统能带来安定，"一则治，异则乱；一则安，异则危"，故而不少人期盼"王者执一"[3]。这为后来古代中国"大一统"理念深入人心奠定了重要的情感基础。汉武帝时期，董仲舒甚至将"大一统"理念阐扬为"天地之常经，古今之通谊"[4]。当然，"大一统"理念并非限于外显于行的政治制度框架，还在于内化于心的文化意识和文明意识："春秋所以大一统者，六合同风，九州共贯也。"[5] 也就是说，尽管古代中国各区域尚未真正形成现代意义的"民族"或"民族国家"意识，但在长期交融中，各区域形成了向往中心和文明的凝聚力，统一于超地缘、超血缘、超族群的"天下"秩序。尽管古代中国的王朝不断兴衰更迭，但历代王朝始终需以承继中华文化正统来标榜自身的合法性。这就不断激活和强化了中华文明内在的大统一动力，使中华民族在"凝聚核心"的动态接续中，自觉形成"一个相当稳定的'文化共同体'"[6]。

正因如此，习近平总书记强调，"中华文明的统一性，从根本上决定了中华民族各民族文化融为一体、即使遭遇重大挫折也牢固凝

---

[1] 《论语·大学·中庸》，陈晓芬、徐儒宗译注，中华书局2015年版，第346—347页。
[2] （清）王闿运：《论语训·春秋公羊传笺》，岳麓书社2009年版，第142页。
[3] 许维遹撰：《吕氏春秋集释》，中华书局2009年版，第468、469页。
[4] （汉）班固：《汉书》，颜师古注，中华书局1962年版，第2523页。
[5] （汉）班固：《汉书》，颜师古注，中华书局1962年版，第3063页。
[6] 葛兆光：《宅兹中国：重建有关"中国"的历史论述》，中华书局2011年版，第32页。

五　中国式现代化的文化形态

聚","决定了一个坚强统一的国家是各族人民的命运所系"①。西方的现代化转型,无不是以单一民族国家的形式推进和完成的。自近代中外交流与碰撞以来,中华民族基于文化认同的文明共同体意识,进一步转化为基于政治认同的现代意义的民族国家意识。尽管中国幅员辽阔、人口众多,加之现代化转型在时空上所具有的非均衡性,不可避免地触及各区域、各社会群体间的利益调节与行动统筹问题,但深受中华文明"大一统"意识浸润的中华儿女,自觉齐聚于国强民富、民族复兴的统一旗帜下,在现代中外文明竞逐的生存压力中,披荆斩棘地开拓出一条多元一体的中国式现代化道路。

(四) 包容性指向着包容发展的中国式现代化道路

中华文明突出的统一性,从观念意识上整合了中华民族的多元力量,形成具有突出连续性的"政治—文明"共同体,但这不意味着中华文明是一个内部高度同质化、自我封闭孤立的系统。中华民族古代文明的统一性,实则是在"天下国家"的普遍秩序下,"容纳了许多地方性的差异"。② 这意味着,中华文明的统一性,实际上还需建立在突出的包容性之上:"越包容,就越是得到认同和维护,就越会绵延不断。"③ 由于中华民族的凝聚过程是动态的,区域和文化的"内""外"之分实际上也在动态调适。正如诺思分析的,既有意识

---

① 习近平:《在文化传承发展座谈会上的讲话》,《求是》2023年第17期。
② 许倬云:《万古江河:中国历史文化的转折与开展》,湖南人民出版社2017年版,第478页。
③ 习近平:《在文化传承发展座谈会上的讲话》,《求是》2023年第17期。

形态要获得新旧团体的拥护，都必须保持灵活性。① 这就使得中华文明对于内部的多样性或者外来的异域文化，都"充满着开放、包容和探索欲望"②。

中华文明突出的包容性与中华民族自古以来形成的特定文化认同机制密切相关，并相应地展延到中华文化对外来文化的认知态度。不同于西方古代的一神教文明，中华民族很早就从对天地万物的观察和思索中意识到，"天地交，泰。后以财成天地之道，辅相天地之宜，以左右民"，所以应该"顺乎天而应乎人"③，做到"允执厥中"。在"天下"秩序中，尽管存在华夷之辨，但这种区分并非简单的族群或血缘差别："所谓诸侯用夷礼则夷之，夷狄进于中国则中国之，此即是以文化为华夷分别之明证。"④ 由此，孔子主张的"有教无类"可被进一步泛化为文明的教化和交融，以实现"以同而异"⑤ 的状态，而不致陷于极端立场。正因如此，杜赞奇认同列文森将古代中国的族群观念视为一种"文化主义"的说法，即文化是界定群体的一种标准，并在相对化的"天下"话语中，用于"掩饰"中华文化对于与其他世界观的冲突所作出的灵活妥协。⑥ 这与近代民族主义意识的强烈排他性是明显不同的。中古中国对佛教的吸收和本土化，以及近代中国对马克思主义的接受与中国化，都充分展现了中华文明特有的包

---

① [美] 道格拉斯·C. 诺思：《经济史中的结构与变迁》，陈郁等译，上海三联书店、上海人民出版社1994年版，第58页。
② [英] 赫伯特·威尔斯：《世界简史》，谢凯译，台海出版社2017年版，第190页。
③ （魏）王弼撰：《周易注》，楼宇烈校释，中华书局2011年版，第69、267页。
④ 钱穆：《中国文化史导论》，河南人民出版社2017年版，第35页。
⑤ （魏）王弼撰：《周易注》，楼宇烈校释，中华书局2011年版，第203页。
⑥ [美] 杜赞奇：《从民族国家拯救历史：民族主义话语与中国现代史研究》，王宪明等译，江苏人民出版社2009年版，第55—60页。

五　中国式现代化的文化形态

容性特征。

不可否认的是，在近现代中西交流与碰撞的过程中，中华民族的自觉意识逐渐由过往的文化认同转向政治认同，但包容性所蕴含的"允执厥中"原则，并未曾在中华文明的演化中褪去应有的影响角色。皮尔逊在20世纪50年代时就提醒，人类必须学会共同生活，否则就会在这个拥挤不堪的狭小世界中"陷入误解、紧张、冲突和灾难"[1]。事实上，随着全球各区域的交流日益密切，中国在现代化进程中所面临的生态破坏、资源枯竭、贫富分化、经济垄断等问题，都是全球性难题，亟须发挥各区域、各文明的集体智慧，取长补短。这就"决定了中华民族交往交流交融的历史取向"，"决定了中华文化对世界文明兼收并蓄的开放胸怀"[2]，以期实现人与人、人与社会、人与自然的包容性发展。

（五）和平性决定着和平发展的中国式现代化道路

中华文明突出的包容性，蕴含着中华民族处理内外异同问题的灵活性和开放态度，由此形成以和平、和睦、和谐的态度来应对群己矛盾的策略倾向。"礼之用，和为贵"[3]，是和平性贯穿于中华文明生成与发展的重要价值取向。基于"致中和，天地位焉，万物育焉"[4]的基本认知，传统儒家思想将中庸之道奉为为人处世的基本准则，强调

---

[1] Lester B. Pearson, *Democracy in World Politics*, Princeton: Princeton University Press, 1955, pp. 83-84.
[2] 习近平：《在文化传承发展座谈会上的讲话》，《求是》2023年第17期。
[3] 《论语·大学·中庸》，陈晓芬、徐儒宗译注，中华书局2015年版，第12页。
[4] 《论语·大学·中庸》，陈晓芬、徐儒宗译注，中华书局2015年版，第289页。

"因中致和"和"和而不同"的"中和"思想,从而避免在知识上或精神上出现否定"他者"的绝对冲突倾向。正因如此,不同于西方基于"人"的主体视角去看待世界,将上帝和"他人"视为绝对外在的"超越",中国传统思想文化中的一大潜在认知在于,"对于任何他者,都存在着某种方法能够将它化为和谐的存在"[1],进而形成了有别于西方在"自我"与"他者"对立中思考冲突的思维模式。

中华文明这一突出的和平性,是在中国古代农耕经济形态及其文化精神的不断发展中积淀而成的。从唯物史观的视角看:"各地文化精神之不同,究其根源,最先还是由于自然环境之分别,而影响其生活方式,再由生活方式影响到文化精神。"[2] 作为世界农业的起源中心之一,古代中国很早就出现成熟的农耕经济形态。对农业生产活动而言,气候、土壤、生物等自然条件都是关键却不为当时人力所左右的要素,"而若冥冥中已有为之布置妥帖而惟待人类之信任与忍耐以为顺应,乃无所用其战胜克服"[3],这就使得"物我一体""天人感应""顺""和"等理念深入人心,由是形塑着中华民族农耕文化的和平倾向。相较于传统小农经济的自给自足,古代西方的商业经济形态存在明显而强烈的向外拓展需求,"起因于环境的生产可能性决定性地影响了对区域专业化的选择"[4],故而需要"吸收外面来营养他自己

---

[1] 赵汀阳:《天下体系:世界制度哲学导论》,中国人民大学出版社2011年版,第10页。
[2] 钱穆:《中国文化史导论》,河南人民出版社2017年版,"弁言"第2页。
[3] 钱穆:《中国文化史导论》,河南人民出版社2017年版,"弁言"第2页。
[4] [英]埃里克·琼斯:《欧洲奇迹:欧亚史中的环境、经济和地缘政治》,陈小白译,华夏出版社2015年版,第73页。

五　中国式现代化的文化形态

的"①。这亦使得相应的文化精神内在形成"天人对立""敌我对立"的强烈对立感，进而形塑了偏重竞争、唯求富强的侵略性取向，尤为注重空间扩张与权力征服："欧洲性就在于有组织的拓殖史的形式。"②

尽管中华民族正在由传统农耕社会大步迈向现代工业社会，但文化基因中的和平性并未因此消逝。在走向现代化的过程中，欧洲经由地理大发现、殖民扩张和奴隶制，披着"自由贸易"的神话外衣，让海外殖民地"空前比例的地球生物资源为了一个文化，以史无前例的、不可重复的规模被攫取了"③。从相当程度上讲，新大陆的开发，为西欧跳出原始工业的"死胡同"，在技术条件允许的情况下，将手工业劳动力转向现代工业生产，创造了更为宽松的生态制约条件，④为现代化的启动积累了必要的原始资本。相比之下，中国的现代化起步并未遵循对外殖民扩张与掠夺的发展路径，而是更多地依托内部的农业集体化高积累与外部的全球化经贸合作。正因为近代中国已饱受帝国主义侵略的苦难，中华民族才更加迫切地希望在和平环境中谋求独立自主的发展，"倡导交通成和，反对隔绝闭塞；倡导共生并进，反对强人从己；倡导保合太和，反对丛林法则"⑤。从"和平共处五项原则"的提出，到新时代共建"人类命运共同体"的倡议，无不对外昭示着中国式现代化道路的和平发展取向。

---

① 钱穆：《中国文化史导论》，河南人民出版社2017年版，第14页。
② ［英］埃里克·琼斯：《欧洲奇迹：欧亚史中的环境、经济和地缘政治》，陈小白译，华夏出版社2015年版，第11页。
③ ［英］埃里克·琼斯：《欧洲奇迹：欧亚史中的环境、经济和地缘政治》，陈小白译，华夏出版社2015年版，第66页。
④ ［美］彭慕兰：《大分流：欧洲、中国及现代世界经济的发展》，史建云译，江苏人民出版社2014年版，第323页。
⑤ 习近平：《在文化传承发展座谈会上的讲话》，《求是》2023年第17期。

二　理论超越：中华文明特性奠定着创新根基

作为新时代基于中国国情和实践而提出的最新重要理论命题，中国式现代化不仅擘画着中华民族全面建成社会主义现代化强国、走向伟大复兴的宏伟蓝图，还描绘着人类社会超越已有现代化叙述话语的光明未来。具体而言，中国式现代化在目标、路径、模式、动力、愿景等关键议题上，向世人展示着不同于西方经典现代化模式的崭新图景。而中华文明的五个突出特性，不仅描摹着中国式现代化道路的前进方向，还为中国式现代化的理论构建奠定了重要的创造根基，让中国式现代化实现对经典现代化理论的超越成为可能。

（一）连续性破除传统与现代的二元对立迷思

中华文明特性赋予中国式现代化理论超越的创新根基，首先体现于突出的连续性对经典现代化话语中有关传统与现代二元对立迷思的破除。

在西方社会看来，人类社会的历史演进就是从一个阶段变动进步到另一个阶段。具体到现代化议题的探讨，"现代化"对应着从传统社会向现代社会的革命性转型。这一过程中，"传统的社会或前技术的社会逐渐消逝，转变成为另一种社会，其特征是具有机械技术以及理性的或世俗的态度，并具有高度差异的社会结构"[①]。按照构建早

[①] [美] 西里尔·E. 布莱克编：《比较现代化》，杨豫、陈祖洲译，上海译文出版社1996年版，第19页。

五　中国式现代化的文化形态

期现代化理论的结构功能主义学派的说法，现代社会转型的实质在于结构的分化与功能的专门化，并具化为从传统性一极向现代性一极的转变。这一解析在很大程度上将传统与现代置于"社会变迁线性理论中相互对立的两个方面"，隐晦表达着传统的制度、文化、价值观等内容是现代化变迁的"障碍"。[①] 更关键的是，基于社会达尔文主义的思路，西方思想家把现代资本主义的胜利视为人类文明演化的最高形态，甚至抽象为一种形式主义的理想类型，认为西方走向现代化的实践经验是普遍有效的，力主非西方社会应沿着西方已有的现代化足迹，完成现代化转型。然而，这一主张面临的一大难题，就是非西方社会已有的传统状态并不等同于西方在现代化启动前的原始状态。这使得"西化"的现代化路径加剧了非西方世界在传统性和现代性问题上的断裂，由此在实践中大大削弱了经典现代化理论的普适性。日本、俄国等国家和地区的现代化进程已然表明，本土的传统基础在现代化进程中具有特殊的作用，传统性与现代性并非全然对立。即使对于现代资本主义的生成和发展，其内在的理性精神，同样是"由欧洲精神的深处生发出来的"[②]。如此便揭示出西方经典现代化理论话语固有的、却不易被发觉的迷思：思想家们"试图在思想中反抗传统，而同时又采用了传统本身的概念工具"[③]。

---

① Joseph R. Gusfield, "Tradition and Modernity: Misplaced Polarities in the Study of Social Change", in Eva Etzioni-Halevy, Amitai Etzioni eds., *Social Change: Sources, Patterns, and Consequences*, 2nd edition, New York: Basic Books, Inc., Publishers, 1973, p. 333.
② ［德］伟·桑巴特：《现代资本主义》第1卷，李季译，商务印书馆1958年版，第212页。
③ ［美］汉娜·阿伦特：《过去与未来之间》，王寅丽、张立立译，译林出版社2011年版，第21页。

在此理论情境下，中国式现代化理论所包含的中华文明底蕴，恰好有助于重新连接经典现代化理论话语中出现的传统与现代的断裂。中华文明突出的连续性，不仅在于中华民族源远流长而未曾中断的历史传承，还在于中华文化精神内在地对于"时间的与生长的自我绵延"[1]的注重。具体而言，中华文明的连续性，在相当程度上得益于对传统的注重、赓续与超越。古代中国儒家对完美道德和理想政治秩序的阐述，是言必谈及"三代"，"夏之政忠。忠之弊，小人以野，故殷人承之以敬。敬之弊，小人以鬼，故周人承之以文。文之弊，小人以僿，故救僿莫若以忠。三王之道若循环，终而复始"[2]，由此淡化时间维度上对线性进化的执念。而古人对于历史经验的注重，亦是中华文明连续性得以彰显的重要动力。正因如此，儒家士人才喊出了"为天地立心，为生民立命，为往圣继绝学，为万世开太平"[3]的壮志豪言。当传统与现代不再彻底断裂时，非西方世界的现代化道路抉择，就应保有充足的自主性空间，而不是彻底忽视已有传统根基的存在，漠视民族性的问题。

（二）创新性突破西方现代化模式的框架局限

中华文明突出的创新性，将通过赋予中国式现代化理论以变通与革新的力量，突破西方现有现代化模式和框架的偏狭局限。

西方经典现代化理论主要是根据西方在数百年的现代化转型探索

---

[1] 钱穆：《中国文化史导论》，河南人民出版社2017年版，第12页。
[2] （汉）司马迁：《史记》，中华书局1959年版，第393—394页。
[3] （宋）张载：《张子全书》（增订本），林乐昌编校，西北大学出版社2021年版，第240页。

五　中国式现代化的文化形态

经验抽象提炼而成。在已有的现代化理论叙述话语中，随着第一次工业革命在英格兰发生后，现代化潮流的引导力量逐渐由英、法、荷所在的西北欧地区，向普鲁士所在的东北欧地区，再向位于新大陆的美国转移。有鉴于此，库兹涅茨将现代经济的增长解读为"发达国家内部结构急剧改变的后果带出了国境之外，引起了后来一系列的扩张"①。基于对现代资本主义生产方式极大提高社会生产力的肯定，马克思亦在《资本论》中暗示了工业社会发展的扩散蓝图："工业较发达的国家向工业较不发达的国家所显示的，只是后者未来的景象。"② 不过，这种以非历史性的方式将工业化与现代性加以等同的做法，一方面容易导致将西方的现代化进行模式化、刻板化，进而忽视西方历史独特性问题的倾向；另一方面亦容易引致对现代化的盲目乐观与美化，进而忽视现代化过程所附带的生态破坏、资源枯竭、贫富分化等一系列负面问题。正因如此，当发展中国家开始不加选择地复制西方的发展模式时，学者们便会看到，"只要这些理论的使用限制在西方世界，这种假定为普遍适用的理论可能就没有什么危害"，但当将这些理论应用于并不适用的发展中国家时，"后果就严重了"③。

在这一偏狭的限制约束中，中国要真正实现现代化的目标愿景，就必然需要充分发挥变通与革新的精神，闯出一条不同于西方现代化模式的新道路。中华文明突出的创新性，"从根本上决定了中华民族守正不守旧、尊古不复古的进取精神，决定了中华民族不惧新挑战、

---

① ［美］西蒙·库兹涅茨：《现代经济增长：速度、结构与扩展》，戴睿、易诚译，北京经济学院出版社1989年版，第441页。
② 《马克思恩格斯文集》第5卷，人民出版社2009年版，第8页。
③ ［瑞典］冈纳·缪尔达尔：《亚洲的戏剧：南亚国家贫困问题研究》，方福前译，商务印书馆2017年版，第13页。

勇于接受新事物的无畏品格"①，正好为中国式现代化的探索提供了精神指引、注入了精神动力。相较于西方现代化模式，中国的现代化道路拥有显著的"后发优势"，即中国走向现代化的道路，不同于以往从前工业社会、工业社会到后工业社会的串联式发展路径，而是在时间和空间上面临的新型工业化、信息化、城镇化和农业现代化同步发展的并联式发展路径。相比于西方现代化进程的内外部环境，中国走向现代化的进程并非简单的生产力提升过程，还包括社会经济的持续稳定发展、中华民族的独立自主与伟大复兴、全体人民的共同富裕与自由发展等的奋斗过程。这意味着，政治和经济理性扩张以及随之而来的效率至上理念，并非中国式现代化的全部核心内容。中国式现代化的探索不应该受到已有现代化模式的束缚，而是"将这少数人的经验用作判断时必须万分谨慎并要加以充分修正"②，尤其要注重以新的理念精神限制政治和经济理性的过度扩张，遏制现代性对效率的过度强调而对社会不平等、区域不均衡、生态破坏等问题所造成的伤害，进而向世人展示一幅更加和谐美好的现代化蓝图。

（三）统一性整合多元现代化主体的话语权

中华文明突出的统一性，有利于通过中华民族多元一体的格局，整合现代化多元主体的话语权，真正把所有力量团结和统一到现代化建设事业上。

现代化在推动社会由传统形态向现代形态过渡和转变时，还牵涉

---

① 习近平：《在文化传承发展座谈会上的讲话》，《求是》2023年第17期。
② ［美］C.E. 布莱克：《现代化的动力》，段小光译，四川人民出版社1988年版，第222页。

五 中国式现代化的文化形态

社会的整合问题。20世纪50年代初,刘易斯阐释了现代化进程中劳动力在传统农业部门和现代制造业部门之间的转移问题。① 在这一过程中,整个社会由以往相对自主的地区化、组织化、职业化的结构,转变为高度分散的结构,"个人与地方性、地区性或其他中间性结构的联系被同时削弱了","大的也更分散的都市和工业网络的联系却被加强了"②。这一方面迎合了现代经济发展的需要,另一方面却也造成了个体的相对分离。不仅将现代化转型的很大一部分阵痛转移给背井离乡进入城市艰难谋生的农民,还加剧了社会中不同种族群体、利益群体的纠葛。对于早期发展起来的欧美国家而言,虽说奴隶贸易和外国移民在相当程度上舒缓了这一负担,但类似情况仍旧存在,"伦敦的东头是一个日益扩大的泥塘,在失业时期那里充满了无穷的贫困、绝望和饥饿,在有工作做的时候又到处是肉体和精神的堕落。在其他一切大城市里也是一样……在较小的城市和农业地区情况也是这样"③,以致让马克思发起对于现代资本主义的猛烈批判。时至今日,尽管西方现代化已走过数百年,通过现代经济增长和信息技术传播等优势,暂时规避了马克思预言的处境,但这"并未改变资本深层结构与社会不平等的现实",进而仍在根本上不断瓦解"以民主社会为基础的精英价值观"④。正因如此,西方左翼一直延续着

---

① W. A. Lewis, "Economic Development with Unlimited Supplies of Labour", The Manchester School, May 1954.
② [美]C. E. 布莱克:《现代化的动力》,段小光译,四川人民出版社1988年版,第112页。
③ 《马克思恩格斯选集》第1卷,人民出版社2012年版,第75页。
④ [法]托马斯·皮凯蒂:《21世纪资本论》,巴曙松等译,中信出版社2014年版,第1—2页。

现代性批判的传统，形成了对于现代资本主义问题的多元批判话语。但这些批判也因政治共识的困境和后现代主义对现代社会的解构，沦为碎片化和空洞的规范性知识，弱化了现代性批判本来应有的社会效应。

相比之下，中华文明突出的统一性，能够为统筹和整合现代化进程中的多元主体提供必要的思想共识和情感基础。这种统一性不仅基于实在的政治认同，还立足于长久的文化认同，并生动地体现为中华民族的多元一体格局。所谓"多元一体"，既充分彰显着中华文明对于"多元"的尊重，又凸显了中华儿女对于"一体"的高度认同，在平等和谐之中形成同心聚力。具体到中国式现代化的建设事业上，中国式现代化理论不仅包含着中华儿女对现代化美好愿景的憧憬，还充分保持着用马克思主义指导改造世界的初衷，由此协调和汇聚着社会不同民族、不同区域、不同社会群体的利益诉求、政治共识和共同追求，在精确把握社会矛盾运动的基础上，形成一系列颇具实践指导意义的行动纲领，做到发展为了人民、发展依靠人民、发展成果由人民共享，进而构筑起中国式现代化建设的统一战线，齐心聚力共绘中华民族伟大复兴的美好蓝图。

（四）包容性消解西方中心论的优越情结魔障

中华文明突出的包容性，有助于突破西方经典现代化理论话语所隐藏的西方中心论情结，消解文化中心主义的优越情结所带来的文明冲突，让现代化的多元生成真正成为可能。

五　中国式现代化的文化形态

一直以来，由于西方在现代化道路上的"在先性"[①]，工业革命道路被理所当然地赋予了现代化战略"蓝本"的定位。这种模式地位的确立，是经由西方现代社会科学话语的层层累积而形成的，并凭借西方在世界范围内的超群竞争力而得以强化。受物理学和数学等现代科学的启迪，社会科学家致力于思索人类社会发展背后的通用法则。特别是在社会达尔文主义的叙述话语中，人类社会的发展是一个线性演进过程，而现代资本主义的胜利则被描绘成科学、民主、世俗主义和理性主义的胜利，西欧工业文明继而被标榜为人类文明演化的最高形态。因此，西方构筑的经典现代化理论，本身就在以"发展"这一带有强烈正向目的取向的规范性概念中，潜藏着西方站在进步制高点上对于世界其他种族和文明的优越心理。即使在意识到自身文明发展前景可能出现的问题时，这种优越心理始终未曾放下："印度人和古典人没有想到世界是进展的，一旦西方文明顺次消灭之后，说不定就不会再有一种文化和人类，能让'世界历史'成为醒觉意识的如此有力的形式了。"[②] 更有甚者，借助这套进步与落后的二元对立话语，西方将西方式现代社会提升为一种普世的理想类型，让被贴上"落后"标签的非西方世界在看到"现代性的过去充分有效"时，产生了追求"进步"的希望。"因为西方在世界范围内取得了成功"，其真理性似乎"看来是无可辩驳的"[③]。由是，凡是偏离西方已有现

[①] 万俊人：《现代性的多元镜鉴》，《中国社会科学》2022年第7期。
[②] ［德］奥斯瓦尔德·斯宾格勒：《西方的没落》，齐世荣等译，群言出版社2014年版，第15页。
[③] ［美］芮沃寿：《中国历史中的佛教》，常蕾译，北京大学出版社2009年版，第84页。

代化路径的做法，就被视为"发展的缺点或错误的发展"①。这套渐趋固化的意识形态图式，在强调"唯我独尊"时，便在有形无形中忽视乃至抹杀现代性的多元生成路径。

西方中心论的这种文化中心主义优越情结，显然在很大程度上限制了经典现代化理论的发展与完善，加剧了西方文明与其他文明之间的冲突。相较之下，中华民族突出的包容性，则能够为现代化理论的完善营造一个更为宽松且有益的思想环境。尽管古代中国同样存在华夷之辨，存在对于文明的高低判别，但由于突出的包容性的存在，中华文明并未因此隔断对于各地文化和外来文明的接纳和吸收，所以才最终形成一个"由许多不同的亚文化构成"②的新文化综合体。在迈向中华民族伟大复兴的新征程中，中华文明特有的包容性在"两个结合"的充分加持下，将有助于构筑一个融通古今中外人类社会文明智慧的中国式现代化理论体系，破除已有现代化议题的二元对立思维定式，尤其在经典现代化理论相对忽视精神危机和生态危机的背景下，历经了对物质价值的狂热追求后，现代社会将可能越发重视那些由人类创造的"知识与智慧的价值"③。中华文明和其他文明中那些看似与现代工具理性相左、不符合西方价值取向的人文思想和精神智慧，反而有可能在超越现代化的阶段中获得新活力，从而为全球现代性多元化的发展作出新贡献。

---

① ［美］塞缪尔·亨廷顿等：《现代化：理论与历史经验的再探讨》，罗荣渠译，上海译文出版社1993年版，第268页。
② ［美］芮沃寿：《中国历史中的佛教》，常蕾译，北京大学出版社2009年版，第4页。
③ ［日］堺屋太一：《知识价值革命》，金泰相译，沈阳出版社1999年版，第161—165页。

（五）和平性挣脱零和博弈的现代化竞争思维

中华文明特性赋予中国式现代化理论超越的创新根基，还包括中华文明突出的和平性对西方经典现代化理论所包含的二元对立、零和博弈等博弈竞争思维的调适与舒缓，进而让人类社会在和谐发展中整体走向现代化、构筑人类命运共同体的美好愿景成为可能。

无论是西方走向现代化的过程，还是从现代化实践中提炼出的经典现代化理论，都包含着浓厚的零和博弈竞争思维。这种思维源自西方文明中固有的"自我"与"他者"的对立、天人对立的逻辑理路，进而导致了经典现代化理论话语中，广泛存在技术工具与人文价值、人与自然、精神与物质、效率与公平、传统与现代、西方与非西方等二元对立概念和命题。比如，古典经济学和新古典经济学的经济增长理论模型，多是强调劳动、资本乃至土地等生产要素的投入，并极力希望在资源有限的约束条件下寻求模型的最优解。其中隐含的"竞争"主线和效率逻辑，却也暗合近代西方通过殖民扩张和掠夺性贸易的方式完成资本原始积累的做法。[①] 这种对"异端"的敌视情绪，还彰显于西方经典现代化模式对一元单线发展图景的强烈执念。在西方主流的惯有观念中，全球的现代化模式最终应该是趋同的，符合从西方现代化进程中抽象出来的现代社会理想类型。正如"历史终结论"的鼓吹者福山所阐述的："人类与其说像是会开出千姿百态美丽花朵的无数蓓蕾，不如说像是在同一条道上行进的一长列马车……马

---

① 董志勇、沈博：《结合中华优秀传统文化构建中国自主的经济学知识体系：必要性、可行路径与基本原则》，《教学与研究》2023 年第 8 期。

车处境之间的显著差异所反映的,并不是驾驭马车的人之间的永久的、必然的差异,而只是它们在同一条路上所处的不同位置而已。"①这一观念漠视了其他非西方世界在文化传统方面的历史性存在,将其他偏离西方现代化路径的探索视为"非此即彼"的竞争"异端"。东欧剧变和苏联解体,更将西方的这种敌对心理显露无遗。20 世纪初"对西方自由民主的最终胜利充满自信,但在结束时似乎又重新回到起点:不是像早先预测的那样,'意识形态的终结'或资本主义与社会主义的趋同,而是经济和政治自由主义毫不掩饰的胜利"②。正因如此,当西方基于现代文明的超越地位,强调"西方的力量和文化与所有其他文明的力量和文化之间的关系"属于当今"文明世界最为普遍的特征"时,由此带来的结果是,西方人眼中的普世主义理念,"对非西方来说就是帝国主义"③。

对比西方社会观念意识中对"异端"的潜在敌视,中华民族突出的和平性,反而在对"大同"理想的追求中呈现出包容和谐的可贵属性。亨廷顿的"文明冲突论"认为世界上不同文明间的交往本就存在着冲突倾向。暂不论该观点的对错,就经典现代化理论而论,其间存在的零和博弈竞争思维,本就给非西方世界的现代化带来类似难题:如何协调和解决后发国家在推进现代化进程中所需的各种稀缺性资本和资源?若按弱肉强食的丛林法则,那么世界将陷于无尽的争夺;若纯粹任由优胜劣汰的市场竞逐,则南北分化的裂痕将越发难以

---

① [美] 弗朗西斯·福山:《历史的终结与最后的人》,陈高华译,广西师范大学出版社 2014 年版,第 4 页。

② Francis Fukuyama, "The End of History?", *The National Interest*, No. 16, 1989.

③ [美] 塞缪尔·亨廷顿:《文明的冲突与世界秩序的重建》,周琪等译,新华出版社 2010 年版,第 161—162 页。

弥合。基于政治和经济理性极度扩张所带来的悲观后果，西方思想家尽管很早就意识到，随着理性的肆意扩张，西方现代化前景笼罩着难以散去的阴霾，但在乐观情绪高涨之时，却仍选择性地"对现代性未来的潜在可能性不作任何想象"[①]。有鉴于此，中华文化所推崇的"各美其美，美人之美，美美与共，天下大同"理念，恰恰为解决现代化的资源困境问题，协调不同文明间的冲突与争执，提供了一个文明间交流互鉴与共建共享的新思路，由此将现代化前景具化为构筑人类命运共同体的美好愿景。中国式现代化的和平发展道路，将为这一思路的可行性提供强有力的现实佐证。

三 结语

习近平总书记指出，中国式现代化是中华民族的旧邦新命，"只有立足波澜壮阔的中华五千多年文明史，才能真正理解中国道路的历史必然、文化内涵与独特优势"[②]。自鸦片战争以来，古老的中华民族就已汇入现代化的历史潮流中。只不过，由于内外特殊的历史环境，中国走向现代化的历程颇为坎坷曲折。曾几何时，中国也一度在进步与落后的残酷现实中，在关于本土和西化间徘徊不定。然而，这并不意味着中华文明就不存在能够实现现代性转化的根基。中华文明的突出特性以及由此滋养的强大韧性，让中华民族在时代洪流中逐渐找到属于自己的道路和方向，尤其是自中国共产党成为主心骨和领导

---

① ［美］西里尔·E. 布莱克编：《比较现代化》，杨豫、陈祖洲译，上海译文出版社1996年版，第51页。
② 习近平：《在文化传承发展座谈会上的讲话》，《求是》2023年第17期。

力量后，中华民族更是在满路荆棘中，走出一条不同于西方模式的中国式现代化道路。

中国已走过的现代化探索历程表明，反传统在现代化启动之时自有其必要性，但传统作为"随着时代不断生长的有机体"①，在现代化转型进程中并非真的一无用处，而是经由创造性转化和创新性发展，在更新与发展中成为现代文明的组成要素，完成了对传统的超越。具体到中国式现代化道路的探索，中华文明的五个突出特性已然为中国式现代化的推进指明了前进方向：连续性蕴含着中国式现代化在路径选择层面的自主发展方向，创新性塑造着中国式现代化在框架设计层面的全面发展思路，统一性积淀着中国式现代化在建设主体层面的多元一体格局，包容性涵养着中国式现代化在战略安排层面的包容发展特性，和平性则决定着中国式现代化在价值取向层面的和平发展选择。

从中华文明五个突出特性所蕴含的中国式现代化的道路选择信息来看，中国式现代化并非某一特定领域或单个面向维度的现代化，而是一项重大的系统工程。其终极目标不仅指向全面建成社会主义现代化强国和中华民族伟大复兴的目标实现，更是站在人类历史的高度，展望人类命运共同体的构建和人类文明新形态的创造。依托中华文明五个突出特性的积淀，中国式现代化具备了超越西方现代化模式的创新根基：中华文明突出的统一性有助于破除传统与现代的二元对立迷思，创新性推动中国式现代化拓展已有现代化的模式框架，统一性为

---

① 罗荣渠：《现代化新论——世界与中国的现代化进程》（增订本），商务印书馆2009年版，第541页。

五　中国式现代化的文化形态

整合多元现代化主体的话语权提供必要的共识与向心力，包容性为超越西方中心论的优越情结魔障创造了可能，和平性则能协助中国式现代化挣脱零和博弈的现代化竞争思维的束缚。总而言之，在中华文明突出特性的涵养下，中国式现代化的建设事业已具备了超越西方现代化视野格局与思想境界的基础条件，不仅与共产主义的远大理想相呼应，还是对中华优秀传统文化推崇的"大道不孤，天下一家"的天下观的传承与发扬，彰显着中国共产党人的大国担当和天下情怀，为创造新的现代文明形态提供了新希望。

［原载《中共中央党校（国家行政学院）学报》2023 年第 6 期］

唯物史观视域中的
人类文明新形态

黄建军[*]

"文明"是人类主体意识觉醒的产物,是人类社会独有的精神标识,是作为"类"的人区别于动物的根本尺度。"人类文明"是人的实践活动的证成,是人类生产方式、思想价值以及制度形态的确证。文明的主体是实践之人和理性之人,在不同的历史视域中,作为历史之主体的人类创造了不同的"文明形态",这些"文明形态"表征着人的实践活动的普遍性与差异性。但从最本质的意义上看,"文明形态"不同于"文明"本身,它是对内嵌在社会形态之中的文明之类型与特质的概括。纵观人类文明演进的历程与类型,既有以技术创新和进步为核心标志的"技术文明",也有以经济交往和经济活动为典型特征的"物质文明",更有以制度设计和变革为表征的"制度文明",还有以地域特征命名的"地域文明"或"区域文明",总之,"文明是实践的事情,是社会的素质",[①] 文明每前进一步,其背后所

---

[*] 作者简介:黄建军,北京师范大学马克思主义学院教授。
[①] 《马克思恩格斯文集》第 1 卷,人民出版社 2009 年版,第 97 页。

五 中国式现代化的文化形态

承接的"历史"也会发生或激烈或温和的变革。

人类文明形态的"界分"既不能单纯以"时间序列"为主轴,也不能单纯以"空间位置"为坐标,而是以人类社会生产方式的运演模式为标尺,特别是以人类的"物质生产方式"所建构的"经济文明"和"制度文明"为核心参照。从这个维度上看,"亚细亚的、古希腊罗马的、封建的和现代资产阶级的生产方式可以看做是经济的社会形态演进的几个时代"。①与此一致,如果以"现代资产阶级的生产方式"为"界标",那么,内嵌在"经济的社会形态"之中的"文明形态"大致可概括为前资本主义文明(前现代)、资本主义文明和未来社会文明。在人类社会形态演进的大逻辑中,资本主义文明是现代文明的集中体现,是"既成"的文明,而超越资本主义的社会主义文明则是"生成"中的全新文明形态。

习近平总书记指出:"中国式现代化,深深植根于中华优秀传统文化,体现科学社会主义的先进本质,借鉴吸收一切人类优秀文明成果,代表人类文明进步的发展方向,展现了不同于西方现代化模式的新图景,是一种全新的人类文明形态。"②人类文明新形态之"新"就是基于人类社会形态总坐标而对社会主义新文明的最新表达,是相较于资本主义文明所呈现出来的新的世界观、价值观、历史观、文明观、民主观、生态观的集中概括。在当今世界,资本主义文明和社会主义文明代表两种不同的文明走势,这两种文明在人类社会历史发展的逻辑中具有完全不同的生命力。以中国式现代化为文明底本并以中

---

① 《马克思恩格斯文集》第2卷,人民出版社2009年版,第592页。
② 《正确理解和大力推进中国式现代化》,《人民日报》2023年2月8日。

国特色社会主义为文明图景所创造的人类文明新形态,是超越资本逻辑并指向未来的开创性文明,这种文明是唯物史观视域中世界文明普遍性与中国道路所展现的文明特殊性的历史生成与实践证成。

一 人类的文明样态及诸种表达

从理论上讲,"文明"与"历史"似乎有着千丝万缕的联系,人类文明的起源内嵌在人类自身的历史活动之中,因此,人类的"文明形态"可以追溯到"历史的黎明"时期,即我们所说的"历史"就是"文明社会"的人类史。从这个意义上讲,"文明"与"历史"似乎是相伴相生的。然而,"如果我们所说的历史是指地球上的人类各个时期史的话,我们就会发现产生文明的时期远不能与人类的历史相提并论,仅仅是整个人类史的百分之二、人类生存时间的五十分之一"。[①] 由此可见,对人类文明形态的研究和把握,既具有确定性,也具有不确定性,唯有深入人类进入"文明社会"的历史中,才能真正洞察人类历史活动所表征的文明形态。在西方思想史上,对人类文明形态的研究从未间断,涌现了诸多阐释人类文明形态的范式,这些表达范式在一定程度上构成了文明研究的"类型学"和"谱系学",但由于其形而上学的立场,以至于西方学者提出的文明形态或多或少陷入了"历史占卜术"的困境。

其一,基于"神话"的文明及其"虚构性表达"。在西方思想传

---

① [英]阿诺德·汤因比:《历史研究》上卷,郭小凌等译,上海人民出版社2016年版,第45页。

五 中国式现代化的文化形态

统中，文明的原初表达与神话紧密相关，可以说，神话构造了西方文明的原始底基。早在《工作与时日》中，赫西俄德就以教谕诗的形式再现了古希腊人的生活图景和文明样态，这是基于追溯古希腊诸神的世系和部落以及名门望族的始祖而对人类"生产技术的指导和伦理道德的训诫"。[①] 在西方神话传统中，人类最早的文明熔铸在神人共在的共同体中。可以说，西方文化中的最早文明形态和文明话语源自神话、宗教和虚构，在西方历史上，"所谓的文化史全部是宗教史和政治史"。[②] 特别是在关于历史与文明起源的问题上，人们"简单地凑在一起的有关神祇、民族和乡土的传说，便成了各个民族最早的历史唯一来源"。[③] 康德认为，人类社会"总是为普遍的自然律所决定的"，自然律把理性和自由意志赋予人类，人类历史和文明的开端是"可以根据经验来加以推论的"。[④] 康德从描述人类史前社会的神话出发，臆测了人类文明的起源，提出人类从野蛮进入文明的第一步即"人类之脱离这座被理性所描绘成是他那物种的最初居留的天堂，并非什么别的，只不过是从单纯动物的野蛮状态过渡到人道状态"。[⑤] 正如汤因比所言："神话是一种原始的理解与表现形式……在虚构和事实之间没有划出界线。"[⑥] 汤因比认为，西方社会对人类文明的塑

[①] [古希腊]赫西俄德：《工作与时日·神谱》，张竹明、蒋平译，商务印书馆2017年版，"译者序"第4页。
[②] 《马克思恩格斯文集》第8卷，人民出版社2009年版，第33页。
[③] [德]亨利希·库诺：《马克思的历史、社会和国家学说——马克思的社会学的基本要点》，袁志英译，上海译文出版社2018年版，第1页。
[④] [德]康德：《历史理性批判文集》，何兆武译，天津人民出版社2014年版，第57页。
[⑤] [德]康德：《历史理性批判文集》，何兆武译，天津人民出版社2014年版，第66页。
[⑥] [英]阿诺德·汤因比：《历史研究》上卷，郭小凌等译，上海人民出版社2016年版，第47页。

造依托"神话线索",神话构成了文明的底基,而研究人类历史就应该以相关神话为基点,以"文明"为单位,"闭眼不看科学的法则,以便洗耳恭听神话的语言"。① 当然,汤因比也认为,应该把文明定义为社会形态(包括文明、政治和经济),尽管社会形态中经济和政治状况易变,但文明本身具有相对稳定性。文明的相对稳定性并不排斥文明的更替,任何文明都要经历起源、成长、衰落和解体的过程,这一过程意味着文明具有"变异性",即一种文明的消逝可能会生产新的文明。这一过程还意味着文明具有开放性和等值性,不存在文明优越论、文明中心论等。由此,汤因比特别申明,任何文明都没有资格"看不起"其他文明。事实上,汤因比对文明形态的起源追溯开创了以"文化形态史观"研究文明的路径。

其二,基于"精神"的文明及其"绝对化表达"。在西方思想传统中,文明形态与历史本身有着直接的关联,可以说,文明与历史在本源上是共生的。黑格尔认为,历史本身是"精神"的自然史,与此一致,"理念构成历史的本质"。② 黑格尔坚持以纯思想辩证法展现"精神"的自然史和世界史。在黑格尔看来,自然分为"物理的自然"和"人的本性",③ 前者即自然界及其规律,后者即人的欲求、情欲、热情、私利及其必然性。黑格尔认为,历史或文明就是基于"精神"及其必然性在发展中的现实化(自然化),人类历史和文明是由"绝对精神"运动和发展的结果,"精神的本性要求这种文明的

---

① [英]阿诺德·汤因比:《历史研究》上卷,郭小凌等译,上海人民出版社2016年版,第66页。
② [德]黑格尔:《小逻辑》,贺麟译,商务印书馆2017年版,第57页。
③ [德]黑格尔:《哲学史讲演录》第4卷,贺麟、王太庆等译,商务印书馆2017年版,第22页。

五　中国式现代化的文化形态

世界必须由精神自身创造出来"。① 黑格尔把基于人类实在关系的历史或文明绝对精神化，并由此建构了超脱历史实在关系的文明形态。黑格尔反复强调，历史是理念和精神以自然的方式实现其自身的过程，在历史运演的过程中，就会形成哲学、文化或文明。"在文明初启的时代，我们更常会碰见哲学与一般文化生活混杂在一起的情形"②，而当精神发展到某种阶段，就会形成独立的哲学体系和文明形态，"理念的知识在几百年后一般地是酝酿成世界历史和形成人类精神生活的新形态的基本因素"。③ 基于此，黑格尔强调"世界历史是理性各环节光从精神的自由的概念中引出的必然发展，从而也是精神的自我意识和自由的必然发展"。④ 由此，黑格尔把世界历史中的人类文明形态划归为"四种王国"，它们分别对应着东方文明、希腊文明、罗马文明和日耳曼文明。黑格尔认为，人类文明始于"东方"而终结于"日耳曼世界"，人类文明归根到底是"精神"的自然史和现实化。

其三，基于"事实"的文明及其"抽象化表达"。在西方思想传统中，文明形态不仅与神话、历史相关，而且还与历史"事实"相关。如果说神话塑造的文明是"虚构"，那么历史事实塑造的文明则更加"真实"。基于此，有学者倡导以历史中的"事实"为基础阐释

---

① ［德］黑格尔：《哲学史讲演录》第3卷，贺麟、王太庆等译，商务印书馆2017年版，第295页。
② ［德］黑格尔：《哲学史讲演录》第1卷，贺麟、王太庆等译，商务印书馆2017年版，第64页。
③ ［德］黑格尔：《哲学史讲演录》第2卷，贺麟、王太庆等译，商务印书馆2017年版，第214页。
④ ［德］黑格尔：《法哲学原理》，范扬、张企泰译，商务印书馆2017年版，第399页。

文明的具体形式，认为"文明是像任何其他事实一样的事实——一个像任何其他事实一样，可以被研究、被描写、被叙述的事实"。① 基佐依据欧洲的文明史指出人类的文明是一种普遍的、隐蔽的、复杂的事实，它如同历史一般，是可以被描写和叙述的真实状态。在基佐看来，"文明就像海洋，它构成一个民族的财富，该民族的生命的一切要素、支持它的存在的一切力量，都集中并团结在它的内部"。② 历史学家柯林武德也认为，文明和既成的历史事实直接关联，"一定的文明形式只能存在于时间对它已告成熟的时候，而且正因为这些是它存在的条件，它才具有它的价值"。③ "文明"之所以与"历史"直接关联，原因在于人的活动既塑造着历史，也塑造着文明的样式，人创造历史的过程，也就是人发生交往关系和创造文明的过程。例如，斯宾格勒重点研究了世界史中文明演进的基本框架，指出"古代—中古—近代"这一历史界分是一种线性的文明形态，它确认了西方文明在此框架中的中心位置，而其他文明都是围绕西方文明旋转的"行星"，斯宾格勒将此称作"历史的托勒密体系"。在此基础上，斯宾格勒进一步区分了人类文明的"八大形态"，④ 破除了西方中心论的歧见，他将这种划分称作"历史领域的哥白尼发现"，⑤ 亦即"世界

---

① ［法］基佐：《欧洲文明史——自罗马帝国败落起到法国革命》，程洪逵、沅芷译，商务印书馆2005年版，第4页。
② ［法］基佐：《欧洲文明史——自罗马帝国败落起到法国革命》，程洪逵、沅芷译，商务印书馆2005年版，第6页。
③ ［英］柯林武德：《历史的观念》，何兆武、张文杰译，商务印书馆2017年版，第139页。
④ "八大文化形态"即埃及文化、巴比伦文化、印度文化、中国文化、古典文化、阿拉伯文化、西方文化和墨西哥文化。在这八大文化形态中，每一种文化作为一个有机体，皆有其内在结构，即"原始象征"，它们是独立自足的形态，每种文化都有其自身的命运。
⑤ ［德］奥斯瓦尔德·斯宾格勒：《西方的没落》第1卷，吴琼译，上海三联书店2006年版，第16页。

五　中国式现代化的文化形态

历史形态学"。

西方思想史上对文明及其构成类型和形态的研究，在很大程度上脱离了历史唯物主义的"世界视域"和"历史视野"，在文明的叙述和表达方式上陷入了臆想性、绝对化和虚无主义的窠臼，他们并没有从人类社会历史发展的普遍规律和特殊规律的统一中探究人类文明的证成逻辑和生成轨迹，也没有从人类社会形态更替的宏观逻辑中考量人类文明形态的发展规律，更没有从人类制度文明成果中研究人类未来文明形态的发展趋势和前景。因此，无论是黑格尔、斯宾格勒、汤因比，抑或是亨廷顿和福山，他们对人类文明形态的阐释、表达和展望，最终都陷入了形而上学的传统泥沼，无法超脱资产阶级的立场而对人类文明形态的全新视界和未来走向作出科学解答。

与西方思想史上解释文明形态的传统路径不同，马克思从唯物史观理解文明样态，把人类文明形态从"神话""精神"与"事实"拉回到人类社会历史本身，在世界历史的展开逻辑中开创了解释人类文明发展的新范式，开创了基于唯物史观理解人类文明形态的全新坐标。

二　人类文明形态的逻辑证成与历史生成

唯物史观始终坚持"站在现实历史的基础上，不是从观念出发来解释实践，而是从物质实践出发来解释各种观念形态"，[①] 更确切地说，唯物史观坚持"从直接生活的物质生产出发阐述现实的生产过

[①] 《马克思恩格斯文集》第1卷，人民出版社2009年版，第544页。

程，把同这种生产方式相联系的、它所产生的交往形式即各个不同阶段上的市民社会理解为整个历史的基础，从市民社会作为国家的活动描述市民社会，同时从市民社会出发阐明意识的所有各种不同的理论产物和形式，如宗教、哲学、道德等等，而且追溯它们产生的过程"。① 由此来看，要理解人类文明形态的更迭与兴衰、发展与前景，必须依据唯物史观及其内在的历史视域，从历史规律与社会形态的双重维度揭示人类文明形态的"逻辑证成"与"历史生成"。

（一）历史规律视域中人类文明形态的逻辑证成

在西方以往的思想传统中，对"历史"及其规律的认知往往是虚幻的，人们"先入为主"地把"精神""思想"或"理念""上帝"作为历史的动力，从而忽视了历史中"人"的本位意义，以及"人"所创造的文明形态的价值意义。特别是黑格尔曾言："历史的基地是不同于哲学的基地的。在历史里理念是得到实现的；因为上帝统治着世界，理念是自己实现自己的绝对力量。"② 显然，黑格尔在历史的"抽象"中表达了"理念"对于人类社会的决定性功能。与此不同，马克思在历史的"现实"中表达了"生产"与"生活"本身对于人类文明的形塑和功效，通过批判历史唯心论实现了对历史神秘主义的超越，最终在历史实在关系中划定了人类文明的本质与发展趋势。马克思认为，历史并不是杂乱无章地运演的，而是有其内在的规律。在现实与历史的交汇贯通中，"宗教、家庭、国家、法、道德、

---

① 《马克思恩格斯文集》第1卷，人民出版社2009年版，第544页。
② ［德］黑格尔：《哲学史讲演录》第2卷，贺麟、王太庆等译，商务印书馆2017年版，第182页。

五　中国式现代化的文化形态

科学、艺术等等，都不过是生产的一些特殊的方式，并且受生产的普遍规律的支配"。① 在马克思看来，无论是人类社会还是人类文明形态，都受到"普遍规律"的支配，这个"普遍规律"不是"精神""理念"等的外在化，而是蕴含于人类活动的不断展开并实际地支配这种活动的内在规定性的社会活动。马克思极力批判把人的实在关系及其文明创造活动虚无化，主张从人自身出发研究历史规律及其蕴含的文明逻辑。

首先，从前提看，人类历史活动是人的自身活动的开显，历史规律贯通在人类普遍的生产方式之中。研究历史活动及其文明形态的首要前提即回答"谁创造历史"和"谁创造文明"，这两个问题关涉历史创造和文明创造的"主体性问题"。马克思认为，人类社会历史、社会结构和文明形态"不应当带有任何神秘和思辨的色彩"，② 也不应当从外在的"抽象物"中去探寻，更不该在头脑中"臆测"，因为历史和文明并不是"源于精神的精神"，③ 而是源于"直接的物质的生活资料的生产"。④ 在马克思看来，人类社会历史的主体是人，更准确地说，"是从事实际活动的人，而且从他们的现实生活过程中还可以描绘出这一生活过程在意识形态上的反射和反响的发展"。⑤ 人们在创造历史和文明的过程中，并不是随心所欲地创造，而是遵循着特定的历史条件和历史规律。"每一历史时代主要的经济生产方式和交换方式以及必然由此产生的社会结构，是该时代政治的和精神的历

---

① 《马克思恩格斯文集》第1卷，人民出版社2009年版，第186页。
② 《马克思恩格斯文集》第1卷，人民出版社2009年版，第524页。
③ 《马克思恩格斯文集》第1卷，人民出版社2009年版，第544页。
④ 《马克思恩格斯文集》第3卷，人民出版社2009年版，第601页。
⑤ 《马克思恩格斯文集》第1卷，人民出版社2009年版，第525页。

史所赖以确立的基础。"① 显然，人类历史过程和文明进程是受内在的一般规律支配的，这个规律就是"人们首先必须吃、喝、住、穿，然后才能从事政治、科学、艺术、宗教等等；所以，直接的物质的生活资料的生产，从而一个民族或一个时代的一定的经济发展阶段，便构成基础，人们的国家设施、法的观点、艺术以至宗教观念，就是从这个基础上发展起来的，因而，也必须由这个基础来解释，而不是像过去那样做得相反"。②

其次，从过程看，人类历史规律规定着人类文明的创造，人类文明是对人类历史活动的映现和折射。唯物史观在人类物质生产活动中还原了"历史"与"文明"的本质，将之置于人类真实的生产活动中加以考察，指认了人类历史和文明的"物质基础"。恩格斯指出："历史中的决定性因素，归根结底是直接生活的生产和再生产。"③ 在人类直接的现实的物质的生产活动中，即在客观存在的社会关系中，人民创造了历史，也创造了物质文明、政治文明和精神文明等。马克思强调，"物质生活的生产方式制约着整个社会生活、政治生活和精神生活的过程"。④ 人类在客观的物质生产生活中，即在历史的自觉与主动中，不断地创造着文明形态，这构成了历史的文明印记和文化标志。正是在这个意义上，我们可以确证，人类文明就是人类在历史实在关系中创造的物质成果、精神成果和制度成果的"统和"，是人类生产活动、交往方式、精神文化的综合表达和映射。在人类社

---

① 《马克思恩格斯文集》第2卷，人民出版社2009年版，第14页。
② 《马克思恩格斯文集》第3卷，人民出版社2009年版，第601页。
③ 《马克思恩格斯文集》第4卷，人民出版社2009年版，第15页。
④ 《马克思恩格斯文集》第2卷，人民出版社2009年版，第591页。

五　中国式现代化的文化形态

会历史发展的宏观视域和逻辑链条中，文明的形态内嵌在历史的规律之中，文明形态反映了人类社会实践的积极成果，是表征人类社会历史进步的重要标尺。人类文明及其形态的发展变迁，反映了该文明所表征的共同体（国家、民族）和社会的发展水平。

最后，从结果看，历史唯物主义所揭示的历史规律标定了人类文明形态的内在规律及其"逻辑证成"。唯物史观开创了从历史实在关系特别是物质生产视域理解人类文明及其形态的范式，开辟了人类文明形态的逻辑证成的理论范式。马克思认为，"在思辨终止的地方，在现实生活面前，正是描述人们实践活动和实际发展过程的真正的实证科学开始的地方"。[①] 唯物史观以"真正的实证科学"的范式解答了人类文明形态构成的逻辑支点，回答了人类文明产生的前提以及发展的内生动力。在唯物史观视域中，文明的发生史蕴含在经济关系及其发展的过程之中，在解答文明的形态时，应该排除"选择某种'主导'思想或解释这种思想时的主观主义和武断态度"，而应该看到"物质生产力的状况是所有一切思想和各种不同趋向的根源"。[②] 所以，唯物史观建构了以"物质生产"为本质意蕴的生产方式尺度，这个尺度构成了社会历史发展的基本坐标，这个坐标的核心原点即人的历史实在关系，只有"用这种关系才能解释社会生活中的一切现象，人的意向、观念和法律"，[③] 而与人的物质生产关系直接关联的交往关系、制度形式、政治文化等构成了人类文明之大厦的底基。所以，从逻辑上看，人创造历史的过程，也就是人发生交往关系和创造

---

① 《马克思恩格斯文集》第 1 卷，人民出版社 2009 年版，第 526 页。
② 《列宁专题文集·论马克思主义》，人民出版社 2009 年版，第 14—15 页。
③ 《列宁专题文集·论马克思主义》，人民出版社 2009 年版，第 54 页。

文明的过程。文明及其形态构成了人类社会的基本结构之一。无论是人的经济关系及其形成的经济文明，还是人的政治活动及其形成的政治文明，抑或是人的精神活动及其形成的文化制度，无一不与人的生产活动发生关联。

(二) 社会形态视域中人类文明形态的历史生成

历史规律是蕴含在社会历史发展过程中的本质、必然、稳定的联系，社会形态是历史规律支配下社会运动的具体形式、文明形态和制度模式的统一体。社会形态既有技术的社会形态，也有经济的社会形态，更有基于人的发展进程推动的社会形态和意识形态，而在不同的社会形态中，经济的社会形态构成了理解社会发展过程和文明演进逻辑的主轴，在经济的社会形态中，生产力与生产关系的矛盾运动，构成了社会形态演进的根本动力。因此，"只有把社会关系归结于生产关系，把生产关系归结于生产力的水平，才能有可靠的根据把社会形态的发展看作自然历史过程"。[①] 也只有在社会形态研究的总过程中，才能辨明人类文明形态的历史生成、阶段性特征和终极走向。

首先，"技术的社会形态"标注了人类文明形态的阶段性特征。在人类社会历史发展过程中，技术对人类整体的塑造作用极为重要，甚至可以说，创造和使用技术构成了人类社会的文明底色。马克思指出："各种经济时代的区别，不在于生产什么，而在于怎样生产，用什么劳动资料生产。劳动资料不仅是人类劳动力发展的测量器，而且

[①] 《列宁选集》第 1 卷，人民出版社 2012 年版，第 8—9 页。

五　中国式现代化的文化形态

是劳动借以进行的社会关系的指示器。"① 这充分说明，与人类技术创造紧密相关的劳动资料特别是生产工具的发明和使用构成了人类文明的内在特质。人类发明和使用不同的生产工具，往往标注了人类社会不同的"技术形态"，进而标注了人类文明形态不同的特征。技术的社会形态展现了人类因生产工具的变革而对文明形态的塑造。在唯物史观所表达的技术社会形态中，人类文明形态的变革大致可以划分为采猎文明、农耕文明、工业文明和信息文明。在这些不同的文明阶段中亦可作出更细的划分，比如石器时代、青铜时代、铁器时代、蒸汽时代、电气时代、信息时代、智能时代等。这些文明形态是对基于技术变革所表征的文明形式的不同表达，反映了文明形态的技术特征和阶段性特质。

其次，"经济的社会形态"揭示了人类文明形态的历史生成逻辑。如果说技术的社会形态是对技术文明的表达，那么经济的社会形态则是对制度文明的表达，是对基于物质生产及其形成的经济结构的反映。在唯物史观论域中，经济的社会形态是文明演进的底基，而技术的社会形态则是文明底基之上的图绘，二者在时间序列上具有一致性。但是，人类文明形态的形成和划分归根到底受制于经济的社会形态的影响。马克思指出："我的观点是把经济的社会形态的发展理解为一种自然史的过程。"② 马克思强调"经济的社会形态"规约了人类文明演进的"大致图景"和"宏观逻辑"，是社会历史和文明形态演进的最基本的标尺。在马克思看来，"社会生产过程既是人类生活

---

① 《马克思恩格斯文集》第5卷，人民出版社2009年版，第210页。
② 《马克思恩格斯文集》第5卷，人民出版社2009年版，第10页。

的物质生存条件的生产过程,又是一个在特殊的、历史的和经济的生产关系中进行的过程,是生产和再生产着这些生产关系本身,因而生产和再生产着这个过程的承担者、他们的物质生存条件和他们的互相关系即他们的一定的经济的社会形式的过程。因为,这种生产的承担者同自然的关系以及他们互相之间的关系,他们借以进行生产的各种关系的总体,就是从社会经济结构方面来看的社会"。[①] 所以,"社会经济结构"和"经济社会形态"是理解文明形态的钥匙。在"社会经济结构"和"经济社会形态"的总体架构中,人类文明形态按照社会形态的基本逻辑发展,即按照原始社会、奴隶社会、封建社会、资本主义社会和共产主义社会的经济形态演变展现出古代社会文明、现代资本主义文明和社会主义文明的宏观逻辑。其中,现代资本主义文明相较于古代社会文明,是一种新型的文明形态,而社会主义文明和共产主义文明则是立足当下指向未来的最具有生机活力的文明新形态。

最后,"人的发展形态"表达了人类文明形态的价值意义和终极走向。唯物史观是"关于现实的人及其历史发展的科学",[②] 人类社会历史发展的根本归宿是人的发展和人的解放,人类文明的终极价值亦即人的价值本位的真正彰显和人的发展的全面实现。马克思揭示了唯物史观视域中人的发展的三大阶段,即"人的依赖关系(起初完全是自然发生的),是最初的社会形式,在这种形式下,人的生产能力只是在狭小的范围内和孤立的地点上发展着。以物的依赖性为基础

---

① 《马克思恩格斯文集》第7卷,人民出版社2009年版,第927页。
② 《马克思恩格斯文集》第4卷,人民出版社2009年版,第295页。

的人的独立性,是第二大形式,在这种形式下,才形成普遍的社会物质变换、全面的关系、多方面的需要以及全面的能力的体系。建立在个人全面发展和他们共同的、社会的生产能力成为从属于他们的社会财富这一基础上的自由个性,是第三个阶段。第二个阶段为第三个阶段创造条件"。① 人的发展的三大形式体现了人类文明形态的历史辩证法,即人类文明从"原初的肯定形式"向"资本主义的分裂形式"再向"共产主义的肯定形式"的发展过程。在人的发展的历史逻辑中,人类文明形态展现出不同的位阶与层级。马克思认为,资本主义文明代表以物的依赖为主导形式的文明,这种文明形态是一种"分裂型的文明",即"这个制度使文明社会越来越分裂"。② 相反,马克思在历史宏观图谱中展望了共产主义文明的光明前景,认为这种文明是人的价值本位的复归,是人类文明自身的胜利。共产主义文明"是人和自然界之间、人和人之间的矛盾的真正解决,是存在和本质、对象化和自我确证、自由和必然、个体和类之间的斗争的真正解决"。③ 所以,从人的发展形态看,共产主义文明是基于人的价值本位的文明,是超越资本主义以物的依赖性为基础的文明形态的全新文明。

(三) 资本逻辑与资本主义文明的基本缺陷

在人类社会形态跃升的逻辑中,资本主义文明是基于经济的社会形态变革所产生的"现代文明"。在世界历史和文明形态的坐标总轴

---

① 《马克思恩格斯文集》第8卷,人民出版社2009年版,第52页。
② 《马克思恩格斯文集》第1卷,人民出版社2009年版,第368页。
③ 《马克思恩格斯文集》第1卷,人民出版社2009年版,第185页。

中，资本主义文明是相较于古代文明的"新文明"，它对人类社会历史产生了前所未有的文明效应。马克思在《资本论》等著作中通过对资本主义工业化的批判性分析，指出了资本主义文明的"文明面"，强调以"现代社会"为界标所形成的西方工业化、民主化、法治化等现代文明形式开创了人类文明新形态，特别是在资本扩张和全球化的进程中，资产阶级"把文明带到世界的各个角落"。① 在此意义上，马克思强调，伴随着西方现代文明的产生，相应地产生了"文明世界""文明国家""文明欧洲""文明民族""文明城市"等。当然，马克思并非全面褒扬西方现代文明的"果实"，而是在唯物史观视域中对其进行了批判性分析。

一方面，资本主义文明并不是"终结性文明"，而是分裂型文明。马克思认为，资本主义文明使人类社会从"传统文明"进入了"现代文明"。但是，资本主义文明并不是人类历史中最高形态的文明，而是内蕴着冲突、对抗和矛盾的分裂型文明。就像"建立在劳动奴役制上的罪恶的文明"② 一样，资本主义文明也是依靠征服、对抗、掠夺和奴役得以登场的，这种文明内蕴着"极端伪善"，具有"野蛮本性"，③ 它在扩张的过程中"使每个文明国家以及这些国家中的每一个人的需要的满足都依赖于整个世界，因为它消灭了各国以往自然形成的闭关自守的状态"。④ 最为重要的是，"资本的文明的胜利恰恰在于，资本发现并促使人的劳动代替死的物而成为财富的源

---

① 《马克思恩格斯文集》第1卷，人民出版社2009年版，第62页。
② 《马克思恩格斯文集》第3卷，人民出版社2009年版，第175页。
③ 《马克思恩格斯文集》第2卷，人民出版社2009年版，第690页。
④ 《马克思恩格斯文集》第1卷，人民出版社2009年版，第566页。

五 中国式现代化的文化形态

泉"。① 资本在创造文明的过程中也在消灭着旧文明,这种文明因其内在扩张性而造成了"生产过剩和大众的贫困",② 造成了"大多数人的贫穷和少数人的富有",③ 使"历史今后只是对抗、危机、冲突和灾难的历史"。④ 在资本主导的世界,"工人创造的对象越文明,工人自己越野蛮",⑤ "工人们已经处于旧文明的最后阶段"。⑥ 纵观资本主义文明的影响,尽管它创造了世界历史,开拓了世界市场,形成了现代城市,然而这种文明以资本的增殖为最高价值逻辑,最终使资本主义社会陷入周期性的危机之中。恩格斯指出,以资本主义为代表的"文明时代是在'恶性循环'中运动,是在它不断地重新制造出来而又无法克服的矛盾中运动,因此,它所达到的结果总是同它希望达到或者佯言希望达到的相反"。⑦ 所以,从根本上看,资本主义文明并不是人类文明的蓝本,也不是人类文明的最高形态,而是人类文明形态中的特殊形式,是走向未来文明的"过渡性文明"。

另一方面,资本主义文明终将被全新的社会主义文明所替代。由于人类生产方式的不断更新和发展,人类文明也在变革中发展,在发展中变革。在马克思、恩格斯看来,资本主义文明由于自身的"基本缺陷"而必然被新的更高的文明形态所替代,这个新的更高的文明形态就是生成中的社会主义文明。在唯物史观开创的文明形态中,人

---

① 《马克思恩格斯文集》第 1 卷,人民出版社 2009 年版,第 176 页。
② 《马克思恩格斯文集》第 4 卷,人民出版社 2009 年版,第 305—306 页。
③ 《马克思恩格斯文集》第 5 卷,人民出版社 2009 年版,第 821 页。
④ 《马克思恩格斯全集》第 25 卷,人民出版社 2001 年版,第 471 页。
⑤ 《马克思恩格斯文集》第 1 卷,人民出版社 2009 年版,第 158 页。
⑥ 《马克思恩格斯文集》第 10 卷,人民出版社 2009 年版,第 19 页。
⑦ 《马克思恩格斯文集》第 3 卷,人民出版社 2009 年版,第 532 页。

类文明的终极走向是共产主义文明,而在通达共产主义文明的过程中,社会主义文明将是对资本主义文明基本缺陷的超越,是对资本主义文明形态中"文明冲突"的解答,这种新文明致力于使"一切人,或至少是一个国家的一切公民,或一个社会的一切成员,都应当有平等的政治地位和社会地位"。[①] 这种新文明摒弃了资本至上的逻辑,坚持人民至上的价值,为开创一种全新的文明形态铺垫了道路。

三 人类文明新形态的实践展开及其理论意蕴

在唯物史观论域中,人类社会形态的更替内嵌了人类文明的更替,人类社会形态从低级到高级的发展过程也内蕴着人类文明从低到高、从旧到新的发展逻辑。在人类文明形态发展的进程中,资本主义文明已经是"既成"的文明,不再是文明形态中的"新形态",而是一种过渡性的分裂型文明。与此不同,社会主义文明形态是"生成"中的新文明,它正在世界历史的场域中展开,也正在社会形态的逻辑链条中延伸,因而是指向将来且具有包容性的超越型文明。所以,在人类社会历史图景中,人类文明新形态特指植根社会主义土壤且指向未来的文明形态,是超越资本主义的文明形态。

(一) 人类文明新形态的实践展开

在社会形态展开的逻辑中,人类文明新形态之"新"即在于对资本主义文明的超越,它在时间次序上是"新近"于现时代的文明,

[①] 《马克思恩格斯文集》第 9 卷,人民出版社 2009 年版,第 109 页。

五　中国式现代化的文化形态

在理论形态上强调科学社会主义在当代世界的胜利，在未来指向上强调社会主义文明的不断生成。在唯物史观视域中，人类文明新形态是社会主义文明形态的直接体现。

人类文明新形态是社会主义文明的实践展开。作为一种"既成"的文明，资本主义文明必将被新的文明形态所替代。马克思认为，共产主义第一阶段（社会主义）是人类战胜资本主义后必经的道路选择和文明选择，也是人类文明新形态的初级展开。马克思在《哥达纲领批判》中指出："在资本主义社会和共产主义社会之间，有一个从前者变为后者的革命转变时期。"[①] 这个"转变时期"在人类文明形态上就是从资本主义文明过渡到共产主义文明的时期，即通常意义上的"过渡时期"。在马克思、恩格斯看来，共产主义社会不可能一蹴而就，人类文明在向共产主义高阶文明跃升的过程中要经历"必然的过渡阶段"，[②] 这个过渡阶段就是社会主义文明的实践展开，就是人类文明新形态的第一次公开出场。

所以，在唯物史观论域中，人类文明新形态在实践上生成于"过渡时期"，即生成于社会主义初级阶段。恩格斯指出，"过渡阶段"是实现"新的社会制度"的必经阶段，是"一个短暂的、有些艰苦的、但无论如何在道义上很有益的过渡时期"。[③] 在马克思主义经典作家看来，社会主义文明是扬弃资本逻辑宰制的文明，是以生产资料公有制为所有制形式的文明，这种文明最大的优势即对社会分化的弥合和对人的主体性的彰显。恩格斯指出："社会主义是专门反对剥削

[①] 《马克思恩格斯文集》第3卷，人民出版社2009年版，第445页。
[②] 《马克思恩格斯文集》第2卷，人民出版社2009年版，第166页。
[③] 《马克思恩格斯文集》第1卷，人民出版社2009年版，第709页。

雇佣劳动的。"① 这种文明蕴含着比资本主义文明更高的文明形式和价值追求,是人类走出文明的对抗和冲突、实现文明的包容和和解的必由之路。

(二) 人类文明新形态的理论意蕴

在唯物史观视域中,人类文明新形态之"新"即新在这种文明的批判性、超越性、前瞻性和生成性,新在这种文明形态开创了人类文明发展的新动向、人的解放的新途径和人类发展的新前景。

首先,在自然维度上,人类文明新形态新在开创了人与自然和解的新道路。资本主义文明由于疯狂圈占自然资源而造成了现代文明的悖论。在资本逻辑的驱动下,"世界上没有一样东西不是为了金钱而存在的",② 资本扩张的目的之一即"使自然界(不管是作为消费品,还是作为生产资料)服从于人的需要",③"征服整个地球作为它的市场"。④ 可以说,资本主义文明引发了人与自然的深度矛盾,造成了现代性的悖论与系统性生态危机。与资本主义文明劫掠自然资源和霸占自然财富不同,以社会主义文明为主要标识的人类文明新形态把生态文明作为价值追求,不断弥合人与自然的矛盾,最终将实现人与自然的和解。马克思、恩格斯认为,未来的共产主义文明将摒弃资本的宰制逻辑,实现人的价值逻辑,在社会生产中,"社会化的人,联合起来的生产者,将合理地调节他们和自然之间的物质变换,把它置于

---

① 《马克思恩格斯文集》第4卷,人民出版社2009年版,第518页。
② 《马克思恩格斯文集》第1卷,人民出版社2009年版,第476页。
③ 《马克思恩格斯文集》第8卷,人民出版社2009年版,第91页。
④ 《马克思恩格斯文集》第8卷,人民出版社2009年版,第169页。

五 中国式现代化的文化形态

他们的共同控制之下,而不让它作为一种盲目的力量来统治自己;靠消耗最小的力量,在最无愧于和最适合于他们的人类本性的条件下来进行这种物质变换"。[①] 在自然与生态维度上,人类文明新形态之新恰好体现在对自然与人的关系的重置上,强调人与自然的生命共同体属性。在共产主义文明中,"人们第一次成为自然界的自觉的和真正的主人",[②] 人与自然实现了彻底的复归。在当代中国,我们坚持"中国式现代化是人与自然和谐共生的现代化",强调"人与自然是生命共同体","坚定不移走生产发展、生活富裕、生态良好的文明发展道路",[③] 在社会主义文明指引下,开创了人与自然实现和解的新道路。

其次,在社会维度上,人类文明新形态新在开创了人类社会发展的新模式。人类社会发展存在着不同的模式和不同的道路,既有扩张性、侵略性的道路,也有独立自主、自力更生的道路;既有依靠资本逻辑(物的逻辑)来实现价值增殖的模式,也有依靠劳动逻辑(人的逻辑)来实现社会进步的模式;既有借助外援、依附他者的"趋同发展模式",也有锻造领导核心、激发内生动力的"独立发展模式"。总之,不同的文明形态会有不同的社会发展模式。相比较而言,资本主义文明开创了一条以生产资料私人占有为轴心的发展模式,其中,"资产阶级是现代化的主导力量";[④] 而社会主义文明则开

[①] 《马克思恩格斯文集》第7卷,人民出版社2009年版,第928—929页。
[②] 《马克思恩格斯文集》第3卷,人民出版社2009年版,第564页。
[③] 习近平:《高举中国特色社会主义伟大旗帜 为全面建设社会主义现代化国家而团结奋斗——在中国共产党第二十次全国代表大会上的报告》,人民出版社2022年版,第23页。
[④] [美]塞缪尔·亨廷顿等:《现代化:理论与历史经验的再探讨》,罗荣渠译,上海译文出版社1993年版,第40页。

创了一种以生产资料公有制为轴心、资本家不再作为主导力量的发展模式。在唯物史观视域中,人类文明新形态新就新在社会发展模式的"重置",即把人作为发展的主体。马克思指出:"只有当社会生活过程即物质生产过程的形态,作为自由联合的人的产物,处于人的有意识有计划的控制之下的时候,它才会把自己的神秘的纱幕揭掉。"① 这充分说明,人类文明新形态就是以人为本的文明形态,就是把人作为生产的主体的文明形态。在当代中国,我们坚持人民至上的发展逻辑,坚持"现代化的本质是人的现代化",② 坚持"促进物的全面丰富和人的全面发展",③ 在社会发展模式上重新调适了资本与人的关系,摆正了人的主体位置,创造了既驾驭资本又促进人的发展的新模式,这种模式就是社会主义文明在当代中国的具体体现,就是人类文明新形态在社会发展层面的实践生成。

再次,在世界维度上,人类文明新形态新在开创了世界和平共荣的新价值理念。西方学者指出,"马克思主义的出现粉碎了资本主义文明独霸世界的魔咒,从思想上探寻并揭示摆脱社会现实痼疾的途径"。④ 在人类思想进程中,唯物史观开创了人类社会历史发展的全新前景,把"社会化的人类""自由人的联合体"作为世界历史发展的终极价值,强调超越资本主义文明的虚幻的共同体,最终建立真正的共同体,实现世界大同。人类文明新形态新就新在它打破了资本主

---

① 《马克思恩格斯文集》第 5 卷,人民出版社 2009 年版,第 97 页。
② 《习近平关于社会主义经济建设论述摘编》,中央文献出版社 2017 年版,第 164 页。
③ 习近平:《高举中国特色社会主义伟大旗帜 为全面建设社会主义现代化国家而团结奋斗——在中国共产党第二十次全国代表大会上的报告》,人民出版社 2022 年版,第 23 页。
④ [英]特里·伊格尔顿:《马克思为什么是对的》,李杨等译,重庆出版社 2017 年版,"序"第 5 页。

五　中国式现代化的文化形态

义文明一统天下的局面，破除了资本主义引发的文明冲突与对抗、世界分化与鸿沟，弘扬世界和平、发展、公平、正义、民主、自由的全人类共同价值，坚持胸怀天下，坚守天下为公。马克思曾经指出："同那个经济贫困和政治昏聩的旧社会相对立，正在诞生一个新社会，而这个新社会的国际原则将是和平。"① 在唯物史观视域中，建基于社会主义的未来文明是超越世界两极分化、文明冲突对抗的崭新文明，这种文明新形态把世界和平发展、文明交流互鉴作为目标，在实践中为构建人类命运与共的真正的共同体而奋斗。在当代中国，中国共产党坚持胸怀天下的世界观，为人类文明和平发展谱写了全新的篇章。习近平总书记指出："中国共产党是为中国人民谋幸福、为中华民族谋复兴的党，也是为人类谋进步、为世界谋大同的党。"② 中国共产党的这一初心使命正是人类文明新形态在无产阶级政党文化中的表达。中国共产党致力于把社会主义文明置于中国现实，在领导中国社会发展进步中深刻洞察人类社会发展的潮流，倡导构建人类命运共同体，积极回应各国人民普遍关切，吸收人类一切优秀文明成果，以追求真理和弘扬人类道义的姿态为解决世界面临的共同问题作出了举世瞩目的贡献，创造了人类文明新形态。

最后，在人的发展维度上，人类文明新形态新在开创了人的解放的新意涵。在人类文明发展进程中，人本应是价值本题，而资本与物本应是价值副题，但在资本主义文明中，资本成了主题，人则成了副题。资本主义文明在人的发展维度上使"人的社会关系转化为物的

---

① 《马克思恩格斯文集》第 3 卷，人民出版社 2009 年版，第 117 页。
② 习近平：《高举中国特色社会主义伟大旗帜　为全面建设社会主义现代化国家而团结奋斗——在中国共产党第二十次全国代表大会上的报告》，人民出版社 2022 年版，第 21 页。

社会关系；人的能力转化为物的能力"，① 使人深受资本的控制。从理论上看，人是历史的主体，同样也是文明创造的主体，人类文明发展的目的是"为人的"，即促使人类整体向更高位阶发展。习近平总书记指出："人，本质上就是文化的人，而不是'物化'的人；是能动的、全面的人，而不是僵化的、'单向度'的人。"② 然而，资本主义文明使人陷入了物役逻辑的控制之中，使"动物的东西成为人的东西，而人的东西成为动物的东西"。③ 资本主义文明对人的价值的反噬和消解集中表现为人的物化和贬值、贫穷与撕裂。马克思在唯物史观视域中开创了人类文明新形态的理论范式，即这种文明相较于资本主义文明的本质差别是致力于促进人的解放和人的全面发展。特别是在共产主义文明形态中，人类将获得真正的自由，"从动物的生存条件进入真正人的生存条件"。④ 在当代中国，中国共产党人致力于中国特色社会主义伟大事业，把社会主义文明置于中国现实，致力于促进社会进步和人的全面发展，在坚持和发展中国特色社会主义的历史进程中创造了人类文明新形态。

四　人类文明新形态及其世界历史意义

在唯物史观论域中，人类文明新形态内嵌在人类社会形态之中，生成于人类的经济形态、技术形态和人的发展形式之中。在世界历史

---

① 《马克思恩格斯文集》第 8 卷，人民出版社 2009 年版，第 51 页。
② 习近平：《之江新语》，浙江人民出版社 2007 年版，第 150 页。
③ 《马克思恩格斯文集》第 1 卷，人民出版社 2009 年版，第 160 页。
④ 《马克思恩格斯文集》第 3 卷，人民出版社 2009 年版，第 564 页。

五　中国式现代化的文化形态

图景中，人类文明新形态是超越资本主义文明的社会主义文明。在当代中国的发展道路和未来图景中，人类文明新形态是中国共产党开创的中国式现代化的话语表达，是中国特色社会主义文明形态的理论表达。

（一）人类文明新形态的中国表达

习近平总书记指出："不同历史和国情，不同民族和习俗，孕育了不同文明，使世界更加丰富多彩。"① 在唯物史观视域中，人类文明新形态具有普遍性和特殊性、既成性与生成性、世界性与中国性。从普遍性来看，人类文明新形态是对超越资本主义的社会主义和共产主义的文明阐发，它具有生成性和世界性；从特殊性来看，人类文明新形态是对中国特色社会主义文明和中国式现代化的理论表达，它具有既成性和中国性。只有从普遍与特殊、既成与生成、世界与中国的统一中，才能深入理解其理论意蕴。

首先，从宏观历史逻辑看，人类文明新形态是超越资本主义文明的社会主义文明。人类文明新形态之新，首先在于它所处的社会形态之新、历史方位之新。如果说，资本主义文明是既成的旧文明，那么，超越于资本主义的未来文明就是生成中的新文明，即社会主义文明。在当代世界场域中，尽管资本主义文明仍然是主导性的文明，但以中国为代表的社会主义文明已经在实践中得以确立、生成和发展，这意味着人类历史中一种全新的文明形态的现实生成。从中国近现代社会历史变迁的历史进程和逻辑看，中国共产党以马克思主义的世界

---

① 《习近平谈治国理政》第二卷，外文出版社2017年版，第544页。

眼光审视人类的文明成果，把科学社会主义置于中国现实，开创了社会主义在中国的全新版本，书写了社会主义的"中国篇章"。中国共产党领导人民创造的中国特色社会主义道路、理论、制度、文化本身就是一种全新的文明形态。从世界文明的比较来看，人类文明新形态不同于中华传统文明，也不同于西方资本主义文明，而是一种社会主义性质的"中华民族现代文明"。正如李大钊在比较人类文明的三种形态时指出："第一文明偏于灵；第二文明偏于肉；吾宁欢迎'第三'之文明。盖'第三'之文明，乃灵肉一致之文明，理想之文明，向上之文明也。"[①] 人类文明新形态之新就是世界历史境遇中以社会主义为文明蓝本和实践底本的社会新形态和新模式，是代表人类未来发展方向和趋势的崭新文明。

其次，从社会主义在中国的生成逻辑看，人类文明新形态是中国特色社会主义文明的独特表达。人类文明新形态不仅具有普遍的世界意蕴，更具有独特的中国语境，是对中华文化和中国精神的提炼和升华，是对科学社会主义在当代中国结出的社会主义文明之果的现实表达。中国近代以来的历史已经证明，西方资本主义文明的老路非但适应不了中华文明的土壤，反而给近代中国带来了深重的灾难。五四运动以后，"西方资产阶级的文明，资产阶级的民主主义，资产阶级共和国的方案，在中国人民的心目中，一齐破了产"。[②] 从此以后，在中国共产党的领导下，我们把社会主义文明置于中国土壤，在中国大地上逐渐生成了具有鲜明中国特色的社会主义道路，形成中国特色社

[①] 《李大钊全集》第 1 卷，人民出版社 2006 年版，第 173 页。
[②] 《毛泽东选集》第 4 卷，人民出版社 1991 年版，第 1471 页。

五 中国式现代化的文化形态

会主义文明。可以说，人类文明新形态就是对中国特色社会主义文明的独特表达。习近平总书记指出："当代中国的伟大社会变革，不是简单延续我国历史文化的母版，不是简单套用马克思主义经典作家设想的模板，不是其他国家社会主义实践的再版，也不是国外现代化发展的翻版。"① 人类文明新形态，新就新在它对人类现代文明的吸收、转化、提升和发展，新就新在它以"文明互鉴"超越"文明冲突"，以"文明共存"超越"文明优越"，在中国特色社会主义的发展逻辑中打造了社会主义的文明样板，铺就了社会主义的文明路基。从更具体的视角看，人类文明新形态新就新在它在马克思、恩格斯开创的社会主义文明理想图景中加入了中国特色，把社会主义的物质文明、政治文明、精神文明、社会文明和生态文明"并联"起来，形成了"五大文明"协同推进的发展道路。习近平总书记指出："我们坚持和发展中国特色社会主义，推动物质文明、政治文明、精神文明、社会文明、生态文明协调发展，创造了中国式现代化新道路，创造了人类文明新形态。"②

再次，从现代化在中国生成的逻辑看，人类文明新形态是中国式现代化的独特表达。在唯物史观视域中，现代化的道路选择没有固定模式，而是具有多样性特征。总体来看，"现代化本身不像任何其他事物，它既有采用资本主义路线的现代化，也有采用社会主义路线的现代化"③。中国式现代化并不属于资本驱动的现代化，而是建基于

---

① 《习近平谈治国理政》第三卷，外文出版社2020年版，第76页。
② 《习近平谈治国理政》第四卷，外文出版社2022年版，第10页。
③ ［美］塞缪尔·亨廷顿等：《现代化：理论与历史经验的再探讨》，罗荣渠译，上海译文出版社1993年版，第40页。

社会主义文明的"非资本主义现代化",即它所表征的是"未来非资本主义社会"。① 从现代化在中国生成的逻辑看,人类文明新形态是对中国式现代化的独特表达。早在新民主主义革命时期,毛泽东就对中国的现代化未来作出了文明描绘,他指出:"中国是世界文明发达最早的国家之一",②"中国工人阶级的任务,不但是为着建立新民主主义的国家而斗争,而且是为着中国的工业化和农业近代化而斗争"。③ 中华人民共和国成立后,我们党把科学社会主义置于社会主义现代化建设的具体实践中,进而提出了"四个现代化"的战略目标。习近平总书记强调:"现代化道路并没有固定模式,适合自己的才是最好的,不能削足适履。"④ 与西方现代化不同,中国共产党领导中国人民成功开创了中国式现代化,这种中国式现代化是具有中国特色、符合中国实际的现代化,"是人口规模巨大的现代化,是全体人民共同富裕的现代化,是物质文明和精神文明相协调的现代化,是人与自然和谐共生的现代化,是走和平发展道路的现代化"。⑤ 这种现代化蕴含的文明逻辑是凝聚民智、共建共享、协同推进、和谐共生、天下大同,体现了以人为本、集体主义和国际主义等马克思主义彻底的文明精神。人类文明新形态就是中国式现代化道路在价值形态和文化层面的独特表达。所以,习近平总书记指出,中国式现代化,

---

① 《马克思恩格斯文集》第10卷,人民出版社2009年版,第548页。
② 《毛泽东选集》第2卷,人民出版社1991年版,第623页。
③ 《毛泽东选集》第3卷,人民出版社1991年版,第1081页。
④ 习近平:《加强政党合作 共谋人民幸福——在中国共产党与世界政党领导人峰会上的主旨讲话》,人民出版社2021年版,第8页。
⑤ 习近平:《论把握新发展阶段、贯彻新发展理念、构建新发展格局》,中央文献出版社2021年版,第474页。

五　中国式现代化的文化形态

深深植根于中华优秀传统文化，体现科学社会主义的先进本质，借鉴吸收一切人类优秀文明成果，代表人类文明进步的发展方向，展现了不同于西方现代化模式的新图景，是一种全新的人类文明形态。

最后，从文明创造的主体看，人类文明新形态是中国共产党百年奋斗重大成就和历史经验的表达。任何一种文明都有自己的创造主体。人类文明新形态的创造主体是中国共产党和中国人民。"一百年来，党既为中国人民谋幸福、为中华民族谋复兴，也为人类谋进步、为世界谋大同，以自强不息的奋斗深刻改变了世界发展的趋势和格局。党领导人民成功走出中国式现代化道路，创造了人类文明新形态，拓展了发展中国家走向现代化的途径，给世界上那些既希望加快发展又希望保持自身独立性的国家和民族提供了全新选择。"[①] 所以说，人类文明新形态的现实依据是中国共产党百年奋斗所取得的重大成就和积累的历史经验。这些成就和经验确证了社会主义文明的胜利，表达了无产阶级政党的理论智慧，充分彰显了中国共产党既为中国人民谋幸福、为中华民族谋复兴，也为人类谋进步、为世界谋大同的初心使命。所以，人类文明新形态并非仅指中国的文明形态，也是无产阶级政党为世界文明发展书写的新篇章、贡献的新智慧。在此意义上，人类文明新形态既是"中国"的，更是"人类"的。

（二）人类文明新形态的世界历史意义

首先，人类文明新形态为全人类提供了共同前行的价值"公约

[①] 《中共中央关于党的百年奋斗重大成就和历史经验的决议》，人民出版社2021年版，第64页。

数"。在世界历史发展的进程中，人类需要共同的价值观念作为前行的指引，也需要构筑共同的精神家园作为前行的纽带。习近平总书记指出："人类只有肤色语言之别，文明只有姹紫嫣红之别，但绝无高低优劣之分。"① 纵观世界文明的复合结构和多种样态，东方文明和西方文明构成了两种相互映照的文明形态，这两种文明形态代表"历史上相对待的而现今时代之初又相补助的两种文化：东方与西方"。② 如果说西方文明以资本为内在驱力，那么以中国式现代化为典型特征的社会主义文明则是以人的现代化为内生动力，后者构成了人类文明新形态的中国样态。与西方文明不同，人类文明新形态以中国特色社会主义文明为底本，也内含着人类文明的普遍特征和共同观念，特别是人类文明新形态蕴含着基于作为"类"的人的共同价值追求，蕴含着全人类共同价值，为人类走向大同世界提供了全球性的"最大公约数"。习近平总书记指出："要坚持弘扬平等、互鉴、对话、包容的文明观，以宽广胸怀理解不同文明对价值内涵的认识，尊重不同国家人民对自身发展道路的探索，以文明交流超越文明隔阂，以文明互鉴超越文明冲突，以文明共存超越文明优越，弘扬中华文明蕴含的全人类共同价值，推动构建人类命运共同体。"③ 在世界历史视域中，人类文明新形态蕴含的和平、发展、公平、正义、民主、自由的全人类共同价值，对于实现人的全面发展、推动人类进步事业具有指引意义。

---

① 《十九大以来重要文献选编》中，中央文献出版社 2021 年版，第 81 页。
② 《瞿秋白文集（文学编）》第 1 卷，人民文学出版社 1985 年版，第 213 页。
③ 《把中国文明历史研究引向深入 推动增强历史自觉坚定文化自信》，《人民日报》2022 年 5 月 29 日。

五　中国式现代化的文化形态

其次，人类文明新形态为全人类提供了共同前行的道路"新范本"。人类走向未来的道路具有多样性，既有资本主义道路，也有社会主义道路，但这两种道路具有迥异的特征。西方资本主义道路从起源上"是用最残酷无情的野蛮手段，在最下流、最龌龊、最卑鄙和最可恶的贪欲的驱使下完成的"。[1] 这种道路是"用血和火的文字载入人类编年史的"。[2] 面向未来，西方资本主义道路依然具有扩张性，甚至在数字时代又呈现出了帝国主义的特征。与此不同，以社会主义道路为根基的人类文明新形态秉持"与西欧其他一切国家不同的方法来创造发展文明的根本前提"，[3] 致力于实现大同世界。中国式现代化作为人类文明新形态，它所秉持的是独立自主、和平发展的道路。习近平总书记指出："中国式现代化不走殖民掠夺的老路，不走国强必霸的歪路，走的是和平发展的人间正道。"[4] 人类文明新形态作为中国式现代化的文明表达，创造了人类走向未来的新模式，这种模式超越了资本主义文明，在实践中致力于推动文明交流互鉴，促进人类文明进步。"中国实现现代化是世界和平力量的增长，是国际正义力量的壮大，无论发展到什么程度，中国永远不称霸、永远不搞扩张。"[5] 可以说，人类要想实现马克思所设想的"自由人联合体"，必然绕不开文明交流互鉴，必然绕不开中国式现代化所创造的人类文明

---

[1]《马克思恩格斯文集》第5卷，人民出版社2009年版，第873页。
[2]《马克思恩格斯文集》第5卷，人民出版社2009年版，第822页。
[3]《列宁选集》第4卷，人民出版社2012年版，第777页。
[4] 习近平：《携手同行现代化之路——在中国共产党与世界政党高层对话会上的主旨讲话》，人民出版社2023年版，第6页。
[5] 习近平：《携手同行现代化之路——在中国共产党与世界政党高层对话会上的主旨讲话》，人民出版社2023年版，第7页。

新形态。人类文明新形态在世界历史场域中为人类开创了一条走向未来的和平发展之路、共同进步之路。中国特色社会主义进入了新时代，"科学社会主义在二十一世纪的中国焕发出新的蓬勃生机，中国式现代化为人类实现现代化提供了新的选择，中国共产党和中国人民为解决人类面临的共同问题提供更多更好的中国智慧、中国方案、中国力量，为人类和平与发展崇高事业作出新的更大的贡献！"[①] 作为人类文明新形态的中国表达，中国特色社会主义创造了人类文明的光明前景，为人类对更好社会制度的探索提供了中国范本。

（原载《中国社会科学》2023 年第 10 期）

[①] 习近平：《高举中国特色社会主义伟大旗帜 为全面建设社会主义现代化国家而团结奋斗——在中国共产党第二十次全国代表大会上的报告》，人民出版社 2022 年版，第 16 页。

中国式现代化的社会形态分析

徐伟新[*]

现代化是人类摆脱野蛮而达到文明进步状态的必由之路，中国式现代化是中华民族追求进步、跨越农耕文明而建构一种新型文明形态的历史性转变。这一转变是发生在生产方式、制度体系、价值观念、文化心理等社会层面全面的、深层次的、整体性的变革。也就是说，中国式现代化具有特殊规定性的政治社会形态、技术社会形态、经济社会形态和文化社会形态。作为与生产力在一定发展阶段相适应的经济基础和上层建筑的统一体的社会形态，是社会技术结构、经济结构、政治结构、文化结构等诸多方面的统一体，包括技术形态、经济形态、政治形态、文化形态等。其中技术形态主要表征社会生产力发展状况；经济形态主要表征社会的经济基础；政治形态主要表征社会的政治上层建筑；文化形态主要表征社会的思想上层建筑。这四大社会形态制约和影响着中国式现代化的样貌及未来走向，是中国式现代

---

[*] 作者简介：徐伟新，中共中央党校原副校长、教授、博士研究生导师，浙江红船干部学院特聘专家。

化的实践载体。习近平总书记指出,"中国式现代化是人口规模巨大的现代化、是全体人民共同富裕的现代化、是物质文明和精神文明相协调的现代化、是人与自然和谐共生的现代化、是走和平发展道路的现代化"[1],深刻阐明了中国式现代化的五个重要特征。本文旨在深入这些特征的背后,从社会形态层面分析中国式现代化的结构支撑、深层机理及整体性关联,尝试回答中国式现代化何以如此以及向何而行的问题。

一 在政治社会形态上,中国式现代化以社会主义的价值旨归及其制度安排为根本

在中华民族追求现代文明进步的进程中,1840 年是一个重大转折,西方资本主义列强对中国的入侵,使中国沦为半殖民地半封建社会,中国被迫卷入西方资本主义现代化进程并开始探寻自己的现代化之路。毛泽东等中国共产党人在中华民族生死存亡的关键时刻,在中国现代化何去何从的重大选择关头,指明了中国现代化的前途方向。"使中华民族来一个大翻身,由半殖民地变为真正的独立国,使中国人民来一个大解放,将自己头上的封建的压迫和官僚资本(即中国的垄断资本)的压迫一起掀掉,并由此造成统一的民主的和平局面,造成由农业国变为工业国的先决条件,造成由人剥削人的社会向着社会主义社会发展的可能性"[2]。毛泽东明确了中国的前途在于社会主

---

[1] 《正确理解和大力推进中国式现代化》,《人民日报》2023 年 2 月 8 日。
[2] 《毛泽东选集》第 4 卷,人民出版社 1991 年版,第 1375 页。

五 中国式现代化的文化形态

义。中国式现代化作为中华民族价值期望之所在、民族生存发展之所向，与人民主体、人民至上、共同富裕，以及人的自由全面发展的社会主义价值旨归高度契合。社会主义，设定了中国式现代化的目标取向，设定了中国式现代化的基本内涵，也设定了中国式现代政治制度体系以及基本价值取向。

制度体系及其环境中的政策，都承载着特定的价值。人民至上是社会主义的基本理念，也体现着中国式现代化的核心价值。人民是中国式现代化的主体和创造者，也是中国式现代化成果的受益者和享有者。因此，人民对美好生活的需求、共同富裕，就是中国式现代化的目标追求。中国式现代化进程就是要使中国人成为自然界的主人，成为社会的主人，成为自身的主人，摆脱人对人的依赖、人对物的依赖，实现人的自由全面发展。在这种价值观念指导下，中国的政治制度安排最突出的特征和基本的标志，就是中国共产党领导下的全过程人民民主。中国共产党秉持人民至上的价值理念，代表着中国先进生产力的发展要求，代表着中国先进文化的前进方向，代表着中国最广大人民的根本利益，以其政治领导力、思想引领力、群众组织力、社会号召力，最大限度地团结、动员和凝聚中国社会的各种力量，不断把中国式现代化事业推向前进。中国共产党的领导是中国政治社会形态最本质的特征，是中国式现代化的根本保证。全过程人民民主，是全链条、全方位、全覆盖的人民民主，保证人民依法进行民主选举、民主决策、民主管理、民主监督以及民主协商，发挥人民群众参政议政的积极性、主动性和创造性，坚持党的领导、人民当家作主、依法治国有机统一，从政治制度安排上贯彻落实中国式现代化的政治文明价值。党的制度体系、国家治理体系以及政府工作体系，说到底都是要保证人民当家作主。中国政治制度体系从顶层设计、分层实施、基层落实等方面为人民当家作主的新型现代化模式保驾护航。

习近平总书记指出，"中国式现代化是我们党领导全国各族人民在长期探索和实践中历经千辛万苦、付出巨大代价取得的重大成果"[1]。中国共产党百余年奋斗历史，就是领导中国人民探索推进中国式现代化的历史，开辟了中华民族伟大复兴的正确道路。通过新民主主义革命，历经北伐战争、土地革命战争、抗日战争、解放战争，建立了人民当家作主的新中国，从政治制度上解决了依附他国推进现代化的根本问题。通过社会主义革命和建设，探索农业、工业、国防和科学技术现代化，为走出一条中国式现代化新道路积累了经验和理论。改革开放新时期，发展生产力，融入全球化，实行社会主义市场经济，成功地开辟了中国特色社会主义道路。进入中国特色社会主义新时代，中国共产党人在遵循现代化一般规律的基础上，构建起基于中国国情的中国式现代化理论体系和中国式现代化实践新形态，中国的发展迈上前所未有的新台阶。中国共产党奋斗100多年，中华人民共和国成立70多年，中国改革开放40多年，进入新时代十余年，艰辛探索，矢志不渝，一棒接一棒，汇聚成波澜壮阔的中国式现代化历程，彰显着社会主义价值理念的光辉，彰显着中国共产党领导下国家治理体系的制度成果。

---

[1]《正确理解和大力推进中国式现代化》，《人民日报》2023年2月8日。

二 在技术社会形态上，中国式现代化以"工业化+信息化"为支撑，以高质量发展为导向

在世界范围内，现代化通常是指人类从传统农业社会转变为现代工业社会，其变革的主要动力是工业革命。一般认为，迄今为止的现代化进程分两个阶段：一是18世纪开始的，以工业化、城市化、民主化、理性化等为主要特点的第一次现代化；二是20世纪中叶以来，以知识化、网络化、全球化、个性化、生态化、信息化等为主要特点的第二次现代化。在现代化进程中，西方发达国家已经进入第二次现代化阶段，而广大发展中国家仍处在第一次现代化阶段。中国式现代化正处于两次现代化的叠加阶段。习近平总书记指出，"我国现代化同西方发达国家有很大不同。西方发达国家是一个'串联式'的发展过程，工业化、城镇化、农业现代化、信息化顺序发展，发展到目前水平用了二百多年时间。我们要后来居上，把'失去的二百年'找回来，决定了我国发展必然是一个'并联式'的过程，工业化、信息化、城镇化、农业现代化是叠加发展的"[①]。中国的国情以及世界的技术进步大势，决定了中国式现代化是走一条新型工业化道路，以工业化推动农业化、城镇化、信息化，以信息化提升工业化、农业化、城镇化，实现"四化"同步协调发展。云计算、大数据、人工智能等新一代信息和通信技术，极大地推动了中国式现代化的历史进程，不仅体现为技术社会形态的数字化转型，而且在更深层意义上，

---

① 《习近平关于社会主义经济建设论述摘编》，中央文献出版社2017年版，第159页。

体现为人们的生存方式，包括生产、生活、社会交往以及思维方式的更新和变革。

进入中国特色社会主义新时代，中国式现代化要走一条以高质量发展为基础的新道路，以新发展理念引领现代化，以新思维引导现代化，以新发展格局推动现代化。坚持创新、协调、绿色、开放、共享的新发展理念。创新是领跑技术、经济乃至社会发展的关键一招，是实现高质量发展的根本动力。对于破解发展难题、建设创新型国家至关重要。协调发展是要不断增强发展的整体性、协同性，着力解决发展不平衡、不充分问题。发展不平衡、不充分，就会加深矛盾，最终掣肘创新发展。绿色发展，注重解决人与自然和谐共生问题。资源安全、环境安全、生态安全，不仅制约着发展的可持续性，而且直接关系人民群众的美好生活需要。开放发展在全球化背景下更为紧迫，中国的发展离不开世界，中国的发展必须走向世界，互利共赢，优进优出，用好国际国内两个市场是高质量发展的应有之义，也是构建人类命运共同体的必然选择。共享发展，不断增进人民福祉，着力解决社会公平正义问题，是社会主义实践的要求，也是中国共产党人的初心使命。以新思维引领新发展。新时代新发展要有新思维，新思维来源于社会主要矛盾的规定性，顺时应变，不断解决社会主要矛盾，才能永远立于不败之地。进入新时代，社会主要矛盾表现为人民日益增长的美好生活需要和不平衡不充分的发展之间的矛盾。这个矛盾决定着社会其他矛盾，包括矛盾的存在、矛盾的性质以及矛盾的发展走向等，从而规定了中国发展的新的历史方位。因此，在社会主义初级阶段相当长的时期，推进中国式现代化，实现高质量发展，都必须以解决社会主要矛盾为抓手、为依托。构建发展新格局。构建以国内大循环为主体、国内国际双循环相互促进的新发展格局,是基于国际形势充满不稳定性、不确定性,基于中国比较优势变化,审时度势作出的重要决策,是坚持发展新理念、贯彻发展新思维的重大战略安排。深化供给侧结构性改革,实现高质量发展,提升供给体系的创新能力和关联性,解决各类"卡脖子"问题,必须实现经济循环流转和产业关联畅通。新发展格局,以实现国民经济体系高水平的完整性为目标,突出重点,打通堵点,实现供求动态平衡。

总之,中国式现代化在技术社会形态上打破了现代化的线性逻辑,从实践上证明"并联式"现代化的必要性与可行性。中国在时空压缩条件下进行现代化建设,实现工业化、信息化、城镇化、农业现代化的叠加发展,从而创造了经济快速发展和社会长期稳定的两大奇迹。可以说,中国式现代化是中国对一个经济文化落后的国家如何追赶生产力先进水平这一世界难题作出的出色回答,也是对人类现代化理论和实践的重大贡献。

三 在经济社会形态上,中国式现代化 以公有制与市场经济的结合为基础

中国式现代化的一大创新,就在于它回答了公有制与市场经济相结合的可能性与现实性问题。在人类发展史上,现代化与资本主义具有高度通约性。马克思指出:"大体说来,亚细亚的、古希腊罗马的、封建的和现代资产阶级的生产方式可以看做是经济的社会形态演

进的几个时代。"① "'现代社会'就是存在于一切文明国度中的资本主义社会。"② 西方现代化是从"资本主义以前的各种形式"进入"现代资产阶级的生产方式"的过程,以现代资产阶级生产为标识。西方现代化的标志即是以资本为主导的生产方式的确立。

资本具有双重性。一方面,"资本是生产的,也就是说,是发展社会生产力的重要的关系"③,资本扩张增加了社会产品,创造了社会就业,促进了市场竞争,优化了资源配置,一国生产力和经济发展水平的高低突出表现为资本活力的高低。资本的发展,又不断打破人的血缘共同体的限制,推动人从狭小范围和孤立地域不断解放,"地域性的个人为世界历史性的、经验上普遍的个人所代替"④,人的独立性、自主性被唤醒、被激发。但是另一方面,资本具有增殖性、竞争性、野蛮性与反人性,资本的无序扩张将引起社会对立乃至对抗。在资本主义文明中,人同自己的劳动产品、劳动过程以及人的类本质发生全面异化,成为自己劳动产品、劳动工具和劳动过程的奴隶。"我们自己的产品顽强地不服从我们自己,它似乎是我们的财产,但事实上我们是它的财产。"⑤ 所以"这个建立在劳动奴役制上的罪恶的文明"⑥,一极是财富和文明的积累,创造了工业城市、世界城市,开辟了世界市场,开创了世界历史;另一极则是人屈从于资本,以及社会矛盾和冲突的积累。资本成为一种使人非人化的社会力量,一种

---

① 《马克思恩格斯文集》第2卷,人民出版社2009年版,第592页。
② 《马克思恩格斯文集》第3卷,人民出版社2009年版,第444页。
③ 《马克思恩格斯全集》第30卷,人民出版社1995年版,第286页。
④ 《马克思恩格斯文集》第1卷,人民出版社2009年版,第538页。
⑤ 《马克思恩格斯全集》第42卷,人民出版社1979年版,第36页。
⑥ 《马克思恩格斯选集》第3卷,人民出版社1995年版,第75页。

五　中国式现代化的文化形态

统治人的权力。恩格斯说:"文明每前进一步,不平等也同时前进一步。随着文明而产生的社会为自己所建立的一切机构,都转变为它们原来的目的的反面。"①

如何突破资本的逻辑限制,既发挥资本的积极经济作用,又能够限制资本的罪恶性?人类的经济实践表明,生产资料的所有制是关键。生产资料的所有制性质决定了生产的目的,决定了资本所实现的剩余价值的使用性质和使用去向。在生产资料公有制为主体的基本经济制度下,生产的目的是为了人。中国式现代化以代表人民根本利益的公有制为主体的基本经济制度为基础,通过一次分配、二次分配、三次分配的方式,使经济增长成果为全民所有。推动中国式现代化充分发挥资本的积极作用,不是为了谋取少数人的利益,而是为全体人民谋取共同利益。中国式现代化,开创世界现代化新模式、新途径。新就新在摆正了资本的位置,既发挥资本在解放和发展生产力方面的积极作用,又规制资本的消极影响。就像公共交通中的红绿灯,一方面为资本的发展、为资本的增殖大开绿灯,畅通渠道;另一方面又以红灯限制其无序野蛮扩张。马克思指出,在人们从事的各种物质生产劳动中,一种主要的生产主导着其他一切次要的生产,并从根本上决定一切社会关系的地位和影响。这种一定的生产是"普照之光"②。以生产资料公有制为主体的生产方式,就是中国特色社会主义经济活动的"普照之光"。它规定社会其他一切生产,规定资本的性质。在"普照之光"照耀下,曾经建立在资本主义私有制基础上的资本因其

---

① 恩格斯:《反杜林论》,人民出版社2015年版,第148页。
② 《马克思恩格斯文集》第8卷,人民出版社2009年版,第31页。

所有制基础的改变而改变其作用力方向和影响力。中国共产党十八届三中全会指出，让市场在资源配置中起决定性作用，更好发挥政府作用。这道出了中国式现代化的经济奥秘所在，道出了中国经济腾飞的奥秘所在——充分发挥市场、资本对现代化的积极作用，中国式现代化在经济制度上赋予资本发展更大的灵活性和空间；更好发挥政府作用，以宏观调控为资本的无序扩张纠偏。"看不见的手"和"看得见的手"相得益彰，相向而行，有效的市场与有为的政府共同发力。由此我们看到，中国式现代化是人口规模巨大的现代化，同时是全体人民共同富裕的现代化，是物质生活和精神生活都富裕的现代化。人民成为现代化的主人，为了自身的幸福生活和子孙后代的美好未来而迸发出巨大的积极性、主动性、创造性。生态危机本质上不是自然本身的危机，而是人类生产生活方式的危机，本质上是经济活动、人的行为超过自然资源和生态环境能够承受的限度。中国式现代化是人与自然和谐共生的现代化，将资本置于社会制度的规范之下，有效破解了人类进入工业文明时代以来，传统工业化的无序发展以及由此造成人与自然关系的紧张。

绿水青山就是金山银山。中国式现代化不仅要解决人与自然的矛盾，而且要解决人与人的矛盾。马克思主义认为，对自然的压榨和对人的统治，在私有制条件下无法从根本上消除。[①] 中国的基本经济制度，决定了中国的现代化不可能重走西方现代化进程中资本野蛮扩张增殖，甚至悍然侵略掠夺他国的老路，不搞零和博弈和霸权主义，而是各美其美，美美与共，共建人类命运共同体。中国式现代化走一条

---

① 刘湘溶等：《我国生态文明发展战略研究》上册，人民出版社2013年版，第83页。

独立自主的和平发展道路,创造面向未来的人类文明新形态。

四 在文化社会形态上,中国式现代化以五千年中华文明为基底,以社会主义文明为主体,同时汲取包括西方现代文明在内的人类文明成果

中国式现代化,以其独特的政治社会形态、技术社会形态和经济社会形态为支撑,而深层的支撑,即基底,则是文化社会形态,是中华民族在古代、近代以及现代化追求的历史进程中所形成的民族性格和精神气质。

中华民族五千年文明是中国式现代化的文明基底,也是中国式现代化文化社会形态的本体性规定。中华民族的先民聚居于黄河流域,之后不断向外扩散,孕育形成特有的民风民俗习惯信仰,形成中国人看待世界、看待社会、看待人生的独特的价值体系。中国历史上有多次农民战争和民族冲突,十六国南北朝时期战乱不断、元朝取代宋朝、满族入主中原等,每一次冲突带来的是烽火遍地、生灵涂炭,但每一次冲突过后,是中华文化的重生。中国历史上经历了几十个王朝,纵使王朝更迭交替,也始终保持文明性格的一贯性,始终保持文明主体的稳定性。中华五千年文明内在地从本体论上规定着中国式现代化的文化社会形态。如"天人合一",是古代中国人最基本的哲学概念,是中国传统文化的母题。"天人合一"是宇宙本体论,是世界观,统摄着中国人的伦理观、道德观、生态观、国家治理观等。又如"天下大同",是古代中国人对未来美好社会的理想,财产公有,天

下一家，有衣同穿，有饭同食，合理分工，选贤与能，安定和谐……大同世界的理念穿风越雨，成为中国人心中不变的追求，直至今天。"民为邦本""仁者爱人""中庸之道""知行合一"等理念、主张深入人心，沉淀并构筑国家的制度体系，成为稳定社会、校正社会、建构社会，使古代中国得以延续数千年的根本力量。

中国共产党一路走来，历经革命、建设、改革和新时代，面对的社会矛盾不同，发展的社会条件不同，担负的历史任务不同，但无时无刻不在提醒自己：我们从哪里来，我们走向何方。正如习近平总书记指出："如果没有中华五千年文明，哪里有什么中国特色？如果不是中国特色，哪有我们今天这么成功的中国特色社会主义道路？"[1] 从"民贵君轻、政在养民"到以人为本、人民至上的执政理念，从"天人合一""道法自然"到"绿水青山就是金山银山"的习近平生态文明思想，从"亲仁善邻、协和万邦"到构建人类命运共同体的外交理念……我们今天讲的中国特色，是以中华文明、中华优秀传统文化为根脉的。

马克思主义传入中国后，科学社会主义的主张受到中国人民的热烈欢迎，并最终扎根中国大地、开花结果，绝不是偶然的，而是同中国传承了几千年的优秀历史文化和广大人民日用而不觉的价值观念相融通的。在科学社会主义的思想旗帜下，中华民族所追求的"天下为公""天下大同"等思想价值观念被赋予了新的内涵，焕发了新的生命。在民族危难之际，在中国人血液里流淌的诸如修齐治平、以天下为己任等价值追求瞬间被激活，创造性转化和创新性发展为救世济民

---

[1] 《习近平谈治国理政》第四卷，人民出版社2022年版，第315页。

五　中国式现代化的文化形态

的使命担当，转化为革命年代的红船精神、井冈山精神、延安精神，社会主义建设时期的铁人精神、雷锋精神，改革开放新时期的抗洪精神、抗震救灾精神以及新时代的抗疫精神、脱贫攻坚精神等，转化为全心全意为人民服务的价值取向，伟大的中华文化重放异彩、再造辉煌。可以说，一方面，中华文化的优秀精神基因为现代化在中国生根开花结果提供了肥沃的土壤；另一方面，中国式现代化激活了中华文化的优秀精神基因，使其现代价值得以彰显。

中国共产党领导中国人民在长期探索实践现代化的历史过程中，以马克思主义为指导，形成中国特色社会主义先进文化，构成中国式现代化文化社会形态的本质性规定。1840年以来，中华文明遭遇西方文明的挑战。中国逐步成为半殖民地半封建社会，国家蒙辱、人民蒙难、文明蒙尘，中华民族遭受了前所未有的劫难。19世纪末20世纪初，马克思列宁主义以其强大的精神力量和美好的社会蓝图吸引了中国知识分子与劳苦大众，为整合以儒家思想为代表的帝国文明崩溃后中国的碎片化提供了思想武器，为古老中国走向光明开启了希望之门。在中国人民和中华民族的伟大觉醒中，在马克思列宁主义同中国工人运动的紧密结合中，中国共产党应运而生。从此，中国人民谋求民族独立、人民解放和国家富强、人民幸福的斗争就有了主心骨，中国人民从精神上由被动转为主动。

马克思主义能不能在实践中发挥作用，关键在于能否把马克思主义基本原理同中国实际和时代特征结合起来。推进马克思主义的中国化时代化，根本途径就是坚持马克思主义与中国具体实际相结合，与中华优秀传统文化相结合，从而不断实现马克思主义的理论创新，锻造并铸就中国式现代化与时俱进的思想武器。中国共产党为什么能，中国特色社会主义为什么好,归根到底是马克思主义行,是中国化时代化的马克思主义行。中国共产党领导中国人民在长期探索实践的历史进程中,创立了毛泽东思想,实现了马克思主义中国化的第一次历史性飞跃;形成了中国特色社会主义理论体系,实现了马克思主义中国化新的飞跃;创立了习近平新时代中国特色社会主义思想,开辟了马克思主义中国化时代化新境界,实现了马克思主义中国化时代化新的飞跃。我们党始终强调,中国特色社会主义既坚持了马克思主义基本原理,又根据时代条件赋予其鲜明的中国特色。中国式现代化坚持中国特色社会主义,不是别的什么主义。

　　坚持以马克思主义为指导,是要运用其科学的世界观和方法论解决中国的问题。中国特色社会主义理论把马克思主义的思想精髓与中华优秀传统文化的精神特质融会贯通起来,及时回答了中国之问、世界之问、人民之问、时代之问,帮助我们认识世界、把握规律、追求真理、改造世界,树立起中华民族立足现实、面向未来的精神主心骨。中国式现代化,就是在马克思主义回答并解决中国问题的过程中,由中国人民自己创造的现代化新模式。中国式现代化的文化内涵与精神气质,与时代精神、西方现代文明精华交相辉映、相互成就,在人类现代化、全球化场景中获得时代性与空间性规定。当中国人迈开走向现代化的脚步时,整个世界已经发生翻天覆地的变化。在时间上,人类已经开启了自己的近代史进程,农业社会转变为工业社会;在空间上,全球化像一个不速之客,不容分说地将各个国家和地区连接起来,历史转变为世界历史。马克思、恩格斯在《德意志意识形态》中深刻揭示了历史向世界历史转变的趋势:"各个相互影响的活动范围在这个发展进程中越是扩大,各民族的原始封闭状态由于日益

五　中国式现代化的文化形态

完善的生产方式、交往以及因交往而自然形成的不同民族之间的分工消灭得越是彻底，历史也就越是成为世界历史。"[①] 时空意义在文化上的沉淀，唤醒中华民族自己打破已经体制化、模式化的儒教体系，寻求来自外部世界的自由、平等、博爱等新理念，尝试本土文化的转化与新生。就像历史上曾多次发生过的那一幕，古老东方文明与年轻的西方现代文明发生遭遇和接触，不仅没有崩溃，没有被取代，而是汲取了营养，焕发了活力，获得新的发展空间，激发了新的创造力。革命文化和社会主义先进文化，都是中华文明在面向世界、解决自身问题的过程中新的文化创造。

放眼五洲四海，整个世界正在发生深刻影响人类历史发展进程的大变革、大调整、大转折，人类正在经历一场百年未有之大变局，世界多极化、经济全球化、社会信息化、文化多样化深入发展。这场世界百年未有之大变局，最突出的特点是一批新兴经济体和发展中国家群体性崛起，中国前所未有地走近世界舞台中央。这作为近代以来最具革命性、历史性的重大变化，从更宏大的视野来看，则是人类文明、文化的体系性变动、系统性转折。中华民族广泛地开展同各国的文化交流，更加积极主动地学习借鉴世界各国、各民族优秀文化成果，汲取了营养、焕发了活力，在与世界的会通中获得新的发展空间，激发了中华优秀传统文化新的创造力。

新时代以来，习近平总书记既重视学习借鉴中华优秀传统文化，又始终强调要"用人类创造的一切优秀思想文化成果武装自己"[②]，

[①]《马克思恩格斯文集》第1卷，人民出版社2009年版，第540—541页。
[②] 习近平：《在纪念孔子诞辰2565周年国际学术研讨会暨国际儒学联合会第五届会员大会开幕会上的讲话》，人民出版社2014年版，第13页。

倡导"我们要虚心学习借鉴人类社会创造的一切文明成果"[1],"应该从不同文明中寻求智慧、汲取营养,为人们提供精神支撑和心灵慰藉,携手解决人类共同面临的各种挑战"[2]。当前,面对世界百年未有之大变局,我们积极推动构建人类命运共同体,弘扬和平、发展、公平、正义、民主、自由的全人类共同价值。中华文明为人类文明宝库添加新的资源成果,给人类价值格局打上鲜明的中国烙印。

由上可见,中国式现代化在漫长历史的文化对话中,不断以新的思想内涵、时代内涵和文明内涵回应人类实践的大逻辑,从而为中国式现代化把握时代和塑造时代注入精神动力。中国式现代化的文化建构又是在问题导向的研究、论辩和概括提炼中,关切并回答时代课题,不断提升解答和解决问题的能力,从而实现传承与发展。中国式现代化在古今中外的历史大融合中,形成自己独特的世界观、价值观、自然观、和平观与方法论,正在开辟与展现一个人类文明的新形态。

[原载《中共中央党校(国家行政学院)学报》2023 年第 5 期]

---

[1] 习近平:《在纪念毛泽东同志诞辰 120 周年座谈会上的讲话》,人民出版社 2013 年版,第 22 页。

[2] 习近平:《出席第三届核安全峰会并访问欧洲四国和联合国教科文组织总部、欧盟总部时的演讲》,人民出版社 2014 年版,第 15 页。

人类文明新形态的当代建构

孙熙国[*]

准确把握中华民族现代文明的丰富内涵，首先要辨别文明的含义，然后需要说明中华民族现代文明与以往的人类文明形态的不同，在此基础上我们才能够进一步讨论人类文明新形态与中华民族现代文明的建设问题。

一 "文明"与"文化"

学界通常把文化理解为人类在认识和改造世界过程中创造的一切成果的总和，既包括物质文明成果，也包括精神文明成果。这样一来，文化就成了人类世界的代名词。对文化概念的这种理解其实是被动接受西方学者观点的结果。我们知道，西方人的文化概念最早是指物质生产，其本义是指对禾苗庄稼的培植和化育，后来演变为对人的

---

[*] 作者简介：孙熙国，北京大学马克思主义学院教授。

心灵道德和情操的培植和化育。与西方不同，中国传统文化中所讲的文化大多是停留在精神生产的层面上，其基本含义是"以文化人"。刘向《说苑·指武》最早提出了"文化"概念："圣人之治天下，先文德而后武力。凡武之兴，为不服也；文化不改，然后加诛。"这里的"文化"就是"以文化人"。毛泽东指出，"一定的文化是一定社会的政治和经济在观念形态上的反映"，这显然也是指思想文化。中国共产党历次党的代表大会中所讲的繁荣发展社会主义文化也都是在思想的层面上讲文化。我们通常所说的器物文化、行为文化、制度文化等，讲的不是文化的本质和内涵，而是文化的载体和存在形式。也就是说器物、制度、行为等都是文化的载体，而不是文化本身。故宫之所以是文化，不是因为它的砖瓦石块和雕梁画栋，而是因为设计者的理念、情感、审美。在中国传统文化的视域中，文化属于思想的范畴，文化的本质是精神和思想。

文明就不一样了，文明是人类进步开放状态的标志，它的对立面是野蛮。人类进步开放的状态表现在各个方面，如物质层面、器物层面、制度层面。器物、制度等不应该是文化的内容，而应该是文化的载体。所以，文明虽然有层级的区别，但只要是文明相对于它所处的历史阶段来说就是进步的。文化则不然，反映先进的经济和政治的文化就是先进文化，反映落后的经济和政治的文化就是落后的文化。从文明和文化的涵盖范围上看，文化属于思想的范畴，文明涵盖的人类文明是人类进步开放状态的方方面面。人类文明既可以体现在物质层面，也可以体现在精神层面，还可以体现在经济层面、政治层面、文化层面、社会层面、生态层面等。因此，我们要建设的中华民族现代文明是一个有机整体，它包括了经济、政治、文化、社会、生态等方方面面。

二 文明的演进与人类文明新形态

从人类文明的演进来看，文明大致有三种发展形态，即在"自然共同体"中以公社所有制为根基的原始文明形态，在阶级社会的"虚幻共同体"中形成的以奴隶制、农奴制和雇佣劳动制为代表的"对抗"和"分裂"的文明形态，在社会主义和共产主义社会的真正共同体中形成的人类文明新形态。在人类文明新形态出现之前，"对抗"和"分裂"一直"存在于整个文明期"，"奴隶制是古希腊罗马时代世界所固有的第一个剥削形式，继之而来的是中世纪的农奴制和近代的雇佣劳动制，这就是文明时代的三大时期所特有的三大奴役形式"。

但是，以往的人类文明，特别是作为"内在对抗"的文明形态之最高形式的资本主义文明"在历史上曾经起过非常革命的作用"。马克思、恩格斯在《共产党宣言》中指出，资本主义文明在一定程度上解决了两个问题：一是政治解放问题，二是生产力的发展问题。就政治解放来说，"资产阶级在它已经取得统治的地方把一切封建的、宗法的和田园诗般的关系都破坏了"。"政治解放当然是一大进步，尽管它不是一般人的解放的最后形式，但在迄今为止的世界制度内，是人的解放的最后形式。"就生产力的发展来说，"资产阶级在它的不到一百年的阶级统治中所创造的生产力，比过去一切世代所创造的全部生产力还要多，还要大"。换言之，资本主义文明形态的历史进步性体现在"三个有利于"，即"资本的文明面之一是，它榨取剩余劳动的方式和条件同以前的奴隶制、农奴制等形式相比，都更有利于生产力的发展，有利于社会关系的发展，有利于更高级的新形态的各种要素的创造"。

但是，既往的这一切以"对立"和"分裂"为特征的文明形态都有一个共同的特征，这就是榨取剩余劳动。资本主义文明自然也不例外。因此，生活于资本主义社会中的人，无论现代化在何种程度上解放了个人，无论它给予了个体怎样的权利，它依然无法解决每个人的自由全面的发展问题，更遑论找到解决全人类的发展问题的道路。因此，资本主义文明形态注定是一项"未竟的事业"。如何终结这一"未竟的事业"，终结人类社会的"史前史"，创造真正的"人类的社会"的历史，既是马克思主义的历史使命，也是人类文明发展的客观规律和必然趋势。

三　人类文明新形态与中华民族现代文明的建设

我们现在提出要建设中华民族现代文明，实际上就是要解决上述资本主义文明中不能解决的"文明的对立、撕裂问题"和榨取劳动的问题，从而建立人类文明新形态。党的二十大报告指出，中国式现代化是人口规模巨大的现代化，是全体人民共同富裕的现代化，是物质文明和精神文明相协调的现代化，是人与自然和谐共生的现代化，是走和平发展道路的现代化。中国式现代化所具有的这五个"中国特色"，事实上就是对如何构建人类文明新形态、如何建设中华民族现代文明的理论表达。

第一，中国式现代化是人口规模巨大的现代化，表明以中国式现

五　中国式现代化的文化形态

代化所推进的中华民族现代文明是立足于多数人的文明，是着眼于实现每个人的自由全面的发展，是为全人类谋进步谋幸福的文明，鲜明地体现了马克思主义的本质特征。中国式现代化从它诞生的那一天起就姓"马"姓"共"，就牢牢坚持人民中心，坚定维护人民利益。与人类历史上的任何思想与实践相比较，马克思主义与它们的最大区别就在于，马克思主义是人民群众的理论和实践，而以往的任何理论和实践都是少数人的理论和实践。中国式现代化道路与西方少数人受益、多数人受压迫受剥削的现代化道理具有本质区别，由此也就形成了不同于西方的人类文明新形态。

第二，中国式现代化是全体人民共同富裕的现代化，表明中华民族现代文明是一种推进全体人民共同富裕的文明，是一种真正解决人与人的矛盾、让人民成为社会的主人的文明。这样一种文明超越资本主义财富积累和贫困积累两极分化的发展模式，强调做自己的社会结合的主人，实现了以经济平等为基础的真正意义上人的平等、自由和民主。关于这一思想，恩格斯在1843年年底撰写的《国民经济学批判大纲》中就有了明确论述，他指出："我们这个世纪面临的大转变"，就是"人类与自然的和解以及人类本身的和解"。马克思在《1844年经济学哲学手稿》中也明确指出，共产主义是"人和自然界之间、人和人之间的矛盾的真正解决"，"是存在和本质、自由和必然、个体和类之间的斗争的真正解决"。把马克思和恩格斯的这两段话结合起来看，可以发现三层意思：一是未来社会要实现人类和自然之间的和解，二是未来社会要实现人和人之间的和解，三是未来社会要实现人类本身的和解。这就构成了著名的"三个和解"的理论（学界多称为"两个和解"）。这"三个和解"，到了《反杜林论》

《社会主义从空想到科学的发展》得到了更为明确的论述。在《反杜林论》中，恩格斯指出："一旦社会占有了生产资料……人们第一次成为自然界的自觉的和真正的主人，因为他们已经成为自身的社会结合的主人了。"在《社会主义从空想到科学的发展》中，恩格斯指出："人终于成为自己的社会结合的主人，从而也就成为自然界的主人，成为自身的主人——自由的人。"到这时候，人与自然的和解、人与人的和解、人与自身的和解，才真正成为可能。中华民族现代文明就是一种真正实现"三个和解"的文明，就是一种摆脱自然的压迫做自然界的主人、摆脱社会的压迫做社会的主人、摆脱人自身的压迫做人自身的主人的文明。

第三，中国式现代化是物质文明和精神文明相协调的现代化，表明中华民族现代文明是一种真正实现"人类本身的和解"，让人民成为自己的主人，实现人的全面发展的文明。中国式现代化是实现人的自由全面发展的现代化，既要物质文明，又要精神文明，这就超越了资本主义物质主义膨胀的畸形现代化。为了实现这一目标，要求我们必须实现物质文明与精神文明的协调发展。中国式现代化走的就是这样一条路。它不仅要求物质生活水平提高、家家仓廪实衣食足，而且要求精神文化生活丰富、人人知礼节明荣辱，是物质文明和精神文明相协调的现代化，克服了资本主义现代化物质主义膨胀的先天弊病，由此形成和创造的文明就是一种实现人的全面发展的人类文明新形态。

第四，中国式现代化是人与自然和谐共生的现代化，表明中华民族现代文明是一种真正实现"人类与自然的和解"的文明，是一种让人民成为自然界的主人的文明。中国式现代化是人与自然和谐相处

五　中国式现代化的文化形态

的现代化，坚持人与自然和谐统一的生命共同体理念与制度，超越了人类中心主义和自然中心主义各执一端的理论窠臼，打破了实践形态上的资本逻辑和生态帝国主义。中国式现代化坚持社会主义物质文明、政治文明、精神文明、社会文明与生态文明的有机统一，消解了人与自然、人与社会、人与人之间的对立，开辟了经济高质量发展和绿色发展协同推进的新路径。

讲到这里，我们可以看到恩格斯在1843年年底、马克思在1844年春夏之交分别从不同的角度阐述了新世界观的理论体系。或者说，马克思恩格斯新世界观的理论体系在1843年年底到1844年夏天就初步建构起来了，此后在40多年的历程中不断得到完善、丰富和发展。这一理论体系的基本框架就是如何做三个主人，如何摆脱三个奴役压迫，如何实现三个解放的理论。中华民族现代文明建设充分彰显了这一理论体系的力量。

第五，中国式现代化是走和平发展道路的现代化，表明中华民族现代文明是一种"为人类求解放"的文明，是一种着眼于人类命运共同体的构建，把世界各国人民对美好生活的向往变成现实的文明。这样一种新的文明形态充分彰显了马克思主义始终站在历史正确一边、站在人类文明进步一边的鲜明特性。马克思主义要解决的问题必须面向全人类，让全人类都过好日子，只有全人类都过上了好日子，每个国家中的人、每个人才能过上好日子。因此，中国式现代化不会更无意去伤害和牺牲已经实现了现代化的西方强国，因此也就不存在什么"修昔底德陷阱"。中国式现代化新道路也绝不是仅仅实现了自己国家发展而不尽国际义务的道路，因此也就没有什么"金德尔伯格陷阱"。中国人民信奉"道并行而不相悖""万物并育而不相害"

的文化理念,坚信不同特色和风格的文明不仅不是"冲突"的,而且可以互相激荡、互相推动,从而为其他文明提供可资借鉴的"他者"或"他山之石"。

概括地说,由中国式现代化所推动和建设的中华民族现代文明是一种实现每一个人的自由全面发展的文明,是一种实现"人类与自然的和解"、让人民成为自然界的主人的文明,是一种实现"人与人的和解"、让人民成为社会的主人的文明,是一种实现"人类本身的和解"、让人民成为自身的主人的文明,是一种坚持走和平发展道路、推动构建人类命运共同体、努力把世界各国人民对美好生活的向往变成现实的文明。

(原载《当代中国马克思主义研究》2023年第3期)

中国式现代化对"西方中心主义"的破解

刘同舫[*]

在新进中央委员会的委员、候补委员和省部级主要领导干部学习贯彻习近平新时代中国特色社会主义思想和贯彻党的二十大精神研讨班开班式上，习近平总书记明确指出，中国式现代化，打破了"现代化＝西方化"的迷思，[①]这一重大论断深刻阐明了中国式现代化的中国特色和世界意义。在人类社会从"传统"向"现代"的转变过程中，西方现代化模式凭借其独特优势占据现代化发展的先在地位，在现实层面深刻影响世界的现代化进程与发展格局，在思想层面逐渐形成"现代化等于西方化"的狭隘解读。现代性并非西方文明所独有，任何将现代化等同于西方化的论调均无法洗脱"西方中心主义"立场的嫌疑。中华民族在争取民族独立、国家富强和文明复兴的道路过程中取得的现代化成就，有效破除了西方"一元现代性"的神话，打破了"西方中心主义"的话语霸权，绘制出一幅人类现代化进程

---

[*] 作者简介：刘同舫，哲学博士，浙江大学马克思主义学院教授。
[①] 《正确理解和大力推进中国式现代化》，《人民日报》2023年2月8日。

的崭新图卷。透过错综复杂的现代性表象揭示其本质属性，澄明现代性本质的"特殊"与"普遍"之辩，揭露"西方中心主义"思潮的逻辑悖论，有利于我们深刻认识中国特色社会主义道路的现代化实践在多元现代性文明中的正当性与合理性，积极推动创建人类文明新形态，为现代性文明的多元展开贡献中国智慧与中国力量。

一 现代性的本质：普遍性与特殊性的统一

自"现代性"这一概念产生以来，学界围绕现代性问题展开了丰富且深刻的探讨，但对"现代性"概念的内核界定尚未达成共识。英国学者安东尼·吉登斯（Anthony Giddens）认为，"现代性"是指大约17世纪出现在欧洲、后来对世界产生广泛影响的"社会生活或组织模式"[1]；美国学者米歇尔·艾伦·吉莱斯皮（Michael Allen Gillespie）认为："现代性是一个世俗的王国，在其中，人取代神成为万物的中心，并试图运用一种新的科学和与之相伴的技术来掌控和拥有自然"[2]；美国学者大卫·哈维（David Harvey）指出，"现代性的观念是神话"，"它总是与'创造性的破坏'（creative destruction）有关"[3]。"现代性"一直是解释和评价社会发展及文化形态的一个重要理论建构，与变革和进步、理性和行动等概念紧密联系在一起。只有透过对现代性概念纷繁复杂的解释迷思，抛开囿于现象层面的解释

---

[1] ［英］安东尼·吉登斯：《现代性的后果》，田禾译，译林出版社2011年版，第1页。
[2] ［美］米歇尔·艾伦·吉莱斯皮：《现代性的神学起源》，张卜天译，湖南科学技术出版社2012年版，"序言"第3页。
[3] ［美］大卫·哈维：《巴黎城记：现代性之都的诞生》，黄煜文译，广西师范大学出版社2010年版，"导论"第1页。

五　中国式现代化的文化形态

差异，解剖现代性问题的核心与本质，或许才能够通达对现代性概念的理性认识。

现代性的本质究竟是什么？学界对这一问题的回答与对"现代性"概念的界定一样莫衷一是。无论是将现代性的本质归结为"政治"，还是认为现代性的本质在于人的主体性解放，这些观点都赋予了现代性多层次、多维度、多领域的丰富意涵，促使它从本质上包含人们共同追求的普遍性理念。由此，是否也意味着存在一种超越民族、地域、文化、风土人情等构成人们普遍追求的现代性方案呢？

西方现代性的确立与资本主义的扩张进程具有同一性，其源头可追溯至启蒙运动。启蒙运动使"自由、平等、博爱"的价值理念在世界范围内广泛传播，促使个人逐渐从传统束缚中解放出来，推动了个体生活方式的变革，确立了一种新的"理性"神话。启蒙运动对人类理性的高扬使个体主体性被充分激发，社会在新的启蒙神话中发生深层次变革，由此开启了资本主义新纪元。马克思曾说："资产阶级，由于一切生产工具的迅速改进，由于交通的极其便利，把一切民族甚至最野蛮的民族都卷到文明中来了……它迫使一切民族——如果它们不想灭亡的话——采用资产阶级的生产方式；它迫使它们在自己那里推行所谓的文明，即变成资产者。"[①] 资本主义以摧枯拉朽之势在世界范围内掀起生产革命，加速了世界的现代化进程，因此被视为现代性的"唯一模板"，但实际上落入"一元现代性"的认识窠臼。

赋予西方现代化道路以绝对普遍性的逻辑叙事，固化了人们对现代性本质的片面认知，即认为西方的现代化进路是唯一具有合理性与

[①]《马克思恩格斯文集》第 2 卷，人民出版社 2009 年版，第 35—36 页。

正当性的社会发展道路,将现代化等同于"西方化",将西方现代文明视为放之四海而皆准的"普适法则"。这种将现代化发展道路曲解为西方地域性文明发展模式的观点,不仅显示其"西方中心主义"的认识浅见,而且偏离了对现代性问题的科学认知,暴露出解释视域的狭隘性与"西方优越论"的理论倾向。实际上,现代化并不一定意味着西方化,非西方社会在没有放弃它们自己的文化和全盘采用西方价值观、体制和实践的前提下,同样能够实现现代化。西方的现代化方案并非人类社会实现从"传统"到"现代"转换的唯一方案,在走向现代性的过程中既存在普遍原则,也内蕴个性化选择,而这种个性化选择则充分体现了现代化发展道路的特殊性。

蕴藏于现代性本质之中的普遍性与特殊性特质并不是完全的二元对立、不可调和,二者之间是辩证统一的关系。现代性的普遍性表明人类超越当今社会的设想具有共通性,拥有共同的价值追求与终极目标;而现代性的特殊性表明不存在适用于一切民族或地区的万能法则,一切必须以时间、地点和条件为转移,必须根据实际情况作出具体谋划。整个人类历史发展的进程总是处于普遍性与特殊性的复杂交织之中,兼具共通性与独特性,现代性的发展境遇亦是如此。但我们需要警惕将普遍性或特殊性发展到极端的普遍主义或特殊主义,避免将普遍性与特殊性视为完全对立的两极,理应在普遍性与特殊性的有机统一中洞悉现代性本质,从而避免落入"一元现代性"抑或极端民族主义的思维困局。

二 西方化与现代化的纠缠：文明的"西方中心主义"视域

"西方中心主义"的形成最早可追溯至15世纪的"地理大发现"与文艺复兴运动时期，在历史发展中衍生出西方"优越"于东方、以西方为"中心"的社会思潮。"欧洲优越感的基础和它对世界征服的基础是它的社会的资本主义组织方式。欧洲人在其上升期并没有从这方面来理解他们面对的新现实。可以说，他们并不知道他们在'建设资本主义'。"① 如果说现代化的缘起与启蒙理性的世界性蔓延密不可分，那么，西方现代化模式的确立以及由此产生的"西方中心主义"观念则与资本主义的全球拓展具有同构性，即西方现代性通过市场经济的世界扩张，在军事因素、政治因素的加持下，创造了现代世界体系，从而在某种意义上使西方现代化成为现代史的代名词。这使西方误以为自身拥有了世界规则的制定权、世界纠纷的决断权，认为其经济模式、价值准则、文化观念、制度体系等"放之四海而皆准"，幻想成为人类历史发展中的"典范"与"领跑者"。"西方中心主义"者主观地将西方与东方之间的地理差异理解为文明层面的优劣差别，以期在这种界分中进一步凸显西方现代化进程的先在性与优越性，从而在世界范围内推广其所推崇的价值规范与发展逻辑。东方与西方在地理位置上的界分并不内蕴二者走向冲突与对立的必然性，东西方文明之间也

---

① ［埃及］萨米尔·阿明：《自由主义病毒/欧洲中心论批判》，王麟进、谭荣根、李宝源译，社会科学文献出版社2007年版，第181页。

不包含优劣之分，人类应当建立一种广泛的对话机制以寻求最大限度的文明认同与交流互鉴，这才是人类社会发展不可动摇的历史趋势。

在对现代化的学术研究中，很多西方学者直接将"现代化"与"西方化"等同，似乎人类社会走向"现代化"的过程只能是不断趋近西方、以西方为发展范例的历史进程。"事实上，重新神圣化政治氛围以及对英雄主义的崇拜，无论分开来看还是联合起来看，自那以后都是一直萦绕在现代性之上的那个主要噩梦——克里斯玛式统治——的前奏。"[①] 法国大革命之后，西方的现代化模式逐渐被"神圣化"，部分西方国家甚至被视为当代现代化发展的"权威蓝本"，而任何异质于西方现代性的发展模式都被视为"离经叛道"，被贴上各式各样的标签。"西方中心主义"的前提预设消解了对现代性的科学认知，很大程度上误导了人们对于现代性本质的理解，它以扭曲的形式反映了西方国家自18世纪末期以来在世界历史中的先导和主导地位。"普世价值"和"历史终结论"是"西方中心主义"的典型言论，这些言论无时无刻不在彰显和宣扬西方政治制度、文化心理以及价值观念的优越性与不可替代性，企图在世界历史中建构起主宰全球的话语霸权。有学者批判"欧洲中心主义"为"殖民者的世界模式"，认为"西方中心主义""已经演变成为一个非常精雕细琢的模式、一个构件整体；实际上是自成体系的理论；一套高超的理论，是许多历史、地理、心理、社会逻辑和哲学等次级理论的总架构"[②]。

---

① ［匈］费伦茨·费赫尔编：《法国大革命与现代性的诞生》，罗跃军等译，黑龙江大学出版社2010年版，第10页。

② ［美］J. M. 布劳特：《殖民者的世界模式：地理传播主义和欧洲中心主义史观》，谭荣根译，社会科学文献出版社2002年版，第12页。

五　中国式现代化的文化形态

"西方中心主义"在现代性谱系中逐渐拥有了完整架构，其对世界的影响力也与日俱增，对"西方中心主义"展开深入而彻底的批判势在必行。

将现代化等同于西方化的观念是"西方中心主义"的思想陷阱，混淆了人类文明发展的普遍性与特殊性的关系。西方的现代化道路具有普遍适用性吗？所有国家、民族或地区无论其现实境况如何，都注定要走西方的现代化道路吗？在许多陷入西方化与现代化逻辑纠缠之中的学者看来，答案是肯定的。即使历史上曾出现过力图批判"西方中心主义"的学术思潮，但实际上，他们在解构"西方中心主义"的同时，又在不断重建这种理论。若将历史的视野扩展足够广，就会发现"西方中心主义"的现代化解释范式缺乏理性论据，本质上是一种狭隘且带有特殊的非法意图的认知。

"西方中心主义"主观预设了西方是"现代性"的唯一起源，将现代性与进步或发展不加甄别地关联起来，进而不断地诱导"他者"承认这样一种逻辑，即西方的现代性等于人类文明的发展与进步。西方现代性与"进步"的牢固"粘黏"窄化了现代性的内涵及外延，其默认西方的现代化进程构成人类一切进步与美好的"源头"，忽视了西方的现代性尤其是以资本主义的迅速扩张为现实表征的现代性为人类文明带来的消极影响。恩格斯曾在《英国工人阶级状况》中揭露资本主义生产方式的扩张本性，他认为，"资本主义生产是不可能稳定不变的，它必须增长和扩大，否则必定死亡"[①]。资本主义的无限扩张势必会造成更加普遍的人类异化，使更多的底层人民利益被侵害，

---

① 《马克思恩格斯文集》第 1 卷，人民出版社 2009 年版，第 377 页。

资本主义社会固有的生产社会化与生产资料私人占有之间的矛盾将不断加剧社会的贫富两极分化,衍生周期性的经济危机,从而导致社会内部甚至整个世界陷入混乱。马克思对资本主义现代性方案予以辩证评价,曾充分肯定资本主义的生产方式在推进生产力进步上的巨大贡献,同时也揭示出资本主义的剥削本质和肮脏面貌。但无论是最初的充满血腥与暴力杀戮的资本原始积累,还是资本主义渐次确立起的世界霸权体系,或是当今时代盲目追求科学技术突破而带来的人类生存境遇遭受威胁的现代隐忧,都昭示了西方现代性不是充满"玫瑰色"的浪漫主义想象,而是遍布"灰色"与非正义的人类危机的"始作俑者"。马克思曾指出资本主义的发展对现代人类文明的影响,"正像它使农村从属于城市一样,它使未开化和半开化的国家从属于文明的国家,使农民的民族从属于资产阶级的民族,使东方从属于西方"[1]。资本主义对利益的追逐促使生产力实现大幅度跃迁,但随之而来的世界贸易使资本主义的价值观念像瘟疫一样在世界范围内蔓延开来,也使相对落后的民族与地区被资本逻辑裹挟,沦为资本家攫取利润的工具。

"西方中心主义"思潮试图通过不断夸大西方现代化进程中显露出的"文明"面向,遮掩其对欠发达地区和落后地区造成的破坏性影响,让人们不自觉地将西方的现代化与"进步"联系起来思考和评判。事实上,西方的现代性带来了进步,但也导致了新的现代性危机。"现代性的基础是人类对解放的要求"[2],对解放的渴求根植于个体之中最原始的、最真实的渴望。在社会形态的历史性更替中,人们

---

[1] 《马克思恩格斯文集》第 2 卷,人民出版社 2009 年版,第 36 页。
[2] [埃及] 萨米尔·阿明:《自由主义病毒/欧洲中心论批判》,王麟进、谭荣根、李宝源译,社会科学文献出版社 2007 年版,第 90 页。

五　中国式现代化的文化形态

逐渐摆脱原始社会时期对自然的过度依赖，从对大自然的恐惧与束缚中解放出来，进而迈向了农耕文明，完成了生产力与生产方式的历史跃迁。但农业文明并未将人类从自然的压迫中彻底地解放出来，反而滋生了更多钳制人类自身发展的力量，人们不得不从事日复一日、年复一年的耕作活动，以应对人口迅速增长带来的生存负荷。在现代科学技术的加持下，人类通过不断改进生产方式、提升生产效率，试图摆脱自然对个体发展的限制，创造了新的现代性"神话"。这一"神话"没有实现真正意义上的人类解放，反而产生了新的奴役人的力量，催生了新的异化，衍生出庞大的商品帝国。德国哲学家列奥·施特劳斯（Leo Strauss）曾指出，现代人"对进步的怀疑导致了整个西方文明的危机，因为在19世纪的进程中，旧的好与坏、善与恶的区分已经逐渐被进步与反动的区分所取代"①，人们不再以负责任的态度区分善与恶，最终陷入怀疑主义，出现价值判断层面的缺失。西方的现代性危机迫使人们陷入无休止的怀疑主义，在人类生产生活的诸多方面引发了危机，如人类生存危机、社会结构危机、道德危机等，这些危机无时无刻不在提醒人类应当采取更为审慎的态度审视西方现代性的价值定位。

克服西方现代性的历史局限，需要摒弃将现代性置于单一解释框架的诠释模式，以更加多元、包容的价值取向来解构所谓的西方现代性。"现代性概念显示出了容纳任何一种对现时及其意义的哲学解释的能力，无论这种解释是美学、道德、科学、技术的，还是更广义的

---

① Leo Strauss, "Progress or Return? The Contemporary Crisis in Western Civilization", *Modern Judaism—A Journal of Jewish Ideas and Experience*, Vol. 1, No. 1, 1981, pp. 17–45.

历史—社会的，也无论是积极的（现代性是好的、合乎愿望的）还是消极的（现代性是创伤或'悲剧'性的，必须被忘记或被超越）。"[1] 彻底抛开西方优越于东方、西方价值观优越于东方价值观的思想前见，才能在摒弃"西方中心主义"的立场上真正把握现代性的内涵及其双重内核，辩证审视当代的现代性理论，并理性看待日益突破地域限制、打破地缘政治以及意识形态桎梏的现代化发展浪潮。

三 中国式现代化：多元现代性文明形态的历史展开

"西方中心主义"试图将西方的现代化方案作为普遍模式在全世界推广，创造"一元现代性"神话。但中国特色社会主义开辟的全新现代化道路，用实践证明了现代化模式的多样性，打破了"西方中心主义"的理论虚妄，开启了现代化道路的新纪元，也不断昭示着多元现代性文明形态的历史展开。

审视中国近现代史，能够发现中国的现代化从一开始就与西方的现代化道路迥然不同，中国的现代化承担着争取民族独立与实现现代化的双重使命。在中国沦为半殖民地半封建社会之后，中华民族的历史使命一方面在于摆脱西方资本主义国家的奴役与压迫，另一方面在于奋力追赶西方的现代化进程，改变"落后就要挨打"的命运，实现民族的繁荣富强。从新民主主义革命时期、社会主义革命和建设时期、改革开放和社会主义现代化建设新时期到中国特色社会主义新时

---

[1] ［美］马泰·卡林内斯库：《现代性的五副面孔——现代主义、先锋派、颓废、媚俗艺术、后现代主义》，顾爱彬、李瑞华译，商务印书馆2002年版，第341页。

五　中国式现代化的文化形态

代，中国的现代化之路充满崎岖与波折，历经了从学习和模仿西方到独立自主地展开探索的艰难过程，在党的百年奋斗历程中造就了新时代中华民族屹立于世界民族之林、为世界带来更大贡献的历史辉煌。中国独特的现代化之路克服了社会发展单线思维模式的弊端，在普遍性与特殊性的有机结合中把握现代性的本质，用实践创造了人类文明新形态，破除了"西方中心主义"的现代性神话。习近平总书记在党的二十大报告中指出，"中国式现代化，是中国共产党领导的社会主义现代化，既有各国现代化的共同特征，更有基于自己国情的中国特色"[①]，是人口规模巨大、全体人民共同富裕、物质文明和精神文明相协调、人与自然和谐共生以及走和平发展道路的现代化。中国式现代化能够有效处理人民与政府、人与自然、物质文明与精神文明、中国与世界等各方面的关系，这也是中国式现代化行稳致远的关键所在。

社会主义与资本主义制度的本质区别，构成了中国的现代化道路与西方资本主义现代化道路的根本界分。马克思在《资本论》中指出，资本主义在诞生之初就充满了罪恶，其剥削历史"是用血和火的文字载入人类编年史的"[②]"资本主义制度却正是要求人民群众处于奴隶地位，使他们本身转化为雇工，使他们的劳动资料转化为资本"[③]。资本主义社会诞生于血腥与暴力之中，并在不断剥削无产阶级的过程中发展壮大。而中国的社会主义发展道路恰恰从反抗屈辱的压迫与剥削之中逐步生长起来，反映了底层人民的愿望与诉求。在决定中国前途

---

① 习近平：《高举中国特色社会主义伟大旗帜　为全面建设社会主义现代化国家而团结奋斗——在中国共产党第二十次全国代表大会上的报告》，人民出版社2022年版，第22页。
② 《马克思恩格斯文集》第5卷，人民出版社2009年版，第822页。
③ 《马克思恩格斯文集》第5卷，人民出版社2009年版，第827页。

命运以及社会性质的历史抉择中,历经苦难的中国人民没有选择资本主义的现代化发展进路,而是选择了马克思主义进而坚定地走社会主义道路。马克思、恩格斯提出了实现"自由人联合体"的共产主义社会,将社会发展的实践旨归指向了占人口大多数的无产阶级,相信"历史不过是追求着自己目的的人的活动而已"①,肯定了人民群众是历史的创造者。邓小平同志将社会主义的本质进一步明确界定为"解放生产力,发展生产力,消灭剥削,消除两极分化,最终达到共同富裕"②。中国的现代化之路始终以马克思、恩格斯创立的科学社会主义理论为指导,始终用马克思主义引领社会前行,而内蕴社会主义性质的现代化发展道路始终秉持将人民利益置于首位的价值遵循。中国的现代化道路致力于实现全体人民的共同发展,拒绝冲突与暴力,强调采取合作共赢的理念持续推进现代化。正因如此,中国创造了从站起来、富起来到强起来的伟大奇迹,充分展示了社会主义制度的进步性与优越性。

中国的现代化道路是集文化传承、现实要求和人民主体有机生成的必然结果。中华文明构成中国特色的内在规定性,彰显了中华民族的独特性,其中的优秀传统文化更是中华民族发展的精神标识,也是中国能够继往开来创造新的历史奇迹的底气所在。西方现代性高扬的"自由""平等"等普遍性理念并不是西方文明的特有之物。中国传统文化也内蕴丰富的自由思想,从儒家统一责任与义务、扎根现实生活的"入世的自由",到道家忘怀现实的"忘世的自由",再到佛家

---

① 《马克思恩格斯文集》第1卷,人民出版社2009年版,第295页。
② 《邓小平文选》第3卷,人民出版社1993年版,第373页。

五 中国式现代化的文化形态

达至涅槃境界的"出世的自由",以及三者会通形成的超越性自由精神,无不彰显着中国人民对于自由的渴望。[1] 欧洲的启蒙运动曾受到中华文明的熏陶与启迪,中华优秀传统文化中的理性精神、伦理政治以及儒家的仁爱思想等直接"促进了欧洲启蒙运动的发展和自由、平等、博爱观念的形成"[2]。鸦片战争之后,中国逐步沦为半殖民地半封建社会,国家蒙辱、文明蒙尘,但中华民族创造的独具一格的文明形态在人类历史上发挥过重要作用,对人类文明的形成与演进作出过不可替代的贡献,而这些灿烂的文化瑰宝构成了中国走向现代性的精神内核。

历史证明,如果我们盲目追随西方脚步,对西方现代化模式亦步亦趋,那么将永远无法真正超越西方的现代性逻辑,更无法扎根中国大地,解决中国的现实问题。因而,我们要立足世界视野,拓展世界眼光,洞察人类发展进步潮流,坚持胸怀天下、博采众长、兼收并蓄,以海纳百川的宽阔胸襟借鉴吸收人类一切优秀文明成果,为解决人类面临的共同问题作出贡献。同时,我们要聚焦"中国特色",推陈出新、踔厉奋发,构建人类文明新形态,并始终坚持马克思主义的科学真理,将马克思主义基本原理同中国具体实际、中华优秀传统文化有机结合起来,实现中华优秀传统文化的创造性转化与创新性发展,不断凝聚中国人民的集体智慧,形成推进中国式现代化的历史合力,摆脱西方现代性的束缚,开辟出一条兼具正当性与正确性、合理

---

[1] 参见黄玉顺《中国传统的自由精神——简论儒道释的自由观》,《理论学刊》2001年第4期。

[2] 冉昌光:《中学西渐与自由、平等、博爱观念的形成》,《社会科学研究》2014年第1期。

性与合法性、科学性与真理性的中国式现代化。"只有植根本国、本民族历史文化沃土，马克思主义真理之树才能根深叶茂。中华优秀传统文化源远流长、博大精深，是中华文明的智慧结晶。"① 中国特色社会主义道路是中国共产党在探索现代化道路过程中开辟的具有鲜明"中国特色"的现代化发展之路，为在新的时代条件下实现中华民族伟大复兴奠定了基础。

中国的现代化实践破解了西方现代性理论趋同性的原初设定，用实践证明了现代化道路的不同面相，彰显出中国式现代化的超越性与不可复制性。拒斥西方一元现代性叙事的强制逻辑，需要在普遍性与特殊性的张力中把握普遍预设与特殊现实之间的矛盾，以特殊现实为基底挖掘走向普遍现代化的可能性与合理性。中国式现代化发展道路坚持普遍与特殊相结合的方法论原则，既不被"西方中心主义"所谓的普遍性原则所绑架，也不走向过分夸大中华优秀传统文化的另一个极端，而是充分利用西方现代性优势扎根中国土壤，不断克服西方现代性的固有危机，突破"一元现代性"叙事的视野与思维局限性，在历史实践中不断确证自身的合法性与合理性，日益展现出强大的实践效能和理论魅力。

[原载《北京师范大学学报》（社会科学版）2024 年第 1 期]

---

① 习近平：《高举中国特色社会主义伟大旗帜　为全面建设社会主义现代化国家而团结奋斗——在中国共产党第二十次全国代表大会上的报告》，人民出版社 2022 年版，第 18 页。

人类文明新形态的特质、根脉与精神动力

——以德性与理性的关系为视角

杨柳新[*]

从当今世界历史性的"中国与天下"视角来看，中华文明的赓续与人类文明的演进具有内在的关联效应。中国式现代化在两个层次上推动着文明发展的进程：就当代中国而言，日益生成的是植根于中华优秀传统文化的中华民族现代文明；就当今"天下"而言，所开创的是扬弃现代资本主义文明的人类文明新形态。一系列值得探究的问题由此产生：如何理解正在兴起的中华民族现代文明所昭示的人类文明新形态？其根本特质何在？其文化根脉何在？其精神动力何在？

一 从"德性""理性"关系看人类文明新形态的德性文明特质

习近平总书记在庆祝中国共产党成立 100 周年大会上向世人明确

---

[*] 作者简介：杨柳新，北京大学马克思主义学院副教授。

宣告："中国特色社会主义是党和人民历经千辛万苦、付出巨大代价取得的根本成就，是实现中华民族伟大复兴的正确道路。我们坚持和发展中国特色社会主义，推动物质文明、政治文明、精神文明、社会文明、生态文明协调发展，创造了中国式现代化新道路，创造了人类文明新形态。"[1] 当代中国创造的人类文明新形态，是一个文明系统，包括物质文明、政治文明、精神文明、社会文明、生态文明五个方面，这五个方面有机贯通。对此可以结合"德性"与"理性"两个视角予以理解。换句话说，要把握当代中国开创的人类文明新形态的特质，可以从一体互系的"德性""理性"双重视角予以考察。

要说明这种一体两面的文明观察方法，不妨以马克思对近代资本主义文明的批判性审视为例。马克思曾在《共产党宣言》中写道："资产阶级，由于一切生产工具的迅速改进，由于交通的极其便利，把一切民族甚至最野蛮的民族都卷到文明中来了。它的商品的低廉价格，是它用来摧毁一切万里长城、征服野蛮人最顽强的仇外心理的重炮。它迫使一切民族——如果它们不想灭亡的话——采用资产阶级的生产方式；它迫使它们在自己那里推行所谓的文明，即变成资产者。一句话，它按照自己的面貌为自己创造出一个世界。"[2] 特别值得注意的是，马克思在运用"文明"一词时，有意彰显了它内在蕴含的"理性"与"德性"之间的歧义。具体而言，马克思从"生产工具的迅速改进""交通的极其便利""商品的低廉价格"等工具理性和理性机巧方面，描述性地界定"文明"与"野蛮"。当然，马克思并不

---

[1] 习近平：《在庆祝中国共产党成立100周年大会上的讲话》，人民出版社2021年版，第13—14页。

[2] 《马克思恩格斯文集》第2卷，人民出版社2009年版，第35—36页。

五 中国式现代化的文化形态

只是从这个角度理解文明与野蛮的差异。当马克思说资产阶级迫使"一切民族甚至最野蛮的民族"在自己那里推行"所谓的文明"的时候，他旗帜鲜明地呈现了自己对资产阶级及资本主义文明的道德判断：文明与野蛮的分野具有一个道义上的价值衡量标准——人类历史活动是否遵循实现"人的自由而全面发展"这一根本方向。[注释：在马克思看来，人类历史大体呈现为三大历史阶段："人的依赖关系""以物的依赖性为基础的人的独立性""自由个性"。而历史的曲折发展，就最终通向"自由个性"而言，以"人的自由而全面发展"为根本方向。① 其中，第二阶段正是对资本主义现代文明的描述。这个阶段"所谓的文明"，以共同体的裂散、个人的"原子化"和"物化"、资本逻辑占统治地位为基本特征，从而使作为目的本身的人沦为"物"这一资本主义现代性目的的手段，人的发展在资本主义条件下陷入制度性的"异化"境地。因此，马克思将资本主义现代文明从道义上判定为一种野蛮的"奴隶制"。在这个意义上说，马克思衡量文明与道义的准则，在于人类历史运动是否遵循实现"人的自由而全面发展"这一根本方向。]"在马克思的著作中，道德既成了批判哲学的一部分，也成了批判科学的一部分——也就是说，成为了思考分析社会性范畴发展与历史性制度发展的一部分。道德问题从考察道德选择的类型和标准（幸福、快乐、平等、市场理性、贡献或能力），转变成了对道德决定本身的特定条件的反思批判，与此同时却没有预先完全确定未来发展的可能性。"② 正是从道义上对资本主义

---

① 参见《马克思恩格斯全集》第30卷，人民出版社1995年版，第107—108页。
② [美]麦卡锡：《马克思与古人——古典伦理学、社会正义和19世纪政治经济学》，王文扬译，华东师范大学出版社2011年版，第131页。

时代持批判的态度，马克思深刻指出："在我们这个时代，每一种事物好像都包含有自己的反面。我们看到，机器具有减少人类劳动和使劳动更有成效的神奇力量，然而却引起了饥饿和过度的疲劳。财富的新源泉，由于某种奇怪的、不可思议的魔力而变成贫困的源泉。技术的胜利，似乎是以道德的败坏为代价换来的。随着人类愈益控制自然，个人却似乎愈益成为别人的奴隶或自身的卑劣行为的奴隶。甚至科学的纯洁光辉仿佛也只能在愚昧无知的黑暗背景上闪耀。我们的一切发明和进步，似乎结果是使物质力量成为有智慧的生命，而人的生命则化为愚钝的物质力量。"① 按照马克思的道义准则，资产阶级的文明只不过是"所谓的文明"。这种"所谓的文明"，其实是真正的现时代"野蛮"。

资产阶级社会的"所谓的文明"之所以在道德上是根本野蛮的，是因为其在人与物的关系上、在目的与手段的关系上的根本颠倒。马克思认为，人的"真正的财富就是所有个人的发达的生产力"②，是"人的创造天赋的绝对发挥"，这种"不以旧有的尺度来衡量的人类全部力量的全面发展"是人的"目的本身"。"在这里，人不是在某一种规定性上再生产自己，而是生产出他的全面性；不是力求停留在某种已经变成的东西上，而是处在变易的绝对运动之中。"③ 于是，从人类全部力量的全面发展这一人的目的本身出发，马克思看到，"在资产阶级经济以及与之相适应的生产时代中，人的内在本质的这种充分发挥，表现为完全的空虚化；这种普遍的对象化过程，表现为

---

① 《马克思恩格斯文集》第2卷，人民出版社2009年版，第580页。
② 《马克思恩格斯全集》第31卷，人民出版社1998年版，第104页。
③ 《马克思恩格斯文集》第8卷，人民出版社2009年版，第137页。

五 中国式现代化的文化形态

全面的异化,而一切既定的片面目的的废弃,则表现为为了某种纯粹外在的目的而牺牲自己的目的本身。因此,一方面,稚气的古代世界显得较为崇高。另一方面,古代世界在人们力图寻求闭锁的形态、形式以及寻求既定的限制的一切方面,确实较为崇高。古代世界是从狭隘的观点来看的满足,而现代则不给予满足;换句话说,凡是现代表现为自我满足的地方,它就是鄙俗的"[①]。马克思认为,古代世界和现代世界相比之所以显得且确实在一定意义上崇高得多,是因为,"根据古代的观点,人,不管是处在怎样狭隘的民族的、宗教的、政治的规定上,总是表现为生产的目的,在现代世界,生产表现为人的目的,而财富则表现为生产的目的"[②]。在这里,马克思用古代世界指称作为人类历史第一阶段——"人的依赖性"阶段——的前资本主义时代或前现代社会。很显然,万里长城所围绕的中华古老文明,属于所谓"亚细亚形式",也包括在马克思的古代世界视野中。[③]

西方语境中的现代文明一词与西方式现代化直接相关,主要用于描述现代世俗化、理性化、工业化、城市化和资本主义化进程,其中包含着根深蒂固的西方中心论、资本主义普遍论、现代科技和工商业先进论,以及某种现代超越于前现代的乐观主义或浪漫主义的情调。这种"文明"有其时代精神上的特点:如果说它也具有某种道德的话,那么其道德即自视文雅开明,具有"绅士风度",讲究理智冷静、崇尚自由放任、契约精神和市场交易式的公平——这个"所谓的文明"的"德性"内涵。然而,这些只不过是孤立的原子化的个体

[①] 《马克思恩格斯文集》第8卷,人民出版社2009年版,第137—138页。
[②] 《马克思恩格斯文集》第8卷,人民出版社2009年版,第137页。
[③] 参见《马克思恩格斯文集》第8卷,人民出版社2009年版,第136页。

们参与资本主义逐利游戏时,必须遵循的基本的游戏规则而已。其实,在这个"所谓的文明"的"德性"内涵中,不但没有丝毫的真正的"立人之道曰仁与义"的道德准则,反而还透露出一种无所不在的社会达尔文主义的"丛林法则":弱肉强食的"自然"合理合法的逻辑,以及"先进者"优越于"落后者"的理直气壮的傲慢。"早在18世纪末19世纪初工业革命刚刚开始的时候,英国古典政治经济学家亚当·斯密、托马斯·马尔萨斯和大卫·李嘉图就形成了另外一个学术流派,他们的思想后来也被编织到西方兴起的故事中:资本主义工业的发展观念就是'进步',西方是'进步的',而亚洲(也涵盖非洲和拉丁美洲)是'落后的'、'专制的'。诚然,拿西方的美德与东方的缺陷进行对比也许的确可以追溯到古希腊时期,然而,亚洲国家,特别是中国的财富和统治方式曾给18世纪的欧洲人留下了很深的印象。随着19世纪欧洲加速推进经济变革,而亚洲大部分地区陷入内部衰落,斯密和马尔萨斯等分析家的思想发生逆转,他们认为西方朝气蓬勃、具有远见、不懈进取、自由自在,而亚洲则是停滞不前、目光短浅、专横跋扈。"[①] 资本主义现代精神中普遍地浸透着一种冷酷的进步主义默契——"为了增加不同国家居民之间的交往,与商贸一样,战争历来也是一种促进、即进步的手段"[②]。

马克思也曾肯定过"资本的伟大的文明作用","它创造了这样一个社会阶段,与这个社会阶段相比,一切以前的社会阶段都只表现

[①] [美]马立博:《现代世界的起源:全球的、环境的述说,15—21世纪》(第三版),夏继果译,商务印书馆2017年版,第6页。

[②] [德]斐迪南·滕尼斯:《新时代的精神》,林荣远译,北京大学出版社2006年版,第163页。

五　中国式现代化的文化形态

为人类的地方性发展和对自然的崇拜。只有在资本主义制度下自然界才真正是人的对象，真正是有用物；它不再被认为是自为的力量；而对自然界的独立规律的理论认识本身不过表现为狡猾，其目的是使自然界（不管是作为消费品，还是作为生产资料）服从于人的需要。资本按照自己的这种趋势，既要克服把自然神化的现象，克服流传下来的、在一定界限内闭关自守地满足于现有需要和重复旧生活方式的状况，又要克服民族界限和民族偏见。资本破坏这一切并使之不断革命化，摧毁一切阻碍发展生产力、扩大需要、使生产多样化、利用和交换自然力量和精神力量的限制"。① 显然，资本的这个"伟大的文明作用"，其实仅限于理性方面，表现为科技和物质生产力的累积性进步所带来的全球交往与社会生活的理性化和世俗化。马克思在这里所表达的，与在《共产党宣言》中所说的资本的"世界历史"的意义相一致。马克思曾经如此写道，"资产阶级，由于开拓了世界市场，使一切国家的生产和消费都成为世界性的了"，并且"一切神圣的东西都被亵渎了"。② 可见，马克思并未从德性意义上肯定"资本的伟大的文明作用"。在德性方面，马克思坚决地批判了资本逻辑对人性的扭曲、资本主义对人类本有的价值秩序的颠覆，以及资本主义时代制度性和全面性的道德沉沦。马克思称资本主义在德性上的堕落为"人的异化"和"人的物化"。马克思曾满怀激愤地指出："资本来到世间，从头到脚，每个毛孔都滴着血和肮脏的东西。"③ 在他看

---

① 《马克思恩格斯全集》第 30 卷，人民出版社 1995 年版，第 390 页。
② 参见《马克思恩格斯文集》第 2 卷，人民出版社 2009 年版，第 35 页。
③ 《马克思恩格斯文集》第 5 卷，人民出版社 2009 年版，第 871 页。

来，资本主义制度是"人类活动所采取的最后一种奴隶形式"[①]。资本主义制度的历史进程仍然是"少数人的，或者为少数人谋利益的运动"[②]，因为，资本主义制度"要求人民群众处于奴隶地位，使他们本身转化为雇工，使他们的劳动资料转化为资本"[③]，并且，"资本主义的生产方式和积累方式，从而资本主义的私有制，是以那种以自己的劳动为基础的私有制的消灭为前提的，也就是说，是以劳动者的被剥夺为前提的"[④]。在资本主义历史阶段，一方面，拜物教取代旧时代的信仰；另一方面，资本主义生产资料私有制占统治地位——必然导致制度性的"人对人是物"的"物的依赖关系"的普遍化。资本主义生产方式的不道德性或反道德性，恰恰是因为人们之间的普遍关系都化约为货币交易的关系，而成为非道德性的"物化"关系。在资本主义社会中，个人也许是有道德良知的，甚至在一定意义上可能是道德高尚的，但资本主义生产方式及社会制度本身的运行逻辑在根本上是非道德性的，因而是不道德或反道德的。

任何文明形态都包含德性和理性两个方面或两种成分，而文明的整体属性或根本特质，是由两者之中占主导性的方面决定的。依据文明中德性与理性之间，或德性统率理性，或理性统率德性的不同，可以从总体上将人类文明区分为"德性文明"与"理性文明"两大类型或形态。资本主义"文明"属于理性统率德性的"理性文明"。若按照马克思关于人类历史三阶段或三形态的理论，历史的第二阶段

[①] 《马克思恩格斯全集》第31卷，人民出版社1998年版，第149页。
[②] 《马克思恩格斯文集》第2卷，人民出版社2009年版，第42页。
[③] 《马克思恩格斯文集》第5卷，人民出版社2009年版，第827页。
[④] 《马克思恩格斯文集》第5卷，人民出版社2009年版，第887页。

五　中国式现代化的文化形态

"以物的依赖性为基础的人的独立性",即对应着现代资本主义理性文明形态。而历史的第一阶段"人的依赖关系"和第三阶段"自由个性"或"全面发展的个人"①,则属于德性文明形态。如果说,将历史发展的轨迹,分别从理性和德性两个维度来予以描绘的话,那么,理性发展的轨迹是一条随着人的理智能力的累积性增加而逐渐上升的斜线,尽管其中也有曲折和起伏,但大体趋势是连续上升的;德性发展的轨迹则是从最初的社会形式,即自然形成的"人的依赖关系"的原始德性,向人类历史第二阶段"物的依赖关系"所表征的理性统率德性发展,接着,在替代资本主义的新社会形态的托举中,向生成中的人类历史第三阶段"自由个性"的新德性"高原"攀升。因此,对于具体的文明形态,唯有结合其理性和德性两方面之间的关系及其历史发展态势予以整体考察,才能揭示其实际内涵、动态过程与根本特质。据此可推知,新时代中国特色社会主义所开创的中华民族现代文明,作为人类文明新形态,属于人类历史第三阶段意义上的德性文明。不仅如此,中华民族现代文明接续着数千年绵延不息的中华文明传统,而这个传统本身是一种源远流长的独特的德性文明传统。因此,从双重意义上讲,当代中国日生日成的人类文明新形态,其根本特质就是德性文明。

二　人类文明新形态的文明根脉:中华传统德性文明的"旧邦新命"

新时代中国特色社会主义所创造的人类文明新形态,并非无源之

---

① 参见《马克思恩格斯全集》第30卷,人民出版社1995年版,第107—113页。

水、无本之木。"周虽旧邦，其命维新。"（《诗经·大雅·文王》）中华民族现代文明所代表的人类文明新形态，是自古及今绵延传承的中华文明传统开出的新生面，是历史悠久的中华传统道德智慧及其实践凝成的古老文明形态——中华传统德性文明——在当今时代发展的新成就。在人类文明中，历史悠久、源流独特的中华传统德性文明是唯一的连续不断、传承至今的德性文明。正如习近平总书记所说，"中华文明是世界上唯一绵延不断且以国家形态发展至今的伟大文明。这充分证明了中华文明具有自我发展、回应挑战、开创新局的文化主体性与旺盛生命力"[1]。世界其他古代文明，以各自不同的觉醒程度、道德境界和历史节奏，在经历了人类都有的"人的依赖关系"的原始德性文明阶段之后，进入了理性渐长而德性蜕变的轨道。唯有中华文明，从人类最初普遍存在的"人的依赖关系"的原始德性文明出发，以"立人之道曰仁与义"的道义准则，一以贯之地累积生成中华传统德性文明。"在全人类天下性的德性文明兴起之前，人类中个别群体的德性文明，即世界上局部性的德性文明的先知先觉先行者，很久以前就已经出现。在雄踞寰球东方的神州大地上，中华文明于至少五千年前就已经确立德性文明的典范。孔子'祖述尧舜，宪章文武'（《中庸》），则尧、舜时代已是中华德性文明的青年期，而其少年期显然可以追溯到人文初祖黄帝的时代，其婴幼儿期则始于上古伏羲、神农时代。"[2] 中华民族现代文明是中华传统德性文明的"后裔"，是在创造性转化和创新性发展的意义上，对中华文明"旧邦新

---

[1] 习近平：《在文化传承发展座谈会上的讲话》，《求是》2023年第17期。
[2] 杨新铎：《德性文明论：古典儒家礼乐教化及其当代价值》，知识产权出版社2018年版，第21页。

五 中国式现代化的文化形态

命"的自觉担当和接续。

中华德性文明源远流长,其最初的源头可以追溯到大约八千年前,中国上古先民对贯通天地人三才之道的整体生命观的领悟。《易经·系辞传下》说:"古者包牺氏之王天下也,仰则观象于天,俯则观法于地,观鸟兽之文与地之宜,近取诸身,远取诸物,于是始作八卦,以通神明之德,以类万物之情。"中华民族道德人文主义智慧早启,原初的中华德性文明在伏羲氏时代即已创生。此后,中华传统德性文明历代接续,起伏跌宕,绵延不绝,传承至今。中华传统德性文明的根本道德观念,用《易经·说卦传》的话来说,就是"立天之道曰阴与阳,立地之道曰柔与刚,立人之道曰仁与义"。人立身于天地之间,以仁义之道和顺于天地阴阳柔刚之道,参赞天地之化育,与天地万物作为生命共同体而和谐共生,生生不息。《易经·大象传》曰:"天行健,君子以自强不息;地势坤,君子以厚德载物。"这昭示着中华人文精神:与天地精神相往来,效天法地,乾健坤顺,修己自强,悠久无疆,厚德安人,无物不载。从历史经验来看,中华德性文明蕴蓄于中华民族的人民心性之中,体现在士君子的道德风范和百姓日用的良风美俗之中。《诗经·大雅·烝民》曰:"天生烝民,有物有则,民之秉彝,好是懿德。"中华德性文明的波澜,见诸王朝政治的兴衰更迭。而其中的历史规律,可谓是"德惟治,否德乱。与治同道,罔不兴;与乱同事,罔不亡"(《尚书·太甲下》)。从道德情怀与生活实践来看,中华德性文明,心系天下,贯通天人,民胞物与,保合太和,因而具有天下文明和生态文明的特质。

近代以来,古老的中国经受着中西两种文明之间激烈冲突和交汇所带来的深巨震荡。中国源远流长的原生传统德性文明,遭逢来自西方列强所代表的现代资本主义理性文明的侵袭，于是跌入沉沦境地。鸦片战争以后，洋务运动、维新运动、孙中山领导的辛亥革命等，都是中国走在日渐加深的"西化"道路上的运动。这一时期的中国文明，深受现代资本主义理性文明的浸染与左右，其中传统德性文明的成分日渐式微。直到1921年中国共产党诞生，中国才有了真正能够团结带领中华民族，继往开来地接续中华传统德性文明命脉的现代担当者和弘扬者。1949年中华人民共和国成立后，站起来的中华民族从此走上了接续中华德性文明，从而建设中华民族现代文明的正道。

新时代中国特色社会主义走的是一条中国式现代化道路。中国式现代化"不是简单延续我国历史文化的母版，不是简单套用马克思主义经典作家设想的模板，不是其他国家社会主义实践的再版，也不是国外现代化发展的翻版"[①]。这就意味着，中国式现代化所开创的人类文明新形态，虽然是归本溯源地继承了中华传统德性文明，却不是对其以往既有形态的简单延续，而是在新的历史条件下对其予以创造性转化和创新性发展，从而开出的具有当代中国马克思主义新特质的时代性和世界性的新生面。

中国式现代化是相对于各种非中国式现代化，尤其是影响世界已久的西方式现代化而言的。一般说来，"现代化"是近500年以来从西方开始而逐渐向全球扩散的，一种以"理性化"为基本特征的历史变迁，大体可以用现代科学技术的发展、世俗化、工业化、城市化、市场化等来概括。由于欧美所代表的西方在世界现代化进程中的先发性及其扩张性，以及后发现代化国家不可避免地或被动或主动地

---

① 《习近平谈治国理政》第三卷，外文出版社2020年版，第76页。

五　中国式现代化的文化形态

对西方式现代化的"参照",经典现代化理论曾经一度认为,现代化就是同质化的西方式现代化的全球普遍化。简言之,这种理论错误地宣扬,全人类唯一普遍的现代化模式就是西方式现代化,"现代化"等同于"西方化"。经典现代化理论的同质化、西方化一元论,简直就是一种宿命论式的"神话"。其实,马克思早就对此作出过预见性的相关批判。马克思并不讳言资本主义全球扩张过程具有西方化的特征和趋势。他指出:"资产阶级……正像它使农村从属于城市一样,它使未开化和半开化的国家从属于文明的国家,使农民的民族从属于资产阶级的民族,使东方从属于西方。"[①] 但是,马克思并未断言非西方世界的现代化只有"西方化"一种模式,或一条道路。在1877年论述俄国现代化的可能性时,马克思明确告诫:不要把他"关于西欧资本主义起源的历史概述彻底变成一般发展道路的历史哲学理论,一切民族,不管它们所处的历史环境如何,都注定要走这条道路"[②]。事实上,大致在进入21世纪之际,流行的现代化理论大多也已经不再坚持那种简单的西方式现代化的一元论观念,而比较普遍地倾向于一种所谓"多元现代性"的观念。在既遵循人类现代化进程一般规律又坚持中国自己特有的发展道路的意义上,我们也使用"现代化"一词。须知我们的"现代化"是中国特色社会主义现代化,其方向、道路与模式不是由一种先验的"普世的"西方式现代化决定,而是由中国特有的历史进程、文化传统、基本国情和现实发展需要等具体地历史地决定。正如习近平总书记所说:"独特的文化传统,独特的

[①] 《马克思恩格斯文集》第2卷,人民出版社2009年版,第36页。
[②] 《马克思恩格斯文集》第3卷,人民出版社2009年版,第466页。

历史命运，独特的基本国情，注定了我们必然要走适合自己特点的发展道路。"[①] 在党的二十大报告中，习近平总书记进一步强调，"中国式现代化的本质要求是：坚持中国共产党领导，坚持中国特色社会主义，实现高质量发展，发展全过程人民民主，丰富人民精神世界，实现全体人民共同富裕，促进人与自然和谐共生，推动构建人类命运共同体，创造人类文明新形态"[②]。在"文明"的语境中，中国式现代化与西方式现代化作为多元现代性的两种表现形式，也意味着两种根本不同的文明形态。我们需要从整体的历史文化脉络和特质上，来理解中国式现代化所体现的新文明形态与西方式现代化旧文明形态之间的根本差异。在当今全球交往的开放格局中，世界上并存的各种文明形态在器物、科技、贸易等层面虽然有差异，但也存在着诸多共通之处。因此，只从器物、科技、贸易等表层并不足以从根本上将各种文明形态区分开来。区分各种文明形态的决定性因素主要来自世界观、价值观、意识形态、社会制度等层面，而它们都根源于各种文明形态内在的历史文化传统与根本社会性质。中国式现代化不同于西方式现代化的关键，既在于当代中国所接续和弘扬的是特有的中华德性文明的优秀历史文化传统，又在于当代中国的制度体系和发展道路是社会主义性质的，而不是资本主义性质的。正如习近平总书记所说，"中国式现代化是赓续古老文明的现代化，而不是消灭古老文明的现代化；是从中华大地长出来的现代化，不是照搬照抄其他国家的现代

[①] 《习近平谈治国理政》第一卷，外文出版社2018年版，第156页。

[②] 习近平：《高举中国特色社会主义伟大旗帜 为全面建设社会主义现代化国家而团结奋斗——在中国共产党第二十次全国代表大会上的报告》，人民出版社2022年版，第23—24页。

五　中国式现代化的文化形态

化；是文明更新的结果，不是文明断裂的产物。中国式现代化是中华民族的旧邦新命，必将推动中华文明重焕荣光"①。

当代中国开创的人类文明新形态，虽然与中华传统德性文明在根本特质上古今一贯，在文化根脉和人文精神上源流相续，在中华民族共同体历史命运上一脉相承，但是，并非简单"复活"或"复归"中华传统德性文明，而是在当今新的历史条件下，中国共产党领导中国人民，将马克思主义同中国具体实际和中华优秀传统文化相结合，而创造的人类文明史上新的伟大成就。也就是说，人类文明新形态，作为具有全人类性的德性文明，是中华传统德性文明在返本开新和守正创新意义上的当代发展，是造就"新的文化生命体"意义上的"文明更新"。

从德性文明的中华传统形态和作为人类文明新形态的当代形态的整体格局和发展向度来看，后者既集前者之大成，又在时代性和世界性意义上对前者予以创造性转化和创新性发展。中华传统德性文明大体是以华夏农耕文明为经济社会基础的，而人类文明新形态是在人类全球交往普遍化的条件下，依托于发达工业文明向生态文明转型及与信息文明结合，乃至向虚实融合生产方式的更高"知识"和"智慧"层级演化的进程而创生的。从生态维度来看，中华传统德性文明之"道法自然"与"天人合一"的原生生态文明精华，将为人类文明新形态的"人与自然生命共同体"新生态文明所接续，并在新的生产力水平和新的人类自觉境界上予以创造性转化和创新性发展。从天下维度来看，中华传统德性文明以"华夏"为中心的"王道天下"格局，将随着当代中国与全球各国共建"人类命运共同体"的伟大实

---

① 习近平：《在文化传承发展座谈会上的讲话》，《求是》2023年第17期。

践而拓展,乃至遍及整个世界,从而迈向全人类人文化成意义上的新"天下文明"。从信息维度来看,信息文明的兴起,以及虚实融合生产方式向更高"知识"和"智慧"层级发展的迅猛趋势和广阔前景,更是为中华传统德性文明进阶人类文明新形态赋予前所未有的强劲动能和崭新视野。

三 人类文明新形态的精神动力:马克思主义同中华优秀传统文化相结合

当代中国所创造的人类文明新形态的精神动力,来自马克思主义同中华优秀传统文化的融通。人类文明新形态所彰显的精神是一种具有新时代特点的人文精神,其一以贯之的根本精神品格为"自强不息、厚德载物",其道义准则为"立人之道曰仁与义",其全体大用的现实思想理论形态为习近平新时代中国特色社会主义思想。这一思想是中华文化和中国精神的时代精华,是当代中国马克思主义和二十一世纪马克思主义,实现了马克思主义中国化新的飞跃。[①] 在这一思想的正确指引下,我们党心怀实现中华民族伟大复兴和为人民谋幸福的"国之大者",带领中国人民走在推进共同富裕、建设生态文明,以及引领世界建设人类命运共同体的新征程上。

人类文明新形态所彰显的精神在马克思主义同中国具体实际和中华优秀传统文化相结合的历史实践中不断生长、发育、成形。与现代

[①] 参见《中共中央关于党的百年奋斗重大成就和历史经验的决议》,人民出版社2021年版,第26页。

五　中国式现代化的文化形态

资本主义旧文明物化性的工具理性主义精神相反,当代中国兴起的人类文明新形态具有一种参赞化育的道德人文主义精神——自强不息、厚德载物、生生和谐、中和位育、继善成性、修己安人——从个人身心到家国天下,再到天人之际、天地人三才之道一体贯通,可简称为"中和位育"的"和生"精神。就中华德性文明历久弥新的传统而言,依《尚书》所载,中华古圣先王有遵循"天之历数"而"允执厥中"(《尚书·大禹谟》),和建"皇极大中"以统"洪范九畴",从而使天下"彝伦攸叙"的典训(《尚书·洪范》),其根本精神皆汇归为"正德、利用、厚生、惟和"(《尚书·大禹谟》)的"和生"精神。从马克思主义同中华优秀传统文化在实践中创造性结合的脉络来看,人类文明新形态的"和生"精神,或"中和位育"的道德人文主义精神,是马克思主义"自由个性"与中华传统德性文明的"内圣外王"之道相融通而形成的。与现代资本主义将人作为孤立的原子化的个体或工具理性载体,讲究"丛林法则"与零和博弈,渗透着相互仇恨意识的理性主义精神根本不同,人类文明新形态之精神关注的是建设"自由人联合体"和发展"自由个性"的理想:人类自觉作为共同体及其成员的双重道德主体,在自然天地之间,在群己伦常之中,自由而全面地发展,和谐地成就人的生命价值。由此看来,人类文明新形态之"和生"精神的兴起,意味着一种向"道德人文主义"转型的人类精神的新觉醒。

马克思主义同中华优秀传统文化之所以能够相互融通,并不断生成日新又新的中国化马克思主义,是因为二者具有内在的契合关系。就二者之间最重要的思想文化关联而言,聚焦于中华优秀传统文化与马克思主义关于"人"本身的理解,可以比较清晰地揭示二者之间的内在共通性。首先,中华优秀传统文化和马克思主义都基于一种整体生命观来理解人本身,两者都实现了对于"天人合一"的道德人文主义的把握。生生不息的"大一"——自然整体生命,是中华优秀传统文化与马克思主义共同领悟的实在。对于中华传统道德智慧所洞察的"天地之大德曰生"的无限自然生机,以及天下、国家、家等各层人类共同体生命根基,马克思主义也都有深刻体认。马克思既强调自然生产力的至关重要性和自然界是人的"无机的身体"①,又强调人的共同体本质和共同体本身是"第一个伟大的生产力"②。马克思还进一步指出,共产主义是对"人的自我异化的积极的扬弃,因而是通过人并且为了人而对人的本质的真正占有;因此,它是人向自身、也就是向社会的即合乎人性的人的复归,这种复归是完全的复归,是自觉实现并在以往发展的全部财富的范围内实现的复归。这种共产主义,作为完成了的自然主义,等于人道主义,而作为完成了的人道主义,等于自然主义,它是人和自然界之间、人和人之间的矛盾的真正解决,是存在和本质、对象化和自我确证、自由和必然、个体和类之间的斗争的真正解决"③。其次,中华优秀传统文化"彝伦攸叙"的理念,与马克思主义"自由人联合体"和"真正的共同体"理念相一致。从马克思主义视角来看,人的生命依托于共同体,人必须遵循共同体伦常而生活。每个人本质上都是共同体成员;从中华优秀传统文化视角来看,夫妇、父子、兄弟、朋友、群己、师生、天人七大伦理关系,共同编织成人们生活于其中的、秩序井然的伦理结

---

① 《马克思恩格斯文集》第1卷,人民出版社2009年版,第161页。
② 《马克思恩格斯全集》第30卷,人民出版社1995年版,第488页。
③ 《马克思恩格斯文集》第1卷,人民出版社2009年版,第185页。

五　中国式现代化的文化形态

构。最后，中华优秀传统文化与马克思主义都服膺于人类的恒常道义，将"立人之道曰仁与义"的道德准则，熔铸于其全部思想理论和实践历程之中。上述马克思主义与中华优秀传统文化共通的"人"的自觉，正是人类文明新形态之"和生"精神的核心。人类文明新形态之"和生"精神全面具体地体现在当代中国和中华民族的道路自信、理论自信、制度自信、文化自信之中，尤其体现在文化自信之中。彰显人类文明新形态之"和生"精神的文化自信，既是面向历史的自信，也是面向未来的自信。前者意味着在文化认同上对源远流长、博大精深的中华德性文明，以及其优秀文化传统的根源性自信；后者意味着当代中国心怀天下，勇担引领全人类向德性的天下文明转型跃升的重任。

中华民族伟大复兴，从根本上讲，意味着依托于中华传统德性文明的返本开新与守正创新，以创造中华民族现代文明和人类文明新形态的"文明更新"。中华文明具有亘古亘今、历劫不磨的"活"的精神生命。中华优秀传统文化是中华民族的精神命脉，是我们的"根"。从中华优秀传统文化，到党领导人民创造的革命文化和社会主义先进文化，我们中华民族的精神生命，古今接续，一脉相承，与时偕行，历久弥新。如果没有作为精神支撑力量的中华文化的不断发展壮大，中华民族伟大复兴是不可想象的。中华文化的繁荣发展需要中华民族共同体及其每个成员致力于中华文化建设，而这取决于我们坚定而深厚的中华文化自信。文化自信是文化主体意识成熟，文化认同稳固，文化自尊彰显的表现。我们的文化自信是一种来自中华民族文化主体的根源性的精神力量，决定着新时代中国特色社会主义文化建设的自觉性、自主性、独立性和创造性。

如果说文化自信是我们在文化认同上必须拥有的骨气，那么，支撑我们文化自信的根基，或者说我们文化自信的底气从何而来？我们文化自信的底气，从根本上来说，来自中华传统德性文明生生不息的血脉中所蕴含的中华优秀传统文化。习近平总书记指出："文化自信就来自我们的文化主体性。这一主体性是中国共产党带领中国人民在中国大地上建立起来的；是在创造性转化、创新性发展中华优秀传统文化，继承革命文化，发展社会主义先进文化的基础上，借鉴吸收人类一切优秀文明成果的基础上建立起来的；是通过把马克思主义基本原理同中国具体实际、同中华优秀传统文化相结合建立起来的。"[1]

习近平总书记反复强调，中华优秀传统文化是中华民族的突出优势，是中国特色社会主义植根的文化沃土，也是我们在世界文化激荡中站稳脚跟的根基。"中华优秀传统文化是中华民族的文化根脉，其蕴含的思想观念、人文精神、道德规范，不仅是我们中国人思想和精神的内核，对解决人类问题也有重要价值。"[2] 中华优秀传统文化内生于五千多年绵延传续的中华文明"活"的共同体生活方式，其中包含的博厚、高明、悠久的人文精神、伦理智慧、道德原则、价值观念、哲学思想、辩证方法、思维方式等，是人类文明中最富有生命力、原创性和启迪性的文化瑰宝，能够为解决人类面临的难题提供重要启示。习近平总书记在党的二十大报告中指出，"坚持和发展马克思主义，必须同中华优秀传统文化相结合。只有植根本国、本民族历史文化沃土，马克思主义真理之树才能根深叶茂。中华优秀传统

---

[1] 习近平：《在文化传承发展座谈会上的讲话》，《求是》2023 年第 17 期。
[2] 《习近平谈治国理政》第三卷，外文出版社 2020 年版，第 314 页。

五　中国式现代化的文化形态

文化源远流长、博大精深，是中华文明的智慧结晶，其中蕴含的天下为公、民为邦本、为政以德、革故鼎新、任人唯贤、天人合一、自强不息、厚德载物、讲信修睦、亲仁善邻等，是中国人民在长期生产生活中积累的宇宙观、天下观、社会观、道德观的重要体现，同科学社会主义价值观主张具有高度契合性。我们必须坚定历史自信、文化自信，坚持古为今用、推陈出新，把马克思主义思想精髓同中华优秀传统文化精华贯通起来、同人民群众日用而不觉的共同价值观念融通起来，不断赋予科学理论鲜明的中国特色，不断夯实马克思主义中国化时代化的历史基础和群众基础，让马克思主义在中国牢牢扎根"[1]。

曾几何时，我们这个民族一度误入彻底"反传统"和"全盘西化"的迷途，陷于失魂落魄的境地。1840年鸦片战争爆发，标志着中国近代史的开端。中国近代史以中华民族遭受世界帝国主义列强疯狂肆虐的侵略与压迫为其显著外部特征。与之相伴的是，在内外交困的普遍的矛盾激化状态下，晚清封建王朝统治陷入崩溃瓦解中。鸦片战争以来一系列的失败，迫使人们在中华封建王朝的废墟上、在承受巨大的屈辱与痛苦中思索：如何救中国。毛泽东同志曾说：自从一八四〇年鸦片战争失败那时起，先进的中国人，经过千辛万苦，向西方国家寻找真理。那时，求进步的中国人，认为要救国，只有维新，要维新，只有向"进步的"西方资本主义国家学习。可是，帝国主义的侵略打破了中国人学西方的迷梦。很奇怪，为什么先生老是侵略学生呢？中国人向西方学得很不少，但是行不通。多次奋斗，包括辛亥

---

[1] 习近平：《高举中国特色社会主义伟大旗帜　为全面建设社会主义现代化国家而团结奋斗——在中国共产党第二十次全国代表大会上的报告》，人民出版社2022年版，第18页。

革命那样全国规模的运动，都失败了。十月革命一声炮响，给我们送来了马克思列宁主义。中国的先进分子开始用无产阶级的宇宙观作为观察国家命运的工具，重新考虑自己的问题。于是，西方资产阶级的文明，资产阶级的民主主义，资产阶级共和国的方案，在中国人民的心目中，一齐破了产。唯一的路是经过工人阶级领导的人民共和国。[1] 如果说，旧中国的现代化摸索是倾向"全盘西化"或基本"西化"的，屈身跟随于西方资本主义列强之后亦步亦趋的现代化，那么，中国共产党领导中国人民所走的中国特色社会主义现代化道路，则是一条由站起来了的中国人民独立自主、自力更生而开辟的现代化新道路。这条既不朝向西方，又不同于资本主义的中国式现代化道路，立足于中国具体实际，以马克思主义为指导，以中华传统德性文明为根基，是马克思主义基本原理同中国具体实际和中华优秀传统文化相结合的产物。

马克思主义同中华优秀传统文化相结合，是创造中华民族现代文明的精神动力。习近平总书记深刻指出，在五千多年中华文明深厚基础上开辟和发展中国特色社会主义，把马克思主义基本原理同中国具体实际、同中华优秀传统文化相结合是必由之路。这是我们在探索中国特色社会主义道路中得出的规律性的认识，是我们取得成功的最大法宝。马克思主义同中华优秀传统文化相结合的结果，是二者相互成就，为中华民族造就了一个有机统一的"新的文化生命体"。"结合"巩固了文化主体性，习近平新时代中国特色社会主义思想就是这一文化主体性的最有力体现。而且，"结合"筑牢了道路根基，让中国特

---

[1] 参见《毛泽东选集》第 4 卷，人民出版社 1991 年版，第 1469—1471 页。

色社会主义道路有了更加宏阔深远的历史纵深,进而拓展了中国特色社会主义道路的文化根基。不仅如此,"结合"也打开了创新空间,让我们掌握思想和文化主动,并有力地作用于道路、理论和制度。更重要的是,"第二个结合"是又一次的思想解放,让我们能够在更为广阔的文化空间中,充分运用中华优秀传统文化的宝贵资源,探索面向未来的理论和制度创新。"第二个结合"是我们党对马克思主义中国化时代化历史经验的深刻总结,是对中华文明发展规律的深刻把握,表明我们党对中国道路、理论、制度的认识达到了新高度,表明我们党的历史自信、文化自信达到了新高度,表明我们党在传承中华优秀传统文化中推进文化创新的自觉性达到了新高度。[①]

四 结语:人类文明发展的新方向

马克思主义同中华优秀传统文化相结合,在新的历史条件下强劲地激发了博厚、高明、悠久的中华德性文明传统内蕴的无比坚韧的精神生命力。中国共产党带领中国人民开创中国特色社会主义道路,标志着中华传统德性文明在经历了近代以来的曲折之后的文明更新,标志着融通马克思主义与中华优秀传统文化的新德性文明的兴起。当代中国正在兴起的新德性文明,作为中华民族现代文明和人类文明新形态,不仅彰显出中华民族生命共同体和中华文化生命体的新生面,而且昭示着人类文明发展的新方向。

习近平总书记指出,马克思主义与中华优秀传统文化相互结合的

[①] 参见习近平《在文化传承发展座谈会上的讲话》,《求是》2023年第17期。

前提是彼此高度契合；相互契合才能有机结合。① 从两者结合创造人类文明新形态的视角来看，作为中华民族现代文明创造思想指南的马克思主义和作为中华德性文明根脉的中华优秀传统文化，都在"德性""理性"互系而以"德性"统率"理性"的意义上，体现出批判性与建设性相统一的契合性。从各有侧重的表现形态和内在特性来看，直面现代世界鲜活实际的马克思主义，是富有建设导向性的批判性思想宝库；而历久弥新的活生生的中华德性文明传统，是内蕴批判精神的建设性文化根基。两者的互补性融通，必将为人类迈向新文明形态提供不竭的精神源泉。

马克思的历史三阶段理论，其实表达了一个关于人类文明演进的辩证逻辑：第一阶段"人的依赖关系"，是原初共同体主义的"肯定"阶段；第二阶段"以物的依赖性为基础的人的独立性"，是个人主义的，是共同体的裂散，即共同体主义的"否定"阶段；第三阶段"自由个性"，是在继承前两个阶段精华和成就的基础上，在更高境界上向共同体主义的"回归"，是共同体主义的"否定之否定"阶段。② 可以依据上述历史唯物主义的逻辑，从社会主义与资本主义历史发展前途的根本区别来理解当代中国所开创的中华民族现代文明属于人类文明新形态。社会主义是制度性的共同体主义德性文明，已迈上通往"人的自由而全面发展"和"自由人联合体"的正确道路，是正在兴起的新文明形态，而当代中国是人类文明新形态的典范和引领者。资本主义是制度性的个人主义理性文明，尚处在"人类活动所

---

① 参见习近平《在文化传承发展座谈会上的讲话》，《求是》2023 年第 17 期。
② 参见《马克思恩格斯全集》第 30 卷，人民出版社 1995 年版，第 107—108 页。

五　中国式现代化的文化形态

采取的最后一种奴隶形式"之中，正愈演愈烈地陷入人类生活的分裂、冲突、奴役、异化、物化的深渊，难以自拔，是正在走向没落的旧文明形态。

从命运与共的人类文明前景来看，当代中国在激活中华民族内蕴的道德人文主义精神、更新固有的德性文明传统的基础上所创造的中华民族现代文明和人类文明新形态，是步入"人的自由而全面发展"的人类历史更高阶段的文明形态，典范性地昭示着世界历史从资本主义理性文明向社会主义德性文明转型跃升的新方向：仁义充塞、天下分裂、生态破坏的资本主义理性文明已然岌岌可危；正在代之而兴起的，是一个居仁由义、天下和平、生态和谐的全人类德性文明，同时也是"人类命运共同体"所彰显的天下文明，以及"人与自然生命共同体"所彰显的生态文明。[①] 这个人类文明新形态的开创者和先导者，正是中国共产党所领导的当代中国和中华民族。

作为中华传统德性文明的继承者和弘扬者，当代中国在建设中华民族现代文明和创造人类文明新形态的进程中，一方面，将马克思主义同中国具体实际和中华优秀传统文化相结合，不断推进马克思主义中国化时代化，并且以海纳百川的博大胸襟借鉴吸收人类创造的一切优秀文明成果，来为社会主义文化发展提供滋养。另一方面，当代中国心怀天下，为人类谋进步，为世界谋大同，致力于同一切爱好和平的国家和人民一道，弘扬和平、发展、公平、正义、民主、自由的全人类共同价值，推动构建和而不同的更加美好的世界。当代中国已经

[①] 参见杨新铎《德性文明论：古典儒家礼乐教化及其当代价值》，知识产权出版社2018年版，第1页。

全方位涉入全球交往，并依靠自力更生、艰苦奋斗在全世界面前和平崛起，日益彰显出一个富有天下情怀的泱泱大国引领世界的担当、智慧、能力和气度。中国共产党带领中国人民正在稳步推进的中华民族伟大复兴，是数千年生生不息、绵延不断的中华德性文明的更新，是中华民族现代文明的伟大兴起，必将以"远人不服，则修文德以来之"的伟大文化感召力，带来一个全人类德性文明兴起的时代；同时，这个时代也将是一个由中国引领世界，携手建设"人类命运共同体之天下文明"的时代。

（原载《哲学研究》2024年第2期）

中国式现代化的文明逻辑

王义桅[*]

党的二十大擘画了以中国式现代化全面推进中华民族伟大复兴的宏伟蓝图,明确了全面建成社会主义现代化强国"两步走"的战略安排:从2020年到2035年基本实现社会主义现代化;从2035年到本世纪中叶把我国建成富强民主文明和谐美丽的社会主义现代化强国。党的二十大报告指出:"中国式现代化的本质要求是:坚持中国共产党领导,坚持中国特色社会主义,实现高质量发展,发展全过程人民民主,丰富人民精神世界,实现全体人民共同富裕,促进人与自然和谐共生,推动构建人类命运共同体,创造人类文明新形态。"[①] 2023年2月7日,习近平总书记在新进中央委员会的委员、候补委员和省部级主要领导干部学习贯彻习近平新时代中国特色社会主义思想和党的二十大精神研讨班开班式上强调:"中国式现代化蕴含的独特

---

[*] 作者简介:王义桅,中国人民大学习近平新时代中国特色社会主义思想研究院副院长、国际关系学院教授、欧盟研究中心主任、当代政党研究平台研究员。

[①] 习近平:《高举中国特色社会主义伟大旗帜 为全面建设社会主义现代化国家而团结奋斗——在中国共产党第二十次全国代表大会上的报告》,《人民日报》2022年10月26日。

世界观、价值观、历史观、文明观、民主观、生态观等及其伟大实践，是对世界现代化理论和实践的重大创新。"[①] 6月2日，习近平总书记在文化传承发展座谈会上强调："在五千多年中华文明深厚基础上开辟和发展中国特色社会主义，把马克思主义基本原理同中国具体实际、同中华优秀传统文化相结合是必由之路。这是我们在探索中国特色社会主义道路中得出的规律性认识，是我们取得成功的最大法宝。"习近平总书记还指出："'结合'的前提是彼此契合……'结合'的结果是互相成就，造就了一个有机统一的新的文化生命体，让马克思主义成为中国的，中华优秀传统文化成为现代的，让经由'结合'而形成的新文化成为中国式现代化的文化形态……'结合'筑牢了道路根基，让中国特色社会主义道路有了更加宏阔深远的历史纵深，拓展了中国特色社会主义道路的文化根基。中国式现代化赋予中华文明以现代力量，中华文明赋予中国式现代化以深厚底蕴。"[②]

基于此，应该如何从文明的逻辑，来理解中国式现代化的起点、过程和目标？本文拟对此展开探讨。

一 历史维度（起点）：文明古国的现代振兴

实现现代化是世界各国的普遍追求，对文明古国而言任务则更显艰巨。作为文明古国的中国能否实现现代化，如何实现现代化，实现什么样的现代化？此即现代化的中国之问。

[①] 《正确理解和大力推进中国式现代化》，《人民日报》2023年2月8日。
[②] 《担负起新的文化使命 努力建设中华民族现代文明》，《人民日报》2023年6月3日。

五　中国式现代化的文化形态

近代以来，从"传统中国"（traditional China）向"现代中国"（modern China）的转变，充满了艰辛曲折。经历"中西—体用"的迷思和以西方为参照系的迷茫，甚至笃信"落后就要挨打"，发出"被开除球籍"的感慨，中国的现代化经历了从"效法欧美"到"以俄为师"的转变，最终回到"中国特色"的道路。1919年孙中山先生出版《建国方略》一书，将革命口号"振兴中华"转化为建设近代中国、谋求现代化的第一份蓝图。1929年上海《生活周刊》刊登了《十问未来之中国》一文，发出现代化中国之问的先声："吾国何时可稻产自丰、谷产自足，不忧饥馑？""吾国何时可行义务之初级教育、兴十万之中级学堂、育百万之高级学子？""吾国何时可参与寰宇诸强国之角逐？"[①] 1933年《申报月刊》亦发起了"中国现代化问题"的讨论。

然而，彼时的"三座大山"使中国实现现代化可望而不可即。再造现代中国、实现现代化目标的任务历史性地落在中国共产党身上。1945年毛泽东同志在党的七大上发表《论联合政府》提出："中国工人阶级的任务，不但是为着建立新民主主义的国家而斗争，而且是为着中国的工业化和农业近代化而斗争。"[②] 1954年周恩来同志在政府工作报告中第一次明确提出中国现代化是建设"强大的现代化的工业、现代化的农业、现代化的交通运输业和现代化的国防"[③]。1956年毛泽东同志在第七次最高国务会议上进一步阐述了现代化的

[①] 任仲平：《百年辉煌，砥砺初心向复兴——写在中国共产党成立100周年之际》，《人民日报》2021年6月28日。
[②] 《毛泽东选集》第3卷，人民出版社1991年版，第1081页。
[③] 《建国以来重要文献选编》第5册，中央文献出版社1993年版，第584页。

十大关系，代表了中国共产党人对中国现代化探索的重大理论思考。

党的十一届三中全会后，邓小平同志出访日美，深感与发达国家的差距，反复强调现代化关乎国家和民族的前途命运，结合社会主义初级阶段的国情，提出实事求是地追求符合中国实际的现代化。他指出：我们的现代化建设，必须从中国的实际出发；"现在搞建设，也要适合中国情况，走出一条中国式的现代化道路"①。加入世界贸易组织后，中国改革开放迎来大踏步发展，现代化事业日新月异，经济总量连续超越西方发达国家，成为第一大制造业国家，建立起全产业链，成为"世界工厂"，中国特色社会主义市场经济体制机制也日益完善，充分证实了改革开放是实现中国式现代化的关键一招。而现代化的理论构建也随之进步。罗荣渠先生对现代化进程提出广义和狭义的解释："广义的现代化主要是指自工业革命以来现代生产力导致社会生产方式的大变革，引起世界经济加速发展和社会适应性变化的大趋势，具体地说，就是以现代工业、科学和技术革命为推动力，实现传统的农业社会向现代工业社会的大转变，使工业主义渗透到经济、政治、文化、思想各个领域并引起社会组织与社会行为深刻变革的过程。"②

进入新时代，中国共产党人大踏步地自觉推进中国式现代化进程，创造性提出将马克思主义普遍原理与中国现代化实践相结合、与中华优秀传统文化相结合，打破了西方的现代化话语霸权，明体达用、体用贯通，形成习近平文化思想，产生三大效应。

---

① 《邓小平文选》第 2 卷，人民出版社 1994 年版，第 163 页。
② 罗荣渠：《现代化新论——世界与中国的现代化进程》（增订本），商务印书馆 2004 年版，"序言"第 5 页。

五　中国式现代化的文化形态

其一，告别了所谓现代化意味着西方化的迷思，将现代化还原为各种文明不断适应变化了的环境的一种运动。苟日新，日日新。中华文明之所以生生不息，连续不断，就是因为笃信"天行健，君子以自强不息"。这意味着各种文明包括西方文明，无论文明多么强大、多么先进或多么古老，都要不断适应日益变化的环境；现代化不应造成环境负外部性与人的异化、传统的破坏，而应该是所有人的全面现代化、全人类的共同现代化、人与自然和谐共生的现代化、传统文化创造性转化与创新性发展的现代化。英国历史学家汤因比提出，如果中国"能够在社会和经济的战略选择方面开辟出一条新路，那么它也会证明自己有能力给全世界提供中国和世界都需要的礼物"，这个礼物"能够把传统的'正题'与现代西方的'反题'结合起来，创造出一个能够使人类免于自我毁灭的'综合体'"。[1] 这其实已经点出人类文明新形态的雏形。"中国式现代化是赓续古老文明的现代化，而不是消灭古老文明的现代化；是从中华大地长出来的现代化，不是照搬照抄其他国家的现代化；是文明更新的结果，不是文明断裂的产物。中国式现代化是中华民族的旧邦新命，必将推动中华文明重焕荣光。"[2]

其二，现代化不是去传统化，而是要实现对传统文化的创造性转化与创新性发展。传统文化不仅不是现代化的障碍，反而能成为现代化的滋养。习近平总书记指出："当今世界不同国家、不同地区各具特色的现代化道路，植根于丰富多样、源远流长的文明传承。人类社

---

[1] ［英］阿诺德·汤因比：《历史研究》，刘北成、郭小凌译，上海人民出版社 2000 年版，第 394 页。
[2] 《微镜头·习近平总书记考察"一馆一院"并出席文化传承发展座谈会"推动中华文明重焕荣光"》，《人民日报》2023 年 6 月 5 日。

会创造的各种文明，都闪烁着璀璨光芒，为各国现代化积蓄了厚重底蕴、赋予了鲜明特质，并跨越时空、超越国界，共同为人类社会现代化进程作出了重要贡献。"[1] 在中国共产党与世界政党高层对话会上，习近平总书记指出："现代化的最终目标是实现人自由而全面的发展。"这就超越了近代西方把人从神那里解放出来的"现代性"和资本导向的西方现代化逻辑，以人民为中心超越人文主义。习近平总书记还提出了全球文明倡议："我们要共同倡导重视文明传承和创新，充分挖掘各国历史文化的时代价值，推动各国优秀传统文化在现代化进程中实现创造性转化、创新性发展。"中国式现代化"既传承历史文化、又融合现代文明"，"作为人类文明新形态，与全球其他文明相互借鉴，必将极大丰富世界文明百花园"。[2]

其三，现代化是复数不是单数，文明也是如此。这就打破了古代、现代文明的线性进化分类。"现代化"（modernization）概念源于"现代性"（modernity）。现代性（modernity）一词与古典性（antiquity）相对应，源自基督教神学。现代性本身既带来了科学的福音、理性的勇气、技术的进步与人类的发展，也造成了可持续发展问题和公平正义问题，导致出现了祛自然和祛精神的启蒙心态。自然被客观化，成为被人改造的对象；精神被祛魅化，成为"理性的婢女"。[3] 14世纪意大利的文艺复兴运动高举人文主义大旗，将人从神权中解

---

[1] 习近平：《携手同行现代化之路——在中国共产党与世界政党高层对话会上的主旨讲话》，《人民日报》2023年3月16日。

[2] 习近平：《携手同行现代化之路——在中国共产党与世界政党高层对话会上的主旨讲话》，《人民日报》2023年3月16日。

[3] 王建宝：《冲出历史三峡，走出轴心时代——中国式现代化之参稽》，嵩山论坛会议发言，2022年11月。

五 中国式现代化的文化形态

放,宗教改革又将人从天主教会的束缚中解放,为早期资本主义萌芽发展、原始财富积累和资产阶级革命奠定基础。通过工业革命、海外殖民、商业扩张以及政治社会变革等,西方现代化步入快车道。由于西方国家率先实现了现代化,迄今没有国家打破西方式的现代化模式,由此很多观点便认为,西方的现代文明代表人类文明的终极形态,其他国家只有效仿和走西方化道路,才能实现现代化和文明进步。在他们看来,过去的巴比伦、埃及等文明虽曾辉煌,但已走向消亡,而现有文明等待普世现代文明去开化。对此,《共产党宣言》有着深刻描绘:"资产阶级,由于开拓了世界市场,使一切国家的生产和消费都成为世界性的了。""正像它使农村从属于城市一样,它使未开化和半开化的国家从属于文明的国家。"[①] 将西方化等同于现代化的观点,是一种概念混淆,本质上体现了"西方中心主义"。

更进一步地,中国式现代化、建设中华民族现代文明的叙事还原了文明—文化关系。近代欧洲现代化概念是与现代文明观联系在一起的。斯宾格勒的《西方的没落》将文化界定为精神层面,而文明为物质层面,他将世界上每一个高级文化的历史都区分为"文化阶段"与"文明阶段",认为西方文明已经进入文明阶段,丧失原有的文化创造力,只剩下对外扩张的可能性。因此,文明是一种先发国家的自我标榜,它们以此垄断了"善"的话语权。"文化"对"文明"的解构也可追溯到词源。"文化"英语是 culture,拉丁语原义是"修",以前不识字,之后能认字、能看书,就可以说有文化了。"文明"英语是 civilization,原来也是拉丁语,意思是"仕人"的文化、高级人

[①] 《马克思恩格斯选集》第 1 卷,人民出版社 1995 年版,第 276—277 页。

的文化，与底层的文化没有关系。一言以蔽之，文化是文明的社会化，是话语权的扩散。① 中华民族伟大复兴叙事对此正本清源。2022年5月27日，习近平总书记在党的十九届中央政治局第三十九次集体学习时的重要讲话中指出："中华优秀传统文化是中华文明的智慧结晶和精华所在，是中华民族的根和魂，是我们在世界文化激荡中站稳脚跟的根基。"②

"中国式现代化"从人类文明史高度，以构建人类命运共同体、创造人类文明新形态为目标。"在世界三大文明体系中，中华文明区别于强调做信徒（人—神关系）的印度文明和强调做事（人—自然关系）的希腊文明，强调做人（人与人关系），并且是唯一连续不断的国家级文明形态，推动中国既崛起又复兴的历史进程，打破了艺术和科学一经衰微便不得复兴的'休谟预言'，实现了从被动现代化到主动现代化的历史性超越，揭示了现代化乃文明适应时代环境而非线性进化，开创了文明'各美其美'的前景。"③

西方开启现代化后垄断了对"现代化"的话语权，从观念上将现代化定义为以改造人—自然关系为主要标志的科技革命引发的工业化、城市化、农业现代化以及文化的世俗化，而中国式现代化打破了这种片面的叙事，揭示了现代化与现代性乃中世纪后宗教革命、资产阶级革命的概念，将现代化还原为传统文化的创造性转化和创新性发展，鼓舞了文明古国自主实现现代化的信心，并且以文

---

① 参见王义桅《海殇？：欧洲文明启示录》，上海人民出版社2013年版，第27页。
② 《习近平在中共中央政治局第三十九次集体学习时强调 把中国文明历史研究引向深入 推动增强历史自觉坚定文化自信》，《人民日报》2022年5月29日。
③ 王义桅：《如何以中国式现代化构建人类命运共同体》，《孙子兵法研究》2023年第1期。

明复兴扬弃了西方现代性,倡导人的自由而全面发展、人与自然和合共生、走和平发展道路。

二 现实维度(过程):中国式现代化超越西方文明逻辑

长期以来,一穷二白且人口占世界近五分之一的中国要实现现代化,被认为是一件不可能甚至是很可怕的事情——这也是现代化的中国之问,诠释了发达国家流行"中国威胁论"的潜在心理。2010 年 4 月 15 日,美国前总统奥巴马在接受澳大利亚电视台采访时表示:"如果超过十亿的中国居民也像澳大利亚人、美国人现在这样生活,那么我们所有人都将陷入十分悲惨的境地,因为那是这个星球所无法承受的。"[①] 然而中国不仅跨越式实现了现代化,而且在这一过程中再造现代化,赋予其崭新的文明意义。

党的十八大以来,中国特色社会主义进入新时代,现代化被赋予新的更丰富的内涵。党的十八届三中全会明确提出"国家治理体系和治理能力现代化"这一新命题。党的二十大报告将"实现全体人民共同富裕"纳入中国式现代化的本质要求,促进物质富裕和精神富裕相统一。中国式现代化融合了人与人、人与社会、人与自然、国家与国家之间的认识,从而超越了西方现代化范式。

欧洲中心论的现代化话语,是一套现代—落后、文明—野蛮的二

[①] Kerrie O'Brien, "Face to Face with Obama", Australian Broadcasting Corporation, April 15, 2010, https://www.abcnet.au/7.30/faceto.face.withobama/2673356.

元叙事，乃至形成了前现代—现代—后现代的欧洲式线性进化说辞。第二次世界大战结束后，美国崛起为全球霸权，欧洲中心论为美国中心论所取代，"发达—发展中—欠发达国家"叙事取代了欧洲的现代化叙事，其用发展经济学给了发展中国家以追随发达国家的幻想，企图促使其放弃推翻不合理的国际政治经济秩序；以"历史终结论"将西方现代化神圣化；而作为五千年连续不断的中华文明的伟大复兴，中国式现代化则更具包容性叙事，开创了现代化与本土化相结合的中国式路径。

"中国是一种文明，假装成一个国家。"[①] 美国汉学家白鲁恂这句话提示我们，不能仅从大国崛起角度理解中华民族伟大复兴。中国是社会主义国家，中华民族伟大复兴的中国梦，也是社会主义梦，其实现过程也就是世界社会主义运动从历史低谷逐步走向复兴的过程。中华民族伟大复兴，是近代大国复兴进程中唯一非宗教国家的复兴，其不以西化为目标，且是非基督教国家的崛起和世俗文明的复兴；中华民族的伟大复兴，是唯一未被西方殖民的文明型国家的复兴；中华民族的伟大复兴，是唯一既要复兴古老文明又要复兴源自西方的意识形态——社会主义思潮的复兴。种种中华民族伟大复兴的特殊性决定了复兴的复杂性、艰巨性，也预示着中华民族伟大复兴的重要历史使命。

"儒家治世、佛教治心、道教治身。"中国自宋代以来，儒释道并存，道家之共天、儒家之共生、佛家之共业，为中国式现代化对西

---

① Lucian W. Pye, "China: Erratic State, Frustrated Society", *Foreign Affairs*, Vol. 69, No. 4, 1990, p. 56.

五　中国式现代化的文化形态

方的现代化等于工业化、现代化等于西化的全面超越提供了历史文化资源，突破了工业文明瓶颈，倡导生态文明，拥抱数字文明。而且，作为社会主义国家的现代化，中国式现代化倡导以人民为中心，超越了以资本为中心的逻辑。

表1　中华传统文化中的人类命运共同体思想

儒	道	释
共生	共天	共业

资料来源：王义桅：《时代之问，中国之答：构建人类命运共同体》，湖南人民出版社2021年版，第51页。

从人与自然关系的角度讲，中国式现代化是"人与自然和谐共生的现代化"。"中国式现代化根植于中华生态智慧，强调以'和合'为目标，以天、地、人作为一个统一的和谐整体来考虑，并将此思维方式用于社会各个方面，形成了人与自然、人与社会之间的'无限责任伦理'。儒释道都彰显了'天人合一''用之有度''道法自然''众生平等'等中华优秀传统文化，这些思想也是各民族共有共享的传统。"[①] 中国传统的人与自然和谐共生的思想转化为"绿水青山就是金山银山"理念，并形成"碳达峰""碳中和"的"双碳"目标。"双碳"约束在西方现代化的历史上是没有的。习近平总书记强调："我国现代化注重同步推进物质文明建设和生态文明建设，走生产发展、生活富裕、生态良好的文明发展道路，否则资源环境的压力不可

[①] 潘岳：《中国式现代化与中华民族共同体建设》，《中国民族》2023年第5期。

承受。"①

从人与人关系的角度讲,中国式现代化是"全体人民共同富裕的现代化"。是所有人共富还是少数人富裕,这是中国式现代化与西方现代化的根本区别。我们既坚持"做大蛋糕",又注重"分好蛋糕",使全体人民共享现代化成果。从人与己关系的角度讲,中国式现代化是"物质文明和精神文明相协调的现代化"。中国人历来强调物质与精神的统一,现代化本来兼具器物—制度—精神文明层面的内涵。只有物质文明和精神文明双丰收,人民有信仰、国家有力量、民族有希望,社会主义现代化才能顺利推进。从数量级的角度讲,中国式现代化是"人口规模巨大的现代化"。人口规模庞大是中国的基本国情。14亿多人口要整体迈入现代化社会,其规模超过现有发达国家人口的总和,将彻底改写现代化的世界版图。从国与国关系的角度讲,中国式现代化是"走和平发展道路的现代化"。一些老牌资本主义国家走的是暴力掠夺殖民地的道路,是以其他国家落后为代价的现代化。秉持"以和为贵"理念,中国的现代化之路与奉行霸权主义、扩张主义的西方现代化有着本质的不同。中华人民共和国成立后,通过农业—工业产品的"剪刀差"实现原始积累,通过举国体制实现工业化,并通过改革开放创造经济快速增长和社会长期稳定的双重奇迹。中国始终坚持在维护世界和平中推动发展,在推动发展中促进世界和平。

中国式现代化具有一般意义上的现代化共性特征,我们学习吸取了西方现代化经验,请来了"德先生、赛先生、马先生"并实现中

---

① 《着眼于中国的可持续发展、中华民族的未来(奋进强国路·总书记这样引领中国式现代化)》,《人民日报》2022年3月3日。

五 中国式现代化的文化形态

国化,将传统文化进行创造性转化、创新性发展,走出一条符合自身国情的现代化道路。中国式现代化的成功不是输入别国模式的结果,中国也不会要求别国复制中国的做法。

就人类文明新形态而言,横向比,尽管有不同西方现代化模式——盎格鲁—撒克逊模式、莱茵模式、北欧模式等,但都可归结为西方现代化;纵向看,中国式现代化不是与以前所讲的资本主义现代化相对应的现代化模式概念,而是要追问谁的现代化,依靠谁、为了谁的现代化。正是从人类文明形态角度,中国式现代化学习借鉴又超越了西方现代化。

表2　　中国式现代化对西方现代化的超越

	中国式现代化	西方现代化
谁的现代化?	(1) 全体人民 (2) 物质—精神文明 (3) "一带一路":共同现代化	(1) 中产阶级、富人 (2) 单向度现代化 (3) "我"的现代化
什么样的现代化?	人—自然和谐共生	环境负外部性
为何现代化?	中华民族伟大复兴	告别中世纪
为了谁的现代化?	(1) 人民共同富裕 (2) 利他	(1) 资产阶级统治 (2) 利己
怎么实现现代化?	(1) 内敛 (2) 并联 (3) 和平发展	(1) 殖民扩张 (2) 线性进化:先进—落后 (3) 战争掠夺

资料来源:笔者自制。

中国式现代化避免了西式现代化的思维依赖、路径依赖、体系依赖,走出了一条自主现代化道路。我们需要以人类命运共同体史重述人类现代化史,自信自觉地构建现代化的自主知识体系。

第一,中国式现代化摒弃了西方线性进化的逻辑。第二,中国式现代化超越了"传统—现代"二元对立逻辑。与西方的二元对立思维不同，中国坚守"和为贵"的观念，尊重文明多样性，主张借鉴吸收一切人类文明有益成果，弘扬传统文化，发展社会主义先进文化，建设中华民族现代文明。第三，中国式现代化不走西方以资本为中心的现代化老路，根本目标是实现人的自由而全面的发展。中国式现代化不是单向度现代化，而是物质文明、政治文明、精神文明、社会文明、生态文明"五位一体"的总体现代化。第四，中国式现代化超越了唯我独尊、自私自利的现代化。计利当计天下利，计势当计大趋势，计权当计发展权。中国式现代化以人类现代化事业为关怀，绝不会以牺牲别国利益为代价来发展自己，充分彰显胸怀天下的中华传统美德和中国共产党人品格。在中国式现代化确立的人类的好的现代化标准基础上，中国发起"一带一路"倡议，推进人类共同现代化。十余年来，中国已同150多个国家和30多个国际组织签署合作文件，给共建国家带来实实在在的利益和繁荣。"一带一路"倡议是中国提供给国际社会的公共产品，是实现"世界版共同富裕"的生动实践和构建人类命运共同体的合作平台。过去一切，皆为序章。西方现代化只是人类现代化的序曲，包括中国在内的发展中国家的共同现代化才是人类现代化的高潮。

三　未来维度（目标）：中国式现代化开创人类文明新形态

我们曾经面临着现代化的"中国之问"：如此古老的文明，如此一穷二白的底子，何以如此大规模、如此快速地实现现代化。今天我

五　中国式现代化的文化形态

们又需要回答中国的"现代化之问":两极分化还是共同富裕?物质至上还是物质精神协调发展?竭泽而渔还是人与自然和谐共生?零和博弈还是合作共赢?照抄照搬别国模式还是立足自身国情自主发展?我们究竟需要什么样的现代化?怎样才能实现现代化?现代化与中国的关系,正在发生从"现代化成就中国"到"中国成就现代化"的历史性飞跃。在中国共产党与世界政党高层对话会上,习近平总书记从五个方面回答了"现代化之问":我们要坚守人民至上理念,突出现代化方向的人民性;我们要秉持独立自主原则,探索现代化道路的多样性;我们要树立守正创新意识,保持现代化进程的持续性;我们要弘扬立己达人精神,增强现代化成果的普惠性;我们要保持奋发有为姿态,确保现代化领导的坚定性。中国式现代化"既基于自身国情、又借鉴各国经验,既传承历史文化、又融合现代文明,既造福中国人民、又促进世界共同发展,是我们强国建设、民族复兴的康庄大道,也是中国谋求人类进步、世界大同的必由之路"。[①]

近代以来,西方现代化尤其是盎格鲁—撒克逊模式即私人资本主导的现代化是一种强势现代化,主导了现代—落后的二元叙事。然而,中国式现代化改写了人类文明史意义上的现代化叙事。新时代的中国正通过中国式现代化,开创人类文明新形态。其深远影响包括以下层面。

其一,改变人类现代化版图。纵观人类现代化发展史,现代化人口主要分布在发达国家,且总规模不超过 10 亿。而作为拥有 14 亿多

[①] 习近平:《携手同行现代化之路——在中国共产党与世界政党高层对话会上的主旨讲话》,《人民日报》2023 年 3 月 16 日。

人口的东方大国，中华人民共和国成立后用不到一百年时间走完了西方国家几百年才走完的现代化历程，超过现有发达国家人口总量约1.5倍的中国人民迈入社会主义现代化，必将更加深刻地影响世界历史进程，改变"东方从属于西方"的格局，使人类现代化版图更加均衡合理，更能彰显公平正义。

其二，改变人类现代化范式。中国式现代化给文明古国和广大的发展中国家提供了重要启示。从人类文明史看，就社会道德来讲，文明需要避免一种自我扭曲、一种对传统文化的破坏、一种对自尊心的摧残。走符合自身国情的发展道路，就是中国式现代化的最重要的历史经验。《中共中央关于党的百年奋斗重大成就和历史经验的决议》指出："人类历史上没有一个民族、一个国家可以通过依赖外部力量、照搬外国模式、跟在他人后面亦步亦趋实现强盛和振兴。那样做的结果，不是必然遭遇失败，就是必然成为他人的附庸。"2016年5月17日，习近平总书记在哲学社会科学工作座谈会上明确指出："当代中国的伟大社会变革，不是简单延续我国历史文化的母版，不是简单套用马克思主义经典作家设想的模板，不是其他国家社会主义实践的再版，也不是国外现代化发展的翻版。"[1] 每个国家都能够成为特色，走符合自身国情的发展道路，这是国际关系民主化的必然要求。西方人说自己"入乡随俗"（when in Rome, do as the Romans do）。但对他人或他国，却是"照我说的做，不要学我做"（do as I say, not as I do）。结果，有着宗主国崇拜的前殖民地国家，在现代化进程中纷纷陷入发展陷阱、中等收入陷阱，鲜有真正实现现代化的。关于西

---

[1] 《习近平谈治国理政》第二卷，外文出版社2017年版，第344页。

五　中国式现代化的文化形态

方国家强势输出价值观的行径,科威特作家法瓦兹将其形容为——"如果你想成功,你必须像我一样;如果你长得不像我,我就让你成为失败者"。① 在现代化等于西化的逻辑下,世界现代化范式定于一尊。然而,中国式现代化打破了这一神话,鼓励各国走符合自身国情的发展道路,实现命运自主。现代化不是西方化,我们自信自觉推进中国式现代化事业,同时鼓励其他国家建立自信,打造全球南方的现代化逻辑——从客场现代化到主场现代化。

其三,改变人类现代化文明。由于西方国家率先实现现代化,现代化被贴上了西方的标签。然而,在实践进程中,鲜有后发国家复制成功的案例,导致了认为现代化只有一条路的错觉。很多人把现代化误解为西方化,其他国家要实现现代化,要么走西方道路,要么依附于西方。然而,西方现代化从一开始便具有强烈的扩张性和残酷性,其成功的背后实际是侵略扩张、殖民掠夺,是以牺牲别国利益为代价的。

实际上,西方学术界也掀起过一股对现代化批判的思潮,很多西方学者例如英国著名社会学家安东尼·吉登斯和马丁·阿尔布劳,都对西方现代性进行反思,认为其具有破坏性和不人道的一面,导致很多传统文化的消失,并提出全球性、全球化概念以超越现代性和现代化。② 美国哲学家赫伯特·马尔库塞批评资本主义现代化造成"单向度的人"。③ 西方现代化经验都是基于发达国家的高标准,而发展中

---

① 《卡塔尔世界杯:对西方抹黑说不》,"新华国际头条"微信公众号,https://mp.weixin.qq.com/s/MKYDvmr4M2oB57Z5DAXkIQ,2022 年 11 月 23 日。
② [英]安东尼·吉登斯:《现代性的后果》,田禾译,译林出版社 2000 年版。
③ [美]赫伯特·马尔库塞:《单向度的人:发达工业社会意识形态研究》,刘继译,上海译文出版社 2008 年版。

国家直接复制这样的"模板",其结果是纷纷陷入中等收入陷阱,极少数实现现代化的也成为美西方的附庸。

习近平总书记在学习贯彻党的二十大精神研讨班开班式上发表重要讲话强调:"中国式现代化,深深植根于中华优秀传统文化,体现科学社会主义的先进本质,借鉴吸收一切人类优秀文明成果,代表人类文明进步的发展方向,展现了不同于西方现代化模式的新图景,是一种全新的人类文明形态。"① 这就超越了中西对比、线性进化的近代逻辑,从人类文明高度来理解中国式现代化。从推进中国式现代化的路径上,也充分展示了中华文明的辩证思维:"推进中国式现代化是一个系统工程,需要统筹兼顾、系统谋划、整体推进,正确处理好顶层设计与实践探索、战略与策略、守正与创新、效率与公平、活力与秩序、自立自强与对外开放等一系列重大关系。"②

就自主知识体系构建而言,中国式现代化正在开创人类文明新形态。"中国创造的人类文明新形态,从世界文明形态看是东方文明、中华文明的新形态,从现代化形态看是社会主义现代化文明的新形态,从文化形态看是中国特色社会主义文化的新形态,从人的形态看是人的全面发展的新形态。"③ 这一人类文明新形态,已经取得了很大进展,在全面建设社会主义现代化国家新征程中也必将日臻巩固成熟,其内涵正在不断扩展。

---

① 《正确理解和大力推进中国式现代化》,《人民日报》2023年2月8日。
② 《正确理解和大力推进中国式现代化》,《人民日报》2023年2月8日。
③ 夏一璞:《中国式现代化新道路:开启人类文明新形态》,《今日中国》2021年9月3日。

五　中国式现代化的文化形态

表3　　　　　　　　　　人类文明新形态

	人类文明新形态1.0版	人类文明新形态2.0版
中国模式 （有为政府+有效市场）	中国式现代化	主场全球化（"一带一路""双循环"）
全球化模式 （资本—人的全球化）	全球化的中国化 （中国特色社会主义市场经济）	中国化的全球化 （术："一带一路"；道：人类命运共同体）

概括起来，中国式现代化遵循"四个创造"的中国逻辑——"政党创造国家，国家创造市场，市场创造社会，社会创造文明"。

一是政党创造国家。中国共产党于1921年成立，1949年成立中华人民共和国。这与西方国家创造政党的逻辑完全不同。中国共产党的领导是中国特色社会主义的最本质特征和中国特色社会主义制度的最大优势。习近平总书记指出："党的领导直接关系中国式现代化的根本方向、前途命运、最终成败。"[①] 可以说，没有中国共产党，就没有中国式现代化。

二是国家创造市场。在一穷二白的基础上实现现代化，政府必须创造市场，而非任凭市场规范国家。中国政府通过三线建设、大型基础设施建设、对口支援等方式，培育、创造了巨大的国内市场。比如高铁建成后，沿线形成旅游、房地产和其他产业，进而形成产业集群和经济带，并且带动脱贫致富，推动人员、商品、资金、数据等生产要素的自由流通，形成国内统一大市场。"双循环"战略的提出，是统筹百年未有之大变局和中华民族伟大复兴战略全局、再造市场的重大举措。

[①] 《正确理解和大力推进中国式现代化》，《人民日报》2023年2月8日。

三是市场创造社会。社会主义市场经济的提出，推动契约精神和社会主义民主法制的本土化、时代化和国际化，中国越来越从血缘社会走向法治社会。改革开放尤其是加入世界贸易组织，推动中国从现代化逻辑、机制和理念全方位融入国际社会，由"现代中国"（modern China）再造"全球中国"（global China）。

四是社会创造文明。生产力的快速发展推动中华文明从农耕文明向工业—信息文明、从内陆文明向海洋文明、从区域文明向全球文明转型，大踏步迈入数字文明、生态文明新时代，并且创造人类文明新形态。这种新形态包括以下维度。

在物质文明层面，以人民为中心超越"经济人"假说。西方现代化理论以人性本恶为出发点，发展到个人主义、理性人假说，在私人资本利润最大化引诱下出现物质主义膨胀。而中国式现代化推崇以人民为中心理念，强调人的全面发展，以中华民族伟大复兴超越个人主义、私有产权的狭隘。中国式现代化的一个重要逻辑是土地国有，不仅能建立全国基础设施网络，且在改革开放中通过土地财政招商引资，同时推进工业化和城镇化进程。

在政治文明层面，以大一统超越政府—市场二分法，以全过程人民民主超越利益集团的政治博弈，以党的领导、人民当家作主和依法治国的有机统一实现政治合法性与有效性的平衡、防止阶层固化和社会僵化，以全国人民代表大会和中国共产党领导的多党合作和政治协商制度实现各民主党派的大团结，以党的自我革命引领伟大的社会革命，跳出了历史周期率。

在精神文明层面，以天人合一超越神—人契约。中国共产党将传统中华文化的天人合一思想上升到党与人民合一："江山就是人民，人民

五 中国式现代化的文化形态

就是江山。"我们超越了人—神观基础上的近代欧洲式政治文明。天与神孰重孰轻？西方的逻辑是神创造天，中国的逻辑是天下有神，神是天道在地上的折射，这是中西方信仰的本质区别。正如《礼记·孔子闲居》所言，"天无私覆，地无私载，日月无私照。奉斯三者以劳天下，此之谓三无私"。所以，中国式现代化是全体人民的现代化。

在社会文明层面，以物质—精神文明相统一超越公域—私域二分法。中国式现代化的目标是实现中华民族伟大复兴，而非造就利益集团、服务特定阶级。近年来，全球化造成西方社会利益分化，西方中产阶级缩水，作为中产阶级主要承载的社会主流价值观流失，导致社会动荡不安。中国式现代化是人的全面发展、共同富裕的现代化，这种共同富裕当然也包括精神上的共同富裕。

在生态文明层面，以人与自然和谐共生超越西方工业文明逻辑和理性人假说。"生态文明建设代表工业革命以来发展范式全面而深刻的转变，是实现可持续发展的根本途径，因此也成为构建人类命运共同体的根本途径。""如果说工业革命是西方工业化国家对人类作出的重大贡献，那么生态文明的提出及其实践探索，则是中国在自身五千多年深厚文明基础上吸纳工业文明的优点，为人类发展可能作出的重大贡献。"[①]

一言以蔽之，中国式现代化为中华民族伟大复兴提供物质基础、制度保障和精神动力，超越西方现代化小逻辑，回归人类文明大逻辑。

[①] 张永生：《生态文明是构建人类命运共同体的根本途径》，《当代中国与世界》2021年第3期。

四　结语

人类历史上各种文明大放异彩，共同构成了人类文明百花园。自近代以来，欧洲经过宗教革命，把人从神那里解放出来，告别黑暗的中世纪，形成所谓的现代性。经过文艺复兴、启蒙运动尤其是工业革命，欧洲领先世界，把自己包装为现代文明，以所谓"普世价值"向外推广，展开殖民掠夺，将这种现代性的全球扩张说成是全球化。[①] 现代性从一个欧洲的地方性概念，变成了一个全球性的概念。现代化成为各国孜孜以求的梦想，也就成为工业化和西方化的代名词。而中国式现代化打破了西方现代化神话，形成"拓展人类文明发展路径""丰富人类文明内涵""为人类文明发展注入新动力""指引人类文明发展的正确方向""深化文明交往的规律性认识"五大贡献。[②]

从人类文明形态看，中国式现代化开启了文明古国复兴的光明前景。现代化不意味着破坏传统，而是对传统文化的创造性转化和创新性发展，实现本土化与现代化统一，独立自主而非依附霸权，关注当下而非寄托来世，以人民为中心而非以资本为中心。

现代化再造中国，中国也再造现代化。从现代化的起点来讲，中国作为文明古国，实现现代化是"苟日新，日日新"的文明逻辑驱动，而不是像西方那样对所谓的黑暗中世纪的扬弃。对于其他的文明

[①] 强世功指出，大航海时代的欧洲人将其文明通过传教、商业、暴力等方式向全球范围扩张、推广，取得普遍主义的凌驾性支配地位；冷战后美国全力打造"全球化"的意识形态，希望在全球推广其生活方式，进而利用后冷战单极世界优势，缔造一个由美国主导的"世界帝国"。参见强世功《全球化与世界帝国》，《读书》2023年第3期。

[②] 丰子义：《中国式现代化对世界文明有五大贡献》，《历史评论》2022年第6期。

五　中国式现代化的文化形态

古国来讲，中国能够实现中国式现代化，在文明转型的意义上颇有启示，说明现代化不是去传统文化。从现代化的路径来讲，中国历史性地开启十亿级人口规模的史诗级现代化，无论从数量质量还是内涵性质来讲，都超越了西方式的现代化，对全球化的现代化版图有重要意义。从现代化的目标来讲，中国要推动更多的国家实现现代化，推动人类共同现代化，以人与自然和谐相处的、和平发展的现代化和人的全面发展的现代化，再造现代化的含义，目标是构建人类命运共同体，创造人类文明新形态。中国式现代化倡导以文明交流超越文明隔阂，以文明互鉴超越文明冲突，以文明共存超越文明优越，进一步开创了人类文明新形态。

（原载《探索与争鸣》2023 年第 12 期）

论中国式现代化的创造性发展

戴木才[*]

一般而言,所谓现代化,是指以工业革命和科技创新为发展动力,以现代市场经济和市民社会为依托,以工业化、市场化、民主化、城市化、个体化、绿色化等为标志,经济、政治、社会、文化、生态等方面发展进步的社会化过程和状态。人类社会进入现代化发展阶段,虽然是从西方资本主义国家开始的,但是历史发展表明,世界上既不存在定于一尊的现代化模式,也不存在放之四海而皆准的现代化标准。中华人民共和国成立尤其是改革开放以来推进的中国式现代化,是中国共产党领导的社会主义现代化。"在新中国成立特别是改革开放以来长期探索和实践基础上,经过十八大以来在理论和实践上的创新突破,我们党成功推进和拓展了中国式现代化。"[①] 中国式现代化的全面推进,不仅将彻底改写人类社会现代化发展的世界版图,而且将从根本上改写西方式现代化的理论建构和实践路径,将对其概

---

[*] 作者简介:戴木才,清华大学马克思主义学院教授、博士生导师。
[①] 《习近平著作选读》第一卷,人民出版社2023年版,第18页。

念、范畴、理论、模式、评价指标体系等形成颠覆式挑战。实践证明，中国式现代化的创造性发展，创造了一种人类文明新形态，将超越西方式现代化的文明模式；它创新发展丰富了 21 世纪马克思主义的现代化理论与实践，为社会主义现代化理论作出了原创性贡献，为世界现代化理论作出了创造性贡献。

一 西方式现代化的本质及其被超越的历史必然性

从社会制度的发展看，当今世界的现代化主要可以分为资本主义现代化和社会主义现代化。这两种现代化，既具有现代化的共性，如经济发展上的工业化、市场化，政治发展上的民主化、法治化，文化发展上的个性化、多样化，社会发展上的公民化、城市化等，又具有各自现代化的殊性，集中体现为制度性质上的根本不同。应当看到，这两种不同社会制度类型的现代化都有着历史必然性，对人类社会的发展进步都具有重大贡献。马克思恩格斯曾指出："资产阶级在历史上曾经起过非常革命的作用。"[①] 它的历史功绩是极大地打破了封建主义生产关系和思想道德观念，代之以资本主义生产关系和思想道德观念，促进了生产工具和生产方式的革命性变革，开拓了世界市场，既建立了近现代化的大城市和统一民族国家，又打破了民族和国家的界限，推动了世界性交往，创造了人类社会巨大的社会生产力。历史发展表明，资本主义现代化的前半阶段对人类社会发展的贡献是巨大

[①] 《马克思恩格斯选集》第 1 卷，人民出版社 2012 年版，第 402 页。

的,"在它的不到一百年的阶级统治中所创造的生产力,比过去一切世代创造的全部生产力还要多,还要大"①。如今人类社会的现代化已经渗透到经济、政治、文化、社会、生态等各个领域,表现为多层次、多阶段、立体化的世界现代化历史进程和发展图景。

在唯物史观看来,西方式现代化是在世界历史发展进程中由资本主义现代生产方式逐步确立的。"这个不同于中世纪的'现代生产方式'所引起的一系列革命变革开辟的新时代,就是马克思、恩格斯著作中的'现代'的科学含义。"而所谓的资本主义现代生产方式,就是资本的生产与再生产,反映的是以"劳资关系"为表征的"历史的生产关系"。马克思恩格斯曾深刻地分析了在现代社会形成过程中资本的这种"历史的生产关系"的本质规定性,他们指出:"只有当生产资料和生活资料的占有者在市场上找到出卖自己劳动力的自由工人的时候,资本才产生。"② 资本的这一本质规定性,决定了资本在追逐更多剩余价值的过程中,会不自觉地促进生产力的发展和全面扩张,表现为越来越依赖于生产资料,越来越依赖于市场规模,通过科学技术革命、工业革命、市场经济的发展,不断提高生产力和最大限度地否定必要劳动,并通过创造许多新需求来制造消费,以满足资本生产与再生产的闭环,从而在客观上促进经济、政治、文化、社会、生态等方面的发展和交流推广,"从本质上来说,就是推广以资本为基础的生产或与资本相适应的生产方式"③。在马克思恩格斯看来,所谓现代社会的形成是由现代生产方式决定的,所谓现代生产方式,

---

① 《马克思恩格斯选集》第1卷,人民出版社2012年版,第405页。
② 《马克思恩格斯文集》第5卷,人民出版社2009年版,第198页。
③ 《马克思恩格斯全集》第30卷,人民出版社1995年版,第388页。

五　中国式现代化的文化形态

就是资本的生产与再生产，就是资本主义生产方式。

马克思恩格斯认为，资本主义现代社会的形成大致经历了三个步骤。第一步是资本的生产，即通过资本实现绝大部分人与生产资料的分离，从而出现雇佣劳动，在雇佣劳动中创造价值和剩余价值，进而实现资本的自我增殖。资本的生产是资本主义现代社会形成的关键一步，也是资本文明的表现，是现代化的"惊险一跃"。因为只有将人与生产资料相分离，才能将人作为一个追求生活资料的交换主体独立出来，人才能作为货币拥有者进行"平等""自由"的交换。马克思指出："资本的文明面之一是，它榨取这种剩余劳动的方式和条件，同以前的奴隶制、农奴制等形式相比，都更有利于生产力的发展，有利于社会关系的发展，有利于更高级的新形态的各种要素的创造。"[①]第二步是资本的再生产。资本不是货币，"而是一种以物为媒介的人和人之间的社会关系"[②]，资本每一次与雇佣劳动交换的过程，都是自我增殖的过程。"资本为了生成，不再从前提出发，它本身就是前提，它从它自身出发，自己创造出保存和增殖自己的前提"[③]，即资本蕴含着自我增殖的内在驱动力，也就是资本再生产。第三步是资本的全面扩张，即由资本再生产带来的生产力发展和对各个领域及世界各地的全面扩张。一方面，资本在追逐剩余价值的过程中，会不自觉地促进生产力的发展，因为资本自我增殖存在一个必然趋势，即"提高劳动生产力和最大限度否定必要劳动"，而实现这一必然趋势的关键，就在于提高生产资料的科技含量和利用效率，加大生产资料在生

[①]《马克思恩格斯文集》第7卷，人民出版社2009年版，第927—928页。
[②]《马克思恩格斯全集》第23卷，人民出版社1972年版，第834页。
[③]《马克思恩格斯全集》第30卷，人民出版社1995年版，第452页。

产中的比重,"劳动资料转变为机器体系,就是这一趋势的实现"①。这一过程,体现着在现代化发展进程中现代科学技术产生和发展的内在规律,生产过程从简单的劳动过程向科学过程转化,也就是向驱使自然力为自己服务并使它为人类的需要服务的过程转化。这也就为科学技术在现代社会生产力要素中占据重要地位奠定了基础。另一方面,资本在追逐剩余价值的过程中,会不自觉地全面扩张。马克思恩格斯认为,资本具有"不同于以往一切生产阶段的全面趋势"②。为了获得更多的剩余价值,资本需要生产出更多的商品并将其消费掉,完成生产闭环。不管在什么地点,资本都需要"在另一个地点创造出它与之交换的剩余价值"③,这是资本追逐剩余价值的"空间法则","资本按其本性来说,力求超越一切空间界限"④。马克思指出,资本的全面扩张和"空间法则"必然要求:第一,"在量上扩大现有的消费";第二,"把现有的消费推广到更大的范围来造成新的需要";第三,"生产出新的需要,发现和创造出新的使用价值"⑤。而这一过程表现为:"(1)不断扩大流通范围;(2)在一切地点把生产变成由资本推动的生产。"⑥ 所以,资本的全面扩张和"空间法则",必然带来世界市场、全球化以及交通工具、交换方式的创新,必然造就现代化全面扩张的世界性现象。"创造世界市场的趋势已经直接包含在资本的概念本身中。……用以资本为基础的生产来代替以前的、从资本的

---

① 《马克思恩格斯全集》第31卷,人民出版社1998年版,第92页。
② 《马克思恩格斯全集》第30卷,人民出版社1995年版,第539页。
③ 《马克思恩格斯全集》第30卷,人民出版社1995年版,第387页。
④ 《马克思恩格斯全集》第30卷,人民出版社1995年版,第521页。
⑤ 《马克思恩格斯全集》第30卷,人民出版社1995年版,第388页。
⑥ 《马克思恩格斯全集》第30卷,人民出版社1995年版,第388页。

五 中国式现代化的文化形态

观点来看是原始的生产方式。"[1] 这是资本主义现代化即资本主义现代社会和现代文明形成与发展的内在规律。然而，用资本发展生产力并不等于将资本抬到社会本位的高度。马克思恩格斯对资本在西方式现代化进程中居于至高无上的社会本位进行了深刻批判，认为其恰恰是未来社会——社会主义和共产主义社会——所要扬弃的。

马克思恩格斯在科学揭示西方式现代化所具有的"历史必然性"的同时，也深刻地指出了西方式现代化的发展模式并不是一切国家、民族或地区实现现代化所必须遵循的普遍、一般的发展模式，不同的国家、民族或地区有自己的发展道路。在《给〈祖国纪事〉杂志编辑部的信》中，马克思尖锐地批评了米海洛夫斯基把《资本论》对资本主义的起源分析和规律揭示诠释为适用于一切民族的历史哲学和普遍规律的观点。马克思写道："他一定要把我关于西欧资本主义起源的历史概述彻底变成一般发展道路的历史哲学理论，一切民族，不管它们所处的历史环境如何，都注定要走这条道路，——以便最后都达到在保证社会劳动生产力极高度发展的同时又保证每个生产者个人最全面的发展的这样一种经济形态。但是我要请他原谅。（他这样做，会给我过多的荣誉，同时也会给我过多的侮辱。）"[2] 也就是说，马克思从来没有说这个序列（马克思在《〈政治经济学批判〉序言》中提及的从亚细亚的、古代的、封建的到现代资产阶级的社会演进形态——引者注）是各种生产方式演进的"逻辑公式"，它们之间具有"一个产生一个"的历史必然性；更没有说每个民族都按这个演进序

---

[1] 《马克思恩格斯全集》第30卷，人民出版社1995年版，第388页。
[2] 《马克思恩格斯文集》第3卷，人民出版社2009年版，第466页。

列循序上升。在《给维·伊·查苏利奇的复信》中，马克思再次强调了他对西方式现代化形成与发展的内在规律这一"历史必然性"的揭示，只能"明确地限制在西欧各国的范围内"①；也再次反对了当时俄国自称为马克思主义者的那些人所认为的俄国当时必须先成为资本主义社会的观点，并指出由于农村公社的存在，俄国有可能不通过资本主义道路，而通过充分借助资本主义生产力占有的一切有益成果，直接跨越资本主义生产关系，走出一条超越资本主义现代化的道路。马克思指出："它和资本主义生产的同时存在为它提供了集体劳动的一切条件。它有可能不通过资本主义制度的卡夫丁峡谷，而占有资本主义制度所创造的一切积极的成果。"② 也就是说，利用资本发展生产力是现代文明形成和发展的共性规律，而将资本作为发展工具还是作为发展目的或社会本位，则成为能否超越资本主义现代化的关键。在世界历史进程中，将资本作为发展工具，并充分利用资本主义现代社会的最新成果发展自己，是一种跨越"卡夫丁峡谷"的尝试，是一种新型的现代化模式，而如何跨越"卡夫丁峡谷"则需要各个民族、国家或地区根据实际情况来决定。可见，马克思并没有把西方式现代化等同于所有现代化，而恰恰是反对将西方式现代化等同于所有现代化，认为各个民族、国家或地区可以根据自身的具体情况，在充分利用资本主义现代文明的基础上，跨越"卡夫丁峡谷"而创造现代化的新模式。

---

① 《马克思恩格斯文集》第3卷，人民出版社2009年版，第589页。
② 《马克思恩格斯文集》第3卷，人民出版社2009年版，第578页。

二 中国式现代化对西方式现代化的本质超越

中国特色社会主义实践创造出来的中国式现代化，正是跨越"卡夫丁峡谷"的一种成功尝试。中国式现代化既具有各国现代化的共同特征，更有基于国情的中国特色，具有与资本主义性质的本质不同。那么，中国式现代化与西方式现代化到底有什么共同之处？二者的本质不同又体现在哪里？中国式现代化是不是也是资本生产和再生产的产物？如果是，又是如何体现资本生产和再生产的？这一系列问题，是中国式现代化研究需要并且必须作出回答的元问题，决定着中国式现代化理论范式和实践路径的建构。

在唯物史观看来，西方式现代化是资本生产和再生产走向世界历史的产物，在一定意义上也可以说，是资本全球化的产物。西方式现代化之所以被称为资本主义现代化，正是因为其以资本为本位，以资本增殖作为社会发展的内在动力，把劳动者即人民作为剥削的对象。资本本位意味着资本在资本主义现代社会中处于支配一切的主宰地位，资本既是资本主义现代化的发展动力又是资本主义现代化的发展结果。在资本自我增殖的过程中，资本呈现为一种生产与扩大再生产的动态结构，资本生产关系渗透到所有的社会关系之中，一切社会关系都变成了"纯粹的金钱关系"[1]，资本因成为"过程的主体"[2]而获得主体性。然而，西方式现代化在发挥资本的历史作用的同时，也

---

[1]《马克思恩格斯文集》第2卷，人民出版社2009年版，第34页。
[2]《马克思恩格斯全集》第31卷，人民出版社1998年版，第145页。

受资本本位所包含的剩余价值率下降趋势的困扰——在"自我增殖"的历史过程中导致"自我贬值",在"克服限制"的发展过程中导致"自我限制",在促进"生产力发展"的过程中导致"毁灭生产力"。

历史证明,不仅资本主义可以发展市场经济,社会主义同样可以发展市场经济。正如邓小平所说:"计划多一点还是市场多一点,不是社会主义与资本主义的本质区别。……计划和市场都是经济手段。"[1] 显然,社会主义市场经济与资本主义市场经济都依靠着现代资本的生产与再生产,这是二者的共性。然而,社会主义市场经济与资本主义市场经济又有着本质不同:社会主义市场经济是社会主义基本经济制度前提下的市场经济,是人民本位的市场经济;资本主义市场经济是资本主义基本经济制度前提下的市场经济,是资本本位的市场经济。社会主义市场经济是扬弃和超越资本本位的资本主义市场经济的新型市场经济,这就决定了中国式现代化与西方式现代化又有着本质上的区别。一方面,社会主义市场经济将人民从服务资本的对象转变为资本服务的对象,将实现人民群众对美好生活的向往和追求人的自由全面发展作为根本目的,将人民的劳动创造、共建共享作为内在规定;另一方面,社会主义市场经济也充分利用资本的文明面,将资本转化为解放和发展社会生产力、为满足人民群众美好生活需要服务的现代化工具,从而实现了"资本—人民"的本位置换。人民本位的现代化,与资本本位的现代化根本不同,其把在资本主导下的"资本—劳动—人民"三者之间颠倒了的主客体关系再颠倒过来,即"人民—劳动—资本",人民成为驾驭资本的主体,而不再是资本剥

---

[1] 《邓小平文选》第3卷,人民出版社1993年版,第373页。

五　中国式现代化的文化形态

削的对象。习近平总书记强调:"马克思主义博大精深,归根到底就是一句话,为人类求解放。……马克思主义之所以具有跨越国度、跨越时代的影响力,就是因为它植根人民之中,指明了依靠人民推动历史前进的人间正道。"①

中国式现代化是以人民为本位的现代化,其出发点和落脚点始终都是人的发展,都是以满足人民不断增长的美好生活需要和人的自由全面发展为根本目的。"维护人民根本利益,增进民生福祉,不断实现发展为了人民、发展依靠人民、发展成果由人民共享,让现代化建设成果更多更公平惠及全体人民。"② 在社会主义初级阶段社会生产力落后的情况下,中国式现代化虽然明确提出了"以经济建设为中心",解放和发展社会生产力,但其根本目的在于不断满足人民群众日益增长的物质文化需要,最终消灭剥削、消除两极分化,进而实现共同富裕和人的自由全面发展。"坚持以人民为中心"的发展思想是中国式现代化道路的本质体现。

依靠资本逻辑的西方式现代化只局限在资本可以增殖的领域发展,而不关注资本不能增殖的领域,因而形成一种发展的越发展、滞后的越滞后的资本主义文明形态或发展状态。马克思把它形容为"螺旋形"的文明形态:"资本划了一个圆圈,作为圆圈的主体而扩大了,它就是这样划着不断扩大的圆圈,形成螺旋形。"③ 在"螺旋形"的文明形态中,在资本增殖的发展逻辑下,资本本位的发展虽然

---

① 《十九大以来重要文献选编》上,人民出版社2019年版,第424页。
② 习近平:《高举中国特色社会主义伟大旗帜　为全面建设社会主义现代化国家而团结奋斗——在中国共产党第二十次全国代表大会上的报告》,人民出版社2022年版,第27页。
③ 《马克思恩格斯全集》第31卷,人民出版社1998年版,第146页。

会不断有所上升和前进，但是也会由于资本的内在限制而出现危机，其发展模式是一种不可持续的片面发展模式。以人民为本位的中国式现代化则与此不同，它形成了一种全新的人民共建共享的现代化发展模式。如果说资本本位的发展是一种"螺旋形"的自我增殖过程，那么人民本位的发展则是一种各领域全域性人人共建、立体性、"球状形"的全面发展进步过程，在不断生成和全方位地满足人民美好生活需要的过程中，不断推进社会的全面发展进步，不断促进人的自由全面发展。在人民本位的发展逻辑下，现代化发展的内在动力是满足人民群众对美好生活的向往和需要，实现的是人的自由全面发展，因而其发展模式是一种统筹兼顾、全面协调可持续的发展模式。

资本本位意味着资本决定一切，人民本位意味着人民决定一切。西方式现代化的资本生产和再生产是为了贪婪地追逐剩余价值，其必然依赖生产资料、市场规模、科学技术，甚至不惜侵略扩张、殖民掠夺。中国式现代化的资本生产和再生产则是为了满足人民美好生活需要，与西方式现代化的目的根本不同。人民本位既是对中国式现代化的社会主义性质的主体性确证，同时也决定着中国式现代化必须坚持以公有制为主体、多种所有制经济共同发展，以按劳分配为主体、多种分配方式并存，必须建立和完善社会主义市场经济体制，必须从社会主义基本经济制度和基本政治制度上体现这种相互决定、相互确证和相互保证。公有制为主体体现了中国式现代化在生产关系和所有制结构上的人民本位，"社会主义有两个非常重要的方面，一是以公有制为主体，二是不搞两极分化"[①]。所有制决定分配制度，多种所有

[①] 《邓小平文选》第3卷，人民出版社1993年版，第138页。

五　中国式现代化的文化形态

制并存是由中国处于社会主义初级阶段的基本国情决定的，决定了多种分配方式并存，而社会主义市场经济体制则是资源配置的主要手段和方式。对社会主义所有制、分配形式与市场经济之间的相互关系这一元问题的厘清，以及实现相应体制机制的改革，使中国式现代化科学回答和解决了社会主义与市场经济能否相结合的"世界性难题"。这是中国式现代化对市场经济条件下确立人民本位、实现共同富裕的重要探索，是对科学社会主义理论和实践的重大发展。"共同富裕是中国特色社会主义的本质要求，也是一个长期的历史过程。我们坚持把实现人民对美好生活的向往作为现代化建设的出发点和落脚点，着力维护和促进社会公平正义，着力促进全体人民共同富裕，坚决防止两极分化。"①

正是通过从资本本位到人民本位的本位置换，中国式现代化将西方式现代化的资本逐利的增殖逻辑转换为满足人民美好生活需要和共建共享的发展逻辑，将资本的文明面融入人民本位的社会文明的发展进步之中，从而实现了对西方式现代化的本质超越。通过建立社会主义基本经济制度和基本政治制度，通过完善和发展中国特色社会主义制度，不断推进国家治理体系和治理能力现代化，从而确保中国式现代化的社会主义性质。中国式现代化的伟大实践和理论建构，正是立足于现代化与社会主义制度相结合、相统一，在世界历史的发展逻辑中把握历史与现实、理论与实践、中国与世界的辩证关系和有机统一，坚持马克思主义基本原理同中国具体实际相结合、同中华优秀传

---

① 习近平：《高举中国特色社会主义伟大旗帜　为全面建设社会主义现代化国家而团结奋斗——在中国共产党第二十次全国代表大会上的报告》，人民出版社2022年版，第22页。

统文化相结合,从而实现了对西方式现代化理论谱系和路径谱系的重大创新。可以看到,中国式现代化的发展道路既没有重蹈盎格鲁—撒克逊模式、莱茵模式、北欧模式、东亚模式等西方式现代化的覆辙,也不是对苏联社会主义时期进行现代化建设模式的翻版,而是实现了对它们的创造性超越。一种既能实现经济快速发展、社会稳定发展,又能实现人与人、人与社会、人与自然之间和谐发展乃至国与国之间和平发展的新型现代化和人类文明新形态正在形成。

三 中国式现代化路径谱系的实践创新

社会主义性质是中国式现代化的本质属性。社会主义的本质属性,决定和要求中国式现代化必然走出一条与资本主义性质的西方式现代化根本不同的发展道路。实践证明,中国式现代化走出了一条与西方式现代化完全不同的发展道路,实现了对西方式现代化路径谱系的创造性超越。习近平总书记指出:"我们党领导人民不仅创造了世所罕见的经济快速发展和社会长期稳定两大奇迹,而且成功走出了中国式现代化道路,创造了人类文明新形态。这些前无古人的创举,破解了人类社会发展的诸多难题,摒弃了西方以资本为中心的现代化、两极分化的现代化、物质主义膨胀的现代化、对外扩张掠夺的现代化老路,拓展了发展中国家走向现代化的途径,为人类对更好社会制度的探索提供了中国方案。"[①]

---

① 《习近平著作选读》第二卷,人民出版社2023年版,第553页。

五　中国式现代化的文化形态

（一）超越逐利剥削，实现共建共享

资本本位决定了西方式现代化的根本目的在于最大限度地实现资本增殖，最大限度地获得剩余价值构成了西方式现代化的终极指向。这一终极指向，意味着其他所有目的都要为追逐剩余价值的逐利本性让步、服务。而为了获得剩余价值，就必须坚持和维护资本主义私有制，即生产资料的普遍剥离和无偿占有雇佣劳动的剩余价值的所有制，而这必然导致两极分化。"活劳动只不过是这样一种手段，它使对象化的死的劳动增殖价值，赋予死劳动以活的灵魂，但与此同时也丧失了它自己的灵魂，结果，一方面把已创造的财富变成了他人的财富，另一方面只是把活劳动能力的贫穷留给自己。"[①] 这一现象即便是以高税收、高福利著称的西方式现代化的北欧模式，也无法从根本上予以解决，反而因为公平与效率的悖论陷入两难境地。这是因为，北欧模式也无法变革资本主义生产资料的所有制形式，无法解决私有制下第一次分配中剩余价值被资本家无偿占有的情况，无法解决资本家窃取工人创造财富和文明的状况，而只能在第二次分配中改良和缩小收入差距，减少贫富分化。在这一过程中，掌握生产资料的资本家就成为资本人格化的代表。在此意义上，追求剩余价值的西方式现代化实现的只能是资本家对剩余价值的追逐，而不可能是劳动者即人民群众对美好生活的向往。

中国式现代化以人民为本位，这决定了一切都要"以人民为中心"，人民成为真正的价值主体、认识主体、实践主体和历史主体，

[①] 《马克思恩格斯全集》第30卷，人民出版社1995年版，第453页。

共建共治共享的现代化发展格局成为中国式现代化发展的内在规定和表现形式，从而在根本目的上超越了西方式现代化的逐利本性和资本逻辑。就共建共治共享的发展格局而言，所谓共建，就是社会各主体共同参与现代化建设，全体人民共同参与现代化的经济发展、政治建设、文化繁荣、社会治理、生态文明建设等，共同劳动、共同创造、共同奋斗，资本只是作为生产力发展的工具方式存在；所谓共治，就是全体人民作为国家治理主体，通过建立健全制度体系，推动规范化、科学化和法治化的决策和管理，通过搭建平等协商共建的平台，实行全过程人民民主，集思广益，发挥所长，互动合作，确保国家治理体系与人民美好生活需要相一致，进而实现国家和社会的长远发展；所谓共享，就是人民群众不仅是现代化建设的主体，同时也是现代化建设成果共享的主体，即由人民群众共同建设的现代化成果由人民群众共同享受。不像西方式现代化，在追逐剩余价值的过程中，资产阶级与劳动人民走向了剥削与被剥削的对立甚至对抗，中国式现代化体现全体人民的共同创造、共同拥有、共同支配、共同享受。这是人民本位和人民主体地位的必然结果。

形成中国式现代化的共建共治共享发展格局的基础，是人民群众的劳动创造。劳动创造是马克思主义"改变世界"的第一支点，是人类社会存在和发展的总根源，既是破解西方式现代化进程中资本增殖秘密的钥匙，也是中国式现代化发展取得辉煌成就和最终真正取得成功的根本途径和奥秘所在。人民本位和人民主体地位极大地激活了人民劳动创造的内驱力，劳动不再是资本本位主导下的一种异化现象，而是一种内在需要和创造活力。人民群众不仅成为劳动创造的主人，为中国式现代化的发展奠定坚实基础，而且成为劳动创造成果的

五 中国式现代化的文化形态

拥有者、支配者、享受者，从而激发出自身劳动创造的积极性、主动性、能动性。正是在这种劳动成为内在需要和创造活力的状态下，中国人民在劳动认识、劳动态度、劳动情感、劳动行为和享受劳动成果等方面都发生了根本改变。毫无疑问，改革开放以来所取得的历史性成就和历史性变革，正是全体中国人民用劳动汗水创造出来的。如果离开人民群众的劳动创造这一把钥匙，就难以理解中国式现代化为什么能在这么短的时间内取得如此巨大的进步。同时，人民群众也在从事物质生产和精神生产的实践活动中，通过"劳动这种生命活动、这种生产生活本身"，与自然、社会、历史、他人"持续不断地交互作用"，从而不断地生成着自己，使自己成为自然的人、社会的人、历史的人、有意识的人、主体性的人和发展着的人，不断增长着对美好生活的需要，推进社会发展进步。这既是社会发展的永恒动力，也是中国式现代化的根基所在。劳动创造力不仅是破解改革开放40多年来所取得的辉煌成就的钥匙，也是关乎中国式现代化未来发展和成功与否的关键要素。

中国式现代化和共建共治共享发展格局的最终目的是实现共同富裕。人民本位和人民主体地位，决定了人与人之间的关系不再是资本本位主导下的资本家与劳动者之间那种不对等的剥削与被剥削的关系，更不是借助货币的物化关系掩盖这种剥削与被剥削的关系，而是一种通过共建共治共享而相互确证的平等关系。换言之，中国式现代化的共建共治共享发展格局，是通过人与人之间的平等关系与共同作用和对物的占有来互相确证的，其结果和最终目的必然是走向共同富裕，而不再是两极分化。"社会主义与资本主义不同的特点就是共同富裕，不搞两极分化。"① "国民收入分配要使所有的人都得益，没有太富的人，也没有太穷的人，所以日子普遍好过。"② 邓小平深刻分析了中国式现代化的这种共建共治共享的根本缘由和制度保障，指出："社会主义的经济是以公有制为基础的，生产是为了最大限度地满足人民的物质、文化需要，而不是为了剥削。由于社会主义制度的这些特点，我国人民能有共同的政治经济社会理想，共同的道德标准。以上这些，资本主义社会永远不可能有。资本主义无论如何不能摆脱百万富翁的超级利润，不能摆脱剥削和掠夺，不能摆脱经济危机，不能形成共同的理想和道德，不能避免各种极端严重的犯罪、堕落、绝望。"③

中国式现代化的共建共治共享发展格局带来的最终结果是实现共同富裕。中国式现代化充分发挥社会主义制度的优越性表现在除了在第二次分配中平衡收入外，还让先富地区通过投资、帮扶、财政转移等方式，帮助落后地区共同富裕起来；通过形成公共服务体系，促进社会公平正义，以有效的社会治理方式满足人民群众的美好生活需要，使人民群众增强获得感幸福感安全感；还表现在现代教育事业、社会保障体系、医疗卫生服务体系、交通网络和现代社会治理的形成发展，为实现全体人民的共同富裕提供基础性保障和公共性条件。全面建成小康社会，解决了困扰中国几千年的贫困问题，这已经成为中国式现代化道路的重要标志，这一人类减贫史上前所未有的伟大实践，深刻影响了人类减贫事业的历史进程。

---

① 《邓小平文选》第 3 卷，人民出版社 1993 年版，第 123 页。
② 《邓小平文选》第 3 卷，人民出版社 1993 年版，第 161—162 页。
③ 《邓小平文选》第 2 卷，人民出版社 1994 年版，第 167 页。

五　中国式现代化的文化形态

（二）超越自发生成，实现历史主动

资本主义制度下的西方式现代化，实际上是资本增殖自发生成的历史结果。资本生产和再生产的根本目的是资本增殖，最大限度地获得剩余价值，人不是目的而是手段。"看不见的手"这一概念，被西方经济学理论用来隐喻参与经济运作的个体，为了实现自己的最大利益而进行的商业行为，恰好为整个社会福祉作出相应贡献，其效果比他真正想促进社会福祉时的效果还要好、还要大。实际上，"看不见的手"掩盖了资本的逐利本性，把资本主义市场经济说成是基于理性个体的自由行动而自发建构并演进扩展而来的经济秩序。还有"自发秩序"这一概念，被西方经济学理论用来描述西方式现代化进程中，一群自私自利的个体，在自身组合而成的社会中，非人为刻意而产生的各种社会秩序。在西方经济学理论看来，不仅资本主义市场经济是一种自发秩序或"耦合秩序"，比任何设计都能实现社会资源更有效的配置，而且人的大脑、科学的产生、民法的形成也被描绘成一种自发秩序，政治民主是政府的自发秩序形式，甚至生物进化、宗教信仰、语言艺术和文学作品也成了自发秩序，似乎一切社会存在都是自发秩序，这种"自发秩序"被声称为优越于人类头脑根据所需信息的细节而设计的任何秩序。

马克思从人类社会的发展规律和发展进步的角度，充分肯定了西方式现代化以头足倒置的方式创造出了许多新需求，在客观上促进了社会生产力的发展，为人的自由全面发展创造了前提。他说："同样要发现、创造和满足由社会本身产生的新的需要。培养社会的人的一

切属性，并且把他作为具有尽可能丰富的属性和联系的人，因而具有尽可能广泛需要的人生产出来——把他作为尽可能完整的和全面的社会产品生产出来（因为要多方面享受，他就必须有享受的能力，因此他必须是具有高度文明的人）——，这同样是以资本为基础的生产的一个条件。"① 但是，西方式现代化是一场不自觉的历史生成过程，新产生的需求并不是为了人的自由全面发展，而只是为了满足资本的生产与再生产，这样便容易出现虚假需求的现象，从而出现种种内在悖论。这已为历史所证明，西方式现代化出现了诸如拜金主义、极端个人主义、享乐主义、消费主义、娱乐至上、单向度的人等现代性问题。

与西方式现代化不同，中国式现代化是在把握历史主动的基础上推进的现代化，是一种历史主体自觉推动的现代化，是人民本位、共建共治共享、人民驾驭资本增殖逻辑的现代化，极大地超越了西方式现代化的自发生成。

中国式现代化的历史主动，首先集中体现在坚持中国共产党领导。中国共产党领导是中国特色社会主义最本质的特征，是中国特色社会主义制度的最大优势，也是中国式现代化的最本质特征和最大优势。中国式现代化是中国共产党领导的社会主义现代化。中国共产党始终代表着人民群众的根本利益，体现着满足人民美好生活需要的历史主动和自觉生成过程。"为什么人的问题，是检验一个政党、一个政权性质的试金石。"② 中国共产党领导的中国式现代化首先把"为

---

① 《马克思恩格斯全集》第30卷，人民出版社1995年版，第389页。
② 《十九大以来重要文献选编》上，人民出版社2019年版，第31—32页。

五 中国式现代化的文化形态

什么人"的问题放在第一位,"永远把人民对美好生活的向往作为奋斗目标"①,同时也将这一发展目的看作一个在社会实践中不断生成的历史发展过程。"所谓的第一生活需要的数量和满足这些需要的方式,在很大程度上取决于社会的文明状况,也就是说,它们本身就是历史的产物。"② 马克思恩格斯把人类发展及自身的需要依次划分为生存需要、享受需要和发展需要。中国式现代化正是在满足人的需要过程中全面发展个体、健全社会,把实现人的自由全面发展作为至善追求和终极指向,同时也正是在追求满足人民美好生活需要的过程中,推动物质文明与精神文明的协调发展、物质富裕与精神富有的全面发展。

中国式现代化的历史主动,具体体现在坚持中国共产党领导的顶层设计。中国式现代化既是中国传统社会向现代社会转化的历史发展过程,又是一个理想向现实、现实又向理想不断转化的历史发展过程。可以看到,在中国共产党领导的中国革命、社会主义革命与建设和改革开放的历史进程中,有目标、有计划、分步骤地逐步推进,始终是中国式现代化发展的一个显著特征。中国式现代化不同于西方式现代化的自发生成,其是中国共产党加强顶层设计、增强历史主动、带领中国人民进行劳动创造而走出来的一条现代化发展之路。一方面,中国式现代化不仅将共产主义远大理想与中国革命、社会主义革命与建设、中国特色社会主义建设的阶段性奋斗目标结合起来,将最高纲领与最低纲领有机统一起来,绘制出不同历史发展阶段的宏伟蓝

---

① 《十九大以来重要文献选编》上,人民出版社 2019 年版,第 1 页。
② 《马克思恩格斯全集》第 32 卷,人民出版社 1998 年版,第 49 页。

图，而且还通过制定"五年规划"和远景目标等重大举措，锚定目标一步一步接着跑，一段一段接着干，形成发展连贯性。改革开放以来，中国已如期或提前实现温饱、小康、全面脱贫和全面建成小康社会等重要阶段性发展目标，正稳步迈向基本实现和全面实现现代化强国的新征程。另一方面，中国式现代化还从发展内容、发展阶段、发展举措等方面进行顶层设计。从发展内容看，中华人民共和国成立后提出的"现代化"主要指向工业、农业、国防和科学技术的现代化，改革开放以来从"以经济建设为中心"到"五位一体"的中国特色社会主义事业总体布局，中国式现代化的内涵越来越丰富全面。从发展阶段看，中华人民共和国成立后提出了实现"四个现代化"的发展战略，改革开放以来根据实际情况的发展变化先后提出了"老三步走""新三步走"的发展战略、"两个一百年"奋斗目标、分"两个阶段"全面实现现代化的战略安排。从发展举措看，中国式现代化"坚持走中国特色新型工业化、信息化、城镇化、农业现代化道路，推动信息化和工业化深度融合、工业化和城镇化良性互动、城镇化和农业现代化相互协调，促进工业化、信息化、城镇化、农业现代化同步发展"[①]，把推进国家治理体系和治理能力现代化作为重要内容和重要保障，努力实现更高质量、更有效率、更加公平、更可持续的经济社会发展。

（三）超越丛林法则，实现和平发展

历史表明，西方式现代化是通过血汗工厂、侵略扩张、殖民掠夺

[①] 《十八大以来重要文献选编》上，中央文献出版社2014年版，第16页。

五　中国式现代化的文化形态

来实现资本原始积累的，表现为征服、奴役、掠夺、杀戮的历史发展过程，在追逐剩余价值的过程中，资本生产和再生产开启了世界历史的发展进程，资本的全面扩张将市场扩展到了全球，轰开了一切处于自然或历史状态国家的"万里长城"。西方式现代化和资本主义现代文明的建立，表现为对一切传统文明的野蛮摧毁和侵略掠夺，走的是一条"弱肉强食、适者生存"的丛林法则的发展道路。"资本来到世间，从头到脚，每个毛孔都滴着血和肮脏的东西。"[①] 由资本生产与再生产的全面扩张本性所决定，在资本本位主导的国际关系和世界秩序中，西方式现代化试图建构一个处于对抗和剥削状态的现代国际关系体系，通过不平等的国际政治经济秩序将绝大部分国家和人民置于被剥削被压迫的地位，以实现剩余价值的国际化生产和转移，并且在"丛林法则"中不断寻找被剥削被压迫的对象。这便成为伴随西方式现代化的顽固的"癣疥之疾"和文明悖论。

中国式现代化坚持人民本位和人民主体地位，因而使和谐发展与和平发展成为人民美好生活需要的重要内容，同时也成为保障人民美好生活需要的重要前提，因而坚持和谐发展就成为处理国内经济社会关系的重要特征，坚持和平发展则成为处理国际经济社会关系的重要特征。社会主义市场经济条件下的资本生产与再生产，是实现和谐发展与和平发展的重要手段和途径。在此意义上，中国式现代化超越了西方式现代化所遵循的"丛林法则"，规避了所谓的"修昔底德陷阱"。实践证明，中国式现代化不以意识形态划界，不搞零和游戏，积极倡导、践行与维护多边主义和以规则为基础的国际关系和世界秩

[①] 《马克思恩格斯文集》第5卷，人民出版社2009年版，第871页。

序，主张通过对话协商，以和平方式解决国家之间的分歧和争端，对话不对抗、结伴不结盟，反对动辄诉诸武力或以武力相威胁；积极推动建设新型国际关系，既争取和平的国际环境发展自己，又通过自身发展促进世界和平，探索出一条依靠和平国际环境和自身发展完成原始资本积累，逐步实现全面现代化的新的发展道路，打破了西方式现代化"弱肉强食"的"丛林法则"和"国强必霸"的强权逻辑。中国式现代化的发展始终秉持相互尊重、公平正义、合作共赢的原则，尊重彼此主权尊严、领土完整，尊重彼此核心利益和重大关切，尊重各国人民自主选择的政治制度和发展道路的权利，支持国家不分大小、强弱、贫富等一律平等，反对干涉别国内政，维护国际公平正义，主张各国共同享受尊严、共同享受发展成果、共同享受安全保障。这无疑赋予了中国式现代化一种全新的世界意义。

显然，中国式现代化更加符合人类社会发展的根本利益和整体利益，是一条可资借鉴的现代化之路。当然，坚持和平发展并不意味着能够避免战争或害怕战争，而是坚持一种避免战争与维护正义的辩证统一，在维护国家主权和人民美好生活需要的同时，正义战争也成为和平与发展的重要内容和必要形式。"如果国际上有人把战争强加于我们，我们也不害怕，无非拖延若干年，打完仗再搞建设。"[①] 中国式现代化所主张的和平发展把坚持走中国特色强军之路作为重要内容，全面推进国防和军队现代化，与西方式现代化所主张的"丛林法则"不同，其目的不是把军事实力作为推行扩张主义、殖民主义、霸权主义的强大后盾，而是仅仅将其作为捍卫国家主权、人民安全、发

---

① 《邓小平文选》第2卷，人民出版社1994年版，第417页。

五　中国式现代化的文化形态

展利益，进而保障全面建成社会主义现代化强国既定目标顺利实现的坚强后盾，以及捍卫世界和平的有生力量。"中国式现代化是走和平发展道路的现代化。我国不走一些国家通过战争、殖民、掠夺等方式实现现代化的老路，……我们坚定站在历史正确的一边、站在人类文明进步的一边，高举和平、发展、合作、共赢旗帜，在坚定维护世界和平与发展中谋求自身发展，又以自身发展更好维护世界和平与发展。"[①]

（四）超越全面扩张，实现命运与共

在资本本位和资本逻辑的主导下，西方式现代化呈现为一种全面扩张的趋势。纵观世界历史发展可以看到，自英国工业革命拉开西方式现代化的大幕后，现代化的浪潮便席卷全球，成为影响世界历史发展的重要力量。西方国家凭借着科技革命、工业革命、市场经济、资产阶级政治革命、侵略扩张、殖民掠夺等，率先实现现代化，与此同时，运用经济、政治、科技、军事和话语等先发现代化的优势，竭力鼓吹其"普世性"和"唯一性"，一时之间不少发展中国家或主动或被动地选择西方式现代化发展道路。然而，寄希望于走西方式现代化发展道路来实现现代化的大多数国家，并没有实现真正意义上的现代化，而是或发展缓慢或国内动荡或政治危机不断，问题重重，步入种种陷阱。由资本的全面扩张性质所决定，西方式现代化具有一种全面扩张的性质，这不仅表现在世界市场在空间上的无限延伸，还表现在

[①] 习近平：《高举中国特色社会主义伟大旗帜　为全面建设社会主义现代化国家而团结奋斗——在中国共产党第二十次全国代表大会上的报告》，人民出版社2022年版，第23页。

资本关系试图对世界资源的全面占有,将一切事物包括人自身,都转化为商品进行消费,从而实现和扩大资本的生产与再生产。资本和西方式现代化的这种全面扩张性质,虽然在客观上为人的自由全面发展创造了高度发展的社会生产力前提,但是却消弭了资本主义现代社会的一切主体性,资本的主体性取代了其他一切事物的主体性,资本成为西方式现代化中的"上帝",其他一切事物包括人在内都成了被奴役、被异化的对象。同时,西方理性主义的主客二分思维,还使对自然的全面占有也成为索取自然资源和所谓的人类胜利的正当性基础。

中国式现代化则在人民本位和人民主体地位的主导下,在全体人民共建共治共享的发展逻辑中,不仅彰显中国国内现代化建设中不同主体的独立性与平等性,而且建构世界现代化发展中不同国家和民族之间命运与共的现代化发展新格局,为世界现代化特别是发展中国家现代化提供了新途径、新方案、新选择,有力地打破了西方式现代化的"普世性""唯一性"神话和路径依赖。

首先,中国式现代化的共建共治共享发展逻辑,体现了人与人之间真实意义上的平等关系。人的本质在其现实性上是一切社会关系的总和,这意味着每一个现实的人都内含着与他人的关系,体现出一种主体间的平等。这种平等的主体间性,构成了不同个人在社会实践中你中有我、我中有你的"真实的共同体"的现实基础,是一种命运与共、休戚相关的关系。人与人之间的这种平等关系和人民本位必然要求社会和谐、安定有序,将个体与整体、个人与社会有机整合,有效地协调个人与集体、社会和国家的多重关系,形成共建共治共享的社会发展格局与文明状态,从而有效地调节人本和物本之间相互剥离和相互排斥的现象,抛弃见物不见人或见人不见物的相互分离的价值

五　中国式现代化的文化形态

定位，将发展重心从资本、物本、官本、权本等扭曲状态回归到"人本"的定位上来，摆脱各种错误的"本位"价值观对人的异化，从而形成以人的自由全面发展为根本目的的现代化发展模式，形成命运与共的新型社会关系。

其次，中国式现代化的共建共治共享发展逻辑，在国际或世界上的延伸必然要求生成一种人类命运共同体的发展理念与发展模式。共建共治共享的发展逻辑和命运与共的新型社会关系，延伸到国家与国家、民族与民族之间，就体现为人类命运攸关和命运与共，这是个体之间命运与共的社会关系在国与国层面的折射，是个体命运与人类命运的整体性表达或"类"表达。"人类命运共同体，顾名思义，就是每个民族、每个国家的前途命运都紧紧联系在一起，应该风雨同舟，荣辱与共，努力把我们生于斯、长于斯的这个星球建成一个和睦的大家庭，把世界各国人民对美好生活的向往变成现实。"[1] 这一论断深刻地表达了中国式现代化道路的人类关怀和世界情怀。"中国人民深知，中国发展得益于国际社会，愿意以自己的发展为国际发展作出贡献。中国对外开放，不是要一家唱独角戏，而是要欢迎各方共同参与；不是要谋求势力范围，而是要支持各国共同发展；不是要营造自己的后花园，而是要建设各国共享的百花园。"[2]

最后，中国式现代化的共建共治共享发展逻辑，在人与自然的关系上必然要求形成一种人与自然和谐共生的发展格局和发展模式。在人与自然的关系上，从应然上讲，命运与共的新型社会关系理论，为

---

[1] 《十九大以来重要文献选编》上，人民出版社2019年版，第110页。
[2] 《十八大以来重要文献选编》下，中央文献出版社2018年版，第354页。

人与自然的和谐共生提供了思想基础和理论支撑；从实然上讲，命运与共的新型社会关系这一存在本身，又为人与自然的和谐关系提供了实践基础和客观依据。"环境就是民生"成为环境与人民之间共生关系的重要内容，自然生态成为人的主体性内容，打造优美环境、满足人民对优美环境的需求，自然而然就成为衡量中国式现代化的生态标准。在满足人民美好生活需要的过程中，中国式现代化坚持人与自然的和谐共生，实现自然生态的可持续发展，将保护生态环境和促进经济增长有机结合起来，创建绿色发展模式，形成节约资源和保护环境的空间格局、产业结构、生产方式和生活方式。"中国式现代化是人与自然和谐共生的现代化。人与自然是生命共同体……我们坚持可持续发展，坚持节约优先、保护优先、自然恢复为主的方针，像保护眼睛一样保护自然和生态环境，坚定不移走生产发展、生活富裕、生态良好的文明发展道路。"[①]

（五）超越唯我独霸，实现合作共赢

现代化理论之所以成为显学和为世界所关注，实际上与第二次世界大战结束后形成的资本主义和社会主义"两大阵营"密切相关。以美国为首的西方资本主义阵营，为了避免独立后的第三世界国家接受以苏联为首的社会主义阵营的理论宣传，试图用现代化理论对抗社会主义、共产主义理论话语的吸引力。也就是说，在一定意义上，现代化理论从一开始就充满着意识形态色彩，体现了资本主义和社会主

---

① 习近平：《高举中国特色社会主义伟大旗帜 为全面建设社会主义现代化国家而团结奋斗——在中国共产党第二十次全国代表大会上的报告》，人民出版社2022年版，第23页。

五　中国式现代化的文化形态

义"两大阵营"之间的话语对抗和话语权争夺。现代化理论首先表现出的是一种"以西方为中心"和"西方中心主义"的现实需求，以经验归纳方式将西方式现代化的现象、表征、特点作为判断和衡量现代化的唯一标准和世界范式，凸显资本主义经济模式、政治制度、文化建构和生活方式的普世性、唯一性乃至终极性，呈现为一种以西方为中心的"唯我独霸"的理论态势、实践态势和话语态势。同时，在资本本位的主导下，西方式现代化越来越依赖科学技术的力量，越来越提高生产资料在生产中的比重。为了实现和扩大资本生产与再生产，为了提高生产效率，从而更多更快地获得相对剩余价值，科技创新也呈现为一种不为人类所共有共享、具有排他性的发展态势。总之，西方的现代化理论借助经济霸权、科技霸权、军事霸权和文化霸权，形成了一种强势话语霸权，所谓"历史终结论""普世价值论"等即是证明。

中国式现代化则在坚持独立自主原则的前提下，唱响了"合作共赢"的现代化发展主旋律，成为打破西方式现代化"唯我独霸"话语情境的新型现代化理论体系。改革开放以来，中国始终高举和平、发展、合作、共赢的旗帜，坚定不移地在和平共处五项原则基础上发展与世界各国的友好合作，坚持互利共赢的开放战略和正确的义利观，做到义利兼顾，讲信义、重情义、扬正义、树道义，把"合作共赢"理念体现到经济、政治、安全、文化、生态等对外合作的方方面面；坚持与世界共享机遇、共谋发展，推动各国同心协力，妥善应对全球共同面临的各种问题和挑战，共同变压力为动力、化危机为生机，谋求合作安全、集体安全、共同安全，以合作取代对抗，以共赢取代独霸，走出了一条与西方式现代化不同的合作共赢的现代化发展道路。

新时代的中国提出实现中华民族伟大复兴中国梦。中华民族伟大复兴中国梦，既是中华民族的伟大梦想，也是与世界各国紧密联系的伟大梦想，是和平发展、合作共赢的伟大梦想。中国式现代化始终坚持和平发展，始终坚持实施更大范围、更宽领域、更深层次对外开放，依托中国大市场优势，促进国际合作，实现互利共赢。不仅如此，中国还积极参与全球治理体系建设，旨在同世界各国人民一道，努力为完善全球治理贡献中国智慧和中国方案，推动国际秩序和全球治理体系朝着更加公正合理的方向发展。新时代的中国提出共建"一带一路"倡议。共建"一带一路"倡议，是参与全球开放合作、改善全球经济治理体系、促进世界共同发展繁荣的中国方案，集中体现了"合作共赢"这一价值理念。这一倡议根植中国历史，面向世界未来，顺应了世界各国加快发展的愿望与和平发展的时代主题。古丝绸之路积淀着以和平合作、开放包容、互学互鉴、互利共赢为核心的"丝路精神"，"一带一路"倡议就是继承弘扬这种"丝路精神"的创举。它秉持和遵循共商共建共享的原则，积极发展与共建国家的经济合作伙伴关系，努力释放各国发展潜力，实现经济大融合、发展大联动、成果大共享，共同打造政治互信、经济融合、文化包容的利益共同体、命运共同体和责任共同体，把中国的发展与共建国家和世界其他国家的发展结合起来，在谋求中国发展中促进各国共同发展，赋予古代丝绸之路一种全新的时代内涵，推进中国与他国的合作共赢。新时代的中国积极主动提出全球发展倡议、全球安全倡议、全球文明倡议。"三大倡议"进一步彰显了中国式现代化的自主性、包容性、和平性、合作性，鲜明反映了中国式现代化所蕴含的世界观、价值观、历史观、文明观、民主观、生态观和全球治理观，将有力地引领世界历史发展大势，产生巨大且深远的影响。历史将证明，中国式现代化给世界带来的是机遇而不是威胁，是和平而不是动荡，是进步而不是倒退。中国将日益成为举世公认的世界和平的建设者、全球发展的贡献者、国际秩序的维护者。

四　简要结论

中国式现代化发展道路是一条不同于西方式现代化发展的新道路，是一条史无前例、深具中国特色的现代化发展道路。这条道路，鲜明地体现出优越于资本主义制度的社会主义制度的性质和人的自由全面发展的根本要求，创造性地实现了从西方式现代化的资本本位转变为中国式现代化的人民本位，创造性地建构了以共建共享、历史主动、和平发展、命运与共、合作共赢等为丰富内涵的理论体系和实践路径，从而超越了以逐利本性、自发生成、丛林法则、全面扩张、唯我独霸等为主要内容的西方式现代化发展道路，深刻地展现了社会主义的本质要求和中国特色。中国式现代化是由一个具有五千多年悠久文明史的泱泱古国和发展中大国，在中国共产党领导的社会主义制度下走出来的一条现代化发展道路。中华人民共和国成立尤其改革开放以来的中国特色社会主义伟大实践，为中国式现代化提供了全新诠释。伴随着改革开放以来实事求是、思想解放、体制改革的深入发展和全面推进，中国式现代化逐渐形成了统筹推进经济建设、政治建设、文化建设、社会建设和生态文明建设"五位一体"的总体布局，协调推进全面建设社会主义现代化国家、全面深化改革、全面依法治国、全面从严治党"四个全面"的战略布局，贯彻落实创新、协调、绿色、开放、共享新发展理念的理论建构和实践格局。中国式现代化的创造性发展，为当今世界现代化理论范式的多元建构提供了中国方案和中国经验，极大地推进了世界现代化理论体系和发展路径的历史性进步。

（原载《哲学研究》2023 年第 12 期）

创造与中国式现代化相匹配的新文化

王学典[*]

党的十八大以来，习近平总书记深刻把握人类历史发展规律，全面认识中华文明历史底蕴，不断深化对文化建设的前瞻性、全局性、战略性思考，提出了一系列新思想新观点新论断，全面部署和推动社会主义文化强国建设取得历史性成就、发生历史性变革。在文化传承发展座谈会上，习近平总书记发出坚定文化自信、担当使命、奋发有为，共同努力创造属于我们这个时代的新文化，建设中华民族现代文明的伟大号召。

一 对近代以来"中西古今"之争的科学回答

1840年以后，中华民族遭遇前所未有的严峻挑战，面临着"亡国灭种"的巨大危机，开启了由传统社会向现代社会的艰难转型。如

---

[*] 作者简介：王学典，山东大学儒学高等研究院执行院长。

贺麟先生所言："中国近百年来的危机，根本上是一个文化的危机。"在步履维艰、振幅巨大的艰辛探索中，如何认识传统与现代、本土与西方的关系，亦即如何评估和定位我们的文化传统，成为事关"中国向何处去"的重要问题。无数仁人志士上下求索，或固守传统，提倡"中体西用"；或拒绝调和，主张"全盘西化"。实际上，无论是保守还是激进，这两种态度都机械地将文化传统视作不变的固化存在，将"传统"和"现代"、"本土"和"西方"割裂对立起来，忽视或否定了文化传统的发展、创新的可能性。

习近平总书记在文化传承发展座谈会上指出，中华文明具有突出的连续性、创新性、统一性、包容性、和平性。"如果不从源远流长的历史连续性来认识中国，就不可能理解古代中国，也不可能理解现代中国，更不可能理解未来中国。"[①] 中华民族伟大历史实践和当代实践，雄辩地证明了我们既不能照搬西方，又不能照搬传统。对待文化传统，应是"温故知新""推陈出新"。创新就是最好的传承。中华文明的突出特性，决定了我们一定要从历史积淀中汲取养分，从传统文化中开拓创新，走一条持中秉正、守正创新的发展道路。

二 对马克思主义和中华优秀传统文化关系的深刻总结

把马克思主义普遍真理同中国的具体实际结合起来，是我们党

[①] 《担负起新的文化使命 努力建设中华民族现代文明》，《人民日报》2023年6月3日。

五　中国式现代化的文化形态

能够领导人民先后取得新民主主义革命、社会主义革命、改革开放和社会主义现代化建设伟大成就的历史经验的总结。这一基本结论伴随新时代中国特色社会主义的伟大实践，得到了新的发展。在20年前，费孝通先生就提出，我们常常讲有中国特色的社会主义，那是指马克思主义与中国实践相结合的结果，所以在马克思主义进入中国后变成了毛泽东思想，后来又发展成了邓小平理论。这背后一定有中国文化的特点在起作用，可是这些文化的特点是什么，怎么在起作用，我们都说不清楚。

习近平总书记在文化传承发展座谈会上指出，马克思主义和中华优秀传统文化彼此契合、互相成就，中国式现代化赋予中华文明以现代力量，中华文明赋予中国式现代化以深厚底蕴。尤其是马克思主义与中华优秀传统文化的结合，是又一次思想解放，"让我们能够在更广阔的文化空间中，充分运用中华优秀传统文化的宝贵资源，探索面向未来的理论和制度创新"[①]。习近平总书记的这些阐述，全面总结、高度概括了马克思主义和中华优秀传统文化的理论关系，是马克思主义中国化时代化的创新突破，更是中国特色社会主义文化建设的根本原则和本质要求。

三　极大拓展了中华民族伟大复兴的文化内涵

近代以来，我们逐渐意识到一个民族要有"文化自觉"。随着中国特色社会主义进入新时代，以习近平同志为核心的党中央从中华民

[①] 《担负起新的文化使命 努力建设中华民族现代文明》，《人民日报》2023年6月3日。

族伟大复兴战略全局与世界百年未有之大变局出发，在深刻把握中国特色社会主义发展内在要求与中国特色社会主义文化建设根本要求的前提下，提出了"坚定文化自信"的重大理论和实践命题，并将之放在"更基础、更广泛、更深厚"和"最基本、最深沉、最持久"的地位上加以界定。习近平总书记强调："没有高度的文化自信，没有文化的繁荣兴盛，就没有中华民族伟大复兴。"①

习近平总书记在文化传承发展座谈会上指出，让马克思主义成为中国的，中华优秀传统文化成为现代的，让经由"结合"而形成的新文化成为中国式现代化的文化形态，并提出了建设中华民族现代文明的目标。这标志着中华文明经过现代化转型，即将迎来历史性的里程碑。"中华民族现代文明"的建成，将成为中华民族伟大复兴的光辉标志。

习近平总书记指出："当代中国的伟大社会变革，不是简单延续我国历史文化的母版，不是简单套用马克思主义经典作家设想的模板，不是其他国家社会主义实践的再版，也不是国外现代化发展的翻版，不可能找到现成的教科书。"②经济基础的变化，迟早会导致整个巨大的上层建筑的转变。新的时代条件，决定了我们必须创造与中国式现代化相匹配的新文化，必须坚持马克思主义中国化时代化，传承发展中华优秀传统文化，促进外来文化本土化，在新的历史起点上不断培育和造就"中国式现代化的文化形态"，最终建成"中华民族现代文明"。而建设中华民族现代文明，必须坚定文化自信，坚持走

---

① 习近平：《决胜全面建成小康社会 夺取新时代中国特色社会主义伟大胜利——在中国共产党第十九次全国代表大会上的报告》，人民出版社2017年版，第41页。

② 《习近平谈治国理政》第二卷，外文出版社2017年版，第344页。

五　中国式现代化的文化形态

自己的路，立足中华民族伟大历史实践和当代实践，用中国道理总结好中国经验，把中国经验提升为中国理论，实现精神上的独立自主。我们创造属于我们这个时代的新文化，首要的就是建设中国自主的知识体系，建设与中国式现代化相匹配的新的文化形态。

创造与中国式现代化相匹配的新文化，要秉承守正不守旧、尊古不复古的精神，经由对传统文化的重新梳理、评估、扬弃和重构，推动中华优秀传统文化创造性转化和创新性发展。与此同时，还要对从世界其他文明传播来的思想观念和理论体系进行本土化的融会与贯通。回顾文化源头，传承文化命脉，融通古今精粹，包容中外英华，只有经过这样一番升华和处理，我们才能创造出与中国式现代化相匹配的新文化，才能建设中华民族现代文明。

（原载《光明日报》2023年6月21日第11版）

基于多元一体格局的中国式现代化的文明走向

赵旭东[*]

中国长期面临着一种世界性的发生，已经无可避免地成为这种世界性存在之中的一分子，而此种世界性存在的文化多元以及人类共同体意识的一体性格局的理想图式的共同营造，又在无形之中唤醒了中国意识之中所固有的处理"一"和"多"关系的多元一体格局，并在世界性整体发展框架中展开新的实践。中国显然需要在这个过程中真正能够以一种现代文明的中国姿态，丢弃一些沉重的甚至是自我僵化了的传统，由此而使一种仍旧有其生命力的传统中国文化智慧，能够在世界性意义的差异性共在的理想图景想象之中，重新发挥其独特品性中所蕴含的追求包容性差异的文化新使命。

一 发现一种多元一体的包容性格局

显然，在处理多样性和一体性关系的自我发展历程中，中华民族

---

[*] 作者简介：赵旭东，中国人民大学社会学理论与方法研究中心研究员、人类学研究所所长。

五　中国式现代化的文化形态

从过去走向未来的一个最核心的基础就在于，费孝通 1988 年所提出的中华民族多元一体民族关系的格局构成和文化实践。[①] 它同时意味着中华文明在寻求一体性的包容性目标的建设之路上，从来都不会缺少真正意义上的从自我文化出发的一种统合性观念的目标指向，并由此而使各种分散开来的多元要素在无形之中内置了一种使多元性趋向于相互融合的一体性发展的向心性的驱动力。

一种长期自主运行着的并且涵盖不同区域、不同族群的多元一体的民族关系结构实践，无形之中使一种在思想史意义上体现出早熟的中华民族多元一体的观念性存在和发生，转化为文化整体意义上的并落实到制度安排上的实质性的存在和发生。而一种以自我意识为中心所构建出来的大一统的思想格局，更为具体性地落实到以不可改变中华民族多元一体为前提的，围绕中华民族意识观念展开的种种形态社会制度的设计以及相应的文化实践之中。[②] 这种趋向中华民族多元一体的自我努力从来都未曾真正停止过，中间分合曲折在所难免，却总是朝向一体中国的方向上去。古人的一句话道出了其中的演进结构，即所谓"合久必分，分久必合"。这是一种在多元的分化和一体的统合之间不断进行着的所谓自我一体和自我分化的两极摆动，并在根本性目标上要去寻求一体性之合的总体性存在的理想模式构建。这本身

[①] 赵旭东：《一体多元的族群关系论要——基于费孝通"中华民族多元一体格局"构想的再思考》，《社会科学》2012 年第 4 期。

[②] 历史学家钱穆曾经专门比较了在大一统观念上的中西之别，"就政治上言之，秦、汉大一统政府之创建，已为国史开一奇迹。今人好以罗马帝国与汉代相拟，然二者立国精神已不同。罗马乃以一中心而伸展其势力于四围。……秦、汉统一政府，并不以一中心地点之势力，征服四围，实乃由四围之优秀力量，共同参加，以造成一中央"。钱穆：《国史大纲　修订本》上册，商务印书馆 1996 年版，第 13—14 页。

是一种动态平衡意义上的中华文明发展模式构建的努力,而历朝历代的国家治理者显然都是有着一种基于一体性的共同性意识存在的共在性的渴求的。

这样一种趋向自我整合的文化实践在文明路径上的积极构建,也使其在应对现代意义上的世界性文化转型时,同样显现出自身文化智慧中那种包容差异性存在的韧性意志,无论经过怎样的打击、摧残和挫折,其作用的发挥在中国社会中从来不曾根本性地消失过。在顺应一种基于世界性构成的现代性转型之中,中华民族文化传统所具有的高度韧性的力量,也一直都在寻求可以真正有机会使自身融入世界之中,并随之能够有在自我文明存在价值上的世界性意义的文化重塑,进而在一种新时代里通过相互性的吸收与创造性转化,实现从来都不曾真正消失过的中华文化固有属性的自我阐扬,以此真正贡献于一种世界性共同体的构建。未来的中国,也只有在这个意义上才真正是世界性中国的存在,而并非那种曾经的狭隘意义上的任其自身偏于一隅的中国世界的存在。[①] 一种文化意义的在社会制度上的现代性的自我启蒙,以及在国家建设上的现代化追求实践,在寻求真正跟上世界现代性发展潮流的脚步的同时,也在积极寻求对于自身文化传统属性的认同、挖掘和保持,并试图以一种中国式现代化的努力在世界性范围内拓展中华文明的影响力,并且从来不曾放弃试图要以自身长期形成的那种多元一体的包容性姿态,来游刃有余地去回应一种世界性文明形态大转变的道路选择。这种自我的努力,真正体现出了中国式现代化所可能具有的核心形貌。这就是中国真正能够整体性地并且全身心

---

① 参见葛兆光《宅兹中国——重建有关"中国"的历史论述》,中华书局2011年版。

五 中国式现代化的文化形态

地融入世界之中，同时能够坚定地去守护着自我文化传统的一种极为重大的策略性选择。其中，一个具有根本性意义的趋向就是，现代中国显然不会背离世界性现代化的发展之路，而是会真正积极地去拥抱它的发生，同时还会想到如何能够实现带有自身独特性价值的现代化发展的模式转化，相信一切现代化的宏伟蓝图都可以在此基础上不断构建。

所谓中华民族多元一体观念的核心就在于，其自身显然具有一种包容性的目标指向，即基于多元的一体性包容。这种包容性的存在本身，显然又是具有一种现代意义上的可以不断去拓展自身潜力的世界性意义的。从根本上而言，就是不断以中国自身所固有的那种整体性宇宙观的观念，营造一种在世界性共同体中存在的自我构造的构架，并以此来吸纳并包容在人类世界之中发生并存在着的种种多样性文化。在此过程中，中国文化自身的形貌也恰恰在一种世界性意义的映照之下不断发生改变。

应该指出的一点是，在中华民族多元一体早熟的观念之中，文化意义上的一个重要特征是，在其发展的早期阶段已经自我创造出一种能够用来启示当下的世界性，并意欲寻求包容种种差异性的今天我们更为熟知的多元一体的包容性维度。[①] 因此，无论是在地理、人群还是社会生活诸多方面的分殊差异，即现实世界中以个体化存在为核心且无法抗拒自身分化的多元的存在，都会在追求中华民族多元一体发展的总体性目标指向上，去实现一种极具总括性意义的自我发展路径。它甚至是一种颇具象征意味的即"滚雪球"意义上的文化融合

---

① 如成书于战国至秦汉的《山海经》一书，有三万一千字，前后共十八卷囊括了从山经和海经的广阔内容。而这种以普遍性意义的山和海体现出来的对于世界想象的差异性存在的包容性观念，无疑体现为在中国人观念中的一体性包容意识的"早熟"。

的存在，这种一体性发生的历程所体现出来的恰恰是自然主义发生图景的由小而大，由少而多，一点一滴积累，并经由一种充分的相互融合而得以实现，由此一种深度具有文化一体性意义的"雪球"观念也会越滚越大，越滚越多，借此而成功性地包容那些自然存在的无限多样的差异性进来。① 这样一种早熟意义上的中国一体的概念，也会因此变得更具丰富的文化内涵，并以一种最具独特性包容的文明形态的整体性样貌而持久性地存在于这个世界之中。其中，最为核心的特征便体现在一种吸收与转化的自我开放性上。

二 以开放性姿态融入世界性的发展

当中国社会整体性地处在世界现代性发生之前，其自身显然包含一种族群关系中所固有的多元一体的文化适应性的实践，并日益自主性地丰富自我文化在世界中的内涵。当具有世界性意义的现代性浪潮开始真实冲击到这一古老文明时，它也能够克服各种固有的阻抗之力，自我启蒙性地去顺应世界性发展潮流的大势，最终以一种自我文化认同意义上的包容开放的姿态走进并融入世界性发展潮流之中。这种属性在这个文明体系中显然从来不会是真正缺乏的，而且还属于那种会不断起到一种积极引领作用的存在。比如，中国古代长期发挥作用的在自我和他者之间构建起牢固世界性关系的朝贡体系，无疑是借助古已有之的畿服制度的开放性来吸纳中国和世界差异性存在的一种世界性

---

① 关于汉民族与其他诸多民族之间相互融合发展的"雪球"理论的细致阐述，可参见徐杰舜主编《雪球：汉民族的人类学分析》，上海人民出版社1999年版。

五 中国式现代化的文化形态

意义模式构建的基石。尽管它是由中心及边缘、跨越了国家边界的等级性安排和想象,而非现代意义上国与国对等性交往的国际性关系,但却因此而构建起了一种以中国为核心的世界体系和象征性意义。[1]

在这个有着自主把控的基于多元一体格局而构建起来的独特文明体系之中,一个显著性特征是,其因为能够容括差异而在包容性观念上的自主创造及其在自我文化实践向度上积极展开。从早期的天人合一的观念,到后来华夏与夷狄之间关系格局的包容性转换,即所谓"华夏入夷狄则夷狄之,夷狄入华夏则华夏之"的观念形态,乃至真正体现出一种文化早熟性特征的那种更具世界整体性意义上的天下观念,即所谓"普天之下莫非王土,率土之滨莫非王臣"的寻求大一统图景的世界一体性想象。这些自身便具有丰富意义的自我包容性观念的实践,也带动了中华民族多元一体观念自身不断丰富。这种基于包容性而形成的早熟的文化特征,也不断成就相互之间虽有极大的差异性存在,却可以最终实现彼此共在的一体化表达,由此而让每一个个体化的多元发生都不再会是一种孤立无援或空空如也的存在。[2]

它本身的一体性构架的意象性以及理想性的建构,显然无可避免地要去应对现实世界中多样性的存在,并对应于在世界之中天然存在着的他者,以及在自我关系框架下具有的一种文化自觉关系模式的建

---

[1] 关于这一点的详尽讨论参见〔日〕滨下武志《近代中国的国际契机:朝贡贸易体系与近代亚洲经济圈》,朱荫贵、欧阳菲译,中国社会科学出版社1999年版。
[2] 中国上古时期的鼎文化,便体现着其包容性精神的文化的早熟。对于鼎的存在而言,其自身稳固的三足或者四足支撑起来了一个敞开的空间,可以去容纳各种不同的事物,它既是一种国家权力的象征,也体现着容纳差异性而成为一体性包容的给人以无限遐想的容器隐喻。中华一体的观念是建立在这种容器的隐喻之上的。

构。由此而呈现出的一种自然的后果便是，其难能可贵的有其自身的资本来面向未来世界多样性文化的存在，有着一种真正实践的文化而有的包容与转化潜力。这还是对应于基于地理学意义上的广袤空间而有的差异性空间的存在，并基于此而有一种在文化观念上先行生发出的在社会发展中寻求包容性和一体性理解的自我升华。对此，谁又能真正否认中华思想世界本身在秦汉以及此前的时代中所具有的那种极尽舒展、不受束缚的天下观念的气度呢？

以这样一种上古传统的中华思想世界去面对今日世界中那种差异性"在一起"的多极化现实的语境，如何真正能够提供一种意象性的对于差异性文化予以包容，并寻求一种彼此交往、共在的理想图景？由此，人类能够习惯性地以不同价值存在为基础、以差异性分化为多元生活中基本形貌的维度，实现一种世界性发展意义上的相互包容以及自我生存空间中的不断敞开，寻求一种在视野上具有世界性意义的价值空间，这将会是未来中华文明发展必不可少的观念性存在和目标指向。显然，中华文明自身传统实践所真正能够提供的各种文化、社会以及个人意义上的包容性观念，都在为这种发展做最为基础性的准备。这种基础性存在的前提便是，追求并主张一种人的包容性而非排斥性价值，并因此而具有一种使自身充满活力并有着动力机制的启动及持续性的发生。

这种动力机制是人类所必须要面对的在多元和一体之间通过一种循环摆动的迂回曲折的过程，适应性去构造一种基于社会存在的朴素原理，进而在制度功能安排上达成自主性意识的发挥。它所真正能够体现出来的，可谓是一种在文化智慧上深邃且具有恒久性价值的存在。这种文化智慧相对于现代世界而言，仍旧是有着一种先在性、早熟性甚至说遗产性的适用性，属于一种持久性的储存。一种推陈出新的策略应对的选择，是这种文化智慧真正可以重新发挥其作用的动力机制之基础。

就这样一种文化智慧上的先在性、早熟性甚至说遗产性意义而言，其在当今时代中一个最具核心性的价值便是，它能够以一种自我革新乃至革命的魄力去突破既有空间意识中的以孤立自我为中心的中国意识的框架，真正面向现代性世界的存在和发生，从一种世界性以及全球人类发展目标的设定上，去寻求自身文化实践传统在创造性转化意义上的自我推广以及在这种推广过程中的自我完善。同时，这种自我意识中的文化自觉标识的凸显，又会审时度势地以一种包容开放的新风貌融入世界性的发展潮流之中，这在漫长的中华文化与文明史传统中显然都是具有典型性特征的存在，甚至可以一直渗透到当下乃至未来中华文化整体性姿态的表达中去。

三 人类共同性存在的媒介性沟通

如何能够实现一种更具宽阔性意义上的世界中国，而非狭隘性意义上的中国世界，即不是以民族主义而是以世界主义作为基础的中国与世界关系的构建，真正需要一种在其问题意识关怀尺度上的自我革新甚至是自我革命。相对于自我存在而有的他者生活，以及诸多不同文化价值在世界之中的共同性存在，在一种包容性前提之下实现自我主张的融入，显然是在当下世界性变革之中一种潮流性意义上的顺应性，也是世界范围内的文化转型所必须面对的不可回避的问题。这要求我们能够从一种自我和世界关系的框架结构的转变之中，设身处地地理解中华文明在世界文明中所处的位置，切实从一种田野的视角去看待问题，由此能够动态且变化性地看到一种在世界性意义上的整体性人类文明的真实存在，而非那种在传统的所谓"冷"的社会发展时代中凭借一己之力去固守一隅的静态性、孤立性的聚焦，乃至因为这种定势思维而过度忽视在一个所谓"热"的现代社会里所涌现出的基于动态变焦而发生的那些转型。①

在此过程中，一些文明体还会因为固执的自我偏见性的观察，而使自身不断走向一种极端化的一意孤行；并意图想当然地命令一个整体性世界参照自身的轨道走向和道路选择运行，这显然是一种不可能实现的虚妄。因为这种轨道走向和道路选择的存在，恰恰是基于人类不同文化之间长期共在的理性以及共同人性而有的一种自然主义的发生，其背后是一种自发性成长轨迹和秩序，因此无法随意地撼动和改变。而上述那种近乎偏执狂一般的妄想性的努力，其最终的宿命只会使自身的文化乃至文明成为茫茫大海中的一座孤岛，随时都可能被世界性的惊涛骇浪彻底淹没。世界性发展的大趋势，并不会因为这种来自某一极端立场的自我中心性的武断命令而真正有所改变，实际发生的可能是由于有着一种自身务实性的自我立场上的适度转换，而能够从他者立场出发去体会一个正在发生着真实变化的世界的存在。

因此，与时俱进意义上的所谓顺应潮流的文化意义的新适应，已经日益成为一种世界性发展路径中常态性的、可持续性的目标指向。反之，如果缺失一种看待世界的动态性的观察，那么，所造成的结果只会是一种自毁前程的文化厄运以及社会劫难。正是因为此种世界性

---

① ［法］列维－斯特劳斯：《野性的思维》，李幼蒸译，商务印书馆1987年版。

五　中国式现代化的文化形态

的存在意识，能够为一个自我身处此种文化中的自觉者所真实地把握，自我也才真正有可能脱离一种将其身心层层束缚起来的自我中心意识的狭隘性偏见，从一种自我出发的视角动态切换到相互作为边缘他者而存在的多样性的整体性世界的视角，由此而使自身的文化能够顺理成章地转化为世界性大家庭文化共同体中的一员。

对于中华文明的现代性转化发展而言，完全可以用一种在其悠久传统上所留存下来、有时还会被我们忽略甚至完全遗忘的那些文化智慧本身的包容性隐喻，去实现在世界性意义上的体现彼此慷慨的象征性的礼物赠予，这从根本上来说是一种人类世界共同体存在的投桃报李交互性作用的机制，也因此保证了文明相互之间往来关系不至于因为冲突对立而发展到相互隔离的境地。真正能够实现这一点的关键就是，要去追求基于一种多样性共存的持久性关系而有的彼此间相容共生的空间，由此而使世界之中所存在的那些多样性的差异，能够获得彼此间各有所长以及各补其短的公共空间的再造。这种体现出包容性以及一体性的世界图景的构建，才可以真正称之为人类共同性存在的理想目标的指引，而这种指引在中国传统以崇尚包容为自我觉知的文化智慧中从来不曾缺乏过。[①]

为了这样一种视角转换真正实现，特别是有着自我中心意识的文化真正能够融入世界性发展的潮流之中，还需要一种基于沟通性能力

[①] 中华思想观念里有一种体现在道家思想中的影响深远的无为观念，它在另一个层次上体现出中国固有的包容性的思想。林语堂将这种无为意识基于放任主义的或者不干涉主义的理念阐述得极为清晰："只听说以无为宽厚待天下，没听说过以有为治理天下的。行无为，是恐怕天下人忘了他的本性；为宽厚，是怕天下人丧失了本德。假如世人能不忘本性，不失本德，还用得着去治理吗？"参见林语堂《中国哲人的智慧》，张明高、范桥编，中国广播电视出版社1991年版，第231页。

而生发的媒介性物质的存在。毋庸置疑，在人类世界之中，媒介物自身的沟通性能力本身，可以使自然状态的多元分离，成为基于一种沟通能力而有的相互融合，以及凝聚为一体性存在的包容性价值，并凭借一种媒介性文明自身的充分发展而得到最有效的表达，即借助沟通媒介而有的自我展现。在这里重要的一点是，这种媒介性文明的力量就人类存在的世界而言，从古至今也不曾缺乏，它们在不同时代里的活跃性存在，是真正实现不同人相互理解和沟通的前提条件，并且是使在世界之中差异分殊的个体和人群能够相互联系在一起，并形成某种基于族群或民族的共同性意识的依赖性要素。

其中，对于人类整体性存在而言的一种具有共同性存在意识的重要的媒介性实体，便是书写的发明和创造。这种发明创造对于不同的人群来说，尽管并不具有全部人群在文字书写意义上的普遍性，但显然带有一种标记性意义的刻画书写的媒介性，其在诸多原始民族当中都是普遍存在的。① 而早期的洞穴、岩壁、各种器物上的符号刻画以及自我意义标记的不断发现，都在无形之中证明了这种具有媒介性意义的刻画书写本身在人类生活世界中普遍性存在的价值，中国古人更是会以一种所谓书画同源的概念去涵盖这种人类在书写性沟通意义上的普遍性价值。②

---

① 赵旭东：《书法人类学导论——基于书写创造性而有的一种文化转型的考察》，《民族艺术》2023年第4期。

② 人类书写文字在沟通不同区域间形成共同性认同上的作用这一点，于汉字的广泛传播史中可窥见一斑。至少在东亚世界中，正像法国的汉学家谢和耐所指出，"在此意义上，人们甚至可以说在东亚有一个以使用汉字为特征的真正的文明集团"。要想真正理解中华文明的存在，汉字便是初始的门槛，所谓"由于文字与中华世界的政治、社会、美学和文化诸方面的亲密关系，所以它已经起到了理解其文明的入门作用"。参见［法］谢和耐《中国社会史》，耿昇译，江苏人民出版社1995年版，第28页。

五　中国式现代化的文化形态

　　书写刻画之类承载人的相互交流的意愿，也才会去创造并拥有沟通媒介的文明化存在，并作为人类在自然界之中群体性生存而有的一种最为基本的能力发挥作用，尤其是在人类不同群体之间所担负的共同性文明的发展和理解之中发挥至关重要的作用。伴随着媒介性意义的书写能力的逐步增强以及信息复制传输技术的日益便捷，文明自身的发展也呈现出一种人们更多去依赖并不断去创造发明的加速发展的趋势。书写作为一种媒介性价值的存在，显然是不应该被忽视的，或许理解了人类种种书写的本质，便能理解其文明存在的价值意义。并且，基于人群之间交流的先在性的发生，不同文化的既有书写形态之间也存在着为实现一种彼此间交流的顺畅无碍而出现的相互间可翻译性的发生趋向，这种媒介性意义的可翻译性是不同书写形态之间可以发生交流的价值之所在。而且，正是借助在不同文化之间基于相互性理解的在翻译性上的诸多可能形式的发生，一种文化之间的顺畅性交流成为可能。具有最为原始性意义的基于物物交换形式而有的在彼此意义表达上的自动的翻译传递，已经真实地存在了。相互间的需求可以通过人们对物本身的认知而向对方传递一种相互拥有的意义，并通过实际物本身的传递转换和附带性的价值表达而真实呈现出来。显然，物物交换的意义上的可翻译性，这里转换为有着明确关系建构意义表达的礼物的赠予，这种在不同的人或人群之间所开展的所谓礼物交换行为的发生，根本性地实现了在彼此深邃情感沟通意义上的一种抽象自我或社会人格的表达。[①]

[①] 在法国社会学家莫斯看来，礼物的关系是一种社会责任性的绑定关系，因此有收礼者必然会有回礼者，二者之间在此过程中实现了一种对等性的社会依赖关系。参见 Marcel Mauss, *The Gift*, London and New York: Routledge, 2016, pp. 55–57。

而当彼此交流的场景倏忽转换到当代世界之中，并成为环视我们身边现实性生活的存在，也就成为世界可交流性意义上的一种可翻译性频繁发生转换的场景，各种图像、文字和信息由此可以同时地虚拟在场，彼此借助各种翻译工具的转换，最终使一种相互间顺畅的交流得以实现。这同样涵盖越来越多趋向于数字化意义上的国际资本，它们相互之间频繁往来、瞬息万变的贸易交换的发生，以及在各种不同层次上出现的有着丰富内涵的符号交流，成为今天新媒介物在世界之中大流行的基本前提。而在所有这些现象的背后，显然都隐含着一种基于人的基本生计而展开的要去寻求彼此间意义交流，以及实现这种交流在文化意义上所具有的可翻译性的发生。现代世界的人们显然并不会排斥彼此间的交流，而恰恰是基于日益方便的联系工具而去强化这种彼此交流的频率和强度。并且，人们真正需求的也恰恰是能够除去不同人群之间频繁的往来互动中任何可翻译性上的障碍，而这恰恰有赖于书写形式上的可翻译性，这种媒介存在的可翻译性日益融入社会发展自身的各种制度性安排之中，并在其中发挥着随时随地可以实现应答的功能。比如，日益兴盛起来的基于人工智能的机器翻译就更为具体化地融入我们日常生活之中。

如果有机会到泰山经石峪的现场，我们会看到北齐书法家和僧人僧安道一的基于佛经翻译文字而有的《金刚经》书写刊刻中所具有的对于外来佛教文化的中国式转化。[①] 这对于一个极为强调"敬惜字纸"观念的民族而言，如何能够将此一外来经典翻译书写下来并勒

---

① 周松林：《走向书法的背后——游泰山经石峪摩崖刻经归来随感》，《中国书画》2023年第8期。

五　中国式现代化的文化形态

以刻石，本身便构成一种对于差异性文化存在的无言的承认或认同。与此同时，在异域风貌的《金刚经》刻石的一旁，我们同样可以看到中国历朝历代在这里更多体现外来文化场景的、并经由一种本土化转化而有的《金刚经》书法书写的现场存在。在其周围，也会有体现着中国文化本土性特征的属于儒学正统意识观念的刻石书写的现场表达，如明朝万恭所建"高山流水"的刻石以及在万恭之后李邦珍所刻"经正"二字同样在场的刻石。所有这些差异性分属于世界不同文明的文化表达形态，在结果性的意义上却可以在一个共有的空间之中毫无排斥性地共同存在着，而自我的文化也会因此而有其各自不同的观念性表达，这明显就是基于相互竞争而有的文化各自表达并存的一个多样性空间实验场。

在空间的意义上，环绕着居于其中心的在巨大斜坡上的《金刚经》摩崖刻石，完全是基于佛教信仰而有的从左向右旋转的所谓转经仪式发生的现场，这象征性地体现出一种在仪式空间意义上的文化存在、占据和表达，而在它的背后所真正体现出来的或者借助一种可翻译性而传达出来的，是象征性意义上的一种外来的世界性和地方性的在场，同时是一种基于自我文化认同而有的中国本土书法书写意义上的所谓汉字文化的自信心和创造力的表达。一种早熟并自我固化定型下来的中华民族多元一体的文化观念，恰恰也因此而真正融入一种世界性在场的存在和表达之中去，并基于这种早熟和定型而寻求着一种自身转型性力量的发生。与此同时，《金刚经》刻石旁峭壁上"经正"二字等刻石的存在，又在另一方面体现出一种中国本土意义上的儒家正统的自我表达，这显然是通过在场性的相互翻译而实现的一种自我文化的书写呈现，同样能够在佛教意识观念先期占有的一种地方性的世界性空间中，彼此间无挂无碍地以共同性存在并交流着。①德国海德堡大学东亚美术史研究所的雷德侯更多是从一种场域空间的对立性表达来阐释不同刻经的存在，把儒家和佛教对立了起来。他称作为儒家代表的刻经人李邦珍在玩弄文字游戏，体现儒家正统的标准，以"圣人之经"正之。以孟子所谓"庶民兴，斯无邪慝矣"之句抨击邪狭、排斥佛教，认为以此反对非正统之经，并以"经正"之意去"翻转"（to turn around）既有的《金刚经》刻石。现实中亦可见到清晰笔迹的"经正"二字以及斑驳陆离的《金刚经》刻石的翻转对立。因此，雷德侯断言："这位儒士继万恭之后，道貌岸然，再次诱导观者不再恰当观摩这处刻经。"此又是西方学者的一家之言了。②

因此，在一种基于媒介创造而产生的沟通性文明的表达之中，植根于文化之间交流而有的可翻译性这一点，应该引起我们足够的重视，其隐含了古今共有的一种意义表达以及这种表达的多样性共存。古代那些包含有多样性文化意义的摩崖刻石空间中的多重意义表达的共在，为何不能看成是现代新媒体平台的那些纷繁复杂的文化表达中的信息共存、共在以及共享的一种时代性的动态性的形态转化呢？基于一种彼此之间的可翻译性以及相互"和而不同"的存在的可以在一起的独特性的价值评判向度，向来都是中华文明传统极力主张、捍卫和称许的，这种观念存在的本身体现出了一种在其自身的文明气度

---

① 此"经正"刻石为明代县官李邦珍所书刻，在固有的《金刚经》刻石峭壁上，碑文如下："经正。孟轲氏云：'君子反经而已矣，经正则庶民兴。'石上之经亦经也，今以圣经反之，故曰'经正'。万历六年三月，都御史、肥城李邦珍书。"转引自［德］雷德侯《岩上评注——泰山石经之题刻》，《书法研究》2016年第2期。

② 参见［德］雷德侯《岩上评注——泰山石经之题刻》，《书法研究》2016年第2期。

五　中国式现代化的文化形态

上的并非那么看重文明之间的冲突,而是更为看重文明相互之间包容性的存在及其价值。这应该是我们从微观的事物之别提升到宏观的共同性在场的一种新的文化自觉,没有这种自觉的先期存在,超越于"各美其美"成见的所谓"文明的冲突"的发生也就无法真正化解,中国人"退一步海阔天空"的俗语在此可以提供一种智慧性的问题解决方案。

四　一种共同性意识的相互性构建

不可否认的一点是,人类有着其自身作为人的种属存在的共同性的起源,也在无形之中保证了人类相互之间基于一种可翻译性的努力而有的可交流性的共同性存在的前提,而不同文化之间的交流、融通与往来的发生也恰恰建立在此前提之上。[①] 因此,人类在从非洲起源而散布到世界各地的漫长演进过程中,也在各自独立地创造着具有地域性特征的文明形态,同时无可否认地存在着从各自文明属性出发而有的相互学习与借鉴的诸多可能性。就此而言,人群之间的交流,是伴随着人类的共同性成长而发生的,言外之意是人群差异性的交流带来了共同性的发生。

实际上,在每一个基于长期历史而有的自我文化确证的文明体系中,都会有一部与其他文明之间在文化差异上相互借鉴学习的文明交流史。一种纯粹自我孤立的文明的发展,在人类发展的历史上是近乎

[①] 赵旭东:《一多辩证中理解中华民族共同体意识的构建》,《民族学刊》2022 年第 8 期。

不可能的。在此意义上，必然会隐含着一种相互得到共同认可或达成彼此共识的共同性价值基础，否则，不同文明之间真正的交流显然也就难以达成了。这种相互交流的趋势，同时意味着人类自身有着一种追求包容而不断拓展人群间相互存在的共同性价值追求的可能性。这种共同性价值不是自然而然存在的，更多是基于一种彼此间长久交流之后而有的共识性价值的建构与自我发现，这种共识性价值也必然是要在不断互动交流的展开之中去彼此感受而共同构建起来的。其中，每一种文化作用的发挥，都会有一种世界性的共同性的构建，而这种构建的基础就在于，相互之间有对于各自文化存在予以承认的观念以及可付诸实践的社会资源，自然也成为其文化智慧得以发挥作用的基础。

可见，个体或人群之间形成的共同性意识，是通过一种相互性构建的努力而获得的，而非可以成为其中完完全全的独一无二的存在，如果那样去做，显然是不会有属于人类共同性价值追求的发展路径的，甚至还可能因此而出现一种极端的自我孤立，无形之中把自身引向一种试图占据世界霸权地位的路径。"文明冲突论"的根基显然就是建立在这种观察之上[1]，其与"和而不同"的文明观念看待世界的方式形成了截然不同的理解。[2] 对任何一个人类的文化群体而言，其甚至试图要将此种自以为是的唯一性的存在价值强加给其他文化，并因此成为一种强迫性意义上的所谓"普世性价值"。在这种强制性且

---

[1] [美]塞缪尔·亨廷顿：《文明的冲突与世界秩序的重建》，周琪等译，新华出版社1998年版。

[2] 赵旭东：《构建一种美好社会的人类学——从费孝通"四美句"思想的世界性谈起》，《中国社会科学评价》2021年第3期。

五　中国式现代化的文化形态

武断性的意识不断地强力推行中，种种灾难性的结果也必将接续性发生。这也是20世纪前半叶世界之所以会有连续性的全球秩序颠覆性混乱的两次世界大战的根源，而在第二次世界大战之后的一种文化自觉意义上的后现代性的自我反思之中①，有着世界主义情怀的人们，更渴望寻求能够避免全人类灾难发生的世界性秩序的重建。② 这种秩序的存在，必将不会再是一种欧洲中心主义传统的，而是一种世界性多元一体的模式建构。③ 这种看待问题的视角显然和中华文化传统中既有的多元一体格局的框架有着某种契合，同时也是中华文明可以真正能够贡献于世界性秩序构建之所在。④ 也即，我们在看待文明之间的关系时，要真正能够从相互间的冲突转变为和而不同，从自我中心转换为他者关怀，从单边主义转变为多边主义等。

在此意义上，一种图式性的基于一体性价值观念的指向性引领也变得极为重要。在这种图式之中，必然要求能够有一种包容多样性存在的文明发展形貌的气度，那将不会是一种刀劈斧砍模式的基于所谓一分为二、黑白分明原则而有的相互对立、彼此隔绝以及不可融通，而是要寻求在一种文化价值界定上所体现出来的能够包容所有可能性发生的潜力，由此而使整个人类世界之中的每一种文化样态都真正成为鲜活的而非是僵死的存在。那些外来给予的所谓遗产，都需要在此

---

① 参见［法］让-弗朗索瓦·利奥塔《后现代状况——关于知识的报告》，岛子译，湖南美术出版社1996年版。

② ［美］塞缪尔·亨廷顿：《文明的冲突与世界秩序的重建》，周琪等译，新华出版社1998年版。

③ 方李莉：《世界秩序的重建——从亨廷顿到费孝通》，《群言》2012年第12期。

④ John M. Hobson, *The Eastern Origins of Western Civilisation*, Cambridge: Cambridge University Press, 2004.

意义上有一种自我文化的存活性以及能够真正活在自我文化之中的文化自觉，由此而使自身的文化存在不至于转入一种自行败落甚至是遭到遗弃的轨道中。只有活在了文化之中，人才不会因为失去对自身文化的信心而自暴自弃于自己真实性文化的存在，文化的自信心也才会由此而确立。在此意义上，如何在一种世界性交流的大背景下真正展现出自我丰富且具有三维立体感的文化存在，将会是我们以所谓现代文明人的身份来贡献于一种世界性共同体存在的最为核心的价值追求。

在这一点上，文化本身的存在不应该是来自他者视角中的一种外在性的人为界定，而应该首先是从自我出发而有的现实意义上的"各美其美"的文化认可。这将会是一种自我文化的认同，而非是一种来自他者文化外加的强制性的认同，并且真正敢于以一种自我界定的文化自信的姿态，促进世界性意义的不同文化间共识性形貌的生成。显然，每一种文化所具有的独特性的贡献，无论是历史性的抑或是现实性的，都属于文化自身所拥有的独特性价值，都可以用来贡献于一种世界性的可预期性的未来成长路径。我们不能忽视此种共同性意识建构中的诸多文化的个体性真实存在的价值意义，这也是应该得到完全认可和尊重的。

当各种不同的文化在同一个世界性的舞台上得到了一种"各美其美"的自我展现时，它所体现出来的将会是最具独特性的文明属性和价值。这种文明属性和价值，会成为不同的观看者和欣赏者真实体会到人类自身差异性共在的所谓现代文明存在的前提条件，是基于出发点意义上去观看他者文化存在、再返回来回看自身文化，一种相互观照性意义上的文化交互性作用的发生。人类显然恰恰是在一种无可避免地相互观看之中真实地看到了自我,也看到了他者的样貌,必然还会因此而看到那些能够真正超越二者各自存在属性的作为整体性人类的共有属性,即在这种相互看见之中,也切实地领悟到属于人本身的共同性的存在。

五　从不自觉到自觉的文化转型

对于现代世界文明的发生而言,在文化表达的背后会有一种基于文化变迁的转型力量在发挥作用,这一转型力量体现在文化意义上便是从一种不自觉到自觉的文化形态的转变。并且,这一转变历程同样映射出一种现代世界的发生,即现代世界是一种基于文化转型而发生的结果。[①] 所谓一种不自觉的文化发展阶段,就是指在实践之中的文化存在形式,这种文化会更多地和一个地方人群的所谓不自觉的传统相互联系在一起,自身也没有真正的边界以及固化内涵的那种清晰的完整性意义的概括。一切都会遵循实践性的原则而得到一种习惯性的或者路径化的安排,这显然是基于一个地方人群长期的基本生计依赖而有的不断调适与改变中的自然存在物的适应性行为模式。

因此,人自身作为有机体的自然存在物而言,生物属性的饥饿感会很自然地带来一种进食性的冲动,但进食的方式却更多依赖于一个地方人群长期的实践经验的积累和选择的结果,也因此而有了一种独特性的行为模式的呈现。比如,不同地方人群进食实践下的文化表达,会很自然地流露出相对于后来自觉意义上的文化存在而有的一种

[①] 赵旭东:《文化转型人类学》,中国人民大学出版社2018年版,第5—9页。

并非自觉性意识存在的原生态的文化实践的自我无意识。而在这种非自觉的文化实践之中，一切都会因为其文化固有的惯常性安排而成为一种循规蹈矩模式的生活形态的塑造。但对于一种文化本身的存在而言，它又必然会是一种加入或者减去一些内涵而有的在流动性意义上的自我存在。这有着一种明确的在实践中发生的意义指向，而非那种现代理性化秩序安排上的所谓规则性优先的种种算计或者逻辑的推演，更多是一种类似人类学家所谓"修补匠"模式的、依赖于既有工具的提供而去完成各种任务的具体化逻辑，以及在这方面的情感交往的发生。法国人类学家列维-斯特劳斯就曾经指出，在神话思维中有一种满足于人的理智欲求的"修补匠"（bricoleur）逻辑的存在，这是指"用手干活的人，与掌握专门技艺的人相比，他总运用一些拐弯抹角的手段"。这寓意了在传统时代中的人们并非那种死板的生活模式，而是可以有一些变化无常的或者"拐弯抹角的"生活手段存在的。[①] 这根本上而言不会是一种纯粹依赖固定规则的机械性重复，而是一种适应性改变的必然发生。因此而形成的风貌有似于一种外部坚硬轮廓的习惯性模式难以改变，但其内部构成的诸要素可以真正实现富有变动性意义的随机应变。这就是一种在传统文化意义上的适应性改变，它并非一种固化僵死的存在，而是有着一种自我适应性改变的能力涌现。而这种寻求改变的能力的涌现本身，就是更多以生活本身的可持续性为中心，并成为社会价值构建中重要的构成部分。

对于现代世界的发生而言，其根本性的价值便是一种自我反思性

---

① 参见［法］列维-斯特劳斯《野性的思维》，李幼蒸译，商务印书馆1987年版，第22页。

五 中国式现代化的文化形态

能力的增强和凸显。这显然是和知识作为一种独立的生产领域，进而引领人的生活价值的不断改变和更新是紧密联系在一起的。[①] 而知识论意义上的新知的发明和积累，显然是在不断打破传统的那种基于礼仪秩序而有的知识先入为主，并固化为以一种生活实践为核心模式的知识发生形态。知识的发生因此很容易超越一种地方性而成为自主游移的媒介物的存在，并通过各种形式的新媒体的传播技术的发明和应用，使人在生活方式上的自主选择性得以增加与强化。而人的现代性生活因此日益会转变为诸多浮游于数字化虚拟媒介物之上的知识创造的存在，并基于此而进行一种主观性的反思性判断。

对于现代世界的真实存在而言，显然不会只有一家航空公司的一个航班可供选择，火车运行时刻表甚至可以精确到每分每秒，人们也因此可以基于出行任意地做个性化时间安排。在人们的生活之中，包括食品的种类在内，显然也不再是传统意义上的那些规定好的极为有限的单调类别，而是现代超市模式意义上的琳琅满目以及目不暇接，这使人们在选择所需要的实际消费品时常常挑花了眼。由此，人的自我意识性判断和自我选择也就自然地成为全部现代性问题的一个出发点。比如，在对待文化的问题上，人们会不由自主地询问这样的问题：我的文化是什么？我究竟应该有怎样的文化？我所拥有的文化未来的命运将会是怎样的？所有这些，从根本性的意义上而言都具有可选择性的属性，并且可选择性意识已经日益进入人类自身的一种自觉

[①] 英国社会学家吉登斯曾经指出："对现代社会生活的反思存在于这样的事实之中，即社会实践总是不断地受到关于这些实践本身的新知识的检验和改造，从而在结构上不断改变着自己的特征。"参见［英］安东尼·吉登斯《现代性的后果》，田禾译，黄平校，译林出版社2006年版，第34页。

意识的反思性努力之中。文化的存在形态将不会是一种固有的实践方式，也不会是在一个方向进行单一性选择的注视，更不会是一直向前在一条唯一性道路方向行进中的无可选择，而是日益转变为能够从多个方向维度上去入手进行多重观察，进而选择出一种适合自我发展的命运之路。

在现代社会之中，人人都在做自己独有的选择，也都会因此而提供各种可能的新知识的生产，进而提供诸多选择性存在的可能路径。由于此种选择性机会以及选择性能力的增强，一种基于效率观念的更为方便省力的价值观意识，日益成为当下文化选择实践中一种基本的行动模式。比如，过去，在乡村里的一场传统的社戏基本是可以翻来覆去重复上演的，其内容大意以及表演程式大都是一种不断的自我重复，但却可以在唱腔、演员以及细节表情上做适应性改变，并借助此种观赏乐趣而伴随几代人的生活，最后留下在形式和内容上具有相似性的集体记忆。今天，人们随意点击手机的视频公众号，成千上万个内容各异的短视频会相继弹出，可以懒散地卧在床上轻而易举地获得一种即时性反馈的自我乐趣。人们不会再像过去那样，将一年之中特定时间段专门安排出来打发自己的闲暇时间，而是基于一种共享知识获取上的方便，随时随地可以消耗掉自己因为选择上的极度省力而富余出来的大量时间。时间的碎片化成为现代世界面向每一个人的生存现实的一种必然的发生。[1]

中华文化在这样一种世界性文化转型的大背景之下，更加要转化

---

[1] 赵旭东：《微信民族志时代即将来临——人类学家对于文化转型的觉悟》，《探索与争鸣》2017年第5期。

五　中国式现代化的文化形态

为一种有着自觉性意识的文化存在，并以一种自觉的面貌去实现对自身所处文化场景的基本认识，提升文化的自信和勇气，由此而全面跨入世界性意义的知识生产的体系之中，并以这样一种全新的知识生产重新审视自身所拥有的文化在得失上的转变。只有以一种眼光向外看的努力，才能真正使人在一种自我文化的不断回眸之中意识到自身悠久文化传统的存在，从这种自我回眸的文化自觉中理解那些更为深邃、基于一种文化实践而展开的更具独特性意味的文化习俗。以这样一种文化自觉的存在为前提，在多种文化价值共处之中所呈现和铸就的独特性的文明形态，其可能的命运归属才会为我们所真实把握。这种命运的归属感显然不是要去刻意地强调"中国第一"，而是要朝向一种世界性彼此共在的全球视野去拓展性发展。

如果要去除既有狭隘目标设定所具有的孤立无援且更具自我中心意识的那种中华文化的存在，就需要带着一种极为清晰的对于中华文化自身所应该具有的自觉意识，抛开既有的基于一种偏执的民族主义意识的中国化的沉重包袱轻装上阵，真正全身心地融入现代文明意义上的中国世界化的理想图式。这种基于世界性意义的中国化，也必将会是中国人自身所完全可以理解和接受的，是能够真正适应当下现实世界的一种自我选择。[①] 它是曾经在中国自身历史进程中强势发挥作用的那种文化实践的存在逻辑，又是基于中华民族漫长演化史，有赖于"滚雪球"逻辑而日益积累起来的多元格局的现实框架，以及与一体性发生的理想格局构建相互关联在一起的中华文明向前不断发展

[①] 赵旭东、汪再欣：《重构中国人类学的自主性——基于世界性文化转型视角的自我观察》，《新视野》2023年第2期。

的多元一体的图式模态。它们之间的这种相互依赖关系，显然可以被一起平移到具有世界性意义的多样性共存的发展舞台上去。而中国自身的现代化的发展历程，恰恰就是在这样一种多元一体的具有自身包容性意义的文化图式引领下，逐渐地从一种文化不自觉的被动性存在状态而转换到自觉主动地融入世界性文明的发展潮流之中。[1]

这个过程本身便是中华民族现代文明发展的文化自觉，也是在西方现代性强势冲击之下，既有的文化传统在被打破了自我存在的完整性空间后，逐步走向对于未来文化将向何处去的一种自觉的反思，由此而带动中华文化发展路径上各种新的自我选择。在经历了这样一种饱含实际苦痛过程的文化自觉以及未来世界性文化发展转型的新选择之后，1919年的"五四运动"成为一个关键性的转折点。此后，中国自身的发展逐渐脱去了一种刻板化的传统中国符号的外衣，成为在世界性中国的发展轨道上有着一种自觉自主意识的可以真正融入世界一体性之中的自我存在。[2] 而中华文化的表达，基于一种传统性的现代化转变，因而以一副现代中国的面貌进入与世界各大洲不同区域的不同人群之间的文化交流之中，这是真正由自觉性的文化提升而有的一种自主性的文化传播，是在"我中有你，你中有我"的镜像式的相互学习借鉴之中自我文化的新的成长模式。中华文化是在面向而非背离世界发展过程中的一种自我文化的成长以及对于自我文化的重塑。

---

[1] 万明：《中国融入世界的步履：明与清前期海外政策比较研究》，故宫出版社2014年版，第1—4页。
[2] ［美］周策纵：《五四运动史：现代中国的知识革命》，陈永明、张静译，四川人民出版社2019年版，第15页。

五　中国式现代化的文化形态

也只有在此意义上，我们才可以真正在一种世界性的现代化发生路径上来把"中国"这两个字加入其中，使之转变为在现代化发展背景中的中国艺术、中国科技以及中国知识创造之类的文化自主性。这些显然都属于基于自我文化自觉和自信而形成的一种世界性的成就，因此必然是要建立在开放性意识前提之下，这恰恰也就成为全部现代化成就真正的动力来源。在一道具有悠久历史传统的文明之门被打开之后，随之涌入的绝不都是洪水猛兽一般的存在，也意味着有着同样文明姿态的人类共同性文化发展的新机遇和新创造。每一位身处这种开放性文化之中的人，都可以在不同文明间的往来互动中去实现一种基于平等性原则的体验式交流和自我提升。而一旦没有这种开放性意识的存在和作用发挥，作为现代性实现标志的那种所谓马达轰鸣的先进意识都只是一种虚幻的泡影。

六　不纠结于传统的传统利用

一种文化自觉存在的前提，同样是要建立在此种开放性意识先行的路径选择上。一旦离开了这个基本点，一切迈向世界现代性发生的道路选择，只可能成为一种不可能性的存在。在面向现代文明下的世界性发生之时，中国的传统文化不会成为自我可以真正逃避的"避风港"。不加选择地去奔向那里，也并不必然就可以掩饰自身创造力的欠缺，其更无法成为一个完美地逃避或躲避现代世界发生的借口或理由。

总之，一切试图避开现代性发展的努力和自我选择，最终的结局都将会是一种毫无改变之功可言的原地踏步或者自行退步，无法实现在一种人类文化转型的新处境中的顺畅的传统性适应以及创造性转化。而传统本身的存在相对于一种现代性的发生而言，将会成为一种富有创造性意义的文化智慧启示性的来源，而不会是一件无法轻易解脱掉的牢固捆绑在人的身体之上的包袱。如果自我面向现代性的创造性目标设定而有着一种基于文化自觉的选择性意义上的传统利用的意识，传统将会成为一种分布式的而不是固定化的存在，任何人都可以从这种流动转变的传统分布中利用传统。传统将可能真正成为一种极富启示性意义的目标引领，在多样性以及差异性的世界空间的不断涌现的过程中，一定会有一处自身可以真正融入其中并可在其中获得一片稳固且可靠的生存之地。

对于人的群体性存在而言，文化的传统显然不会随意地被完全丢弃掉，就像我们面向曾经近乎遗忘的现实而照样会有一种难以抹去的不时回忆起来的记忆一般。传统和现代二者之间是相辅相成地存在着的。过去的传统会在一个并非确定的时间段中，经由一种自发性的涌现而被再次予以把握或回忆起来，成为我们可以聚焦并发挥特别作用的文化自觉。

对于传统而言，首要一点就是要没有那种基于传统存在的被固化下来的种种纠结，因此也就不应该像一个行走在路上的负重者一般，将所谓的传统和曾经发生的一切都事无巨细、无一例外地背负起来而加诸到自己身上，而是要让传统本身的存在更像是储藏着各类图书资料的图书馆。储藏着知识信息的图书会因为有心的阅读者的随手打开，而得到一种让具有真正鉴赏力的人眼前一亮的意识性的唤醒，并借助尘封已久的知识信息的传递，而激发出一种在文化之中的人们此时此刻因选择它而可能受益无穷的感知。这种传统不再是那种要强行给予的或者自我逃避式的，或者因为要完全去拥抱记忆的全部遗存而

五　中国式现代化的文化形态

成为毫无行动力、创造性以及生气可言的在文化呈现上僵尸化的存在。应当铭记的是，在人的生命意义的全部属性当中，首要的是活体性的人的存在，而一旦活体死去，也就难以再称之为是一种真正所谓人的存在了。[1]

这种所谓人的文化存在，必然也属于一种活态意义上的存在，那些试图要使之进入到一种对象化陈列的博物馆中去的文化，从来都是基于西方中心论而有的极具偏见性且视他者文化存在为僵死遗产的神话构建，直接称其为是一种"白人的神话"也不为过。[2] 只有真正能够放下传统性固化存在的压力包袱，自我积极转化传统的价值，人走起路来才能够变得步履轻盈且放松自如。反过来，那种负重者在路上疲惫不堪的姿态，总会让人想到一种毫无创造性和活力可言的奴性身影的存在。人基于文化自觉意识努力脱离开一种奴性身份的存在，从来都可以看成是人类文明进步的真实表现。而真正的文化创造力的发挥，必然是与一种自我放松而非紧张的存在状态紧密联系在一起的。所谓现代启蒙意义上的打破传统，显然不是要让传统消失，而是要让传统能够使我们从身不由己的强制性负重中解脱出来，由此而转化为在路边不断自主盛开的五彩缤纷的花朵，最后成为一个大花园，让人能够看见一种文化多样性共在的图景，并由此而体会到一种彼此间赏心悦目的存在。这样一种有活力和创造性的传统，才应该是我们在现代生活之中的应然选择。

文明只有在不断的自我创造之中，才会真正使人类共在的大花园

---

[1] 在这方面柏格森基于人的生命意识的创造进化论的观念是值得我们重新去审视的。参见 [法] 亨利·柏格森《创造进化论》，肖聿译，译林出版社2011年版。
[2] Peter Fitzpatrick, *The Mythology of Modern Law*, London and New York: Routledge, 1992.

充满无限生机。如果纯粹固守既有的花草植物，还要刻意甚至强制性地摘下一些花朵而硬生生地安插到自己的头冠之上，那样的花园和花朵只会因为缺少有机土壤的养分供应而日趋枯萎下去。反过来，只有基于人的不确定性、活力性以及冒险性的创造性的发挥，才会给人自身的生活带来一种生机勃勃的涌动的生命力。而文明的发生，无论是传统意义上还是现代意义上，无论是中国社会还是西方社会，无论是每一件器物还是现代拔地而起的高楼大厦，都是基于人的某种创造性的文化生机的体现。一代人接续一代人的努力，终究会使这种文明创造的传承转化为一种真正意义上的有生命力的传统存在。传统因此也就不再是那些一成不变的博物馆式的对象化的陈列品的存在，更因为一种创造性的动力而在创造性能力积累上有一种自我谱系的展开。在不同文明发展中各国科技史、艺术史的传统，都可以说是相对于人类总体而言的各自文化史的传统，显然都属于这种自我文明谱系真实存在和发生的最佳旁证。

我们完全也可以顺理成章地承认，的确会有着自身完整性的传统性的存在，这种传统性也自然会有其各种固化的形式存在。但显然，我们不能单单凭借一己好恶而人为地外在化地自我追认或组织材料认定某种传统的死亡，使之成为一种遗产的存在，生硬地让本是自然的流动性的或者本有着自身生命力的传统，处于一种人为的僵死状态之中。相反，应该让人的文化传统本身在能够活灵活现的同时，还能充满创造力地进入现代世界发生的真实场景之中，并以一种现代性所拥有的创造性的发生，而让传统真正活在我们就在其间的日常生活世界之中。

对于人类自身而言，一切的共在性都是基于彼此间的差异性而存

五 中国式现代化的文化形态

在的,这一点在无形之中也符合中国人观念中所固有的富有包容性意义的多元一体的结构模式。这本来也是这个世界存在着的根本性的样貌形态,而世界的存在在这个意义上同样也属于多元一体格局,因此也应该是具有差异性包容属性的。这里更要清楚的一点是,所谓的传统本身,也不过就是这一错综复杂的整体性世界中的一员。我们显然有责任使其富有活力地一直存在着,而不是要使之僵化地死去,更不是要通过一种偏见性的仪式性的或者象征性的遗产追认而使之转化为"木乃伊化"的存在。相反,让自身的传统能够活在这个世界之中,而不是去寻求一种自我边缘化的自我认同,才应该是面对传统世界的现代转型的一种适恰的发展路径。

显然,中华民族现代文明的形貌,必然是要在这种意义上不断发生、存在以及延展开去的。当世界性的潮流已经在一种现代性乃至后现代性的岸边惊涛拍岸之时,中华文明作为总体性存在的世界文明之一,又如何可能背离发展大势而有一种自我孤立的可能呢?甚至可以说,即便是有此种可能性的存在,只可能是一种带有自我欺骗性质的存在,最终只会导致一种不思进取的"躺平",这往往也是一种自我中心主义的文化观极度发展的必然结果。在今天世界一体性的发展之中,如果忽视世界中多样性他者力量的真实存在和作用发挥,自我存在只能在一条孤傲且迷茫的道路上漫无目的地四处游荡。面对现实世界的存在,一种掩耳盗铃一般故意不去张望远处海面上波涛汹涌的做法,显然不是一种文化智慧高明的文明所应有的姿态。

更应该懂得的一点是,只有真正在惊涛骇浪中搏斗过的人,或者敢于直面风险性存在的人,才会有一种自信的勇气去迎接更大规模的在不确定性上的以及在自我创造性上的挑战。而文明本身的存在和发展显然理应如此，即在一种不断寻求自我创造的发生之中，根本性地剔除曾经有过的文明衰落之后那些糟粕般的传统，由此才会有新的文明形态可能被重新创造出来，并以此来去转化或者替代旧有文明。在这个意义上来说，文明自身绝对不会是在原地止步不前的一种自然本身所存在着的那种消退性的力量，也从来不会在意既有的森林究竟会有怎样的一种茂密和丰盛，这终究将会是一种基于自然属性意义上的归于文明废墟生产一般的荒漠化的塑造。对于今天的文化以及文明的世界性存在而言，这并不构成一种危言耸听，而是在文明史发展意义上不可避免会遭遇的一条前行路径的自我选择。

今天，中国式现代化也不可避免地会面对如何去看待自我文化的固有传统，以及如何去面对他者世界现代性共在的现实处境。一种自觉的文化意识由此将从不自觉的既有文化生存状态中脱颖而出，散落在现实生活的日常安排之上。我们由此才会真正面向中国式现代化存在的真实语境，并且无法回避。这就需要在一种文化转型的语境中培育起积极自觉的应对姿态，这种姿态显然不会是僵化地固守传统的过往，不是耿耿于怀地纠结于传统的有无，而是要以一种反思性自觉的姿态借助新媒体所造就的新的人类命运共同体的自我成长，真正让传统中国文化所支撑起来的中华文明，在现代化的自我追求中能够有着一种"特种兵式"的边界突围，最终实现一种基于传统智慧的中华民族现代文明发展道路的新选择和新走向。

这显然是要去面向世界、走近世界并且最终还要融入世界的中国式现代化道路的果敢选择。我们在不失时机地寻求着媒介共同体的新创造的同时，也在热烈地拥抱这种媒介共同体的种种新的发展形态。并且，我们所真正寻求的是一种基于多元一体格局的诸多文明的共同在场。或许，在文明之间必定会有各种冲突的发生，但是基于一种共同性塑造的人性努力，终究会使文明之间的所谓冲突或者不和，转化为人类命运共同体差异性共存、共在的自我构造的经验来源。显然，在我们自身的文化里也一直有着这样一种向外部世界学习的传统的存在，因此在必要的时候，我们才可以应对性地做到"西天取经"，并且在必要的时候，我们一定可以更为热烈地拥抱世界诸文明透露出来的光彩照人的曙光。显然，当我们的文明在这个意义上充满无限活力之时，便是这个文明体真正实现自我腾飞的起航之日。

（原载《探索与争鸣》2024 年第 1 期）

六

建设中华民族现代文明

中华民族现代文明论要

商志晓[*]

在文化传承发展座谈会上,习近平总书记提出,"推动文化繁荣、建设文化强国、建设中华民族现代文明"[①] 是新时代新的文化使命,要求我们坚定文化自信、奋发有为,努力创造属于我们这个时代的新文化。这为我们在新的历史条件下建设新文化、创造新文明,提出了奋斗目标,指明了前进方向。建设中华民族现代文明,是一项贯通历史、现实和未来的战略任务,是一个联通中国与世界的远大目标。我们要深入理解其内涵要义与精神实质,充分认识其时代价值与重大意义,对有关中华文明、中华民族现代文明的一系列问题力求有清晰的认识和深入的思考。这既是深刻领悟中华文明的要求,更是建设中华民族现代文明的要求。正如毛泽东所说:"认识世界的规律性,找到正确的理论,为着有效的指导实践,改造世界。"[②]

---

[*] 作者简介:商志晓,山东师范大学教授,山东省高校当代中国马克思主义研究院院长。
[①] 《担负起新的文化使命 努力建设中华民族现代文明》,《人民日报》2023年6月3日。
[②] 《毛泽东年谱(一八九三——一九四九)》上卷,中央文献出版社2013年版,第687页。

六　建设中华民族现代文明

一　文明的基本内涵

　　文明的基本内涵有广义与狭义之分。广义的文明指向物质文明、政治文明、精神文明等丰富内容；狭义的文明主要指精神文明，与精神层面的文化接近。正如文化与人相联系、是人类独有的创造一样，文明所表征的亦是一种历史现象，是一种社会状态。文明是社会历史的积淀物，是人类社会实践的产物。就与野蛮状态相区别而论，文明依赖群体（城市）、文字（思维）、礼仪（规范）三方面基本要素，使人类社会进入一个自主且理性的时代。作为社会发展状态的总体性表征，人类历史上诞生的文明，往往与特有的社会形态、社会制度相联系，故有封建主义文明、资本主义文明、社会主义文明之称。正是基于此，毛泽东以中国的悠久历史和远古中国所达到的发展程度，非常自豪地强调"中国是世界文明发达最早的国家之一"[①]。

　　文明与文化内在联通，时有通用，甚至互为替代与说明。故而，文明与文化难以严格区分，难以给出确定的边界与准确的界定。但即便如此，我们仍可窥见二者的诸多不同，从一些方面区分出各自的蕴含与表现，如文化主要是显于外的结果，文明主要是寓于内的内涵；文化多与知识、学问相联系，文明多与行为、礼仪相关联；文化具有实存、物化之形，文明具有氛围、状态之样；文化偏于指向人与物之间，文明偏于指向人与人之间。就精神层面的文明与文化的基本关系看，大致可理解为：文明是文化的内在精髓，文化是文明的外在呈

[①] 《毛泽东选集》第 2 卷，人民出版社 1991 年版，第 623 页。

现；文明是文化的积累与结晶，文化是文明的基础与支撑。

中国古代典籍中有许多关于文明的阐释，有助于我们进一步去探微究里。被称为中华文明"大道之源"的《易经》认为："见龙在田，天下文明。"前蜀杜光庭在《贺黄云表》中云："柔远俗以文明，慑凶奴以武略。"唐代孔颖达注疏《尚书》时解释"文明"为"经天纬地曰文，照临四方曰明"。这些对"文明"内涵的阐释，可见古人在把握天人关系这一总的思维框架下，尤为看重"文明"理念中的"人文教化"意蕴。而人文教化的显性表现，在传统文化看来则主要是礼仪和规范，即遵从一定的礼仪，使行为有规有矩。是故，《晏子春秋》认为"凡人之所以贵于禽兽者，以有礼也"，孔子更强调"不学礼，无以立"，把"礼"归为处世为人应有的恭、敬、和、俭。这就把"礼"凸显出来了，"礼"被视为文明的重要标识，"礼"在很大程度上也就代表了中华民族的文明形象。

人们对文明（包括文化）的说明与规定，尽管多种多样且相对繁杂，但若从宏观意义上去看待与理解，人们还是更趋向于从联通社会发展、结合历史进步加以把握，通常把文明视为人类推动社会进步而达到的一种境界、人际之间礼仪相处的一种结果。在这一点上，人们的看法具有一致性。恩格斯指出，"文明时代是学会对天然产物进一步加工的时期，是真正的工业和艺术的时期"[1]，他还强调："文明是实践的事情，是一种社会品质。"[2] 类似的一些论述，将文明置于历史发展过程中看待，将文明历史看作人类社会发展到一定阶段的历

---

[1] 《马克思恩格斯选集》第4卷，人民出版社2012年版，第35页。
[2] 《马克思恩格斯全集》第1卷，人民出版社1956年版，第666页。

史，将文明时代看作人类社会发展到一定程度的时代。这是我们把握文明之内涵要义的基石，是我们深化思考有关文明的一系列问题的理论基点。所谓古代文明、近代文明、现代文明抑或封建主义文明、资本主义文明、社会主义文明，无疑都是由此而来。明确这一点是必要的，也是基本的。

二 中华文明及其突出特征

中华文明亦称华夏文明，与古代埃及文明、两河文明、印度文明并称世界四大文明，是世界上历史最悠久的文明之一。其他三个古代文明后来都中断了，唯有中华文明未曾中断且一直延续未绝。所谓中断，主要是语言文字未能承续、典籍与理念未能传后。而在我国，"我们的祖先在几千年前创造的文字至今仍在使用"[1]。"几千年来，我国流传下来的各种历史文化典籍浩如烟海，其丰富和完备的程度，没有任何一个国家可以相比。这是中华文明特有的重要标志，是中华民族的宝贵财富。"[2]

距今约5000年，华夏大地各地区陆续进入文明时代，中原地区形成的更为成熟的文明则向四方辐射其影响力，成为东亚文明总进程的核心与引领者。《唐律疏议》记载："亲被王教，自属中国，衣冠威仪，习俗孝悌，居身礼义。"中华文明在漫长的历史发展过程中，

---

[1] 习近平：《出席第三届核安全峰会并访问欧洲四国和联合国教科文组织总部、欧盟总部时的演讲》，人民出版社2014年版，第41页。
[2] 习近平：《领导干部要读点历史——在中央党校2011年秋季学期开学典礼上的讲话》，《学习时报》2011年9月5日。

一脉相承、持续累积，形成独具特色的文明形态；中华文明塑造出华夏儿女的内在品质和精神气韵，生生不息、代代传承，其凝聚力、影响力不断增强与拓展。中华文明历经各个朝代，民族主体、语言主体前后延续，创造了延绵5000多年的辉煌奇迹。秉持"周虽旧邦，其命维新"的精神和"与时偕行"的理念，中华文明以自我批判和虚怀若谷的姿态，汲取各方文化精华滋补本民族文化血脉。这一切，都是中华文明深具活力和生命力的缘由，是中华文明不断生长、不断扩大影响力的基础。毫无疑问，中华文明书写了人类文明历史上最重要的篇章，可谓是人类文明发展史上的一颗璀璨明珠。

中国文化源远流长，中华文明博大精深。在文化传承发展座谈会上，习近平总书记联系中华优秀传统文化，总结概括出中华文明的五大突出特性，为我们更深入、更深刻地认识中华文明提供了思想指南。"中华优秀传统文化有很多重要元素，共同塑造出中华文明的突出特性。"[①] 这些突出特性，包括突出的连续性、突出的创新性、突出的统一性、突出的包容性、突出的和平性。五大突出特性互为联结，共同作用，标示出中华民族的历史传承和血脉基因，标示出中华民族的进取精神和无畏品格，标示出中华民族的凝聚意识和国家责任，标示出中华民族的博大胸怀和开放精神，标示出中华民族的和平理念和全球视野。这些突出特性，表征着中华民族和中国人民守正不守旧、尊古不复古，具有坚定的国土不可分、国家不可乱、民族不可散、文明不可断的共同信念。

就以"突出的统一性"而言，像中国这样一个由多民族组成的

[①] 《担负起新的文化使命 努力建设中华民族现代文明》，《人民日报》2023年6月3日。

六　建设中华民族现代文明

超大型国家,在其漫长的历史演进过程中,难免会经历"分久必合,合久必分"的过程,难免会产生国家内部不同民族之间的矛盾与冲突。但即便如此,矛盾与冲突往往也是带有内部纷争特征,多属于华夏民族大家庭内里的"此消彼长",且分割状态不是常态,最终总要归为一家、归为一体。因为中国人民始终抱持"天下一统,四海靖宁"的精神寄托,始终怀有"大道之行也,天下为公"的精神追求,国家一统成为民心所向、民族意志。华夏各民族胼手胝足,共建祖国锦绣河山。中华民族虽在统一与分割、兴盛与衰落中交替演进,但总是以统一和兴盛为常态,以分割和衰落为异态。有统计表明,自夏朝以后的约4000年时间里,在华夏大地上,国家内部的民族割据时间总计为1200余年,而民族统一时间则为2700多年,这充分彰显出中华文明突出的统一性特征。秦朝实现"书同文,车同轨,量同衡,行同伦",开启了中国统一的多民族国家的发展历程。此后虽有民族间多种形式的纷争与分割,但民族融合、国家一统的历史趋向未曾根本改易。这既是中华文明的内在力量使然,又是中华文明多元融合、开放包容精神气质的现实映现。

三　中华民族现代文明的基本意蕴

从"中华文明"导引出、过渡至"中华民族现代文明",是思维的自然延伸,是概念由抽象进展到具体的必然。但标识性概念的提出、关键性语汇的表达,却往往蕴含着重要命题和重大判断,由此也透现出主体思维的深邃与视界的高远。"中华民族现代文明"的提出与阐发,显示出我们党对文化建设、文明创造等一系列重大问题在认识上的深化、在行动上的自觉。

党的十八大以来，以习近平同志为核心的党中央高度重视中华优秀传统文化的创造性转化、创新性发展，突出马克思主义基本原理同中华优秀传统文化相结合，推动文化传承发展不断深化，引导文化关注点、注意力进展到"中华文明""中华民族现代文明"上来。习近平总书记指出："中华民族是具有非凡创造力的民族，我们创造了伟大的中华文明，我们也能够继续拓展和走好适合中国国情的发展道路。"[1] 他强调，"中华文明探源工程等重大工程的研究成果，实证了我国百万年的人类史、一万年的文化史、五千多年的文明史"[2]。2022年，习近平总书记在河南省安阳市考察时指出，"这次来是想更深地学习理解中华文明，古为今用，为更好建设中华民族现代文明提供借鉴"[3]。这是习近平总书记首次提出"中华民族现代文明"概念和"建设中华民族现代文明"命题。2023年6月，在文化传承发展座谈会上，习近平总书记指出："只有全面深入了解中华文明的历史，才能更有效地推动中华优秀传统文化创造性转化、创新性发展，更有力地推进中国特色社会主义文化建设，建设中华民族现代文明。"[4] 他系统阐述了中华文明的突出特性，明确提出建设中华民族现代文明的时代使命，提出并阐发一系列创新见解和重要观点，可谓高屋建瓴、思想精辟，给人以深刻启发、深刻教育。

---

[1] 《十八大以来重要文献选编》上，中央文献出版社2014年版，第234页。
[2] 《把中国文明历史研究引向深入 推动增强历史自觉坚定文化自信》，《人民日报》2022年5月29日。
[3] 《全面推进乡村振兴 为实现农业农村现代化而不懈奋斗》，《人民日报》2022年10月29日。
[4] 《担负起新的文化使命 努力建设中华民族现代文明》，《人民日报》2023年6月3日。

六　建设中华民族现代文明

习近平总书记关于中华文明、中华民族现代文明的新思想新观点新论断，促使我们进一步理解中华文明、中华民族现代文明，促使我们深刻把握中华民族现代文明的基本意蕴等一系列基本问题。

首先，中华民族现代文明对应中华民族古代文明、中华民族近代文明[①]，是中华民族从古至今承续发展的文明，是中华文明在新的历史条件下的现代呈现，是中华文明在新的社会形态下的现代创造。从日常使用上看，"中华文明"概念主要指向中国古代社会，特指在中华优秀传统文化中蕴含的文明，亦即中华民族古代文明。但"中华文明"同时又是一个整体性概念，是一个涵盖古代文明、近代文明、现代文明在内的全称表达。这是从源出与比较的意义层面，在与中华民族古代文明、中华民族近代文明既相互区分又一脉相承的联通中，来理解中华民族现代文明的基本意蕴。

其次，中华民族现代文明是指自中华人民共和国成立以来，由中国共产党团结带领中国人民创造推进且不断发展的新的文明。中华民族现代文明以"中华民族"为主体、立足"现代"社会实践，是包括物质文明、政治文明、精神文明、社会文明、生态文明在内的具有整体性与系统性的文明，是把马克思主义基本原理同中国具体实际、同中华优秀传统文化相结合，着力造就有机统一的新的文化生命体的文明，是形成中国式现代化文化形态、创造出属于我们这个时代的新文化的文明，是凝结形成自身优秀品质和鲜明特色，充分彰显并充分发挥自身凝聚力、向心力和影响力的文明，是在继承与借鉴基础上构

[①] 鉴于中华民族近代文明存续时间相对短暂、文明姿态较为凄悲、文明影响屡弱式微等情况，我们常常将现代文明与古代文明直接连通。这并非忽略近代文明，主要是昭示中华优秀传统文化、中华民族古代文明延至今日仍然具有的强大生命力和深远影响力。

建起既超越中国古代文明，又超越资本主义文明的崭新文明。这是从起始历程与内涵要义层面，侧重内在要求和建设任务来把握中华民族现代文明的基本意蕴。

最后，中华民族现代文明是历史文明的延续，历史文明虽然在文明发展的历史中成为"过去"，但在过往的"历史"文明中也积淀着种种"现代"文明的元素，现代文明必然会使之发扬光大；中华民族现代文明是中华文明的最新形态，体现着当今时代的新特征、新诉求，反映着当代实践的新使命、新情况，折射出人民群众的利益要求和内心愿景；中华民族现代文明是社会进步的标志，是社会主义先进文化建设的结晶，是面向现代化、面向世界、面向未来的文明形态，是民族的、科学的、大众的社会主义文化的升华；中华民族现代文明是中国式现代化建设的文明积淀，是中国特色社会主义实践创新和理论创新的精华凝结，蕴含着党和人民在进行伟大斗争、建设伟大工程、推进伟大事业、实现伟大梦想过程中创造出的中国经验、中国方案和中国智慧；中华民族现代文明是当代中国发展的文明底色，是亿万华夏儿女的内心追寻，其内生的文化认同、文化共识和文化责任，其孕育生长的积极社会心态、塑造维护的和谐社会关系，是推动党和国家事业发展稳定的精神力量。这是从主要特征与基本功能的视域，通过昭示其应发挥的作用和实现的价值，来认识中华民族现代文明的基本意蕴。

四　中华民族现代文明的本质规定

深刻把握中华民族现代文明的本质规定，旨在进一步揭示中华民

六　建设中华民族现代文明

族现代文明的根本属性和内在特质。习近平总书记指出:"党的十八大以来,党中央在领导党和人民推进治国理政的实践中,把文化建设摆在全局工作的重要位置,不断深化对文化建设的规律性认识,提出一系列新思想新观点新论断。这些重要观点是新时代党领导文化建设实践经验的理论总结,是做好宣传思想文化工作的根本遵循,必须长期坚持贯彻、不断丰富发展。"① 习近平总书记强调的"必须长期坚持贯彻、不断丰富发展"的重要观点,如坚持和加强党对宣传思想文化工作的全面领导、坚持马克思主义在意识形态领域的指导地位、以社会主义核心价值观引领文化建设等,不仅昭示出文化建设的根本要求,同时也从不同层面赋予中华民族现代文明以本质上的规定。

一是中国共产党领导。中国共产党在中国革命、建设、改革事业中的领导核心地位,是中华民族近代以来的历史发展进程赋予的,是由中国共产党团结带领中国人民推翻"三座大山"、摆脱半殖民地半封建社会状态、成立中华人民共和国的历史功勋所决定的,是中国人民的自觉选择。自中华人民共和国成立以来,中华民族现代文明建设始终在中国共产党领导下推进,已经取得非凡的成就和巨大的影响。继续在中国特色社会主义道路上建设中华民族现代文明,仍然必须坚持中国共产党领导,由中国共产党来引领、统筹、推动。因为中国共产党领导是中国特色社会主义的最本质特征,是中国特色社会主义制度的最大优势。"中国共产党领导中国人民取得的伟大胜利,使具有五千多年文明历史的中华民族全面迈向现代化,让中华文明在现代化进程中焕发出新的蓬勃生机;使具有五百年历史的社会主义主张在世

---

① 《担负起新的文化使命　努力建设中华民族现代文明》,《人民日报》2023年6月3日。

界上人口最多的国家成功开辟出具有高度现实性和可行性的正确道路,让科学社会主义在二十一世纪焕发出新的蓬勃生机。"① 中国共产党领导中国人民进行的100多年的艰苦奋斗,是强国建设、民族复兴的伟大历史进程,同时也是文化创新、文明转型的探索发展历程。历史已经证明并将继续证明,只有坚持并加强中国共产党领导,中华民族现代文明才能持续累积发展,才能不断汇聚提升。

二是马克思主义思想基础。文明的内核是精神文明,精神文明的灵魂则是其中具有合理性和必然性、具有统摄力量并指引正确方向的科学理念。中华民族现代文明即便是一个整体性的系统存在,也绝不是诸多文明元素的机械拼凑,而是一个有着凝聚力和向心力、整体有序且同向共为的有机体系。立足当代中国文明发展的具体实际,就文化构建和精神铸造来看,马克思主义科学理论及其中国化时代化的创新成果,依然是我们必须坚守的思想基础和理论指导,这是中国共产党百年奋斗获得的根本经验,是始自中华人民共和国成立并持续推进的中华民族现代文明建设的重要启示。作为中华民族现代文明之思想基础和精神支撑的科学理论,既包括马克思主义的基本立场观点方法,也包括运用马克思主义指导中国实践而创立形成的中国化时代化的创新成果,特别是习近平新时代中国特色社会主义思想及其内蕴的世界观和方法论。恩格斯指出:"一个民族要想站在科学的最高峰,就一刻也不能没有理论思维。"② 建设中华民族现代文明,马克思主义思想基础至为关键,开辟马克思主义中国化时代化新境界至为关

---

① 《十八大以来重要文献选编》下,中央文献出版社2018年版,第343页。
② 《马克思恩格斯选集》第3卷,人民出版社2012年版,第875页。

键。"马克思主义传入中国后，科学社会主义的主张受到中国人民热烈欢迎，并最终扎根中国大地、开花结果，决不是偶然的，而是同我国传承了几千年的优秀历史文化和广大人民日用而不觉的价值观念融通的。"① 马克思主义及其中国化时代化的创新成果已经融入中国人民的实践与生活，已经深深地汇入中华民族现代文明的构建过程之中。

三是社会主义属性。中华民族现代文明启程于中华人民共和国成立，在中国人民走上社会主义道路、由社会主义为之奠定根本政治前提和制度基础上进发。就文明形态依赖于社会形态、社会制度而言，中华民族现代文明立足社会主义坚实基础，在由党和人民长期探索而获得的中国特色社会主义康庄大道上前进，这成为中华民族现代文明建设最为坚固的基础、最为可靠的保障。"中国特色社会主义，是科学社会主义理论逻辑和中国社会发展历史逻辑的辩证统一，是根植于中国大地、反映中国人民意愿、适应中国和时代发展进步要求的科学社会主义。"② 中国特色社会主义既坚持科学社会主义基本原则，又具有鲜明的"实践特色、理论特色、民族特色、时代特色"③。有了这样的坚固基础和可靠保障，中华民族现代文明建设就不会误入歧途，就不会半途而废，就不会无所作为。由社会主义到中国特色社会主义，由中国特色社会主义道路到中国特色社会主义制度，既是中华民族现代文明在思想理念上的探索前进和认识深化，又是中华民族现代文明稳步前行的实践拓展和根基夯实。是社会主义，为中华民族现代文

---

① 《习近平谈治国理政》第三卷，外文出版社2020年版，第120页。
② 《十八大以来重要文献选编》上，中央文献出版社2014年版，第118页。
③ 《十八大以来重要文献选编》上，中央文献出版社2014年版，第459页。

明提供了温暖怀抱；是中国特色社会主义，为中华民族现代文明开拓出广阔舞台。中华民族现代文明的社会主义属性决定了，建设中华民族现代文明必须坚持中国特色社会主义，"坚持道不变、志不改，既不走封闭僵化的老路，也不走改旗易帜的邪路，坚持把国家和民族发展放在自己力量的基点上，坚持把中国发展进步的命运牢牢掌握在自己手中"①。

四是人民主体地位。站稳人民立场，坚持人民至上，尊重人民首创精神，践行以人民为中心的发展思想，是我们党坚守不移的宗旨，是中国特色社会主义的基本原则。毛泽东指出："人民，只有人民，才是创造世界历史的动力。"② 习近平总书记强调："人民是历史的创造者，群众是真正的英雄。人民群众是我们力量的源泉。"③ 我们要建设的现代文明是中华民族的现代文明，是中国人民的现代文明，"中华民族"是现代文明的归属主体，"中国人民"是现代文明的实践主体。中华民族现代文明不是空中楼阁，更不能画饼充饥，必须突出文明主体性、巩固文化主体性，必须以人民为主体，由人民来主导，由人民来共建共享。这是社会主义文明超越资本主义文明的优势所在，是崭新的中华民族现代文明区别于其他文明最鲜明的特征。中国特色社会主义是亿万人民自己的事业，中华民族现代文明是亿万人民自己建设的文明。唯有突出人民的文明主体地位、突出人民的文明主导作用、突出人民的文明共建共享权益，中华民族现代文明才有最

---

① 习近平：《高举中国特色社会主义伟大旗帜 为全面建设社会主义现代化国家而团结奋斗——在中国共产党第二十次全国代表大会上的报告》，人民出版社 2022 年版，第 27 页。
② 《毛泽东选集》第 3 卷，人民出版社 1991 年版，第 1031 页。
③ 习近平：《论把握新发展阶段、贯彻新发展理念、构建新发展格局》，中央文献出版社 2021 年版，第 23 页。

为深厚的民意基础，才能成为民心所向、民意所愿、民力所为的伟大事业，中华民族现代文明建设才能扎实推进、行稳致远。

五　建设中华民族现代文明的路径遵循

揭示中华民族现代文明的基本意蕴，明确中华民族现代文明的本质规定，最终要落实到建设实践中、落实在实际行动上。其基本意蕴和本质规定，昭示出中华民族现代文明建设的努力方向，触及中华民族现代文明建设的践行路径。"在新的历史起点上继续推动文化繁荣、建设文化强国、建设中华民族现代文明，要坚定文化自信，坚持走自己的路，立足中华民族伟大历史实践和当代实践，用中国道理总结好中国经验，把中国经验提升为中国理论，实现精神上的独立自主。要秉持开放包容，坚持马克思主义中国化时代化，传承发展中华优秀传统文化，促进外来文化本土化，不断培育和创造新时代中国特色社会主义文化。要坚持守正创新，以守正创新的正气和锐气，赓续历史文脉、谱写当代华章。"[①] 习近平总书记的深刻论述，为建设中华民族现代文明提供了根本遵循和路径指引。

第一，依循中国式现代化实践。从中国式现代化的成就与经验、机遇与挑战、推进与发展中汲取养料，将现代文明建设的根基深深扎在实践之中、深深扎在现实土壤之中。

现代文明在现代化运动中生成，中华民族现代文明在中国式现代化进程中累积成长。党的二十大报告指出："在新中国成立特别是改

[①] 《担负起新的文化使命　努力建设中华民族现代文明》，《人民日报》2023年6月3日。

革开放以来长期探索和实践基础上,经过十八大以来在理论和实践上的创新突破,我们党成功推进和拓展了中国式现代化。"[1] 这告诉我们,源于近代以来中华民族为摆脱半殖民地半封建社会而进行的艰苦抗争和曲折历程,中国式现代化肇始于中华人民共和国的诞生、崛起于改革开放、成熟于中国特色社会主义新时代,正朝向全面建成社会主义现代化强国、实现第二个百年奋斗目标昂首推进。中华民族现代文明建设是伴随中国式现代化同步向前推进的,与中国式现代化相衔接、相映照,正愈益呈现出鲜明的民族特征和中国风格,可谓独树一帜并独领风骚。中国式现代化不是照搬照抄其他国家的现代化,不是文明断裂的产物,而是赓续古老文明、从中华大地上生长出来的现代化,是文化承续、文明更新的结果。作为中国式现代化的文化形态,中华民族现代文明必定内蕴着中国式现代化的精髓与成果,成为中华文明发展到当代中国的崭新形态。中国式现代化将社会主义道路、改革开放、市场经济有机联通,吸收借鉴人类社会追求现代化发展的合理因素和文明成果,正创造出人类文明的新形态,创造出中华民族的现代文明。中华民族现代文明建设必须汇入中国式现代化建设实践中,依托中国式现代化建设的宏阔主题和丰厚实践,彰显自身的价值与作为;必须紧贴中国式现代化建设进程,借力中国式现代化建设的广阔领域和综合成就,丰富自身的要素与内容,实现与中国式现代化的互动与共振,让"中国式现代化赋予中华文明以现代力量,中华文明赋予中国式现代化以深厚底蕴"[2]。

---

[1] 习近平:《高举中国特色社会主义伟大旗帜 为全面建设社会主义现代化国家而团结奋斗——在中国共产党第二十次全国代表大会上的报告》,人民出版社2022年版,第22页。
[2] 《担负起新的文化使命 努力建设中华民族现代文明》,《人民日报》2023年6月3日。

六　建设中华民族现代文明

第二，结合社会主义先进文化建设。从社会主义先进文化建设的基本元素、丰富内容中摄取文明精髓，搭建起坚实有力的现代文明建设的文化基础，促进自身的发育成长。

社会主义先进文化建设与中华民族现代文明建设在内容上是相通的、本质上是一致的。在一定意义上，甚至可以说，社会主义先进文化建设就是中华民族现代文明建设。正如文化与文明难以区分却又有所不同一样，社会主义先进文化建设与中华民族现代文明建设既是一体两面的，又需要分别来看待。社会主义先进文化建设重在过程推进中的践行，中华民族现代文明建设则更专注于目标境界的追求。建设社会主义先进文化的过程，既是使当代中国由一个文化大国转变为一个文化强国的过程，也是使中华文明走入现代社会、构建起中华民族现代文明的过程。中国共产党领导中国人民进行革命、建设、改革的历史，不仅是实践探索史，也是理论发展史、文化创新史、文明建构史。全面建设社会主义现代化国家、全面推进中华民族伟大复兴，必须坚持中国特色社会主义文化发展道路，推进文化自信自强，发展面向现代化、面向世界、面向未来的，民族的科学的大众的社会主义文化，激发文化创新创造活力，增强民族精神力量，铸就社会主义文化新辉煌。推进社会主义先进文化建设，是为了创造属于我们这个时代的新文化，是为了把中华民族现代文明建设好。为此，我们必须把社会主义先进文化建设与中华民族现代文明建设有机统一起来，在发展社会主义先进文化过程中建设中华民族现代文明，在中华民族现代文明建设过程中促进社会主义先进文化全面提升。

第三，联通中华民族历史文脉。从源远流长、博大精深的中华优秀传统文化中挖掘思想观念、人文精神、道德规范，让现代文明建设思接千载、血脉流通,架起古今文明相通的桥梁。

"中国有着5000多年连续发展的文明史,观察历史的中国是观察当代的中国的一个重要角度。"① 中华民族现代文明不是离开中华文明的大道凭空产生的,必然是深受中华优秀传统文化的滋润与养护。"仓廪实而知礼节,衣食足而知荣辱"的基本理念,启示我们促进物质文明和精神文明协调发展;"天人合一""道法自然"的传统思维,启发我们力求人与自然和谐共生。中国人民"天下为公"的责任感和担当意识,修齐治平、兴亡有责的家国情怀,强烈的爱国主义精神和勇于奉献牺牲的价值取向,从古至今本色不变,在中华文明体系中占有重要地位。对中华优秀传统文化中蕴含的、为现代文明所需要的积极成果与合理因素,我们必须充分吸纳并进行必要改造,使之在新的历史条件下发扬光大。我们党历来反对文化虚无主义和文化复古主义,始终坚持"剔除其糟粕、汲取其精华"的辩证扬弃的科学态度,始终以大历史观思维全面审视中华五千多年文明,从历史文化中获取智慧、得到启迪,为当代中国的发展进步提供有益镜鉴。我们大力推进中华优秀传统文化的创造性转化、创新性发展,推进实现马克思主义基本原理同中华优秀传统文化相结合,已经并将继续使中国式现代化及其创造的人类文明新形态呈现出深厚的文化底蕴和鲜明的时代气韵。"马克思主义和中华优秀传统文化来源不同,但彼此存在高度的契合性",相互契合才能有机结合并互相成就,才能造就出新的文化生命体,"让马克思主义成为中国的,中华优秀传统文化成为现

---

① 《习近平致信祝贺第二十二届国际历史科学大会开幕》,《人民日报》2015年8月24日。

的"①。这样一个让马克思主义思想精髓同中华优秀传统文化精华贯通起来的过程,实际上就是一个让古今文明一脉联通的过程,同时就是推动中华民族现代文明建设不断发展、不断提升的过程。

第四,拓展现代文明建设的全球视域。从与世界各民族文化优秀成果交流互鉴中,让中华民族现代文明建设视通万里,以博大胸怀成就人类文明发展进步、成就世界文化丰富多彩。

人类的发展与文明的进步是相伴而生的,民族文化与人类文化是互为促成的。不论是中华文明,还是世界上的其他文明,都是劳动的成果和智慧的结晶。海纳百川,有容乃大。"文明是包容的,人类文明因包容才有交流互鉴的动力。""一切文明成果都值得尊重,一切文明成果都要珍惜。"② 只有通过交流互鉴,一种文明才能充满生命力。中华文明是在中国大地上产生的文明,也是在同其他文明不断交流互鉴过程中形成的文明。中华民族现代文明在建设过程中,既要凸显自身的优势和特色,保持中华文明特有的风采和魅力,又必须拓宽视野,博采百家之长,以求各美其美、美人之美、美美与共。中华民族现代文明面向经济全球化时代人类生存与生活方式变革实践,离不开对现代社会人类文明一切优秀成果的批判继承与辩证扬弃;而同时,中华民族现代文明因始终关注全人类共同利益和公共性福祉,与"西方文明中心论"和"西方文明优越论"的偏狭与弊端形成鲜明对照。中华文明正是以海纳百川的博大胸怀、兼收并蓄的宽容心态,同世界其他文明在求同存异中寻求和谐共生,才使得中华文明历久弥

---

① 《担负起新的文化使命 努力建设中华民族现代文明》,《人民日报》2023 年 6 月 3 日。
② 《习近平谈治国理政》第一卷,外文出版社 2018 年版,第 259 页。

新，不断焕发新的生命力。尽管当今世界动荡冲突不断、经济全球化面临挑战、遏制打压行为频发频现，但未从根本上改变人类文明对话和文化互鉴的基本格局和主流趋向。中华民族现代文明建设需要保持充分自信、保持战略定力，一如既往地积极融入世界文明体系之中，推动人类命运共同体的构建，为人类文明事业继续作出独有的、不可替代的、载入史册的伟大贡献。

（原载《马克思主义研究》2023年第6期）

从建设新民主主义文化到建设中华民族现代文明

李 捷[*]

习近平总书记在文化传承发展座谈会上首次提出:"在新的起点上继续推动文化繁荣、建设文化强国、建设中华民族现代文明,是我们在新时代新的文化使命。要坚定文化自信、担当使命、奋发有为,共同努力创造属于我们这个时代的新文化,建设中华民族现代文明。"[①] 这一重要论述标志着我们党的文化自觉、文化自信、文化担当进入一个新境界、新阶段。

一

回顾历史可以发现,能否将五千多年持续不断的中华民族传统文明转变为中华民族现代文明,是在五四新文化运动的历史波涛中提出

---

[*] 作者简介:李捷,北京市习近平新时代中国特色社会主义思想研究中心特约研究员、求是杂志社原社长。

[①] 《担负起新的文化使命 努力建设中华民族现代文明》,《人民日报》2023年6月3日。

的，也是在中华民族处于"国家蒙辱、人民蒙难、文明蒙尘"的危难之际提出来的。为什么会提出这样的问题？这是因为按照西方文明观，产生于农耕社会的落后国家传统文明，敌不过代表工业社会的西方现代文明。事实果真如此吗？当时，以陈独秀、李大钊为代表的五四新文化运动的旗手们，先是勇敢地提出"民主""科学"两大口号，后又果敢地高举起马克思列宁主义的旗帜，为中华民族传统文明向何处去指明了根本方向。

与此同时，五四新文化运动的锋芒所向，实际上是封建礼教，但又是以与传统文化实行彻底决裂的姿态出现的。一方面，没有这样的彻底性，就不可能同"旧我"一刀两断，从而找到新的真理、新的阶级力量，也就没有新民主主义革命的伟大开端；另一方面，又缺乏对中华传统文化特别是儒学的科学分析，因而没有很好地处理现代文明与传统文明的继承性问题，没有继承也就谈不上创新发展。

这个问题，只有到了延安时期，在以毛泽东同志为主要代表的中国共产党人领导下，才得以较好解决。在探索中国革命正确道路的过程中，毛泽东同志一面同党内一度盛行的把马克思主义教条化、把共产国际决议和苏联经验神圣化的错误倾向作斗争，一面开辟了把马克思主义基本原理同中国具体实际相结合的正确道路，并在1938年党的扩大的六届六中全会上所作的《论新阶段》报告里，把这一成功经验提炼升华为"马克思主义的中国化"科学命题。毛泽东同志还明确提出："学习我们的历史遗产，用马克思主义的方法给以批判的总结，是我们学习的另一任务。我们这个民族有数千年的历史，有它的特点，有它的许多珍贵品。对于这些，我们还是小学生。今天的中国是历史的中国的一个发展；我们是马克思主义的历史主义者，我们不应当割断历史。从孔夫子到孙中山，我们应当给以总结，承继这一份珍贵的遗产。"①"马克思列宁主义的伟大力量，就在于它是和各个国家具体的革命实践相联系的。对于中国共产党说来，就是要学会把马克思列宁主义的理论应用于中国的具体的环境。成为伟大中华民族的一部分而和这个民族血肉相连的共产党员，离开中国特点来谈马克思主义，只是抽象的空洞的马克思主义。"② 这实际上提出了在中国化的马克思主义指导下，系统整理中华优秀传统文化的历史性课题，可以视为"两个结合"的雏形。这就把五四新文化运动提出的重大历史课题向前推进了一步。

毛泽东同志1940年1月发表的《新民主主义论》，重申了五四新文化运动提出的课题，指出："我们共产党人，多年以来，不但为中国的政治革命和经济革命而奋斗，而且为中国的文化革命而奋斗；一切这些的目的，在于建设一个中华民族的新社会和新国家。在这个新社会和新国家中，不但有新政治、新经济，而且有新文化。"③ 并且，他进一步提出："我们要建立中华民族的新文化，但是这种新文化究竟是一种什么样子的文化呢？"④ 为了回答这个问题，毛泽东同志回溯了中国近代以来特别是五四新文化运动以来的政治、经济、文化变迁，总结了从五四运动以来"文化革命的统一战线"发展的四个时期的成就和经验，响亮地提出："民族的科学的大众的文化，就是人民大众反帝反封建的文化，就是新民主主义的文化，就是中华民族的

---

① 《毛泽东著作专题摘录》，人民出版社1964年版，第914页。
② 《毛泽东著作专题摘录》，人民出版社1964年版，第806页。
③ 《毛泽东选集》第2卷，人民出版社1991年版，第663页。
④ 《毛泽东选集》第2卷，人民出版社1991年版，第663页。

新文化。"①

这一回答，使得五四新文化运动以来既已提出，却长期不得其解的课题——中华文化向何处去、什么是中华民族的新文化，终于有了科学的答案。

特别需要强调的是，毛泽东同志在阐述这个问题时指出："中国的长期封建社会中，创造了灿烂的古代文化。清理古代文化的发展过程，剔除其封建性的糟粕，吸收其民主性的精华，是发展民族新文化提高民族自信心的必要条件；但是决不能无批判地兼收并蓄。必须将古代封建统治阶级的一切腐朽的东西和古代优秀的人民文化即多少带有民主性和革命性的东西区别开来。中国现时的新政治新经济是从古代的旧政治旧经济发展而来的，中国现时的新文化也是从古代的旧文化发展而来，因此，我们必须尊重自己的历史，决不能割断历史。但是这种尊重，是给历史以一定的科学的地位，是尊重历史的辩证法的发展，而不是颂古非今，不是赞扬任何封建的毒素。对于人民群众和青年学生，主要地不是要引导他们向后看，而是要引导他们向前看。"② 这个看法，比《论新阶段》又前进了一大步。

中华人民共和国成立前夕，毛泽东同志重申了要建设"民族的科学的大众的文化"的主张，指出："随着经济建设的高潮的到来，不可避免地将要出现一个文化建设的高潮。中国人被人认为不文明的时代已经过去了，我们将以一个具有高度文化的民族出现于世界。"③

---

① 《建党以来重要文献选编（一九二一——一九四九）》第十七册，中央文献出版社 2011 年版，第 54 页。
② 《毛泽东选集》第 2 卷，人民出版社 1991 年版，第 707—708 页。
③ 《毛泽东著作专题摘录》，人民出版社 1964 年版，第 658 页。

六　建设中华民族现代文明

《共同纲领》明确规定："中华人民共和国的文化教育为新民主主义的，即民族的、科学的、大众的文化教育。"①

二

新中国在开始大规模国家工业化建设的同时，在创造中华民族新文化方面做了许多有益的尝试，最重要的是"百花齐放、百家争鸣"方针的确立。但也在"文化大革命"中，出现过"批林批孔""评法批儒"等用政治运动取代正常的学术争鸣而导致实际上的文化虚无主义的错误。这说明，要建设中华民族新文化，必须要有正确的政治路线作保证，必须始终坚持以经济建设为中心。

1986年9月党的十二届六中全会首次作出《关于社会主义精神文明建设指导方针的决议》。1997年9月党的十五大首次明确，中国特色社会主义文化纲领是"以马克思主义为指导，以培育有理想、有道德、有文化、有纪律的公民为目标，发展面向现代化、面向世界、面向未来的，民族的科学的大众的社会主义文化"②。2007年10月党的十七大提出"提高国家文化软实力"的战略任务，强调要"弘扬中华文化，建设中华民族共有精神家园"③。2011年10月党的十七届六中全会通过《中共中央关于深化文化体制改革推动社会主义文化大发展大繁荣若干重大问题的决定》，提出坚持中国特色社会主义文

---

① 《建党以来重要文献选编（一九二一——一九四九）》第二十六册，中央文献出版社2011年版，第766页。
② 《中国共产党第十五次全国代表大会文件汇编》，人民出版社1997年版，第19页。
③ 《中国共产党第十七次全国代表大会文件汇编》，人民出版社2007年版，第34页。

化发展道路、努力建设社会主义文化强国的战略任务。①

党的十八大后,中国特色社会主义进入新时代,社会主义文化强国建设进入新阶段,对建设中华民族现代文明的认识也在逐步深化。

2014年10月15日,习近平总书记在文艺工作座谈会上的重要讲话中提出,"没有中华文化繁荣兴盛,就没有中华民族伟大复兴","当高楼大厦在我国大地上遍地林立时,中华民族精神的大厦也应该巍然耸立"②。此后,习近平总书记提出"文化自信",将中国特色社会主义道路自信、理论自信、制度自信的"三个自信"拓展为"四个自信"。党的十九大报告明确指出:"中国特色社会主义文化,源自于中华民族五千多年文明历史所孕育的中华优秀传统文化,熔铸于党领导人民在革命、建设、改革中创造的革命文化和社会主义先进文化,植根于中国特色社会主义伟大实践。发展中国特色社会主义文化,就是以马克思主义为指导,坚守中华文化立场,立足当代中国现实,结合当今时代条件,发展面向现代化、面向世界、面向未来的,民族的科学的大众的社会主义文化,推动社会主义精神文明和物质文明协调发展。要坚持为人民服务、为社会主义服务,坚持百花齐放、百家争鸣,坚持创造性转化、创新性发展,不断铸就中华文化新辉煌。"③ 这些重要论述,阐明了中华民族现代文明是怎样发展而来的,在新时代如何建设中华民族现代文明的根本问题。

随着成功完成第一个百年奋斗目标,向实现第二个百年奋斗目标

---

① 参见《中共中央关于深化文化体制改革推动社会主义文化大发展大繁荣若干重大问题的决定》,人民出版社2011年版。
② 《坚持以人民为中心的创作导向 创作更多无愧于时代的优秀作品》,《人民日报》2014年10月16日。
③ 《中国共产党第十九次全国代表大会文件汇编》,人民出版社2017年版,第33页。

六　建设中华民族现代文明

进军，我们党正式提出了中国式现代化、人类文明新形态、建设中华民族现代文明的重大概念和理论。

习近平总书记在庆祝中国共产党成立100周年大会上的重要讲话中指出："我们坚持和发展中国特色社会主义，推动物质文明、政治文明、精神文明、社会文明、生态文明协调发展，创造了中国式现代化新道路，创造了人类文明新形态。"[①] 他还首次总结出"两个结合"，即"把马克思主义基本原理同中国具体实际相结合、同中华优秀传统文化相结合"的基本经验。

党的二十大报告将上述重大原创性贡献统一起来，在"开辟马克思主义中国化时代化新境界"部分，着重阐明"两个结合"，精辟总结习近平新时代中国特色社会主义思想的世界观和方法论；在"新时代新征程中国共产党的使命任务"部分，总结提出中国式现代化的中国特色、本质要求和前进道路上必须牢牢把握的重大原则，对"以中国式现代化全面推进中华民族伟大复兴"作出战略部署。[②]

2023年2月7日，习近平总书记在学习贯彻党的二十大精神研讨班开班式上的重要讲话里，进一步系统阐述中国式现代化理论，指出："中国式现代化，深深植根于中华优秀传统文化，体现科学社会主义的先进本质，借鉴吸收一切人类优秀文明成果，代表人类文明进步的发展方向，展现了不同于西方现代化模式的新图景，是一种全新的人类文明形态。""中国式现代化蕴含的独特世界观、价值观、历

[①]《习近平著作选读》第二卷，人民出版社2023年版，第483页。
[②] 参见《中国共产党第二十次全国代表大会文件汇编》，人民出版社2022年版。

史观、文明观、民主观、生态观等及其伟大实践，是对世界现代化理论和实践的重大创新。"[1]

2023年6月2日，习近平总书记在文化传承发展座谈会上的重要讲话，为在中国式现代化进程中，扎实推进中华民族现代文明和社会主义文化强国建设，指明了正确方向，系统回答了什么是中华民族现代文明、怎样建设中华民族现代文明的一系列重大问题。至此，五四新文化运动以来所提出的重大历史性课题，在理论与实践的有机结合、良性互动中得以圆满解答。[2]

三

习近平总书记在文化传承发展座谈会上的重要讲话中，围绕建设中华民族现代文明阐明了一系列重大问题。

第一，明确提出新时代新的文化使命，首次提出"建设中华民族现代文明"的奋斗目标。"在新的起点上继续推动文化繁荣、建设文化强国、建设中华民族现代文明，是我们在新时代新的文化使命。要坚定文化自信、担当使命、奋发有为，共同努力创造属于我们这个时代的新文化，建设中华民族现代文明。"[3]强调"把世界上唯一没有中断的文明继续传承下去"[4]。

---

[1]《习近平新时代中国特色社会主义思想学习纲要（2023年版）》，学习出版社、人民出版社2023年版，第61—62页。
[2] 参见《担负起新的文化使命 努力建设中华民族现代文明》，《人民日报》2023年6月3日。
[3]《担负起新的文化使命 努力建设中华民族现代文明》，《人民日报》2023年6月3日。
[4]《担负起新的文化使命 努力建设中华民族现代文明》，《人民日报》2023年6月3日。

六　建设中华民族现代文明

第二，明确回答为什么要全面深入了解中华文明的历史。"中国文化源远流长，中华文明博大精深。只有全面深入了解中华文明的历史，才能更有效地推动中华优秀传统文化创造性转化、创新性发展，更有力地推进中国特色社会主义文化建设，建设中华民族现代文明。"① 在中华民族形成和发展过程中，包括儒家思想在内的中国传统思想文化中的优秀成分，反映了中华民族的精神追求，是中华民族生生不息、发展壮大的重要滋养，对中华文明形成并延续发展几千年而从未中断、对形成和维护中国团结统一的政治局面、对形成和巩固中国多民族和合一体的大家庭，发挥了十分重要的作用。如果不从源远流长的历史连续性来认识中国，就不可能理解古代中国，也不可能理解现代中国，更不可能理解未来中国。

第三，明确概括出包括连续性、创新性、统一性、包容性、和平性在内的中华文明的突出特性。一是"中华文明具有突出的连续性，从根本上决定了中华民族必然走自己的路"②。二是"中华文明具有突出的创新性，从根本上决定了中华民族守正不守旧、尊古不复古的进取精神，决定了中华民族不惧新挑战、勇于接受新事物的无畏品格"③。三是"中华文明具有突出的统一性，从根本上决定了中华民族各民族文化融为一体，即使遭遇重大挫折也牢固凝聚，决定了国土不可分、国家不可乱、民族不可散、文明不可断的共同信念，决定了国家统一永远是中国核心利益的核心，决定了一个坚强统一的国家是

---

① 《担负起新的文化使命 努力建设中华民族现代文明》，《人民日报》2023年6月3日。
② 《担负起新的文化使命 努力建设中华民族现代文明》，《人民日报》2023年6月3日。
③ 《担负起新的文化使命 努力建设中华民族现代文明》，《人民日报》2023年6月3日。

各族人民的命运所系"①。四是"中华文明具有突出的包容性,从根本上决定了中华民族交往交流交融的历史取向,决定了中国各宗教信仰多元并存的和谐格局,决定了中华文化对世界文明兼收并蓄的开放胸怀"②。五是"中华文明具有突出的和平性,从根本上决定了中国始终是世界和平的建设者、全球发展的贡献者、国际秩序的维护者,决定了中国不断追求文明交流互鉴而不搞文化霸权,决定了中国不会把自己的价值观念与政治体制强加于人,决定了中国坚持合作、不搞对抗,决不搞'党同伐异'的小圈子"。这五大突出特性的概括,极大地提升了对中华文明本质的认识,也深刻地回答了中华文明为什么能够成为"世界上唯一没有中断的文明"③,为什么能够超越农耕社会而继续稳健地步入现代社会,并依然保持旺盛的生命力。

第四,进一步阐明"两个结合"的基本规律和重要作用,特别是"第二个结合"的重要意义。一是中国特色社会主义同"两个结合"的关系。"在五千多年中华文明深厚基础上开辟和发展中国特色社会主义,把马克思主义基本原理同中国具体实际、同中华优秀传统文化相结合是必由之路。"④ 二是概括提出"两个结合"的重大意义。"这是我们在探索中国特色社会主义道路中得出的规律性的认识,是我们取得成功的最大法宝。"⑤ 三是揭示出如何做到和做好"第二个结合"的要诀。彼此契合。"马克思主义和中华优秀传统文化来源不

---

① 《担负起新的文化使命 努力建设中华民族现代文明》,《人民日报》2023年6月3日。
② 《担负起新的文化使命 努力建设中华民族现代文明》,《人民日报》2023年6月3日。
③ 《担负起新的文化使命 努力建设中华民族现代文明》,《人民日报》2023年6月3日。
④ 《担负起新的文化使命 努力建设中华民族现代文明》,《人民日报》2023年6月3日。
⑤ 《担负起新的文化使命 努力建设中华民族现代文明》,《人民日报》2023年6月3日。

六　建设中华民族现代文明

同，但彼此存在高度的契合性。相互契合才能有机结合。"① 互相成就。这样才能"造就了一个有机统一的新的文化生命体，让马克思主义成为中国的，中华优秀传统文化成为现代的，让经由'结合'而形成的新文化成为中国式现代化的文化形态"②。筑牢道路根基。"让中国特色社会主义道路有了更加宏阔深远的历史纵深，拓展了中国特色社会主义道路的文化根基。中国式现代化赋予中华文明以现代力量，中华文明赋予中国式现代化以深厚底蕴。"③ 打开创新空间。"'第二个结合'是又一次的思想解放，让我们能够在更广阔的文化空间中，充分运用中华优秀传统文化的宝贵资源，探索面向未来的理论和制度创新。"④ 巩固文化主体性。创立习近平新时代中国特色社会主义思想就是这一文化主体性的最有力体现。"'第二个结合'，是我们党对马克思主义中国化时代化历史经验的深刻总结，是对中华文明发展规律的深刻把握，表明我们党对中国道路、理论、制度的认识达到了新高度，表明我们党的历史自信、文化自信达到了新高度，表明我们党在传承中华优秀传统文化中推进文化创新的自觉性达到了新高度。"⑤ 这五个要点，深刻地回答了如何做到文化自信和文化自觉。

第五，为新时代建设中华民族现代文明指明了正确方向。一是"要坚定文化自信，坚持走自己的路，立足中华民族伟大历史实践和当代实践，用中国道理总结好中国经验，把中国经验提升为中国理论，实

---

① 《担负起新的文化使命 努力建设中华民族现代文明》，《人民日报》2023年6月3日。
② 《担负起新的文化使命 努力建设中华民族现代文明》，《人民日报》2023年6月3日。
③ 《担负起新的文化使命 努力建设中华民族现代文明》，《人民日报》2023年6月3日。
④ 《担负起新的文化使命 努力建设中华民族现代文明》，《人民日报》2023年6月3日。
⑤ 《担负起新的文化使命 努力建设中华民族现代文明》，《人民日报》2023年6月3日。

现精神上的独立自主"①。二是"要秉持开放包容,坚持马克思主义中国化时代化,传承发展中华优秀传统文化,促进外来文化本土化,不断培育和创造新时代中国特色社会主义文化"②。三是"要坚持守正创新,以守正创新的正气和锐气,赓续历史文脉、谱写当代华章"。

习近平总书记在文化传承发展座谈会上的重要讲话,既是对新时代文化强国建设经验的科学总结,也是对中国共产党百年来对中华民族新文化探索成功经验的科学总结,更是对五四新文化运动以来提出的中华文明向何处去这一关系民族国家根系命脉重大问题的科学解答,是习近平新时代中国特色社会主义思想的又一重大理论创新。

(原载《光明日报》2023年6月23日第7版)

---

① 《担负起新的文化使命 努力建设中华民族现代文明》,《人民日报》2023年6月3日。
② 《担负起新的文化使命 努力建设中华民族现代文明》,《人民日报》2023年6月3日。

建设中华民族现代文明

宇文利[*]

建设中华民族现代文明是习近平文化思想的重要命题，它既是强国建设、民族复兴的题中之义，也是推进中国式现代化、实现"两个结合"的必然要求。习近平总书记在文化传承发展座谈会上的讲话中指出："对历史最好的继承就是创造新的历史，对人类文明最大的礼敬就是创造人类文明新形态"，"在新的起点上继续推动文化繁荣、建设文化强国、建设中华民族现代文明，是我们在新时代新的文化使命"。[①] 在新时代新征程上提出建设中华民族现代文明，昭示了中国共产党奋力推进中国式现代化、加快建设社会主义文化强国的时代责任，也指引着中华民族继承和创新中华优秀文明、创造人类文明新形态的伟大进程。

---

[*] 作者简介：宇文利，北京大学马克思主义学院教授。
[①] 习近平：《在文化传承发展座谈会上的讲话》，人民出版社2023年版，第10、12页。

一　根植中华民族优秀传统文化，推动中华文明现代化

文明是一个具有丰富内涵和复杂指向的范畴，对其最早的界定是围绕着人们所寄寓的某种文化生活的考量展开的。英国历史学家阿诺德·汤因比在考察人类社会的历史进程时曾引用美国文化学者菲利普·巴格比的解释，认为"我们应当从'文明'一词的词源上去寻求它的含义，应把文明定位为'在城市中发现的那种文化'"，但相对而言，汤因比更认同"将文明等同于一种社会状态"。他还引用了英国文化哲学家克里斯托弗·道森的看法，认为"每个文明的背后，都别有一番景象"[1]。德国的文明研究者诺贝特·埃利亚斯提出："'文明'一词涵盖如下概念：较高水准的科学技术，社会组织，以及某种生活方式。'文明'是一个过程，至少是一种过程的结果。这一过程抑或进程被大多数西方人理解为社会进步和优势的证明。"[2]

实际上，无论是在学术思想系统还是在社会宣传系统中，人们对文明的理解总是千差万别、不一而足的。当人们使用文明这个概念时，既可以散指文明的具体存在形式和表现状态，也可以综指文明的整体形态和发展状态。但是，无论是论域差别还是观念分歧，都不会妨碍这样一种共识，即文明是在某个特定的时间和空间中孕育而成、反映某些特定人群或民族国家改造自然和社会而得到的那些积极的社

---

[1] ［英］阿诺德·汤因比：《历史研究（修订插图本）》，刘北成、郭小凌译，上海人民出版社2000年版，第19页。
[2] ［德］诺贝特·埃利亚斯：《文明的进程：文明的社会起源和心理起源的研究（第二卷）》，袁志英译，生活·读书·新知三联书店1999年版，第392页。

会成果，或呈现的那种进步的社会状态。事实上，文明之所以成为文明，并不是就个人意义而言的，而是就社会集体意义而言的，是对社会整体创造的综合价值的衡量和评判。正是在这个意义上，人们固然可以从经济的、政治的和社会的维度去说明文明的成果或成就，但毫无疑问的是，文明作为一种实体，往往是与民族国家或社会群体的终极性的价值创造相关联。进一步说，就文明的历时性的价值而言，它所包含的整体性的文化价值和综合性的精神意义要更加接近于文明存在和发展的本真。"文明和文化都涉及一个民族全面的生活方式，文明是放大了的文化。它们都包括'价值观、准则、体制和在一个既定社会中历代人赋予了头等重要性的思维模式'。"① 进而言之，文化作为文明的精神密码，往往代表和预示着文明的内在精神品质和价值品格。由此，当人们谈论一种文明时，会自然不自然地把该文明的物质创造归之于其在文化上和精神上的创造来衡量或评价。

众所周知，中华文明是人类文明大家庭中的重要一员。就文明的内在品质而言，中华文明所蕴含的优秀文化基因使之卓然立世，也成就了她为世界所不能不承认也不可忽视的文明事实。习近平总书记指出："中国文化源远流长，中华文明博大精深。只有全面深入了解中华文明的历史，才能更有效地推动中华优秀传统文化创造性转化、创新性发展，更有力地推进中国特色社会主义文化建设，建设中华民族现代文明。"② "中华优秀传统文化有很多重要元素，比如，天下为公、天下大同的社会理想，民为邦本、为政以德的治理思想，九州共

---

① ［美］塞缪尔·亨廷顿：《文明的冲突与世界秩序的重建（修订版）》，周琪等译，新华出版社 2009 年版，第 36 页。
② 习近平：《在文化传承发展座谈会上的讲话》，人民出版社 2023 年版，第 1 页。

贯、多元一体的大一统传统，修齐治平、兴亡有责的家国情怀，厚德载物、明德弘道的精神追求，富民厚生、义利兼顾的经济伦理，天人合一、万物并育的生态理念，实事求是、知行合一的哲学思想，执两用中、守中致和的思维方法，讲信修睦、亲仁善邻的交往之道等，共同塑造出中华文明的突出特性。"[①] 可以说，中华优秀传统文化构成了中华文明的显著标识和内在标尺。在中华优秀传统文化的支撑下，与世界其他文明相比，中华文明至少具有以下五个方面的特质：其一，中华文明具有突出的连续性，她历史悠久、积淀深厚、源远流长，迄今始终未湮灭、未断流；其二，中华文明具有突出的创新性，她有旧邦更有新命，虽历经磨难、蒙受尘垢，但始终自强不息、守正创新，绝不故步自封；其三，中华文明具有突出的统一性，她自成一家、浑然一体，虽内有躁动，但始终是完整而齐全的自主体性文明；其四，中华文明具有突出的包容性，她兼爱通达、兼收并蓄，始终对人类优秀文明成果虔诚接纳，博采众长以成其大、以畅其流；其五，中华文明具有突出的和平性，她内镶和合、外铸和平，致力于成就和美的人间，对人类的进步贡献有加，对世界的繁荣贡献卓著。这五个方面的特质不但是中华文明得以长期赓续、弦歌不绝的动因，也是中华文明别开生面、创造人类文明新形态、建设中华民族现代文明的基础。

在数千年的历史中，中华民族所涵育的独特的农业文明曾长期领先于世界其他国家和民族，这与其内在的制度先进性和文化主体性不无关系。正是基于中国传统文化所搭建的超稳定的社会结构，使得中

[①] 习近平：《在文化传承发展座谈会上的讲话》，人民出版社 2023 年版，第 2 页。

六　建设中华民族现代文明

华文明传统得以长期更迭和不断延续。但是，在近代与西方工业强国的碰撞中，中华民族却陷于被动和落后状态。正如习近平总书记指出的："1840年鸦片战争以后，中国逐步成为半殖民地半封建社会，国家蒙辱、人民蒙难、文明蒙尘，中华民族遭受了前所未有的劫难。"[①] 彼时，中华文明落后的具体表征和归因就是文化的封闭、思想的保守和制度的颓废。20世纪初叶，当中国的封建主义文化走入穷途末路之时，中华文明中蕴藏的优秀文化基因被传入中国的马克思主义激活了。正是在掌握马克思主义这一强大思想武器的中国共产党的领导下，中国才真正踏上了一条通过社会革命实现文化革新和文明现代化的康庄大道。从新民主主义革命到中国特色社会主义新时代百余年的历史进程，可见一代又一代中国共产党人身先士卒，带领中华民族亿万民众探求中国式现代化道路的志气和豪情，也可见中国共产党领导中华民族创造人类文明新形态的理想和智慧。中国共产党带领中华民族百余年的奋斗，为中华民族现代化道路的开创书写了光辉的篇章，也为中华民族现代文明的建设闯出了一条前无古人的道路，促使流传了数千年之久的中华传统文明发生了巨大转变。其中，马克思主义基本原理同中国具体国情相结合、同中华优秀文化相结合而形成的中国化的马克思主义则成为促进中华文化现代化、促进中华民族现代文明得以孕育的思想酵母。因此，从大历史的视野看，数千年的中华传统文明无疑是建设中华民族现代文明须臾不可脱离的始基，悠久辉煌的中华优秀传统文化是中华民族现代文明永远不可剥离的根脉，马克思

[①] 习近平：《在庆祝中国共产党成立100周年大会上的讲话》，人民出版社2021年版，第1页。

主义则是建设中华民族现代文明的魂脉。在改变和塑造历史的过程中,中国共产党是带领中国人民缔造中华民族现代文明的坚强舵手和坚定核心,而她所带领实现的从新民主主义文化到中国特色社会主义文化的巨大变革,则毫无疑问地推动了中华民族文明的现代化,推动了中华文明在革新中获得新的机遇和活力。

二 在推进中国式现代化中培育中国特色社会主义新文化

建设中华民族现代文明是中国式现代化的必然要求。党的二十大提出:"从现在起,中国共产党的中心任务就是团结带领全国各族人民全面建成社会主义现代化强国、实现第二个百年奋斗目标,以中国式现代化全面推进中华民族伟大复兴。"[①] 这一宣示表明,以中国式现代化推进强国建设和民族复兴成为中国共产党在新的历史起点上的中心任务。中国式现代化是思想坚定、旗帜鲜明、内涵丰富的现代化。从其基本内涵上看,中国式现代化是中国共产党领导的社会主义现代化,是实现全体人民共同富裕、惠及十数亿中国人民与推进世界和平的现代化,是人与自然和谐共生的现代化,也是物质文明和精神文明相协调的现代化。这个现代化所要推进的文明绝非某个单方面的文明,而是包括物质文明、政治文明、精神文明、社会文明和生态文明在内的全方位、综合性的现代文明。文明固然是综合的、复杂的,

---

① 习近平:《高举中国特色社会主义伟大旗帜 为全面建设社会主义现代化国家而团结奋斗——在中国共产党第二十次全国代表大会上的报告》,人民出版社2022年版,第21页。

六　建设中华民族现代文明

但归结起来说,"文明有两个方面,即外在的事物和内在的精神。外在的文明易取,内在的文明难求"①。由此推论,倘若没有中华文化的现代化,倘若建设不好中华民族现代文明,就很难说我们建成了社会主义文化强国,也很难说真正实现了中国式现代化。建设中华民族现代文明自然隶属于中国式现代化的系统工程中,既是中国式现代化的题中之义,也是中国式现代化的必然要求。由此来看,中国式现代化是中华民族的旧邦新命,必将推动中华文明重焕荣光。

文化作为文明的重要标识,向来在现代化强国建设中占有重要地位。"文化不是一成不变的人类遗产,它必须在每天的现实中不断地重新贯彻并加以确认,如果有必要,也需要保护或者改变。"② 在推进中国式现代化建设中,建设中华民族现代文明的重点在于在推进"两个结合"中塑造出新时代中华民族和中国人民得以安身立命的价值信仰和文化之魂。换言之,在中华传统文化、西方文化和马克思主义交融化合的进程中,真正值得深思和回答的问题是,如何通过建设中华民族现代文明来为社会主义文化强国巩固时代文化的本源和时代精神的精髓,从而为文化强国和文化治理奠定坚实而强大的精神"强心剂"和价值"主心骨"。笔者认为,在当代中国,建设中华民族现代文明需要从纷繁复杂的文化思潮中理清中国特色社会主义文化发展的方向和思路,大力培育中国特色社会主义新文化。毫无疑问,中国特色社会主义文化是面向现代化、面向世界、面向未来的,民族的科学的大众的文化。在这里,"三个面向"指明了中国特色社会主

---

① [日]福泽谕吉:《文明论概略》,北京编译社译,商务印书馆1997年版,第12页。
② [德]哈拉尔德·米勒:《文明的共存——对塞缪尔·亨廷顿"文明冲突论"的批判》,郦红、那滨译,新华出版社2002年版,第125页。

义文化的发展面向和建设旨归，预示了文化建设的实践逻辑和演进趋势。"民族的科学的大众的"则构成了中国特色社会主义文化建设的根本原则，此三者的辩证统一和有机结合构成了社会主义文化在中国式现代化中彰显其中国特色、科学思维和民主价值的规范性之所在。尽管中国特色社会主义文化是处于发展中和建设中、具有显著过渡性和转变性的复合型文化，但它绝不是封闭保守、自甘落后的文化，更不是良莠不分、善恶不辨、取舍不明的文化。建设中华民族现代文明、建设中国特色社会主义文化，需要用现代化的、世界的和未来的眼光择取最佳的文化进路，也需要用民族的、科学的和大众的滤镜审视现代化进程中的一切文化元素和精神要素，保留其进步性的精华，剔除其颓废性的糟粕，发掘并使用好有利于社会主义文化健康发展的积极因素，进而培育出中国特色社会主义文化的新质。

众所周知，中华民族的古代文明曾辉煌灿烂、泽被于世，中华优秀传统文化生生不息，至今仍具有强大生机和活力。但是，历史的进程表明，"现代化打破了缓慢的文化进化过程，促使它飞速前进。文化的惯性虽然很大，但它还是无法经受住现代化猛烈的、强制性的冲击。所有文化都被卷入快速并且是痛苦的转变漩涡之中"[1]。建设中华民族现代文明，关键是要培育中国特色社会主义新文化。习近平总书记指出："中国特色社会主义文化，源自中华民族五千多年文明历史所孕育的中华优秀传统文化，熔铸于党领导人民在革命、建设、改革中创造的革命文化和社会主义先进文化，植根于中国特色社会主

---

[1] ［德］哈拉尔德·米勒：《文明的共存——对塞缪尔·亨廷顿"文明冲突论"的批判》，郦红、那滨译，新华出版社2002年版，第37页。

六　建设中华民族现代文明

伟大实践。"[①] 培育中国特色社会主义新文化，需要以马克思主义为指导，坚守中华文化立场，立足当代中国现实，结合当今时代条件，发展面向现代化、面向世界、面向未来的社会主义文化。培育中国特色社会主义新文化，至少需要把握好三个关键问题。一是文化的方向和性质。毋庸讳言，中国特色社会主义新文化是社会主义文化，必须坚持社会主义方向和社会主义性质。为此，一方面要处理好传统文化的创造性转化和创新性发展，发掘优秀传统文化的基因并创造性地运用到中国特色社会主义文化的培育和发展中；另一方面也要批判地审视西方文明和文化，借鉴其中对中国特色社会主义文化建设有益的文明内容和文化元素，补益中国特色社会主义新文化建设。二是文化的作用和价值。文化是用以指引方向和指示道路的。文化中既有社会杰出人物创造和呈现的精气神，也有广大人民群众日用而不觉的价值观。中国特色社会主义文化的突出作用在于它对中国特色社会主义事业的引领。正是从这个意义上说，文化是最基础、最深沉和最持久的力量。三是文化建设的目的和任务问题。中国特色社会主义文化建设的根本任务是用社会主义文化来化人和育人，培养社会主义建设者和接班人。这就需要用文化来熏染、浸润和教育人尤其是青年人，借以养成有利于社会主义建设、有助于社会发展和国家进步的美好人格，培育出中国特色社会主义优秀人才。

[①] 习近平：《决胜全面建成小康社会　夺取新时代中国特色社会主义伟大胜利——在中国共产党第十九次全国代表大会上的报告》，人民出版社2017年版，第41页。

三　坚持党对文化建设的领导与满足
　　人民精神文化需要的统一

文化对人的影响途径大致有两个方面：一是有意识的教育，二是潜移默化的环境熏染。从历时的角度看，文化是代代相传的财富。就文化传承而言，"一个人的内心最深处的欲望和信仰，主要是由他受到的教诲，和无意之间从同伴处吸取来的东西所塑造的。同样，他在任何特定时间内所面临的境况在很大程度上也是同一或不同社会成员们先前行为的产物"[1]。当然，能够被自然传承的精神文化，往往也是人们最需要自我满足的东西。从总体上看，一个社会和国家的文化建设往往需要靠先进人物的引领和创造，但从根本上说，文化建设最终还是属于大众并要有利于大众的。在既定的政治形式和国家体系内，文化建设从来都不是一盘散沙，而是有意识、有目的、有计划的实践活动，既要靠先进政党和组织的指引，也要靠大众的力量来推动和实现文化建设的目标。中国共产党从成立之日起，便既是中国先进文化的积极引领者和践行者，又是中华优秀传统文化的忠实传承者和弘扬者。中国共产党领导中国式现代化的历程，既是书写中华民族新文明的历程，也是领导建设中国文化的历程。正如法国历史学家费尔南·布罗代尔所说的，在中国共产党的领导下，"在非常短的时间里，这一活着的最古老的文明就变成了所有欠发达国家中最年轻、最

---

[1] [美]菲利普·巴格比：《文化：历史的投影——比较文明研究》，夏克等译，上海人民出版社1987年版，第154页。

六 建设中华民族现代文明

活跃的力量"①。面对建设社会主义文化强国的任务,"当代中国共产党人和中国人民应该而且一定能够担负起新的文化使命,在实践创造中进行文化创造,在历史进步中实现文化进步"②。具体到建设中华民族现代文明,则需要坚持党对文化建设的领导与满足人民精神文化需要相结合并有机统一起来,在坚持党对文化建设的领导权的同时加强和改进社会主义精神文明建设、提升全社会文明程度,在提升党的领导力的同时最大限度地实现人民不断增长的精神文化需求。

在新时代,中国共产党对中国特色社会主义文化的领导,既是中国共产党完善和加强自身建设的要求,也是对中国特色社会主义文化建设的保障。党的领导是全面领导,对文化建设的领导是党的领导的题中之义。中国共产党在创建和领导中国革命之初,就提出了加强对文化领导的命题。在领导中国革命、建设和改革的过程中,中国共产党也始终重视文化建设,不仅提出文化建设的原则和方向,而且制定文化发展的纲领和政策,指引文化建设的进路。建设中华民族现代文明,自然需要毫不动摇地坚持党对中国特色社会主义文化建设的领导。与此同时,伴随着全面小康社会的建成,人民群众物质生活状况得到了前所未有的改善,随之而来的就是人们对精神文化需求不断升级和增强,在民主、法治、公平、正义、安全、环境等方面的要求日益增长。因此,当中国社会主要矛盾已经转化为人民日益增长的美好生活需要和不平衡不充分的发展之间的矛盾时,满足人民对美好生活

---

① [法]费尔南·布罗代尔:《文明史纲》,肖昶等译,广西师范大学出版社2003年版,第215页。
② 习近平:《决胜全面建成小康社会 夺取新时代中国特色社会主义伟大胜利——在中国共产党第十九次全国代表大会上的报告》,人民出版社2017年版,第44页。

的广泛需要尤其是精神文化需要就变得尤为突出和紧迫。建设中华民族现代文明，理所当然要满足人民群众的精神文化需要。

在建设中华民族现代文明的进程中，坚持党对文化建设的领导与满足人民精神文化需要应达到内在一致、紧密契合，实现有机统一。从本质上看，党对文化建设的领导不仅仅是政治表达的方式，也是精神文化的生长，更是人民的期盼。恰如有论者所言："中国共产党走在时代前列，坚持以人民为中心，和广大人民密切联系，致力于促进人的全面发展和全体人民共同富裕，勇于自我革命，勇于不断创新，在各种风浪考验中毫不动摇，这本身既是一个伟大的精神存在，一个文化存在。"[①] 从目的上看，中国共产党领导中国特色社会主义文化建设的目标是要建成社会主义文化强国，增强实现中华民族复兴的精神力量，而目的则在于为广大人民群众提供丰富的精神文化营养。因此，党对文化建设的领导最终以服务和满足人民的精神文化需要为根本，而满足人民的精神文化需要实际上是中国共产党所坚持的以人民为中心发展理念在文化建设上的具体表达。从过程上看，坚持党对文化建设的领导需要充分发挥党对文化建设的政治保障作用，发挥党对文化发展的路线方针政策的决定作用，发挥党对文化机构和组织的统领作用，所有这些作用的发挥都离不开对人民精神文化需要的把握，因此发挥党对文化建设领导作用的过程与满足人民精神文化需要的过程要紧密结合、真正统一起来。唯有如此，才是对党的领导负责，也才是对人民群众根本利益负责。

---

① 姜义华：《中华文明三论：中华文明的鼎新》，上海人民出版社2021年版，第21页。

四 坚持中国特色社会主义文化发展道路和现代文明发展方向

现代文明是相较于传统文明而言的。在中国共产党的领导下，中华民族开辟了中国特色社会主义道路、形成了中国特色社会主义理论体系、建立了中国特色社会主义制度、发展了中国特色社会主义文化，已经昂首阔步地走在建设中华民族现代文明的道路上。文化的现代化是现代文明的标志和标尺。毋庸讳言，文明建设不能够计日程功，建设中华民族现代文明是一项长期的、复杂的系统工程，其中中国特色社会主义文化建设既是核心性工程，也是基础性和引领性工程。党的二十大提出："全面建设社会主义现代化国家，必须坚持中国特色社会主义文化发展道路，增强文化自信，围绕举旗帜、聚民心、育新人、兴文化、展形象建设社会主义文化强国。"[①] 建设社会主义文化强国、建设中华民族现代文明，必须坚持中国特色社会主义文化发展道路和现代文明发展方向。

（一）坚持"两个结合"，推进党的理论创新和社会主义文化创新

马克思主义是当代中国最显著的政治文化，也是中国特色社会主义文化的魂脉。建设中华民族现代文明，要弘扬优秀传统文化、立足中国实际、坚守马克思主义，在推进"两个结合"中实现党的理论

[①] 习近平：《高举中国特色社会主义伟大旗帜 为全面建设社会主义现代化国家而团结奋斗——在中国共产党第二十次全国代表大会上的报告》，人民出版社2022年版，第42—43页。

创新和社会主义文化创新。习近平总书记指出，要坚持守正创新，"以守正创新的正气和锐气，赓续历史文脉、谱写当代华章"。① 这里的"守正"就是要守住马克思主义之正，守住中华优秀传统文化之正，守住中国特色社会主义之正。这里的"创新"就是要创造马克思主义中国化之新，创造中国共产党的理论之新，创造中国特色社会主义文化之新。把马克思主义基本原理同中国具体实际相结合、同中华优秀传统文化相结合是推进党的理论创新和中国特色社会主义文化创新的必由之路。要坚持"两个结合"，就要把马克思主义同中国特色社会主义建设的具体条件、具体环境和具体过程相结合，同中华优秀传统文化的创造性转化和创新性发展相结合，始终运用马克思主义基本立场、观点和方法解决中国特色社会主义建设实践中的现实问题，实现马克思主义在中国的飞跃，促进党的理论创新和社会主义文化创新。

（二）弘扬中华文化主体性，培育文化自信自强

文化主体性是文化的性命所系、文明的精魂所在。文化主体性昭示文明的品格和气质，"要想知道一国的文明，就必须首先考察支配这个国家的风气。同时，这个风气，是全国人民智德的反映"②。建设中华民族现代文明，除了器物和制度的文明，真正镶嵌在现代文明内部的恰恰是文化上的风气和精神上的文明。要真正建设好中华民族现代文明，就要保持文化上的自主性和精神上的独立性，也就必须弘

---

① 习近平：《在文化传承发展座谈会上的讲话》，人民出版社2023年版，第11页。
② ［日］福泽谕吉：《文明论概略》，北京编译社译，商务印书馆1997年版，第12页。

六　建设中华民族现代文明

扬中华文化主体性，培育文化自信自强。概括地说，弘扬中华文化主体性、培育文化自信自强至少要做到三个方面。其一，坚守中华文化命脉，用中华文化经典哺育新人，培育文化自尊自爱，强化对中华文化的自我体认，巩固中华文化之根。其二，在尊重文化创新规律和逻辑的基础上培育国人的文化自主意识，加快塑造中华文化特色品牌，打造中华文化的精神标识。其三，有效抵御外来文化的侵蚀，防止中华文化的西化和异化，避免中华文化遭流放、被拔根。

（三）加强文明交流和互鉴，捍卫人类文明进步

世界各国文明之间既有交往交流交融，也有差异和碰撞。马克思指出："当文明一开始的时候，生产就开始建立在级别、等级和阶级的对抗上，最后建立在积累的劳动和直接的劳动的对抗上。没有对抗就没有进步。这是文明直到今天所遵循的规律。"[①] 出于对本国利益的考虑，或由于现代社会中意识形态划界，以国家形式存在的不同文明类型之间常常存在睚眦和抵牾。世界进入近代以来，人类文明的历史进程更多地呈现出已经先期实现了现代化的西方国家文明形态对东方欠发达国家文明形态的诋毁、挤对和打压。美国学者安乐哲认为："看起来，西方的大众传媒几乎总是在病理学的意义上致力于妖魔化中国以及中国所做的一切。……中国作为一支世界力量的稳步增长，正在给中国注入一种新生然而却十分重要的自觉，那就是：自身的文化传统是自我理解的一种重要资源，也是参与迟缓但如今却不可避免

[①] 《马克思恩格斯全集》第4卷，人民出版社1958年版，第104页。

的全球化过程的一个平台。"① 事实上，各文明的和谐共处和共同繁荣毕竟是人类文明的正道，也是一切良善人们的愿望。建设中华民族现代文明，需要首先坚持"两个结合"，但"讲同中国具体实际相结合、同中华优秀传统文化相结合，并不排斥吸收人类文明创造的有益成果，不仅不排斥，而且要积极学习借鉴，用人类创造的一切文明成果武装自己"②。为此，要充分尊重世界文明多样性，切实加强文明的交流和互鉴，努力做到以文明交流超越文明隔阂、以文明互鉴超越文明冲突、以文明共存超越文明优越，始终捍卫人类文明发展的光明前途和文明进步的阳光大道。

[原载《北京大学学报》（哲学社会科学版）2024年第2期]

---

① 哈佛燕京学社主编：《全球化与文明对话》，江苏教育出版社2004年版，第341—343页。
② 习近平：《为实现党的二十大确定的目标任务而团结奋斗》，《求是》2023年第1期。

努力建设中华民族现代文明

钟 君[*]

今年以来，习近平总书记在文化传承发展座谈会上、在致首届文化强国建设高峰论坛的贺信中、在江苏考察时，都对建设中华民族现代文明提出明确要求。习近平总书记指出，"要坚定文化自信、担当使命、奋发有为，共同努力创造属于我们这个时代的新文化，建设中华民族现代文明"[①]"在新的历史起点上继续推动文化繁荣、建设文化强国、建设中华民族现代文明"[②]"建设中华民族现代文明，是推进中国式现代化的必然要求，是社会主义精神文明建设的重要内容"[③]。

文明立世，文化兴邦。中华文化源远流长、中华文明博大精深。中国式现代化赋予中华文明以现代力量，中华文明赋予中国式现代化

---

[*] 作者简介：钟君，湖南省社会科学院党组书记、院长。
[①]《担负起新的文化使命 努力建设中华民族现代文明》，《人民日报》2023年6月3日。
[②]《为强国建设、民族复兴注入强大精神力量》，《人民日报》2023年6月9日。
[③]《在推进中国式现代化中走在前做示范 谱写"强富美高"新江苏现代化建设新篇章》，《人民日报》2023年7月8日。

以深厚底蕴。习近平总书记在文化传承发展座谈会上深入阐释了中华文明具有突出的连续性、突出的创新性、突出的统一性、突出的包容性、突出的和平性。五个突出特性相互联系、相互影响，共同构成了中华民族独特的精神气韵。我们要准确把握中华文明的突出特性，深度挖掘和汲取中华优秀传统文化精华，努力建设中华民族现代文明，为中国式现代化提供更加强大的文明力量和文化支撑。

一　把握连续性，为建设中华民族现代文明提供历史智慧

中华文明历尽沧桑而薪火相传，是世界上唯一自古延续至今、从未中断的文明。习近平总书记指出："中华文明具有突出的连续性，从根本上决定了中华民族必然走自己的路。"[1]

连续性是中华文明区别于世界其他文明的最显著的特征之一，决定了建设中华民族现代文明必须立足于自身国情，坚定不移走自己的路。党的十八大以来，我们党成功推进和拓展了中国式现代化。中国式现代化是赓续古老文明的现代化，是从中华大地生长出来的现代化。中华文明具有绵延不断的蓬勃生命力，中华优秀传统文化蕴含着天下为公、民为邦本、为政以德、任人唯贤、天人合一、自强不息、厚德载物、讲信修睦等历史智慧，在中华大地传承不绝，能够极大地涵育中华民族现代文明。

---

[1]　《担负起新的文化使命　努力建设中华民族现代文明》，《人民日报》2023年6月3日。

二 把握创新性，为建设中华民族现代文明提供不竭动力

中国古代经典作品中有很多强调创新的内容，如"革，去故也；鼎，取新也""周虽旧邦，其命维新"等。面对发展过程中的各种问题，中华民族总是以"治世不一道，便国不法古"的改革精神，不断赋予中华文明以新的生命力。

创新性是中华文明的内在基因，决定了中华民族守正不守旧、尊古不复古的进取精神，决定了中华民族不惧新挑战、勇于接受新事物的无畏品格。中国式现代化就是中国共产党带领中国人民走出的创新之路。中国共产党人坚持守正创新，把马克思主义思想精髓同中华优秀传统文化精华贯通起来，既不断谱写马克思主义中国化时代化新篇章，也使中华文明不断焕发新生机。以中华优秀传统文化中的"苟日新，日日新，又日新"等思想理念不断涵育中华民族现代文明，能够为不断开辟马克思主义新境界、推进中国式现代化提供不竭动力。

三 把握统一性，为建设中华民族现代文明提供磅礴力量

中华儿女格外重视国家的统一，国土不可分、国家不可乱、民族不可散、文明不可断的共同信念，始终是中华民族根深蒂固的情结。

统一性是中华文明的内在规定，决定了国家统一永远是中国核心

利益的核心，决定了一个坚强统一的国家是各族人民的命运所系。中国式现代化是中国共产党团结带领全国各族人民团结一心、共同奋斗开创的，也必须在团结一心、共同奋斗中继续向前推进。以中华优秀传统文化中的"天下一统"等思想理念不断涵育中华民族现代文明，有利于为推进中国式现代化找到最大公约数、画出最大同心圆，汇聚起实现民族复兴的磅礴力量。

四　把握包容性，为建设中华民族现代文明提供丰富养分

历史上，生活在中华大地上的各个民族相互包容、相互依存、休戚与共，形成了中华民族多元一体的格局。同时，中华文明以开放胸怀与其他不同文明交流互鉴，既繁荣发展了自身，也推动了人类文明发展。

包容性是中华文明的鲜明特质，决定了中华民族交往交流交融的历史取向，决定了中国各宗教信仰多元并存的和谐格局，决定了中华文化对世界文明兼收并蓄的开放胸怀。通往现代化的道路不止一条，不同文明应包容共存、交流互鉴。中国式现代化的目标也不能在孤立封闭中实现。以中华优秀传统文化中的"有容，德乃大""和而不同"等思想理念不断涵育中华民族现代文明，能够为其提供丰富养分，使中国式现代化在兼收并蓄中不断向前推进。

五　把握和平性，为建设中华民族现代文明提供交往之道

中国人民历来爱好和平，主张和为贵。中华民族血液中没有侵略他人、称王称霸的基因。

和平性是中华文明的价值取向，决定了中国始终是世界和平的建设者、全球发展的贡献者、国际秩序的维护者，决定了中国不断追求文明交流互鉴而不搞文化霸权，决定了中国不会把自己的价值观念与政治体制强加于人，决定了中国坚持合作、不搞对抗，决不搞"党同伐异"的小圈子。不同于充满暴力、侵略和掠夺的西方现代化，中国式现代化是走和平发展道路的现代化，追求和平、和合、和睦、和谐，不仅希望自己发展得好，也希望各国人民都能拥有幸福安宁的生活。我们要以中华优秀传统文化中的"亲仁善邻"等思想理念不断涵育中华民族现代文明，使中国式现代化始终坚持"美美与共，天下大同"，中国人民与世界各国人民一道共同推动构建人类命运共同体。

当今世界，文化交流、交融、交锋之势前所未有。深刻认识和把握中华文明突出的连续性、创新性、统一性、包容性、和平性，努力建设中华民族现代文明，对于巩固中华文化主体性、强化中华民族的文化认同和文化自信，具有极其重要的意义。在五千多年中华文明深厚基础上开辟和发展中国特色社会主义，把马克思主义基本原理同中国具体实际、同中华优秀传统文化相结合是必由之路。"结合"巩固了文化主体性，创立习近平新时代中国特色社会主义思想就是这一文

化主体性的最有力体现。习近平新时代中国特色社会主义思想是当代中国马克思主义、21世纪马克思主义，是中华文化和中国精神的时代精华。新征程上，我们要深入学习贯彻习近平新时代中国特色社会主义思想，坚定文化自信，增强文化自觉，以更加强烈的历史主动精神，担当使命、奋发有为，建设中华民族现代文明，为推进中国式现代化、实现中华民族伟大复兴提供更加强大的价值引领力、文化凝聚力、精神推动力。

（原载《经济日报》2023年7月25日第10版）

建设中华民族现代文明的核心要义、价值意蕴及实践遵循

邹绍清[*]

2023年6月2日,习近平总书记在文化传承发展座谈会上强调:"在新的起点上继续推动文化繁荣、建设文化强国、建设中华民族现代文明,是我们在新时代新的文化使命。要坚定文化自信、担当使命、奋发有为,共同努力创造属于我们这个时代的新文化,建设中华民族现代文明。"[①] 这为迈上强国建设、民族复兴新征程的关键历史节点,推动中国式现代化建设,创造中国特色社会主义文化新辉煌指明了方向。为此,坚持马克思主义的唯物史观和辩证法,科学把握建设中华民族现代文明的核心要义、战略时代价值、世界意义和根本实践遵循,对于推动全面建成社会主义现代化强国、构建人类命运共同体具有重大的现实意义。

---

[*] 作者简介:邹绍清,西南大学马克思主义学院教授。
[①] 《担负起新的文化使命 努力建设中华民族现代文明》,《人民日报》2023年6月3日。

一 深刻把握建设中华民族现代文明的核心要义

"建设中华民族现代文明"既是一个全新的概念,也是中国式现代化建设进程中的一个重大理论命题和重要历史任务。中华文明是一个整体概念,中华民族现代文明是寓于整个中华文明连续发展过程中的一个重要阶段。正确把握建设中华民族现代文明的内涵及核心要义,首先就要明晰中华文明的内涵。

(一) 文明及中华文明的内涵

在学术界关于文明的定义有100多种,不胜枚举。多数学者认为,文明与文化有一定的相通性;但相较文化而言,文明具有发展水平和相对程度上的抽象意义,其范围远远超出文化、政治领域,是涉及社会各个层面的综合性概念。在国外,"文明"一词是18世纪法国启蒙思想家相对于"野蛮状态"而提出判断社会发展阶段、进化方式标准的一个概念。在我国,文明是指社会发展到较高阶段或具有较高文化水平。从哲学的角度来看,文明是指人类历史发展所积累下来的、有助于认识和改造客观世界、符合人类精神追求、能被绝大多数人认可和接受的人文精神和发明创造的总和,包括物质文明和精神文明。文明还指使人类脱离野蛮状态的所有社会行为和自然行为构成的集合,包括语言、文字、宗教、艺术、科技、城市、乡村、家族和国家等要素。按照马克思主义唯物史观和辩证法来看,文明是多元的而非单一的,文明是动态的而非静态的,文明是具体历史的而非单纯

六 建设中华民族现代文明

的个体现象，文明是持久的并不断演进的。文明的演进是一个包含对抗和矛盾的历史的实践过程。马克思指出："当文明一开始的时候，生产就开始建立在级别、等级和阶级的对抗上，最后建立在积累的劳动和直接的劳动的对抗上。没有对抗就没有进步。这是文明直到今天所遵循的规律。"① 恩格斯从文明与野蛮的分类标准上强调，文明时代的特征是社会的大分工、财富累积以及国家的建立；马克斯·韦伯认为，到了近代，"资本主义文明作为从人类历史中脱胎出来的一个巨人，才迈开了它的历史脚步，走上了发展、成熟的道路"②。因此，从反思人类文明史的角度来看，"文明主要是指用更高水平的文明原则和社会理想来反思和批判已有的文明现实，寻求文明的发展路向"③。总之，文明是一个多向度的概念，需要加以综合把握，才能进一步把握中华文明和中华民族现代文明的核心要义。

有学者认为，"中华文明"有狭义和广义之分。"它在狭义上是指中华民族历史上创造的物质财富和精神财富的总和；广义上的中华文明除了上述方面外，还包括中华民族的生产方式、生活方式、行为习惯、价值观念。其中，中华优秀传统文化是中华文明的核心内容。"④ 中华文明具有"讲仁爱、重民本、守诚信、崇正义、尚和合、求大同"⑤ 的精神特质。这些精神特质是一个有机联系的整体，"从

---

① 《马克思恩格斯全集》第4卷，人民出版社1958年版，第104页。
② 《文明的历史脚步——韦伯文集》，黄宪起、张晓琳译，生活·读书·新知上海三联书店1988年版，第1页。
③ 邹绍清：《论中华文明的精神特质》，《马克思主义研究》2022年第7期。
④ 王威：《习近平关于"激活中华文明"重要论述的理论内涵和重大意义》，《马克思主义研究》2023年第3期。
⑤ 《把中国文明历史研究引向深入 推动增强历史自觉坚定文化自信》，《人民日报》2022年5月29日。

整体上反映了中华文明独有的精神特质,彰显了中国人的宇宙观、天下观、社会观和道德观,展现了中华文明的悠久历史和人文底蕴"①。

(二) 建设中华民族现代文明的核心要义

2022年10月,习近平总书记在河南安阳考察殷墟遗址时首次提到"建设中华民族现代文明",他指出:"更深地学习理解中华文明,古为今用,为更好建设中华民族现代文明提供借鉴。"② 当前,作为新的文化使命和重大历史任务,如何建设中华民族现代文明,既是一个重大的理论问题又是一个实践问题,迫切需要从理论上破题,包括"建设中华民族现代文明"的核心要义"是什么"、其价值意蕴"有什么"、其"怎么建设"及其根本"遵循什么"等一系列问题。为此,我们要以贯通古今、贯通中外和坚持"三个面向"的宏阔视野进行正确解读,本文拟着重阐明"建设中华民族现代文明"的核心要义、价值意蕴和根本实践遵循等重点问题。

要把握建设中华民族现代文明,首先就要明晰什么是中华民族现代文明。中华民族现代文明是指中国共产党领导人民在推进中华民族伟大复兴的历史进程中所创造的物质文明和精神文明的总和,包括中华民族现代化的物质条件、生产方式、生活方式、制度体系、价值观念、文化艺术以及人们的行为习惯和精神状态等。其既具有中华文明的一般属性和精神特质,也具有探索和推进中国式现代化的特殊性及新时代的阶段性的显著特征。立足当下,建设中华民族现代文明的核

---

① 邹绍清:《论中华文明的精神特质》,《马克思主义研究》2022年第7期。
② 《新的文化使命》,《人民日报》2023年6月5日。

六　建设中华民族现代文明

心要义，特指中国共产党领导人民站在党的第二个百年奋斗目标起步的关键时期，在新的历史起点上担负起新的文化使命，建设中国式现代化的新文化形态，实现中华文明的现代化转型和发展。具体而言，主要有：其一，要从中华文明整体中把握中华民族现代文明建设之连续性。从马克思主义整体论来看，中华文明是一个整体，中华民族现代文明是中华文明整体中历史地连续发展和创新创造的文明成果总和。中华文明可以分为辉煌的古代文明、蒙尘的近代文明和走向复兴的现代文明。当今走向复兴的现代文明是寓于中华文明整体之中、一个富有丰富现代性内涵的历史文化概念。我国拥有五千多年文明史，中华文明具有绵延历史的连续性，中国共产党领导中华民族和中国人民接续奋斗到新时代，为中华文明注入了新的活力和生机，开辟了中华文明新的发展前景，创造人类文明新形态。因此，把握建设中华民族现代文明的核心要义必须将其置于中华文明整体建设中，而非另起炉灶，更不能将其割裂，以避免"虚无地"理解建设中华民族现代文明的内涵。其二，要从中国式现代化与现代文明的相互贯通上把握其"建设的内在一致性和丰富性"。习近平总书记指出："我们坚持和发展中国特色社会主义，推动物质文明、政治文明、精神文明、社会文明、生态文明协调发展，创造了中国式现代化新道路，创造了人类文明新形态。"[1] 中国式现代化是中华民族现代文明建设的重要内容，需要从根本上实现社会主义、中华文明与现代化的内在统一及其融合发展，具有方向、立场、内容、方法和要求的内在一致性，二者是相互贯通的，而不能将二者对立或分立，以避免窄化其建设的外

---

[1]《习近平谈治国理政》第四卷，外文出版社2022年版，第10页。

延，或误读为中华民族现代文明建设仅限于文化领域，事实上现代文明的建设涵盖了新时代"五大文明"的建设和协调发展。其三，从人类文明的普遍性与特殊性的辩证关系中把握其建设的目的是实现中华民族伟大复兴，推动世界各文明竞相绽放、绚丽多彩。中华民族现代文明的"中华民族"内在规定了中华民族现代化的特殊性，其特殊性根源于源远流长的中华文化和博大精深的中华文明；其根植于中国国情、历史传承和文化传统，是中华民族现代文明成其自身而与其他文明相区别的根本属性，但又兼具与世界各文明因交流互鉴而呈现的多彩多姿。所以，从本质上说，其既具有"中国特色"的特殊性，又具有人类文明进步成果的普遍性，二者是相互联系、相互影响的辩证关系；把握好这种辩证关系就把握了其目的性与规律性的统一，就能更好地在建设中促进世界各文明的交往交流和对话，以避免使中华民族现代文明陷入孤立或自我封闭的状态。

二 建设中华民族现代文明的价值意蕴

建设中华民族现代文明，是习近平总书记站在党和国家事业发展的全局性和战略性高度，从建设中华民族现代文明对推进中国式现代化建设、促进人类文明新形态发展的政治高度上提出的文化新使命。从本质上说，其体现了新征程上中国共产党坚持文化自信和政治自信的高度统一，彰显了党在政治上的使命担当与历史主动相结合，展示了我们党传承和发展中华文明、与世界各文明相互交流相互借鉴的奋进姿态和博大胸怀，对推动构建人类命运共同体和人类文明发展进步，具有重大的战略、时代价值和世界意义。为此，需要站在党的领

六 建设中华民族现代文明

导和治国理政的高度,从历史、现实与未来相结合的角度阐明其重大价值意义是十分必要的。

(一)战略价值:建设中华民族现代文明是中国共产党对新的文化使命的创新性命题和战略性锚定

习近平总书记指出:"战略问题是一个政党、一个国家的根本性问题。战略上判断得准确,战略上谋划得科学,战略上赢得主动,党和人民事业就大有希望。"[①] 在全面建设社会主义现代化国家的新征程中,建设文化强国是其重大战略目标之一。习近平总书记站在统筹"两个大局"的战略高度,以强烈的政治责任感和使命担当,提出要"努力建设中华民族现代文明"的新命题,彰显了我们党以坚定的政治站位、政治立场和政治自信对增强文化自信的战略目标和战略国策的创造性锚定,具有重大的战略价值。

第一,建设中华民族现代文明将关系到民族复兴的战略全局,是"两个结合"的科学产物。其主要是指中国共产党将马克思主义基本原理与中国具体实际相结合、与中华优秀传统文化相结合,面对民族复兴的伟大使命和中国式现代化文化建设的战略新要求融为一体所进行的创新性命题,集中体现了中国共产党人坚持历史唯物主义和辩证唯物主义,面向现代化、面向世界和面向未来,准确把握文化强国和中华民族现代文明建设将关系到中华民族伟大复兴伟大事业的成败。具体而言,其一,建设中华民族现代文明是文化强国战略的迫切需要。党的二十大提出新时代新征程中国共产党的使命任务是:"从现

[①] 《习近平谈治国理政》第四卷,外文出版社2022年版,第31页。

在起，中国共产党的中心任务就是团结带领全国各族人民全面建成社会主义现代化强国、实现第二个百年奋斗目标，以中国式现代化全面推进中华民族伟大复兴。"新征程我国宏观层面的大战略，锚定中华民族伟大复兴进入不可逆转的历史进程的总目标。把握这个大战略和总目标的宏观设定，关键是开好局、起好步。在大战略和总目标下，进一步对新时代新征程的奋斗设定了包含更加丰富内涵的2035年我国发展的总体目标，明确提出要"达到中等发达国家水平""建成教育强国、科技强国、人才强国、文化强国、体育强国、健康中国"[①]等战略目标。其中建设文化强国、增强文化自信是总体战略目标中的重要内容；而文化强国战略如何推进，迫切需要科学谋划、合理战略布局和具体实施方略。其二，习近平总书记从贯通古今、贯通中外的宏阔视野下强调"两个结合"，从政治高度提出建设中华民族现代文明是一个新的文化生命体，担负起文化的新使命。"马克思主义基本原理同中华优秀传统文化相结合，不是拼盘，不是简单的物理反应，而是深刻的化学反应，造就了一个有机统一的新的文化生命体。"[②]这个新的文化生命体就是中华民族现代文明，其极大地推动了马克思主义指导中国式现代化的理论和实践的进一步发展，又极大地促进了中华文明的现代发展以适应中国式现代化的文化建设的新需要。其三，从战略上阐明了推进中华民族现代文明的建设之策是极为正确的。党的百年奋斗史已经生动表明，虽然马克思主义来自西方，但在

[①] 习近平：《高举中国特色社会主义伟大旗帜 为全面建设社会主义现代化国家而团结奋斗——在中国共产党第二十次全国代表大会上的报告》，人民出版社2022年版，第24页。

[②] 张志强：《把握中华文明发展规律 奋力建设中华民族现代文明》，《中国社会科学报》2023年6月6日。

六　建设中华民族现代文明

遥远的东方得以生根发芽，有力地证明了马克思主义与中华文明相融相通。自马克思主义传入中国 100 多年以来，一代又一代的中国共产党人以坚定信念和开拓创新的精神，不断丰富和发展马克思主义理论，使马克思主义中国化时代化的理论焕发出无限的生机和活力，使中华民族和中国人民不断汲取中华优秀传统文化的精神滋养，发展中华文明，并在世界面前展现出开放包容、文明交流互鉴的中国奇迹。"让马克思主义成为中国的，中华优秀传统文化成为现代的。"[1] 建设中国式现代化的文化新形态，成为时代赋予中国、值得世界人民共同期待的伟大历史使命。因此，建设中华民族现代文明这一全新命题，不仅具有文化建设内涵的创新，更有战略价值的考量，需要站在政治的高度把握其战略价值。

第二，建设中华民族现代文明是在深化中华文明发展规律性认识基础上的高度政治自觉和政治担当。建设中华民族现代文明，是中国共产党深化中华文明发展规律性认识基础上所展现出的一种高度政治自觉和主动担当。其主要是指中国共产党在推进中国式现代化建设进程中，以坚定的政治站位、政治立场推动文化强国建设，不断深化中华文明内在发展规律，引领中华文明的现代化发展，彰显党的高度政治自觉和政治自信。具体而言，其一，站在新的历史起点上，中国共产党以高度的政治责任感和使命担当，强调新的文化形态建设的极端重要性。党的十八大以来，习近平总书记在不同场合多次阐释了文化建设对于社会主义现代化建设全局的关键性意义。2020 年 9 月 22 日，习近平总书记在教育文化卫生体育领域专家代表座谈会上强调：

---

[1] 《担负起新的文化使命 努力建设中华民族现代文明》，《人民日报》2023 年 6 月 3 日。

"要把文化建设放在全局工作的突出位置""没有社会主义文化繁荣发展，就没有社会主义现代化"①。其中，文化是统筹推进"五位一体"总体布局、协调推进"四个全面"战略布局的重要内容，文化是推动高质量发展的重要支点，文化是满足人民日益增长的美好生活需要的重要因素，文化是战胜前进道路上各种风险挑战的重要力量源泉。其二，全面把握文化建设在治国理政中的重要性，推动实现精神上独立自主的政治自觉。习近平总书记指出："要坚定文化自信，坚持走自己的路，立足中华民族伟大历史实践和当代实践，用中国道理总结好中国经验，把中国经验提升为中国理论，实现精神上的独立自主。"② 只有这样，我们才能坚持中国特色社会主义道路；只有坚持走自己的"道路"，我们才能在中国特色社会主义伟大实践征程中不断总结经验，将经验升华为"理论"、具化为"制度"。以文化为根基，以道路为方向，以理论为指引，以制度为保障，我们才能更有力地推进中国特色社会主义建设，建设中华民族现代文明。其三，不断深化对中华文明发展规律的认识，坚定文化自信，提高我们党领导文化建设的主体性地位。"文化自信是更基础、更广泛、更深厚的自信，是一个国家、一个民族发展中最基本、最深沉、最持久的力量。"③ 中华优秀传统文化富含先进性和生命力的文化底蕴不断推动革命文化、先进文化的创造性转化和创新性发展，建构出新的文化生命体，契合了广大人民群众美好生活新期待，是中国式现代化建设的

---

① 习近平：《在教育文化卫生体育领域专家代表座谈会上的讲话》，《人民日报》2020年9月23日。
② 《担负起新的文化使命 努力建设中华民族现代文明》，《人民日报》2023年6月3日。
③ 《中共中央关于党的百年奋斗重大成就和历史经验的决议》，人民出版社2021年版，第44页。

六　建设中华民族现代文明

文化新任务。所以，建设中华民族现代文明，集中体现了中国共产党人对历史唯物主义和辩证唯物主义基本原理的深刻把握和精准运用，极大地深化了中华文明发展的规律性认识，必将推动建设中华民族现代文明的创新性发展。

第三，建设中华民族现代文明是创造性地对文化强国宏伟目标的战略性锚定。站在新的历史起点，中国式现代化的文化形态到底是一个什么样的文化形态必须予以科学回答，文化强国战略目标和宏伟蓝图的未来前景"怎么样"必须予以科学回答。为此，从根本上回答中国式现代化的文化新样态就是要努力建设中华民族现代文明，从战略上锚定中华民族现代文明的宏伟蓝图，更加清晰地表明了中国式现代化文化建设的重要任务和内容。党的二十大报告明确了文化强国建设的战略目标："必须坚持中国特色社会主义文化发展道路，增强文化自信，围绕举旗帜、聚民心、育新人、兴文化、展形象建设社会主义文化强国，发展面向现代化、面向世界、面向未来的，民族的科学的大众的社会主义文化。"[①] 建设中华民族现代文明，需要着力推进物质文明、政治文明、精神文明、社会文明、生态文明协调发展。"我们不断厚植现代化的物质基础，不断夯实人民幸福生活的物质条件，同时大力发展社会主义先进文化，加强理想信念教育，传承中华文明，促进物的全面丰富和人的全面发展。"[②] 有了清晰明了的战略目标显然不够，还需要将战略目标放在更为宏阔的历史视野和未来视

[①] 习近平：《高举中国特色社会主义伟大旗帜　为全面建设社会主义现代化国家而团结奋斗——在中国共产党第二十次全国代表大会上的报告》，人民出版社2022年版，第42—43页。

[②] 习近平：《高举中国特色社会主义伟大旗帜　为全面建设社会主义现代化国家而团结奋斗——在中国共产党第二十次全国代表大会上的报告》，人民出版社2022年版，第23页。

野中进行审视，才能知其过往，把握当下和未来。因而从本质上说，把我国文化建设提高到中华文明建设的高度，充分体现了中国共产党领导人民推动"五大文明"协调发展的重大政治考量，可谓是对新的文化使命创造性的锚定，更加凸显了其广阔的发展空间和战略价值，也更加凸显了其实践意蕴和实践指向。

（二）时代价值：以大历史观大时代观把准中华文明发展的历史走向和未来脉动

新时代，中国共产党坚持唯物史观和辩证法，善于从过去、现在、未来相贯通，中国与世界相贯通的大历史观大时代观来观察问题、分析问题和解决问题。因此，站在实现第二个百年奋斗目标开局的起点上，需要以大历史观大时代观视野来把握建设中华民族现代文明巨大的时代价值。

第一，在大历史观的宏阔视野中勘定中华文明的"现代历史方位"。从大历史观来看，建设中华民族现代文明的提出，是从中国历史以及世界人类文明史发展的大历史观的宏阔视野下，历史地勘察和标定了中华文明的"现代历史方位"，确证了当代中国人所处的中华文明的"当代"历史方位，激发了当代中国人的现代历史意识。"现代历史意识的激发，使得20世纪以来的中国人迫切需要对自身所处的'当代'进行历史定位，找到自己时代在人类历史进程中的确切位置，在进步的历史长河中将自己的时代标识、锚定和凸显出来。"[①]

[①] 郗戈：《马克思主义中国化时代化与中华文明的现代转化》，《中国社会科学报》2023年6月5日。

六　建设中华民族现代文明

从人类文明史来看，中华文明是世界上唯一不曾中断的文明，中华文明具有五千多年的历史，自信丰盈，辉煌灿烂。但是到了近代，中华民族受到西方资本主义文明的冲击，在一定程度上失去了对中华文明的自信，在人类文明史的历史方位上多多少少存在着历史的不自信、文化的不自信，不同程度地呈现出文明的自我矮化和仰视西方的心理，极大地影响了中华文明的现代转型和发展。只有到了中国共产党成立之后，主动担负起为中国人民谋幸福、为中华民族谋复兴的初心使命；党领导人民经过艰苦卓绝的斗争成立中华人民共和国，不断探索和推进中国式现代化的建设，不断推进中华文明的现代发展。站在新的历史起点上，将马克思主义唯物史观的立场方法运用到正确勘定中华民族现代文明在中国历史中的"历史方位"、确证其在世界历史及其人类文明史中的"历史方位"，使其绵延厚重的历史文化底蕴、鲜明的现代性和创造性倍加凸显出来。所以，建设中华民族现代文明的提出，把准了现代中国的"时代定位"和"时代规划"，明晰了中国式现代化在中华文明历史发展长河中的"历史方位"，指明了其是连续发展到现代乃至未来的文明接续和未尽之伟业；进一步明确了当前的主要任务；也进一步确证了中国式现代化和中华文明在世界现代化和人类文明史中的"历史方位"、形塑了"中国形象"。

第二，揭示了百余年来中国共产党把握历史主动探索的"必由之路"。从大时代观来看，建设中华民族现代文明揭示了百余年来中国共产党把握历史主动，探索中国特色社会主义的必由之路。主要体现为以下几个方面：其一，从近代史来看，挽救中华文明的命运是近代以来中华民族历史课题的重要组成部分。虽然从1840年后的洋务运动、戊戌变法、辛亥革命、五四运动等已开始从器物、制度、文化等方面开启了现代化探索的进程，但事关民族存亡的革命问题尚未解决，那时的现代化只能说是一种探索，真正的现代化进程并未展开；十月革命一声炮响给中国送来了马克思列宁主义，中国共产党诞生成为开天辟地的大事。中国共产党开启了团结带领人民争取民族解放、国家独立的伟大复兴事业，成为中华民族现代文明建设的主体和主心骨。因此，1921年7月中国共产党的成立就成为中华民族现代文明发展史上重大的历史时间节点，这一点是毋庸置疑的。其二，中国共产党主动承担起了探索中华民族现代化各项事业的历史责任，不断探索中华民族现代文明"怎么走"。回溯百年，探索和推进中国式现代化与探索中华民族现代文明建设之路具有一定程度上的同步性。新民主主义革命时期中国共产党团结带领人民艰苦奋斗，通过"第一个结合"产生了毛泽东思想，铸就了伟大建党精神，成立了中华人民共和国，找到了中华民族"解放之路"。社会主义革命和建设时期为中华民族现代文明奠定了根本的政治前提和制度基础。毛泽东、周恩来等提出了要把我国逐步建设成为一个具有现代农业、现代工业、现代国防和现代科学技术的社会主义强国，探索了社会主义的现代化之路；党的十一届三中全会作出把党和国家工作中心转移到经济建设上来的决策，实行改革开放，不断探索"怎么建设"。邓小平提出了"中国式的四个现代化""两手抓"；新世纪新阶段，江泽民、胡锦涛领导人民继续坚持中国式的现代化道路，强调要加强精神文明建设，不断推动中华文明的现代发展。其三，中国特色社会主义进入新时代，在以习近平同志为核心的党中央的坚强领导下，通过"两个结合"开辟了马克思主义中国化时代化的新境界，不断地在探索中国

六 建设中华民族现代文明

特色社会主义道路中深化其规律性认识，成功地推进和提出了中国式现代化建设的宏伟蓝图和本质要求，开辟和发展了中国特色社会主义的必由之路，把握了建设中华民族现代文明的历史主动。党的二十大报告强调："中国式现代化，是中国共产党领导的社会主义现代化，既有各国现代化的共同特征，更有基于自己国情的中国特色。"[①] 中国特色社会主义的"中国特色"得以彰显，"中国特色"的关键在于，中国特色不是主观臆想的产物，而是来自中国共产党的创造性实践。所以，建设中华民族现代文明，是把准了中华文明建设的历史步伐、前进的方向，是中国共产党人探索出的一条中国特色的"必由之路"。

第三，揭示了中华文明的时代脉动和未来发展趋势。建设中华民族现代文明，是中国共产党人把握时代规律，不仅从历史的高度深刻回答了中华民族"从哪里来""正在哪里""往哪里去"的历史定位和历史任务，也从本质上揭示了中华文明的时代脉动和未来发展趋势。其主要有：其一，从大历史观来看，中国共产党探索中华文明现代化的步伐从未间断，并在与世界现代化的理论和实践的对话和选择中探索出来一条独特文明之路。近代以来，"实现中华民族伟大复兴""实现中国式现代化"与"建设中华民族现代文明"都是一体两面的事情。早在100多年前，五四新文化运动时期，各种西方现代化的思潮和理论传入中国并在中国舞台上粉墨登场，经历了"中西之争""新旧之争""好坏之争"。俄国十月革命胜利送来了曙光，李大

[①] 习近平：《高举中国特色社会主义伟大旗帜 为全面建设社会主义现代化国家而团结奋斗——在中国共产党第二十次全国代表大会上的报告》，人民出版社2022年版，第22页。

钊、陈独秀等选择了马克思列宁主义救中国,毛泽东等老一辈革命家开辟了一条农村包围城市的道路,取得了新民主主义革命的胜利,成立了中华人民共和国。中华人民共和国成立以后,中国共产党领导人民完成了"三大改造",确立了社会主义制度,为建设中华民族现代文明奠定了制度基础、物质基础和精神文明基础。20世纪50年代,党的八大明确提出了我国社会主要矛盾,为探索现代文明找到了立足点和问题的突破口。1959年12月,毛泽东提出:"建设社会主义,原来要求是工业现代化,农业现代化,科学文化现代化,现在要加上国防现代化。"[1] 1964年12月,周恩来在第三届全国人民代表大会的《政府工作报告》中明确提出了要"把我国建设成为一个具有现代农业、现代工业、现代国防和现代科学技术的社会主义强国"[2]。其二,改革开放以后,中国共产党在与世界交往和文明对话中不断探索中国的现代化,进一步探索中华文明的现代发展问题。1979年3月,邓小平会见英中文化协会执行委员会代表团时第一次提出了"中国式的四个现代化"的概念。邓小平指出:"我们定的目标是在本世纪末实现四个现代化。我们的概念与西方不同,我姑且用个新说法,叫做中国式的四个现代化。"[3] 后来,邓小平在会见时任日本首相大平正芳时进一步明确提出:"我们要实现的四个现代化,是中国式的四个现代化。我们的四个现代化的概念,不是像你们那样的现代化的概念,而是'小康之家'。"[4] 邓小平把马克思主义基本原理同中国具体

---

[1] 《毛泽东文集》第8卷,人民出版社1999年版,第116页。
[2] 《周恩来选集》下卷,人民出版社1984年版,第439页。
[3] 《邓小平年谱(一九七五——一九九七)》上,中央文献出版社2004年版,第496页。
[4] 《邓小平文选》第2卷,人民出版社1994年版,第237页。

六　建设中华民族现代文明

实际相结合，提出了社会主义初级阶段理论，突破了市场经济"姓资""姓社"的争论，把马克思关于资本主义向共产主义的历史过渡理解为一个不断发展、持续生成的世界历史过程，为改革开放打开了广阔的发展空间和创新余地。其三，新时代更加清晰地揭示了中华民族现代文明的时代脉动和未来发展趋势。党的二十大报告明确了党的第二个百年奋斗目标是以中国式现代化全面推进中华民族伟大复兴，"加快构建新发展格局，着力推动高质量发展"[①]。在人类文明史上，"现代化"源于"工业文明"但又超越了"工业文明"，当今的现代化已经与"信息社会""数字时代"紧密相连，已经成为一种人类普遍和共同追求的文明形态。毫无疑问，中国的现代化是一种后发的现代化。中国式现代化是人口规模巨大的现代化、全体人民共同富裕的现代化、物质文明和精神文明相协调的现代化、人与自然和谐共生的现代化、走和平发展道路的现代化；从根本上扬弃"以资本为中心"的现代化，彰显了中国式现代化对西方现代化的超越，揭示了中华民族现代文明究竟是要建设一个什么样的现代文明，从而科学地把握了中华民族现代文明发展的时代脉动和未来发展趋势。

（三）世界意义：站在世界百年未有之大变局下破解世界各文明纷争和冲突的良方，为推动构建人类命运共同体贡献了中国智慧

"当前，世界之变、时代之变、历史之变正以前所未有的方式展

[①] 习近平：《高举中国特色社会主义伟大旗帜　为全面建设社会主义现代化国家而团结奋斗——在中国共产党第二十次全国代表大会上的报告》，人民出版社2022年版，第28页。

开……人类社会面临前所未有的挑战。世界又一次站在历史的十字路口，何去何从取决于各国人民的抉择。"① 面对世界之变、时代之变、历史之变，建设中华民族现代文明，既是中国的大事又是世界的大事。因此，需要站在世界百年未有之大变局和推动构建人类命运共同体的高度来审视其世界意义。

第一，鲜明地宣告中华民族现代文明一以贯之的开放包容。建设中华民族现代文明的提出，是立场鲜明地宣告其将始终汲取中华文明一以贯之开放包容的文化滋养，又将不断地开拓创新。具体而言，开放包容是建设中华民族现代文明的本质要求，也是中华文明传承赓续的文化密码。"中华文明具有突出的包容性，从根本上决定了中华民族交往交流交融的历史取向，决定了中国各宗教信仰多元并存的和谐格局，决定了中华文化对世界文明兼收并蓄的开放胸怀。"② 开放包容必将贯穿在中华民族现代文明的建设之中，中华民族现代文明必将在不断地与其他文明交流互鉴中融合发展，它是符合中西文明融合发展演进规律的现代文明，因此具有将中西方文明理论融通的典范性意义。"中华文明是在同其他文明不断交流互鉴中形成的开放体系。从历史上的佛教东传、'伊儒会通'，到近代以来的'西学东渐'、新文化运动、马克思主义和社会主义思想传入中国，再到改革开放以来全方位对外开放，中华文明始终在兼收并蓄中历久弥新。"③ 近代以后，洋务运动引进西方先进技术，开矿、建造船厂等开启了从经济器物层

---

① 习近平：《高举中国特色社会主义伟大旗帜　为全面建设社会主义现代化国家而团结奋斗——在中国共产党第二十次全国代表大会上的报告》，人民出版社2022年版，第60页。
② 《担负起新的文化使命　努力建设中华民族现代文明》，《人民日报》2023年6月3日。
③ 《十九大以来重要文献选编》中，中央文献出版社2021年版，第83页。

六　建设中华民族现代文明

面的现代文明探索；戊戌变法实行"君主立宪"、辛亥革命实行"共和制"则是从制度层面探索现代文明的政治制度建构；新文化运动则从思想文化层面展开现代文明的探索，无数仁人志士曾在中华大地上致力于中西交融、探索旧邦新命。"中华文明在师夷长技的同时，也从未放弃自身的文化主体性而盲目照搬。"① 随着现代科技和信息技术的快速发展，我国在经济、政治、文化、社会和生态文明建设各个领域发生了天翻地覆的变化，中国与世界各国并肩在数字经济、数字社会、数字政府等方面取得了突飞猛进的进展，中华民族现代文明毫无疑问地包含了各个国家现代化和现代文明的共同特征；展现出了在开放包容、兼收并蓄中，在应时处变中，不断升华的现代文明的崭新姿态。

第二，有力地促进世界各国文明交流互鉴。文明是开放的，因开放而得以交流互鉴；文明是多彩的，因多彩而相互促进；不论是中华文明，还是世界上其他文明，都是劳动和智慧的结晶。马克思指出："各个相互影响的活动范围在这个发展进程中越是扩大，各民族的原始封闭状态由于日益完善的生产方式、交往以及因交往而自然形成的不同民族之间的分工消灭得越是彻底，历史也就越是成为世界历史。"② 建设中华民族现代文明，本着"平等、互鉴、对话和包容"的理念，坚持"以文明交流超越文明隔阂，以文明互鉴超越文明冲突，以文明共存超越文明优越"③ 的基本原则，充分体现了我们对待一切人类文明的优秀成果，始终做到"古为今用、洋为中用"；既要

---

① 孙明霞：《秉持开放包容　谱写当代华章》，《中国社会科学报》2023 年 6 月 12 日。
② 《马克思恩格斯选集》第 1 卷，人民出版社 2012 年版，第 168 页。
③ 《习近平谈治国理政》第三卷，外文出版社 2020 年版，第 441 页。

打破"现代化＝西方化"的迷思，也要打破"人类现代文明＝西方现代文明"思想窠臼。建设中华民族现代文明是要促进以人民为中心的物质文明、政治文明、精神文明、社会文明、生态文明的协调发展；其展现了一幅不同于西方现代化模式的文明新图景，代表着人类文明进步和发展的方向。事实证明，中西文明的交往交流始终没有间断过，西方的小麦、马铃薯、绵羊、黄牛、棉布、肥皂、蒸汽机等先后传入中国，成为中华文明的有机组成部分，不断推动中国社会经济的发展，不断推动生产力的发展，促进中华文明的更新和变革。据唐朝墩古城遗址的考古实证发现，唐朝墩古城遗址在形制布局、建筑技艺等方面就吸收了浓郁的罗马风格，其"出土的生活器具和精美壁画，反映出东西方建筑传统和技术、佛教和景教宗教思想文化等在丝绸之路上的传播、交流与融合"[1]。所以，与世界其他文明的交流互鉴是中华民族现代文明创新发展的源泉。

同时，中华民族具有"和而不同""和合共生"等最深层的精神追求和独特的精神标识，促使中华文明具有一股巨大的向心力，这种文化基因有助于在建设中华民族现代文明的过程中，推动世界各种文明的传播与互鉴。中华文化没有对外侵略的基因，过去没有，现在没有，将来也没有。当今世界一些别有用心的西方人士鼓噪"文明冲突论""中国威胁论""中国责任论""中国崩溃论"等，肆意抹黑中国，无疑是不理解中华文明"和而不同，美美与共"的文明传统。面向未来，我们要始终如一地坚持相互尊重、平等相待，坚持开放包容、互学互鉴；摒

---

[1] 魏坚、田小冬：《从边疆考古看中华文明的突出特性》，《中国社会科学报》2023年6月13日。

弃偏见和傲慢，尊重文明多样性与独特性；通过交流对话，求同存异、取长补短、凝聚共识、消除隔阂，增进彼此了解，促进各国文明"你"中有"我"、"我"中有"他"的人类文明融合发展。

第三，极大地推动破解大变局下人类文明发展面临的诸多难题和挑战。当今世界正经历百年未有之大变局，国际社会存在着各种不稳定、不确定以及许多非传统安全因素，使中国的发展、人类文明发展面临着严峻的全球性挑战和世界性难题，如和平赤字、发展赤字、治理赤字、信任赤字、文明赤字等。"世界怎么了、我们怎么办？"[①] 面对"世界之问"，中国共产党作为为人类谋进步的世界百年大党，坚持运用习近平新时代中国特色社会主义思想的世界观和方法论，把握世界大局、观察时代潮流、确定人类命运抉择，端起了历史规律的望远镜观察问题、分析问题、解决问题，呼吁世界各国弘扬和平、发展、公平、正义、民主、自由的全人类共同价值；发出"全球文明倡议"，主张文明平等互鉴、对话包容，主张对话不对抗、结伴不结盟，积极构建伙伴关系，反对霸权、霸道、霸凌行径，不断壮大维护世界和平稳定的进步力量。

三 建设中华民族现代文明的根本实践遵循

新征程上扎实推进中华民族现代文明建设，必须坚持中国特色社会主义文化发展道路，立足于中华民族伟大复兴的历史实践和当代实践，不断深化对文化建设的规律性认识，坚定文化自信，勇担

[①] 《习近平关于中国特色大国外交论述摘编》，中央文献出版社2020年版，第42页。

新的文化使命，需要把握好建设中华民族现代文明的根本实践遵循。

（一）坚持以习近平新时代中国特色社会主义思想为指导

新时代新征程建设中华民族现代文明，必须坚持以习近平新时代中国特色社会主义思想为指导，自觉以习近平新时代中国特色社会主义思想统一思想和行动，坚定新时代新文化发展方向，推动中国特色社会主义文化的繁荣兴盛。习近平总书记强调："要坚持守正创新，以守正创新的正气和锐气，赓续历史文脉、谱写当代华章。"[①] 当前，我们要深刻认识习近平新时代中国特色社会主义思想是"两个结合"的典范，其准确把握世界范围内思想文化相互激荡、我国社会思想观念深刻变化的趋势，不断深化对文化建设的规律性认识。"第二个结合"是又一次思想解放，"是我们党对马克思主义中国化时代化历史经验的深刻总结，是对中华文明发展规律的深刻把握，表明我们党对中国道路、理论、制度的认识达到了新高度，表明我们党的历史自信、文化自信达到了新高度，表明我们党在传承中华优秀传统文化中推进文化创新的自觉性达到了新高度"[②]，开辟了马克思主义中国化时代化的新境界。所以，我们一定要用好"两个结合"这一最大成功法宝，为推进党的理论创新提供根本遵循，为建设中华民族现代文明提供根本的实践遵循。

[①] 《担负起新的文化使命 努力建设中华民族现代文明》，《人民日报》2023年6月3日。
[②] 《担负起新的文化使命 努力建设中华民族现代文明》，《人民日报》2023年6月3日。

（二）坚持中国共产党的领导

办好中国的事情，关键在党。中国共产党的领导是中国特色社会主义最本质的特征，是中国特色社会主义制度的最大优势。党的领导直接关系建设中华民族现代文明的根本方向、前途命运、成败关键。中华民族现代文明是党带领人民在中国大地上创造的，中国共产党既是中国先进文化的积极引领者和践行者，又是中华优秀传统文化的忠实传承者和弘扬者。建设中华民族现代文明，坚持党的领导，就是要把党的根本宗旨和性质、初心使命、信仰信念、政策主张贯彻落实到建设中国特色社会主义的实践中，确保中华民族现代文明建设在正确的轨道上顺利推进；要坚持和完善包括中国特色社会主义根本制度、基本制度、重要制度等在内的一整套制度体系，为建设中华民族现代文明提供坚强的制度保证；要坚持和发展正确的文化方向，不断丰富建设文化强国的战略举措和科学路径，为实现中华民族伟大复兴凝聚起强大的精神力量。

（三）秉持开放包容的理念

秉持开放包容，是从根本上要求建设中华民族现代文明要有世界眼光、天下情怀，绝不能故步自封、自我孤立。中华文明是开放的，因开放而得以交流互鉴；中华文明是包容的，因包容而得以生生不息。海纳百川，有容乃大。"中国式现代化，是中国共产党领导的社会主义现代化，既有各国现代化的共同特征，更有基于自己国情的中国特色。"[①] 开放包容是中华文明一以贯之的文化精髓，必须发扬光大。文明因交流互鉴而充满生命力。新时代，建设中华民族现代文明，我们要坚持古为今用、洋为中用，坚持百花齐放、百家争鸣、百川汇流，不断培育和创造新时代中国特色社会主义文化，创新和发展当代中国文化；以海纳百川的胸怀打破文化交往的壁垒，积极汲取各国文明的养分，以自信开放的姿态不断推动中华文化"走出去"，促进各国文明在相互交流和对话中共同推动人类文明的发展进步。

（四）把握好"五个突出特性"的时代新要求

"五个突出特性"既是从历史高度对中华文明特性的高度概括和总结，也是面向未来对建设中华民族现代文明提出的时代新要求，需要准确把握和认真贯彻落实，才能更有效地承担起文化新使命。其突出的连续性从根本上决定必然走自己的路，走符合我国国情的社会主义道路，既保证了中华文明的独特性，又强化了文明的连续性；其突出的创新性从根本上决定了要弘扬中华民族守正不守旧、尊古不复古的进取精神，弘扬不惧风险挑战、勇于开拓创新的无畏品格，确保其永不僵化、永不停滞的活力源泉；其突出的统一性从根本上决定了要坚持一个坚强统一的国家是各族人民的命运所系，祖国统一是历史大势、民心所向，实现祖国的完全统一是建设中华民族现代文明的题中应有之义；其突出的包容性从根本上决定了对世界各文明要有开放包

---

① 习近平：《高举中国特色社会主义伟大旗帜 为全面建设社会主义现代化国家而团结奋斗——在中国共产党第二十次全国代表大会上的报告》，人民出版社2022年版，第22页。

容、兼收并蓄的胸怀；其突出的和平性从根本上决定了中国始终是世界和平的建设者、全球发展的贡献者、国际秩序的维护者。面向现代化、面向世界、面向未来，准确把握好时代的新要求，坚定文化自信，建设中华民族现代文明，不断为民族复兴立根铸魂，为推动人类文明发展进步贡献中国智慧。

（原载《马克思主义研究》2023年第6期）

建设中华民族现代文明的三重意蕴

孙来斌[*]

在人类文明绚丽多彩的百花园中，中华文明历尽沧桑而薪火相传，是革故鼎新、辉光日新的文明。在强国建设、民族复兴的新征程上，中华民族需要何种现代文明、怎样建设现代文明，是关乎中华文明发展走向、关乎中华民族伟大复兴的重大问题。在文化传承发展座谈会上，习近平总书记指出，"这段时间，我一直在思考推进中国特色社会主义文化建设、建设中华民族现代文明这个重大问题"[①]。他对宣传思想文化工作作出重要指示强调，"围绕在新的历史起点上继续推动文化繁荣、建设文化强国、建设中华民族现代文明这一新的文化使命，坚定文化自信，秉持开放包容，坚持守正创新"[②]。这些重

---

[*] 作者简介：孙来斌，北京市习近平新时代中国特色社会主义思想研究中心特约研究员、北京大学马克思主义学院教授。

[①] 习近平：《在文化传承发展座谈会上的讲话》，《求是》2023 年第 17 期。

[②] 《坚定文化自信秉持开放包容坚持守正创新 为全面建设社会主义现代化国家 全面推进中华民族伟大复兴提供坚强思想保证强大精神力量有利文化条件》，《人民日报》2023 年 10 月 9 日。

六　建设中华民族现代文明

要论述和重要指示，彰显了习近平文化思想强烈的问题导向，深刻指明了建设中华民族现代文明的美好样态、重大意义和根本遵循。

一　建设中华民族现代文明的美好样态

中华民族现代文明具有独特的文明性质、特定的时空属性，既是相对世界文明、外国文明而言的，也是相对中华民族传统文明而言的。习近平文化思想的有关重要论述，生动勾勒了中华民族现代文明的美好样态、发展风貌。

中华文明的现代形态。中华文明源远流长、博大精深，是世界上唯一绵延不断且以国家形态发展至今的伟大文明，具有自我发展、回应挑战、开创新局的文化主体性与旺盛生命力。今日之中国，乃是历史之中国的延续和发展；中华民族现代文明，乃是中华文明的创新形态、现代形态。历史和实践表明，中华文明的创新发展是"两个结合"的生动体现，并与中国式现代化伟大实践紧密相连。其一，中华民族现代文明是"两个结合"的伟大产物。习近平总书记指出："'结合'不是'拼盘'，不是简单的'物理反应'，而是深刻的'化学反应'，造就了一个有机统一的新的文化生命体。"[1] 马克思主义把先进思想理论带到中国，以真理之光激活中华文明基因，引领中国走进现代世界，推动中华文明的生命更新和现代转型。从民本到民主，从九州共贯到中华民族共同体，从万物并育到人与自然和谐共生，从富民厚生到共同富裕，中华文明别开生面，实现了从传统到现代的跨越，

---

[1] 习近平：《在文化传承发展座谈会上的讲话》，《求是》2023年第17期。

发展出中华文明的现代形态。其二，中华民族现代文明是中国式现代化的伟大创造。现代化的发展过程，正像马克思描述的那样，既带来乡村变为城市等客观条件的改变，也锻造出人的新品质，"造成新的力量和新的观念，造成新的交往方式，新的需要和新的语言"[①]。中国式现代化是中华民族的旧邦新命，不仅发掘出中华文明中那些跨越历史时空、富有永恒魅力、具有当代价值的优秀传统，同时赋予中华文明以新的力量、新的观念，促进其现代转型、现代发展。

西方文明的超越形态。19世纪初，西欧资本主义现代化进入快速发展时期，人类社会既出现了工业文明发展、社会财富增加、普遍交往扩大，也出现了社会道德沦丧、贫困问题突出、西方对东方掠夺加剧。马克思深刻指出："我们这个时代，每一种事物好像都包含有自己的反面……现代工业、科学与现代贫困、衰颓之间的这种对抗，我们时代的生产力与社会关系之间的这种对抗，是显而易见的、不可避免的和无庸争辩的事实。"[②] 资本逻辑宰制的现代化，导致贫富两极分化、物质主义膨胀、对外扩张掠夺，是片面发展、严重异化的现代化。今天，西方国家日渐陷入困境，一个重要原因就是无法遏制资本贪婪的本性，无法解决物质主义膨胀、精神贫乏等痼疾。中国式现代化坚持以人民为中心的价值取向，既充分吸收人类现代文明的积极因素，又克服资本主义文明的消极因素，同时增加协调性、生态性等崭新因素，造就了中华民族现代文明这一超越西方文明的文明形态。

科学社会主义的崭新形态。在《共产党宣言》等著作中，马克

---

① 《马克思恩格斯全集》第30卷，人民出版社1995年版，第487页。
② 《马克思恩格斯全集》第12卷，人民出版社1962年版，第4页。

思、恩格斯对未来社会主义社会的发展过程、发展方向、一般特征作过科学预测和设想。他们强调,《共产党宣言》蕴含的"这些原理的实际运用,正如《宣言》中所说的,随时随地都要以当时的历史条件为转移"[①]。历史表明,在中国这样一个人口众多、生产力发展水平相对落后的东方大国干革命、搞建设、抓改革,必须着力反对教条主义和经验主义,坚持把科学社会主义理论逻辑与中国社会发展历史逻辑统一起来,走自己的路。中国式现代化坚持科学社会主义基本原则,但不拘泥于马克思主义经典作家的具体结论和词句,敢于打破过去社会主义实践中僵化、过时的做法,说前人没有说过的新话,干前人没有干过的事情,不断推进马克思主义中国化时代化,不断赋予科学社会主义以鲜明的中国特色、时代特色、实践特色。中国特色社会主义在新的历史条件下赓续了科学社会主义基因血脉,创造了科学社会主义发展的新的"中国版本"。

二 建设中华民族现代文明的重大意义

推进中国式现代化的必然要求。习近平总书记强调,"建设中华民族现代文明,是推进中国式现代化的必然要求"[②]。一个国家的现代化道路,与其历史传承、文化传统、发展状况等因素紧密相关,具有很强的内生性演化的特点。数千年来,中华民族走着一条不同于其他国家和民族的文明发展道路。我们开辟了中国特色社会主义道路不

[①] 《马克思恩格斯全集》第 1 卷,人民出版社 1995 年版,第 248 页。
[②] 《在推进中国式现代化中走在前做示范 谱写"强富美高"新江苏现代化建设新篇章》,《人民日报》2023 年 7 月 8 日。

是偶然的,是由我国历史传承和文化传统决定的。"如果没有中华五千年文明,哪里有什么中国特色?如果不是中国特色,哪有我们今天这么成功的中国特色社会主义道路?"① 正是在这种意义上,中国式现代化是赓续古老文明的现代化,而不是消灭古老文明的现代化;是从中华大地长出来的现代化,而不是照搬照抄其他国家的现代化;是文明更新的结果,而不是文明断裂的产物。弘扬中华优秀传统文化,建设中华民族现代文明,在物质富足的同时实现精神富有,让全体人民始终拥有团结奋斗的思想基础、开拓进取的主动精神、健康向上的价值追求,夯实了中国式现代化行稳致远的精神支撑。

实现民族复兴的题中应有之义。中华民族伟大复兴具有多方面的内涵,中华文化的复兴、现代文明的发展,无疑是题中应有之义。习近平总书记强调:"没有文明的继承和发展,没有文化的弘扬和繁荣,就没有中国梦的实现。"② 建设中华民族现代文明,就要重归文化强国的地位,从而有能力为人类文明作出更大贡献。1940年,毛泽东同志在《新民主主义论》中勾画新中国的蓝图时指出:"我们不但要把一个政治上受压迫、经济上受剥削的中国,变为一个政治上自由和经济上繁荣的中国,而且要把一个被旧文化统治因而愚昧落后的中国,变为一个被新文化统治因而文明先进的中国。"③ 中华人民共和国成立以来,中国共产党团结带领中国人民不懈奋斗,不断将蓝图变为现实,一个政治上自由、经济上繁荣、文化上先进的中国屹立

---

① 《习近平谈治国理政》第四卷,外文出版社2022年版,第315页。
② 习近平:《出席第三届核安全峰会并访问欧洲四国和联合国教科文组织总部、欧盟总部时的演讲》,人民出版社2014年版,第17页。
③ 《毛泽东选集》第2卷,人民出版社1991年版,第663页。

于世界东方。在新的起点上继续推动文化繁荣、建设文化强国、建设中华民族现代文明，既是实现中华民族伟大复兴的目标要求，也是实现中华民族伟大复兴的文化条件。

礼敬人类文明的崭新创造。1918年，李大钊根据当时的局势指出，"东方文明既衰颓于静止之中""西方文明又疲命于物质之下"[①]，"为救世界之危机，非有第三新文明之崛起，不足以渡此危崖"[②]。百余年来，中国共产党团结带领中国人民，以"为有牺牲多壮志，敢教日月换新天"的大无畏气概，书写了中华民族几千年历史上最恢宏的史诗。当前，世界正经历百年未有之大变局，化解人类面临的突出矛盾和问题，需要依靠物质的手段攻坚克难，也需要依靠精神的力量诚意正心。"对历史最好的继承就是创造新的历史，对人类文明最大的礼敬就是创造人类文明新形态。"[③] 人类文明新形态是中华文明优秀基因、社会主义本质规定、世界现代化一般规律的内在结合，彰显了多种文明要素的综合创新；促进了物质文明、政治文明、精神文明、社会文明、生态文明的全面提升，彰显了社会各个方面的协调发展；体现了文明交流互鉴的发展要求，彰显了对世界文明多样性的尊重，以及中华文明和而不同、和衷共济、和合共生的独特观念。

三 建设中华民族现代文明的根本遵循

坚定文化自信。自信是对自身力量的确证。自信才能自强，有文

[①] 王有红：《延安时期中国共产党文化理论创新研究》，人民出版社2020年版，第33页。
[②] 《李大钊文集》第2卷，人民出版社1999年版，第205页。
[③] 习近平：《在文化传承发展座谈会上的讲话》，《求是》2023年第17期。

化自信的民族，才能立得住、站得稳、行得远。中华文明历经数千年而绵延不绝、迭遭忧患而经久不衰，这是人类文明的奇迹，也是我们自信的底气。习近平总书记关于中华文明突出特性的重要论述，昭示了中华民族在世界文化激荡中站稳脚跟的突出优势，彰显了我们坚定文化自信的历史根底。中华民族创造了源远流长的中华文化，也一定能够创造出中华文化新的辉煌。坚定文化自信，就是坚持走自己的路，坚持中国特色社会主义文化发展道路。坚定文化自信的首要任务，就是立足中华民族伟大历史实践和当代实践，用中国道理总结好中国经验，把中国经验提升为中国理论，既不盲从各种教条，也不照搬外国理论，实现精神上的独立自主。坚定文化自信，就要增强做中国人的志气、骨气、底气，把文化自信融入全民族的精神气质与文化品格中，养成昂扬向上的风貌和理性平和的心态。

秉持开放包容。开放包容是文明发展的活力来源，也是文化自信的显著标志。中华文明的博大气象，得益于中华文化自古以来开放的姿态、包容的胸怀。无论是对内提升先进文化的凝聚力感召力，还是对外增强中华文明的传播力影响力，都离不开融通中外、贯通古今。秉持开放包容，就要坚持推进马克思主义中国化时代化。本土化才能落地生根，时代化才能充满生机，推进实践基础上的理论创新，就要着力破解中国之问、世界之问、人民之问、时代之问给我们提出的新考题，从理论与实践的结合上提交切实可行的新答案。秉持开放包容，就要传承发展中华优秀传统文化。按照时代的新进步、中国式现代化发展的新要求，推动中华优秀传统文化创造性转化和创新性发展。创造性转化，就是要按照时代特点和要求，对那些至今仍有借鉴价值的内涵和陈旧的表现形式加以改造，赋予其新的时代内涵和现代

六　建设中华民族现代文明

表达形式，激活其生命力；创新性发展，就是要按照时代的新进步新进展，对中华优秀传统文化的内涵加以补充、拓展、完善，增强其影响力和感召力。秉持开放包容，就要促进外来文化本土化。推进中国式现代化，建设中华民族现代文明，对我们进一步破解"古今中西之争"提出了时代要求。应积极借鉴吸收其他先进文明成果，坚持古为今用、洋为中用，融通各种优秀思想文化资源，不断培育和创造新时代中国特色社会主义文化。

坚持守正创新。守正才能不迷失自我、不迷失方向，创新才能把握时代、引领时代。对建设中华民族现代文明来说，守正，守的是马克思主义在意识形态领域指导地位的根本制度，守的是"两个结合"的根本要求，守的是中国共产党的文化领导权和中华民族的文化主体性。唯有如此，才能继续沿着正确的道路推动中华文明的生命更新和现代转型。创新，创的是新思路、新话语、新机制、新形式，要在马克思主义指导下真正做到古为今用、洋为中用、辩证取舍、推陈出新，实现传统与现代的有机衔接。唯有如此，才能彰显中华文明自我发展、回应挑战、开创新局的文化主体性与旺盛生命力。守正与创新相辅相成，体现了变与不变、继承与发展、原则性与创造性的辩证统一。新时代的文化工作者必须深入贯彻落实习近平文化思想，以守正创新的正气和锐气，为赓续历史文脉、谱写当代华章作出贡献。

（原载《光明日报》2023年12月8日第11版）

实现有原则高度的文明实践

沈湘平[*]

现代化是人类文明进步的重要标志。中国式现代化既有各国现代化的共同特征,更有基于自己国情的中国特色,蕴含着文明的自觉,彰显着当代中国的文明立场与文明主张。正如恩格斯指出的,"文明是实践的事情"[①]。中国式现代化,事实上就是当代中国的文明实践。与此同时,无论是建设中华民族现代文明,还是创造人类文明新形态,都不是一般的实践,而是有原则高度的实践。只有将中国式现代化理解为有原则高度的文明实践,才能理解其本质,理解其在全球语境中的文明角色和世界历史意义。

一 马克思"实现有原则高度的实践"的思想具有普遍意义

"实现有原则高度的实践"[②] 是马克思在《〈黑格尔法哲学批判〉

---

[*] 作者简介:沈湘平,北京市习近平新时代中国特色社会主义思想研究中心研究员、北京师范大学哲学学院教授。

[①] 《马克思恩格斯全集》第1卷,人民出版社2009年版,第97页。

[②] 《马克思恩格斯列宁哲学经典著作导读》,人民出版社2012年版,第16页。

六 建设中华民族现代文明

导言》中就当时的德国提出的"解决办法"、实践任务——实现有原则高度的实践,即实现一个不但能把德国提高到现代各国的正式水准,而且提高到这些国家最近的将来要达到的人的高度的革命。从这一论述我们可以得出如下结论:实践是有高下层次之分的,马克思突出和倡导的是有原则高度的实践;有原则高度的实践本质上是一种革命,是对现存世界的批判与变革;资本主义"现代国家"的实践未曾达到这样的原则高度;这个原则高度说到底乃是人的高度,以"人是人的最高本质这个理论为立足点";这个原则高度并非思辨的逻辑推演或应该确立的状态,它具有现实的必然性,是现代国家"最近的将来要达到"的现实。

毫无疑问,马克思当年提出的"人的高度"受到费尔巴哈人本主义的深刻影响。但是,马克思思想成熟后并没有改变对实践的原则高度的规定,而是将当时还比较抽象地理解的"人"推进到唯物史观的"现实的人";把"人是人的最高本质这个理论为立足点"改造为"新唯物主义的立脚点则是人类社会或社会化的人类";使"人的高度"具体落实到人的自由全面发展:未来社会将是"一个更高级的、以每一个个人的全面而自由的发展为基本原则的社会形式"。综观马克思的论述,其"实现有原则高度的实践"不仅强调人的高度,还突出一种世界历史或全人类的视野,具有不朽的普遍意义。

众所周知,中国近代以降是以文明蒙尘为代价而开始进入现代文明的。时至今日,我们可以运用马克思的观点说,作为中国共产党领导的社会主义现代化,中国式现代化的文明实践要使我国的文明程度达到世界发达国家迄今未能达到的高度,进而从整体上引领人类文明进步。中国式现代化具有实现有原则高度的文明实践的高度自觉,并将之作为当代中国文明实践的本质性规定。

中华优秀传统文化对"文明"的独特理解具有"原则高度" 习近平总书记深刻指出,"溯历史的源头才能理解现实的世界,循文化的根基才能辨识当今的中国"。① 在中国,近代以来人们对"文明"的理解与日本学者借用这两个汉字翻译、指称英文"civilisation"(美式英语为"civilization")一词有关。该词词根"civil"意谓"城市的""公民的",衍生出"开化的""进步的"等意,与"野蛮"相对。当中国人自然而然地接受这一翻译、指称并用以展开自己的叙事时,会因汉语思维的"前见"而蕴含着中国传统文化对文明的独特理解。我们有必要回到传统典籍中,将这种"前见"和独特理解彰显出来。

"文"在中国古代有文字、文采和纹理(规则)之意;"明"有光明、照亮、智慧之意。"文明"合用,在传统典籍中有四处值得特别注意。一是《周易》说:"刚柔交错,天文也;文明以止,人文也。观乎天文,以察时变;观乎人文,以化成天下。"② 这里强调人文效法天文,人道效法天道,在人类与自然万物发生关系的过程中产生文明,文明即是要遵天文之时律,行其所当行,止其所当止,内修文德以化成天下。二是《尚书》称赞舜帝:"浚哲文明,温恭允塞。"唐代孔颖达对"文明"二字注疏曰:"经纬天地曰文,照临四方曰明。"这从圣人美德的角度强调了把握与自然万物的关系以照拂、教化天下生民之意旨。三是《周易》有"见龙在田,天下文明"③ 之说。既是对万物初焕光彩、文明初现的描摹,后也引申为一种理想的

---

① 《习近平向世界中国学大会·上海论坛致贺信》,《光明日报》2023 年 11 月 25 日。
② 罗安宪主编《周易》,人民出版社 2017 年版,第 66 页。
③ 参见罗安宪主编《周易》,人民出版社 2017 年版。

天下愿景。四是《礼记》提出"君子反情以和其志，广乐以成其教……是故情深而文明"。这里强调在推行礼乐教化时，情感越是深厚就越会鲜明动人——重情是中华文明的重要特质。可见，在中国传统文化中，因人而文，因人而明，因人有志而文明，因人之性、情、德而文明，而且这样的文明一开始就有着照临四方、协和天下的理想。也就是说，中华民族基于生命实践对文明作了人文秩序的初始理解，并在这种人文秩序中彰显人的智慧、道德、情感和天下视野，体现出以人为本、天下大同的文明观。

这种鲜明的人文精神和天下情怀，成为中华文明区别于其他文明的重要标识。西方学者韦伯和帕森斯都指认，西方文明侧重于理性地控制世界，中华文明则意味着理性地适应世界。心理学家荣格揭示了中国"金花的秘密"，指出中国人总能在对立双方中保持平衡，这是"高等文化的标志"；相反，西方文明突出片面性，虽然总能提供动力，却是"野蛮的标志"。英国哲学家罗素以其中国之行的亲身经验指出，"西方文明建立在这样的假设之上，用心理学家的话来说是精力过剩的合理化……西方人向来崇尚效率，而不考虑这种效率是服务于何种目的"；"若不借鉴一向被我们轻视的东方智慧，我们的文明就没有指望了"。辜鸿铭也指出，"欧洲并未在发现和理解真正的文明、文明的基础、意义上下多少功夫，而是倾全力于增加文明利器"，他认为中国语言中"文明"从其文字构成来看，是由"美好和智慧"组合而成，"即美好和智慧的东西就是文明"，又说"在中国古代经典里，'文明'的真正含义在于'秩序与发展'"。还有众多中外思想家阐述了中华文明重情的特质，例如梁漱溟就认为，与西方重物理不同，中国人突出的是情理，"伦理情谊，人生向上"是中华民族独特的民族精神。在"祛魅"的西方现代文明映衬下,中华文明这些特质恰恰能赋予中国式现代化以独特底蕴和魅力。

习近平总书记指出,"中国优秀传统文化中蕴藏着解决当代人类面临的难题的重要启示"①。中华优秀传统文化对文明理解的核心之处在于:基于人的生命实践,以人、天下为原则,以行有所止的理性智慧追求美好生活。对"人"的领悟就是"仁",而天下乃是由仁而化的天下,美好生活则是生命的理想状态。从当今人类文明面临危机的角度看,中华优秀传统文化对文明的独特理解恰恰是有原则高度的,具有跨越时空的永恒价值。

二 以"第二个结合"推进当代中国有原则高度的文明实践

马克思主义和中华优秀传统文化来源不同,但彼此高度契合。中国共产党以马克思主义真理之光激活了中华文明的基因,中华优秀传统文化则充实了马克思主义的文化生命,在两者的相互成就中发展出中华文明的现代形态。马克思主义和中华优秀传统文化是中国式现代化的魂脉和根脉,中国式现代化的文明实践因此展现出不同于西方文明的新图景,代表着人类文明进步的发展方向,彰显了当代中国文明实践的原则高度。这种原则高度在中国式现代化的中国特色、本质要求中体现出来,在建设中华民族现代文明和创造人类文明新形态的具

---

① 习近平:《在纪念孔子诞辰 2565 周年国际学术研讨会暨国际儒学联合会第五届会员大会开幕会上的讲话》,《人民日报》2014 年 9 月 25 日。

体实践中体现出来。

一是人民至上的文明本质。在中国共产党人看来,"现代化的本质是人的现代化",西方现代化的最大弊端就是以资本为中心,见物不见人。作为中国式现代化指导思想的习近平新时代中国特色社会主义思想将"必须坚持人民至上"作为世界观和方法论的第一条,并提出和坚持以人民为中心的发展思想,突出现代化的人民性。习近平总书记还特别强调"展现中华文明的悠久历史和人文底蕴"[1],明确人民至上、生命至上的价值追求。归根结底,文明是人的文明,"现代化道路最终能否走得通、行得稳,关键要看是否坚持以人民为中心"[2]。

二是文明以止的人文秩序。西方以资本为中心、两极分化、物质主义膨胀、对外扩张掠夺的现代化老路之所以行不通,就在于其文明是"无止"的文明。中国式现代化的文明实践则是有止的实践,这集中体现在"中国特色"的规范之中。人口规模巨大要求我们从实际国情、人口特点出发;全体人民共同富裕要求防止两极分化;物质文明和精神文明相协调要求防止物质主义膨胀;人与自然和谐共生反对无止境地向自然索取甚至破坏自然;走和平发展道路要求不走一些国家通过战争、殖民、掠夺等方式实现现代化的老路。习近平总书记指出:"亲仁善邻、协和万邦是中华文明一贯的处世之道,惠民利民、安民富民是中华文明鲜明的价值导向,革故鼎新、与时俱进是中华文明永恒的精神气质,道法自然、天人合一是中华文明内在的生存

---

[1] 《把中国文明历史研究引向深入 推动增强历史自觉坚定文化自信》,《人民日报》2022年5月29日。

[2] 《习近平出席中国共产党与世界政党高层对话会并发表主旨讲话》,《人民日报》2023年3月16日。

理念。"① 这些都是由人民至上的文明本质所决定的人文秩序与规范。

三是人的全面发展的文明目标。中国式现代化的文明实践不仅追求物的极大丰富，更追求人的全面发展。人是"能动的、全面的人，而不是僵化的、'单向度'的人"。全体人民共同富裕不仅包括物质生活上的共同富裕，而且包括精神生活上的共同富裕；物质文明和精神文明相协调就是既要物质财富极大丰富，也要精神财富极大丰富、在思想文化上自信自强，让全体人民始终拥有团结奋斗的思想基础、开拓进取的主动精神、健康向上的价值追求，而物质文明和精神文明建设的最终目的就是要促进人的全面发展。

四是文明交流互鉴的天下胸怀。中国共产党不仅为人民谋幸福、为民族谋复兴，而且为人类谋进步、为世界谋大同；不仅以海纳百川的宽阔胸襟借鉴吸收人类一切优秀文明成果，而且强调立己达人，增强现代化成果的普惠性，与世界各国共享机遇。中国共产党直面世界之问、时代之问，提出弘扬全人类共同价值、推动构建人类命运共同体等中国方案、中国智慧，提出全球发展倡议、全球安全倡议、全球文明倡议等，强调和践行以文明交流超越文明隔阂、文明互鉴超越文明冲突、文明包容超越文明优越，始终站在历史正确的一边、站在人类文明进步的一边。中国的文明实践，正是马克思所期许的"真正的普遍的文明"的生动体现。我们有理由坚信，拥有中国式现代化这样"有原则高度的文明实践"，中国会更加美好，人类会更加美好。

（原载《光明日报》2024年3月22日第11版）

---

① 《十九大以来重要文献选编》中，中央文献出版社2021年版，第83页。

论中华文明现代转型的历史原创性

姜义华[*]

一 合志同方，其命维新

中华文明是一个极富历史原创性的文明。2023 年 6 月 2 日，习近平总书记在北京文化传承发展座谈会上的讲话中说："中华文明具有突出的连续性，从根本上决定了中华民族必然走自己的路。如果不从源远流长的历史连续性来认识中国，就不可能理解古代中国，也不可能理解现代中国，更不可能理解未来中国。"[①] 他所阐明的中华文明的这种连续性、创新性、统一性、包容性、和平性，都凸显了中华文明原创性的品格。正因为中华文明是一个具有丰富内涵的原创性的文明，方才能够在各种外来文明或强或弱的不断冲击下，始终保持自己的定力，通过海纳百川、大气包容与一次次自我革命、自我创

---

[*] 作者简介：姜义华，复旦大学历史学系、中外现代化进程研究中心资深教授，博士生导师。

[①]《担负起新的文化使命 努力建设中华民族现代文明》，《人民日报》2023 年 6 月 3 日。

新，使中华文明不仅得以绵延不断，一直保持其高度的内在统一性与强大的凝聚力，而且能够不断通过具有原创性的再创造，焕发出新的生机。

19世纪，在西方资本主义发展的基础上，作为资本主义文明的批判者诞生于欧洲的马克思主义；20世纪以来，在相距万里之遥的东方，在资本主义发展非常有限的中华文明大地上，竟开出了绚烂的鲜花，结出了累累硕果，有力地推动了中华文明的现代转型。缘由何在？这一问题正吸引举世越来越多的人驻足深思。习近平总书记在讲话中特别强调指出："在五千多年中华文明深厚基础上开辟和发展中国特色社会主义，把马克思主义基本原理同中国具体实际、同中华优秀传统文化相结合是必由之路。这是我们在探索中国特色社会主义道路中得出的规律性的认识，是我们取得成功的最大法宝。"[①]

这个"结合"，就是马克思主义和中华文明优秀传统彼此契合、互相成就。在这一个多世纪时间里，马克思主义启迪了中华文明批判性地重新认识和重新估定自己，激活了中华文明潜藏在自身深处的巨大生命力和创造力，赋予中华文明以现代力量。同时，又使马克思主义有了更加宏阔深远的历史纵深。中国共产党成立以来，通过艰难探索，领导十四亿中国人民共同参与波澜壮阔的伟大实践，极大地充实和发展了马克思的社会主义学说、劳动价值论和历史唯物主义。中华文明的历史原创性品格在全新的时代条件下，让我们掌握了思想和文化主动，有力地推动了我们道路、理论和制度上的创新，推动了马克思主义的真理从抽象上升到具体、从部分上升到整体、从若干环节上

---

① 《担负起新的文化使命 努力建设中华民族现代文明》，《人民日报》2023年6月3日。

升到历史发展的全过程,让马克思主义在中国广袤的大地上开花结果,生机勃勃地从 19 世纪、20 世纪走向 21 世纪。

中国学人当今义不容辞的历史使命,就是要立足中国人民百年来艰苦卓绝的伟大实践,以实践为检验真理的唯一标准,全面研究中华文明如何秉承其一贯坚持的历史原创性品格,成功地使马克思主义在中国人民的伟大实践中实现了一次次历史性的重大突破和发展。同时,推动了中华文明从传统的农耕—游牧文明全面转型为现代工业文明、信息文明,从旧式的乡村文明转型为现代城市文明,从有限的血缘联系、地域联系转型为全方位的国内联系和世界联系,推动了人们知识体系、价值体系、审美体系、情感体系和生产方式、生活方式、行为方式、传播方式、交流方式全方位的新陈代谢,整体性地成长为一种既赓续传统又全局创新的新型现代文明。

这里将集中讨论马克思主义的重要组成部分科学社会主义真理,在世界尤其在中国社会主义实践中,从抽象上升到具体的历史过程。

二 苏俄社会主义诠释的理论与实践

中华文明现代转型的历史原创性,首先突出地表现在对于什么是社会主义、什么是马克思主义这个困扰了人们多年的问题,现在终于可以说清楚了。

邓小平同志于 1985 年 8 月 28 日会见津巴布韦非洲民族联盟主席、政府总理穆加贝时谈道:"我们总结了几十年搞社会主义的经验。社会主义是什么，马克思主义是什么，过去我们并没有完全搞清楚。"① 所谓"并没有完全搞清楚"，指的是在很长一段时间中，人们曾经简单化、教条化地将是否实行生产资料公有制、计划经济以及按劳分配这三条，视为判断是否社会主义以及确定社会主义成分多少的唯一标准。

论者或将这三条标准的确定，溯源自恩格斯在《社会主义从空想到科学的发展》中的一段论述："社会的生产无政府状态就让位于按照社会总体和每个成员的需要对生产进行的社会的有计划的调节。那时，资本主义的占有方式，即产品起初奴役生产者而后又奴役占有者的占有方式，就让位于那种以现代生产资料的本性为基础的产品占有方式：一方面由社会直接占有，作为维持和扩大生产的资料，另一方面由个人直接占有，作为生活资料和享受资料。"② 恩格斯的这段论述，勾画的实际上是未来共产主义社会的图景，他指出了现代生产力的社会本性，那时将为联合起来的生产者公开地和直接地占有，而一旦社会占有了生产资料，商品生产就将被消除，社会生产内部的无政府状态将为有计划的自觉的组织所代替，人便能够脱离动物界的生存斗争，从动物的生存条件进入真正人的生存条件。恩格斯同时还指出："当阶级统治和根源于至今的生产无政府状态的个体生存斗争已被消除，而由此二者产生的冲突和极端行动也随着被消除了的时候，就不再有什么需要镇压了，也就不再需要国家这种特殊的镇压力量了。国家真正作为整个社会的代表所采取的第一个行动，即以社会的

---

① 《邓小平文选》第 3 卷，人民出版社 1993 年版，第 137 页。
② 《马克思恩格斯选集》第 3 卷，人民出版社 2012 年版，第 811—812 页。

六　建设中华民族现代文明

名义占有生产资料，同时也是它作为国家所采取的最后一个独立行动。那时，国家政权对社会关系的干预在各个领域中将先后成为多余的事情而自行停止下来。那时，对人的统治将由对物的管理和对生产过程的领导所代替。"[1] 恩格斯的这些论述所描述的明显是共产主义社会的远景，而不是现在人们通常所说的区别于共产主义的社会主义。

但是，要具备哪些必不可少的条件，大致要用多长时间，用什么样的方法，方才能够由联合起来的生产者公开地和直接地占有全部生产资料，并消除商品生产，恩格斯并没有具体说明。马克思在《哥达纲领批判》中指出："在资本主义社会和共产主义社会之间，有一个从前者变为后者的革命转变时期。同这个时期相适应的也有一个政治上的过渡时期，这个时期的国家只能是无产阶级的革命专政。"[2] 其后，这个"转变时期"与"过渡时期"，就常常被称作共产主义的初级阶段"社会主义"，以与一般所说的共产主义或共产主义高级阶段相区别。

俄国十月革命，第一次将马克思、恩格斯所勾画的共产主义蓝图在一国范围内付诸实践。当时，人们忽视了生产力全局性地发展为真正的社会化大生产这个基本前提，而试图直接凭借无产阶级国家的法令和强制措施，在一个小农国家里直接按照共产主义原则来调节生产与分配，匆匆忙忙地将全部生产资料变成社会公共所有，并尽力在众多领域立即消除商品生产。这就是列宁所说的："在无产阶级专政的

---

[1]《马克思恩格斯选集》第3卷，人民出版社2012年版，第812页。
[2]《马克思恩格斯选集》第3卷，人民出版社2012年版，第373页。

第一天，即1917年10月26日（1917年11月8日），就废除了土地私有制，无偿地剥夺了大土地所有者。在几个月内，又同样无偿地剥夺了几乎所有的大资本家即工厂、股份企业、银行、铁路等等的占有者。由国家来组织工业大生产，从'工人监督'过渡到'工人管理'工厂、铁路，——这基本上已经实现了，但在农业方面，事情还只是刚刚开始（办'国营农场'，即由工人国家在国有土地上办的大农场）。同样，把小农组织成各种协作社这一从小商品农业过渡到共产主义农业的办法，也刚刚开始实行。"[①] 1919年10月列宁在《无产阶级专政时代的经济和政治》中对这个过渡时期的特征和任务进一步作了理论上的概括："在资本主义和共产主义之间有一个过渡时期，这在理论上是毫无疑义的。这个过渡时期不能不兼有这两种社会经济结构的特点或特性。这个过渡时期不能不是衰亡着的资本主义与生长着的共产主义彼此斗争的时期，换句话说，就是已被打败但还未被消灭的资本主义和已经诞生但还非常幼弱的共产主义彼此斗争的时期。"[②] 在这个过渡时期，公有制经济与非公经济，计划经济与市场经济，是你死我活、谁战胜谁的关系，彼此绝不相容。列宁在这篇文章中还强调，过渡时期的另一重要任务，就是同农民小商品生产进行不调和的斗争，因为农民小商品生产"是一个非常广阔和极其深厚的资本主义基础。在这个基础上，资本主义得以保留和重新复活起来，同共产主义进行着极其残酷的斗争"[③]。此时，被列宁称作俄共（布）"最宝贵的和最大的理论家"的布哈林，与普列奥布拉任斯基

[①] 《列宁选集》第4卷，人民出版社1995年版，第61页。
[②] 《列宁选集》第4卷，人民出版社1995年版，第59页。
[③] 《列宁选集》第4卷，人民出版社1995年版，第61—62页。

合著《共产主义ABC》一书，除了强调"生产机关和交通机关应该是社会公有"、生产有"共同的计划"与"共同的指导"之外，还特别声明：共产主义的生产方式"不是为市场生产"，"这里没有商品，只有产品"，"这些生产的产品不是用来互相交换，不是用于买卖"，"在几十年时间"，领取生产品"只能凭劳动手册上的登记或出示劳动券"。①

排斥商品货币关系，撇开市场，采取纯粹军事、行政的手段和方法，将余粮收集制扩大到棉花、麻类、皮革等农副产品和经济作物，国有化从大中企业推广到众多小企业，进一步取缔一切私人贸易活动，结果造成社会的不稳定和生产下降。如列宁所说，1921年春苏俄发生严重的经济危机、政治危机和社会危机。俄共（布）在列宁的领导下，转而实行新经济政策。列宁明确提出，"在一个小农充斥的国家如何建设社会主义，必须全部重新思考，整个看法必须根本改变"。而"重新思考"和"根本改变"的最重要成果，就是承认非公有制经济和商品生产、市场经济在一个相当长时间中仍有存在的必要。列宁更提出一个大家都能够明白的口号，要教育俄国农民学会做买卖，"就得按欧洲方式做买卖"。②列宁特别提醒："我们决不受轻视商业的'感情的社会主义'或旧俄国式、半贵族式、半农民式、宗法式的情绪的支配。"③

布哈林根据列宁去世前所做的最新思考，也大幅度地修订了他先

---

① ［苏］尼·布哈林、叶·普列奥布拉任斯基：《共产主义ABC》，中共中央马克思恩格斯列宁斯大林著作编译局国际共运史研究所译，东方出版社1988年版，第61—62页。
② 《列宁选集》第4卷，人民出版社1995年版，第770页。
③ 《列宁全集》第33卷，人民出版社1957年版，第92页。

前的许多观点。他一再强调，剥夺农民将会毁灭农民经济，破坏工农联盟。他主张，必须承认苏维埃正在建设的社会主义"在其发展的长时期内将是一种落后的社会主义"①，决定性的因素就是俄国存在着大量的小农经济，这使得俄国的经济技术极端落后。所以，俄国要建立起的社会主义，"在发展的时期内将是一种落后的社会主义"，处于不同于马克思所设想的不存在阶级的未来社会第一阶段（通常称为科学社会主义），而是处于仍然存在阶级区别的"社会主义初级阶段"。布哈林1924年的文章《马克思主义者列宁》指出，从生产关系上看，苏俄的经济成分是混合型的，既有公有经济，又有私有经济，这与俄国的生产力是相适应的。而混合经济成分要求经济运行机制是市场关系，所以，市场关系的存在是落后型社会主义的突出特征。市场关系的存在在一定程度上规定了新经济政策的实质。由于生产力落后，生产资料所有制多样，所以苏联存在市场关系是客观的、必然的，也是必需的。由于存在小商人和小业主，所以，即使在社会主义制度下，他们仍将继续存在一个相当长的时期。由于俄国存在广大的农民阶层，所以，到达完全的社会主义的道路就是相当长的。布哈林认识到，未来共产主义的计划经济，如果"从高等代数的观点来看"②，无疑是正确的；但它只能建立在社会主义大生产的增长和集中的基础上。而在俄国"落后的社会主义"中，必须高度重视市场关系，货币、交易所和银行等的巨大作用，不能立即实行计划经济。

但是，列宁和布哈林的这些新的思考，没有得到长时间应有的重

---

① 《布哈林文选》中，人民出版社1981年版，第24页。
② 《布哈林文选》上，人民出版社1981年版，第109页。

六　建设中华民族现代文明

视和深化，更没有在实践中被长时间有效的坚持。列宁去世后不久，这些新的思考就开始被当作错误的倾向而受到批判和否定。在斯大林的主持下，1928年就已经实际上结束了新经济政策。为了加快工业化步伐，在全面实现农业集体化名义下，战时共产主义时期的许多做法又被复制，农民的土地、牲畜、农具、粮食再一次被剥夺。斯大林1936年11月25日在《关于苏联宪法草案》报告中，对新经济政策给出了新的诠释：1924年"处在新经济政策的第一个时期，新经济政策开始的时期，资本主义在某种程度上活跃的时期"，而1936年，则已经"处在新经济政策的最后一个时期，新经济政策终结的时期，资本主义在国民经济所有部门中完全消灭的时期"。[①] 新经济政策的内涵，被他确定为"巩固社会主义阵地，消灭资本主义分子，完成作为国民经济基本体系的社会主义体系的胜利"。而这个胜利的标志，就是完全消灭资本主义私有制和农民的小私有制，使得生产工具和生产资料的社会主义所有制在工业、农业、商业等一切部门中取得完全胜利。这其实就是将新经济政策诠释为用一二十年时间过渡到完全社会主义的"过渡时期"暂时退让和权宜之计，来取代列宁、布哈林所主张的应当延续一个较长历史时期的"新经济政策时期"理论与实践。

邓小平在同穆加贝谈话时为此深为感叹："社会主义究竟是个什么样子，苏联搞了很多年，也并没有完全搞清楚。可能列宁的思路比较好，搞了个新经济政策，但是后来苏联的模式僵化了。"[②] 就这样，

[①] 《斯大林文选（1934—1952）》上，人民出版社1962年版，第83页。
[②] 《邓小平文选》第3卷，人民出版社1993年版，第139页。

列宁《无产阶级专政时代的经济和政治》和布哈林《共产主义 ABC》的相关论述被重新强调，特别是斯大林关于新经济政策、过渡时期及社会主义本质特征的论述，被视为给社会主义基本经济制度定性的经典结论。

社会主义和中华文明的理想世界高度契合。中华文明的最高理想境界素来就是"天下为公"的"大同世界"。中华文明历史上一次次限田、均田，一场场"均贫富，等贵贱"的民众运动，都是以"天下为公"的"大同世界"作为它们行为的合理性、合法性基础。[①] 当欧洲社会主义思潮游荡至中国大地之上时，中国的许多志士仁人立即将它和中国由来已久的"天下为公"的"大同世界"黏合起来。康有为为此写了《大同书》。立志要使中国成为世界上第一个社会主义国家的孙中山，也将社会主义视为和"天下为公"的"大同"一脉相承。

大同之世，生产资料俱为公共所有，因此，人们都如《礼记·礼运》所说："货恶其弃于地也，不必藏于己；力恶其不出于身也，不必为己。"康有为的《大同书》提出，要"去产界，公生业"，就是要求全部生产资料俱归公共所有，农业、工业、商业要做到以公农取代独农，以公工取代独工，以公商取代独商。"今欲致大同，必去人之私产而后可。凡农工商之业，必归之公。"[②] 而他认为，要去产界，使全部生产资料俱归公共所有，并不是什么特别困难的事情，只要消

[①] 参见姜义华《天下为公、天下为家、天下为私：三大能极结构性纠缠历史逻辑下的中国特色社会主义》，《文史哲》2022 年第 6 期。

[②] 康有为：《大同书》，姜义华、张荣华编校，中国人民大学出版社 2010 年版，第 268 页。

六　建设中华民族现代文明

灭了家庭就可以抵达这一目标："若去民私业，此事甚易，即在去人之家始也。即欲去国界，亦去家始也。"怎样去家界呢？康有为提出的方案是："欲去家乎？但使大明天赋人权之义，男女皆平等独立；婚姻之事，不复名为夫妇，只许订岁月交好之和约而已。行之六十年，则全世界之人类皆无家矣，无有夫妇、父子之私矣。其有遗产，无人可传；其金银什器，皆听赠人；若其农田、工厂、商货，皆归之于公，即可致大同之世矣。全世界之人既无家，则去国而至于大同易矣。"① 难怪毛泽东在《论人民民主专政》中就此批评道："康有为写了《大同书》，他没有也不可能找到一条到达大同的路。"②

孙中山1903年就已经宣布，他须臾不能忘的就是社会主义。1905年建立中国同盟会时，他就希望在进行民族革命、民主革命的同时，实现以社会主义为目标的社会革命，"毕其功于一役"。1911年武昌起义爆发后，孙中山于12月25日回到上海，30日在同中国社会党本部长江亢虎的谈话中明确表示："余实完全社会主义家也……余此次携来欧美最新社会主义名著多种，顾贵党之精晓西文者代为译述，刊行为鼓吹之材料。"③ 他随即赠交四本著作，为《社会主义概论》《社会主义之理论与实行》《社会主义发达史》《地税原论》。至于是否立即实行全部生产资料公共所有，孙中山则有所保留。他比较了社会主义不同派别的不同主张，认为当下最适宜于中国国情者，是所谓"集产社会主义"。他说："夫所谓集产云者，凡生利各事业，若土地、铁路、邮政、电气、矿产、森林皆为国有。共产云者，即人

---

① 姜义华、张荣华选注：《康有为文选》，百花文艺出版社2006年版，第101—102页。
② 《毛泽东选集》第4卷，人民出版社1991年版，第1471页。
③ 《孙中山全集》第1卷，中华书局1981年版，第580页。

在社会之中，各尽所能，各取所需。"① 他指出："两相比较，共产主义本为社会主义之上乘。然今日一般国民道德之程度未能达于极端，尽其所能以求所需者尚居少数，任取所需而未尝稍尽所能者，随在皆是。于是尽所能者，其所尽未必充分之能，而取所需者，其所取恐又为过量之需矣。狡猾诚实之不同，其勤惰苦乐亦因之而不同，其与真正之社会主义反相抵触。说者谓可行于道德智识完美之后，然斯时人民，道德智识既较我人为高，自有实行之力，何必我人之穷思竭虑，筹划于数千年之前乎！我人既为今日之人民，则对于今日有应负之责任，似未可放弃今日我人应负之责任，而为数千年后之人民负责任也。故我人处今日之社会，即应改良今日社会之组织，以尽我人之本分。则主张集产社会主义，实为今日唯一之要图。"② 他主要是从人自身社会性与自利性的矛盾、从人的知识水准和觉悟程度说明中国难以一步就进到共产主义社会，"集产社会主义"比较符合"今日之社会"。1918 年他所制定的《实业计划》，将中国如何实行"集产社会主义"进一步具体化，提出实业建设应由国家和私人两方面同时进行，而明确划分双方经营的范围："凡夫事物之可以委诸个人，或其较国家经营为适宜者，应任个人为之，由国家奖励，而以法律保护之……至其不能委诸个人及有独占性质者，应由国家经营之。"③

中国共产党从诞生起，就以实现共产主义为最终奋斗目标。中共 1921 年第一次代表会议所制定的党纲，就规定未来要"消灭资本家

---

① 《孙中山全集》第 2 卷，中华书局 1982 年版，第 508 页。
② 《孙中山全集》第 2 卷，中华书局 1982 年版，第 508—509 页。
③ 《孙中山全集》第 6 卷，中华书局 1985 年版，第 253 页。

私有制，没收机器、土地、厂房和半成品等生产资料，归社会公有"①。1922年中共第二次代表会议时，列宁已经清楚认识到俄国不可能一步跨入且实行共产主义生产与分配，转而实行新经济政策。中国共产党人在共产国际的指导下，确定了党的最低纲领和最高纲领：党的最高纲领是建立劳农专政的政治，铲除私有财产制度，渐次达到共产主义社会；而最低纲领是先进行民主革命。在这一阶段，党的纲领是：消除内乱，打倒军阀，建立国内和平；推翻国际帝国主义的压迫，达到中华民族的完全独立；统一中国为真正的民主共和国。

以毛泽东为代表的中国共产党人，根据中国实际，创立了新民主主义革命理论，领导中国人民进行了波澜壮阔的新民主主义革命，取得了伟大胜利。新民主主义革命理论的核心内容，按照毛泽东1939年12月在《中国革命和中国共产党》中所说，就是"在经济上是把帝国主义者和汉奸反动派的大资本大企业收归国家经营，把地主阶级的土地分配给农民所有，同时保存一般的私人资本主义的企业，并不废除富农经济"。②他指出，这种新式的民主革命，虽然在一方面是替资本主义扫清道路，但在另一方面又是替社会主义创造前提，中国共产党"只有完成了前一个革命过程才有可能去完成后一个革命过程。民主主义革命是社会主义革命的必要准备，社会主义革命是民主主义革命的必然趋势"。③不久，他在《新民主主义论》中对此做了更为系统的论述。

---

① 《建党以来重要文献选编（一九二一——一九四九）》第一册，中央文献出版社2011年版，第1页。
② 《毛泽东选集》第2卷，人民出版社1991年版，第647页。
③ 《毛泽东选集》第2卷，人民出版社1991年版，第651页。

新民主主义最重要的特点,就是在致力于建立主要生产资料公有制的同时,承认农民小生产和资本主义私有制仍然具有存在与发展的合理性。1945年3月毛泽东在党的六届七中全会上对《论联合政府》进行说明时谈道:报告中"着重说明民主革命,指出只有经过民主主义,才能达到社会主义,这是马克思主义的天经地义。这就将我们同民粹主义区别开来,民粹主义在中国与我们党内的影响是很广大的。这个报告与《新民主主义论》不同的,是确定了需要资本主义的广大发展,又以反专制主义为第一"。[①] 毛泽东结合苏联新经济政策时期的历史经验说:"资本主义的广大发展在新民主主义政权下是无害有益的,而且报告里也说明了有三种经济成分。国家资本主义在苏联也存在了几年,十月革命后列宁就想要有一个国家资本主义的发展而未得,富农存在得更久一些。"[②] 这一时期,毛泽东非常认同列宁晚年对俄国这样的国家如何走向社会主义所做的新的思考。

正在中国新民主主义革命事业高歌猛进之时,1948年6月,在苏联共产党主导下,欧洲共产党工人党情报局发动了一场对铁托等南斯拉夫共产党及其领导人的猛烈批判。南斯拉夫共产党人被指责为不承认从资本主义到社会主义的过渡阶段阶级斗争不断尖锐化,不承认农民小生产者每日每时不断地、自发地、大量地生产着资本主义和资产阶级,而热衷于同富农、商人、小工厂主建立"人民阵线",南斯拉夫共产党人还被指责为一直强调从本国实际出发,这是以民族主义来对抗紧紧跟随苏联共产党的国际主义。南斯拉夫共产党因此被开除

[①] 《毛泽东文集》第3卷,人民出版社1996年版,第275页。
[②] 《毛泽东文集》第3卷,人民出版社1996年版,第275页。

六 建设中华民族现代文明

出欧洲共产党工人党情报局。苏联报刊连篇累牍发表长文，对南斯拉夫共产党人的这些观点进行了狂轰滥炸式的讨伐。苏联方面讨伐南斯拉夫共产党所涉及的这些见解和做法，大多和中国共产党人所持的新民主主义非常接近。为了消除斯大林对中国共产党人新民主主义理论与实践的疑虑，7月10日，中共中央立即做出决定，表示"完全同意"情报局会议通过的关于南共问题的决议，指责南共"违反了马克思列宁主义的基本观点"。随后，刘少奇又以个人名义发表了一篇长文《论国际主义与民族主义》，并将这篇文章和苏联批判南斯拉夫共产党的一系列文章合编为一书由解放社正式出版。

国际共产主义运动中突发的这一重大事件，迫使中国共产党人不得不考虑如何做出调整，用苏共中央所坚持的列宁在战时共产主义时期所主张的过渡时期理论取代自己原先的新民主主义理论。1948年9月初，刘少奇在《论新民主主义的经济与合作社》这篇文章中便提出新中国的主要矛盾将是无产阶级和资产阶级、社会主义与资本主义的矛盾。他说，新民主主义经济分为三种具体形态：国家经济、合作社经济和私人资本主义经济。"这些资本主义成分，即使在新民主主义社会制度下，也必然要与国家经济及合作社经济发生竞争。这种竞争愈到后来就愈加激烈，并将继续很长的时期。这就是在推翻帝国主义、封建主义及官僚资本主义的统治以后，逐渐发展起来的新社会中的基本的和主要的矛盾。"[1] 在随后召开的中央九月政治局会议上，刘少奇更加明确地提出和强调了这一点，说："在新民主主义经济中，基本矛盾就是资本主义（资本家和富农）与社会主义的矛盾。

---

[1] 《刘少奇年谱》第2卷，中央文献出版社2018年版，第339页。

在反帝反封建的革命胜利以后，这就是新社会的主要矛盾。"① 1949年2月3日秘密访问西柏坡的米高扬在同刘少奇谈话后给联共（布）中央的电报材料中说："刘少奇声称，他们将以没收官僚资本为借口去没收买办资产阶级的企业。至于民族资产阶级私营企业的问题，则等到一二年后，他们制定国有化计划时再解决。"刘少奇强调，"我们牢记列宁的教导：小资产阶级经济是产生资本主义的源泉"，"向社会主义过渡将具有时间的长期性和斗争的艰巨性这两个特点。我们目前也面临着列宁曾经提出的'谁战胜谁'的问题"。②

1949年3月党的七届二中全会分析了中国革命胜利后的社会经济成分，认为国营经济、合作社经济、私人资本主义经济、个体经济和国家资本主义经济将是构成新中国经济的几种主要形式："国营经济是社会主义性质的，合作社经济是半社会主义性质的，加上私人资本主义，加上个体经济，加上国家和私人合作的国家资本主义经济，这些就是人民共和国的几种主要的经济成分，这些就构成新民主主义的经济形态。"③ 会议还提出："中国革命在全国胜利，并且解决了土地问题以后，中国还存在着两种基本的矛盾。第一种是国内的，即工人阶级和资产阶级的矛盾。第二种是国外的，即中国和帝国主义国家的矛盾。"④

新民主主义理论与实践和过渡时期理论与实践的原则区别，就是前者承认非公有制经济、商品市场经济在中国仍然具有存在和发展的

---

① 《刘少奇年谱》第2卷，中央文献出版社2018年版，第341页。
② ［俄］安·列多夫斯基：《米高扬与毛泽东的秘密谈判》，李颖、杜华译，李玉贞校，《党的文献》1996年第3期。
③ 《毛泽东选集》第4卷，人民出版社1991年版，第1433页。
④ 《毛泽东选集》第4卷，人民出版社1991年版，第1433页。

必要，它集中表现为中国人民政治协商会议制定的《共同纲领》所确定的"公私兼顾，劳资两利，城乡结合，内外交流"，比较接近列宁晚年所主张的新经济政策；而后者则要求在不太长的时间里消灭各种非公有制经济与商品市场经济，认定公有制经济与私有制经济势不两立，无产阶级必须全面消灭资产阶级和会不断自发产生资产阶级及资本主义的农民小生产者、小手工业者，基本上依据苏俄战时共产主义时期和斯大林执政时期的主张。

毛泽东于1950年6月23日在全国政协一届二次会议闭幕会上还强调：将来实行私营工业国有化和农业社会化，"这个时候还在很远的将来"。刘少奇于1951年3月在中国共产党第一次全国组织工作会议的报告提纲中明确提出：中国共产党"它现在为巩固新民主主义制度而斗争"。[①] 11月在政协全国委员会上重申："我们在今天是五种经济合作，巩固新民主主义制度，将来是要搞社会主义。"不过，为时未久，由于国民经济的迅速恢复和发展，尤其是抗美援朝战争的胜利，增强了中国共产党人执政的自信；而土地改革后农村普遍中农化及某些雇工、借贷等现象的出现，"三反""五反"运动被定性为打退"资产阶级猖狂进攻"，使党内和社会上因此都出现了加快消灭资本主义私有制和农民手工业者小私有制的主张。1952年9月24日在中共中央书记处会议上，毛泽东正式提出："十年到十五年基本上完成社会主义，不是十年以后才过渡到社会主义。"[②] 随后不久，他又提出分步骤消灭资本主义工商业，以及农业不先搞机械化，也能实

[①]《刘少奇选集》下，人民出版社1985年版，第62页。
[②] 逄先知、金冲及主编：《毛泽东传（1949—1976）》上，中央文献出版社2003年版，第236页。

现合作化，对"要巩固新民主主义秩序"等提法正面加以批评。尽快实现社会主义，尽管也包含有实现工业化的诉求，但更为迫切、更为直接、更为强烈的诉求则是全面消灭生产资料私有制度而以生产资料的公有制度取而代之，尽快以无所不在无所不包的计划经济取代原先的市场经济。毛泽东在1953年11月4日关于农业互助合作问题的一次讲话中说：解决社会主义和资本主义的矛盾，我们所采取的步骤是稳的，这就是"由社会主义萌芽的互助组，进到半社会主义的合作社，再进到完全社会主义的合作社"。① 他这里所说的萌芽、半社会主义及完全社会主义的区别，就是农民是否保留有土地私有权和其他生产资料的私有权：互助组时，生产资料是完全私有的；半社会主义的合作社，农民的土地、工具、牲畜入股，合作社可以统一使用；完全社会主义的合作社，土地、工具、牲畜都归农业社集体所有，农民对土地、牲畜及主要生产工具不再具有支配权。

这时，尽管在具体方法和步骤上和苏联先前做法有许多不同，但在判断究竟什么才是社会主义上，我们已经确定无疑地以战时共产主义和斯大林主政时期的苏联模式为标准。1953年4月23日中共中央专门发出《关于一九五三——一九五四年干部理论教育的指示》，要求干部学习《联共（布）党史》第9—12章和列宁、斯大林论社会主义经济建设的一部分著作。高级组则要求读列宁著作4篇（《无产阶级专政时代的经济和政治》《论统一经济计划》《论粮食税》《论合作制》）、斯大林著作16篇、古比雪夫著作1篇、莫洛托夫著作2篇、马林科夫著作1篇；中级组则要求读斯大林著作中的8篇。指示中要

---

① 《毛泽东文集》第6卷，人民出版社1999年版，第303页。

六 建设中华民族现代文明

求"全党主要干部都能有系统地了解苏联实现国家工业化、农业合作化和完成社会主义建设的基本规律,以便在我国经济建设过程中根据我国具体条件正确地利用苏联的经验"。① 10月27日,中共中央又发出《关于一九五三——一九五四年干部理论教育的补充通知》,扩大了读书者的范围,对党员干部、党外干部、党政群机关干部、工矿企业干部、技术人员和艺术工作者、大中小学教师、医生的理论学习时间和内容分别做出了规定。

1953年6月15日毛泽东在中共中央政治局会议上正式提出:"从中华人民共和国成立,到社会主义改造基本完成,这是一个过渡时期。党在这个过渡时期的总路线和总任务,是要在一个相当长的时期内,逐步实现国家的社会主义工业化,并逐步实现国家对农业、对手工业和对资本主义工商业的社会主义改造。"② 他在讲话中,以过渡时期充满着矛盾和斗争,现在的革命斗争甚至比过去的武装斗争还要深刻,更为严厉地批评了"确立新民主主义的社会秩序""巩固新民主主义制度""由新民主主义走向社会主义""确保私有财产"等观点,计划"要在十年到十五年使资本主义绝种"。③

对农业、对手工业和对资本主义工商业的改造,并没有如预计的那样用十年到十五年时间。起了非常重要推动作用的是1953年10月统购统销政策的确定和实施。统购统销,就是借助政权的强制力量,农民生产的粮食全部卖给国家,全社会所需要的粮食全部由国家供

---

① 《建国以来重要文献选编》第4册,中央文献出版社1993年版,第141页。
② 《建国以来重要文献选编》第4册,中央文献出版社1993年版,第700—701页。
③ 参见逄先知、金冲及主编《毛泽东传(1949—1976)》上,中央文献出版社2003年版,第253—255页。

应，农民自己食用的数量和品种也得由国家批准后才能留下。全国城镇 5000 多万个家庭每家一个粮本，凭粮本供应粮食。在对粮食实行统购统销以后，国家又对生猪、鸡蛋、糖料、桑丝、蚕茧、黄红麻、烤烟、水产品等 100 多种农副业产品实行派购，所有这些农副业产品农民都不能自由买卖，价格也由国家统一规定。全国城乡居民所需要的粮食、布匹、食油、猪肉等生活资料，全凭国家印发的票证供应。统购统销成为建立计划经济体制的基础。正是这种几乎无所不包的计划经济，大大加快了对个体农业、个体手工业及资本主义工商业进行改造的步伐。在 1953 年后三年，1956 年已经"完成"了对个体农业、个体手工业以及资本主义工商业的社会主义改造，将农业、手工业和工商业中所有私人所有制改造成为公有制。

为了进一步提高农村中的农业生产合作社的公有化程度，尽快将农民的小集体改造为大集体，从集体所有制改造为全民所有制，1958 年秋在全国范围内掀起了轰轰烈烈的人民公社化运动，基本上以乡为单位的人民公社，将农田、农业生产、农村工业、社会服务等各个方面整合在一起，生产资料和收入实行集体所有和统一分配，对于基本上仍然从事个体手工劳动的许多农民来说，这样做实际上造成了一场大规模的剥夺，严重地损害了经济发展和社会稳定。在努力纠正许多过头做法的同时，从 1958 年 11 月第一次郑州会议到 1961 年 6 月中央工作会议，毛泽东先后六次建议和倡导领导干部学习政治经济学，读斯大林著《苏联社会主义经济问题》《马恩列斯论共产主义社会》和苏联所编的《政治经济学教科书》第 3 版下册。无论是毛泽东本人，还是其他高级干部，对苏联模式均有所批评，但从根本上说，仍然试图参照苏联模式来指导中国的社会主义建设。

六　建设中华民族现代文明

围绕要不要同意农民"包产到户"的要求，党内高层产生了重大的分歧。由于事关是否坚持生产资料公有化这一原则，1962年9月24日毛泽东在党的八届十中全会开幕会议讲话中重新强调阶级斗争，说："在社会主义国家还有没有阶级？有没有阶级斗争？应该肯定还是有的，还是存在的。列宁曾经说，社会主义革命胜利以后的一个长时期内，因为国际资产阶级的存在，因为本国资产阶级残余的存在，因为本国小资产阶级主要是农民阶级中间还不断地生长资本主义分子，所以剥削阶级虽然被推翻了，它还是要长期存在的，甚至于要复辟的。"① 所根据的仍然是列宁战时共产主义时期的论述。随后开展的"四清"运动和"文化大革命"，以及所谓"无产阶级专政下继续革命"理论，可以说，都是试图坚持直接过渡到实行共产主义生产与分配的必然结果。

1974年10月20日，毛泽东会见丹麦首相保罗·哈特林时说："总而言之，中国属于社会主义国家。解放前跟资本主义差不多。现在还实行八级工资制，按劳分配，货币交换，这些跟旧社会没有多少差别。所不同的是所有制变更了。"② 12月26日，毛泽东对周恩来说："列宁为什么说对资产阶级专政，要写文章。要告诉春桥、文元把列宁著作中好几处提到这个问题的找出来"，"我国现在实行的是商品制度，工资制度也不平等，有八级工资制，等等。这只能在无产阶级专政下加以限制"。他还讲："列宁说，'小生产是经常地、每日

---

①　逄先知、金冲及主编：《毛泽东传（1949—1976）》下，中央文献出版社2003年版，第1251页。

②　逄先知、金冲及主编：《毛泽东传（1949—1976）》下，中央文献出版社2003年版，第1713—1714页。

每时地、自发地和大批地产生着资本主义和资产阶级的'。工人阶级一部分，党员一部分，也有这种情况。无产阶级中，机关工作人员中，都有发生资产阶级生活作风的。""所以，林彪一类如上台，搞资本主义制度很容易。"① 毛泽东的上述谈话，当时被概括为关于无产阶级专政理论问题的重要指示。

毛泽东关于无产阶级专政理论问题的谈话，是"无产阶级专政下继续革命的理论"的组成部分。1975年2月22日出版的《人民日报》和3月1日出版的《红旗》杂志，发表了《马克思、恩格斯、列宁论无产阶级专政》语录33条，其中10条是马克思、恩格斯的论述，23条为列宁的论述。列宁的论述，除4条选自1917年8—9月撰写的《国家与革命》外，其余19条，全部出自列宁战时共产主义时期的著作。于此足见，苏俄战时共产主义模式对中国共产党人、对毛泽东本人影响之深。

将社会主义等同于生产资料公有制和计划经济，本质上就是不承认生产关系必须和生产力水平相适应，企图直接过渡到实行共产主义的生产与分配。它将所有非公有制经济都视为和公有制经济势不两立的敌对势力，尤其是将最广大的小农都视为自发产生资本主义的深厚基础，由此断定社会主义时期阶级斗争仍将长期持续存在，而且有时会非常激烈，将阶级斗争的矛头指向所有非公经济和支持保留这些非公经济适度发展的社会阶层及党内同志。实践越来越清晰地证明，一味追求不断扩大和提高生产资料公有化程度，尽力防止和抑制商品与市场的发展，非但没有推动社会主义事业的前进，反而严重挫伤了人

---

① 《建国以来毛泽东文稿》第13册，中央文献出版社1998年版，第413—414页。

们的生产积极性，激化了社会矛盾，引发了社会动乱，使国民经济走到崩溃的边缘。

正是基于对苏联社会主义模式和中国社会主义成功与挫折经验教训深刻的历史总结，中国共产党和中国人民走上了改革开放之路。

三　社会主义社会是新型的社会经济形态

中国的改革始于废止单一的公有制，而起步则是在农村实行家庭联产承包责任制，农民可以独立经营自己所承包的土地，灵活选择种植农作物和养殖业，自主决定销售方式和价格。这样做，从制度、体制、政策等众多层次上将中华文明"天下为公"的理想同"天下为家"的现实有机地融为一体，取下了数十年来套在他们头上的两道"紧箍咒"：一道是列宁1920年4、5月间所说的"小生产是经常地、每日每时地、自发地和大批地产生着资本主义和资产阶级的"。[①] 另一道是列宁1919年10月所说的"农民经济仍然是小商品生产。这是一个非常广阔和极其深厚的资本主义基础。在这个基础上，资本主义得以保留和重新复活起来，同共产主义进行着极其残酷的斗争"。[②] 实践证明，广大的劳动农民不仅在新民主主义革命时期是无产阶级的可靠同盟军，是开辟农村革命根据地、以农村包围城市、最后夺取城市的主力军，在社会主义建设中，同样是非常可靠的同盟军和主力军。1927年春，毛泽东曾预言："很短的时间内，将有几万万农民从

[①] 《列宁选集》第4卷，人民出版社1995年版，第135页。
[②] 《列宁选集》第4卷，人民出版社1995年版，第61—62页。

中国中部、南部和北部各省起来，其势如暴风骤雨，迅猛异常，无论什么大的力量都将压抑不住。他们将冲决一切束缚他们的罗网，朝着解放的路上迅跑。"[①] 家庭联产承包责任制的实施，正是几万万农民朝解放的路上迅跑的继续，因为广大农民能够自主支配经营所得，有了更多的动力去努力提高产量和质量，增加收入，迅速改善了农民的生活水平，推动了农业技术的进步和创新，提高了农业生产的效率和质量，促进了农村经济的快速发展。同时，更给了广大农民以从乡村走向城市、从农业走向工业与商业的自由，几亿"农民工"转型成为支撑制造业迅猛发展的充满活力的新的产业大军，推动中国在很短时间内变成"世界工厂"，工业革命阔步前进。

从制度、体制、政策等众多层次上将中华文明"天下为公"的理想同"天下为家"的现实有机地融为一体，更为举世瞩目的成就，是在坚持发展公有经济和坚持公有制主体地位的同时，给民营经济、个体经济和其他非公经济的恢复、发展以广阔的空间。

对非公经济的重新肯定，是改变了列宁的下述论断："从资本主义过渡到共产主义是一整个历史时代。只要这个时代没有结束，剥削者就必然存着复辟希望，并把这种希望变为复辟尝试。被推翻的剥削者不曾料到自己会被推翻，他们不相信这一点，不愿想到这一点，所以他们在遭到第一次严重失败以后，就以十倍的努力、疯狂的热情、百倍的仇恨投入战斗，为恢复他们被夺去的'天堂'，为他们的家庭而斗争，他们的家庭从前过着那么甜蜜的生活，现在却被'平凡的贱

[①]《毛泽东选集》第1卷，人民出版社1991年版，第13页。

民'弄得破产和贫困（或者只好从事'平凡的'劳动……）。"① 对非公经济的重新肯定，订正了列宁关于社会主义是一个过渡时期的论断："在资本主义和共产主义之间有一个过渡时期，这在理论上是毫无疑义的。这个过渡时期不能不兼有这两种社会经济结构的特点或特性。这个过渡时期不能不是衰亡着的资本主义与生长着的共产主义彼此斗争的时期，换句话说，就是已被打败但还未被消灭的资本主义和已经诞生但还非常幼弱的共产主义彼此斗争的时期。"②

中国的实践证明，公有经济和非公经济并不是非此即彼、势不两立，正如习近平总书记所指出的："我们国家这么大、人口这么多，又处于并将长期处于社会主义初级阶段，要把经济社会发展搞上去，就要各方面齐心协力来干，众人拾柴火焰高。公有制经济、非公有制经济应该相辅相成、相得益彰，而不是相互排斥、相互抵消。"③ 非公经济的从业者，绝大多数并非自私自利、唯利是图，他们同样承担着社会责任，渴望中国现代化事业大踏步前进，渴望中华民族伟大复兴，向往人们共同富裕，致力于中华文明向现代文明转型。因此，在社会主义建设中，他们同新民主主义革命时期一样，是中国共产党领导下统一战线不可或缺的一个重要组成部分。

凭借公有经济与非公经济比翼双飞，改革开放以来，以国营经济为主体的公有经济规模不断扩大，资产大幅增值，为公有制主体地位的巩固奠定了更为坚实的基础，为中国成为世界第一制造大国，建立中国独立的非常完整的工业体系、系统而非常有效的金融体系、庞大

---

① 《列宁选集》第3卷，人民出版社1995年版，第612页。
② 《列宁选集》第4卷，人民出版社1995年版，第59页。
③ 《习近平谈治国理政》第二卷，外文出版社2017年版，第260页。

而非常顺畅的基础设施体系，推动中国成为科技创新的排头兵，注入了强大动力，对中国经济社会发展、科技进步、国防建设、民生改善做出了历史性贡献。而曾一度消失的民营经济开始复兴，并一步步成长为中国经济高速发展的生力军，贡献了国家50%以上的税收、60%以上的国内生产总值、70%以上的技术创新成果、80%以上的城镇劳动就业、90%以上的企业数量。

改革的另一重大突破，就是从单一的计划经济转向承认市场经济的积极意义，直至承认市场在资源配置中具有决定性作用。与此同时，分配制度也进行了改革，即在以按劳分配为主体的同时，容许多种分配方式并存。实践证明，中国经济制度的这些根本性的重大改革，极其有利于调动各方面积极性，有利于实现效率和公平有机统一，推动中国社会主义现代化全面高速健康向前发展。

改革开放以来的这一系列具有原创性的制度、体制、决策的成功实践，推动了我们对社会主义认识的不断深化。1987年党的十三大提出中国处于社会主义初级阶段的理论。1992年党的十四大宣告：我国经济体制改革的目标是建立社会主义市场经济体制。1997年党的十五大提出，公有制为主体、多种所有制经济共同发展，是"社会主义初级阶段的一项基本经济制度"。2002年党的十六大提出"两个毫不动摇"：第一，必须毫不动摇地巩固和发展公有制经济。第二，必须毫不动摇地鼓励、支持和引导非公有制经济发展。[①] 2013年党的十八届三中全会通过的《中共中央关于全面深化改革若干重大问题的决定》将公有制为主体、多种所有制经济共同发展的基本经济制

---

① 鄢本凤：《社会主义和谐文化建设研究》，人民出版社2010年版，第97页。

度,称作"中国特色社会主义制度的重要支柱,也是社会主义市场经济体制的根基",重申:"必须毫不动摇巩固和发展公有制经济,坚持公有制主体地位,发挥国有经济主导作用,不断增强国有经济活力、控制力、影响力。必须毫不动摇鼓励、支持、引导非公有制经济发展,激发非公有制经济活力和创造力。"[1] 2022年10月党的二十大则更加明确地提出:"构建高水平社会主义市场经济体制。坚持和完善社会主义基本经济制度,毫不动摇巩固和发展公有制经济,毫不动摇鼓励、支持、引导非公有制经济发展,充分发挥市场在资源配置中的决定性作用,更好发挥政府作用。"[2]

从初级阶段论、中国特色论,到社会主义基本经济制度论,从"社会主义初级阶段的一项基本经济制度"到"中国特色社会主义制度",再到"社会主义基本经济制度",反映了我们对社会主义本质特征的认识在一步步深化。两个"毫不动摇",不是仅适用于"社会主义初级阶段",也不是仅为"中国特色",而是整个社会主义时期都应当"坚持和完善"的"基本经济制度",表明社会主义不再是一个像往常人们所认知的那样仅仅延续数十年的短暂的过渡阶段,而是一种将延续相当长历史时期的新型的社会经济形态、社会形态,这无疑是社会主义理论与实践极具原创性的重大突破。

列宁1914年在《卡尔·马克思》中评价马克思所创立的社会经济形态或社会形态学说时指出:"马克思以前的'社会学'和历史学,至多是积累了零星收集来的未加分析的事实,描述了历史过程的

---

[1] 《改革开放以来历届三中全会文件汇编》,人民出版社2013年版,第180页。
[2] 《习近平著作选读》第一卷,人民出版社2023年版,第24页。

个别方面。马克思主义则指出了对各种社会经济形态的产生、发展和衰落过程进行全面而周密的研究的途径，因为它考察了所有各种矛盾的趋向的总和，把这些趋向归结为可以准确测定的、社会各阶级的生活和生产的条件，排除了选择某种'主导'思想或解释这种思想时的主观主义和武断态度，揭示了物质生产力的状况是所有一切思想和各种不同趋向的根源。人们自己创造自己的历史，但人们即群众的动机是由什么决定的，各种矛盾的思想或意向间的冲突是由什么引起的，一切人类社会中所有这些冲突的总和是怎样的，构成人们全部历史活动基础的、客观的物质生活的生产条件是怎样的，这些条件的发展规律是怎样的，——马克思对这一切都注意到了，并且指出了科学地研究历史这一极其复杂、充满矛盾而又是有规律的统一过程的途径。"① 确认社会主义是一种新型的社会经济形态、社会形态，就必须承认物质生产力的状况是社会主义社会所有一切思想和各种不同趋向的根源，将不断发展物质生产力、满足全体人民不断增长的物质与精神需求置于首要地位，而不是无视社会生产力的水平与性质以及由此所决定的现实条件、现实状况，放任乌托邦纵横驰骋；确认社会主义是一种新型的社会经济形态、社会形态，就必须深入考察所有各种矛盾的趋向的总和，而不是一叶障目，以局部代替全体，以一时代替长远，以若干表面现象代替事物本质，以主观主义和武断态度代替对人们历史活动客观规律的尊重和不断探求；确认社会主义是一种新型的社会经济形态、社会形态，就能够全方位地统筹物质文明、精神文明、政治文明、社会文明、生态文明的建设，正确处理人民内部的各

---

① 《列宁选集》第 2 卷，人民出版社 1995 年版，第 425 页。

种矛盾，而不致再像以前"过渡时期"理论支配下那样，动辄就是资本主义泛滥、资产阶级复辟、阶级敌人猖狂进攻，总以为只要祭起"阶级斗争"这一法宝，就可解决一切问题；确认社会主义是一种新型的社会经济形态、社会形态，凸显了中华文明现代转型所推动的具有鲜明原创性的社会主义，作为一种新型的社会形态，不是仅仅适用于中国，而且具有普适性价值、普遍性意义。根据这一标准，可以发现，吾道不孤，世界范围内众多国家与地区社会经济形态或社会形态或许都可重新估定。

[原载《复旦学报》（社会科学版）2023年第6期]

中华民族现代文明的生成、特质与价值

陈金龙[*]

中华民族发展的历史，实质上是中华文明形成和演进的历史。中华民族创造了灿烂文明，灿烂文明也成就了中华民族，中华民族的历史地位源于中华文明对人类文明发展的独特贡献和深远影响。习近平总书记在文化传承发展座谈会上的重要讲话，对中华文明的突出特性进行了系统总结和概括，并提出建设中华民族现代文明的任务，这是社会主义文化强国建设的使命和追求，也是中华文明未来发展的方向和目标。厘清中华民族现代文明的生成、特质与价值，直接关系中华民族现代文明建设的目标定位和路径选择。

一 中华民族现代文明的生成

文明生成是长期积累的历史过程，也是多种因素综合作用的结

---

[*] 作者简介：陈金龙，华南师范大学马克思主义学院教授。

六 建设中华民族现代文明

果，中华文明历经五千多年的创造与积累才完善其体系、成就其辉煌。中华民族现代文明是相对于中华民族传统文明而言的，是处于成长和发展过程中的文明，是基于中华民族传统文明而生成的文明，中华民族传统文明和中华民族现代文明构成中华文明的整体。中华民族现代文明是在把马克思主义基本原理同中国具体实际相结合、同中华优秀传统文化相结合过程中生成的。中华民族现代文明生成需要科学理论指导，马克思主义是人类优秀文明成果的结晶，为中华民族现代文明生成提供方向引领、价值遵循和理论指导；中华民族现代文明生成需要立足中国的历史积累、文化传统和现实国情进行创造，中国具体实际、中华优秀传统文化是中华民族现代文明成长的土壤。"两个结合"既是马克思主义中国化时代化的根本方法，也是开辟和发展中国特色社会主义的内在规律和成功密码。"两个结合"的过程，也是中华民族现代文明生成的过程。这一过程"把马克思主义思想精髓同中华优秀传统文化精华贯通起来、同人民群众日用而不觉的共同价值观念融通起来"，[①] 既夯实了马克思主义的东方文化根基，又激发了中华优秀传统文化的生机与活力，造就了新的文化生命体。由此，使马克思主义成为中国的，中华优秀传统文化成为现代的，马克思主义中国化时代化的理论成果成为中华民族现代文明的核心组成部分，特别是习近平新时代中国特色社会主义思想的形成及其指导地位的确立，彰显了中华民族现代文明的主体性。"两个结合"筑牢了中国特色社会主义道路的文化根基，打开了中华民族现代文明的创新空间，使创造新的文明形态成为可能、成为现实。

---

① 《习近平著作选读》第一卷，人民出版社2023年版，第15页。

中华民族现代文明是在推进中国式现代化过程中生成的。现代化的本质是文明创造和文明转型，现代化的过程是从传统农业文明向现代工业文明、信息文明转型的过程。中国式现代化就其本质而言，是中华民族现代文明的创造和积累，中国式现代化的过程是适应世界现代化潮流和人类文明发展趋势建设中华民族现代文明的过程。中国式现代化赋予中华民族传统文明以现代力量、时代特征，中华民族传统文明赋予中国式现代化以深厚底蕴、文化根基。中国式现代化是赓续传统文明的现代化，而不是消灭传统文明的现代化，是文明更新的结果，而不是文明断裂的产物。中华民族现代文明建设是中国式现代化的内在要求，中华民族现代文明的生成是中国式现代化的重要成果。

中华民族现代文明是在巩固中华民族共同体过程中生成的。共同体是人类存在和发展的社会形式，也是文明创造与传承的社会基础，这种共同体包括人群共同体、民族共同体、多民族共同体、国家共同体，乃至全人类共同体。中华文明是在各民族交往交流交融、形成多元一体格局过程中创造的，各民族为中华文明的形成和发展作出了重要贡献。回溯多民族统一国家形成发展的历史，先后经历先秦、魏晋南北朝、晚唐宋辽金元和明中叶到近代四次民族大融汇，形成了各民族共同的血缘认同、文化认同、历史认同和政治认同，造就了中华民族共同体。与此同时，形成了特征明显、标识明确、思维独特、价值稳定的中华文明，并使之成为中华民族共同体的文化规定性与文明标识性，保障了中华民族共同体的文化延绵和中华文明的时间连续性。中华民族现代文明是在巩固中华民族共同体过程中生成的，是各民族共同创造、传承的结果，既融汇了各民族文明的精华，又超越了各民族文明的具体形态,是中华文明的新形态,标志着中华民族共同体建设进入新的历史阶段。

中华民族现代文明是在构建人类命运共同体过程中生成的。人类文明是在应对挑战和危机过程中生存和发展的,一种文明能否生存、发展和延续,取决于其能否有效适应自己的生存环境和应对时代变迁提出的挑战。在汤因比看来,文明的成长是不断回应新挑战并取得成功的过程,"文明成长的动力来源于挑战激起成功的应战,应战又反过来引发新的挑战"。[①] 挑战与应战的变奏,促进了文明的成长和发展。当今世界,百年未有之大变局加速演进,国际力量对比和国际体系、国际关系深刻调整,世界进入新的动荡变革期。中国共产党是具有国际主义情怀和担当的马克思主义执政党,面对世界格局的变化,提出构建人类命运共同体的主张,为变乱交织的世界指明发展方向,为国际体系、国际关系的建构提供新的范式选择,为人类发展提供中国方案,赢得了国际社会的广泛认可。人类命运共同体不是无根由的凭空想象,而是建基于新型文明形态之上的命运共同体、文明共同体,具有明确内涵和目标。构建人类命运共同体对新的文明形态提出了诉求,中华民族现代文明伴随人类命运共同体的构建而生成,蕴含和平、发展、公平、正义、民主、自由的全人类共同价值,既为构建人类命运共同体提供文明支撑,又赋予中华民族现代文明国际意义。

中华民族现代文明生成的内在机制、实践基础、社会基础和时代

[①] [英]阿诺德·汤因比:《历史研究》下卷,郭小凌等译,上海人民出版社2016年版,第861页。

诉求，使其具有广阔成长空间、发展前景和多元文明特质、文明价值。

二　中华民族现代文明的特质

中华民族现代文明既蕴含中华民族传统文明的突出特性，又具有新时代的文明特点和文明气质。从中国共产党团结带领人民建设中华民族现代文明的理念、实践和中华民族现代文明的样态来看，其特质可概括为五个方面。

中华民族现代文明是坚持人民至上的文明。文明是人类实践活动的创造和积累，是人类实践智慧的理性总结和升华。坚持人民至上是中国共产党的根本价值立场，对于中华民族现代文明建设而言，这一价值立场主要体现在三个方面：一是中华民族现代文明建设尊重人民主体地位，依靠人民主体力量。人民是历史的创造者，"博大精深的中华文明是中国人民创造的"，[①] 人民是中华民族现代文明建设的主体，中华民族现代文明建设有赖于全体人民积极性、主动性和创造性的充分发挥。二是中华民族现代文明植根人民生产生活实践，人民生产生活实践是中华民族现代文明成长的沃土。中华民族现代文明是在人民生产生活实践中创造的，人民的实践经验、实践智慧是中华民族现代文明生成的源泉。三是中华民族现代文明建设的目的在于满足人民的文明诉求，促进人的自由全面发展。中华民族现代文明建设尊重人民愿望，顺应人民对文明的期待和诉求，满足人民日益增长的美好

[①] 《十九大以来重要文献选编》上，中央文献出版社2019年版，第386页。

六　建设中华民族现代文明

生活需要，使全体人民共享文明发展成果，通过文明进步为人的自由全面发展创造条件。人民至上体现了中华民族现代文明的价值取向和价值追求，诠释了中华民族现代文明的发展目的，也是中华民族现代文明较之中华民族传统文明的最大区别。

中华民族现代文明是协调发展的文明。文明构成要素是否协调与平衡，直接关系文明发展的程度和效能，文明的生命力、影响力与文明发展的协调性、平衡性密切相关。如果文明构成要素出现短板，就会产生"短板效应"，导致文明的衰落和解体，这已为人类文明发展的历史所证明。中华文明之所以延续至今，一个重要原因在于中华文明内部各构成要素相互支撑，形成了一个有机整体和稳定结构。中华民族现代文明尤为注重文明内部各构成要素的协调与均衡，富强民主文明和谐美丽的社会主义现代化强国的目标定位、"五位一体"的总体布局，表明中国共产党对物质文明、政治文明、精神文明、社会文明、生态文明协调发展、全面提升的文明追求。

中华民族现代文明是创新发展的文明。中华民族是勇于创新、善于创新的民族，中华文明生成和发展的过程是不断创新的过程，通过创新实现文明的传承和更替，创新性是中华文明的突出特性。习近平总书记指出："一个国家和民族的创新能力，从根本上影响甚至决定国家和民族前途命运。"[1] 中华民族现代文明是在创新中形成的，创新是中华民族现代文明的精神特质和发展动力。人类文明的发展具有继承性，中华民族现代文明建设只能在传统文明基础上进行，脱离传统文明，中华民族现代文明就失去了"根"，既无法生成，更难以发

---

[1]《习近平著作选读》第一卷，人民出版社2023年版，第426页。

展。中华民族现代文明的传承不是固守传统，而是传承与创新的有机统一，守正不守旧、尊古不复古，通过创新实现中华优秀传统文化的转化、发展，赋予传统新的内涵和价值，以活化传统、超越传统，彰显传统的当代魅力；中华民族现代文明应对时代提出的各种挑战靠的是创新，通过理论、实践、制度、文化创新以及其他各方面创新，化解矛盾、应对挑战，解决时代提出的各种问题，形成新的文明形态；科学技术创新是中国式现代化的动力，通过科学技术创新生成工业文明和信息文明，实现中华文明的现代性转型。

中华民族现代文明是兼收并蓄的文明。不同国家、不同民族的文明尽管难有优劣之分，但各有所长、各有所短却是不争的事实，用人之长、补己之短，促进人类文明共同发展，是人类文明交流互鉴的动力，也是人类文明发展的本质要求。文明交流形成文明比较，通过文明比较意识到自身存在的所短和他者拥有的所长，从而产生文明互动、借鉴他者的文明自觉。同时，文明交流互动有利于彰显文明的价值，"文明的价值和生命力不仅在于本体，更来自与其他文明间的交流和互动影响"。[①] 包容性是中华文明的突出特性，中华文明在形成发展过程中，对域外文明始终保持开放态度，先后借鉴吸收了南亚文明、中亚西亚文明和欧洲文明的有益成分，通过本土化改造，形成了新的文明构成要素。中华民族现代文明在全球日益开放、交流更为便捷、互动更为频繁的背景下形成，一方面坚持不忘本来，充分发掘、继承中华优秀传统文化资源；另一方面吸收外来、面向未来，坚持以

---

① 李治安、王先明：《关于中华文明发展进程的若干思考》，《史学集刊》2023年第1期。

我为主，借鉴吸收人类优秀文明成果，实现民族性与世界性的有机统一。

中华民族现代文明是和平发展的文明。文明发展道路、发展方式的选择，取决于文化传统、民族性格和国家性质、世界格局。西方资本主义文明发展过程中，充满侵略和剥削、武力和血腥。中华民族崇尚和平、和睦、和谐，没有对外侵略扩张的文化基因和历史传统，中华文明具有突出的和平性，其形成和发展主要依靠中华民族自己的辛勤劳动和实践创造。中华民族现代文明建设伴随构建人类命运共同体的历史进程，信守平等互利、合作共赢的国际关系准则，在发展自己的同时，给世界带来发展机遇、提供发展平台，促进人类共同繁荣和进步。中华民族现代文明是推动世界和平发展、维护人类文明多样性的文明形态。

中华民族现代文明是一种全新的文明形态，是蕴含中国共产党根本价值立场、传承中华文明突出特性、体现中华民族性格和中华民族精神、适应时代发展潮流和文明发展趋势的文明形态。

三　中华民族现代文明的价值

中华民族现代文明的生成及其特质，具有独特的文明价值，对于促进中华文明现代性转型、推进中华民族伟大复兴、推动人类文明发展、塑造国家民族政党现代形象将产生深远影响。

中华民族现代文明促进中华文明的现代性转型。西方资本主义发展开创的现代性文明，将人类文明划分为前现代性文明与现代性文明，中华民族传统文明是前现代性文明的一种。自古以来，中华文明按照自身逻辑演进发展，一度成为世界上最伟大的文明。但鸦片战争以后，当西方工业文明兴起之时，中华文明未能随时代发展节奏实现现代性转型，导致从辉煌顶点走向衰落，使人民蒙难、文明蒙尘。究其根本原因，在于中华文明本质上属于前现代性文明，无法抵挡现代性文明的冲击。中华民族现代文明是中华民族传统文明的延续，它在使中华文明保持原有突出特性的同时，克服了中华民族传统文明的历史局限，赋予了中华民族传统文明生机与活力，确立了现代工业文明、信息文明的主导地位，促进了中华文明的现代性转型。

中华民族现代文明为实现中华民族伟大复兴奠定文明基础。中华民族历史上的辉煌在于中华文明的创造，中华民族对于人类历史的贡献在于中华文明对于人类文明发展的贡献。从历史来看，中华文明对于欧洲启蒙运动产生了重要影响，莱布尼茨、伏尔泰、卢梭等启蒙思想家都从中华文明中汲取思想智慧。西方资本主义制度的产生，也与火药、指南针、印刷术在西方的传播及其功能的增殖有着密切关联。鸦片战争以后中华民族的衰落实质上是中华文明的衰落，中华民族伟大复兴内在包含中华文明的复兴。中华人民共和国成立后，中国共产党团结带领人民进行的革命、建设、改革实践，实质上是中华民族现代文明建设的实践。经济快速发展和社会长期稳定"两大奇迹"是中华民族现代文明建设的奇迹。建设中华民族现代文明是实现中华民族伟大复兴的目标，中华民族现代文明建设为实现中华民族伟大复兴奠定文明基础。

中华民族现代文明为人类文明发展提供新的样态。人类文明发展是一个不断演进的历史过程，资本主义文明取代封建主义文明是一大进步，促进了生产力发展和人类文明进步，开创了世界历史。然而，

六　建设中华民族现代文明

资本主义文明以资本为中心，过分追求利益最大化和物质享受，导致物质文明、精神文明畸形发展和人的异化。中华民族现代文明是社会主义的文明，遵循以人民为中心的发展逻辑，实现了对资本主义文明的超越，为人类文明发展提供了新的选择、注入了新的动能，加速了人类文明发展的历史进程。如此，中华民族现代文明超越了民族国家视界而具有世界历史意义。

中华民族现代文明为国家、民族、政党形象建构提供文明支撑。文明发展对于国家、民族、政党形象建构具有表征意义和支撑作用。对于国家形象建构而言，中华民族现代文明建设体现了国家对现代文明的追求，表明了国家的文明创新能力、文明发展水平和文明传播能力，为国家形象建构奠定文明基础。对于民族形象建构而言，中华民族现代文明建设表明了中华民族的文明追求和文明发展目标，为铸牢中华民族共同体意识奠定文明基础，为巩固中华民族共同体提供文明支撑。同时，中华民族现代文明建设有利于提升中华文明的国际影响力，彰显中华文明的国际意义。对于政党形象建构而言，中华民族现代文明建设表明中国共产党作为执政党的文明追求、文明担当和文明创造能力，表明党的历史自信、文化自信、文明自信达到新的高度，表明党在传承中华优秀传统文化基础上推进文明创新的历史自觉性、历史主动性达到了新的高度。

"文明只能在长时间段中进行研究"，[①] 探讨中华民族现代文明建设既要基于历史，更要着眼现在和未来。中华民族现代文明建设意味

---

① ［法］费尔南·布罗代尔：《文明史：人类五千年文明的传承与交流》，常绍民等译，中信出版集团2017年版，第40页。

着中华文明发展进入新阶段，展现了中华民族的发展愿景和中华文明的发展前景，开启了人类文明发展的新阶段，将深刻影响人类文明发展进程，改变人类文明发展格局。

（原载《中国社会科学》2023年第8期）

中华民族现代文明的
时代语境与核心内涵

郝立新[*]

文化关乎国本、国运。习近平总书记在文化传承发展座谈会上的讲话中提出"建设中华民族现代文明"这一重大命题，引起了社会的广泛关注和学界的深入探讨。这里围绕中华民族现代文明的语境、内涵与逻辑做一点探讨。

一 中华民族现代文明的时代语境

为什么要提出"中华民族现代文明"？关于该命题的时代语境，有以下三种思考的角度。

第一，中华民族现代文明的提出，反映了中国共产党人对中国特色社会主义建设的根基，尤其是文化根基的思考。2021年3月，习近平总书记在福建考察时谈道："如果没有中华五千年文明，哪里

---

[*] 作者简介：郝立新，中国人民大学马克思主义学院、中国人民大学哲学院教授。

有什么中国特色？如果不是中国特色，哪有我们今天这么成功的中国特色社会主义道路？"[1] 换言之，如果不了解五千年的文明，就不了解中国特色；如果不了解中国特色，就不了解中国特色社会主义的道路。中华民族现代文明并不仅仅是就文明本身而谈文明，这一命题提出的语境涉及中华民族的发展和未来、中国特色社会主义道路。这是中华民族现代文明理念提出的基本语境。

第二，中华民族现代文明理念的提出，是中国共产党人从历史和现实相统一的角度对中国式现代化文化根基问题的思考。世界现代化的普遍规律之一，就是随着经济建设和政治发展到一定的阶段，文化的问题会更凸显。中国式现代化面临的重要问题之一是要进行新的思想解放，一是要破除"西方中心论"、西方文化霸权或话语霸权，反对"洋教条"；二是要克服轻视甚或否定中华优秀传统文化的态度。在对传统文化研究中曾经也存在某种"认识禁区"。事实上，我们党无论是在历史上还是现实中，始终重视中华优秀传统文化。毛泽东同志早就讲过，"对中国的文化遗产，应当充分地利用，批判地利用。中国几千年的文化，主要是封建时代的文化，但并不全是封建主义的东西，有人民的东西，有反封建的东西"。而我们在一定时期却存在一种误解，认为凡是讲旧的文化、传统的文化，就都是封建的、糟粕的，这是一定时期存在于一些人头脑中的认识禁区。总之，我们要看到，一方面文化研究中存在"不说中国话"，而"只说西方话"的现象；另一方面，存在着对马克思主义与中国传统文化关系认识上的误

---

[1] 《习近平新时代中国特色社会主义思想学习纲要（2023年版）》，学习出版社、人民出版社2023年版，第213页。

解或认识禁区。因而，在推进中国式现代化、弘扬文化主体性的过程中，在以"两个结合"构建新的文化生命体过程中进行的新的思想解放具有丰富内涵。

第三，在中国式现代化道路上怎么继续走下去，是习近平总书记思考中华民族现代文明的一个重要语境。他说过，"我一直在思考推进中国特色社会主义文化建设、建设中华民族现代文明这个重大问题"[①]。习近平总书记还有很多其他论断，例如，"中国式现代化是赓续古老文明的现代化，而不是消灭古老文明的现代化""是文明更新的结果，不是文明断裂的产物"[②]，现代文明往前走，不是把民族的根、血脉、基因、精神家园放弃了，而是要在赓续优秀传统文化中构筑精神家园、精神支撑。他还讲，"中国式现代化赋予中华文明以现代力量，中华文明赋予中国式现代化以深厚底蕴"[③]。这些论断，将中华民族现代文明与中国式现代化建设紧密联系，为现代化寻求一种文化根基，以一种站位更高的文明的视野来看中国的现代化问题，看中国道路的问题。随着现代化在世界历史进程中的深化，现代化的民族性问题也在凸显，而民族性很重要的方面就是文化，这是当前思考中华民族现代文明这一命题重要性的又一基本语境。

二 中华民族现代文明的核心内涵

建设中华民族现代文明是中国式现代化的必然要求，是社会主义

[①] 《担负起新的文化使命 努力建设中华民族现代文明》，《人民日报》2023年6月3日。
[②] 《担负起新的文化使命 努力建设中华民族现代文明》，《人民日报》2023年6月3日。
[③] 《担负起新的文化使命 努力建设中华民族现代文明》，《人民日报》2023年6月3日。

先进文明的重要内容。中华民族现代文明是中华文明的现代形态。中华文明是"大文明"的概念，相对而言，中华民族现代文明是"小文明"。中华文明的"大文明"是指物质文明、政治文明、精神文明、社会文明、生态文明的协调发展，是中华民族历史上的文明和现代文明的总和。在多数语境中，中华民族现代文明所指的是中华优秀传统文化这个脉传承下来的现代文明，或者是中华传统文明的现代转换。从这个意义上说，中华民族现代文明是中华文明的一部分。中华民族现代文明的核心内涵是一种文化思想。换言之，中华民族现代文明概念主要强调或凸显的是与中国式现代化相适应的文化思想，而不是指包括物质文明、政治文明、精神文明、社会文明、生态文明"五个文明"在内的"大文明"概念。有两句话可以印证这一理解。习近平总书记在江苏考察时强调，建设中华民族现代文明，一"是推进中国式现代化的必然要求"，二"是社会主义精神文明建设的重要内容"[①]。因此，我们现在探讨的中华民族现代文明的核心思想时，要充分注意其民族的文化精神、现代的文化思想等维度，关注对传统文化进行创造性转化、创新性发展的现代文化形态。

从"两个结合"来看，中华民族现代文明由几大要素构成。其内在要素是马克思主义的"魂"、是中华优秀传统文化的"根"、是社会主义先进文化等内容。习近平总书记多次用过"魂"和"根"的比喻。他指出，对中华民族而言，中华优秀传统文化是"魂"和"根"；对马克思主义中国化时代化而言，马克思主义是"魂"，中华

[①]《在推进中国式现代化中走在前做示范 谱写"强富美高"新江苏现代化建设新篇章》，《光明日报》2023年7月8日。

优秀传统文化是"根"。这一比喻的两个用法的语境不同，但都非常贴切和重要。总之，中华民族现代文明的核心是中华民族的文化思想，是中华民族优秀文化的现代形态、创新形态。这一文化形态内含马克思主义的"魂"，中华优秀传统文化的"根"，以及社会主义先进文化的核心内容。同时，中华民族现代文明的确立与发展离不开人类文明发展大道。因此，中华民族现代文明也是民族文化与世界优秀文化成果相融合的结晶。

三　中华民族现代文明与其他文明范畴的逻辑关系

把握中华民族现代文明的含义，还需要把握它与其他三个相关联范畴的逻辑联系。

第一，中华民族现代文明与人类文明新形态的关系。这两个概念经常连用，二者都是和中华民族联系在一起的。但是二者之间还是存在差别的。首先，中华民族现代文明有确定的含义，是指中华传统文明的现代转换或中华优秀传统文化的现代转换。而人类文明新形态是中国式现代化的另一种表达，或者说，是中国式现代化的实践表达。习近平总书记在2021年"七一"重要讲话中首次提出"中国式现代化"和"人类文明新形态"的概念。他指出："我们坚持和发展中国特色社会主义，推动物质文明、政治文明、精神文明、社会文明、生态文明协调发展，创造了中国式现代化新道路，创造了人类文明新形态。"[①] 这段话表达了这样的思想，即人类文明新形态是涵盖了物质、

[①]《习近平重要讲话单行本（2021年合订本）》，人民出版社2022年版，第106页。

政治、文化、社会、生态这五个文明的总体性概念。而中华民族现代文明着重讲的还是精神文化方面的内容，这是二者内涵上的差异。

其次，中华民族现代文明与人类文明新形态的逻辑线索不同。中华民族现代文明是沿着一种历史的逻辑线索，即中华文明发展的历史线索。习近平总书记在文化传承发展座谈会上的讲话中提到中华文明具有"连续性、创新性、统一性、包容性、和平性"这五个突出特性，中华文明绵延五千年的发展，到了今天需要实现现代转化。习近平总书记多次提到我们国家的考古发现，实证了中华民族具有百万年的人类史、一万年的文化史、五千多年的文明史。而我们讲的中华优秀传统文化，应当不是这种"一万年文化史"意义上的大文化，而是五千年的文明史的成果。在这里我们采用恩格斯在《家庭、私有制和国家的起源》中的思想，即不是单纯用文字来衡量人类的文明，而主要是用生产力或经济生产、贸易发展和城市出现、阶级和国家的产生等来作为进入文明社会的标准，这里涉及运用马克思主义的自主知识体系来解读中华文明的五千年的历史。当然，如果哪个地方考古发现了具有五千年历史的文字记载，那就是更大的考古突破了，但是现在这一突破暂时还未出现。

相比之下，人类文明新形态的逻辑线索是人类文明发展的历史进程。这是从全人类文明整体的历史发展来谈的，体现的是社会形态演进层面的文明发展的逻辑。换言之，人类文明新形态是跟资本主义文明形态加以比较，是对资本主义文明形态的超越。"新"是从社会形态演进逻辑的视角来比较的。从这一角度看，中华民族现代文明与人类文明新形态这两个范畴的逻辑线索不太一样。

第二，中华民族现代文明与中华民族传统文明的关系。中华民族

六　建设中华民族现代文明

传统文明在一定意义上可被视为中华优秀传统文化的同义词。"传统"与"现代"是现代化建设里面最基本的关系。传统的社会、传统的文化如何现代化是中国式现代化的重要问题，传统文明如何向现代文明转换是习近平文化思想中的重要内容。要对习近平文化思想当中的传统与现代的关系做进一步的深入研究。现在用于概括习近平文化思想特征的"明体达用""体用贯通"等概念，是用传统的话语来解释现代文化建设的一种尝试。习近平总书记也用"旧邦新命"这一总体性的概念形容中国式现代化，讲"中国式现代化是中华民族的旧邦新命"，这也是一种传统与现代结合尝试。中华民族现代文明不是中华民族传统文明的"自然延续"，而是在新时代的"守正创新"。

第三，中华民族现代文明与"中国式现代化文化形态"或"新的文化生命体"的关系。中华民族现代文明与"中国式现代化文化形态"或"新的文化生命体"三者是一致的。马克思主义基本原理同中华优秀传统文化之间相互契合、相互奔赴、相互成就、相互融合，进而形成新的文化生命体或中国式现代化的文化形态。把握中国式现代化文化形态，既要从习近平讲的中国式现代化蕴含的独特的"六观"，即"中国式现代化蕴含的独特世界观、价值观、历史观、文明观、民主观、生态观"中来把握，也要从"六观"在"第二个结合"中的体现中来把握。要研究中国式现代化建设提出什么样的文化诉求，研究这种文化诉求与"六观"的逻辑关系。中国式现代化的文化诉求是什么，传统文化又凭借什么跟现代化相适应，我们要把这个逻辑关系、这层因果关系打通，同时要进一步研究中国式现代化的文化形态有哪些基本特征。

总而言之，中华民族现代文明的确是一个重大的问题。它之所以是重大的，就在于它关乎中国特色社会主义文化建设，关乎中国式现代化的顺利推进，关乎中华民族伟大复兴，需要从时代语境、核心内涵、内在逻辑等维度全面把握中华民族现代文明。

（原载《当代中国马克思主义研究》2023年第3期）

中华民族现代文明的历史逻辑、实践路径与价值导向

康 震[*]

习近平总书记在文化传承发展座谈会上的重要讲话中指出:"在五千多年中华文明深厚基础上开辟和发展中国特色社会主义,把马克思主义基本原理同中国具体实际、同中华优秀传统文化相结合是必由之路。"[①] 只有深刻把握中华民族现代文明的历史逻辑、实践路径与价值导向,才能真正深刻领悟"两个结合"特别是"第二个结合"的思想内涵,才能坚定文化自信自强,扎实推进中华民族现代文明和社会主义文化强国建设。

一

中华民族现代文明的历史逻辑包括中国传统文化的自我发展和传统文化现代化的时代发展两方面。传统文化的自我发展呈现若干重要

---

[*] 作者简介:康震,北京师范大学文学院教授。
[①] 《担负起新的文化使命 努力建设中华民族现代文明》,《人民日报》2023 年 6 月 3 日。

文明特性。从时间坐标看，传统文化以历代王朝的接续传承为主体，体现出文明的连续性特征。周秦汉唐等大一统王朝是推动中华文明持续发展的强大力量。中国古代的编年体通史、纪传体通史系列，完整记录了中华文明的历史进程，突出展示了这一文明特性。从空间分布看，传统文化以多元一体的文化地理区域为主体，体现出文明的统一性特征。追求大一统格局是历代王朝的政治共识。董仲舒说："春秋大一统者，天地之常经，古今之通谊也。"[1] 华夏大地的若干文明区域独立发展又彼此交汇，逐步形成齐鲁、燕赵、巴蜀、荆楚等各具特色的区域文化，它们秉持"天下为公""天下大同"等华夏一体的文化价值观念，奠定了中华民族一统天下的文明基础。从发展更新看，传统文化以物质生产与精神生产的创新创造为主体，体现出文明的创新性特征。《礼记·大学》云："苟日新，日日新，又日新。"[2] 革故鼎新的思想是历代制度、科技、艺术革新创造的思想遵循，也是推动中华文明生生不息的强大动力。从形态类别来看，传统文化以多类型文化的多元共生为主体，体现出文明的包容性特征。从先秦至明清，儒墨道法各家学说彼此融通，胡汉文化彼此融汇，儒释道思想彼此融合，造就了中华文明活跃、丰富与包容的特性。从格局立场来看，传统文化以多民族和谐共处为主体，体现出文明的和平性特征。中国古代崇尚万物和谐共生的状态："万物并育而不相害，道并行而不相悖。"[3] 强调不同类别事物的平衡协调方能推动万物共生："夫和实生

---

[1] （汉）班固：《汉书》卷56《董仲舒传》，中华书局1962年版，第2523页。
[2] （汉）郑玄注：《礼记注》卷19《大学第四十二》，王锷点校，中华书局2021年版，第786页。
[3] （汉）郑玄注：《礼记注》卷16《中庸第三十一》，王锷点校，中华书局2021年版，第695页。

物,同则不继。以他平他谓之和,故能丰长而物归之。"① 强调处理族群、民族、国家间关系应遵循"和"的原则:"克明俊德,以亲九族;九族既睦,平章百姓;百姓昭明,协和万邦。"② 这些观念造就了中国人谦和良善、讲求调和、崇尚和平的民族性格,使得中华文明与佛教、基督教、伊斯兰教等文明形态长期和谐相处、和平共处,彰显和平性的文明特质。

应当说,在西方工业文明兴起之前,中华文明已走过了几千年独立发展的道路:中国大陆板块东向大海,西临高原、戈壁,可以有效阻挡外来势力的侵扰。而大陆板块内部区域广阔,气候适宜,农业、手工业、工商业成熟发达,呈现出独立、完整、成熟的文明主体性特征。

二

1840年,资本主义世界霸主英国对清政府发动了鸦片战争。随着西方殖民统治及其意识形态的强制入侵,封建制度及其意识形态已经无力应对、解决千年未有之大变局下产生的新问题、新危机、新挑战。这就迫使清政府不得不放弃以"中央之国"自居的封闭立场,不得不关注西方资本主义生产方式与意识形态,不得不探求传统文化的新生之路,传统文化走向现代化的历史逻辑也就此展开。

---

① 徐元诰:《国语集解》,王树民、沈长云点校,中华书局2002年版,第470页。
② (清)孙星衍:《尚书今古文注疏》卷1《尧典第一·上》,陈抗、盛冬铃点校,中华书局1986年版,第6—9页。

魏源提出"师夷长技以制夷",①表明传统文化的价值立场开始从"以夏变夷"的华夏中心立场,向着更为开放的立场转变。清政府开启洋务运动,试图"以中国之伦常名教为原本,辅以诸国富强之术"②。但"中体西用"的本质不过是想以资本主义的先进科技挽救朽败的封建制度。维新派主张君主立宪,希望创造一种"不中不西即中即西"的文化,③其本质其实是调和乃至融汇资本主义文化与封建主义文化。洋务派与维新派都在客观上引导传统文化走向现代化,但其自身的局限性决定了他们的方向不可能是传统文化现代化的正确方向。20世纪初,革命思潮替代改良思潮成为时代主潮,陈独秀等先进知识分子发起新文化运动,意在彻底颠覆"无独立自主之人格"的"儒者三纲之说",构建以"恢复独立自主之人格"④为目的的新型道德价值体系。在新文化运动对于传统文化剧烈而彻底的抨击声浪中,传统文化才真正开始挣脱封建主义的桎梏,开始走向现代化的进程。

第一次世界大战的深痛创伤引发西方学者对资本主义文化弊端的反省。梁启超等中国学者进一步质疑"西方中心论",对中国文化复兴充满期待。与此同时,受俄国十月革命感召,以李大钊、陈独秀为代表的新文化运动主将开始接受马克思主义。李大钊指出,俄国十月革命胜利开辟了世界历史的新纪元,中国不应复兴封建文化、歌颂西方文化,而应当拥抱"新兴的无产阶级的文化",也就是马克思主义

---

① (清)魏源:《海国图志》,岳麓书社1998年版,第1页。
② 冯桂芬:《校邠庐抗议》,朝华出版社2017年版,第156页。
③ 梁启超:《清代学术概论》,东方出版社2012年版,第85页。
④ 《陈独秀文集》第1卷,人民出版社2013年版,第131—135页。

的思想。他们坚信,传统文化的根本出路在于通过民主革命为自身发展开辟全新的现代化道路。

从鸦片战争到五四运动,推动传统文化走向现代化的根本原因,是中国半殖民地半封建社会所面临的存亡危机,是中华文明在危急关头渴求新生与复兴的强烈期待。然而,无论是洋务派、维新派、文化复古派还是"全盘西化"派,他们关于传统文化现代化发展逻辑及其前途的主张,都不可能有任何前途。历史证明,传统文化要真正走向并实现现代化,这个理论的逻辑,必须要在马克思主义中国化伟大实践进程的引领下,才能真正转化为现实的逻辑。

三

五四运动以后,一批先进知识分子成长为马克思主义者,开启了马克思主义基本原理与中国具体实际、与中华优秀传统文化相结合的伟大历程,也开启了传统文化真正走向并实现现代化的伟大历程。百余年来,马克思主义中国化的伟大实践成为中国文化发展创新的主流,也成为传统文化现代化实践的主导方向。

毛泽东同志指出:"自从一八四〇年鸦片战争失败那时起,先进的中国人,经过千辛万苦,向西方国家寻找真理。……学了这些新学的人们,在很长的时期内产生了一种信心,认为这些很可以救中国。"[1]然而,"帝国主义的侵略打破了中国人学西方的迷梦。很奇怪,为什么先生老是侵略学生呢?"终于,"十月革命一声炮响,给

---

[1] 《毛泽东选集》第 4 卷,人民出版社 1991 年版,第 1469—1470 页。

我们送来了马克思列宁主义。十月革命帮助了全世界的也帮助了中国的先进分子，用无产阶级的宇宙观作为观察国家命运的工具，重新考虑自己的问题"①。

马克思主义从来都不是案头哲学，而是改造世界的思想与现实力量。李大钊、陈独秀认为，应当"发挥马克思实际活动的精神，把马克思学说当做社会革命的原动力"②。应当"依马克思的唯物史观以研究怎样成了中国今日政治经济的情状，我们应该怎样去作民族独立的运动，把中国从列强压迫之下救济出来"③。马克思主义传入中国，其根本任务就是要改变中国的命运，让中国走上社会主义的道路。马克思主义中国化的实践，中国共产党带领中国人民进行社会主义革命和建设的伟大实践，成为中国彻底摆脱半殖民地半封建社会、推动传统文化走向现代化的真正科学的实践路径。换言之，要推动传统文化以主动而非被动的姿态走向并实现现代化，以全新的文化形态、文化形象屹立于世界民族之林，彰显中国文化的独立性、主体性，就要从根本上改变中国受封建主义、官僚资本主义与帝国主义压迫的现状，而要完成这个改变，只有在中国共产党领导下的马克思主义中国化的实践进程中才能得到真正的实现。

毛泽东同志指出，"马克思主义必须和我国的具体特点相结合并通过一定的民族形式才能实现。……离开中国特点来谈马克思主义，只是抽象的空洞的马克思主义。因此，使马克思主义在中国具体化，

---

① 《毛泽东选集》第 4 卷，人民出版社 1991 年版，第 1470、1471 页。
② 《陈独秀文章选编》中，生活·读书·新知三联书店 1984 年版，第 178 页。
③ 《李大钊全集》第 4 卷，人民出版社 2013 年版，第 397 页。

使之在其每一表现中带着必须有的中国的特性"①。这里一再提及的"民族形式""中国特性",其实就是包含传统文化在内的具有中国特色内涵的马克思主义及其伟大实践。马克思主义与中华优秀传统文化相结合,就是要以马克思主义的思想、观点、方法审视反思中国传统文化,以此更科学、准确地认识、指导中国社会的伟大变革,使马克思主义真正中国化,真正解决中国问题;同时,又要从中国传统文化中吸取智慧以丰富马克思主义的民族内涵与形式,使马克思主义真正成为中国化的马克思主义。马克思主义中国化与传统文化现代化,是同一实践进程中的两个方面,马克思主义中国化是传统文化现代化实践的遵循与方向,现代化的传统文化则是中国化的马克思主义实践的民族内涵与形态。也正因为如此,马克思主义中国化才得以成为现实,中国化的马克思主义才得以形成和不断发展,并指导中国共产党带领中国人民取得新民主主义革命与社会主义革命和现代化建设的胜利。这就是百余年来中国传统文化走向现代化的实践路径,传统文化现代化的实践意义也正在于此。

四

回顾历史,聚焦当下,中华民族现代文明是从五千多年中华文明绵延传承、传统文化走向现代化的双重发展逻辑中走来的,是从近现代以来不断扬弃传统文化,认知批判资本主义现代化、现代性的危机中走来的,是从百余年来马克思主义中国化的艰苦斗争与具体实践中

---

① 《毛泽东选集》第2卷,人民出版社1991年版,第534页。

走来的，是从中国特色社会主义推动中华民族伟大复兴的伟大实践中走来的。中华民族现代文明代表着中国特色社会主义创造的人类文明新形态的价值导向。

中华民族现代文明传承创新中华优秀传统文化，体现出鲜明的民族性；在现代化的洗礼中展现时代新内涵新形象，体现出鲜明的现代性；在积极建构文明内涵与思想体系的进程中，以主动的姿态与世界对话，体现出鲜明的主动性；在人类共同发展宏大格局中建构人类文明新形态，体现出鲜明的主体性。中国式现代化改写了现代化的世界历史、现实格局与理论谱系，实现了对西方式现代化的超越。中国式现代化创造的中国特色社会主义人类文明新形态，开始以主动的姿态进入世界历史进程中，以中国式现代化的立场、态度、方法重新定义现代化与现代性的价值导向。

马克思指出，一部资本扩张的历史，就是一部殖民与奴役的历史。同时，他又深刻揭示了"资本的伟大的文明作用"[1]——它创造了空前的世界市场、社会财富，创造出具有高度文明素质的人本身。在资本的统治下，劳动也成为异化劳动，并导致人的异化："通过异化劳动，人不仅生产出他对作为异己的、敌对的力量的生产对象和生产行为的关系，而且还生产出他人对他的生产和他的产品的关系，以及他对这些他人的关系。"[2] 毋庸置疑，以资本为中心的西方现代化，对百余年来中国的现代化进程发挥着巨大的推动作用，但同时也暴露出资本与异化劳动的局限性，即难以实现人的自由全面发展，而要实

---

[1] 《马克思恩格斯全集》第30卷，人民出版社1995年版，第390页。
[2] 《马克思恩格斯全集》第3卷，人民出版社2002年版，第276页。

六　建设中华民族现代文明

现这一目标，就要实现"私有财产的积极的扬弃，作为对人的生命的占有，是对一切异化的积极的扬弃，从而是人从宗教、家庭、国家等等向自己的人的存在即社会的存在的复归"[1]。因为"全面发展的个人……在产生出个人同自己和同别人相异化的普遍性的同时，也产生出个人关系和个人能力的普遍性和全面性"[2]。而这也正是中国式现代化的本质要求："坚持中国共产党领导，坚持中国特色社会主义，实现高质量发展，发展全过程人民民主，丰富人民精神世界，实现全体人民共同富裕，促进人与自然和谐共生，推动构建人类命运共同体，创造人类文明新形态。"[3]

中国式现代化将中国人民的自由全面发展确定为最高价值目标，就是要以人的自由全面发展的逻辑驾驭、制衡资本的逻辑、异化劳动的逻辑，使"建立在个人全面发展和他们共同的、社会的生产能力成为从属于他们的社会财富"，[4] 这也正是中华民族现代文明以及传统文化现代化的价值导向。

中国式现代化的本质是新时代马克思主义中国化的伟大实践及其成果实现。经历马克思主义洗礼后的传统文化，拥有中国风格、中国气派的马克思主义，就是面向现代化、面向世界、面向未来的，民族的科学的大众的社会主义文化，就是中华民族现代文明的本质内涵，它致力于破解西方现代化进程中所面临的危机、挑战，满足人民对美好生活的需要，推动中华民族伟大复兴与人类文明新形态宏大叙事与

---

[1] 《马克思恩格斯全集》第3卷，人民出版社2002年版，第298页。
[2] 《马克思恩格斯全集》第30卷，人民出版社1995年版，第112页。
[3] 习近平：《高举中国特色社会主义伟大旗帜　为全面建设社会主义现代化国家而团结奋斗——在中国共产党第二十次全国代表大会上的报告》，人民出版社2022年版，第23—24页。
[4] 《马克思恩格斯全集》第30卷，人民出版社1995年版，第107—108页。

实践的积极展开。这是中华民族现代文明历史逻辑、实践路径与价值导向发展的必然结果，中华民族现代文明的文明史、世界史、社会主义史意义也正在于此。

（原载《中国社会科学》2023年第8期）

中华民族现代文明的生成逻辑、知识版图与理论经络

朱碧波[*]

中华文明是中华民族独特的精神标识。中华民族复兴的本质,就是中华文明的现代转换与光被四表。2023年6月,习近平总书记在文化传承发展座谈会上强调:"在新的起点上继续推动文化繁荣、建设文化强国、建设中华民族现代文明,是我们在新时代新的文化使命。要坚定文化自信、担当使命、奋发有为,共同努力创造属于我们这个时代的新文化,建设中华民族现代文明。"[①] 中华民族现代文明建设命题的提出,既体现了当代中国对中华文明第一次轴心时代相隔千年的温情礼敬,又体现了当代中国对人类站在历史十字路口应该何去何从的深切思考。中华民族现代文明建设是一个恢宏庞大的理论议题和实践命题。不过,无论是中华民族现代文明知识体系的建设,还是中华民族现代文明认同教育的推进,都离不开一个核心议题的探

---

[*] 作者简介:朱碧波,云南师范大学马克思主义学院教授,北京大学国家治理研究院研究员。

[①] 《担负起新的文化使命 努力建设中华民族现代文明》,《人民日报》2023年6月3日。

讨，那就是怎样理解中华民族现代文明。毕竟，对中华民族现代文明概念的解读，乃是展开中华民族现代文明建设研究的基础。有鉴于此，本文将立足中华民族现代文明概念出场的时空场域，依托中华五千多年文明历史的长时段和世界多元文明共生的大格局，尝试解读中华民族现代文明的知识谱系与理论经络，以期裨益中华民族现代文明的理论建构与学理阐释。

一 中华民族现代文明的生成逻辑

中华民族现代文明概念，是当代中国哲学社会科学界审古今之变、察时代大势而创造的一个标识性概念。中华民族现代文明概念的出场，既意味着中华优秀传统文化的灵根再植，又意味着中国式现代化文明成果的理论呈现，更意味着当代中国应对全球化时代普遍性风险的深沉之思。

（一）中华民族现代文明是中华传统文化发展的内生之需

中华文化历史悠久，博大精深。先秦子学、两汉经学、魏晋玄学、宋明理学，历经百家争鸣和三教合流，终至气象氤氲而蔚为大观。中华文化的代际传承，塑造了中华民族的人文底蕴与人心秩序。它使得中华民族在传统社会时期形成了一整套以仁为中心的思想体系和以礼为准绳的规范体系。这种以仁为中心的思想体系强调的是仁者爱人，追求以德立人，以诚待人；己立立人，己达达人；己所不欲，勿施于人。至于以礼为准绳的规范体系，强调的是依托家庭、社会、

六　建设中华民族现代文明

国家等伦理性实体，通过丧、祭、射、御、冠、昏、朝、聘等各种规范化礼仪，促成社会成员在潜移默化中自觉承担起必要的伦理责任。①

中华传统文化"政治上之思想，社会上之思想，艺术上之思想，皆有亭毒六合、包罗万象之观"②。然而，若是以文明的现代性观之，中华传统文化亦存在一些原生的缺陷，尤其是在科学技术和个体权利方面存在不言而喻的短板。中华传统文化推崇"形而上者谓之道，形而下者谓之器"，一度认为科学技术不过是残害天生万物之本性的奇技淫巧，非但无益于世，反而使人失去赤子之心，平添国家治理乱象。这就如老子所称"民多利器，国家滋昏；人多伎巧，奇物滋起"③，又如庄子所称"有机械者必有机事；有机事者必有机心；机心存于胸中则纯白不备；纯白不备则神生不定"④。中华传统文化对德性修养的推崇和科学技术的轻忽，使其"详于人事而忽于物理"⑤、强于人文精神而乏于科学理念。至于个体权利方面，中华传统文化虽然有着深厚的人文底蕴和以民为本的传统，但其关于人之权利的思考，主要侧重于民生权利与群体福祉的保障，即"民惟邦本，本固邦宁"⑥；"凡治国之道，必先富民"⑦。它并没有生成公民个体自由与政治权利保障的理念。梁漱溟为此断言：中国传统文化"流弊之最大者，是在个

---

① 姜义华：《中华文明的经脉》，商务印书馆2019年版，第86页。
② 梁启超：《饮冰室文集》第1册，北京日报出版社2020年版，第265页。
③ 《道德经》，中华文化讲堂注译，团结出版社2017年版。
④ 《庄子集注》外篇，上海中华书局1912年版。
⑤ 梁漱溟：《中国文化要义》，上海人民出版社2018年版，第311页。
⑥ 曾运乾注：《尚书》，黄曙辉校点，上海古籍出版社2015年版。
⑦ 《管子》，浙江人民出版社1987年版。

人将永不被发现,而自由竟变为无主之物"①。

　　1840年鸦片战争之后的百余年间,中国逐步沦为半殖民地半封建社会,国家蒙辱、人民蒙难、文明蒙尘。中华传统文化"科技思维欠缺"和"权利理念不足"的劣势被空前放大。中华传统文化的自信心、主体性、价值性都遭遇到极大的挑战。中华仁人志士在中华民族救亡图存和伟大复兴的努力中,逐渐意识到"民族复兴在本质上乃是文化和文明的复兴"②,进而致力推进传统文化的自我救赎和中华文明的浴火重生,着手吸纳世界一切优秀文明成果,创造中华民族现代文明,为中华民族救亡图存提供智识基础,为中华民族伟大复兴提供精神动力。换而言之,晚清三千年未有之大变局的出现,倒逼中华民族传统文化走向中华民族现代文明。不过,彼时中华智识精英,无论是文化保守主义者主张的"中体西用",还是激烈反传统主义者倡导的"全盘西化",都没有找到创造中华民族现代文明的密钥。直至马克思主义传入中国,中华仁人志士不断推进马克思主义基本原理同中国具体实际相结合、同中华优秀传统文化相结合,中华民族现代文明的创建才开始踏上新的征程。马克思主义思想精髓与中国具体实际和中华优秀传统文化的结合,赋予中华优秀传统文化鲜明的现代品格,推进了中华优秀传统文化的凤凰涅槃,奠定了中华民族现代文明建设的基础。

---

① 梁漱溟:《中国文化的命运》,中信出版集团2016年版,第165页。
② 庞立生:《民族复兴的文化自觉与哲学憧憬》,《吉林大学社会科学学报》2015年第4期。

（二）中华民族现代文明是中国式现代化发展的学理建构之需

中国式现代化是中国共产党领导的社会主义现代化。中国共产党对现代化道路的百年探索，萌发于革命战争时期，腾飞于改革开放时期，既体现当代中国对人类现代化发展一般性规律的遵循，又体现当代中国对现代化模式并非定于一尊的独特之思。不过，虽然中国式现代化在中华大地取得彪炳史册的成绩，但是，当代中国学界迄今为止并未发展出一套与中国式现代化成就相匹配的知识体系和话语体系，以致西方学界依然以其本土地方性知识来解释中国和中国式现代化。一些西方学者不但以西式"国强必霸"的逻辑解读中国之崛起，而且给当代中国贴上"威权政府""新殖民主义""搞全球外交""权威资本主义"等标签。他们基于西式人权理念、西式文明概念、西式民主定义、西式现代化标准，评判中国之制、批评中国之治、攻击中国之路。西方学界以西方中心主义的知识体系解读中国和中国式现代化，不但导致各种政治性误读和文明偏见的滋生，而且造成当代中国国家治理美誉度的受损。至于中国学界，近代以来的国家蒙难使得不少学者形成了仰视西式文明的习惯。一些学者（如胡适）甚至产生了"中国百事不如人"的文化自卑之感。因此，近代中国引入西方哲学社会科学知识体系之时，并没有立足自我的主体性展开西方知识体系和话语体系的批判性反思。一些学者不自觉地采用西式理论、概念和话语来解读或评判中国之现实。正如郑永年所说：五四运动以来，"无论是学者还是政治人物，都试图用西方的概念、理论解释中国现象""造成了滥用西方概念和理论，随意曲解中国历史事实和现象。结果就是,不是用苹果(西方)来批评橘子(中国),就是把苹果皮硬贴到了橘子上"①。

新时代以来,随着中国哲学社会科学自主意识的提高,国家提出建设中国特色哲学社会科学学科体系、学术体系、话语体系,强调要以中国为观照、以时代为观照,立足中国实际,解决中国问题,不断推动中华优秀传统文化创造性转化和创新性发展,使中国特色哲学社会科学真正屹立于世界学术之林。当代中国哲学社会科学自主意识的提高,决定了必然要对中国式现代化这个中国历史上最为广泛深刻的社会变革和人类历史上最为宏大独特的实践创新展开学理阐释与理论建构。中国式现代化伟大实践的学理阐释和理论建构,就是中华民族现代文明知识体系生成的深层动因。进而言之,中国式现代化的伟大实践已然溢出西方基于本土经验而建构的地方性知识。西方既有的知识体系不但无法解释中国式现代化,反而产生了对中国和中国式现代化的种种误读。当代中国若要让世界"理解中国"和"读懂中国式现代化",就必须建构一整套与中国式现代化发展相匹配的知识体系,即展开中华民族现代文明建设。正是在这个意义上,中华民族现代文明概念的出场,乃是中国式现代化知识体系自主建构的必然走向。

(三) 中华民族现代文明是回答世界之问与世纪之问的时代之需

当今世界百年未有之大变局加速演进,世界之变、时代之变、历史之变正以前所未有的方式展开。就全球态势而言,当今世界正在进

---

① 郑永年:《中国的知识重建》,东方出版社2018年版,第22页。

入全球性的风险社会。各种传统风险、现代性风险和后现代性风险相互交错，打破阶级图式而无视国界壁垒，呈现突发性出场、裂变式传播、全球性蔓延、跨境性攻击、无差别伤害的特征。这就使得经济全球化时代各个国家都难以避免地面临多元风险侵扰的普遍性威胁。面对多元风险的普遍性威胁，当今人类社会在共同应对风险全球化的问题上却面临共识的断裂和协同行动的难题。今天，整个世界依然存在难以弥合的区域发展差距，国际政治体系依然存在结构性危机，全球治理体系依然存在深层次困境。与此同时，随着现代科学技术的狂飙突进，人类社会出现时空压缩式发展。人类栖居的物质世界日趋丰富，精神家园却出现了不应有的失落。也就是说，当今世界的现代化转向尚未全部完成之时就已然出现深刻的现代性危机。现代人面临资本逻辑无所不在的侵扰，纷纷投诚于资本这个"世俗的上帝"，深陷心为形役的迷局而难以自拔。现代人成为"无根性""分裂性"的物化存在[1]，成为"单向度的人"，滋生着生存的异化、理想的失落、存在的焦虑、精神的荒芜、意义的虚空。

世界百年未有之大变局中的全球共同危机和个体生存焦虑，使得人类又一次站在历史的十字路口。"世界怎么了，我们怎么办"，成为各个国家都必须深度思考的重大议题。各个国家都必须发掘自我地方性知识的全球意义，完成对当今人类社会"世界之问""世纪之问"的作答。这是人类文明第二个轴心时代无法逃避的天定命运。诚如杜维明所说：第一个轴心时代，各大文明的功能是相对独立地解决

---

[1] 刘家俊：《生存论视域下西方现代性危机与人类命运共同体构建》，《东岳论丛》2021年第7期。

该文明人群的存在问题。第二个轴心时代，各大文明则必须对全球和平和人类生存有所作为。[①] 中华文明是世界最古老的文明之一，是人类历史上唯一未曾断绝的原生型文明。中华文明具有中正平和、厚德载物、革故鼎新、协和万邦的基因。面对全球共同危机的蔓延和个体生存焦虑的弥散，中华民族和中华文明都不可能保持缄默。中华文明向来强调"士不可以不弘毅，任重而道远"。中华文明"人能弘道"的道统，决定了当代中国必然要承担大国责任、展现大国担当、发出大国声音，为破解全球共同挑战和人类生存迷思提供中国智慧。为了达成此种目标，当代中国唯有返本开新，挖掘中华文明丰富的历史资源，不断推进马克思主义中国化时代化，才能发展出一种真正放眼全球的世界观和全球伦理。正是在这个意义上，破解全球挑战和建构全球伦理的时代使命，催生了中华民族现代文明建设命题的出场。

二 中华民族现代文明的知识版图

中华民族现代文明是中华民族返本开新、海纳百川的知识生产。中华民族现代文明既是中华优秀传统文化的文脉赓续和创新发展，又是中国式现代化百年经验的整体提炼和学理阐释，还是全球文明对话中当代人类何以应对世界共同风险的中国智慧和中国理念。中华民族现代文明的生成逻辑，体现了其以中华优秀传统文化为根、以马克思主义中国化时代化的理论成果为魂、以世界一切优秀文明成果为给养的知识版图。

---

① 杜维明：《文明对话中的儒家：21世纪访谈》，北京大学出版社2016年版，第13页。

六　建设中华民族现代文明

（一）中华优秀传统文化：中华民族现代文明之根

中华民族现代文明是中华优秀传统文化的千年传承和推陈出新。解读中华优秀传统文化之精髓，是理解中华民族现代文明的前提。中华优秀传统文化的荦荦大端主要体现为：其一，人与己身之维的立德修身。儒家文化是中华传统文化的主体。儒家文化追求的终极指向就是养成理想的道德人格。这种理想的道德人格，至上境界是"圣人"与"仁人"，现实追求是"成人"与"君子"。儒家之"成人"，即朱熹所说的"知足以穷理，廉足以养心，勇足以力行，艺足以泛应。而又节之以礼，和之以乐，使德成于内，而文见乎外"[①]。至于"君子"则是"志于道，据于德，依于仁，游于艺"，"君子义以为质，礼以行之，孙以出之，信以成之"。儒家对道德人格的追求，催生了士志于道、君子怀德、见贤思齐、正心克己、修己安人的道德律条。

其二，人与他者之维的仁者爱人。人并非遗世独立的原子式存在。人的本质是一切社会关系的总和。自我与他者的关系具有"无所逃于天地之间"的客观实在性。中华传统文化要求自我对待他者要心存仁念，这即儒家所称的"泛爱众，而亲仁""仁者爱人"。这种"仁"之理念，可以说是中华传统文化的价值基座。无论是"中庸"的"三达德"（智仁勇）、孟子的"四端"（仁、义、礼、智），还是汉代的"五常"（仁、义、礼、智、信），乃至郭店出土木简的"五行"（仁、义、礼、智、圣），都体现了"仁"的重要性乃至首要性

[①] （宋）朱熹：《四书集注》，王华宝整理，凤凰出版社2016年版，第148页。

价值。正如张岱年所言：仁是"最高的德"，"兼涵诸德"①。

其三，人与自然之维的天人合一。"天人合一"是中国古代哲学的重要观点。钱穆甚至将"天人合一"视为"整个中国传统文化思想之归宿处""是中国古代文化最古老最有贡献的一种主张"②。中国传统文化对"天"与"人"的理解虽然存在差异，但大多将"天"与"人"结合起来而不是对立起来，并将人与自然和谐共生视为天人合一的重要内容之一。在中华文化传统话语中，道家强调"天地与我并生，而万物与我为一"；儒家强调"亲亲而仁民，仁民而爱物"。仁者的"恻隐""不忍"的仁爱之心，由"尊尊亲亲"的"血亲之爱"，扩散到"老吾老以及人之老，幼吾幼以及人之幼"，再拓展为"民胞物与"的天地万物，形成"仁者以天地万物为一体"的"天人合一"之理念。

其四，国与他国之维的协和万邦。中和之道是中华传统文化的精髓。《中庸》有云："中者，天下之大本……和者，天下之达道。"《春秋繁露》有云："中者，天地之所终始也；而和者，天地之所生成也。"③ 中为天下之至理，无过无不及。和为天下之达道，星移斗转，和实生物；人间万象，以和为贵。这种中和之道的文化传统，使得中华民族向来反对"单调的一律"，而追求"多元的和谐"。中和之道的理念反映在中华民族的天下想象之中就是协和万邦。它强调的是中华民族要立天下之正位，行天下之大道，通过"以德服天下"

---

① 张岱年：《中国哲学大纲》，商务印书馆2017年版，第403页。
② 钱穆：《中国文化对人类未来可有的贡献》，《中国文化》1991年第1期。
③ （汉）董仲舒：《春秋繁露：节选》，周桂钿解读，国家图书馆出版社2019年版，第366—367页。

六　建设中华民族现代文明

而不是"以力服天下",造就"协和万邦""万国咸宁""天下一家"的理想图景。

(二) 马克思主义中国化时代化：中华民族现代文明之魂

马克思主义中国化时代化的理论成果是中华民族现代文明的基石性板块。马克思主义中国化时代化的理论成果，包括了毛泽东思想、中国特色社会主义理论体系、习近平新时代中国特色社会主义思想。马克思主义中国化时代化的理论成果十分丰厚，但若一言以蔽之，就是为中国人民谋幸福、为中华民族谋复兴，同时为世界人民谋大同。

其一，为中国人民谋幸福。马克思主义关于人之本质的思考，超越无知之幕之下抽象人性的预设，而立足人的本质性规定，即人是"有生命的个人""现实的个人""社会的个人"，展开人类社会演进和历史运动的探讨。在马克思主义的视域中，现实的个人是历史发展的起点，人民的实践是历史前进的根本动力，国家只有将社会权力归置于人民，才能"推翻使人成为被侮辱、被奴役、被遗弃和被蔑视的东西的一切关系"[①]，确证人是人最高的本质，确保每个人的自由发展和一切人自由而全面的发展。马克思主义"人的自由而全面发展"之思想，与中华传统文化的人文取向存在高度的契合。它不但包含中华传统的民本理念（民惟邦本，本固邦宁），而且超越中华传统民本理念的工具理性（水能载舟，亦能覆舟），赋予人民利益的实现以终极层面的价值。中华民族现代文明是马克思主义基本原理与中华优秀传统文化的相互契合与相互成就。马克思主义对中华传统民本理念的

[①] 《马克思恩格斯文集》第1卷，人民出版社2009年版，第11页。

升华，奠定了中华民族现代文明的人民底蕴，使得中华民族现代文明形成人民至上的理念、依靠人民的信念和不断造福人民的追求。

其二，为中华民族谋复兴。实现中华民族伟大复兴是近代以来中华民族最伟大的梦想。近代以来，中国共产党高扬马克思主义伟大旗帜，把马克思主义作为认识世界、把握规律、追求真理、改造世界的强大思想武器，运用马克思主义的科学原理、科学精神、科学方法解决中国革命、建设、改革中的实际问题，引领人民在中华民族伟大复兴的康庄大道上行稳致远。中国共产党高举马克思主义伟大旗帜推进民族复兴的百年历程，就是中华民族现代文明生成的百年历程。中华民族复兴的本质就是中华文明的复兴。中华民族伟大复兴与中华民族现代文明的形成，乃是一个硬币相辅相成的两面。中华民族伟大复兴要求建构一整套足以阐释和推进中华民族伟大复兴的知识体系，即建设中华民族现代文明，以中华民族现代文明引领中华民族伟大复兴。正是在这个意义上，中华民族伟大复兴经验的学理提炼，构成了中华民族现代文明知识体系建设的重要任务；中华民族伟大复兴难点的破解，构成了中华民族现代文明建设的关键议题。

其三，为世界人民谋大同。中华民族现代文明虽然将"为中国人民谋幸福"和"为中华民族谋复兴"视为关键内容，但是，"一个伟大的世界民族，不是固守自家文明传统的民族，而是将民族复兴的大业融入到世界历史中的民族"[1]。中华民族传承千年的天下情怀与马克思主义的世界视野，使得中华民族现代文明并不局限于为中国人民谋幸福和为中华民族谋复兴，而是还超越性地追求为世界人民谋大

---

[1] 许纪霖：《多元文明时代的中国使命》，《文化纵横》2013年第3期。

同。诉诸历史可知,天下大同是中华民族黄金彼岸般的社会理想。这种社会理想就是《礼记》所描绘的"天下为公,选贤与能,讲信修睦。故人不独亲其亲,不独子其子,使老有所终,壮有所用,幼有所长,矜、寡、孤、独、废疾者皆有所养"。及至当今,面对全球化时代人类面临的普遍挑战和共同威胁,中华民族现代文明创造性提出人类命运共同体的理念,强调人类生活在同一个地球村里,生活在历史和现实交汇的同一个时空里,越来越成为你中有我、我中有你的命运共同体。当今世界理应尊重文明多样性,推动文明交流互鉴,倡导包容式发展,共同应对全球面临的普遍性威胁。

(三)世界优秀文明成果:中华民族现代文明的给养

任何一种文明的成长壮大,都离不开对其他文明的借鉴与吸纳。这是全球化时代一个文明体成长壮大的政治铁律。文明交流互鉴方能发荣滋长的铁律,决定了中华民族现代文明必须立足中华文明的主体地位,吸纳世界一切优秀文明成果的精华。世界优秀文明成果的中国化由此成为中华民族现代文明知识版图的重要构成部分。

其一,文明的多元:"类之不齐,物之情也。"文明是人类历史发展到一定阶段的产物。各个地区的人民,经过长期的人地互动和代际传承,形成了独具地域特色和群体特色的文明。文明之类型,从地域区位来看,有西方文明、阿拉伯文明、印度文明、中国文明之分;从文化理念来看,又有基督教文明、伊斯兰文明、儒家文明之别。各个文明体,无论是以地理区位加以界定,还是以文化理念加以区分,都显示文明的非单一性存在。文明的多样性是整个世界人文生态系统健康的保证,正如生物多样性是生态系统健康发展的前提。毕竟,任何一种文明都代表着一个文明体对大千世界独到的体察、观照与思考,都具有不可替代的独到价值。正如习近平总书记指出:"人类社会创造的各种文明,都闪烁着璀璨光芒,为各国现代化积蓄了厚重底蕴、赋予了鲜明特质,并跨越时空、超越国界,共同为人类社会现代化进程作出了重要贡献。"[1]

其二,文明的互鉴:"尺固有所短,寸有所长。"当今世界是一个多元文明交错而成的文明世界。文明的多样性并不意味着各种文明的臻于至善或不可通约。任何一种文明都是优长与短板的交织共生。各大文明只有摒弃文明傲慢的心态,取人之长,补己之短,海纳百川,方能有容乃大。事实上,中华民族现代文明就是立足中华优秀传统文化的传承,广泛吸纳世界一切优秀文明成果的产物。诉诸历史可知,近代以来,生产力的发展、分工和交换的扩大,冲破了地域的壁垒,使得人类历史由"民族的历史"进入"世界的历史"。晚清三千年未有之大变之际,西方列强以坚船利炮叩开中国大门,近代中国被动而痛苦地卷入世界政治体系之中。中华传统文化由此开启转向中华民族现代文明的蝶变。在近代中国百年历程中,中华民族现代文明立足本来而吸收外来,"充分借鉴资本主义社会文明成果,以社会主义道路超越资本的限度,寻求中华文明的社会主义实现形式"[2]。

其三,文明对话:"地方知识,全球意义。"回首历史,中华文

---

[1] 习近平:《携手同行现代化之路——在中国共产党与世界政党高层对话会上的主旨讲话》,《光明日报》2023年3月16日。

[2] 韩源等:《国家文化安全论:全球化背景下的中国战略》,社会科学文献出版社2013年版,第232页。

明的现代性转化离不开世界优秀文明的滋养；展望将来，中华民族现代文明的发展同样离不开世界优秀文明成果的助力。当今世界正处于百年未有之大变局，中华民族现代文明的出场，不但肩负着为中华民族伟大复兴提供智识支持的历史责任，而且肩负着为世界大变局时期应对全球性共同威胁提供中国智慧的时代使命。中华民族现代文明肩负的时代使命，决定了它必然要立足中华民族悠久的历史和丰富的文明资源，发展出一种真正放眼全球的世界观和全球伦理，为当今世界遭遇的共同威胁和普遍挑战提供应对的方案。为此，中华民族现代文明必然要广泛吸纳世界一切优秀文明成果，不断推进多元文明的对话和互鉴，思考各大文明集体行动的逻辑，寻求各大文明的底线共识，拟制各大文明体易于接受的概念话语。唯有如此，中华民族现代文明的一家之言才会体现出深刻的全球意义。

三　中华民族现代文明的理论经络

中华民族现代文明，若是依托中华五千多年长时段历史和世界地缘政治大格局加以省思，主要体现为"传承千年优秀传统文化的中华民族现代文明""聚焦中华民族伟大复兴的中华民族现代文明"和"面向人类命运共同体的中华民族现代文明"。中华民族现代文明三维架构（回溯历史、立足当下和展望将来）之复杂，使得把握中华民族现代文明的理论经络显得颇为艰难。不过，孔子有云："吾道一以贯之。"中华文明"一以贯之"和推陈出新之"道"，即全人类共同价值（和平、发展、公平、正义、民主、自由），为理解中华民族现代文明的理论经络提供了一把可资利用的钥匙。

（一）和平

和平既是中华传统文化传承千年的基因，又是中华民族现代文明最为鲜明的标识。诉诸历史可知，中华元典充盈着止战、和平、和谐、和合的思想。《老子》有云："兵者，不祥之器，非君子之器，不得已而用之。"《论语》有云："礼之用，和为贵。"中华元典是中华文化精神和中华民族精神的滥觞。中华元典反复强调止战、和平、和谐、和合的理念，使得中华民族形成天人合一的宇宙观、协和万邦的国际观、和而不同的社会观、人心和善的道德观。千载以降，中华民族现代文明一如既往地倡导和维护全球的和睦相处、国际的同舟共济、世界的持久和平。面对当前多元世界的文化差异与利益分歧，中华民族现代文明拒绝"国强必霸"的零和博弈，反对文明等级的傲慢心态，相继提出和平共处五项原则和人类命运共同体的理念，主张国家平等相处、文明交流互鉴，积极促进各个国家理解差异、消除隔阂、形成共识、美美与共。和平是中华民族现代文明矢志不渝的目标。中华民族现代文明追求和平，不仅在于提出"以和为贵"的理念，更在于展开中华文明立己达人的现代性阐释。中华文明向来追求"己所不欲，勿施于人""行为不得，反求诸己""己欲立而立人，己欲达而达人"。在中华民族现代文明话语体系中，"己所不欲，勿施于人"强调的是当代中国并不以自我的文明尺度作为裁量世界之准绳。中华道德文明的本质，乃是"律己"而不是"绳人"。这即为古语所称的："礼义廉耻，可以律己，不可以绳人。律己则寡过，绳人

六　建设中华民族现代文明

则寡合。"①"行为不得，反求诸己"，即面对世界的分歧与争端，各个国家理应躬身反思内省，而不是以邻为壑，无端指责他者。"己欲立而立人，己欲达而达人"，则强调的是中国并不寻求排他性的一枝独秀，而是追求以中国的成长更好地促成世界的共同发展。

（二）发展

发展是增进人民幸福指数的关键，也是回答世界共同挑战的关键。中华文明十分注重"发展"的问题。孔子有云："富与贵，是人之所欲也。"② 人类追求"富与贵"的本性，决定了"德惟善政，政在养民""治国之道，富民为始"③。近代以来，中国积贫积弱之国势更是使得发展成为普罗大众念兹在兹的议题。及至当今，随着和平与发展成为时代主流，当代中国更是不断推动中华传统"均平""富民"思想的现代性升华，提出"创新、协调、绿色、开放、共享"的新发展理念。新发展理念的提出，不但回答了发展的目的、动力、方式、路径的问题，而且阐释了当代中国发展的政治立场、价值导向、道路择取、终极追求等问题。新发展理念将共享发展视为发展的终极目的，强调发展为了人民、发展依靠人民、发展成果由人民共享。这种发展伦理观体现了人的尊严作为发展伦理的逻辑起点和最高价值，彰显了中华民族现代文明"发展观"的风范和底蕴。当然，中华民族现代文明的发展观，并不仅仅是追求中国自身之发展。"独乐乐不如众乐乐。"中华民族现代文明追求的是世界各国的"众乐

---

① 陈继儒：《小窗幽记》，陈桥生评注，中华书局2008年版，第269页。
② 《论语》，陈晓芬译注，中华书局2016年版。
③ （汉）司马迁：《史记》四，韩兆琦主译，中华书局2008年版，第2204页。

乐",是世界各国的普惠包容式发展。这种普惠包容式发展强调的是:一是尊重各国发展的权利,尊重各国发展的实际,倡导以人民为中心的包容式发展和益贫式发展,着力解决南北发展差距和区域发展失衡的问题,确保各个国家、各个群体共享现代化发展的成果;二是关注发展中国家特殊需求,推动各国加强发展合作,共同构建全球发展伙伴关系,打破技术壁垒和科技鸿沟,培育全球发展新动能,通过缓债、援助等方式支持脆弱国家的加速发展。

(三) 公平

"公",溯其词源,乃"背私"之意。韩非有云:"古者仓颉之作书也,自环者谓之私,背私谓之公。"[①]"公"之本意即为公正无私。至于"平"之本意,乃是语气平和舒顺,后引申为均等、平坦之意。公平二字,表达的是国家治理要公正无私和不偏不倚,即"理国要道,在于公平正直"[②]。及至当代,随着权利意识的普及,公平二字被赋予更为深刻丰富的内涵。公平,传统社会时期主要体现为各种物品分配的得其应得,现代社会时期则在国际国内层面都发展出权利公平、机会公平、规则公平之意。就国内层面而言,权利公平强调公民享有和行使完全平等的法律法规赋予的权利。公民基本权利不因出身、职业、财富等的不同而遭到区别对待。属人的和人属的幸福的真谛和实质,在于民众各项基本权利的被赋予、被保障和不断地、持续

[①] 《韩非子·五蠹》,中华书局1974年版。
[②] (唐)吴兢:《贞观政要》,戈直集注,裴汝诚导读,紫剑整理,上海古籍出版社2008年版,第122页。

地实现。① 机会公平强调国家保障每个公民享有大致相同的寻求发展、追寻幸福、实现人生价值的同等机会，确保人的命运取决于自己的选择而不是他们的天生状况和社会背景。② 规则公平强调的则是程序公平，秉持同一尺度衡量所有的人或事，防止对于不同的人和不同的事采取不同的标准。至于国际层面的公平，则是国家之间的权利平等、国家发展的机会公平和国际规则的一视同仁。

（四）正义

正义是人类社会共同追求的政治理想，也是中华文明至为重要的道德判断。"正义"之"正"，其造字是以"止"为字根，辅之以指事符号"一"，表示"止误"之意。至于"义"（義）之造字，则是"羊""我"会意而成。"羊"，《说文解字》释之为"祥也"。古人视"羊"为"吉祥"，有"羊大为美""以羊为善"之说。"义"（義）之造字，含有以"我"之力量捍卫世间美善吉祥之意。不过，中华元典中，"正"和"义"通常不以固定词组的形式出现。至于现代意义的"正义"，通常指的是"正当""公正"和"公平"。在西方话语体系中，正义（justice）一词，是西方政治哲学最为重要的基础概念之一。自亚里士多德（Aristotle）以降，西方学界长期以来都围绕"何为正义"而聚讼不休，并创造了实质正义与形式正义、结果正义与程序正义、权利正义与分配正义、矫正正义与惩罚正义、持有正义与交换正义、环境正义与空间正义、国际正义与代际正义等理论概

---

① 袁祖社、董辉：《"权利公平"的实践逻辑与公民幸福的价值期待——"美好生活"时代之共同体的伦理文化吁求》，《西北大学学报》（哲学社会科学版）2013年第3期。
② 孙一平、董晓倩：《论机会公平的目标与原则》，《理论探讨》2013年第3期。

念。西方关于正义的定义虽然众说纷纭，但大体而言指向的是每个人出于自身良知而产生的"应该做什么"和"应该得到什么"的道德命令。[①] 当前，中西"正义观"正处于交汇融通时期，学界倾向于在正义理论上会通中外，并借助分配正义、权利正义、矫正正义、国际正义等理论概念，解读当代中国的共同富裕、精准扶贫、少数群体权利保障和全球治理等政治主张。这客观上使得"正义"成为理解中华民族现代文明的一个窗口。

（五）民主

民主是现代文明社会的显著标志。民主一词之本意，乃是"多数的意见起决定作用"[②]，"政权是在全体公民手中"[③]。民主对现代国家"主权在民"原则的确证，使其成为当今国际社会公认的政治正确。不过，民主虽有世所公认的价值，却没有四海通用的模式。纵观西方民主理论的演化，民主逐渐由"人民统治的民主"（人民民主），转化成政府"基于人民的同意而建立的"[④]（选举民主），再转化成"通过争取人民选票取得作决定的权力"[⑤]（竞争民主）。民主作为"人民民主"的理想色彩趋于淡化，而作为"政治方法"的技术特征趋于显现。值得注意的是，西方国家将"竞争"视为民主的本质特

[①] 俞可平：《重新思考平等、公平和正义》，《学术月刊》2017年第4期。
[②] ［古希腊］亚里士多德：《政治学》，颜一、秦典华译，中国人民大学出版社2003年版，第125页。
[③] ［古希腊］修昔底德：《伯罗奔尼撒战争史》，谢德风译，商务印书馆2018年版，第147页。
[④] ［英］洛克：《政府论》下篇，叶启芳、瞿菊农译，商务印书馆2011年版，第64页。
[⑤] ［美］约瑟夫·熊彼特：《资本主义、社会主义与民主》，吴良健译，商务印书馆2021年版，第396页。

征，这种竞争式民主常常引发西方政治生活的"金元政治"和"否决政治"，诱发不同政见群体的撕裂与对抗。与之相异的是，当代中国承认民主政治的竞争意义（人大代表的差额选举即具竞选之意），但不将"竞争"而将"合作"视为中国特色社会主义民主政治的导向。中国特色的全过程人民民主，无论是人民代表大会制度、中国共产党领导的多党合作和政治协商制度，还是民族区域自治制度、基层群众自治制度，都十分强调各群体共商国是、各党派协商合作、各民族共同奋斗和各部门通力合作。① 它立足人民当家作主，确保过程民主和成果民主、程序民主和实质民主、直接民主和间接民主、人民民主和国家意志的统一，最大限度地汇聚各民族各群体共同推进中华民族伟大复兴的磅礴力量。

（六）自由

中国传统的自由话语具有双重面相，它既指涉一种超越礼法束缚的淫佚之举，又指涉一种无所羁绊的自在心境。以自在心境而论，自由即为李煜所称"万顷波中得自由"，或者借用马丁·海德格尔（Martin Heidegger）之语就是"人诗意地栖居于大地"。至于现代社会的自由话语，虽不乏形上思辨的意志自由之说，但更多还是指向满是人间烟火气的公民权利（自由权）。它强调的是：现代文明国家必须普遍承认并保障公民的基本权利和自由，包括财产和人身自由、言论和出版自由、集会自由、宗教信仰自由、良心和思想的自由等。自

---

① 朱碧波：《全过程人民民主赋能中华民族共同体建设研究》，《中央民族大学学报》（哲学社会科学版）2023 年第 1 期。

由是人类社会共同的价值,是文明国家公认的理念。不过,相比较而言,西方国家更多地强调"个体自由的自主或不被干涉"。在西方话语体系中,个体是自我的绝对主宰,个体之自由只服从法律的约束而不能以集体之名义加以侵犯。干涉个体自由的唯一正当性,只能是为防止对他人的危害。① 与西方"自由无干涉"相异的是,当代中国的自由话语更多地体现为"发展"导向,即保障公民发展、去做某事、成为更好的自我的权利。按照马克思主义经典作家的设想:未来社会是自由人的联合体,"在那里,每个人的自由发展是一切人的自由发展的条件"②。马克思主义关于"人的自由发展"的理念,深度植入中国式现代化的历程之中,使得当代中国形成了"现代化的最终目标是实现人自由而全面的发展"的理念。这种发展导向的自由,借用以赛亚·伯林(Isaiah Berlin)提出的"积极自由"的概念,就是个体之自由并不仅仅是免于被干涉的自由,而是个体作为理性的自我"能够领会我自己的目标与策略且能够实现它们的人"③。

四 结语

中华民族现代文明,既是对中华优秀传统文化千年传承的整体升华,又是对中国式现代化百年道路的学理提炼,更是化解全球化时代人类共同挑战的宏大思考。中华民族现代文明的理论版图,主要由中

---

① [英]约翰·密尔:《论自由》,许宝骙译,商务印书馆1998年版,第10页。
② 《马克思恩格斯选集》第1卷,人民出版社1995年版,第422页。
③ [英]以赛亚·伯林:《自由论(修订版)》,胡传胜译,译林出版社2011年版,第180页。

华优秀传统文化、马克思主义中国化时代化的理论成果和世界优秀文明成果的中国化组成。其中，中华优秀传统文化是中华民族现代文明之根。中华元典中"仁者爱人""天人合一""协和万邦"之思想，塑造了中华民族现代文明的格局气度和精神风骨。马克思主义中国化时代化的理论成果是中华民族现代文明之魂，模铸了中华民族现代文明的现代品格与政治精髓。世界优秀文明成果也是中华民族现代文明蓬勃发展不可或缺的养料。中华民族现代文明的内容博大繁复，而全人类共同价值的提出恰为中华民族现代文明理论经纬的梳理提供了可能。当然，本文虽然解析了中华民族现代文明的生成逻辑、知识版图和理论经络，但中华民族现代文明建设的实践推进与理论研究，尚处于持续行进之中而未有穷期。中华民族现代文明的知识体系与话语体系、中华民族现代文明标识性概念的提炼和国际化传播、中华民族现代文明的会通古今与融通中外、中华民族现代文明的中国风骨与世界意义，都是亟待进一步展开研究的重大议题。

［原载《中央民族大学学报》（哲学社会科学版）2024 年第 1 期］

建设中华民族现代文明的"活的灵魂"

——中国自主哲学知识体系的使命和担当

孙正聿[*]

"在新的起点上继续推动文化繁荣、建设文化强国、建设中华民族现代文明,是我们在新时代新的文化使命。"[①] 构建中国自主哲学知识体系,其根本的使命和担当,就是在马克思主义基本原理同中国具体实际、同中华优秀传统文化的"两个结合"中,以中华优秀传统文化为"深厚基础",为建设中华民族现代文明凝练其"活的灵魂",并彰显其塑造"人类文明新形态"的世界意义。

一 中华文明的"突出特性"与中国哲学的"深厚底蕴"

任何真正的哲学,都具有"问题的人类性"和"思想的普遍性",都是"时代精神的精华"和"文明的活的灵魂"。以中华优秀

---

[*] 作者简介：孙正聿,吉林大学哲学基础理论研究中心。
[①]《担负起新的文化使命 努力建设中华民族现代文明》,《人民日报》2023年6月3日。

六　建设中华民族现代文明

传统文化为深厚底蕴而构建的中国自主哲学知识体系,"淡化"了哲学问题的人类性和哲学思想的普遍性,而是以其"独特优势"彰显了哲学问题和哲学思想的"全人类共同价值"的思想内涵、时代内涵和文明内涵。

具有"主体性、原创性"的中国自主哲学知识体系,从本质上说,就是中国化时代化的马克思主义哲学。中国化时代化的马克思主义哲学,具有两个最本质的规定性:其一,它的"主体内容"是中国化马克思主义哲学;其二,它的"深厚基础"是中国传统哲学。因此,构建中国自主哲学知识体系,首先必须直面这个具有根本性的重大理论问题:中国化马克思主义哲学是否具有哲学问题的人类性和哲学思想的普遍性?中国传统哲学是否具有哲学问题的人类性和哲学思想的普遍性?只有深刻地回答马克思主义哲学和中国传统哲学的"问题的人类性"和"思想的普遍性",才能树立起构建中国自主哲学知识体系的理论自信和文化自信,才能创建具有"主体性、原创性"的中国特色哲学,才能让中国特色哲学"走向世界"。

哲学思想的普遍性,在于任何真正的哲学都具有"问题的人类性",即都是关于"人与世界关系"的理论,都是对"人类文明"的理论表征,都蕴含着关于"人类共同价值"的哲学思想。中国传统哲学探索的天人、物我、人己、理欲、道器、生死、知行等问题,西方哲学研究的思维与存在、主体与客体、感性与理性、普遍与特殊、直觉与逻辑、必然与偶然、意志与自由等问题,马克思主义哲学关切的人与自然、人与社会、人与历史、人与文明、历史创造与历史条件、历史规律与人类解放等问题,虽然这"三大体系"的概念系统不同、表达方式不同、研究主题不同,但无不是关于

"人与世界关系"的"普遍思想",无不是对"人类文明"的"理论表征",无不是关于"人类共同价值"的"哲学理论",无不是"理论化、系统化的世界观",因而都具有"问题的人类性"和"思想的普遍性"。

问题在于,人类文明具有不可置疑的多样性,以理论方式表征人类文明的哲学也具有不可否认的多样性。不同国家、不同民族、不同时代的哲学,都是以不同的概念体系构成对人类文明的理论表征,都是以表达方式的特殊性体现"人类共同价值",但同时又深层地蕴含着对"人类文明"和"人类共同价值"的迥然有别的理解。然而,无论是表征"人类文明"的概念体系的多样性,还是对"人类共同价值"理解的差异性,都不可否认其哲学问题的人类性和哲学思想的普遍性。无视甚至否认人类文明的多样性和哲学知识体系的多样性,以西方哲学的概念体系和表达方式为"唯一"的"哲学模式",以西方哲学的哲学观点和哲学命题为"唯一"的"哲学思想",进而否认马克思主义哲学和中国传统哲学的"哲学形态"和"普遍思想",而将其视为某种"非哲学"的"思想",就会抹杀马克思主义哲学和中国传统哲学的"问题的人类性"和"思想的普遍性",就会失去构建中国自主哲学知识体系的"主体内容"和"深厚基础",就会"拒斥"中国自主哲学知识体系的"全人类共同价值"及其"世界意义",也就从实质上否定了让世界知道"哲学中的中国"。深入地阐释马克思主义哲学和中国传统哲学的"问题的人类性"和"思想的普遍性",特别是"彰显"其蕴含的"人类共同价值",就成为构建中国自主哲学知识体系的至关重要的理论前提。

中国自主哲学知识体系植根于中华文明。"中华民族在几千年历史中创造和延续的中华优秀传统文化,是中华民族的根和魂。"① 构建中国自主哲学知识体系,彰显其"人类性问题"和"普遍性思想",首要的是必须把握中华文明的"突出特性",厚植中国自主哲学知识体系的"根和魂"。

习近平总书记在文化传承发展座谈会上指出:"中华优秀传统文化有很多重要元素,共同塑造出中华文明的突出特性。"② 中华文明是世界上唯一绵延不断且以国家形态发展至今的伟大文明,是具有"突出的连续性"的文明。中国哲学是在源远流长的中华文明的连续性中成长壮大的,中国哲学精神是在根深叶茂的中华文明的"连续性"中凝练生成的,中国自主哲学知识体系是在发扬光大中华文明的"连续性"中自觉构建的。中华民族的人类情怀,中华文明的深厚底蕴,造就了中国哲学的深切的"人类性问题"和深刻的"普遍性思想"。

中华文明不仅具有"突出的连续性",而且具有"突出的创新性"。守正而不守旧,尊古而不复古,在创造中转化,在创新中发展,这是中华文明的"突出的创新性",也是以中华文明为"根和魂"的中国哲学精神。在马克思主义与中华优秀传统文化的"第二个结合"中,实现了马克思主义哲学与中国传统哲学的"互相成就",让马克思主义哲学成为中国的,让中国传统哲学在创造性转化和创新性发展中成为现代的,从而让中国自主哲学知识体系成为建设中华民族现代文明的"活的灵魂"。

---

① 《习近平谈治国理政》第二卷,外文出版社2017年版,第426页。
② 《担负起新的文化使命 努力建设中华民族现代文明》,《人民日报》2023年6月3日。

中华文明不仅具有"突出的连续性"和"突出的创新性",而且具有"突出的包容性"。中华民族是博采人类文明的民族,是具有辩证智慧的民族。中国哲学的"有容乃大"的哲学精神,深切地体现在中国哲学的基本理念、价值旨趣和概念体系之中。以中华文明为"根和魂"的中国自主哲学知识体系,在"不忘本来、吸收外来、面向未来"的当代视野中,愈加显示出其塑造人类文明新形态的"问题的人类性"和"思想的普遍性"。

二 中国哲学的"人类性问题"和"普遍性思想"

哲学问题的"人类性"和哲学思想的"普遍性",突出地表现在三个方面:一是任何真正的哲学都熔铸着对人类生活的挚爱、对人类命运的关切、对人类境遇的焦虑、对人类未来的期待;二是任何真正的哲学都是对"人生在世"的"大问题"的探究、都是对"人类文明"的"大逻辑"的建构、都是对"范畴文明"的"大智慧"的追求;三是任何真正的哲学都是以自己的知识体系表征自己时代的"时代精神",并成为追求人类共同价值的"文明的活的灵魂"。

必须澄清的问题在于,哲学问题的"人类性"和哲学思想的"普遍性",并不是抽象的"人类性"和形式的"普遍性",而是生动地体现在不同国家、不同民族、不同文明的哲学知识体系之中。在一个国家、一个民族的文明历程及其凝练的哲学思想中,总是蕴含着这个国家、这个民族的苦难、奋斗和追求,总是体现着这个国家、这个民族对世界、历史和文明独特的感受、体悟和思辨,并积淀和升华为这个国家、这个民族的文化传统、文明血脉和哲学精神。"中华文化

六　建设中华民族现代文明

源远流长，积淀着中华民族最深层的精神追求，代表着中华民族独特的精神标识，为中华民族生生不息、发展壮大提供了丰厚滋养。"①这是我们构建中国自主哲学知识体系的"独特优势"和"深厚基础"，也是我们创建这一体系的最坚实的"文化自信"。

构建中国自主哲学知识体系的"文化自信"，不仅在于其具有的"独特优势"，还在于这个"独特优势"本身就深刻地蕴含着哲学问题的"人类性"和哲学思想的"普遍性"。中国传统哲学的基本理念、价值旨趣和理想追求，最重要的是"究天人之际""通古今之变"，最根本的是"为天地立心""为生民立命"，最期待的则是"天下为公""世界大同"。这是蕴含于中华文化之中的最深层的"哲学精神"，最深沉的"哲学旨趣"，最深厚的"哲学基因"，最深挚的"哲学追求"。这种"哲学精神""哲学旨趣""哲学基因""哲学追求"，不仅是中华民族发展中的最为基本、最为持久的文化力量，而且是蕴含"人类共同价值"的具有"普遍性"的哲学思想。"哲学问题的人类性"和"哲学思想的普遍性"，深植于中国哲学的基本理念、价值旨趣和概念体系之中。

然而，在近代以来的"东方从属于西方"②的世界格局中，积淀着数千年中华文明的中国哲学，却被一些西方哲学家讥讽为没有"哲学"的"常识"。作为西方哲学的最具代表性的哲学家，黑格尔在《哲学史讲演录》中，曾经这样概括和评论"中国哲学"："中国人和印度人一样，在文化方面有很高的声名，但无论他们文化上的声

---

① 《习近平谈治国理政》第一卷，外文出版社2018年版，第164页。
② 《马克思恩格斯选集》第1卷，人民出版社1995年版，第277页。

名如何大、典籍的数量如何多，在进一步的认识之下，就都大为减低了。"① 他还特别地以孔子为例，否认"中国哲学"的"思想的普遍性"。在他看来，"孔子的哲学就是国家哲学，构成中国人教育、文化和实际活动的基础"②，但他认为，孔子在《论语》里面所讲的只是"一种常识道德，这种常识道德我们在哪里都找得到，在哪一个民族里都找得到，可能还要好些，这是毫无出色之点的东西"③。而他之所以作出这样的概括和评价，则在于他所说的"孔子只是一个实际的世间智者，在他那里思辨的哲学是一点也没有的"④。黑格尔把他所认同和倡言的"思辨的哲学"作为评价"哲学"及其"普遍思想"的"唯一"标准，这不仅是显现其作为西方哲学家的"傲慢"和"偏见"，而且也是同他自己所声言的"哲学"大相径庭的。

格尔曾明确地提出，哲学的根本旨趣和历史任务，就是使人"尊敬他自己，并应自视能配得上最高尚的东西"⑤，也就是在个体理性与普遍理性的辩证融合中形成人的"现实自我意识"。对"哲学"的这种理解，应当说是与中国传统哲学的自我理解大体一致的。现代中国哲学家冯友兰先生在反省哲学史的基础上提出，"哲学"的根本旨趣和社会功能就在于"使人作为人而成为人"，而中国哲学的实质内容就是在对人生的"觉解"中提升人生的"境界"。⑥ 就此而言，有什么理由把构成人的"现实自我意识"的西方哲学视为唯一的"哲

---

① ［德］黑格尔：《哲学史讲演录》，涂又光译，商务印书馆1959年版，第118页。
② ［德］黑格尔：《哲学史讲演录》，涂又光译，商务印书馆1959年版，第125页。
③ ［德］黑格尔：《哲学史讲演录》，涂又光译，商务印书馆1959年版，第119页。
④ ［德］黑格尔：《哲学史讲演录》，涂又光译，商务印书馆1959年版，第119页。
⑤ ［德］黑格尔：《小逻辑》，贺麟译，商务印书馆1980年版，第36页。
⑥ 冯友兰：《中国哲学简史》，涂又光译，北京大学出版社1997年版，第291页。

六 建设中华民族现代文明

学模式",而把"使人作为人而成为人"的中国哲学视为"非哲学"的"常识道德"呢?"为天地立心""为生民立命"的中国哲学,不是更深沉地蕴含着人类的共同价值吗?不是具有更深刻的求索"人类性问题"的"普遍性思想"吗?

否认中国哲学之为"哲学"的一个重要依据是中国传统文化中只有"思想"而无"哲学"。这种看法,混淆了作为"普遍性思想"的"哲学"与作为"学科名称"的"哲学"。对于近代以来的中国而言,作为"学科名称"的"哲学"确实是一个"舶来品",即在中国传统文化中并没有一个作为独立"学科"的"哲学"。但是,这并不意味着在中国传统文化中没有作为"哲学"的"普遍性思想"。在把"哲学"视为"形而上学"的意义上,"形而上学"这个词"原本有中文的经典出处,但在它被用来与西方的 Metaphysics 配对翻译之后","最近还被用来当作断定中国传统没有哲学（Philosophy）或哲学不够正宗的依据"。然而,"形而上者谓之道","'形而上'在历史上的首次出场,就是与中国哲学最核心的范畴'道'搭配而来的"[①]。以中华文化、中国概念的"形而上学"来标识"哲学",不正是体现了中国哲学的"普遍性思想"吗?作为几千年来规范中国人的思想和行为、构成中国人的最深层的精神家园的中国传统文化中的"普遍性思想",不正是追求和传播"人类共同价值"的"哲学"吗?

习近平总书记指出:"我们说要坚定中国特色社会主义道路自信、理论自信、制度自信,说到底是要坚定文化自信。文化自信是更基

[①] 陈少明:《道器形上学新论》,《哲学研究》2022 年第 10 期。

本、更深沉、更持久的力量。"① 中华民族是具有人类情怀的民族，是博采人类文明的民族，是富有哲学智慧的民族，在数千年的"突出的连续性"的传承发展中形成了中国哲学的独特风格和特有的概念体系及其特有的表达方式，从而形成了深沉、厚重、睿智的中国哲学智慧和独具特色的中国哲学传统。"万物并育而不相害，道并行而不相悖。"中华文明具有"突出的包容性"，中国哲学的普遍性和理想性，"可以融入任何一种文明理念之中，这就使它有可能成为融合不同文明理念，形成综合性的全球性价值观念的希望"②。中国哲学以其深沉的"人类性问题"和丰富的"普遍性思想"，以及其所蕴含的深沉厚重的"人类共同价值"，对中华文明和世界文明产生了巨大的深远影响，并为构建"各美其美、美人之美、美美与共、天下大同"③ 的人类文明新形态提供了中国哲学智慧。

三 马克思主义哲学的"人类性问题"及其彰显的"全人类共同价值"

中国自主哲学知识体系的"深厚基础"是属于中华民族的中国哲学，中国自主哲学知识体系的"主体内容"则是中国化时代化的马克思主义哲学。马克思主义哲学，特别是中国化的马克思主义哲学是否具有"问题的人类性"和"思想的普遍性"，这是构建中国自主

---

① 习近平：《在哲学社会科学工作座谈会上的讲话》，人民出版社2016年版，第17页。
② 张志伟：《一种作为科学的体系哲学如何可能？——以康德哲学为中心的思考》，《社会科学战线》2023年第3期。
③ 1993年9月，我国社会学家费孝通先生手书此十六字，表达了认识和处理不同文明之间的关系的理想，以及实现这一理想的基本理念。

六　建设中华民族现代文明

哲学知识体系必须回答的另一个重大理论问题。

关于"马克思主义哲学",人们经常引证马克思和恩格斯的两个著名论断:其一是马克思在《关于费尔巴哈的提纲》中所提出的"哲学家们只是用不同的方式解释世界,问题在于改变世界"[①];其二是恩格斯在《反杜林论》中所提出的"这已经根本不再是哲学,而只是世界观"[②]。对于这两个关系到如何理解"马克思主义哲学"的著名论断,不能不予以追问的是:"改变世界"的哲学还是不是"哲学"?"只是世界观"的哲学还是不是"哲学"?"改变世界"的"世界观"是否具有"问题的人类性"和"思想的普遍性"?以马克思主义哲学为"主体内容"构建的中国自主哲学知识体系是否具有"问题的人类性"和"思想的普遍性"?马克思主义哲学和以马克思主义哲学为"主体内容"构建的中国自主哲学知识体系是不是离开人类文明发展大道的"宗派主义"?只有深刻地回答这一系列关系到如何理解"马克思主义哲学"的重大理论问题,才能奠定构建中国自主哲学知识体系的理论基础,才能坚定构建中国自主哲学知识体系的理论自信。

马克思恩格斯所断言的"改变世界"的"世界观",究竟是以其"哲学革命"而否认了"哲学问题的人类性"和"哲学思想的普遍性",还是以其"哲学革命"而凸显了"哲学问题的人类性"和"哲学思想的普遍性"?在写于1843年的《〈黑格尔法哲学批判〉导言》中,马克思就明确地提出,理论的彻底性,"就是抓住事物的根本",

---

[①]《马克思恩格斯选集》第1卷,人民出版社1995年版,第57页。
[②]《马克思恩格斯选集》第3卷,人民出版社1995年版,第481页。

而"人的根本就是人本身"①。正是从"人本身"这个"根本"出发，马克思对"哲学"的历史使命作出这样的概括："真理的彼岸世界消逝以后，历史的任务就是确立此岸世界的真理。人的自我异化的神圣形象被揭穿以后，揭露具有非神圣形象的自我异化，就成了为历史服务的哲学的迫切任务。"②揭露人在"非神圣形象"中的"自我异化"，把"人"从"非人"的状态中"解放"出来，这是马克思自觉承担的"为历史服务的哲学"的"迫切任务"。这个"迫切任务"，不仅是具有时代性内容的"人类性问题"，也不仅是具有"人类共同价值"的"普遍性思想"，而且深层地蕴含着马克思的以"人类解放"为根本指向的"改变世界"的"世界观"。正是这个"改变世界"的"世界观"，才为"人类解放"这个根本性的"人类性问题"提供了最具"普遍性"的"哲学思想"。

关于"改变世界"的"世界观"，在马克思恩格斯于1845—1846年合著的《德意志意识形态》中，得到了具体的阐释和论证。马克思恩格斯明确地指出，"我们不是从人们所说的、所设想的、所想象的东西出发，也不是从口头说的、思考出来的、设想出来的、想象出来的人出发"，"我们的出发点是从事实际活动的人"③，因此，"全部问题都在于使现存世界革命化，实际地反对并改变现存的事物"④。由此我们可以看到，马克思的"改变世界"的"世界观"，既深刻地体现了马克思的"哲学革命"，又深切地彰显了这个"哲学革命"所

---

① 《马克思恩格斯选集》第1卷，人民出版社1995年版，第9页。
② 《马克思恩格斯选集》第1卷，人民出版社1995年版，第2页。
③ 《马克思恩格斯选集》第1卷，人民出版社1995年版，第73页。
④ 《马克思恩格斯选集》第1卷，人民出版社1995年版，第75页。

六　建设中华民族现代文明

蕴含的"人类性问题"和哲学的"普遍性思想":其一,这个"哲学革命"把哲学史上的抽象的"人的问题"变革为"现实的人的问题",从而把哲学的"人类性问题"变革为具有时代内涵和文明内涵的真正的"人类性问题";其二,这个"哲学革命"把哲学史上的对人的"解释"问题变革为人类的"解放"问题,从而把"解释世界"的哲学真正地变革为"改变世界"的哲学;其三,这个"哲学革命"把人类的"共同价值"从哲学史上的抽象的"真善美"变革为追求和实现人自身的"全面发展",从而把哲学的"普遍性思想"真正地变革为"时代精神的精华"和"文明的活的灵魂"。这表明,以"改变世界"的"世界观"为实质内容的马克思主义哲学,不是抛弃了"哲学问题的人类性",而是使"人类性的哲学问题"获得了以"现实的人"为根基的真实的理论内容;不是舍弃了"哲学思想的普遍性",而是使"普遍性的哲学思想"获得了以"人的历史活动"和"文明的进步发展"为根基的真实的时代内涵和文明内涵。

对于"马克思主义哲学",恩格斯在1886年所写的《路德维希·费尔巴哈和德国古典哲学的终结》中,以费尔巴哈所构建的"人学"为主要参照对象,作出这样的比较和论断:"费尔巴哈不能找到从他自己所极端憎恶的抽象王国通向活生生的现实世界的道路。他紧紧地抓住自然界和人;但是,在他那里,自然界和人都只是空话。无论关于现实的自然界或关于现实的人,他都不能对我们说出任何确定的东西。但是,要从费尔巴哈的抽象的人转到现实的、活生生的人,就必须把这些人作为在历史中行动的人去考察。"[①] "费尔巴哈

[①] 《马克思恩格斯选集》第4卷,人民出版社1995年版,第240—241页。

没有走的一步，必定会有人走的。对抽象的人的崇拜，即费尔巴哈的新宗教的核心，必定会由关于现实的人及其历史发展的科学来代替。这个超出费尔巴哈而进一步发展费尔巴哈观点的工作，是由马克思于1845年在《神圣家族》中开始的。"① 由此，我们可以明确地回答：马克思恩格斯所实现的由"解释世界"到"改变世界"的哲学革命，马克思恩格斯所创建的"不再是哲学"的"世界观"，就是关于"现实的人及其历史发展"的哲学。这是最具有现实性的"人类性问题"，也是最具有文明内涵的"普遍性思想"。

马克思主义哲学从"现实的人"即"历史中活动的人"出发，把哲学从凌驾于科学之上的"解释世界"的"普遍思想"，变革为追求"人类解放"的"改变世界"的"世界观"；从"现实的人及其历史发展"出发，把现代哲学的使命确认为人类以自己的实践活动而实现自身解放的"为历史服务的哲学"；从实现"人类解放"这一最高的"全人类共同价值"出发，把自己的哲学的根本使命确认为把人从"资本"这个"非神圣形象"的"自我异化"中解放出来，从而把"资本"的独立性和个性变为人的独立性和个性，建设一个实现"每个人的自由而全面发展"的"自由人的联合体"。这深刻地表明，马克思恩格斯的"哲学革命"所创立的"改变世界"的"世界观"，不正是我们这个时代最需要解决的"人类性问题"、最需要确立的"普遍性思想"吗？以马克思主义哲学的"改变世界"的"世界观"作为构建中国自主哲学知识体系的"魂脉"，不正是我们的最坚实的"理论自信"吗？

---

① 《马克思恩格斯选集》第4卷，人民出版社1995年版，第240—241页。

六　建设中华民族现代文明

马克思主义哲学与中华优秀传统文化相结合的前提是"彼此契合",相结合的结果则是"互相成就"。马克思主义哲学的"人类解放"和"人的全面发展"的社会理想和价值追求,马克思主义哲学的普遍联系和矛盾运动的辩证法,马克思主义哲学的追求真理与实现价值相统一的实践智慧,与中国哲学的"天下大同"的社会理想、为"生民立命"的价值追求、"生生不息"的辩证思维、"知行合一"的实践智慧是"高度契合"和"互相成就"的。马克思主义与中华优秀传统文化相结合的"第二个结合",为构建中国自主哲学知识体系开辟出更广阔的文化空间、思想空间和理论空间。我们要"用马克思主义激活中华优秀传统文化中富有生命力的优秀因子并赋予新的时代内涵,将中华民族的伟大精神和丰富智慧更深层次地注入马克思主义,有效把马克思主义思想精髓同中华优秀传统文化精华贯通起来,聚变为新的理论优势,不断攀登新的思想高峰"[①]。

四　中国化马克思主义哲学的"理论创造"及其"世界意义"

在人类文明史和人类思想史上,最为重大的"人类性问题"和最具"普遍性思想"的哲学问题,莫过于关于"现实的人及其历史发展"的"人类社会发展规律"问题。因此,在人类文明史和人类

[①] 《不断深化对党的理论创新的规律性认识　在新时代新征程上取得更为丰硕的理论创新成果》,《人民日报》2023年7月2日。

思想史上，最为重大的"哲学成果"和最为重要的"普遍性思想"，莫过于关于"现实的人及其历史发展"的"人类社会发展规律"的马克思主义哲学。坚持马克思主义基本原理同中国具体实际、同中华优秀传统文化相结合，是开辟和发展中国特色社会主义的"必由之路"，也是构建中国自主哲学知识体系，并使之成为建设中华民族现代文明的"活的灵魂"的"必由之路"。

马克思主义哲学的真理性，就在于它创造性地揭示了人类社会发展规律。马克思主义哲学的现实力量，就在于它赋予人民群众的历史活动以坚实的理想追求，赋予社会主义运动以坚实的理论支撑，赋予人类文明形态变革以规律性的道路指引。离开"改变世界"的马克思主义哲学"世界观"，当代人类就无法形成具有"全人类共同价值"的社会理想和价值诉求，就无法形成解决"人类性问题"的真实的"普遍性思想"，就无法选择符合"全人类共同价值"的发展道路和创造人类文明的新形态，就无法构建凝聚共识和走向未来的"人类命运共同体"。坚持和发展马克思主义哲学、创建中国化时代化的马克思主义哲学，决不能抛弃马克思主义这个"魂脉"，决不能抛弃中华优秀传统文化这个"根脉"。坚守好这个"魂"和"根"，是理论创新的基础和前提，是构建中国自主哲学知识体系的"主体内容"和"理论自信"，也是构建中国自主哲学知识体系的守正创新的"方向"和"道路"。

中国化马克思主义哲学的"中国特色"，中国化马克思主义哲学的"主体性""原创性"，集中地、鲜明地体现在"两个结合"上，即马克思主义哲学同中国具体实际相结合、同中华优秀传统文化相结合。在马克思主义哲学中国化的百年历程中，首先是形成了以毛泽东哲学思想为"主体内容"、以《实践论》《矛盾论》为"主要标志"的中国化的马克思主义哲学。毛泽东的《实践论》《矛盾论》，以及毛泽东一系列重要著作中的哲学思想，既有把握人与世界关系的"人类性问题"，又有表达中国哲学精神的"民族性特点"；既有解决"人类性问题"的"普遍性思想"，又有生动鲜活的中国革命的"实践内涵"。因此，毛泽东哲学思想不仅是以理论思维把握世界的具有普遍性的"哲学思想"，而且是用哲学思想照亮现实、引领实践的"中国哲学智慧"。正因如此，以毛泽东哲学思想为代表的中国化马克思主义哲学，不仅从理论与实践、知与行的统一中推进了"改变世界"的马克思主义哲学的"世界观"，而且从世界观、认识论和方法论的统一中推进了马克思主义哲学的"普遍性思想"，从追求真理与实现价值相统一的哲学"制高点"上推进了马克思主义哲学所要解决的"人类性问题"，从而为建设具有"主体性""原创性"的中国化马克思主义哲学开辟了正确道路并奠定了坚实基础。

马克思主义基本原理同中国具体实际相结合、同中华优秀传统文化相结合，其深刻内涵和深厚基础在于，中华民族拥有在五千多年历史演进发展中形成的灿烂文明，中国共产党拥有百年奋斗实践和七十多年执政兴国经验，并实现了从理论到实践的伟大创造。正是在"两个结合"的伟大实践中，中国共产党领导中国人民开创了"中国式现代化"道路和超越资本主义文明的"人类文明新形态"。坚持和推进"两个结合"，最为根本的是以"我们党从理论到实践的伟大创造"为"主体内容"，以中华优秀传统文化为"深厚基础"，坚持解放思想与实事求是相统一的理论思维、坚持追求真理与实现价值相统一的实践智慧、坚持文化传承与观念变革相统一的文化创新、坚持彰显"全人类共同价值"与创造"人类文明新形态"相统一的使命担当,在"两个结合"中不断地"提炼出有学理性的新理论"和"概括出有规律性的新实践","用中国道理总结好中国经验,把中国经验提升为中国理论",赋予"中国式现代化"及其创建的"中华民族现代文明"以深刻的思想内涵、时代内涵、文明内涵,进而坚定道路自信、理论自信、制度自信、文化自信。

"改革开放是我们党的一次伟大觉醒,正是这个伟大觉醒孕育了我们党从理论到实践的伟大创造。"[①] 在中国特色社会主义的伟大实践中,我们党不仅从理论上提出和回答了一系列关乎中国和世界的前途命运的"人类性问题",提出和阐述了一系列关于"全人类共同利益""全人类共同价值"和构建"人类命运共同体"的"普遍性思想",而且从实践上开拓了"中国式现代化"道路,并以"中国式现代化"创建了"人类文明新形态"。这集中地体现了"我们党从理论到实践的伟大创造"。正是这个"伟大创造",极大地丰富了构建中国自主哲学知识体系的"主体内容",深刻地激活了构建中国自主哲学知识体系的"深厚基础",切实地展现了构建中国自主哲学知识体系的"独特优势",真实地显示了中国化时代化马克思主义哲学的"主体性""原创性",并赋予"中国特色哲学"彰显"全人类共同价值"的坚定的理论自信和文化自信。这深切地表明,以中国化马克思主义哲学为"主体内容"、以中国传统哲学为"深厚基础"所构建的中国自主哲学知识体系,不仅为坚持中国道路、弘扬中国精神、凝聚中国力量、建设中华民族现代文明提供了"中国特色"的哲学思

---

① 习近平:《在庆祝改革开放40周年大会上的讲话》,人民出版社2018年版,第4页。

想和哲学智慧,而且愈益彰显中华民族现代文明弘扬"全人类共同价值"、引领"新的时代精神"和塑造"人类文明新形态"的深远的世界意义。

(原载《哲学研究》2023 年第 7 期)

新使命与新叙事：
中华民族现代文明的话语创造

齐卫平　樊士博[*]

党的二十大提出全面建成社会主义现代化强国、实现第二个百年奋斗目标，以中国式现代化全面推进中华民族伟大复兴的中心任务后，习近平总书记提出"中华民族现代文明"的重大概念，彰显了新时代中国共产党和中国人民以主动姿态进入世界历史进程的新尝试。[①]文化关乎国本、国运，建设中华民族现代文明是关涉中国共产党文化领导权的重大议题。文化领导权首先体现在话语权，一个民族、一个国家、一个政党的文化话语权既受综合实力影响，也受自身话语建构影响。话语是一种典型的中介事业，它既具解释性，又具有先解释性；它既与解释本身的性质有关，又与作为它对自己进行详尽阐述的明显场合的主题有关。简言之，话语既解释本身，也解释对象。中华民族现代文明诠释着中国式现代化的实践，是新时代中国共

---

[*] 作者简介：齐卫平，华东师范大学终身教授；樊士博，华东师范大学马克思主义学院副研究员。

[①] 康震：《中华民族现代文明的历史逻辑、实践路径与价值导向》，《中国社会科学》2023年第8期。

产党人阐释文化新使命的重大话语创造，推动中国式现代化由实践形态迈向文化形态，展现了文化强国的立体图景与全新叙事。①

一 话语生产中华民族现代文明的核心概念

在福柯那里，"概念"指的是一组范畴、要素和类型。② 话语生产源于新质内容的出现，表现新内容必定借助新概念。单一而又孤立的概念无法支撑话语体系，也无法弥合内容本身向外释放的张力。因此成功的话语生产需要一整套具有内在关联的概念系统。整体上看，中华民族现代文明的概念体系主要包括文明的特性、文明的动力、文明的价值、文明的使命等关键要件。围绕这些要件，生成了若干个相互支撑的概念单元，每一个概念单元都具有丰富内涵，言说着中华民族现代文明的历史钩沉、实践结构、义理旨趣等。

（一）从传统而来的话语基础：中华民族现代文明的突出特征

文化是不能脱离历史语境的。③ 文化与历史同体同构，文化一经生成就会走进历史领域，历史不断延展又构成了文化的整体面貌。表达历史、传递文化的就是话语，卷帙浩繁的文本只不过是话语的书面化。书面语言与日常语言的差异，传递着不同的文化形态，共同构成

---

① ［美］丹尼斯·K.姆贝：《组织中的传播和权力：话语、意识形态和统治》，陈德民等译，中国社会科学出版社 2000 年版，第 127 页。
② ［英］诺曼·费尔克拉夫：《话语与社会变迁》，殷晓蓉译，华夏出版社 2003 年版，第 44 页。
③ ［英］阿兰·斯威伍德：《文化理论与现代性问题》，黄世权等译，中国人民大学出版社 2013 年版，第 18 页。

了历史文化的鲜活存在。话语生产建立在传统的基础之上，没有凭空产生的话语创新。中华民族现代文明从传统中开辟出来，继承着中华文明内在的一般特性。认识中华文化的一般特性是理解中华民族现代文明由来的必经之途，因为理解文明无法跳出它的前世状态。从历史发展来看，中华文明具有突出的连续性、突出的创新性、突出的统一性、突出的包容性、突出的和平性。① 这五个特征是习近平总书记依据中华文化发展历史进行整体描述与系统提炼得出的，彰显了中华文明的源远流长与博大精深。正是因为脱胎于中华文明的传统沃土之中，中华民族现代文明才能立得住、站得稳，这一概念才具有旺盛生命力。

马克思认为："人们自己创造自己的历史，但是他们并不是随心所欲地创造，并不是在他们自己选定的条件下创造，而是在直接碰到的、既定的、从过去承继下来的条件下创造。"② 脱胎于传统文化的中华民族现代文明同样延展了原有的文明特性，使其能够从中华文化的历史根脉中汲取营养。此外，建立在原有基础上的话语叙述方式也能够自然而然地被受众接纳，使其无须经过话语转译的烦琐程序，而被自觉认同。其一，中华文化具有连续性。中华民族现代文明是历史中国积淀的结果，也是昭示未来中国的视窗。文明的尺度在中华民族历史发展的自然进程中沟通着过去与未来，连接着昨天与明天。其二，中华文明具有创新性，中华民族现代文明不是过去中国的复制重演，也不是尊古复古的弦外之音，而是以实践为基础跃升出的新质文

---

① 习近平：《在文化传承发展座谈会上的讲话》，《求是》2023年第17期。
② 《马克思恩格斯选集》第1卷，人民出版社2012年版，第669页。

六　建设中华民族现代文明

明,阐释着古今之别、中外之殊、新生之枝、创造之果。其三,中华文明具有统一性,大一统的文化传统渗透在中华儿女的血脉之中。新时代中国共产党倡导的中华民族共同体意识就是文明统一性的内在觉醒与原始觉悟。其四,中华文明具有包容性,不同民族文化在中国大地上融会贯通,形成具有共同基质的优秀传统文化,并以高度自信吸纳外来文化彰显大度。其五,中华文明具有和平性,中华民族历来主张讲信修睦,睦邻友好,向来反对党同伐异、文化霸权。新时代中国共产党人弘扬和倡导构建人类命运共同体就彰显了中华文明的和平性。习近平总书记关于中华文明五个突出特性的话语表达,为建构中华民族现代文明的话语体系奠定了概念基础,提供了新文明形态创造的实践指南。

(二) 由实践肇始的话语动力:中华民族现代文明的政党逻辑

在中华传统文化中,对行为的强调远远超过思想。[①] 中华优秀传统文化讲信尚义,最重要的是必须落脚到"行"之中。中华文明的传统话语已然充满行动力与实践感。还应看到,这种实践感也传递延续到中华民族现代文明新话语中。话语的本质是实践,没有脱离实践的话语。这一判断能够引申出两种理解:一是话语观念的背后始终指向实践;二是话语本身也是实践的产物。中华民族现代文明新话语生成于中国共产党团结带领人民成功走出中国式现代化道路的奋斗过程中,深刻体现着政党引领发展的实践逻辑。习近平总书记强调:"中

---

① 孙隆基:《中国文化的深层结构》,中信出版社2015年版,第378页。

国式现代化是中华民族的旧邦新命，必将推动中华文明重焕荣光。"[1]在推进中国式现代化的实践中，中国共产党领导人民群众创造了巨大的物质财富，为实现中华民族伟大复兴奠定了坚实基础。文化与文明的概念内涵，不同学者众说纷纭，但大抵可以秉持物质文明与精神文明的二分法。文明是物质关系在精神上的表现，是以观念形式表现出来的物质关系、经济关系。[2]马克思认为："物质生活的生产方式制约着整个社会生活、政治生活和精神生活的过程。"[3]据此而言，中国式现代化在创造物质财富的同时，也促进了精神文化的深层变迁，重构着人民群众的文化想象。

现代化的内核是文明。[4]中国式现代化是中国共产党领导的现代化，以中国式现代化全面推进中华民族伟大复兴是党的二十大确定的行动方略，它为建设中华民族现代文明提供了实践场域。这个新使命表明：在政党与国家、社会的关系互动中，文化的社会属性被进一步放大，政党在其中发挥的作用也得到进一步明确，构成了中华民族现代文明新话语的叙事动力。简言之，中国共产党主导了中华民族现代文明的历史转型。当然，建设中华民族现代文明本身也蕴含着中国共产党推动社会发展的内在逻辑，显示着新时代中国共产党身处其中的领导作用。中华民族现代文明的叙事系统与话语

---

[1] 习近平：《在文化传承发展座谈会上的讲话》，《求是》2023年第17期。
[2] 李双套：《文明立场范式批判与建设中华民族现代文明》，《浙江学刊》2023年第5期。
[3]《马克思恩格斯文集》第2卷，人民出版社2009年版，第591页。
[4] 陈曙光：《现代化叙事的中国逻辑与范式重构》，《政治学研究》2023年第4期；张健、齐付清：《建设中华民族现代文明的内涵、意义和要求》，《中南民族大学学报》（人文社会科学版）2023年第9期。

体系包含着实践本身作出的现代性回应。客观上讲，中国式现代化道路已经对中国的社会结构、社会制度以及社会变迁产生了深刻影响。因此，中国共产党将中国式现代化推进到文化领域加以诠释，乃是阐明中华民族现代文明内部特性的必然要求。

（三）因自信而盛的话语意义：中华民族现代文明的精神作用

尽管话语本质是实践的，但在形态上却是文化的、精神的。马克思恩格斯对此有较为明确的认识，他们宣称："一个阶级是社会上占统治地位的物质力量，同时也是社会上占统治地位的精神力量。"[①] 实践的物质力量与文化的精神力量相统一，执掌着政权的中国共产党必须以引领物质力量和精神力量的主导地位与统治地位相匹配。新时代以来，党和国家事业取得了历史性成就、发生了历史性变革，以中国特色社会主义创新发展的生动格局推动中国式现代化日益成熟成型。社会实践的变革、思想观念的更新以及人们生活样式的变化必然反映在精神文化层面，制造出文明创造的社会需要。话语生产带有价值判断与价值选择的深刻烙印，意在表明统治阶级的文化倡导，巩固统治阶级的文化领导权。文化领导权是一个错综复杂且又高度分化的宏大概念，涉及文学、新闻、美学等各个方面。越是宏大概念，越需要从小处着眼、实处扎根，否则便会悬于空中不落地、止于空谈难发力。

承上所述，中华民族现代文明新话语必须落脚到人民群众个体的实践基础上，不断坚定人民群众的文化自信。一切国家和民族的崛

[①] 《马克思恩格斯选集》第1卷，人民出版社2012年版，第178页。

起，都以文化创新和文明进步为先导和基础。① 衡量一个国家文化建设得好不好，基本指标就是人民群众文化自信程度。一般而言，人民群众在文化上越自信，这个国家的文化建设水平就越高。但自信并不是自大，更不是自负，文化自信来源于历史积淀，立足于传统底蕴，发扬于现实创新。新时代以来，中国共产党人非常注重文化自信，将其纳入"四个自信"中加以阐释。习近平总书记强调，"文化自信，是更基础、更广泛、更深厚的自信，是更基本、更深沉、更持久的力量"②。进一步讲，道路自信、理论自信与制度自信，也是建立在中华文明传承基础之上的，是以文化自信为前提的。文化自信的理论生产与传播，为中华民族现代文明概念的创设作出了理论铺垫，进一步延展了中国式现代化的文化论域。文化自信作为一个概念单元，既包括文化态度上的取舍，也要求文化底蕴的挖掘。没有深厚的文化底蕴，文化建设已经步履维艰，遑论坚定文化自信。由此而言，中华民族现代文明的话语生产，也必然包括文化自信的元素。

（四）向使命而行的话语目标：中华民族现代文明的叙事愿景

葛兰西认为："文化是达到一种更高的自觉境界，人们借助于它懂得自己的历史价值，懂得自己在生活中的作用，以及自己的权利和义务。"③ 达到自觉境界的文化，包含着多重目标，言说着不同任务。政治话语离不开政治目标，话语本身指向特定的目标。语言是观念的

---

① 孙正聿：《中华民族现代文明与中国自主哲学知识体系》，《中国社会科学》2023年第8期。
② 《习近平谈治国理政》第四卷，外文出版社2022年版，第312页。
③ 李鹏程编：《葛兰西文选》，人民出版社2008年版，第5页。

六 建设中华民族现代文明

外壳,话语体系是知识体系的外显,中华民族现代文明新话语传递着中国共产党文化使命的叙事愿景。这一叙事愿景集中表现在建设社会主义文化强国之中,强调激发全民族文化创新创造活力,构筑更为坚实的中国精神、中国价值、中国力量。2011年10月,党的十七届六中全会通过《中共中央关于深化文化体制改革 推动社会主义文化大发展大繁荣若干重大问题的决定》,提出了建设社会主义文化强国的总体要求。这一目标要求显示出中国共产党人致力于推动中国从文明古国、文化资源大国向文化强国迈进的坚强决心。中国特色社会主义进入新时代以来,以习近平同志为核心的党中央将文化建设提升到历史新高度,建设社会主义文化强国的进程与速度不断加快,党的十九届五中全会提出了到2035年建成文化强国的战略目标。习近平总书记强调:"中国特色社会主义是全面发展、全面进步的伟大事业,没有社会主义文化繁荣发展,就没有社会主义现代化。"[①] 可见,文化繁荣发展是社会主义现代化的先决条件。文化现代化是强国建设的重要一环,文化强国家强,文化现代化在中国式现代化中占有不可或缺的地位。中华民族现代文明内蕴的叙事愿景设有明确的任务表与路线图,是可感知、可接触、可实现的,人民群众既身处其中发挥作用,也分享着实现美好愿景带来的成果。

话语揭示未来发展愿景,表明话语主体的使命任务。中国共产党人践行为中国人民谋幸福、为中华民族谋复兴的初心使命,以高度的责任心兑现为人民创造更加美好生活的诺言,塑造了使命型政党的形象。中华民族曾因优秀传统文化而兴旺发达,也经历了鸦片战争后社

[①] 《习近平谈治国理政》第四卷,外文出版社2022年版,第309页。

会衰败,中国人民把民族复兴与文明再造紧密相连,迸发出强劲的文化创造力。中华民族现代文明揭示的文化图景是近代以来无数仁人志士的追求,建设中华民族现代文明是新时代中国共产党的庄严使命。实践证明,中国共产党没有辜负人民的选择,她自成立之日起就把重振中华文化摆在重要位置,在领导中国革命、建设、改革的实践中延续着中华优秀传统文化的韧性和耐力。建设中华民族现代文明内含着中华民族旧邦新命的文化任务。新使命与新叙事的话语内含着中华民族伟大复兴的伟大梦想,赓续着中华文明的精神标识与文化精髓。

二 话语结构:中华民族现代文明的时代回应

话语是结构化的表达,具有系统性,主要包括话语的本体、话语基体以及话语载体三个部分。就中华民族现代文明新话语而言,话语本体指的是中华文明本身;话语基体指的是文化创新与文化创造的人民力量;话语载体则指涉较广,既包括话语环境,也包括话语技术等。

(一) 以本体为原点:巩固中华文化的主体性

廓清文化的主体性问题,必须首先探明文化本体问题。文化本体指的是文化自身的价值系统、制度系统以及实践规范等,能够揭示文化发展的底层结构与运转逻辑。在建构中华民族现代文明新话语过程中,"说什么"规定话语的本体,"谁在说"决定话语的表达主体。习近平总书记强调:"任何文化要立得住、行得远,要有引领力、凝

六　建设中华民族现代文明

聚力、塑造力、辐射力，就必须有自己的主体性。"① 中华文明的主体性源于自身的稳定性，中华文化是世界上唯一不曾中断且以国家形态存续至今的文明类型。尽管历史上中华文化也曾数次遭遇外来文化挑战，但外来文化很快便被中华文化所兼容吸收，旋即内化成中华文化的新元素。文化本体决定文化主体性。中华民族现代文明新话语在言说文化主体性上着墨较多，回应着中华文化发展的时代要求。五四新文化运动以来，在马克思主义的传播、辐射、带动下，中国共产党应运而生，开启了中华文化发展的新纪元。中国共产党成立之前的政治力量没有文化主体性的概念，也缺少重振文化的强烈意识，因而也无法承担起建立并巩固文化主体性的历史使命。在中国共产党的领导下，中华文化一改近代式微的尴尬局面，重新建立并巩固了自身的主体性。由此而论，中华文化的主体性建构是中国共产党带领中国人民在革命、建设、改革和新时代伟大实践过程中实现的。

在中华民族现代文明新话语中强调文化主体性，为巩固中国共产党的文化领导权提供了坚实保障。巩固中华文化主体性是建设中华民族现代文明的应有之义，在话语建构中要以文化主体性为原点，不断增强话语竞争力与感召力。在建构中华民族现代文明新话语的结构中，中华文化主体性是"元"问题，对其他话语结构具有规定意义。因此，建设中华民族现代文明，要用中国道理总结中国经验，要从中国共产党团结带领人民群众推进伟大事业的实践中不断汲取养分。诚然，文化主体性具有标明自身的作用。但主体性对文化发展的意义远不止于此，它还向外传递着文化的自我成长与独特优势。正因文化主

---

① 习近平：《在文化传承发展座谈会上的讲话》，《求是》2023年第17期。

体性能够彰显文化优势,所以文化主体性对文化安全以及文化领导权至关重要。来自那些衰落民族的经验表明:文化主体性一旦丧失,民族独立就会成为泡影。

(二) 以基体为抓手:激活中华文化的人民性

文化既是凝聚人心的精神纽带,又是增进民生福祉的重要因素。人创造文化,文化也在塑造人。话语变化、社会变化和文化变化之间的关系对于介入其中的人来说,一般情况下并非显而易见的。① 以话语为存在形态的文化,对人产生潜移默化的影响,并不那么迅猛,但却绵延不绝,历久弥坚。越是在这种情况下,话语创新越需要借助有效抓手,中华民族现代文明新话语要抓住人民群众这一关键因素。对文明发展而言,人民既是文化内容的生产者,也是文化产品的消费者,更是文化成果的受用者。理解中华民族现代文明的人民性,需要回到文化的原始定义本身,从中剥离出关于文化本质的一般认识。尽管文化概念千差万别,但普遍认识已趋于一致。从党的文献来看,文化可界定为主体对客体的实践性活动。纵观历史变化,创造中华文化的基本主体显然是人民群众,这是马克思主义唯物史观运用于文化领域的立场坚守。突出人民性是建构中华民族现代文明新话语的必经之途,也是对中华民族现代文明价值与目标的锁定。同时,这也反映出建构中华民族现代文明的人本逻辑与人学底蕴。

强调中华民族现代文明的人民性,有利于凝聚全国各族人民共

---

① [英] 诺曼·费尔克拉夫:《话语与社会变迁》,殷晓蓉译,华夏出版社2003年版,第9页。

识，铸牢中华民族共同体意识，为实现中华民族伟大复兴的第二个百年奋斗目标凝聚力量。中华民族现代文明新话语的人民性可以从两个角度加以理解：一是中华民族现代文明彰显人民性；二是建设中华民族现代文明需要激活人民性。① 在这一进程中，人是作为价值理性与工具理性的统一体而存在的。一方面，得益于中华文化的人本传统，中华民族现代文明新话语同样暗含着深刻的人民性。中华民族现代文明是中国人民共同创造的，国内各民族在推进中国式现代化进程中发展的民族新文化是中华民族现代文明的重要内容。建设中华民族现代文明是为了满足全国各族人民群众日益增长的文化生活需要，彰显着以人民为中心的发展理念。另一方面，建设中华民族现代文明需要激活人民性。文化建设不能一蹴而就，更不能一劳永逸，需久久为功，赓续奋斗。中华民族现代文明是中国式现代化的文化形式，中国式现代化赋予中华文化现代力量。②

（三）以载体为桥梁：释放中华文化的创造性

文化的发展，文明的演进要根据环境特点，讲出符合时代、满足受众的新话语。从话语传播的完整链条来看，中华民族现代文明新话语应在拥有丰富内容基础上，注重与话语环境的协调共进，积极运用现代传播技术，做到内容与形式的统一，进而激发中华文化的创造性。在中华民族现代文明新话语结构中，新兴传播技术已然是影响话

---

① 于颖：《"第二个结合"视域下中华民族现代文明的生发逻辑、独特内涵及重大价值》，《统一战线学研究》2023 年第 4 期。
② 俞锋：《马克思主义基本原理同中华优秀传统文化相结合的内在逻辑与实现路径》，《学海》2023 年第 5 期。

语效果的关键变量。尤其是互联网技术的飞速发展，为建构中华民族现代文明新话语提供了重要机遇。在数字技术驱动下，中华民族现代文明新话语得以突破时空限制，构筑起全受众参与的话语场域，极大提升了话语传播效能。进入新时代，随着信息革命的日益加深，建设中华民族现代文明新话语也有了多样化的载体依托。

诚然，环境变化、技术变迁刺激中华文化的现代转型。应该注意的是，话语环境具有两面性，机遇中蕴含着挑战。建构中华民族现代文明新话语是在世界百年未有之大变局情势下展开的，充满复杂性。其一，话语诉说主体的多样性。不同文明主体都承担着建构自身话语的重要任务，当不同主体共同出现在网络环境中时，文化的博弈便在所难免了。更重要的是，文化霸权国家的存在深刻影响着这一进程，凸显了问题的严峻性。话语涉及价值观念与行为系统，不同文明之间的话语竞争此消彼长。故而，话语博弈始终存在，无法根绝。其二，话语竞争的复杂性。受互联网环境纷繁复杂影响，话语传播还面临着异质文化、消极文化的挑战，比如历史虚无主义、价值虚无主义就遮蔽了主流文化的话语意义。即便中华民族现代文明新话语倡导和平和睦，具有胸怀天下、兼容并包的特质，但不能忽视的是其他话语对中华民族现代文明新话语提出的诘难、苛责与曲解。其三，话语传播的耗散性。话语传播的理想状态是观念的守恒与聚焦，始终保持话语旨趣的精准传递，但这种理想状态常被环境噪声笼罩并破坏，直至消解掉话语的原有意义。正常的话语传递在环境影响下，受众可能会产生截然相反的理解。因此，话语失真又成为新的亟待解决的问题，反过来制约话语效果。总之，中华民族现代文明新话语在载体建设上既具有难得机遇，也面临严峻挑战。越是在这种情势下，越是要厘清影响传播效果的场域因素，释放中华文化的创造性。

三　话语形态："两个结合"视野下的议题设置

话语传播具有不同形态，但无外乎观念形态、真理形态以及实践形态三种类型。这三种形态在逻辑上依次相继，体现了马克思主义认识论与实践论的有机统一。话语形态被受众认可，需要借助相应的议题与议程。新时代中国共产党在建构中华民族现代文明新话语中，设置了"两个结合"的关键议程。

（一）观念形态："第二个结合"是一次深刻的思想解放

话语的本质是实践，但话语的首要属性是观念，是文化。建构新话语正是为了传递新观念。在当今中国建构话语，无法从马克思主义的影响中逃逸出去。不仅如此，在中国大地建构话语，必须遵循马克思主义的指导。丹斯认为："在中国思想和意识形态中，有很多传统因素与马克思主义能够实现和谐共生。"[①] 据此而论，中华优秀传统文化与马克思主义存在理论要素上的共通性。2021 年 7 月，习近平总书记在庆祝中国共产党成立一百周年大会上提出了"两个结合"的重要命题，尤其是强调要把马克思主义基本原理同中华优秀传统文化相结合的新概括，为深入研究中国共产党的思想史打开了新思路。党的二十大报告对"第二个结合"进行了系统阐述，指出："只有植

---

① E. H. Dance, *Historythe Betrayer: Astudyinbias*, London: Hutchinson of London, 1960, p. 102.

根本国、本民族历史文化沃土，马克思主义真理之树才能根深叶茂。"① 之所以作出这一判断，原因是以习近平同志为主要代表的中国共产党人形成了崭新认识：中华优秀传统文化同科学社会主义价值观主张具有高度契合性。这种契合性是马克思主义能够在中国大地不断传播，向前推进的内在根由，这也是中国共产党人能够不断推动马克思主义中国化时代化的原因所在。②

2023年6月2日，习近平总书记在文化传承发展座谈会上发表重要讲话强调："'第二个结合'是又一次的思想解放，让我们能够在更广阔的文化空间中，充分运用中华优秀传统文化的宝贵资源，探索面向未来的理论和制度创新。"③ 同月，习近平总书记在主持二十届中央政治局第六次集体学习时强调："马克思主义中国化时代化这个重大命题本身就决定，我们决不能抛弃马克思主义这个魂脉，决不能抛弃中华优秀传统文化这个根脉。"④ 根脉不能丢，魂脉不能忘，数典忘祖只能导致流于空想的结果。思想解放，首先是观念上的解放，不突破观念上的条框限制，思想解放便只能"竹篮打水"。建构中华民族现代文明新话语拓展了中国特色社会主义道路的历史纵深，拓展了中国式现代化道路的文化根基。可以说，"第二个结合"从观念层面阐释了马克思主义基本原理同中华优秀传统文化的关系，具有根本

---

① 《习近平著作选读》第一卷，人民出版社2023年版，第15页。
② 郝立新：《"第二个结合"与中国式现代化文化形态的建构》，《马克思主义理论学科研究》2023年第7期；田凯华：《中华民族现代文明的历史方位、理论要义与战略功能》，《统一战线学研究》2023年第4期。
③ 习近平：《在文化传承发展座谈会上的讲话》，《求是》2023年第17期。
④ 《不断深化对党的理论创新的规律性认识 在新时代新征程上取得更为丰硕的理论创新成果》，《人民日报》2023年7月2日。

六　建设中华民族现代文明

指导意义。只有打开思想的闸门，实践的变革才能随之而来。建构中华民族现代文明新话语，就要深刻理解"第二个结合"的思想解放意义。因此，正如学者倡导的那样，贯彻"第二个结合"指导思想和理念，就要以"文明史"的方法书写"新时代中国历史"。① 其实，书写历史的过程也是文明更新的过程。

（二）真理形态："两个结合"是道路发展的规律性认识

中华民族现代文明新话语并不满足观念的形塑，还要把观念的认识上升为真理，使之最终通过理论形态说服受众，感召人民付诸实践。因此，这就要科学总结既往规律，从一般经验基础上提炼概括揭示本质的内容。马克思主义哲学最讲求规律，要求遵循规律，按客观规律办事。习近平总书记把"两个结合"视为"我们在探索中国特色社会主义道路中得出的规律性认识"。② 所谓规律，一定是正确的认识，即真理。这一规律性认识就是中华民族现代文明新话语的真理形态。建设中华民族现代文明要不断推进"两个结合"的深度与广度，既要不断推进马克思主义中国化时代化，也要不断推进中华优秀传统文化的创新性转化。话语真理形态的目的不是简单告诉受众"这是一个正确认识"而已，而是要通过正确认识作用于客观实践，为话语转译打下铺垫。显然，真理形态是横亘在观念形态与实践形态之间的递进阶段，是一个由认识转化为实践的话语转码过程。

廓清中华民族现代文明新话语的真理形态，应当建立在厘辨"两

---

① 朱康有：《"第二个结合"：中华民族现代文明发展规律的深刻把握》，《教学与研究》2023年第9期。
② 习近平：《在文化传承发展座谈会上的讲话》，《求是》2023年第17期。

个结合"关系的基础上。其一,"两个结合"的前提是彼此契合。作为外来的思想观念,马克思主义高举的美好追求与中华优秀传统文化中倡导的价值观念具有相通性,比如民为邦本、为政以德的政治观念。观念上的一致为两者在建设中华民族现代文明中提供了共同的努力方向。其二,"两个结合"的结果是彼此成就。教条化的马克思主义危害中国革命,从一个侧面印证了马克思主义中国化的重要意义。在中国大地上发展马克思主义,必须处理好其与中华传统文化的关系,因为中华优秀传统文化也是具体国情的重要组成部分。其三,"两个结合"筑牢了道路根基。马克思主义是中国共产党的根本指导思想,中华优秀传统文化是中国共产党治国理政的重要资源,是中华民族走向未来的宝贵财富。因此,只有不断推动"两个结合",才能筑牢中国特色社会主义的文化根基,创造符合时代发展的新文化。其四,"两个结合"打开了创新空间。马克思主义是认识世界、改造世界的锐利思想武器,是一座思想宝库。不断推动马克思主义中国化时代化必然建立在中华文化的深远历史上,进而方能理解现代中国,探索未来中国。话语的真理形态,能够从价值合理性上说服受众,获得认同。

(三) 实践形态:"两个结合"是推进伟大事业的最大法宝

话语发挥作用,最终要落到实践上,能否推动实践发展是衡量话语有效性的标尺。中华民族现代文明新话语也要落到实践上,进而推进中华文化质的飞跃。习近平总书记强调:"'两个结合'是我们取

六 建设中华民族现代文明

得成功的最大法宝。"[①] 这构成了中华民族现代文明新话语的实践形态。"法宝"就是用来攻坚克难的,就是用来推进实践的。尽管中国共产党在中国特色社会主义进入新时代后才提出"两个结合",但实际上"两个结合"的自然进程始于新民主主义革命时期。马克思主义基本原理同中华优秀传统文化的结合之路,始终处在探索发展中。熟稔中国历史与中华文化的毛泽东在推进马克思主义中国化的进程中,一贯注重马克思主义基本原理同中华优秀传统文化的结合。毛泽东提出:"中国现时的新文化也是从古代的旧文化发展而来,因此,我们必须尊重自己的历史,决不能割断历史。"[②] "中国的面貌,无论是政治、经济、文化,都不应该是旧的,都应该改变,但中国的特点要保存。"[③] 可见,毛泽东始终认为中国实践应推动中华文化展现新面貌。改革开放后,邓小平强调:"要懂得些中国历史,这是中国发展的一个精神动力。"[④] 懂得中国历史,就要传承中华优秀传统文化。此后,面对新形势新任务,江泽民强调:"我们共产党人,应该继承和发扬中华民族的优秀文化传统,应该在马克思主义的思想基础上,培养和弘扬高尚的人格品质。"[⑤] 胡锦涛提出:"中华民族伟大复兴必然伴随着中华文化繁荣兴盛。"[⑥] 这些论述表明,中国共产党人始终注重中华优秀传统文化,始终注重在党的理论创新中强调中华优秀传统文化。

[①] 习近平:《在文化传承发展座谈会上的讲话》,《求是》2023年第17期。
[②] 《毛泽东选集》第2卷,人民出版社1991年版,第708页。
[③] 《毛泽东文集》第7卷,人民出版社1999年版,第82—83页。
[④] 《邓小平文选》第3卷,人民出版社1993年版,第358页。
[⑤] 《江泽民文选》第2卷,人民出版社2006年版,第367—368页。
[⑥] 《胡锦涛文选》第2卷,人民出版社2016年版,第641页。

之所以说"两个结合"是推进伟大事业的法宝，是因为中国共产党在"两个结合"基础上不断推进理论创新，为实践提供了根本遵循。习近平新时代中国特色社会主义思想就是"两个结合"交相呼应的结果，就是新时代中国共产党推进伟大事业的锐利思想武器。这一思想在"两个大局"交互交织的复杂情势下，系统回应了治国理政各方面的重大问题。客观而言，党的创新理论成果是中华民族现代文明的精华部分，是时代精神的集中彰显。建构中华民族现代文明新话语理应讲清楚党的创新理论成果，以此增强话语的实践感与价值性。

四 话语传播：在坚定文化自信中传递文明新理念

建构中华民族现代文明新话语，增强话语传播能力是关键。中华民族现代文明从历史中走来，在实践中勃兴，传播中华民族现代文明新话语要做到思想上的共振、价值上的共鸣、认同上的共情、行动上的共识，进而在坚定文化自信中传递文明新观念。

（一）思想共振：在熔铸古今中夯实凝聚力

人类交流是通过表达行为实现的，这些表达行为起着信号、符号及象征的作用。[1] 话语表达受环境的深刻影响，话语传播要减少、克服噪声，统一思想认识是先行步骤。中华民族现代文明虽强调现代属性，冠以现代之名，但并未包含任何抛弃传统、摒弃过去之意，反而

---

[1] ［英］埃德蒙·利奇：《文化与交流》，卢德平译，华夏出版社1991年版，第11页。

六　建设中华民族现代文明

十分注重在过去的历史上开辟新的未来。中华民族现代文明新话语就是要在讲清楚过去中国的基础上，夯实整个社会的凝聚力，为中国式现代化道路提供精神力量。就话语传播而言，就是要做到概念、理念、观念上的融通发展。

其一，从历史资源中提炼话语概念。中华优秀传统文化蕴含着中华民族日用而不觉的行为理念，历史的制度继承深刻影响着中国人民的日常生活。中华优秀传统文化尤其是历史典籍记录的丰富思想，是建构中华民族现代文明的主要话语概念来源。比如，天下为公、厚德载物、革故鼎新等概念都应该在中华民族现代文明新话语中不断阐发。这些理念潜藏在人民群众的思想深处，一经提炼就能被快速认同。

其二，为中华优秀传统文化补充新的时代理念。文化既是实践的产物，也是时代的产物。不同类型的实践，其产物必然表现所属时代的特色。时代向前发展，文化的理念也要糅进新的时代内容。中华民族现代文明新话语，一方面要继承传统，另一方面要为传统补充新的时代内涵。知识的历史连续性肯定涉及对以前未预见到的知识予以新的增补。[1] 只有如此，才能进一步增强话语的现实感，提升话语的影响力。

其三，激活历史知识体系中的现代话语观念。艾思奇曾在反思文化建设时说，新的思想文化的发生"是因为事物方面发生了新的情势和新的需要，才在我们的思想上反映出新的发现和新的估量"[2]。

---

[1] [美]罗伯特·K. 默顿：《社会理论和社会结构》，唐少杰等译，译林出版社2015年版，第15页。
[2] 《艾思奇全书》第2卷，人民出版社2007年版，第390页。

这就是说新的思想文化包含着历史知识的延续。中华优秀传统文化是历史中国的集中展现，也是观测未来中国的一面镜子。建构中华民族现代文明新话语，就是要从历史知识体系中发现对接现实的要素。因此中华民族现代文明新话语要突出中华民族勇于创新的民族性格，进一步提炼展示中华文明和中华民族的精神标识和文化精髓。

（二）价值共鸣：在融通中外中增强感召力

承认文化、文明的差异，才会产生出文化比较和比较文化，进而去探寻不同文化、文明的独特性，乃至思考不同文化、文明的联系。[1] 任何文化都在经历着比较，在比较中积淀，在比较中发展。文明与文明之间，会相互借鉴各自的文明元素。[2] 那么，对待其他文化的态度就十分重要了。习近平总书记强调："开放包容始终是文明发展的活力来源，也是文化自信的显著标志。"[3] 回顾世界文化发展史，处理本民族文化与外来文化的关系是富有挑战性的话题。有些文明在外来文化的冲击下荡然无存，有些文明则不断吸收外来文化的合理因素，自身实现了更好发展。近代以来，中华文化也在这一难题的阴影下亦步亦趋。在西学东渐影响下，一时间知识分子队列分边，全盘西化、文化复古两种观点针锋相对、互不相让。历史已然证明，这两种观点都不符合文化发展的客观规律。"欧风美雨，咄咄逼人"[4]，将西方文化全盘移植在中华大地上，只能导致文化排斥反应。将中国完全

---

[1] 侯且岸：《认知中国：文化研究的路径》，北京出版社2006年版，第8页。
[2] 王宁：《现代化、文明认同与中国消费文明的演化》，《学术月刊》2022年第12期。
[3] 习近平：《在文化传承发展座谈会上的讲话》，《求是》2023年第17期。
[4] 《李大钊全集》第1卷，人民出版社2013年版，第479页。

六 建设中华民族现代文明

置于古代文化的浸染中,中华民族就会因跟不上时代前进步伐而落伍,就会导致中国始终处在世界边缘。

为了承担和履行新民主主义的文化使命,处理中华文化与外来文化的关系就成为中国共产党避无可避的课题。以毛泽东同志为主要代表的中国共产党人十分注重立足本来,借鉴外来,开启未来。毛泽东指出:"应该学习外国的长处,来整理中国的,创造出中国自己的、有独特的民族风格的东西。这样道理才能讲通,也才不会丧失民族信心。"[1] 可见从新民主主义革命时期起,中国共产党人就已经对学习借鉴外国文明的有益经验达成了共识。

罗素在谈及中国文化时说:"如果给中国人自由,让他们从西方文明中吸收想要的东西,拒绝不好的东西,他们就有能力从自己的传统中获得有机生成,综合中西文明之功,取得辉煌成就。"[2] 建设中华民族现代文明也要在借鉴外来的基础上,彰显中国风格。吸收域外经验暗含着文明比较的潜在行为,故而吸收国外经验同样有助于彰显中华民族现代文明的比较优势。从当今世界格局来看,文化的影响早已超出一国之疆域。经由信息交换,文化的影响已经呈现出全域性、全球性。因此,文化的转型必然在文明的交流、交融与交锋中才能实现。建设中华民族现代文明新话语,就要吸收借鉴国外文明的有益经验,在融通中外中增强文化感召力。

(三)认同共情:在正本清源中提升吸引力

话语要在传播中汲取认同,就要不断清理语言环境。没有语言就

---

[1] 《毛泽东文集》第 7 卷,人民出版社 1999 年版,第 83 页。
[2] [英]伯特兰·罗素:《中国问题》,田瑞雪译,中国画报出版社 2019 年版,第 10 页。

没有文明和历史,语言的发明不是单一事件而是事件系列。① 语言和话语对人类历史发展起到不同作用,有的是积极的,有的是消极的。中华民族现代文明新话语建立在正确厘辨文明类型的基础上,只有激活那些先进的、积极的、健康的文化,才能增强中华民族现代文明的共情体验。这就提出了文化建设正本清源的重要任务,消极的、腐朽的文化形态必须在文化建设轨道上加以剔除。此外,正本清源必须回到原本的典籍中。习近平总书记强调:"学习理论最有效的办法是读原著、学原文、悟原理。"②"我们坚持唯物史观、正确党史观,在党和国家历史问题上正本清源,取得了显著成效。"③

所谓"正本"就是要回到原本,回到本义上理解文明。就中华民族现代文明而言,这里的"本"就是要在"两个结合"视角下理解马克思主义基本原理,通过经典作家的原本要义追寻理论发展的内在动力。只有学通原典原义,理论发展才不会变形变样。当然,回到原典并不是要把本本主义重新奉为圭臬。马克思主义最讲求批判的观点,也要求进行观点的批判。在理论的适用性问题上,马克思主义经典作家历来强调以创新发展的理论指导实践,但理论创新绝不意味着割断历史,"正本"为了确立思想坐标,"守正"才能夯实创新根基。

所谓"清源",就要追溯中华优秀传统文化的源头,在文明流淌的长河中开采文化新元素。习近平总书记强调:"要加强对中华优秀传统文化的挖掘和阐发,使中华民族最基本的文化基因与当代文化相

---

① 赵汀阳:《历史性与存在论事件》,《中国社会科学》2023 年第 7 期。
② 习近平:《论党的宣传思想工作》,中央文献出版社 2020 年版,第 360 页。
③ 《习近平谈治国理政》第四卷,外文出版社 2022 年版,第 546 页。

六　建设中华民族现代文明

适应、与现代社会相协调。"① 挖掘中华优秀传统文化的思想资源，能够全面领悟历史中国的深厚底蕴。在继承中华优秀传统文化上，中国共产党作出了表率。中国先后成立中国历史研究院、中国国家版本馆，体现了中国共产党推动中华优秀传统文化创造性转化、创新性发展的决心。此外，挖掘优秀传统文化要正确规避文化内部的消极因素，主动化解与时代不相适应的部分，以对待中华传统文化的"取其精华、去其糟粕"科学态度，推进中华民族现代文明建设健康发展。

（四）行动共识：在守正创新中拓展影响力

党的二十大报告指出："敢于说前人没有说过的新话，敢于干前人没有干过的事情，以新的理论指导新的实践。"② 实践创新到哪里，党的创新理论就要升华到哪里。话语创新源于实践，又指导实践。习近平总书记指出："理论创新必须讲新话，但不能丢了老祖宗。"③ 建构中华民族现代文明新话语，要在坚定正确方向的前提下不断创新，从思路上、机制上、形式上拓展中华文化的影响力。

其一，坚持文化创新的正确方向。中华民族现代文明新话语表现在各个领域，共同构成了中国共产党文化新使命的价值含量。一方面，要建设具有强大凝聚力和引领力的社会主义意识形态。意识形态在引导党和人民科学解释世界的同时，也担负起引领时代的重

---

① 习近平：《论党的宣传思想工作》，中央文献出版社2020年版，第268页。
② 《习近平著作选读》第一卷，人民出版社2023年版，第17页。
③ 《不断深化对党的理论创新的规律性认识 在新时代新征程上取得更为丰硕的理论创新成果》，《人民日报》2023年7月2日。

大使命。在这个信息爆炸、思想纷杂、传播快速、自媒体迭代的时代，维护意识形态安全具有极端重要性。话语本身也是意识形态的一部分，建构中华民族现代文明新话语有利于在意识形态上占据主流、把握主动。另一方面，凸显践行社会主义核心价值观的文化意义。党的二十大报告指出："社会主义核心价值观是凝聚人心、汇聚民力的强大力量。"[1] 核心价值观是中华文化从古至今的一致追求，建设中华民族现代文明应秉持社会主义核心价值观，为行动遵守提供规范性引领。

其二，坚持以人民为中心的文化发展理念。从总体上说，特别是同西方文明相比，中华文明的侧重点是在人文价值的方面。[2] 中华文化对人的关注远远超出了世界其他文化类型。习近平总书记要求："新时代的文化工作者必须以守正创新的正气和锐气，赓续历史文脉、谱写当代华章。"[3] 建设中华民族现代文明要求广大文化工作者坚持以人民为中心的创作导向，坚持把社会效益摆在首位。在中国式现代化建设进程中，建构中华民族现代文明新话语要以现代公共文化服务体系为抓手，不断满足人民群众日益增长的文化需求，以物质与精神的双富裕彰显中国式现代化的创造价值。

其三，增强中华民族现代文明的传播力。文明的交往互动丰富了文明的多样性，塑造了文明发展的可能性。[4] 作为一种精神力量，文化的"软实力"功能需要在实践过程中转化为巨大的物质力量，推

---

[1] 《习近平著作选读》第一卷，人民出版社2023年版，第36页。
[2] 何中华：《文明的历史含义及其当代启示》，《中国社会科学》2023年第6期。
[3] 习近平：《在文化传承发展座谈会上的讲话》，《求是》2023年第17期。
[4] 项久雨：《世界变局中的文明形态变革及其未来图景》，《中国社会科学》2023年第4期。

动社会向前发展。讲好中国故事，构建中国形象，传播中国声音，是中华民族现代文明新话语实现能量转化的实践要求。必须在不断加强国际传播中努力提升中华民族现代文明新话语的对外传播能力，敢于直面外部势力提出的话语诘难，进而深化文明交流互鉴，推动中华文化更好走向世界，增强世界人民对中华民族现代文明的认同感。

五　结论与讨论

建构中华民族现代文明新话语是新时代中国共产党基于治国理政创新发展要求，全面阐释具有自身特色的学术体系与知识体系的重要使命。作为文化强国建设的领导力量，中国共产党要在承担这一使命中不断创造新的话语概念，不断重塑话语的存在形态。话语作为研究中国政治现象的一种方法，近年来在实践与理论的互动中被广泛使用，但在话语理论与政治实践的互动中，往往陷入单纯概念嫁接的泥淖，结果导致理论与实际的"两张皮"。事实上，话语创造本身就是文化发展、文明更新等相关学术议题的前沿焦点。本文研究旨趣的出发点或者说立论依据便是将话语创造视作中华民族现代文明的一部分，同时也将话语创造视作中国共产党推进文化建设主要内容的反映。如此一来，我们既可融入中华民族现代文明本身透视其内在机理，又可以跳出中华民族现代文明的框架观察其整体状态。

毋庸置疑，话语作为透视中国政治现象的窗口是有其优势的。进入 21 世纪后，西方学者倡导的话语制度主义逐渐兴起，为话语研究提供了知识地图。笔者在文中反复强调"话语传递主体观念，反映实践本质"的观点,就是话语制度主义的理论要旨之一。但是话语制度主义应用于中国,解读中国实践则仍要历经"中国化"的过程,因为中国政治话语往往有其历史出处。若要在当代中国的语境中探究话语背后的观念更新,必须回到历史,廓清其历史原貌。本文试图从中华民族现代文明与中华文明的联系与区别上,回应这一问题。实际上,中国共产党本身强调的中华文化具有突出联系性,正是从这一角度展开的。

当然,从话语创造透视中国共产党的文化新使命,仍有许多议题需要深入研究。首先,中华民族现代文明新话语核心概念的指涉范围与使用边界问题。笔者在文中依据党的文献与习近平总书记重要论述提炼的若干概念,初步厘清了中华民族现代文明新话语的现实界限。但下一步仍需回应的是,话语概念怎样串联起全面的话语体系。其次,分析中华民族现代文明新话语的环境问题。传播学常把话语主体与话语客体中间的介质系统称为"环体"。简言之,环体就是话语的生存环境与传播环境。在中华民族现代文明的话语环体中,厘辨影响话语传播的有利因素与不利因素是一项已经展开且仍将持续下去的学术议题。考虑到话语环体的复杂场域,笔者认为这项学术议题需要采用多学科研究方法,进而才能对影响因素的权重作出动态调整与系统优化。由于要素在不同环境中对话语效果产生的影响并不一致,因此确定影响话语效果的要素权重又成为研究者的另一项重要考验。最后,中华民族现代文明新话语的国际传播议题研究。进入新时代以来,讲好中国故事,传递中国声音早已成为中国共产党设定好的话语议程。但由于话语本身夹杂着价值观念,往往被西方政治组织穿上一层意识形态的外衣。结果是在与西方话语的对垒之下,时常出现"自

六　建设中华民族现代文明

说自话"的情况。作为新话语，中华民族现代文明若要避免这种情况，就需要加强学理上的阐释、学术上的解读，进而以全球关注的共同价值为抓手增强传播效果。

面向未来，建构中华民族现代文明新话语可从价值与工具两个方面探索，以期提升话语传播效能。一方面，从价值理性的高度阐明建构中华民族现代文明新话语的理想追求。话语创造不能是空洞的，新话语新表达总要涉及新内容。建构中华民族现代文明新话语，要让受众从价值上增强实践感与参与感。说易行难，中华民族现代文明作为一个宏大概念，要想避免概念高大导致的话语疏离感并不容易。解决这一问题的可能路径，学界探索早已展开，结论是通过话语解构，落实到具体实践领域。阐释中华民族现代文明新话语同样如此，需要分层分类、化大为小、精准传播。另一方面，从工具理性的深度诠释建构中华民族现代文明新话语的手段路径。互联网尤其是移动互联网对话语传播产生的影响已经深刻改变了话语的传播手段。在这种情况下，提升话语传播效果需要结合话语受众的接受规律与表达习惯，遴选出合适的传播方式。中华民族现代文明植根于历史沃土之中，在话语建构上具有先天优势。但这种先天优势必须找到栖身其中的合适方式，实现内容与形式的统一，否则就是徒有优势。[①]

习近平总书记强调："对历史最好的继承就是创造新的历史，对人类文明最大的礼敬就是创造人类文明新形态。"[②] 新时代新征程，面对文化强国建设的重任，建构中华民族现代文明新话语是中国共产

[①] 樊士博、齐卫平：《制度话语与话语制度：新时代中国共产党的话语创新》，《治理研究》2022 年第 6 期。

[②] 习近平：《在文化传承发展座谈会上的讲话》，《求是》2023 年第 17 期。

党深刻把握文化发展规律的成果产出,也是加快构建中国话语体系和中国叙事体系的必然要求。处于中华民族伟大复兴战略全局和世界百年未有之大变局深度演化的情势,只要我们坚持用马克思主义激活中华优秀传统文化中富有生命力的优秀因子并不断赋予时代内涵,只要我们坚持把马克思主义的思想精髓同中华优秀传统文化贯通起来,就一定能发挥中华民族现代文明的理论优势与话语优势,攀登上新的思想高峰,开创出新的历史境界。

(原载《学术月刊》2024 年第 2 期)